2023

福建产业经济年鉴

FUJIAN INDUSTRIAL ECONOMY YEARBOOK

总第9卷

福建产业经济年鉴编委会 编

海峡出版发行集团
THE STRAITS PUBLISHING & DISTRIBUTING GROUP
福建科学技术出版社
FUJIAN SCIENCE & TECHNOLOGY PUBLISHING HOUSE

图书在版编目（CIP）数据

2023 福建产业经济年鉴 / 福建产业经济年鉴编委会编 . —福州：福建科学技术出版社，2023.10

ISBN 978-7-5335-7116-0

Ⅰ . ① 2… Ⅱ . ①福… Ⅲ . ①产业经济 - 经济发展 - 福建 - 2023 - 年鉴 Ⅳ . ① F127.57-54

中国国家版本馆 CIP 数据核字 (2023) 第 192022 号

书　　名 2023 福建产业经济年鉴
编　　者 福建产业经济年鉴编委会
出版发行 福建科学技术出版社
社　　址 福州市东水路 76 号（邮编 350001）
网　　址 www.fjstp.com
经　　销 福建新华发行（集团）有限责任公司
印　　刷 福州力人彩印有限公司
开　　本 889 毫米 ×1194 毫米　1/16
印　　张 50
字　　数 900 千字
插　　页 4
版　　次 2023 年 10 月第 1 版
印　　次 2023 年 10 月第 1 次印刷
书　　号 ISBN 978-7-5335-7116-0
定　　价 495.00 元（含光盘）

特 别 致 谢

下列单位为本书编撰提供了大量翔实的数据资料和产经信息，福建科学技术出版社为本书出版进行了精心的审读与编校，在此一并致以真诚的感谢！

福建省人民政府、各设区市、县(市、区)人民政府、平潭综合实验区管委会
福建省发展和改革委员会
福建省国有资产监督管理委员会
福建省卫生健康委员会
福建省农业农村厅
福建省工业和信息化厅
福建省住房和城乡建设厅
福建省商务厅
福建省交通运输厅
福建省科学技术厅
福建省文化和旅游厅
福建省财政厅
福建省民政厅
福建省审计厅
福建省公安厅
福建省自然资源厅
福建省生态环境厅
福建省水利厅
福建省人力资源和社会保障厅
福建省教育厅
福建省退役军人事务厅
福建省应急管理厅
福建省统计局
福建省林业局
福建省海洋与渔业局
福建省粮食和物资储备局
福建省地质矿产勘查开发局
福建省煤田地质局
福建省地方金融监督管理局
福建省市场监督管理局
国家税务总局福建省税务局
福建省新闻出版局
福建省广播电视局
福建省体育局
福建省医疗保障局
福建省药品监督管理局
福建省通信管理局
福建省邮政管理局
中国人民银行福建省分行
中国人民银行厦门市分行
中华人民共和国福州、厦门海关
中国银行保险监督管理委员会福建监管局
中国银行保险监督管理委员会厦门监管局
中国证券监督管理委员会福建监管局
中国证券监督管理委员会厦门监管局
中华人民共和国福建海事局
福建社会科学院
福建省农业科学院
福建省供销合作社联合社
福建省总工会
中国共产主义青年团福建省委员会
福建省妇女联合会
福建省科学技术协会
中国国际贸易促进会福建省委员会
福建省企业与企业家联合会
福建省乡村振兴促进会(福建省乡村振兴基金会)
福建省轻工业联合会
福建省汽车工业行业协会
福建省开发区协会
福建省统计学会
福建省工艺美术学会

(以上单位排名不分先后)

《2023 福建产业经济年鉴》
编 委 会

《2023 福建产业经济年鉴》
编 辑 部

编 辑 说 明

一、《2023 福建产业经济年鉴》是系统汇集福建产业经济发展重要文献和基本情况的资料性年刊，正式出版，国内外公开发行，自 2015 年创刊以来每年编撰一卷。

二、《2023 福建产业经济年鉴》以习近平新时代中国特色社会主义思想为指导，宣传福建产业经济发展的指导思想，反映产业经济发展的新进展、新成就和出现的新情况、新问题，总结经验，提供信息，留史存真，服务产业经济高质量发展。

三、《2023 福建产业经济年鉴》收录内容从 2022 年 1 月 1 日至 12 月 31 日（除注明外），分为：重要文献、产经总览、发展重点、市县概况、开发园区、品牌建设、年度纪事、政策文件、数据资料和高级人才等十篇，比较客观、详实地记载 2022 年福建产业经济发展的实际情况。

四、《2023 福建产业经济年鉴》中的一些论述仅代表作者观点，所引用的数据和资料均采用政府各部门正式发布的数据和资料；由相关协会提供的稿件，因统计口径不尽相同，个别数据可能有差异。读者如需引用数据和资料，请向相关单位查证，以相关单位提供的数据和资料为准。

五、《2023 福建产业经济年鉴》的编辑出版工作，得到了省委、省政府和各级政府、省直各有关单位、各有关社会组织和社会各界人士的大力支持，在此一并致以衷心的感谢。在本书编撰过程中，参考、引用了一些专著或资料，因沟通渠道的制约，无法一一与原作者取得联络，请有关作者看到本书后与编委会联系，我们将支付稿酬并深表谢忱。限于经验和水平，难免存在疏漏和欠妥之处，谨请广大读者指正。

目　录

第一篇　重要文献

第二篇　产经总览

第三篇　发展重点

第四篇　市县概况

第五篇　开发园区

第六篇　品牌建设

第七篇　年度纪事

第八篇　政策文件

第九篇　数据资料

第十篇　高级人才

产经人才

表彰奖励

FUJIAN

INDUSTRIAL ECONOMY YEARBOOK

第一篇

重要文献

中共福建省委　福建省人民政府印发《关于做好2022年全面推进乡村振兴重点工作的实施意见》

2022年3月15日福建日报刊发：中共福建省委、福建省人民政府印发《关于做好2022年全面推进乡村振兴重点工作的实施意见》，并发出通知，要求各地各部门结合实际认真贯彻落实。

《关于做好2022年全面推进乡村振兴重点工作的实施意见》公布如下：

2022年将召开党的二十大，做好“三农”工作、稳定“三农”这个基本盘，对于保持平稳健康的经济环境、国泰民安的社会环境具有特殊重要意义。做好2022年“三农”工作，要坚持以习近平新时代中国特色社会主义思想为指导，全面贯彻党的十九大和十九届历次全会精神，深入贯彻中央经济工作会议、中央农村工作会议精神，坚持稳中求进工作总基调，立足新发展阶段，完整、准确、全面贯彻新发展理念，服务和融入新发展格局，牢牢守住保障粮食安全和不发生规模性返贫两条底线，扎实有序做好乡村发展、乡村建设、乡村治理重点工作，突出年度性任务、针对性举措、实效性导向，充分发挥农村基层党组织领导作用，推动乡村振兴取得新进展、农业农村现代化迈出新步伐，全方位推进农业农村高质量发展超越，促进农民农村共同富裕。

一、全力抓好粮食生产和重要农产品供给

（一）切实稳定粮食生产和供给。坚持中国人的饭碗任何时候都要牢牢端在自己手中，饭碗主要装中国粮，全面落实粮食安全党政同责，健全完善粮食安全责任制，压紧压实属地责任，确保粮食播种面积、总产量只增不减。推进800万亩水稻生产功能区建设，加强粮食绿色高质高效创建，深入实施优质粮食工程，提升粮食单产和品质。抓好粮食流通，拓展粮食产销协作平台功能，落实保供稳价措施，保持粮食市场总体平稳。完善储粮基础设施，加快推动省储备粮直属库新改扩建项目建设，探索公建民营方式建设省级应急大米加工存储设施。全力推进粮食种植、收购、储存、运输、加工环节节粮减损，加大节粮爱粮宣传，引导理性消费。积极发展油料生产，鼓励利用冬闲田扩种油菜，发展油茶种植，增加食用植物油供给。

（二）确保生猪产能稳固。稳定生猪生产长效性支持政策，推进生猪规模化健康养殖，保持全省能繁母猪存栏量稳定在90万头以上，推动养殖设施、屠宰加工、冷链物流等提档升级。落实“以地定养、农牧循环”要求，优化生猪产业布局。毫不松懈落实非洲猪瘟常态化防控措施，强化中南六省（区）联防联控，夯实生猪产业安全基础。完善政府猪肉储备调节机制，保障猪肉市场供应和价格总体稳定。

（三）丰富“菜篮子”产品供给。坚持省负总责、“菜篮子”市长负责制。大力发展冬春设施蔬菜、夏秋高山冷凉蔬菜，鼓励城市周边建设叶菜基地，促进蔬菜均衡供应。推进食用菌标准化生产，提高工厂化生产和设施栽培水平。优化畜牧生产结构，扩大肉禽、蛋禽和草食动物生产，稳步提升鲜蛋、乳制品自给水平。推进水产养殖业绿色发展，积极发展深远海装备养殖，巩固拓展远洋渔业，推动福州（连江）国家远洋渔业基地建设。支持创建优质农产品标准化基地，加强农产品质量监测预警，推进食用农产品承诺达标合格证与一品一码追溯并行制度，保障农产品质量安全。

（四）合理保障农民种粮收益。健全农民种粮收益保障机制，落实稻谷最低收购价和储备订单粮食直接补贴政策，扩大水稻种植（制种）政策性保险覆盖面。支持家庭农场、农民合作社、农业产业化龙头企业多种粮、种好粮。聚焦关键薄弱环节和小农户，加快发展农业社会化服务，大力发展单环节、多环节、全程生产托管服务，提高种粮综合效益。继续实施粮食生产大县奖励制度。

二、强化现代农业基础支撑

（五）落实“长牙齿”的耕地保护硬措施。实行耕地保护党政同责，严守耕地红线。按照耕地和永久基本农田、生态保护红线、城镇开发边界的顺序，统筹划定落实三条控制线，把耕地保有量和永久基本农田保护目标任务足额带位置逐级分解下达，逐级签订耕地保护目标责任书，作为刚性指标实行严格考核、一票否决、终身追责。分类明确耕地用途，严格落实耕地利用优先序，耕地主要用于粮食和油、糖、蔬菜等农产品及饲料生产，永久基本农田重点用于粮食生产，高标准农田原则上全部用于粮食生产。引导新发展林果业上山上坡，鼓励利用“四荒”资源，不与粮争地。落实和完善耕地占补平衡政策，建立补充耕地立项、实施、验收、管护全程监管机制，确保补充可长期稳定利用的耕地，做到补充耕地产能与所占耕地相当。加大耕地执法监督力度，严厉查处违法违规占用耕地从事非农建设。强化耕地用途管制，严格管控耕地转为其他农用地，确保长期稳定利用的耕地不减少。巩固提升受污染耕地安全利用水平。稳妥有序开展农村乱占耕地建房专项整治试点。巩固“大棚房”问题专项清理整治成果。

（六）推进高标准农田建设。多渠道增加投入，2022年建设90万亩高标准农田，推广应用“数字农田”管理模式，开展农田设施灾损保险试点。持续推进耕地地力提升工程。完成19个中型灌区节水配套项目建设，增强灌区灌溉供水保障能力。积极挖掘潜力增加耕地。做好全国第三次土壤普查相关工作。

（七）实施种业振兴行动。开展全省农作物、畜禽、水产、林木种质资源普查，建设福建省农业生物种质资源库，推进农业种质资源保护与利用。加强种业基础性研究和关键技术攻关，建设一批种业科技创新平台。实施种业创新与产业化工程，育成一批具有自主知识产权的新品种。加快农业优良品种示范推广，新建一批农作物品种试验鉴定展示评价点。改扩建海南南繁科研育种基地，支持建设福建省海水、淡水渔业种业研究中心。培育壮大种业龙头企业，强化种业企业育种创新主体地位。推进三明市“中国稻种基地”建设。加快特色农作物种苗繁育基地、畜禽和水产供种繁育基地建设。强化品种管理和种业市场监管，净化种业市场环境。

（八）加强农业科技装备研发推广。强化农业科技集成，推进7个省级现代农业产业技术体系、15个农业科技创新专业联盟建设。大力发展设施农业，在保护好生态环境的基础上，探索利用可开发的空闲地、废弃地发展设施农业。加快改造传统塑胶渔排和筏式养殖设施，建设深水抗风浪网箱。深入开展农作物全程机械化推进行动，加强农机装备工程化协同攻关，鼓励研发推广适合丘陵山区和特色作物生产的小型机械、智能机械。实施农机购置与应用补贴政策，优化补贴兑付方式。

（九）完善农业农村防灾减灾体系。加强气象灾害、海洋灾害监测预警能力建设，完善部门应急联动机制和社会响应机制。深化河湖长制，加强流域综合治理、河湖系统管理，开展病险水库除险加固，推进“五江一溪”治理工程，增强抗旱保供水能力。治理水土流失面积150万亩，建设安全生态水系100公里。实施海洋减灾“十百千万”工程，推进一批现代化渔港、渔船通导装备能力建设。加强沿海防护林体系建设。做好人兽共患病源头防控。加强农业领域生物安全监管，强化口岸检疫和外来入侵物种防控。强化重大动物疫病防控，扎实抓好高致病性禽流感、口蹄疫等重大动物疫病强制免疫。有效防治水稻“三虫四病”、草地贪夜蛾、红火蚁、松材线虫病等病虫灾害。建立覆盖全省的无人机应用管理体系，强化资源管护，特别是森林火灾、林业有害生物等监测、预防和管理。推进全省应急广播体系建设。加强防灾减灾演练，落实应急救灾物资储备、信息共享和服务联动机制。

三、坚决守住不发生规模性返贫底线

（十）健全巩固拓展脱贫攻坚成果长效机制。严格落实“四个不摘”要求，保持主要帮扶政策、资金支持、帮扶力量总体稳定。发挥“一键报贫”等平台作用，采取农户主动申请、部门筛查预警、基层干部定期跟踪回访相结合的办法，及时将易致贫返贫人口和突发严重困难的农户纳入监测帮扶范围。巩固“三保障”和饮水安全成果，落实行业主管部门工作责任，加强研判分析，及时发现解决问题。做好易地搬迁后续扶持工作，支持搬迁户因地制宜发展特色产业，引导企业吸纳搬迁劳动力就地就近就业，加强安置区基础设施和公共服务配套设施建设，提高社区管理服务水平。加强帮扶项目资产管理和监督，实行分类管护、规范处置，提升资产收益。

（十一）接续推进脱贫地区乡村振兴。加快老区苏区振兴发展，完善“老区优先、适当倾斜”政策体系，落实经济较发达县对口协作 38 个乡村振兴重点县及欠发达老区苏区县的帮扶机制，引导更多资源向老区苏区集聚。支持脱贫地区改善生产条件，加快发展特色现代农业，打造特色产品品牌。发挥消费帮扶、以工代赈等政策作用，统筹用好乡村公益性岗位，帮助脱贫劳动力和监测帮扶对象就业增收。继续实施“雨露计划”，优先选送符合条件的脱贫劳动力到涉农大中专学校接受职业教育和技能培训。支持脱贫地区不断完善基础设施和基本公共服务，提升为民服务能力和水平。

（十二）完善农村低收入人口常态化帮扶机制。加强农村低收入人口动态监测，完善定期核查和动态调整机制。符合条件的重度残疾人和低保边缘家庭中的重病患者、失能失智老年人等特殊困难人员可单人纳入低保，有条件的地区将困难残疾人生活补贴延伸至低收入家庭中的残疾人。实施分层分类社会救助，加强社会救助资源统筹，根据对象类型、困难程度等，给予低收入人口相应的专项社会救助或实施其他必要救助措施，做到精准识别、应救尽救。

（十三）深化闽宁对口协作。完善“联席推进、结对帮扶、产业带动、互学互助、社会参与”工作机制，落实闽宁对口协作联席会议制度，加大资金支持力度。继续实施结对帮扶，选派专业技术人才赴宁夏开展帮扶，积极动员全省社会力量参与闽宁协作。深化产业合作，推动产业梯度转移。推进劳务协作，实施闽宁协作就业补助、培训等政策。深化闽宁镇、闽宁示范村、闽宁产业园建设。扎实做好援藏援疆工作。

四、推进特色现代农业高质量发展

（十四）推动特色产业集聚提升。实施特色现代农业高质量发展“3212”工程，创建一批优势特色产业集群、现代农业产业园、农业产业强镇、“一村一品”专业村，形成更多特色产业百亿强县、十亿强镇、亿元村。推动茶文化、茶产业、茶科技融合发展，提升闽茶产业竞争力、影响力。发展鲜切花、盆栽花卉、高山冷凉花卉及高端造型苗木等，开发花卉苗木文化创意产品。实施食品加工产业高质量发展行动，提升县域农产品产地初加工和精深加工水平。实施农产品地理标志保护工程，培育农产品区域公用品牌，推出更多更好“福”字号产品。完善乡村旅游基础配套设施，做大做强文旅、康养等产业，支持创建全国休闲农业重点县、乡村旅游重点镇村，培育一批美丽休闲乡村、休闲农业示范点和金牌旅游村，加大乡村气候资源开发利用，鼓励发展森林生态旅游，探索渔旅结合新模式。

（十五）加强县域商业体系建设。实施县域商业建设行动，促进农村消费扩容提质升级。加快乡村物流产业发展，优化农村物流快递网点布局，实施“快递进村”工程，鼓励发展“多站合一”的乡镇客货邮综合服务站、“一点多能”的村级寄递物流综合服务点。支持大型流通企业以县城和中心镇为重点下沉供应链。整省推进“互联网+”农产品出村进城工程，建立长期稳定的产销对接关系。推动冷链物流服务网络向农村延伸，整县推进农产品产地仓储保鲜冷链物流设施建设。支持供销合作社开展县域流通服务网络建设提升行动。

（十六）促进农民就地就近就业创业。落实各类农民工稳岗就业政策。发挥城市就业带动作用。实施县域农民工市民化质量提升行动，做好县域就业的农民工住房保障、子女教育等工作，促进农村转移人口全面融入城市。鼓励发展共享用工、多渠道灵活就业，规范发展新就业形态，培育发展家政服务、物流配送、养老托育等生活性服务业。推进返乡入乡创业园建设。支持开展适合农民工就业的技能培训和新职业新业态培训。合理引导灵活就业农民工按规定参加职工基本医疗保险和城镇职工基本养老保险。

（十七）推进农业农村减排固碳。统筹山水林田湖草沙系统治理，实施重要生态系统保护和修复重大工程。全面推进农业绿色发展，实施化肥、农药减量行动，大力推广有机肥替代、绿肥种植、测土配方施肥，推进农作物病虫害绿色防控、统防统治。实施畜禽粪污资源化利用提升工程，健全秸秆、农膜、农药包装废弃物和废旧农机具回收处理体系。推动新生产农机排放标准升级。开展水系连通及水美乡村建设。持续实施“三个百千”绿化美化行动，完成植树造林100万亩，加强森林经营管理，精准提升森林质量。持续实施水产健康养殖“五大行动”。积极推动减碳增汇型农业技术研发应用，探索建立碳汇产品价值实现机制。加强武夷山国家公园保护管理。

（十八）深化农业对台对外合作。高质量建设台湾农民创业园，支持符合条件的地区创建国家级台湾农民创业园。加快闽台农业融合发展产业园建设，完善基础设施，优化投资环境，推动闽台农业深度融合。实施特色优势农产品出口提升工程，密切与区域全面经济伙伴关系协定（RCEP）成员国间农产品国际贸易和农业对外合作。深化闽茶海丝行等活动，加强与“海丝”沿线国家产业合作。强化菌草援外等农业技术国际合作。

五、大力实施乡村建设行动

（十九）健全乡村建设实施机制。坚持数量服从质量、进度服从实效，求好不求快，把握乡村建设的“时度效”。立足村庄现有基础，因地制宜、稳妥有序开展乡村建设，不搞大拆大建，防范村级债务风险。加快编制“多规合一”实用性村庄规划，强化用途管制，加强规划实施管理。严格规范村庄撤并工作，严禁违背农民意愿强行撤并村庄。持续引进台湾建筑师（文创）团队开展闽台乡建乡创陪护式服务，支持实施100个重点合作项目。落实传统村落监测评估、警示退出、撤并事前审查等机制，开展历史文化名镇名村、传统村落、少数民族特色村寨、古民居和原生态自然环境保护利用，设立一批乡村非遗工坊和非遗传习所。以县域为单位组织编制村庄公共基础设施管护责任清单。

（二十）推进农村人居环境整治提升五年行动。加快农村厕所改造升级，完善建管长效机制，打造一批农村厕所革命样板县。扩大农村生活污水治理覆盖面，推进500个村庄建设管网接入城镇污水处理厂或建设小型集中式污水处理设施，1500个村庄通过提升治理村庄核查评估。加快推进农村黑臭水体治理。以县（市、区）为单位推进全域农村生活垃圾、乡镇生活污水治理市场化运营，每县新增一个乡镇全镇域落实农村生活垃圾分类机制。加强村庄有机废弃物综合处置利用设施建设，推进就近就地利用处理。深化房屋安全专项治理，建立房屋安全“健康绿码”。启动建设一批崇尚集约建房县、集镇环境综合整治样板工程，完成裸房整治10万栋。实施村庄清洁行动，深化美丽庭院创建，推进绿盈乡村建设。

（二十一）提升城乡基础设施互联互通水平。持续推进“四好农村路”高质量发展，优化完善通乡达村路网布局规划，建设改造农村公路1500公里、改造危桥150座、农村公路安保提升800公里。开展城乡交通一体化示范创建，加快乡镇运输服务站建设，推进城市公交延伸发展和农村客运公交化运营。实施重点水源和重大引调水等水资源配置工程，加快罗源霍口、泉州白濑等大中型水库以及平潭、闽江口水资源配置等“一河一网一平台”重点项目建设。实施农村供水保障工程，推进城乡供水一体化项目建设，新增受益人口200万人。深入实施农村电网巩固提升工程，布局建设乡村公共充电网络，建成一批乡村电气化示范点。推进农村户用光伏等清洁能源建设。持续开展智慧广电乡村工程试点，建设一批乡村振兴直播产业基地和基层广播电视公共服务网点。加强农村千兆光网、5G网络、移动物联网规划建设。

（二十二）加快推进数字乡村建设。拓展提升福建“农业云131”信息工程，推进现代信息技术在农业生产经营全过程应用，建设一批农业物联网应用基地。加强农民数字素养与技能培训。拓展农业农村大数据应用场景，以数字技术赋能乡村公共服务，推动“互联网+政务服务”向乡村延伸覆盖。推动数字乡村标准化建设，开展数字乡村试点。

（二十三）加强基本公共服务县域统筹。推进县域城乡义务教育一体化改革发展，加大乡村普惠性学前教育资源供给，支持办好乡镇高中，加强涉农职业院校和专业建设，扶持县级职业学校改革发展，扎实推进城乡学校共同体建设。提升基层医疗卫生服务能力，推进紧密型县域医疗卫生共同体建设，推动乡镇卫生院服务提标，促进村卫生所规范运行。深化医疗保险支付方式改革，稳步提高参保人员医保待遇，开展门诊跨省异地就医直接结算。推进农村养老服务补短板，加快乡镇敬老院转型升级，继续建设70所具备全托、日托等综合功能的农村区域性养老服务中心。推动基本养老保险应保尽保。逐步健全乡村公共文化服务体系，因地制宜建设一批乡村戏台、农民文化公园等主题功能空间，实施文化惠民工程，活跃乡村群众文化生活。加强乡镇便民服务和社会工作服务，健全基层党员、干部关爱联系制度。完善未成年人关爱保护工作网络。

六、提高乡村治理实效

（二十四）加强农村基层党组织建设。强化县级党委抓乡促村职责，深化乡镇管理体制改革，健全乡镇党委统一指挥和统筹协调机制。实施党建民心工程，全面深化近邻党建，密切联系和服务群众。强化乡镇、村党组织领导作用，大力推行跨村联建，开展富民强村堡垒行动，探索形成“千村试点、整乡推进、整县提升”县乡村联创机制。实施农村基层干部乡村振兴主题培训计划，加强换届后村“两委”班子特别是带头人队伍教育培训和监督管理，大力推行村干部异地挂职锻炼，推广“导师帮带制”，加强村干部结对帮带。鼓励引导党员带头创办、领办农民合作社、家庭农场等新型农业经营主体，充分发挥带头致富、带领致富作用。坚持常态化整顿软弱涣散村党组织，深化“三个一遍”摸排机制，落实“四个一”整顿措施，限期解决问题。着力发展壮大村级集体经济，推动各类资源向基层下沉。完善村党组织领导村级议事决策工作机制，村级重要事项、重点工作、重大问题由村党组织研究讨论后按程序决定，全面推行“四议两公开”、“六要”群众工作法。深入开展市县巡察，强化基层监督，加强基层纪检监察组织与村务监督委员会的沟通协作、有效衔接。健全党组织领导下的自治、法治、德治相结合的乡村治理体系。推行社区近邻服务，促进邻里守望互助常态化。推广清单制，推行村级基础信息统计“一张表”制度，减轻村级组织负担。

（二十五）深化新时代农村精神文明建设。弘扬和践行社会主义核心价值观，加强新时代公民道德建设，引导农村社会树立文明观念、提高文明程度、形成文明风尚。深入开展“听党话、感党恩、跟党走”宣讲活动，引导广大农民群众坚定信心跟党走。全面拓展深化新时代文明实践中心建设，推动乡镇（街道）实践所和村（社区）实践站建设全覆盖。开展文明实践志愿服务，推动力量下沉、资源下移，打造一批特色品牌项目。创建一批全国、省级文明村镇。大力弘扬红色文化、优秀农耕文化，办好中国农民丰收节庆祝活动。实施农民科学素质提升行动。推广积分制等治理方式，有效发挥村规民约、家庭家教家风作用，加大移风易俗推进力度，治理天价彩礼、厚葬薄养等陈规陋习。

（二十六）深入开展平安乡村建设。坚持和发展新时代“枫桥经验”，加强乡镇（街道）综治中心规范化建设，探索将专职网格员纳入社区工作者管理。加强乡村公共法律服务体系建设。推动农村地区扫黑除恶斗争长效常治，促进“平安家园·智能天网”建设，完善农村社会治安防控体系。推进农村地区警务室建设，发挥“一村一警务助理”作用，探索群防群治新模式。强化信访工作责任，畅通群众诉求表达和利益协调渠道，深化领导干部接访下访机制。严格初信初访首办责任，推进乡镇（街道）信访工作联席会议实质运作，依法就地妥善处理信访事项。加强农村宗教工作力量。加强农业综合行政执法能力建设。落实基层医疗卫生机构疾病预防控制责任。健全农村新冠肺炎疫情常态化防控工作体系，严格落实联防联控、群防群控措施。

七、深化农业农村重点改革

（二十七）巩固完善农村基本经营制度。巩固拓展确权登记颁证成果，强化农民土地承包经营权保护。建立健全农村承包地日常管理服务机制，加快农村经营管理综合信息应用平台建设，增强管理服务的精准性和有效性。进一步推进农村承包地“三权分置”，落实工商资本流转农村土地资格审查、项目审核和风险防范制度。

（二十八）推进农村土地制度改革。稳妥推进集体经营性建设用地入市，进一步完善增值收益分配机制。持续开展农村房地一体不动产登记。稳慎推进农村宅基地管理与改革，研究制定宅基地管理办法。持续推进晋江、沙县、建瓯等农村宅基地制度改革全国试点工作。依法依规有序开展全域土地综合整治试点。健全农垦国有农用地使用权管理制度。

（二十九）深化农村集体产权制度改革。巩固提升农村集体产权制度改革成果。健全集体资产监管机制，推动农村集体资产管理在线公开、在线监督。积极开展农村产权流转交易市场规范化建设试点，促进农村要素流动、合理配置。全面推行林长制，深化集体林权制度改革，扎实推进全国林业改革发展综合试点及现代化国有林场试点建设，开展重点生态区位商品林赎买等改革，健全生态公益林补偿和天然林停伐管护补助机制。

（三十）健全现代农业经营体系。支持农业产业化龙头企业做大做强，扶持建设一批农业产业化联合体。深化农民合作社国家、省、市、县四级联创试点，整县推进农民合作社质量提升。组建一批家庭农场协会或联盟，新增一批家庭农场示范场。持续深化供销合作社综合改革，开展生产、供销、信用“三位一体”综合合作试点，建立健全服务农民生产生活综合平台。

八、加大政策保障力度

（三十一）扩大乡村振兴投入。继续把农业农村作为一般公共预算优先保障领域，预算内投资进一步向农业农村倾斜，压实政府投入责任。加强考核监督，稳步提高土地出让收入用于农业农村比例。地方政府债券对符合条件的乡村振兴公益项目给予支持。坚持滚动管理、接续实施，提高乡村振兴领域项目储备质量。

（三十二）提高金融服务“三农”水平。落实对机构法人在县域、业务在县域、资金主要用于乡村振兴的地方法人金融机构的相关支持政策。支持各类金融机构探索农业农村基础设施中长期信贷模式。持续规范省农村信用社联合社履职，稳步推进农村信用社改革，稳妥化解风险。开展金融机构服务乡村振兴考核评估和星级机构评价。探索制定服务“三农”重点领域目录，增强涉农主体信息共享应用。持续推动农村信用体系建设，优化信用乡镇、村、户评定模式，推进新型农业经营主体建档评级。积极发展农业保险和再保险，优化完善“保险+期货”模式，加强天气指数保险工作，不断扩大地方特色农业保险覆盖面。加强政府性融资担保机构建设，强化涉农信贷风险市场化分担和补偿，发挥好农业信贷担保作用。

（三十三）壮大乡村振兴人才队伍。落实“神农英才”计划，加快培养科技领军人才、青年科技人才和高水平创新团队。强化驻村第一书记和工作队员管理服务，鼓励驻村第一书记开展联建共建。坚持和深化科技特派员制度，完善“订单式”需求和“菜单式”服务供给模式，加快实现省市县三级科技特派员技术服务覆盖所有乡镇和重点村。县级结合实际统筹设立农村“六大员”队伍，进一步整合岗位，强化管理，激发队伍活力。强化县域专业人才统筹使用，探索赋予乡镇更加灵活的用人自主权，推动资源服务管理向基层倾斜。开展高素质农民培育计划、乡村产业振兴带头人培育“头雁”项目、乡村振兴青春建功行动、乡村振兴巾帼行动。坚持招才引智和培育本土人才有机结合，加快培养农村电商、乡村工匠、农业经理人等一批乡村产业人才。建立健全乡村振兴指导员制度，支持党政干部、医生教师、金融助理、规划师、建筑师、律师等，通过多种方式服务乡村振兴。

九、坚持和加强党对“三农”工作的全面领导

（三十四）压实全面推进乡村振兴责任。强化五级书记抓乡村振兴责任，加快建立责任清晰、各负其责、合力推进的乡村振兴责任体系。完善市县党政领导班子和领导干部推进乡村振兴战略实绩考核制度，对考核排名靠前的市县在资金分

配、项目安排、奖励评优等方面给予倾斜，对考核排名靠后、履职不力的进行约谈。落实各级党委和政府负责同志乡村振兴联系点制度。借鉴推广浙江“千万工程”经验，鼓励开展现场观摩、交流学习等务实管用活动。开展《福建省实施乡村振兴战略规划（2018—2022年）》总结评估。加强集中换届后各级党政领导干部特别是分管“三农”工作的领导干部培训。

（三十五）建强党的农村工作机构。各级党委农村工作领导小组要发挥“三农”工作牵头抓总、统筹协调等作用，一体承担巩固拓展脱贫攻坚成果、全面推进乡村振兴议事协调职责。健全各级党委农村工作领导小组议事协调机制，建立完善议事规则，推进议事协调规范化制度化建设。加强省市县三级党委农村工作领导小组办公室建设，充实工作力量，完善运行机制，强化决策参谋、统筹协调、政策指导、推动落实、督促检查等职责。

（三十六）抓点带面推进乡村振兴全面展开。开展乡村振兴试点示范，推进乡村振兴示范县建设，实施一批“百镇千村”试点项目，分级创建一批示范县、示范乡镇、示范村。推进农业现代化示范区创建。按规定建立乡村振兴表彰激励制度。实施“万企兴万村”行动，组织引导民营企业发展公益事业，广泛动员社会力量参与乡村振兴。

2023年福建省人民政府工作报告

——2023年1月11日在福建省第十四届人民代表大会第一次会议上

福建省人民政府省长　赵龙

各位代表：

现在，我代表福建省人民政府，向大会报告政府工作，请予审议，并请省政协委员和列席人员提出意见。

一、2022年和过去五年工作回顾

2022年是党和国家历史上极为重要的一年，举世瞩目的党的二十大胜利召开，全面建设社会主义现代化国家新征程迈出坚实步伐，全国上下欢欣鼓舞，八闽儿女意气风发。

一年来，我们深入贯彻党的十九大和十九届历次全会精神，认真学习宣传贯彻党的二十大精神，坚决贯彻落实习近平总书记重要讲话重要指示批示精神和党中央决策部署，全面落实“四个更大”重要要求，在省委领导下，坚持稳中求进工作总基调，全面落实疫情要防住、经济要稳住、发展要安全的要求，着力提高效率、提升效能、提增效益，有力克服超预期因素影响，经济社会发展取得新成效。初步统计，2022年全省地区生产总值5.3万亿元、增长4.7%，一般公共预算总收入5382.3亿元、同口径增长1.9%，地方一般公共预算收入3339亿元、同口径增长5.5%，固定资产投资增长7.5%，社会消费品零售总额增长3.3%，出口增长12.3%，城镇居民、农村居民人均可支配收入分别增长5.2%、7.6%，城镇调查失业率5.1%，居民消费价格上涨1.9%。

我们凝心聚力战疫情，有力保障人民群众生命健康。全力打赢泉州、宁德、福州等地聚集性疫情歼灭战，用最短时间恢复了正常生产生活秩序；建成全省疫情防控一体化服务平台，解决好企业群众合理诉求，常态化疫情防控取得积极成效；因时因势优化调整防控措施，推动平稳有序“压峰”转段。回首三年抗疫，我们坚决贯彻习近平总书记关于疫情防控的重要指示精神，始终坚持人民至上、生命至上，突出快准严实细，有效抗击了多轮聚集性疫情，“三公（工）一大”融合协同机制等在全国复制推广；广大干部群众特别是医务人员、基层工作者以大勇气概逆行出征，以大爱情怀护卫苍生，以大局意识守望相助，战胜了前所未有的困难挑战，生动诠释了伟大抗疫精神。

我们凝心聚力稳增长，有效保证经济运行在合理区间。全面顶格落实国家稳经济政策，出台实施48条一揽子政策和21条接续政策，全年退减降缓税费1146亿元；新增400亿元纾困专项贷款，设立各50亿元额度的制造业中小微企业、纺织鞋服产业纾困融资支持专项，惠及企业1.83万家。全面发挥投资关键作用，用好用足政策性开发性金融工具，发行地方政府专项债券1831亿元；福厦高铁全线贯通，兴泉铁路、靖永高速建成通车，福州地铁5号线、6号线开通运营，闽江南平—福州段复航，霍口水库主体工程完工，周宁、永泰抽水蓄能电站建成投用。全面增强消费基础作用，深入开展“全闽乐购”，举办首届福品博览会，发放4亿元消费券，撬动汽车、家电等大宗消费回升，新能源汽车销售增长78.7%。全面加强运行分析调度，建成全省经济社会运行和高质量发展监测与绩效管理平台，上线运行省工业企业供需对接平台，创新日监测、旬调度、月分析机制，实现了一季度开门红、二季度结果好、三季度态势稳、四季度冲劲足，主要指标位居全国前列。

我们凝心聚力强动能，持续推动产业转型升级。“五大行动”深入实施，全社会研发投入增长15%，10家国家重点实验室、6家省创新实验室有序运转，获批国家企业技术中心8家；5个设区市入选首批国家知识产权强市建设试点示范城市，晋江、福清通过全国首批创新型县（市）验收；在全国首设科技成果转化奖，全球首个“鼻喷疫苗”获批在国内紧急使用。“六大工程”扎实推进，支柱产业持续提升，总投资420亿元的中沙古雷乙烯项目开工建设，厦门天马AMOLED项目点亮投产；传统产业数字化转型、智能化改造提速，投入4584亿元实施省重点技改项目1442项；战略性新兴产业发展壮大，高技术产业增加值增长17.1%，宁德市动力电池集群列入国家先进制造业集群，全球单机容量最大的16兆瓦海上风电机组建成下线；专精特新企业不断涌现，国家高新技术企业突破1万家，新增国家专精特新“小巨人”企业132家、制造业单项冠军10家，5个产业集群入围首批国家中小企业特色产业集群。“四大经济”加快培育，第五届数字中国建设峰会成功举办，新增5G基站2.1万个，数字经济增加值达2.6万亿元；开展100万千瓦海上风电市场化竞争配置试点，首台套渔旅融合深海养殖装备“闽投1号”建成投产；“电动福建”三年行动计划顺利完成，在全国率先开展内河船舶绿色智能发展试点，全国首座标准化“光储充检智能超充站”建成投用，三明、龙岩、南平入选国家林业碳汇试点市；出台实施文旅经济高质量发展行动计划，“福文化”品牌全面打响，全域生态旅游省建设扎实推进。

我们凝心聚力增活力，提速推动改革开放进程。坚持改革不停顿，“放管服”改革持续深化，《福建省优化营商环境条例》正式施行，推出“一件事一次办”改革事项8125个、精简审批环节67.6%，获国务院肯定；要素市场化配置改革加快推进，工业用地“标准地”改革有序实施，省市两级公共数据汇聚共享平台全面建成；公立医院综合改革效果评价连续7年位居全国前列，医保支付方式改革九市一区全覆盖；林业“八大工程”接续实施，“林长+”工作走在全国前列；普惠金融改革成效明显，普惠型小微企业贷款增长27%，龙岩、宁德、晋江、厦门入选中央财政支持普惠金融发展示范区；国企改革三年行动圆满收官，省大数据集团、金投公司组建运营；“晋江经验”进一步传承弘扬，民营经济创新发展若干措施出台实施，成功举办世界闽商大会、民营经济高质量发展大会，民营经济增加值增长5%。坚持开放不止步，第22届投洽会、金砖国家新工业革命伙伴关系论坛等重大活动成功举办；出台高质量实施RCEP的32条措施，签发原产地证书2.57万份、货值103.7亿元；海丝中央法务区建设稳步推进，中欧班列开行113趟，“丝路海运”联盟成员超270家，与“一带一路”沿线国家和地区贸易额增长13.8%；南平、宁德获批国家跨境电商综合试验区，晋江获批国家进口贸易促进创新示范区；闽港闽澳合作不断深化，“侨”的优势有效发挥，国际友城合作取得新进展。

我们凝心聚力探新路，接续推进闽台融合发展。坚持以通促融，对台出口增长22.9%，新设台资企业户数、实际利用台资金额均居全国首位，海峡两岸最大的石化合作项目古雷炼化一体化一期正式投入商业运营，推出两岸标准共通试点项目25项。坚持以惠促融，成立全国首个台胞职业资格一体化服务中心，首创面向台港澳同胞的省级定制医疗保险“八闽保”，台胞医保服务中心在全省推广，创新开展台胞数字人民币缴税业务，台胞就业创业生活更加便利。坚持以情促融，开展特色交流活动200多场，第十四届海峡论坛、第十届海峡青年节、郑成功收复台湾360周年纪念活动、两岸企业家峰会年会等成功举办，三明获批海峡两岸乡村融合发展试验区。

我们凝心聚力惠民生，稳步提高群众生活品质。就业政策提质加力，职业技能提升行动深入开展，重点群体就业稳定，城镇新增就业51.97万人，城镇失业人员再就业13.19万人。社会保障持续用力，城镇职工退休人员基本养老金增长4%，城乡居民基础养老金最低标准提高到140元，城乡居民医保人均财政补助标准提高到610元，城乡低保年均标准提高到9999元。急难愁盼解决有力，25件省委、省政府为民办实事项目全面完成，新建农村区域性养老服务中心86个、“长者食堂”488个，新增普惠性托位2万多个，新开工保障性安居工程18.6万套。社会事业协同发力，教育事业取得新成效，新增公办学前教育学位6.7万个、义务教育学位13万个，高等教育毛入学率61%；卫生健康事业取得新进步，公立医院绩效考核位居全国前列，4家医院进入全国百强榜、排名大幅提升，全省新增医疗床位数6000个，职工医保门诊共济保障全面实施，医学检查检验结果互认实现二级以上公立医院全覆盖，28万名适龄女性免费接种HPV疫苗；文化事业取得新突破，6项茶制作技艺列入联合国教科文组织人类非物质文化遗产代表作名录，10部作品获第十六届精神文明建设“五个一工程奖”、数量居全国首位，莆仙戏《踏伞行》获第十七届文华奖，236家公共文化场馆实行错时延时开放；体育事业取得新收获，成功举办第十七届省运会、第十一届老健会，全民健身活动广泛开展。工会、共青团、妇女、儿童、老龄、残疾人、慈善等事业取得新进展，智库、档案、地方志、参事、文史等工作迈出新步伐，民族团结、宗教和顺的良好局面不断巩固。

我们凝心聚力优生态，加快改善城乡环境面貌。践行绿水青山就是金山银山的理念，协同推进降碳、减污、扩绿、增长。强化生态保护修复，科学划定“三区三线”，全省27.5%的国土面积划入生态保护红线；完成互花米草除治13.5万亩，闽江河口等湿地保护修复成效显著。强化污染防治攻坚，着力解决老百姓身边的生态环境问题，九个设区城市空气优良天数比例保持稳定，PM2.5浓度下降至每立方米19微克；主要流域优良水质比例98.7%，近岸海域优良水质比例85.8%。强化城乡品质提升，新建绿色建筑面积超8000万平方米，新建改造提升城市道路870公里、公园绿地1136公顷、口袋公园577个，城市建成区绿化覆盖率40.8%；市县生活污水处理率97.9%，生活垃圾分类和焚烧处理能力占比位居全国前列；新建农村规模化水厂73处、自来水普及率达89.1%，“百镇千村”试点示范项目顺利推进，完成15.3万栋裸房整治，80%以上行政村成为“绿盈乡村”。

我们凝心聚力保安全，全力维护社会安定稳定。坚持抓早抓小，解矛盾、化积案，防风险、除隐患，为党的二十大胜利召开营造了安全稳定的政治社会环境。全面落实安全生产十五条硬措施，危化品、燃气、自建房、消防、道路交通等重点领域整治有力推进，全省安全生产事故起数、死亡人数分别下降37%、31%。全面夯实粮食能源安全基础，实现粮食总产量508.7万吨，7个省级粮食储备库全部开工建设，增加库容65万吨；闽粤电力联网工程竣工投产，“省内环网、沿海双廊”电网主干网架基本形成，煤油气供应平稳有序。全面防范化解重点领域风险，压实“保交楼、保民生、保稳定”责任，一楼一策有效化解问题楼盘；有力处置金融领域风险，防范和处置非法集资工作居全国第一档；政府债务风险总体可控。全面加强社会治安防控，常态化推进扫黑除恶，有力遏制了电信网络诈骗、跨境赌博、养老诈骗等违法犯罪，群众安全感率达99%以上。

各位代表，本届政府任期即将届满。过去的五年，面对百年变局和世纪疫情交织的复杂局面，我们始终坚持以习近平新时代中国特色社会主义思想为指导，坚定坚决贯彻习近平总书记重要讲话重要指示批示精神，牢记嘱托，感恩奋进，在省委领导下，紧紧围绕建设“机制活、产业优、百姓富、生态美”新福建宏伟蓝图，全面落实“四个更大”重要要求，全方位推进高质量发展，新发展阶段新福建建设迈出了坚实步伐。

这五年，综合实力显著提升，经济社会实现跨越式发展。我们紧紧扭住发展这个第一要务，跑出了高质量发展“加速度”。全省地区生产总值连跨两个万亿元台阶，年均增长6.4%、居东部地区第一位；人均地区生产总值连跨四个万元台阶，突破12万元，跃升至全国第四位，是唯一所有设区市人均地区生产总值都超过全国平均水平的省份；固定资产投资、社会消费品零售总额均跨上2万亿元台阶，出口总额突破1万亿元。基础设施日臻完善，全面建成“两纵三横”综合运输通道，综合交通路网总规模达到11.7万公里，基本建成东南沿海现代化港口群、亿吨大港达3个，机场、水利、能源等建设实现重大突破，5G、数据中心、工业互联网平台等新型基础设施建设取得积极成效。提前完成脱贫攻坚的历史任务，全面建成小康社会，现行标准下45.2万建档立卡贫困人口全部脱贫，2201个建档立卡贫困村全部退出，23个省级扶贫开发工作重点县全部摘帽。如今的福建，经济更具实力、发展支撑有力，站在了新的更高历史起点上。

这五年，创新动能加速释放，现代化产业体系加快构建。我们深入实施创新驱动发展战略，加快推进科技自立自强，创新体系基本形成，创新型省份建设迈出坚实步伐。全社会研发投入翻了一番，发明专利有效量增长1.38倍；战略性新兴产业快速发展，国家级专精特新“小巨人”企业达349家、制造业单项冠军达45家，国家级服务型制造示范企业达33家、居全国第三位；汽车玻璃、动力电池等技术国际领先，白羽肉鸡种源打破国外垄断，大黄鱼育种技术国内领先；科技特派员和技术服务实现乡镇全覆盖、产业全覆盖。制造业综合实力显著提升，工业增加值总量跃升至全国第六位，百亿工业企业达58家，千亿产业集群达21个；现代纺织服装产业最先突破万亿级，电子信息“增芯强屏”步伐加快，先进装备制造迈向智能化高端化，石油化工“两基地一专区”集聚发展。数字经济、海洋经济、绿色经济、文旅经济成为新增长极。现代服务业发展提速提效，服务业增加值占GDP比重达47%；金融“八大工程”深入实施、存贷款余额双双突破7万亿元，境内上市公司达170家、居全国第七位；国家A级物流企业数居全国第五位，厦门、福州、泉州列入国家物流枢纽建设名单。如今的福建，发展动能更加强劲，创新创业创造蔚然成风。

这五年，城乡加快融合发展，区域一体化建设进程提速。我们坚持统筹兼顾，着力破解发展不平衡问题。城市更新行动滚动实施，累计改造老旧小区81.2万户，新建改造各类管网超3万公里，建设提升福道5560公里，设区市建成区黑臭水体基本实现“长制久清”，数字城市建设加快推进，全省城镇化率达70.1%，城市更加宜居、更有韧性、更显智慧。乡村振兴战略深入推进，乡村生活垃圾转运系统全面建成，十大乡村特色产业全产业链总产值达2.3万亿元，多彩闽茶、沙县小吃等富民产业走向全国。老区苏区振兴步伐加快，闽西革命老区高质量发展示范区获批建设，居民收入增速持续高于全省平均水平，上杭成为全国百强县中唯一的原中央苏区县。闽东北、闽西南两大协同发展区齐头并进，福州、泉州双双跨入万亿级城市行列。东西部协作和对口支援工作持续深化，“闽宁模式”成为全国东西部协作的典范，援藏援疆工作获评全国绩效考核先进典型。如今的福建，城乡面貌焕然一新，山海协作同谱新篇。

这五年，改革开放纵深推进，发展潜力空间得到新拓展。我们坚持守正创新，打响改革攻坚战、开放主动战。重点实施76个重大改革方案，“放管服”、财税金融、国资国企、农村集体产权制度等领域改革取得突破性进展，三明医改经验在全国推广，集体林权制度改革成为全国标杆。发挥多区叠加政策优势，自贸试验区推出146项全国首创举措，“丝路海运”等标志性工程影响力不断扩大，与“一带一路”沿线国家和地区经贸合作、人文交流更加紧密，新增国际友城23个；外贸外资量质齐升，进出口总额年均增长11%，66种商品出口规模居全国第一，新设外资企业超1万家，高技术产业吸收外资年均增长12%；成功举办首届中国侨商投资大会，广大侨胞在畅通国内国际双循环中发挥了重要作用。如今的福建，发展活力竞相迸发，开放大门越开越大。

这五年，闽台融合走深走实，第一家园建设取得新成效。我们秉持“两岸一家亲”理念，落实同等待遇，不断深化闽台经济文化交流合作。经贸合作更为密切，62家台湾百大企业在福建直接投资布局，6个国家级台湾农民创业园连续五年包揽国家综合评价前六名。融通路径更加顺畅，研制发布两岸共通标准62项，平潭在大陆率先实现与台湾主要港口直航全覆盖，莆田成为重要的铁矿石等大宗商品中转基地，金门供水工程让“两岸一家亲、共饮一江水”的愿景成为现实。惠台利民更有温度，保障台胞台企合法权益的政策制度、工作机制和服务平台更为完善，直接采认中国台湾地区专业技术职业资格11项、职业技能资格34项，来闽实习就业创业台湾青年超4万人。交流交往更趋紧密，宗亲、乡亲、姻亲和民间信仰“四条纽带”作用有效发挥，闽台亲情乡情延续工程持续开展，海峡论坛、海峡青年节、世界妈祖文化论坛等品牌效应日益彰显。如今的福建，众多台胞台企台青在这里追梦、筑梦、圆梦，心更近、情更深、意更浓。

这五年，民生福祉持续增进，人民生活品质大幅度提高。我们坚持以人民为中心，超七成财政支出投向民生社会事业。居民收入水平不断提高，人均可支配收入突破4万元、年均增长6.2%；城镇新增就业282万人，104万失业人员实现再就业。社会保障体系更加健全，基本医疗保险参保率稳定在95%左右，医保服务下沉至所有乡镇和1.2万个村卫生所；基本养老保险覆盖3200多万人，每千名老年人拥有养老床位数由30张增加到39张，居家社区养老服务照料中心从无到有、实现街道和中心城区乡镇全覆盖；残疾人“两项补贴”动态提标；160万群众通过保障房、棚改房解决了住房困难。教育优先发展战略深入实施，教育经费投入达6685亿元、年均增长7.9%，在全国率先实现义务教育发展基本均衡县全覆盖。医疗卫生服务水平全面提升，疾控体系改革扎实推进，7家医院纳入国家区域医疗中心项目，人均预期寿命提高至78.85岁，居民主要健康指标保持全国前列。文化强省建设蹄疾步稳，公共文化设施更加完善，第四十四届世界遗产大会成功举办，“泉州：宋元中国的世界海洋商贸中心”列入《世界遗产名录》，福建尤溪联合梯田、安溪铁观音茶文化系统成为全球重要农业文化遗产；金鸡奖长期落户厦门，《山海情》《古田军号》《那山那海》等一批闽派影视精品享誉全国。竞技体育实力显著增强，在东京奥运会、第十四届全运会上，我省金牌数和奖牌总数均创历史新高。如今的福建，老百姓日子越过越红火，幸福梦正一天天照进现实。

这五年，绿水青山“颜”“值”同升，生态省建设交出高分答卷。我们深入学习贯彻习近平生态文明思想，努力建设人与自然和谐共生的现代化。圆满完成国家生态文明试验区重点改革任务，木兰溪治理、生态保护补偿等39项改革举措和经验做法向全国复制推广，河湖长制、林长制全面推行，生态文明指数全国第一。持续打好蓝天、碧水、碧海、净土保卫战，中央生态环境保护督察反馈问题整改有力有效，污染防治攻坚战考核均为优秀。深入实施山水林田湖草沙一体化保护修复，“长汀经验”成为世界生态修复典型，武夷山成为首批国家公园，设立各类保护地358处，生物多样性大幅提升；九市一区全部获评国家森林城市，森林覆盖率65.12%、连续44年保持全国第一。出台碳达峰碳中和《实施意见》和碳达峰《实施方案》，单位GDP能耗累计下降10.3%，四项主要污染物排放强度仅为全国的一半；以约占全国3%的人口、1.3%的土地、2.9%的能耗，创造了全国4.4%的经济总量。如今的福建，天更蓝、山更绿、水更清，“清新福建”更加靓丽。

这五年，社会治理深入推进，公共安全网织得更密更牢。我们统筹发展和安全，加快构建共建共治共享的社会治理格局。市域社会治理现代化扎实推进，“近邻”党建模式全面推广，乡镇（街道）社会工作服务站实现全覆盖，信访态势持续向好。扫黑除恶专项斗争成效显著，群众安全感率逐年提升，平安（综治）建设考评稳居全国前列。应急管理改革发展持续深化，安全生产专项整治三年行动圆满收官，有力防御台风、强降雨等自然灾害。粮食安全和食药品安全保障更加有力，建成高标准农田660万亩，成为杂交水稻制种第一大省；持续治理“餐桌污染”、建设“食品放心工程”，连续3年获评国家食品安全评议考核A级。防范化解风险有力有效，在全国唯一连续4年无高风险金融机构。大力支持国防和部队建设，国防动员、双拥共建、退役军人事务等工作迈出新步伐，是全国唯一所有设区市连续五届获评双拥模范城（县）的省份。如今的福建，社会安定、生活安宁，人民群众更加安心舒心。

这五年，政府建设不断加强，政务服务效能实现新提升。我们坚持和加强党的全面领导，努力建设人民满意的服务型政府。政治机关建设不断加强，扎实开展“不忘初心、牢记使命”主题教育、党史学习教育，忠诚拥护“两个确立”、坚决做到“两个维护”。法治政府建设深入推进，推动出台《福建省法治政府建设实施方案》，加快构建职责明确、依法行政的政府治理体系，累计提请审议地方性法规67件，制定修改废止政府规章35件；认真执行人大及其常委会决定决议，坚持向人大及其常委会报告工作，向人民政协通报情况，积极支持政协开展专题协商，办理人大代表建议和政协提案7942件、办结率100%；有效发挥审计监督、统计监督作用。机关效能建设持续深化，数字化政务服务体系更加智慧便捷，省政府门户网站绩效评估全国第一，12345政务服务便民热线全面归并优化、诉求办理满意率99.9%。党风廉政建设常抓不懈，严格落实中央八项规定及其实施细则精神，形式主义、官僚主义有效遏制，政治生态更加风清气正。如今的福建，“马上就办、真抓实干”成为广大干部的自觉行动，服务企业群众更加积极主动、用心用情。

闽山闽水物华新，饮水思源感恩情。此时此刻，我们更加深切地感受到，福建工作的每一点进步，八闽大地的每一个变化，都凝结着习近平总书记的亲切关怀和殷殷教诲。总书记始终高度重视福建发展，念兹在兹牵挂福建人民，每到关键节点、重要时刻都亲自为福建把脉定向、指路引航，2019年参加十三届全国人大二次会议福建代表团审议，强调要在营造良好发展环境上再创佳绩、在推动两岸融合发展上作出示范；2020年作出重要指示，要求我们全方位推动高质量发展、实现全面超越；2021年来闽考察，明确提出“四个更大”重要要求和四项重点任务；先后多次回信致贺信，对厦门经济特区率先实现社会主义现代化，办好投洽会、世界遗产大会和数字中国建设峰会，推动厦门大学、集美大学、闽江学院高质量发展，走具有闽东特色的乡村振兴之路，促进两岸青年交流交往，学习谷文昌、廖俊波先进事迹等作出一系列重要指示。这些重托和使命，为我们指明了前进方向，系统构成了福建高质量发展的总纲领总遵循。

各位代表，惟知感恩，方能接续奋斗；惟有奋斗，方能创造辉煌。福建发展取得的显著成就、发生的深刻变化，根本在于习近平总书记掌舵领航，在于习近平新时代中国特色社会主义思想科学指引，是党中央、国务院坚强领导的结果，是全省上下团结一心拼出来、干出来、奋斗出来的。我代表省人民政府，向全省人民，向人大代表、政协委员、各民主党派、工商联和无党派人士、各人民团体和社会各界人士，向中央驻闽单位、驻闽人民解放军、武警部队官兵、公安干警和消防救援队伍，向所有长期关心支持福建发展的台港澳同胞、海外乡亲和国际友人，表示衷心的感谢！

我们深切体会到，做好政府工作：必须把忠诚拥护“两个确立”、坚决做到“两个维护”作为最高政治原则，坚持不懈用习近平新时代中国特色社会主义思想凝心铸魂，坚决贯彻落实习近平总书记重要讲话重要指示批示精神，大力传承弘扬习近平总书记在福建工作期间开创的重要理念和重大实践，自觉在思想上政治上行动上同以习近平同志为核心的党中央保持高度一致。必须把全方位推进高质量发展作为最紧要任务，深刻认识新发展理念和高质量发展是内在统一的、高质量发展就是体现新发展理念的发展，越是经济处在调整的时期，越是调整优化结构的时机，越要苦练内功、抢占先机，推动经济发展质量变革、效率变革、动力变革，努力实现更高质量、更有效率、更加公平、更可持续、更为安全的发展。必须把为民造福作为最重要政绩，站稳人民立场、把握人民愿望、尊重人民创造、集中人民智慧，在发展中保障和改善民生，扎实推进共同富裕，让现代化建设成果更多更公平惠及全省人民。必须把敢于斗争善于斗争作为最鲜明品格，发扬斗争精神，增强斗争本领，以自我革命增活力，以“放管服”改革提效能，在机遇面前主动出击，在困难面前迎难而上，在风险面前积极应对，不断战胜前进道路上的一切艰难险阻。必须把全面从严治党作为最坚强保障，坚持和加强党的全面领导，深入推进新时代党的建设新的伟大工程，抓党建转作风、抓作风促工作，以高质量党建引领保障经济社会高质量发展。

我们清醒地看到，当前我省统筹疫情防控和经济社会发展、统筹发展和安全仍面临不少困难挑战。主要是：国际经济环境更趋复杂严峻，外部需求不足将对我省产生更大影响；经济恢复基础尚不牢固，下行惯性仍然存在；稳增长、稳就业、稳物价压力较大，产业链供应链堵点有待疏解；高质量发展态势尚未完全形成，科技创新亟待加强，产业结构亟需优化，发展竞争力亟待提高，城乡区域差距亟待缩小；土地、环境、碳排放、能耗等约束趋紧，部分领域风险需要加强防范；高素质人才短缺，少数干部作风能力跟不上现代化建设要求等。对此，我们已经采取了针对性措施，必须继续加大工作力度，推动尽快解决。

二、全面贯彻落实党的二十大精神，奋力谱写全面建设社会主义现代化国家福建篇章

党的二十大提出了新时代新征程中国共产党的使命任务，描绘了全面建设社会主义现代化国家的宏伟蓝图，吹响了向第二个百年奋斗目标进军的时代号角。习近平总书记作为党中央核心、全党核心、人民领袖、军队统帅，继续掌舵领航中国特色社会主义巍巍巨轮，是党心所向、民心所盼、众望所归，是国家之幸、民族之幸、人民之幸。福建是习近平新时代中国特色社会主义思想的重要孕育地和实践地，福建人民发自内心爱戴总书记、信赖总书记、追随总书记。响应习近平总书记伟大号召，在以中国式现代化全面推进中华民族伟大复兴中彰显福建担当、展现福建作为、贡献福建力量，是4100多万福建人民的崇高使命、历史责任、迫切愿望。

我们要在深刻领悟“两个确立”的决定性意义中铸牢忠诚之魂。增强“四个意识”、坚定“四个自信”、做到“两个维护”，不断提高政治判断力、政治领悟力、政治执行力，以最纯粹的党性绝对忠诚核心、以最坚定的态度始终信赖核心、以最真挚的感情衷心拥戴核心、以最有力的行动坚决维护核心。自觉把学习贯彻党的二十大精神与学习贯彻习近平总书记对福建工作的一系列重要讲话重要指示批示精神结合起来，与传承弘扬习近平总书记在福建工作期间开创的重要理念和重大实践结合起来，切实把对习近平总书记的深厚爱戴之情转化为干事创业的强大动力，坚定不移沿着习近平总书记指引的方向奋勇前进，坚定不移把习近平总书记亲自为我们擘画的宏伟蓝图变成美好现实。

我们要在以中国式现代化全面推进中华民族伟大复兴中扛起担当之责。牢牢把握中国式现代化中国特色、本质要求、重大原则和战略部署，把新福建建设放在全国大局中去考量、去推动，加强前瞻性思考、全局性谋划、整体性推进。发挥比较优势，突出福建特色，先行先试、勇闯新路，走在前列、勇挑大梁，努力在加快建设现代化经济体系上取得更大进步，在服务和融入新发展格局上展现更大作为，在探索海峡两岸融合发展新路上迈出更大步伐，在创造高品质生活上实现更大突破，让中国式现代化在八闽大地绽放蓬勃生机、展现独特魅力。

我们要在守正创新团结奋斗中走好新的赶考之路。坚定对马克思主义的信仰，坚定对中国特色社会主义的信念，坚定对实现中华民族伟大复兴中国梦的信心。始终坚持用习近平新时代中国特色社会主义思想武装头脑、指导实践、推动工作，始终坚持全心全意为人民服务的根本宗旨，始终在党的旗帜下团结成“一块坚硬的钢铁”。保持敢为人先、爱拼会赢的奋斗姿态，保持敢于斗争、善于斗争的顽强意志，咬定青山不放松，风雨无阻向前行，以涓涓细流汇入中华民族伟大复兴的时代长河，以一砖一瓦共筑中国特色社会主义的宏伟大厦。

做好今后五年政府工作，要坚持以习近平新时代中国特色社会主义思想为指导，全面学习贯彻党的二十大精神，深入贯彻习近平总书记重要讲话重要指示批示精神，坚持和加强党的全面领导，弘扬伟大建党精神，围绕统筹推进“五位一体”总体布局、协调推进“四个全面”战略布局，立足新发展阶段、贯彻新发展理念、服务和融入新发展格局，紧扣“四个更大”重要要求，突出强化科技创新、优化产业结构、增加居民收入，突出深化具有福建特点的改革、打造海上丝绸之路核心区，突出加快乡村振兴、老区苏区发展，突出加强数字福建、海上福建和生态省建设，突出探索海峡两岸融合发展新路，全方位推进高质量发展，奋力谱写全面建设社会主义现代化国家福建篇章。

（一）加快建设现代化经济体系，奋力打造富强福建。经济体系现代化是中国式现代化的重要支撑，是实现高质量发展的必由之路。坚持以推动高质量发展为主题，加快建设现代化产业体系，保证产业体系自主可控和安全可靠。坚定不移把发展经济的着力点放在实体经济上，持续做强万亿级支柱产业，培育壮大战略性新兴产业，改造提升传统优势产业，加快发展现代服务业；全力推动消费扩容提质；全面加强交通、能源、水利等网络型基础设施建设，加快建设世界一流港口和干支结合的机场群，着力构建面向未来的新型基础设施体系，全力打造先进制造业强省、质量强省、交通强省。坚定不移做强做优做大“四大经济”，加快培育更具竞争力的数字经济核心产业体系，加快打造海洋优势产业集聚区和新兴产业集群，加快发展绿色低碳产业，加快建设全域生态旅游省。坚定不移统筹城乡区域发展，全面实施新型城镇化战略，促进大中小城市和小城镇协调发展，落实常住地提供基本公共服务制度，提高农业转移人口市民化质量；全面实施乡村振兴战略，持续开展乡村振兴示范创建，推动老区苏区全面振兴发展，建设宜居宜业和美乡村；全面实施新时代山海协作，高水平打造福州都市圈、厦漳泉都市圈，带动闽东北、闽西南协同发展区建设。坚定不移落实“两个毫不动摇”，传承弘扬、创新发展“晋江经验”，实施新时代民营经济强省战略，从政策和舆论上鼓励支持民营经济和民营企业发展壮大，让民营企业家大胆创新、放心创业、放手创造。

（二）*深入实施科教兴省战略，奋力打造创新福建。*科技为人类文明进步插上了腾飞翅膀，未来高质量发展的关键仍然在于科技创新。坚持科技是第一生产力、人才是第一资源、创新是第一动力，加快建设高水平创新型省份。以更高标准办好人民满意的教育，全面贯彻党的教育方针，为党育人、为国育才，深化教育领域综合改革，加快建设高质量教育体系，建设全民终身学习的学习型社会；实施职业教育质量提升计划，推动职普融通、产教融合、科教融汇，增强教育服务经济社会发展能力。以更大力度打造科技创新体系，深化科技体制改革，完善多元化科技投入机制；加快建设海峡科技创新中心，建好省创新实验室、省重点实验室、工程研究中心、企业技术中心，推进省属院所优化整合；加大知识产权保护力度，强化原创性引领性科技攻关，增强自主创新能力。以更实举措强化现代化建设人才支撑，深化人才发展体制机制改革，营造识才爱才敬才用才良好环境，精准引进急需紧缺人才，大胆使用青年人才，着力造就拔尖创新人才，让福建成就人才、人才成就福建。

（三）*积极服务和融入新发展格局，奋力打造活力福建。*福建今天的发展和成绩得益于改革开放，福建未来的前途和希望也一定靠改革开放。坚持以改革促进高水平开放、以开放倒逼深层次改革，加快建设国内国际双循环的重要节点、重要通道。持续深化系统集成改革，协同高效推进“放管服”、要素市场化配置、医改、林改等重点领域和关键环节改革，形成更多具有福建特点的改革成果。持续深化制度型开放，高质量建设海丝核心区，高标准打造金砖创新基地，高水平推进自贸试验区扩区提质，积极探索实施部分自由贸易港政策，提升贸易投资合作水平，加快建设开放强省、贸易强省、引资大省。持续深化闽台融合发展，始终尊重、关爱、造福台湾同胞，建好海峡两岸融合发展示范区，打造台胞台企登陆的第一家园，促进祖国统一大业。持续深化闽港闽澳合作，深入实施回归工程，引侨资、聚侨力、汇侨智，吸引更多海外侨胞投身家乡建设。

（四）*扎实推进共同富裕，奋力打造幸福福建。*一枝独秀不是春，百花齐放才能春满园。多行利民之举，办好惠民实事，不断实现人民对美好生活的向往。健全与经济增长相适应的居民收入增长机制，增加低收入者收入，扩大中等收入群体，保护合法收入，调节过高收入，取缔非法收入。健全就业公共服务体系，促进重点群体就业，帮扶困难群体就业，支持创业带动就业、多渠道灵活就业，稳定和扩大就业容量。健全多层次社会保障体系，扩大社会保险覆盖面，完善基本养老、基本医疗保险筹资和待遇调整机制，加强分层分类社会救助，提高养老托育、社会优抚、医疗卫生、住房保障等服务供给质量。健全生育支持政策及配套措施，实施好妇女、儿童发展纲要，推进儿童友好城市、青年发展型城市创建，加强未成年人保护，发展早期教育，落实渐进式延迟法定退休年龄政策，积极应对人口老龄化少子化。健全现代公共文化服务体系，繁荣发展文化事业和文化产业；广泛践行社会主义核心价值观，统筹推动文明培育、文明实践、文明创建。

（五）*全面深化生态文明建设，奋力打造美丽福建。*绿色是福建发展的鲜明底色，也是福建人民引以为傲的靓丽名片。坚持尊重自然、顺应自然、保护自然，持续协同推进降碳、减污、扩绿、增长，建设美丽中国示范省，让绿水青山永远成为福建的骄傲。全力推动绿色低碳循环发展，落实全面节约战略，落实碳排放总量和强度“双控”制度，分步骤分领域分行业推进碳达峰行动。全力打好污染防治攻坚战，保持力度、延伸深度、拓宽广度，建设美丽城市、美丽乡村、美丽河湖、美丽海湾、美丽园区。全力抓好山水林田湖草沙一体化保护和系统治理，完善以国家公园为主体的自然保护地体系，提升生态系统多样性、稳定性、持续性。全力推进生态文明治理体系改革创新，探索完善生态产品价值实现机制，深化生态保护补偿等制度改革。

（六）*着力提升社会治理效能，奋力打造平安福建。*治理好则社会稳，社会稳则发展兴。坚持以新安全格局保障新发展格局，加快构建高水平法治和安全体系，全力以赴防风险、保安全、护稳定、促发展。全面贯彻总体国家安全观，坚决维护国家政权安全、制度安全、意识形态安全，确保粮食、能源资源、金融、网络、重要产业链供应链安全。全面加强重大疫情防控救治体系和应急管理体系建设，推动公共安全治理模式向事前预防转变，坚决遏制重特大事故，提高防灾减灾救灾和重大突发公共事件处置保障能力，防范化解重大风险。全面建设法治强省，一体建设法治福建、法治政府、法治社会，加快推进科学立法、严格执法、公正司法、全民守法，积极营造办事依法、遇事找法、解决问题用法、化解矛盾靠法的法治环境。全面加快市域社会治理现代化，完善网格化管理、精细化服务、信息化支撑，建设人人有责、人人尽责、人人享有的社会治理共同体。

三、敢拼会赢、真抓实干，全力做好2023年工作

2023年是全面贯彻落实党的二十大精神的开局之年，是实施“十四五”规划承上启下的关键一年。我们要以习近平新时代中国特色社会主义思想为指导，全面贯彻落实党的二十大精神和中央经济工作会议部署，按照省第十一次党代会、省委十一届三次全会和省委经济工作会议要求，紧扣“四个更大”重要要求，坚持稳中求进工作总基调，完整、准确、全面贯彻新发展理念，加快构建新发展格局，全方位推进高质量发展，更好统筹疫情防控和经济社会发展，更好统筹发展和安全，全面深化改革开放，促进闽台融合发展，大力提振市场信心，把实施扩大内需战略与深化供给侧结构性改革有机结合起来，突出做好稳增长、稳就业、稳物价工作，有效防范化解重大风险，推动经济运行整体好转，实现质的有效提升和量的合理增长，为在推进中国式现代化中展现福建作为、谱写福建篇章开好局、起好步。

今年经济社会发展的主要预期目标是：全省地区生产总值增长6%左右，一般公共预算总收入增长6%左右，地方一般公共预算收入增长5.5%左右，固定资产投资增长6%，社会消费品零售总额增长10%，出口增长7%，城镇居民、农村居民人均可支配收入分别增长7%、7.5%，城镇调查失业率5.5%左右，居民消费价格涨幅3%左右，粮食总产量稳定在507万吨以上。

实现上述目标，必须坚持党对经济工作的全面领导，把牢“五大宏观政策”导向，落实“六个更好统筹”重要要求，紧紧抓住纲举目张的“五个重大问题”，聚焦“八个突出”重点任务，坚定信心、保持定力，使劲加力、跳起摸高，创造更好结果。要防疫情，新冠病毒感染实施“乙类乙管”，重点是强化服务和保障，我们要始终坚持人民至上、生命至上，着力保健康、防重症，同舟共济，共克时艰，确保人民群众平稳有序渡过疫情流行期，奋力夺取抗击疫情全面胜利。要拼经济，疫情防控措施优化调整带来正向刺激，经济复苏将按下快进键，曙光在前，未来可期，我们要紧盯宏观形势发展变化，强化经济运行分析调度，政策服务齐努力，投资消费出口同发力，政府市场相互联动，供给需求相互促进，国内国际双循环加快构建，想在一起、干在一起、赢在一起，拼出个高质量发展的新天地。要惠民生，让老百姓过上更好日子，始终是一切工作的出发点和落脚点，我们要坚持以人民为中心的发展思想，把为民办实事作为关键抓手，继续加大投入，增进民生福祉，补齐民生短板，关心弱势群体，解决急难愁盼，形成经济发展与民生改善的良性循环。要保安全，后疫情时期，企业生产、生活消费、交往出行活动重新活跃，各类风险隐患也在积累，我们要强化时时放心不下的责任意识，善于一叶知秋、见微知著，下好先手棋，打好主动仗，牢牢守住不发生重特大安全事故的底线，高度警惕“黑天鹅”事件，有效防范“灰犀牛”事件，以高水平安全保障高质量发展。

（一）*奋力推动经济高质量发展。*提升“四大经济”质量。这是我省实现经济高质量发展的优势所在。深化数字福建建设，办好第六届数字中国建设峰会；实施新型基础设施“强基”行动，支持福州、泉州等建设千兆城市，培育跨行业跨领域工业互联网平台，推动中国土楼云谷数据、厦门数字工业计算中心等争创国家新型数据中心；布局人工智能、量子科技、元宇宙等未来产业，打造大数据、物联网、卫星应用等千亿产业集群，实现数字经济增加值2.9万亿元以上。深耕“海上福建”，发挥福州、厦门国家海洋经济发展示范区带动作用，实施海洋渔船“宽带入海”工程，培育壮大海工装备、海上风电、深海养殖、海洋生物医药等产业，海洋生产总值继续保持全国前列。深入推进绿色经济发展行动计划，加快“电动福建”建设，培育壮大节能环保、清洁生产、清洁能源等产业。深入实施文旅经济高质量发展十大行动，依托世界文化和自然遗产打造世界级旅游景区，支持平潭打造国际旅游岛；推动旅游业加快恢复，大力发展红色、生态、工业、乡村、海洋、康养等文旅新业态，高标准建设“1号滨海风景道”，丰富全域生态旅游产品供给，提升旅游服务品质，让“清新福建”不负“诗与远方”。

提升制造业竞争力。这是推动实体经济高质量发展的重中之重。聚焦高端化智能化绿色化，加快电子信息、先进装备制造、石油化工、现代纺织服装等支柱产业提质增效，促进食品、冶金、建材、工艺美术等传统产业提档升级，推进新材料、新能源、生物与新医药等战略性新兴产业融合集群发展，支持宁德打造世界级动力电池产业集群、办好2023年世界储能大会。聚焦强链延链补链，完善大抓工业协调机制，加强产业专班力量；大力推进工业园区标准化建设，积极引进制造业高端项目，组织实施省重点技改项目1000项以上。聚焦质量品牌建设，引导企业以高标准引领高质量，以高质量创建名品牌。

提升服务业规模质效。这是打造经济高质量发展新引擎的重要抓手。突出“引”，接续实施“引金入闽”工程，推动优质金融资源集聚，加大对小微企业、科技创新、绿色发展等领域支持力度。突出“畅”，推动现代流通体系建设，大力发展公铁联运、海铁联运、海空联运，加快“一带一路”物流通道、国家物流枢纽城市建设，提高福州国家骨干冷链物流基地辐射带动能力，壮大厦门集装箱枢纽港。突出“融”，积极推动现代服务业同先进制造业、现代农业深度融合，加快发展工业设计、科技服务等生产性服务业，大力培育个性化定制、共享制造、供应链管理、总集成总承包等新业态新模式。突出“加”，以“数字+”“智能+”赋能教育、医疗、文娱等生活性服务业，更好满足人民群众多层次、多样化需求。

提升内需驱动力。这是增强经济高质量发展后劲的关键之策。强化优先恢复和扩大消费，深化“全闽乐购”，支持住房改善、新能源汽车、养老服务等消费，增加家电家具家装等大宗消费，扩大升级信息、绿色等热点消费，发展远程定制、体验分享等新模式；深化“三品”专项行动，持续开展纺织鞋服、食品、医药等行业“手拉手”活动，加强供需对接，促进“福建造”产品推广应用；深化城乡消费提升行动，加快打造区域消费中心，加强县域商业体系建设，促进农特产品“进城”、高质量消费品“下乡”。强化政府投资和政策激励，围绕经济发展和民生急需，加大政策性金融对符合国家发展规划重大项目的融资支持，鼓励和吸引更多民间资本参与国家重大工程和补短板项目，加快实施“十四五”重大工程，适度超前布局一批稳基础、优结构、利长远的项目，切实扩大有效投资；加快综合立体交通网络建设，全面建成福厦高铁、厦门第二东通道、泉南高速改扩建等，全力推动福州机场二期扩建、厦门新机场建设、泉州晋江机场改扩建、厦福泉国家综合货运枢纽补链强链，开工建设漳汕高铁、龙龙铁路武平至梅州段，提速温福高铁、温武吉铁路、厦门港后方通道等前期工作；加快沿海港口码头泊位建设，振兴发展闽江航运；加快新型能源体系规划建设，推进漳州核电 1-4 号机组、福厦特高压、智能配电网、抽水蓄能电站等项目；加快重大水利工程建设，推进木兰溪下游水生态修复与治理、九龙江调水、闽江干流防洪、白濑水库等项目，开工宁德上白石水利枢纽、金门供水水源保障等项目，做好闽西南、闽东等水资源配置工程前期论证，努力从根本上解决水资源分布不均和配置能力不足问题。

提升市场主体活力。这是蓄积经济高质量发展基本力量的必然要求。突出保护民营企业产权和企业家权益，大力弘扬企业家精神，鼓励企业心无旁骛做实业、一心一意创品牌。突出培育龙头企业、专精特新企业，新增专精特新中小企业 300 家以上、“小巨人”企业 100 家以上。突出科学精准招商，鼓励现有主体增资扩产，完善招商工作统筹机制，紧盯产业链缺失环节、紧盯龙头企业、紧盯高新领域，锲而不舍引进更多大项目好项目。突出加强反垄断和反不正当竞争，依法规范和引导资本健康发展，支持平台企业大显身手。突出构建亲清政商关系，健全政企会商、干部挂钩联系服务企业等制度，亲而有度守底线，清而有为敢担当。

（二）着力增强创新竞争力。坚持教育优先发展。全面落实立德树人根本任务，加快建设教育强省，打牢创新基石。统筹优化基础教育资源配置，大力推广集团化办学，实施学前教育发展提升行动，改造城区和城乡结合部公办幼儿园 150 所，促进普及普惠、安全优质；实施义务教育薄弱环节改善与能力提升项目，新增公办义务教育学位 5 万个，促进优质均衡发展和城乡一体化，缓解学区房、“择校热”等现象；实施县域普通高中发展提升行动，促进高中阶段学校优质特色发展，推进特殊教育全纳融合发展，完善覆盖全学段学生资助体系。统筹推进职业教育、高等教育协同创新、融合发展，实施高等教育十年规划、新一轮“双一流”和一流应用型高校建设方案；调整优化高校专业结构设置，促进内涵式发展，支持福耀科技大学建设；实施职业教育“双高”计划，加大政策供给和投入力度，推动中职、高职、本科一体化贯通培养改革试点，完善技工教育和职业技能培训公共服务体系，培养更多高素质技术技能人才、能工巧匠、大国工匠。统筹完善学校管理和教育评价体系，加强师德师风建设，加强教材建设和管理，在法治轨道上推进“双减”工作，引导规范民办教育发展，深化校外培训机构治理，让学生成才、家长放心、社会满意。

坚持科技自立自强。全面落实创新驱动发展战略，优化科技创新生态，完善科技创新体系。突出发挥福厦泉国家自主创新示范区集聚效应，继续建好中国东南（福建）科学城、厦门科学城、泉州时空科创基地、三明中关村科技园和省创新研究院，支持现有平台建实建强、早出成果、多出成果；新建海洋、集成电路等领域省创新实验室，争取能源、海洋领域国家实验室落户我省。突出企业科技创新主体地位，实施高新技术企业“双倍增”行动，落实企业研发费用税前加计扣除、分段补助等政策，全社会研发投入增长 18%以上。突出转变政府科技管理职能，探索对高校、科研机构和高层次领军人才的长期稳定支持机制，持续深化科技成果使用权、处置权和收益权改革，加快建设知识产权强省，推动“科技-产业-金融”良性循环。突出关键核心技术攻关，聚焦光电信息、先进材料等领域，推行“揭榜挂帅”“赛马”等新型管理制度，实施一批具有前瞻性引领性的重大科技项目。

坚持人才引领驱动。全面落实新时代人才强省战略，构建更加积极、开放、有效的人才政策体系，夯实创新人才支撑。强化人才战略布局，支持福州建设数字经济人才基地、厦门建设海峡两岸创新创业领军人才基地、泉州建设先进制造业人才基地，鼓励各地探索建设富有特色的人才平台，推动形成人才发展“雁阵”格局。强化高端人才培养引进，造就更多特级人才、科技领军人才、高水平创新团队、青年拔尖人才、卓越工程师、高技能人才，更加精准、更大规模引进海内外高端人才、专业人才、青年人才。强化人才发展体制机制建设，健全新时代科技特派员机制，以 6 家省创新实验室为试点，向用人主体充分授权，加大科研经费管理、编制管理、人才交流等方面松绑力度。强化人才环境营造，完善薪酬、住房、医疗、配偶安置、子女教育等精准服务体系，徙木立信，展现最大的诚意全力打造求贤若渴的浓厚氛围，让人才心有所向、身有所归、业有所成。

（三）大力促进城乡区域共建共享。全面推进乡村振兴。坚持农业农村优先发展，走具有福建特色的乡村振兴之路。完善防止返贫监测和帮扶机制，巩固拓展脱贫攻坚成果，坚决守住不发生规模性返贫的底线。完善现代农业产业体系，加快创建国家现代农业产业园、优势特色产业集群、国家农业产业强镇；实施农业保险保费补贴政策，培育壮大新型农业经营主体；持续推进“一村一品”建设，打响“福农优品”品牌，提升农业质量效益和竞争力。完善乡土人才培育机制，引导各类能人回归，培养更多高素质农民。完善乡村文化设施，建设一批乡村戏台、农民文化公园，打造“百姓大舞台”等特色公共文化服务品牌。完善农村人居环境整治措施，大力实施乡村建设行动，接续推进农村建设品质提升五大工程，深入开展乡村“五个美丽”建设，打造100条乡村振兴精品示范线路。完善乡村治理体系，发挥村规民约作用，推进移风易俗，建设文明乡风，推动实现自治、法治、德治相结合。

着力提高区域联动发展水平。坚持区域协调发展，完善发达地区对相对不发达地区结对帮扶机制，推动闽东北、闽西南两大协同发展区建设取得更大进展，构建优势互补、高质量发展的区域经济布局。加快建设福州都市圈，深入实施强省会战略，推进福州新区、平潭综合实验区一体化高质量发展，支持莆田建设绿色高质量发展先行市，支持南平加快全方位绿色高质量发展。加快建设厦漳泉都市圈，支持厦门打造高质量发展引领示范区、泉州建设21世纪“海丝名城”。加快建设闽西革命老区高质量发展示范区，完善老区优先、适当倾斜的政策体系，支持龙岩与广州、三明与上海对口合作。加快推进区域合作，主动对接京津冀协同发展、长江经济带发展、粤港澳大湾区建设；深化东西部协作和对口支援，抓好援藏、援疆项目落地实施，持续推动闽宁合作再上新水平、共续“山海情”。

稳步提升新型城镇化质量。坚持以人为核心的新型城镇化，优化城镇化空间布局和形态。深入推进以县城为重要载体的城镇化建设，发挥10个国家县城新型城镇化示范县（市）带动作用，促进县城人口集聚、产业集中和功能集成。深入推进城市更新行动，改造提升2580个老旧小区，积极推动完整社区建设试点。深入推进宜居、韧性、智慧城市建设，因地制宜建设地下综合管廊，提升生活垃圾分类水平，精细化整治背街小巷环境，新增公共停车泊位2万个，新建一批郊野公园、福道、城市公园，让环境更友好、生活更美好。

（四）扎实推动改革攻坚新突破。推进重点领域改革。坚定以改革为先导、向改革要动力。深化要素市场化配置改革，落实落细加快建设全国统一大市场23项分工任务，支持泉州开展盘活利用低效用地试点。深化新阶段农村改革，巩固和完善农村基本经营制度，发展新型农村集体经济；推进农村集体产权制度改革，稳步实施农村承包地“三权分置”，稳慎开展农村宅基地制度改革试点，稳妥推进农村集体经营性建设用地入市试点。深化区域金融改革创新，大力支持开展数字人民币试点，加快打造普惠金融改革、绿色金融改革示范区。深化国资国企改革，处理好国企经济责任和社会责任关系，推动省属企业战略性重组和专业化整合，完善中国特色国有企业现代公司治理。深化“三医”协同发展和治理，巩固提升三明医改成果，加快“药价保”集成改革、分级诊疗制度建设和医共体体制机制创新，完善大病保险和医疗救助制度，推进长期护理保险制度试点。深化集体林权制度改革，完善林权流转、多式联营、价值实现、多元服务四项机制，推动林权规范有序流转200万亩。

强化数字化改革引领。以信息化建设为支撑，加快推动数字政府智治化、数字社会智慧化、数据要素价值化。着力打造协同高效的数字政府，建好省域一体化数字执法平台，用好经济社会运行和高质量发展监测与绩效管理平台、公共数据汇聚共享平台，提高政务服务“一网通办”、省域治理“一网统管”、政府运行“一网协同”水平。着力建设共治共享的数字社会，创新公共服务供给方式，提升公共服务品质，在教育、医疗、养老、抚幼、就业、助残等方面推动数字化服务普惠应用。着力构建富集多元的数据供给体系，培育壮大公平公开开放的数据要素市场，丰富数据应用场景，发挥数据价值效应，实现数字赋能、激发市场活力。

打造一流营商环境。聚焦提高市场化、法治化、国际化、便利化水平，实施营商环境创新改革行动计划，打造能办事、好办事、办成事的“便利福建”。以“改”优服务，优化和再造政务服务流程，深化“一业一证”“一照多址”等改革和办电“零投资”服务，深入推进社会投资项目“用地清单制”“多测合一”、联合验收“一口受理”、高频事项“一站式”通办等，推动更多事项“跨省通办”“免申即办”“掌上办”。以“联”促便利，推广多式联运“一单制”试点，拓展“单一窗口+”服务，探索开展厦门与金砖国家、RCEP国家跨境贸易相关单证互联互通、信息共享与联网核查，支持平潭稳妥实施“一线放开、二线管住”。以“信”树形象，提高监管执法规范性和透明度，推广信用承诺制，健全信用修复机制，强化信用信息共享，恪守契约精神，建设诚信福建。

（五）深入推进高水平对外开放。更大力度稳定和扩大出口。积极推动工贸结合，加强外贸产业链招商，培育外贸领域名企名牌名品，发展数字贸易，推动外贸稳规模、优结构。积极培育国际营销公共平台，政策支持企业运用RCEP优惠关税等规则开拓市场、抢抓订单，推动“福品卖全球、全球买闽货”。积极发展市场采购、跨境电商、海外仓等外贸新业态，协同推进服务业开放与服务贸易发展，扩大先进技术、重要设备、能源资源等产品进口，建好国家进口贸易促进创新示范区，支持厦门争创国家服务贸易创新发展示范区。积极拓宽中小微外贸企业融资渠道，优化出口信保扶持政策，鼓励企业运用我省首创的汇率避险产品支持措施降低汇兑损失。积极完善重点外贸企业服务保障机制，制定实施新一轮稳外贸政策措施，强化监测分析和跟踪服务，全力促生产、保通畅、育主体。

更大力度吸引和利用外资。深入实施外商投资准入负面清单，落实国家新版鼓励外商投资产业目录，加大现代服务业领域开放力度，促进外资稳存量、扩增量。深入落实外资企业国民待遇，保障外资企业依法平等参与政府采购、招投标、标准制定，为外商来闽提供最大程度的便利。深入开展外资招商活动，抓住全球产业链重组带来的机遇，把更多重大外资项目吸引进来；积极支持中沙古雷乙烯等重大外资项目建设，加快外资“双百项目”转化升级，带动省内产业链整体提升。深入推进对外开放平台建设，扎实推进自贸试验区建设提升，争取更多先行先试政策，加强投资、贸易、金融等领域制度集成创新，促进创新成果向更大范围复制推广；办好第23届投洽会。深入拓展国际友城交流，扩大闽港闽澳各领域交流合作，以侨为桥，以侨引侨、以侨引外。

更大力度释放多区叠加效应。扎实推进海丝核心区建设，深入实施“丝路海运”等工程和“丝路伙伴”计划，加快海丝中央法务区建设；加强与共建“一带一路”国家和地区产业对接，推动中印尼、中菲“两国双园”建设方案尽快获批；优化整合全省港口资源，积极拓展与RCEP国家的近洋航线，提升“中欧班列”规模效益，推进“海丝”“陆丝”无缝对接、联动发展。扎实推进厦门经济特区改革开放，建好金砖创新基地，办好金砖国家新工业革命伙伴关系论坛等活动，引进更多头部企业，打造一批标志性合作项目。

（六）加快建设海峡两岸融合发展示范区。打造往来便捷、合作紧密的第一家园。深入推进闽台电子信息、石油化工、精密机械、生物科技、现代服务业、现代农业等产业合作，高质量建设台商投资区、台湾农民创业园等涉台经济合作园区。深入推进闽台优势企业产业链供应链价值链融合，支持在闽优质台企在大陆上市，加快区域性股权市场“台资板”建设。深入推进闽台合作平台建设，加快打造两岸能源资源中转平台和对台功能性经贸平台，支持福州、平潭等地建设对台跨境电商集散枢纽，支持平潭探索建设两岸共同市场先行区域。深入推进与金马地区通水通电通气通桥，加快建设厦金共同生活圈、福马共同家园。

打造政策开放、服务贴心的第一家园。完善台胞在闽就医、住房、社保、养老、子女就学等制度保障，深化两岸标准共通，推动扩大中国台湾地区职业资格采认范围，扎实推进基本公共服务均等化普惠化便捷化。完善台商台企权益保障协调联动机制，依法保障台湾同胞权益。完善台湾青年来闽就业创业政策支持和服务体系，鼓励支持台湾教师来闽全职从教，支持台湾青年参与生态环保、乡村振兴、社区营造、志愿服务等基层融合实践，不断扩大闽台青年共同“朋友圈”和“事业圈”。

打造心灵契合、情感融洽的第一家园。持续开展寻根谒祖、族谱档案对接、信俗交流等活动，加强涉台文物保护，支持非遗文化、民间曲艺入岛，推动闽台共同传承中华优秀传统文化。持续深化闽台教育融合，支持两岸合编教材、共写史书、联创作品。持续推动闽台基层和青少年交流，精心筹办第十五届海峡论坛、第十一届海峡青年节，架好海峡“连心桥”、共画两岸“同心圆”。

（七）全面发展民生和社会事业。提高居民收入水平。落实落细就业优先政策，把促进青年特别是高校毕业生就业工作摆在更加突出的位置，多措并举保障农村转移劳动力、退役军人等重点群体就业，继续帮扶困难群体就业，加快建设零工市场，加大欠薪治理力度，全年城镇新增就业50万人以上。落实落细“四大群体”增收计划，加大税收、社会保障、转移支付等调节力度，全面“提低”、加快“扩中”、合理“调高”；完善最低工资标准正常调整机制，深化公立医院薪酬制度改革，健全中小学教师工资长效联动机制。落实落细第三次分配制度安排，引导、支持有意愿有能力的企业、社会组织和个人积极参与公益慈善事业。

建强社会保障体系。积极发展养老事业和养老产业，培育银发经济，推动智慧健康养老，优化孤寡老人与失能老人服务；加强公共环境适老化改造和无障碍环境建设，新增300个长者食堂、50个嵌入式养老服务机构，打造“福见康养”品牌。积极落实企业职工基本养老保险全国统筹制度，鼓励发展个人养老金，进一步完善基本医疗保险、失业保险、工伤保险省级统筹；深入实施全民参保计划，稳步提高社会保险待遇水平，促进政府定制型商业健康保险发展。积极做好社会救助，加强低收入人口救助帮扶，兜准兜牢民生底线。积极支持刚性和改善性购房需求，坚持“房住不炒”，解决好新市民、青年人等住房问题，探索长租房市场建设，推动房地产业尽快走出困境、向新发展模式平稳过渡。

加快健康福建建设。着力健全公共卫生体系，提升重大疫情防控、救治体系和应急能力建设水平，高度重视心理健康和精神卫生；深入开展爱国卫生运动，有效遏制重大传染性疾病传播。着力促进优质医疗资源扩容和均衡布局，持续推进公立医院高质量发展，加快建设国家、省级区域医疗中心。着力提升基层医疗机构服务能力，把更多医疗资源向基层下沉，继续实施“千名医师下基层”活动，接续实施基层医疗卫生人才“三个一批”项目，稳定乡村医生队伍。着力加快“三医一张网”建设，加强全民健康信息互联互通和业务协同，优化双向诊疗协同服务。着力推动中医药深度融入医改，加强闽派中医药特色方药挖掘、特色技术传承，培育壮大中医药特色专科，打响福建中医药品牌。着力降低生育、养育、教育成本，促进人口长期均衡发展。

推进文化强省建设。加强社会主义核心价值观教育，发展社会主义先进文化，弘扬革命文化，传承中华优秀传统文化，推动“福”文化、朱子文化、船政文化等创造性转化、创新性发展，构建“海洋文化看福建”品牌，打造福建文化标识体系。加强公民道德建设，深化新时代文明实践中心建设，全面推进全国文明城市创建，完善志愿服务制度和工作体系。加强文物和文化遗产保护利用，支持泉州创建世遗保护利用典范城市，积极推进莆田、厦门申报国家级历史文化名城，全面开展南岛语族考古研究和开发利用；基本完成长征国家文化公园（福建段）建设，加快建设福建省美术馆、大数据文物保护平台。加强闽派文艺精品创作，深入实施文艺作品质量提升、文化惠民等工程，打造“视听福建”海外播映品牌，办好第36届金鸡奖、第10届丝绸之路国际电影节、中国电视剧大会等活动。加强新型智库建设，繁荣发展哲学社会科学、档案、地方志、参事、文史等事业。加强全民健身工作，协调发展群众体育、竞技体育、体育产业，新建改建一批智慧体育公园、社区“运动角”，做优学校和公共体育场馆双向开放服务，加快建设体育强省。

（八）更高起点建设生态强省。加快推动绿色低碳转型。坚持以降碳为“牛鼻子”，促进经济社会发展绿色化、低碳化，当产业项目、经济增长速度与生态环境发生冲突时，宁可放弃项目，宁可速度降下来一些，也要保护好生态环境。积极调整优化产业结构、能源结构、交通运输结构，强化绿色低碳技术攻关，推动钢铁、有色、建材、石化等重点领域节能降碳，推进资源循环利用。积极开展低碳城市、园区、社区试点，加大新能源汽车、装配式建筑等推广应用力度，推动建筑垃圾等固体废物循环利用，营造绿色生产生活新时尚。积极拓宽“两山”转化路径，深化国家生态文明试验区建设，加快发展碳排放权交易，巩固提升林业、海洋系统、生态农业碳汇能力，促进生态产业化、产业绿色化，种好“试验田”、结出“生态果”。

深入推进环境污染防治。坚持精准治污、科学治污、依法治污，加快中央生态环境保护督察反馈问题整改，深化省级生态环境保护例行督察，分类整治流域性、区域性、行业性污染。打赢蓝天保卫战，开展细颗粒物和臭氧污染协同防治、柴油货车污染治理攻坚行动，强化钢铁、水泥、电解铝、平板玻璃等非电行业超低排放改造和挥发性有机物综合治理，推进城市扬尘污染管控，细化实化联合防治和污染天气应急联动措施，让蓝天白云、繁星闪烁常在。打好碧水保卫战，持续推动水源地规范化建设，加大入河排污口排查整治力度，加快省级以上工业园区“污水零直排区”建设，改善提升重点流域水质，消除县级市建成区60%黑臭水体，推进农村生活污水治理，打造美丽河湖“福建样本”，让清水绿岸、鱼翔浅底常在。打好碧海保卫战，加强重点海湾综合治理，加快海上养殖转型升级，推进入海排污口和海漂垃圾综合治理，让碧海银滩、海豚逐浪常在。打好净土保卫战，持续推动受污染耕地安全利用、化肥农药减量增效、畜禽粪污资源化利用，深入排查整治重金属行业企业，加快医废处置扩能提质，推进“无废城市”建设，开展新污染物治理，让田园相依、百姓安居常在。

统筹推进生态系统保护修复。坚持人与自然和谐共生，像保护眼睛一样保护自然和生态环境。加强“三线一单”生态环境分区管控，协同推进生态保护红线、自然保护地优化整合和勘界定标，高质量建设武夷山国家公园，构建基本生态保护空间格局。加强各类湿地保护，支持闽江河口湿地申报世界自然遗产，巩固闽江流域生态保护修复成效，推进九龙江一体化保护和修复。加强生物安全管理，实施生物多样性保护重大工程，深入开展互花米草除治攻坚行动，防治外来物种入侵和动植物疫情。加强重点区域林分林相改善，精准提升森林质量290万亩，继续推动竹产业高质量发展。加强国家园林城市创建，让群众推窗见绿、出门进园、行路享荫、四季赏花。

（九）全力维护安全稳定新局面。确保粮食和能源安全。坚持耕地保护和粮食安全党政同责，严守耕地保护红线，持续夯实农村水利基础，加强高标准农田建设，有序推动抛荒山垅田复垦、退茶退果退林还粮，确保粮食播种面积稳定在1253万亩以上；强化农业科技和装备支撑，实施种业振兴行动，推进三明“中国稻种基地”和省农业生物种质资源库项目建设；完善储粮基础设施，加快建设7个省级粮库。坚持大食物观，构建多元化食物供给体系，促进实现蔬菜周年均衡供应，能繁母猪存栏稳定在90万头以上，确保重要农产品供应充足、价格平稳；深入开展粮食节约行动，推动粮食生产、加工、流通、消费、储备等全链条减损。坚持食品药品安全问题“零容忍”，深化治理“餐桌污染”、建设“食品放心工程”，健全药品追溯体系。坚持完善能源产供储销体系，建立健全能源安全应急响应机制，加快煤炭储备基地、油气储备设施建设，协调推动煤炭、天然气等中长协合同签约，扎实做好电力保供工作。

守牢安全生产底线。时刻以战战兢兢、如履薄冰的态度，拧紧安全生产的责任链条，强化危化品、燃气、自建房、消防、道路交通、水上运输和渔业船舶等重点领域隐患排查整治，持续加强监管执法，推进安全生产标准化建设。强化应急物资、队伍、装备等保障，实施“五个一百”公共安全保障提升工程，加快应急广播体系建设，用好自然灾害风险普查成果，增强全灾种救援能力和急难险重任务处置能力，有效防范应对暴雨、洪涝、台风、干旱、森林火灾等自然灾害。

防范化解重大风险。严厉打击各种渗透、破坏、颠覆、分裂活动，坚决维护政治安全、社会安定、人民安宁。严格落实意识形态工作责任制，唱响主旋律、弘扬正能量。严守不发生系统性风险的底线，有效防范化解房地产、金融风险，确保政府债务风险可控。严防新技术新应用带来的风险，维护网络安全、信息安全、数据安全等非传统安全。

提升社会治理现代化水平。深入实施“八五”普法规划，深化司法体制综合配套改革，推进多层次、多领域依法治理。坚持和发展新时代“枫桥经验”，畅通群众诉求渠道，强化信访矛盾纠纷排查化解。深化“近邻”党建模式，抓好“区块链+智慧社区”国家创新试点，推动社会治理重心向基层下移。加强社会治安综合治理，完善立体化信息化社会治安防控体系，推进扫黑除恶常态化，依法严惩群众反映强烈的各类违法犯罪活动。保障妇女儿童合法权益，促进残疾人事业全面发展，发挥好工会、共青团、妇联等群团组织作用，做好关心下一代、老体协等工作。加快建设中华民族团结进步窗口，积极推进宗教中国化的福建实践。加强军人军属荣誉激励和权益保障，做好国防教育、国防动员、军民融合、双拥共建、退役军人服务保障等工作；支持驻闽部队建设，解决好官兵后路、后院、后代问题，巩固和发展“爱我人民爱我军”“军民团结如一人”的大好局面。

四、坚持党的全面领导，全力建设让人民更加满意的政府

新时代新征程，新使命新担当。各级政府各部门要紧紧围绕党的中心任务，在党中央的坚强领导下，全面加强自身建设，以新气象新作为推动高质量发展取得新成效。

坚持忠诚为政。始终牢记政府机关首先是政治机关，坚持以党的旗帜为旗帜，以党的方向为方向，以党的意志为意志，坚决做到对总书记忠诚、对党中央忠诚。把准政治方向，深刻把握“两个确立”的理论逻辑、历史逻辑、实践逻辑，进一步强化忠诚拥护“两个确立”、坚决做到“两个维护”的高度政治自觉、思想自觉、行动自觉。强化理论武装，深刻领会习近平新时代中国特色社会主义思想的世界观和方法论，自觉同党的理论方针政策对标对表，及时校准偏差。严守纪律规矩，严格请示报告制度，坚持民主集中制，严肃党内政治生活，持续巩固风清气正的政治生态。

坚持为民施政。始终牢记政府前面“人民”二字，积极践行以人民为中心的发展思想，想人民之所想，行人民之所嘱。走好群众路线，到群众中去，问政于民、问计于民、问需于民，时刻同人民站在一起、想在一起、干在一起。干好利民之事，尽力而为、量力而行，采取更多惠民生、暖民心举措，努力为全省人民添福造福，不折不扣完成29项为民办实事项目。接受群众监督，莫陶醉于顺耳话，要真心听逆耳言，多请人民群众提出批评意见；改进工作评价体系，政府的决策部署让群众来评价，政府的工作成效让群众来打分。

坚持依法行政。始终牢记法定职责必须为、法无授权不可为，切实把习近平法治思想贯彻落实到政府工作全过程。深化法治政府建设示范创建活动，加快推动重点领域、新兴领域、特色领域立法，规范重大行政决策程序，正确处理依法行政和改革创新的关系。深化行政执法体制改革，全面推进跨领域跨部门综合执法和基层“一支队伍管执法”，严格规范公正文明执法。深化全过程人民民主探索实践，加强政府协商，广泛听取民意，认真办理人大代表建议和政协提案，自觉接受人大监督、民主监督、监察监督、舆论监督，进一步加强审计、财会、统计监督，坚决防范和惩治统计造假、弄虚作假，扎实开展第五次全国经济普查。

坚持务实勤政。始终牢记空谈误国、实干兴邦，大力发扬斗争精神、专业精神、实干精神、团结精神，让干部敢为、基层敢闯、企业敢干、群众敢首创。传承弘扬“四下基层”“四个万家”的优良作风，放下身段、扑下身子、沉到一线，跟企业家交朋友，跟劳动者多谈心，点对点问需纾难解困，实打实推动高质量发展。传承弘扬“马上就办、真抓实干”的优良作风，打造效能政府，雷厉风行、紧抓快办，今天的事不拖到明天。传承弘扬“滴水穿石”“久久为功”的优良作风，一件事一件事去做，一年接着一年去干，积小胜为大胜。敢于挺膺负责，敢于攻坚克难，多行排雷拔刺、为当下解忧、为后来铺路的务实举措，多做有益于人民群众的实事、社会满意的好事、经得起历史检验的正确的事。

坚持廉洁从政。始终牢记自我革命永远在路上，强化权力集中、资金密集、资源富集领域廉政风险防控，坚决破除特权思想和特权行为，不断提高不敢腐、不能腐、不想腐的综合功效。锲而不舍落实中央八项规定及其实施细则精神，以钉钉子精神纠治“四风”，重点纠治形式主义、官僚主义，科学精准问责，为担当者担当，推动为基层减负走深走实。一以贯之发扬勤俭节约精神，坚决压减非刚性、非重点、非急需支出，把更多资源和财力用在推动发展、改善民生、基层“三保”上，真正用政府的“紧日子”换来老百姓的好日子。

各位代表，伟大思想引领伟大时代，伟大时代呼唤伟大奋斗。我们要更加紧密地团结在以习近平同志为核心的党中央周围，高举中国特色社会主义伟大旗帜，全面贯彻习近平新时代中国特色社会主义思想，在省委领导下，自信自强、守正创新，踔厉奋发、勇毅前行，奋力谱写全面建设社会主义现代化国家福建篇章，为全面推进中华民族伟大复兴作出更大贡献！

福建省人民政府印发关于贯彻落实扎实稳住经济一揽子政策措施实施方案的通知

闽政〔2022〕15号

各设区市人民政府、平潭综合实验区管委会，省人民政府各部门、各直属机构，各大企业，各高等院校：

现将《关于贯彻落实扎实稳住经济一揽子政策措施的实施方案》印发给你们，请认真组织实施。

福建省人民政府

2022年5月30日

（本文有删减）

关于贯彻落实扎实稳住经济一揽子政策措施的实施方案

为坚决贯彻党中央、国务院决策部署，按照“疫情要防住、经济要稳住、发展要安全”重要要求，落实落细国务院扎实稳住经济一揽子政策措施，着力稳增长稳市场主体保就业，确保二季度结果好、上半年“双过半”，确保实现全年经济社会发展目标任务，为全国大局多作贡献，特制定本实施方案。

一、加大市场主体纾困解难力度

1. 落实增值税留抵退税政策。将制造业、科学研究和技术服务业、电力热力燃气及水生产和供应业、软件和信息技术服务业、生态保护和环境治理业、民航交通运输仓储和邮政业等6大行业大型企业一次性退还存量留抵税额时间由10月提前至6月。在批发和零售业，农、林、牧、渔业，住宿和餐饮业，居民服务、修理和其他服务业，教育，卫生和社会工作，文化、体育和娱乐业等更多行业实施存量和增量全额留抵退税政策，摸排行业扩围后可退资源清册，强化政策宣传辅导。尽快下达支持基层落实减税降费和保障重点民生等转移支付资金，推动市、县（区）不折不扣落实增值税留抵退税政策，确保应退尽退、及时退付。加快办理小微企业、个体工商户留抵退税，在纳税人自愿申请的基础上，6月30日前基本完成集中退还存量留抵税额。

2. 加快财政支出进度。省级各部门要尽快下达转移支付预算，并加快本级部门预算支出进度。特别是加快省委、省政府既定重大事项、重点项目，以及各项助企纾困政策等支出的资金拨付进度。加大盘活存量资金力度，对结余资金和连续两年未用完的结转资金按规定收回统筹使用，对不足两年的结转资金中不需按原用途使用的资金收回统筹用于经济社会发展急需支持的领域。结合留抵退税、项目建设等需要做好资金调度、加强库款保障，确保有关工作顺利推进。

3. 加大融资担保支持力度。对符合条件的交通运输、餐饮、住宿、旅游行业中小微企业、个体工商户，鼓励政府性融资担保机构提供融资担保支持，政府性融资担保机构及时履行代偿义务，推动金融机构尽快放贷。对上述纳入国家融资担保基金再担保合作业务，发生代偿时，省级分担比例由40%提高到60%。各地政府性融资担保机构主管部门要推动政府性融资担保机构合理提高担保放大倍数，扩大对小微企业的覆盖面。鼓励各金融机构与政府性融资担保机构开展“见贷即担”“见担即贷”批量担保业务合作，减少重复尽职调查，优化担保流程，提高担保效率。

4. 加大政府采购支持中小企业力度。将面向小微企业的价格扣除比例由6%—10%提高至15%—20%。2022年实施的政府采购项目，采购人可以结合项目实际，给予中小企业不低于采购合同金额50%的预付款，预付款比例和支付时间应当在采购文件和采购合同中予以明确。政府采购工程、货物、服务要落实促进中小企业发展的政府采购政策，根据项目特点、专业类型和专业领域合理划分采购包，积极扩大联合体投标和大企业分包，降低中小企业参与门槛，坚持公开公正、公平竞争，按照统一质量标准，将预留面向中小企业采购的份额由30%以上今年阶段性提高至40%以上，非预留项目要给予小微企业评审优惠，增加中小企业合同规模。

5. 落实扩大实施社保费缓缴政策。将中小微企业、个体工商户和餐饮、零售、旅游、民航、公路水路铁路运输等5个特困行业缓缴养老等三项社保费政策延至年底，并扩围至其他特困行业，尽快制定我省办理流程、执行口径标准等，开发前台缓缴信息采集录入，提高认定效率。

6. 免征相关行业地方水利建设基金。对我省工业、物流、餐饮、住宿、公路水路运输、旅游等六大行业免征2022年度地方水利建设基金，相关行业判断标准按照现行《国民经济行业分类》执行。

7. 加强对中小微企业、个体工商户、货车司机、受疫情影响人群等的金融支持。鼓励商业银行等金融机构对符合条件的受疫情影响的中小微企业和个体工商户、货车司机办理无还本续贷业务，按市场化原则自主协商贷款还本付息方式，应延尽延，延期还本付息日期原则上不超过2022年底。对因感染新冠肺炎住院治疗或隔离，受疫情影响隔离观察或失去收入来源的人群，督促金融机构对其存续的个人住房、消费等贷款，灵活采取合理延后还款时间、延长贷款期限、延期还本等方式调整还款计划。对延期贷款坚持实质性风险判断，不单独因疫情因素下调贷款风险分类，不影响征信记录，并免收罚息。

8. 优化信用服务。鼓励有条件的金融信用信息基础数据库接入机构积极运用自身业务系统，或采取与政府部门、医院等单位对接等方式，排查新冠疫情开始后发生逾期的征信记录。对因感染新冠肺炎住院治疗或隔离人员、因疫情防控需要隔离观察但未住院隔离人员、参加疫情防控工作人员在疫情防控期间因疫情影响未能及时还款的逾期信贷业务，经接入机构认定，相关逾期贷款可以不作逾期记录报送；对受疫情影响暂时失去收入来源的个人和企业，接入机构可依调整后的还款安排报送征信记录；已经报送的，按征信纠错程序予以调整；存在异议的，应主动与相关主体进行沟通协商，妥善处理。

9. 加大普惠小微贷款支持力度。落实好普惠小微贷款支持工具资金支持比例提高的政策，按相关地方法人银行普惠小微贷款余额增量的2%提供资金支持。充分用好普惠性再贷款再贴现政策工具，持续引导金融机构加大对涉农、小微和民营企业的信贷支持。省级财政安排1亿元贷款贴息资金，设立第七期100亿元中小微企业纾困增产增效专项资金贷款。加大“政府、银行、企业、保险、担保”等“几家抬”工作力度。通过信息共享、政银企对接及其他合作方式，促进政策集成和生产要素盘活，推动金融产品和服务创新，实现金融支持目标。强化科技赋能，扩大小微企业“信用贷”“首贷”。大力发展供应链金融服务，引导金融机构和国有企业、供应链核心企业支持中小微企业应收账款质押等融资。

10. 推动优化贷款利率。促进贷款利率稳中有降，推动金融机构在用好前期降准资金的基础上，充分发挥市场利率定价自律机制作用，持续释放LPR改革效能，发挥存款利率市场化调整机制作用，强化存款利率自律管理，稳定银行负债成本，推动金融机构进一步向实体经济合理让利。

11. 加快资本市场融资步伐。出台我省企业上市行动方案，持续加大对拟上市企业的培育孵化力度，引导符合条件的企业在境内外交易所上市融资、再融资。支持我省上市公司和新三板挂牌公司通过股权和债权再融资、并购重组等方式不断做大做强。加强银证企发债对接和宣传，支持民营企业发债融资，扩大债券发行规模，拓宽直接融资渠道，积极支持和鼓励金融机构发行“三农”、小微企业、绿色、双创等金融债券，为重点领域企业提供融资支持。鼓励福建私募股权基金、创业投资基金加大对省内相关企业的投入，引导基金投早投小，投长期，投未来，积极支持各类中小企业发展。

二、保产业链供应链稳定

12. 着力降低市场主体用水用电用网等成本。全面落实对受疫情影响暂时出现生产经营困难的小微企业和个体工商户用水、用电、用气“欠费不停供”政策，设立6个月的费用缓缴期，各地可根据实际进一步延长，缓缴期间免收欠费滞纳金。鼓励各地对中小微企业、个体工商户用水、用电、用气给予适当补助。开展2022年涉企违规收费专项整治行动，依法查处城镇供水供电供气领域违法违规收费行为，进一步规范经营者收费行为，推动落实各项惠企降费政策。通信管理部门督促电信运营企业落实2022年中小微企业宽带和专线平均资费再降10%的政策。优化工程领域招投标全流程电子化，全面推行保函（保险）替代现金缴纳投标保证金，鼓励招标人对中小微企业投标人免除投标担保。

13. 推动阶段性减免市场主体房屋租金。2022年对服务业小微企业和个体工商户承租国有房屋减免3—6个月租金；其他行业市场主体承租国有房屋减免租金按现有政策继续执行；出租人减免租金的可按规定减免当年房产税、城镇土地使用税。鼓励国有银行加强与减免服务业小微企业和个体工商户租金的出租人对接，按市场化法治化原则给予优惠利率质押贷款等金融支持。鼓励非国有房屋租赁主体在平等协商基础上，通过适当减免或缓交租金等方式，合理分担疫情带来的损失。非国有房屋减免租金的同等享受上述政策优惠。

14. 推动产业链供应链企业复工达产。建立健全产业链供应链风险监测机制，加强产业链供应链苗头性问题预警管理，及时协调解决企业员工返岗、物流保障、产业链上下游衔接等方面存在的困难问题，保障企业稳定生产。及时总结推广“点对点”运输、不见面交接、绿色通道等经验做法，加快建设应急物资中转接驳站，加强重点产业链供应链“白名单”企业服务保障，推动上下联动、区域互认，协同推动产业链供应链企业复工达产。各地区要落实属地责任，在发生疫情时鼓励具备条件的企业进行闭环生产，原则上不要求停产。

15. 完善交通物流保通保畅政策。各地不得擅自阻断或关闭高速公路、普通公路、航道船闸，严禁硬隔离县乡村公路，不得擅自关停高速公路服务区、港口码头、铁路车站和民用运输机场。严禁限制疫情低风险地区人员正常流动和货运车辆正常通行。对来自和进出疫情中高风险地区所在地市的货运车辆，落实“即采即走即追”制度。客货运司机、快递员、船员到异地免费检测点进行核酸检测和抗原检测，当地政府视同本地居民纳入检测范围、享受同等政策，所需费用由地方财政予以保障。健全应急运输保畅协调机制，实行分区分级交通管控查验，落实“一断三不断”要求，严防疫情在省内跨区扩散、向省外蔓延。

16. 加大对物流枢纽和物流企业的支持力度。搭建以国家枢纽为核心的骨干物流基础设施和多式联运体系，借助枢纽间合作机制，争取更多区域分拨中心、物流配送中心布局我省，完善全省现代物流网络体系。积极申报国家级农产品产地冷藏保鲜设施建设项目，引导县级以上示范家庭农场、农民合作社示范社以及已登记的村集体经济组织等新型农业经营主体，建设农产品产地冷藏保鲜设施，提升农产品产地冷藏保鲜能力。支持完善县乡村三级物流配送体系，促进农产品冷链物流发展，实施县域商业建设行动，加快农产品供应链体系建设。做好1000亿元交通物流专项再贷款政策在福建的落地工作。

17. 加大对民航企业的纾困支持力度。促进全省机场规划建设、运营管理“一盘棋”，增强我省机场筹融资能力。支持相关航空企业争取国家民航应急贷款额度等。争取国家支持增加我省相关航空企业国际国内客运航班数量。

18. 加强对相关行业领域的金融支持。推动银行机构开展银企对接或线上授信，围绕零售商贸、交通物流、文化旅游、住宿餐饮等受疫情影响较严重的行业和企业，针对性创新开发动产抵质押、信用贷款产品，开展贷款展期和续贷支持。推动银行机构用好政策性金融产品，重点支持相关行业领域企业复工复产、增产增效。对复工复产企业和其他市场主体予以优先支持，不得盲目抽贷、压贷、断贷。

三、更大力度保就业

19. 实施保就业税费支持政策。对脱贫人口和自主就业退役士兵等重点群体就业创业，以及企业招录上述人员，可顶格按照国家规定的限额标准，依次扣减增值税、城市维护建设税、教育费附加、地方教育附加和所得税。

20. 完善农业转移人口和农村劳动力就业创业支持政策。加强对吸纳农业转移人口较多地区的财政支持，统筹中央补助和省级财力，安排农业转移人口市民化奖励资金，推动健全常住地提供基本公共服务制度。积极促进我省脱贫人口稳岗就业，推广以工代赈拓展就业，支持脱贫地区在涉农项目建设和管护时，优先安排当地农村劳动力特别是吸纳脱贫劳动力参与项目建设，增加就业渠道。扶持帮扶车间吸纳就业，鼓励各类企业、新型农业经营主体和就业帮扶车间吸纳脱贫人口就业。开发公益性岗位兜底就业，结合乡村振兴、应对疫情、人居环境整治等，科学开发公益性岗位，重点保障脱贫人口中半劳力、弱劳力以及因疫情影响失业未就业群体实现收入稳定。开展“雨露计划+”行动，动态掌握雨露计划资助生就学、就业情况，加大雨露计划毕业生就业帮扶力度。

21. 优化失业保险稳岗返还政策。进一步提高失业保险返还比例，将大型企业稳岗返还比例由30%提至50%。拓宽失业保险留工补助受益范围，受益企业扩大到被新冠肺炎疫情防控指挥部划定的中高风险区域，其封控、管控区域内的参保企业，以及在封控、管控区域外，但受疫情影响应征增值税销售额在一定时段同比下降达到一定比例的参保企业，时段和比例可由各地自行确定。企业招用毕业年度高校毕业生，签订1年以上劳动合同并参加失业保险的，按每人1500元的标准，发放一次性扩岗补助，所需资金从失业保险基金中列支。一次性扩岗补助与一次性吸纳就业补贴不重复享受，政策执行期限至2022年底。

22. 继续实施创业担保贷款政策。逐步免除反担保要求，鼓励金融机构推广创业就业类专属产品，切实满足农业转移人口和农村劳动力创新创业的资金需求。

四、扩大有效投资

23. 加快推进水利工程项目。推进流域防洪防潮、安全生态水系、流域综合整治、蓄水工程、引调水工程、城乡供水一体化等项目建设。加快推进已列入国家规划的重大水利项目建设。谋划一批打基础、利长远重大水利项目。

24. 加快推进交通基础设施项目。打通铁路、公路大动脉，完善“三纵六横两联”综合立体交通网体系。加快建设福厦高铁、双龙铁路，建成兴泉铁路；争取尽快开工建设漳汕高铁、温福高铁，加快温武吉等铁路前期工作。加快高速公路项目建设。对列入交通运输部“十四五”规划的项目，力争年底前50%以上完成工可和初设批复。支持“四好农村路”高质量发展，推进“四好农村路”全国示范县、省级示范县创建，支持推进新一轮农村公路建设。围绕构建现代化“丝路海运”体系，做大做强东南国际航运中心，以厦门国际枢纽港、福州国际深水港为龙头，聚焦重点港区整体连片开发，打造世界一流港口。加快推进“丝路飞翔”建设，抓紧建设福州机场二期和厦门新机场，加快武夷山机场迁建、龙岩新机场前期工作。

25. 因地制宜继续推进城市地下综合管廊建设。城市新区、各类园区、成片开发区域新建道路必须同步建设地下综合管廊，老城区要结合地铁建设、河道治理、道路整治、旧城更新、棚户区改造等，逐步推进地下综合管廊建设。建成地下综合管廊的区域，各类管线必须入廊，既有管线应结合改造升级等逐步有序迁移至管廊，管廊以外区域不得再单独新建管线。鼓励社会资本投资建设、运营地下综合管廊。2022年底前，各地要编制、修编地下综合管廊建设专项规划，建立项目库，明确分年度建设计划，并加快在建管廊项目建设。

26. 稳定和扩大民间投资。加快推进国家“十四五”规划102项重大工程项目和我省“十四五”

规划重大项目实施，鼓励和吸引更多社会资本参与重大项目建设。推动更多符合条件的存量项目发行基础设施REITs，优先支持具备持续盈利能力的存量项目规范开展政府和社会资本合作（PPP）。鼓励社会资本参与存量资产盘活。鼓励民间投资以城市基础设施等为重点，通过综合开发模式依法依规参与重点领域项目建设。

27. 加大技改支持力度。鼓励金融机构对列入年度计划的重点技术改造项目，加大贷款投放力度，落实技术改造融资无还本续贷、中长期贷款支持等政策。已获得国家高质量发展专项、技改专项等支持项目，可同时享受省级技改政策扶持。

28. 促进平台经济规范健康发展。围绕重点领域，打造一批发展基础好、潜力大且具有全国影响力、竞争力的互联网平台。落实支持平台经济规范健康发展具体措施，在防止资本无序扩张的前提下设立“红绿灯”，维护市场竞争秩序，以公平竞争促进平台经济规范健康发展。充分发挥平台经济稳就业作用，稳定平台企业及其共生中小微企业的发展预期，以平台企业发展带动中小微企业纾困。引导平台企业在疫情防控中做好防疫物资和重要民生商品保供“最后一公里”的线上线下联动。鼓励平台企业加快重点领域技术研发突破及规模化应用。

29. 加快地方政府债券发行使用并做好项目储备。用好2022年中央下达我省的新增政府债券，加快提前批新增政府债券使用进度；第二批新增政府债券要于6月中旬前发行，相关项目6月底前开工，力争在8月底前基本使用完毕。对以前年度沉淀的专项债券资金，以及2022年新增专项债券项目在第三季度仍未开工的，将收回专项债券资金调整用于其他符合条件的项目。对确有市场化配套融资需求、符合配套融资条件的专项债券项目，市、县（区）在依法合规、风险可控的前提下，保障重大项目合理配套融资需求。引导商业银行对符合条件的专项债券项目建设主体提供配套融资支持，做好信贷资金和专项债资金的有效衔接。常态化做好交通基础设施、能源、农林水利、生态环保、社会事业、物流基础设施、市政和产业园区基础设施、保障性安居工程等领域专项债券项目策划储备，并积极策划新型基础设施、新能源领域的政府投资项目，提早做好专项债券扩大支持领域的项目储备。

30. 加大对基础设施建设和重大项目的金融支持力度。加强窗口指导，引导开发银行、政策性银行优化贷款结构，对我省基础设施和重大项目建设投放更多更长期限的贷款。引入保险资金对接我省重大项目和基础设施建设，提供长期稳定资金支持。

31. 建立常态化重大项目融资对接机制。定期收集全省重大项目融资需求，关注在建项目、补短板项目和民企重大项目的融资需求，推送相关部门和金融机构。建设全国中小企业融资综合信用服务平台省级节点，依法依规为融资服务平台提供信用信息查询服务，助力中小微企业融资。

32. 加强用地、用林等要素保障。坚持土地要素跟着项目走，统筹安排使用年度新增建设用地计划指标，优先保障国家和省重大项目用地。对省级及以上重点项目优先保障用林指标。进一步下放部分省级林地审批权限，扩大市县两级林地审批权限。

33. 提速项目环评审批。实行“一个窗口”改革，提升行政审批窗口管理和服务水平。对省重点建设项目，实行技术评估提前介入、技术评估和环评审批并联开展等支持措施，压缩审批时间。

五、促进消费需求

34. 持续加大促汽车、家电等大宗消费力度。从“全闽乐购”福建商旅消费券资金中预安排2000万元开展汽车促销活动，对在省内汽车销售企业购买新车并上牌的用户给予每辆3000元以上消费补贴。支持汽车整车进口口岸地区开展平行进口业务。落实对一定排量以下乘用车减征车辆购置税政策。加快推进电动汽车充电基础设施建设，优先建设公共服务领域充电基础设施，重点推进公共服务场所公共充电桩、老旧小区和机关、企事业单位的充电桩建设。支持我省高速公路企业加快全省高速公路光储充站点布局，加大新能源汽车在公共领域的推广应用力度，支持在景区、厂区、港区、物流园区、矿区等重点区域及省内岛屿打造新能源汽车推广应用示范区。支持废旧家电回收处理体系建设，畅通生产、消费、回收、处理产业链条，推动家电更新消费。

六、全力稳外贸稳外资

35. 加强对重点外贸企业跟踪服务。各地要将属地重点外贸企业纳入地市重点企业复工达产“白名单”管理服务，推动外贸产业链供应链企业复工达产。

36. 加大出口信保支持外贸力度。鼓励出口信用保险福建分公司推进“单一窗口+出口信保”统保业务，扩大短期出口信用保险覆盖面。

37. 加快推进重大外资项目。推动省级重大活动集中签约外资项目加快转段、加快开工，尽快形成有效投资。

38. 积极吸引外商投资。做好外商投资鼓励类项目确认工作，用好鼓励类外资项目进口设备免税等优惠政策，鼓励外资投向先进制造业和战略性新兴产业，助力我省数字经济、海洋经济、绿色经济、文旅经济发展。对认定为国家高新技术企业、确认为技术先进型服务企业，符合到资奖励条件的，由省级财政给予奖励。优化国际化营商环境，严格落实新修订的鼓励外商投资产业目录，进一步扩大外商投资范围。制定发布我省外商投资指引，便利外国投资者来闽投资。建立省网上办事大厅“海外版”专区，以外籍人员、港澳台居民、华侨等在闽办事需求为导向，提供涉外政策新闻咨询、办事指引、办事进度查询等服务。

39. 积极支持我省有条件的企业发行外债，有效利用境外低成本资金降低融资成本。支持产业投资基金通过平潭等地 QFLP 试点参与我省新兴产业孵化，支持资本金境内再投资扩大产业布局，发挥资本收入支付便利化政策红利，助力承接高端产业及引进核心技术。推行外国投资者来闽投资外汇登记线上办理，推动省内银行数字化服务试点落地，实现线上全流程办理外汇登记、账户开户入账、支付便利化等 FDI 业务。

七、加强粮食能源安全保障

40. 强化粮食生产保障。在化肥生产、流通、储存、市场监管等重要环节积极采取调控措施，形成化肥保供稳价调控工作合力，保障化肥供应充足、价格稳定。7 月底前实际种粮农民一次性补贴第二批资金发放到户。

41. 加强粮食收购储备。继续实施籼稻最低收购价政策，落实好 2022 年适当提高稻谷最低收购价水平的政策要求，2022 年我省籼稻谷最低收购价格按照国家规定执行，保护农民种粮积极性。加快省直属粮库新改扩建项目建设。

42. 推动实施一批能源项目。适度超前开展能源领域基础设施投资，推进省重点能源在建项目加快建设，推动基本具备开工条件的工程尽快实施。积极稳妥推进漳州核电 1—2 号机组等建设。加快推动在建火电、天然气项目建设。推动列入“十四五”“十五五”规划的抽蓄项目加快前期工作，争取提前开工建设。加快福建海上风电基地建设，抓紧开展首批海上风电竞争配置试点。漳州液化天然气（LNG）接收站及联络线工程 9 月底同步完工投产。有序推进 500 千伏、220 千伏、110 千伏电网在建项目，年内全部完工。闽粤联网工程下半年完工投产，福厦特高压工程力争年内取得核准。

43. 提高煤炭储备能力和水平。做好当前煤炭稳产稳供工作，落实煤炭生产激励约束机制，推动能源储备项目尽快开工。用好支持煤炭清洁高效利用专项再贷款。

44. 加强原油等能源资源储备能力。有序推进地下水封洞库储油项目，加强地下水封洞库储油项目“窗口指导”。

八、保基本民生

45. 实施住房公积金阶段性缓缴政策。受疫情影响的企业可按规定申请疫情防控期间缓缴住房公积金，到期后进行补缴，缓缴期间缴存时间连续计算，不影响职工正常提取和申请住房公积金贷款。对因感染新冠肺炎住院治疗或隔离人员、因疫情防控需要隔离观察但未住院隔离人员、参加疫情防控工作人员在疫情防控期间因疫情影响未能及时偿还住房公积金贷款的，经相关机构认定，不作逾期记录报送，已报送的予以调整。各地区可根据本地实际情况，提高住房公积金租房提取额度，更好满足实际需要。

46. 统筹推进疫情防控和保供稳价工作。全面落实粮食安全党政同责、“菜篮子”市长负责制和疫情防控生活物资保障责任，适时启动平价商店，确保重要民生商品市场供应充足。

47. 加强社会救助兜底保障。落实好社会救助和保障标准与物价上涨挂钩联动机制，及时足额发放补贴。鼓励有条件的地方发放节日慰问等一次性补贴。加强中央、省级困难群众救助补助资金的拨付和监管，通过财政资金直达机制，压实地方政府责任，及时足额将各类救助资金发放到困难群众手中。做好因疫因灾遇困群众救助帮扶，取消户籍地限制，由经常居住地、急难发生地乡镇或县级民政部门按急难型实施临时救助；对符合条件的失业未参保人员可发放一次性临时救助金。根据疫情灾情影响，临时救助可采取现金和物资发放等形式，必要时可通过发放生活必需品及防护用品等实施。

48. 统筹发展和安全。严格落实安全生产责任制，深入开展安全生产大检查，抓紧落实安全生产15条硬措施和我省66条具体措施，巩固提升安全生产专项整治三年行动，严防危化、燃气、建筑、交通、煤矿、水上运输和渔业船舶等重点行业领域生产安全事故；强化隐患整改，开展危化品安全风险集中治理、城镇燃气安全排查整治、自建房安全专项整治等专项行动，坚决遏制重特大事故发生。抓紧抓实抓细防汛抗旱防台风抢险救灾各项工作，切实保障人民群众生命财产安全。

各地各部门要坚持以习近平新时代中国特色社会主义思想为指导，进一步提高政治站位，切实增强责任感、使命感、紧迫感，把稳增长放在更加突出位置，着力保市场主体以保就业保民生，确保经济运行在合理区间。要全面顶格落实国家各项政策措施，并结合本部门本地区实际进一步研究制定助企纾困政策举措，确保各项政策应落尽落、市场主体应享尽享，形成政策叠加效应。要弘扬“马上就办、真抓实干”优良传统作风，建立各级政府各部门深入一线协调服务工作机制，点对点、面对面帮助基层和企业解决实际困难问题。要加强经济运行调度，加强跟踪监测，确保完成全年目标任务。

福建省人民政府关于进一步推进工业用地提质增效促进工业经济高质量发展的通知

闽政〔2022〕19号

各市、县（区）人民政府，平潭综合实验区管委会，省人民政府各部门、各直属机构，各大企业，各高等院校：

为深入贯彻落实习近平总书记关于自然资源管理的重要论述，坚持最严格的节约用地制度，聚焦提高效率、提升效能、提增效益，充分发挥土地要素在工业经济发展中的重要支撑作用，推进工业用地提质增效，促进我省工业经济高质量发展，现就有关事项通知如下：

一、引导产业项目进区入园集聚发展

各市、县（区）要强化规划引领，引导产业园区按照布局集中、产业集聚、用地集约原则，结合实际及时开展园区总体发展规划修编，做好与经济社会发展规划、国土空间规划、相关产业规划等的有机衔接，科学确定主导产业，发展以产业链为纽带的多层次、多样化产业空间载体，提高产业发展集聚度和土地投入产出率。在符合规划、安全、环境保护要求的前提下，鼓励产业园区集中建设住宿餐饮、商务金融、设备维修检测、保障性租赁住房等配套服务设施，实行共享共用。积极引导一般工业项目进区入园，优先使用产业园区存量建设用地。利用农村资源开展农产品初加工的项目可在产业园区外落位。

责任单位：各市、县（区）人民政府，平潭综合实验区管委会，省发改委、工信厅、商务厅、科技厅、自然资源厅；以下均需各市、县（区）人民政府和平潭综合实验区管委会落实，不再重复列出

二、提高新建项目用地容积率

鼓励建设高层厂房，节约集约使用土地，提高土地利用效率和综合效益。组织修订《福建省工业项目建设用地控制指标（2013年本）》和《福建省城市规划管理技术规定》，新公告出让的工业用地，用地容积率下限原则上在原省定标准（不含用地容积率1.0以下的行业）的基础上提高10%以上，标准厂房用地容积率原则上不低于2.0；用地容积率上限由各市、县（区）根据区域规划条件、产业类别、发展水平，结合详细规划确定。因安全生产、地形地貌、工艺技术等有特殊要求确需突破控制指标，经组织论证确属合理的，报当地人民政府审批。

责任单位：省自然资源厅、发改委、工信厅

三、推行工业用地“标准地”出让

鼓励推行工业项目“标准地”改革，各市、县（区）应严格执行“净地”出让有关规定，在完成土地征迁补偿、通水、通电、通路及场地平整等前期开发和相关区域评估的基础上，明确投资强度、用地容积率等控制指标后出让工业用地。

责任单位：省自然资源厅、发改委、工信厅、生态环境厅、住建厅

四、探索混合产业用地出让

鼓励各市、县（区）按照产业关联、功能兼容、基础设施共享、提高用地效能原则，在符合规划、安全要求的前提下，探索以工业为主导功能的混合产业用地出让。宗地内的工业可与仓储、科研等用途混合布置，促进土地用途混合利用和建筑复合使用。单一工业用地可兼容研发、创意、设计、中试、检测等功能。混合产业用地出让底价应根据政府产业政策和专业评估结果综合确定。混合产业用地项目应以整宗地办理不动产登记，宗地及地上建筑物不得分割登记、分割转让。

责任单位：省自然资源厅

五、推进多层标准厂房建设

鼓励各市、县（区）结合本地产业发展需求建设多层标准厂房，原则上要优先利用空闲、低效工业用地。允许多层标准厂房按照层、幢固定界限分割转让，具体自持比例由各设区市人民政府、平潭综合实验区管委会确定。积极引导中小企业租赁或购买多层标准厂房，对用地面积小于10亩的一般工业项目，原则上以租赁或购买多层标准厂房为主。

责任单位：省自然资源厅、发改委、工信厅、住建厅

六、推动交地即交证

各市、县（区）要优化工业用地不动产登记业务流程，提前完成土地权属、界址、面积等审核工作，在缴清土地出让金并交付土地时，为用地单位一并核发不动产权证书，有条件的市、县（区）可一并核发建设工程规划许可证，推动项目尽快开工。

责任单位：省自然资源厅、住建厅

七、盘活低效工业用地

各市、县（区）要结合实际制定本地区低效工业用地认定标准和退出机制，摸清低效工业用地底数，对低效工业用地在用电、用水、用气、污染物排放标准等方面实行差别化政策，推动低效工业用地在符合规划、安全要求的前提下，采取增容技改、产业更新、破产重组、“腾笼换鸟”、联合招商、政府收储等方式有效盘活利用。对退出的建设用地，应优先用于保障战略性新兴产业、高新技术产业发展，除达到行业能耗指标先进值或标杆值外，不得用于“两高一低”项目再布局。完善土地用途变更、整合、置换等政策，支持不同产业用地类型按照程序合理转换，推动存量工业用地复合改造，具体操作细则由各设区市人民政府、平潭综合实验区管委会制定。

支持多主体参与开发。在不改变土地用途的前提下，允许土地使用权人自主再开发，或以转让、入股、联营等方式开发。土地使用权人无法实施自主再开发的，可向政府申请土地收储并依法获得合理补偿。

鼓励提容增效。经市、县（区）人民政府（含平潭综合实验区管委会，下同）批准，产业园区内工业用地可提高容积率，不再增收土地价款，重新签订土地出让合同。

鼓励集中开发。允许市场主体以转让方式取得相邻多宗低效工业地块进行并宗开发，经市、县（区）人民政府批准后，重新核定规划条件、签订土地出让合同、约定开工竣工时间，并按规定补交土地价款。其中，并宗后总用地面积不变且出让年期按照最低剩余年限确定的，可不补交土地价款。低效工业用地再开发扩建涉及边角地、夹心地、插花地等难以独立开发的零星土地的，可一并进行改造开发，经市、县（区）人民政府批准，可以协议出让方式供地，但单宗零星土地面积原则上不超过3亩，且累计土地面积不超过并宗后总用地面积的10%。

项目改造或并宗开发涉及提高用地容积率的，依法办理规划许可，涉及详细规划调整的，依法履行详细规划修改报批手续。

责任单位：省自然资源厅、发改委、工信厅、生态环境厅、住建厅

八、提升服务监管能力

各市、县（区）人民政府要强化落实主体责任，结合发展实际和产业类型制定本地区工业项目产值、亩均税收等准入指导标准，指导督促产业园区管理机构加强对园区开发和工业用地的服务监管。对新建、改造和增容的工业项目，要明确开工竣工时间、投产达产时间、投资强度、亩均税收、退出机制等指标内容和监管要求，相关指标内容和监管要求纳入土地出让公告，并在签订土地出让合同时同步签订履约监管协议。土地出让公告中应明确逾期或拒绝签订履约监管协议的，取消竞得人资格，并不予退还竞买保证金。各市、县（区）要根据项目土地出让合同和履约监管协议约定，按照“谁提出，谁监管”原则，组织提出关联条件的部门加强对项目各项指标履约情况的监管。要强化落实建设用地“增存挂钩”机制，严格实行计划指标配置与存量土地处置相挂钩，鼓励依法依规通过规划调整、二次招商、加快征迁、加快供地、督促动工、撤销或调整农用地转用和土地征收批复文件等方式，加快推进批而未供、闲置土地处置，推动向要素存量要发展增量。

责任单位：省自然资源厅、发改委、工信厅、商务厅、科技厅、住建厅

福建省人民政府
2022年7月6日

2022 年福建省国民经济和社会发展统计公报

福建省统计局　国家统计局福建调查总队

2023 年 3 月 14 日

一、综合

初步核算，全年实现地区生产总值 53109.85 亿元，比上年增长 4.7%。其中，第一产业增加值 3076.20 亿元，增长 3.7%；第二产业增加值 25078.20 亿元，增长 5.4%；第三产业增加值 24955.45 亿元，增长 4.0%。第一产业增加值占地区生产总值的比重为 5.8%，第二产业增加值比重为 47.2%，第三产业增加值比重为 47.0%。全年人均地区生产总值 126829 元，比上年增长 4.3%。

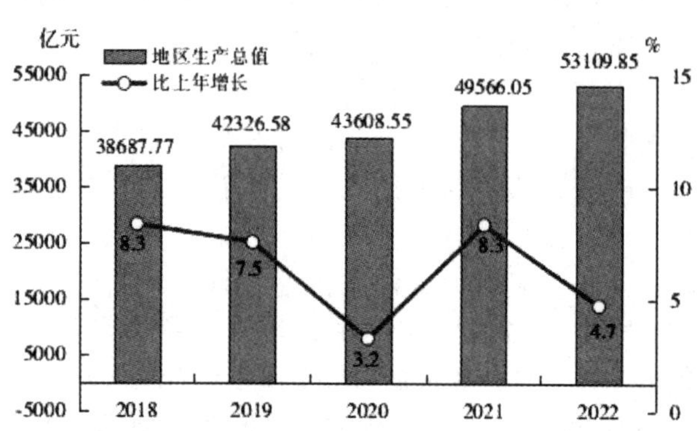

图1　2018—2022年地区生产总值及其增长速度

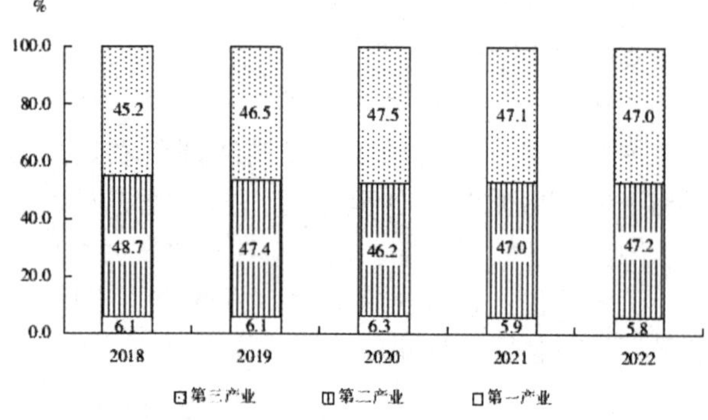

图2　2018—2022年三次产业增加值占地区生产总值比重

年末常住人口 4188 万人，比上年末增加 1 万人。其中，城镇常住人口 2937 万人，占总人口比重（常住人口城镇化率）为 70.11%，比上年末提高 0.41 个百分点。全年人口出生率为 7.07‰，人口死亡率为 6.52‰，自然增长率为 0.55‰。年末户籍人口数为 3961.59 万人，比上年末增加 15.7 万人。

全年城镇新增就业 51.97 万人。有 13.19 万名城镇失业人员实现了再就业。

全年居民消费价格比上年上涨 1.9%。工业生产者出厂价格上涨 2.9%。工业生产者购进价格上涨 5.2%。农产品生产者价格上涨 0.8%。

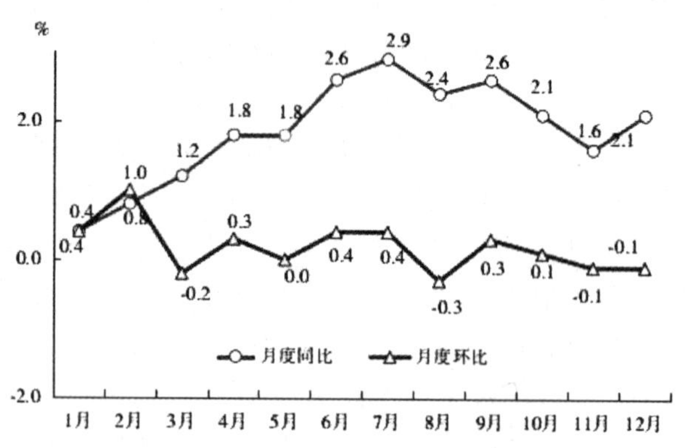

图3　2022年居民消费价格月度涨跌幅度

表 1　2022 年居民消费价格比上年涨跌幅度

指标	全省（%）		
		城市	农村
居民消费价格	1.9	1.9	1.8
食品烟酒	2.4	2.5	2.1

续表

指标	全省（%）		
		城市	农村
衣着	0.0	0.3	-1.4
居住	0.9	0.8	1.3
生活用品及服务	1.3	1.4	0.9
交通和通信	4.9	4.8	5.3
教育文化和娱乐	1.4	1.3	1.6
医疗保健	0.3	0.2	0.6
其他用品和服务	1.5	1.4	1.9

全年新登记市场主体114.02万户，日均（按工作日计算）新登记企业1177户，年末实有市场主体711.95万户。

二、农业

全年农林牧渔业总产值5502.87亿元，比上年增长3.9%。粮食种植面积837.62千公顷，比上年增加2.48千公顷。粮食产量508.70万吨，比上年增加2.28万吨，增长0.5%。其中，稻谷产量393.75万吨，增加0.57万吨，增长0.1%。

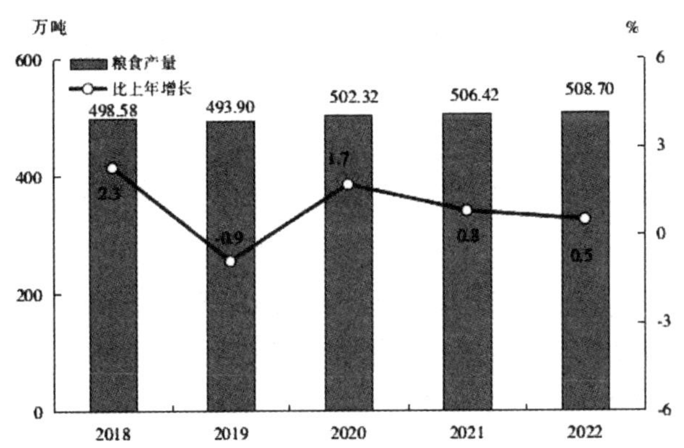

图4　2018—2022年粮食产量及其增长速度

表2　2022年主要农产品产量

产品名称	产量（万吨）	比上年增长（%）
粮食	508.70	0.5
春收	24.57	0.7
夏收	77.09	-0.3
秋收	407.04	0.6
油料	23.61	1.3
其中：花生	22.43	1.0
油菜籽	1.10	7.7

续表

产品名称	产量（万吨）	比上年增长（%）
甘蔗	28.84	0.2
烤烟	12.09	15.0
茶叶	52.08	6.7
水果	865.00	6.8
蔬菜	1599.77	3.9
食用菌	153.13	4.9

全年猪肉产量128.07万吨，增长3.0%；禽蛋产量59.83万吨，增长7.0%；牛奶产量21.51万吨，增长10.7%。年末生猪存栏956.76万头，比上年末增长2.0%；全年生猪出栏1614.13万头，比上年增长4.3%。

全年水产品总产量862.35万吨，比上年增长1.1%。其中，淡水产品产量98.95万吨，增长3.5%；近海捕捞153.12万吨，与上年基本持平；远洋渔业62.48万吨，增长3.0%；海水养殖547.79万吨，增长0.8%。

三、工业和建筑业

全年全部工业增加值19628.83亿元，比上年增长4.9%。规模以上工业增加值增长5.7%。其中，轻工业增长6.6%，重工业增长4.9%；采矿业增长3.9%，制造业增长5.6%，电力、热力、燃气及水生产和供应业增长9.3%。工业产品销售率95.59%。

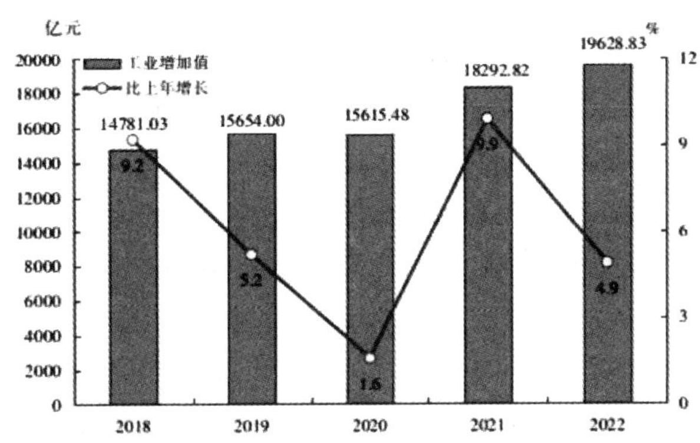

图5　2018—2022年全部工业增加值及其增长速度

全年规模以上工业的38个行业大类中有25个增加值实现正增长。其中，汽车制造业增长5.4%，电气机械和器材制造业增长40.6%，计算机、通信和其他电子设备制造业增长7.8%，电力、热力生产和供应业增长 11.5%。高技术制造业增加值增长 17.1%，占规模以上工业增加值的比重为 16.7%。装备制造业增加值增长 13.7%，占规模以上工业增加值的比重为 26.4%。

表 3　2022 年规模以上工业企业主要工业产品产量

产品名称	单位	产量	比上年增长(%)
纱	万吨	571.66	1.6
布	亿米	70.04	-11.2
化学纤维	万吨	1031.37	0.9
卷烟	亿支	899.87	0.5
彩色电视机	万台	1075.90	-22.2
其中：液晶电视机	万台	1071.32	-22.2
房间空气调节器	万台	224.44	24.0
原煤	万吨	443.17	-17.0
发电量	亿千瓦时	3073.96	4.9
其中：火电	亿千瓦时	1585.96	-6.9
水电	亿千瓦时	386.95	41.1
核电	亿千瓦时	831.94	7.0
十种有色金属	万吨	94.46	5.5
其中：精炼铜（电解铜）	万吨	87.16	6.1
原铝（电解铝）	万吨	7.15	-1.1
水泥	万吨	9656.80	-4.4
硫酸（折 100%）	万吨	356.62	7.4
纯碱（碳酸钠）	万吨	19.02	-21.1
烧碱（折 100%）	万吨	26.12	-31.1
乙烯	万吨	189.57	-10.5
农用氮、磷、钾化学肥料（折纯）	万吨	48.16	-27.8
发电机组	万千瓦	62.40	286.1
汽车	万辆	33.89	6.7
其中：基本型乘用车（轿车）	万辆	14.48	2.7
运动型多用途乘用车（SUV）	万辆	6.37	100.6
新能源汽车	万辆	9.79	43.7
集成电路	亿块	18.13	-34.6
移动通信手持机（手机）	万台	3168.85	39.3
微型计算机设备	万台	1185.26	-13.5

注：发电量为全社会口径。

年末发电装机容量 7531.0 万千瓦，比上年末增长 7.8%。其中，火电装机容量 3681.4 万千瓦，增长 2.4%；水电装机容量 1538.3 万千瓦，增长 11.0%；核电装机容量 1101.2 万千瓦，增长 11.7%；并网风电装机容量 742.0 万千瓦，增长 1.0%；并网太阳能发电装机容量 464.9 万千瓦，增长 67.8%。

全年规模以上工业企业实现利润 4071.32 亿元，比上年下降 6.9%。全年规模以上工业企业每百元营业收入中的成本为 87.18 元，比上年增加 0.93 元；营业收入利润率为 5.79%，下降 0.86 个百分点。年末规模以上工业企业资产负债率为 53.5%，比上年末提高 1.3 个百分点。

全年建筑业增加值 5518.86 亿元，比上年增长 7.3%。具有资质等级的总承包和专业承包建筑业企业完成建筑业总产值 17129.46 亿元，增长 8.3%。

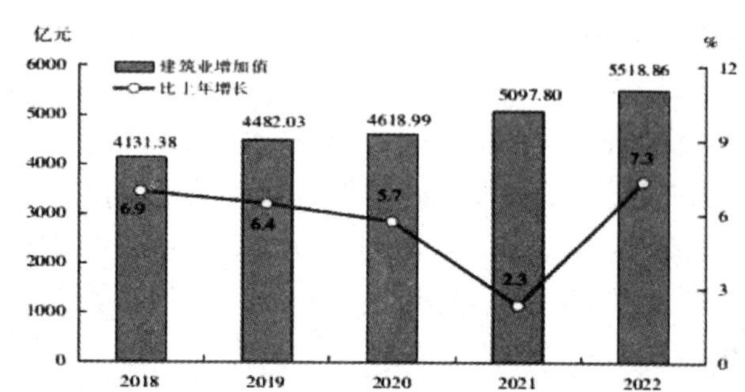

图6　2018—2022年建筑业增加值及其增长速度

四、服务业

全年批发和零售业增加值 6230.37 亿元，比上年增长 7.4%；交通运输、仓储和邮政业增加值 1960.00 亿元，增长 0.7%；住宿和餐饮业增加值 734.41 亿元，增长 2.9%；金融业增加值 3889.78 亿元，增长 6.7%；房地产业增加值 2674.86 亿元，下降 3.0%。规模以上服务业企业营业收入比上年增长 7.3%。

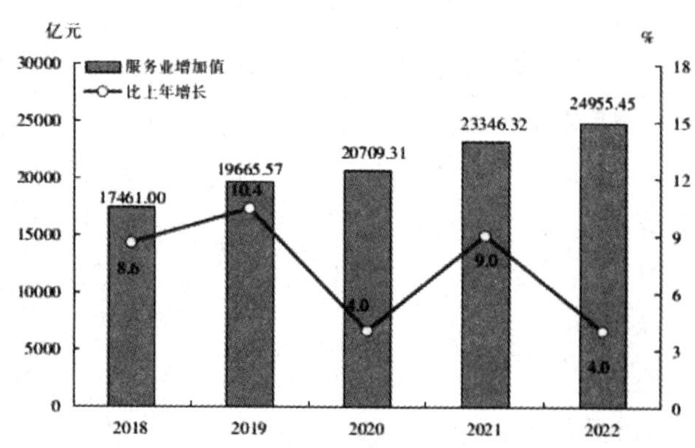

图7　2018—2022年服务业增加值及其增长速度

全年公路通车里程 112878 公里，比上年增长 1.7%。高速公路网通车里程 6156 公里，增长 2.3%。铁路营业里程 4230.4 公里，增长 6.2%。

全年货物运输总量 169107.23 万吨，比上年增长 1.8%，货物运输周转量 11344.64 亿吨公里，增长 11.6%。旅客运输总量 18139.59 万人，下降 17.1%，旅客运输周转量 511.82 亿人公里，下降 21.4%。

表 4　2022 年各种运输方式完成货物运输量及其增长速度

指　标	单位	绝对数	比上年增长（%）
货物运输总量	万吨	169107.23	1.8
铁路	万吨	4815.15	-5.8
公路	万吨	106938.96	-3.5
水运	万吨	57336.31	14.2
民航	万吨	16.82	-8.2
货物运输周转量	亿吨公里	11344.64	11.6
铁路	亿吨公里	206.37	2.5
公路	亿吨公里	1260.62	2.2
水运	亿吨公里	9873.30	13.2
民航	亿吨公里	4.36	-14.7

表 5　2022 年各种运输方式完成旅客运输量及其增长速度

指　标	单位	绝对数	比上年增长（%）
旅客运输总量	万人	18139.59	-17.1
铁路	万人	6377.94	-23.6
公路	万人	9651.38	-8.3
水运	万人	537.80	-27.5
民航	万人	1572.48	-31.0
旅客运输周转量	亿人公里	511.82	-21.4
铁路	亿人公里	191.74	-19.7
公路	亿人公里	68.13	-8.6
水运	亿人公里	0.53	-34.9
民航	亿人公里	251.41	-25.4

全年沿海港口完成货物吞吐量 71407.99 万吨，比上年增长 3.2%。其中，外贸货物吞吐量 25766.46 万吨，下降 0.7%。集装箱吞吐量 1800.21 万标箱，增长 3.1%。

年末民用汽车保有量 828.2 万辆，比上年末增加 50.16 万辆，其中私人汽车保有量 719.6 万辆，增加 47.1 万辆。民用轿车保有量 496.6 万辆，增加 29.3 万辆，其中私人轿车保有量 457.1 万辆，增加 29.07 万辆。

全年完成邮政业务总量 513.98 亿元，增长 8.3%；完成电信业务总量（按 2021 年不变单价计算）538.32 亿元，增长 19.3%。邮政业全年完成邮政函件业务 2693.00 万件，包裹业务 64.73 万件，快递业务量 42.64 亿件，快递业务收入 354.84 亿元。年末电话用户总数 5574.23 万户，增长 0.8%。其中，固定电话用户 679.83 万户，下降 3.9%；移动电话用户 4894.40 万户，增长 1.5%。移动电话普及率为 116.9 部/百人。5G 移动电话用户 1640.68 万户，增长 65.5%。固定互联网宽带接入用户 2145.30 万户，增长 8.1%，固定宽带家庭普及率为 126.1 部/百户。移动互联网用户 4281.84 万户，增长 3.3%。

五、国内贸易

全年社会消费品零售总额 21050.12 亿元，比上年增长 3.3%。按经营地统计，城镇消费品零售额 18290.71 亿元，增长 3.6%；乡村消费品零售额 2759.41 亿元，增长 1.8%。按消费类型统计，商品零售额 19189.04 亿元，增长 3.4%；餐饮收入额 1861.08 亿元，增长 2.3%。

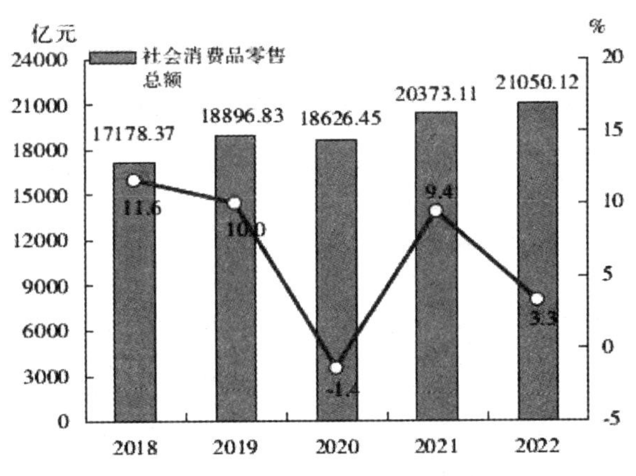

图8　2018—2022年社会消费品零售总额及其增长速度

限额以上单位商品零售额中，粮油、食品类零售额比上年增长 15.0%，饮料类增长 9.5%，烟酒类增长 20.0%，服装、鞋帽、针纺织品类增长 8.6%，化妆品类增长 10.6%，金银珠宝类增长 1.3%，日用品类增长 10.9%，家用电器和音像器材类增长4.6%，中西药品类增长7.2%，文化办公用品类增长6.3%，家具类下降3.0%，通信器材类增长2.4%，建筑及装潢材料类下降8.4%，石油及制品类增长15.9%，汽车类下降0.8%。

全年限额以上商品网上零售额2262.64亿元，比上年增长21.0%。

六、固定资产投资

全年固定资产投资20513.89亿元，比上年增长7.5%。第一产业投资394.94亿元，增长10.4%；第二产业投资7235.74亿元，增长17.0%，其中，工业投资7231.01亿元，增长16.9%；第三产业投资12883.21亿元，增长2.7%。基础设施投资5231.80亿元，增长15.0%。民间投资11587.07亿元，增长5.2%。高技术产业投资1711.90亿元，增长8.5%。全年到位资金17784.25亿元，比上年增长2.9%。

表6 2022年分行业固定资产投资情况

行　业	绝对数（亿元）	比上年增长（%）
农、林、牧、渔业	484.58	17.9
采矿业	53.32	-40.8
制造业	6372.30	19.7
电力、热力、燃气及水生产和供应业	805.39	4.4
建筑业	9.85	30.7
批发和零售业	124.49	-12.8
交通运输、仓储和邮政业	1535.17	5.0
住宿和餐饮业	150.22	20.8
信息传输、软件和信息技术服务业	181.70	7.5
金融业	28.71	73.6
房地产业	5983.69	-9.1
租赁和商务服务业	408.69	58.2
科学研究和技术服务业	59.70	-18.4
水利、环境和公共设施管理业	2905.03	24.9
居民服务、修理和其他服务业	38.64	7.2
教育	498.08	10.5
卫生和社会工作	300.81	-1.3
文化、体育和娱乐业	495.71	8.4
公共管理、社会保障和社会组织	77.82	2.5

全年房地产开发企业投资5515.45亿元，比上年下降11.0%。其中，住宅投资4112.37亿元，下降9.8%。

全年各类棚户区改造开工5.06万套，基本建成4.8万套。新开工建设城镇保障性安居工程住房18.6万套（户），基本建成城镇保障性安居工程住房4.8万套（户）。

表7 2022年房地产开发和销售主要指标及其增长速度

指　标	单位	绝对数	比上年增长（%）
投资完成额	亿元	5515.45	-11.0
其中：住宅	亿元	4112.37	-9.8
其中：90平方米及以下	亿元	1186.45	-13.5
房屋施工面积	万平方米	31734.98	-8.5
其中：住宅	万平方米	21402.88	-8.8
房屋新开工面积	万平方米	4142.36	-35.7
其中：住宅	万平方米	2822.50	-38.5
房屋竣工面积	万平方米	4063.38	0.5
其中：住宅	万平方米	2848.15	5.5
商品房销售面积	万平方米	6054.33	-13.2
其中：住宅	万平方米	4359.25	-22.1
本年实际到位资金	亿元	5964.17	-23.0
其中：国内贷款	亿元	587.70	-33.6
个人按揭贷款	亿元	799.67	-31.9
本年土地购置面积	万平方米	299.08	-13.7
土地购置费	亿元	473.92	-24.3

1587个在建省重点项目完成投资7250亿元。全年建成或部分建成247个项目，新开工401个项目。

七、对外经济

全年货物进出口总额19828.55亿元，比上年增长7.6%。其中，出口额12140.53亿元，增长12.3%；进口额7688.02亿元，增长0.9%。进出口顺差4452.51亿元。

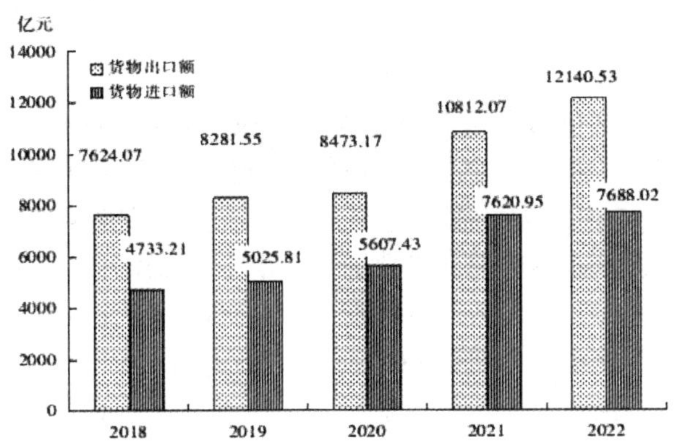

图9　2018—2022年货物进出口总额

表 8　2022 年进出口主要分类情况

指　　标	绝对数（亿元）	比上年增长（%）
进出口总额	19828.55	7.6
出口额	12140.53	12.3
其中：一般贸易	8934.79	12.7
加工贸易	1473.01	-1.3
其中：机电产品	4648.63	16.7
其中：高新技术产品	1290.08	-6.7
进口额	7688.02	0.9
其中：一般贸易	6334.89	1.8
加工贸易	752.23	-9.2
其中：机电产品	1153.43	-13.2
其中：高新技术产品	838.61	-14.5

表 9　2022 年对主要国家和地区进出口情况

国家和地区	出口额（亿元）	比上年增长（%）	进口额（亿元）	比上年增长（%）
美国	2136.40	14.3	494.85	17.9
欧盟	2100.31	27.6	365.76	-12.9
东盟	2630.27	13.9	1596.35	10.5
日本	527.84	0.02	298.59	-8.6
香港地区	475.70	1.3	19.13	111.7
台湾地区	635.85	22.9	400.85	-24.3
韩国	422.04	12.5	194.68	-19.0
沙特阿拉伯	120.58	3.7	512.83	19.8

注：欧盟不含英国。

全年新设外商投资企业 2733 家，比上年下降 0.3%。实际使用外资金额 49.9 亿美元，增长 1.8%。

全年新备案（核准）境外投资企业和分支机构 173 个，比上年增长 10.9%。实际对外投资额 18.6 亿美元，下降 7.9%。全年对外承包工程完成营业额 11.7 亿美元，下降 32.8%；对外劳务合作派出劳务人员 45545 人次，下降 3.3%。

八、财政金融

全年一般公共预算总收入 5382.30 亿元，扣除留抵退税因素后比上年增长 1.9%，其中，地方一般公共预算收入 3339.06 亿元，扣除留抵退税因素后增长 5.5%。一般公共预算支出 5702.93 亿元，增长 9.6%。

年末金融机构本外币各项存款余额 72927.90 亿元，比上年末增长 17.5%；金融机构本外币各项贷款余额 75373.62 亿元，比上年末增长 11.0%。

年末农村合作金融机构人民币各项贷款余额 6437.66 亿元，比上年末增长 12.9%。中资金融机构人民币个人消费贷款余额 23997.76 亿元，比上年末增长 2.0%。

表 10　2022 年末全部金融机构本外币存贷款情况

指　　标	年末数（亿元）	比上年末增长（%）
各项存款	72927.90	17.5
其中：住户存款	31585.06	19.3
非金融企业存款	21288.19	13.2
其中：人民币存款	70859.00	17.0
各项贷款	75373.62	11.0
其中：短期贷款	21431.79	8.6
中长期贷款	46763.41	9.3
其中：人民币贷款	74128.73	12.5

年末境内 A 股上市公司 169 家，比上年末增加 8 家，总市值 31712.27 亿元；B 股上市公司数量为 1 家，总市值 5.98 亿元。

全年保险公司保费收入 1374.67 亿元，比上年增长 6.2%。其中，财产险 358.8 亿元，人身险 1015.87 亿元。支付各类赔款及给付 446.89 亿元，比上年增长 4.2%。其中，财产险 223.77 亿元，人身险 223.13 亿元。

九、居民收入消费和社会保障

全年居民人均可支配收入 43118 元，比上年增长 6.0%，扣除价格因素，实际增长 4.1%。按常住地分，农村居民人均可支配收入 24987 元，增长 7.6%，扣除价格因素，实际增长 5.7%；城镇居民人均可支配收入 53817 元，增长 5.2%，扣除价格因素，实际增长 3.3%。城乡居民人均可支配收入比值为 2.15，比上年缩小 0.05。

全年居民人均生活消费支出 30042 元，比上年增长 5.6%，扣除价格因素，实际增长 3.7%。按常住地分，农村居民人均生活消费支出 20467 元，增长 6.1%，扣除价格因素，实际增长 4.2%；城镇居民人均生活消费支出 35692 元，增长 5.2 %，扣除价格因素，实际增长 3.2%。

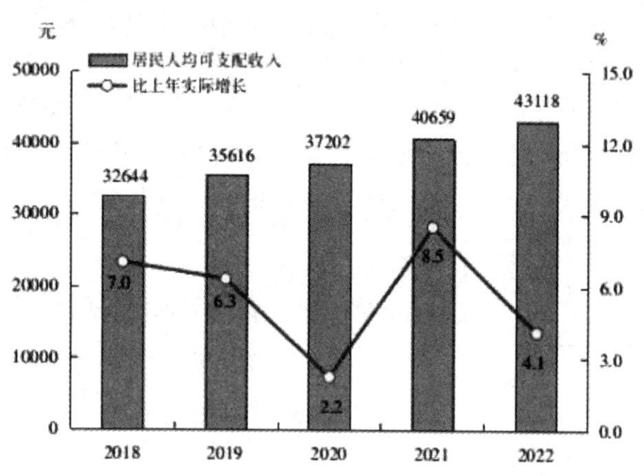

图10 2018—2022年居民人均可支配收入及其实际增长速度

年末参加城镇职工基本养老保险人数 1674.39 万人，比上年末增加 344.73 万人。企业参加基本养老保险离退休人员为 178.91 万人，全部实现养老金按时足额发放。参加基本医疗保险人数 3863.49 万人。参加失业保险人数 761.34 万人，比上年末增加 44.64 万人。

年末领取失业保险金人数 6.19 万人，比上年末增加 0.22 万人；纳入城市最低生活保障的居民 6.78 万人，比上年末增加 0.26 万人；纳入农村最低生活保障的居民 50.46 万人，比上年末增加 2.01 万人；城乡特困人员 6.70 万人。

年末各类养老床位数 27.9 万张（其中机构养老床位 13.96 万张），每千名老人拥有养老床位 38.9 张。建立社区服务中心（站）18242 个。全年销售社会福利彩票 44.16 亿元，筹集福利彩票公益金 14.19 亿元。

十、科学技术和教育

已布局建设 38 家省级产业技术研究院和 31 家省级产业技术创新战略联盟。拥有国家重点实验室 10 个、省创新实验室 6 个、省重点实验室 276 个、国家级工程技术研究中心 7 个、省级工程技术研究中心 527 个、省级新型研发机构 232 家。拥有省级及以上工程研究中心（工程实验室）128 家，其中国家级工程研究中心（工程实验室）6 个、省级工程研究中心（工程实验室）91 个、国地共建工程研究中心（工程实验室）31 家。建设国家备案众创空间 81 家、国家专业化众创空间 4 家、省级众创空间 392 家、国家级科技企业孵化器 23 家、省级科技企业孵化器 60 家，在孵企业共计 6614 家。现有国家高新技术企业 8941 家。新认定国家技术创新示范企业 4 家、国家企业技术中心 8 家、省级企业技术中心 71 家。专利授权 141536 件，其中，发明专利授权 16213 件。截至年末，有效发明专利 75064 件，比上年末增长 20.8%，每万人口发明专利拥有量 17.9 件。新增商标注册 32.75 万件，有效注册商标 227.76 万件，比上年增长 16.5%。全年共登记技术合同 17324 项，成交金额 289.43 亿元。

年末共有 1699 家机构通过检验检测资质认定，比上年末增加 45 家。共有国家产品质量监督检验中心 21 个，省级产品质量监督检测中心 38 个。现有认证主机构 15 个、认证子机构 7 个。共有各类获证组织 26517 家，各类认证证书 109752 张。共有法定计量检定机构 68 个，全年强制检定工作计量器具 197.72 万台（件）。全年参与制修订国家标准 651 项，发布地方标准 121 项。

年末共有国家级地面气象观测站 70 个，高空气象观测站 3 个，天气雷达站 10 个，风廓线雷达站 19 个，大型海洋气象浮标站 5 个。共有地球物理台站（点）43 个，前兆测项 415 个，测震台站（点）128 个，强震动观测站位（点）205 个，GNSS 观测基准站 60 个。共有 537 个渔业资源环境监测站位、235 个近岸海域环境监测站位，共有 46 个海上水文气象观测浮标站位、45 个沿海自动验潮站。测绘地理信息部门审批通过了公开出版地图 269 件。

全年研究生教育招生2.86万人，在校生8.53万人，毕业生1.87万人。普通本专科招生34.86万人（含高职招生18.05万人），在校生107.61万人，毕业生28.09万人。普通高校毕业生就业率93.2%。中等职业教育（不含技工校）招生14.35万人，在校生39.52万人，毕业生11.00万人。普通高中招生26.89万人，在校生74.64万人，毕业生20.61万人。初中招生52.24万人，在校生156.57万人，毕业生48.04万人。普通小学招生58.69万人，在校生359.09万人，毕业生52.46万人。特殊教育招生0.52万人，在校生2.95万人，毕业生0.51万人。学前教育在园幼儿156.71万人。九年义务教育巩固率为99.54%，高中阶段毛入学率为97.42%。

十一、文化旅游、卫生健康和体育

年末文化系统共有国有艺术表演团体70个，公共图书馆95个，文化馆95个，国有博物馆104个，非国有博物馆43个。全年文化系统各类艺术表演团体线下演出0.71万场，观众244.76万人次，本年度首演剧目130个。各级各类档案馆117个。

年末共有影院395家，银幕2301块，年度电影票房10.54亿元。广播电台3座，电视台3座，广播电视台68座，教育电视台1座。有线电视用户745万户，数字化率100%。广播节目综合覆盖率为99.87%；电视节目综合覆盖率为99.89%。

全年出版图书5157种，总印数1.68亿册；报纸42种（不含校报、副版），总印数6.3亿份；期刊174种，总印数0.20亿册。

全年接待入境游客48.26万人次，比上年下降25.9%。国际旅游外汇收入3.14亿美元，下降36.2%。接待国内旅游人数39146.80万人次，下降3.8%；国内旅游收入4306.54亿元，下降11.4%。旅游总收入4327.70亿元，下降11.6%。

年末共有各级各类医疗卫生机构2.91万个，其中，医院718个，卫生院880个，村卫生室1.68万个。年末共有卫生技术人员30.57万人，其中，执业（助理）医师11.40万人，注册护士13.69万人。年末共有医疗机构床位22.98万张，其中医院17.94万张，基层医疗卫生机构3.86万张。

全年我省运动员在全国最高级别比赛中共获得15金20银25铜。举办40项全省青少年体育赛事，参与人数1.5万人。

全年为民办实事项目新建20个智慧体育公园、30个游泳池。新增国家级体育产业示范单位2项、示范项目1项。销售体育彩票103.51亿元。

十二、资源、环境和应急管理

全年水资源总量1178亿立方米。

全年植树造林总面积8.50万公顷。其中，人工荒山造林0.20万公顷，人工迹地更新面积5.52万公顷，低产低效林改造1.46万公顷。城市（县城）新增建成区绿地面积3255.19公顷，建成区绿地率40.85%；新增公园绿地面积963.74公顷，人均公园绿地面积15.43平方米。新增水土流失治理面积1335平方公里。

森林覆盖率65.12%。全年新增厦门市、南平市、马尾区、同安区、翔安区、闽侯县、洛江区、惠安县、古田县等9个市县获得国家生态文明建设示范市县命名，累计共有39个市县获得国家生态文明建设示范市县命名；新增木兰溪流域、邵武市被国家授予“绿水青山就是金山银山”实践创新基地称号，现有“绿水青山就是金山银山”实践创新基地7个，其中木兰溪流域为全国首个以流域为单元获得命名的“两山”基地。现有各类自然保护地358处。拥有世界自然遗产（含双遗产）2处、世界地质公园2处。

主要流域整体水质为优，Ⅰ~Ⅲ类水质比例为98.7%；县级以上集中式生活饮用水源地水质达标率为100%。列入国家考核的142个近岸海域国控点位中，一、二类海水水质面积占比85.8%。

九个设区城市空气质量优良天数比例保持稳定，PM2.5年均浓度为每立方米19微克。县级以上城市空气质量均达到国家空气质量二级标准。九市一区、11个县级市和长乐区、龙海区、建阳区中，区域声环境质量“二级”的城市13个；道路交通声环境质量“一级”的城市16个，“二级”的城市7个。

市县生活垃圾无害化处理率100%，市县污水处理率97.94%。

全年共发生森林火灾20起，受害面积290.5公顷。海洋灾害造成直接经济损失约1416.47万元，比上年减少75.8%。发生（现）海洋赤潮12

次，累计赤潮面积263平方公里。

全省发生各类生产安全事故621起、死亡472人，比上年下降37.0%和31.0%。其中：发生较大事故9起、死亡42人，比上年下降57.1%和51.7%；没有发生重大事故。亿元GDP生产安全事故死亡率0.009，比上年下降35.7%。

注：

1. 本公报未包括金门县和连江县的马祖列岛。

2. 本公报所列数据为初步统计数，部分合计数或相对数由于单位取舍不同而产生的计算误差，均不做机械调整。

3. 本公报地区生产总值、各产业增加值按现价计算，增长速度按可比价格计算。

资料来源：

本公报中城镇新增就业、社会保障数据来自省人社厅；财政数据来自省财政厅；税收数据来自省税务局；重点项目投资数据来自省发展改革委；公路里程、公路水路运输及生产数据来自省交通运输厅；铁路数据来自中国铁路南昌局集团有限公司；户籍人口数据、民用汽车数据来自省公安厅；保障性住房、城市污水处理、公园绿地面积数据来自省住建厅；货物进出口数据来自福州海关；外商直接投资、对外直接投资、对外承包工程、对外劳务合作等数据来自省商务厅；邮政业务数据来自省邮政管理局；电话用户、电信业务总量等数据来自省通信管理局；文化、旅游数据来自省文旅厅；货币金融数据来自人行福州中心支行；上市公司数据来自福建证监局；保险业数据来自福建银保监局；省级企业技术中心、国家技术创新示范企业数据来自省工信厅；工程技术研究中心、技术合同等数据来自省科技厅；教育数据来自省教育厅；专利数据、质量检验数据来自省市场监督管理局；气象数据来自省气象局；地震数据来自省地震局；测绘数据来自省自然资源厅；水产品产量、海洋数据来自省海洋与渔业局；广播、电视数据来自省广电局；电影、报纸、期刊、图书数据来自省委宣传部；档案数据来自省档案局；体育数据来自省体育局；卫生数据来自省卫健委；医保数据来自省医保局；低保、养老数据来自省民政厅；环境监测数据来自省生态环境厅；应急管理、森林火灾数据来自省应急管理厅；林业数据来自省林业局；水资源数据来自省水利厅；电力数据来自国网福建省电力有限公司；其他数据来自福建省统计局和国家统计局福建调查总队。

FUJIAN

INDUSTRIAL ECONOMY YEARBOOK

第二篇

产经总览

2022 年福建经济回顾与展望

2022 年以来，面对复杂严峻的外部环境和“三重压力”的影响，全省各地认真学习、宣传贯彻党的二十大精神，按照“疫情要防住、经济要稳住、发展要安全”的要求，深入落实中央经济工作会议、全国稳住经济大盘电视电话会议、省委经济工作会议等部署，实施提高效率、提升效能、提增效益行动，全力以赴保主体稳就业、扩内需稳外贸、保畅通稳供应，有力地克服了疫情反复、国际局势变化和自然灾害等超预期因素影响，保持经济运行在合理区间和社会大局安定稳定，全省经济发展呈现稳中向好态势。根据地区生产总值统一核算结果，2022 年全省生产总值 53109. 85 亿元，按可比价格计算，比增 4. 7%。其中，第一产业实现增加值 3076. 2 亿元，增长 3. 7%；第二产业实现增加值 25078. 2 亿元，增长 5. 4%；第三产业实现增加值 24955. 45 亿元，增长 4%。2022 年全省第一产业增加值占地区生产总值比重为 5. 8%，第二产业增加值比重为 47. 2%，第三产业增加值比重为 47. 0%；全年人均地区生产总值 126829 元，比上年增长 4. 3%。从经济总量看，2022 年居全国第 8 位；从增速看，2022 年实际增速高于全国平均增速 1. 7 百分点，在国内各省份中增速居首位，如表 1 所示。

表 1　2020—2022 年全省 GDP 总额与增长情况

单位：亿元、%

地市	2020 年	2021 年	增速%	2022 年	增速%
全省	43608. 88	48810. 36	8	53109. 85	4. 7
福州	10020	11324. 48	8. 40	12308. 2	4. 4
泉州	10159	11304. 17	8. 10	12103	3. 5
厦门	6384	7033. 89	8. 10	7802. 7	4. 4
漳州	4546	5025. 4	7. 70	5706. 6	6. 9
宁德	2619	3151. 08	13. 30	3554. 6	10. 7
龙岩	2871	3081. 78	7. 70	3314. 5	5
莆田	2644	2882. 96	6. 40	3116. 3	4
三明	2702	2953. 47	5. 80	3110. 1	3. 1
南平	2007	2117. 58	6. 50	2211. 8	3. 8

资料来源：福建省统计局与各地市统计局资料整理。

一、2022 年福建省经济发展基本态势

2022 年一季度，全省生产总值 11859. 21 亿元，按可比价格计算，比增 6. 7%；上半年生产总值 24605. 36 亿元，比增 4. 6%；前三季度生产总值 37793. 71 亿元，比增 5. 2%；全年生产总值 53109. 85 亿元，比增 4. 7%，各市高于全省平均水

平有：宁德市 10.7%、漳州 6.9%、龙岩 5%，低于全省平均水平有：福州与厦门 4.4%、莆田 4%、南平 3.8%、泉州 3.5%、三明 3.1%。

（一）三次产业运行态势

1. 农业生产稳中有升。一季度，全省农林牧渔业总产值 872.23 亿元，比增 4.3%。上半年，农林牧渔业总产值 2081.83 亿元，比增 4.6%，主要农产品产量保持增长。前三季度，农林牧渔业总产值 3405.51 亿元，比增 4.7%。全年全省农林牧渔业实现总产值 5502.87 亿元，按可比价格计算比增 3.9%。其中，农业产值 2065.66 亿元，增长 5.2%；林业产值 430.23 亿元，增长 5.0%；牧业产值 1066.25 亿元，增长 4.2%；渔业产值 1740.75 亿元，增长 1.9%。主要农产品产量保持增长，全省粮食产量 508.70 万吨，增长 0.5%；蔬菜产量 1599.77 万吨，增长 3.9%；食用菌产量 153.13 万吨，增长 4.9%；茶叶产量 52.08 万吨，增长 6.7%；园林水果产量 817.31 万吨，增长 7.1%；木材产量 1563.16 万立方米，增长 4.8%；猪肉产量 128.07 万吨，增长 3.0%；水产品总产量 862.35 万吨，增长 1.1%。

2. 工业生产平稳增长。2022 年前三季度全省规模以上工业增加值分别同比增长 9.9%、6.5%、6.3%。分经济类型看，国有控股企业增加值下降 0.9%，股份制企业增长 9.5%，外商及港澳台商投资企业下降 2.3%，私营企业增长 9.2%。分三大门类看，采矿业增加值增长 1%，制造业增长 6.3%，电力、热力、燃气及水生产和供应业增长 8.6%。在全省 38 个行业中，有 28 个行业增加值实现同比增长，其中，化学药品原药产量增长 80.6%，合成橡胶增长 34.0%，新能源汽车增长 19.6%，十种有色金属增长 13.2%。2022 年全年规模以上工业增加值比增 5.7%，分三大门类看，采矿业增加值增长 3.9%，制造业增长 5.6%，电力、热力、燃气及水生产和供应业增长 9.3%。高技术产业、装备制造业分别增长 17.1%、13.7%，增速分别比规模以上工业快 11.4 个、8.0 个百分点。分经济类型看，国有控股企业增加值下降 0.6%，股份制企业增长 9.2%，外商及港澳台商投资企业下降 3.5%，私营企业增长 8.7%。1-11 月，全省规模以上工业实现利润总额 3612.00 亿元，同比下降 6.3%。

3. 服务业回升向好。一季度，全省服务业实现增加值 5897.18 亿元，同比增长 6%；上半年，服务业实现增加值 11690.63 亿元，同比增长 3.8%；前三季度，服务业实现增加值 17785.64 亿元，同比增长 4.7%；2022 年全年服务业实现增加值 24955.45 亿元，比增 4.0%。分行业看，交通运输、仓储和邮政业实现增加值 1960.00 亿元，比增 0.7%；批发和零售业实现增加值 6230.37 亿元，比增 7.4%；住宿和餐饮业实现增加值 734.41 亿元，比增 2.9%；金融业实现增加值 3889.78 亿元，比增 6.7%；房地产业实现增加值 2674.86 亿元，下降 3.0%；规模以上服务业企业营业收入比上年增长 7.3%。

表 2　福建省 2022 年服务业发展情况

单位：亿元、%

	一季度	比增	二季度	比增	三季度	比增	全年	比增
第三产业	5897.18	6.0	11690.63	3.8	17785.64	4.7	24955.45	4
其中：批发和零售业	1342.34	10.7	2765.04	6.0	4305.05	7.5	6230.37	7.4
交通运输、仓储和邮政业	418.54	2.6	863.57	-0.8	1368.51	0.3	1960	0.7
住宿和餐饮业	159.90	3.0	317.68	2.0	519.09	4.5	734.4	2.9
金融业	961.85	7.0	1881.24	7.8	2841.12	7.6	3889.78	6.7
房地产业	745.69	2.3	1480.20	-1.0	2189.63	-1.0	2674.86	-3

资料来源：2022 年福建省统计局相关资料整理。

（二）三大需求发展情况

1. 固定资产投资增势较好。一季度，全省固定资产投资4981.59亿元，比增14.2%。上半年，固定资产投资10791.90亿元，同比增长9.2%。第三产业投资增长5.1%，但房地产开发投资下降5.2%。三季度，全省固定资产投资完成15792.11亿元，比增9.2%。其中，第一产业投资增长23.7%；第二产业投资增长19.2%；第三产业投资增长4.1%。2022年全省固定资产投资总量达20513.89亿元，比增7.5%。分产业看，第一产业投资394.94亿，增长10.4%；第二产业投资7235.74亿元，增长17.0%，其中，工业投资7231.01亿元，增长16.9%；第三产业投资12883.21亿元，增长2.7%。三次产业投资结构由2021年的1.9：32.4：65.7调整为1.9：35.3：62.8。分领域看，制造业投资增长19.7%；基础设施投资5231.80亿元，增长15.0%；房地产开发投资下降11.0%。全省民间投资11587.07亿元，增长5.2%。全省商品房销售面积6054.33万平方米，下降13.2%；商品房销售额6502.37亿元，下降20.9%。

2. 消费市场持续回暖。一季度，全省社会消费品零售总额5515.4亿元，比增7%。上半年，社会消费品零售总额10456.05亿元，比增3%。前三季度，社会消费品零售总额15588.63亿元，比增4.1%。按销售单位所在地划分，前三季度城镇消费品零售额13532.96亿元，增长4.4%；乡村消费品零售额2055.67亿元，增长2.1%。按消费形态划分，前三季度餐饮收入额1364.38亿元，增长3.3%，比上半年提高1.8个百分点；商品零售额14224.25亿元，增长4.1%，其中，全省限额以上网络零售额增长24.4%，较上年提高3.2个百分点。前三季度全省限额以上单位新能源汽车零售额同比增长91.9%，占全部限额以上单位汽车类商品零售额的11.9%。2022年全省实现社会消费品零售总额21050.12亿元，比增3.3%。按经营地统计，城镇消费品零售额18290.71亿元，增长3.6%；乡村消费品零售额2759.41亿元，增长1.8%。按消费类型统计，商品零售额19189.04亿元，增长3.4%；餐饮收入额1861.08亿元，增长2.3%。全省限额以上网上零售额增长21.0%，占限额以上零售总额的比重为25.3%，比上年提高3.0个百分点。

3. 进出口增长较快。一季度，全省海关进出口总额4330.78亿元，比增12.1%。上半年，全省进出口总额9713.73亿元，比增12.4%。前三季度，全省进出口总额14832.7亿元，比增9.2%（全国增长9.9%）。2022年全年货物进出口总额19828.55亿元，比增7.6%。其中，出口12140.53亿元，增长12.3%；进口7688.02亿元，增长0.9%。贸易顺差为4452.51亿元，比上年扩大1269.11亿元。2022年全年新设外商投资企业2733家，比上年下降0.3%；实际使用外资金额49.9亿美元，增长1.8%。

（三）财政与居民收入情况

1. 财政金融业运行稳健。一季度，全省一般公共预算总收入1908.93亿元，比增11.2%。其中，地方一般公共预算收入1191.89亿元，增长17.3%。一般公共预算支出1414.51亿元，增长5.1%。3月末，全省金融机构本外币各项存款余额67194.21亿元，比增13.2%。上半年，全省一般公共预算总收入3072.04亿元，剔除增值税留抵退税因素，同口径增长2.5%，其中，地方一般公共预算收入1959.77亿元，同口径增长6.7%；一般公共预算支出2729.30亿元，增长4.1%。前三季度，全省一般公共预算总收入4335.32亿元，同口径增长1.7%。其中，地方一般公共预算收入2757.33亿元，同口径增长6.4%，高于全国地方平均水平1.2个百分点；一般公共预算支出4069.56亿元，增长6.4%，其中，民生支出3109.02亿元，比增7.6%，占一般公共预算支出的76.4%，教育、卫健、社保和就业等民生领域支出得到有力保障。2022年全省一般公共预算总收入5382.3亿元，剔除增值税留抵退税因素，同口径增长1.9%。其中，地方一般公共预算收入3339.06亿元，同口径增长5.5%。一般公共预算支出5702.93亿元，增长9.6%。

2022年年末全省金融机构本外币各项存款余额72927.90亿元，比增17.5%；金融机构本外币各项贷款余额75373.62亿元，比增11.0%。年末农村合作金融机构人民币各项贷款余额6437.66亿元，比增12.9%。

2. 就业总体稳定居民收入持续增加。一季度，全省城镇累计新增就业人数13.59万人，同比下降1.2%。全省居民人均可支配收入12500元，同比名义增长7%。上半年，全省城镇累计新增就业人数25.96万，失业人员再就业4.36万。全省居民人均可支配收入22594元，同比名义增长5.5%。前三季度，全省城镇累计新增就业人数45.6万，失业人员再就业7.91万。全省居民人均可支配收入33707元，同比名义增长6.1%，扣除价格因素实际增长4.2%。2022年全省居民人均可支配收入43118元，比增6.0%，扣除价格因素，实际增长4.1%。其中，农村居民人均可支配收入24987元，增长7.6%，扣除价格因素，实际增长5.7%；城镇居民人均可支配收入53817元，增长5.2%，扣除价格因素，实际增长3.3%。城乡居民人均可支配收入比值为2.15，比上年缩小0.05。

二、经济运行中存在的主要问题

自2020年以来，新冠疫情对我省经济运行造成较大的影响，当前经济发展环境面临的不稳定、不确定性因素仍然较多，国际环境更趋复杂严峻，我省经济恢复的基础还不稳固，主要是：

一是部分地区工业行业面临较大困难。上半年，全省规模以上工业增加值虽增长6.5%，但6月份仅增长2.1%，较上月回落1.9个百分点。泉州市上半年、三季度规模以上工业增加值分别仅增长2.5%、2.9%，对全省工业发展产生较大影响。莆田市前三季度工业行业受上海电气、上电电机等大型企业停产影响，规模以上通用设备制造业增加值下降32.8%，拉低规模以上工业增加值增速0.6个百分点。同时，新兴产业发展较慢，规模以上战略性新兴产业增加值增长3.4%，高技术产业、装备制造业增加值分别下降4.8%和9.8%。宁德市整体工业产业增长速度居全省首位，但传统产业增长乏力，前三季度传统产业增加值仅增长1.8%，增幅比上半年回落1.1个百分点。其中，电机电器增加值同比下降10.4%，合成革下降0.9%，生物医药下降2.0%，食品加工、冶金特钢等行业增加值增幅均低于全市规模以上工业增加值。

二是消费市场活力不足恢复缓慢。2022年一季度、上半年、前三季度全省社会消费品零售总额分别仅增长7%、3%、4.1%，增幅尚未恢复到疫情前水平，特别是餐饮、住宿以及乡村消费品零售额受疫情影响最为明显。泉州市上半年社会消费品零售总额2809.2亿元，同比仅增长1.2%；前三季度同比仅增长2.7%，增幅处于较低水平。宁德市前三季度社会消费品零售总额持续恢复性增长，但仍未恢复到4月份疫情前的水平，且主要依靠石油制品类、汽车类商品消费的拉动。前三季度，石油及制品类、汽车类商品占全市限额以上零售额比重达43.5%，对全市限额以上商品零售增长贡献率达62.1%，拉动限额以上商品零售增长7.9个百分点，但限额以下金银珠宝类、服装鞋帽针纺品类商品零售额分别同比下降40.3%、16.2%。

三是房地产投资销售持续低迷。2022年前三季度，全省固定资产投资同比增长9.2%。其中，制造业投资增长23.2%，但房地产开发投资4480.49亿元，下降8%。住宅投资3343.53亿元，下降5.9%，占房地产开发投资的比重为74.6%；住宅新开工面积下降43.2%，住宅竣工面积下降15.5%；住宅销售面积下降20.8%，住宅销售额下降27%；住宅待售面积增长42.9%。莆田市受新增土地购置费下降因素影响，房地产开发投资下降15.2%，拉低固定资产投资增速3.5个百分点，截至9月末，全市新增房地产项目19个，同比减少9个，商品房新开工面积226.38万平方米，下降54%。其中，前三季度，宁德市房地产开发投资同比下降17.7%，降幅比上半年扩大4个百分点；商品房销售面积下降47.3%，降幅比上半年扩大9.5个百分点。

三、2023年经济发展预测与对策建议

2020年疫情得到有效控制后，全省经济逐步恢复，经济增速呈现“前低后高”态势。2021年经济增速呈现“前高后低”走势，2022年全省经济呈现稳中有进的态势，预计生产总值比增5.5-6%左右。党的二十大明确了我国经济发展的宏伟蓝图，要以习近平新时代中国特色社会主义思想为指导，持续落实“疫情要防住、经济要稳住、发展要安全”的重要要求，统筹发展和安全，提高效率、提升效能、提增效益，全方位推进高质量发展超越，为全国大局多作贡献。预计2023年全年增长5%—6%。为此，提出以下建议：

1. 保市场主体稳工业发展基础。持续推动惠企政策落地见效。落实落细稳经济一揽子政策及接续政策措施，加强留抵退税等惠企政策的实施力度，加强重点行业重点企业跟踪监测，及时掌握企业订单、生产情况；加大对工业用电量等先行指标与行业增长情况的协调性分析，用好各类惠企纾困政策措施，扩大政策措施的覆盖面和惠及面，为企业排忧解难，保障工业企业稳定运行。保障产业链供应链稳定。实施科技创新行动，推进高新技术企业“双倍增”和龙头企业“培优扶强”，力争省级以上高新技术企业突破1万家。加快推进古雷炼化一体化项目、宁德时代、万华化学、青拓、恒申等龙头企业重大产业项目实施，促进上下游、产供销、大中小协同发展，帮助重点企业和关键节点企业解决运行中的困难和问题，保障产业链供应链稳定畅通，推动企业稳产达产。培育“专精特新”企业。引导与鼓励传统行业与企业改进技术、升级产品，向绿色、创新型企业转型，向工业智能化方向发展，以培育自主知识产权、自主品牌和产品创新为重点，增强企业在行业细分市场的占有率，力争成为“专精特新”企业。

2. 着力做强做优做大“四大经济”。持续推进国家数字经济创新发展试验区建设，发挥省数字经济发展专项资金引导作用，支持打造一批数字经济产业集聚区，推动数字经济创新企业加快发展。培育壮大海洋产业规模，推动一批深远海养殖装备建成投产，加快电动船舶研发制造基地建设，高标准推进现代化港口建设。抓紧实施“双碳”工作方案，加强绿色低碳技术创新行动，推进生态环保产业、环境友好制造业建设，推动一批国家级绿色科技成果落地转化。推进文化保护传承利用，深化文化旅游融合发展，打造武夷山世界级旅游景区、厦门旅游休闲城市、平潭国际旅游岛等一批文化旅游休闲项目，激发文化旅游产业发展潜力。

3. 抓项目扩大有效投资。强化招商引资，挖掘拓展投资新增长点，加强央企、民企、外企等对接，落实盘活存量资产扩大有效投资的政策措施，拓展社会投资渠道。加强项目储备，围绕已签约的项目，加快推进项目前期工作，谋划和储备一批管长远、增后劲、补短板、惠民生的好项目。加快项目进度，着力加强项目要素保障，协调解决重大项目用工、用地、用林、用能、环评等保障服务，推动储备项目加快成熟、前期项目加快落地、在建项目加快推进，协调解决项目推进过程中存在的各种问题，确保在质量发展前提下加快项目建设进度。

4. 激活消费潜能促进消费持续恢复。对于受疫情影响较大的接触性消费行业，采取专项扶持政策支持恢复发展。加大促销力度。持续开展“全闽乐购”促消费行动，通过发放消费券激发市场需求，鼓励商家加大促销力度，活跃本地消费市场。拓展消费领域。创新文旅特色消费，实现“吃、住、行、游、购、娱”一体化，激活文化、旅游消费市场。拓展汽车、家电等大宗消费，支持充电设施、停车场等建设，扩大新能源汽车销售。实行“一市一策”“一楼一策”，降低房地产行业市场风险，力促房地产投资、销售回升。扩大县域、农村消费，统筹推进农村电商示范县、商务特色镇建设，支持改造商贸中心、农产品交易市场设施，推进“互联网+”农产品出村进城工程。

（撰稿：福建社会科学院 伍长南）

福建农业农村经济运行态势与前景展望

党的十八大以来，福建深入学习贯彻习近平总书记关于“三农”工作的重要论述和党中央决策部署，把实施乡村振兴战略作为新时代“三农”工作总抓手，落实农业农村优先发展总方针，按照“产业兴旺、生态宜居、乡风文明、治理有效、生活富裕”总要求，坚持五级书记抓乡村振兴，推动农业农村发展取得历史性成就、发生历史性变革。今年以来，农口各部门深入学习贯彻习近平总书记重要讲话重要指示精神，全面落实“疫情要防住、经济要稳住、发展要安全”要求，聚焦提高效率、提升效能、提增效益，深化挂钩联系市、县（区）推动重点工作机制，推进政策落实、项目建设，各项工作任务均序时推进，农业农村保持稳中有进良好态势。2022年，全省农林牧渔业总产值比增3.9%，农民人均可支配收入比增7.6%，实现2022年“态势稳”目标。

一、2022年农业农村经济形势分析

2022年，全省农林牧渔业总产值5502.87亿元，按可比价计算比上年同期增长3.9%，增幅比去年降低1.2个百分点。

从行业看，农业产值2065.66亿元，同比增长4.2%；林业产值430.23亿元，增长5.0%；牧业产值1066.25亿元，增长4.2%；渔业产值1740.75亿元，增长1.9%。

从各设区市看，三明市农林牧渔业总产值同比增长4.8%，漳州市增长4.6%，南平市增长4.4%，宁德市和泉州市均增长3.7%，龙岩市均增长3.4%，福州市增长3.2%，莆田市增长2.8%，厦门市增长1.7%。

居民收入持续增长。2022年全省居民人均可支配收入43118元，同比增长6.0%，增速比去年降低3.3个百分点。其中城镇居民人均可支配收入53817元，同比增长5.2%，增速比去年降低3.2个百分点；农村居民人均可支配收入24987元，同比增长7.6%，增速比去年降低3.6个百分点。

从全国看，2022年我省居民人均可配收入增速比全国高1.0个百分点，比浙江、江苏、广东高1.2个、1.0个、1.4个百分点。其中城镇居民人均可支配收入增速比全国高1.3个百分点，居全国第5位，比浙江、江苏、广东分别高1.1个、1.0个和1.5个百分点；农村居民人均可支配收入增速比全国高1.3个百分点，居全国第2位，比浙江、江苏、广东分别高1.0个、1.3个和1.8个百分点。（这里的数据皆来自各省市国民经济和社会发展统计公报，有名义增长和实际增长的均选取了名义增长数据）

（一）粮食生产态势良好

粮食安全党政同责有效落实，省委和省政府成立了省贯彻落实粮食安全责任制领导小组，建立健全职责分工、督促检查、工作报告、考核、奖惩等五项工作制度，市、县两级相应建立工作机制，统筹推进粮食安全工作。年初省政府将全年粮食生产约束性任务下达到九市一区，并逐级分解到县到乡、细化到村到田。及时兑付12.07亿元耕地地力保护补贴、3.3亿元种粮农民一次性补贴等中央惠粮资金，争取9470万元（只搜到闽财农指〔2022〕58号、60号两次下达资金通知，共9470万元）中央农业救灾资金，落实省级种粮奖补资金9000万元，九市一区和68个县（市、区）制定配套扶持政策，保护和调动农民种粮积极性。倡导开展认领“一亩田”活动，已有60个县（市、区）开展认领活动，累计认领耕地3.4万亩。安排专项资金支持撂荒山垅田复耕种粮，完成山垅田复耕种粮17万亩以上。今年，粮食增产

丰收，春粮面积、总产均比上年有所增长，夏粮面积稳中有增，早稻单产全国第一。秋粮种植面积 963 万亩，总产及质量水平均保持全国前列，全年粮食实现播种面积、产量、单产“三增长”。

（二）重要农产品稳中有增

严格落实省负总责和“菜篮子”市长负责制，积极应对疫情影响，加强农资保障、技术指导、产销对接，帮助解决农机上路、农产品出村进城等问题，保障农产品市场稳定供应。

1. 粮食作物生产总体平稳。今年粮食产量 508.70 万吨，同比增长 0.5%。其中，稻谷产量 393.75 万吨，增长 0.1%。春粮产量 24.57 万吨，同比增长 0.7%，其中，主要品种薯类产量 23.07 万吨，增长 0.5%。夏收粮食产量 77.09 万吨，下降 0.3%。其中，主要品种早稻产量 61.62 万吨，下降 0.4%；大豆产量 4.14 万吨，增长 2.5%。秋收粮食产量 407.04 万吨，增长 0.6%。

2. 经济作物产量增长较快。我省蔬菜生产主要分布在水源充足地区，基本未受干旱天气影响，产量达 1599.77 万吨、比增 3.9%，产销两旺，价格稳中略升。目前，全省在田蔬菜面积 191 万亩、日均采收量 3.8 万吨（2023.1.14 日福建日报：全省在田蔬菜面积 291 万亩，日均收量 4.7 万吨），主要品种有：大白菜、小白菜、空心菜、黄瓜、丝瓜、西红柿等。

食用菌产量 153.13 万吨、比增 4.9%，其中，白木耳增长 13.1%，杏鲍菇增长 12.6%，灵芝增长 9.3%。受疫情影响，上半年绣球菌等珍稀特色品种销量减少 4 成以上，银耳、金针菇、海鲜菇等大宗餐饮集团消费品种滞销，下半年食用菌市场已逐步企稳。

茶叶生产总体平稳，产量 52.08 万吨、比增 6.7%，其中，白茶增长 17.3%，红茶增长 7.8%，青茶增长 7.1%。受疫情影响，茶叶销量、价格同比下降约 20%、10%，但部分特色茶种，如美人茶、花果香型红茶价格逆势上扬，高于往年 30% 左右。

水果产量 865.00 万吨、比增 6.8%，其中，青枣增长 16.9%，橘增长 16.0%，青梅增长 8.7%，枇杷增长 5.7%。今年天气前期多雨后期干旱，杨梅、龙眼、柑橘等部分水果产量品质有所下降。

花卉及盆景园艺播种面积 47.52 万亩，增长 4.9%；中草药材播种面积 23.92 万亩，增长 2.9%。

3. 林产品产量快速增长。林产品产量快速增长，2022 年，全省木材产量 1563.16 万立方米，同比增长 4.8%。毛竹产量 3.85 亿根，增长 3.2%；篙竹产量 2.01 亿根，增长 2.2%。竹笋干产量 35.35 万吨，增长 6.7%。林业碳汇累计完成交易量 385 万吨、交易额 5745 万元（仅搜到 22.11.30 福建日报，交易量和交易额也是这个数据），均居全国首位。

4. 畜牧产品产量平稳增长。2022 年，全省肉蛋奶总产量 270.68 万吨，同比增长 4.8%。肉类产量 210.58 万吨，增长 4.1%。其中，猪肉产量 128.07 万吨，增长 3.0%；牛肉产量 1.85 万吨，增长 6.6%；羊肉产量 1.71 万吨，增长 2.9%；主要禽肉产量 108.58 万吨，增长 4.6%。

2022 年 12 月底，生猪产能巩固提升，全省能繁母猪存栏 99.8 万头、超过国家 90 万头任务，生猪累计出栏 1614.13 万头、比增 4.3%。今年以来生猪价格前跌后升，5 月份起超过盈亏平衡点（8.5 元/斤）趋势性上行，9 月份达 12.4 元/斤，每头生猪盈利在 800-1000 元。由于能繁母猪、新生仔猪、育肥猪存栏均连续回升，市场供应量比较充足，12 月份生猪价格回跌不足 10 元/斤。

前三季度，全省主要家禽出栏 7.98 亿只，同比增长 4.5%；存栏 2.21 亿只，增长 4.6%。全省肉牛出栏 16.49 万头，增长 6.3%；存栏 18.55 万头，增长 7.7%。羊出栏 115.84 万头，增长 2.9%；存栏 105.21 万头，增长 1.0%。

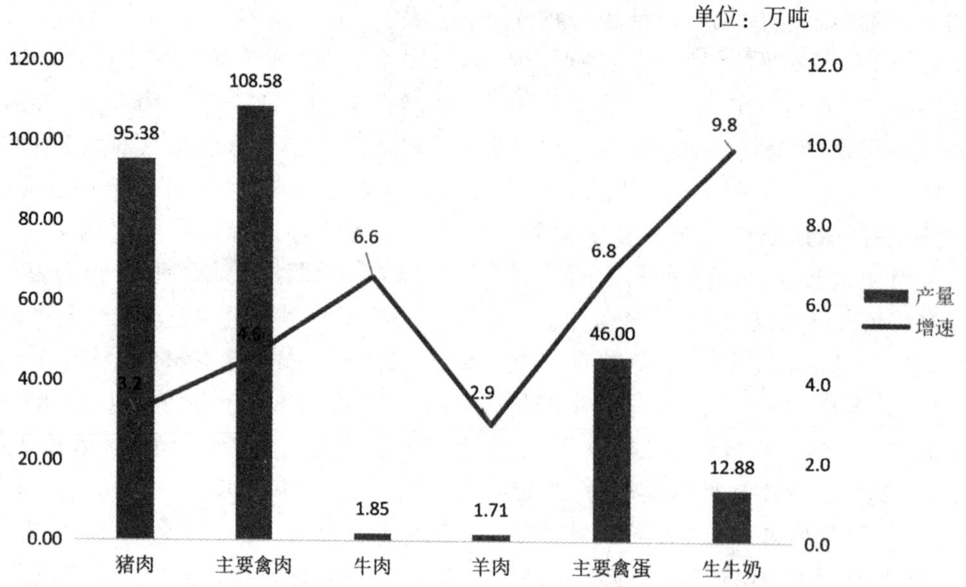

5. 水产品产量增长较快。水产品全面增产，据省海洋渔业局统计，2022年全省水产品总产量862.35万吨，同比增长1.1%。海水产品产量575.62万吨，增长4.9%。其中，海水养殖547.79万吨，增长0.8%，近海捕捞（公报没有统一的海洋捕捞，分为了近海捕捞和远洋渔业）153.12万吨，与上年基本持平，远洋渔业62.48万吨，增长3.0%。淡水产品产量98.95万吨，增长3.5%。其中，淡水养殖62.39万吨，增长4.0%，淡水捕捞4.88万吨，减少1.6%。占海水产品比重最大的牡蛎产量同比增长8.2%，比重较大的蛤增长7.8%，沙丁鱼增长46.3%。其他海水产品中，鱿鱼增长37.5%，大黄鱼增长14.7%，鲍鱼增长17.3%。水产品出口量66.2万吨、出口额59.8亿美元，分别比增24.0%、27.7%，继续居全国首位。

（三）特色现代农业加快发展

大力实施“3212”工程，创建闽西蛋禽国家优势特色产业集群，武夷岩茶产业集群获得5000万元奖励；创建漳平、永春2个国家现代农业产业园，比预计增加1个；创建7个国家农业产业强镇，推进594（农业农村厅工作报告表示为593个）个“一村一品”示范村建设，开工建设现代农业重点项目1039个，新增投资340亿元、占计划91%。新建农产品产地初加工中心186个（累计建成农产品产地初加工中心1278个），规上农产品加工业企业实现主营业务收入10754亿元、比增6.3%，整省推进“互联网+”农产品出村进城工程，预计农产品网络销售额超310亿元、比增19%。在央视等主流媒体宣传推介“福农优品”，与福建高速、中国石油、永辉超市等联手开展线下展示展销，福建优质农产品影响力不断扩大。创新实施乡村振兴贷，累计发放贷款超30亿元，帮助农业经营主体纾困解难。推进闽台农业融合发展，新批台资农业项目56个，合同利用台资8100万美元，农业利用台资数量和规模保持全国第一。

（四）农业科技装备水平持续提升

推进种业振兴行动，加快南繁育种基地、省级种质资源库建设，实施种业创新与产业化工程，育成38个农作物新品种（农业农村厅工作报告显示育成223个农作物新品种，但没显示是累计还是新增），筛选出10多个具有高产潜力的再生稻新品种，建成3个国家级农作物种质资源圃，3家企业入选国家种业阵型企业，自主研发的“番鸭小鹅瘟胶乳凝集抑制试验抗原、致敏胶乳、阳性血清与阴性血清”获得国家一类新兽药证书、累计5项，保持国内外水禽疫苗研发领先地位。新开工重大水利项目196个，完成水利投资563.28亿元、占年初计划134.7%。开工建设渔港10个，新增远洋作业渔船18艘，累计投建深远海养殖装备13台套，新增海洋观测设施3套。传统渔排改造、筏式浮球改造、深水大网箱建设分别完成三年总任务的55%、83%、73%。建成高标准农田129万亩、占计划143%。中型灌区续建配套与节水改造有序推进，10个中型灌区完成收尾工作，9个新立项中型灌区加快推进，完成投资1.12亿元。新建设施农业8.7万亩，新补贴农机具12.3万台（套），完成农作物机耕作业1107万亩。

（五）脱贫攻坚成果巩固拓展

加强防止返贫监测帮扶，全覆盖入户走访脱贫户、监测对象，加大行业部门专项筛查力度，受理农户报贫申请3807户，摸排发现疑似对象4436户，核实认定帮扶突发严重困难的易致贫返贫人口43户133人（这个数据未显示是否属于突发严重困难），发现并及时解决因灾房屋隐患224处、饮水安全隐患59处，全省没有发现新增致贫返贫现象。安排省级以上衔接资金19.8亿元，支持9.2万脱贫户发展产业项目，推动16.7万脱贫劳动力稳岗就业。

（六）乡村建设扎实推进

出台《实施乡村建设行动实施方案》，加快实施农村建设品质提升行动，5类工程20项重点项目完成投资250.3亿、占计划119.2%。深入开展村庄清洁“六清一改”“护河爱水、清洁家园”及乡村建设“五个美丽”等行动，打造一批小而精、小而美的典型示范。乡村振兴“十大行动”116项年度重点任务序时推进，建设“百镇千村”试点示范项目6127个、完成投资71.7亿元，打造100条乡村振兴精品示范线。

（七）为民办实事项目序时推进

农口部门牵头的五个项目进展顺利，新认定“三品一标”农产品、安全生态水系治理、水土流失综合治理、实施农民素质提升行动、农村供水保障工程分别完成年度计划257%、150.49%、134%、106%、114.38%。

为民办实事项目农口部门主办任务表

序号	项目	任务及完成情况	主办单位
1	实施农民素质提升行动	计划开展农村实用技术线上培训100万人次，已完成培训106.2万人次，占计划106%。	省农业农村厅
2	新认定“三品一标”农产品	完成新增认证“三品一标”产品513个，占计划257%。	省农业农村厅
3	实施农村供水保障工程	新增受益人口62.91万人，占计划114.38%。	省水利厅
4	开展水土流失综合治理	完成水土流失综合治理项目100.5万亩，占计划134%。	省水利厅
5	推进安全生态水系治理	安全生态水系建成300.98公里，占计划150.49%。	省水利厅

（八）农业安全生产形势稳定向好

加强重大动植物疫病防控，严格非洲猪瘟常态化防控，推进秋季重大动物疫病强制免疫，免疫畜禽6002万头羽、进度超50%，加强水稻“三虫四病”、草地贪夜蛾、红火蚁等重大病虫害防控，推广绿色防控、统防统治4092万亩次，推进互花米草除治、松材线虫病防治攻坚，除治互花米草13.5万亩，清除枯死松树101万株，没有发生重大区域性动植物疫情。实施农业生产大检查百日攻坚专项行动，排查生产经营单位6115家次，整治安全隐患问题1200多个，农业、林业、渔业等行业没有发生重特大事故。成功抵御16场暴雨、11场对流天气、6个影响台风，除险加固16座水库，实施抗旱保供水工程，满足农业生产需要。

（九）农业农村改革不断深化

把深化改革作为全面推进乡村振兴的重要法宝，制定出台一批农业农村重点领域和关键环节改革的实施意见，基本确立全省农业农村改革的“四梁八柱”。全面完成农村承包地确权登记颁证，1562万亩承包地确权到471万承包农户，推动农村土地“三权分置”，发展多种形式规模经营。加大培训高素质农民力度，新型农业经营主体持续壮大，新增一批省级、市级农业产业化龙头企业，涌现一批省级、市级示范家庭农场、省级农民合作社示范社。整省推进农村集体产权制度改革，全面完成清产核资、集体经济组织成员确认，股份合作制改革基本完成。全省农民合作社、家庭农场发展到17万家，农业社会化服务加快发展，带动小农户融入现代农业发展轨道。城乡融合发展体制机制初步建立。农村宅基地管理进一步规范，福州市出台《关于调整完善土地出让收入使用范围优先支持乡村振兴的实施方案》，进一步加大土地收益投入乡村振兴力度。加强和改进乡村治理，创新农产品质量安全监测网格员管理制度，福州市在1773个村推广运用乡村治理积分制，在344个村推广运用清单制。

二、农业农村发展面临问题展望

当前，外部不稳定不确定因素较多，国内疫情反弹压力犹存，需求收缩与供给冲击交织，结构性矛盾和周期性问题叠加，推动农业农村经济持续稳定发展仍面临诸多问题。

（一）粮食生产效益低，农民种粮积极性不高

据中间消耗调查，2021年我省中稻亩均产值1541元，亩均中间消耗1404元，加上亩均补贴135元后的收益为272元。今年中晚稻收购价与去年基本持平，各级政府加大了种粮补贴的力度，但难以抵消农资和劳动力成本上涨，农民种粮积极性不高。据国家统计局福建省调查总队近期对全省300个村的3000户农户秋冬播种植意向调查，虽然种植意向面积同比增长了1.3%，但占实际经营耕地面积只有23.9%，其中76.5%为蔬菜，薯类、豆类等粮食作物仅占13.4%。

（二）农业生产成本上涨

受出口、疫情、煤炭等因素影响，化肥、农药等价格同比上涨近20%，加之人工成本上涨，农民生产积极性受到影响。

（三）异常天气对农业生产造成影响

今年夏季我省经历了4次高温过程和气象干旱。4次高温过程呈接连发生、持续时间长、范围广、局地高温强。据省气象局预测，秋季（10～11月）我省平均气温依旧偏高，降水整体偏少，气象干旱继续发展。冬季气温起伏较大，可能出现较强的寒潮天气过程。气候变化对农业生产的影响需引起关注。

（四）农业生产防灾减灾工作严峻

根据气象部门预测，秋季气象干旱继续发展，森林火险等级持续攀升，森林防火形势较为严峻。拉尼娜事件在今冬将达到峰值，冬季气温总体偏高，但个别时点可能出现极端低温天气，对农业生产将产生较大影响。松材线虫病病死松树进入爆发高峰期，部分地方互花米草除治进度偏慢，完成任务压力大。

（五）农民持续增收压力较大

受疫情和经济下行影响，市场需求萎缩，原料、用工和物流成本涨幅较大，部分食用菌企业经营困难，木竹制品出口订单同比下20%，三分之一林业中小企业减产，休闲农业、乡村旅游客流较大幅度下滑，部分企业开工不足，吸纳农村劳动力减少，农民持续增收压力加大。

三、农业农村发展对策建议

深入学习贯彻党的二十大精神，全面落实省委和省政府工作部署，紧盯全年目标，抓重点、补短板、强弱项，全力冲刺第四季度，确保全面完成年度各项目标任务，推动明年农业农村发展。

（一）聚焦“保安全”，确保粮食和主要农产品有效供给

一是推广杂粮种植。玉米、马铃薯等粮食作物具有耐旱特点，适宜在我省部分地区推广种植，且杂粮种植效益较好，有利于提高农民收益。据调研，目前玉米亩均收益可达2300元左右，马铃薯亩均收益可达1200元左右，而稻谷亩均收益仅为160元左右。建议充分启用撂荒地，合理利用旱作区耕地，推广玉米、马铃薯等耐旱杂粮粮食种植。二是发展冬季农业。我省秋冬播粮食产量占比低（约占全年的5%），发展空间大，耕地利用潜力大，建议相关部门积极出台相关扶农惠农政策，引导和支持龙头企业、农民合作社和种植大户开展专业化生产，带动冬闲田合理流转和连片规模开发，为来年粮食生产打下坚实基础，有效保障粮食安全。三是推广再生稻种植。与双季稻相比，再生稻在生产环节上少了一次耕种，可有效降低农户生产成本，提高种植收益。建议加强优质品种推广，持续推广再生稻种植，提高单产产量，增加农民收入。四是推进技术创新。建立

绿色高质高效秋冬种示范片，加强关键技术推广，打造优势产业，延伸产业链，提高秋冬种效益。

（二）全力抓好秋冬农业生产

一是加强晚稻后期田管，落实增产措施，强化农机调度和收获服务，力夺秋粮丰收。二是印发秋冬种生产指导意见，推动800万亩秋冬种任务落地落实。三是加强生猪价格常态化监测，引导规模养殖场稳定能繁母猪、有序出栏生猪，统筹抓好肉蛋奶、菜果茶菌、水产品生产，保障市场供给。四是开展秋冬季农资打假暨农产品质量安全专项治理行动，保障农业生产农资需求。

（三）加快建设现代农业重点项目

一是加快推进农口部门牵头的5项省委、省政府为民办实事项目，高质量完成建设任务。二是召开全省乡村产业发展暨现代农业产业园建设现场推进会，对乡村产业发展项目建设进行再部署、再落实，推动完成年度现代农业重点项目建设任务。三是加强"福农优品"品牌宣传推广，支持福州市办好中国茶叶交易会，筹备参加第十九届中国国际农产品交易会、第二十二届中国绿色食品博览会。四是及时谋划2023年重点项目，抓好"3212"工程、巩固拓展脱贫攻坚成果、乡村振兴和重大水利项目、渔港建设、造林绿化、气象现代化等项目储备，指导各地做好国家级重点项目申报准备工作。

（四）扎实推进乡村建设重点工作

一是推进农村建设品质提升5类20项重点项目，完成年度建设任务。二是开展乡村"五个美丽"建设典型发布活动，会同省妇联评选7500户省级美丽庭院示范户并授牌。三是会同省直有关部门开展全省厕所问题摸排整改工作专项调研，对各地整改结果进行抽查复核。四是指导各地制定移风易俗专项治理实施方案。五是谋划推动实施一批农村基础设施项目，推动提高地方政府专项债券用于农业农村比例，引导工商资本参与乡村建设发展，进一步扩大农业农村有效投资。

（五）巩固拓展脱贫攻坚成果

一是加强防止返贫监测帮扶，开展第二轮防止返贫监测帮扶集中排查和巩固脱贫攻坚成果数据采集。二是协调推动38个乡村振兴重点县帮扶协作双方县党委或政府领导全部实现实地互访，跟踪落实协作双方年度协议。三是推动省直有关部门出台《福建省乡村振兴建设行动实施方案》12个专项行动方案。四是启动2022年度乡村振兴重点特色乡（镇）、实绩突出村，乡村振兴"五个一批"先进单位和先进个人评选。

（六）加强农业安全生产

一是持续实施安全生产大检查百日攻坚专项行动，全覆盖开展安全隐患大排查大整治，遏制农业行业发生重大安全事故。二是加强重大动植物疫病防控，完成秋季重大动物疫病集中强制免疫，督导除治互花米草、松材线虫病，严防发生重大区域性疫情。三是加强防灾减灾，跟踪研判天气变化，指导基层落实防御措施，持续做好水旱灾害、秋冬季森林防火等工作，降低农业因灾损失。

（七）帮助农业经营主体纾困解难

落实落细国务院稳经济33项政策和我省48条措施，"一企一策"帮助重点龙头企业协调解决资金、用地等具体问题，支持重点龙头企业增资扩产、加快发展。推进实施福建乡村振兴贷，预计全年放贷超30亿元。拓展合作渠道，提升"福农优品"市场影响力，促进福建优质农产品线上线下销售。引导出口型农业企业加快转型，积极拓展国内市场。

（八）多举措促进农民持续增收

一是巩固拓展脱贫攻坚成果。严格落实"四个不摘"，强化防返贫监测帮扶、科技特派员、驻村干部等制度，支持脱贫县和脱贫村高质量发展，增强脱贫群众内生发展动力。二是推动改革红利释放。加强农村宅基地管理与改革，积极争取跟多地方纳入农村宅基地制度改革试点，赋予农民更加充分的财产权益。三是加强农民培训。深入实施农村电商带货主播培育计划、高素质农民培训、农村创新创业带头人培育等，加快农村实用人才队伍建设。

（撰稿：福建社会科学院 蔡雪雄）

福建工业经济运行分析与展望

2022年，福建工业面对疫情冲击与日趋复杂严峻的国际经济环境，全面落实“四个更大”重要要求，深入实施“五大行动”，着力提高效率、提升效能、提增效益，落实稳经济一揽子政策和接续政策措施，高效统筹疫情防控和经济社会发展，推进制造业高质量发展。全年福建规模以上工业实现增加值同比增长5.7%，领先GDP增速1.0%，主要经济指标保持在合理区间。

一、福建工业运行基本态势

（一）工业增速高于全国水平

受去年基数较高影响，2022年工业经济增速均有所回落。第二产业增加值25078.20亿元，同比增长5.4%；规模以上工业增加值同比增长5.7%，规模以上制造业增加值同比增长5.6%。增速分别比上年同期下降2.1%、4.2%和4.4%。

横向比较，第二产业增加值、规模以上工业增加值、规模以上制造业增加值分别比全国平均水平高1.6%、2.1%和2.6%。在全国排名前十的主要工业省份中，福建仅低于湖北、湖南，但高于四川、浙江、江苏等省，位居第3位，在东部地区位列首位。如表1所示。

表1　2022年主要工业省份增加值增速比较

	广东	江苏	山东	浙江	河南	福建	四川	湖北	湖南	河北
同比增长	1.6	5.1	5.1	4.2	5.1	5.7	3.8	7.0	7.2	5.5

数据来源：各省统计局网站

（二）民营经济贡献突出

分经济类型看，全年国有控股企业增加值下降0.6%，股份制企业增长9.2%，外商及港澳台商投资企业下降3.5%，私营企业增长8.7%。民营经济表现突出，全省规模以上民营工业增加值同比增长9.3%，比全省规上工业高3.6个百分点，对规上工业增长贡献率达97.5%。分三大门类看，采矿业增加值增长3.9%，制造业增长5.6%，电力、热力、燃气及水生产和供应业增长9.3%。分行业看，38个大类行业有25个行业实现同比增长，增长面为65.8%，其中有11个行业增速超过10%。增长较快的行业包括电气机械和器材制造业、化学原料和化学制品制造业、铁路船舶航空航天和其他运输设备制造业、纺织服装及服饰业，增速分别达到40.6%、19.7%、16.7%和10.9%。但通用设备制造业、纺织业工业增加值下降较明显。全省高技术产业增加值同比增长17.1%，高于全省规模以上工业增幅11.4个百分点，对全省规上工业增加值增长贡献率达46.2%。从产品产量看，全省列入统计的447种工业产品中，195种产品产量实现增长，增长面为43.6%。其中，化学药品原药产量增长85.2%、新能源汽车增长43.7%、太阳能电池增长28.7%、合成橡胶增长13.3%。

（三）工业经济增速高开低走

2022年前两个月，我省工业开局良好，工业在上年超高速的增长下，增速仍高达12.9%，电气机械和器材制造业、非金属矿物制品业等重点行业贡献突出，首季度工业增速为10.4%。二季度，国内外经济环境复杂性、不确定性加剧，市场需求收缩明显，加之俄乌冲突严重提高能源成本，导致工业增加值逐月回落，四、五月工业增加值增幅为4.6%和4%，尤其是六月工业增速仅为2.1%，为2020年4月以来的最低水平。第三季度，退税减税、降费让利等稳经济、助企纾困组合拳的接续推出，全省工业生产稳中回升，加之大宗商品价格环比有所回落，工业经济运行回到合理区间，季度工业增加值为6.8%。第四季度受疫情影响，工业企业生产进度减慢、市场需求不足、物流运输不畅，全省工业增速逐月下降，尤其是12月份工业增加值仅同比增长0.9%，为全年最低，季度工业增加值增速下降到4.0%。如图1所示。

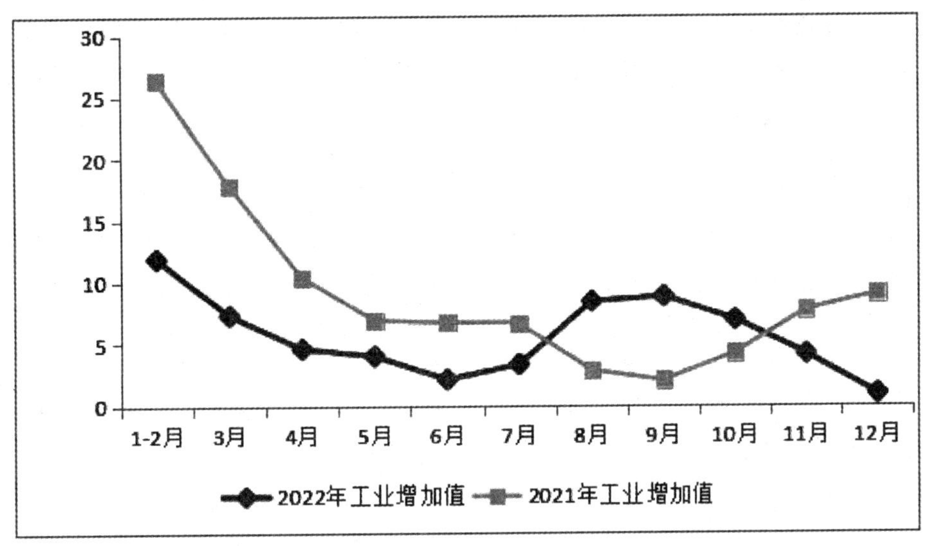

图1　2022年及2021年规模以上工业增加值月度增速(%)

（四）燃料动力类购进价格大幅上升

2022年工业生产者购进价格（IPI）上升5.2%。9个大类全部上涨。其中，燃料动力类增幅最大达到23.6%，农副产品类、化工原料类、有色金属材料类分别上涨4.7%、4.4%和3.9%。相对涨幅较低的是建筑材料及非金属类，上涨0.6%。

工业生产者出厂价格（PPI）上涨2.9%。生产资料价格上升3.9%，其中原材料和采掘类分别上升10.7%和3.3%。生活资料则上升1.0%。耐用消费品、一般用品和衣着均有小幅上升。

2022年尤其是上半年，受到俄乌冲突的影响，燃料动力类上涨明显，带动IPI显著上涨，也引起其他大宗原材料价格的上涨。而市场相对疲软，导致PPI涨幅远低于IPI，对我省以生产终端产品为主的企业较为不利。

（五）宁德市工业增长领先全省

分地区看，宁德市规模以上工业增加值增长23.6%，连续5年居全省首位。其中锂电新能源同比增长44.3%，拉动全市规模以上工业增加值增长24.2%；新能源汽车产业同比增长33.3%，拉动全市增长5.2个百分点，四大主导产业同比增长达到31.5%。漳州市古雷炼化一体化项目投入商业运营，带动千亿主导产业加快建设，加之原材料产品价格上涨，工业增加值增长达10.2%，其中石油加工业增143.5%、化学纤维制造业增长83.2%。其余七地市工业增加值增速低于全省平均水平，其中，泉州（3.9%）、福州（3.8）、三明（3.3%）增速较慢。

（六）制造业投资支撑有力

2022年，全省积极扩大工业有效投资，不断加快企业技术改造，工业投资快速增长。全省工业投资7231.01亿元，增长16.9%；占全省投资的35.2%，分别比2020年、2021年提高4.4和2.8个百分点；对全省投资增长的贡献率达73.2%，拉动全省投资增长5.5个百分点。其中，制造业投资6372.30亿元，增长19.7%，工业改建和技术改造投资增长37.8%。

（七）工业利润同比下降明显

2022年，全省规模以上工业企业实现利润4071.32亿元，同比下降6.9%。其中，国有控股企业实现利润281.96亿元，下降45.2%；股份制企业实现利润2969.81亿元，下降5.3%；外商及港澳台商投资企业实现利润1055.96亿元，下降11.4%。在38个工业大类行业中，有20个行业利润同比下降，其中有5个行业利润下降30%（石油、煤炭及其他燃料加工业和燃气生产和供应业为亏损）。只有16个行业实现利润同比增长。其中，利润增长较快的主要行业有：电气机械和器材制造业增长70.3%，电力、热力生产和供应业增长69.6%，煤炭开采和洗选业增长55.0%。

二、工业经济运行中存在的问题

2022年福建工业的发展环境错综复杂，疫情对市场预期的影响日益深化，面临需求收缩、供给冲击、预期转弱的三重压力，科技创新能力不强、产业结构不优等深层次矛盾仍显得突出，稳增长的压力较大。

（一）预期转弱导致企业信心不足

上半年虽然稳增长政策持续加码，但市场感受“兴奋不起来”，受制于需求收缩、供给冲击、国际环境复杂化等多重压力，市场预期转弱明显。2022年我国制造业采购经理指数（PMI）普遍偏低，尤其是4月份上海疫情的影响一度低至47.2%，9月份随着高温天气影响消退，稳经济政策效能开始释放，回升至50.1%的景气水平。但原材料库存指数仍只有47.6%，制造业为生产囤积原材料的意愿不强。

据省工商联开展的2022年三季度民营企业运行状况调查，前三季度营业收入下降的企业占32.1%，持平的企业占37.2%，有所增长的仅为30.6%，其中大型企业和中型企业的增长比例均超过三成，高于小微企业10个百分点以上。调查显示，只有44.8%的民营企业家感觉经济在慢慢好转，30.9%的企业家认为没有变化，还有12.6%的企业家对未来情况持悲观预期。在当前国际局势对民营经济发展信心的影响的看法方面，认为影响很大的企业家占29.9%，认为虽有影响，但也有避免和解决的办法的企业家占46.4%。

（二）市场需求较为疲软

2022年全省消费开局良好，前两个月社会消费品零售总额同比增长10.3%。但二季度受国内疫情影响，社会消费品零售总额同比下降1.1%；三季度强劲反弹后，四季度再次下滑。全年社会消费品零售总额为21050.12亿元，比上年仅增加667.01亿元，同比增长3.3%。

2022年国内楼市持续低迷，不少知名房企相继出现了违约事件。全省商品房销售面积下降13.2%、商品房销售额下降20.9%（其中住宅销售额下降33.3%）。房地产行业被称为“百业之王”，房地产需求不彰，对水泥、钢铁、工程机械等直接相关行业和家电、家纺、家具等间接相关行业，都造成较大的负面影响。全年规模以上工业企业产销率仅为95.46%（1-11月份数据），低于97%的历史平均水平。产成品存货周转天数为14.1天，增加1.0天；应收账款平均回收期为31.3天，增加2.0天。

（三）企业增收不增利

2022年，全省规模以上工业企业实现营业收入70367.52亿元，同比增长7.0%，但全省实现利润总额仅为4071.32亿元，同比下降6.9%，营业收入利润率为5.79%，下降0.86个百分点。企业增收不增效，多数企业微利运行。据调查，有54.3%的民营企业利润率处于0到10%之间，有23.0%的企业处于亏损状态，仅有18.8%的企业利润率达10%-20%。主要原因在于成本上升过快。全省工业企业每百元营业收入中成本为87.18元，比去年同期提高0.93元。

国际大宗商品价格持续上涨，使多数工业产品原材料价格持续高位。但需求疲软使商品销售价格并没有同步提升，生产企业承受了原材料价格上涨的大部分压力。全省IPI持续在5%以上高位，高于全国平均水平，也高于工业生产者出厂价格PPI。据调查，超半数企业原材料成本环比增长，超四成的企业人力成本和物流成本环比增长，房租成本对小微企业的影响也较大。

（四）企业创新能力仍显不足

研发投入不足的旧疾仍较突出。近年来，福建研发投入同比增速高于全国，但研究与试验发展（R&D）经费投入强度 1.98%，明显低于全国 2.44%平均水平。福建“国字号”研发平台不多，高校院所科研成果仍较缺乏孵化和产业化机制，依托高校院所的公共创新平台开放共享程度不高，企业产品和工艺研发选择独立创新比例远大于合作创新，企业间交流合作不足、各自为战，“协而不同”问题仍然存在。

在产业链各环节，一些关键核心技术、基础零部件、基础材料、基础工艺仍面临“卡脖子”的困境。如电子信息产业，高端芯片制造工艺落后国际先进水平两代以上。高端射频器件、高端电容电阻、大型工程机械高端液压件等基础零部件以及高纯度光刻胶、高纯度溅射靶材、压电陶瓷和晶体、纳米材料等关键材料无法生产。纺织鞋服产业中，化纤领域的纳米和智能技术，染整领域的无水少水染色、数码喷墨印花技术等关键性技术缺失，影响纺织鞋服产业链向高端化、品牌化发展。

三、推动福建工业高质量发展的政策建议

“十四五”是福建全方位推进高质量发展超越的关键五年，要全面贯彻党的二十大精神，全面落实疫情要防住、经济要稳住、发展要安全重要的要求，推进新型工业化，提升产业链供应链韧性和安全水平，推动全省工业高质量发展行稳致远。

（一）把稳增长放在更加突出的位置

坚持稳字当头、稳中求进的总基调，保持稳增长政策的连续性，推动政策落地和效果显现，全力以赴稳增长。一是把财政金融稳增长政策落到实处。加快落实减税降费和保障重点民生等转移支付资金，推动市县基层不折不扣落实增值税留抵退税和社保费缓缴政策，确保应退尽退、及时退付。加快地方政府专项债券发行使用并扩大支持范围，尤其是对符合条件的产业链关键环节和新型基础设施项目予以优先考虑。深化产融合作，持续征集企业融资需求清单，推动金融机构与企业精准对接。用好普惠性再贷款再贴现政策工具，持续引导金融机构加大对小微和民营企业的信贷支持。鼓励对中小微企业和个体工商户中受疫情影响的贷款实施延期还本付息，争取做到应延尽延。促进贷款利率稳中有降，推动金融机构进一步向实体经济合理让利。

二是保证产业链供应链的稳定。探索优化企业疫情下稳产政策，建立完善产业链供应链重点企业、重点外贸外资企业、防疫物资生产企业等重点企业白名单动态管理机制，支持各地具备条件的企业在发生疫情时进行闭环生产，鼓励企业增加供应商目录和就近采购，力保企业正常运转和产业链供应链稳定。及时协调解决企业员工返岗、物流保障、产业链上下游衔接等方面存在的困难问题。

三是帮助企业稳定和开拓市场。组织开展各类促消费活动，推动供需互动、产销并进。发挥消费券杠杆撬动作用，鼓励各地结合本地区消费特点，统筹有序发放汽车、家电、电动自行车、家具家装、餐饮住宿、文旅体育等各类消费券。研究优化新能源汽车奖补政策，推进公共服务场所、小区和机关单位的充电桩建设。引导平台企业在防疫物资和重要民生商品保供中发挥积极作用。多渠道支持外贸企业开拓国际市场，大力支持企业参加境外国际性展会，创新展会服务模式，加大出口信保支持外贸力度。

四是营造良好的发展环境。落深落细现有惠企政策，建立政策落实情况动态化跟踪机制，确保企业应享尽享。开展“一起益企”中小企业服务行动和中小企业服务月活动，为中小企业送政策、送管理、送技术。充分发挥地方政府和职能部门在资源统筹、政策工具等方面的集成优势，为企业化解困难。深入推进“放管服”改革，大力践行“马上就办、真抓实干”优良作风，全面压减审批事项用时，持续优化政务服务。

（二）把数字经济作为产业发展的“领头雁”

二十大报告再次要求，加快建设数字中国。作为总书记“数字福建”思想的发源地，福建要强化发展数字经济的紧迫感，推动数字产业化和产业数字化，着力打造具有国际竞争力的国家数字经济发展新高地。

一是发展数字产业化。国家统计局新的数字经济产业统计分类中，数字产品制造业和数字技术应用业被提升到更加重要的位置。数字产品制造业要突出“增芯强屏”，加快新型显示器、集成电路、半导体照明等重点产业建设。逐步扩大 28

纳米次先进制程规模、突破第三代半导体材料核心技术、增强集成电路上下游本地配套能力。做强做优玻璃基板、面板、模组、整机等新型显示全产业链，加快培育光学膜、玻璃基板、触控芯片等核心材料和关键元器件。数字技术应用业要突出产品研发和产业化。软件领域重点发展工业研发设计、三维 CAD、生产制造、经营管理和服务等工业软件产品及应用解决方案。大数据领域聚焦数据的标注、清洗、脱敏、脱密、聚合、分析等环节，提升数据资源处理能力。人工智能领域要加快计算机视觉、语音识别、智能感知、新型人机交互、自主决策控制等算法的研发。

二是促进数字经济和实体经济深度融合。加快推动研发设计、生产制造、经营管理、市场服务等全生命周期数字化转型。深入实施智能制造工程，大力推动装备数字化，加强跨行业、跨领域和企业工业互联网平台建设与普及应用，实现各类生产设备与信息系统互联互通，纵深推进工业数字化转型。

三是超前部署新型基础设施建设。抢抓“新基建”发展机遇，高水平推进 5G 网络建设，优先推动中心城区、交通枢纽、重点园区等核心区域 5G 网络建设，逐步实现全省 5G 网络全覆盖。建设新一代超大容量、智能调度的光传输网，加速千兆光网提速改造升级，推进“千兆城市”建设。构建数字福建政务云计算体系，推动全省政务云资源统一管理、灵活管控，打造整体协同、高效运行的数字政府。

（三）把稳定就业作为保障产业安全的抓手

我们应该摆脱传统观念，即：中国的劳动者不是廉价、低效的代名词，经过了几十年的培养与壮大，中国已经形成了全世界最为庞大、最为高效的劳动者队伍。它与我国完备的产业体系一起，构成了我国制造业国际竞争优势的坚实的基础。2022 年以来，全国就业形势日趋严峻，高校毕业生去向落实率创历史新低。福建要紧抓机会，创造更多高质量就业岗位，通过培育高素质产业队伍保障产业发展安全。

一是推动高质量充分就业。营造更好的舆论环境，改善全社会“制造业劳动强度大、待遇低”的社会认知，宣传制造业“工作环境与收入已有明显提高”的就业现状。充分发挥民营企业、中小企业吸纳就业的基础性作用，持续壮大民营企业、中小企业规模，形成更多充满活力、持续稳定经营的市场主体。开展“10+N”就业服务活动，探索“长短结合”服务企业用工保障机制，动态跟踪保障重点企业、重大项目、重大工程用工需求。对同比增加的就业人员及所在企业，从减免个税、落户、住房、降低社保缴纳比例以及专项资金扶持等方面给予支持。

二是促进重点群体就业。深入实施普通高校毕业生就业创业促进行动、大学生实习“扬帆计划”，举办“千校万岗，就业有位来”系列招聘会，对困难毕业生实施精准就业帮扶。加快高等教育供给侧结构性改革，力促高等教育的结构化转型，提升劳动者素质与岗位匹配程度。虽然近年来农民工整体就业率较高，但岗位转换频率较高，且在城市长期定居和改善就业质量的难度较大。要健全农民工基本公共服务同常住人口挂钩、由常住地供给的机制，促进非户籍常住人口与当地户籍人口享受同等基本公共服务。破除妨碍劳动力和人才流动的体制和政策弊端，消除影响平等就业的不合理限制和就业歧视。针对城镇女性就业人口偏低的特点，为其搭建专业性求职平台，开展女性专场招聘会，全面落实各项优惠政策，促进女性制造业就业。

三是加强职业技能培训。健全终身职业技能培训制度，通过劳动者能力和待遇的提升，扩大制造业就业面。探索建立用工需求引领技能培训机制，根据企业用工需求和劳动者培训意愿，引导培训单位精准开展“菜单式”培训。深入实施“技能福建”行动，分行业分领域推广企业新型学徒制，增强职业技能培训的针对性和实效性，培养应用型、技能型、紧缺型、多面手型人才。逐步构建起与制造业高质量发展相适应、梯度发展的制造业人才培育体系。

（四）把项目带动作为激发新动能的重点

“十三五”期间，宁德时代、厦门天马微、漳州古雷炼化、青拓集团等一批大项目为福建工业发展提供了强劲的动力，“十四五”时期，福建应坚持项目带动对经济发展支撑作用，深化“全系统、全覆盖、全过程”抓项目工作机制，用大项目带动工业高质量发展。

一是加强招商引资。加快推进国家“十四五”规划102项重大工程项目和我省“十四五”规划重大项目实施，鼓励和吸引更多社会资本参与重大项目建设。实施“一把手”招商，结合产业基础和发展定位，充分发挥各级政府、产业园区、行业协会、商会、招商中介机构等作用，坚持引资引智并举，精准引进制造业骨干企业和重点项目。要强化产业链招商、龙头企业招商、以商招商。利用当前国际产业转移的有利时机，在电子信息、先进装备制造、石油化工等领域谋划引进一批重大外资项目，争取纳入国家重大外资项目专班。研究完善境外重点人员疫情防控指引，为外资企业派驻的员工及家属华提供便利。

二是保障项目建设进度。强化对重点项目建设的分级分类跟踪，建立十亿元以上重大工业项目台账。持续下基层、走一线、进现场，主动靠前服务，协调项目开工建设中的困难和问题，努力为项目建设提供优质服务。在项目代办报审服务、基础设施交通配套、生产办公用房建设、技术管理团队住房等方面予以特殊支持，提供“拎包入驻”式优质服务，营造最优的投资环境。实行技术评估提前介入、环评审批和技术评估并联开展等支持措施，压缩项目环评审批时间。

三是加大技改支持力度。建立省重点技改项目常态化申报受理、发布机制，打好技改设备补助、完工投产奖励、技改融资贴息等政策组合拳，拓展技术改造投融资新渠道，支持企业采用先进适用的新技术、新设备、新工艺和新标准实施技术改造。鼓励企业广泛运用新一代信息技术实施技术改造，促进信息技术向市场、设计、生产等环节渗透，推动生产方式向柔性、智能、精细转变。

（撰稿：福建社会科学院 黄继炜）

2022年福建省服务业蓄势向好

2022年，面对严峻复杂的国际环境和疫情冲击，在省委、省政府的正确领导下，认真贯彻落实党中央国务院决策部署，坚持稳中求进工作总基调，全面落实“疫情要防住、经济要稳住、发展要安全”重要要求，全省服务业持续增长，总体发展快于全国，主要行业稳中向好，展现强大发展韧性。

一、服务业总体发展快于全国

（一）服务业增加值增速高于全国平均水平

初步核算，2022年，全省服务业增加值24955.45亿元，比上年增长4.0%，比全国平均水平（2.3%）高1.7个百分点。服务业增加值占GDP的比重为47.0%，对GDP增长贡献率为41.4%，拉动GDP增长2.0个百分点。

（二）规上服务业营业收入增速领先全国优势扩大

2022年，规模以上服务业营业收入保持稳定增长。全省6748家规上服务业企业实现营业收入7785.17亿元，比上年增长7.3%，比全国平均水平（2.7%）高4.6个百分点，领先全国的优势比前三季度扩大0.4个百分点。其中，重点行业实现营业收入4887.47亿元，增长15.6%，比全国（4.5%）高11.1个百分点。

（三）规上服务业主要指标增长快于全国平均水平

2022年，全省规上服务业企业净服务收入6540.83亿元，比上年增长6.5%，增幅比全国平均水平（1.4%）高5.1个百分点。营业利润482.53亿元，增长21.9%，比全国平均水平（9.7%）高12.2个百分点。税金及附加46.79亿元，增长17.1%，比全国平均水平（0.5%）高16.6个百分点。所得税79.21亿元，增长10.3%，比全国平均水平（-0.3%）高10.6个百分点。应付职工薪酬1285.88亿元，增长9.6%，比全国平均水平（5.8%）高3.8个百分点。2022年末，资产总计2.53万亿元，比上年增长10.2%，比全国平均水平（6.5%）高3.7个百分点。所有者权益1.14万亿元，增长12.8%，比全国平均水平（5.1%）高7.7个百分点。期末用工人数121.40万人，增长4.1%，比全国平均水平（-2.5%）高6.6个百分点。

（四）生产性服务业投资规模延续扩张势头

2022年，全省服务业固定资产投资12883.21亿元，比上年增长2.7%，占全省固定资产投资的比重为62.8%。生产性服务业投资较快增长，金融业投资增长73.6%，租赁和商务服务业投资增长58.2%，水利、环境和公共设施管理业投资增长24.9%，教育投资增长10.5%，信息传输、软件和信息技术服务业投资增长7.5%。

二、主要行业发展稳中向好

（一）消费品市场规模持续扩大，商品零售稳步发展

2022年，全省批发业和零售业增加值6230.37亿元，比上年增长7.4%，拉动全省GDP增长0.9个百分点。消费品市场规模扩大，实现社会消费品零售总额21050.12亿元，比上年增长3.3%，增幅比全国平均水平高3.5个百分点。全年总体趋势与全国一致，呈现“前高后低”走势，但市场表现好于全国，累计增幅居全国前列。创新推出“福见商旅”“万企百日惠福品”以及首届“福品网购节”、汽车下乡等活动，聚焦重要节点开展美食、汽车、鞋服等各类主题促销2万多场，全年累

计发放商贸消费券 3.4 亿元，推动汽车、家电等大宗消费回升，持续打响“全闽乐购”品牌。全省限额以上商品零售额比上年增长 6.6%，其中，粮油食品类商品零售额增长 15.0%，烟酒类增长 20.0%，日用品类增长 10.9%。

（二）交通运输业恢复稳定向好，远洋运输量线齐增

2022 年，全省交通运输、仓储和邮政业增加值 1960.00 亿元，比上年增长 0.7%（全国比上年下降 0.8%），增幅比前三季度和上半年分别提高 0.4 和 1.5 个百分点，占全省 GDP 的比重为 3.7%。全省交通运输系统以建设交通强国为引领，加快打造一流的现代化综合立体交通网，完成公路水路投资 1050 亿元，连续第三年突破千亿元。港口高质量发展取得明显成效，全省港口货物吞吐量首次突破 7 亿吨，比上年增长 3.2%，福州港建成全省首个 3 亿吨大港；集装箱吞吐量 1800.21 万标箱，比上年增长 3.1%。“丝路海运”联盟成员超过 270 家，新增外贸集装箱航线 17 条，有力支撑我省外贸平稳发展。

（三）信息服务业增势良好，数字经济渗透赋能

2022 年，福建抢抓数字经济发展战略机遇，扎实建设国家数字经济创新发展试验区，深入推动数字产业化和产业数字化，努力打造数字经济发展新高地。信息传输、软件和信息技术服务业增加值 1367.20 亿元，比上年增长 8.0%，增幅比全省 GDP 高 3.3 个百分点，增加值占全省 GDP 的比重为 2.6%，比上年提高 0.1 个百分点，拉动全省 GDP 增长 0.2 个百分点。电信业以数字化转型驱动生产方式、生活方式和治理方式变革，稳步推进 5G 及千兆光网协同建设，全省已建成 5G 基站 7.1 万个，实现所有乡镇和 68%行政村 5G 网络覆盖。厦门获评我省首个“千兆城市”，5 家企业入选 2022 年中国互联网企业综合实力前百家企业。规模以上信息传输、软件和信息技术服务业实现营业收入 1928.49 亿元，增长 10.9%，比全国（7.0%）高 3.9 个百分点，对规上服务业营业收入增长贡献率为 35.5%。其中，互联网和相关服务营业收入增长 13.4%，比全国（8.6%）高 4.8 个百分点；软件和信息技术服务业营业收入增长 14.4%，比全国（6.3%）高 8.1 个百分点。

（四）金融业存贷款增长较快，支持经济回稳向上

2022 年，金融业持续加大对实体经济的支持，充分发挥结构性货币政策工具引导作用，为全省经济大盘回稳向上提供坚强保障。全省金融业增加值 3889.78 亿元，比上年增长 6.7%，增幅比全国（5.6%）高 1.1 个百分点，占全省 GDP 的比重为 7.3%，拉动全省 GDP 增长 0.5 个百分点。2022 年末，全省金融机构本外币各项存款余额 7.29 万亿元，比上年末增长 17.5%，比全国高 6.7 个百分点，增速创 2010 年以来新高并居全国首位。本外币各项贷款余额 7.54 万亿元，比上年末增长 11.0%，比全国高 0.6 个百分点。普惠小微企业信贷投入力度持续加大，通过普惠小微贷款支持工具充分调动地方法人银行服务小微企业的积极性，向地方法人金融机构提供激励资金 18.12 亿元，直接撬动普惠小微贷款增量 999 亿元，促进小微企业融资“量增、价降、面扩”。2022 年末，全省普惠小微贷款余额为 1.18 万亿元，比上年末增长 24.5%；小微经营主体授信户数达 194.65 万户，全年增加 16.18 万户。

（五）租赁和商务服务业优势突出，互联网新业态持续活跃

2022 年，全省租赁和商务服务业增加值 1914.90 亿元，比上年增长 3.5%，增幅比全国（3.4%）高 0.1 个百分点，增加值占全省 GDP 的比重为 3.6%，比上年提高 0.2 个百分点，拉动全省 GDP 增长 0.1 个百分点。规模以上租赁和商务服务业实现营业收入 2176.16 亿元，增长 28.7%，比全国（4.5%）高 24.2 个百分点，领先全国优势比前三季度扩大 1.3 个百分点，对规上服务业营业收入增长贡献率为 91.3%。商务服务业中的互联网广告和人力资源服务依托互联网产业发展新业态新模式，成为规上服务业重要推动力。目前，我省有 6 家字节跳动旗下互联网广告企业，业务规模稳定增长，带动规模以上广告业营业收入增长 43.4%。人力资源服务企业创新机制、搭建平台，积极探索“共享用工”、“调剂用工”等人力资源

服务新模式，人力资源服务体系不断健全完善，人力资源服务内容、功能不断拓展丰富，规模以上人力资源服务营业收入增长25.3%。全省已形成1个国家级人力资源服务业产业园和10个地方性产业园协调发展的园区发展格局。

（六）文旅经济持续回暖，促进消费成效显现

文旅经济作为福建发展比较优势的“四大经济”之一，得到省委、省政府高度重视。2022年，全省加快推动文旅经济发展，印发《福建省推进文旅经济高质量发展行动计划（2022－2025年）》，深入实施文旅经济高质量发展十大行动，进一步打响“清新福建”“福文化”等品牌，扎实推进文化强省和全域生态旅游省建设。全省累计接待国内旅游人数3.91亿人次，实现国内旅游收入4306.54亿元，分别恢复到2019年的78.1%和62.3%。助企纾困和文旅促消费成效显现，举办“全闽乐购·福见商旅”促消费活动，全省发放文旅消费券近1.2亿元，有效带动促进消费。文化遗产保护利用水平显著提升，成功举办2022年“5·18国际博物馆日”福建主会场活动；“中国传统制茶技艺及其相关习俗”项目申遗成功；探索推进非遗与旅游的融合，发布10条非遗主题旅游精品线路，全域生态旅游产品供给不断丰富，旅游服务品质明显提高。

三、存在问题需关注

（一）服务业增加值占比偏低，固定资产投资增幅回落

2022年，全省服务业增加值占GDP的比重为47.0%，比上年下降0.1个百分点，比全国平均水平低5.8个百分点。从内部结构看，传统服务业仍然是服务业的主体，批发和零售业，交通运输、仓储和邮政业，住宿和餐饮业，房地产业，教育，公共管理、社会保障和社会组织等传统服务业占服务业增加值的比重达58.7%。信息传输、软件和信息技术服务业，租赁和商务服务业，科学研究和技术服务业等新兴服务业占服务业增加值的比重仅16.4%，产业结构有待进一步优化。服务业固定资产投资增幅比上年回落0.5个百分点，比全国平均水平低0.3个百分点，占全省固定资产投资的比重比上年下降2.9个百分点。

（二）行业发展不均衡，部分行业营收持续下降

2022年，规上服务业10个行业门类中，营业收入增长贡献主要来自租赁和商务服务业，信息传输、软件和信息技术服务业。交通运输、仓储和邮政业，房地产业（不含房地产开发经营），水利、环境和公共设施管理业，教育等门类为负拉动。一是今年以来，受全国交通物流不畅及财税政策变化影响，交通运输业经营主体营业收入持续下滑，全省规模以上铁路运输业营业收入比上年下降10.0%，道路运输业下降10.1%，水上运输业下降1.8%，航空运输业下降7.3%。二是教育受“双减”政策和疫情双重冲击，营业收入下降31.7%，降幅比全国平均水平大3.5个百分点。三是受房地产市场低迷影响，规上房地产中介服务营业收入下降26.4%，其他房地产业下降15.8%，土地管理业下降58.7%，公共设施管理业下降14.8%。

（三）服务业企业景气指数下降，发展预期较为谨慎

2022年四季度生产经营景气调查数据显示，全省规模以上服务业企业景气指数为114.4，比上季度下降2.8，处于“相对景气”区间；企业家信心指数为115.9，比上季度下降2.4。表示本季度盈利比上季度减少的企业占比为27.0%，比上季度增加1.8个百分点；认为本季度企业经营状况良好的企业占26.3%，比上季度下降0.2个百分点；对下季度企业经营状况预期为乐观的企业占27.5%，比上季度下降1.5个百分点。

四、建议

（一）积极发展生产性服务业，提升服务业规模质效

一是积极推动生产性服务业同先进制造业、现代农业深度融合，推动现代物流、电子商务、商贸会展、金融服务、科技信息、绿色农业等向专业化和价值链高端延伸，提高传统业态智能化、数字化、网络化水平。二是加快数字经济创新发展，推动数字经济核心产业龙头企业壮大规模，培育引进专业型、综合性优秀数字化解决方案服务商，不断提高数字产业核心竞争力。三是加快

推进文化旅游、体育、健康养老、社区家庭服务等生活性服务业恢复正常生产经营秩序，促进行业品质化、多样化发展。

（二）加大惠企政策扶持力度，扩大服务业有效投资

一是用好用足稳经济一揽子政策和接续政策，并及时跟进政策实施成效，适时调整政策方向，保证惠企政策直达企业，加强对恢复较慢行业的调研分析，制定更有针对性的纾困政策，帮助企业降本增效，提振市场主体信心，促进各行业各领域健康发展。二是扩大服务业有效投资，鼓励吸引民间投资参与项目建设，补齐科学技术、医疗卫生等重点领域投资短板，加大对小微企业、科技创新、绿色发展等领域支持力度，推动服务业投资增速回稳向好。三是持续实施“引金入闽”等工程，加快推动各类优质金融资源集聚，加快发展数字金融、绿色金融、普惠金融，不断增强金融服务实体经济能力。

（三）加快培育新兴消费热点，着力恢复和扩大消费

一是依托数字技术发展智慧超市、智慧商店、智慧餐厅等线上服务，推动直播电商、社群电商、农村电商等新模式健康发展，加快传统线下业态转型升级。二是积极发展服务消费，大力推动住宿餐饮、旅游会展、教育培训、家庭服务等受疫情影响较大的服务消费加快复苏回暖、提质扩容。三是深化“全闽乐购”等促消费活动，支持住房改善、大宗商品、服务零售等消费，多渠道增加城乡居民收入，提高居民消费能力。

（撰稿：福建省统计局 陈洁）

福建利用外资态势与前景预测

2022年以来，我省认真贯彻落实“疫情要防住、经济要稳住、发展要安全”要求，扎实推进“提高效率、提升效能、提增效益”行动，努力克服新冠肺炎疫情、俄乌冲突和国际环境变化带来的不利影响，不断优化营商环境，外商投资预期和信心增强，实际使用外资超序时进度，实现保稳促优目标。

一、福建利用外资总体态势

1. 实际使用外资增长较快。在一系列的稳外资组合政策推动下，我省积极推动利用外资由存量优化向增量扩充，促进结构优化。一季度，全省实际使用外资190.5亿元，同比增长39.9%，完成年度目标任务48.2%，超序时进度23.2个百分点，实现了“开门红”。上半年，全省实际使用外资32亿美元，同比增长4.7%，完成年度目标任务61%，超序时进度11个百分点。前三季度，全省实际使用外资44.9亿美元，同比增长23%。与2021年同期相比，一季度实际使用外资增长率低1.5个百分点，二季度低8.1个百分点，前三季度则高12.7个百分点，表明实际使用外资保持高位增长，呈现稳中有升势头，如表一所示。

2. 投资结构逐步优化。我省利用外资以高技术产业、先进制造业为主，行业集中度提升，投资结构优化。一季度，全省高技术产业、制造业实际使用外资分别增长63.9%、43.9%，其中高技术制造业、服务业实际使用外资分别增长59.8%和67.9%，石油化工和电子信息业分别增长65%、70.1%。上半年，全省高技术产业实际使用外资增长56.9%，占比34.5%；制造业实际使用外资增长19.6%，占比27.3%，两项合计占到全省实际使用外资61.8%，其中高技术服务业、石油化工业和机械装备业实际使用外资分别增长154.6%、387.6%和76.5%。前三季度，高技术产业实际使用外资增长49.6%，占比34.2%；制造业实际使用外资增长99%，其中石化工业增长912.3%，对制造业提升和实体经济发展发挥了重要作用。

3. 大项目带动作用强。我省坚持项目带动，强化大项目、龙头企业和产业链招商引资，外资质量有效提升。一季度，全省使用外资亿元以上企业共有31家，使用外资金额增长50.9%，拉动实际使用外资增长36.2个百分点。上半年，全省累计使用外资千万美元以上企业77家，使用外资金额占比八成以上。冠捷显示科技、美日丰创光罩等一批大项目快速使用外资，2家世界500强企业落地（分别为沙特基础工业公司投资的我省中沙石化有限公司、法国达飞海运集团投资的凯辉达安（厦门）股权投资基金合伙企业），成为招商引资亮亮点。1-8月份，全省累计使用外资千万美元以上企业有85家，使用外资金额占比80.2%。其中，国亨化学、赛夫集团等企业使用外资额超过亿美元，大项目、龙头企业带动作用强，有效拉动全省经济增长。

4. 部分国家使用外资较快增长。一季度，香港地区实际使用外资增长32.8%，占到全省实际使用外资额的69.7%，呈现“一枝独秀”；“一带一路”沿线国家和地区实际投资增长252.6%，其中新加坡、马来西亚和印尼实际使用外资额分别增长87.3%、5623%、6090%；美国、澳门地区实际使用外资额分别增长366.3%、71.5%。上半年，“一带一路”沿线国家和地区实际使用外资额增长76.1%，其中东盟地区、RCEP成员国分别增长77.9%、14.3%；美国、欧洲实际使用外资分别增长590.1%、79.3%，实现恢复性增长。1-8月份，“一带一路”沿线国家和地区实际使用外资增长

100.9%，其中东盟地区增长 70.7%，RCEP 成员国增长 11.2%，美国、欧洲分别增长 499.4%和 52.6%，外资来源日益趋向多元化。

5. 平台引资作用凸显。我省深化“放管服”改革，大幅提升各种投资贸易平台能级，积极发挥国家级经济开发区、自贸试验区、产业园区、新工业革命伙伴关系创新基地、台商投资区等开放平台作用。2022 年厦门“9·8”投资贸易投洽会，我省积极整合资源培育品牌，相继举办“丝路海运”国际合作论坛、金砖国家数字经济对话会、闽港澳经贸交流座谈会、中国我省-塞尔维亚经贸合作发展推介会、中印尼“两国双园”经贸合作推介会活动，省委、省政府领导高度重视，出席签约仪式，对打造高层次开放合作通道，促进外商投资发挥了重要作用。“9·8”投洽会期间，全省共签约投资项目 392 项，总投资额 2928.8 亿元。其中外商合同投资 244 项，计划总投资 1500.8 亿元、占比 51.%，拟利用外资 623.1 亿元，同比增长 2%；签约对外投资项目 6 项，计划投资额 68.4 亿元，平台招商引资成为一道亮丽的“风景线”。

表 1　2022 年福建实际利用外资的基本情况（前三季度）

	实际使用外资额（亿元人民币）	实际使用外资增长率（%）	高新技术企业实际使用外资增长率（%）	制造业实际使用外资增长率（%）
一季度	190.5	39.9	63.9	43.9
上半年	32 亿美元	4.7	56.9	19.6
前三季度	44.9 亿美元	23	49.6	99

资料来源：根据福建省商务厅外资处资料整理。按人民币兑换美元平均汇率为：上半年 6.4835：1；前三季度 6.6068：1 计算。

与此同时，我省利用外资也存在以下不足。

一是利用外资波动较大。上半年和前三季度，我省实际使用外资增速下降，由一季度 39.9%降至上半年 4.7%和前三季度 23%。与一季度相比，上半年实际使用外资增速下降 35.2 个百分点，三季度下降 16.9 个百分点，前三季度实际使用外资较上半年同期增长 18.3 个百分点，季度波动幅幅度达到 35.2%-16.9%。前八个月，我省一、二、三次产业实际使用外资同比增长 18.6%、28.3%和-1.4%，三次产业利用外资此消彼长，第三产业对外资吸引力下降。

二是外资来源过于集中。近年来，尽管我省利用外资地区优化，投资来源地区增加，美国、欧盟实际使用外资实现恢复性增长，“一带一路”沿线国家和地区实际使用外资增幅大，东盟国家实际使用外资占比提高，RCEP 成员国实际使用外资增速提升，但香港地区仍是利用外资的最大来源地。一季度，香港地区占全省实际使用外资 69.7%，上半年和前三季度占到 70%左右，占据绝对优势；来自发达国家、世界 500 强企业、重点侨资企业和台湾地区百大企业的实际使用外资相对较少。

三是外资布局不够均衡。我省各地的区位特征、自然禀赋和拥有比较优势不同，经济发展水平、地方一般预算收入、全要素生产率和产业集聚有明显差距，GDP、财政收入、城镇居民人均可支配收入和经济增长后劲悬殊大。2021 年福州、泉州 GDP 均超过 1 万亿元，为同期南平、莆田、三明、龙岩 GDP 5.34-3.67 倍，厦门、福州地方一般预算收入分别为南平、三明、莆田、宁德和龙岩 7.33-4.43 倍，外资主要流向福州、厦门等经济发达沿海地区，南平、三明、龙岩等内地山区占比小，外商投资区域布局不均衡性仍将长期存在，如表 2 所示。

四是全球产业链重组影响。受新冠肺炎疫情、俄乌冲突和国际经济环境不确定性不稳定性增加影响，以美国为首的发达国家逆全球化抬头，加快实施去产业链保护主义，日益重视经济效率与产业安全问题，积极筹划重组全球产业链供应链，重建关键产品和零部件生产能力，纷纷出台优惠政策，鼓励国外企业返回投资，推进产业内顾化和企业本土化。据美国的非营利组织“回流”倡议统计，美国制造业回流已经连续三年呈上升趋势，2021年国内必需品供应制造商回流和外国直接投资带来了约26万个就业机会，预计2022年工作岗位回流将达到创纪录的35万个。与此同时，为遏制国内居高不下通货膨胀，美联储多次加息缩表，美元资产大幅回流，对我省吸引外资构成新的竞争压力。

表2 2021年福建各地市经济指标

单位：亿元、%

地区	地区生产总值	增长率%	地方一般预算收入	地方财政收入占GDP%
全省	48810.4	8.0	3383.4	6.93
福州	11324.5	8.4	749.9	6.62
泉州	11304.2	8.1	504.5	4.46
厦门	7033.9	8.1	881.0	12.53
漳州	5025.4	7.7	246.2	4.90
宁德	3151.1	13.3	158.1	5.02
龙岩	3081.8	7.7	169.4	5.50
三明	2953.5	5.8	113.5	3.84
莆田	2883.0	6.4	153.8	5.33
南平	2117.6	6.5	102.3	4.83

资料来源：2021年福建省及各地市国民经济与社会发展统计公报。

二、福建利用外资的政策措施

合理利用外资和有效利用国际资源是我国基本国策之一，开放型经济发展的题中之义。我省外资企业地位提升，对优化产业结构，促进消费升级，推动外经贸提质增效和经济高质量发展具有重要作用。2022年以来，我省未雨绸缪、积极沉着应对，采取了一系列卓有成效政策措施，利用外资稳中有升。

一是及时出台政策支撑。为稳定外资工作，我省及时出台政策措施，着力鼓励外商增加投资、加快项目落地和优化产业布局，着力提升利用外资质量。认真落实《2022年一季度稳外资有关措施》，鼓励外资企业加快到资、扩大高技术领域投资、签约项目落地，完善正向激励机制以及强化数字招商。在符合原有奖励政策条件下，对认定为国家高新技术企业、技术先进型服务企业，一季度实际使用外资符合额度要求的给予奖励；对推动外资项目实际使用外资并开工、年度考评居前、数字招商工作成效突出的设区市（县、区），给予资金或招商工作奖励。出台《进一步推进利用外资保稳促优若干措施》，加大制造业引资力度、提升实际使用外资规模、利用外资质量和资金使用便利化。对新设（含增资）外资项目（不含房地产、金融业）、世界500强企业、台湾百大企业投资项目，新设（含增资）制造业外资项目以及认定为国家高新技术企业、技术先进型服务企业，符合使用外资条件的由省级财政给予奖励。夯实外资鼓励类项目确认工作，保障符合条件的外资企业依法享受相关税收优惠政策；允许非投资性外商投资企业，依法以资本金进行境内股权投资。

二是细化招商引资工作。充分发挥RCEP签署实施有利契机，挖掘国际经贸合作机遇，不断细化招商引资工作，促进外资稳步增长。全省各商务部门利用春节外商返乡时机，重点推进“引侨资聚侨力”“多元化招商”等专项行动。组建省市招商小分队，开展“亲情招商”“主官招商”“产业链招商”等活动，加强与国外重点商协会、港澳台地区商协会交流对接，以数字经济、海洋经济、绿色经济、文旅经济为重点，加快对接世界500强、重点侨资企业、台湾百大企业和行业龙头企业，加大引进新一代信息技术、高端装备、半导体设备、生物医药、新能源、新材料和海洋高新企业。举办2022福建——RCEP国家经贸合作对接会、中国（福建）——菲律宾经贸合作推介会、中国（福建）——新加坡国际高新企业合作发展峰会，印发《2022年全年外资工作要点》，通过《福建日报》、厅门户网站、“福建商务”微信公众号等媒介，开展外资保稳促优系列措施解读，扩大外资优惠政策知晓面。

三是推进项目跟踪落地。为提升外资使用外资率、开工率和产出率，我省加快实施优结构提质量的引资政策，全力拓展外资项目跟踪落地，充分发挥外商投资拉动经济增长效应。强化要素资源保障，认真落实“月调度、季通报、年考核”督查机制，对重大签约外资项目动态跟踪。到2022年6月底，全省有47个项目纳入省级跟踪管理系统推动，其中28个项目开工，开工率59.6%，累计完成投资额81.3亿元。组建服务工作专班，细化工作台账，全面梳理筛选2022年重点外资项目，按照“三清单一台账”工作要求，着力推进中沙古雷乙烯等重大项目建设，上半年68个项目实际使用外资135.2亿元。突出精准招商，更好地满足市场多元投资需求，重点引进产业链供应链龙头项目、骨干企业和关键环节，充分发挥外资补短板强弱项作用，夯实经济发展基础。

四是提升研判应对能力。加强载体平台建设，充分利用外资企业直报信息服务平台，加强招商引资动态监测和信息报告，密切跟踪受肺炎疫情影响的外资企业投资变动和生产经营情况，及时调整服务平台入库企业，扩大样本企业数范围，通过扩增量、稳存量与提质量并举，确保实际使用外资稳定增长。提高科学研判能力，深入外资企业一线，指导推动各地通过实地调研、电话沟通等方式，及时了解和掌握外资企业在生产经营过程中遇到困难，及时解决货物运输、复工复产等各类问题，化解疫情和国际市场需求萎缩的影响，帮助企业纾困和渡过难关，保障企业正常经营发展。

五是坚持靠近一线指挥。坚持稳中求进工作总基调，通过实地调研，在推进实际投资中发现、解决问题，推动外资项目早签约、早投产、早达产，尽快落地产生效益，持续提升服务水平。完善外资工作促进机制，成立工作专班，实施“一周一调度、半月一协调、一月一通报、一季一考核”，加强指标调度、工作督导，提高外资使用效率。充分释放政策红利，组织小分队赴全省各地开展商务调研，做好优惠政策宣讲解读，指导外资企业用足用好优惠政策。创新招商引资理念，实施“送政策稳信心·促增资扩产能”专项行动，指导和动员沿海地区未分配利润在5000万元以上、山区未分配利润在1000万元以上外资企业转增注册资本，鼓励外资企业利润再投资成为吸引外资的一大亮点。

六是持续优化投资环境。深入实施外商投资法，按照国家指导外商投资政策要求，加快构筑外资产业“生态群落”，鼓励外资开展并购投资、利润再投资和企业境外上市返投资，拓宽利用外资渠道，提高利用外资能级。认真贯彻《福建省优化营商环境条例》，全面落实好政府采购、招投标活动平等对待内外资企业政策，促进要素资源优化配置，引导外资源源不断流入。强化知识产权保护，确实履行向外国投资者、外商投资企业依法作出的政策承诺以及依法订立的各类合同，保障外资企业合法权益。激发外资主体活力，出台《福建省营商环境创新改革行动计划》，以计划+清单开展首创性、差异化改革探索，明确创新改革的具体措施、开展范围、责任单位和完成时限，全力打造能办事、快办事、办成事的“便利福建”。举办全省商务系统投资促进专题培训班，实现县市区全覆盖，着力提升全省招商引资水平。

三、2023年福建外资前景及政策建议

习近平总书记在第五届中国国际进口博览会开幕式上指出：开放是人类文明进步的重要动力，是世界繁荣发展的必由之路。中国坚持对外开放的基本国策，坚定奉行互利共赢的开放战略，坚持经济全球化正确方向，增强国内国际两个市场两种资源联动效应，不断以中国新发展为世界提供新机遇，推动建设开放型世界经济。2023年，我省利用外资将主要受以下因素影响。

1. 从国际看。当前，世界百年大变局加速演进，新一轮科技革命和产业变革深入发展，国际力量对比发生了深刻变化，我国发展仍面临新的战略机遇。同时，新冠肺炎疫情影响深远，逆全球化思潮抬头，单边主义、保护主义上升，世界经济复苏乏力，局部冲突和动荡频发，全球性问题加剧，世界进入新的动荡变革期，我国改革发展稳定面临着一些深层次矛盾，各种“黑天鹅”“灰犀牛”事件随时可能发生，我省利用外资面临的国际环境具有不确定性不稳定性。我国坚定不移地扩大开放，支持全球化和多边主义发展，推进全球产业链供应链合作，加快构建包容共享开放的利益共同体。随着全球经济中心向亚太地区转移，跨国公司投资反弹，我国拥有超大规模市场优势，城镇化率提升空间较大，中等收入阶层消费需求稳步增长，已建成门类齐全的工业体系和高质量的基础设施网络，经济增长动能持续增强，对外资吸引力显著增强。近年来，我国FDI逆势增长，即使在新冠疫情反复冲击下，2021年我国新设外资企业4.8万家，全年外商直接投资高达1790亿美元，一跃而为全球最大的外资流入国，有利于稳定外资预期和投资信心，能够为我省扩大利用外资提供有利支撑。

2. 从国内看。习近平主席指出，中国扩大高水平开放的决心不会变，中国开放的大门只会越开越大。我国坚持以开放促改革、以改革促发展，稳步扩大规则、规制、管理、标准等制度性型开放，推动货物贸易优化升级，加快建设贸易强国，积极营造市场化、法治化、国际化一流营商环境。积极融入国际国内“双循环”，加快建设全国统一大市场，提升贸易投资合作质量和水平。商务部成立外贸外资协调机制办公室，构建与在华外国商协会常态化交流机制，更好地回应和解决外资合理诉求，有效降低企业合规成本，为外商投资创造便利条件。完善《鼓励外商投资产业目录》，国家发改委、商务部等六部委联合印发了《关于以制造业为重点促进外资扩增量稳存量提质量的若干政策措施》，引导外资重点投向先进制造业，推动产业向中高端发展，完善产业链供应链与投资效益。据美中贸委会白皮书报告，即使受到中美关系影响，在华投资89%的美国企业仍盈利，有87%的美国企业计划在未来12个月继续投资中国，表明有更多外资将进入中国、留在中国。我国经济发展仍处于转变发展方式、优化产业结构、转换增长动力攻坚期，城乡发展、区域发展、居民收入不够平衡、城镇化率还比较低，实施逆周期经济调节，促进经济高质量发展难度大，将对我省利用外资带来一定的影响。

3. 从省内看。我省紧紧围绕高质量发展主题，推进扩大内需战略同深化供给侧结构性改革有机结合，增强国内大循环内生动力和可靠性，提升国际循环质量和水平，加快建设现代化经济体系，科技创新动能增强，实体经济提质增效，投资消费稳步增长，积极服务和融入新发展格局，勇于探索两岸融合发展新路，积极构建两岸共同市场福建样板，实现改革攻坚多点突破，城乡融合区域协调，治理能力有效提升，有力推动产业结构优化，促进从工业化后期转向后工业化阶段。前三季度，我省GDP达到37793.71亿元，增量2597.1亿元，经济总量居全球20位、全国各省市第七位，人均GDP、城乡居民人均可支配收入居全国前列，经济增长潜力稳步提升，省域综合竞争力增强。随着工业化提升、城镇化发展，消费结构升级，要素资源配置效率提高，现代农业、先进制造业和现代服务业加快发展，三次产业结构加快高级化、软性化，经济发展韧性和支撑能力增强，预计2023年我省外商投资仍将较快增长。当前，我省应着力做好以下方面的工作。

一是不断提升营商环境质量。重点是落实外商投资法及其实施条例，按照新修订的《鼓励外商投资产业目录》、2021年版全国和自贸试验区外资准入负面清单，进一步放宽外资市场准入，扩大外资投资领域，依法保护外商投资权益。积极打通利用外资各关键环节的难点、痛点和堵点，充分发挥外资企业投诉工作机制作用，加大外商投资合法权益保护力度，有效落实外资企业同等待遇政策，为外资企业提供经贸摩擦预警应对、涉外商事法律咨询与服务，吸引更多的跨国公司、龙头企业、大项目和研发中心落地。优化区域开放布局，实施自由贸易试验区提升战略，扩大面向全球的高标准自由贸易区网络，创新服务贸易发展机制，支持和鼓励山区、欠发达地区积极承接沿海地区产业梯度转移，有效集聚要素资源，促进区域经济协调发展，增强内生发展动能，打造利用外资新的增长极。

二是持续优化外商投资结构。围绕我省的“六四五”产业体系，以主导产业、优势产业为重点，以数字经济、绿色经济、海洋经济、文旅经济为引擎，加快发展新一代信息技术、生物医药、节能环保和绿色发展等重点领域，提升招商引资策划水平，积极开展产业链、供应链招商，实施数字化、专业团队招商，加快引进技术含量高、产业带动能力强的世界500强企业、行业龙头企业和专特精新企业，满足外资多元化的市场需求。充分发挥税收、用地等优惠政策效应，引导外资投向先进制造业、现代服务业、战略性新兴产业，不断优化外资结构、完善产业布局，促进产业聚集集群，在优化外资存量，扩大利用外资规模的同时，不断提升利用外资质量和水平。创新招商引资方式，健全外商投资公共服务体系，切实保护外资企业知识产权和合法权益，推动利用外资高质量发展。

三是积极拓展外资增长空间。完善招商引资载体，整合配套性基础设施，提升国家级经济技术开发区、自贸试验区、产业园区、台商投资区招商引资功能，促进资金、技术、项目等要素资源集聚，充分发挥引资载体主阵地作用。强化产业对接，加快培育新一代电子信息、智能制造、生物医药、新型能源等战略性新兴产业，促进产业链供应链与创新链有效衔接。推进制度集成创新，对标国际先进规则，推动我省自贸试验区、新工业革命伙伴关系创新基地与福厦泉国家自主创新示范区互动联动发展，争取更多先行先试政策率先在试点落地。提升开放平台功能，着力办好厦门“9.8”国际投资贸易洽谈会，用好“我省国际投资促进网”、“云上投洽会”等在线投资促进平台，密切关注世界500强、重点侨资企业、台湾百大企业以及行业龙头企业投资动向，欧美发达国家跨国公司投资流向，运用大数据精准引商选资，推动在谈项目签约落地、开工建设和完工投产。

四是大力鼓励利润再投资。强化外资服务保障能力，根据外资利润再投资项目遇到的土地指标、环境评价、交通运输、设备进出口、人员出入境等方面问题，细化服务保障内容，使利润再投资成为我省招商引资的重点。建议由商务部门牵头，发改、财政、工信、税务、环保、自然资源等相关部门密切配合，共同破解外资企业利润再投资遇到的难题。按照《鼓励外商投资产业目录》要求，全力打好政策与服务保障组合拳，积极探索建立直达跨国公司集团总部宣传机制，通过实施针对性措施、加强宣传力度和提供特色化服务，鼓励外企留存利润优先投向先进制造业、现代服务业和战略性新兴产业，进一步发挥外资在科技创新和产业转型升级中的重要作用。创新鼓励外资利润再投资方式，健全外商投资公共服务体系，切实保护外资企业知识产权和合法权益。

五是充分发挥RCEP效应。随着RCEP落地实施，区域协同效率增强，有利于提高RCEP成员国贸易与投资自由化水平，促进市场需求、产业链供应链、投资和贸易重心加快向环太平洋地区东移，增强东亚地区经贸合作活力，提升进区域经济抗风险能力，促进亚太经济一体化发展，赋能RCEP贸易与投资增长强大推力，为我省稳步利用外资，加快先进制造业、现代服务业、高新技术产业和绿色低碳产业发展，完善全球价值链和东亚生产网络协作，巩固提升产业全球产业链地位创造条件。深化中印尼“两国双园”合作，积极探索建设境外产业合作园区，扩大东盟地区、RCEP成员国和“一带一路”沿线国家和地区投资规模，推进外资稳存量、促增量，优结构、提质量的有机衔接与共同发展。

（撰稿：福建社会科学院研究员 李鸿阶）

2022年福建省固定资产投资运行分析

2022年，全省各地坚持稳字当头、稳中求进工作总基调，统筹做好疫情防控和经济社会发展，切实有效推进重大项目落地建设，全省固定资产投资（以下简称投资）稳中向好，为高质量发展提供有力支撑。

一、稳字当头，投资运行总体良好

（一）投资总量持续增加

2022年，全省固定资产投资总量突破两万亿，达20513.89亿元；比上年增长7.5%，增幅分别比2020年、2021年提高7.9、1.5个百分点，比同期全国平均水平高2.4个百分点，居全国第11位，东部第3位。其中，项目投资14998.44亿元，增长16.4%；房地产开发投资5515.45亿元，下降11.0%。从全年投资走势看，全省投资增幅呈高幅开局、逐步回归至合理区间的良好态势。

固定资产投资同比增幅

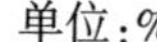

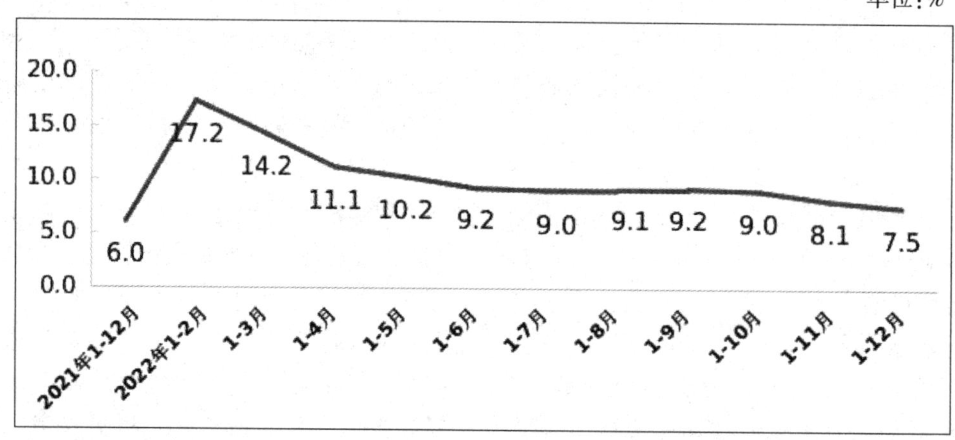

（二）工业投资贡献突显

全省积极扩大工业有效投资，不断补齐产业链供应链短板，培育壮大优质龙头企业，工业投资快速增长，成为全省投资稳增长的强劲引擎。2022年，全省工业投资7231.01亿元，比上年增长16.9%，比全国平均水平高6.6个百分点；占全省投资的35.2%，分别比2020年、2021年提高4.4、2.8个百分点；对全省投资增长的贡献率达73.2%，拉动全省投资增长5.5个百分点。漳州能源核电一期、联芯集成电路制造项目、永荣年产两百万丙烷制丙烯及下游新材料项目等一批项目建设顺利推进。

（三）基础设施投资步伐加快

全省持续加快现代交通网络布局、加大生态环保投入，进一步改善城乡居住环境，一批稳投资、促发展、惠民生的重大基础设施项目加速形成实物工作量。2022年，全省基础设施投资5231.80亿元，比上年增长15.0%，高于全国平均水平5.6个百分点，占全省投资的比重由上年的23.8%提升至25.5%。其中，水利、环境和公共设施管理业投资增长 24.9%。在厦门新机场工程、福州长乐机场二期扩建工程等大项目带动下，航空运输业投资增长 150.1%。

（四）大项目“压舱石”作用凸显

福州现代物流城核心区开发区项目（一期）、福耀科技大学、福鼎新时代锂离子电池生产基地三期项目等一批重点项目动工建设，亿元及以上大项目个数明显增加，对全省投资增长的贡献突出。全年计划总投资亿元及以上（不含房地产）项目 7895 个，比上年增长 20.5%；完成投资 11247.34 亿元，增长 16.8%，对全省项目投资增长的贡献率达 76.7%。其中，本年新增亿元及以上项目 3691 个，增长 37.4%；完成投资 4634.72 亿元，增长 34.6%。

二、质效为先，聚焦投资高质量发展

（一）产业结构持续优化

第一、第二、第三产业投资结构由上年的 1.9：32.4：65.7 调整为 1.9：35.3：62.8。其中，第二产业投资增长快、贡献高，全年完成 7235.74 亿元，增长 17.0%，比全省投资增幅高 9.5 个百分点，对全省投资增长的贡献率达 73.4%，比上年提高 14.2 个百分点；第一产业投资 394.94 亿元，增长 10.4%；第三产业投资 12883.21 亿元，增长 2.7%。

（二）有效投资占比提高

全省紧抓要素保障，加大项目投资建设力度，有效投资持续扩大、比重不断提高，有力带动全省投资增长和工业等相关产业发展。2022 年，全省有效投资（建筑安装工程投资和设备工器具购置费）16535.51 亿元，比上年增长 8.6%；占全省投资的 80.6%，分别比 2020 年、2021 年提高 2.7、0.8 个百分点。其中，建筑安装工程投资 14504.53 亿元，增长 10.7%；占全省投资的 70.7%，比上年提高 2.0 个百分点。

（三）制造业投资筑牢实体后劲

全省深入实施制造强省战略，聚焦高端化、智能化、绿色化发展推进存量企业提质增效，加大强链延链补链制造业大项目的引进力度，为实体经济高质量发展积聚强大后劲。2022 年，全省制造业投资 6372.30 亿元，比上年增长 19.7%，比全省投资增幅高 12.2 个百分点，对全省投资增长的贡献率 73.4%，比上年提高 13.5 个百分点。31 个制造业大类行业中有 27 个行业投资增长，行业增长面近九成。其中，厦门天马第 6 代柔性 AMOLED 生产线项目建设顺利，后续投产将有力带动全省平板显示千亿产业集群发展；近年来在湖西锂离子动力电池生产基地等多个锂电新能源产业链配套项目的带动下，宁德锂电池产业集群迅速发展壮大。

（四）新动能投资推动产业提质转型

全省以创新驱动为导向，不断加大传统企业技术改造，加快培育产业新动能，改建和技术改造、高技术制造业等新动能投资快速增长，有力促进全省产业提质增效。2022 年全省改建和技术改造投资 2475.60 亿元，增长 37.8%，占全省投资的 12.1%，比上年提高 2.7 个百分点。高技术制造业投资 1392.31 亿元，增长 11.7%，占全省投资的 6.8%，比上年提高 0.3 个百分点。

（五）补短板投资增进民生福祉

全省深入落实各项惠民利民政策措施，聚焦补短板保民生，切实提高公共服务保障能力，群众生活品质稳步提高。社会领域补短板投资持续深化，2022 年全省社会领域投资 1294.60 亿元，比上年增长 6.7%。其中，教育投资 498.08 亿元，增长 10.5%；文化、体育和娱乐业投资 495.71 亿元，增长 8.4%。厦门华东师范大学希平双语学校、泉州颐和医院、武夷新区体育中心等一批项目建成投产，全省新增农村区域性养老服务中心 86 个，新增公办学前教育学位 6.7 万个，义务教育学位 13 万个，新增医疗床位数 6000 多个。老旧小区环境不断改善，涵江城区老旧小区改造提升及配套设施工程、连江县老旧小区改造及城市更新工程等老旧小区改造项目有序推进。

三、隐忧仍存，持续增长难度加大

（一）房地产开发投资持续下降

2022 年全省房地产开发投资下降 11.0%，降幅分别比上半年、前三季度扩大 5.8、3.0 个百分点。其中，房地产建筑安装工程投资下降 13.3%，降幅分别比上半年、前三季度扩大 7.5、4.5 个百分点。全年投资增幅回落主要受房地产开发投资缺口影响，假设房地产开发投资总量与上年持平，全省投资增幅将提高 3.6 个百分点。从先行指标看，房地产土地购置费下降8.7%，比上半年扩大2.5个百分点；房屋新开工面积下降35.7%，仍大幅下降，房地产投资短期内难以扭转低迷走势，将继续制约全省投资增长。

（二）民间投资信心仍需提振

民间投资是投资稳增长的主力军、经济发展的内生动力。但2022年来，民间投资增幅持续回落。全年全省民间投资11587.07亿元，增长5.2%，增幅分别比上半年、前三季度回落0.5、2.9个百分点。其中，民间房地产开发投资下降12.8%、民间批发和零售业投资下降14.5%。受市场需求疲软、风险增多等因素影响，民营企业扩大投资的意愿不强，根据全省131个重点项目问卷调查显示，60.3%的项目业主单位（企业）表示至2023年上半年将暂缓或减少新增投资，民间投资信心仍需进一步提振。

（三）资金保障能力仍待增强

虽然各级各部门出台一系列政策措施来丰富项目资金来源、降低融资难度和融资成本，但受经济下行压力影响，企业更多把资金用于保障生产运营，项目建设资金能力仍显不足，全省投资本年到位资金低位徘徊。2022年底全省5000万元及以上项目和房地产开发项目本年到位资金17784.25亿元，增长2.9%，分别比2020年、2021年回落1.9、3.7个百分点。其中，国内贷款下降7.6%，定金预付款等其他资金来源下降22.0%。民间投资资金保障能力趋弱，民间项目本年到位资金下降4.2%，其中民间房地产开发投资到位资金下降28.1%。部分企业资金周转困难，出现拖欠工程款现象，直接影响项目复工和建设进度。

四、对策建议

下一步，要按照省委、省政府统一部署，贯彻落实全省“深学争优、敢为争先、实干争效”行动动员部署会暨重大项目推进会部署要求，强化重大项目攻坚，激发民间投资活力，持续提升投资质效，推动全省投资高质量发展，谱写全面建设社会主义现代化强国福建篇章。

（一）聚焦项目谋划生成，加快推进项目建设

加快实施“十四五”重大工程，适度超前布局一批稳基础、优结构、利长远的项目，集中力量突破一批能上、快上的项目，紧抓前期工作，促进签约项目尽快落地见效，努力形成实物工作量。跟踪实施招商和集中开工重大项目，聚焦企业集中反映的资金、用地、用海、用能等需求，强化项目服务保障，抓好政策优化、政策落实，切实保障要素资源，加快项目投资生成。

（二）加大企业资金扶持，提振民间投资信心

继续加大企业资金扶持力度，科学运用政策性开发性金融工具，积极争取各项中央资金、地方政府专项债券等支持，积极推动项目纳入重点领域备选项目清单申请设备购置和更新改造财政贴息贷款，鼓励符合条件的项目采用基础设施REITs等方式开展融资。搭建有利于民营企业与市场、金融机构沟通衔接平台，丰富企业资金来源，充分调动民营企业活力和民间投资信心，为民间项目实施创造有利条件。进一步发挥重大项目牵引和政府投资撬动作用，鼓励和吸引更多民间资本参与国家重大工程和补短板项目，引导带动民间投资增长。

（三）强化重点领域有效投资，积聚投资发展后劲

加大强链延链补链制造业大项目的引进力度，加快构建新一代信息技术、人工智能、生物技术、新能源、新材料、高端装备、绿色环保等一批新的增长引擎。优化基础设施布局、结构、功能和系统集成，构建现代化基础设施体系，持续推进机场、轨道交通、铁路等重大项目和智慧交通、智慧能源等新型基础设施项目建设。持续推进老旧小区改造、乡村振兴和社会领域补短板投资。突出补短板、提质量、优结构、强后劲，进一步扩大有效投资，为全省投资稳增长积聚后劲。

（四）加强房地产跟踪监测，力促房地产市场稳健发展

持续加强对房地产市场运营状况和房地产开发项目复工和建设情况的跟踪监测，用好“保交楼”专项资金，继续推进停缓建项目复工，形成实实在在的工作量。落实好金融支持房地产16条政策措施，不断完善房地产市场长效机制，力促房地产市场平稳健康发展。

（撰稿：福建省统计局 郑秀梅）

2022 年福建省建筑业生产运行情况分析

2022 年，全省加大项目建设力度，加快推进企业转型升级，建筑业生产规模持续壮大，生产能力有效提升，为稳定全省经济发展作出了积极贡献。

一、生产规模持续壮大，贡献力度显著增强

2022 年，全省资质内总承包和专业承包建筑业企业完成总产值 17129.46 亿元，比上年增长 8.3%，增幅比全国高 1.8 个百分点，居全国第 9 位，东部地区第 1 位。全省建筑业总产值和竣工产值占全国的比重分别为 5.5%和 5.0%，均比上年提高 0.1 个百分点，分别居全国第 7 位和第 8 位。从全年走势看，全省建筑业总产值增幅平稳，增幅持续高于全国平均水平。

2022 年建筑业总产值增幅对比情况表

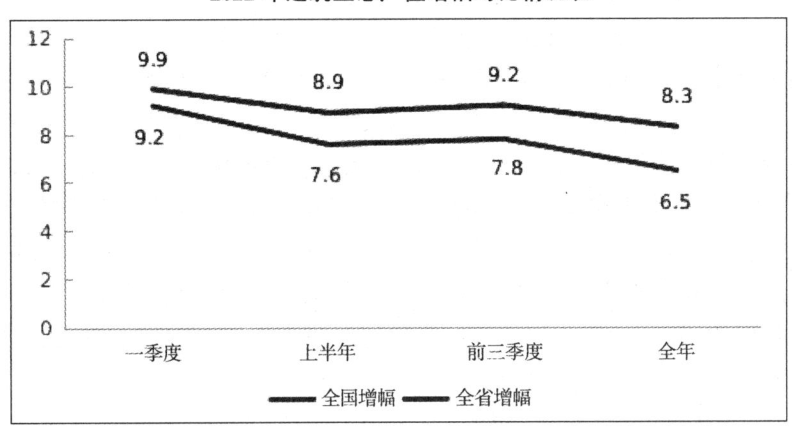

分结构看，建筑工程产值占据主导地位。2022 年，全省建筑工程产值 15845.99 亿元，比上年增长 8.2%，占全省建筑业总产值的 92.5%；安装工程产值 963.04 亿元，增长 1.0%，占比 5.6%；其他产值 320.43 亿元，增长 48.5%，占比 1.9%。

分行业看，房屋建筑业和土木工程建筑业占比高、贡献大。2022 年，房屋建筑业产值 12154.04 亿元，比上年增长 8.5%，土木工程建筑业产值 4077.11 亿元，增长 9.7%，二者合计占全省建筑业总产值的 94.8%，对全省建筑业总产值增长的贡献率为 99.7%，是拉动全省建筑业总产值增长的主要支撑。建筑安装业产值 342.25 亿元，增长 0.7%；建筑装饰和其他建筑业产值 556.06 亿元，增长 0.3%。

（一）市场主体活力提升

全省积极开展建筑业稳产帮促专项行动，保持建筑业持续健康发展态势，企业生产活力有效提升。2022 年，全省总承包和专业承包建筑企业 9028 家，比上年增长 10.0%；有工作量的建筑企业 8699 家，增长 12.1%，占比 96.4%，比重比上年提高 1.8 个百分点。在施工流程管控不断优化下，劳动生产率稳步提升，2022 年全省按建筑业总产值计算的劳动生产率由上年的 32.18 万元/人提高到 33.46 万元/人，增长 4.0%。从事建筑业活动的平均从业人员 511.87 万人，比上年增加 20.62 万人，稳就业作用持续增强。

（二）龙头企业引领显著

随着稳增长政策的不断发力，全省建筑业龙

头企业引领作用持续增强，2022 年特、一级建筑业企业 1165 家，占全省总承包和专业承包建筑业企业的 12.9%，完成建筑业产值 11370.18 亿元，占全省建筑业总产值的 66.4%；签订合同额 21906.17 亿元，占比 70.1%，是建筑业增长的重要支撑。总产值超 50 亿元的建筑业企业 59 家，比上年增加 3 家，完成产值 5094.44 亿元，增长 11.8%。其中，产值超 100 亿元企业有 13 家，比上年增加 2 家。龙头企业带动效应进一步增强，对稳定全省建筑业市场起到了关键作用。

（三）国有控股企业加快发力

2022 年，全省 222 家国有控股建筑业企业总产值 3302.25 亿元，比上年增长 16.8%，增幅比全省建筑业总产值高 8.5 个百分点，占全省建筑业总产值的比重为 19.3%，比上年提高 1.4 个百分点，对全省建筑业总产值增长的贡献率为 36.1%。5 家产值超 100 亿元的国有控股建筑业企业总产值 1101.47 亿元，占国有控股建筑业企业总产值的 33.4%，国有控股龙头企业实力显著，有力筑牢发展根基。

（四）省外市场开拓能力增强

近年来，我省建筑业企业大力实施“走出去”发展战略，积极拓展省外市场，省外市场份额持续增长。2022 年有 2176 家建筑业企业在省外承揽建筑业务，完成产值 8298.92 亿元，比上年增长 11.0%，高于全省增幅 2.7 个百分点；外向度达 48.4%，比上年提高 1.1 个百分点，比全国平均水平高 14.4 个百分点，居全国第 4 位。从主体规模来看，有 24 家建筑业企业在省外完成产值超 50 亿元，完成产值 1852.00 亿元，占省外完成产值的 22.3%；从分布区域来看，建筑工程活动覆盖全国所有省、自治区、直辖市，其中，在广东产值超 1000 亿元，在江西、浙江、山东、四川、江苏、河南、贵州等省份的产值均超过 400 亿元。

（五）稳增长作用更加凸显

全省抢抓建筑业发展机遇，积极支持建筑业企业做强做优做大，有效发挥建筑业在稳增长中的突出作用，建筑业对全省经济发展的贡献不断增强。2022 年，全省建筑业实现增加值 5518.86 亿元，比上年增长 7.3%，增幅比上年提高 5.0 个百分点，对全省经济增长的贡献率为 15.8%，比上年提高 12.9 个百分点，建筑业生产活动对全省经济增长贡献显著加大。

（六）区域集聚特征显著

2022 年，福州市（含平潭）建筑业总产值 6269.91 亿元；厦门市建筑业总产值 3513.48 亿元；泉州市建筑业总产值 2344.35 亿元，三市建筑业总产值占全省建筑业总产值的 70.8%，对全省建筑业总产值的贡献率为 68.2%，拉动增长 5.7 个百分点。南平市、漳州市、莆田市建筑业总产值分别增长 14.3%、11.9%、9.9%，增幅居全省前三。

2022 年全省各设区市建筑业总产值及增长情况

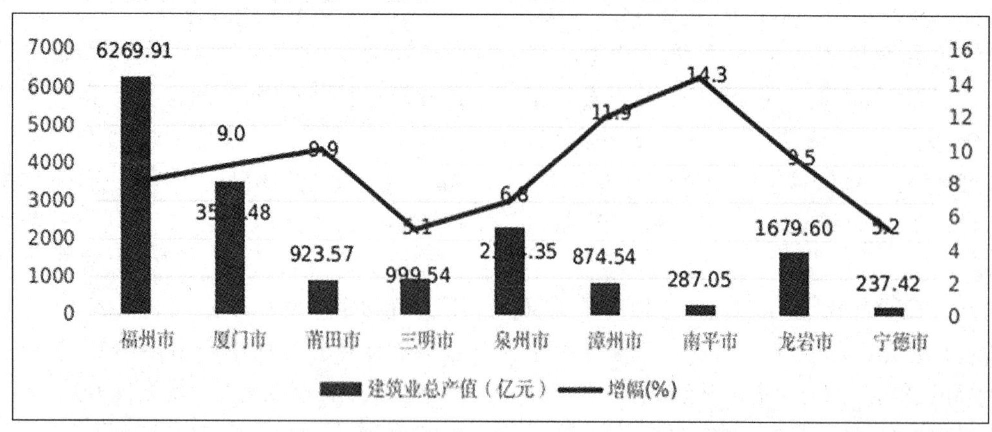

二、产业发展稳步向前，存在隐忧值得关注

2022 年，全省建筑业企业省内完成产值 8830.55 亿元，比上年增长 6.0%，比全省建筑业总产值增幅低 2.3 个百分点。随着省外市场承揽工程的门槛逐步提高，在闽建筑企业核心竞争力不强将对全省建筑业总产值持续增长产生一定影响。

指标	总产值（亿元）	比上年增长（%）	贡献率（%）	拉动增长百分点
建筑业总产值	17129.46	8.3	—	—
其中：省内完成产值	8830.55	6.0	37.6	3.1
省外完成产值	8298.92	11.0	62.4	5.2

（一）关注房地产下行影响

2022年，全省房地产开发投资比上年下降11.0%，降幅持续扩大，比上半年、前三季度分别扩大5.8和3.0个百分点；建筑业企业本年新开工房屋建筑施工面积24411.01万平方米，下降6.6%。全省房屋建筑业产值占建筑业总产值的比重超七成，房地产开发投资、新开工房屋建筑施工面积下降，必将影响全省建筑业总产值的持续增长。

（二）低工作量企业数较多

2022年，全省建筑业企业完成产值不足千万元的有3728家，比上年增加504家，占全省企业总数的41.3%，完成建筑业总产值136.94亿元，仅占全省建筑业总产值的0.8%，其中329家企业本年没有建筑业生产活动。低工作量企业的增加，在一定程度上影响了我省建筑业市场活力的提升。

（三）储备工程支撑不足

2022年，全省建筑业企业签订合同额31231.23亿元，比上年增长5.7%，比建筑业总产值增幅低2.6个百分点，年底剩余待结转合同额14101.77亿元，比上年增长2.8%。本年无新签合同的企业有934家，占全省建筑业企业的10.3%。合同是企业工程储备后劲的重要衡量指标，剩余合同额和新签合同额不足，是影响新一年全省建筑业总产值增长的主要因素。

（四）产业竞争力有待进一步提升

在绿色低碳、能耗双控的发展理念下，建筑业企业建造方式逐渐转型，装配式建筑业是趋势所需，但我省建筑业企业绿色化工业化信息化水平较低，科技创新能力及推广不足，装配式建筑发展乏力。2022年，全省完成装配式建筑工程产值97.76亿元，比上年下降40.5%，仅占全省建筑业总产值的0.6%。

三、提升市场竞争力，推动建筑业高质量发展

（一）增强企业核心竞争力

推动建筑业企业品牌化建设，实施本省建筑业企业培育计划，增强企业竞争力。结合当前全省建筑业发展现状，多措并举助力本土建筑企业壮大综合实力、开拓施工领域、提升工程技术能力，引导企业加快转型升级，加速提升核心竞争力和创新力，扶持特级和一级企业做大做强，引导专业承包企业“做专做精”，切实提高本土建筑企业市场占有率。鼓励中小企业提升资质等级做大做强，通过高资质企业龙头带动优势，整合中小企业分包能力，优化全省建筑业企业结构和布局，积蓄全省建筑行业发展后劲。

（二）持续引进优质企业入闽落户

行业主管部门应多出台产业政策，扶持、规范建筑行业发展，持续释放政策激励作用，从产业发展、税收优惠、财政补助、金融支持等方面给予支持，推动优质央企和省外大型企业来闽设立区域公司或子公司，形成示范引领带动作用，有力提升全省建筑业综合实力水平。

（三）力促房地产市场健康发展

持续加强对房地产市场的跟踪监测，主动把握当前宏观市场的积极因素，依托相继推出的各项优惠政策，逐步释放刚性和改善性住房需求，提振市场信心，切实稳定市场预期。落实好金融支持房地产16条政策措施，不断完善房地产市场长效机制，有力推动全省房屋建筑生产活动顺利开展。

（四）提升建筑业现代化水平

全面贯彻新发展理念，优化产业结构，提升治理水平，壮大建筑业龙头企业。着力构建现代建筑产业体系，推动建筑业工业化、绿色化、数字化转型，推进新型建筑工业化和智能建造协同发展，大力发展装配式装修，提高智能和装配式建筑的应用比例，进一步推进建筑信息模型（BIM）技术在建筑业企业中的应用，着力抓住加快实现全省建筑业高质量发展的新机遇，促进全省建筑业高质量发展。

（撰稿：福建省统计局 薛慧贞）

2022年福建省房地产开发运行分析

2022年，受经济下行压力、疫情零星反复等因素影响，全省房地产市场总体低迷，开发投资、销售面积等多项主要指标持续下行。随着保交楼、稳市场各项政策持续释放效应，下行趋势有望缓和，但市场恢复仍存在较大不确定性，供需两端乏力、市场信心不足等多方面问题需关注。

一、福建房地产开发运行主要特点

（一）开发投资降幅扩大，新增项目接续乏力

2022年，全省完成房地产开发投资5515.45亿元，比上年下降11.0%，增幅同比回落13.8个百分点，降幅大于全国开发投资1.0个百分点，居全国第15位。从全年走势看，全省房地产开发持续下行，开发投资降幅呈逐月扩大态势（如图1）。

图1　2021年来福建房地产开发投资增速

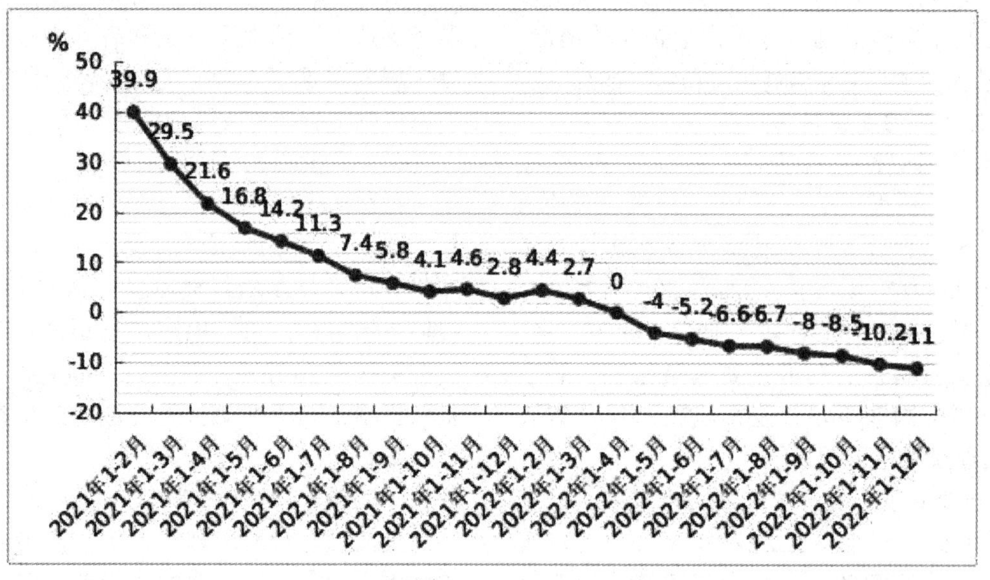

从全国看，福建房地产开发投资总量和速度都展现出较强韧性。总量上，近三年福建房地产开发完成投资总量保持在全国前10位、东部第5位，在全国房地产市场普遍低迷的情况下，福建总量位次基本保持稳定。速度上，2022年福建房地产开发投资增速的位次略有上升，居全国第15位，较前两年前移4-5个位次，在疫情和房地产调控政策等因素叠加影响下，福建房地产投资以韧克难，蓄势向稳。

福建房地产开发投资总量和速度居全国位次

年份	完成投资（亿元）	全国位次	东部位次	增速（%）	全国位次	东部位次
2020 年	6026.80	7	5	6.2	18	6
2021 年	6195.61	8	5	2.8	19	7
2022 年	5515.45	9	5	-11.0	15	7

从工程用途看，大面积住宅逆势增长。房地产行业经过多年发展，消费者已初步实现了“从无到有”的需求，目前已处在“从有到优”转向“从优到精”的改善主导阶段，改善型住宅特别是大面积住宅投资加大。2022 年，住宅投资 4112.37 亿元，比上年下降 9.8%；占全部开发投资的 74.6%，比重较上年提升 1.0 个百分点。其中，90 平方米以下住宅投资 1186.45 亿元，下降 13.5%；90-144 平方米住宅投资 2349.96 亿元，下降 10.3%；144 平方米以上住宅投资 575.96 亿元，逆势增长 1.3%。

从结构看，房地产开发投资占固定资产投资的比重明显回落。2022 年，福建房地产开发投资速度回落大，房地产开发投资比重回落明显，占全省固定资产投资比重 26.9%，比上年回落 5.6 个百分点，房地产开发投资速度下降对全省“稳投资”工作产生直接影响。

从项目看，新增项目接续乏力，大项目带动作用减弱。2022 年，全省新增房地产项目完成开发投资 1753.77 亿元，比上年下降 37.9%，比同期新入库固定资产项目完成投资增幅低 67.8 个百分点，若新增房地产项目投资与上年持平，将直接拉动全省房地产投资扭负为正。2022 年全省房地产前 50 强项目完成投资 1100.32 亿元，较 2021 年前 50 强投资下降 17.8%。

从构成看，建安投资低位运行，负面影响明显。2022 年以来，全省房地产建安工程投资下降态势明显，特别是自 6 月起下行趋势持续扩大。2022 年全省房地产建筑工程完成投资 3110.15 亿元，比上年下降 13.3%，降幅比全省房地产开发投资大 2.3 个百分点，占房地产开发投资的比重从上年的 57.9%回落到 56.4%。

从区域看，房地产投资分化明显。厦门市的居住环境、人文环境在全省比较优渥，具备较强吸引力，房地产市场较为坚挺，2022 年房地产开发投资微降 0.5%，降幅比全省平均水平小 10.5 个百分点，三明市房地产开发投资总量较小，受基数小影响，房地产开发投资下降 1.0%。泉州市凭借深厚的经济底蕴和加速推进的旧城改造，持续助推本地区房地产市场发展，2022 年房地产开发投资下降 4.2%，降幅比全省平均水平小 6.8 个百分点。其他地区降幅均超两位数，其中漳州下降 11.0%、福州下降 14.0%、莆田下降 16.6%、龙岩下降 18.6%、宁德下降 20.4%、南平下降 26.6%、平潭下降 34.8%。

表 2　2022 年全省房地产开发投资情况

地区	本年完成投资（亿元）	增长（%）	占比（%）
全省	5515.45	-11.0	100.0
福州（不含平潭）	1844.55	-14.0	33.4
厦门	1064.78	-0.5	19.3
莆田	341.30	-16.6	6.2
三明	159.05	-1.0	2.9
泉州	922.46	-4.2	16.7
漳州	521.87	-11.0	9.5

续表

地区	本年完成投资（亿元）	增长（%）	占比（%）
南平	170.17	-26.6	3.1
龙岩	204.40	-18.6	3.7
宁德	219.11	-20.4	4.0
平潭	67.75	-34.8	1.2

（二）销售市场承压前行，放眼全国彰显韧性

随着全国各地多项房地产政策效应开始逐步显现，全国各地销售情况趋稳，福建房地产销售面积总量和增速都展现出稳中向好态势，全年速度稳居全国前5位，展现出持续韧性。2022年，全省商品房销售面积6054.33万平方米，下降13.2%，速度居全国第3位，降幅小于全国11.1个百分点；商品房销售额6502.37亿元，下降20.9%，降幅小于全国5.8个百分点（如图2）。

图2 2022年福建及全国房地产销售面积速度

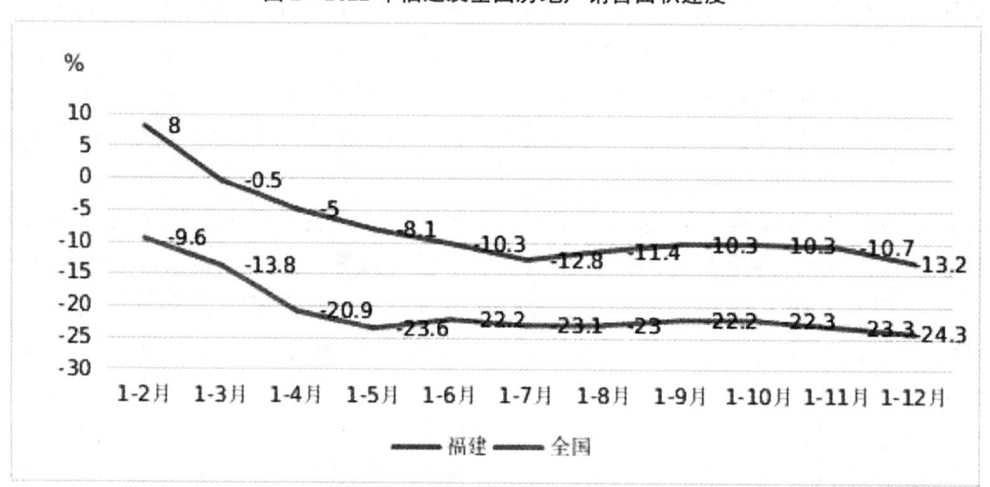

现房销售占比提升。受部分房企暴雷导致项目停缓建、部分房地产项目交房质量不尽人意等因素影响，消费者出于审慎心态，更倾向于购置现房。2022年全省现房销售面积1156.65万平方米，比上年增长47.8%，占比19.1%，占比较2021年提高7.9个百分点；现房销售额914.64亿元，增长34.4%。

商业综合体蝶变升级，成为楼市发展新动力。商业综合体作为城市形态发展的必然产物，能够有效带动地区楼市发展升温回暖。2022年全省办公楼销售223.00万平方米，增长15.7%；商业营业用房销售398.89万平方米，增长14.4%；其他房屋销售1073.18万平方米，增长28.2%。除住宅外各类房屋销售面积均实现增长，充分展现福建房地产的内在活力和增长潜力。

销售区域冷热不均。2022年厦门市常住人口530.8万人，比上年增长0.53%，增速居全省第一，受益于人口持续增长等积极因素影响，2022年厦门房地产销售面积同比增长2.9%，增速比全省平均水平高16.1个百分点，居全省首位。漳州市加大稳楼市预期相关政策的出台力度，通过放开提取公积金归还商贷、提取公积金支付首付款等公积金政策，实施购房补贴等补贴政策，推广“安商一体化”新模式等安置政策，在全省范围率先开展开发贷与预售资金联动监管等监管政策多措并举，全力保障房地产市场稳定，2022年漳州房地产销售面积同比增长0.3%，增速比全省平均水平高13.5个百分点。泉州市打出促销“组合拳”配合，通过创新推动剩余房源上市交易、放宽限购条件、下调房贷利率、降低商品房预售条

件等政策引导房地产市场健康发展，2022 年泉州房地产销售面积同比下降 5.9%，降幅比全省平均水平低 7.3 个百分点。其中，厦门和漳州是全省实现正增长的地区，两市商品房销售占全省的比重为 21.6%，比上年提高 3.1 个百分点，在全省乃至全国房地产市场环境低迷的境况下，不断加强服务，逆势而上。此外，其他地区降幅均接近或超两位数，其中莆田下降 9.8%、南平下降 12.0%、福州下降 18.1%、龙岩下降 26.9%、三明下降 29.8%、平潭下降 37.0%、宁德下降 42.7%。

（三）“保交楼”工作顺利推进

2022 年，福建积极贯彻国家“保交楼”等政策实施，稳妥推进房企债务风险处置，有效调动银行、地方政府、主管部门、法院等多部门联合协作，通力扎实做好保交楼、保民生、保稳定各项工作，充分用好“保交楼”专项借款和民营企业债券融资支持工具（“第二支箭”）等政策，促进“保交楼”重点项目及时复工，化解房企风险。截至 2023 年一季度，住建部明确福建恒大“保交楼”26 个项目中，已全部竣工交付 5 个，部分交付 5 个，其余均正常施工。同时 24 个项目已销号，销号率 92%，超过住建部 2022 年度考核要求（销号率 70%），剩余 2 个项目也拟通过竣工交付和代建代持代管方式等方式进一步销号，充分保障购房者的合法权益。

（四）融资压力略有缓解，竣工面积扭负转正

2022 年特别是下半年来，随着各项房地产政策利好释放，有形之手加大纾困力度，房企融资压力得到一定缓解，2022 年房地产国内贷款本年实际到位资金 587.70 亿元，同比下降 33.6%，较三季度收窄 2.1 个百分点。受益于房企资金状况改善等因素影响，部分项目交付困局得到突破。从单季度看，竣工率已出现企稳现象，2022 年四季度全省房地产完成竣工面积 2062.97 万平方米，同比增长 25.3%，增幅较三季度提高 41.1 个百分点，直接带动全年房地产竣工面积 4063.38 万平方米，同比增长 0.5%。

二、房地产开发运行中需要关注的问题

（一）项目支撑不足，持续增长乏力

一是在建项目个数明显减少。2022 年，全省在库房地产开发项目 3772 个，比上年减少 173 个，下降 4.4%。二是新增项目“少弱小”，增长接续乏力。2022 年，全省新增房地产开发项目 504 个，比上年减少 100 个，下降 16.6%；新增项目计划总投资 4896.69 亿元，下降 29.7%；新增项目平均计划总投 9.7 亿元，下降 15.7%。三是项目建设进度明显放缓。2022 年，全省房地产项目平均完成投资 1.46 亿元，比上年下降 6.9%，其中新增房地产项目平均完成投资 3.48 亿元，下降 25.6%。房屋施工面积 31734.98 万平方米，下降 8.5%，其中，新开工面积 4142.36 万平方米，下降 35.7%。

（二）市场信心低迷，销售预期较弱

从供给端信心看，房企投资意愿下降，开发拿地积极性不高。一是土地购置面积下降明显。2022 年，全省房地产企业本年土地购置面积 299.08 万平方米，下降 13.7%；待开发土地面积 853.03 万平方米，增长 2.5%。二是民营企业投资意愿不足。2022 年，全省非国有房地产开发企业投资完成 5087.96 亿元，下降 12.2%，增幅比同期房地产开发投资低 1.2 个百分点，占全省房地产开发投资的比重由上年同期 93.5%下降到 92.2%。

从需求端信心看，市场观望情绪浓厚，消费者购房信心仍显不足。一是期房销售下降显著。2022 年，全省期房销售面积 4897.69 万平方米，下降 20.9%，低于全部商品房销售面积增速 7.7 个百分点；占全部商品房销售面积 80.9%，比上年回落 7.9 个百分点。二是待售面积增加。截至 2022 年末，全省商品房待售面积 2037.43 万平方米，增长 4.0%，其中待售 1-3 年商品房面积增长 24.6%，去化效果有待进一步提高。

（三）到位资金趋紧，融资难题仍存

受企业经营效益下滑、融资渠道变窄、市场预期信心不足等因素影响，房企资金趋紧、融资压力较大的局面并未得到明显缓解。虽然各地都出台政策满足房地产行业合理融资需求，但政策效应显现仍需时间。而作为提振企业士气和最直接的现金流——销售回款（含定金及预收款、个人按揭贷款）2022 年仅 2238.01 亿元，同比下降 34.6%，降幅比上年扩大 47.2 个百分点，占全部到位资金的比例比上年低 6.7 个百分点。

（四）城镇新增住房需求增长趋缓

近年来，福建加快推进福州都市圈建设、厦

漳泉一体化发展，城市融合、城乡融合、产城融合发展态势初步形成，2022 年全省常住人口城镇化率 70.1%，高出全国平均水平 4.9 个百分点。按照国际经验，城镇化率达到 70%后，进程就会放缓，也将减弱地区对住房需求增长的支撑力。当前我省城镇化进程已逐步开始放缓。一方面，2019-2021 年，我省城镇化率年均提升 1.3 个百分点，但 2022 年仅提升 0.4 个百分点，表明城镇化动力趋弱。另一方面，当前较高的城镇人口人均建筑面积对未来住房需求增长形成客观约束。2022 年我省城镇居民家庭人均住房建筑面积达到 44.4 平方米，比 1998 年房改之初提高了 17.6 平方米。城市中不少家庭已拥有两套以上住房，住房空置现象比较明显，未来新增住房需求难以延续之前的增长态势。

三、促进房地产市场平稳健康发展的建议

（一）增强市场信心，促进需求释放

2022 年受部分房企项目出现了资金短缺、质量下滑、进度减缓等问题，一定程度挫伤市场信心。下一步，相关部门应加强房地产开发项目全过程监管力度，充分保障项目的质量和工期进度，及时公布，稳定购房者对新建商品房的信心和预期，促进销售市场企稳恢复。同时进一步完善调控政策，全力增强住房消费潜力，推动新市民、青年等各类刚性和改善性需求充分释放，激发市场活力。

（二）引导转型升级，促进健康发展

党的二十大报告强调了“房住不炒”的定位，提出加快建立多主体供给、多渠道保障、租购并举的住房制度，切实增进民生福祉，“十四五”规划也提出“加快培育和发展住房租赁市场”、“促进住房消费健康发展”等内容，为房地产行业健康发展明确了方向。主管部门应加强对房地产企业转型升级的引导力度，以创新为主线，以政策为导向，摒弃粗犷的高杠杆发展模式，向开发、运营、服务并重的综合发展模式转型升级，打造“房地产+文旅”、“房地产+服务”、“房地产+信息化”等产融发展模式，夯实房地产开发与实体经济的耦合效应，不断满足市场的需求，提升企业竞争能力。

（三）化解房企风险，促进土拍回暖

一是给予房企配套指导，引导企业紧抓“金融十六条”及信贷、债券、股权“三支箭”等支持政策带来的融资窗口期，满足企业合理融资需求，缓解企业资金运营压力。二是各地要成立房地产项目工作专班，破解阻碍项目施工进度的难题，推动企业停缓建项目尽快复工，实现良性循环。三是探索适度降低预售资金监管比例，加强预售证审批等方式，有效减轻企业资金压力。四是根据市场情况适时调整土地出让底价和溢价率，降低拿地成本，为房企留出合理的利润空间，恢复拿地、开发的信心。

（四）提升城市能级，促进人才汇聚

一是充分依托福建近年经济发展强劲优势，持续加强招商引资，不断优化营商环境，吸引各类企业和熟练劳动力来闽发展，做大市场主体，创造优质岗位，增加就业总量。二是加快城市品质提升。大力推进产业结构转型升级，强化高端产业体系建设，持续提升城市经济综合竞争实力，坚持以产聚人兴城，以城留人促产，用高品质的城市吸引人口流入，带动房地产市场良性健康循环发展。

（撰稿：福建省统计局 洪永华）

2022年福建运输邮电业发展情况分析

2022年，福建各级各部门认真贯彻省委、省政府决策部署，积极推动交通运输和邮政电信行业实现高质量发展。据初步核算结果，2022年，全省交通运输、仓储和邮政业实现增加值1960.00亿元，比上年增长0.7%，高于全国1.5个百分点；增加值占GDP的比重为3.7%，对GDP增长贡献率为0.5%。

一、总体运行情况

（一）交通运输恢复情况总体好于全国

2022年，全省铁路、公路、水运和民航四种运输方式的客货总周转量为11568.9亿吨公里，比上年增长10.8%。其中，公路1274.38亿吨公里，增长2.1%，增幅高于全国3.5个百分点；水路9873.57亿吨公里，增长13.2%，增幅高于全国8.5个百分点；航空恢复情况向好，降幅低于全国6.5个百分点。

（二）邮政电信综合实力全面提升

2022年，全省邮政行业寄递业务量累计完成54.09亿件，比上年增长1.9%；业务收入（不包括邮政储蓄银行直接营业收入）457.60亿元，增长8.6%。2022年，全省电信业实现业务总量538.32亿元，比上年增长19.3%；实现业务收入502.46亿元，增长5.9%，增幅比上年提高0.5个百分点。

二、主要运行特点

（一）公路、铁路货运保持稳定增长

福建积极推进公路、铁路基础设施建设，货物运输平均运距上升。截止2022年末，铁路营业里程4230.4公里，比上年增长6.2%；公路连接线建设加快，实现全省81%的陆域乡镇便捷上高速。全年公路货物周转量累计1260.62亿吨公里，增长2.2%，高于全国3.4个百分点；铁路货物周转量206.37亿吨公里，增长2.5%。分月看，全年公路、铁路增速较为稳定，2月公路、铁路累计货物周转量增速转负为正，之后均保持平稳增长（详见图1）。

图1　2022年公路铁路货物周转量累计增速

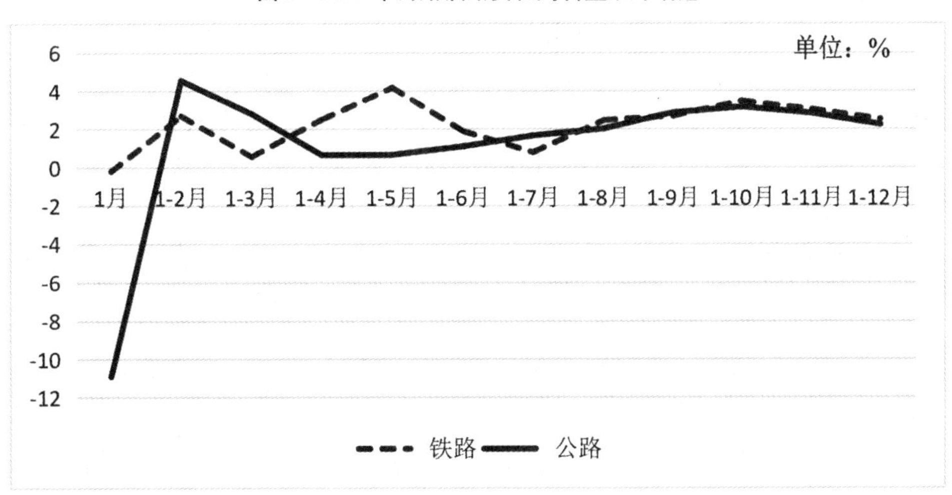

（二）水路运输保持较快增长

福建地处东南沿海，连接长江三角洲和珠江三角洲，发达的水系为水路运输提供了便利条件。2022年福建在东部地区中水路货运量位列第五，增速位列第三（详见表1）。全年水路货运量57336.31万吨，比上年增长14.2%，高于全国10.4个百分点；货物周转量9873.30亿吨公里，增长13.2%，高于全国8.5个百分点。水路在福建货物运输市场中占据主导地位，在全省货运周转量中的比重达87.0%，拉动全省货物周转量增长11.3个百分点。

表1　2022年东部地区水路货运情况

地区	货运量（万吨）	增速（%）
浙江	110195	0.9
江苏	109197	11.2
广东	97628	-8.9
上海	95701	-5.6
福建	57336	14.2
海南	22252	15.4
山东	21085	9.1
天津	10761	5.9
河北	5197	8.3
辽宁	4484	28.4

注：因北京水路货运数据未对外公布，故表内不含北京。

（三）港口货物吞吐量实现突破性增长

福建省是港口大省，港口对推动福建经济社会发展发挥了极为重要的作用。2022年全省港口集装箱吞吐量1800.21万标准箱，比上年增长3.1%，增幅比上年高1.6个百分点。沿海主要港口货物吞吐量首次突破7亿吨，达到7.14亿吨，增长3.2%，高于全国2.3个百分点。从分港口吞吐量看，福州港、厦门港主体地位突出，两港合计货物吞吐量和集装箱吞吐量分别占全省的73.0%、88.3%，分别增长4.0%、2.6%。其中，2022年福州港成为全省首个突破3亿吨货物吞吐量的沿海港口。

（四）快递业务发展态势良好

为提升“最后一公里”末端投递速度，福建推动出台《福建省关于加快农村寄递物流体系建设的实施方案》，深入推进快递进村工程，城市末端快递基础设施建设试点工作也取得良好成效。2022年，全省快递业务量累计完成42.64亿件，比上年增长2.7%，占全省寄递业务量的78.8%；快递业务收入累计完成354.84亿元，增长1.0%，居全国第7位。分地区看，泉州市、福州市、厦门市快递业务量和业务收入均列全国城市前50名。

（五）固定宽带建设加快

2022年，福建固定宽带用户向高速率迁转，千兆宽带用户保持高速增长。截至年末，全省固定宽带用户2145.3万户，比上年增长8.1%。其中，1000M及以上用户210.4万户，增长239.6%，占比达9.8%，比上年提高6.7个百分点。固定宽带网络覆盖广度、深度持续扩展，网络运力不断增强。2022年末固定宽带接入端口3726.2万个，较上年末净增179.6万个，其中，光纤接入（FTTH/O）端口3456.9万个，净增203.3万个，占比达92.8%，比上年提高1.1个百分点。具备千兆网络服务能力的10G PON端口达45.4万个，比上年末增加17.4万个。

（六）5G业务突飞猛进

5G业务自2019年正式商用以来，福建突破“八山一水一分田”的不便地理条件，大力推进5G基站建设。截止2022年末，全省共建成5G基站7.1万个，较上年净增2.1万个（详见图2）。从县县通到乡乡通，实现所有乡镇和68%行政村5G网络覆盖。每万人拥有5G基站达到17.1个，高于全国0.7个。2022年全省移动电话用户4894.4万户，其中，5G电话用户1640.7万户，比上年增长65.5%，渗透率达33.5%，比上年提高4.5个百分点。

图 2　2019—2022 年福建省 5G 基站建设数量

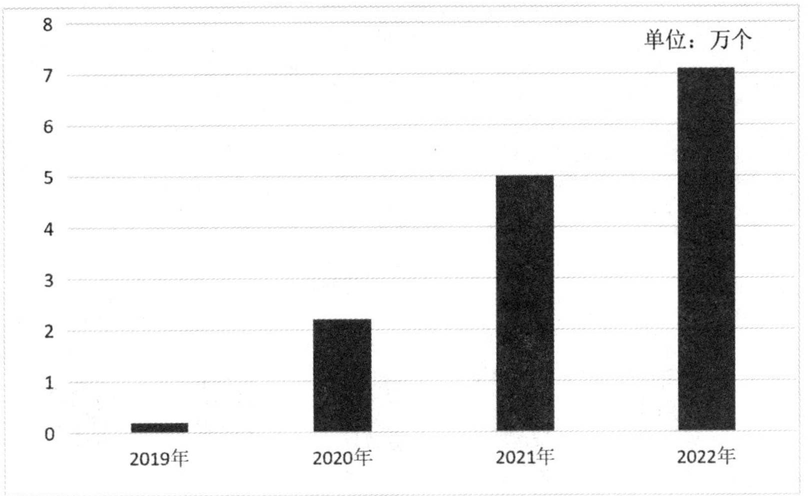

三、主要问题

(一) 客运市场恢复较慢

2022 年，福建省国内旅游人数 39146.8 万人次，比上年下降 3.8%，入境旅游人数 48.26 万人次，比上年下降 25.9%。受疫情影响，旅游人数下降，旅客运输市场也随之下行。2022 年，全省客运量 18139.59 万人，比上年下降 17.1%，降幅扩大 3.0 个百分点；旅客周转量 511.82 亿人公里，下降 21.4%，降幅扩大 19.7 个百分点。

(二) 快递业务发展不平衡

2022 年，福建快递与包裹服务品牌集中度指数 CR8 为 80.7，比上年提高 6.2。市场集中度快速提升，市场份额及要素加速向重点企业集中，中小企业有逐步被清出市场的倾向。福建快递业还存在地市间发展水平差距大的特点，2022 年泉州市累计完成快递业务量 21.08 亿件，占全省的 49.4%，位居全省第一。位居全省第二、第三的福州、厦门市 2022 年快递业务量分别为 5.69 亿件、5.65 亿件，均不足 6 亿件，与泉州市快递业务水平差距悬殊。

(三) 数字基础设施建设仍较薄弱

以千兆光网和 5G 为代表的“双千兆”网络，是新型基础设施的重要组成和承载底座，工信部从 2021 年起开展以“双千兆”网络为基础的千兆城市建设评估工作，福建在评选中落后于全国平均水平。截止 2022 年末，我国共建成千兆城市 110 个，约占全国所有地级市的三分之一，而我省仅厦门市入选。全国 31 个省（市、区）中 74.2% 的省会已建成千兆城市，福建省会福州市仍未达到建设标准，未能很好发挥省会引领辐射带动作用。

(四) 传统邮政业务持续萎缩

受信息化发展推动，寄递需求结构变化，居民消费意识和习惯改变，传统邮政业务受到冲击。2018 到 2022 年，全省传统邮政业务占邮政行业寄递业务量的比重下降了 25.0 个百分点，市场份额占有比例逐年缩小（详见图 3）。2022 年，全省传统邮政业务中汇兑业务量 11.54 万笔，比上年下降 34.5%；报纸业务量 63235.70 万份，下降 2.0%；杂志业务量 2113.98 万份，下降 2.4%。

图 3　2018—2022 年传统邮政业务增长及占比情况

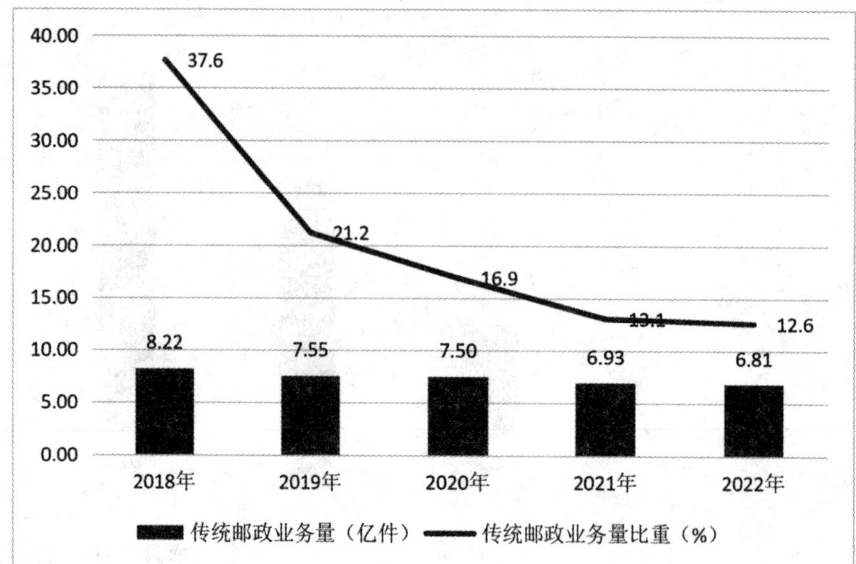

四、下一步建议

（一）发展旅游业促进客运市场恢复

多渠道宣传福建旅游资源，开辟具有福建特色的旅游线路，提升旅游吸引力；充分发挥高铁优势，形成优势互补、服务融合、互利共赢的旅客联运产品，为旅客提供全程“一站式”“一单制”服务，满足旅客高品质、多样化、个性化的出行需求。

（二）引导快递行业持续健康发展

加大对快递行业监管力度，建立健全行业自律制度，严厉打击恶性竞争行为，营造公平竞争的市场环境，以保护消费者权益，维护企业合法利益；政府相关部门应根据市场动向精准施策，在物流项目建设、用地、税收、物流企业发展等方面提供扶持，逐步缓解行业堵点痛点。

（三）持续深化数字基础设施建设

高质量建设 5G、数据中心、光纤、工业互联网、人工智能等数字基础设施，拉动有效投资，强化数字基础支撑；扩大双千兆网络覆盖，打通经济社会发展的信息“大动脉”，推动“双千兆”网络与实体经济深度融合，为行业发展赋能赋智。

（撰稿：福建省统计局 曾阳兰）

2022年福建工艺美术产业发展概况

一、行业运行基本情况

在省委、省政府的大力推动下，省工信厅指导下，福建工艺美术产业已从传统手工业向文化产业转型，从单一的制造行业向多元化格局发展，并以高质量发展，使福建成为名列全国前三的工艺美术大省，我国工艺美术的重点产区和出口基地。2022年，福建省工艺美术行业承压前行，稳中有进。全省工艺美术从业人员达156万人，规上工业企业766家，年创造产值达1823亿元。

二、产业分布与产品产量

福建工艺美术历史悠久、风格独特、品种繁多、技艺精湛，积淀了丰富灿烂的优秀传统文化，在国内外享有盛誉，是中华民族宝贵财富之一。众多知名工艺美术产品蜚声海内外，涌现出惠安、仙游、德化、安溪、闽侯、建阳等数个工艺美术产业强县（区）。我省历届当选中国工艺美术大师60位，当选福建省工艺美术大师826位，有力推动了福建工艺美术产业高质量发展。

福州是全国工艺美术重镇，传统手工艺品主要有脱胎漆器、寿山石雕、软木画、木雕、根雕等20多个品种；日用工艺品主要有金银首饰、铁艺、木制品、帆布画、工艺钟、漆艺、皮革制品、园艺制品等家居装饰品和日用工艺品。2022年，福州市进一步加大对传统工艺美术的抢救保护和振兴发展工作力度，进一步推进行业技术进步、技术创新和产品的市场拓展，努力促进行业优化升级提升竞争力，完成产值197亿元，出口额约47.5亿元，受疫情影响，同比下降5%。

2022年，泉州市城联社认真组织实施“强产业、兴城市”双轮驱动战略，落实《泉州市工艺制品产业改造提升实施方案》，积极推进工艺美术产业高质量发展。全市现有工艺制品企业7000多家，从业人员50多万人，2022年规模以上工艺制品企业467家，销售产值超1400亿元，比去年同期增长2.2%，增加值352亿元，比去年同期增长1.5%。

2022年，按照莆田市委提出的“俯下身子抓产业、一心一意谋发展”精神，围绕莆田市委“一个总抓手、两大支撑、三大战略、四城辉映、五篇文章”工作部署，莆田市工艺美术产业发展暨招商工作专项领导小组紧盯“打造工艺美术千亿产业集群，建设东方工艺美术产业之都”总体目标及“工艺产品生活化、生活用品艺术化”的发展策略，实施产业倍增计划。2022年，实现工艺美术产业规上工业产值600亿元，同比增长13%。

工艺美术产业集聚成效显著，已形成各具特色、相对集中产业集群和文化区域品牌。名列前茅的产品，如惠安石雕、德化陶瓷、安溪藤铁工艺、仙游工艺家具、南平建窑建盏等仍保持增长。

惠安县石雕企业631家，从业人员近10万人，规上企业168家，2022年规上工业产值568亿元，产品远销日本、美国、欧洲等30多个国家和地区。近年来惠安县通过造势、造血、造园、造景、造才、造圈多措并举，助推石雕产业跨界融合、提升发展。

安溪享有“世界藤铁工艺之都”称号，全县共有藤铁家居企业2200多家，从业人员15万余人，2022年行业总产值265亿元，年纳税额1.6亿。近年来，安溪县委县政府对藤铁、家居工艺产业的发展高度重视，坚持夯基础、建载体、育人才、创品牌，有力推动产业转型升级、提质增效。未来将以“家居工艺+文化创意”为载体，以产业集群为依托，扎实做好智能制造、市场拓展、园区建设、创新创意、品牌打造等各项工作。

德化现有陶瓷企业4000多家，从业人员10万余人，2022年陶瓷产值突破500亿，80%以上产品外销，销往190多个国家和地区，是全国最大的陶瓷工艺品生产和出口基地。近年来德化县积极推动陶瓷产业跨越发展五年行动计划，围绕产业转型升级、加快建链补链强链，通过设计赋能、文化赋能、品牌赋能、市场赋能、人才赋能、科技赋能等方式，推动产业实现高质量跨越式发展。未来德化将在品牌影响力建设、创新驱动发展、助力企业做大做强，高素质人才队伍建设等方面着力，力求打造千亿级别的产业集群。

2022年，以仙游县委“1299”为工作总抓手，进一步推动仙游县工艺美术产业集群转型升级、做大做强，实现高质量发展超越。仙游县古典工艺家具技艺被誉为仙作。仙游在产品、品牌、传播、营销手段上进行大胆的探索，加速推动产业跨界融合、全产业链、多元化发展。全力推动工艺品产业的一体化创新发展，加快向数字化、智能化、大众化和国际化转型发展，向世界推广仙作工艺。跨界融合，赋能仙作产业发展。着力培育天然香产业。推动中国香博园项目签约落地，规划建设香产业小微企业园，种植奇楠沉香830亩，举办首届中国仙游香产业峰会，制定《沉香木制品感官验货规范》。现有香文化产业企业800多家，从业人员约2万人，2022年天然香产业实现产值80亿元，同比增长36%。

近年来，建阳区委区政府高度重视建盏产业发展，专门成立领导小组，由区委书记任组长，专班推进，产业发展呈现出蓬勃发展的新局面。全区共注册建盏企业和个体8065家，其中企业1586家、个体6479家，规上企业6家，限上企业6家，省级文化产业示范基地1个，省名牌产品1个，市知名商标4个；拥有建盏网络直播经营主体4000多家，直播基地5个，直播间1800多家；从业人员约6万人，产值约55亿元，已成为建阳的富民产业、文化支柱产业和城市名片。

三、行业重大活动

（一）出台法规政策

《福建省传统工艺美术保护和发展办法》2022年3月1日起施行。2022年1月4日，福建省政府第101次常务会议审议通过了《福建省传统工艺美术保护和发展办法》（以下简称《办法》）。该《办法》在国家下放工艺美术大师评审的背景下，根据我省实际，进一步深化放管服改革，推进简政放权，将省传统工艺美术品种和技艺、工艺美术珍品、工艺美术大师和名人四项评审认定全部下放给评审认定机构。明确由省人民政府传统工艺美术主管部门确定相关评审认定机构承担评审认定工作，要求评审认定机构制定评审认定管理细则、组建评审专家库，经主管部门同意后方可实施。对评审认定机构承担省级工艺美术大师、名人、珍品等评审具体工作进行规范，对评审认定工作的申请对象、申请条件、公示时间等具体程序进行规范，压缩评审认定机构的自由操作空间。通过对工艺美术品种和技艺、珍品、大师和名人称号、标志、署名的保护，各级政府及其有关部门通过支持大师的创作工作，以及建立基地、展馆、工作室；保护原材料；保障授艺、补助津贴等方面的措施来加强对传统工艺美术产业的保护。针对传统工艺美术产业发展存在的问题，《办法》设置了第四章“发展促进”，明确了地方政府及其相关部门要支持产业基地开发和特色区域建设，支持企业采用先进适用技术进行技术改造，规划培育交流交易平台，将传统工艺美术产业与文化旅游发展相结合促进，加强宣传等促进产业发展。还规定了省级人民政府加大对传统工艺美术的资金支持，以及地方政府以资金补助的形式鼓励行业协会、企业发挥自身优势，参与制定行业标准、团体标准等。

为贯彻落实省委、省政府《关于传承弘扬“晋江经验”支持泉州建设21世纪“海丝名城”的意见》以及省领导要求“省直部门和地方政府要加大支持力度，推动陶瓷产品和技艺创新，不断提升世界陶瓷之都影响力”，进一步推动“中国白·德化瓷”产业高质量发展，省工信厅会同省教育厅、科技厅、财政厅、商务厅、文旅厅、市场监管局等部门联合印发《关于支持“中国白·德化瓷”产业高质量发展若干措施的通知》（闽工信规〔2022〕14号）。全文主要包括：思路和目标、壮大龙头骨干企业、推进企业创新发展、提升工业设计水平、加快数字化改造、铸造品牌拓展市场、培育高端专业人才、推动文旅融合发展、加强政策要素保障、加强行业引导服务等十个方面内容。支持打造“中国白·德化瓷”产业高质量发展高地。坚持以“世界陶瓷之都”为统领，聚焦培育壮大“中国白·德化瓷”产业，进一步补链、延链、强链，大力开发新产品、新装备、新材料、新技术、新工艺，促进产品时尚化、品牌高端化、制造数字化、生产绿色化、工艺标准化、资源集约化，探索创建海丝陶瓷创新试验区，推动陶瓷产业规模尽快突破千亿元，成为全国重要的陶瓷生产基地和富有竞争力的产业集群。

福州开展工艺美术立法工作。为促进福州市传统工艺美术（软木画、脱胎漆器、寿山石雕）传承、保护和发展，结合福州市实际，根据《福州市软木画、脱胎漆器、寿山石雕技艺保护和发展五年行动计划（2021-2025年）》，2022年3月16日，经福州市政府研究同意，福州市人民政府办公厅印发了《福州市促进传统工艺美术保护发展若干措施》（榕政办〔2022〕43号），进一步加大工艺美术扶持力度。

2022年，莆田市政府成立工艺美术产业发展暨招商工作专项领导小组，围绕“打造工艺美术千亿产业集群，建设东方工艺美术产业之都”的总体目标和“工艺产品生活化，生活用品艺术化”的产业发展战略，加快工艺美术产业发展步伐，通过印发《莆田市工艺美术产业惠企政策指引》，梳理企业发展、产业配套、技术提升等7大类共50条奖补政策；兑现奖补资金近1000万元，惠及企业达50余家。召开莆田市工艺美术千亿产业发展大会，顺利完成莆田市工艺美术学会成立和莆田市工艺美术协会换届工作。在木雕与香文化产业的提升上，与中国工艺美术学会通力合作，以共建“木雕产业基地”和“香文化产业基地”为平台，以中国工艺美术学会木雕专委会和香文化艺术专委会的落户莆田为支撑，中国工艺美术学会以其专业的服务，凝聚资源，全方位、多层次赋能助力，支持莆田“千亿产业”目标的实现。

（二）推荐第八届中国工艺美术大师评选

中国工艺美术大师是工艺美术行业的最高荣誉，是德艺双馨工艺美术从业者的典型代表。省工信厅组织推荐第八届中国工艺美术大师评选工作，经专家评审，推荐13名候选人参评第八届中国工艺美术大师。8月5日，中国轻工业联合会发布公告，确定第八届中国工艺美术大师名单，全国共108人获此殊荣。福建省推荐的13名候选人有11名入选，入选人数与江苏省并列全国各省（区、市）第一位。按行业分，11名入选中，寿山石雕3名、木牙雕3名、工艺陶瓷2名、石雕2名、漆艺1名；按地区分，福州市4名、泉州市4名、莆田市2名、南平市1名。至此，福建省荣获“中国工艺美术大师”称号的人数增至60名，居全国前列。

（三）开展第六届福建省工艺美术大师与工艺美术名人评审

根据《福建省传统工艺美术保护和发展办法》规定，经省工信厅批准，福建省企业与企业家联合会作为评审认定机构，组织开展第六届福建省工艺美术大师与福建省工艺美术名人评审认定工作。福建省工艺美术学会理事长、中国工艺美术大师黄宝庆作为领导小组成员，专家组组长，参与评审各项办法、细则的制定和学术指导。经专家评审，省企联认定300人入选第六届福建省工艺美术大师（433人入选省名人）。此届首次增加在闽港澳台人士参评。这对闽台、闽港澳等工艺美术事业融合发展将产生积极的影响。本届省大师和省名人的评审工作首次委托社会组织，省企联不负信任和重托，圆满完成评审任务。

（四）加强创新型人才培养

泉州市委、市政府高度重视新时代高技能人才队伍建设，出台“人才港湾”等多项措施，助力工艺美术产业高质量发展。自2012年以来，泉州市评审认定了四届泉州市工艺美术大师，推荐参评了第四届、第五届福建省工艺美术大师和第六届、第七届、第八届中国工艺美术大师，全市构建了一支拥有16名中国工艺美术大师、187名福建省工艺美术大师、460名泉州市工艺美术大师的梯级优秀人才队伍。2022年度惠安县举办3D实用技术人才培训班、雕刻传承与科技创新培训班，安溪县举办3期藤铁工艺高级工美设计及电商培训班，德化县举办陶艺高级研讨班，南安市举办工艺美术现场设计创作大赛，参训参赛2000多人次，极大提升了工艺美术从业人员理论素养和创作创新水平。

仙游先后举办了“中国好沉香”短视频制作技能竞赛、2022 年中国？海峡第一届“仙作杯”古典家具创新设计大赛、莆田市第四届“海峡艺雕杯”手工木工职业技能竞赛；举办“仙游县工艺美术产业电子商务发展专题培训班”、“香文化、香艺、香修培训班”等职业培训班，培训人次1000 多人次。

（五）举办第十六届中国（莆田）海峡工艺品博览会和第十届中国（仙游）红木家具精品博览会

11 月 24 日上午，由中国轻工业联合会、工业和信息化部工业文化发展中心、两岸企业家峰会现代服务业及文化创意产业合作推进小组共同主办的第十六届中国（莆田）海峡工艺品博览会（简称“艺博会”）在莆田工艺美术城盛大开幕。本届艺博会以“匠心雕魂 品质生活”为主题，展会为期 4 天。本届艺博会设莆田市工艺美术城展示中心主会场，以及 2022 年第十届中国（仙游）红博会会场、中国陈桥家具园、上塘珠宝城、莆田国际油画城、郑春辉木雕博物馆 5 个分会场，汇聚了海峡两岸上万件工艺精品。其中，主会场展区面积 1.2 万平方米，近千个展位的展品涵盖 30 多个品类，参展作品分别来自全国十余个省市、地区的 400 余家参展企业。主会场设置“千年雕魂”主题馆，展出 10 位国家级、14 位省级工艺美术大师的 32 件雕刻精品。展品以木雕为主，涵盖牙雕、竹雕、石雕、玉雕等莆田特色雕刻工艺门类，展现精美作品、展示精湛技艺，体现莆田工艺美术大师世代传承的“千年雕魂”工匠精神。“木与生活”国际木作馆，展出 248 件来自 92 个国家的艺术家和青年学生创作作品，推动中国木雕与世界木雕文化交流。莆田市深化与两岸企业家峰会现代服务业及文化创意产业合作推进小组的合作，通过台湾工艺之家协会、台湾顶极工艺协会等邀请十多位台湾工艺大师，携带陶瓷、漆器、柴烧等工艺精品亮相艺博会。展会还与抖音直播基地展开合作，邀请流量主播与工艺商联合直播带货，设置“海峡艺博会”热点话题，在扩大展会影响力的同时，帮助参展企业扩展销售渠道，凸显数字赋能，实现线下线上完美融合。艺博会期间，中国工艺美术学会举行“中匠杯”“中香杯”大赛评选。

11 月 26 日上午第十届中国（仙游）红木家具精品博览会开幕。本次博览会为期四天，以“文化仙作 数创未来”为主题，通过线上线下深度融合，进一步宣传“仙作”品牌、推广“仙作”文化、促进“仙作”发展。本次博览会是一场以“红木”为主题的“仙作+”跨界融合展会，主会场设有花梨紫檀馆、大红酸枝馆、缅花馆、血檀馆、金丝楠木馆、工艺精品馆、茶空间等 9 大展馆，涵盖家具、木雕、根雕、油画等艺术领域，汇聚上万件工艺美术精品，为参观者献上一场饕餮文化盛宴。同时，以线上多平台“电商+直播”形式，直观展现“仙作”精湛技艺和工艺精品。

（撰稿：福建省工艺美术学会）

FUJIAN

INDUSTRIAL ECONOMY YEARBOOK

第三篇

发展重点

李克强在福建考察

2022年7月7—8日，中共中央政治局常委、国务院总理李克强在福建省委书记尹力、省长赵龙陪同下，在福州、泉州考察。他强调，要以习近平新时代中国特色社会主义思想为指导，落实党中央、国务院部署，全面贯彻新发展理念，高效统筹疫情防控和经济社会发展，扎实把稳经济大盘各项政策落到位，坚持发展是解决我国一切问题的基础和关键，更大力度推进改革开放，稳市场主体稳就业保民生，着力巩固经济恢复基础，保持经济运行在合理区间。

李克强听取了福建省稳就业汇报。在博思创业园，负责人说这里孵化了一批科技型企业、带动大量就业，李克强表示赞许。他叮嘱当地负责人，地方政府要拿出资金，帮助降低孵化企业的场地租金等费用。李克强与创客们和今年大学毕业刚入职员工交谈，勉励他们说，推进大众创业万众创新，就是要激发更多人特别是年轻人创业创新热情，靠奋斗实现人生价值、创造财富。爱拼才会赢，祝大家成功。

李克强来到台资企业六和机械公司，鼓励他们靠创新、靠质量赢得更大市场。公司所在园区聚集了几十家台资企业，李克强与一些台资企业负责人交谈。他说，两岸同胞是一家人，我们欢迎你们来大陆投资兴业，依法保护合法权益。前不久出台的稳经济一揽子政策，对包括台资企业在内的各类企业同等对待。希望你们与大陆企业合作共赢。

李克强听取了福建省外贸进出口、吸引外资情况汇报。他来到晋江国际陆港，详细询问货物通关时间等。李克强说，中国坚定扩大对外开放，东南沿海地区是改革开放前沿、中国经济的龙头，要把龙头昂起来。港口是开放的重要窗口、进出口的重要支撑，我国工业增加值的70%离不开进口。要持续推进“放管服”改革，进一步优化营商环境，把这个窗口敞开擦亮。物流是市场经济的经脉。要严格落实物流保通保畅工作要求，持续推进通关便利化，提升港口集疏运水平，避免货物积压滞港，以降低企业成本、稳定市场预期、增强国际竞争力。要确保交通主干道畅通，消除微循环堵点，保障经济顺畅运行和民生物资供应。

在安踏集团考察时，李克强鼓励企业勇于竞争高端市场，注重拓展消费潜力巨大的大众市场。他说，你们的公司叫“安踏”，办企业、做事情就是要实事求是、脚踏实地，这样才能行稳致远。公司负责人介绍，作为民营企业，在全国各地吸纳30多万人就业，李克强十分高兴。他说，不少民营企业已发展成大企业，与大量中小微企业、个体工商户密切协作。大企业顶天立地、小企业铺天盖地，形成互促共进的发展格局，这样中国经济更有韧性和活力。要一视同仁支持国企、民企、外企纾困和发展。市场主体在，“青山”就在，经济发展就有未来。

李克强充分肯定福建经济社会发展成就，希望在以习近平同志为核心的党中央坚强领导下，锐意进取，推动发展不断迈上新台阶。

（摘编：尤文凡）

福建不断推动高质量发展迈出新步伐

2022年5月23日至24日，中共中央政治局常委、国务院副总理韩正在福建宁德、福州、漳州调研。韩正强调，要深入贯彻习近平总书记有关重要指示精神，高效统筹疫情防控和经济社会发展，着力抓好稳就业稳物价等工作，采取精准务实举措帮助企业解决实际困难，保持产业链供应链稳定，稳住宏观经济大盘，不断推动高质量发展迈出新步伐。

韩正前往宁德时代新能源科技有限公司、上汽乘用车福建分公司、青拓集团、星网锐捷通讯股份有限公司、高意科技有限公司，考察企业复工复产、研发创新、智能化生产等情况。韩正指出，福建认真贯彻习近平总书记亲临考察指导时提出的“四个更大”重要要求，全面贯彻新发展理念，推动高质量发展保持良好势头，值得充分肯定。下一步，要深入实施创新驱动发展战略，强化企业创新主体地位，支持企业突破关键核心技术。要大力支持民营企业创新发展、高质量发展，更好发挥民营企业在科技创新中的积极作用。要坚定不移扩大开放，落实好外资企业国民待遇，打造市场化法治化国际化营商环境，确保各类所有制市场主体平等发展、公平竞争。

韩正来到漳州古雷开发区，听取古雷石化产业园区规划建设情况汇报；前往古雷石化有限公司、福海创石油化工有限公司，考察石化产业投资建设、安全生产等情况。韩正强调，要做好重大项目谋划论证，有序推动项目落地，扩大有效投资、推动产业升级。提升项目规范管理水平，牢牢守住安全生产底线。要着力打通产业链供应链堵点，促进要素自由流动。落实好留抵退税等助企纾困政策，帮助企业应对原材料价格上涨等困难。

韩正沿着宁德环东湖景观北岸公园慢道，冒雨察看城市水系整治情况；乘船前往福安“蓝海渔歌”海上综合整治展示平台，了解近海生态环境保护和海洋经济发展情况。来到福山郊野公园，在观景平台俯瞰福州新貌，了解市民慢行道规划建设情况；走入三坊七巷历史文化街区，考察传统街区保护修复情况。韩正指出，要从地方实际出发，科学实施截污、清淤、引水，推动水环境质量持续改善。要保护海洋生态环境，合理开发利用海洋资源，做好渔民生计保障，实现生态保护、绿色发展、民生改善相统一。要保护好城市的历史遗迹、文化古迹和人文底蕴，守护好城市的“根”与“魂”。

国务院副秘书长丁学东，财政部部长刘昆，生态环境部部长黄润秋，国家发展改革委副主任林念修，住房和城乡建设部副部长倪虹，省委书记尹力，省长赵龙，省领导林宝金、郭宁宁、吴偕林、康涛参加有关活动。

（摘编：吴建翰）

福建省启动营商环境数字化监测

2022年1月16日福建省发改委消息，该委日前召开全省营商环境数字化监测督导机制启动暨培训会，全省统建的营商环境监测督导平台开始试运行。

福建省发改委牵头会同45个省有关部门和全省九市一区，创新推出数字化监测督导机制，替代原有第三方评估。全省统建的营商环境监测督导平台，运用大数据手段，从营商环境日常监测、市场主体满意度调查、现场核验督导三个方面，客观反映营商环境现状，对标先进地区，及时发现问题，督导解决问题，推动全省营商环境优化提升。

目前我省营商环境18个一级指标、61个二级指标、302个监测事项实现全部量化。通过数字化手段，平台实施省对市、市对县三级全周期动态监测督导。572个采集数据项中，54.38%的数据每季度更新，其中21.33%每日更新。监测事项包括政府工作力度、创新能力、工作成效、市场主体感受等。

（摘编：尤文凡）

泉州市举行“晋江经验”20周年招商签约大会

2022年8月16日，泉州市举行“晋江经验”20周年招商签约大会，共组织400个项目签约、总投资约4160亿元。

此次大会以“线上+线下”方式，第一阶段主会场活动由各县（市、区）分别推荐4个项目上台签约，共52个项目、总投资1709亿元；紧接着举行全球“云签约”活动，分别连线北京、上海、深圳、成都4个分会场，新加坡、马达加斯加，以及中国香港等地，共23个项目、总投资204亿元。第二阶段各县（市、区）、泉州开发区、泉州台商投资区分会场自行组织签约活动，共325个项目、总投资2247亿元。

此次“晋江经验”20周年招商签约大会，共组织签约项目400个，涵盖电子信息、石油化工、金融与新兴产业、纺织鞋服、装备制造、生物医药等领域。其中，在主会场签约项目中，投资超百亿元的大项目占6个。

截至目前，泉州全市累计签约项目1430个，投资总额9285.9亿元。签约项目数较去年同比增幅93.5%，投资总额同比增幅177.76%。

（摘编：杨福来）

福建省国企改革三年行动改革任务全面完成

2023年1月31日福建省国资委消息，截至2022年12月底，福建省国企改革三年行动82项改革任务，107项量化指标已全面完成。

通过改革，中国特色现代企业制度更加完善。国企改革三年行动以来，我省从制度上明确党组织在公司法人治理结构中的法定地位，省国资委指导督促16家一级企业和51家重要子企业“一企一策”，制定党委前置研究事项清单，发挥企业党委“把方向、管大局、促落实”的领导作用。

国有经济布局结构更加完善。三年行动期间，我省先后完成港口集团的整合重组，新组建大数据集团，重组组建能化集团，重组组建水投集团，整合重组冶金控股与船舶集团；省国资国企重点培植数字经济、海洋经济、绿色经济、文旅经济的行业龙头，先后与央企签约89个项目，总投资3508亿元，与省内5个地市签约164个项目，总投资5632亿元，重点推进中沙古雷乙烯、厦钨新能动力锂电池材料等一大批重点项目落地建设。

国资监管职能转变更加明晰。三年来，省国资委把全面履行出资人职责、国有资产监管职责和国企党建工作三大职责统一起来，推进以管资本为主的国资监管的职能转变，有效提高国有资本证券化率。2021年以来，省属企业新增厦钨新能、招标股份、实达集团、锐捷网络等5家上市公司，省属国有控股上市公司增至21家，股票市值超过2200亿元；21家省属企业成功入选2022年度福建省重点上市后备企业。

科技创新和人才建设更加健全。在国企改革三年行动中，省国资国企把科技创新作为“头号任务”，完善以质量、贡献、绩效为核心的科研考评体系。目前，省属企业拥有省级以上高新技术企业154家（国家级121家），拥有14个省级以上重点实验室（国家级1个），52个省级以上企业技术中心（国家级7家），32个工程研究中心（国家级5个），10个院士工作站，14个博士后工作站。

（摘编：郑平名）

福建省出台十九条措施推动民营经济创新发展

2022年8月15日，福建省传承弘扬“晋江经验”新闻发布会消息，为更好传承弘扬“晋江经验”，我省近期出台了《关于推动民营经济创新发展的若干措施》（以下简称《若干措施》）。

《若干措施》围绕五个方面，提出十九条具体措施：一是围绕培育民营企业，强调做优做强民营龙头企业、梯度培育中小微企业。二是围绕推动民营经济转型提升，强调提升民营企业创新能力、推动民营企业技术改造、提升民营企业智能制造水平、推进民营经济数字化转型、加快民营经济绿色低碳转型升级。三是围绕拓展民营经济发展空间，强调加快推进民间投资增长、推动民营经济融入国内国际双循环。四是围绕强化民营企业要素保障，强调完善民营企业引才引智服务机制、优化民营企业创新融资服务、保障民营企业用地需求、强化数据要素支持、提升知识产权创造保护和运用水平。五是围绕优化服务，强调提供精准政务服务、发挥行业协会商会桥梁和服务作用、促进民营企业家健康成长、构建亲清政商关系、营造民营经济良好发展环境等。

《若干措施》充分吸收了民营企业和相关部门的意见建议——

既注重产业政策支持引导，又着力满足企业具体需求。在梯度培育民营企业、推动民营经济转型升级方面，用好国家新出台的金融工具，支持民营经济发展，提出“鼓励民间投资用好基础设施 REITs、政策性开发性金融工具等，积极参与数据中心、人工智能等新型基础设施及相关领域投资建设和运营”。同时，将企业反映的具体需求，吸收到文件中，如在“提升民营企业智能制造水平”“推进经济数字化转型”方面，措施提出“筛选一批智能生产线、智能车间和智能工厂优秀供应商，供民营企业选择”“加快培育贸易数字化和电子商务平台龙头企业”。

既注重对标先进，又充分体现我省特色。《若干措施》充分借鉴兄弟省市的好经验好做法，结合我省实际，在构建国际营销服务体系、用地政策等方面，提出具体措施。同时，推出一批具有福建特色、便民利企的政策措施。如，我省提出“深化与台港澳合作，支持民营企业融入两岸融合发展示范区建设，鼓励民营企业与台港澳企业共赴‘一带一路’沿线国家和地区开展投资并购和国际产能合作”“整合现有涉企服务资源，依托‘闽政通’App 建设企业服务专区，为企业提供一体化服务”等。

当前，福建民营企业在数量、规模、实力以及社会贡献等方面位居全国前列。2021年，全省新增私营企业32.68万户，同比增长16.6%；规上民营企业实现营业收入40388亿元，增长17%；实现利润总额2721.7亿元，增长29.5%。

（摘编：游永贵）

福建省将对优质中小企业实施梯度培育

2022 年 10 月 14 日福建省工信厅消息，日前，我省出台《福建省优质中小企业梯度培育管理实施细则》，将按创新型中小企业、专精特新中小企业、专精特新“小巨人”企业三个梯度，对全省优质中小企业实施梯度培育。

“优质中小企业”是指在产品、技术、管理、模式等方面创新能力强、专注细分市场、成长性好的中小企业。其中，“创新型中小企业”具有较高专业化水平、较强创新能力和发展潜力，是优质中小企业的基础力量；“专精特新中小企业”实现专业化、精细化、特色化发展，创新能力强、质量效益好，是优质中小企业的中坚力量；“专精特新‘小巨人’企业”位于产业基础核心领域、产业链关键环节，创新能力突出、掌握核心技术、细分市场占有率高、质量效益好，是优质中小企业的核心力量。

省工信厅将负责优质中小企业梯度培育管理工作的统筹协调和监督检查，推动出台相关支持政策，负责国家专精特新“小巨人”企业推荐、专精特新中小企业认定和创新型中小企业评价工作；设区市级中小企业主管部门负责组织申报、审核推荐、培育服务等具体实施工作。

（摘编：杨福来）

2022 年福建省市场主体减轻税费负担和增加现金流 1146 亿元

2023 年 1 与 18 日全省税务工作会议消息，受益退税减税、缓税政策，2022 年，我省纳税人缴费人减轻税费负担和增加现金流 1146 亿元，其中留抵退税 705 亿元、新增减税降费 232 亿元、缓税缓费 209 亿元。全省税务系统组织税费收入 8851.45 亿元，其中：税收收入 4173.55 亿元，同比下降 14.0%，扣除留抵退税因素还原后，下降 4.0%。办理出口退税 833.42 亿元，同比增长 11.2%。

2022 年以来，福建税务建设“闽捷办”智慧税务平台、打造全天候“不打烊”网上办税服务厅，不断优化税收营商环境。“非接触式”办理事项增至 266 个，主要办税缴费事项 100%全程网上办，网上申报率 99.5%，进厅办理业务比率较三年前下降 55%。

助企纾困方面，还推进银税互动，帮助 6.03 万户小微企业获取纳税信用贷款 625.69 亿元；在全国率先推出印花税“总对总”税银数据共享代征直缴新模式。运用“全国纳税人供应链查询”功能为 156 户原材料短缺企业匹配供应商 1503 户，成交金额近 3 亿元。

（摘编：尤文凡）

"新时期福建省制造强省发展战略与实施路径研究"重大咨询项目启动

2022年6月27日，中国工程院福建研究院重大咨询项目"新时期福建省制造强省发展战略与实施路径研究"在福州召开启动会。项目负责人、中国工程院院士、国家制造强国建设战略咨询委员会主任周济主持会议。福州大学校长付贤智、华中科技大学教授李培根、东华大学校长俞建勇、浙江大学工学部主任杨华勇、华东理工大学副校长钱锋等5位中国工程院院士，以及中国工程院战略咨询中心、中国纺织机械协会、福州大学等单位的专家以线上线下形式参会。

近年来，我省加快建设先进制造业强省。据悉，该项目旨在明确新时期福建制造强省的内涵，研究实现福建省制造业产业安全及产业升级，探索新模式、新业态、新形势下制造强省的发展路径，提出2035年福建省制造业重点发展领域、发展思路和政策建议。

周济介绍了国家建设制造强国的战略部署和发展方向。他指出，智能制造是推进制造业发展的主要技术路径，建议福建省利用数字经济发展的优势，在产业数字化下功夫，把制造业的数字化转型作为主攻方向，推动中低端迈向中高端，以技术升级、技术创新引领带动产业转型升级。

项目负责人付贤智表示，下一步将按照项目计划安排，积极筹备组织调研活动，扎实推进各项研究工作，争取早日完成项目任务，为福建制造强省建设提出更高水平的战略咨询和建议，为省委、省政府决策提供有益参考。

（摘编：尚岩）

福建省成立集成电路产教融合创新发展联盟

2022年7月16日，福建省集成电路产教融合创新发展联盟成立大会暨"产教融合·创新发展"论坛在厦门大学举行。

会上，福建省集成电路产教融合创新发展联盟正式启动，联盟为理事长、副理事长颁发了荣誉牌。该联盟由厦门大学发起，已发动福建省10余家高校、50余家企业、10余家研究机构及行业协会，共约100家单位组成。联盟的成立，既是厦门大学服务国家战略和区域发展的有力举措，更标志着我省在集成电路人才链与创新链、产业链的有效衔接和协同发展上迈出新步伐。

今后，联盟将瞄准集成电路关键核心技术，特别是"卡脖子"问题，充分发挥协同作用，强化重大科技攻关。同时，联盟也将加快产业需求、人才培养融合进程，力争成为福建省集成电路人才培养和关键核心技术攻关的加速器。

（摘编：陈闽声）

国家发展改革委印发《闽西革命老区高质量发展示范区建设方案》

2022年3月17日国家发展改革委印发《闽西革命老区高质量发展示范区建设方案》，提出到2025年，闽西革命老区人均地区生产总值和居民人均可支配收入等经济指标位居全国革命老区前列，形成一批可复制可推广的典型经验做法，到2035年闽西革命老区与全国同步基本实现社会主义现代化。

《方案》从巩固绿色优势、坚持创新驱动发展、促进城乡协调发展、推动互联互通、增进民生福祉、推动红色传承六个方面作出部署。

巩固绿色优势方面，《方案》提出要巩固提升生态环境质量，深入推进山水林田湖草系统治理，推广龙岩长汀水土流失治理经验；深化生态文明体制机制创新，推广龙岩武平、三明林改经验，推动开展全国林业改革发展综合试点；促进产业绿色低碳循环发展。

坚持创新驱动发展方面，要全面提升科技创新能力，做优做强先进制造业，发展壮大新材料产业，推动数字经济发展，在推进经济高质量发展上发挥示范作用。

促进城乡协调发展方面，要完善城镇功能布局，全面推进乡村振兴，发展壮大特色富民产业，在健全城乡融合发展机制上发挥示范作用。

推动互联互通方面，要加强对内对外开放合作，支持三明探索与上海市、支持龙岩探索与广州市开展对口合作，加快建设现代化交通基础设施，在扩大双向开放上发挥示范作用。

增进民生福祉方面，要提升教育发展质量水平，完善医疗卫生等基本公共服务保障体系，推进社会治理现代化，在公共服务共建共享上发挥示范作用。

推动红色传承方面，要加强红色资源保护，加快长征国家文化公园（闽西段）建设，加强龙岩古田会议旧址群等革命遗址遗迹保护传承利用；加强文化传承发展，深入挖掘革命历史文化资源，创作相关题材文艺作品，讲好红色故事、赓续红色血脉。

《方案》明确，中央财政通过革命老区转移支付等现有资金渠道支持示范区建设，加大对示范区补助力度。在安排转移支付资金、中央预算内投资、中央车购税等方面对示范区给予倾斜支持，将符合条件的示范区基础设施项目纳入地方政府专项债券支持范围。

（摘编：吴建翰）

德化将打造全国区域（城市）产业名片

2023年1月3日福建省工信厅消息，2022年工业文化发展大会暨第六届中国工业文化高峰论坛日前召开。会上，工业文化发展中心与“区域（城市）产业名片打造计划”的首批试点区域（城市）正式签约启动，德化县列入其中。

2022年6月以来，工业和信息化部工业文化发展中心（以下简称“工业文化发展中心”）着力实施“区域（城市）产业名片打造计划”，旨在协同地方打造一批影响力大、美誉度高的区域（城市）产业名片。区域（城市）产业名片打造计划自实施以来，得到了全国200多个地方或产业园区的积极响应。工业文化发展中心基于区域产业的标志性和名片打造的先行性，经过综合评估和充分协商，确定杭州市、成都市、宁波市、保定市、滨州市、郴州市、东莞市（7市），广州市黄埔区（1区），泉州市德化县（1县）作为首批试点区域（城市），率先开展中国产业名片打造创新实践。

世界陶瓷之都德化，陶瓷生产历史悠久，是世界陶瓷文化发祥地之一。2021年，德化县陶瓷产值459亿元，2022年陶瓷产值突破了500亿元。此次试点将助力德化打造陶瓷产业名片，塑造和传播新时代世界陶瓷之都工业形象。

（摘编：尚岩）

福建扎实有力实施好乡村建设行动

2022年6月20日全国乡村建设工作会议在三明市召开。中共中央政治局委员、国务院副总理胡春华出席会议并讲话。他强调，要深入贯彻习近平总书记关于扎实稳妥推进乡村建设的重要指示精神，采取有力措施组织实施好乡村建设行动，逐步使农村基本具备现代生活条件，从而全面推进乡村振兴、实现农村现代化。

胡春华指出，乡村建设是国家现代化建设的重要内容，必须按照党中央、国务院部署，落实《乡村建设行动实施方案》，坚持不懈推进乡村建设，努力让广大农村居民也能过上现代文明生活。要夯实打牢农村现代化的基础设施支撑，加强农村生产生活基础设施建设，推进城乡基础设施布局衔接和功能互补。要着力建设生态宜居美丽乡村，改善村庄整体设施和环境，结合乡土特色改造提升村庄风貌。要加快提升农村基本公共服务水平，健全县乡村一体化发展的公共服务体系，提高村级公共服务能力，加强和改进乡村治理。

胡春华强调，要牢牢把握扎实稳妥推进乡村建设的基本要求，确保经得起历史和实践检验。要因地制宜、分期分批推进，防止“一刀切”和急于求成。要顺应县域内城乡融合发展趋势，统筹推进县乡村建设。要建立起政府提供公共服务、农民干好自己事情的实施机制，广泛调动各方面力量参与。

会前，胡春华到龙岩市上杭县、三明永安市进行了实地调研。

（摘编：苏小雨）

福建省出台乡村振兴贷实施暂行办法

2022年3月21日福建省农业农村厅消息，省农业农村厅、省财政厅等五部门日前联合出台《福建省乡村振兴贷实施暂行办法》。

乡村振兴贷是指金融机构依托福建省金融服务云平台，借助省级政策性优惠贷款风险分担资金池提供贷款风险补偿作为增信手段，通过“快服贷”产品，为符合条件的中小微农业企业提供流动性融资服务的信贷产品。

其服务对象是在福建省（不含计划单列市）登记注册、守法经营、无不良记录的农业企业、农民合作社、家庭农场、农业社会化服务组织以及经农业农村部门核准登记的农村集体经济组织法人。办法提出，建立服务对象企业池，采用名单制动态管理。

乡村振兴贷单户企业的贷款规模原则上控制在1000万元以内，实行优惠贷款利率。各政策性银行、大型银行和邮储银行按不超过最近一次公布的一年期贷款市场报价利率发放贷款的为优惠利率，其他银行业机构按不超过最近一次公布的一年期贷款市场报价利率加100个基点发放贷款的为优惠利率。贷款期限由银行与企业自主选择，原则上不超过一年，鼓励银行采取无还本续贷方式延长企业贷款期限。

企业可通过金服云平台“快服贷”专区乡村振兴贷产品模块，在线发起贷款申请，也可直接向银行申请乡村振兴贷，并由银行协助通过金服云平台线上办理。

（摘编：蔡志轩）

2022年福建省脱贫劳动力稳岗就业

2023年1月19日全省农业农村（乡村振兴）局长会议消息，2022年，我省共安排省级以上衔接资金19.8亿元，支持9.2万脱贫户和监测对象发展生产，推动16.7万脱贫劳动力稳岗就业，脱贫人口家庭人均纯收入20394元，同比增长14.1%，增幅继续高于全省农民平均水平。

为巩固拓展脱贫攻坚成果，我省全面落实防返贫监测帮扶机制，每月组织乡村干部走访排查、行业部门专项筛查，并对核定的易致贫返贫人口进行单列管理、重点帮扶。2022年我省共核实认定易致贫返贫人口43户133人，未发现新增致贫返贫现象。

为持续推动脱贫人口持续稳定增收，今年我省将继续强化产业、就业帮扶，用好财政衔接政策资金，落实帮扶项目联农带农机制，扶持带动10万脱贫户发展特色产业、庭院经济，推动15万以上脱贫人口稳岗就业。

2022年我省农业农村保持稳中有进良好态势，全省农林牧渔业增加值、农民人均可支配收入增幅均高于全国平均水平。全年粮食播种面积1256.4万亩、超国家任务3.7万亩，粮食产量508.7万吨、比上年增产2.3万吨。

（摘编：蔡志轩）

福建省启动省现代种业发展战略研究项目

2022 年 8 月 13 日福建省农业农村厅消息，中国工程院战略研究与咨询项目“福建省现代种业发展战略研究”项目启动会在福州举行。

我省农业种质资源种类多，地方品种资源丰富，是我国种质资源最丰富的省份之一。近年来，我省种业创新成果层出不穷，但仍存在地方特色种质资源未能充分发掘与利用、品种创新研发水平有待进一步提高、品种同质化现象依然存在、种业企业整体实力仍比较弱等短板。

项目组将围绕建设“种业强省”总目标，在全省开展种业调研活动。通过走访种业管理部门、种业企业、科研机构、高等院校等，调研组将全面摸清福建省种业发展状况，具体掌握福建种质资源、品种创新、平台建设、人才支撑、企业发展、种业市场等方面的总体情况。

基于调查分析，调研组将科学研判福建现代种业总体发展趋势，提出福建现代种业发展的战略指导思想、基本原则、战略定位与总体目标，明确种业发展的技术需求、主攻方向、重点任务，以及推动现代种业发展的对策建议。

该项目设立一个调研大组以及我省粮食作物种业发展、我省经济作物种业发展、我省畜禽水产种业发展等 3 个调研小组。

（摘编：李元）

福建省启动乡村特色产业品牌 IP 建设

2022 年 8 月 15 日省农业农村厅消息，日前该厅印发方案，实施福建省乡村特色产业品牌 IP 建设。按照方案，我省每年将组织一批列入地理标志农产品保护工程的县（市、区）、农业产业强镇、“一村一品”示范村（镇），建设有特征标识、产地身份的品牌 IP，培育形成一批“乡字号”“土字号”农产品品牌。

具体建设内容包括设计一个产品 LOGO、塑造一个卡通形象、设计一款精品包装、制作一部宣传短片、开展一次设计创意大赛、确定一批生产经营主体、开展一系列品牌推介活动。

首批品牌 IP 数量将控制在 50 个以内。今年农民丰收节期间，我省将在主会场重点宣传推介品牌 IP 创意“十佳”农产品，并常态化运用“福农优品”“福农 e 购”等平台帮助经营主体展示展销农产品。

（摘编：邓新民）

福建省首个国家农业科学观测实验站通过验收

2022年8月22日福建省农科院消息，近日，由省农科院茶叶研究所承担的农业农村部建设项目“国家土壤质量福安观测实验站”通过专家验收。

国家土壤质量福安观测实验站系我省首个国家农业科学观测实验站、全国3个茶叶观测实验站之一。该项目于2019年动工建设，总投资1200万元，建有茶园长期定位试验基地6亩、径流场1座、技术集成试验示范区100亩，并配备自动化程度高的土壤环境连续原位监测设施。该监测站配备土壤样品库1座，保存长期定位试验及福建主要茶园土壤样品3226份。

茶叶产量、品质与土壤质量息息相关。当前，茶业发展面临复杂的气候变化、生态退化等重大挑战。该项目的建成能够为茶园土壤质量预测、预判和预警提供真实、准确、完整的第一手科学基础数据，为原产、主产于福建的乌龙茶、红茶、白茶等产业绿色发展及乡村振兴提供技术支撑。

（摘编：蔡志轩）

福建省出台十条措施促进民宿持续健康发展

2022年6月24日福建省人民政府办公厅印发《关于促进民宿发展的若干措施》，提出强化规划引领、打造特色民宿等10条措施，促进民宿持续健康发展，助力做强做优做大文旅经济。

强化规划引领，把民宿发展纳入经济社会发展、城乡建设等规划中，支持特色街区、传统村落、特色小镇、旅游景区、省级金牌旅游村所在地开展民宿集聚区试点和示范区建设，实现“吃、住、行、游、购、娱”一体，推动文化与民宿深度融合。

在民宿资金支持方面，加大财政资金扶持，从省文旅厅、住建厅、农业农村厅等部门相关专项资金中统筹扶持民宿发展，并向民宿发展较好的区域倾斜；鼓励各地设立促进民宿发展扶持资金，推出“文旅贷”等快服贷产品，重点支持民宿经济发展。

拓宽民宿经营渠道，鼓励行政机关、事业单位、社会团体组织和国有企业选择民宿举办培训和职工疗休养。

在政策扶持方面，把民宿纳入消费市场激活、夜间经济扶持、旅游营销计划和全域旅游精品线路推介，并支持两岸民宿行业组织在设计、经营、管理服务、宣传营销等方面加强交流合作，不断提升民宿品牌影响力。

（摘编：邓新民）

福建省将持续优化林业金融服务

2022 年 9 月 22 日，中国人民银行福州中心支行与省林业局、省财政厅、省自然资源厅、省金融监管局等 7 个部门联合制定的《关于持续优化福建省林业金融服务的指导意见》发布。《指导意见》围绕加大林业发展重点领域和地区金融支持、丰富林业金融产品服务体系、提升金融机构专业服务能力、强化林业金融外部配套保障等四方面提出 18 条指导意见。

《指导意见》提出，各金融机构要将金融支持融入福建林业“八大工程”建设，支持林业一二三产融合发展，突出对林木种苗、精准育种、林产工业、林业碳汇等重点科技攻关的金融服务创新；鼓励金融机构对三明市、南平市、龙岩市全国林业综合改革试点地区予以倾斜；做好闽台林业融合发展的综合金融服务。

在丰富林业金融产品服务体系方面，鼓励各金融机构提供覆盖林业全产业链、全生命周期的金融产品和服务；持续推广惠农 e 贷（快农贷）、福林系列贷款、科特贷等适合新型林业经营主体的特色信贷产品；综合通过上市、发债、基金、信托等多渠道优化涉林企业直接融资；支持开展地方优势特色林业产品保险，省级财政继续对设施花卉种植保险给予 30%的保费补贴。

根据《指导意见》，要提升金融机构专业服务能力，支持金融机构设立林业专营机构，建好用好金服云平台“福建省林业金融服务专区”，拓宽林业资产要素抵质押范围。同时，强化林业金融外部配套保障，建立林业经营主体名录库，优化林权登记、颁证、评估和流转服务，健全林业碳汇发展机制。

（摘编：蔡志轩）

福建省成立海洋经济产业投资基金

2022 年 1 月 2 日福建省海洋与渔业局消息，由省海洋与渔业局、省工信厅、省发改委、省科技厅、省地方金融监管局近日联合举办的福建省海洋生物医药产业高质量发展推进活动在石狮举行。从活动上获悉，福建省海洋经济产业投资基金正式成立启动，规模达到 200 亿元。

本次活动征集并发布科技成果 82 项、技术需求 28 项，举行了第二届福建省海洋生物医药产业创新联盟成立仪式。联盟成员包括省内海洋生物医药类科创平台、孵化平台、载体平台、全省海洋生物医药企业、相关金融机构等 109 家单位。其中，海洋生物医药类科创平台 41 家，孵化平台 4 家，载体平台 6 家，全省海洋生物医药企业 47 家，金融机构 11 家。

活动吸引了 58 家海洋生物医药科创平台、服务平台和载体平台进行推介，举行了 2 个全流程项目路演和投融资对接，并开展了 15 项政银对接、银企对接、研企对接等多种形式的政产学研合作签约，全方位推进全省海洋生物医药产业高质量发展。

（摘编：游永贵）

2022年福建省水利投资创历史新高

2023年1月25日福建省水利厅消息，2022年我省水利投资规模、增量、增幅均创历史新高，规模同比增长35.3%；水利建设实现提档升级，重大项目开工数量超年计划70%；水利工程建设质量考评首次跃居全国前五。

2022年我省抢抓机遇，以超常规工作力度推进水利高质量建设，水利投资再创新高，全年完成投资563亿元，规模位居全国前列；重大项目提速增效，全年累计开工重大项目196个，提前一季度完成年度开工目标；水土流失综合治理、农村供水保障、安全生态水系等为民办实事项目全部超额完成。

据统计，过去一年全省共治理水土流失200.3万亩，超额完成33.55%，水土保持率提升至92.63%，继续领跑全国。我省全年累计向金门供水764万吨，占金门县自来水厂供水总量的73%。全省92%的县（区）开工建设“城乡供水一体化”，年度投资首次突破百亿元，新增受益人口342万人，超年计划58%。

（摘编：唐启阳）

福建数字水利智慧平台上线

2022年12月29日福建省水利厅消息，福建数字水利智慧平台正式建设完成上线，在我国同行业内首次实现业务数字化和机关数字化的全覆盖。

该智慧平台为应用数字孪生技术，线上线下相结合，以数字化场景、智能化模拟、精准化决策为路径，搭建信息共享、管理高效、服务优质的数字水利智慧平台，对内实现全行业“一屏管水”，对外实现全社会“一屏看水”。目前，平台已接入已建在用业务系统43个，建设了1个全厅门户、15个处室门户、94个市县门户和100余个业务专题；对外的“福水网”则为社会公众提供便民友好的宣传、展示和服务，以数字、图像、视频和“福水娃”导游等方式让公众直观了解水利。

今年，福建水利系统建设“一河一网一平台”被列入省政府重点工作任务清单，其中“一平台”即整合搭建福建数字水利智慧平台。

除更优质的管理与服务外，该智慧平台还对水利工作带来深层次的创新驱动，推动信息技术进一步深度应用。在试运行期间，智慧平台已在今年五六月汛期中助力预泄腾库、拦洪削峰。信息共享、管理高效的智慧系统，对我省防汛抗旱、加快水利建设、助力经济社会发展大有裨益。

（摘编：尤文凡）

院士专家为我省新材料产业集群发展支招

2022 年 8 月 8 日中国工程院福建研究院重大咨询项目“福建省新材料产业集群战略研究”项目结题评审会在线举行。会议评审组由中国工程院院士、北京科技大学碳中和创新研究院院长毛新平担任组长，北京工业大学副校长聂祚仁教授、清华大学周济教授、北京化工大学副校长张立群教授等 3 位工程院院士及新材料领域相关专家共 9 人组成。

该项目由中国工程院院士、国家新材料发展专家咨询委员会主任干勇领衔，钢铁研究总院、中科院海西院、福州大学等单位的 80 余位专家参与研究。

项目自实施以来，项目组深入福建三明、福州、龙岩、厦门等地考察，调研了三钢、金龙稀土等 30 余家企业，与省直部门、科研所、相关协会开展了 10 余次座谈研讨。项目研究报告对福建省稀土、化工、纺织材料等 11 个产业集群提出了战略目标和发展重点，并梳理提出相对应的示范项目。在此基础上，干勇、刘正东、彭寿等院士向福建省委、省政府提交了“关于加快福建省新材料产业发展的建议”“福建省新材料产业集群发展建议”两份院士建议。

评审专家组认为，项目研究梳理了国际、国内新材料产业及集群发展现状、趋势和存在的问题，研究制定了福建省新材料产业集群发展路径，并提出了相关政策措施建议，为福建省新材料产业集群建设和未来技术布局提供了科学依据和有力支撑。经讨论，评审专家组一致同意项目通过结题评审。

院士专家建议项目组后续应关注海洋材料、新能源材料等领域的发展，建议加强对福建新材料产业布局、国际融合发展、打造世界一流企业、培养产业人才等方面的研究。

项目负责人干勇院士表示，福建省新材料产业处在转型升级的关键时期，下一步，项目组将吸取专家意见，继续深化产业集群的科技支撑平台、创新体系建设等研究，为福建打造新材料强省提供咨询建议。

（摘编：李元）

全球最大高性能膜材项目在泉州开建

2022年4月26日福建日报报道，全球最大的高性能膜材项目——福建长塑高性能膜材项目近日在泉州泉惠工业区开工建设。

该项目由全球“尼龙膜王”中仑新材集团旗下的福建长塑公司投建，属于2022年度福建省重点项目，规划占地面积约12万平方米，总投资超30亿元人民币，总产值将达60亿元。

目前，该在建项目包括5座智能化生产车间，其中9条高性能膜材生产线，总规划产能达18万吨。项目建成投产后，这一产能规模全球第一。

（摘编：蔡志轩）

海峡两岸最大石化合作项目投入商业运营

2022年12月19日，海峡两岸规模最大的石化合作项目——总投资278亿元的福建漳州古雷炼化一体化项目正式投入商业运营。这是海峡两岸石化行业融合发展史上一个新的里程碑。

古雷炼化一体化项目是福建漳州古雷石化工业园区的龙头项目，由中国石化福建炼油化工有限公司和旭腾投资有限公司各占50%投比合资建设。该项目一期工程主要包括实际加工能力100万吨/年乙烯裂解等9套化工装置，以及配套的公用工程、码头及储运设施等，总投资278亿元，年产乙烯百万吨。目前，乙烯单体对台湾销量突破8.5万吨，实现了“以通促融、以惠促融、以情促融”的良好开局。

古雷石化基地是国家发改委唯一确认的大陆台湾石化产业园区，是推动两岸融合的重要桥头堡和试验田。作为海峡两岸最大的石化产业合作项目，古雷炼化一体化项目正式投入商业运营对优化国家炼化产业布局、延伸完善两岸石化产业链、促进海峡两岸石化产业融合发展有着重要意义。

（摘编：尚岩）

福建省出台促进工业经济平稳增长行动方案

按照省委、省政府工作要求，省发改委会同省工信厅、财政厅等有关单位结合我省实际于2022年4月1日出台《福建省促进工业经济平稳增长行动方案》，坚持“稳字当头”“稳中求进”，打出政策“组合拳”“连环招”，既聚焦当前企业纾困解难、稳定预期，又着眼实现今后工业平稳增长、质量提升。主要内容如下。

一、落实财税优惠政策，有效减轻企业负担

1. 加大对中小微企业2022年度内新购置的单位价值500万元以上的设备器具税前扣除力度。

2. 将2021年四季度实施的制造业中小微企业延缓缴纳部分税费政策，延续实施6个月；落实新能源汽车车船税减免优惠政策。

3. 按规定对增值税小规模纳税人、小型微利企业和个体工商户减半征收“六税两费”。

4. 对月销售额15万元以下的小规模纳税人免征增值税、小型微利企业减征所得税、增值税期末留抵退税、研发费用加计扣除、固定资产加速折旧等税费；对确有困难的纳税人，按规定减征或免征房产税、城镇土地使用税。

5. 2022年延续实施阶段性降低失业保险、工伤保险费率政策，实现降费率优惠政策“免申即享”。

6. 对符合规定的“特殊困难”煤电和供热企业，加快办理延期缴纳税款核准；对符合条件的企业加快办理增值税留抵退税。

二、加强调度保供稳价，畅通工业经济循环

7. 统筹保障全省煤电油气运，推动煤电企业提高发电出力；实现发电用煤、用气中长期合同全覆盖，提高合同兑现率。

8. 开展2022年电力市场交易工作，对暂未直接从电力市场购电的用户，由电网企业代理购电，保障企业用电需求；完善有序用电方案，保障民生和重点用户用电需求。

9. 推进电厂升级改造和智慧电厂试点建设，推动闽粤联网工程建成投产，加快工业园区热电联产项目实施。

10. 整合差别化电价政策，建立统一的高耗能行业阶梯电价制度。

11. 依法依规开展价格指数评估和合规性审查，持续强化大宗商品期现货市场监管。

12. 支持企业投资开发铁矿、铜矿等具备资源条件、符合生态环境保护要求的矿产开发项目；推动再生资源综合利用，提升大宗固体废物综合利用率。

13. 鼓励大型国有企业打造大宗商品供应链服务平台，协调钢材、水泥等重点企业对接重点工程项目。

14. 动态更新《福建省首台（套）推广应用指导目录》，对经认定属于国内、省内首台（套）的省级财政给予资金补助。

15. 全面推进质量基础设施一站式服务，深入开展小微企业质量管理体系认证提升行动。

三、鼓励提质增效升级，增强创新发展动力

16. 全年组织实施500个以上省重点技改项目，按照项目实际设备（含技术、软件等）投资额不超过5%的比例给予补助，单个企业最高不超过500万元，其中省级工业龙头企业不超过1000万元。

17. 组织实施200个以上工业战略性新兴产业重点项目，力争全年建成投产项目30个以上；深入实施战略性新兴产业集群发展工程。

18. 对2022年新投产纳统规上工业企业、规下转规上工业企业省级财政给予一次性资金奖励。

19. 制定省级节能降碳技术改造实施方案，研究出台工业领域碳达峰碳中和工作方案；鼓励省内相关单位主导或参与能效相关国家标准和行业标准的制修订工作，按规定给予补助。

20. 开展能效、水效领跑者引领行动，分期分批发布重点行业能效、水效领跑者标杆企业；加大钢铁、水泥、平板玻璃等重点行业先进适用工业节能减碳技术装备推广应用。

21. 对购买重大科技成果实现产业化的企业，按实际支付技术交易额的30%予以补助，最高300万元。

22. 对本年度单项研发经费投入1000万元以上的企业，可“一事一议”申请企业研发经费分段补助；对上年度研发经费投入1亿元及以上的企业，按上年度核定补助额实行预补助，由省级财政预拨经费全额垫付。

23. 全年培育省级“专精特新”中小企业100家以上、国家专精特新“小巨人”企业50家以上，对新认定的省“专精特新”中小企业和国家专精特新“小巨人”企业，由省级财政分别给予一次性20万元、50万元奖励。

24. 对新认定的工业互联网示范平台、新一代信息技术与制造业融合发展新模式新业态标杆企业、工业互联网APP优秀解决方案分别给予最高200万元、50万元、15万元资金奖励。

25. 对企业获得国家制造业转型升级基金、中小企业发展基金或其一级子基金股权投资支持的，按照实际到资额分别给予5‰、1%奖励，最高100万元。

26. 省级财政安排专项资金支持国家级、省级创新平台培育建设，年度认定省级制造业创新中心2-3家、省级工程研究中心5家、省企业技术中心50家。

27. 每年实施10个以上省级科技重大专项专题项目，每个项目给予最高500万元资金支持；每年实施50个左右省级技术创新重点攻关及产业化项目，每个项目给予最高300万元资金支持。

四、着力扩大有效投资，拓展市场需求潜力

28. 抓好635个省级工业增长点项目，促进上下游产业链延伸集聚发展；筛选有代表性、示范性、导向性的重大项目，列入季度全省重大项目集中开工。

29. 组织召开2022年央企合作座谈会，做好地方专场央企招商项目推介会。

30. 举办第十二届民企产业项目对接洽谈会，全年对接民企产业项目投资额5000亿元以上；加强民企招商正向激励，对完成年度目标任务、绩效排名靠前、引进大项目好项目、开展多场次专场招商活动等给予奖励。

31. 推进整县（市、区）屋顶分布式光伏试点，持续开展近海“渔光互补”等集中式光伏试点；加快海上风电开发，组织开展年度海上风电项目竞争配置。

32. 优化数据中心布局，重点推进区域性数据中心建设，发展面向工业互联网等领域的边缘数据中心；深入实施“上云用数赋智”行动。

33. 建设福建省算力资源一体化公共服务平台，争取在福州、厦门建立全国一体化算力网络国家枢纽节点。

34. 实施省北斗综合应用示范工程，加快推动国家北斗导航位置福建分中心建设。

35. 持续开展先进制造业与现代服务业深度融合发展试点示范，打造面向主要产业集群的两业融合发展服务平台。

36. 深化“三品”专项行动，引导纺织鞋服、食品等传统优势产业加强品牌建设和网络营销；对各地工信部门牵头举办（含承办）线上或线上线下相结合的促销活动和“手拉手”供需对接活动按规定给予财政资金补助。

37. 健全废旧家电回收处理体系，鼓励有条件的地方在家电等领域推出新一轮以旧换新行动；鼓励开展新能源汽车、智能家电下乡行动。

五、提高外资利用水平，推动外贸稳定发展

38. 制定出台利用外资保稳促优政策措施，对符合条件的外商投资制造业项目，省级财政按到资比例给予奖励。

39. 充分利用重大经贸活动平台，加强“一把手”招商、以商招商、产业链招商等，引进更多外资大项目好项目。

40. 对符合条件的外资企业，推荐申报国家A级物流企业、国家级服务型制造示范及国家级工业设计中心。

41. 鼓励外贸企业与班轮公司签订长期协议；支持厦门港等开展海铁联运国际过境业务，推动“丝路海运”与中欧班列、西部陆海新通道联动发展。

42. 用好“丝路海运”港航发展专项资金，助力企业增开“丝路海运”航线、拓展集装箱国际中转；定期公布在我省挂靠的国际集装箱航线名单。

43. 面向口岸收费主体推广使用国家标准版“单一窗口”口岸收费及服务信息发布系统，实现收费线上公开、在线查询、直观比价。

44. 加快推进福州、厦门国家物流枢纽建设，创建一批省级示范物流园区；鼓励在“一带一路”沿线国家、地区新建高质量海外仓。

45. 持续推广“单一窗口+出口信保”“跨境电商+海外仓”“市场采购贸易”等新型承保模式，进一步扩大外贸企业承保覆盖面；推进融资增信业务，积极推广“白名单”、“信保贷”等融资模式。

六、加强政策措施保障，激发市场主体活力

46. 设立第六期100亿元规模的中小微企业纾困增产增效专项贷款，省级财政安排贴息资金1亿元；推动“纾困贷”“商贸贷”“外贸贷”“技改贷”“科技贷”等政策性产品发放。

47. 加大制造业中长期贷款投放力度，力争全省2022年制造业贷款余额同比增速高于上年；用足用好碳减排支持工具和支持煤炭清洁高效利用专项再贷款政策。

48. 省财政安排融资担保发展专项资金1.8亿元，力争2022年末融资担保放大倍数超过3.3倍，融资担保费率保持在1%以下。

49. 进一步推进“金服云”平台功能升级和推广应用，力争2022年“金服云”平台新增注册企业用户5万户，解决融资需求450亿元。

50. 将普惠小微企业贷款延期支持工具转换为普惠小微贷款支持工具，从2022年起到2023年6月底，按照地方法人金融机构普惠小微贷款余额增量的1%提供资金。

51. 安排2022年度“电动福建”建设专项资金3.6亿元，支持新能源汽车、电动船舶、新能源工程机械和农用机械等产业发展；研究制定2022年充电基础设施建设实施方案，按照不同地区对公共充电桩给予建设补贴，对新建的公共充电桩继续给予电动汽车充电量0.2元/千瓦时的运营补贴。

52. 加快推进基础设施领域不动产投资信托基金（REITs）试点工作，鼓励企业申报试点项目。

53. 推动符合条件的企业发行企业债券，拓展融资渠道；依托省公共信用信息平台建设融资信用服务省级节点，促进中小微企业信用信息共享应用。

54. 征集企业（项目）融资需求清单，全年组织举办产融对接活动30场次以上；落实应收账款融资奖励政策，进一步推进供应链核心企业支持上游中小微企业实现应收账款融资。

七、强化资源要素支撑，持续优化发展环境

55. 推行工业项目“标准地”改革，建立“标准地”控制指标；支持不同产业用地类型按程序合理转换；鼓励采用长期租赁、先租后让、弹性年期供应等方式供应产业用地。

56. 省级及以上重点项目用地报批，可不与供地率、批而未供处置率挂钩；对符合相关要求的园区内工业企业在原有建设用地上进行厂房升级改造、适当增加用地容积率的，不再增收土地价款。

57. 对符合相关要求的园区统一建设的公共生活服务设施用地面积占项目总用地面积比例最高可达到30%。

58. 实施生态环境领域“一个窗口对外”改革，对大型风光电基地、有利于节能减污降碳等重大项目，加快规划环评和项目环评进度。

59. 研究制定“十四五”节能减排综合工作方案，合理分解下达各地市能耗强度指标；落实新增可再生能源和原料用能消费不纳入能源消费总量控制政策。

60. 推动在工业园区周边、劳动力输出城市、产业集中地区建设一批公共实训基地；大力发展人力资源服务业，严厉打击侵害劳动者就业权益行为，规范用工市场。

61. 举办“就业援助月”、“春风行动”等专项招聘活动；鼓励各类社会机构、个人为重点企业引进劳动力，各地可按规定给予相关机构和个人一次性用工服务奖补。

62. 组织开展产品质量技术帮扶“提高效率、提升效能、提增效益”行动；深化工业产品质量安全追溯体系建设试点；组织开展企业首席质量官公益培训。

63. 加大对大型企业拖欠制造业中小微企业款项的年报公示制度的监管力度；探索推行工程建设领域资金监理制度，确保“无分歧”欠款及时清偿。

64. 完善工程建设项目审批管理系统功能，推进相关审批业务系统互联互通和数字证书、电子印章互认；进一步推动工程建设审批中介网上交易。

65. 提升“党政新时空·政企直通车”平台服务效能，及时协调解决企业实际困难诉求；深入开展“惠企政策进百园入万企”，开展惠企政策“点对点”精准推送服务。

66. 实施《福建省优化营商环境条例》，研究制定我省营商环境创新改革行动计划，推出创新改革事项清单；完善营商环境数字化监测督导机制，动态监测全省营商环境建设情况。

67. 健全完善“旬监测、月分析、季调度”工作机制，加强重点产业链供应链分析研判预警，及时发现并协调处置苗头性、倾向性、潜在性问题。

68. 建立省级促进工业经济平稳增长协调机制，设立重点区域、重点产业省级专项协调小组。

（摘编：尤文凡）

福建省上线工业企业供需对接平台

2022年9月13日，福建省工业企业供需对接平台（网址：*www.fujiansme.com*）正式开通上线。这是我省加强产业链上下游协作配套，助力企业开拓市场扩大生产，促进产业链供应链畅通稳定的一项重要举措。目前，平台已入驻企业10924家。

登录该平台看到，首页显著位置以“我要买”“我要卖”区分需方、供方市场。点击进入“供方市场”专区，可见按机械装备、电子信息、石油化工、纺织鞋服等划分产品门类。亚南电机的“储能微电网系统”、三钢闽光的冷镦和冷挤压用钢、莆田联盛鞋业的EVA鞋底等7874个产品已首批“上架”商品“橱窗”，供需求方“选购”。

“需方市场”专区则按采购需求、融资需求、服务需求进行分类，已有不少企业发布需求，涵盖原材料、零部件、成品，以及技改搬迁、新项目投资、资金周转等融资需求，技术人才招聘、数字化改造方案征集、物流等服务需求。平台上线首日，已累计发布需求704条。

此外，平台还设置了特色展馆、对接成果、企业服务、闽企展示、纺织产业链图谱等模块。

经过前期试运行，已有一批项目达成合作并公示在“对接成果”专区。福建永荣锦江股份有限公司就与几家下游企业达成了服装加工、面料织造的合作。

（摘编：游永贵）

2022 年数字福建工作重点

2022 年 3 月 17 日福建省人民政府办公厅关于印发 2022 年数字福建工作要点的通知（闽政办〔2022〕16 号）提出数字福建工作要点。主要内容如下。

一、目标任务

全面落实省委、省政府工作部署，立足新发展阶段、贯彻新发展理念、服务和融入新发展格局，围绕新时代数字福建建设，着力构建“数据+服务+治理+协同+决策”的政府运行新模式，加快国家数字经济创新发展试验区建设，强化营商环境建设信息化支撑，打造能办事、快办事、办成事的“便利福建”，为全方位推进高质量发展超越提供有力支撑。

二、编制思路

主要做好“三个衔接”：一是与国家相关规划相衔接。二是与省委、省政府决策部署相衔接。三是与各地各部门信息化发展计划相衔接。充分征求各设区市、各部门相关信息化建设意见建议，确保全省信息化工作“一盘棋”。

三、主要内容

主要包括 7 个方面 38 项重点任务，具体如下：

（一）打造协同高效的数字政府。构建智能协同的业务应用体系，打造一体化政务公共服务平台，提升经济调节、市场监管、社会管理、公共服务、数字生态、应急管理、数字机关建设等能力；构建集约高效的基础平台体系，提升政务网络、云计算中心、全省一体化应用平台等支撑能力；构建科学完备的制度规则体系。

（二）做强做优做大数字经济。全力办好第五届数字中国建设峰会，推动对接签约项目转化落地；大力推进产业数字化转型，培育数字化转型支撑服务生态，提升制造业、农业、服务业数字化水平；加快提升数字经济核心产业发展能级，实施数字技术创新突破工程、优质数字经济龙头企业培优扶强工程、新兴数字产业培育壮大工程；打造数字经济开放合作核心区。

（三）建设共治共享的数字社会。全面建设新型智慧城市，建设“数字孪生城市”，推行“一网统管”管理模式；加快数字乡村建设，开展国家数字乡村试点；加强数字文旅建设，建设国家文化大数据体系（福建），推进红色资源数字化管理应用；深化数字惠民服务，提升智慧健康、智慧教育、智慧民政服务水平。

（四）构建赋智赋能的数据资源体系。健全数据资源管理制度；加强公共数据汇聚共享应用，坚决打破信息孤岛、数据壁垒，推进各级部门信息系统全面接入全省公共数据汇聚共享服务体系；完善提升省公共数据资源开发服务平台，峰会期间挂牌成立福建大数据交易中心。

（五）打造坚强有力的数字新基建。全面升级信息网络基础设施，协同推进 5G 和千兆光网“双千兆”网络建设；促进云网协同和算网融合发展，推动数据中心和 5G 等绿色高质量发展；加快发展融合基础设施，实施公共基础设施数字化智能化改造，培育一批多层次工业互联网服务平台。

（六）慎终如始抓好常态化疫情防控。重构福建健康码，确保健康码持续服务。建设全省统一大规模核酸检测系统，优化完善省疫情防控管理平台，整合优化疫情防控客服热线，助力疫情精准防控与精细服务。

（七）保障措施。主要从推动省大数据公司全面运作、强化考核评价、营造良好的发展生态、确保网络和信息安全等方面研究制定保障措施，确保要点落实落细，取得成效。

（摘编：吴建翰）

福建省发布数字经济发展指数评价报告

2022 年 8 月 6 日福建日报报道，省经济信息中心近日发布《福建省数字经济发展指数评价报告（2022 年）》，报告显示，全省数字经济发展指数（简称 FJDEI 指数）达 73.4，数字经济规模超 2.3 万亿元，占全省 GDP 比重超 47%。

报告显示，2021 年，我省各地区不断涌现发展数字经济的经验做法。其中，福州积极融入国家数字经济创新发展试验区（福建）建设，持续推动数字技术与实体经济深度融合，指数达 91.1。厦门做大做强软件和信息服务业、电子信息制造业等支柱产业，发展壮大人工智能、信息技术应用创新等特色产业，全力打造全国数字经济发展示范区，指数达 88.3。漳州优化布局物联网、人工智能、大数据等产业，推动数字经济产业集聚发展，指数达 69.6。泉州推动重点园区建设、推广数字技术创新应用、实施数字赋能营商环境优化，指数达 79.1。三明围绕数字乡村、数字项目、数字基建，加快推进数字经济发展，指数为 65.3。莆田以数字技术赋能产业转型升级，推动资源要素快捷流动，加速市场主体融合创新发展，指数达 69.9。南平数字经济核心产业稳步向好，指数为 67.2。龙岩重点数字项目、园区和企业建设成效显著，指数为 68.7。宁德推动数字经济新兴区域特色发展，指数为 68.6。平潭建设两岸数字经济融合发展示范区，指数为 68.6。

（摘编：吴建翰）

福建省印发新能源汽车产业发展规划

2022 年 4 月 18 日，福建省印发《福建省新能源汽车产业发展规划（2022—2025 年）》，规划打造世界级新能源汽车动力电池及材料先进制造业中心、万亿级产业集群，力争到 2025 年全省新能源汽车产销超过 20 万辆，全省新能源汽车生产企业产值达到 1000 亿元，全省新能源动力和储能电池产能超过 400GWh，全产业链产值超过 6000 亿元，公共领域用车电动化率居全国前列。

《规划》明确，福建将打造“三基地、两集群、一中心”——培育和壮大“福宁岩莆”新能源乘用车、“厦漳”新能源客车、“岩明”新能源货车和专用车三大生产基地；打造闽东北新能源乘用汽车、闽西南新能源商用汽车两大产业集群；壮大宁德、厦门、漳州、南平、福州、龙岩等新能源电池产业规模，打造世界级新能源汽车动力电池及材料先进制造业中心、万亿级产业集群；夯实福州、厦门、宁德、泉州、莆田、龙岩、南平等零部件配套产业；积极支持有条件的地市发展智能网联汽车和氢燃料电池汽车产业。

福建省现有新能源汽车生产企业 7 家、专用车生产企业 1 家，涵盖了新能源乘用车、商用车全品类汽车产品。2021 年，福建省新能源汽车产销均为 6.5 万辆；新能源汽车“三电”（电池、电机、电控）系统关键零部件企业 10 多家，相关产品技术均处于国内前列。2021 年福建省新能源动力电池出货量约 126GWh，产业规模位居国内第一。

（摘编：游永贵）

2022年福建省发布
电动船舶产业发展试点示范实施方案

2022年4月12日，福建省工业和信息化厅和福建省财政厅联合印发实施《2022年福建省电动船舶产业发展试点示范实施方案》（以下简称《实施方案》），该方案的出炉，有助于我省进一步加快电动船舶产业发展。

《实施方案》要求：以“立足福建、服务长江、面向全国”为目标，以增强产业竞争力为核心，以提升电动船舶及其关键设备研制能力为重点，坚持龙头引领、示范带动和全产业链发展，培育在国内外具有较强影响力的电动船舶产业集群，探索构建完善电动船舶产业创新体系和政策保障体系，推进内湖、江河、沿海船舶电动化，全面提升福建电动船舶产业竞争力。

《实施方案》指出，涉及对象为：省内电动船舶电池动力推进系统生产企业、电动船舶制造企业、通过融资租赁直租方式购入电动船舶的单位、电动船舶动力电池租赁企业、引进的央属高水平电动船舶研发设计机构等。

《实施方案》从推动全产业链发展、加快试点示范项目建设、支持电动船舶推广应用、加强关键技术研究、优化资金管理模式等五个方面提出工作思路和举措。

一是推动全产业链发展。推动省内外龙头企业加强合作，联合打造国家级新能源电动船舶研发制造基地。对我省电动船舶电池动力推进系统生产企业拓展市场，按交付电池动力推进系统价格的20%给予补助（不含配套省内船企），单套设备补助不超过200万元。

二是加快试点示范项目建设。加快推进省内江、河、湖、海首制电动船舶示范项目建设，积极拓展长江流域等省外示范应用场景。对我省电动船舶制造企业，在电动船舶交付且运行一定里程后，按交付船舶（含新建和改造）电池动力推进系统价格的40%给予补助，其中省级首批次示范项目按60%给予补助，单船补助不超过1500万元。

三是支持电动船舶推广应用。鼓励各地市结合实际稳步推进辖区内江、河、湖、近海流域电动船舶更新，探索应用船电分离、船舶租赁等商业模式。对通过融资租赁直租方式购入电动船舶的单位，按融资租赁合同融资额的5%给予一次性补助，单船补助不超过100万元；对电动船舶动力电池租赁企业按向生产企业采购的电池金额的3%给予补助，年度补助不超过3000万元。

四是加强关键技术研究。积极引进国内高水平电动船舶研制单位合作，积极开展电动船舶及其动力电池、电池动力总成、智能驾驶技术等关键领域技术研究，推动科研立项攻关。引进央属高水平电动船舶研发设计机构，除支持享受当地科技、教育、人才等方面的扶持政策外，非独立法人的一次性奖励200万元，独立法人的一次性奖励300万元。

五是优化资金管理模式。奖励补助资金采取预拨和清算相结合的拨付方式，各设区市、平潭综合实验区工信部门会同财政部门负责下达至各地市预拨资金的使用管理、监督检查和跟踪问效，结合当地实际将资金落实至具体项目。

（摘编：林汇智）

福建省首颗城市定制卫星发射升空

2022年2月27日11时06分，随着长征八号遥二运载火箭在中国文昌航天发射场成功发射，“厦门·天卫科技壹号”先导星开启了太空之旅。

此次长征八号遥二运载火箭共搭载22颗商业卫星升空，作为其中一员的“厦门·天卫科技壹号”先导星，也是我省首颗城市定制卫星。

“厦门·天卫科技壹号”先导星是厦门市人民政府与厦门天卫科技有限公司深度合作的城市定制卫星，总投资1.5亿元，整星重量30 kg，将每天平均1.5次飞越厦门正上空，可获取分辨率优于0.75 m。

该卫星将重点围绕卫星应用助力数字福建创新发展，加快海丝空间信息港等建设，为厦门市智慧城市提供海量数据支撑，助力厦门健全完善监测体系，提升监测的实时性和智能化，并在海洋监测监察、自然资源调查、生态环境监测、森林消防监察、应急管理、智慧农业等领域发挥重要作用。

“厦门·天卫科技壹号”先导星的成功发射，是厦门科技创新的一项重大成果，不仅标志着厦门市开启了智慧城市的卫星时代，厦门航天遥感应用领域商业化、产业化发展迈出重要一步，也意味着厦门在科技创新、高新技术产业、装备制造和航天信息产业研发等方面都进入全国的先进行列。

（摘编：邓新民）

福建省与国家电投签订深化产业发展合作协议

2022年9月27日，我省与国家电力投资集团有限公司以视频连线形式举行深化产业发展合作协议签订仪式。省委书记、省人大常委会主任尹力，国家电投党组书记、董事长钱智民作讲话，并共同见证签约。省长赵龙主持。

尹力在讲话中指出，能源是推动高质量发展的重要基础，事关国计民生和发展安全。党的十八大以来，在以习近平同志为核心的党中央坚强领导下，福建全省上下团结一心、拼搏奋进，全方位推进高质量发展，各项事业取得新的成绩，这离不开包括国家电投等央企的积极参与、大力支持，为我省壮大能源供给总量、优化能源产业结构、发展安全可靠清洁能源等发挥了重要作用。在新发展阶段，福建对能源的需求不断增长，发展清洁能源产业有基础、有条件、有优势，前景广阔、潜力巨大，为广大能源企业在闽发展创造新机遇、开辟新空间。希望双方以此次协议签订为深化合作的新起点，发挥各自优势，不断推动优质项目落地，联合开展技术攻关，携手开拓合作领域，取得更加丰硕成果，打造央企和地方合作的典范。

钱智民感谢福建省委省政府对国家电投在闽发展的关心和支持，并简要介绍了国家电投发展情况。

省委常委、常务副省长郭宁宁，国家电投副总经理徐树彪分别代表双方在协议上签字。

根据协议，双方将从总部经济、科技研发、核能、县域经济等方面进一步深化合作，带动产城融合、乡村振兴与能源绿色低碳转型。

（摘编：唐启阳）

2022年福建省交通运输计划完成投资千亿

2022年1月9日福建省交通运输厅消息，今年我省计划公路水路投资完成1000亿元，实现连续三年投资超千亿；投资重点将逐步转向公路网提升、平台经济、枢纽经济等推动交通运输产业高质量发展上。

我省计划全年建成高速公路100公里、普通国省道150公里，新改建农村公路1500公里，力争国道G228线待贯通路段全部动工，对接梳理交通运输现代服务业项目30个。力争全年沿海港口完成货物吞吐量突破7亿吨，集装箱吞吐量突破1800万标箱，全省船舶总运力超过1650万吨。

以“一优化、两提升、三着力”为目标，今年我省重点抓好强化互联互通和助力共同富裕等9个方面工作。

提升交通联通水平和运输管理水平成为关键词。以福州和厦漳泉两大都市圈建设为引擎，我省将加快建设现代化高质量综合立体交通网和综合交通枢纽体系，完成《福建省综合立体交通网规划（2021—2035年）》。全年计划新开工高速公路项目106公里、普通国省道项目300公里、港口项目3个。重点推进9个高速公路项目，加快建设国省干线1000公里，建成高速公路项目4个，新增生产性泊位4个、货物通过能力1697万吨。

为建设“海上福建”、促进海洋经济高质量发展提供有力支撑，我省将加快建设世界一流的东南沿海港口群，强化港口枢纽通道和保障供应链畅通功能。加大闽江航运开发力度，今年计划新增港口泊位4个，实现南平至闽江口500吨级船舶恢复通航。

为群众出行和乡村振兴提供更优质的服务成为今年交通运输工作的一个重要抓手。我省将全方位打造10对标杆高速服务区，加快26处省界公路服务区提质升级，改造危桥150座。

助力共同富裕，全省加快县道提级改造、乡道单改双、通较大自然村公路硬化，实施农村公路安保工程800公里和农村公路“串珠成链”，创建美丽农村路1000公里。

此外，着力改革创新，福建交通运输加快智能数字化步伐。今年将全面建成全省综合交通图库一体化平台，实现综合交通基础“一张图”。

（摘编：林汇智）

2022年全省港口货物吞吐量首破7亿吨

2023年1月15日福建省交通运输厅消息，2022年全省公路水路投资再创历史新高，全年完成投资1051亿元，实现连续三年突破1000亿元，推动综合立体交通网加快完善。全省完成港口货物吞吐量首次突破7亿吨，达到7.14亿吨。

加快建设世界一流港口，福州港成为全省首个3亿吨大港，全省沿海港口完成集装箱吞吐量1800万标箱。沿海港口新开工10个项目，新增万吨级泊位9个、港口货物通过能力1763万吨。新增航运企业47家、船舶运力205万载重吨，全省船舶运力超过1850万吨。

高速公路通车里程达6156公里，建成龙岩靖永、东环、漳州漳武高速公路113公里，新开工漳诏高速扩容工程等25个项目325公里。合理增开高速公路出入口，加快建设连接线，实现全省81%的陆域乡镇便捷上高速。普通国省道建成228公里。全面建设交旅融合的国道228福建滨海风景道，持续完善沿线服务体系和景观体系。建设改造农村公路2647公里，创建美丽农村路1209公里。

（摘编：杨福来）

2022年福建进出口贸易规模创新高

2023年1月19日福州海关统计数据显示，2022年福建省货物贸易进出口1.98万亿元人民币，比上年（下同）增长7.6%，达到历史最高值。其中，出口1.21万亿元，增长12.3%；进口7688亿元，增长0.9%。其中，一般贸易进出口1.53万亿元，增长7.9%，占同期福建省外贸进出口总值的77%。同期，加工贸易进出口2225.2亿元，下降4.2%。以保税物流方式进出口1564.7亿元，增长18.3%。

民营企业进出口1.11万亿元，增长12.9%，占同期福建省外贸进出口总值的55.9%。同期，国有企业进出口4368.8亿元，增长5.9%，占22%。外商投资企业进出口4360.7亿元，下降2.3%，占22%。

东盟、美国、欧盟为前三大贸易伙伴。福建对东盟进出口4226.6亿元，增长12.6%；对美国进出口2631.3亿元，增长15%；对欧盟进出口2466.1亿元，增长19.4%。上述3者合计占同期福建外贸进出口总值的47%。

机电产品出口成为一大亮点。2022年福建省机电产品出口4648.6亿元，增长16.7%，增速较全国同类产品出口高9.7个百分点，占同期福建省外贸出口总值的38.3%，比重较上年提高1.5个百分点。其中，锂离子蓄电池出口增长152.6%，出口新动能引领作用凸显。同期，劳动密集型产品出口3774.6亿元，增长3.4%。农产品出口848.2亿元，增长12.4%。

福州海关统计分析，除主要出口产品竞争优势明显外，福建省生产消费需求向好，也为进口增长提供支撑。2022年以来，福建省经济持续稳定增长，生产需求恢复向好，消费品市场平稳增长，为进口增长提供有力支撑。2022年，福建省农产品进口1164.3亿元，增长14.1%，未锻轧铜及铜材、基本有机化学品等中间产品进口分别增长10%、16%。

（摘编：翁宁）

福建省口岸首次大批量出口纯电动汽车至欧洲

2022年8月4日，在厦门海关所属东渡海关监管下，904台出口欧洲的纯电动汽车缓缓开上停靠于现代码头的滚装船。这是现代码头承接的首个纯电动汽车出口欧洲项目，也是我省口岸首次大批量出口纯电动汽车至欧洲。

此次出口的新能源汽车是上汽集团生产的全球纯电超能跨界车，其中，534台出口到英国，370台出口到比利时，在设计、安全、环保、品质方面均对标国际一流水平，将于第四季度在欧洲首发上市。

欧洲近年来对新能源汽车的需求快速增长，荷兰、挪威、瑞典等国陆续启动“禁售燃油车”时间表，并加大对新能源汽车的扶持力度，欧洲巨大的市场潜力吸引着上汽、比亚迪、小鹏等中国车企加快“出海”步伐。

（摘编：陈闽声）

福建省九部门联手打造政产学研用金联盟

2022年7月18日，省教育厅等九部门联合发布消息，提出打造由政府推进、高校牵头，科研院所、行业组织、企业、金融机构等共同参与的政产学研用金联盟，以服务“四大经济”高质量发展。

政产学研用金联盟将重点围绕我省“四大经济”战略发展需求，推进有组织的政产学研用金协同创新，共建一批重大平台，实施一批重大联合攻关项目，推动产生一批重大成果、重大奖项，促进一批重大科技成果落地转化。2022年，拟通过启动实施若干重大联合攻关项目，在“四大经济”领域推动取得一批技术突破，在省部级奖项、高水平论文、发明专利、标准制定、产业化示范应用、对外交流合作、人才培养基地建设、智库建设等方面取得一系列进展。

厦门大学、福州大学、福建师范大学、福建农林大学将分别牵头建设海洋经济、数字经济、文旅经济、绿色经济政产学研用金联盟，进一步完善高等教育“四大经济”学科专业体系，持续提升福建高校在“四大经济”领域影响力和服务高质量发展成效。我省将通过建设政产学研用金联盟，强化高校与政府、市场、社会之间的协同，推动高等教育在助力构建我省产业新体系中发展壮大综合实力，提升高校服务国家重大战略、服务区域创新发展、服务经济转型升级、服务保障民生的能力。

相关部门将协同推进联盟建立多元投入长效机制，积极争取社会各方支持，多渠道聚集资源，增强联盟自我发展能力。

（摘编：尤文凡）

2022年福建省技术合同成交额创新高

2023年1月31日福建省科技厅最新数据显示，我省技术市场日趋活跃，技术合同认定登记额逐年攀升。2022年，全省技术合同成交额约289亿元，同比增长35%，是2017年的2.8倍，创近五年新高。2022年，我省在全国首设科技成果转化奖，有力地促进科技成果转移转化。

强化协同创新，借力“中科系”优质科技资源，是我省加大成果落地转化的举措之一。我省充分利用与中科院的合作框架，在与7家中科院研究所签订全面科技合作协议后，2022年又新推动与中科院信息工程研究所、成都生物研究所等5家中科院研究所签订协议。截至目前，我省共有7个设区市、部门或县设立了中科院STS计划子专项，子专项经费达6500万元，用于联合资助STS项目。

政策引领，有效激发了成果转化源动力。2022年，我省出台实施《福建省高等院校和科研院所科技成果转化综合试点实施方案》，确定厦大、福大、省计量院等11家为试点单位，探索建立赋予科研人员职务科技成果所有权或长期使用权的机制和模式。此举推动了科技人员从实验室研究延伸到开展技术开发和工程化应用，破解了“不愿转”“不敢转”和“没有成熟科技成果可转”等主要难题。

2022年，我省首次启动实施“揭榜挂帅”科技成果转化项目，面向全国征集符合我省重点产业发展需求且具有重大应用前景的成熟科技成果20项，做到“谁能干让谁干”。同时，创新体制机制，实现成果“挂牌拍卖”。

我省持续搭建利用各类优质平台，推进成果转化队伍专业化建设，发挥“头雁”效应，推动近千项科技成果和技术精准对接。进一步完善全省技术合同认定登记情况通报制度，并正向引导设区市推进成果转化。福州市打造科技成果转化公共服务网上平台，开发出全省首个手机端成果转化App，并制定《福州市技术合同认定登记“百日攻坚”行动方案》。2022年福州新增1个技术合同登记机构，仅4个月就实现技术合同登记额破5亿元。宁德市出台《宁德市促进科技成果转移转化若干规定》，鼓励各类创新主体转移转化科技成果，深入宁德时代等重点单位，提供分类、点对点的技术合同政策宣讲和登记培训服务，2022年实现技术合同登记额同比增长近1000%，增长率全年位居全省第一。

（摘编：邓新民）

2021年福建省知识产权发展与保护状况

2022年4月20日，福建省知识产权工作领导小组办公室发布《2021年福建省知识产权发展与保护状况》白皮书。

白皮书指出，去年全省专利授权153814件，同比增长5.4%，其中发明专利授权12561件，同比增长22.55%。截至2021年12月底，全省共存有有效发明专利62156件，同比增长22.46%。福建省专利奖奖金大幅提高，特等奖提高到100万元。

全省新申请商标500458件，新增注册商标446895件，累计有效注册商标数达1989159件。新注册地理标志商标51件。有效注册商标总数居全国第7位，有效地理标志注册商标数居全国第2位，地理标志驰名商标数居全国第1位，使用地理标志专用标志企业数居全国第1位。

全省作品版权登记17.68万多件，同比增长7.9%，继续保持全国前列。农业农村部授予我省植物新品种权127个，同比增长95%。91个花卉、林木品种获得国家植物新品种权。

知识产权大保护格局不断完善，我省加快建设省、市、县三级知识产权保护中心体系。现拥有5个国家级知识产权保护中心及快速维权中心、6个省级知识产权运营保护中心。

我省知识产权金融服务实体经济能力增强，去年知识产权质押金额78.56亿元。全省知识产权质押登记金额累计超400亿元。全省共认定登记技术合同16320项，成交金额214.4亿元。

（摘编：尤文凡）

中国（宁德）知识产权保护中心投用

2022年2月11日福建省知识产权局消息，中国（宁德）知识产权保护中心日前通过国家知识产权局验收并投入运行，这是全国首家通过线上开展验收的国家级知识产权保护中心。

近年来，宁德市锂电新能源等高新技术产业从无到有、从小到大、快速崛起。这些以创新驱动发展为核心的产业得以壮大，对于知识产权保护需求也在急剧增长。为此，宁德市市场监管局积极寻找破局点。宁德市层层报批申请成立保护中心，在2020年4月通过申请。经过一年多的努力，完成全省第二个国家级知识产权保护中心的建设任务，为宁德市锂电新能源等高新技术产业提供专利快速审查、快速确权以及快速维权等“一站式”“全链条”“多元化”的服务。

作为全国首家专为新能源领域提供预审服务的国家级知识产权保护中心，中国（宁德）知识产权保护中心将通过预审服务为企业缩短专利授权时间，帮助锂电新能源产业新技术快速转化成企业的无形资产和核心竞争力，筑牢宁德锂电新能源产业的技术领先地位。

（摘编：林汇智）

福建促进金融对接 RCEP 经贸合作发展

2022 年 7 月 4 日，以“励新而上 赋能跨越”为主题的福建金融对接 RCEP 经贸合作发展促进会议在福州举行。

会议指出，今年 1 月 1 日 RCEP 协定正式实施，开拓了多边合作和自由贸易的新通道，不仅为我省深度参与国际经贸合作带来更多机遇，也为促进我省更高水平对外开放注入强劲动力。1—5 月，我省与 RCEP 成员国进出口总额达 2497 亿元，占全省进出口总额的 33.3%；吸引 RCEP 成员国投资项目 46 个，实际使用外资 22.5 亿元，同比增长 11%。RCEP 成员国已成为福建重要贸易伙伴，福建也逐渐成为 RCEP 成员国对华投资的重要目的地。在我省全面对接 RCEP、推动开放型经济加速发展的进程中，金融机构要积极主动作为，更有针对性地创新金融产品、对接金融服务，帮助企业抢抓机遇、增强国际市场竞争力。希望广大企业能用好金融工具、金融资源，充分融入 RCEP 大市场、更多获取 RCEP 协定红利，拓展国际市场，实现更大发展。

会议发布了《关于金融支持福建省全面对接〈区域全面经济伙伴关系协定〉的指导意见》，省直有关部门负责人对《指导意见》作了宣传解读，省内外金融专家、业界代表积极建言献策。

（摘编：吴建翰）

2022 年福建跨境电商增速超 20%

2022 年福建跨境电商健康快速发展。根据海关统计数据，2022 年 1—12 月，福建省经海关监管的跨境电商出口、进口、进出口规模均实现同比 20%以上增长，均高于全国增速。其中，出口 1286.4 亿元，同比增长 21.1%，高于全国 9.4 个百分点，对福建外贸出口贡献度达 10.6%。进口 72.1 亿元，同比增长 43.3%，高于全国 38.4 个百分点。进出口 1358.5 亿元，同比增长 22.1%，高于全国 12.3 个百分点。

此外，2022 年省内企业新增海外仓 35 万平方米，总面积超 180 万平方米，居全国前列，分布在 35 个国家和地区，年配送跨境电商货物零售价值超千亿元，成为我省跨境电商企业融入海外零售体系的重要支撑。目前全省设立跨境电商海关监管场所 22 个，面积近 15 万平方米，全省已建成各类跨境电商园区超过 140 个，园区功能日益完善，产业承载能力持续提升。

不断完善的物流通道是跨境电商发展的支撑。目前我省多式联运的国际物流通路已逐步贯通，“丝路海运”联盟成员已超过 270 家。省内相继开通了至欧美主要国家的洲际货运航线，厦门—汉堡、武夷山—阿拉木图、泉州—莫斯科中欧班列畅通亚欧大陆。平潭台北快轮、福州对台跨境电商专线、厦门“中远之星”实现与台北港、高雄港、台北桃园机场无缝对接，成为大陆对台最稳定的通路。

（摘编：杨福来）

福建省新增970家科技小巨人企业

按照省委、省政府强化科技支撑，服务疫情防控与经济社会发展要求，我省积极培育和发展科技创新型企业，推动其成长为科技小巨人企业。2022年7月14日，经各地遴选推荐，省科技厅、省发改委、省工信厅联合确认了970家科技小巨人企业，入选的科技小巨人企业具有成长性好、创新能力强、研发投入高等特点。

通过两年的培育，我省科技小巨人企业总数达到2425家，培育成效显著。一是企业营业收入、利润端齐发力，科技小巨人企业营业收入较上年增长32%，净利润增长51.5%；二是企业研发投入维持高位，研发投入占比稳步提高，科技小巨人企业的研发投入增长36.2%；三是战略新兴产业领域的科技小巨人企业，特别是生物与新医药、新材料、高端装备、新能源等领域的企业，净利润率保持两位数的高增长，增长率领先其他行业。例如，生物与新医药企业平均净利润增长143.2%，新材料企业平均净利润增长34%，新能源企业平均净利润增长31.7%。我省科技小巨人企业已逐渐成为促进经济中高速增长和迈向中高端水平的新力量。

（摘编：陈闽声）

福建省推出10条“福建非遗主题旅游”经典线路

2022年6月27日，为推动非遗与旅游融合发展，助力我省文旅经济做强做优做大，省文化和旅游厅近日推出10条“福建非遗主题旅游”经典线路。

我省非物质文化遗产资源丰富，目前共有8个项目入选联合国教科文组织的非遗名录（名册）。省文旅厅引导鼓励各地充分利用丰富的非遗资源，加强与非遗传承群体、旅游企业等合作，共同设计、运营非遗主题旅游线路，通过非遗主题旅游线路的展示、推介，不断提高非遗传承实践水平，同时为旅游业注入更加优质、更富吸引力的文化内容，并充分发挥旅游业的独特传播优势，为我省非遗保护传承和发展注入新的更大的内生动力。

这10条非遗主题旅游经典线路分别是：福州·古厝非遗纳福之旅，厦门·多元文化知福之旅，漳州·古城文化探福之旅，泉州·非遗传承聚福之旅，三明·闽味小吃品福之旅，莆田·妈祖朝圣祈福之旅，南平·朱子文化传福之旅，龙岩·永定土楼集福之旅，宁德·畲乡非遗亲福之旅，平潭·海洋文化寻福之旅。

（摘编：蔡志轩）

摩尔云入选全国“双跨”平台

2022年5月5日，工信部发布《2022年新增跨行业跨领域工业互联网平台清单公示》，2022年共新增14家跨行业跨领域（简称“双跨”）工业互联网平台。摩尔云工业互联网平台入选，成为我省首个国家级“双跨”工业互联网平台。

据介绍，此次新入围的摩尔云工业互联网平台是我省企业摩尔元数（福建）科技有限公司打造的。该平台侧重构建低成本、低技术门槛的工业软件开源开发生态，可以熟练地将各种工业技术、经验和知识转化为可复用的工业软件模型。目前，平台已形成一定规模的工业云化软件应用商城，与国内多个工业互联网“双跨”平台建立合作，累计服务企业超2万家，帮助相关企业提高工业软件开发效率3—5倍，开发难度和开发量降低80%以上，开发成本降低70%以上。

据不完全统计，目前国内工业互联网平台已超过600家，具有一定区域和行业影响力的平台超过100家。自2019年工信部首次公布工业互联网“双跨”平台清单以来，相关遴选工作已连续开展三年。此前共有树根互联、工业富联、阿里云、华为、腾讯等15家头部重点平台入选，加上此次新增的14家，现有29家国家级“双跨”工业互联网平台。

（摘编：翁宁）

2022年福建省重点招商项目公布

2022年4月28日福建省发改委消息，省发改委日前筛选推出今年福建省重点招商项目321项，总投资7916亿元。这些项目符合国家及福建省产业政策导向，具有较好的产业基础和资源优势，前期工作已达一定深度，预期投资收益较好。

目前，这些项目已在省发改委网站上发布，并将在今年“9·8”投洽会、世界闽商大会等各项重大经贸交流活动中予以重点推介，为广大投资者提供我省的招商意向需求和详细准确的对接信息。

重点招商项目中先进制造业项目78项，现代服务业项目47项，基础设施项目11项，特色现代农业与食品加工项目32项，数字经济项目50项，海洋经济项目15项，绿色经济项目27项，文旅经济项目61项。

（摘编：王一星）

第二十二届投洽会共享全球发展　把握中国机遇

2022年9月11日，第二十二届中国国际投资贸易洽谈会圆满落幕。为期4天的投洽会共举办了2022国际投资论坛等41场重要的会议论坛研讨活动，50多场投资洽谈及项目对接会，吸引90多个国家和地区、800多个工商经贸团组、4000多家企业、约6万名客商线上线下参展参会。《中国外资统计公报2022》《中国外商投资报告2022》《中国外商投资指引（2022版）》《中资企业国别发展报告》《金砖国家投资报告》等权威信息报告在投洽会上发布，持续发出中国投资好声音。

本届投洽会上，12万平方米的展览区域分设13个展区，吸引了联合国工发组织以及韩国、日本、奥地利等64个国家和地区的使领馆、商协会和投资促进机构参展。据初步统计，480多个项目在大会期间达成合作协议，协议总投资额达3420亿元。

大会期间的一系列重要论坛上，联合国工发组织、金砖国家新开发银行等国际组织负责人，主宾国韩国及塞尔维亚、南非、巴西、俄罗斯等国政府官员，境内外商协会代表，知名专家学者、跨国公司高管等300多位演讲嘉宾，围绕境内外投资趋势和国际产业合作等议题展开深入研讨，把脉国际投资新风向。

贯彻国家战略，落实更高水平对外开放。本届投洽会突出区域经济协调发展和多双边经贸交流，围绕高质量实施RCEP、金砖合作与“一带一路”共建等，举办RCEP国际合作论坛、金砖国家可持续投资论坛、金砖国家新工业革命伙伴关系系列活动、“丝路海运”国际合作论坛等重要活动，促进更多国家之间扩大开放、深化投资贸易合作，努力打造服务于国家战略和多双边经贸合作的投资趋势研讨平台。

聚焦产业新赛道，拓展项目展示对接平台。投洽会聚焦数字经济、绿色经济、乡村振兴等热点趋势，紧紧围绕投资促进、产业创新、项目资本对接三大板块，推出“领航中国新兴产业投融资合作”“绿色低碳产业国际合作”“2022‘走出去’绿色发展”以及“2022中外投资促进机构工作会”等四大品牌系列活动。投洽会还首办乡村振兴产业展，围绕项目、资本、人才和成果四大核心元素，打造了高规格、高质量、权威性的乡村振兴投洽平台。

聚焦“城市”投资载体，分享产业前景和合作机遇。今年投洽会紧扣投资热点和产业特点，进一步推介城市发展优势和营商环境，促进合作共赢。主宾省（市）重庆、明星市哈尔滨均大规模、高规格参展参会；香港特区政府举办了回归祖国25周年图片展及系列活动；投洽会首次设置“中国投资热点城市展区”，18个新兴投资热点城市设展。

进一步探索提升项目对接实效，聚焦产业发展新赛道和跨国公司产业链，投洽会还创新设置2.6万平方米项目资本对接馆，让“看不见摸不着”的投资变得“触手可及”。

数字赋能投资促进，线上线下融合互补。今年，投洽会官网、公众号、云上投洽会App和小程序组成多元线上矩阵，助力政府、客商、项目、资本、人才、载体高效对接。截至9月11日，“云上投洽会”矩阵平台共收集发布境内外各类招商项目超过2.6万个，云上直播88场活动，云上发起洽谈超过50万次，实现5万多次对接，平台累计访问量超1350万人次。本届投洽会还创新引入元宇宙元素，举办以“海上花园 元梦厦门”为主题的元宇宙系列活动，包括AR秀、AR体验、裸眼3D、数字人等内容，为境内外客商提供了线上线下融合、形式多样、虚实联动的沉浸式观展社交体验。

（摘编：苏小雨）

第五届数字中国建设峰会彰显非凡成就

2022年7月24日，第五届数字中国建设峰会在福州闭幕。本届峰会继续坚持四个平台定位，聚焦“创新驱动新变革 数字引领新格局”主题，通过论坛、政策发布、成果展览、创新大赛、云生态大会等活动，凝聚共识，推动创新，助力各方在数字化发展浪潮中把握新机遇、应对新挑战、塑造新优势。数据显示，本届峰会共签约数字经济项目565个，总投资2990亿元。

本届峰会发布了一批有关信息化发展的权威报告。国家网信办发布的《数字中国发展报告（2021年）》显示，2017年到2021年，我国数字经济规模总量稳居世界第二，年均复合增长率达13.6%，占GDP的比重从32.9%提升到39.8%，成为推动经济增长的主要引擎之一。峰会发布的《全民数字素养与技能发展研究报告》显示，我国数字技术专业人员规模庞大。2021年，全国软件业从业人员平均人数809万人，同比增长7.4%。峰会还发布了《国家数据资源调查报告（2021）》、《全国卫生健康信息化发展指数（2022）》、《6G典型场景和关键能力》白皮书、《国有企业数字技术典型成果》等。

在数字中国建设最新成果展示方面，本届峰会布设超过8.5万平方米的实体展厅，吸引近500家展商现场展示数字科技新成果，首展率超过50%。峰会成果展设置十二大版块，除数字政府、数字经济、数字文化、数字社会等展区外，特别设置“数字中国建设成就巡礼”，展示党的十九大以来数字中国的建设足迹。经过遴选，峰会产生“十大硬核科技”“十佳解决方案”“十佳首展成果”三大类奖项共30项优秀成果。其中，“十大硬核科技”涵盖高端芯片、操作系统、人工智能关键算法、传感器等技术领域；“十佳解决方案”专注以数字化方案驱动生产方式、生活方式和治理方式变革的应用；“十佳首展成果”聚焦数字化转型标杆的创新技术。

峰会举办的第五届数字中国创新大赛，设置了数字城市设计、大数据、数字医疗等十个赛道，吸引了一大批年轻人在数字中国建设领域创新创业，推动了数字技术创新应用和数字产业发展。

在理论经验和实践交流方面，本届峰会在继续设置数字经济、数字丝路、大数据、工业互联网等分论坛之外，紧跟数字中国建设前沿和热点领域，新增新技术、5G应用及6G愿景、跨越数字鸿沟、数据法治、数字人民币产业发展等7个分论坛，吸引百位院士专家、百位数字产业领军人参会演讲，中央企业、民营企业、外资企业、跨国企业等千余家国内外企业现场参会参展。峰会还举办数字经济创新合作发展大会、数据要素与数字生态大会、数字经济国际合作交流会和电信“云生态大会”等4场重要数字领域专业大会，深入开展数字技术和数字项目对接洽谈，全力服务促进数字生态交流合作、数字经济发展壮大。

汇聚全球力量，助推数字中国建设。面向新时代新征程，要加快数字中国建设，把握信息时代新机遇，抢占未来发展制高点，以数字化转型整体带动生产方式、生活方式、治理方式变革，推动经济社会高质量发展。

（摘编：王一星）

第七届世界闽商大会创新发展“晋江经验”

2022 年 6 月 18 日，第七届世界闽商大会、第二十届中国·海峡创新项目成果交易会和第十二届福建省民营企业产业项目洽谈会在福州开幕。海内外 1600 多位闽商代表和各界人士在主会场以及印度尼西亚、马来西亚、菲律宾、澳大利亚和中国香港等地视频参会，共同传承弘扬、创新发展“晋江经验”，同心向未来，建功新时代，建设新福建。

全国政协副主席、全国工商联主席高云龙出席开幕式并讲话。省委副书记、省长赵龙，中央统战部副部长许又声讲话，省政协主席崔玉英出席，省委常委、统战部部长王永礼主持。

高云龙代表全国工商联向海内外闽商和嘉宾致以诚挚问候。他说，闽商有理想、重情怀、敢打拼、善团结，是世界华商的一支中坚力量，是福建的宝贵资源。长期以来，广大闽商筚路蓝缕、奋力开拓、勇立潮头，闯出了敢为人先的创业新路，演绎了爱拼会赢的人生传奇，谱写了致富思源的动人故事，成为商界的佳话、家乡的骄傲，为福建、中国和世界的经济社会发展都作出了重要贡献。希望广大闽商深入贯彻落实习近平总书记关于民营经济发展的重要论述，坚定发展信心、抢抓发展机遇、加快发展步伐，不断谱写福建民营经济发展新篇章。当前，随着宏观政策调节力度加大，各类纾困惠企政策加快落地，经济形势“稳”的局面将更加明朗、“进”的态势将更加突出。广大闽商要把握形势、保持定力，集中精力做优做强主业，奋力创建世界一流企业，发扬光大中国特色商业文明，争当自主创新的领跑者、新发展格局的开拓者、两岸融合发展的推动者。

受省委书记尹力委托，赵龙代表省委、省政府向与会嘉宾表示欢迎，对闽商作出的积极贡献表示感谢。他说，习近平总书记在福建工作期间总结提炼了“晋江经验”，引领福建民营企业加快发展、全面改革。党的十八大以来，习近平总书记对福建发展多次作出重要指示批示，对民营经济发展多次提出重要要求，为新福建建设、为闽商再创辉煌指明了前进方向，提供了根本遵循。今年是“晋江经验”提出 20 周年，福建正深入学习贯彻习近平总书记重要讲话重要指示批示精神，传承弘扬习近平总书记在福建工作期间开创的重要理念和重大实践，奋力谱写全面建设社会主义现代化国家福建篇章。希望广大闽商紧抓战略机遇，坚定发展信心，在传承弘扬、创新发展“晋江经验”上再出发，在创新创造、开放合作上再加力，在建设家乡、回报桑梓上再担当，为国家繁荣、民族兴盛、人民幸福作出更大贡献。省委、省政府将始终坚持“两个毫不动摇”，营造成本更低、效率更高、更为公平的环境，让闽商在家乡放心投资、安心创业、顺心发展。

海内外闽商代表张锦雄、李贤义、陈明金、曾毓群等分享了创新发展的心路历程，表达了心系祖国、回报家乡的拳拳之心，表示将坚定信心、坚守实业，传承新时代闽商精神，发挥好桥梁纽带作用，为新发展阶段新福建建设和中华民族伟大复兴贡献更多智慧和力量。

会上，50 个总投资超 1700 亿元的重大产业项目进行了现场签约，涉及高新技术材料、新能源、生物医药、智能制造等领域，数字经济、海洋经济、绿色经济、文旅经济项目占比达 80%。会议还表彰了福建省非公有制经济优秀建设者，推介了福建省高质量发展情况。

（摘编：马榕威）

2022 中国（福州）国际渔业博览会聚焦“福渔”品牌

2022 年 6 月 10 日，2022 海峡（福州）渔业周·中国（福州）国际渔业博览会在福州海峡会展中心开幕。展会规模 4.6 万平方米，总展位数 1760 个，吸引来自全国 13 个省市的 300 余家企业和机构参展。今年博览会增设“福渔”品牌展示区，打造鱼丸、金鱼等福州特色渔业品牌吉祥物 IP 新形象，集中展示“区域公用品牌+企业品牌+产品品牌”三级品牌体系建设成效。

在当天举行的重点项目签约仪式上，共 15 个项目签约，签约总金额达 220.91 亿元，涵盖海洋工程、水产加工、冷链物流、船舶修造、水产养殖等产业。

值得一提的是，本届渔博会是全国首场以海洋碳汇抵消会议碳排放实现零碳目标的大型展会。展会产生的全部温室气体排放量经海峡股权交易中心测算共 622 吨二氧化碳当量，由兴业银行福州分行购买福建亿达公司的海洋碳汇并转赠福州市海洋与渔业局，实现本次会议活动碳中和。

本届渔博会将持续至 12 日，第三届中国食用菌产业博览会与渔博会同期同地举办，开设多场高端论坛活动，包括首届现代水产种业振兴论坛、第四届中国渔业渔村振兴论坛、第四届中国·闽台休闲渔业论坛、海洋生物医药高端论坛等。

（摘编：翁宁）

2022 中国跨境电商交易会共建电商新生态

2022 年 6 月 1 日，2022 中国跨境电商交易会在福州海峡国际会展中心开幕。省领导林宝金、郭宁宁出席并观展。

本届跨交会由福建省商务厅、福州市人民政府指导，商务部外贸发展事务局联合福建省进出口商会、福建荟源国际展览有限公司主办，是福建此轮疫情后举办的首场国家级专业展会，也是国内规模最大的跨境电商行业品牌展会。

跨交会为期 3 天，规模大，体系全，范围广。以“链接跨境全流域，共建电商新生态”为主题，采用“专题展会+高峰论坛”、线上线下相结合的形式。福建省参展企业共 656 家，涵盖了服装鞋帽、家具家居、德化陶瓷、竹木用品、按摩器材、户外用品等本土优质外贸出口产业带。

展区面积 7.2 万平方米，设置 2500 个展位，分设跨境电商供货商展区、跨境电商平台展区、跨境电商综合服务展区以及论坛活动区等四个主题展区。汇集 40 多家国内外知名跨境电商平台，200 多家跨境电商服务企业、2000 多家外贸供货企业参展，展示跨境电商智造新品约 100 万款。设置多个论坛区和直播区，总共将举办近 30 场高端论坛、会议等活动。

（摘编：游永贵）

首届国际不锈钢产业创新发展大会在宁德召开

2022 年 8 月 16 日，首届国际不锈钢产业创新发展大会在宁德召开，副省长李建成出席。

本次大会以“创新为擎 标准为纲 推动国际不锈钢产业高质量发展”为主题，由中国钢铁工业协会、世界钢铁协会、宁德市人民政府主办。现场发布了世界钢铁工业十大优秀不锈钢技术，举行国家新型工业化产业示范基地和福建省不锈钢产业创新中心揭牌，同时，总投资 80.3 亿元的 12 个产业项目、总销售额 305 亿元的 5 个销售协议集中签约。

在研讨论坛环节，中国工程院院士姜涛、冶金工业信息标准研究院院长张龙强等知名专家学者共同把脉不锈钢产业创新发展，通过行业政策解读、创新技术交流、标准应用推广，分析研讨不锈钢产业面临的行业共性问题，将助力全球不锈钢品种和工艺持续创新。

此外，17 日，参会代表将前往福安湾坞参观国家不锈钢新材料产业示范基地。宁德现已集聚近百个中下游产业链项目，建立起不锈钢全链条产业集群，力争 2025 年全产业链产值达 3000 亿元，全力打造全球最大的不锈钢基地，为制造强国、制造强省作出宁德贡献。

（摘编：尚岩）

2022 年首届中国（福建）-新加坡国际高新企业合作发展峰会举办

2022 年 9 月 22 日，2022 年首届中国（福建）-新加坡国际高新企业合作发展峰会在福州举办，副省长李建成参加。

峰会以“线下+线上”的方式，邀请相关政府机构、专家学者、企业代表，围绕新加坡企业来华投资及中国企业赴新发展议题进行交流讨论，推动两国经贸交流合作再上新台阶。

现场还举行了“中新国际高新企业（福州）基地”项目与“丰树福州智慧供应链及配送产业园”合作项目签约仪式，合同金额达 41.3 亿元。

“中新国际高新企业合作（福州）基地”将落户于福州市闽侯上街“城市科创走廊”的均和云谷·东南科创总部，由新加坡创士锋和均和产业（福州）有限公司共同运营，闽侯县政府和中国银行福州分行提供支持。这是一次中新合作的新探索，将充分发挥各方优势，推动中新产业技术合作。

本次峰会由省商务厅、新加坡企业发展局、新加坡经济发展局共同指导，福建省亚太经济贸易合作促进会、上海均和产业发展集团、新加坡创士锋联合主办。

（摘编：邓新民）

福建举办首届福品博览会

2022年12月29日，首届福品博览会开幕式暨“全闽乐购·福兔迎春”跨年购促消费系列活动、2023福建网上年货节启动仪式在福州举办。副省长李建成出席活动并致辞。

福建是全国唯一以“福”字命名的省份，“福”文化历史悠久、繁荣兴盛。当前，全省正大力推动“福”文化创造性转化、创新性发展，着力打造文化交流、消费促进、贸易对接、开放合作的重要平台，进一步统筹做好“福”消费文章，推动消费复苏和经济增长，通过深化“全闽乐购”促消费活动，大力提振市场信心，实现消费市场质的有效提升和量的合理增长，推动市场经济运行持续向好。

本届福品博览会以“寻福、送福、造福、享福”为主题，聚焦“福”文化赋能“福品”、“福品”融合“福”文化，展会现场汇聚1000多家参展商，设置了“福味飘香、福茶生活、福农优品、福潮国风、福贸名品、福见商旅”等“六福”展区，并组织开展论坛活动、电商直播、洽谈采购、项目招商、信息发布、跨年促销等6大板块近80场配套活动、500余场促消费活动，全力推动“福品供全球、全球享福品”。

（摘编：唐启阳）

FUJIAN

INDUSTRIAL ECONOMY YEARBOOK

第四篇 市县概况

福州市产业经济发展综述

2022年是极不寻常、极不平凡的一年。党的二十大胜利召开，为新时代新征程党和国家事业发展、实现第二个百年奋斗目标指明了前进方向、确立了行动指南。习近平总书记当年亲自为福州谋划的“3820”战略工程实施30周年，有福之州站上了新的历史起点，正昂首阔步迈向新征程。

一年来，在省委、省政府和市委的领导下，福州市以习近平新时代中国特色社会主义思想为指导，认真学习宣传贯彻党的二十大精神，坚持“3820”战略工程思想精髓，加快建设现代化国际城市，高效统筹疫情防控和经济社会发展，各项工作都取得了新的进展。福州市地区生产总值增长5.2%以上；规上工业增加值增长4.8%；固定资产投资增长6.5%、总量保持全省第一；一般公共预算总收入1059.1亿元，同口径下降5.5%；地方一般公共预算收入698.5亿元，同口径增长1.1%；进出口总额3620亿元，增长9%；实际利用外资11.7亿美元，实现正增长；社会消费品零售总额4732亿元，增长4%；城镇、农村居民人均可支配收入分别达56145元、26763元，分别增长5.1%、6.2%；居民消费价格总水平上涨2.5%。完成省下达的节能减排降碳任务。一年来福州市产业经济发展的主要工作和成效是：

严格按照疫情要防住、经济要稳住、发展要安全的要求，福州市快准严实细落实防控措施，有力抵制疫情冲击，有效守护了人民生命安全和身体健康。面对新冠疫情，果断决策、尽锐出战，各级党员干部冲锋一线、日夜奋战，广大抗疫工作者、志愿者义无反顾、勇往直前，全体市民守望相助、同心抗疫，在不封不停不静默的情况下，一个月内实现社会面动态清零。国务院“新十条”措施出台后，福州市及时调整重心、优化举措，第一时间开设发热门诊262个、城市中心发热门诊2个，储备基层医疗机构513个、亚定点救治医院床位7000张，新建综合ICU床位536张、可转换ICU床位486张、监护床位500张，抓好医疗物资储备和疫苗接种工作，免费向社会发放健康包和急需紧缺药品，为群众提供温馨服务，加快从“防感染”向“保健康、防重症”平稳转换。福州市坚持统筹发展和安全，扎实推进“两稳一保一防”工作，经济发展稳中有进，社会大局安定稳定。

产业质效稳步提升。福州市开展“项目攻坚落实年”专项行动，落地中交海峰风电、宽腾医疗CT制造基地等产业项目488个，动建万景石化、福蓉源铝型材等产业项目280个，建成福清核电6号机组、大东海产能置换等产业项目187个。开展“扶持龙头壮大产业”专项行动，136家工业龙头企业产值增长8.5%。实施工业（产业）园区标准化建设深化改革行动，启动中心城区工业企业“四个一批”搬迁改造，优化中心城区工业园区功能布局。实施16条重点产业链“链长制”，引进产业链项目220个，57家链主企业实现产值3708亿元、增长10.2%。实施“榕升计划”“榕腾计划”，新增规上工业企业260家、上市企业5家。福州市开展“千名干部进千企”专项行动，协调解决企业问题7797个。福州市推进东南汽车城建设，引进奇瑞汽车与东南汽车开展战略合作。加快商贸服务型国家物流枢纽建设，现代物流城动建京东供应链、民天国际物流中心等项目21个，入选全国供应链创新与应用示范城市。新增限上规上商贸服务业企业超1000家。开展“惠聚榕城·福见商旅”等促消费活动超2000场，发放消费券超10亿元。新建一刻钟便民生活圈试点社区22

个。福州万象城、烟台山漫步街区等商业综合体开业。福州市了举办2022年春季中国跨境电商交易会，跨境电商进出口销售额增长59.8%。

创新活力明显增强。福州市全社会研究与试验发展经费投入总量和增量保持全省第一。推进国家自主创新示范区福州片区“一区多园”协同创新，新增科创走廊载体144.2万平方米、国家级科技企业孵化器1家、众创空间2家，入选首批国家知识产权强市建设示范城市。大学城中心共享区加快建设，闽都院士村设计方案完成国际招标，福耀科技大学（暂名）开工建设。福州市新增国家级高新技术企业超900家、省级科技小巨人企业280家、省级以上专精特新企业99家。开展“好年华 聚福州”人才峰会、人才福州月等活动，发布“1+ 1+N”人才政策，入选国家重大人才计划专家9人，引进培养高层次人才3000人、高技能人才1.1万人，吸引来榕留榕就业应届高校毕业生7万人，福州市获评中国年度最佳引才城市。

“四大经济”蓬勃发展。福州市举办了第五届数字中国建设峰会暨第二届数博会，入选数字人民币试点城市，中国工业互联网研究院福建省分院、福建人工智能计算中心落地建设，福米恒美全球最先进的超宽幅偏光片生产线顺利投产，福州位居2022中国数字城市百强榜第19位。实施“海上福州”重点项目223个，完成全国首宗海洋渔业碳汇交易，成立全国首个市级海洋与渔业科技创新联盟，福清东瀚海洋牧场获批国家级海洋牧场示范区。实施绿色经济重点项目134项，新增省级绿色工厂12家，全球单机容量最大海上风电机组下线，永泰抽水蓄能电站1—3#机组建成投用。福州市发布了“有福之州”城市形象标识，举办街头艺术文化节，建成温泉特色街区（小镇）5个，开通内河旅游航线5条，闽江夜游入选国内水路旅游客运精品航线，三坊七巷、上下杭获评国家级旅游休闲街区。

改革开放全面深化。福州市落实强省会战略，承接省级下放审批权限29项。福州都市圈实施年度协作项目66个。福州新区地区生产总值增长6.3%，实现94个省级事项“全区通办”。自贸试验区福州片区推出全国首创举措12项，获批设立自贸联动创新发展区8个。福州市完成市属国资国企改革重组，市国资委出资企业资产总额、营业收入分别增长25%、35%。设立福州企业家日，实有市场主体突破100万户。累计退减降缓税费超260亿元。整合设立、数字化提升市政务服务中心，“最多跑一趟”“一趟不用跑”“全程网办”事项占比分别达98.8%、84.3%、65%。建成海丝中央法务区福州片区，推出全国首个实体法务服务中心。福州市国际航空城、丝路海港城加快建设，机场二期扩建工程、综合枢纽配套、港口后方铁路等项目顺利推进，长乐国际机场新增国内外航线9条，中欧、中老班列开通运营，福州港货物吞吐量、增速均居全省首位。中印尼“两国双园”上升为国家级“一带一路”旗舰项目，印尼海洋渔业中心首个渔业基地投产。举办金砖国家可持续发展高层论坛、21世纪海上合作委员会第二次全体会员大会，连任世界城地组织执行局和理事会成员。举办第十届海峡青年节等涉台交流活动112场，打造福州海峡交响乐团两岸文化交流品牌。闽东北、榕港澳、闽浙赣皖、泛珠三角区域协作深入拓展。福州市侨务、异地商会等工作取得实效。

城市品质不断提高。福州市全面划定国土空间规划“三区三线”，完成重点发展区域专项规划及城市设计28项。滨海新城建设持续推进，机场第二高速、十九中滨海校区等104个项目顺利开工，G228线滨海风景道、滨海新城CBD输配环等169个项目加快建设。三江口片区城市设计方案编制完成，植物园设计方案完成国际招标，道庆洲大桥主线正式通车。福州“闽江之心”成为热门“网红打卡点”，滨江步行街、青年桥建成开放，青年广场城市更新项目获评2022年全球未来设计金奖。实施古厝保护修缮项目153个，采峰别墅方所艺文空间等古厝活化利用项目进展顺利，三坊七巷历史文化研究会、福州市古厝研究会正式成立。实施城市品质提升项目903个。福州地铁5号线一期首通段和6号线开通运营，2号线东延线、6号线东调段全面动建。完成城区缓堵项目26个，尤溪洲南桥头立交提升改造、象山隧道拓宽改造等35个项目开工建设。新改扩建市政道路108.2公里。福州市新增更新新能源公交车283辆，新辟优化公交线路130条。新增公共停车泊位5013个，新建汽车充电桩 1598 个。实施连片旧屋区改造项目 60 个，整治老旧小区 376 个。新增各类租赁住房 7 万套。闽江北岸三线贯通等项目启动建设，建成主题公园 13 个、口袋公园 77 个、郊野公园 11 个。福州市垃圾分类工作稳居住建部考评第一档。清理批而未供土地 3.3 万亩。处置“两违”588 万平方米。开展“护河爱水、清洁家园”行动，河湖长制工作获国务院正向激励。福州市高品质饮用水工作扎实推进，完成飞凤山水厂扩建及深度处理工程，改造二次供水设施 3.1 万户，新建改造市政供水管网 117 公里、污水管网 108.5 公里。“一闸三线”工程实现向福清、长乐、闽侯供水，“一库两线”工程加快筹建。福州市空气质量排名全国重点城市第 5 位。闽江河口湿地当年申报当年列入世界遗产预备清单。

乡村振兴扎实推进。福州市农林牧渔业总产值达 1180 亿元，渔业产值位居全国地级市第 1 位，连江渔业产值位居全国县级第 1 位。治理抛荒撂荒耕地 0.96 万亩，建成高标准农田 4.9 万亩，种植粮食 124.5 万亩。福州市实施特色现代农业（产业）园区建设行动项目 89 个，开工建设绿色食品产业链项目 54 个，新增全国农业产业强镇 1 个、全国“一村一品”示范村（镇）2 个。新增全国名特优新农产品 2 个、国家地理标志证明商标 4 个。福州茉莉花茶窨制工艺列入联合国教科文组织人类非物质文化遗产代表作名录。2022 渔业周·渔博会、首届中国茶叶交易会等活动成功举办。开设福州鱼丸品牌店 159 家。评定乡村振兴五星级村 20 个、四星级村 175 个，新增国家级最美休闲乡村 1 个，农村人居环境整治积分制行政村覆盖率超 90%。植树造林 6.9 万亩，改造提升松林 11.9 万亩。综合治理水土流失 13 万亩。福州市除治互花米草 3.18 万亩。新建改造农村公路 201 公里。选认省市科技特派员 610 人。少数民族聚居区、革命老区、海岛等地区加快发展，山海协作、对口支援、东西部协作等工作深入推进。

2023 年工作安排。福州市各项工作总体要求是：以习近平新时代中国特色社会主义思想为指导，全面贯彻落实党的二十大精神，按照省委十一届三次全会和市委十二届四次全会部署，紧扣“四个更大”重要要求，扎实推进中国式现代化，坚持稳中求进工作总基调，完整、准确、全面贯彻新发展理念，积极服务和融入新发展格局，更好统筹疫情防控和经济社会发展，更好统筹发展和安全，坚持“3820”战略工程思想精髓，一张蓝图绘到底，全方位推进高质量发展，做优做强做大省会，加快建设现代化国际城市，突出做好稳增长、稳就业、稳物价工作，推动经济运行整体好转，实现质的有效提升和量的合理增长，努力在新发展阶段新福建建设中走在前头。

2023 年福州市经济社会发展主要预期目标是：地区生产总值增长 6.5%左右，规上工业增加值增长 6.8%，地方一般公共预算收入增长 5.5%，固定资产投资增长 6%，社会消费品零售总额增长 10%，出口总额增长不低于全省平均水平，实际利用外资正增长，城镇、农村居民人均可支配收入分别增长 7%、7.5%，完成节能减排降碳任务。

为实现上述预期目标，全市人民必须正视困难、提振信心，因时因势优化疫情防控措施，平稳有序实施新冠病毒感染“乙类乙管”，着力保健康、防重症，顺利渡过流行期，确保平稳转段和社会秩序稳定。

（摘编：赵远）

鼓楼区产业经济发展概述

2022年是党和国家历史上极为重要的一年，党的二十大胜利召开，描绘了全面建设社会主义现代化国家、全面推进中华民族伟大复兴的宏伟蓝图。习近平总书记当年亲自为福州壁画的“3820”战略工程实施30周年，激励鼓楼区牢记嘱托，接续奋斗，在新时代新征程上阔步前进。鼓楼区坚持以习近平新时代中国特色社会主义思想为指导，深入贯彻党的十九大和十九届历次全会精神，认真学习宣传贯彻党的二十大精神，按照疫情要防住、经济要稳住、发展要安全的要求，高效统筹疫情防控和经济社会发展，各项事业取得新进展。全年地区生产总值增长5.8%；一般公共预算总收入同口径增长0.5%；地方一般公共预算收入同口径增长5%；社会消费品零售总额增长5%；外贸进出口总额增长6%；城镇居民人均可支配收入增长5%。市场主体逆势增长，历史性突破15万户。获评首批国家知识产权强县建设示范区等荣誉，位居“中国楼宇经济（总部经济）标杆城区”前10强、全国创新百强区第18位、全国投资潜力百强区第21位。一年来产业经济发展的主要工作和成效是：

疫情防控注重以民为本。应对处置有力有效。面对突如其来的本土疫情，第一时间启动应急响应，区街高效联动、扁平指挥，突出“快准严实细”，压实“四方责任”，创新运用“大数据+网格化”模式，努力以最短时间、最小代价实现最大防控效果。服务保障暖心有序。全力保基本民生，生活物资供应充足价格稳定。成立医疗服务、关心关爱等多支小分队，发放“135”物资包、爱心健康包，为老弱病残孕等特殊群体开通绿色通道，及时加强与群众沟通对话。社会各界众志成城。2291名医护人员、3693名区街干部和社区工作者冲锋在前，4122名省直干部898名市直干部和600名永泰县支援干部无私奉献，广大居民群众守望相助，超10万人次志愿者同心战疫，各位代表、委员和热心人士八方驰援，切实守护了人民生命安全和身体健康。

产业发展再上新台阶。“四大经济”蓬勃发展。数字经济规模占GDP比重达64%，新增50家全省数字经济领域创新企业、38个省级数字技术应用场景项目，均居全省第一。海洋经济聚焦涉海金融、海洋信息等重点领域，落地睿至科技等7个项目，14个在建项目总投资79.4亿元。差异化切入绿色经济赛道，落地中能融合等27个新能源产业链项目，总投资319亿元。文旅消费复苏回暖，前三季度接待游客1759.5万人次，旅游收入125.8亿元，稳居全市首位。推出全国首个“新时空”文旅演艺产品“寻梦闽都”。金融“活水”持续赋能。招标股份登陆创业板，已上市企业中闽能源从异地迁入。朱紫坊基金港落地基金105支，资管规模超1200亿元。开展路演活动160场，助力企业获得授信2100亿元。推动数字人民币试点，交易额突破50亿元。获批自贸试验区金融协同发展政策，合格境外有限合伙人（QFLP）试点落地。产业链锻长补短。实施七条重点产业链链长制，新引进项目69个，总投资1500亿元。71家重点企业营收超600亿元。设立20亿元产业投资引导基金。借力专业机构持续完善“两图两库”。开展“项目攻坚落实年”专项行动，109个重点项目累计完成投资200亿元。招商落地科大讯飞等229个项目，总投资1850亿元，较去年翻一番。楼宇商圈壮大焕新，五四路CBD入选“中国商务区综合竞争力”前20强。48家总部企业实现税收17.7亿元。新增载体36.6万平方米，评定星级楼字 24 栋。东街口商圈年营业额首次突破百亿元，福州万象城成为全市高端消费新标杆。全区累计引进国际一线品牌超 20 个，首店增至 320 家。

改革创新释放新活力。重点领域攻坚破题。12 个国家级、省级改革试点扎实推进。国企改革三年行动任务全面完成，区属国企获评 AA 信用等级，成功发行 PPN 债券 5 亿元，创全国区县级同类债券品种总利率新低，融资总额超 15 亿元。中心城区服务标准化试点取得阶段性成效。国家发改委《改革内参》省委改革办、省政府发展研究中心多次推介创新做法。园区能级提质增效。软件园标准化、共享区建设稳步推进，数字经济产业创新中心提前竣工，D 区软件信息产业基地顺利封顶，全链条培育、全产业集聚，全要素保障、全领域供需对接的发展氛围日益浓厚，集聚企业超 1300 家，营收突破 1700 亿元。科创走廊强劲起势。开拓新赛道、升级新平台，正祥西江月、铜盘景居等楼宇陆续交付使用，新增载体 16.6 万平方米。实施重点研发项目 44 个，总投资超 36 亿元。新增省级、市级研发公共服务平台 9 家，成立福建省开源数字技术研究院，建成全省首个鸿蒙开放实验室。营商环境提档升级。建成海丝中央法务区福州片区，启动运行全国首个实体法务服务中心，线上线下入驻戴德梁行等机构 530 家，提供法务、泛法务服务超 180 项，办理各类事项超 7000 件。深入开展“千名干部进千企”“企业服务日”活动，出台帮扶措施 104 项，助力 608 家企业获得纾困贷款 20.9 亿元；落实减税降费 22.8 亿元，减免租金 2253 万元，返还小微企业工会经费 2048 万元。创新要素加速集聚。新增国家级专精特新“小巨人”企业 4 家、高新技术企业 73 家，有效发明专利拥有量增长 18.4%。制定“1+1+N”人才政策体系，推出“鼓楼文儒卡”、提供 37 项特色服务。新增国家级人才 3 名，省市高层次人才 153 名，高技能人才 1129 名。开放协作扎实有力。落地外资项目 74 个、台资企业 32 家，外贸进出口总额突破 800 亿元，创历史新高。与日本和歌山县高野町结成友好城市。举办两岸交流活动 23 场。持续深化山海协作、对口帮扶。

城区面貌焕发新气象。城市更新联动推进。完成 60 个品质提升项目，携手市属国企创新投融资模式实施 230 个老旧小区改造，推行“三个到位”引导群众共建共享。试行责任规划师制度，打造温泉、怡山、福屿 3 个完整街区。实施 15 个环境综合整治项目，新建 9 条道路街巷。启动 5 个旧屋区改造项目，竣工 7 个安置房项目。新增公共保障性租赁住房 1500 套。建成乌石山精品公园，保护修复 24 处历史景观。福道荣获第十九届中国土木工程詹天佑奖。街区管理精细智能。参评项目在省级样板工程评比中再获第一。开展“双百双千双万”专项行动，实施智慧环卫一体化改革，建设垃圾分类、门前三包、燃气监管等数字化平台，提升改造垃圾分类屋（亭）372 座，获评省级垃圾分类示范区。

2023 年是全面贯彻落实党的二十大精神开局之年，也是实施“十四五”规划承上启下的关键一年。2023 年鼓楼区工作总体要求是：以习近平新时代中国特色社会主义思想为指导，全面贯彻落实党的二十大精神，深入落实习近平总书记对福建、福州、鼓楼工作的重要讲话重要指示精神，紧扣“四个更大”重要要求，坚持“3820”战略工程思想精髓，坚持稳中求进工作总基调，完整、准确、全面贯彻新发展理念，服务和融入新发展格局，突出做好稳增长稳就业、稳物价工作，大力提振市场信心，着力推动高质量发展深入推进改革创新，完善社会治理体系，全力打造现代化国际城市“最美窗口”，实现首位度更高、首发量更多、首创力更强、首善鼓楼更宜居宜业。2023 年鼓楼区全区经济社会发展的主要预期目标是：地区生产总值增长 7%；一般公共预算总收入增长 5.5%；地方一般公共预算收入增长 5.5%；社会消费品零售总额增长 7%；城镇居民人均可支配收入增长 6%。

（摘编：赵远）

台江区产业经济发展概述

2022年是党的二十大胜利召开之年，是进入全面建设社会主义现代化国家、向第二个百年奋斗目标进军新征程的重要一年。一年来，在市委、市政府和区委的坚强领导下，台江区坚持以习近平新时代中国特色社会主义思想为指导，认真贯彻落实党的十九大、十九届历次全会和二十大精神，坚持“3820”战略工程思想精髓，主动融入省、市发展大局，深入实施“提高效率、提升效能、提增效益”行动，落实落细“1234”工作机制，扎实推进“两稳一保一防”，统筹疫情防控和经济社会发展，各项工作都取得新进展，成功蝉联“福建省城市发展‘十优’区”，荣获“福建省双拥模范城”称号。台江区全年地区生产总值678.6亿元，增长5.6%；一般公共预算总收入24.71亿元；地方一般公共预算收入17.34亿元；实际利用外资18.3亿元，增长71%；社会消费品零售总额295亿元，增长2.7%；固定资产投资完成140亿元，增长10%；城镇居民人均可支配收入6.1万元，增长4.5%。一年来台江区产业经济发展的工作成效主要体现在：

疫情防控扎实有效。坚决贯彻落实习近平总书记关于疫情防控的重要指示批示精神，认真落实国家第九版防控方案和“二十条”“新十条”优化措施，提高疫情防控的科学性、精准性。“1022”疫情发生以来，落实“四早”要求，压实“四方”责任，迅速启动平战转换机制，发动广大党员干部下沉一线，抓实抓细核酸检测、流调溯源、转运隔离、“无疫社区”创建等措施，在全市较快实现社会面动态清零。加强医疗服务保障，发热门诊开设、疫苗接种、药品储备等工作有序推进，医疗救治水平不断提高。

产业体系优化升级。现代商贸加快发展，推出“台江味”区域美食公共品牌，发动各大商圈开展促销活动超700场，累计带动消费超50亿元，打造融侨中心等5个区级夜色经济街区；上下杭历史文化街区获评首批国家级旅游休闲街区，“闽江夜游”入选国内水路旅游客运精品航线，顺利举办首届“闽江之心”电竞文旅嘉年华。现代金融实现突破，海西现代金融中心区台江片区成功纳入自贸联动创新发展区范围；举办“活力商都”政银企对接活动16场，发放贷款超10亿元；培育打造台江基金港、宝地金融示范楼宇等载体，预计金融业税收、金融业增加值分别完成133.6亿元和160.7亿元。数字经济提质增效，成功举办2022年度全国XR产业年会，台江数智港建成投用，在台江万达打造全省首条数字人民币消费示范街；新增“未来独角兽”“瞪羚”企业7家，146家数字内容和新一代信息技术产业链企业营收超300亿元。平台经济持续壮大，朴朴、永荣、全骏达等31家平台企业纳统销售额超500亿元，海荣大厦超千亿级供应链平台经济产业园初具雏形，全市首个中心城区预制菜产业协同创新基地建成投用。

专项行动深入推进。实施“项目攻坚落实年”专项行动，统筹推进各级重点项目165个，省、市重点项目累计完成投资超195亿元，前三季度开工率、竣工率均位居全市第一。民生大厦、泉州银行福州大楼等20个项目开工动建，新玺中心、建发汇成新时代大厦等13个项目提速增效，海峡电子商务产业基地三期、省人民医院中医药传承楼等17个项目竣工投产，新谋划南公河口特色历史文化街区二期等项目121个。强化项目资金保障，获批债券资金1.8亿元。开展“抓龙头、招好商、强链条、促发展”招商攻坚专项行动，选派兼职招商专员207人，产业链招商、以商招商工作进展顺利，成功落地省粮食集团、豌豆尖尖等项目477个、总投资493.3亿元。紫天科技成为全市唯一跨省迁入的上市企业，实现全区主板上市企业零的突破。开展“企业服务提升年”“千名干部进千企”专项行动，新出台助企纾困措施21条，由50名科级以上领导干部挂钩联系555家重点企业。常态化落实“一企一议”等机制，解决政策兑现、企业融资、场所续租等诉求1400余个，发放“纾困贷”35.86亿元，减税退税超4.6亿元。

发展活力日益增强。科创走廊建设扎实推进，新增载体面积超19万平方米。平台建设持续深化，市职工“三创”中心获国家级众创空间备案，新增市级以上众创空间10家，新增“双创”载体数量排名全市第一。科创主体培扶力度不断加大，新增省科技型中小企业254家、科技小巨人企业15家。主动融入“海上福州”建设，成立海洋经济科创高地建设指挥部，雪链物联网冻库系统等重点项目取得积极进展。人才强区战略深入实施，引进高层次人才171名。成功举办“好年华·聚福州”台江数字经济专场招聘会暨政校企人才对接大会，提供岗位超5000个。台江区国资国企改革有效深化，区属国企二级企业股权变更全面完成，区国投集团通过AA级主体信用评级。实施营商环境4.0版改革，设立全省首个入驻行政服务中心的“人才助理专窗”，区本级审批服务事项网上可办率超98%。在全市率先成立“一站式金融协处中心”，办结金融纠纷2167件，平均审理周期同比缩减46.7天。

城区品质持续提升。高标准实施市、区城市品质提升项目220个，累计完成投资85.95亿元。上海西新村地块成功出让，征收工作获市政府通报表扬。18天完成雁塔一地块100%签约封房及净地交付。7686套安置房实现交房回迁。完成老旧小区综合整治项目49个、雨污分流整治项目61个。苍霞新城全方位改造提升二期工程基本竣工。“闽江之心”一期建成开放，青年广场城市更新项目获评2022年全球未来设计金奖。福州三宝城项目获得城市（县城）更新省级样板考评第一名。瀛福路、排尾二路等10处市政项目顺利完工，鲤鱼巷等22个缓堵项目加快推进，新增停车泊位986个。完成中亭街、半岛国际等8个夜景灯光提升工程，白马河特色水街建设高效推进。新建改造荷塘、南星等大众汤屋4处。在闽江北岸江滨路核心段打造市级精细化管理示范街区样板，创建“门前三包”示范街10条。拆除“两违”面积超4万平方米。排查经营性自建房258栋。台江区生活垃圾分类实现小区全覆盖，准确率达95%以上。严格落实“河长日”“河湖长制”，开展“护河爱水、清洁家园”行动687场次，辖区内河水质保持在Ⅳ类标准以上。三捷河、新港河、路通桥入选全省首批河湖文化遗产名单。持续打好污染防治攻坚战，空气质量优良天数位居全市前列。

2023年台江区工作的总体要求是：以习近平新时代中国特色社会主义思想为指导，全面学习贯彻党的二十大精神，贯彻落实习近平总书记重要讲话重要指示批示精神，加强党的全面领导，弘扬伟大建党精神，围绕统筹推进“五位一体”总体布局、协调推进“四个全面”战略布局，立足新发展阶段、完整准确全面贯彻新发展理念、服务和融入新发展格局，紧扣“四个更大”重要要求，坚持“3820”战略工程思想精髓，主动融入福州“建设六个城、打响五大国际品牌、实施九大专项行动”大局，抢抓强省会、福州都市圈战略机遇，深入实施“1234”工作机制，全方位推进高质量发展，加快打造活力商都、滨江福地，高水平建设现代化国际城市核心区，在奋力谱写全面建设社会主义现代化国家福建篇章中走前列、作示范。全区经济社会发展的主要目标是：地区生产总值增长7%；第三产业增加值增长7%；固定资产投资增长8%；社会消费品零售总额增长5%；实际利用外资完成市下达任务；一般公共预算总收入、地方一般公共预算收入分别增长6%；城镇居民人均可支配收入增长4.5%。

（摘编：苏小雨）

仓山区产业经济发展概述

2022年，是极不平凡的一年。党的二十大胜利召开，习近平总书记亲自为福州擘画的“3820”战略工程实施30周年。在市委、市政府和区委的正确领导下，仓山区坚决按照“疫情要防住、经济要稳住、发展要安全”的要求，紧紧围绕“两稳一保一防”部署，统筹疫情防控和经济社会发展，深入开展“项目攻坚落实年”“九大专项行动提升年”等行动，各项工作都取得新进展。受疫情、外部环境等因素影响，仓山区全年地区生产总值增长3%；一般公共预算总收入41.5亿元；地方一般公共预算收入27.6亿元；固定资产投资560亿元；社会消费品零售总额567.1亿元，增长3.5%；进出口总额287.9亿元，增长12%；实际利用外资2.75亿美元，增长525%；居民人均可支配收入51252元，增长3.1%；完成市下达的节能减排降碳任务。前三季度，建设提速攻坚、房屋拆迁攻坚等行动和招商工作综合排名均进入全市第一方阵，获评“国家知识产权强县建设试点县”“省级数字经济核心产业集聚区”“福州市营商环境改革创新示范区”等荣誉。一年来产业经济发展的主要工作和成效：

坚持产业升级，内生动力持续增强。仓山区科创街区和工业园区标准化建设加快推进，在全市率先揭牌首批“科创驿站”；橘园洲A、D地块等项目建成投用，C、E地块和企业自主提升项目加快建设，新增高标准厂房35万平方米，入驻亿力集团等26家企业，年产值超200亿元；金山工业园区蝉联福厦泉国家自主创新示范区福州片区“一区多园”产业核心园区综合考评第1。数字经济产业不断壮大，谋划打造安腾科创产业园，落地百度昆仑芯智能生态中心等140个重点项目；在第五届数字中国建设峰会中，5G智慧城市建设等5个项目上省、市台签约，签约数居全市第1；全省首个元宇宙智慧商圈——白湖亭万达广场建成开放，入选福建省2022年度数字技术创新应用场景12个，数字经济规模达510亿元。生物医药产业快速发展，推动出台《关于扶持药品上市许可持有人发展的若干措施》；建成金山医药产业园，举办2022中国（东南）数智医疗产业峰会暨首届中国（福建）数智医疗博览会，“福州国际医疗综合实验区临床研究基地”揭牌；引进落地微医集团区域总部、艾彼诺赛等112个项目，规上、限上生物医药企业达84家，产业规模达245亿元。工业加快转型，产业链“链长制”深入实施，集成电路、光电信息等9条产业链不断提升，打造了规模超250亿元的电子信息产业集群；推进6英寸集成电路芯片生产线改造等29个重点工业项目建设，完成工业投资30.08亿元，增长12.2%；工业企业提档升级，新培育魔方电子、三丰鞋业等6家省级龙头企业，富兰光学获评国家级专精特新“小巨人”企业，欧浦登（福建）光学、鑫图光电等11家企业获评2022年省级“专精特新”中小企业。现代服务业提质发展，组织万达-爱琴海、融侨外滩、火车南站等重点商圈举办大型促销活动164场，策划开展“闽江之心”系列主题活动195场，吸引客流量1000万余人次，拉动消费超10亿元；推进K米智慧娱乐运营平台、永辉彩食鲜企业购等60个平台项目建设，实现纳统销售额407.76亿元，增长42.93%；3395家电商单位实现网络零售额219.5亿元，连续11个月保持全市第1；编制完成《仓山区全域旅游发展规划》，顺利开街烟台山商业漫步街区二期项目，启动实施螺洲古镇游客服务中心提升改造项目，举办福州新春文化旅游月等文旅活动，烟台山历史文化风貌区获评第十批中国华侨国际文化交流基地、福建省对外文化交流基地，全区接待国内游客 618.26 万人次、实现旅游收入 51.51 亿元。

坚持项目带动，发展后劲更加坚实。重大项目征迁交地攻坚行动有力有效，以“项目攻坚落实年”为抓手，推动 108 个项目、共 9725.94 亩征迁交地任务，完成民天食品厂周边配套道路等 57 个项目，交地 5183.64 亩。出让地块交地项目“清零”攻坚行动快速推进，完成土地出让 16 宗、面积 809.84 亩，成交金额 122.04 亿元。重大项目招商落地攻坚行动成效显著，开通招商驿站，发布“投资仓山”微信小程序，引进落地中交海峰风电等 302 个招商项目，预期投资额 611.73 亿元，台资项目数居全市第 1，产业链项目数居全市第 2，一般项目数居全市第 3。重大建设项目提速攻坚，象珑公馆等 66 个项目开工，金城湾商业项目等 34 个项目竣工；义序河整治工程等 142 个、总投资 2545.23 亿元的省、市重点项目稳步推进，分别超序时 28.04 个、20.63 个百分点。

坚持改革创新，发展动能不断增强。自贸区改革加快推进，金山工业园区纳入自贸联动创新发展区，创新“闽质通”平台金山工业园区工作站等 13 项措施。全省首创“标准地+”模式，成功出让金山工业园区橘园洲 E 地块。顺利完成国企改革三年行动，组建仓教公司、中洲之星公司、问需金山公司等企业，国企行业布局持续优化。综合行政执法体制改革加快推进，完成 169 项行政执法事项下放工作。“区统筹、镇主导、村受益”商贸楼回购机制深入推广，97 个村村财年收入超百万元。科技创新步伐加快，规上企业 R&D 经费投入 26.11 亿元，总量居全市前 3，经费投入强度达 2.53%。完成国家级高新技术企业申报 271 家，总数达 436 家，总量排名全市第 2。22 家企业入选省级数字经济领域“独角兽”、未来“独角兽”、“瞪羚”创新企业，总数居全省第 3、全市第 2。知识产权强区战略深入实施，为企业提供知识产权保护类服务 3268 件次。人才支撑持续强化，建立“1+1+N”人才政策体系，引进各类高层次人才 330 名、培养高技能人才 479 名。“放管服”改革持续深化，57 项、15 项政务服务事项分别实现“跨省通办”“省内通办”；企业开办时间压缩至 3 个小时；推行小微企业“三零”服务城乡全覆盖，累计为用户节省电力投资 1193 万元。“一企一议”等工作机制全面落实，累计帮助企业协调解决问题 1422 个、问题办结率 100%，“一企一议”综合考评居全市第 3。上级各项稳增长政策全面落实，出台工业企业用电补助、防疫情稳增长等措施，兑现各级扶持资金 3.1 亿元，落实减税降费金额 14.55 亿元，减免小微企业及个体工商户租金 2232 万元，新增市场主体 1.97 万户，经济活力持续增强。政金企合作平台持续发力，仓山区举办“烟山鹊桥荟”等政金企对接会 12 场次，新增 7 家战略合作银行，获得泛金融支持、授信额度 3230 亿元。

2023 年工作安排。仓山区各项工作总体要求是：高举中国特色社会主义伟大旗帜，以习近平新时代中国特色社会主义思想为指导，深入学习宣传贯彻党的二十大精神，贯彻落实习近平总书记重要讲话重要指示精神，弘扬伟大建党精神，按照省委十一届三次全会、市委十二届四次全会、区委十三届四次全会部署要求，坚持稳中求进工作总基调，坚持“3820”战略工程思想精髓，立足新发展阶段，完整、准确、全面贯彻新发展理念，服务和融入新发展格局，加快打造创新经济中心、海丝文化高地、幸福之城样板，努力推动仓山发展再上新台阶。

根据新的形势和任务，初步确定 2023 年全区经济社会发展的主要预期目标是：地区生产总值增长 5%；一般公共预算总收入增长 6%；地方一般公共预算收入增长 6%；社会消费品零售总额增长 5%；固定资产投资增长 6%；居民人均可支配收入增长 5%；完成市下达的实际利用外资、进出口总额和节能减排降碳任务。

（摘编：郑平名）

晋安区产业经济发展概述

2022年是极不平凡的一年，晋安区坚持以习近平新时代中国特色社会主义思想为指导，深入贯彻落实党的十九大、十九届历次全会精神，持续兴起学习宣传贯彻党的二十大精神热潮，细化落实省委、省政府和市委、市政府决策部署和区委工作要求，按照“疫情要防住、经济要稳住、发展要安全”重要要求，高效统筹疫情防控和经济社会发展，各项工作取得积极成效。2022年，全区实现地区生产总值1137.2亿元；一般公共预算总收入26.4亿元；地方一般公共预算收入17.3亿元；规上工业增加值156.5亿元；固定资产投资564.2亿元，增长16.1%；社会消费品零售总额877.7亿元，增长4.5%；进出口总额304.1亿元，增长5%；城镇、农村居民人均可支配收入分别达56140元、27084元，分别增长3.8%、5.5%。一年来，产业经济发展的主要工作和成效是：

坚决贯彻落实习近平总书记关于疫情防控的重要指示批示精神，慎终如始抓好常态化疫情防控工作。特别是面对突如其来的“10·22”疫情，晋安区坚持“三个坚定不移”，按照“快准严实细”要求，同舟共济、众志成城，快速实现社会面动态清零，坚决打赢疫情防控阻击战歼灭战。在这场严峻的抗疫大战大考中，省市领导身先士卒、坐镇指挥，党员干部闻令而动、冲锋在前，医护人员白衣执甲、逆行出征，志愿人员连续奋战、无私奉献，兄弟县市和市直部门火线集结、八方驰援，全体市民齐心协力、守望相助，共同守护了城市的安宁和百姓的安康。在这场大战大考中，全区干部群众展现出来的伟大抗疫精神，正在激发出奋进新征程的坚定信心，正在凝聚起建功新时代的磅礴力量。

强化科创引领，跑出产业跃升加速度。创新活力持续迸发，发布“鼓岭科创会”品牌，成功举办“创客中国”暨“创响福建”中小企业创新创业大赛福州区域赛，创办首届“晋安杯”光电融合创新发展高峰论坛。推出10大专项人才政策，建成运营人才综合服务港，新引进认定各类高层次人才234名、高技能人才1074名。

强化创新驱动，落实各类科创惠企资金8130万元，规上企业研发投入突破10亿元、增长25%，新增国家级高新技术企业106家、省科技小巨人企业29家，思嘉环保获评国家企业技术中心、国家级专精特新“小巨人”企业。落地芯奇特院士创新研究中心，新增省级新型研发机构3家、省市级众创空间4家，入选第二批全国科普示范区创建单位，中国寿山石馆获评全国科普教育基地。工业（产业）园区标准化建设深入推进，收储出让产业用地107亩，新建标准厂房30.9万平方米，数字内容产业园、数字虚拟产业园开园运营，晋安三创中心顺利封顶，永正检验检测总部大楼如期竣工，华为福建区域总部落地新店科创圈，宦溪绿色发展产业园加快改造提升，“一区一圈多点”创新驱动格局加速形成。

产业能级持续提升，深化重点产业链“链长制”，加快打造国际光电组件产业中心，高意集团成功并购全球激光龙头相干公司，兆丰华GMP兽用疫苗生产线等重点项目建成投产，中电福富、慧舟科技等9家企业入选省数字经济核心产业领域“未来独角兽”企业、“瞪羚”创新企业，光电、软件、新材料、生物医药等重点产业龙头实现逆势增长20%以上。营商环境持续优化，细化出台进一步帮助市场主体纾困解难若干措施等政策，兑现惠企资金2.4亿元，落实减税降费17.5亿元，全区市场主体增至11.5万家。深入开展“千名干部进千企”活动，创新推出“晋享优服卡”政策，帮助企业协调解决困难问题496个，举办政银企对接会33场，对接企业融资需求12亿元。服务特色产业发展经验做法入选福建省效能快车典型案例，政务服务综合考核连续六年排名全市第一，营商环境考核连续四年排名全市第一，获评福州市“营商环境改革创新示范区”。

强化内外循环，激活投资消费新热度。细化落实“项目攻坚落实年”专项行动，创新完善“日结周清”工作机制，开工建设福州烟草区域智慧物流配送中心等69个重点项目，建成投用战峰长租公寓等51个重点项目，131个省市重点项目完成投资405.5亿元，“项目攻坚落实年”综合考评位居全市第一方阵。区领导带头成立19支招商服务队，聘请20名行业企业招商专员，推出“百项千亿”重点招商项目，对接引进中海油新能源福建总部、武汉长江船舶设计院、小米智能生态创新中心等重点产业项目44个、总投资243亿元，招商综合考评居全市第二，再次入选全国投资潜力百强县市。加快构建“1+5+3”特色商圈体系，举办“福聚晋安·晋买晋卖”线上线下促消费活动86场，新建4个一刻钟便民生活圈，康桥里特色商业街区、新天地美食体验示范街区等开业运营，五里亭茶叶市场改造有序推进，“世界茶港”品牌打造步伐加快，福兴经济开发区获批福州自贸片区联动创新发展区。总部经济、平台经济持续壮大，楼宇经济加快提档升级，新增市级总部企业4家、限上商贸企业281家，引进品牌首店8家，网络商铺零售额增长120.8%，新增供应链企业16家、供应链销售额突破400亿元，盛辉物流集团获评第七届福建省政府质量奖。

强化城乡统筹，提高区域品牌美誉度。开展城市品质提升攻坚行动，城市生态廊道样板建设考核名列全省第一，获评全省城乡建设品质提升综合绩效优异县区。征迁交地再创新速度，三远片区45天全面完成800亩、120万平方米民房签约，全区征迁房屋175万平方米、交地7500亩，回迁选房5480套。实施新一轮交通缓堵工程，洋下东路等15条道路建成投用，新增公共停车泊位577个、电动汽车充电桩122个。建成光明港特色水街，完成51个老旧小区提升改造、61个无物业小区物业标准化管理试点，新建改造公园绿地10公顷、福道15公里、口袋公园5个、立体绿化5处，空气质量保持城区前列。金鸡山公园茉莉花生态廊道正式启用，福州市文化馆、少儿图书馆、科技馆完成主体建设，天之眼城市文化广场即将建成，环晋安湖高品质生活圈加速形成。深入实施乡村振兴“五大工程”，深化14个省市级乡村振兴试点示范项目建设，规范北峰农村建房管理，深入开展“护河爱水、清洁家园”行动，全面推广农村人居环境整治积分制，新增乡村振兴五星级村1个、四星级村7个，寿山村获评省级乡村振兴实绩突出村。

2023年是全面贯彻落实党的二十大精神的开局之年，是实施“十四五”规划承上启下的关键一年。按照中央及省市和区委决策部署，今年晋安区各项工作总体要求是：以习近平新时代中国特色社会主义思想为指导，全面学习贯彻党的二十大精神，贯彻落实习近平总书记重要讲话重要指示批示精神，按照省委十一届三次全会、市委十二届四次全会和区委六届四次全会部署要求，立足新发展阶段，完整准确全面贯彻新发展理念，服务和融入新发展格局，紧扣“四个更大”重要要求，全面融入强省会战略和福州都市圈建设，坚持“3820”战略工程思想精髓，聚焦“建设六个城、打响五大国际品牌、实施九大专项行动”部署，统筹发展和安全，以“福聚晋安”厚植民生福祉，全心全意为民谋福造福，努力在更高起点上全方位推进高质量发展，争当建设现代化国际城市排头兵。2023年晋安区经济社会发展主要预期目标是：地区生产总值增长7%左右；一般公共预算总收入增长7.5%；地方一般公共预算收入增长7.5%；固定资产投资增长8%；规上工业增加值突破170亿元；社会消费品零售总额突破970亿元；第三产业增加值增长7.3%。

（摘编：唐启阳）

马尾区产业经济发展概述

2022年是党的二十大胜利召开之年。一年来，马尾区以习近平新时代中国特色社会主义思想为指导，落实省委、省政府工作要求，在市委、市政府的坚强领导下，高效统筹疫情防控和经济社会发展，优化疫情防控措施，全方位推动高质量发展超越，各项工作取得新的成效。马尾区获评第六批“国家生态文明建设示范区”、福建省城市发展“十优”区、“省级双拥模范城”等荣誉。全区实现地区生产总值696亿元，增长5.8%；一般公共预算总收入35.04亿元，增长6.4%；地方一般公共预算收入23.6亿元，增长9%；固定资产投资165亿元，增长14%；社会消费品零售总额215亿元，增长7.5%；城镇居民人均可支配收入6.2万元，增长5%；农村居民人均可支配收入3.5万元，增长7.5%。马尾区一年来经济发展的工作和成效表现在：

坚持“抓落实”，疫情防控科学精准。坚决贯彻落实习近平总书记关于疫情防控的重要讲话精神，按照“疫情要防住、经济要稳住、发展要安全”重要要求，坚持以人民为中心，落实国家第九版防控方案、“二十条”优化措施，防控工作稳中求进、走小步不停步。特别是面对突如其来的“1022”疫情，优化指挥体系，充实基层防控力量，成立17个工作专班，全面动员2892名干部下沉一线；推广“网格化”管理模式，划分村居网格202个、单位网格499个；推进基层党建、综治维稳、疫情防控等“多网合一”，仅用一周时间就控制住疫情，将影响程度降到最低。在抗击疫情中，广大医务工作者白衣执甲、逆行出征；政法干警、社区工作者、口岸单位工作者、新闻工作者、志愿者等坚守岗位、日夜奋战；万洋集团、联东集团等20余家企业积极捐款捐物；全体居民万众一心、众志成城，谱写了抗疫感人篇章。“新十条”措施出台后，积极适应疫情新形势，加快治疗药物和医疗资源准备，完善发热门诊，加强全人群特别是老年人疫苗接种。全区共接种第一剂疫苗27.2万剂次，其中60岁以上老人第一剂疫苗接种覆盖率达91.3%，完成情况居六城区前列。

对标“高质量”，发展态势稳步向上。项目建设提速增效，深入落实“五个一批”等工作机制，开展“项目攻坚落实年”专项行动，9个省级、116个市级重点项目分别完成投资17亿元和190亿元，均超年度计划15个百分点；技改攻坚加快推进，有效实施技改项目43项，项目总投资57.1亿元。市场主体提质增量，新增国家级专精特新“小巨人”企业4家、省级“专精特新”中小企业11家、省科技小巨人企业21家，4个项目获得中央科技发展资金，3家企业通过福建省技术创新重点攻关项目认定。新大陆、网龙、名城控股、飞毛腿、冠城大通等5家企业入围2022年福建省民营企业100强；基金小镇产品体系日益丰富，基金管理规模突破1700亿元，位居全市第一；福建国航远洋成为福州市首家在北交所成功上市的企业，马尾区在国内三大证券交易所上市企业达到14家，位居全市第二。招商引资持续加强，完成招商项目155项，总投资额396.8亿元，其中10亿元以上重点项目11个，50亿元以上重大项目1个。低效用地整治成果显著，盘活、提升低效用地441亩，发展空间进一步拓展。

着力“强产业”，转型升级步伐加快。农业发展稳步推进。一产增加值增速连续三个季度排名全市第一；新增6家市级龙头企业；琅岐镇创建国家级农业产业强镇。数字经济蓬勃发展，获评省级数字经济核心产业集聚区，数字经济总规模突破700亿元；新认定物联网企业27家，总数达228家；完成126个5G基站建设，累计建成815个；82家区内企业依托华为云创中心成功开展数字化转型，10款产品完成鸿蒙认证，马尾区成为全国首个产品批量完成鸿蒙适配的生态标杆区。海洋经济再创佳绩。发挥全国领先的水产品集散地优势，推动预制菜产业发展，佛跳墙、秋刀鱼等多种预制菜细分品类市场份额排名全国第一；加快华闽深冷、中交汉吉斯等冷链项目建设，建成全国第二大、全省最大超低温冷库，海洋经济规模突破720亿元。绿色经济初具规模。全力支持星云电子、时代星云快速发展；大通新材料、飞毛腿电子入选国家级绿色供应链白名单。文旅经济加快复苏。船政文化城即将开园；推进7个国家级旅游品牌、3个省级特色旅游村、1个市级精品旅游示范村建设；全年接待游客335万人次，实现旅游收入22亿元。

立足“新高地”，改革开放持续深化。营商环境持续优化，推出自贸区创新举措5项，其中3项为全国首创；行政许可事项全网办、“一趟不用跑”比例分别达91%和94.3%，业务办理平均用时和业务当日办结率均位居全市第一；在全市率先开展数字身份证试点，完成“数字身份证+”建设工作；“一码通办”提升通行时间95%以上，进出口通关时间压缩比分别为77%和94%；实现跨境电商监管中心9610、9810出口业务与1210进口业务全覆盖，全年完成跨境电商进出口业务量788万票，货值21.2亿元。国企改革稳步推进，将5家区属一级企业优化整合为3家，推动国有资本向重要行业和关键领域集中。专标融合不断推进，推动130项专利融入24项标准。获批筹建全省唯一的区级知识产权公共服务平台，新增国家知识产权优势企业1家、示范企业2家。

城市更新加快推进，年投资41.7亿元的城市品质提升工作全面完成。基础设施不断完善，轨道交通2号线东延线一期工程正式开工；新建改造污水管网25公里、供水管网7公里、供水泵站2个；完成6项道路建设工程。开展“两江四岸”环境提升以及“九个一批”综合提升专项工作，完成25项建设内容，进一步提升东江滨及船政片区城市基础设施水平，打造马尾“一区段一特色”。宜居水平进一步提升，提升改造君竹明居等老旧小区。

2023年工作安排。马尾作为全国首批国家级经济技术开发区，是对外开放的“桥头堡”和改革创新的“主阵地”。习近平总书记在福州工作期间，高度重视开发区、马尾区改革发展工作，多次召开现场办公会，协调问题，推动发展。党的十八大以来，习近平总书记两次来闽考察，都来到了马尾，充分体现了总书记对开发区、马尾区的深情厚爱，这是加压奋进，做好开发区、马尾区各项工作的强大动力。

2023年是全面贯彻落实党的二十大精神的开局之年。根据区委统一部署，各项工作总体要求是：以习近平新时代中国特色社会主义思想为指导，全面贯彻落实党的二十大精神，弘扬伟大建党精神，扎实推进中国式现代化，按照省委十一届三次全会、市委十二届四次全会、区委十届四次全会部署要求，坚持稳中求进工作总基调，完整、准确、全面贯彻新发展理念，积极融入新发展格局。以全方位推进高质量发展超越为主题，坚持“3820”战略工程思想精髓，构建现代化产业新体系。以实施扩大内需战略同深化供给侧结构性改革有机结合为重点，坚持社会主义市场经济改革方向，坚持高水平对外开放。以不断满足人民群众对美好生活的向往为目标，发展全过程人民民主，促进全体人民共同富裕。牢记“马尾的事，特事特办、马上就办”殷切嘱托，坚持促改革、谋发展、优环境、惠民生，奋力开创宜居宜业现代化马尾新局面。马尾区经济社会发展的主要预期目标是：地区生产总值增长7%，一般公共预算总收入增长6%，地方一般公共预算收入增长6%，固定资产投资增长10%，社会消费品零售总额增长6%，城镇居民人均可支配收入增长6%，农村居民人均可支配收入增长6.5%。

（摘编：王一星）

长乐区产业经济发展概述

2022年是党和国家历史上极为重要的一年。党的二十大胜利召开，为新时代新征程党和国家事业发展、实现第二个百年奋斗目标指明了前进方向、确立了行动指南。习近平总书记亲自擘画的“3820”战略工程实施30周年，福州新区体制改革全面铺开，福州自贸片区管委会入驻长乐，长乐区与福州新区、福州自贸片区“三位一体”的体制格局进一步优化。面对经济下行压力，长乐区坚持以有为政府带动有效市场，密集出台了稳经济、稳增长32份政策文件、429项政策措施，经济社会发展稳中有进、稳中向好、稳中向优，位列全国综合实力百强区第64位、中国工业百强区第45位、全省城市发展“十优”区第5位。

一年来，在上级党委、政府的领导下，长乐区坚持以习近平新时代中国特色社会主义思想为指导，坚决贯彻党的二十大精神，贯彻落实“疫情要防住、经济要稳住、发展要安全”重要要求，传承弘扬“3820”战略工程思想精髓，全面落实强省会、福州都市圈等重大战略，主动融入“重点建设六个城、打响五大国际品牌、实施九大专项行动”，深入开展“提高效率、提升效能、提增效益”“项目攻坚落实年”等行动，扎实做好“两稳一保一防”工作，较好地完成区十八届人大一次会议确定的主要目标任务。长乐区地区生产总值突破1200亿元，增长5.2%；第一产业增加值增长5.6%；规模以上工业增加值增长5.5%；第三产业增加值增长6.1%；地方一般公共预算收入增长7.5%；固定资产投资增长10%；社会消费品零售总额211.9亿元，增长7%；进出口总额240亿元；实际利用外资1.7亿元；居民人均可支配收入42000元，增长6%；完成节能减排降碳任务。一年来长乐区产业经济发展的主要工作和成效是：

坚持全域新区、全域新城，城市建设开创新局面。长乐区坚持以产业为导向的城市片区开发，整体推进滨海新城核心区、国际航空城、老城区、闽江口、首占营前新区五大片区建设，完成征交地1.69万亩、拆迁35.7万平方米，系统实施139项、总投资超550亿元的城市品质提升项目。长乐区重点片区开发建设全面铺开，高效推进总面积13万平方米的首占营前棚户区一期改造，完成签约96%、拆迁77%，棚改安置房项目启动建设；以EOD模式推进闽江南岸“沿江线”和美丽海湾“沿海线”两大生态片区连片开发，全市首个、总投资近50亿元的EOD项目获批；滨海新城一期至五期、国际航空城棋山花园安置房完成回迁，航城江莲片区改造、吴航和平街二期改造等项目基本完成回迁，受惠群众近8200户。现代交通网络日趋完善，地铁6号线开通运营，城际铁路F1线提速建设，长乐进入“地铁时代”；建立总设计师制度，“天字一号”机场二期、机场综合交通枢纽配套加速建设，“地字一号”高铁进机场工程正在报批，新增国内外航线9个；全省首座公轨两用桥道庆洲大桥主线通车，滨江路岐洋段及其连接线全面通车，营滨路提升改建工程交工验收，彻底解决重载货车进城问题；国道G316营前至漳港段、国道G228滨海风景道、岱岭隧道一期等加快推进，滨海高速一期、机场第二高速等动工建设，“福州市中心-长乐老城区-滨海新城”半小时交通圈基本形成。

坚持解放思想、守正创新，创新驱动增添新活力。长乐区融入国家自主创新示范区建设，实施高新技术企业倍增计划，新增国家级高新技术企业35家，获评国家知识产权优势企业4家，新增省“独角兽”“未来独角兽”“瞪羚”企业9家、科技小巨人企业16家、“专精特新”企业4家，永荣锦江获评中国专利优秀奖。入选省战略性新兴产业重点项目9个、省技术创新重点攻关及产业化项目4个、省智能制造试点示范重点项目4个，雪人股份项目获评省科技进步二等奖。中国工业互联网研究院福建分院、国家工业互联网大数据中心福建分中心、数字中国服务联盟生态总部等成功落户，省大数据集团总部、华为人工智能计算中心等顺利落地，福建大数据交易所挂牌运营，网龙网络连续十年入选中国互联网企业综合实力前百家企业，数字福建云计算数据中心入选国家新型数据中心典型案例。搭建中国东南沿海湿地生态科研平台，成立深港澳科技成果（长乐）三创基地，建成人才住房综合信息服务平台，选派科技特派员191名，开展“扬帆计划”“好年华·聚福州”等引才工作，引进博士、硕士238名，累计吸引5000多名数字经济产业人才来航就业创业。中长期青年发展规划试点、县域共青团基层组织改革成果被团中央评定为优秀。

坚持系统集成、协同高效，改革开放取得新成果。深入推进国企改革三年行动，整合成立区国投、城投、产投、水投四大国企，完成股权资产、办公资产、特许经营权等划转118宗，初步建立国企“三重一大”、薪酬待遇、考核办法等制度机制，区国投公司获评AA+信用评级。坚持“财政+国企+金融”，开展“学金融、懂金融、用金融”活动，推行金融特派员机制，推进数字人民币试点工作，落地全省首笔数字人民币土地出让金缴纳，落户首个省级乡村金融教育基地，落地中金资本、中移资本，盘活社会停车位、首占营前新区体育中心等存量资产，累计争取地方政府债券、专项补助、国企融资等各类资金超90亿元。深化“千名干部进千企”“万名干部下基层”“优服务惠企业”等专项行动，兑现各类企业扶持资金超21亿元，减税降费、退税缓税缓费超18亿元。出台全区房屋征收补偿实施细则，获批土地7091亩、林地1156亩。落实抓项目扩投资专项行动，343个省市区重点项目完成投资超800亿元，新招引落地158个重点项目总投资超550亿元，“项目攻坚落实年”行动综合考评居全市前列。推进海洋经济高质量发展三年行动，实施总投资超320亿元的达华卫星、海洋生物新材料等15个海洋经济重点项目，引进第2家远洋渔业企业，完成养殖海权改革试点。

坚持数字赋能、迭代升级，产业转型实现新突破。落实“强产业稳增长”“榕升计划”“榕腾计划”等专项行动，聚焦13条重点产业链，持续实施园区标准化建设、产业链链长制，战略性新兴产业产值占比达38%。89个“数字·绿色”技改项目完成投资91亿元，创建纺织化纤、钢铁冶金等传统行业二级解析节点标准。入选全国重点培育纺织服装百家品牌7家、省重点上市后备企业11家，新提升规上工业企业35家，大东海实业、恒申集团、永荣控股入围中国企业500强、中国制造业企业500强，恒申集团成为全国首家以聚酰胺为基础进行产业链整合的高端工程塑料企业。承办第五届数字中国建设峰会长乐分会场、第三届中国短视频大会等活动，东南大数据产业园新入驻企业144家，入选全省数字经济核心产业领域创新企业7家，新增“上云上平台”企业120家，长乐区纺织工业互联网平台入选工信部工业互联网试点示范项目，辅布司App入选工信部工业互联网App优秀解决方案名单，游龙大数据产业园、均和云谷·滨海科创等项目竣工投用，网龙数字出口服务基地等17个数字产业项目持续推进，海联网工程示范应用等18个新基建项目加快推进，数字经济规模突破700亿元。福米恒美偏光片全球首条8K超高清生产线正式投产，福米贴片、金锐显模组、阿石创半导体镀膜等重点项目加速推进，新型显示完整产业链条初步形成。雪人股份氨系统用设备亮相北京冬奥会、混凝土冷却设备闪耀卡塔尔世界杯。打造第三产业新增长点，新增平台经济项目10个。落实“促消费稳市场”专项行动，限下转限上企业80家，打造十洋国际等重点商圈、万星广场等夜色经济街区。

（摘编：周少雄）

福清市产业经济发展概述

2022年是极不平凡、极不寻常的一年。党的二十大胜利召开，为经济社会发展指明了前进方向，确立了行动指南。面对复杂多变的国际形势和新冠疫情考验，福清市坚持以习近平新时代中国特色社会主义思想为指导，在市委的坚强领导下，以变应变，跑出"福清速度"；改革破冰，探索"福清方案"；守望相助，传递"福清温度"。这一年，福清市爬坡过坎、奋勇攻坚，超前运作、迎难而上，"五盘并转"、系统推进，谱写了担当作为、干事创业的新篇章，开创了新时代"最福清"建设的新局面。

经济运行保持稳中有进，主要指标较快增长。全市地区生产总值1535亿元，比增7.6%，增速连续6个季度领跑福州；规模以上工业总产值2654亿元，比增8.1%；社会消费品零售总额405.1亿元，比增6.5%；一般公共预算总收入192.5亿元（同口径），比增4.5%；地方一般公共预算收入128.8亿元（同口径），比增18.3%；居民人均可支配收入4.3万元，比增6.1%。在全国县域综合实力、科技创新、绿色发展、新型城镇化百强榜单中分别名列第17、11、15和23位，福州市"项目攻坚落实年"、"亮晒比学"考核成绩均位居榜首。

市场主体扎实稳住。福清市围绕龙头企业固本强基，促进全产业链企业协同发展，44家龙头企业实现产值1536亿元。实施"融升计划"，新增规上工业企业55家。推动稳经济一揽子政策直达快享，出台8方面68项配套措施，兑现奖补资金5.5亿元，发放助企纾困贷款6.4亿元。市场主体净新增1.2万户，新报装电力用户及新增用电容量比增17.6%、123.4%。金融支持力度进一步加大，存贷款余额突破3600亿元，比增18.5%；制造业与科技类贷款余额338亿元，普惠小微企业贷款余额200亿元，分别比增21%和23.8%。

有效投资稳步扩大。福清市实行全生命周期管理，推动项目能开尽开、应开尽开、全面提速。万华化学PVC等87个总投资948亿元项目开工动建，正太新材二氧化钛等83个总投资360亿元项目竣工投产，天马科技三期等64个总投资283亿元技改项目顺利完成。签约引进大东海碳基冷轧新材料、长远锂科、有研半导体等201个总投资1330亿元项目。

消费潜力持续释放。福清市高起点规划布局龙高商贸新城、汽车商贸走廊，促进跨境电商、汽车后市场等优质业态集聚。电子商务产业园等26个商贸服务业重点项目投入运营，利桥历史文化街区开街，龙田遛街夜市获评全省首个乡镇夜色经济示范街区，打造"福味一条街"等24条特色商业街。挖掘开发海水温泉资源，发展近郊露营经济，一批新晋网红打卡点不断涌现。开展"惠聚融城·乐购有福"等促消费活动，拉动消费6.1亿元。

产业转型迈出坚实步伐。福清市创新动能持续提升。通过全国首批创新型县（市）验收，入围工业互联网推动数字化创新领先县（市）。全市R&D投入52亿元，总量和投入强度均位居福州第一。福清科创城初具规模，均和云谷、岁金智谷顺利动建，厦大福清科创园、联东U谷建成投用，厦门蔚嘉制药实验室和中试基地等项目正式入驻。新认定国家级高新技术企业61家，新增科技"小巨人"企业19家、国家级知识产权示范企业2家。中国技术交易所海丝中心、海洋食品联合研发中心、海峡数字科技产业园正式揭牌，京东方8.5代半导体显示生产线荣膺全球智能制造"灯塔工厂"

称号。

产业结构更加优化。福清市深化“扶持龙头壮大产业”专项行动，福清核电“华龙一号”示范工程建成投运，长德蛋白全球产能最大植物蛋白生产线正式投产，三峡风电全球单机容量和叶轮直径最大的海上风电机组成功下线。中景石化全球最大的共聚聚丙烯装置正式投用，成功入围全国民营企业500强。实施商贸服务业“小升规”等专项行动，7家制造业企业完成主辅分离，新增限上商贸业、规上服务业企业100家。全球名品交易中心投入运营，全市跨境电商交易规模增长66%。特色现代农业园区建设实现新突破，新增22家市级以上产业化龙头企业，农业产值超230亿元。一都枇杷获评全国名特优新农产品，东瀚海洋牧场上榜国家级海洋牧场示范区。引进2家远洋渔业龙头企业，远洋渔业产值比增6%。

人才集聚效应凸显。福清市落实“融聚英才”行动，制定“1+1+N”人才政策，发放首批“玉融英才卡”56张。评选“十大福清工匠”，新认定省级以上高层次人才322人。建成人力资源服务产业园，推进元洪食品产业学院、江阴化工产业学院建设，聚力打造福清职教城。深化产教融合，新开设6个专业，9个“订单班”、“委培班”，精准输送技术人才3036名。天马科技成立全省首个民办职业教育专项基金。

改革开放释放发展潜能。发展瓶颈有效破解。全面完成7大领域129个集成改革任务。推进园区标准化建设，实施江阴港城经济区共享区、生物医药产业园等标准化项目94个、总投资492亿元。开展低效闲置土地处置攻坚行动，累计处置180宗1万多亩，相关经验做法被国家发改委、自然资源部列为典型案例。深入实施土地整治“造地”行动，新增耕地1524亩，有效破解用地指标不足问题，带动村集体增收5000万元。五大国企平台公司实现专业化、市场化运作，盘活闲置资产26处，拓展经营性项目52个，营业收入增加35亿元。

开放合作深化拓展。中印尼“两国双园”上升为国家级“一带一路”旗舰项目，专项规划完成国际招标，首个国际渔业基地正式投产。港口发展全面提速，新开辟内外贸航线5条，集装箱吞吐量达210万标箱。完善海铁联运体系，开通中欧、中老班列，打通亚欧物流大通道。平行进口车业务实现疫情以来首次复苏，全年到港整车2800台。深化回归工程、台胞心灵契合等行动，开通对台“小三通”跨境电商专线，台湾农民创业园新引进6家台资企业。

营商环境持续优化。深化“放管服”改革，全国投资竞争力百强县排名上升至第19位。推出自贸片区24项创新举措，其中4项获评全国首创。在福州率先推出“跨省通办”事项“掌上办”等业务，深化园区与镇街服务中心标准化建设，9个服务事项可在园区就近受理。

投融资渠道不断拓宽。积极争取中央预算内资金、政府专项债，通过各类渠道融资189亿元。创新专项债“153”工作机制，推行专班运作、“五库联动”工作法，累计获批43个项目、总额39.1亿元。启动基金小镇建设，首支产业引导基金正式运作。

交通网络更加通达。福厦高铁福清段轨道铺设全线贯通，东港特大桥开工动建，国道G228滨海风景道二期率先启动。福清首条环城路全面闭环，城区“一环四横八纵”路网体系正式形成。开展“四大门户”提升行动，完成25条总长17公里的道路“白改黑”。新开通公交线路5条，启动园区公交首末站建设，全域公交体系逐步完善。

乡村振兴扎实推进。实施乡村振兴项目378个总投资5.7亿元，获评全国村庄清洁行动先进县和“四好农村路”示范县。开展乡村建设“五个美丽”、村庄清洁“六清一改”行动，推行乡村治理积分制，创建美丽乡村庭院1150个、微景观435个、小公园71个、美丽田园9个。复耕抛荒撂荒地877亩，建成高标准农田1.5万亩，粮食种植面积达28.6万亩。持续推进城乡供水一体化，新解决97个村饮水安全问题，优质自来水供给率达95%以上。深化闽宁协作结对帮扶，实施30个闽宁产业园基础设施项目，落地9家融籍企业，拉动宁夏农副产品消费5亿元。

（摘编：邓新民）

闽侯县产业经济发展概述

2022年是党的二十大召开之年。闽侯县坚持以习近平新时代中国特色社会主义思想为指导，在上级党委政府的正确领导下，踔厉奋发、团结奋进，加快建设科教名城、产业强城、宜居新城，全方位推进高质量发展取得新成效。地区生产总值突破千亿元大关，财政指标保持全省前列，城乡居民人均可支配收入增长5%。县域经济实力全国百强县排名持续提升、连续13年入围全省十强县，跻身全国县域发展潜力百强县第13位、县市未来投资热点百佳样本第27位，排名全国工业百强县第53位、全国创新百强县第27位、全国工业互联网推动数字化创新领先县（市）第20位，获评国家生态文明建设示范区、首批国家知识产权强县建设示范县，实现省级双拥模范县“七连冠”。一年来，产业经济发展的主要工作和成效是：

科学防控疫情。坚持人民至上、生命至上，压实“四方责任”，突出“快准严实细”，深化“敲门行动”、“无疫社区”创建等工作，统筹疫情防控和经济社会发展取得积极成果。尤其是福州“1022”疫情突袭，波及甘蔗、上街、青口等7个乡镇（街道），闽侯面临一场严峻挑战。危难时刻，广大医务工作者白衣为甲、披星戴月冲在一线，广大党员干部不惧风险、逆行出征日夜奋战，全体市民守望相助、同心抗疫众志成城，山区乡镇成建制支援前线，5961名机关干部下沉一线，一个个天使白、火焰蓝、志愿红以生命赴使命、用挚爱护苍生，让城市“静下来”、让生活“慢下来”，用朴实行动构筑起守护生命的铜墙铁壁，最大程度保护了人民生命安全和身体健康，最大限度减少了疫情对经济社会发展的影响。

推动产业升级。创新驱动发展战略深入实施，新增“专精特新”企业18家、“科技小巨人”企业78家，双双排名全市第一；75项重点技改项目完成投资130亿元，麦特新铝业入围全省创新型民企100强；专利授权6893件、有效发明专利6685件，均位列全市第一，六和机械、联泓交通器材荣获福建省专利奖；新增泰全工业、浩蓝光电2家福建省制造业单项冠军企业。

坚持大抓项目、抓大项目，重点项目“解难清障”行动深入开展，“项目攻坚落实年”专项行动完成投资417亿元，第三季度项目工作激励综合考评全省第3。“重大项目招商落地攻坚行动”引进项目268项、总投资593.5亿元，其中福大紫金氢能等亿元以上项目73个。工业（产业）园区标准化建设有序推进，园区面貌焕然一新，青口汽车工业园区与左海集团签订《东南汽车城产城融合示范区战略合作框架协议》，获得全省园区标准化评估“集约发展”“机制创新”两个专项第一。“扶持龙头壮大产业”专项行动深入实施，规上工业增加值增长6%、增幅排名全市前列，东南汽车百亿合作项目顺利投产，奔驰汽车连续六年实现工业企业税收全市第一，祥鑫股份跨入百亿企业行列、入围全省制造业民企50强，工艺品产业扛住了国际市场冲击。

深入开展“三产跃升”行动，“快来闽侯·吃住游乐购”等活动成效明显，砂之船奥莱19万平方米、200家品牌店开业运营，打造“热闹街市”14条（个），“乐游闽侯”智慧旅游平台上线运行。建成高标准农田1.32万亩，统筹利用撂荒耕地1027.5亩，培育“三品一标”农产品4个，新增市级农业龙头企业5家，被列为省级林下经济发展重点县，闽侯金鱼荣获第五届中国（福州）金鱼大赛全场总冠军等多个奖项。

加快城乡建设。完成“三区三线”划定及国土空间规划衔接工作，完成《闽侯县停车场专项规划修编》等2个专项规划、《青口镇东台片区控制性详细规划》等2个控制性详细规划。国家级县城新型城镇化建设示范县建设全面深化，新城开发、老城提升统筹推进，白龙洲大桥、旗山湖二期等一批项目建成投用，“一闸三线”工程实现供水，地铁5号线通车运营。乡村振兴战略深入实施，乡村建设行动扎实有效，雪峰1号风景道等项目建成投用，上街镇侯官村、白沙镇林柄村获评市乡村振兴五星级村，尚干镇后福村、洋里乡梧溪村等22个村获评市乡村振兴四星级村，跻身数字乡村百强县全国第5位、全省第1位。

全国文明城市创建工作深入开展，“六大专项”行动扎实推进，10个文明实践中心（所、站）入选全市示范阵地、白沙所获评省级最美志愿者文明实践所，昙石山历史文化街区获评市新时代文明实践基地，青口镇后福村获评市级乡村振兴文明建设示范村，甘蔗街道昙石村、大湖乡大湖村获评市级乡风文明榜样村。落实120项市级城乡品质提升项目，建成公园11个、172亩，“两违”整治“遏新化旧”措施取得实效，新建（改造）公厕21座，整治“裸房”450栋，创建省级“美丽庭院”140户，自建房排查整治工作在全省作经验交流，大县城、大学城、汽车城品质提升行动成效明显，城乡人居环境不断改善。

深化改革开放。加快转变政府职能，依法赋予乡镇（街道）行政处罚事项145项。新组建东南汽车城投资发展集团、闽侯县振兴一乡村集团。大力优化营商环境，全面开展“政策红利进万企”专项行动，退税减税降费19.3亿元。新增市场主体14187户、增长52%。持续深化“放管服”改革，政务服务群众非常满意率达99.94%。推出197组“一件事”服务套餐，“一次办理”提速30%，560个事项入驻园区。工程建设项目推行“远程踏勘”、“不见面审批”，施工许可1日办结。全省率先实现居民“刷脸办电”县域全覆盖。推进“非接触式”办税缴费，网上申报率提高至99.87%，县税务局上街分局被团中央评为一星级全国青年文明号。新增专家工作站2个，省级以上重点实验室9个，市级以上技能大师工作室5个，市级行业技术中心7个。认定“省高层次ABC人才”42人、排名全市第一，新引进省级以上高层次人才51人，建成投用人才公寓643套、4.3万平方米。搭建“揭榜挂帅”平台，揭榜项目120个。

全县不良贷款余额、不良贷款率均低于市平均水平，“一县一品”暨“首邑‘惠’贷”专项行动成效明显。持续实施出口信用保险制度，完成50家企业区域统保。实际利用外资完成6757万美元，进出口总额增长17.9%。第十届海青节两岸高校传统文化直播大赛成功举办，台胞创业支持服务中心、台湾人才服务工作站挂牌成立，落地合同台资项目34个、总投资54.8亿元。澳门闽侯同乡联谊会组建成立。山海协作、东西部对口帮扶工作成效显著。

2023年是全面贯彻落实党的二十大精神的开局之年。根据县委部署，2023年各项工作的总体要求是：高举中国特色社会主义伟大旗帜，以习近平新时代中国特色社会主义思想为指导，全面贯彻落实党的二十大精神，弘扬伟大建党精神，扎实推进中国式现代化，坚持稳中求进工作总基调，完整、准确、全面贯彻新发展理念，紧扣“四个更大”重要要求，坚持“3820”战略工程思想精髓，深化八闽首邑意识，发挥近郊区位优势，紧密衔接福州主城，加快建设科教名城、产业强城、宜居新城，推动新时代现代化滨江新城高质量发展，在福州加快建设现代化国际城市中再放异彩。根据这一总体要求，2023年经济社会发展主要预期目标是：地区生产总值增长7.5%；第一产业增加值增长5%；第二产业增加值增长7.9%；第三产业增加值增长7.2%；一般公共预算总收入增长5%；固定资产投资增长5%；社会消费品零售总额增长7%；城乡居民人均可支配收入增长5.3%；全面落实节能、减排、降碳任务。

（摘编：陈闽声）

连江县产业经济发展概述

2022年，在省委、省政府和市委、市政府的坚强领导下，连江县以习近平新时代中国特色社会主义思想为指导，全面贯彻党的二十大精神，认真落实“疫情要防住、经济要稳住、发展要安全”的重要要求，真抓实干、拼搏进取，经济社会健康平稳发展。连江县完成全县地区生产总值735.8亿元，比增5.8%；一般公共预算总收入44.61亿元，(同口径)比降6.5%，地方一般公共预算收入33.31亿元，(同口径)比增8%；固定资产投资506.33亿元，比增5.7%；实际利用外资7244万美元，完成进度100.6%；出口总额82.1亿元，比增16%。

一年来，连江县经受住了来自疫情、经济、安全生产等方面风险挑战，采取了一系列有效举措，推进了一系列创新实践，实现了一系列突破进展，取得了一系列标志性成果。连江县入选2022年全国县域发展潜力百强县、县域经济投资潜力百强县；蝉联全省县域经济实力“十强”县；第七次获评全省双拥模范县。连江县获评全国乡村振兴百强县；2022年度乡村振兴参与热度指数排名全省第一。渔业产值持续保持全国县级第一，水产品总量有望跃居全国县级第一；获评“中国鱼丸之乡”、蝉联“中国海带之乡”。通过全国科普示范县创建验收；入选首批省级数字乡村试点县；全省县级首个承办数字中国创新大赛成果发布会。年度绩效考评迈入全市优秀行列；二季度项目综合考评正向激励位列全省县市区第二。连江县数字蓝海新基建项目获得2022年世界智慧城市大奖中国区经济大奖，入选全球智慧城市合作与发展大会年度城市数字化转型优秀案例。罗源湾港区环下屿作业区获国务院批复开放，结束了长达5年的临时开放状态。福州现代物流城港后方铁路接轨方案正式获批并已正式动建，成为2021年7月新接轨管理办法实施以来全国首条通过审批的地方自建铁路项目。完成全国首宗渔业碳汇交易；成功举办全国海洋经济高峰论坛暨连江县海洋渔业碳汇建设体系发布会，以及福州市海洋经济人才项目对接会、“海连江”区域公共品牌发布会。高考本科上线率高于全省13个百分点；中考平均分、及格率、优秀率均位列六县市第一。基本公共卫生服务项目实施效果监测结果位列全省第四、全市第一。一年来产业经济发展的主要工作及成效是：

经济发展取得新业绩，发展更有质量，海洋特色更加凸显。连江县推进海洋经济发展“一岛一台一城一区两体系”的发展布局，促进一二三产融合发展。依托粗芦岛，加快建设母港一期、启航大道等基础设施，实现福州（连江）国家远洋渔业基地、国际水产品交易基地、海洋经济科创高地联动发展。按照工业化思维打造“海上粮仓”，推动“百台万吨”工程，投放“闽投1号”“乾动1号”深远海养殖平台，新增平台养殖水体8.2万立方米。丝路海港城可门园区临港工业快速发展，规上工业总产值有望突破500亿元大关；发挥深水良港优势，港口货物吞吐量达4700万吨。环马祖澳滨海旅游度假区启动建设，一期总投资1.2亿元的47个项目基本完工，总体规划顺利通过省级创建验收。加快推进海洋渔业碳汇“1+3+1+N”体系建设，全力推动“海连江”区域公共品牌创建工作，积极构建连江特色农渔产品品牌矩阵。22个总投资19.78亿元的渔港经济区项目加快推进，15个渔港开工动建，黄岐镇全省首个智慧渔港建成投用，黄湾屿国家级海洋牧场示范区建设顺利推进。水产品总量达到135万吨，渔业产值达到 298 亿元。

产业发展提质增效。连江县强化工业强县战略，深入实施“龙头企业培优扶强工程”和“五个倍增计划”，一系列稳经济大盘政策应出尽出、能出尽出，规模以上工业增加值比增 8.5%；工业用电量达 23.72 亿度，比增 25.31%，位居全市前列。全年“个转企”55 家，“下升上”20 家，新增市场主体 8348 户。省市上市后备企业 8 家。加强政企合作，创新“园中园”发展模式，打造成本洼地，可门青年公寓建设时间缩减一半，成本下降 1/4，产业园污水处理成本下降 40%。可门绿色纺织产业园入选中国纺织协会经典案例，成为中国纺织产业转型升级示范区。

项目建设全面提速。连江县深入实施“项目攻坚落实年”专项行动，招商引资成果丰硕，全年招引超 100、70、50、30 亿元以上的项目各 1 个，超 10 亿元以上的项目 11 个。京东、新希望等世界 500 强企业，泛鼎国际等跨境电商行业龙头企业陆续签约落地福州现代物流城；福建辉煌、福建瑞晟、无锡东恒等 6 个总投资超 300 亿元的新能源新材料项目，落地丝路海港城可门园区；宏东智慧远洋服务港、鸿华金枪鱼加工产业园等总投资超 150 亿元的 13 个海洋经济产业项目，落地福州（连江）国家远洋渔业基地。围绕“八个板块、六个口”，策划生成项目 176 个，总投资 1653 亿元。

改革开放迈出新步伐，发展更为高效。改革攻坚多点突破。“放管服”改革持续深化，取消审批与服务事项 11 项，1871 项政务服务事项“全程在线”。25 项海渔，130 项住建、交通运输等行政执法事项有序赋权乡镇。连江经济开发区管委会升格为副处级机构。积极探索深远海养殖平台登记工作，发放全国县级首本深远海养殖平台所有权证书。研发启用产业项目全生命周期管理服务平台，项目攻坚“121”指挥平台荣获国家版权局计算机软件著作权登记证书。进一步简化规范民宿业开办手续。完成新一轮国企改革，整合成立 4 个集团公司，优化县属国企运行机制。积极助企纾困，“退减缓免”税费超 19 亿元，小微企业贷款余额增长超 6%。帮助解决企业用水、道路配套、员工子女就学等各类问题 1213 个。

开放合作持续深化。环马祖澳滨海旅游度假区建设深度融入台湾元素，成为两岸融合发展的重要载体。连马两地县长视频通话，就经贸交往、文化旅游、协调机制等方面达成多项共识。与工信部国际经济技术合作中心签订协议，编制《闽台两岸制造业融合发展示范区规划》。引进瀚元生态、益联康养等 8 个台资项目，黄岐镇和长龙华侨龙场对接台湾建筑师团队开展乡建乡创陪伴式服务。马尾造船公司 2#码头顺利通过省级验收，实现对外开放。举办招商工作“开门红”、丝路海港城可门园区、海洋经济产业等项目集中签约仪式，招商工作卓有成效。设立“东南亚采购集散中心”连江产业馆、跨境电商产业综合园区，聚春园“佛跳墙”首次出口美国，连江鱼丸、官坞海带、长龙绿茶、中麻紫菜等特色产品走向国际市场。

乡村振兴扎实开展。大力实施“产业带动、美好家园、文明铸魂、网格治理、强基固本”五大工程。举办“向海发展·振兴乡村”连江观摩研讨会，乡村振兴五星级、四星级村总数位列全市第二。策划生成乡村振兴试点镇村项目 115 个，总投资近亿元。筱埕镇获评全国乡村特色产业超十亿元镇；丹阳镇新洋村、下宫镇松皋村、长龙镇岚下村获评省级“一村一品”专业村；筱埕镇筱埕村、马鼻镇玉井村入选省级乡村振兴实绩突出村建议名单。编制完成 112 个村庄规划；将全省首个鲍鱼品牌 IP 与渔家风情融合，把安凯乡同心村打造成渔旅“网红村”；启动 15 个农村生活污水提升治理工程；潘渡镇、马鼻镇、透堡镇等水系连通及水美乡村试点建设项目、蓼沿乡蒲边段防洪治理工程有力推进，城乡供水一体化黄岐半岛一期扩容改造工程顺利建成。严格保护耕地，新建高标准农田 7000 亩，新增耕地 1814 亩，复种抛荒撂荒耕地 470 亩，完成耕地“非粮化”整改面积 1233 亩，有力保障了粮食稳定生产。山海协作、对口支援、东西部协作等工作深入推进。

（摘编：吴建翰）

闽清县产业经济发展概述

2022年，闽清县坚持以习近平新时代中国特色社会主义思想为指导，全面贯彻落实十九届五中、六中全会和党的二十大精神，扎实做好“两稳一保一防”，以“提高效率、提升效能、提增效益”“项目攻坚落实年”“企业服务年”等行动为抓手，鼓足精气神，奋力加油干，全力推动各项工作取得新成效。全年地区生产总值增长5.5%；规上工业增加值增长4.5%；完成固定资产投资156亿元，增长13%，其中，工业固投63.3亿元，增长13.2%；财政总收入34.2亿元，基本持平；地方财政收入19亿元，增长2%；城镇居民人均可支配收入40086元，增长4.5%，农村居民人均可支配收入20392元，增长6.5%；完成市下达的减排降碳任务。连续五年获评全省县域经济发展“十佳县”，荣获省级双拥模范县、省级平安县等称号。一年来，产业经济发展的主要工作和成效是：

保持定力、精准施策，发展动能进一步释放。坚决防住疫情。全面落实“疫情要防住、经济要稳住、发展要安全”重要要求，严格按照优化疫情防控二十条、新十条措施，高效统筹疫情防控和经济社会发展。始终坚持人民至上生命至上，突出快准严实细，有效应对周边多轮疫情冲击，全县疫情形势总体可控。“10.22”疫情发生以来，县委县政府指挥坚强有力、部门协同配合、乡镇快速高效，“大数据+网格化”排查管控服务4.6万人次，核酸检测414.6万人次，以最小管控区域、最低成本代价打赢疫情歼灭战。在抗疫关键时期，闽清县持续深化“无疫村居”创建，发动1.9万余名党员、镇村干部、医务工作者、志愿者等冲锋一线，先后派出1300多人次赴泉州、莆田、闽侯、仓山、晋安、连江、马尾等地支援抗疫，为全省全市决战决胜疫情攻坚战贡献闽清力量。

全力稳住经济。深入开展“千名干部进千企”“万名干部下基层”等行动，出台促进工业、商贸服务业稳增长系列政策措施，解决企业困难问题107项，兑现惠企资金4324万元，税费“退减免缓”3.6亿元，发放“纾困贷”1.1亿元，帮助建陶企业降低用气成本近1亿元，新增各类市场主体3692户。

项目攻坚扎实推进，完成拆迁27.7万平方米、交地9145亩，处置批而未供土地897亩、闲置土地1008亩。台郡家居等39个项目开工建设，中建钢构等32个项目竣工投产。全员招商初见成效，对接引进亿元以上项目58个，万邦集成房屋等7个产业链项目转化落地，上市公司500强东方雨虹福建公司注册闽清并摘牌拿地。

统筹发展和安全。重大风险有效管控，公建项目投资全额纳入财政预算管理，争取上级补助资金16亿元、债券资金16.8亿元。盘活4217个公共停车泊位，融资1.5亿元。支持刚性和改善性住房需求，优化商品房预售资金监管，发放购房补助281万元。有力处置非法集资、套路贷等非法金融活动。成立政府性融资担保公司，“政、税、银、企”四方联动打通企业融资渠道，金融机构存贷款余额分别增长9.9%、7.8%，不良贷款率保持较低水平。

创新引领、提质增效，转型步伐进一步加快，工业经济逆势前行。全年新增提升规上工业10家，全县规上工业产值290亿元。白金工业园区规上工业产值超百亿元，完成税收3.3亿元，同比增长32%。绿色建筑产业园新引进万福创新园、丰和钢构等6个产业链项目，博雀、豪迪生等11

家企业建成投产。新材料产业园小园片区（一期）全面完成征迁，园区道路、土石方工程启动建设。75个重点技改项目完成投资40.4亿元。申报国家高新技术企业22家，新增科技小巨人企业10家，备案科技型中小企业20家。全年R&D经费投入2.64亿元，增长33.2%。62家战略性新兴产业占规上工业产值59.2%。建筑业持续壮大。新增一级总承包企业4家，产值超亿元企业达70家，纳税千万元以上企业14家，房地产及建筑业入库税收5.2亿元，建筑业产值突破1100亿元，继续保持全省第一。

特色农业提质增效。农林牧渔业总产值66.5亿元，增长58%。完成15万亩水稻功能区划定，新增高标准农田1000亩，稳定粮食产量5.42万吨。以工业化理念推动农业发展，橄榄、粉干、禽蛋、茉莉花茶、智慧食品等农业一二三产融合特色园区多点开花，高山蔬菜、水果、茶叶、食用菌等产业持续巩固。建成省级优质农产品标准化示范基地4个，新增省级“一村一品”专业村3个、“三品一标”认证产品5个。塔庄镇茶口村获评全国“一村一品”示范村镇，入选全国乡村特色产业超亿元村。坂东供销社获评省级基层示范社。

第三产业集聚发展。全年新增提升限上商贸业、规上服务业62家，举办“惠聚榕城·福见商旅”“爱购闽清”消费季等系列活动，拉动消费1.2亿元。全域旅游加快推动，七叠温泉（二期）、心上莲、栖野田园酒店等67个旅游项目完成投资53.3亿元。成功举办十大梅邑福菜评选活动，打造了水天一色、清源清境等一批特色民宿。九野小镇获评国家3A级旅游景区，塔庄镇获评省级全域生态旅游小镇，坪街村入选省级金牌旅游村。“乡约闽清”“徒步旅游”等系列活动吸引了大批游客体验打卡，全年游客接待量旅游总收入快速回升，分别增长31%、35%。

统筹谋划、一体推进，城乡品质进一步提升，美丽城区扩容提质。老城品质提升大步迈进，动建南山纵二路，建成城区地下管线综合信息系统，完成翔美楼老旧小区改造等69个项目，提升重要节点景观5处，新增绿道12公里、公园绿地195亩、停车泊位247个。金品苑、好山名郡、南山一号等安商房项目全面竣工。梅溪滨水自行车栈道（台山桥至赖下桥段）建成开放。

乡村振兴扎实推进。126个省市级试点镇村项目“比学赶超”，云上尚德·耕读学堂、下祝茶旅综合体等项目加快建设，全县乡村振兴“反响度”“获得感”名列全省前十。农文旅示范区建设步入“快车道”，引进西安复兴文旅等开发运营团队，谋划生成59个重点项目，完成大通道、梅溪水系提升项目系统设计，宏琳厝游客集散中心、洪安文创园等项目加快建设。

2023年是贯彻党的二十大精神的开局之年，是实施“十四五”规划承上启下的关键一年。根据县委统一部署，闽清县工作总体要求是：以习近平新时代中国特色社会主义思想为指导，全面学习宣传贯彻党的二十大精神，按照省委十一届三次全会、市委十二届四次全会、县委十四届四次全会部署，坚持稳中求进工作总基调，把握新发展阶段、贯彻新发展理念、服务和融入新发展格局，紧扣“四个更大”重要要求，坚持“3820”战略工程思想精髓，秉承“两区开发、两翼齐飞”发展理念，深入实施“三大三强”发展战略，融入都市圈、建设山水城，在推进中国式现代化的新征程中，全力打造福州都市圈承接区“桥头堡”和乡村振兴“闽清样板”，全方位推进高质量发展在更高起点上加快建设幸福新闽清。

经济社会发展的主要预期目标是：全县地区生产总值增长6%；固定资产投资增长8%；社会消费品零售总额增长5%；出口总值增长10%；实际利用外资增长3%；公共财政总收入增长6%；地方财政收入增长6%；城镇居民人均可支配收入增长6%，农村居民人均可支配收入增长6.5%；环保各项指标控制在市定目标内。

（摘编：蔡志轩）

罗源县产业经济发展概述

2022年，罗源县认真学习贯彻党的二十大精神，全面落实党中央决策部署和省委、市委、县委工作要求，真抓实干、攻坚克难，各项工作取得了来之不易的成绩。

一年来，罗源县紧紧围绕县委确定的“启航新时代，做强北大门，打响四大国家级品牌，建功丝路海港城”的奋斗目标，突出干好打基础、利长远、增潜力的十件大事，全力抓落实、强推进、求突破，实现了牛坑湾围填海项目重新获批；罗源县落地建设了福蓉源新材料、东恒新能源等重大产业项目；招引清华大学重大科研项目，积蓄创新发展新动能；拓宽改造了罗源湾高速口，全面提升罗源门户形象；顺应群众期盼，正式动建了县总医院。27万罗源人民在全面建设现代化美丽海湾城市的道路上，迈出了新的坚实步伐。罗源县产业经济发展的主要工作和成效是：

把稳增长作为头等大事。罗源县坚持稳字当头、稳中求进，上榜“全国县域发展潜力百强县”第33位，“全国县域经济投资潜力百强县”第89位。全年完成地区生产总值400亿元，比增6.5%；三次产业增加值分别比增5.2%、7.1%、6.2%。地方一般公共预算收入同口径比增32.7%；城镇居民人均可支配收入42552元，比增7%；农村居民人均可支配收入20944元，比增8%。全社会固定资产投资251亿元，比增15.2%，其中民间投资占比达到64%。社会消费品零售总额66亿元，比增5%。

把防疫情作为平安底线。罗源县坚持人民至上、生命至上，优化调整疫情防控领导架构，毫不动摇坚持“外防输入、内防反弹”总策略，创新“一圈两线多点”机制，持续提高防控精准化水平，顶住了宁德、福州等多轮疫情考验。坚持防疫工作“一盘棋”，先后派出9批次5100多名党员干部、医务工作者驰援上海、广州、福州等地。广大党员干部和各界爱心人士用行动创造了罗源速度，用服务彰显了罗源温度，用果敢书写了罗源担当，构筑起联防联控的钢铁长城，让罗川大地处处春意盎然，让“七彩罗源”充满人间大爱！

把强要素作为当务之急。罗源县直面财政收支矛盾，多方筹措发展资金。结合新增建设用地、重点流域治理、废弃矿山生态修复等工作，新增非税收入近4亿元，比增189%。围绕园区建设、民生基础设施补短板，争取地方政府债券10.2亿元、上级各类补助4.3亿元，运用政策性、开发性金融工具融资5.5亿元。努力突破要素保障瓶颈，倾力破解用地难题。金港工业园区、白塔产业园区成片开发方案通过审查，成功报批产业用地555亩，推动宝太冷轧、沪闽环保等7个重点项目顺利建设。出台“净地”交付机制，全年供地2220亩，盘活闲置土地466亩，新增连片工业用地800亩。新建“生态公益林”和“沿海基干林”储备库4211亩，完成用林审批1728亩，保障20个重点项目顺利实施。

把抓项目作为重中之重。罗源县全年落地投资50亿元以上项目1个，投资5亿元以上项目18个。力促58个项目开工、39个项目竣工，实施技改项目85个，全年完成投资240亿元。宝钢德盛、罗源闽光相继完成百亿技改，万洋众创城多栋厂房建成封顶，37个重点工业项目动工建设。投入13亿元，实施园区道路、管网、防洪等园区标准化建设项目20个。新建标准厂房4.5万平方米，松岐中路跨大获溪桥提前通车，LED生态修复工程通过验收。罗源县一季度“五个一批”考评全省第一，1-11 月全市“项目攻坚落实年”考评全市第三。“群贤毕至、筑梦港城”的发展环境加速形成。

把优环境作为发展之先。罗源县深入开展强产业扩投资、促消费惠企业等专项行动。全年减税降费 14.37 亿元，缓缴税费 8478 万元，兑现惠企政策资金 6310 万元，帮助市场主体纾困解难。推出 203 组高频事项“一件事打包办”套餐，891 项行政许可事项“最多跑一趟”，2000 余项政务服务事项“跨域通办”，网办事项超 92%。“五轮驱动”招商机制运行顺畅，建立招商项目“一机制三靠前”落地服务体系，全市首设项目审批协调服务中心，推行全流程“模拟审批”，7 个洽谈项目实现“百日内落地，拿地即开工”。罗源县出台 20 条金融赋能措施，新增企业贷款余额 50.3 亿元，比增 60%。鼓励科技创新，全社会研发投入（R&D）比增 22.7%，投入强度达 2.54%。新增国家高新技术企业 8 家、科技小巨人 5 家、专精特新企业 3 家。

把兴三农作为重大任务。罗源县努力促进农业高质高效、农村宜居宜业、农民富裕富足。“中国秀珍菇第一县”品牌在央视打响，香菇全产量标准化基地入选全国现代农业试点。全市首个苗木产业合作基地落户罗源。罗源县中房河洋湖水蜜桃亮相“数字峰会”，西兰七境茶荣获“海丝国际茶王赛”金奖，“罗源鲍鱼”商标获得国家知识产权局认定。新增市级农业龙头企业 6 家，认证“三品一标”15 个。成功创建 14 个省、市级“一村一品”专业村，获评省级“林下经济重点县”“笋竹精深加工示范县”。村庄清洁“六清一改一管”整治成效获全省通报表扬。“全民护河，爱我罗川”活动、南洋村农村人居环境“双积分制”在全市推广。罗源县实施乡村振兴试点项目 66 个，孵化乡村振兴五星级村 1 个、四星级村 20 个，国家级传统村落 2 个，绿盈乡村 19 个，森林村庄 6 个。霍口畲族乡获评“铸牢中华民族共同体意识”乡村振兴示范乡。开展文创旅游产业链行动，新改建民宿 12 家，松山镇获评省级“全域生态旅游小镇”，白塔乡百丈村获评省“金牌旅游村”，特色乡村游成为旅游新亮点。

把提品质作为城建之要。罗源县努力使居民生活更便利、更舒心、更美好。汉昇观澜、金尊名城等地产项目陆续交付，新增保障性租赁住房 2.2 万平方米。岐阳二期路网全面通车，涉迁群众顺利回迁。完成莲花东区、岐阳小区老旧小区改造，整治提升东大路等 5 条市政道路，城区步道、岸线夜景等 17 个串珠公园项目建成开放。霍口水库提速扫尾，昌西水库百米大坝全线浇筑。城乡供水一体化启动建设。“美丽罗源”监管平台运行顺畅，拆违拆临面积超 7.5 万平方米。投入 2475 万元，实施起步集镇环境整治项目 11 个，打造宜居宜业集镇样板。罗源县获评省“城乡建设品质提升综合绩效优异县”。

把护生态作为长远大计。树牢“绿水青山就是金山银山”理念，全面打响生态环保“三大战役”。谋划生态治理项目 32 个，制定工作措施 110 条，受理办结环保投诉件 337 件。淘汰 16 座 10 蒸吨以下燃煤锅炉，完成钢铁行业阶段性超低排放改造，完成华东船厂、闽联木业等 6 家大型企业 VOCs2.0 治理，空气质量优良率达 99.4%。深入整治河湖“四乱”，清淤疏浚河道 500 公里，清理罗源湾内“僵尸船”480 艘，退出关停畜禽养殖场 96 家、非法砂场 2 家、小水电站 16 家。

2023 年是全面贯彻落实党的二十大精神的开局之年，做好全年工作意义重大。罗源县各项工作的总体要求是：以习近平新时代中国特色社会主义思想为指导，全面贯彻落实党的二十大精神，坚持“3820”战略工程思想精髓，围绕强县和富民两大任务，以“双龙抱珠”打造绿色冶金、新能源两大千亿产业集群，以“七彩罗源”推动乡村振兴，启航新时代，做强北大门，打响四大国家级品牌，建功丝路海港城，全面建设现代化美丽海湾城市，为福州建设现代化国际城市贡献罗源力量。罗源县经济社会发展的主要预期目标是：地区生产总值增长 7%，地方一般公共预算收入 15 亿元以上，固定资产投资增长 8%，出口总额增长 5%，社会消费品零售总额增长 6%，城镇居民人均可支配收入增长 8%，农村居民人均可支配收入增长 10%。

（摘编：李元）

永泰县产业经济发展概述

2022年，在市委、市政府的正确领导下，永泰县坚持以习近平新时代中国特色社会主义思想为指导，深入学习贯彻党的十九大、十九届历次全会和二十大精神，高效统筹疫情防控和经济社会发展，各项工作取得新的成绩。全县地区生产总值365.6亿元，增长4%；一般公共预算总收入15.6亿元，地方一般公共预算收入11.1亿元；固定资产投资155.6亿元，增长9%；工业固定资产投资23.7亿元，增长35%；规模以上工业产值56亿元；社会消费品零售总额35亿元；进出口总值24.5亿元，增长15.6%；实际利用外资1514万美元；城镇居民和农村居民人均可支配收入分别增长7%和8%。一年来产业经济发展的主要工作和成效是：

疫情防控科学精准。坚持人民至上、生命至上，因时因势调整落实疫情防控措施，快速扑灭多轮输入性关联疫情，最大程度保护人民身体健康。“快准严实细”落实常态化疫情防控，开展重点人群分级分类健康服务。推进老年人疫苗接种，累计接种5.3万人次，覆盖率92.7%。设置定点医院床位75张、亚定点医院床位510张，县乡村（社区）发热门诊应设尽设、应开尽开。全县人民众志成城、同心抗疫，1136名医务工作者持续奋战抗疫前沿，4931名干部职工下沉一线，708名志愿者驰援鼓楼、仓山，顺利完成厦泉转运、长乐机场核酸采样、福州国际健康驿站等轮值任务，谱写了山海协作、共克时艰的奋斗篇章。

产业结构更趋优化。农业产业化步伐加快。新建高标准农田8000亩，完成粮食产量9.8万吨。省级现代农业产业园、同安省级茶叶产业强镇进展顺利。丹云金蛋工程一期30万羽蛋鸭项目建成投产。葛岭梅满天下青梅产业园、塘前帮利茶业产业园启动建设。菌草养殖富泉羊产业示范基地落地富泉、清凉。三状元油茶获批全国油茶产业示范园。全国绿色食品原料（李果）标准化生产基地成功续展。永泰绿茶入选农业农村部地理标志农产品保护工程。环境友好型工业规模扩大。城峰“匠福仙”白酒产业园、劳德巴赫精酿啤酒小镇开工建设，清凉“青云泉”矿泉水上市销售。城峰晟源纺织智能制造产业园、梧桐生态工业园顺利动建。清凉三连制衣等技改项目全线投产。企业研发经费投入增长30%。新增规上工业企业3家。红星三合建设等3家建筑企业晋升一级。建筑业总产值978亿元，增长14%。数字经济提速发展。数字永泰产业园新建楼宇12万平方米、厂房25栋，年产值超160亿元。981套人才公寓项目落地建设，三环路园区至高速东出口段全线贯通。引进岁金智谷、鑫高全等上下游企业18家。建成县级物流仓储配送中心。成立抖音电商直播基地，电商公共服务中心累计入驻企业28家。文旅产业持续发力。全省首个携程度假农庄在赤锡落成。培育“露营+”新业态，建成精品营地12个。引入省高速集团提升青云山服务区，打造全省首个自驾游经济综合体。成功创建葛岭省级旅游度假区。岭路御温泉酒店获全国温泉旅游企业五星级评定。梧桐嵩口研学游入选全国乡村旅游精品路线。

项目建设成果丰硕。争取地方政府专债资金8.9亿元。224项重点项目提速增效，完成投资132亿元。引进福祥食品、怡歌电子商务等项目173个，计划总投资254.3亿元。实施特色现代农业、全域旅游项目倍增计划，开工项目105个，新增投资25亿元。开展“项目攻坚落实年”等专项行动，友通慧科等58个项目开工建设，大圣新型建材基地一期、华尔锦纺织三期等37个项目竣工投产。白云抽水蓄能电站2台机组投产发电。“一闸三线”项目实现供水福清、闽侯、长乐。嵩口洑口龙湘水库、大洋富泉油洋混合抽蓄、福州至永泰有轨电车等重大项目前期工作顺利推进。

乡村振兴扎实推进。全国美丽乡村建设重点县项目全面完成。荣膺国家级传统村落集中连片保护利用示范县。入选首批省级数字乡村试点县。乡村公益医疗互助案例获评第三届全球减贫案例。霞拔东洋“父子三庄寨”入选2022世界建筑文物观察名录。山葡萄藤编织制作技艺列入第七批省级非遗代表性项目。举办全国“村晚”分会场、全省“农民丰收节”。嵩口镇获评省级商务特色镇，梧桐镇入选省级全域生态旅游小镇。大喜村入选中国美丽休闲乡村、第四批全国乡村旅游重点村。人居环境整治积分制实现全覆盖，盘谷乡获评省级垃圾分类示范乡镇。推行农房确权登记，崇尚集约建房县工作列入省级样板工程，同安集镇环境整治考评获全省第一。深化党建引领“服务队+工作组+合作社”工作机制，长庆探索“五金带农”产业发展模式。实施乡村振兴“六个一”专项行动，完成试点镇村项目258个。打造“我在乡间有亩田”省直机关示范带，认领田地613亩。完成“三区三线”划定，编制157个村庄规划，“多规融合”试点经验获全市推广。新建改造农村公路28公里、美丽农村路19公里。创建盖洋村等20个市级乡村振兴四星级以上村。

城市品质不断提升。樟城西大道完成主体工程，东嵩公路、环山北路顺利动建。南门大桥双幅贯通，马洋大桥、溪尾大桥建成通车。三环路建设持续加快，355国道葛岭濑下至城峰蕉濑段、北江滨路旧制药厂至银场段等市政道路建成通行。龙翔大厦、龙鑫苑等老旧小区完成改造，鸿景家园等13个老旧小区实现智能化提升。温泉村改造安置房、刘岐村民住宅小区等6个安置房（地）项目建成移交。南城区便民综合市场主体竣工。樟城中心市场获评全省首批星级文明集市。旅游客运集散中心和公交总站主体封顶。生活垃圾分类实现城区全覆盖。新改建城市绿道11公里、绿地10万平方米。新建改造雨污管网10公里、供水管网5公里、燃气管网5公里，城市污水处理率达98.2%。

改革创新亮点纷呈。出台《房票安置使用管理办法》《聚人才惠民生购房补贴政策》。试行“交地即交证”“交房即交证”新模式。落实退税减税降费6.4亿元。完成4家县属国企公司制改革。成立永阳融资担保公司，担保业务突破1亿元。深化乡村振兴“党建+金融”信用体系建设，塘前乡入选省级金融信用乡镇，莒口村等24个村入选省级金融信用村。“普惠金融平台”累计授信2亿元。入选首批省级农村产权流转交易市场建设试点，农村产权流转中心成交额突破5亿元。建立重点项目审批服务“包干代办”制，项目前期审批时限压缩至76个自然日。完善工程建设项目涉及砂石资产处置监管机制。出台《永泰县医药卫生体制改革方案》。设立高层次和紧缺急需专业人才专用编制池。

2023年是全面贯彻落实党的二十大精神的开局之年，是实施“十四五”规划的关键之年，也是永泰蓄势发力、跨越赶超的重要一年。根据县委统一部署，新一年政府工作的总体要求是：以习近平新时代中国特色社会主义思想为指导，全面学习贯彻落实党的二十大精神，按照省委十一届三次全会、市委十二届四次全会和县委十四届四次全会部署要求，以建设现代化绿色发展先行区为总目标，以“三示范三跨越”为总路径，围绕全域旅游、环境友好型工业、特色现代农业，持续构建“生态+”绿色产业体系，统筹发展和安全，奋力推动永泰县域经济高质量发展。全县经济社会发展主要预期目标是：地区生产总值增长6.5%；一般公共预算总收入、地方一般公共预算收入分别增长17%和15%；固定资产投资增长8%；工业固定资产投资增长8.5%；规模以上工业增加值增长6.5%；社会消费品零售总额增长5%；进出口总值增长6.1%；实际利用外资1550万美元；城镇居民和农村居民人均可支配收入分别增长7%和8%。

（摘编：曾文升）

厦门市产业经济发展综述

2022年，厦门市坚持以习近平新时代中国特色社会主义思想为指导，深入贯彻党的十九大和十九届历次全会精神，认真学习宣传贯彻党的二十大精神，坚决贯彻落实习近平总书记重要讲话重要指示批示精神尤其是来闽考察重要讲话和致厦门经济特区建设40周年贺信重要精神，按照省第十一次党代会、省委十一届三次全会和市第十三次党代会、市委十三届四次全会部署要求，坚持稳字当头、稳中求进，全面落实疫情要防住、经济要稳住、发展要安全的重要要求，高效统筹疫情防控和经济社会发展，统筹发展和安全，着力提高效率、提升效能、提增效益，积极克服国内外各种超预期因素叠加影响，扎实做好“两稳两促”工作，经济社会保持平稳健康发展。地区生产总值增长4.4%；固定资产投资增长10.2%；一般公共预算总收入、地方一般公共预算收入同口径分别增长4.9%和6.6%；全体居民人均可支配收入增长5.7%；居民消费价格涨幅控制在2%以内；完成年度节能减排任务。一年来产业经济发展的主要工作和成效是：

疫情防控科学精准高效。指挥体系始终激活，每日会商解决问题，因时因势调整策略。守牢全国第三大航空入境口岸，投用健康驿站，安置数占全省75%。“三公（工）一大”“大数据+网格化”机制高效运作，快准严实细处置本土病例近千例、涉疫突发事件400余起，未规模反弹、未静默管理、未层层加码，国家政策优化调整后以有力措施努力实现疫情“延迟暴发、压平波峰”，以最小代价实现最大防控效果。

经济运行稳中向好，稳增长有力有效。顶格落实国家、省稳经济一揽子政策，开展“益企服务”专项行动，兑现惠企资金超400亿元，其中退减缓免税费271亿元。运用财政杠杆撬动银行帮扶企业资金超500亿元，“财政政策+金融工具”纾解企业流动性困难经验做法获国务院办公厅通报表扬。地区生产总值增速在全国15个同类城市中居前列。新增商事主体17.2万户、增长17.6%。

扩大投资成效显著。加强项目全生命周期管理，按照高于上年实际投资完成额3倍目标策划生成项目1020个、总投资6162.8亿元，新开工入库项目数、总投资分别增长38%和48.9%，470个省市重点项目完成投资2445.8亿元、完成年度投资计划159.5%。获批新增地方政府债券、政策性开发性金融工具等国家政策资金支持718.7亿元。全面开展工程招投标“评定分离”改革试点，建设成本降低6%左右，开工时间提前10天左右。

消费市场稳步复苏。社会消费品零售总额增长3.1%。推出促进消费系列举措，发放数字人民币消费红包，开展“2022厦门消费节”等特色消费活动，海上世界等商业综合体开业，集美新城核心区等入选国家级夜间文化和旅游消费集聚区，城市便利店发展指数保持全国首位。物价水平总体平稳。

外贸外资保持稳定。落实稳外贸稳外资系列政策，实施加快推进供应链创新与应用提升核心竞争力行动，新增5家全国供应链创新应用示范企业，外贸综合竞争力全国第七，获批全国首批内外贸一体化试点和促进跨境贸易便利化专项行动城市，推动外贸稳定和创新发展工作获国家正向激励，外贸进出口总额9225.6亿元，占全省46.5%，实际使用外资22.1亿美元，占全省44.3%。

产业转型升级步伐加快，创新驱动能力明显增强。启动科技创新引领工程，统筹推进国家自主创新示范区、创新型城市和厦门科学城建设，净增国家高新技术企业超800家、专精特新“小巨人”企业64家、新型研发机构11家，R&D经费投入强度3.2%，新认定高层次人才1819人，有效发明专利拥有量增长21.9%，全球首个鼻喷疫苗获批在国内紧急使用，获评国家知识产权强市建设示范城市，创新能力指数居全国创新型城市第12位，科技集群、科技强度首次跻身全球百强。

现代化产业体系加快构建。厦门市实施市场主体培育工程，谋划构建“4+4+6”现代化产业体系，开展先进制造业、供应链主体倍增计划。电子信息、机械装备、商贸物流、金融服务等支柱产业集群规模分别达到4615亿元、2379亿元、11827亿元和1918亿元。新能源、新材料、生物医药、文旅创意等战略性新兴产业产值（营业收入）分别增长40.7%、16.4%、6.4%和10%，新增3家产值超百亿元企业。数字经济规模超4500亿元，海洋经济占地区生产总值比重达32%。

招商引资提质增效。成功举办第22届中国国际投资贸易洽谈会、厦门国际海洋周、企业家大会、校友经济发展大会等重大活动，投洽会恢复一年一办，大力开展投行招商、基金招商，注册私募基金总规模超过4000亿元。新增签约项目935个，三年计划投资1793.3亿元，引进天马8.6代线等3个投资超百亿元项目。新增落地项目1036个、三年计划投资2043.5亿元，其中增资扩产项目431个、三年计划投资752.5亿元。

重点领域改革多点突破，营商环境不断优化。落实优化营商环境条例，实施数字化营商环境提升行动，深化“一件事一次办”等改革，515个事项“免证办”、154个事项“秒批秒办”，承接省级下放审批事项211项，“证照分离”改革实现全覆盖。海丝中央法务区落地合作项目91个，集聚法务相关机构800多家。优化市对区财政体制，将6种不同的园区收入分成体制规范为2种。

投融资体制改革步伐加快。厦门市打破依赖财政性投融资的思维惯性，多渠道筹集社会资金。优化整合市级重大片区指挥部，完成投资占全市超九成。增设国家中小企业发展基金、产业链发展和创新基金、制造业专项增信子基金，扩大技术创新基金规模至150亿元，设立城市建设投资基金，实施3个轨道TOD项目，策划生成18个PPP项目和8个REITs项目，撬动社会资本超1300亿元，安居集团项目成为全国首批保障性租赁住房REITs项目。

国企改革扎实推进。厦门市完成国企改革三年行动任务，国企混改比例达73.3%，市属工商类企业全部实现国资集中统一监管，现代企业制度和市场化经营机制不断健全，国企活力效率持续提升，服务发展、服务民生作用进一步凸显。加快国有经济布局优化和结构调整，市属国企整合为16家，资产总额、营业收入分别增长28.8%和14.8%，建发、国贸、象屿在《财富》世界500强位次分别提升至第77位、106位、160位。

开放水平不断提升，金砖创新基地建设成效显现。厦门市成功举办金砖国家工业互联网与数字制造发展论坛等金砖“中国年”系列活动，在厦发布金砖国家制造业数字化转型合作倡议，新工业革命伙伴关系论坛及大赛永久落户厦门。组建金砖智库合作联盟和培训基地联盟，打造23个示范性培训项目，开展人才培训覆盖41个国家83.5万人次。上线新工业革命领域赋能平台8个，推出示范项目104个。对金砖国家进出口总额增长29.9%。

开放合作走深走实。厦门自贸片区新增全国首创举措15项，象屿保税区质量效益综合排名全国第一。新型离岸贸易外汇收支结算增长43.1%，跨境电商进出口额增长43.7%。厦门港集装箱吞吐量完成1243.5万标箱，“丝路海运”联盟成员300家，与“一带一路”沿线国家和地区进出口额增长12%、投资增长15.3倍。厦门市与以色列内坦亚市结为友城，国际友城增至21个。

两岸融合发展稳步推进。厦门市成功举办第十四届海峡论坛、两岸企业家峰会年会等活动，落细落实各项惠台利民政策，设立大陆首个台企金融服务联盟和首家全国性台商产业投资基金，每周增开4班厦金货运航班，开通转运临时邮路，新批台资企业增长3.8%，对台贸易出口额增长31.8%。

城市承载力辐射力日益增强，跨岛发展成效显著。厦门市岛外常住人口占全市六成以上，建成区面积、固定资产投资、规模以上工业增加值占全市七成以上，岛外新城建设全面推进，水、电、路网等基础配套更加完善，同翔高新城成为先进制造业新增长极，银城智谷等产业园区加速成型，新体育中心、新会展中心等重大公建项目进展顺利，马銮湾生态三岛等生态工程建成投用。推动实施闽西南协同发展区重大协作项目212个，年度总投资1073亿元。

重大基础设施加快建设。厦门市入选首批国家综合货运枢纽补链强链城市。厦门新机场主体工程加快推进，轨道交通3号线南延段、6号线集同段开工，6号线林华段全线洞通，福厦高铁厦门段完成铺轨，海沧疏港通道建成通车，翔安大桥成功合龙。厦门市新建改造供水管网45.1公里、雨水管网49公里、天然气管道86.9公里。市域内外五大水源实现连通。开工建设厦门数字工业计算中心，建成投用厦门鲲鹏超算中心、厦门国际互联网数据通道，5G基站累计超万个。

城市功能品质加快提升。厦门市科学划定“三区三线”。获批国家智能建设试点城市，建成城市大脑中枢平台。加快推进城市有机更新，湖滨片区、高林-金林片区等44个项目开工建设，沙坡尾等老城区功能持续提升。厦门市推动649个城乡建设品质提升项目，改造老旧小区4.97万户。推进道路交通改善项目56个，累计打通断头路25条，增开优化公交线路189条，新增公共停车泊位1.07万个。改造新建公园绿地129公顷、绿道61公里、慢行系统120.4公里，山海健康步道林海线建成投用。

乡村振兴深入推进。厦门市都市现代农业产业集群营业收入增长6.4%，4家企业入选中国农业企业500强。全力打造18条乡村振兴动线和69个试点示范村。创建13个“绿盈乡村”，全面完成农村雨污分流工程。创新薄弱村挂钩帮扶机制，新增20个集体经济年收入超过50万元的村集体。农村居民人均可支配收入总量保持全省第一。厦门市做好省内对口帮扶，启动闽宁产业园建设，厦门临夏东西部协作获评全球减贫案例。

安全发展基础更加巩固，风险防护网织密织牢。健全安委会组织架构和工作规则，全面落实国务院安全生产十五条硬措施，深化安全生产专项整治三年行动，安全生产形势稳定向好。强化社会治安整体防控，常态化推进扫黑除恶斗争，刑事警情下降4.75%，莲前派出所获评全国模范公安单位。排查化解金融风险，银行业不良贷款率保持全国全省低位。扎实推进“保交楼、保民生、保稳定”工作，房地产风险平稳可控。推动出台《厦门经济特区粮食安全保障规定》，全面完成粮食生产任务，“菜篮子”市长负责制考评居全国前列。获评国家食品安全示范城市，消费者满意度测评位居全国前十。

2023年是全面贯彻落实党的二十大精神的开局之年。厦门市要以习近平新时代中国特色社会主义思想为指导，全面贯彻落实党的二十大精神，深入贯彻落实习近平总书记重要讲话重要指示批示精神特别是致厦门经济特区建设40周年贺信重要精神，认真贯彻落实党中央国务院决策部署以及省委、省政府和市委工作要求，坚持稳中求进工作总基调，完整、准确、全面贯彻新发展理念，积极服务和融入新发展格局，着力推动高质量发展，更好统筹疫情防控和经济社会发展，更好统筹发展和安全，坚持抢机遇、强优势、挖潜力，突出做好稳增长、稳就业、稳物价工作，推动经济运行整体好转、风险得到有效管控、社会大局保持稳定，推动经济实现质的有效提升和量的合理增长，为努力率先实现社会主义现代化开好局起好步。2023年厦门市经济社会发展的主要预期目标为：地区生产总值增长6.5%，规模以上工业增加值增长11.5%，固定资产投资增长10%，一般公共预算总收入、地方一般公共预算收入均增长5.5%，社会消费品零售总额增长6.5%，外贸进出口总额增长1.5%，居民消费价格涨幅控制在3%左右，全体居民人均可支配收入与经济增长保持同步，完成国家和省下达的节能减排任务。

（摘编：周少雄）

思明区产业经济发展概述

2022年，在市委、市政府的正确领导下，思明区坚持以习近平新时代中国特色社会主义思想为指导，以学习宣传贯彻党的二十大精神为主线，深入学习贯彻习近平总书记重要讲话重要指示精神尤其是来闽考察重要讲话精神和致厦门经济特区建设40周年贺信重要精神，面对国内外各种超预期因素叠加影响，按照党中央“疫情要防住、经济要稳住、发展要安全”重要要求，高效统筹疫情防控和经济社会发展，统筹发展和安全，蝉联全省城市发展“十优区”首位。全年地区生产总值增长5.2%；固定资产投资增长13%；财政总收入、地方一般公共预算收入同口径分别增长0.8%、7.1%；年度节能减排任务顺利完成。一年来思明区产业经济发展的主要工作和成效是：

攻坚克难稳增长，经济运行在合理区间，惠企纾困有力有效。思明区全面落实国务院33条稳增长措施和省市配套政策，推出区级助企纾困9条措施，出台商贸流通业等11项产业政策。创新“直播带策”“对话论坛”等宣传推介方式，持续扩大“免申即享”政策清单覆盖面。累计兑现产业扶持与纾困资金15.2亿元，减免租金4400万元，退税减税降费38.5亿元。发放500万元数字人民币消费券，推出“思明way·文旅商消费卡”，撬动消费超7.6亿元。全省首创“财快贷”金融产品，综合运用贷款贴息、增信基金等多种手段，为企业提供15.5亿元融资支持。深入开展“益企服务”专项行动，处级干部挂钩企业307家，解决企业诉求52项。企业备案投资额同比增长25.5%，新增商事主体2.7万家，全市年度百强民营企业中思明企业超四成。

产业能级持续提升。思明区辖内8家公司包揽厦门市首批金融科技企业，新设“思明·嘉晟基金集聚区”“南强经济校友招商基金园区”，新增金圆集团展鸿基金二期等备案股权投资基金65只、规模近百亿元，在地基金公司管理基金数量、规模占全市一半以上。商贸业在万亿基数下实现15%增长，建发、国贸、安踏等116家销售额10亿元以上企业拉动限上批发零售业增长12.9个百分点。深入推进先进制造业倍增计划，星网智慧等一批智能制造企业高速成长，工业增加值保持两位数增长，增速位居全市第一。思明区出台软件信息业三年行动方案，发起组建游戏产业联盟，美图、四三九九、吉比特入选全国互联网百强，32家企业入选全省数字经济核心产业领域创新企业榜单、占全市总量近3成。住店圈、厦航国旅等企业线上线下联动发力，文体旅游业营收触底回升超20个百分点，中山路获评国家级夜间文化和旅游消费集聚区。

创新活力加快释放。思明区新增“三高”企业542家，培育专精特新“小巨人”企业7家，有7家企业进入省重点上市后备企业名单，华厦眼科成功在创业板上市。支持建设省级以上创新载体7家，引进华为开发者应用创新中心、腾讯优图AI创新中心等一批科创赋能中心，支持瑞华高科等科技企业近80个成果转化项目建设，提升创新体系整体效能。出台新时代人才强区战略，完善“思明英才”政策体系。拓展房源保障近千名人才安居需求，发放新引进毕业生“生活补贴”“五年五折”租房补贴金额居全市首位，引育市级以上高层次人才266名，入选省级青年发展型县域试点。

千方百计扩投资，发展后劲稳步增强，项目建设有序推进。思明区45个重点建设项目完成投资229.2亿元，完成年度计划228.7%。完善项目全生命周期管理服务，下放100万元以下政府投资项目审核权限，推行豁免清单、容缺受理，最大限度优化审批流程。策划生成亿元以上项目113个，总投资733.3亿元，投资规模达到上一年度3倍以上。思明区大力推动投融资体制改革，策划全民健身中心及老年服务综合体等3个PPP项目，总投资32.6亿元。抢抓中央扩大投资“窗口期”，获中央专项补助资金8000万元，新增专项债额度5亿元，投向老旧小区改造和城市更新等重点领域。

片区开发提速提效。思明区调整优化片区开发指挥部机制，8个分指挥部工作全面提速。创新SPV模式加快厦门（思明）国际商务区核心区综合开发，奥网城和何厝金包金地块完成收储，华西集团东南区域总部落户思明。开元创新社区成为火炬“一区多园”新空间，智慧城市创新中心和奥佳华总部大楼封顶。思明区东坪山片区发展提升PPP项目已纳入财政部项目库。将军祠片区攻坚扫尾取得较大进展。中山路片区加快推进街区肌理修复，完成民立小学等重要节点外立面改造，启动人民剧场改造工程等项目。厦港片区轨道3号线南延段进场施工，沙坡尾西片区概念性规划完成备案。滨北超级总部完成外贸地块收储，湖滨、何厝、岭兜片区安商房项目施工有序推进，泥窟石村片区提前2个月完成征收计划。成功出让岭兜C17等4宗商住用地。滨海片区厦大法学院、商学院、电影学院项目全面开工。

招商引资势头良好。思明区坚持大招商、招大商、大员招商，形成全区上下抓招商的浓厚氛围。充分用好九八投洽会、中国电影金鸡奖、校友经济发展大会等平台载体，实绩竞赛系统新增入库项目537个、投资总额达552亿元。实际使用外资5.98亿美元，总量占全市近30%。九八投洽会签约690亿元，中国电影金鸡奖期间签约影视项目17个、投资规模53.2亿元，签约影视项目数、金额全市第一。思明区基金招商持续发力，新增145个重点金融招商项目，带动永辉彩食鲜等一批实体企业落地。深化与火炬高新区、自贸区联动招商，签约今日头条信息技术、宇稀生物科技等项目30个，投资总额25.55亿元。

开放合作不断拓展。思明区海丝中央法务区思明示范区引进法务、泛法务、知识产权机构56家，挂牌成立厦门国际商事法庭、涉外海事法庭，加快打造国际商事争端解决优选地。辖区企业加快拓展国际市场，瑞幸咖啡与金砖国家巴西达成采购战略合作，青瓷游戏自研产品成功出海日本，华特控股参与非洲肯尼亚等国家基础设施建设。中华街区获评“中国华侨国际文化交流基地”。建立台湾青年发展服务中心，开通台湾人才实习就业创业资讯线上平台，兑现台青台企各类扶持资金1300万元。深入推进对口协作和结对帮扶，财政支持和社会捐赠超过3400万元。引入23家企业落地到资4.84亿元，通过劳务协作带动就业近2000人，17所学校与闽宁镇开展教育结对帮扶。

2023年是贯彻党的二十大精神的开局之年，是实施“十四五”规划承上启下的关键一年，思明区唯有继续保持奋斗精神、奋发姿态，才能在新时代、新征程中奋勇前行，交出人民满意的答卷。思明区经济社会发展各项工作的总体要求是：坚持以习近平新时代中国特色社会主义思想为指导，全面贯彻落实党的二十大精神，深入贯彻落实习近平总书记对福建、厦门工作的重要讲话重要指示精神特别是致厦门经济特区建设40周年贺信重要精神，紧紧围绕统筹推进“五位一体”总体布局和协调推进“四个全面”战略布局，完整、准确、全面贯彻新发展理念，积极服务和融入新发展格局，突出“一个总体目标、两点重要要求、三项重点任务23”，牢记嘱托、践行使命，勇立潮头、勇毅前行，在努力率先实现社会主义现代化的新征程中做表率、当先锋，加快建设更加美丽富裕繁荣平安的幸福思明，为全面建成社会主义现代化强国、实现第二个百年奋斗目标作出新的贡献。2023年思明区全区经济社会发展的主要预期目标为：地区生产总值增长5.5%左右；财政总收入增长5.5%，固定资产投资增长10%，实际使用外资6亿美元；完成市下达的节能减排任务。

（摘编：邓新民）

湖里区产业经济发展概述

2022年，在厦门市委、市政府的坚强领导下，湖里区坚持以习近平新时代中国特色社会主义思想为指导，全面深入贯彻习近平总书记来闽考察重要讲话精神和致厦门经济特区建设40周年贺信重要精神，按照党中央“疫情要防住、经济要稳住、发展要安全”重要要求，落实落细省委“提高效率、提升效能、提增效益”工作部署，坚定不移沿着区第九次党代会确立的发展路径，较好完成了区九届人大一次会议确定的目标任务，荣获全国工业百强区、全国义务教育优质均衡先行创建区、全省平安建设示范区、全省双拥模范城（区）、全省城市发展十优区等荣誉称号。全年实现地区生产总值1681.9亿元，增长3.3%；一般公共预算总收入280.7亿元，同口径增长16.3%，排名全市第二，其中地方一般公共预算收入55.9亿元，同口径增长15.5%，排名全市第二。产业经济发展的主要工作和成效是：

应对复杂形势取得新突破。湖里区服务大局守好“国门”，承担了高吞吐量的高崎机场入境分流、东渡港口货物检消、全市近半冷链食品监管、40.4公里海岸线守护及全市近三分之一的入境隔离酒店防控任务，截至11月30日，高效处置了境外输入1334例阳性病例，为去年的7.3倍，占全市二分之一。凝心聚力守住“家门”，58个社区、728个网格、1775名网格员全天候备战应战，103万居民群众全力支持，以最短时间、最小代价控制156例本土疫情，无一出现外溢。同时，面对全国指标切块的交通运输业下行压力、工业供应链受疫情影响承压凸显等不利局面，克服批零业和建筑业总量全市第一、工业规模全市第二形成基数高、增长缓，强化与自贸、火炬联动，二产规模全市第一，三产规模全市第二，1–9月区属规上工业产值增速达到疫情以来最好增长水平；建筑业以14%的GDP占比贡献了25.4%的GDP增速，跃居各行业之首；招商项目合同落地率从一季度7.1%提升至75%，实绩竞赛综合排名位居全市第二；区级财政收入总量及增速全市第二，税性比72.5%位居全市第一。以全市4.2%的土地面积创造21.2%的地区生产总值，增速实现逐季进位，1–9月升至全市第三。

有力提升本岛呈现新面貌。湖里区主动融入习近平总书记为厦门亲自擘画的金砖国家新工业革命伙伴关系创新基地建设，规划以创新基地总部区、数字工业智谷、TOD项目三大组团为核心的金砖数字新城。谋划四大片区改造和六大片区更新，分批分类推进覆盖51万人口的22个城中村“两改造三提升”，完成67个老旧小区改造，后坑社区纳入国家级城市更新试点。第六空间、金龙广场、海上世界等接续开业。

坚持守正创新实现新跨越。湖里区规范“村改居”社区集体经济组织成员身份认定，全市率先探索安置房配套车位、店面处置方案，高殿社区办理全市第一本村集体拆迁安置项目产权证。深入开展“益企加油”专项行动，区四套班子领导及处级干部“一对一”为157家企业提供专员服务，打造“亲清一家人”一站式企业服务平台，率先开展“企业接待日”“直播带策”等活动，全市首创为来厦高校毕业生、实习生提供免费入住的“雁来公寓”。创新投融资体制改革，首次在区财政投资项目中引入社会资本参与投资建设，停车场项目包（一期）成为各区首个列入财政部管理库的PPP项目，投资规模10亿元。争取各级各类资金累计41亿元，其中发行政府债券18亿元，规模各区第一。

融入新格局步伐更加稳健，经济双循环更加畅通。落实进口贸易促进创新示范区三年发展行动计划，涉及179个国家和地区的大宗商品进口额占全市50.74%，联动中国出口信保公司助力企业开拓海外市场。批零业销售规模占全市35.5%。开展7场“湖里魅力购”系列活动，撬动消费11亿元，政策效能放大80倍。1-9月社会消费品零售总额415亿元，排名全市第二，其中限上网络零售额56.4亿元，比增19.8%。

工业生产承压而上。在全市各区率先出台先进制造业倍增方案，1-9月244家规上工业企业现价产值增长9.7%，在全国工业百强区排名中提升8个位次。工业增加值占GDP比重同比提高1.7个百分点，拉动经济增长1.3个百分点。高技术制造业增加值占规上工业增加值比重上升至79.1%，稳居全市第一。年产值5亿元以上龙头企业增长面达73.3%，其中欣贺股份、贝莱胜电子等8家企业增速超20%。五大支柱行业全线增长，其中航空维修业复苏强劲，增速达32.2%。美捷特飞机聚合物产品等29个工业投资项目加快推进。

产业基础稳步提升。葛洲坝集团等10家建安企业落地，建筑业三级资质以上企业增至728家，加快迈入“千亿级”产值规模。构建多层次资本市场体系，境内外上市企业增至25家，率先出台全国首个母基金扶持政策，区产投公司加快市场化运作，新落地国家中小企业发展基金等139个金融投资项目，注册资金达290亿元，古地石基金小镇被中国母基金周刊评选为2021年度“最受关注基金小镇TOP10”。在睿至鑫达等龙头企业带动下，软件业规模占全市比重由去年6%提高至11%，增速位居各区前列，亿联网络、美图之家成为互联网软件百强企业。文旅行业蓬勃发展，“悦游湖里十二时辰”等活动贯穿全年，接待国内外游客1400万人次，华美空间、东荣社区等50余个取景地成为旅游热门打卡地。

创新能力加速培育。制定科创产业发展战略及三年行动纲要，出台支持企业培育研发创新能力16条措施，兑现研发投入、平台建设、研制与产业化等8类扶持资金4251万元，全方位助力178家次企业增强创新动力，全区有效发明专利拥有量4241件，排名全市第二。引进及培育市级以上高层次人才491名、柔性人才4589名，国家级高新技术企业增至489家，科技谷、三优光电等8家企业入选国家级“专精特新”小巨人企业，国家级科技孵化器增至5家，省、市级重点实验室增至17家。两岸集成电路产业园入选国家小型微型企业创业创新示范基地。湖边水库东科创产业园总体方案完成编制并纳入软件园二期扩展区开发建设。

重大项目提质增效。高位推动“岛内大提升”体系运行，建立“1+6+2+9”工作机制，强化“五办”联合调度，65个省市重点项目完成投资284.3亿元，超序时进度81个百分点，省重点在建项目完成情况考评四次位居全市第一。墩上社、蔡塘片区、湖边水库东片区完成征拆扫尾，钟宅、泥金攻坚取得重大突破，累计征地1029.1亩，提交可用土地906.5亩。搭建智慧建设管理“一站式”服务平台，推进68项涉及项目的审批服务事项改革，重点项目工期压缩10%。日均完成固定资产投资超5000万元，其中建安投资占固投比重由去年同期的30%提升至约50%，累计完成134.8亿元，比增21.3%，总量及增速均达到近年来最高水平。

招商引资再创佳绩。圆满举办“9·8”全区招商大会及全市首场城市更新项目推介会，积极参与校友经济、数字峰会、企业家大会等重大招商活动，推介、签约项目总计93个，总投资近1000亿元，对305家纳税大户进行表彰。滚动生成“促对接、促落地、促运营”三类210个重点招商项目，总投资1146亿元。新增市级总部企业11家，推动德龙集团贸易总部等世界500强企业，浪潮IC、利亚德等行业龙头，茅台零售等国企共计121个优质项目落地，实际到资132.2亿元。出让厦门农商行、圣元环保酒店等各类经营性用地9宗，比增超100%，为历年最高。

（摘编：陈闽声）

集美区产业经济发展概述

2022年是党的二十大胜利召开之年，是进入全面建设社会主义现代化国家、向第二个百年奋斗目标进军新征程的关键之年。站在历史与未来的重要交汇点，集美区坚持以习近平新时代中国特色社会主义思想为指导，以迎接宣传贯彻党的二十大为强大动力，按照“疫情要防住、经济要稳住、发展要安全”的重要要求，全力做好“两稳一保一防”工作，不断巩固疫情防控和经济社会发展成果。

2022年也是集美区承压奋进、破局突围的一年。遭遇了最为严峻的新冠肺炎疫情挑战，遭遇了压力重重的宏观经济形势，遭遇了全区发展的动力转换窗口期，困难比预想的更多、更大。但是，集美区坚持改革创新、团结奋斗，攻克了一个又一个难题，取得了较好成绩。全年地区生产总值增长3%；一般公共预算总收入、地方一般公共预算收入分别达到142.3亿元和46.1亿元；城镇居民人均可支配收入和农村居民人均可支配收入分别增长5%和8.1%。一年来，集美区产业经济发展的主要工作和成效是：

疫情防控体系精准高效。面对今年复杂多变的疫情防控形势，坚持“快、准、严、实、细”，持续优化三公融合流调机制，坚持社区网格群防群控、入集关口联防联控、行业部门严防严控，坚决快速有效处置4轮本土疫情及外省市持续漫入病例，最大程度保护人民生命安全和身体健康，最大程度减少疫情对经济社会发展的影响。

经济运行稳中求进，创新活力加速迸发。新增9家国家级专精特新“小巨人”企业，同比增长52.9%，总数达26家。打造全市首个知识产权标准化在线庭审场所，辖区国内专利授权量8202件，位居全市第一。签约落地厦门市金砖未来技能发展与技术创新研究院项目。探索投融资体制改革，策划生成首批12个区级PPP项目，总投资74亿元。进一步推进“人才强区”战略，发布高校产业技术联盟“四个一百”行动方案，开通全市首个先锋人才服务热线，引进高层次人才477名，年度新增市“双百”人才落户数连续八年位居全市第一。

主导产业全线发力。入选“中国工业百强区”，规上工业总产值1354.7亿元，规上工业增加值337.3亿元。软件信息业保持高速增长，规上软件信息和互联网服务企业营收150.4亿元，同比增长25%；软件园三期新增注册企业3703家，同比增长121.9%，落地注册资本金156.1亿元，入驻员工超8万人，西片区52万平方米研发楼交付使用。商贸业新增纳统企业161家，限额以上批发零售业销售额增速稳居全市第一。

金融实力持续提升。杏林湾基金聚集区新增注册基金418亿元，管理总规模突破1600亿元，居全省各区（县）首位，占全市总量四成；区产业引导基金连续两年跻身“中国政府引导基金50强”榜单，成为全省唯一上榜的区（县）级政府引导基金。升级TOP金融赋能研究院，成立“两岸金融服务中心”，对台资金清算额超180亿元。在国内率先实现以数字人民币奖励台企上市。成立全国首个台企上市服务联盟、全省首个台商增信基金。

经济循环更加畅通。集美新城商气人气加速集聚，新城核心区获评第二批国家级夜间文化和旅游消费集聚区。市场主体创业兴业热情不减，新增各类商事主体2.6万户，同比增长10.4%。集兆嘉全球结算总部、全球第三座红点设计博物馆、普盛食品南方总部等一批优质项目相继落地。举办2022“集美欢乐购”、二手车购车补贴等多场促销活动。外商在集投资意愿进一步增强，全年实际利用外资2.3万美元，东方花木兰、祥峰QFLP等亿元以上外资大项目陆续到资。橙联跨境电商产业园竣工投产。

乡村振兴成效显著。入围全国“数字乡村百强县”、首批省级数字乡村试点县。灌口镇获评省级乡村振兴重点特色镇、全域生态旅游小镇，双岭村、田头村分别获评省级美丽休闲乡村和省级金牌旅游村，文源山现代农业示范园获评省级休闲农业示范点。建成500亩高标准农田，成功培育2个市级“一村一品”示范村。大力发展村集体经济，开工建设西亭人才公寓和兑山综合楼，签约招商杏林村地铁上盖项目，全省首创“1+N+1”灌口村集体经济发展模式，超计划完成集体经济收入薄弱村增收任务。创新开展组团式结对帮扶，助力彭阳县打造5个闽宁乡村振兴示范村，投入3200万元用于清流县、新罗区省级乡村振兴试点村建设。

营商环境不断优化。连续两年营商环境评估总指标、社会信用体系建设排名全市第一。“一趟不用跑”“最多跑一趟”事项占比达99.4%。建成50个24小时e政务便民服务站，以及全省首个“优化营商环境执行工作室”。强化府院税联动，积极实施企业全域服务试点工作，打造“海丝法务税务普法服务中心”。率先全市开展直播政策宣讲，累计投入各类扶持资金13.6亿元，办理新增减税降费及退税缓税缓费29.5亿元。深入推动青年发展友好型城区建设，入选全国青年发展型县域试点，成立全国首个两岸青年创业创新行政赋能导师团。省级两岸融合县域集成改革试点工作成效显著，为台胞解难事办实事案例获国台办新闻发言人点赞。

城乡建设打造精品。扎实推进国土空间规划编制，生成50个城乡建设品质提升项目，已完工30个。完成征地2818.2亩、房屋征收35.2万平方米、交地4255.7亩，圆满完成陈井、西滨整村征收。福厦高铁厦门北站主体封顶。基本打通集源路、西莲路2条“断头路”，完成20条主次干道及商业大街提升改造，杏锦路跨高速段、灌口中路竣工，马銮湾环湾大道建成通车。新开通公交线路6条，优化调整公交线路14条。新增3295个停车泊位，超5000个道路泊位实现智慧化改造。投用西亭A1-3地块安置房，加快推进蔡林、官任等17个在建安置房建设进度。完成55个老旧小区改造提升，惠及3967户居民。基本完成存量裸房整治。

城乡治理谋求精细。创新社会治理模式，成立社会治理工作委员会，完善“一网统管”，建设“智慧集美”平台，高质量推进城乡管理向城乡治理升级。全面推行网格化管理，科学划分743个网格，新招录988名网格员，打造39个小区服务阵地、83个小区议事协商平台、145支小区服务队。制定小区治理小额“以奖代补”、居民公约等配套措施，率先全省成立小区业主服务中心。坚持党建引领城市治理，积极探索“三破三立”工作机制。成立全市首个物业行业党委，物业行业党组织数增长73.7%。苔芯志愿服务队获批全省首个台胞志愿服务队。铁腕整治“两违”，全区乱占耕地行为零新增。推进文明养犬，率先在岛外建立养犬管理信息系统。后溪镇及崎沟村、后溪村分别上榜第二批省级乡村治理示范镇、示范村。

安全生产底板持续加固。全区生产安全事故起数、死亡人数连续三年实现“双下降”，火灾起数同比下降10.4%，防汛和森林防灭火形势持续稳定。安全生产专项整治三年行动圆满收官，高层建筑、城中村、经营性自建房等重点领域综合治理扎实推进，危化品、城镇燃气、电动自行车等整治取得阶段性成效，道路交通安全综合治理五项行动正式启动。率先全市开展安全生产基础数据摸排，形成20个行业领域监管服务对象清单。

公共安全防线持续筑牢。常态化开展扫黑除恶斗争，打掉恶势力犯罪集团5个，刑事警情同比下降8.7%，每万人发生起数全市最低，八类案件破案率100%。连续三年反恐综治考评全市第一，“三级巡防”工作机制经验在全市推广。全力守护群众“舌尖上的健康”，全省首创农村集体聚餐食品安全团体标准，粮食安全首长责任制考核连续两年排名全市前列。

（摘编：吴建翰）

海沧区产业经济发展概述

2022年是党的二十大胜利召开之年，是“提升本岛、跨岛发展”战略实施20周年。海沧区坚持以习近平新时代中国特色社会主义思想为指导，认真学习宣传贯彻党的二十大精神，坚决落实疫情要防住、经济要稳住、发展要安全重要要求，坚持稳字当头、稳中求进，在市委、市政府和区委的正确领导下，高效统筹疫情防控和经济社会发展，着力提高效率、提升效能、提增效益，较好完成各项目标任务，今年再获国务院办公厅督查激励，入选“中国工业百强区”且位次从64位提升至51位，实现良好开局。

过去一年，全区上下团结奋斗、攻坚克难，积极应对国内外超预期因素冲击，有力克服去年经济指标高位运行的影响，坚持抓发展稳增长，坚持破难题增活力，坚持办实事惠民生，坚持保安全促和谐，各项工作取得新成效。1–11月，规上工业增加值增长7.5%，固定资产投资完成450亿元、增长12.5%，限上批零销售额增长31.5%，社会消费品零售总额增长7.5%，地方一般公共预算收入增长7.8%，居民人均可支配收入稳步提高，主要经济指标超过全省、全市平均水平。全年地区生产总值增长5%左右，三个经济指标有望跨越“千亿台阶”，即地区生产总值超1000亿元、规上工业产值超2000亿元、限上批零销售额超5000亿元。一年来，海沧区产业经济发展的主要工作和成效是：

坚定信心、克难奋进，产业发展彰显韧性。工业运行量稳质优。规上工业产值增长13.5%，规模首次跃居全市各区之首，增加值总量蝉联各区第一，工业支柱地位更加稳固。发展质效显著提升，工业增加值率提高至34.2%，新增规上工业企业34家。44家企业入选全市首批先进制造业倍增计划，数量和产值增速均位居各区第一。

产业发展齐头并进。战略性新兴产业聚势发力，生物医药、集成电路、新材料等三大主导产业完成产值682.6亿元，剔除特定因素增长49.8%，占工业比重达36%。万泰沧海、厦钨新能源2家企业产值突破百亿元，生物医药港综合竞争力首次跻身全国十强。现代制造业有力转型，电子信息、汽车及零配件等优势行业保持良好增长。现代服务业特色发展，中谷物流基地等项目落地开工，见福、厦门钨业2家企业入选“全国供应链创新与应用示范企业”，汽车销售等商贸零售延续平稳恢复态势。

增资扩产势头强劲。挖掘存量企业发展潜力，推动232个项目增资扩产、总投资超700亿元，其中，技术改造项目113个、利用自有用地项目56个、新增用地项目63个，投资亿元以上项目数增长57%。项目全部达产后可新增年产值约1900亿元，今年已释放产值超百亿元。

创新活力持续激发。海沧区全社会研发经费投入强度达4.8%。企业创新主体地位更加突出，新增国家级专精特新“小巨人”企业14家、总数达24家，新增省级专精特新中小企业27家、总数达42家，新增6个市级企业类重点实验室、占全市四成。建立直播引才基地，“云送岗”1504个；新入选高层次人才397人次，安排人才扶持资金1.1亿元、创历史新高。

转变思维、主动求新，营商环境持续优化。创新机制解决痛点。优化“八办”全流程全要素全周期工作机制，项目推进快速高效。直面企业“最痛”“最盼”问题，全市首创企业“进不了窗口”事项综合服务中心，召开9场“服务企业接待日”活动，累计受理诉求378件、已办结近九成。增资扩产工作经验全市推广，建立“一企一案一专班”保障机制，优化合并办理环节，大幅压缩办理时限，宏发继电器项目从申请到开工仅耗时29天。

政策红利加速释放。坚决落实稳经济一揽子政策，不折不扣落实组合式税费支持政策，新增减税降费及退税缓税超30亿元。出台10条助企纾困政策，特别是对承租区属国企资产的中小微企业和个体工商户，租金减免时间延长至6个月、规模达1.6亿元。

空间保障坚实有力。完成产业用地出让17宗，面积超1平方公里；取得农转用批复15批次，面积71.3公顷、超前两年总和。坚持节约集约用地，支持企业利用自有用地实施增资扩产、容积率平均提升了0.7。试点推动金旸、通士达等低效工业用地盘活，取得实质性进展。

大抓项目、聚势赋能，有效投资量质齐升。招商引资成效显著。7个招商小分队协同作战，签约项目187个，总投资402亿元。一批优质项目取得积极进展，京东数字经济产业园等项目顺利落地，总投资超70亿元的安捷利美维项目开工建设。楼宇招商实现突破，建设交通产业园正式开园。项目策划做实做深。策划生成项目222个，总投资超1700亿元。

项目建设提速增效。加快项目前期工作，推动8个市重大项目开工，总投资140.3亿元。有力推进建设进度，69个省市重点项目完成投资399.1亿元，超年度计划86.5%，海沧疏港通道主线提前8个月通车，轨道6号线海沧段完成铺轨，恒瑞医药高端原料药基地等10个产业项目实现当年拿地、当年开工。

夯实基础、共抓机遇，服务大局积极主动。服务港口高质量发展。积极争取市级财政资金108亿元，强力快速推进后井整村征收工作，历时5个月已基本完成。有力保障沧江路快速通道动工建设，海沧南大道等项目按序时推进，新增集卡车停车位288个，港区基础设施配套持续完善。海沧港完成集装箱吞吐量890万标箱，占厦门港比重保持在七成以上。

自贸优势有力发挥。整车进口增势良好，海沧口岸到港数量和货值均实现翻番。中欧（厦门）班列平稳运营，首列冷链出口专列开运，海铁联运优势凸显。重点园区平台贡献突出，黄金珠宝产业园产值增速达41.7%，毛燕进口数量成倍增长，进口酒等平台有序运营。

两岸融合持续深化。产业合作有效联动，新落地台资企业45家、总数达610家。文化交流丰富多彩，举办保生慈济文化节等品牌活动，持续开展民间宗亲民俗交流。台湾青年参与乡村振兴等模式不断深化。

乡村振兴深入实施。完成13个乡村振兴试点示范村和4条动线建设，过坂社区获评全国“一村一品”示范村。基本完成全区农村集体发展用地规划选址，“一村一发展用地”落到实处，新垵、莲花等项目竣工交付，温厝、祥露等项目有序推进。班纳利中国育种中心一期正式投产。全面完成农村生活污水治理提升工程，打造22处美丽乡村微景观，“五个美丽”建设工作经验全省推广。农民人均可支配收入增长7%，有望实现全省“十七连冠”。扎实做好与宁夏泾源县的东西部协作，推进与宁德屏南县的对口帮扶，深化闽西南协同发展，与四川绵阳经开区开展全面战略合作。

基础配套加速完善。新建（改造）市政道路13.9公里，滨湖路全线贯通，打通鼎山西二路等3条断头路，交通循环有效改善。提升海林二路等20条道路，完成建港路、兴港路等道路慢行系统建设，群众出行更加便利。新增路外公共停车位1389个、充电插口3105个，停车难、充电难等问题得以缓解。建成5G基站820个，实现重要区域室外信号全覆盖。

2023年是全面贯彻落实党的二十大精神的开局之年，是“十四五”规划实施的中期年，做好明年工作至关重要。海沧区要完整、准确、全面贯彻新发展理念，积极服务和融入新发展格局，加快融入厦门“一二三”战略规划实施，着力推动高质量发展，更好统筹疫情防控和经济社会发展，更好统筹发展和安全，推动经济运行整体好转。主要预期目标是：地区生产总值增长6%左右，规上工业增加值增长7%，固定资产投资增长7%，地方一般公共预算收入增长6%，居民人均可支配收入稳步提高。

（摘编：李元）

同安区产业经济发展概述

2022年，面对复杂严峻的经济形势和多重超预期因素影响，同安区坚持以习近平新时代中国特色社会主义思想为指导，全面落实“疫情要防住，经济要稳住，发展要安全”重要要求，高效统筹疫情防控和经济社会发展，扎实做好“两稳一保一防”工作，着力提高效率、提升效能、提增效益，经济社会保持平稳健康发展。同安区全年实现地区生产总值705.6亿元，增长3.7%，固定资产投资增长35.8%，财政总收入、区级财政收入同口径分别增长2.3%、12.5%，城镇居民人均可支配收入增长5.0%，农村居民人均可支配收入增长7.7%。一年来同安区产业经济发展的主要工作和成效是：

坚持防疫情、稳增长，经济建设步伐稳健有力。疫情防控科学精准。认真落实第九版防控方案和“二十条”“新十条”优化措施，全力做好外防输入、内防反弹各项工作，把疫情影响降到最低。完善推行“三级联防”“五包一”工作机制，深入开展“同安康”疫情防控主题实践活动，常态化疫情防控水平稳步提升。组建应急核酸采样、流调、医疗救治等49支队伍，培训核酸采样员2544名，防疫力量明显增强。有序推进疫苗接种，60岁以上老年人全程接种率达99.2%。

产业发展提质升级。加快构建“4+4+1”现代产业体系，三次产业结构优化为1.6：53.2：45.2。工业经济平稳增长，规上工业总产值达1288.9亿元，新材料与新能源、生物医药与健康等重点产业链实现两位数增长。现代服务业加快发展，同安新城注册企业超1200家，随着厦门科学城基金湾区揭牌、方特酒店投用、晋工新能源和晶链通等总部项目签约，环同安湾新经济带加速形成。都市现代农业产业集群实现营收360亿元，新增高标准农田1432亩，闽台农业融合发展产业园建设成效评估结果位列全省第二。

创新驱动成效显著。同安区出台加快推动厦门科学城核心区产业发展等政策措施，支持企业创新发展，规上高技术产业增加值62.4亿元，同比增长12.9%。兑现技改奖补资金1.4亿元，规上工业企业技改覆盖率达35.6%。创新型领军企业加快培育，国家级专精特新、高新技术企业增至384家。金牌厨柜入选工信部智能制造标准应用试点。人才强区战略扎实推进，引进高层次人才101名。厦门生物医药创新研究院等院士领衔项目成功落地，全省首个大型异构计算超算中心——厦门数字工业计算中心动工建设。

惠企助企有力有效。同安区落实国家、省、市稳经济一揽子政策及接续措施，配套出台“工业10条”“商贸流通16条”等具体措施，实施增值税留抵退税11.5亿元，制造业缓缴税费9.4亿元，兑现惠企资金12.2亿元，精准助力企业轻装前行。综合运用“财政政策+金融工具”支持实体经济发展，发放应急还贷资金22.1亿元，新增政策性融资担保贷款4.1亿元。

坚持扩内需、强投资，高质量发展基础持续巩固。项目建设全面提速。同安区实施“项目落实年”行动，95个省、市重点项目完成投资410.3亿元，项目工作正向激励综合考评连续三个季度位居全省前十。项目滚动接续态势良好，206个项目竣工，180个项目开工，133个亿元以上项目纳入市重大前期项目储备库。完成土地征收6844.7亩，房屋征收194.3万平方米，省、市重点项目土地房屋征收综合考评保持全市第一。争取中央、省市补助资金7.5亿元、债券资金5亿元，总投资26亿元的教育补短扩容PPP项目纳入财政部项目库。

招商引资成果丰硕。全年签约项目100个，三年计划投资总额约367.3亿元。强化头部企业招商，华润喜力啤酒生产基地落户，中铁建大桥局厦门公司挂牌，厦门时代正式开工，“大项目带动产业大发展”态势明显。强化产业链招商，紧盯上下游关键环节补链强链延链，顺利引进杰瑞硅负极材料、科达利结构件等项目。强化基金招商，设立科技创新母基金和招商并购母基金，吸引德屹长盛、同创伟业等基金项目签约，带动50多个产业项目落地。

市场潜力加快释放。营商环境持续优化，新增市场主体2.6万户，同比增长9.6%。率先全市推行“园区办”“验登合一”模式，支持152家企业增资扩产，鼓励企业登云上线拓宽市场。加快成长型企业培育，“四上”企业达1577家。开展“一企一品”益企服务，大力推介“同安制造”“同安创造”。举办“乐购同安”消费节等活动，发放补贴超1000万元，拉动消费14.7亿元。一站式购物中心同安宝龙广场启幕运营，传统商圈、一刻钟便民生活圈优化提升，社会消费品零售总额增幅位居全市第二。

坚持抓统筹、优品质，融合发展格局加速构建。新城建设有力推进。聚焦以产兴城、以城聚产，“两个新城”建设提质增速，全年完成固投334亿元。同安新城开发用地面积扩至25平方公里，“三谷”产业园区加速成型，交通、教育、卫生等民生项目加快建设，“环东之眼”景观慢行工程顺利推进，市民服务中心等公建配套接踵布局。同翔高新城（同安片区）新拓产业空间4341.5亩，厦门新能安竣工试产，石墨烯产业园建成投用，海辰储能二期等21个产业项目快速推进，核心区城市配套逐步完善，产业、生活、运营等要素加速融合。

城市功能有力提升。同安进出岛通道先导段开工，轨道交通4号、6号线加快建设，新增城市道路19.2公里，打通“断头路”4条，启动运行交通微循环圈6个。新建燃气管道20.5公里、公共停车场14个、停车位1642个，新增园林绿地90公顷、慢行系统10公里。老旧小区改造、历史风貌区有机更新、城西完整社区试点稳步实施。处置“两违”221.1万平方米。文明创建专项整治行动扎实开展，36个城中村和工业集中区治理试点有序推进，“8+1”创建机制入选市优秀创新案例。

乡村振兴有力实施。同安区乡村振兴热度指数综合排名连续两年位列全省前十，市级乡村振兴实绩考核获优秀等次。95个乡村振兴项目有力推进，完成“五个美丽”示范创建432处。198条农村电网完成改造，7个高效节水灌溉项目建成投用，29.7公里农村公路通过验收，入选“四好农村路”全国示范县创建单位。小型水库管理体制改革经验做法全国推广。四口圳、阳翟等集体发展用地项目开工建设。泾源、诏安等地协作帮扶取得新成效。

发展方式向低碳节能转变。积极稳妥推进碳达峰碳中和，完成年度节能减排任务。加快推动产业结构调整优化，严控高耗能行业产能规模。大力发展清洁低碳能源，加快厦门抽水蓄能电站建设，新增8个新能源充电停车场。环卫一体化管理持续推进，垃圾分类收集、转运处理体系不断完善。全国首个农业碳汇交易平台落地运营。

2023年，是全面贯彻落实党的二十大精神的开局之年，是实施“十四五”规划承上启下的关键之年，也是同安区全方位推进高质量发展超越的重要一年，做好各项工作意义重大。同安区工作的总体要求是：以习近平新时代中国特色社会主义思想为指导，深入学习贯彻党的二十大精神，全面贯彻落实省委、省政府和市委、市政府的工作要求和部署，认真落实《厦门“一二三”战略规划》，坚持稳中求进工作总基调，加快推动“四区一基地”建设，全方位推进高质量发展，奋力谱写富美新同安建设新篇章。2023年同安区经济社会发展的主要预期目标是：地区生产总值增长6%左右；规模以上工业总产值增长12.5%；财政总收入增长6.5%，区级财政收入增长6.6%；社会消费品零售总额增长8%；固定资产投资、城乡居民人均可支配收入增幅高于省市平均水平。

（摘编：曾文升）

翔安区产业经济发展概述

2022年是党和国家历史上具有里程碑意义的一年，党的二十大胜利召开，为新时代新征程党和国家事业发展、实现第二个百年奋斗目标指明了前进方向。一年来，在市委、市政府的坚强领导下，翔安区坚持以习近平新时代中国特色社会主义思想为指引，以迎接党的二十大召开和学习宣传贯彻党的二十大精神为主线，深入贯彻习近平总书记来闽考察重要讲话精神和致厦门经济特区建设40周年贺信重要精神，坚决落实“疫情要防住、经济要稳住、发展要安全”重要要求，高效统筹疫情防控和经济社会发展，统筹发展和安全，扎实做好“两稳一保一防”工作，较好完成了区五届人大一次会议确定的目标任务，荣获“全国2022高质量发展十佳城区”“全国工业百强区”“国家生态文明建设示范区”。全年（下同）地区生产总值增长6%，规上工业增加值增长9%，固定资产投资增长12.2%，财政总收入增长23.4%，区级财政收入增长20.1%，全体居民人均可支配收入增长6.1%。其中，地区生产总值、规上工业增加值、区级财政收入、其他营利性服务业、实际使用外资、城镇和农村居民人均可支配收入等7项指标增速居全市第一。一年来，产业经济发展的主要工作和成效是：

疫情防控精准有力。认真贯彻“三个坚定不移”重要要求19，全流程落实科学防控措施，全方位筑牢外防输入“五道防线”，累计排查各类风险人员、车辆、船舶超30万人（辆）次。坚持以快制快、抢抓时间窗口，安全快速处置54起涉疫突发事件，牢牢守住不发生规模性疫情底线。投入2.6亿元提升常态化防控和应急处置能力，优化便民核酸采样点，疫苗全程接种率超95%、加强免疫接种率超83%，4项接种指标居全市首位，有效保障经济社会稳定发展和群众正常生活秩序。

顶压奋进稳增长。面对严峻复杂的宏观形势和多重超预期因素影响，坚持早谋早动，坚持精准施策，坚持惠企助企，推动经济运行呈现一季度“开门红”、二季度“结果好”、三季度“态势稳”、四季度“冲劲足”的良好态势，市对区主要经济指标“晾晒”综合评比排名全市第一。

着力稳市场主体。顶格落实国家、省、市稳经济一揽子政策和接续措施，配套“助企纾困10条”等12项区级政策，累计惠企减负37.4亿元，普惠型小微企业贷款余额增长25%。深入开展“益企飞翔”专项行动，区领导带头“直播送策”，组织400名科级干部当好服务企业的“金牌店小二”，全年新注册商事主体1.4万户、增长6%，税务开票金额增长32%，新入统“四上”企业230家、为建区以来最多。

着力稳工业大盘。坚持工业强区，工业占全区经济比重达59%。实施先进制造业倍增计划，出让工业用地15宗、面积达1784亩，创近八年新高，推动54个项目竣工投产、增资扩产、技术改造，全市单体投资最大项目天马6代、全市首个新能源龙头项目中创新航二期正式投产，天马8.6代、中创新航三期、瀚天天成二期等新百亿投资项目落地动建，工业投资增长18.1%。全区百亿规模工业企业增至5家，电子信息产业（含平板显示、半导体和集成电路）规模突破900亿元，新能源新材料、机械装备制造业产值增长超40%。

着力稳消费信心。率先发放数字人民币消费红包，财政补贴1500万元开展零售、汽车、旅游等各类促消费活动20余场，拉动消费超10亿元，全年批发零售业销售额达2100亿元、增长37.2%。乡村旅游热度高涨，推出9条主题精品旅游路线，大帽山境等网红打卡点人气火爆，全年接待游客超410万人次、旅游收入19亿元。新城首座商业综合体首创奥特莱斯即将开业，国贸会展酒店等高星级酒店动工建设，商业环境持续优化。

逆势而上扩投资。坚持加强逆周期跨周期调节，深入开展“项目攻坚年”行动，全力抓招商扩投资育增量，项目工作正向激励综合考评进入全省前十并获省政府通报奖励。投资建设保持高位。紧盯项目策划、动建、竣工等关键环节，全生命周期推动项目策划建设提速增效。按照高于上年实际投资额三倍目标，新策划亿元以上前期项目126个、总投资超1800亿元，新开工2000万元以上项目154个、总投资超830亿元。积极拓宽投融资渠道，争取地方政府债券、政策性开发性金融工具等融资资金4亿元。全年完成固定资产投资865亿元、建安投资459亿元、省市重点项目投资716亿元，固定资产投资总量保持全省各县区首位。

用地保障再创佳绩。强化用地要素保障，全年完成土地征收10106亩、总量全市第一，房屋征收110.4万平方米、全市第二，处置批而未供用地195公顷、全市第一。45天完成中创新航三期20万平方米、90天完成天马8.6代16万平方米搬迁工作，全年累计完成9个整村搬迁任务，大嶝阳塘整村开始返迁，小嶝休闲渔村等遗留难题得到破解。

招大引强成果斐然。坚持大招商、招大商、大员招商，实施“引强入翔”战略，区级招商实现大突破。与中航、中投、省大数据集团开展战略合作，成功引进鹭燕医药、天马科技等总部型企业，科华数能、华值超摩等补链强链项目，吉利星能、协能科技、杰华特等新能源龙头，金山云、新华三等互联网大厂，全年新增签约项目102个、落地项目60个，实际使用外资增长71.1%、全市第一。大力开展基金招商，区产业引导基金管理规模突破200亿元，带动项目落地返投94个。筹备举办“一带一路”能源合作伙伴关系分论坛、首届厦门种业博览会等系列高端招商大会。

保持定力深改革。坚持全面深化改革开放、优化营商环境，持续为经济社会高质量发展激活力添动力，翔安改革热度指数排名全市前列。重点改革持续攻坚。坚持用改革思维解难题促发展，策划培育11个重点改革项目和62个改革事项，10余项改革创新举措获省级以上媒体报道，“谁执法谁普法”智能管理模式全省唯一获评第六届法治政府奖，沿海管防“三五”工程被全国推广，农村污水治理“两制三分四化”机制、省级相对集中行政许可权改革试点入选全市改革创新优秀案例，征地拆迁“四个一”工作法、村居专兼职人员规范整合模式获市委肯定性批示。

创新发展持续增效。深入实施科技创新引领工程，厦门科学城（莲河片区）规划落地，生物制品创新实验室、海洋三所翔安基地等国家、省级科研机构加快建设，嘉庚创新实验室成功孵化16家高科技企业，天马显示研究院、ABB创新研究院等新型产研平台引进落地。

2023年是全面贯彻党的二十大精神开局之年，“十四五”规划实施的关键一年，也是翔安建区二十周年。各项工作的总体要求是：坚持以习近平新时代中国特色社会主义思想为指导，全面贯彻落实党的二十大精神，深入贯彻落实习近平总书记对福建、厦门的重要讲话重要指示批示精神和致厦门经济特区建设40周年贺信重要精神，认真落实中央经济工作会议精神和省、市工作要求，紧紧围绕统筹推进“五位一体”总体布局和协调推进“四个全面”战略布局，立足新发展阶段，完整、准确、全面贯彻新发展理念，积极服务和融入新发展格局，牢牢把握新征程新方位新使命，坚持稳中求进工作总基调，更大力度推动“五个新跃升”、更高水平建设“五个翔安”，努力为厦门率先建成富强民主文明和谐美丽的社会主义现代化城市作出翔安新的更大贡献。2023年翔安区主要预期目标是：地区生产总值增长6%以上、保持全市前列，规上工业增加值增长8%以上，固定资产投资增长5%，财政总收入增长14.5%，居民收入保持平稳增长，推动经济实现质的有效提升和量的合理增长。

（摘编：林汇智）

漳州市产业经济发展综述

2022年是党的二十大胜利召开之年。在以习近平同志为核心的党中央坚强领导下，在省委、省政府正确领导下，全市人民团结拼搏、迎难而上，坚决落实“疫情要防住、经济要稳住、发展要安全”重要要求，坚持稳中求进工作总基调，聚焦提高效率、提升效能、提增效益，全方位推进高质量发展。全市地区生产总值5706.58亿元、增长6.9%，一般公共预算总收入341.03亿元、增长8.3%，地方一般公共预算收入250.6亿元、增长16.7%，规模工业增加值增长10.2%，固定资产投资增长10.1%，社会消费品零售总额增长5.5%，出口总额增长17.8%，城镇居民、农村居民人均可支配收入分别增长7.1%、9.4%，居民消费价格指数（市辖区）上涨1.6%，完成年度节能减排任务，顺利完成经济社会发展的各项目标任务。

一年来，漳州市抓竞赛、稳增长，经济运行提质提效。开展“产业发展项目建设攻坚年”活动，实施“七比一看”竞赛，比学赶超、奋勇争先的氛围更加浓厚。突出抓产业、突破抓工业，推进“千百亿产业培育行动计划”，深入开展“千名干部挂千企”帮扶活动，加快培育9个千亿级、5个超五百亿产业集群，新增新上“四上”企业1497家、比2021年多698家，国家高新技术企业总数突破700家。加大项目前期工作力度，建强市县两级项目前期办，增强项目谋划、生成、落地的能力，接续举行季度项目集中签约、开竣工、招商大会等活动。习近平总书记访问沙特两次提及的中沙古雷乙烯项目正式开工建设。云霄抽水蓄能等349个项目开工建设，总投资2401.5亿元；闽粤电力联网工程等274个项目竣工投用，完成投资945.3亿元；古雷炼化一体化二期等1363个项目新签约，总投资3132亿元；重大项目前期工作取得突破，漳州核电3#和4#机组获国家核准，闽南海上风电基地规划获国家能源局批复；漳州核电1#和2#机组、联盛林浆纸一体化等重点项目加快建设。

强化要素保障，全年获批建设用地近3万亩；实施“亩均论英雄”，着手改造592家低效企业、4.8万亩低效工业用地，处置批而未供土地13831.7亩，清理闲置土地7618亩；争取上级资金73.3亿元、地方政府专项债券额度158.6亿元，57个项目争取国家发改委基础设施投资基金147.4亿元、资金额度居全省第一。加快片区开发，中心城区15个重点片区稳步推进。高新区“三大片区”完成启动区征迁，收储土地7000亩，绿色发展及产业配套设施项目获国开行授信贷款122.3亿元，片仔癀健康美妆园、万洋智造产业园、泓光光刻胶、建筑业总部等35个项目接续落地。

稳定市场主体，制定出台助企纾困“30条”等系列扶持政策，全面落实各级稳经济扶持政策，落实新的组合式税费支持政策，减、免、退、缓税收132.98亿元，新注册市场主体增长17.4%，总量超74万户。加快县域发展，长泰区、龙文区和华安县分别入选2022年度福建省城市发展“十优”区、经济发展“十佳”县。

一年来，漳州市抓防控、战疫情，抗疫斗争有力有效。坚持人民至上、生命至上，因时因势调整疫情防控措施。坚决打好阻击战歼灭战，严格落实“快准严实细”要求，压实“四方”责任，构建提级指挥、上下融合、扁平高效、集成作战的指挥调度体系，落实“三公（工）一大”融合协同机制；组建64支流调队伍，日核酸检测能力提升至27.2万份；加快构建免疫屏障，全市累计接种疫苗1268.1万人次；抓好27类重点人群“应检尽检”以及重点场所常态化防控，加强海上疫情防控，成功阻断歼灭18条疫情传播链，最大程度保护了人民生命安全和身体健康，最大限度减少了疫情对经济社会发展的影响。防控政策优化后，把防疫重心从防控感染转向医疗救治，突出保健康、防重症，重点抓好老年人和基础性疾病群体疫情防控，全力加快医疗救治资源建设、推进老年人疫苗接种、保障群众就医用药，全市应设尽设发热门诊（诊室）172家，19家方舱医院设8000张床位。疫情防控成果来之不易，漳州市正携手共渡流行期。

一年来，漳州市抓整治、防风险，安全发展向稳向好。扎实开展安全生产专项整治三年行动，全市安全生产事故起数、死亡人数呈现“双下降”。积极创建全国市域社会治理现代化试点合格城市，深入开展信访“治重化积”工作，实现信访件化解率“三个百分百”。常态化推进扫黑除恶，组织开展夏季治安打击整治“百日行动”，刑事案件呈现“一降三升”良好态势。深入打好污染防治攻坚战，加快两轮中央环保督察反馈问题整改销号，花山溪饮用水水源地风险问题完成“黄牌”摘牌，入选2022年全国农村黑臭水体治理试点城市，生态环境质量持续改善。全面推进耕地违法图斑整治、互花米草除治等工作。着力防范化解重点企业信贷风险，年末全市不良贷款率0.71%，保持在历史低位。全力“保交楼、稳民生”，率先采取“政府主导、国企托管、捆绑运作”模式化解房地产市场风险，有力推进19个房地产风险项目处置。守牢粮食安全底线，实施“绿色储粮、科学保粮”三年行动，完成粮食播种面积92.8万亩、产量超42万吨，超额完成省政府下达指标任务。加强食品安全和药品安全监管，两项工作满意率保持全省前列。

一年来，漳州市抓改革、扩开放，体制机制创新创先。实施290项营商环境提升改革创新举措，进驻省网上办事大厅事项数6万项，推行“房地分离”“安商一体化”“拿地即开工”，政务服务非常满意率保持全省前列，城市信用排名稳定在全国30位左右。率先开展“林业地票”试点，南靖县发放全国首张林业地票、完成全国首单农田碳汇试点项目交易，华安县入选全国2022年农村综合性改革试点试验名单。成立全市财税工作领导小组，建立健全财税常态化联动机制。全面调整优化市属国有企业结构布局，形成“10+3”架构，5家国企获得AA^+以上信用评级。盘活城市资产资源，有效增加收入。

漳州市大力实施“万才聚漳”行动计划，举办“人才漳州月”活动，高层次人才队伍不断壮大，“科特派”工作成效保持全省前列。设立芗城、龙文两个新经济产业园。主动融入“海丝”核心区建设，谋划实施中菲“两国双园”，加快国家跨境电商综合试验区建设，成功举办金砖国家传统医药高级别会议。出台通关便利化正向激励实施办法，推行“通关一体化两步申报”等创新举措。持续探索漳台融合发展新路，开展100场对台交流活动，全市新批办台资企业项目90个，海峡两岸最大的石化合作项目古雷炼化一体化项目投入商业运营。

2023年是全面贯彻落实党的二十大精神的开局之年。漳州市要以习近平新时代中国特色社会主义思想为指导，全面贯彻落实党的二十大精神，紧扣“四个更大”重要要求，坚持稳中求进工作总基调，完整、准确、全面贯彻新发展理念，服务和融入新发展格局，全方位推进高质量发展，更好统筹疫情防控和经济社会发展，更好统筹发展和安全，全面深化改革开放，大力提振市场信心，把实施扩大内需战略同深化供给侧结构性改革有机结合起来，深入开展“产业发展项目建设提升年”活动，突出做好稳增长、稳就业、稳物价工作，有效防范化解重大风险，推动经济实现质的有效提升和量的合理增长，推动建设现代化滨海城市取得新进展新成效，全力打造全省高质量发展新的重要增长极。

新的一年漳州市经济社会发展的主要预期目标是：地区生产总值增长6.5%，一般公共预算总收入增长7.5%，地方一般公共预算收入增长6%，规模工业增加值增长8.6%，固定资产投资增长7.5%，社会消费品零售总额增长10%，出口总额增长8%，城镇居民、农村居民人均可支配收入分别增长7%、8%，居民消费价格指数（市辖区）涨幅控制在3%左右，完成节能减排任务。新的一年，漳州市将深入实施“十四五”规划，产业经济发展重点抓好以下几个方面工作：

强化项目引领。坚定实施扩大内需战略，坚持长中短项目统筹、大中小项目配套、央国企及政民外项目齐抓，努力扩大投资，让投资有回报、产品有市场、企业有利润、员工有收入、政府有税收。抓好178个省级重点项目和876个市级重点项目建设，提速推进22个超百亿重特大项目，新开工重点项目200个以上，完成投资2100亿元以上。注重项目策划，充分发挥项目前期办作用，力争新策划储备项目总投资3100亿元以上。强化全过程跟踪，用好项目全过程闭环管理2.0平台，力争新增固定资产投资入库项目1100个以上、总投资2200亿元以上。做实全要素保障，分类分档给予用地、用能、信贷、排放等要素保障，发挥13支国企产业基金引导作用，用足用好预算内投资、地方政府专项债券、政策性开发性金融工具，推动资源要素向优质企业、重大项目、重点区域集中。

强化招商引资。坚持领导挂帅、团队出征、市县联动、全员参与，借智发力、全域全力大招商、招大商，力争新签约二、三产项目250个、总投资1000亿元以上。注重靶向招商，完善招商图谱和目标企业库，着力招引投资强度大、亩产效益高、带动能力强的优质产业项目。

加速建设工业强市。坚定不移突出工业、突破工业，推动制造业高端化、智能化、绿色化发展，力争完成工业投资1000亿元以上，新增新上规模工业企业200家以上。实施产业集群培优扶强专项行动，“一企一策”壮大全市工业50强，推动龙头企业与上下游企业开展“手拉手”供需对接；“一链一策”推动8个制造业铸链强链，加快培育先进制造业集群。实施专精特新中小企业突破专项行动，优化扶持培育政策，力争10家以上企业新认定第五批国家专精特新“小巨人”企业、40家以上企业新认定专精特新中小企业。实施技术改造专项行动，组织实施200个以上省、市重点技改项目，推动10家以上企业通过省、市企业技术中心认定。

实施数字化转型专项行动，推进“上云用数赋智”工程，加快食品加工、冶金新材料、建材家居等产业数字化改造；启动“工业大脑”建设，抓好工业互联网标识二级节点建设，推动食品加工、石油化工等产业先行接入。实施绿色发展专项行动，力争全市国家级绿色制造单位突破20家、省级突破50家。实施社会资金和工业要素融合行动，新建厂房400万平方米。

加速发展现代服务业。落实好加快服务业提升发展若干措施，强化现代金融对产业的支撑作用，推动金融机构在加大信贷投放、服务实体经济中做大做强，力争普惠小微贷款余额增长15%。制定促进总部经济、平台经济加快发展行动方案，着力招引区域贸易总部企业，推动每个县区引进培育2-3家竞争力强的平台企业。推动家政服务提质扩容，鼓励发展员工制家政企业。推动现代服务业同先进制造业深度融合，发展生产性服务外包，促进电子商务等服务业企业向制造环节拓展。推动现代服务业同现代农业深度融合，发展冷链物流，加快区域农产品集散地市场信息化建设，探索建立区域性大宗农产品电子商务创新平台，支持企业发展特色农业专业化服务。

加速做大“四大经济”。漳州市向数字要动力，优化布局物联网、大数据、智能制造等产业，提速语堂数字经济产业园、大数据中心等90个重点项目建设，争创省级数字经济集聚区，力争数字经济规模超2800亿元、增长15%。向海洋要空间，深化“海上漳州”建设，整合湾区、港区资源，完善港口集疏运体系，加快临港产业发展；开辟海上牧场，发展深海装备养殖，建设水产种苗基地集中区，培育十大优新品种“万亩百亿”产业，建设“蓝色粮仓”，力争海洋经济生产总值增长8.8%。向绿色要效益，大力发展核电、海上风电、光伏发电、储能等新能源产业，推动闽南海上风电基地和华安抽水蓄能电站获得核准、漳州核电3#和4#机组以及集中式光伏发电试点项目开工、漳州LNG接收站投产，加快打造全国重要的清洁能源基地。

（摘编：余松山）

芗城区产业经济发展概述

2022年是党的二十大召开之年，是实施“十四五”规划的深化之年。一年来，芗城区坚持以习近平新时代中国特色社会主义思想为指引，认真开展迎接党的二十大召开和学习宣传贯彻党的二十大精神各项工作，坚决落实“疫情要防住、经济要稳住、发展要安全”重要要求，深入推进“产业发展项目建设攻坚年”活动和“七比一看”竞赛，按照区第九次党代会的决策部署，统筹抓好疫情防控和经济社会发展，有力战胜一系列风险挑战，较好完成了全年的各项目标任务。全年实现地区生产总值867亿元，增长8%以上；农林牧渔业总产值25亿元，增长6%；规模工业总产值（不含电力）972亿元，增长10%以上，规模工业增加值（不含电力）增长9.7%以上；固定资产投资310亿元，增长15.2%；一般公共预算总收入32.15亿元，同口径增长3%；地方一般公共预算收入19.21亿元，同口径增长7%；实际利用外资完成1300万美元，增长11.6%；外贸进出口115.8亿元，增长5%；社会消费品零售总额323亿元，增长6%；城镇居民人均可支配收入52276元，增长7.2%，农村居民人均可支配收入25945元，增长10%。节能减排降碳各项任务有序推进。一年来，产业经济发展的主要工作和成效是：

实体经济稳中有进。以实施“七比一看”竞赛为抓手，引导全区上下在经济建设主战场晒成绩、拼干劲、争先锋，全力以赴推动经济稳增长，竞赛得分排名全市前列。工业转型蹄疾步稳，坚持突出工业、突破工业，着力抓龙头、铸链条，新增规模工业企业29家，四大主导产业完成产值793亿元，增长13.06%，三宝集团三次蝉联“中国民营企业500强”荣誉称号；扎实推进金峰工业园区标准化建设，实施41个基础配套项目，完成投资50亿元，改造提升漳华路、天宝高速引线等一批重要道路，新改建工业厂房70万平方米；突出科技赋能，工业技改投资增长25.9%，新培育国家级高新技术企业68家、省“专精特新”中小企业3家。建筑产业加速集聚，出台区级促进建筑业持续健康发展若干措施，完成建筑业产值124亿元，增长19.8%，新增资质建筑企业24家。

第三产业稳步发展，新增新上限上商贸企业111家、规模以上服务业企业37家，三产增加值增速保持全市前列；鼓励生产企业实行产销分离，三宝云商、傲农饲料批发完成注册纳统，三宝云商销售额超百亿元；推动文旅深度融合，漳州古城入选国家级夜间文化和旅游消费集聚区。现代农业做优做强，深入实施现代农业发展三年行动，创建市级家庭农场示范场3家、农民合作示范社1家，培育市级农业龙头企业9家；新增“三品一标”产品5个，新建高标准农田800亩。

发展动能持续增强。坚持项目为王、项目为大、项目为重，全力以赴抓项目、扩投资、促转型。聚焦效益优选资，紧盯投资强度、亩均效益、单位能耗等关键指标，加强“一把手”招商、产业链招商、以商引商，全年新签约项目118个、总投资248亿元，其中10亿元以上项目9个；盈科智谷产业园、漳州智能制造产业园、万福产业园等一批优质项目相继签约落户。

聚焦要素强保障。统筹协调土地、资金、能耗等资源要素，全年获批土地成片开发3300余亩，完成土地农转用报批4189亩，出让、划拨土地6000余亩，处置批而未供土地1000余亩，清理盘活闲置土地、低效用地近1300亩，完成建筑物征迁面积40万平方米；金投集团参股设立漳州数字经济产业基金、漳州科技孵化基金，基金规模合计 5.2 亿元；谋划专项债项目 13 个，获批资金 14.68 亿元。聚焦问题促攻坚，建立区“重中之重”项目会商机制，全力攻坚项目建设，市级以上重点项目完成投资 258 亿元；三宝新材料、语堂数字经济等项目顺利开工，盈趣智能制造基地、傲农水产等一批产业项目竣工投产。

聚焦改革优服务。推进工程建设项目审批制度改革，压缩审批时限 80%，联动 18 个省、49 个县实现政务服务“跨省通办”，经验做法获全省宣传推广；践行“妈妈式”服务理念，新增减税降费 9.55 亿元，兑现各类惠企资金 2.13 亿元，落实“安商一体化”要求，建设安商房面积 32.5 万平方米；实施“英才芗聚”工程，出台区级高层次人才评价认定支持办法，新认定省、市高层次人才 36 人。

城乡建设齐头并进。以实施乡村振兴战略和开展常态化文明城区创建为抓手，推动城乡功能完善、颜值提高、品质提升。基础配套提档升级，加快百里弦歌片区、漳州古城历史文化街区更新步伐，接续完成 104 个老旧小区、259 个背街小巷点位改造修复；新改建钟法路、胜利西路等 15 条市政道路，施划智慧停车位 5000 余个，新增口袋公园 23 个；九龙公园地下停车场、龙文塔遗址公园建成投用，西湖生态园景观核心区将于元旦开园，群众对城市功能的期盼得到有效满足。

城市管理更加精细。深入推进“一支队伍管执法”，推动行政执法“攥指成拳”；扛稳扛牢创城“主战场”责任，查处违反“门前三包”问题 2.8 万起、车辆违停 19 万起，整治农村裸房 1377 栋、空中缆线 1.2 万处，处置“两违”面积 60 万平方米；巩固提升芝山街道生活垃圾分类省级示范片区创建成果，新建生态垃圾屋（亭）72 座，天宝镇试点推进全域垃圾分类，城市形象得到显著提升，获评全省村庄清洁行动成效突出区，并顺利通过中央文明办复查验收。

乡村振兴全面推进。完成 24 个村庄规划编制，改造提升天宝、浦南乡村振兴精品示范线路，白南线、泰浦路完成改造并顺利通车，石鼓山亲子乐园、墨溪智慧农业等项目有序推进，浦南 10 公里芗野漫道初具规模；持续稳固脱贫基础，脱贫村村集体收入均超过 20 万元，脱贫劳动力就业率达 97.9%，内生发展动力明显增强，迈向更高质量脱贫。深入打好污染防治攻坚战，开展小流域污染源溯源排查，完成 660 余个入河口登记造册，开工建设西区污水处理厂三期项目，完工 30 个涉气企业改造治理项目，金峰电镀厂、龙溪轴承厂污染地修复治理项目顺利完成。

2023 年是全面贯彻落实党的二十大精神的开局之年，开好局、起好步至关重要。芗城区要坚持以习近平新时代中国特色社会主义思想为指导，全面贯彻落实党的二十大精神，认真落实习近平总书记对福建工作的重要讲话重要指示精神，坚持稳中求进工作总基调，立足新发展阶段，完整、准确、全面贯彻新发展理念，服务和融入新发展格局，更好统筹疫情防控和经济社会发展，更好统筹发展和安全，加快建设现代化产业体系，全面深化改革开放，大力提振市场信心，突出做好稳增长、稳就业、稳物价工作，加强生态文明建设，持续保障和改善民生，有效防范化解重大风险，全方位推进高质量发展，加快建设高品质中心城区，努力在漳州建设现代化滨海城市征程中贡献芗城力量。2023 年芗城区经济社会发展的主要预期目标为：全区地区生产总值增长 7.5%左右；农林牧渔业总产值增长 5%左右；规模工业总产值增长 10%左右；规模工业增加值增长 9.7%左右；固定资产投资增长 8%左右；一般公共预算总收入增长 7%左右，地方一般公共预算收入增长 5%左右；实际利用外资完成 1400 万美元左右；外贸进出口增长 6%左右；社会消费品零售总额增长 6.6%左右；城镇居民人均可支配收入增长 7.2%左右，农村居民人均可支配收入增长 9%左右；完成年度节能减排降碳任务。在具体实施中还要力争更好更快一些。

（摘编：赵远）

龙文区产业经济发展概述

2022年是龙文发展史上值得铭记的一年。这一年大事多喜事多，党的二十大胜利召开，又恰逢龙文建区25周年、蓝田开发区成立30周年；这一年困难多挑战多，疫情反复、经济下行、房地产低迷等多种不利因素叠加出现，给龙文经济社会发展带来了巨大冲击，对企业生产、群众生活造成了深刻影响。狭路相逢勇者胜，越是艰险越向前。

这一年，在市委、市政府的坚强领导下，龙文区坚持以习近平新时代中国特色社会主义思想为指导，认真贯彻落实党的十九大、十九届历次全会和二十大精神，按照“疫情要防住、经济要稳住、发展要安全”重要要求，坚持稳字当头、稳中求进，高效统筹疫情防控和经济社会发展，统筹发展和安全，以开展“产业发展项目建设攻坚年”活动为抓手，众志成城，砥砺前行，推动经济运行回归合理区间，顺利完成各项年度目标任务，社会大局保持安定稳定，成功入选2022年度福建省城市发展“十优”区。全年地区生产总值突破400亿元，增长6.5%；一般公共预算总收入21.36亿元，同口径增长5%；一般公共预算收入15.6亿元，同口径增长14.7%。

这一年，龙文区突出完善机制，以快制快战疫情，守护了百姓安康生命线。“3·17”本土疫情发生后，第一时间激活应急指挥体系，成立12个工作专班，实行“双指挥长、双会商、双挂钩、双督导”作战机制，扁平化运转，高效率运转，5天实现社会面“动态清零”，以最短时间、最小代价打赢了疫情防控阻击战。随后，龙文区及时复盘总结，立足“早发现、快处置、主动防”，紧盯数据排查重点，开发“龙文区疫情防控信息流转”“核检实时通”信息平台，形成“大数据+网格化”工作闭环；压紧压实“四方责任”，强化核酸检测、流调溯源、转运隔离、物资储备等能力建设，优化追阳断链、社区管控等工作。全面提升各类人群接种率，有效守住了基层战“疫”防线。

这一年，龙文区突出竞赛比拼，创新运作破难题，稳住了经济增长基本盘。面对疫情影响，龙文区坚持“两周一会商、一月一调度”，围绕GDP抓招商、攻项目、补短板，保持定力，精准施策，推动经济运行从7月份开始逐月回升，“七比一看”竞赛主要指标排名回归漳州市前列。累计新开工项目95个、总投资212亿元，竣工项目75个、总投资388亿元；4个省级续建、51个市级在建重点项目均超序时完成，全年完成固定资产投资260亿元，增长10%以上。在漳州市率先探索实施征迁“房地分离”模式，完成房屋征收43万㎡，土地征收2203.4亩，“比征地拆迁与耕地保护”竞赛持续位居漳州市第一。积极向上争取资金，科技产业园等13个项目获得地方政府专项债13.95亿元，智慧科技园基础设施项目获国开行投放基金3.8亿元，“幸福河湖”项目获得水利部财政部补助资金近亿元。盘整安置房停车位、店面等国有资产3.28亿元，推动龙文发展获得AA主体信用等级。试行工程项目招投标在财审基础上分类压减，累计节约财政资金1.8亿元。

这一年，龙文区突出城市赋能，招商选资增实力，打造了产业发展强引擎。抢抓城市之“新”向城市之“心”转变的机遇，注重产城人融合并进，推进产业链壮大，降低房地产依赖。坚持突出工业、突破工业，修订产业发展规划和招商指导目录，编制产业链招商地图，派出小分队常驻粤港澳大湾区等招商，新签约产业项目85个，总投资219.1亿元。严把亩均税收门槛，实施“腾笼换鸟”战略，收回工业用地 107 亩，盘活存量土地 256 亩，推进低效工业用地再开发 169.5 亩，清理闲置厂房 58.2 万㎡。全年新增新上规上工业企业 20 家。新增海峡股权交易中心挂牌（交易）企业 2 家，列入省级重点上市后备企业 4 家。净增高新技术企业 53 家、现有 159 家，净增数和总数均位居漳州市第一，新增省级科技小巨人企业 13 家、省级工业龙头培育企业 1 家、国家级“专精特新”小巨人企业 2 家。各类人才加速聚集，新增就业人才 705 名，位居漳州市第一。坚持做大商圈、做活业态，大力发展总部经济、楼宇经济、金融服务、旅游文创等都市业态，新增限上贸易企业 87 家，成功招引九龙江集团、城投集团等 30 多家国有企业进驻龙文。加快吾悦广场、吉马·富邑小镇等建设，进一步完善碧湖万达、闽南水乡、宝龙商圈等特色商业街区业态。深挖消费潜能，坚持“一月一主题”，组织开展“全闽乐购·悦动龙文”“福见商旅”、美食嘉年华等活动，推动人气加速集聚、消费加速回补。坚持多点布局、搭建平台，加快跨境电商综合试验区建设，公共服务平台备案企业 108 家，通关总货值近 23.1 亿元。创新“异地孵化”“虚拟注册”等新模式，跨境电商产业园入驻电商及其配套企业 126 家，其中虚拟注册企业 94 家。

这一年，龙文区突出有机更新，提升品质促融合，绘出了城乡建设高颜值。功能配套日趋完善。高起点推进北溪“一江两岸”、龙江新城等城市设计及云洞岩风景名胜区等规划提升，策划檀林、新社、东屿、浦口、建元等片区开发，推动 324 国道改线、云洞岩步道等项目落地开工，推动海绵城市等项目落地龙文。实施 112 个城乡品质提升项目、178 个中心城区提升项目，完成 5 条道路、28 条背街小巷、7 条农村公路改造提升。建成投用 21 个“口袋公园”，新建改造绿地 68 亩，新增公共停车位 3607 个。乡村振兴升级提档。实施乡村振兴 20 个“串点连线成片”项目建设，完成 7 个村庄生活污水治理设施建设及验收，整治既有裸房 239 栋，创建 6 个“绿盈乡村”，村庄清洁行动典型案例获省农业农村厅印发推广。推进口社农旅体验园等 6 个“一村一品”特色项目。郭坑镇“五和联创”乡村治理积分制做法获漳州市推广，桥头、口社获评 2022 年度省级乡村治理示范村。“福建龙文：优化公共服务 擦亮乡村幸福底色”短视频入选农业农村部“农村公共服务十年建设成果小视频”优秀作品展。“陈淳传说”成功入选省级非遗项目名录，新增 10 个区级非遗项目、6 位非遗传承人。生态环保扎实推进。制定实施《龙文区国家生态文明建设示范区规划（2021—2025）》，深化“水气土”系统治理，严格落实“三线一单”硬约束，扎实推进山水林田湖草沙一体化保护和修复项目，整改完成省生态环保督察交办信访件 18 件，九十九湾入选福建省首批河湖文化遗产名录。

2023 年是全面贯彻落实党的二十大精神的开局之年，也是龙文区加快建设高质量发展先行区的关键一年。龙文区要以习近平新时代中国特色社会主义思想为指导，全面贯彻落实党的二十大精神，深入落实省委十一届三次全会、市委十二届四次全会、区委六届四次全会精神，坚持稳中求进工作总基调，完整、准确、全面贯彻新发展理念，加快构建新发展格局，更好统筹疫情防控和经济社会发展，更好统筹发展和安全，紧扣“四个更大”重要要求，深入开展“产业发展项目建设提升年”活动，扎实推进全国第五次经济普查，着力加快建设现代化经济体系，着力深化改革扩大开放，着力推进城乡协调发展，着力加强生态文明建设，着力探索对台融合发展新路，着力提升人民生活品质，踔厉奋发，勇毅前行，全方位推进高质量发展，奋力谱写现代化滨海城市建设和中国式现代化龙文篇章。2023 年国民经济和社会发展的主要预期目标是：龙文区地区生产总值增长 7%左右；规模工业总产值增长 10%；一般公共预算总收入增长 5%，一般公共预算收入增长 3%；固定资产投资增长 7.5%；社会消费品零售总额增长 9%；城镇居民人均可支配收入增长 8%；农村居民人均可支配收入增长 8%。

（摘编：林汇智）

龙海区产业经济发展概述

2022年，面对新冠疫情的严重影响和经济下行的不利形势，龙海区坚持以习近平新时代中国特色社会主义思想为指导，深入贯彻党的十九大及历次全会、党的二十大精神，全面落实“疫情要防住、经济要稳住、发展要安全”重要要求，坚持稳中求进工作总基调，坚决扛起“两稳一保一防”工作责任，认真落实省委“三提三效”行动部署，扎实开展“产业发展项目建设攻坚年”活动和“七比一看”竞赛，较好完成经济社会发展的各项目标任务，全区经济社会运行保持稳健态势。全年完成地区生产总值709.6亿元，增长6.9%；规模工业总产值872.7亿元、增长9.3%，规模工业增加值增长9%；农林牧渔业总产值109.6亿元，增长5.5%；固定资产投资182.6亿元，增长15%；一般公共预算总收入34.03亿元，增长6%；地方一般公共预算收入24.52亿元，增长30.85%；外贸进出口40亿元，增长15.77%；社会消费品零售总额180.8亿元，增长6.1%；城镇和农村居民人均可支配收入分别达到47880元和26919元，增长7%和9%。

注重抗疫情、防风险，社会发展更加安全。坚持以人民安全为宗旨，统筹发展和安全，守住不发生系统性风险底线。众志成城防抗新冠疫情。坚持“外防输入、内防反弹”，建立健全疫情防控应急指挥系统，充分调动各方资源，科学调度、精准防控，紧紧依靠全区人民力量，铸造龙海抗击疫情铁的防线，全区未发生聚集性疫情，最大程度保护人民生命安全和身体健康，最大限度减少疫情对龙海经济社会发展的影响。精准施策抵御经济风险。全面落实稳经济一揽子政策，扎实开展“千名干部挂千企”帮扶活动，为企业办理留抵退税10.1亿元，兑现企业奖补资金6475万元；设立“12·8企业家活动日”，授予企业功勋奖、荣誉奖和贡献奖14家，表彰“亩均论英雄”标杆企业93家，旗帜鲜明为企业站台、为企业家撑腰；促进10家银行和186家企业达成意向性贷款20亿元以上，帮助企业暖冬渡难。强化政府债务管理，再融资债券同比提高10个百分点，高出全省平均水平5个百分点，政府债务资金使用效益明显提升。“保交楼”工作加快落实，顺利化解泰禾白塘湾、闽南院子等房地产领域风险隐患。多措并举加强社会治理。严格落实安全生产责任制，安全生产形势稳定向好；深化平安龙海建设，持续开展扫黑除恶斗争，深入化解信访矛盾，持续强化食品药品监管，扎实推进国家食品安全示范城市创建，有效维护群众合法权益和社会稳定。连续七届获得“省级双拥模范城”称号。

注重调结构、促升级，产业发展稳步提升。坚定不移抓实体稳基础，着力构建“一产稳、二产进、三产优”的产业发展格局。工业持续转型升级。漳州LNG项目一期、万洋众创城一期等重大产业项目整体完工，海新、绿新、海山重工等龙头企业规模不断壮大；全面开展“清三低、破五未”行动，盘活批而未供、闲置土地及低效用地2320亩，企业技改投资突破100亿元、实现翻倍增长。

建筑业持续成长壮大。全区建筑业总产值189亿元、占漳州总量四分之一，新增资质以上建筑企业9家，装配式钢结构绿色建筑产业基地等项目加快建设，禹澄建筑进入“福建战略性新兴产业企业100强”。

农业持续增产增效。培育县区级以上农业龙头企业12家、新型农业经营主体56家，建成现代农业重点项目6个；完成“非粮化”整治1581

亩，建设高标准农田8830亩，种植粮食9.7万亩，着手建设港尾中心渔港，地票、林票试点改革顺利推行。

第三产业持续释放活力。内外商贸市场保持良好态势，新增限上贸易业企业92家、服务业企业9家，完成第三产业增加值219亿元。金融机构人民币存贷款余额增长14.7%；厦门银行落户龙海，签订百亿合作框架协议。成功举办第五届杨梅文化节，后港历史文化街区、毅宏车艇工业文化体验中心开业试运营。

注重抓攻坚、激活力，发展后劲不断增强。建立健全项目攻坚机制，营造比学赶超浓厚氛围，全面发起重点项目攻坚大会战。全区“七比一看”竞赛成绩处于漳州中上水平，其中“项目攻坚”竞赛稳居前三；主要经济指标增速跻身全市前列，农林牧渔总产值、固定资产投资、地方一般公共预算收入、外贸进出口四项指标位列前三。

重点项目有效突破。开展“百亿投资、百个项目、百日攻坚”行动，92个区级以上重点项目超额完成年度投资计划；169个产业攻坚项目全面推进，腾星食品、然利富氢水等44个项目开工建设，永冠成铝膜板、全家福食品等49个项目竣工投用；九九坑水库下闸蓄水，西溪水闸除险加固和浯屿岛供水工程顺利推进。要素保障精准到位。积极争取地方政府专项债11亿元、上级专项资金7.3亿元，专调重点攻坚项目前期保障资金2亿元，盘活一批国有资产获得政策性融资贷款11.4亿元，重点项目建设资金得到有力保障；完成土地报批2976亩、土地供应3114亩，18个项目实现“交地即交证”；开展“龙聚百企、海纳千才”行动，引进卫生、教育等专项人才249名，格林、卓岐等2800套人才安居房全部竣工。

招商引资富有成效。出台工业、建筑业、服务业、集成电路等行业扶持政策，安商富商环境不断提升；坚持“一把手”招商，实施长三角“驻点招商”，举办专场招商推介及签约活动6场、签约项目94个，总投资157.8亿元，惠台芯科技、万洋智能制造、远荣智能制造等一批重大产业项目落户龙海。

注重共创建、提品质，城乡面貌焕然一新。坚持城乡统筹，全面对接漳州城区标准，同步推进新区建设和老区改造，为群众创造宜居生活圈。城市开发步伐加快。实施城市建设品质提升项目97个、完成投资34.9亿元，“四馆一中心”整体落成，芦州大道二期等6条城市道路竣工通车，后港棚户区改造二期等项目相继建成，省道219零林至翠林段提升改造工程加快建设。

乡村振兴全面铺开。大力实施乡村振兴发展战略，深化建设省级乡村振兴特色乡镇1个、试点村15个、实绩突出村2个，优化调整乡村振兴“串点连线成片”路线3条，清理乱占耕地建房及各类违法图斑4463宗2362亩，处置“两违”87万平方米，整治裸房4298栋，农村污水收集处理PPP项目加快建设，新建管网316公里、污水处理站48座，实施农村公路新改扩建64公里，荣获第六批“四好”农村路省级示范县称号。埭美古村入选“福建省美丽休闲乡村”，镇海村入选第六批中国传统村落名录。

2023年是贯彻落实党的二十大精神的开局之年，做好明年各项工作任务艰巨、责任重大、意义深远。龙海区要以习近平新时代中国特色社会主义思想为指导，全面学习贯彻党的二十大精神，坚持稳字当头、稳中求进，立足新发展阶段、贯彻新发展理念、服务和融入新发展格局，紧扣“四个更大”重要要求，深入开展“产业发展项目建设提升年”活动，深入实施“工业强区、港城兴区、生态立区”发展战略，致力发展实体经济，致力区域协调发展，致力推进乡村振兴，致力生态文明建设，致力增进民生福祉，致力深化改革创新，全方位推进龙海高质量发展，为漳州建设现代化滨海城市贡献力量。主要预期目标是：地区生产总值增长6.9%，规模工业总产值增长9.3%，规模工业增加值增长9%，农林牧渔业总产值增长5.5%，固定资产投资增长10%，一般公共预算总收入增长7%，地方一般公共预算收入增长5%，外贸进出口增长5%，社会消费品零售总额增长6.5%，城镇和农村居民人均可支配收入分别增长9%和8.1%，城镇登记失业率控制在4.5%以内。

（摘编：唐启阳）

长泰区产业经济发展概述

2022年是党的二十大召开之年。一年来，长泰区始终坚持以习近平新时代中国特色社会主义思想为指导，学习宣传贯彻党的二十大精神，坚持稳中求进工作总基调，抓紧抓实省委“三提三效”行动，深入开展“产业发展项目建设攻坚年”活动，深化“七比一看”竞赛，全方位推进高质量发展，经济运行保持在合理区间，首次跻身全省城市发展“十优区”，顺利完成各项年度目标任务。长泰区地区生产总值突破四百亿元大关，达403亿元，增长6.8%；社会消费品零售总额突破百亿元大关，达106亿元，增长7%；规模工业产值763亿元，增长10.6%；固定资产投资171亿元，增长10%；一般公共预算总收入23.5亿元，增长13.5%，地方一般公共预算收入16.7亿元，增长28.8%；农林牧渔业总产值45.2亿元，增长6%；出口总额86亿元，增长11%；城镇居民人均可支配收入48075元，增长6.5%；农村居民人均可支配收入26738元，增长8.5%。一年来产业经济发展的主要工作和成效是：

产业韧性在扩总量、增效益中得到锻造。长泰区主导产业成型成势。三大主导产业“链长制”全面推行，实现产值660亿元、创税11亿元，分别占规模工业的86.5%和91%。立达信集团运营总部、1300名高端人才迁入长泰，34个工业项目新开工，工业投资完成78亿元，增长20%。新增新上规模工业企业43家，再创历史新高。生态旅游提质提效。省级全域生态旅游示范区深入创建，第二届全域旅游发展大会接续举办，“花果飘香·喜庆丰收”旅游线路获评全国乡村旅游精品线路，旅游区入选省全域生态旅游小镇、省森林康养小镇，天柱山、文庙等3A级旅游景区成功创建。地中海等4家酒店开业运营，新增床位645张，旅游接待能力大幅提升。消费市场激发激活。设立“云采购·泰有货”消费奖补资金100万元，撬动1000多万元消费购买力，旺亭美食购物街等夜间经济街区逐步做旺，“一江两岸”文化夜市顺利开市。全年新增限上贸易、规上服务业企业77家，数量历史最高。产业平台做大做强。工业园区功能完善，莲花东路等园区道路建成通车，中医院二期等公共项目加速推进，经济开发区全省综合排名前进22位。

科创平台持续打造，省级高新区总体规划精心编制，国家高新技术企业净增20家，总数突破90家。宏发电声入选省数字经济核心产业领域“独角兽”企业，3家企业荣获“瞪羚”企业。区属国企全面改革，三大国企优化整合资源，资产规模从年初的28亿元扩张到89亿元，其中，开泰公司获评主体信用2A等级。

发展后劲在谋项目、促建设中得到增强。长泰区项目策划再深入。区领导带头策划项目、企业策划落地项目竞赛扎实开展，谋划生成项目207个，总投资440亿元。项目建设再提速。六大领域项目会战、百日攻坚行动取得实效，155个区级重点项目完成投资164亿元，完成年度计划的112%，固投项目入库215个、总投资202亿元，入库数、投资额再创新高。特高压、松霖建材等投资10亿元以上项目推进有力，联十一线二期A段征迁全面完成。项目工作正向激励综合考评首次进入全省前十。招商力度再加大。主导产业招商图谱精准绘制，新签约项目120个、总投资180亿元，金嘉华等5个投资10亿元以上项目成功落户，中童家居等95个项目当年签约、当年开工，“链长招商”经验成为全市典型。

营商环境在抓帮扶、解难题中得到优化。助

企纾困有温度。“千名干部挂千企”“妈妈式”服务等帮扶活动持续深化，驻企特派员、项目观察员常态化一线解难，协调解决问题276个。突破了腾达地块、富达工业园等5个遗留五年以上的“老大难”问题。第二届民企大会成功举办，“企业家沙龙”等供需对接平台创新开辟。行政审批有速度。“五级十五同”标准化事项清单全面推行，审批事项办理流程全部压缩至3个环节，即办事项占比68.7%，办理时限压缩率88.2%。惠企政策有力度。出台扎实稳经济一揽子措施等17项政策，兑现增值税留抵退税3.16亿元、减税降费1.35亿元、缓缴税费2.18亿元、出口退税8.35亿元、惠企资金1.33亿元。在房产、建筑业政策刺激下，商品房销售额达25亿元，14家资质建筑企业新增新上。要素保障有深度。土地征收5856亩，居全市第三位；报批2665亩，居全市第四位。林地报批1890亩；向上争取资金10亿元；清理闲置厂房120万平方米；帮助企业招工5200多人，要素保障更充分。

城市能级在优建管、精品质中得到提高。城市功能日臻完善。城镇开发边界精准划定，净增建设用地722.95公顷，净增面积居全市第二位。溪东片区路网、鹤亭中路延伸等6个项目建成。至厦门天竺山地铁站公交开通运营，成为全市首条跨市域公交线路。新增停车位310个，区医院立体停车楼顺利竣工。城区33条主次干道污水管网全面疏通，锦溪明沟投入使用。龙津园、文昌阁功能改造提升工程顺利完工。获评省城乡建设品质提升综合绩效优异区。城市面貌日新月异。文体中心、“一江两岸”夜景、圆池音乐灯光喷泉等景观精彩呈现。龙鑫花园、陶然园等老旧小区完成改造，新型城镇化建设经验成为全省典型。城市管理日趋精细。全国文明城市、省级文明示范区深入创建，公共卫生日活动持续深化，片区整治“红黄绿”榜考评机制创新推行，建筑企业挂钩卫生片区等做法务实有力，城区环境得到大提升。

乡村振兴在走前列、当样板中得到推进。机制更活。乡村振兴大走访活动启动实施，“七赛”比拼卓有成效，“村书记绘蓝图”活动创新开展。新农人协会率先成立，村企结对共建撬动社会资本7.87亿元，收入百万元村新增3个，乡村振兴热度指数参与度进入全省前十。农业更强。建成高标准农田1.82万亩，粮食种植面积9.1万亩、产量3.94万吨，全面完成省市下达任务。引进推广种业创新品种27个，新增“三品一标”认证5个。农村更美。42个村庄规划提前实现应编尽编，“绿盈乡村”创建实现全覆盖，农村公路新建改造57.68公里。“两违铁三角”机制全面推广，拆违243宗、50.7万平方米。裸房整治3122栋，完成市下达任务的136%，崇尚集约建房示范区考评全省第一。

2023年是全面贯彻落实党的二十大精神开局之年，也是实施“十四五”规划承上启下的关键一年。长泰区各项工作的总体要求是：高举习近平新时代中国特色社会主义思想伟大旗帜，全面学习、把握、落实党的二十大精神，坚持稳中求进工作总基调，完整、准确、全面贯彻新发展理念，服务和融入新发展格局，更好统筹疫情防控和经济社会发展，更好统筹发展和安全。紧扣“四个更大”重要要求，扎实开展“产业发展项目建设提升年”活动，深化“七比一看”竞赛，启动实施巩固一大品牌、强化六大支撑、开展五大行动、实现八大跃升等“1658”工程，稳增长、扩投资、抓城乡、优环境、惠民生，推动经济运行整体好转，实现质的有效提升和量的合理增长，努力让中国式现代化新征程上的长泰更具实力、更有活力、更添美丽、更为舒心、更加幸福，为漳州打造成为全省高质量发展新的重要增长极贡献长泰力量，奋力谱写漳州现代化滨海城市之翼新篇章。主要预期目标是：地区生产总值增长6.8%左右；规模工业总产值增长9%左右；固定资产投资增长8%左右；一般公共预算总收入增长7.5%左右；外贸出口增长8%左右；社会消费品零售总额增长9%左右；城乡居民人均可支配收入分别增长6.8%和8.5%左右。

（摘编：王一星）

漳浦县产业经济发展概述

2022年，漳浦县高举习近平新时代中国特色社会主义思想伟大旗帜，深入贯彻落实习近平总书记对福建工作的重要讲话重要指示精神，认真开展迎接党的二十大召开和学习宣传贯彻党的二十大精神各项工作，坚决落实“疫情要防住、经济要稳住、发展要安全”的重要要求，坚持生命至上，科学精准落实疫情防控各项措施，以最快速度扑灭疫情燃点，坚决守住不发生规模性疫情底线，全力维护人民生命安全。聚焦提高效率、提升效能、提增效益，经济运行稳中有进，“七比一看”竞赛排名全市前列。全年实现地区生产总值500.22亿元、增长6.8%；规模工业总产值475亿元、增长13.7%，规模工业增加值增长13.4%；固定资产投资164.66亿元、增长15%；一般公共预算总收入27.82亿元、增长12.8%；地方一般公共预算收入20.58亿元、增长26.6%；社会消费品零售总额209.33亿元、增长5.8%；实际利用外资5004万美元、完成133.5%；外贸进出口总值65.6亿元、增长4%；城镇居民人均可支配收入47083元、农村居民人均可支配收入27872元，分别增长7%、8%，工作亮点纷呈，一年来产业经济发展的主要工作和成效是：

坚持产业引领，以最实举措护航重点项目，总投资超200亿元的联盛林浆纸一体化项目快速推进，锦联线、横六路等8个关联配套项目进度加快，鹿溪至赤湖引水、尾水深海排放工程竣工投用，为明年4月项目正式投产提供坚实保障。

坚持人民至上，以最暖初心重启民生工程，殡仪馆、朝阳水库、国道外甩、文体中心等一批备受关注的重点民生项目加快推进，“打造漳州南部区域医疗中心，推动医养结合产业发展”位列市2022十大民生实事榜首。四是坚持为国育才，以最佳成效谱写教育新篇，2022年高考漳浦一中4名学生被国内顶级名校录取，本科上线率达98%以上。五是坚持创新发展，以最大力度深化国企改革，整合81亿元国有资产组建金瑞公司；龙睿公司总资产超百亿元，主体信用达2A级，企业债发行获国家发改委注册批复。

聚焦产业发展，稳增长、促转型，综合实力迈上新台阶。

临港工业气势迸发。225个在建工业项目完成投资93亿元、增长69.6%，巨信智能器材、伟伊包覆纱等一批重点项目建设进度加快，国昌茂100兆瓦渔光互补等6个总投资39.1亿元的项目获批省发改委集中式光伏试点。完成规上企业研发投入6.67亿元，新增规上企业43家、总数达279家，新增产值亿元以上企业25家；申报国家级高新技术企业17家，为历年之最；福船一帆入选全省战略性新兴产业企业百强。九龙江南引、将军澳作业区、万安工业园万福路和万钦路市政道路及配套项目等基础设施建设不断完善，临港工业发展当下可喜、未来可期。

现代农业优势凸显。严守耕地保护红线，攻坚整改耕地图斑1543宗、面积1830.57亩，新建高标准农田3.11万亩，引导退林退果还粮2585亩。六鳌一级渔港建成投用，佛昙后社、旧镇白沙等渔港加快推进。创建省级优质农产品示范基地2个，新增市级以上农业龙头企业24家，示范农民合作社、家庭农场19家，桥辉农林、中鹭祥等一批项目竣工投产，省粮食储备直属库、农产品冷藏保鲜设施等一批项目扎实推进。新增认证无公害农产品10个，官浔康庄入选首批省级农业生产社会化服务展示基地，南浦大坪、马坪仙都、赤土溪东获评省级“一村一品”专业村，佛昙东坂入选全国“一村一品”示范村、全国乡村特色产业超亿元村，六鳌获评国家级农业产业强镇。

第三产业态势向好。持续提振消费信心，组织217家企业商户参与省市线上线下促消费活动，引导打造新都、万新、永嘉3个夜间经济集中区，府前唐街花漾街区正式运营。全年新增限上贸易企业72家、规上服务企业13家，及时兑现政策奖励资金340万元。文旅产业加速回温，全年接待游客662.8万人次，旅游总收入80.67亿元，分别增长1.2%、1.6%，七星海、龙美湾、云峰寨等景区设施持续完善，天福文化产业园获评省级气候康养福地，东南花都获评省级森林康养基地和休闲农业示范点，中共闽粤边特委红色革命教育基地（车本）入选省级爱国主义教育基地。

聚焦项目发力，破瓶颈、优服务，经济发展激发新活力。

项目建设蹄疾步稳。110个在建重点项目完成投资200亿元以上，超年度计划15个百分点。华煜城汽配、国嘉防火门等29个总投资279.38亿元的市级以上重点项目顺利开工建设，天福医院、万辰金针菇等13个总投资42.07亿元的市级以上重点项目竣工投用，赤湖工业园热电联产代表全市参加第一季度全省重大项目视频连线集中开工。抢抓国家政策机遇，策划生成项目350个、总投资505.8亿元，全年新增入库项目308个、总投资333.44亿元。

招商引资成效显著。漳浦县围绕“2+3”产业体系，编制完成《漳浦县产业链招商地图》，坚持“一把手”招商、精准招商、以商引商，组织产业招商专题推介会2场，县处级领导赴深圳、杭州、温州等地招商84次，中船风电等一批超10亿元的大项目落户漳浦，同溢堂和天福医养产业园实现利润转增资超亿元。全年完成签约项目135个、总投资316亿元，其中重大项目22个、总投资262.07亿元。

要素保障有力有效。漳浦县全年报批土地3500亩、林地2788亩，供应污染物排污权指标326.9吨、能耗指标85万吨标准煤，处置批而未供2093.8亩、闲置土地1009.3亩。深化放管服改革，“两办两中心”揭牌成立；大力推行不见面招投标模式，节约工程建设项目招投标资金8.8亿元。

聚焦品质提升，抓治理、优生态，城乡环境展现新面貌。

城市建设扩容提质。投入23.07亿元，实施城建项目30个。开工建设国道324城关过境段，新改扩建金鹿路、金浦大道、得仙路等道路工程，县城区供水管网建设、滨江南岸西区电力工程等一批基础设施建成投用。突出整体形象打造，府前唐街、绥东花园等旧城片区房屋征收强势重启。

乡村振兴效应彰显。扎实推进农村集体“三资”“四清”专项整治，清理农村集体资产8877宗、17.15亿元。谋划专项债项目包3个、总投资51.8亿元，开工建设佛昙、湖西等乡村振兴提升改造项目，石榴乡村振兴整镇推进工程加快实施。建成东南片区村镇污水处理工程，改造提升六鳌、湖西、前亭、赤岭、佛昙5座垃圾中转站，新建改造农村公路54公里、镇村公厕13座，整治裸房4008栋，获评省级美丽庭院122户、卫生村15个，六鳌、赤湖入选省级卫生乡镇。

2023年是“十四五”规划承上启下的关键一年，漳浦县将始终坚持以习近平新时代中国特色社会主义思想为指导，深入贯彻党的二十大精神，坚持稳中求进工作总基调，完整、准确、全面贯彻新发展理念，积极主动融入新发展格局，更好统筹疫情防控和经济社会发展，更好统筹发展和安全，紧扣“四个更大”重要要求，深入开展“产业发展项目建设提升年”活动，加快建设活力新产城、生态富家园，全方位推进漳浦高质量发展超越。经济社会发展的预期目标是：地区生产总值增长7.0%；规模工业总产值增长14%；规模工业增加值增长13.7%；固定资产投资增长10%；一般公共预算总收入增长8.5%；地方一般公共预算收入增长6%；社会消费品零售总额增长6.5%；实际利用外资完成3000万美元；外贸进出口总值增长8.0%；城镇和农村居民人均可支配收入分别增长7%、8%。

（摘编：游永贵）

云霄县产业经济发展概述

2022年，云霄县深入学习贯彻习近平新时代中国特色社会主义思想和党的二十大精神，全面落实中央、省市和县委决策部署，坚持稳中求进，严格落实“疫情要防住、经济要稳住、发展要安全”的重大要求，扎实抓好“两稳一保一防”，深入开展“产业发展项目建设攻坚年”活动和“七比一看”竞赛，全力推进产业升级、城乡统筹、民生改善。全县实现生产总值216.3亿元、增长7%，农林牧渔业总产值82.9亿元、增长5.5%，规模以上工业增加值31.3亿元、增长8%，固定资产投资160.4亿元、增长16%，进出口总额13.5亿元、增长34.3%，实际利用外资1.1亿元、增长1588%，社会消费品零售总额116.4亿元、增长8%，一般公共预算总收入12.1亿元、增长14.4%，地方一般公共预算收入9.1亿元、增长21.2%，城镇居民人均可支配收入40760元、增长6.5%，农村居民人均可支配收入23614元、增长9%，完成县十八届人大一次会议确定的主要目标任务，高质量发展迈出坚实一步。一年来产业经济发展的主要工作和成效是：

咬定目标、加压奋进，经济运行稳中有进。扎实开展“产业发展项目建设攻坚年”活动，创新实施“一套机制、十二个指挥部、十二个专项行动”，落实“七比一看”正向激励、反向约束机制，营造担当作为、干事创业、比学赶超的浓厚氛围。工业经济提档升级。用足用好稳经济一揽子政策措施，建立常态化政企沟通机制，出台《2022年云霄县营商环境攻坚提升12345行动方案》，落实留抵退税1.245亿元，兑现各类惠企奖补资金1960万元。突出“亩均论英雄”，举办漳州市创新创业大赛，完成工业投资120亿元、技改投资36亿元，新增新上规模工业企业24家，华威电源获评国家级专精特新“小巨人”，粤海饲料入选国家级知识产权优势企业，云星电子、为乐电气等骨干企业完成技改，富佳宝食品科技园逐步壮大，漳州核电、抽水蓄能等清洁能源项目加快推进，承包商营地、核电大道等核电配套项目取得突破，千亿级清洁能源产业集群雏形初显。

现代服务业提速扩量。以“互联网+”为导向，加速线上线下融合发展，全年限上网络零售额达4亿元，增长90%。加大限上企业培育力度，鼓励企业组建工业综合体，新增限上贸易企业77家，资质建筑业企业8家，限上服务业企业14家；以全域旅游为引领，威惠庙美食广场成功创建首批漳州夜间经济聚集示范区，下河村入选2022年“清新福建·气候福地”，红色乌山、和平乡旅游小镇、下河杨桃岛等景区景点设施进一步完善，人气、商气不断集聚，全年接待游客达290万人次、旅游总收入27亿元。

现代农业提质增效。实施农产品地理标志保护工程，在全市率先探索实施以地标作为质押的金融授信，地标产品增加至40个，获批筹建国家地理标志产品保护示范区。加快创建省级现代农业（果蔬、贝类）产业园，建成礁美二级渔港及人家二级渔港（一期），山前、长洋渔港加快推进，宝森水产科技项目（二期）、龙镜花卉扶贫产业园等31个农业重点项目竣工投产，发出全市首张种畜禽生产经营许可证，实现水果、蔬菜、茶叶、淮山、水产等11个特色产业全产业链产值280亿元。

集聚资源、积蓄后劲，动能转换全面起势。坚持项目为王、项目为大、项目为重，全面实施重点项目领导干部挂钩联系责任制，强化项目全周期管理，落实“半月一协调、一月一调度、一季一集中开竣工”，促进项目建设提速提效。项目建设量质齐升。168个县级以上重点项目累计完成投资237.8亿元，完成年度计划投资的115%；福营新材料、锦树成城等87个项目开工建设，佳和包装、好益生等77个项目竣工投产。重大项目捷报频传，闽粤联网工程顺利投用；漳州核电1、2号机组内穹顶成功吊装，相继进入设备安装阶段；3、4号机组通过国务院核准。抽水蓄能电站完成征迁5580亩，主体工程正式开工。华龙科技文化园、漳州220千伏水晶输变电工程等大体量项目加速推进，有力助推国家“双碳”政策落地。

“双招双引”成果丰硕。科学编制清洁能源、电子信息、食品加工三大产业链招商地图，成立深圳引才联络站、驻粤港澳大湾区招商联络处，精准推动项目招引有效突破。今年来举办集中签约活动7场，签约项目60个，投资额达233亿元。重点办、前期办联动更加高效，拨付重点项目前期专项经费1000万元，建设形成县、乡、行业三级项目库，梳理188个项目纳入系统管理，总投资2468亿元，形成项目滚动接续良好态势。

要素保障更加完备。在全市率先推行“刷脸评标”“远程开标”政务服务新模式，全面推行“不见面”招投标，累计为企业节约成本1.3亿元。实施项目全程代办，坤翔蛟等项目实现97天办结施工许可证，创造了云霄审批“新速度”。推进1064个审批服务事项“全程网办”、137个事项“跨省通办”，企业开办时限压缩到1天以内，全年新登记市场主体增长52.6%。实施用地扩容增效专项行动，累计处置低效用地3384亩、闲置厂房4.6万平方米；完成土地征收2589亩、报批785亩，完成土地成片开发报批2个批次2256亩，完成收海6275亩；获得各类财政补助资金16.5亿元、专项债资金14.2亿元，项目建设基础更加扎实。

乡村振兴扎实推进。实施44个乡村振兴试点示范建设项目，打造3条乡村振兴“串点连线成片”线路，下河村获评2022年全国特色产业亿元村，白石等3个村入选“福建省高级版绿盈乡村”，新建改造农村公路52.3公里，完成高素质农民培训1635人次，43个村集体经营性收入突破50万元，云霄县乡村振兴热度指数连续两年进入全省“前十”。乡村治理更加有效，落实农村住房建设管理“两统筹、两统管”，完成52个村庄规划编制，新增耕地指标421亩、旱改水指标316亩，实现农村乱占耕地建房全年“零”新增，整治“两违”100.4万平方米，坡兜等8个村获评省级乡村治理示范村。创新实施人居环境整治“八个一”机制，开展“清洁攻坚清零”行动和“拆旧拓新”竞赛，灵活用好线下明察暗访、线上“人居环境整治曝光台”，拆旧4848宗27万平方米，获评2022年度省级乡村振兴重点工作成效明显激励县。

2023年是贯彻党的二十大精神的开局之年，也是实现第二个百年奋斗目标的起步之年。必须全面贯彻习近平新时代中国特色社会主义思想和党的二十大精神，深入落实中央、省市和县委的决策部署，始终坚持以人民为中心的发展思想和稳中求进工作总基调，完整、准确、全面贯彻新发展理念，紧抓省纪委监委挂钩帮扶契机，围绕“产业发展、城市文明、乡村振兴”三大重点任务，突出“清洁能源、电子信息、食品加工”三大主导产业，立足南部工业组团、中部城市经济、北部生态涵养三个发展片区域布局，更好统筹疫情防控和经济社会发展，更好统筹发展和安全，呼应云霄人民新关切、新期盼，全方位推进高质量发展超越，努力开创富美新云霄现代化建设新局面。经济社会发展主要预期目标是：地区生产总值达到236.6亿元，增长7%，实现在全省县域经济排名中位次前移；固定资产投资达到171.6亿元，增长7%；规模工业总产值达到130亿元，增长9.6%；社会消费品零售总额达到125亿元，增长7.5%；一般公共预算总收入达到13.6亿元，增长12.5%；地方一般公共预算收入突破10亿元，增长9.7%；居民收入增长要实现和经济增长基本同步；各项约束性指标完成省市下达计划。

（摘编：蔡志轩）

诏安县产业经济发展概述

2022年，面对错综复杂的外部环境和世纪疫情的严峻考验，诏安县始终坚持以习近平新时代中国特色社会主义思想为指导，坚决贯彻落实党的十九大、十九届历次全会和党的二十大精神，在市委、市政府坚强领导下，全县人民坚决落实“疫情要防住、经济要稳住、发展要安全”重要要求，坚持稳中求进工作总基调，聚焦省委“提高效率、提升效能、提增效益”行动，深入开展“产业发展项目建设攻坚年”活动和“七比一看”竞赛，高效统筹疫情防控和经济社会发展，各项工作取得了新成效。2022年全县完成地区生产总值336.23亿元，增长6.6%，其中第三产业增加值87.77亿元，增长6%；规模工业总产值482亿元，增长10.8%，其中规模工业增加值140.5亿元，增长10.5%；农林牧渔业总产值120亿元，增长5.5%；固定资产投资73.8亿元，增长10%；一般公共预算总收入9.6亿元，其中地方一般公共预算收入6.84亿元；出口总值46.39亿元；实际利用外资（验资）0.93亿元，增长130.2%；社会消费品零售总额117.7亿元，增长8.5%；城镇居民人均可支配收入39575元，增长9.5%；农村居民人均可支配收入23443元，增长10.5%。一年来产业经济发展的主要成效体现在：

实体经济稳步发展。坚持突出工业、突破工业，深入开展“百名干部挂百企”活动，落实“一周一夜谈”制度，新增规模工业企业16家，工业投资30亿元、增长63%，工业项目新开工110个、竣工投产60个。实施创新驱动发展战略，海联食品等4家企业获评省级科技“小巨人”企业，瑞升电子入选省数字经济领域“瞪羚”创新企业名单，硒博士众创空间通过国家级众创空间备案。完成工业园区整合，“一区两园”格局正式形成。出台稳住经济一揽子政策措施、企业出口运费补助等组合式“政策套餐”，落实减税降费3.5亿元，兑现各类惠企资金2323万元、惠及企业168家次，新增市场主体5309户、增长17.9%。组织开展两场政银企对接会，促成8家银行机构对接50家企业，授信金额10.33亿元。在全市率先出台刚需购房补贴政策，外出举办2场房地产推介会，有力稳住房地产市场。开展“全闽乐购·硒望诏安”系列促销活动，带动消费市场加快复苏，新增限上贸易业企业44家。旅游业稳步发展，接待游客345万人次、旅游总收入32亿元，出台促进民宿发展措施，霞葛镇司下村入选省“金牌旅游村”。

项目攻坚取得突破。成立项目前期办，强化“五个一批”项目滚动接续，压茬推进5场项目集中开竣工活动，200个县级以上重点项目全年完成投资168.21亿元，占年度计划投资的118%，超序时进度18个百分点。重大项目取得新突破，诏安港区深水码头即将签订正式投资协议，明确先行启动建设2个3.5万吨级通用泊位（结构按7万吨级设计）；漳汕高铁诏安南站正式纳入全线规划布点；全力推动中菲“两国双园”诏安片区、国家战略与应急物资储备保障基地纳入国家战略布局，谋划出6方面20个重点建设项目，总投资超千亿元；霞宫高速及连接线纳入沈海高速公路诏安连接线工程并一体推进，哈溪中型水库枢纽工程列入国家“十四五”水利建设规划。深化“诏商回归”工程，升格县贸促会机构，强化领导干部带头招商引资，制定招商手册、产业链招商图谱等，派驻深圳招商小分队，促成65个总投资130亿元的项目签约。向上争取项目资金取得突破，共争取到上级补助资金21.04亿元。开展“亩均论英雄”行动，处置批而未供土地585亩，盘活低效用地363.6亩，清理闲置厂房70.7万平方米。

城市品质不断提升。高标准编制国土空间总体规划，编制完成7个中心城区项目用地控制性详细规划。启动隆华广场市政道路工程等18个公共设施提升补短板项目，霞洋佳苑安置小区、棚改安置小区开工建设。首个商业综合体“金座·唐道613”建成运营，古城中山东路骑楼示范段改造工程完工，诏安大酒店、诏安文化艺术中心等地标性建筑拔地而起。深化省级文明县城创建工作，“二进武平”考察学习创城经验，启动新一轮城区环卫一体化，推进“智慧城市”建设，城市管理水平不断提升。深入推进海上养殖综合整治和养殖设施升级改造，全面完成辖区海域违规养殖清理整治，在全市率先启动入海排污口整治工程，诏安湾水质明显改善。

乡村振兴深入推进。严格落实耕地保护责任制，在全省率先推行“粮食安全包田责任制”，完成高标准农田建设4000亩。全力开展青梅稳产保价行动，形成稳产提质、品优价好、富民增效的局面，青梅产业发展举措得到全省借鉴推广。特色农业稳步发展，举办青梅产业成都推介会和诏安八仙茶、单丛茶王赛，首次召开茶叶发展研讨会，青梅产量10.8万吨、增长2.9%，八仙茶产量1.72万吨、增长9.2%，设施蔬菜产量19万吨、增长7.2%，牡蛎产量32万吨、增长3.8%。深入创建省级海洋产业发展示范县，加快推进生态牡蛎全产业链发展，宝智水产入选国家水产种业补短板阵型名单，升马水产、宝智水产入选国家级水产健康养殖和生态养殖示范区名单。创新推进供销社“三位一体”试点改革，被省供销社列为全省“三位一体”试点县，乌石养羊专业合作社获评省级示范社，忠发蔬菜专业合作社、华强果蔬专业合作社进入中国农民合作社500强。严格落实林长制，林下经济面积24.03万亩、产值12亿元，霞葛镇被列为全市深化集体林权制度改革试点乡镇，秀篆镇顶安村、官陂镇林畲村、红星乡坪林村获评省森林村庄。探索“五抓五强五着力”乡村振兴新路径，深入实施乡村振兴创星竞赛，全市乡村振兴现场会在诏安召开。出台加快省际边界村乡村振兴实施方案，安排奖补资金支持33个边界村发展。

2023年是全面贯彻落实党的二十大精神的开局之年，也是实施“十四五”规划承上启下的重要一年，做好新一年的工作至关重要。党的二十大吹响了全面建设社会主义现代化国家、全面推进中华民族伟大复兴的奋进号角，对新时代新征程党和国家事业发展制定大政方针和作出战略部署。诏安县要坚持以习近平新时代中国特色社会主义思想为指导，全面学习贯彻党的二十大精神，深入落实习近平总书记重要讲话重要指示批示精神，加强党的全面领导，弘扬伟大建党精神，围绕统筹推进“五位一体”总体布局、协调推进“四个全面”战略布局，立足新发展阶段、贯彻新发展理念、服务和融入新发展格局，紧扣“四个更大”重要要求，实施“工业强县、山海兴县、文旅名县、富美新城”，营造良好的政治生态、人文生态、产业生态、自然生态，实现底部起跳、晋位争先，全力打造名副其实的福建南大门、漳州新增长极、海峡两岸融合发展先行区、对接粤港澳大湾区桥头堡，加快建设新兴工贸港口城市，奋力谱写富美新诏安现代化建设新篇章。经济社会发展主要预期目标是：全县地区生产总值增长7.2%；一般公共预算总收入增长5.0%，其中地方一般公共预算收入增长5.0%；规模工业总产值增长9.8%，其中规模工业增加值增长9.5%；农林牧渔业总产值增长5.5%；固定资产投资增长10.0%；出口总值增长3.0%；实际利用外资增长7.5%；社会消费品零售总额增长8.5%；城镇居民人均可支配收入增长8.5%；农村居民人均可支配收入增长9.0%；节能减排指标控制在省、市下达范围之内。2023年为民办实事初步安排为：涉及教育、卫生、交通、水利等领域12个项目，总投资4.32亿元，年度计划投资3.58亿元。

（摘编：郭向东）

东山县产业经济发展概述

2022年，东山县坚持以习近平新时代中国特色社会主义思想为指导，深入学习贯彻党的二十大精神，坚决落实“疫情要防住、经济要稳住、发展要安全”重要要求，坚持稳中求进工作总基调，高效统筹疫情防控和经济社会发展，深入开展“产业发展项目建设攻坚年”活动，奋力拼搏，开拓创新，较好完成各项目标任务。全县完成生产总值231.89亿元、增长8%以上；农林牧渔业总产值94.38亿元、增长5.2%；规模工业总产值253.31亿元、增长20.3%；固定资产投资93.18亿元、增长17.5%；社会消费品零售总额92.25亿元、增长5.5%；外贸进出口126亿元、增长15%；实际利用外资0.86亿元；一般公共预算总收入19.37亿元、增长7.11%（若剔除留抵退税因素，完成22.46亿元，同口径增长23.4%）；地方一般公共预算收入15.63亿元、增长37.52%（若剔除留抵退税因素，完成17.17亿元，同口径增长50.34%）；城镇居民人均可支配收入46579元、增长8%；农村居民人均可支配收入29790元、增长9.2%。一年来，全县产业经济发展的主要工作和成效是：

科学精准防控，防疫屏障更加稳固。坚持人民至上、生命至上，举全县之力打好疫情防控阻击战。建立“平战结合”疫情防控体系，投入2500万元用于抗击疫情，建立健全各类防控工作专班，抽调超1500名干部下沉基层，与广大一线医务工作者、社区干部并肩奋战、共同战疫。严格执行上级疫情防控政策，压实“四方”责任，抓好28类重点人群核酸应检尽检及重点场所常态化防控，闭环管控20个渔港码头澳口及全部在册渔船，严厉打击“三无船舶”、海上非法交易等违法行为。建成方舱PCR实验室，具备24小时全员核酸检测能力。全力推进疫苗接种，累计完成56万剂次，加快构建全民免疫屏障，守住不发生规模性疫情的底线。

强化项目支撑，经济实力稳步提升。实施“七比一看”竞赛，扎实开展一季一主题活动，竞赛总体排名及生产总值、规模工业总产值、财政两项收入等指标增幅位居全市前列，多数指标增幅高于省、市平均水平。总投资超70亿元的“三大工业项目”高效推进，一道新能源一期竣工投产，全省首块高效单晶光伏组件正式下线，单月产值超3亿元；旗滨一窑多线一期年底竣工点火，二期项目顺利开工；太阳海缆主体工程进度超75%。强化“一把手”招商，编制新材料、海洋生物科技等产业链招商地图，引进中国海洋生态牧场渔旅融合综合体等109个项目、总投资130.7亿元。全力破解要素瓶颈，盘活处置批而未供、闲置土地1389亩，实现供地2587亩、用海1280公顷，积极争取预算内资金、专项债和政策性贷款29.6亿元。139个重点项目完成投资97亿元，58个项目开工、41个项目建成投用，有力拉动投资增长，促进经济稳中向好、稳中有进。

致力转型升级，产业基础不断夯实。推动工业补链强链，旗滨玻璃四、六线完成冷修技改，诚辉玻璃二期等15个工业项目顺利投产，百亿级新材料新能源产业集群初步形成。持续用好稳经济一揽子政策，落实留抵退税超3亿元、兑现各类惠企奖补资金2818万元。举办两次政银企融资对接会，助力企业获得授信金额34.21亿元。新增“四上”企业125家，创历史新高。建立30个农业优新品种示范片区，带动新增农业产值10.8亿元。新增省级“一村一品”专业村2个、省级家庭农场6家、市级农业产业化龙头企业9家。全市首个深海养殖平台“闽投东山 1 号”开工建设，升级改造塑胶渔排 4.8 万口、筏式养殖 3.5 万亩，水产品总产量达 45.93 万吨，增长 5.2%。苏峰山旅游综合体、原味前楼等项目开工建设，开通东山湾及鱼骨沙洲海上旅游航线。成立民宿发展协会，创新开展海上民宿试点，进一步规范民宿和短租房管理。铜陵获评福建省全域旅游生态小镇，南门湾夜市成为旅游消费新热点。全县接待游客超 530 万人次、旅游收入超 60 亿元，增长 12%以上。

注重统筹协调，城乡品质持续优化。漳汕高铁确定入岛设站，完成可研报告编制等前期工作并即将动工，站房面积扩大至 1.5 万平方米，为全市县级场站规模之最。全力创建全国文明城市，投入 2.7 亿元改善城市面貌，主城区主次干道实现“白改黑”、198 条背街小巷完成硬化，标准化提升 4 个城区农贸市场，建成 17 处口袋公园，改造 13 个老旧小区。新建改造道路 66 公里，冬古作业区疏港公路三期、西铜公路路面改造工程等建成通车，列入“四好农村路”全国示范县创建单位。总投资 17 亿元城乡污水收集处理系统项目有序实施，陈城污水处理厂主体完工，完成 20 个农村生活污水治理项目，入选全国农村黑臭水体治理试点县，农村生活污水治理试点工作评估位居全省第一。出台种粮补贴 12 条措施，建设高标准农田 4100 亩，完成粮食种植面积 2.14 万亩。持续推进“全省农房建设试点县”工作，后林、亲营等 4 个新农房示范小区主体建成。投入 1.07 亿元建成 92 个乡村振兴示范项目，编制 14 个村庄规划，创建“绿盈乡村”5 个，湖尾、张家、岐下村获评省级森林村庄，澳角村入选省级美丽休闲乡村。开展生态环境质量提升百日攻坚行动，全力推进八尺门海域综合治理生态修复和海洋生态保护修复项目，海域清淤、红树林项目主体工程年底完工，清退东山湾、诏安湾等海域养殖面积 842.6 公顷，诏安湾生态治理等突出问题整治效果明显。

深化改革创新，县域发展活力迸发。优化国有企业格局，整合重组为投资、国资两大系列八个集团，进一步激发国企发展活力，国企资产总额达 187.59 亿元。创新生态司法保护模式，全国首创为造礁石珊瑚群落投保，发出全省首张“禁捕护海令”，“蓝碳司法”协同保护机制获全省机关体制机制创新优秀案例一等奖。深化乡镇综合行政执法改革，下放各镇行政执法事项 155 项，下派执法人员 50 人，有效破解基层“执法难”问题。扎实推进中菲“两国双园”东山片区项目，城垵水域开放取得阶段性进展。东山港成功推行“散改集”业务，港口集装箱吞吐量达 1.2 万标箱，创历史新高。成功举办第三十一届关帝文化旅游节，关帝庙获批国家级“海峡两岸交流基地”。积极为总投资 184.4 亿元的 36 个项目开展全程代办，一道新能源项目从洽谈到投产仅用 283 天，创造了“一道速度”。创新海域立体审批模式，办理全省第一本“立体分层设权”海域使用权证。推行“一书三证”并联办理、“四个一”审批模式，工程项目审批办理时长压缩率超 70%。推出企业开办等“一件事”套餐 29 项，办理时限缩减 80%。

2023 年是全面贯彻党的二十大精神的开局之年，也是实现第二个百年奋斗目标的起步之年。东山县要坚持稳中求进工作总基调，完整、准确、全面贯彻新发展理念，服务和融入新发展格局，紧扣“四个更大”重要要求，着力加快建设现代化经济体系，深化改革扩大开放，推进城乡协调发展，加强生态文明建设，探索东台融合发展新路，提升人民生活品质，全方位推进高质量发展，加快建设“国际旅游岛”，奋力谱写中国式现代化东山篇章。经济社会发展主要预期目标是：全县生产总值增长 7%以上，农林牧渔业总产值增长 5.5%，规模工业总产值增长 15%，固定资产投资增长 10%，外贸进出口增长 10%，实际利用外资增长 5%，社会消费品零售总额增长 8%，一般公共预算总收入增长 7.5%，地方一般公共预算收入增长 6%，城镇居民和农村居民人均可支配收入分别增长 7%和 7.2%。

（摘编：赵远）

平和县产业经济发展概述

2022年，面对经济下行、疫情反复、环保整治等叠加影响，平和县坚持以习近平新时代中国特色社会主义思想为指导，认真开展迎接党的二十大召开和学习宣传贯彻党的二十大精神各项工作，坚决落实“疫情要防住、经济要稳住、发展要安全”的重要要求，高效统筹疫情防控和经济社会发展，较好地完成了各项目标任务。

踔厉奋发、以干图强。平和县扎实开展“三提三效”行动，深入实施“产业发展项目建设攻坚年”活动，全面推进“七比一看”竞赛，全县地区生产总值完成289.6亿元、增长5.2%，农业总产值完成108亿元、增长6.95%，一般公共预算总收入完成10.32亿元、增长15.52%，地方一般公共预算收入完成7.7亿元、增长20.78%，城镇、农村居民人均可支配收入分别完成40078元、25420元，增长8.5%、10.5%，多项指标增幅居全市前列。

直面困难、以干得助。省市大力支持花山溪综合整治，领导高位推动，多方协调联动，全县上下敢于实践探索、勇于攻坚克难，全面落实“6+8+N”水土标本兼治方法，开展“百日攻坚”专项行动，全流域水质自10月中旬起持续稳定达标，官峰水库先行试验段开工建设，“黄牌”警示如期解除，探索出流域整治“平和经验”。

敢拼会赢、以干得赞。平和县坚持以奋进之志、奋发之姿、奋斗之力，推动经济社会发展取得新荣誉：平和农业现代化示范区成功入选全国创建名单，是全省唯二、全市唯一入选县份；琯溪蜜柚入选农业农村部“2022年农业品牌精品培育名单”；平和县荣获“全国绿化先进集体”称号，入选首批省级“数字乡村试点县”，蝉联“省级双拥模范县”三连冠。

平和县产业发展持续向好，工业经济平稳增长。坚持突出工业、突破工业，克服疫情和经济下行影响，完成规工总产值255.3亿元，增长1.6%；规工增加值增长1.4%；工业用电量累计6.57亿千瓦时，比增9.57%。协德高新建材等落地建设，宝丽发石业等建成投产，新增规模以上工业企业24家，比增19.5%。建筑业产值完成7.55亿元，增长33%，新增建筑资质企业14家，比增41%，其中一级建筑企业实现“零”的突破。累计落实退、减、缓税费2.72亿元，比增559.9%，减轻市场主体负担。

现代农业提质增效。平和县推动国家现代农业产业园二期项目建设。开春即着力构建“种好果、卖好价”新模式，推广廖红团队、蜜柚科技小院绿色种植技术，建设生态果园17.2万亩，优化柚类种植结构20万亩以上；打造“平台+公司+合作社（果农）+科技小院”联结机制，全面扩大欧盟、恢复俄罗斯、新开拓美国等蜜柚销售市场，出口17.2万吨；蜜柚品质提升，价格为近几年最高，真正实现农民丰产增收。发展壮大“柚香奇兰”茶，作为福建省“一县一品”典型代表参与厦门“9·8乡村振兴产业展”推介，产量突破5万千克，比增翻番，在奶茶市场和电商平台打出知名度，深受年轻消费者喜欢，潜力巨大；白芽奇兰茶品牌价值突破32亿元，相关茶产业技术体系获全国“农业技术推广成果奖一等奖”。全力保障粮食安全，出台“稳粮生产十四条措施”，退果还耕还粮10982亩，粮食播种面积6.5万亩、产量1.13万吨；新建高标准农田4000亩，霞寨“五彩稻田”登上央视等主流媒体，芦溪“蛙田米”获全国优质渔米评比生态优质奖，“琯溪有点田”成为全省典型。成功举办“福建省2022中国农民丰收节平和分会场”活动、第十五届白芽奇兰暨首届柚香奇兰茶王赛。新增市、县级农业产业化龙头企业共22家。

商贸旅游融合发展。平和县积极参与“全闽乐购”“乐购漳州”等活动，激发消费新动能，社会消费品零售总额完成110.3亿元，增长5.5%，新增限上贸易企业44家；小溪镇、心田村等入选中国淘宝镇、村。鼓励扶持出口企业“回归工程”，蜜柚出口创汇增长50%以上。出台购房补贴政策，商品房销售面积10.5万平方米、增长6.9%，销售额6.5亿元、增长3.7%，增幅位居全市前列。推动全域旅游示范县创建，制作智慧旅游地图，开发“云上平和”软件，举办主题旅游季、旅游讲解员培训竞赛活动；高峰谷创4A、灵通山创3A级旅游景区顺利推进，绳武楼等4个景点入选全国乡村旅游精品线路，大溪镇入选省“全域生态旅游小镇”，灵通风景区入选“省级气候康养福地名单”。辖区各项存款余额213.4亿元、贷款余额146.7亿元，不良贷款余额2.11亿元、占比1.44%，总体风险可控。

发展基础持续巩固。项目建设稳扎稳打。调整充实项目前期办，由县政府主要领导任前期办主任，完善项目全过程闭环管理平台。乡村振兴产业孵化中心、城乡供水一体化等181个县级重点项目完成投资100%，固定资产投资完成105.98亿元，增长10.74%。新增入库项目248个，总投资90亿元，项目数居全市前列；地方政府专项债券项目10个、资金4.27亿元，一般债券项目21个、资金1.26亿元。坚持“亩均论英雄”，盘活圣大、宝达等闲置厂房，清理闲置土地958亩、批而未供土地1150亩。实施“园改耕”占补平衡5751亩、耕地“进出平衡”4814亩，成为全省“土地整治补充耕地”试点县。破解一批项目遗留问题，推动县医院迁建工程另行选址、加快建设。

招商引资有力有效。开展“一把手”招商13次，编制产业链招商地图，举办生态木业、机械制造等专题招商推介会，新签约项目77个、总投资88.8亿元，引进新型锂电池、豌豆糖浆等生产项目。深化“区地合一”改革，推进工业园区污水处理厂提标扩建、纵三路至上峰路道路改造等项目，持续加快安厚机械产业园、五寨生态木业产业园建设，提升园区承载能力。

改革开放向优向强。深入推进相对集中许可权改革，承接划转事项234项。建立全省首个“审管互动”系统、“助企纾困”专栏，设立“模拟审批办”、台商台胞政务服务专窗，优化“百名干部挂百企”活动，全力服务重点项目、企业。深化与福建农林大学合作，成立“平和蜜柚研究院”，新认定市高层次人才24名，引进“扬帆计划”大学生378人；蜜柚科技小院荣获中国农技协“最美科技小院”称号。优化国企产业布局，兴和集团、城投公司分别参投和瑞央筑、生活垃圾焚烧发电厂，新组建平和现代农业发展有限公司。

2023年是全面贯彻落实党的二十大精神的开局之年，也是“十四五”规划承上启下之年，更是平和县全方位推进高质量发展、加快新时代新平和建设的关键一年。各项工作指导思想是：以习近平新时代中国特色社会主义思想为指导，全面贯彻落实党的二十大精神，坚持稳中求进工作总基调，完整、准确、全面贯彻新发展理念，加快构建新发展格局，着力推动高质量发展，更好统筹疫情防控和经济社会发展，更好统筹发展和安全，紧扣“四个更大”重要要求，深入开展“产业发展项目建设提升年”活动，实施“七比一看”竞赛，加快“四区”建设、统筹开展“五优”创建，以奋进之志、奋发之姿、奋斗之力，将平和建成高质量发展的“进步之星”“后起之秀”，在建设漳州现代化滨海城市中展现平和担当、贡献平和力量。经济社会发展的主要预期目标是：GDP增长6.5%，农业总产值增长6.9%，规模以上工业总产值增长9.8%，固定资产投资增长10%，社会消费品零售总额增长6.5%，一般公共预算总收入增长8.4%，地方一般公共预算收入增长6.1%，城镇、农村居民人均可支配收入分别增长8%、8.5%；完成省市下达节能减排降碳约束性指标任务。

（摘编：苏小雨）

南靖县产业经济发展概述

2022年是南靖建县七百周年。一年来，南靖县坚持以习近平新时代中国特色社会主义思想为指导，深入学习贯彻党的二十大和习近平总书记重要讲话精神，团结带领全县人民，扎实做好“两稳一保一防”工作，持续深化“产业发展项目建设攻坚年”活动和“七比一看”竞赛，负重拼搏，奋勇克难，推动全县经济社会各项事业发展取得新成效。一年来产业经济发展的主要工作和成效是：

疫情防控更精准。坚持“人民至上，生命至上”，努力以最小代价实现最大防控成效。因时因势调整完善战疫指挥体系和应急处置机制，科学精准落实重点人员、重点区域、重点环节防控措施，持续推进各类人群疫苗接种，全面提升核酸检测、流调溯源、隔离管控、物质保障及医疗救治能力，组建3支县级流调队伍，储备隔离点17个、房间超1600间，每日核酸满负荷检测能力近7300管，成功遏制多起疫情扩散苗头，牢牢守住了“疫情要防住”的底线。

坚持“稳中求进”，综合实力跃上“新台阶”。全面落实“疫情要防住、经济要稳住、发展要安全”重要要求，高效统筹疫情防控和经济社会发展，推动经济运行企稳向好。全年完成地区生产总值376.6亿元，增长6.8%；固定资产投资103.9亿元，增长13.5%；一般公共预算总收入13.8亿元，同口径增长0.6%；地方一般公共预算收入9.7亿元，同口径增长7.6%；外贸出口22.6亿元，增长21.2%；实际利用外资1亿元，增长65.4%；社会消费品零售总额118.4亿元，增长8%；城镇和农村居民人均可支配收入分别为42439元、25605元，分别增长8%、12%。在统计及疫情影响下，经济高质量发展指标实现由2021年转正到2022年大部分增长，地区生产总值、农林牧渔业总产值、规模工业总产值、规模工业增加值、社会消费品零售总额、外贸出口、实际利用外资等7项指标增速高于去年。

坚持“落地为王”，项目攻坚取得“新战果”。谋划争抢成效好。围绕“做大城区、做强园区、做优景区”目标，策划生成兰花电商产业园、土楼景区基础设施提升等136个重大项目，总投资338.1亿元。战略性新兴产业园、城区饮用水引水扩容提升等10个项目获批专项债资金11.1亿元；县城长兴北路拓宽改造、县道山龙线改建等10个项目获批一般债资金1.1亿元。

项目建设速度快。创新“一项目一专班一清单一督查”推进机制，筛选35个项目作为“重中之重”来保障实施，力促95个县级以上在建重点项目完成投资171.9亿元，占年度计划的127.3%。漳武高速（南靖段）于4月29日正式通车、县道马山线年底即将通车、通美云水谣庄园已试营业，漳州理工职业学院、新型显示智能制造产业园等一批重点项目加速推进。

招商引资力度大。积极实施“双招双引”优惠政策，制定出台《四大主导产业购买或租赁标准厂房优惠措施》，精准绘制“产业链招商地图”，持续深化“链长制”“一把手”招商，大力开展“第三方”委托招商，成功招引总投资13亿元的镧铂万电子、东望电子等3家深圳入迁企业，实现半年内从签约到上规，带动全县引进项目80个，总投资191.1亿元，其中亿元以上项目31个，10亿元以上项目8个。

要素保障支撑足。扎实推进“土地领域六项重点工作”，在全市率先出台“补充耕地工作奖励政策”，全年新立项3940亩、验收入库补充耕地

1614 亩，“旱改水”验收入库 56.7 亩，实施建设占用耕地“耕作层剥离再利用”面积 308.9 亩，处置批而未供土地 883 亩、供而未动（少动）土地 3360 亩，盘活闲置厂房 70.9 万平方米，建设标准厂房 56 万平方米。制定实施《向上争取资金考核奖惩办法》，全年向上争取各类财政、债券资金 22 亿元，县属国有投融资平台完成融资 7.6 亿元，实现土地运作收入 6.8 亿元、耕地指标交易收入 4 亿元、出让矿产收入 2.3 亿元。

坚持“培优做强”，产业转型汇聚“新动能”。一产提质增效。严格落实粮食安全党政同责，实施绿色储粮、科学保粮三年行动，完成粮食生产超 3.8 万吨。大力发展兰花、茶叶等九大特色产业，参与制定“金线莲食品安全地方标准”，新认证“三品一标”9 个，新增省级“一村一品”示范村 3 个，市级“一村一品”示范村 10 个、农业龙头企业 14 家，入选“全国农产品数字化百强县”“全国数字乡村百强县”“首批省级数字乡村试点县”和“第三批国家农村产业融合发展示范园”，获评“省级笋竹精深加工示范县”“现代竹业重点县”和“林下经济重点县”，全年完成农林牧渔业总产值 137.7 亿元，增长 6.7%。

二产提速扩量。持续深化“百名干部挂百企”活动，出台《扶持产业发展奖励办法》，全力助推闽航发特种钢、万宝能源等龙头企业壮体量，比绿能新材料、两口子食品等临界企业上规模，累计兑现各类惠企资金 1.1 亿元，办理税费退减免缓金额 3.7 亿元。全年完成规模工业总产值 510.3 亿元，突破 500 亿大关，规模工业增加值 127 亿元、工业投资 38 亿元，实现工业税收 4.5 亿元，同比增长 21.7%。新增新上规模工业企业 24 家、国家级高新技术企业 46 家。品翔电子入选国家级专精特新“小巨人”企业名单，三德利涂料通过省级专精特新企业认定，豪士食品总部经济落户南靖县并入选市级企业技术中心、省级工业龙头培育企业。

三产提标换挡。高规格编制土楼景区总体规划，大力推进景区高速口连接线拓宽工程，引进方圆里、奢野谷等 10 个文旅项目，举办南靖土楼主题体彩首发仪式，土楼活化利用经验在全市推广，土楼景区 8 次亮相《新闻联播》等中央媒体，土楼旅游入选全国乡村旅游精品线路，土楼水乡水利风景区入选国家水利风景区高质量发展典型案例，坎下村获评省金牌旅游村。积极做强电商、物流产业，加快推进兰花电商产业园、联海国际物流商贸城、豪泰物流园等项目建设，培育打造县域商贸经济发展新业态。全年完成第三产业增加值 126.4 亿元，增长 5.3%；电商交易额 21 亿元，增长 30%；新增新上限上贸易企业 64 家、规模服务业企业 5 家。

乡村风貌大变样。全面推进乡村振兴战略，谋划山梅百里画廊、富美龙山溪 2 条示范带，实施串点连线成片项目 23 个、试点示范项目 73 个，实现乡村振兴建设全覆盖。深入开展“农村人居环境整治提升五年行动”，完成“应编尽编”村庄规划 116 个，建成农村污水处理站点 22 个、配套管网 360 公里，获评“全省村庄清洁行动成效突出县”，梅林镇入选省级卫生镇，新增 4 个省级卫生村，城乡供水一体化建设工作获省水利厅批示肯定。

2023 年是全面贯彻落实党的二十大精神的开局之年。做好明年工作，南靖县要以习近平新时代中国特色社会主义思想为指导，深入学习贯彻党的二十大精神，坚持稳中求进工作总基调，完整、准确、全面贯彻新发展理念，加快构建新发展格局，更好统筹疫情防控和经济社会发展，更好统筹发展和安全，紧扣“四个更大”重要要求，深入开展“产业发展项目建设提升年”活动，全力攻坚“七比一看”竞赛，以实干、实效、实绩推动争先、攀高、进位，力促经济运行持续向好，实现质的有效提升和量的合理增长。经济社会发展的主要预期目标初步安排为：地区生产总值增长 7%；固定资产投资增长 10%；规模工业总产值增长 9.8%；一般公共预算总收入增长 7%；地方一般公共预算收入增长 5%；社会消费品零售总额增长 7.5%；实际利用外资增长 5%；外贸出口增长 5%；城镇和农村居民人均可支配收入分别增长 9%、10%以上。

（摘编：郑平名）

华安县产业经济发展概述

2022年是党的二十大胜利召开之年，是实施“十四五”规划的重要一年。面对复杂严峻的国内外形势和多重超预期因素冲击，华安县始终坚持以习近平新时代中国特色社会主义思想为指导，认真贯彻落实党的十九大、十九届历次全会和二十大精神，按照“疫情要防住、经济要稳住、发展要安全”重要要求，坚持稳中求进工作总基调，聚焦“提高效率、提升效能、提增效益”，深入开展“产业发展项目建设攻坚年”活动和“七比一看”竞赛，落实县委“1233”发展思路，以攻坚的姿态抓产业、上项目、促发展，高效统筹疫情防控和经济社会发展，各项工作取得新成效。2022年成功入选“福建省县域经济发展十佳县”。全县地区生产总值突破200亿大关；规模工业总产值346.2亿元，增长7%左右；规模工业增加值增长6.7%左右；固定资产投资86亿元，增长10%左右；一般公共预算总收入10.1亿元，同口径增长8.26%左右，地方一般公共预算收入6.85亿元，同口径增长12.73%左右；社会消费品零售总额43亿元；实际利用外资0.61亿元；城镇居民人均可支配收入43978元，增长7.9%左右；农村居民人均可支配收入25134元，增长10.5%左右；农林牧渔业产值63.91亿元，增长7.5%左右。一年来，产业经济发展的主要工作和成效体现在：

抓项目，扩投资，高质量发展再上新台阶。扎实开展“产业发展项目建设攻坚年”活动和实施“七比一看”竞赛。项目支撑更加厚实，坚持每周召开重点项目碰头会，进一步健全项目前期日常运转机制，完善重点项目资金库，谋划确定前期重点项目7个、总投资174.6亿元；推动37个市级以上在建重点项目完成投资48.9亿元，占年度计划的126.6%，完成率全市第一；推动佰兴机械等100个项目开工建设，宜和兴家具等56个项目竣工投产；鹰厦铁路华安城区段外移项目完成主体工程70%以上；抽水蓄能项目完成三个专题报告，罗溪水库完成可行性研究报告初稿。招商引资更加精准，坚持党政“一把手”带队外出招商引资，先后到浙江、上海、江苏等地开展招商考察，与省驻沪办建立联系，举办潮州、上海招商推介会等活动，开展“云洽谈”、“云看地”、“云看厂房”等线上招商，新引进项目105个、总投资165亿元，其中投资10亿元以上项目4个。营商环境更加优化，持续深化“区内事区内办”，落实每月书记（县长）企业服务日、每周局长专题服务日、企业特派员等制度，今年来累计协调解决问题111个；“安园护企”做法入选全国工商联与公安机关沟通联系合作机制百个典型事例。要素保障更加有力，在全市率先成立工作专班开展低效用地专项整治攻坚行动，盘活低效用地做法得到省自然资源厅叶敏厅长批示肯定。批而未供处置工作在全省对接会上作典型发言，完成批而未供和闲置土地处置1595亩，均超额完成省市下达任务。大力推进银塘、碧溪等片区征迁，完成土地征迁2100多亩。加快开发区北部片区、沙建镇大坑片区成片开发方案的报批及农转用审批，获批土地征收成片开发4359亩和农用地转用1286亩，为开发区融合发展留足空间。

抓园区，提质效，工业经济实现新突破。园区规模效应显现。坚持“突出工业、突破工业”，持续集全县之力打造华安经济开发区，实施“十四五”工业倍增行动，围绕主导产业实施延链、补链、强链工程，推动工业发展提质增效。先进装备制造、智能家居“两大主导产业集群”产值完成120亿元。新增新上规上工业企业24家，新增产值亿元以上企业 18 家。完成工业固定资产投资 65 亿元，增长 56.3%；工业税收 4.7 亿元，增长 18.7%。针织机械产业园 9 个项目全部开工建设，投产后产品可涵盖针织机械整机及 90% 以上配件。开发区固定资产投资、规模工业产值、财税收入占比分别提高到 71.3%、74.14%、54.22%，经济主战场地位凸显。产业发展聚智赋能。全社会研发经费投入突破 2 亿元，增长率全市第二；新增国家高新技术企业 7 家、省级科技小巨人企业 4 家，正兴车轮有限公司入选 2022 年度智能制造优秀场景名单，成立福建立兴博士后创新实践基地，实现零的突破。新建 5G 基站 187 个，实现开发区全覆盖，为企业生产经营管理提供及时、精准的决策依据，有力推进产业数字化、数字产业化。积极对接市信产集团，探索电商产业孵化培育等新业态模式，推进现代农村电子商务物流体系建设，全县电子商务销售额完成 1.27 亿元。产城融合步伐加快。围绕“产城人融合”新理念，完成《华安县丰山镇总体规划修编（2017-2030）》成果验收，加快推进园区标准化建设，开发区自来水厂改扩建及管网工程开工建设，银泰路等 6 条市政道路加快建设，圣王大道建成通车，开通市区公交线路。打造夜市特色一条街，成功举办首届美食嘉年华。开发区在全省综合排名较 2020 年上升 21 位次。

抓产业、促融合，乡村振兴结出新硕果。提升发展动力，成立乡村振兴促进会，巩固拓展脱贫攻坚成果与乡村振兴有效衔接，始终把产业振兴作为乡村振兴首要任务，科学整合资源，大胆策划项目，作为全省唯一县区入选财政部全国 2022 年农村综合性改革试点试验项目，全国仅 13 个；紧扣创新富民乡村产业发展、数字发展、人才振兴和乡村治理“四项机制”，谋划 13 个、总投资 4.25 亿元的重点项目，探索乡村振兴路径新模式。全市乡村振兴现场推进会在华安召开。63 个乡村振兴串点连线项目完成投资 1.01 亿元，提前完成年度投资任务。做优现代农业，大力发展“一片叶三粒果”，加快推进乡村振兴华丰产业园和现代柑橘产业园建设，推广种植黄美人、红宝石等优新品种 5000 亩；14 个特色现代农业项目完成年度投资的 97.49%；成功培育 3 个省级“一村一品”专业村、2 个省级农业产业化联合体。新增林下示范种植基地 4 个，林下经济总经营面积 24.12 万亩、产值 7.42 亿元，华安被纳入省“2022-2024 年林下经济重点县”。金山国有林场省红锥良种基地入选第三批省级林木良种基地，竹类植物园入选第一批省级林木种质资源库。

2023 年是全面贯彻落实党的二十大精神的开局之年，是实施“十四五”规划承上启下的关键一年，做好政府各项工作意义特殊而重大。华安县要以习近平新时代中国特色社会主义思想为指导，全面贯彻落实党的二十大精神，完整、准确、全面贯彻新发展理念，服务和融入新发展格局，坚持稳中求进的总基调，更好统筹疫情防控和经济社会发展，更好统筹发展和安全，紧扣“四个更大”重要要求，突出做好稳增长、稳就业、稳物价工作，以开展“产业发展项目建设提升年”活动和深化“七比一看”竞赛为抓手，落实县委“1233”发展思路，加快建设现代化经济体系，着力深化改革开放，大力推进城乡协调发展，加强生态文明建设，提升人民生活品质，全方位推进高质量发展，奋力谱写全面建设社会主义现代化国家华安篇章。全年经济社会发展的主要预期目标为：地区生产总值增长 6.3%左右；规模工业总产值增长 8.5%左右，规模工业增加值增长 8.2%左右；固定资产投资增长 12%左右；社会消费品零售总额增长 6%左右；一般公共预算总收入增长 10%左右，地方一般公共预算收增长 10.22%左右；实际利用外资增长 7%左右；城镇居民人均可支配收入增长 9.1%左右；农村居民人均可支配收入增长 10%左右；农林牧渔业产值增长 7%左右。节能减排指标控制在省市下达的指标范围之内。

（摘编：蔡志轩）

泉州市产业经济发展综述

2022年，泉州市迎来了党的二十大胜利召开，这是党和国家历史上具有里程碑意义的一年，也是泉州全方位推进高质量发展征程中具有重要意义的一年。这一年，泉州市隆重纪念习近平总书记总结提出“晋江经验”20周年，省委、省政府专门出台《关于传承弘扬“晋江经验”支持泉州建设21世纪“海丝名城”的意见》，激励和引导全市上下牢记殷切嘱托、深怀爱戴之情，奋力谱写全面建设社会主义现代化国家泉州篇章。这一年，泉州市勇担省委、省政府赋予的全省高质量发展主力军重任，紧扣“提高效率、提升效能、提增效益”，发挥“三大比较优势”，以实施“强产业、兴城市”双轮驱动为路径，聚焦“1+3”专项行动，全力抓项目、促发展，加快推进新型工业化和城镇化步伐。这一年，泉州市全面落实疫情要防住、经济要稳住、发展要安全的要求，高效统筹疫情防控和经济社会发展，迅速平战转换，快而有序打赢“0313”等疫情歼灭战，全力推进复工复产、满工达产、增资扩产、提质强产、保岗促产，“两稳一保一防”工作取得扎实成效，经济承压前行、稳中见韧。全市生产总值增长3.5%，地方一般公共预算收入可比增长8%，居民人均可支配收入增长5.4%。一年来产业经济发展的主要工作和成效是：

经济大盘保持稳定。开展“万名干部进万企、一企一策促发展”活动，市县两级成立总协调室，对全市1.1万家规上工业企业、限上商贸企业、高新技术企业“全覆盖、全挂钩、全联系”，走访企业3万多家次、解决问题3000多个；累计为企业减轻税费负担和增加现金流178.5亿元，投放“纾困贷”金额居全省首位，援企稳岗政策惠及企业27.8万家次、员工193万人次；支持龙头企业和本地中小微企业产能对接850亿元。

实施“项目攻坚2022”，专班推进“抓前期促开工”，150个重点项目开工建设，120个重点项目建成投产，完成固定资产投资2840亿元、增长10.3%，其中工业投资增长21.6%；获批发行政府新增债券267.7亿元，发行规模、支出效率均居全省第一。

启动“爱泉州·大乐购”促消费活动，组织“十大主题促销、百场工业旅游、千家企业大让利、万场产业直播”，加快消费回补和潜力释放，全市网络零售额2463亿元，总量居全省首位，社会消费品零售总额增长2.8%。全力稳外贸稳外资，全市实际使用外资增长100%，进出口总额增长3.6%，推广扩容市场采购贸易试点，市场采购额574亿元、增长25.1%，晋江获批国家进口贸易促进创新示范区；开展“海外抢单”，组织外贸“微展会”、“代参展”、包机组团参展，开行“中欧班列”和“整船出海”泉州至俄罗斯远东航线，获批商贸服务型国家物流枢纽。

产业升级步伐加快。打好“强引擎、建载体、铸链条、提存量、拓增量”转型升级组合拳。全力抓创新促应用，新增高新技术企业超700家、总数超2300家，新增国家专精特新“小巨人”10家；新引建高水平科创平台3家，落地国家技术转移东部中心泉州分中心，国家智能铸造产业创新中心建成投用；推广皮革院经验，推动5家大院大所企业化运作，全市技术合同成交金额增长62%；实施新时代人才强市战略，推出“涌泉”行动20条措施，入选省级以上人才计划250人，新增高层次人才2416名，新培养引进高校毕业生、技能人才、专技人才8.4万名；获批国家知识产权强市建设试点城市，晋江成为首批国家创新型县（市）。

实施“工业园区标准化建设”专项行动，摸清工业用地“5笔账”，紧抓规划、规范、提升、示范、招商5个环节，首批市级14个试点项目全面启动，全市开工和在建标准厂房1300万平方米，建成300万平方米，规上企业入园率和增加值占比分别提高到35%、50%。坚持重龙头、强品牌、铸链条，实行“一产一策一专班”，制定“一规划一计划一方案”，实施龙头企业培优扶强工程，新增省级龙头企业35家；狠抓中小微企业“小升规”，新增“四上”单位2210家；商标有效注册量达72万件，保持全国地级市首位。

加快绿色数字技改，编制完成碳达峰实施方案，新增国家级绿色制造示范项目25个，实施节能重点项目89个，单位规上工业增加值能耗下降9%，入选全国废旧物资循环利用体系建设重点城市。推动机器换工向全流程数字化迈进，新增国家级智能制造示范工厂3家、智能制造优秀场景7个，推广数字化生产线121条、新增“上云上平台”企业超1000家，新建5G基站7525个、培育5G示范场景应用新案例37个。

实施“抓开放招商促项目落地”专项行动，建立12个产业发展领导小组，组建市招商服务中心，聘任招商引才顾问，落实增资扩产享受招商同等待遇，实行“一把手”带头、全员招商，新签约正式合同2342个、总投资1.3万亿元。推动现代服务业提质增效，新增3A级以上物流企业5家，快递业务量保持全国前十，获评首批国家综合货运枢纽补链强链城市；发行“全域旅游卡”，策划推广世遗游、研学游、乡村游、工业游等精品线路70条，新增国家3A级以上景区4家、国家级旅游休闲街区1个、国家级夜间文化和旅游消费集聚区2个；支持影视产业发展，新增影视剧制作企业13家。推动农业高质量发展，完成农林牧渔业总产值454亿元，建成高标准农田20.5万亩，粮食产量超50万吨，新增国家级现代农业产业园1个、“一村一品”示范村镇2个、农民合作社示范社6家，安溪铁观音茶文化系统入选全球重要农业文化遗产。

改革攻坚多点突破。传承弘扬“晋江经验”，全面实施28项重点改革任务。强化市级统筹统管能力建设，对中心城区实施规划建设一体化管理机制。发布支持民营经济发展“1+1+13”政策“大礼包”，线上直达兑现惠企资金54.6亿元，筹建民营经济发展研究院。推动营商环境持续提升，建成投用政务便民服务平台、公共数据开发平台，“一网通办”比例达85%，“一趟不用跑”比例达92%。整合“一件事”集成套餐548项，基本覆盖重点领域、高频事项；持续开展“局长走流程、走基层”活动，解决痛点堵点问题959个，压缩承诺时限3013个工作日。

实施“百千万”融资促进活动，开展政银企对接153场，存贷款余额均突破万亿元；启动企业上市“刺桐红”三年行动，新增上市企业4家，新设天使投资基金，不良贷款率持续下降。推进市属国企战略性重组和专业化整合，新组建城市规划设计集团、能源集团，市属国企资产总额增长21%、突破3000亿元；水务集团控股上市公司，实现泉州国企上市“零”的突破。

密切侨港澳台交流，建立完善重点侨情和港澳乡情数据库，办好泉籍精英故乡行、“中菲人文之驿”等活动。细化金融、农业、司法等领域惠台政策，新批台资企业、投资总额分别增长54%、99%；全面实施海峡两岸闽南文化溯源交流工程，举办纪念郑成功收复台湾360周年活动，清水岩获评国家级海峡两岸交流基地；全年向金门供水764万立方米，开工建设金门供水水源保障工程。

城乡发展齐头并进。实施“抓城建提品质”专项行动，划定国土空间总体规划“三区三线”，开展西华洋、南滨江、江南等6个片区控规修编，完成中央活力区城市设计国际竞赛。分3批实施城建项目1173个，完成投资800亿元；24个重点片区开发建设加快推进，中央商务区人气加速集聚，入驻企业数增长105%，税收增长55.4%，建成海丝中央法务区泉州片区。古城保护提质提效，完成古城核心区29条街巷市政综合提升，启动中山南路片区46条街巷整治。实施老旧小区改造项目560个、7.9万户，基本建成保障性安居工程1.2万套，新增保障性租赁住房5600套。实施“绿满泉城”、照明提升、水系联排联调、电力设施补短板4个三年行动，建立“三山一线”统一规划建设管理机制，建成口袋公园157个、新增公园绿地面积121公顷；实施东海片区、“两江”沿岸及重要节点照明提升；完成水系联排联调规划总体方案编制；中心城区电力设施投资增长22%。建成智慧城管物联通管理平台，实行中心城区环卫一体化管理，完善生活垃圾分类管理办法。

全力抓征迁交净地，全市完成征地2.1万亩，获批国家盘活利用低效用地试点；新增建设用地指标1.98万亩，获批项目用地面积5.66万亩，均为全省最多；中心城区出让土地面积2576亩，为近年来最高。着力推进聚城畅通，53个重点项目完成投资94亿元，兴泉铁路全线通车，国道324改线惠安黄塘段、洛江西环路双阳段顺利完工，国道324改线南安水头段、政永高速德化段、通港东街快捷化改造等项目启动建设，跨江跨海通道项目前期工作取得实质性进展。

持续推动乡村建设，完成全市151万栋农村地籍房屋调查，编制实施村庄规划942个，创建整镇推进“五好”乡镇20个，打造乡村振兴示范线23条、典型示范村60个，新增国家级乡村治理示范村8个，整治裸房4.3万栋；实施城乡供水一体化建设，新改建供水管网1125公里；完成农村公路路网建设301公里、安防工程180公里，获评全国首批“四好农村路”建设市域突出单位。

安全发展更有保障。建立平战结合疫情防控机制，“快、准、严、实、细”抓好疫情防控，做到早发现、快处置、稳经济；实行“三公（工）一大”领导24小时带班和“三个第一时间”应急响应，战时核酸检测能力拓展到80万管/日，流调队伍超2700人，隔离房间5.7万间，疫苗接种累计超2300万人次，建成定点亚定点医院26家、床位超1.7万张、发热门诊（诊室）209家。

2023年工作。党的二十大就新时代新征程党和国家事业发展制定了大政方针和战略部署，描绘了全面建设社会主义现代化国家、全面推进中华民族伟大复兴的宏伟蓝图。做好2023年各项工作：必须高举习近平新时代中国特色社会主义思想伟大旗帜，全面落实党的二十大精神，按照省委、省政府和市委部署要求，坚持稳中求进工作总基调，完整、准确、全面贯彻新发展理念，积极服务和融入新发展格局，着力推动高质量发展，更好统筹疫情防控和经济社会发展，更好统筹发展和安全，传承弘扬“晋江经验”，全面深化改革开放，大力提振市场信心，把实施扩大内需战略同深化供给侧结构性改革有机结合起来，深入实施“强产业、兴城市”双轮驱动，深耕“1+3”专项行动，勇当全省全方位推进高质量发展主力军，加快建设海丝名城、智造强市、品质泉州，奋力推进中国式现代化的泉州实践。经济社会发展主要预期目标是：全市生产总值增长6.5%左右，农林牧渔业总产值增长3.5%，工业增加值增长6.5%—7%，第三产业增加值增长7%—7.5%；一般公共预算总收入增长7%，地方一般公共预算收入增长5.6%；固定资产投资增长8%；实际使用外资增长8%，出口增长7%；社会消费品零售总额增长7%，居民消费价格涨幅控制在3%左右；居民人均可支配收入和经济增长同步；完成节能减排降碳任务。实现上述目标，必须全面落实中央“六个更好统筹”重要要求，强化底线思维，坚持系统观念，突出统筹兼顾，大兴求实、务实、抓落实之风。要践行人民至上、生命至上，因时因势优化疫情防控措施，突出老年人和患基础性疾病群体的防控，全方位提升医疗救治能力，着力保健康、防重症。要坚持稳字当头、稳中求进，大力提振市场信心、增强发展预期，推动稳经济政策措施应落尽落、应出尽出、应享尽享，扎实推进抓城建提品质、开放招商、工业园区标准化建设、文旅经济、聚侨引侨和泉商回归等重中之重，全力“奋战2023”。要做到守土有责、守土尽责，强化“时时放心不下”的责任感，下好先手棋、打好主动仗，常抓不懈保安全，有效防范化解各类风险，以高水平安全保障高质量发展。

（摘编：苏小雨）

鲤城区产业经济发展概述

2022年，鲤城区坚持以习近平新时代中国特色社会主义思想为指导，坚持稳中求进总基调，锐意进取、应变克难，高效统筹疫情防控和经济社会发展，打赢“0313”等疫情歼灭战，落实稳经济一揽子政策措施，经济发展韧性得到巩固、城市建设格局有序拉开、民生服务保障更有品质。全年实现全区生产总值539.69亿元、增长4.5%，一般公共预算总收入23.32亿元、同口径增长1.6%，一般公共预算收入14.53亿元、同口径增长5.1%，工业增加值增长4.8%，建筑业增加值增长5.7%，第三产业增加值增长4.2%，社会消费品零售总额增长1.8%，固定资产投资增长10%。一年来鲤城区产业经济发展的主要工作和成效是：

在稳产强产中推动转型升级。鲤城区全力以赴稳增长。精准应对超预期因素冲击，出台积极应对新冠感染疫情影响、推动企业稳产达产增产等系列政策，强化“战时”调度，开展“进企促发展”等活动，全年减免缓退各项税费8.2亿元，兑现惠企资金1.38亿元。深化“重龙头、强品牌、铸链条”专项行动，11家企业晋升省级工业龙头，3家企业新认定为省级“专精特新”企业，三大支柱产业增加值增长7.1%。推动中小微企业“小升规”，新增“四上”企业89家。围绕消费场景造节策展，举办汽车云购节、老字号文化节等促销活动13场，累计发放消费券、购物补贴800万元，拉动消费15亿元。积极发展新零售，电商零售额增长10%。出口商品总值增长7%；实际利用外资增长356%，增速居全市首位。

鲤城区致力培育新动能。集聚发展光电产业，筹建光电产业园，坤鸿电子、燧成照明、依科达半导体等项目成功签约，毫米电子、全通光电入选省级科技型中小企业技术创新项目。推动数字经济发展，新增35家企业“上云”，7个项目入选第五届数字峰会签约项目，3家企业获评“省新一代信息技术与制造业融合发展”标杆企业，数字经济发展指数居全市第一。落实企业上市“刺桐红”三年行动，佰源智能成功挂牌新三板，7家企业入选市级上市后备；对接一批优质基金运作企业，推动组建或参股文体旅产业基金等5支基金。协力创新拓资源。扎实推进工业园区标准化建设，高新区作为省级试点园区，2660亩示范区先行启动，总投资近47亿元的首批9个项目动工建设，科创中心、示范区一期等省、市重点项目部分建成。

鲤城区深入实施“抓创新促应用”专项行动，新增国家高新技术企业38家、省级科技小巨人4家、市级新型研发机构1家，R&D经费投入增长27.9%。开展“绿色数字技改”，鸿福化纤、田中机械等投用一批智能产线，规上工业增加值能耗下降11.2%，众益太阳能获评省级绿色工厂。加强知识产权保护利用，引入斯凯奇知识产权服务公司，3家企业获评国家知识产权优势企业，每万人口发明专利拥有量增长16.2%。

鲤城区聚力招商促落地，创新“一办、一局、一中心、一集团”招商格局，成立十个产业发展领导小组，建立招商项目全周期服务机制，聘任招商引才顾问和招商顾问单位，推出“揭榜挂帅”、教育扶持等激励办法，全年签约招商项目135个、总投资超600亿元，其中20亿元以上重大项目12个、亿元以上项目98个；履约项目132个、履约率97.8%，实现年度目标与同期增长双倍增。

鲤城区在建管结合中提升城市品质，城市布

局更显张力。衔接江南新区控规修编，深化江南片区城市设计，搭建“三生融合”空间构架。编制江南新区产业发展规划，提出以数字经济为引领，“新制造+新商贸+大健康”三轮驱动，打造泉州中央创新区。制定高新区发展建议性指引，理清工业园区“5笔账”，规范工业用地指标和风貌管控标准，完成高新区整体规划环评，描绘国家级高新区发展新蓝图。城市建设更有活力。重新梳理重点项目、城建项目调度机制，56个在建重点项目完成投资107亿元，18个项目建成或部分建成。整体运营城市建设，启动总投资近50亿元的江南新区综合开发项目一期工程，招引落地中建海峡等一批优质建筑企业，49个“抓城建提品质”项目超额完成年度计划投资。

鲤城区推进新区城市更新，金鲤片区等8个项目征收房屋超25万平方米，完成土地“招拍挂”8宗822.63亩，启动田中里等3个安商房建设，金泰花园一期交付使用。推进古城保护提质，分8个片区滚动开展古城综合提升，一分区内中山中路及周边29条街巷基本完成改造，二三分区接续推进中山南路及周边46条街巷改造。高标准启动居住环境提升工程，130个老旧小区改造项目基本完工；爱国路片区安商房部分封顶。城市风貌更具魅力。实施“聚城畅通”工程，繁荣大道全线渠道结构完工、第一施工段主路面通车，泉州大桥新桥顺利合龙，国道旧301线等4处道路节点完成改造提升，站前西规划一路开工建设，“三纵四横”路网拉开架势。推进“绿满泉城”行动，完成江滨南路主干道绿化提升，新建公园绿地5公顷、口袋（健身）公园27个、立体绿化10处，改造提升公厕20座。

鲤城区开展城市污水提质增效三年行动，启动雨污水管网普查，新建改造管网8公里、小区雨污分流管道50公里，消除城市易涝点5个。城市管理更见效力。开展“蓝天、碧水、净土、静夜”四大行动，落地实施“三线一单”，建立河长林长协同共治机制，全面除治互花米草，建成2个市级低碳试点，100%办结环境投诉件。打通基层治理末梢，22个社区完成优化调整，231个住宅小区开展长效管理，350个智慧安防小区完成建设。全面推行“权责下放、人员下沉、综合巡查、协同执法”模式，各街道综合执法中心和信息化指挥平台建成投用，获央媒持续关注。开展“八化”专项行动，重点整治流动摊点等五大问题，南外宗正司片区列入省级城市管理样板工程。全域推行“环卫一体化”和生活垃圾分类，通过省级生活垃圾分类示范区考核验收。强力推进“两违”整治，拆违128宗1.79万平方米。

2023年是全面贯彻落实党的二十大精神开局之年，是实施“十四五”规划承上启下关键之年。鲤城区要以“高质量发展、高品质生活、高效能治理”为工作导向，围绕“产、城、人、文、安”发展思路，按照“五年规划、三年行动、年度计划、项目支撑”既定节奏，在2022年打基础的前提下，以更高的目标、更新的举措、更实的作风，推动鲤城高质量发展更好更快见成效。新一年鲤城区各项工作的基本思路是：以习近平新时代中国特色社会主义思想为指导，全面贯彻落实党的二十大精神，坚持稳中求进总基调，完整、准确、全面贯彻新发展理念，服务和融入新发展格局，着力推动高质量发展，更好统筹疫情防控和经济社会发展，更好统筹发展和安全，按照“强产业、兴城市” “活古城、战江南”部署要求，实施“1345”发展战略，深化“1+3”专项行动，发展“数字+新制造”“数字+新商贸”“数字+大文创”“数字+大健康”产业，持续打造世遗典范城、中央创新区，奋力建设“品质名城·现代都市”。鲤城区经济社会发展主要预期目标是：全区生产总值增长7%，工业增加值增长7%，建筑业增加值增长7%，第三产业增加值增长7%；一般公共预算总收入增长8%，一般公共预算收入增长8%；固定资产投资增长10%；出口商品总值（海关口径）增长5%，实际利用外资（验资口径）完成600万美元；社会消费品零售总额增长8%；居民人均可支配收入与经济增长基本同步。

（摘编：林汇智）

丰泽区产业经济发展概述

2022年，丰泽区坚持以习近平新时代中国特色社会主义思想为指导，深入学习宣传贯彻党的二十大精神，在市委、市政府和区委的坚强领导下，紧紧团结依靠全区人民，高效统筹疫情防控和经济社会发展，统筹发展和安全，做好“两稳一保一防”各项工作，全方位高质量发展迈出了坚实步伐，各项工作实现良好开局。

以倾城之力打赢艰苦卓绝的抗疫大战。面对“03·13”突发疫情，丰泽区在上级党委政府的领导指导下，坚持人民至上、生命至上，弘扬伟大抗疫精神，立即启动应急响应机制，织密织牢疫情防控网络，仅用18天社会面确诊病例清零，35天全域降为防范区，得到国务院联防联控机制福建工作组和省、市的肯定。

以非常之举答好艰巨繁重的疫后大考。面对疫情对经济社会造成的巨大冲击，丰泽区直面挑战、精准施策，层层递进“四产联动”，仅5天重点项目复工率达100%，9天“四上”企业复工率达100%，GDP由一季度下降0.7%提高到全年增长4.5%，经济运行呈现“恢复快、回升稳、后劲足”的发展态势。

以破竹之势推动影响长远的要事大事。面对做大做强中心城区主力军重任，丰泽区深入实施“强产业、兴城市”双轮驱动，深耕“1+3”专项行动，泉州数字经济产业园、建筑服务产业园等园区成形成势，南埔山、后埔、南滨江、中央商务区等片区开发建设全面提速，产业、民生、基础设施等一批重大项目相继落地，为高质量发展注入强劲动力。一年来，全区上下奋勇攻坚、向难求成，交出了一份无愧于使命、无愧于职责、无愧于人民的奋斗答卷。

丰泽区经济发展迸发新活力，纾困惠企有得有感。常态化推动“千名干部走千企”“百名科局长进百居”，协调解决各类问题568个。清单化推动一揽子政策落地，推行“免申即享”，全年减税降费10.5亿元，兑现惠企资金2.9亿元，减免国有房屋租金5583万元。完善金融服务顾问制度，帮助企业获得纾困贷款授信6.8亿元，银行不良贷款率压降到0.47%、为历年最低。重新确认区级重点企业224家，南方路机在上交所成功上市，市级上市和挂牌后备企业增至40家，小微企业“四转”481家，新增市场主体1.9万户。项目建设有为有力。落实“六个一”机制，88个重点项目完成投资201亿元，机器人产业园等24个项目开工建设，厦门银行泉州分行大厦等27个项目竣工投产。争取专项债券资金12亿元、支出率100%，报批农转用地2025亩，有效保障重点项目建设。

开放招商有质有量，实施“抓开放招商促项目落地”行动，组建招商服务中心，探索街道协同招商利益分享、招商引才大使（顾问）等机制，区领导带队前往北京、长三角、珠三角等地区招商，引进项目201个，总投资1091亿元、为历年最多，履约落地率达97.6%，其中超20亿元重大项目16个、总投资660亿元。以招商政策同等待遇谋划增资扩产项目52个，总投资83亿元。引进外资项目56个，合同外资增长239.3%。内外循环有序有效。联合商家开展三轮促消费活动，发放消费券1亿元、直接撬动消费超20亿元，新增限上商贸企业50家，限上批零住餐零售额增长28%，网络零售额增长11.7%。实施出口突围拓展行动，帮助企业申领免费风险保障2.85亿美元，匹克、新时颖等重点企业出口额增长超30%；建设泉州跨境电商综合试验区公共服务平台，东海跨境电商交易额增长35%。

产业兴区迈出新步伐。突出打造科创高地，开展“绿色数字技改”“抓创新促应用”行动，21个技改项目完成投资15.5亿元、增长13%，新增“上云上平台”企业60家，培育市级服务型制造公共服务平台2个，泉州公共数据资源开发服务平台入选工信部大数据产业发展试点示范项目。国家“双创”示范基地年度评估获优秀等次，“社会服务领域双创带动就业”专项行动考评居全国第三，新增市级以上众创空间5个。实施区级科技项目30个，国家高新技术企业增至213家，新增科技小巨人企业10家、企业技术中心4家，技术合同成交额居全市第一。实施“涌泉润泽”行动，新增市级以上高层次人才275人，引进产业急需高校毕业生2654人。突出培育特色园区，深入实施园区标准化建设行动，启动盘活利用低效用地试点工作，采取“留改提拆建”模式打造一批特色产业园区。其中，泉州数字经济产业园列入市级首批试点，修规后新增园区用地3227亩、建筑面积316万㎡，完成投资11.3亿元、超序时进度26%，建成标准厂房19万㎡，新签约项目28个、总投资11亿元；建筑服务产业园改造提升楼宇8栋，完成产值35亿元、增长35%，实现税收5500万元；海丝中央法务区泉州片区获批建设，中心园建成投用，泉州市金融纠纷一体化调处中心投入试运营，入驻机构73家；知创产业园新签约项目14个、总投资27亿元，知创大厦开工建设，侨泽园竣工投产；建筑设计与装饰产业园引进企业308家，实现税收3200万元。突出集聚新兴业态，数字经济领跑全市，智慧丰泽云计算中心加速扩容，入选省级数字经济核心产业领域瞪羚企业4家，数字经济占GDP比重提升至62%、居全市第一。文旅产业加快发展，法石历史文化街区、水上看泉州·夜游世遗城等重大项目签约落地，设立影视服务中心产业园，《无形之刃》等24个影视项目开机拍摄，领SHOW天地文化创意园入选全国第二批“夜间文化和旅游消费集聚区”。金融业快速发展，新增基金类、类金融机构71家，泉州海丝基金小镇资金管理规模突破120亿元、获评“泉州市现代服务业集聚示范区”，金融业增加值增长7.6%。

城市能级实现新跨越。精雕细琢提升城市品质。实施“抓城建提品质”行动，66个城建项目完成投资65亿元。连片推进“三区一村”改造，分批次改造提升老旧小区262个，惠及4.8万户。成建制推进征迁交净地项目20个，拆除建筑87万㎡，腾出发展空间2262亩，出让土地1041亩。加速繁荣泉州中央商务区，新签约项目50个、总投资495亿元，新出租写字楼8万㎡，建成楼宇入驻率增长50%，入驻白领超万人。精建细管提升城市功能。全面升级“数字城管”，新建智慧安防小区495个，在全市率先实现千兆光纤网络100%覆盖。环卫一体化改革有序推进，新增垃圾分类亭100个，新建污水管网11公里。房屋“一楼一档”网格巡查全覆盖，排查处置安全隐患房屋4684栋，拆除“两违”2.5万㎡。

2023年是全面贯彻落实党的二十大精神的开局之年，是实施“十四五”规划承上启下的关键之年，以实干实绩交出优异答卷是一种政治责任、时代责任、历史责任。各项工作总体要求是：高举习近平新时代中国特色社会主义思想伟大旗帜，全面贯彻党的二十大精神，弘扬伟大建党精神，扎实推进中国式现代化，完整准确全面贯彻新发展理念，更好统筹疫情防控和经济社会发展，更好统筹发展和安全，紧扣“四个更大”重要要求，传承弘扬“晋江经验”，坚定不移实施“强产业、兴城市”双轮驱动，认真贯彻“一二三四五”工作思路，全力构建“五城五区”，勇当做大做强中心城区主力军，加快建设21世纪“海丝名城”核心区。丰泽区经济社会发展的主要预期目标为：地区生产总值增长7%以上；工业增加值增长6%，第三产业增加值增长7.5%；一般公共预算总收入增长6%，地方一般公共预算收入增长4.5%；固定资产投资增长8%；社会消费品零售总额增长7.5%，居民人均可支配收入与全区生产总值基本同步增长。

（摘编：林维耀）

洛江区产业经济发展概述

2022年，洛江区以习近平新时代中国特色社会主义思想为指导，认真学习宣传贯彻党的二十大精神，坚决落实中央、省市的决策部署，高效统筹疫情防控和经济社会发展，统筹发展和安全，顺利完成区六届人大一次会议确定的主要目标任务，全方位推进高质量发展取得新成绩，一年来，洛江区产业经济发展的主要工作和成效是：

经济运行稳中有进。全年完成地区生产总值355亿元、增长4%，一般公共预算总收入27.2亿元，加上增值税留抵退税后完成28.75亿元，同口径增长8%，一般公共预算收入16.38亿元，加上增值税留抵退税后完成17.13亿元，同口径增长9%。

市场主体服务精准。落实省委“提高效率、提升效能、提增效益”行动，开展“百名干部进百企、一企一策促发展”专项行动，建立区领导、区直部门与重点企业结对挂钩联系服务机制，研究制定应对疫情纾困解难21条、支持民营企业高质量发展17条、稳经济增长70条等系列措施。落实新的组合式税费支持政策，全年退税减税缓税降费5.1亿元，兑现财政奖补资金2.9亿元。协调银行机构为51家企业提供超7.5亿元延期付息、贷款展期、调整结息周期等支持，帮助69家企业获得纾困增产增效专项贷3.4亿元。成立用工稳岗保障服务专班，举办招聘活动60多场，帮助企业新招聘员工4000多人，发放稳岗、稳就业奖补2126.6万元。引导企业开展市场采购贸易、跨境电商等新业态，帮助企业赴海外抢订单拓市场，全年完成外贸出口80亿元、增长10.6%。

项目建设全面提速。组建“抓前期、促开工、保纳统”专班，开展“攻前期、快审批、促落地”活动，落实“红黑榜”晾晒机制，跟踪协调统管区申报建设工程审批事项，全年新增谋划项目70个、开工项目45个、竣工项目35个，在建重点项目完成投资109亿元，完成年度投资计划的102%，全社会固定资产投资增长10%。建立“首问即服务”责任制，上报并获批省政府审查农转用和土地征收项目5个批次、面积1020亩，处置批而未供和闲置土地949.3亩。持续开展“抓征迁交净地”行动，完成房屋征迁3.8万平方米、土地征收1352.9亩。多渠道筹融资，主动向上争取资金4.5亿元，新增政府债券资金2.6亿元。

招商选资实现突破。开展“抓开放招商促项目落地”专项行动，成立全区开放招商领导小组，组建10个产业发展专项小组，新聘任招商引才顾问20人，掀起全员招商热潮。全年累计签约合同项目136个、总投资747.3亿元，分别完成年度目标的113.3%、124.6%。其中，20亿元以上项目9个、总投资276亿元；履约落地项目128个、开工项目97个，履约率、开工率均创历年新高。积极扩大利用外资，新增利用外资2085万美元、增长86.6%。

科技创新增添动力。鼓励企业加大研发投入，推荐企业申报2022年福建省研发经费投入分段补助2285.8万元，全区规上工业企业研发经费增长23.9%，增速位居全市第3。培育科技创新主体，推荐42家企业申报国家高新技术企业，入库省科技型中小企业66家，新增省级科技小巨人企业11家。组织企业申报2022年省市级科技项目，获得立项11个、扶持经费310万元。

产业发展提质增效。农业生产稳定增长。全年完成农林牧渔业总产值10.9亿元、增长5%。稳定粮食生产，设立专项奖励扶持资金270万元补助种粮，发放耕地地力保护补贴、种粮补贴、农机补贴等500多万元，建成高标准农田2700亩。强化重要农产品市场供给，蔬菜种植面积超5000亩、日均产量81.3吨；加强生猪养殖调控，全年出栏9.1万头；鼓励扩大绿色健康水产品养殖，水产品年产量1650吨。

第二产业迈向中高端。推动铁拓机械5G智能装备产业园、加来盟体育5G智慧工厂等“5G+制造”项目加快建设，全年新增“上云上平台”企业46家。组织企业实施重点技改项目，35个技改项目完成投资19.5亿元、增长32.5%。支持龙头企业增资扩产、做大做强，新增国家级、省级专精特新“小巨人”企业10家，福建省工业龙头培育企业5家，48个增资扩产项目总投资118.6亿元，建成投产后每年新增产值超100亿元。扶持优质企业上市，14家企业入选市级上市挂牌后备企业，铁拓机械在全国股权系统创新层挂牌。

发展壮大数字经济，华南动力配套及试验工业园等28个省级数字经济项目累计完成投资超50亿元。落实全市工业（产业）园区标准化建设专项行动，“四个一批”项目完成投资11.5亿元，在全市率先采用“国有+民企”土地连片合作开发模式，洛江区数字经济产业园（一期）开工建设，云箭智能科技等9个项目签约入驻；推动土地集约利用、产业空间拓展，梳理城镇低效再开发试点片区5个、用地9.5平方公里，整合低效工业用地500多亩、闲置厂房12万平方米。出台《关于促进洛江区建筑产业高质量发展的若干措施》，新增建筑业企业12家，兑现奖励4955.8万元，建筑业总产值达285.6亿元、增长24%。

第三产业彰显活力。出台促进商贸服务业高质量发展措施，组织举办洛江乐购生活节、万虹路汽车走廊文化节、侨家乐·福建省华侨美食风情文化节等促消费活动，社会消费品零售总额增长10%，增速位居全市第一。加快发展电子商务，中聚电商园建成运营，中海联实业、阿里巴巴国际站服务商等40家企业进驻，全区网络销售额超120亿元、增长10%，3个镇、31个村上榜2022年“淘宝镇”“淘宝村”。生态旅游回暖向好，建成洛阳桥AR智慧旅游项目，改造提升俞大猷公园、虹山油菜花基地周边环境，“陈三五娘传说”文化园、“乡韵·鹿境”、陆歌滑翔伞等项目投入运营，全年接待游客202.2万人次，旅游收入21.8亿元。

乡村振兴亮点纷呈。洛江区实施乡村振兴“1+6+2”系列行动，113个乡村振兴项目完成投资2.8亿元。突出示范带动，建成19个乡村振兴省市区级试点示范村、4条市级示范线路。整镇推进“五好”乡镇创建，虹山乡在全市考评中获得农业生态型乡镇优秀等次。推进“五个美丽”创建行动，投资6000多万元建成美丽乡村庭院203户、微景观67个、小公园（小广场）15片、美丽田园5个、休闲旅游点4个。全域旅游推进全面振兴做法获国家乡村振兴局刊发，省领导批示推广。

2023年是全面贯彻落实党的二十大精神的开局之年，也是实施“十四五”规划承上启下的关键之年，做好新一年工作至关重要、责任重大。各项工作总体要求是：高举中国特色社会主义伟大旗帜，坚持以习近平新时代中国特色社会主义思想为指导，深入学习贯彻党的二十大精神和习近平总书记对福建工作的重要指示批示精神，坚持稳中求进工作总基调，以推动高质量发展为主题，完整、准确、全面贯彻新发展理念，主动服务和融入新发展格局，全面落实中央、省市和区委的决策部署，更好统筹疫情防控和经济社会发展，更好统筹发展和安全，保持经济稳定发展，保持社会大局稳定，加快建设更高水平的智造洛江、生态新城。洛江区经济社会发展主要预期目标是：地区生产总值增长7%；农林牧渔业总产值增长5%；工业增加值增长7%；第三产业增加值增长7.5%；一般公共预算总收入增长8%，一般公共预算收入增长9%；实际利用外资（验资口径）2500万美元；出口商品总值增长10%；全社会固定资产投资增长10%；社会消费品零售总额增长10%；居民人均可支配收入增长和经济增长基本同步；完成节能减排任务。

（摘编：余松山）

泉港区产业经济发展概述

2022年是泉港区砥砺奋进、负重前行的一年。一年来，泉港区坚持以习近平新时代中国特色社会主义思想为指导，以迎接和学习宣传贯彻党的二十大为主线，组织实施“五大比拼”“五大攻坚”系列专项行动，扎实推进“两稳一保一防”工作，高效统筹疫情防控和经济社会发展，较好地完成了区五届人大一次会议确定的各项目标任务，高质量推进“三城建设”迈出坚实步伐。全年实现地区生产总值713.99亿元，增长3.5%；工业增加值468.98亿元，增长1%；第三产业增加值163.45亿元，增长8.8%；农林牧渔业总产值23.05亿元，增长2%，固定资产投资135.11亿元，增长20.5%；一般公共预算总收入90亿元，下降13.49%；一般公共预算收入22亿元，下降21.61%；实际使用外资1.31亿美元，增长15.4%；社会消费品零售总额155.18亿元，增长3%；居民人均可支配收入34302元，增长6.1%。全年经济增长好于预期目标，泉港区入选2022年“中国工业百强区”，获评福建省平安县（市、区）、省级双拥模范城（县）“六连冠”。一年来，泉港区产业经济发展的主要工作和成效是：

这一年，抓项目、稳大盘，“1+N”产业体系加速成型，绿色石化名城行稳致远。项目支撑坚实有力。坚持工作围着项目干、要素跟着项目走、考核盯着项目考，扎实开展“项目攻坚2022”“抓征迁交净地”“百日攻坚”等行动，天辰化工等60个项目顺利开工建设，中海油服等50个项目竣工投产，第二季度获全省项目工作正向激励综合考评第4名。实施主导产业链长制，开展“重龙头、强品牌、铸链条”专项行动，引进落地百宏化学新材料等25个、总投资704亿元的石化项目，以及圣元环保新能源等160个、总投资739亿元的非石化项目，逐步构建现代多元产业格局。

工业经济提速增效。全力推进工业（产业）园区标准化建设，盯住“规划、规范、提升、示范、招商”5个环节，引进融意网商、清能新能源等8家企业，对闲置厂房进行盘活和二次招商，全年盘活低效闲置用地969亩、厂房22万平方米以上，新建标准化厂房超3万平方米。工业大盘稳中见韧，佳化化学二期、天骄化学二三期、安然纺织扩建等项目形成新的工业经济增长点，福海粮油、百宏石化、钟山化工等入选省级融合发展标杆企业，全区实现工业投资增长80%，技改投资增长50%，增幅位居全市前三。石化工业园区综合发展水平位列省级开发区第3位。

“四大经济”蓄能起势。泉港区深耕海洋经济，诚峰一级渔港二期工程开工建设，引进泉州北大门现代海洋文旅产业园项目，全面完成22.1公顷新型塑胶网箱、万亩贝藻类塑胶浮球改造。打响“福传泉港”文旅品牌，做优惠屿新时代文明实践岛、金樟谷森林康养基地等项目，助力文旅产业提档升级；沈海高速公路驿坂服务区提升改造工程启动建设，将打造成为展示泉州海丝文化的示范服务区。培育绿色发展新动能，新增联合石化、路通管业、纳川管业3家省级绿色工厂，风、光、水储一体化综合能源项目正式落地，完成联合石化聚烯烃堆场泉港光伏项目建设，系全省在建最大分布式光伏发电项目。数字经济激发新活力，合众鑫综合智慧能源等3个项目入选第五届数字中国建设峰会省级重点项目，佑达环保获评省级数字经济创新型“瞪羚”企业，全区数字经济增加值同比增长15%。

这一年，抓创新、强载体，高质量发展动能越聚越强，现代活力港城生机勃发。泉港区科创活力加速释放，强化产学研深度融合，清源创新实验室创业园加快建设，全年技术合同成交额增长234%，创历史新高；新获批市级以上科研平台5个，新增国家科技小巨人企业8家、入库省级科技型中小企业32家，高新技术企业申报数为历年之最；清源创新实验室获批国家级“博士后科研工作站”、省级“博士后创新实践基地”，研究成果荣获2022年度中国化工学会科学技术奖“基础研究成果奖”一等奖。实施“涌泉行动·人才进港”，配套出台“1+8”引才留才政策，推出购房补贴、个税奖励等28项暖心服务，全区新增高层次人才120人，石化产业人才总量突破2万人，获评“省级石化产业人才聚集基地”。

招商引资成果丰硕。制定扶持工业经济、石化产业、电子商务等13份惠企政策，成立石油化工、新材料等10个产业发展小组，分赴长三角、珠三角等区域开展“链条招商”“靶向招商”活动20多场次，全年累计完成签约招商项目185个、总投资1443.23亿元，提前三个月完成市里下达的全年招商任务目标。其中，20亿元以上正式合同项目达14个，总投资138亿元的百宏化工新材料项目，为近年来全市单体投资最大的民企项目。设立泉港区首支规模30亿元的政府产业股权投资基金，发挥财政资金撬动作用，实现以资引资、以资招商的良性循环。

开放平台更大更强。支持企业“海外抢单”，组织企业参加第五届进博会等活动，对外贸易规模达30亿元、比增20%。港口吞吐量持续领跑全市，肖厝港区累计完成吞吐量2400万吨、同比增长6.7%。海铁联运能力不断增强，开通兴泉铁路货运，完成肖厝港区铁路专用线扩建，港三铁路专用线顺利通车；兴通海运在上交所成功挂牌上市，危化品水路运输能力保持全国前列。通航条件持续提升，鲤鱼尾作业区4号泊位、肖厝作业区5-6#泊位等项目快速推进，福建中燃4#泊位液化烃接卸码头、湄洲湾航道四期工程完成建设。

这一年，抓城建、提品质，普惠性民生优化供给，山海宜居美城人气集聚。

乡村振兴全面推进。现代农业提质增效，新增利园农业等4家市级农业产业化龙头企业，白潼村、惠屿村入选省级“一村一品”专业村，涂岭镇获评市级农业产业强镇。实施新一批村集体经济创收项目，全区村集体经营性收入20万元以上村达100%，50万元以上村23个，超百万村7个。深入开展村庄清洁提升行动，启动“五个美丽”建设活动，实施涂坑村、诚峰村、涂岭村等传统村落保护和整治提升工作，完成裸房整治2820栋，城乡人居环境整治工作考评成绩位列全市前列，顺利通过中央创城考评组年度测评。提升改造6个农村自来水工程，清淤疏浚25公里农村水系，县乡村三级物流节点覆盖率达到100%。抓好“一镇四线二十四村”示范推广，界山镇获评省级乡村治理示范乡镇，涂岭镇入选省级森林康养小镇，钟厝村等7个村获评省级乡村治理示范村，前黄村、诚平村入选中国传统村落名单。开展“唱响泉港好声音”宣传活动，推出“山海泉港·常来长寿”“镇长带你游泉港”系列短视频，出版发行《百鹭集》，尽显长寿之乡的生态人文之美。

2023年是全面落实党的二十大精神的开局之年，是实施“十四五”规划的关键之年。工作的总体要求是：以习近平新时代中国特色社会主义思想为指导，全面贯彻落实党的二十大精神，坚持稳中求进工作总基调，深入贯彻新发展理念，加快构建新发展格局，着力推动高质量发展，更好统筹疫情防控和经济社会发展，更好统筹发展和安全，提速“强产业、兴城市”双轮驱动，加快建设“绿色石化名城、现代活力港城、山海宜居美城”，为全面建设社会主义现代化国家贡献泉港力量。经济社会发展预期目标是：地区生产总值增长3%，农林牧渔总产值增长2.5%，工业增加值增长1.3%，第三产业增加值增长5.1%；一般公共预算总收入增长5%，一般公共预算收入增长10%；固定资产投资增长15%；出口商品总值（海关口径）增长5%，实际使用外资增长持平；社会消费品零售总额增长6%；居民人均可支配收入增长6%。

（摘编：唐启阳）

石狮市产业经济发展概况

2022年是党的二十大胜利召开之年。在以习近平同志为核心的党中央领航掌舵下，在上级和市委的坚强领导下，石狮市坚决贯彻党中央关于“疫情要防住、经济要稳住、发展要安全”的重要要求，认真落实省委“三提三效”行动和泉州市委“强产业、兴城市”双轮驱动部署，精准发力“两稳一保一防”，扎实推进“1+3”专项行动，做好做实“五在石狮”文章，高效统筹疫情防控和经济社会发展，全面建设现代化商贸之都迈出了坚实步伐。全年实现地区生产总值1171亿元、增长4.5%，一般公共预算总收入56亿元，一般公共预算收入41.1亿元，居民人均可支配收入64423元、增长4.6%，保持全国综合实力百强县市第15位。一年来，石狮市产业经济发展的主要工作和成效是：

坚持平战结合，疫情防控有力有序。石狮市迅速歼灭突发疫情，坚持人民至上、生命至上，全面动员、全民参与，快准严实细开展流调溯源、转运隔离、封控管控等工作，坚决有力实现“03·13”疫情9天社会面“清零”、15天隔离点“清零”，慎终如始应对秋冬季疫情。全面提升应急能力。按照“三个第一时间”要求，重塑应急指挥机制，建立集中健康观察场所储备体系，建成4个核酸检测实验室，培训核酸采样和检验人员2264名，组建流调专家组、流调队伍27支、信息化技术保障队伍10支、消毒队伍138支。织密常态防控网络。不断优化防控措施，健全完善“三公（工）一大”融合协同机制，建立穿透基层的“大数据+网格化”排查体系，统筹推进疫苗接种、密闭空间整治、海上防偷私渡、交通检疫等工作，科学精准实现人防、物防、技防措施全面覆盖。

坚持量质齐抓，产业结构调优调强，精准复工复产。石狮市出台抗疫助企保民生促发展九条措施、促进工业企业有效投资等系列政策，组建复工复产服务小组，深入开展“千名干部进千企、一企一策促发展”专项行动，不折不扣推动财税“组合拳”政策落地，兑现惠企资金4.8亿元，减免租金9600万元，减免企业税费15.1亿元，全力帮助企业稳生产、克时艰。

力促满工达产。石狮市建立全覆盖、全要素挂钩服务体系，举办“爱泉州·大乐购”石狮专场等供需对接会，开设招聘市集10个，创新金融特派员制度，召开政银企对接会12场次，帮助企业争取纾困贷款20.7亿元，纺织鞋服、食品药品产业规上工业增加值分别增长7%、35%。

统筹增资扩产。石狮市深入开展“项目攻坚2022”专项行动，完成重点项目投资240亿元，新建成工业项目50个，建新轮胎一期、特步一期、中科光芯三期、通达创智等一批重大项目相继投产；深入开展“抓开放招商促项目落地”专项行动，签约落地项目186个，总投资1120亿元。

加速提质强产。石狮市深入开展“园区标准化建设”专项行动，实施“1+N”园区管理体制改革，建立园区新增财力分成制度，石狮服装智能制造园、光子技术产业园一园等十大产业园区掀起建设热潮，拉动工业投资增长20%；完善亩均产值、纳税贡献等综合评价体系，加速“腾笼换鸟”，处置批而未供土地1266.4亩、闲置土地567.5亩，盘活闲置厂房52.5万平方米；深入开展“抓创新促应用”专项行动，建成省级智能制造示范项目3个，新增省级数字经济领域“未来独角兽”企业2家、科技小巨人企业10家、高新技术企业80家，新引进培育省级高层次人才21人、泉州市高层次人才117人，入选全国科技创新百强县市。

坚持内外协同，商贸市场升温升级，市场加快集聚。石狮市在全省率先出台品牌电商扶持政策、电商人才评定标准，成功举办第二届 RCEP 青年侨商创新创业峰会、第八届“海丝”品博会、网交会直播节、中国（福建）电商主播大赛等活动，完成限上商业销售额 2638 亿元、增长 25%，跻身全国县市电商竞争力百强第 3 位，网络零售额连续 5 年保持全省首位；新建成中国男装城、女装网批中心 2 个专业市场，市场采购完成全平台出口 465 亿元，增长 23.7%，规模跃居全国第 4 位，外贸占泉州市比重提升至 25%，获批省级水产品外贸转型升级基地。

文旅稳步回暖。石狮市出台支持美食、海岸带酒店等行业发展的系列政策措施，举办“趣石狮、游山海、微度假”线路推介活动，五大文旅项目招商建设加快推进，滨海景观旅游大道、十里黄金海岸观光栈道、军事公园游客中心等旅游设施不断完善，问海民宿、悠见海屿、绵羊农场等项目建成投运，入选全国旅游综合实力百强县；开展首届石狮“老字号”、名菜、名小吃评选，启动建设食品城预制菜线上线下交易展示中心、中餐食材配送基地，宋元海丝宴入选“地标名宴”和全国地标美食名录，美景美食相继登上央视《消费主张》《乘着大巴看中国》等栏目。

物流更加畅通。石狮市石湖港 5#6#泊位交工验收，港区停车场、配套加油站等项目基本完工，锦尚作业区扩大口岸开放通过省级验收，增开俄罗斯、安哥拉等 4 条外贸航线，新增水路运力 56.6 万载重吨，外贸集装箱吞吐量增长 5.1%，港口货物吞吐量增长 4.9%，市场采购货物石湖港出口占比首次超过 50%。

坚持城乡统筹，城市品质提质提档，城市功能更加完善。石狮市 97 个“抓城建提品质”项目完成投资 65 亿元，海岸带开发建设、五大片区更新改造稳步推进，联邦商业城改造重建和 44 个老旧小区修缮全面完成，泉州环湾快速路石狮连接线二期、永宁外线（红塔湾旅游路至梅宁路段）建成，锦南路西段等“断头路”成功打通，新建公交候车亭 26 座，新增停车泊位 2000 多个，晋位全国新型城镇化质量百强县市第 17 位。

乡村建设活力焕发。石狮市深入开展“新班子新气象、办实事促振兴”擂台大比拼活动，成立乡村振兴促进会，抓实 6 个省级试点村、3 条泉州市级示范线、3 个整镇推进载体，实施实事好事项目 1302 个，新建高标准农田 1150 亩、美丽田园示范区 16 个，新增省级乡村治理示范村 14 个，祥芝镇入选全国农业产业强镇创建名单，永宁镇获评省级乡村振兴重点特色镇，宝盖镇被认定为省级乡村治理示范乡镇。

2023 年工作安排。党的二十大为新时代新征程党和国家事业发展、实现第二个百年奋斗目标指明了前进方向、确立了行动指南，擘画了以中国式现代化全面推进中华民族伟大复兴的宏伟蓝图。2023 年是贯彻落实党的二十大精神的开局之年，做好新一年石狮市经济社会发展的各项工作：必须坚持以习近平新时代中国特色社会主义思想为指导，深入学习贯彻党的二十大精神，坚持稳中求进工作总基调，立足新发展阶段，完整、准确、全面贯彻新发展理念，服务和融入新发展格局，坚持强产业、兴城市，深化落实“五在石狮”部署，做好创新创业创造、发展商贸经济、精美城市建设“三个示范”，全力争当构建新发展格局先行区、共同富裕先行区，全力建设活力海洋之城、美食文旅之城、精美善治之城，努力实现质的有效提升和量的合理增长，加快建设现代化商贸之都。新一年石狮市经济社会发展的主要预期目标是：全市生产总值增长 6%左右；农业总产值增长 3.5%左右，工业增加值增长 6.2%左右；第三产业增加值增长 6.3%左右；一般公共预算总收入增长 6%；一般公共预算收入增长 6%；固定资产投资增长 7%左右；实际利用外资增长 5%；出口增长 10%；社会消费品零售总额增长 8%左右；居民消费价格涨幅控制在 3%以内；居民人均可支配收入增长 6%左右；完成节能减排任务。

（摘编：郭向东）

晋江市产业经济发展概述

2022年是党的二十大召开之年，也是“晋江经验”提出20周年。一年来，晋江市坚持以习近平新时代中国特色社会主义思想为指导，深入贯彻党的十九大、十九届历次全会和二十大精神，在上级党委、政府和市委的坚强领导下，传承弘扬“晋江经验”，深入开展“三提三效”行动，以“五个年”活动为主抓手，扎实推进“强产业、兴城市”双轮驱动，承压奋进，艰辛突围，取得新的成效，全年地区生产总值超3200亿元、增长4.5%，一般公共预算收入150亿元、同口径增长6.17%，城乡居民人均可支配收入突破5万元、增长5.0%。晋江市县域经济基本竞争力保持全国第四，跻身II型大城市行列。

这一年，晋江市接续弘扬“晋江经验”。统筹推进22项国家级、省级改革试点和78个集成改革项目，启动国家盘活利用低效用地试点，获批国家进口贸易促进创新示范区、农村综合改革试验区。高规格举办福建省弘扬“晋江经验”促进民营经济高质量发展大会、“晋江经验”与习近平经济思想理论研讨会等系列活动，多位党和国家领导同志亲临晋江视察指导，晋江高质量发展成为中央主流媒体报道焦点。

这一年，晋江市从容应对多重考验。按照“疫情要防住、经济要稳住、发展要安全”重要要求，在市委的坚强领导下，尽锐出战打赢艰苦卓绝的“0313”疫情，迅速扑灭局部爆发的“0817”疫情，快而有序控住多链并行的“1124”疫情，平稳落实“二十条”“新十条”措施。统筹经济运行调度，精准助企纾困，高效复工复产、满产达产，逆周期增资扩产、提质强产，有力有效应对严峻复杂的经济形势，实现高基数下的承压增长。

这一年，晋江市聚力推动“强产兴城”。确立“数智转型”核心发展战略，启动数字经济三年行动，获评全国工业互联网推动数字化创新领先县（市）。通过首批国家创新型（县）市验收，成为首批国家知识产权强县建设示范县。完成“全市一区”改革，3万亩综合产业园区组团式铺开建设，百万平方米产业空间拔节生长。开展“抓城建提品质”专项行动，实施281个城建项目，完成年度投资超200亿元，一批重要通道和重大公共服务项目建成投用，全市域夯实网格基础，城市更加安全、更有韧性、更具品质。

这一年，晋江市用心创造品质生活。上海六院福建医院入选公立医院高质量发展省级示范点，福大晋江校区正式获批，清华附中晋江学校实现小初高一体化招生办学，高端公共服务更加触手可及。高质量办成22件为民实事、144件民生微实事，暖心保障疫情防控期间群众生活，社会救助工作获全国先进，高水平通过全国文明城市年度考评，民生福祉持续增进。

一年来，晋江市把政府工作报告确定的目标任务，分解为162项工作项目，全力推进落实。一年来产业经济发展的主要工作和成效是：

因时因势施策，经济稳中向好。面对疫情冲击和经济下行压力，晋江市打好“政策+服务”组合拳，抓好“两稳一保一防”工作，经济大盘保持稳定。纾困措施精准直达。开展“千名干部进千企、一企一策促发展”活动，出台75条稳增长措施，为企业减负超50亿元，兑现政策资金24.9亿元，保障中小微企业融资超100亿元，新增市场主体5万户、规上企业315家、限上企业267家。项目投资逆势增长。完成重点项目投资1200亿元，实现固投增长9.4%，山姆会员商店、华润东大医药等208个项目签约落地，恒安二期、百宏年产

33万吨差别化化纤等110个项目开工建设，渠梁二期、利郎物流园等109个项目建成投产。两个“保交楼”项目复工建设。外贸出口稳中提质。举行“买全球·卖全球”跨境电商创新发展大会，启动跨境电商全球开店综合服务平台，开通2条国际航线，启用围头港公共保税仓库、出口监管仓库，提高出口信保补助，组织外贸“微展会”“代参展”、包机参展，开展千企万品出海行动，对RCEP新市场出口突破280亿元，市场采购贸易出口增长12.5%，陆地港片区纳入商贸服务型国家物流枢纽。消费活力持续释放。开展“爱晋江·欢乐购”等系列促消费活动，举办食交会、晋江鞋服超级产地云展等线上线下展会，五店市获评首批国家旅游休闲街区，万五商圈获评省级夜间经济示范区，社消零售总额超1670亿元，居全国县域首位。

多维赋能升级，产业提质增效。坚持集群赋能、科技赋能、数字赋能、园区赋能，深入开展“开放招商科技创新项目落地攻坚年”活动，“一产一策一专班”加快转型升级。集群优势更加明显。实施108个强链补链项目，落地82个增资扩产项目，产业链供应链稳中见韧，磁灶获评“中国陶瓷名镇”，运动鞋原辅材料成为国家中小企业特色产业集群，新一代信息技术产业增加值比增超20%，新增智能制造示范企业10家、“专精特新”企业15家、海交所挂牌企业8家。创新动能加速成形。承办全国机器人大赛、全省石墨烯大会，投用国家知识产权快速维权中心，获批省级高端绿色鞋服制造业创新中心，落地北京石墨烯技术研究院。规上企业研发费用增长27.2%，高新企业保有量突破640家、净增超230家，新增国家博士后科研工作站2家、省级技术转移机构3家，引育高层次人才340名，万人有效发明专利拥有量增至15.34件。

数字赋能加力推进。晋江市出台产业数字化转型12条措施、软件和信息服务业发展16条措施，承办全省产业数字化转型现场会，引进2个数字化服务平台，分行业打造14个标杆项目，推出7个应用套餐，带动400家企业“上云上平台”，数字经济规模达1780亿元、占GDP比重56%。产业空间重构升级。完成经开区专业园整合交接，组建160亿元晋园发展集团。完成工业用地调查，摸清工业用地“五笔账”，构建园区标准化建设“1+N”政策体系，14个综合产业园区启动建设，2300亩工业用地提容增效，建成产业空间超150万平方米，规上企业入园率提高到41.5%。

乡村振兴全面推进。晋江市成立市乡村振兴促进会，深入开展“百企帮百村、乡贤促振兴”行动，村企合作、乡贤捐赠金额超20亿元。鲍鱼、胡萝卜育种取得重大突破，高标准农田入库达6.92万亩。全市村集体经营性收入首超2.5亿元，共享型集体经济、乡村治理、乡村产业高质量发展成为全国典型，“五个美丽”建设成为全省典型，磁灶、英林获评省级乡村治理试点示范镇，金井获评省级全域生态旅游小镇，湖尾村获评国家美丽休闲乡村。

根据市十四届党代会第二次会议精神，各项工作的总体要求是：以习近平新时代中国特色社会主义思想为指导，全面学习贯彻党的二十大精神，深入落实习近平总书记重要讲话重要指示精神，加强党的全面领导，弘扬伟大建党精神，围绕统筹推进“五位一体”总体布局、协调推进“四个全面”战略布局，立足新发展阶段、贯彻新发展理念、服务和融入新发展格局，紧扣“四个更大”重要要求，聚焦新发展阶段新福建建设，落实“强产业、兴城市”双轮驱动，全力攻坚中国式现代化建设先行示范、全方位推进高质量发展主力领军、共同富裕县域范例“三大战略目标”，加快构建“一三一三七”发展格局，奋力推进中国式现代化晋江实践，谱写“晋江经验”新篇章。经济社会发展主要预期目标是：地区生产总值增长6.5%左右，一般公共预算总收入增长7.6%、本级收入增长5.0%，规上工业增加值增长7.6%，全社会固定资产投资增长8.0%，城乡居民人均可支配收入增长7.0%。

（摘编：游永贵）

南安市产业经济发展概述

2022年，是党的二十大胜利召开之年。一年来，在市委的坚强领导下，南安市坚持以习近平新时代中国特色社会主义思想为引领，稳慎应对风险挑战，迎难而上，勇毅前行，经济社会保持坚实稳定的发展态势。全市完成地区生产总值1645亿元、增长4%，一般公共预算总收入100亿元、下降2.2%，一般公共预算收入65亿元、增长10.9%。一年来产业经济发展的主要工作和成效是：

科学高效防控疫情。始终坚持人民至上、生命至上，“快准严实细”落实防控措施，财政投入抗疫资金5.5亿元，核酸检测能力提高到11.2万管/日，流调队伍超300人，储备隔离房间9400多间，疫苗接种累计超380万人次，市镇村企、农工商学勠力同心，用最小代价实现最好防控成果。

努力稳住经济大盘。稳住工业产能，推出稳增长系列政策，开展“千名干部挂千企”活动，上线惠企政策云平台，减免税费33亿元，直达惠企资金5亿元、纾困贷款11.4亿元，新增“四上”企业超300家，位居全国工业百强第11位。扩大有效投资，实施百项重点任务清单，推行重大项目前期工作路线图和模拟审批机制，组建全过程咨询服务公司，攻坚征地1.2万亩、拆迁80万平方米，获批专项债18.3亿元，94个重点项目开工建设，107个重点项目建成投产，完成固定资产投资500亿元。开展招商大比拼，签约项目307个、总投资超1300亿元，排名全国投资潜力百强第21位。促进消费恢复，举办“五月花”直播乐购节等促消费活动，石博会、水暖泵阀交易会、农订会等展会贸易额达178亿元。拓展外贸市场，搭建跨境电商平台，出台外贸扶持政策，外贸出口增长15%，获评纸制品省级外贸转型升级基地。

应势调优产业质态。培育强企方阵，大力推进“智改数转”，新增自动化生产线252条、上云上平台企业175家，完成技改投资125亿元，国家级专精特新“小巨人”企业和重点“小巨人”企业分别达12家和4家，均居泉州市首位。九牧、固美入围省民企百强。实施女企业家培养成长计划和青年领军培育工程。力促产业升级，举办石材产业数字化转型推进峰会、全国建筑学会室内设计分会年会，建成数字经济产业园和“灯塔工厂”，开建卫浴直播园，石材、水暖产业在全国领先地位更加稳固；日用轻工产业向细分市场挺进，卫生制品、高端薄膜、睡眠科技等领域跑出一批“黑马”；机械装备产业补齐铸造短板，加速数控化、智能化、集成化；三安半导体项目产值突破50亿元，芯谷科创中心等4个孵化园区建成8.8万平方米，科塔电子、全色光显等高科技企业拎包入驻，电子信息产业快速成长。加速平台赋能，国家智能铸造产业创新中心建成投用，国家石材建陶产品质检中心获批筹建，华侨大学石材产业研究院等科创平台落地产创合作项目11个，新增高层次人才531人，跻身全国科技创新百强第41位，入选国家知识产权强县建设试点县。加强对全市园区的统筹管理，园区标准化建设试点走在泉州市前列，12个小微园建成标准厂房134万平方米、入驻和意向入驻企业710家，经济开发区获国家新型工业化产业示范基地“四星评价”。

扎实推进改革开放。优化政务服务，推行工程建设项目智慧导办、不动产登记“掌上委托见证”，“一趟不用跑”事项占94%，新增市场主体2万多家，位列全国营商环境百强第36位。补好制度短板，推行市政工程施工招投标评定分离。建立土地全链条规范管理机制，获批成片开发

8600多亩、项目用地4100多亩，盘活“批而未供”和低效闲置土地4300多亩。规范市属国企对外投资和项目代建行为，资产规模突破650亿元。组建首支20亿元产业基金，撬动社会投资80亿元。健全财政预算支出、乡镇（街道）基本经费、项目征收工作经费等管理制度，坚持过好“紧日子”。扩大开放格局，石井港区连片开发建设扎实推进，码头泊位群和航道二期依序建设，口岸通关中心即将投用，通江达海通道加速成形。高规格举办纪念郑成功收复台湾360周年大会，办好第七届郑成功文化节，郑成功陵园成为省级爱国主义教育基地。

加速提升城市能级。做优城市规划，划定“三区三线”，启动乡镇国土空间规划片区联编，完成实用性村庄规划应编尽编，精心打磨10个重点片区，精致设计地标建筑、交通系统、公共空间、绿色廊道。做强城市功能，北山、港仔渡和洪梅中心镇区等片区更新扎实推进，城市更新改造完成投资36.8亿元、建成66.2万平方米。兴泉铁路南安北站建成，国道324改线水头段开建，横八线洪濑过境线、省道215线丰州至洪濑段建成通车，至翔安的城际公交首次实现双向对开。建成56个城乡品质提升项目，改造提升老旧小区29个、农贸市场5个，新增绿道21.6公里、口袋公园15个、立体绿化20处、公共停车位1200个。做美城市形象，完成废弃矿山生态修复600亩、植树造林1.23万亩、水土流失治理4.56万亩，整治互花米草765亩、修复滨海湿地1120亩。推行水务一体化，城市生活污水集中收集率和农村生活污水治理率分别提升到43%和60%，获评全国首批水系连通及水美乡村建设试点“优秀”等级。完善建筑垃圾治理和资源化利用机制，成为省级生活垃圾分类试点县。深入推进“文明实践+”十大专项行动等文明创城活动，国家园林城市创建成效显现，“大爱南安·慈善有我”募集善款5亿元。位列全国新型城镇化质量百强第35位。

高标推进乡村振兴。保障粮食安全，全面落实粮食安全党政同责，出台加快粮食行业高质量发展“10条”，新建高标准农田1.2万亩，集中连片整治6000亩，撂荒复耕3500亩，启动省储备粮南安直属库改建和泉州储备库迁建，落地洪梅预制菜产业园，粮食生产超额完成任务。试点林业碳中和，获评省级林下经济重点县。建设美丽乡村，提级改造农村公路60公里、危桥7座、农村客运班线公交化3条，蓬华“四好农村路”成为全国现场观摩推荐点。加快城乡供水一体化建设，新建自来水厂2座，改建供水管网150公里，68万农村居民喝上健康水。开展农村人居环境“清脏治乱”行动，拆违10.9万平方米，整治裸房1万多栋，建成“五个美丽”项目1887个，6个村上榜省级“绿盈乡村”。打造示范标杆，省市试点镇、村、线竞放异彩，翔云、码头及45个村获评省级乡村治理示范镇村，石井奎霞村、英都良山村入列中国传统村落名录，码头大庭村成为全国民主法治示范村，梅山灯光村入选全国乡村治理典型案例。

2023年是全面贯彻落实党的二十大精神的开局之年，也是南安撤县建市30周年。做好新一年各项工作：必须坚持以习近平新时代中国特色社会主义思想为指导，全面贯彻落实党的二十大精神、中央经济工作会议精神和省、泉州市、市委工作部署，聚焦中国式现代化战略擘画，以全方位推进高质量发展为主题，坚持稳中求进工作总基调，统筹发展和安全，紧扣“四个更大”重要要求和“三稳一化解”任务，传承弘扬“晋江经验”，倾力“强产业、兴城市”双轮驱动，深耕“1+3”专项行动，彰显干部敢为、地方敢闯、企业敢干、群众敢首创“精气神”，大力提振市场信心，踔厉奋发、扛旗争先，奋力谱写全面建设社会主义现代化国家南安篇章。

主要预期目标是：地区生产总值增长6.5%，一般公共预算总收入增长8%，一般公共预算收入增长8%，固定资产投资（不含农户）增长8%，工业增加值增长6.2%，社会消费品零售总额增长6%，全体居民人均可支配收入与经济发展同步增长。

（摘编：蔡志轩）

惠安县产业经济发展概述

2022年，惠安县始终坚持以习近平新时代中国特色社会主义思想为指导，全面贯彻党的十九大、十九届历次全会和二十大精神，全力以赴落实“疫情要防住、经济要稳住、发展要安全”要求，前三季度县政府绩效综合考评位列全市第2。全年生产总值1225亿元、增长4.5%，固定资产投资增长15%，工业增加值增长4.5%，社会消费品零售总额增长2%，一般公共预算总收入120.8亿元、增长11.2%，一般公共预算收入43.97亿元、增长7.6%，全体居民人均可支配收入达4.26万元、增长5%。位居全国百强县第27名、福建省经济实力“十强”，新获得国家生态文明建设示范区、全国人口普查先进单位等省部级表彰荣誉9项。一年来，惠安县产业经济发展的主要工作和成效是：

这一年，坚持平战结合，疫情防控科学精准。惠安县认真落实国家疫情防控政策，做到既不层层加码，也不减码松懈，有效应对了疫情防控形势的发展变化，有效守护了人民生命安全和身体健康。平时，及时复盘总结疫情防控经验，重点提升核酸检测、疫苗接种、流调等6种能力建设，完成县疾控中心标准化建设和健康驿站、亚定点医院改造，分级诊疗门诊应设尽设，城市核酸检测基地建成投用；战时，快速激活防控工作体系，团结全县人民日夜奋战、辛勤坚守、科学应对，彰显了同心抗疫、共克时艰的硬核力量。

这一年，坚持综合施策，经济运行稳中向好。常态化开展“千名干部进千企”系列活动，创新惠企“红利账单”，出台助企保民生促发展十条措施等一揽子政策，新增退税减税降费9.1亿元，兑现惠企资金6.3亿元，新登记市场主体增长17.6%。深入实施“项目攻坚2022”，压茬推进“双百”“五赛五拼”等攻坚比拼行动，新开工项目80个、新建成项目50个，260个在建重点项目完成投资286亿元，位列第三季度项目工作正向激励综合考评全省第6。开展“抓开放招商促项目落地”行动，实施“对赌式”招商及招商项目全闭环管理服务，举办“基金+协会+园区”三维招商活动，累计签约项目163个、总投资1600亿元。

全力稳外贸稳外资，开展“海外抢订单拓市场”行动，出台外经贸扶持政策，新备案外贸经营权企业47家，新增自营出口企业28家，获评省级外贸转型升级基地，全县实际利用外资增长76%，外贸出口增长8%。

要素保障全面加强，惠安县获批土地成片开发方案23个、面积7064亩，征收土地1.3万亩，出台低效用地试点工作“1+4”配套政策，清理盘活批而未供及低效闲置土地1467亩；拓宽项目建设投融资渠道，争取上级补助资金6.4亿元，发行全省首单县域碳中和绿色债券2亿元，获批发行新增专项债30.2亿元、位居全市第2，新增投放小微企业信贷资金61.2亿元、增长50.5%。新推出“涌泉”行动22条措施，建成人才创享中心，慧芯激光获评市级高层次人才自主认定企业，新增国务院政府特殊津贴专家工作室3个，引进高校毕业生598人，新认定市级以上高层次人才412人。

这一年，惠安县坚持动能转换，产业转型提质增效。实施“四上”企业培育工程，新增规上工业60家、限上商业50家、资质建筑业32家、规上服务业15家。出台“工业七条”等政策措施，深化“一业一策”，石化、石雕石材规上工业产值分别增长20%、14%，达利位列中国轻工业二百强第33位，南王科技通过创业板IPO审核，闽南建工集团总部大厦获评中国建设工程鲁班奖。

中化产业升级项目、安迪苏蛋氨酸等12个石化产业链重点项目顺利签约，博纯电子材料等9个项目加快建设，东峻重芳烃精馏等5个石化中下游项目建成投产，泉惠石化工业园区综合发展水平位列全省开发区第11位。

惠安县组织举办消费节、啤酒节、鱼卷节、好物直播节等系列促消费活动，全年电商销售额超300亿元；出台促进房地产去库存若干措施，实现商品房销售面积92万平方米、销售额71.8亿元。出台旅游业高质量发展奖励措施，实质性启动崇武古城活化保护工作，规划设计优化、征迁安置、管网落地先行先试、招商项目洽谈等有序有效；城西研学基地、崇山片区雕艺研学圈初具规模，落地6万方渔旅融合综合平台项目，崇武镇入选全国乡村旅游重点镇，全县接待游客427万人次、旅游总收入41亿元。

这一年，惠安县坚持改革创新，发展活力更加强劲。出台加快数字经济发展若干措施，建成5G基站576个，推动美可、富邦等60家企业“上云上平台”，培育省级智能制造试点示范重点项目2个、省级智能制造示范工厂7个，全县数字经济规模达434亿元。新增科技型中小企业129家、高新技术企业70家、省级“专精特新”中小企业4家，新培育省级众创空间2家、省级科技小巨人企业19家，省纤维检验中心惠安分中心成功落地，每万人发明专利拥有量18.86件，科技成果转化合作项目18项，带动规上企业研发经费支出超10亿元。开展工业园区标准化建设行动，启动总面积超3000亩的11个工业园区标准化项目建设，建成标准厂房超100万平方米，市级试点项目惠芯人工智能智造产业园一期基本建成，引进4家企业入驻盘活新能源产业园并实现当年度升规纳统，规上工业企业入园率达43.3%。组建惠安城市国有资本运营集团有限公司并成功获评AA+主体信用评级，成立产业投资基金管理公司，参投中化创新（泉州）产业投资基金等2个产业基金，经营性国有资产基本纳入统一监管，国有资本规模达300亿元。

惠安县落实粮食、蔬菜、生猪稳产保供，新建高标准农田2.9万亩，完成粮食播种面积14.3万亩、粮食总产量5.02万吨，粮食加工生产线建成投用，推广三倍体牡蛎优质新品种4000亩，新增国家农业科技园区示范基地3个、“一村一品”省级示范村2个、省级示范家庭农场2个、省级首批“星级文明集市”1个，崇武镇入选省级农业产业强镇“3212”工程建设名单，台湾农民创业园获年度全国台创园建设评价第2名。

实施乡村建设行动，惠安县3个乡村振兴重点项目完成投资1.9亿元，实用型村庄规划基本实现全覆盖，新建农房审批100%按图集要求管控，提升乡村振兴精品线路4条，4个农村自住小区建设取得实质性进展，整治裸房5170栋，“绿盈乡村”创建比例达83.1%，农村自来水普及率达90%，乡村光纤实现全覆盖，新增省级乡村治理示范村23个，乡村振兴热度指数综合排名位列全省第7，获评省乡村振兴重点工作成效明显激励县。

2023年是全面贯彻落实党的二十大精神的第一个完整年度，是实施“十四五”规划承上启下的关键之年。惠安县将坚持把发展作为首要任务，凝心聚力拼经济。各项工作总体要求是：全面贯彻党的二十大精神，高举习近平新时代中国特色社会主义思想伟大旗帜，坚持稳中求进工作总基调，立足新发展阶段，完整、准确、全面贯彻新发展理念，积极服务和融入新发展格局，紧扣“四个更大”重要要求，坚持“强产业、兴城市”双轮驱动，深入实施“1+3”专项行动，全面推进中国式现代化惠安新实践，奋力建设海丝现代化工贸港口旅游城市。经济社会发展主要预期目标是：全县生产总值增长7%左右，工业增加值增长7%左右，第三产业增加值增长7.5%左右；一般公共预算总收入增长2%，一般公共预算收入增长2.4%；固定资产投资增长10%；社会消费品零售总额增长4%；外贸出口增长2%；全体居民人均可支配收入增长与经济增长基本同步；完成节能减排降碳任务。在此基础上，惠安县将力争实现更高目标要求，全力争取更好更快发展。

（摘编：赵远）

安溪县产业经济发展概述

2022年，安溪县坚持以习近平新时代中国特色社会主义思想为指导，做好迎接党的二十大和学习宣传贯彻党的二十大精神各项工作，坚定拥护“两个确立”、坚决做到“两个维护”，坚决落实“疫情要防住、经济要稳住、发展要安全”重要要求，坚持稳中求进工作总基调，完整、准确、全面贯彻新发展理念，深入实施“提高效率、提升效能、提增效益”行动和“强产业、兴城市”双轮驱动战略，统筹抓好经济社会发展各项重点工作，经济运行延续平稳发展态势，主要指标保持在合理区间。全年完成地区生产总值920亿元，增长5%左右；规上工业增加值增长8.9%；一般公共预算总收入45.4亿元，同口径下降5.6%；一般公共预算收入31.5亿元，同口径下降1.5%；社会消费品零售总额增长7.5%；居民人均可支配收入增长5.3%。综合实力位列全国百强县（市）第53位、较2021年度提升4位，最具投资潜力位列第11位、提升7位，绿色发展位列第51位、提升1位，科技创新位列第73位、提升2位；获评省经济发展“十佳”县（市）。一年来，安溪县产业经济发展的主要工作和成效是：

有力有为稳增长，高质量发展基础进一步巩固。安溪县因时因势调整工作着力点和应对举措，以工作的确定性应对外部环境的不确定性。精准高效防疫情。坚定不移坚持人民至上、生命至上，坚定不移落实“外防输入、内防反弹”总策略，坚定不移贯彻“动态清零”总方针，毫不放松抓好疫情防控工作。特别是，在泉州“0313”疫情中，持续巩固“零输入、零感染”防控成果；面对多起输入性疫情，都能第一时间激活应急指挥体系，按照“快准严实细”要求，科学精准落实各项防控措施，在短时间内打赢疫情歼灭战；全面落实优化疫情防控各项措施，健全完善联防联控办公协同平台，建成官桥健康驿站等项目，分场景开展应急演练，打造50个无疫示范单元，不断提升流调溯源、核酸检测、转运隔离、终末消毒、医疗救治等疫情防控应对处置能力。多措并举稳主体。深入开展“万名干部进万企 一企一策促发展”专项行动，推行领导干部挂钩服务重点企业全覆盖工作制度，及时帮助企业协调解决困难和问题198个；出台稳住经济、“1+1+8”等一揽子政策措施，制定惠企政策申报指南，上线“惠企政策查询匹配”平台，累计下达各类惠企资金1.3亿元、减税降费7.13亿元，帮助318家（次）企业争取纾困贷7.02亿元。在全市率先推行市场主体歇业备案制度，新增市场主体1.8万户，增长16.8%。

系统思维守底线。安溪县深入开展安全生产大检查、城镇燃气安全专项整治等行动，实现实际生产经营单位安全生产标准化创建全覆盖，安全生产形势持续稳定向好，在全市年度安全生产目标责任考核中位列第一名。清溪新城一期顺利交房，成为全省首个房地产开发企业破产清算重整并同步实现“交房即交证”项目；天将御园、茶叶包装城等项目破产重整工作有序推进。加大对重点企业债务、非法集资等风险排查化解力度，处置不良贷款2.5亿元，全县辖内不良贷款率0.38%，保持全市最低水平。

聚焦聚力扩投资，高质量发展动能进一步增强。安溪县坚持项目为先、项目为基、项目为要，统筹抓好存量优化和增量招引，切实以项目引领投资，以投资带动发展。项目攻坚提速增效。深入开展“项目攻坚2022”，创新项目服务员、问题调度单等推进机制，推动项目建设全面提速，523

个县级重点项目完成投资475亿元。泉州白濑水利枢纽工程大坝主体进入碾压混凝土施工阶段，剑斗新集镇幼儿园等7个先行工程进入收尾阶段，官桥安置区主体工程全部封顶，参内安置区全面开工，统规统建安置区建设有序推进；综合立体大交通（大三环）东三环罗内段建成通车，清水岩隧道双向贯通，高速安溪出口路网工程等项目加快推进，国道G358线城厢至官桥段开工建设；兴泉铁路安溪段已经建成，即将通车运营；大安高速正在进行施工图设计；安翔高速可研报告上报省发改委审查；福建"北电南送"特高压工程正式开工。招商引资再掀热潮。扎实推进"抓开放招商促项目落地"专项行动，组建招商中心，成立30个异地商会招商工作联络处，全面开展以链招商、以商招商、以情招商，引进星座计划总部基地、稻兴光启等项目200个、总投资1300亿元，其中超20亿元项目17个、超亿元项目170个。出台招商激励、项目履约管理等一系列办法，建立重点项目梯度供地机制，项目履约率、开工率分别达90%、40%以上。

要素保障持续加强。安溪县深入开展安征迁拔钉清障"春季攻坚"行动，完成房屋征迁4.8万平方米、土地征收2199亩。深入推进盘活利用低效用地试点工作，完成城镇低效工业用地调查评价，推进白濑乡全省全域土地综合整治试点；全县处置批而未供土地940亩、闲置土地1566亩。多渠道做实做细重点项目资金拼盘，争取各类债券资金16.98亿元；银行业金融机构各项贷款余额700亿元，增长10.5%。

稳扎稳打优产业，高质量发展支撑进一步筑牢。安溪县开展"重龙头、强品牌、铸链条"等一系列专项行动，现代产业格局更加健全完善。产业生态不断优化。深入实施产业链链长制，培优育强八大产业链，新增产业链项目86个、完成投资452.41亿元，产业链供应链韧性持续增强。藤铁家居工艺产业加快集群发展和创新转型，获评中国藤铁产业基地；启动藤铁工艺产业园规划建设，成立安溪藤铁工艺创新发展研究院；建设信和水性漆专家工作站，指导推广"油改水"工艺；举办"古技今艺—安溪藤铁艺术展"等展示展销活动8场次，加快国内外市场拓展，行业产值达265亿元。光电产业引进粒量科技、三荣科技等8个产业链项目，不断补齐链条关键环节。

信息技术产业深化多领域、多元化融合应用，安溪铁观音一号、二号卫星升空入轨并实现对地组网观测，全球商业遥感卫星地面接收站网福建站一号、二号接收天线完成数据接收调试；引进航天科技教育华东南区域总部等13个项目；建成中国电影资料馆安溪数字资源中心，联合修复的老电影《劳工之爱情》在意大利博洛尼亚探佚电影节首映，赵龙省长到安溪调研时给予充分肯定，鼓励把"电影修复技术在安溪"的品牌打出去。数字福建（安溪）产业园获评省网络安全产业示范园区。高端装备制造、建材冶炼建筑、食品、健康卫品等重点产业集群规模和业态能级稳步提升。此外，18家企业获评省、市级工业龙头企业，新增"四上"企业207家。

空间载体重构提能。安溪县推进"工业（产业）园区标准化建设"专项行动，新增厂房面积45.75万平方米，全县规上工业企业入园率50.5%，园区内规上工业增加值占比68%。市第一批"四个一批"项目建设有力推进，安溪芯园首批4幢标准厂房主体全部封顶，引进灏谷科技合作打造集招引、孵化、培育为一体的高端平台，对接项目25个，厂房意向入驻率达66.7%以上。

三产潜力持续释放。安溪县开展出口市场突围拓展行动，出台外贸扶持政策，积极应对国际市场变化。落实消费需求激活扩张行动，开展"双品网购节"等线上促销活动16场次，全县网络零售额突破280亿元，位列全国县（市）电商竞争力百佳样本第17位。引进中闽百汇商业综合体项目，加快佰乐国际酒店、珍珠酒店建设；虎邱镇入选全省全域生态旅游小镇，溪禾山铁观音文化园创建国家4A级景区，国心绿谷茶庄园获评国家3A级景区。"安溪旅游"数字文旅平台上线服务，整合推介6条精品旅游线路，接待游客超610万人次，旅游收入达62亿元。

（摘编：苏小雨）

永春县产业经济发展概述

2022年，永春县坚持以习近平新时代中国特色社会主义思想为指导，深入贯彻落实党的十九大、十九届历次全会和二十大精神，统筹疫情防控和经济社会发展，全力做好“两稳一保一防”，稳妥处置“0313”突发疫情，率先实施城镇低效工业用地再开发，国企改革实质性突破，创建两个“国字号”农业产业园区，启动建设农产品集中加工区，加快推进海峡两岸农文旅融合发展示范区，产业结构调整迈出新步伐。坚持稳字当头、稳中求进，经济运行各项指标逐月向好，全年实现地区生产总值560.4亿元，获评福建省经济发展“十佳”县。一年来产业经济发展的主要工作是：

全力以赴保主体，经济运行回暖向好。坚持一线办公为企业解难题，推行县领导挂钩帮扶，开展“百名干部进百企 一企一策促发展”行动，协调解决问题116个。“量身定制”政策礼包，出台助企纾困措施18条、惠企提效措施40条，兑现各类奖补1.3亿元，“减、免、缓、退”税费4.3亿元。开展金融服务实体经济“六大工程”，帮助814家企业获得贷款资金20.5亿元。发挥桃源融资担保公司作用，为中小微企业担保贷款429笔、7.5亿元。加大“小升规”后备企业培育力度，新增规上工业企业30家。打好“稳岗、招工、引才”组合拳，新增入企职工4392人，返永就业创业2567人。

坚定不移调结构，产业升级步伐加快。农业提级创优。严格落实粮食安全责任制，建设高标准农田1.2万亩，完成粮食播种面积21.7万亩、产量9万吨。持续打造现代农业“3366”工程，实施重点项目20个，完成投资26.6亿元。加快发展智慧农业，完成数字农业中心一期建设，创新推出永春农产品IP，永春佛手荣获福建十大农产品区域公用品牌。芦柑首次进入美国，海外市场有效拓展。工业提质增效。扎实推进园区标准化建设，新建标准化厂房18.4万平方米，良瓷智慧制造产业园一期建成投用，智能陶瓷家居、美岭智慧、新型打印材料等产业园区日趋成型。围绕试点园区产业定位，强化政企联合招商，对接产业链上下游配套企业15家，总投资17亿元。数字赋能产业升级，良瓷科技和美岭水泥实现全方位数字化生产运营管理，全县33个绿色数字技改项目完成年度投资10.3亿元。三产提档升级。建成永商网红城，提升八闽福利网永春特色馆，电商产业快速发展，销售额达39亿元。举办农民丰收节、芦柑品牌文化节、荔枝文化旅游节等节庆活动，持续释放消费潜力，社会消费品零售总额达189.5亿元。加快发展全域“乡村游”，岵山镇入选省“全域生态旅游小镇”，仙夹镇东里村入选省“金牌旅游村”。

千方百计抓项目，发展后劲越来越足。项目攻坚有新进展。深化“四项竞赛”，创新月考评机制，第四季度实施“项目奋战70天”攻坚，项目建设成效显著，164个重点项目完成投资147.5亿元，新开工项目80个、竣工项目64个。横七线快速通道、泉南高速改扩建、马跳水库等重大项目快速推进，兴泉铁路永春站建设完成。比拼攻坚“抓征迁交净地”行动，完成房屋及土地征收51.7万平方米，交付建设用地631.4亩。招商引资有新成效。优化“五全”招商机制，坚持县领导挂帅、专班负责，将“六专班”拓展至“十五专班”，精准研究产业，提升招商实效。采取“屏见面”等灵活方式，积极开展线上招商，“云签约”项目3个、总投资66.6亿元。组织“走出去、请进来”考察活动150场、集中签约活动4场，签约落地项目163个、总投资56.9亿元，其中超10亿元项目1个，超亿元项目18个。要素保障有新突破。采取“借壳生蛋”方式，盘活批而未供土地1100亩、闲置土地221亩。建立专项债“多层次项目库”，通过国家发改委、财政部审核项目15个，已发行8个、债券金额3.3亿元。发挥前期服务专班作用，高效化解项目要素保障问题27个，精彩商标等项目实现“拿地即开工”。

统筹兼顾优生态，城乡品质日益提升。城市形象更和谐。高标准编制国土空间规划，加快“东拓西进”步伐，城镇化率提高至63%。聚力城市更新改造，80个城乡提品质项目完成投资49.4亿元。完善基础配套，完成留安山东路、桃石路等路网建设，启动建设生活垃圾焚烧发电项目，新改建各类管网352公里。美化亮化城市环境，新增城市公园绿地12公顷、口袋公园15个，实施桃溪两岸景观带亮化工程。乡村建设更美丽。深化农村人居环境整治提升行动，获评全省村庄清洁行动成效突出县。扎实推进精美小城镇和美丽乡村建设，实施专项行动项目9个，获评国家乡村建设评价样本县。实施乡村振兴试点村项目64个，荣获省级乡村振兴实绩突出村2个、乡村治理示范村20个。达埔镇汉口村获评全国“一村一品”示范村。一都镇仙阳村入选全国“文明乡风建设”典型案例。生态环境更友好。强化大气污染防控，空气质量优良率达99.6%，外山乡获评全省“清新福建·气候康养福地”。落实河湖长制，国、省控断面水质达标率100%，加快水系连通及水美乡村建设。筑牢生态屏障，植树造林1.5万亩，治理水土流失4.5万亩，获评国家水土保持示范县。实施天湖山矿区保护和修复工程，完成矿山生态修复1200亩。

深化改革谋创新，发展活力不断释放。重点改革扎实推进。加快国企改革，组建永春城建、农文旅两大集团，提高投融资能力，争取重大项目资金14亿元。深化集体林权制度改革试验，下洋镇获评省级“林下经济重点乡镇”。创新农业生产托管模式，成立全省首家益农福农联合运营中心。顺利通过全国农村改革试验区验收。创新效应日益彰显。全县规上工业企业研发经费支出2.6亿元、增长9.8%，新增省级科技小巨人企业11家，科技型中小企业148家。国家香检中心通过市新型研发机构A级认定，博纯材料创建省级“博士后创新实践基地”。提升科技创新成果转化水平，技术合同认定成交额增长44%。营商环境持续优化。深化“放管服”改革，推行“三减两上一服务”，新增“一件事”集成套餐13项、邻里中心“就近办”127项。开展“三提三效”优化营商环境攻坚行动，全市首创“四证联发”，创新“三个一”惠企政策直达兑现机制。加强知识产权保护，建成知识产权宣传展示中心。“创新‘E’名片提升用电质量”等经验做法入选全市典型案例。

2023年是全面贯彻落实党的二十大精神的开局之年，也是落实“十四五”规划承上启下的关键之年。新的一年，永春县经济社会发展的总体思路是：高举中国特色社会主义伟大旗帜，坚持以习近平新时代中国特色社会主义思想为指导，全面贯彻落实党的二十大精神，扎实推进中国式现代化，坚持稳中求进工作总基调，完整、准确、全面贯彻新发展理念，加快构建新发展格局，传承弘扬“晋江经验”，落实市委、市政府“强产业、兴城市”双轮驱动系列部署，围绕“生态之都、文化之旅、康养之地、智造之谷”发展目标，打造特色支柱产业，加快“东拓西进”，建设美丽中国先行示范区，以新气象新作为推动高质量发展取得新成效，奋力谱写全面建设社会主义现代化生态永春新篇章。永春县主要预期目标是：地区生产总值增长6.5%，农业总产值增长3.5%，工业增加值增长7.0%，建筑业增加值增长8.8%，第三产业增加值增长5.5%，一般公共预算总收入增长6.0%，一般公共预算收入增长6.0%，固定资产投资增长10.0%，实际利用外资780万美元，出口商品总值增长8.0%，社会消费品零售总额增长6.5%，全体居民人均可支配收入与经济增长基本同步。

（摘编：郑平名）

德化县产业经济发展概述

2022年，德化县以习近平新时代中国特色社会主义思想为指导，全面落实“疫情要防住、经济要稳住、发展要安全”重要要求，传承弘扬“晋江经验”，牢牢把握稳中求进工作总基调，聚焦“三提三效”，聚力“强产兴城”，开展“1+3”专项行动，推进“三大突破”，经济社会保持平稳健康发展。

一年来，德化县坚持以实干拼实绩，综合实力更加强劲。经济运行稳中有进。高效统筹疫情防控和经济社会发展，深入开展“千名干部进千企、一企一策促发展”活动，推行免申即享等措施，送服务、送政策上门，兑现惠企资金2.6亿元、退税缓税减税降费超7亿元，帮助企业获批纾困贷15.47亿元、转续贷26.37亿元。用好经济指标预警研判机制，保持经济运行在合理区间，时隔14年再次获评全省县域经济发展“十佳”县，首次荣膺中国创新百强县。全县生产总值349亿元、增长4.5%，工业增加值160.5亿元、增长6%，固定资产投资增长24.5%，社会消费品零售总额151.3亿元、增长6%；一般公共预算总收入22.18亿元、同口径增长4.1%，一般公共预算收入15.29亿元、同口径增长10%；全体居民人均可支配收入37308元、增长4.8%。

项目攻坚推进有力。实施“项目攻坚2022”，全县231个重点项目完成投资220亿元、增长25%，其中，25个省市重点项目完成投资58.6亿元，完成年度计划120%。深入开展“抓开放招商促项目落地”专项行动，新引进项目144个、协议总投资1007亿元，其中20亿元以上项目9个、协议总投资423亿元，远超“十三五”招商总量。向上争取专项资金16.8亿元，新增债券资金23.2亿元，创历史新高。设立5亿元产业引导基金，签约陶瓷、文化、农业、科技4个板块子基金，总规模达30亿元。完成土地成片开发报批3666亩、土地报批3270亩、林地报批4380亩，供地4066亩。开展“工业园区标准化建设”专项行动，建成标准化厂房45万平方米，超3万亩连片开发做法得到市级肯定。

营商环境持续优化。开展“营商环境提升年”活动，行政审批服务帮办代办制、社保五险合署办公等一批改革事项走在全省前列，政府购买图审服务入选全市优化营商环境“最具获得感”十大举措，营商环境指数位列全市第一等级。“五位一体、多元共治”县域知识产权保护德化经验得到省委主要领导批示肯定，作为世界知识产权组织优秀案例示范点代表在江苏（南京）版权贸易博览会上作交流，入选全国首批知识产权强县建设试点县。

坚持以转型促转化，产业发展更加稳健。陶瓷业在转型升级中提质。争取省、市出台支持“中国白·德化瓷”产业高质量发展若干措施，全力收官陶瓷产业高质量发展五年行动计划，全年陶瓷产值有望突破500亿元。实施“重龙头、强品牌、铸链条”专项行动，列入省级工业龙头企业培育对象13家，制定《乌龙茶冲泡与品鉴陶瓷用具》团体标准，北京冬奥会陶瓷版吉祥物“冰墩墩”成为爆款，卡塔尔世界杯官方特许商品大咖杯、小蛮腰啤酒杯德化造，“围炉煮茶”套装网上热销，《世界瓷都德化》城市形象宣传片亮相美国纽约时代广场，获评国家消费品工业“三品”战略示范城市。实施“绿色数字技改”专项行动，推广自动化、信息化、智能化成型生产线设备108台（套），入选省级新一代信息业与制造业融合发展典型案例9家，新增省级融合发展新模式新业态标杆企业3家，陶瓷制品·福建德化获评国家新型工业化产业示范基地发展质量评价结果“四星级”。

实施“抓创新促应用”专项行动，新增省级“专精特新”中小企业1家，高新技术企业66家、科技型中小企业79家、省科技小巨人企业7家、国家级知识产权优势企业4家，推动企业上云上平台超100家，国家陶瓷行业工业设计研究院入选国家中小企业公共服务示范平台。曾成钢雕塑工作室落地德化县，新增中国工艺美术大师2名。成立顺美海外仓业务试点工作站，新增对外贸易经营者备案登记企业43家。发布《跨境电子商务交易类产品多语种分类与命名陶瓷产品》国家标准，全县网络零售额有望突破180亿元，入选2022年度县市电商竞争力百佳样本县。

旅游业在持续提升中壮大。实施东、中、西三条旅游线路提升计划，20个旅游重点项目完成投资31.4亿元。纵深推进“一城瓷器百馆游”，茶具城步行街、瓷艺城陶瓷街获评省特色步行街；认定省帐篷露营地3个，云龙谷创建国家4A级旅游景区通过市级初评，安娜茶油文化产业园获评国家3A级旅游景区，“九仙山—云龙谷”旅游线路入选全国乡村旅游精品线路；列入市级文化产业和旅游产业融合发展示范区创建名单，“醉美康养石牛山”入选全国“依托林草资源发展生态旅游、森林康养典型案例”。开展“乡镇长带你玩转德化”专题宣传，成功举办“山海泉州露营生活节”暨德化全域旅游宣传系列活动，全年接待游客689万人次，旅游收入75.5亿元，分别增长17.4%、18.8%。

农林业在深化改革中增效。创新整村推进土地经营权“预流转”机制，获批承担全国备案制农村改革试验任务。完成高标准农田建设2.6万亩，粮食播种面积13.8万亩。建成市级数字农业示范基地3个、省级农业物联网应用基地1个、农业科技示范基地8个、特色蔬菜生产示范基地1200亩。获评全国名特优农产品6个，新增“三品一标”认证4个，培育市知名品牌认证2家。新培育市级龙头企业6家，市级以上农民专业合作社18家、示范家庭农场15家，市级“十佳”农场、合作社各2家；新增省级“一村一品”专业村、农业产业化联合体各2个，市级“一村一品”示范村5个，省级学会创新驱动服务站2个，入选全省创建新型农业经营主体服务中心试点县。春秋葡萄庄园获评国家级生态农场、省级休闲农业示范点、德化淮山科技小院入选中国农技协科技小院。列入省级笋竹精深加工示范县、林下经济重点县。全县农林牧渔业总产值26.5亿元、增长5%。

乡村建设有力有序。成立乡村振兴促进会，引进温铁军等知名“三农”专家成立全市首家乡村振兴研究院，建设深圳文交所德化子平台。编制村庄规划54个，“崇尚集约建房”县样板工程进入省级评比正向激励范围，整治裸房1865栋。连续五年推广“一清二整三美化”，全市农村人居环境整治提升暨“五个美丽”建设现场推进会在德化县召开，创建省乡村“五个美丽”典型示范建设点18个；新增省级乡村治理示范镇2个、村26个，国宝雷峰线进入省级“串点成线”精品线路创建名单，龙门滩水库纳入省级移民后扶项目示范区，上涌镇获评省级商务特色镇。

做好2023年工作。党的二十大是我们党和国家发展史上一个重大里程碑，对全面建设社会主义现代化国家进行了战略谋划，为新时代新征程党和国家事业发展、实现第二个百年奋斗目标指明了方向、确立了行动指南。做好2023年各项工作：必须坚持以习近平新时代中国特色社会主义思想为指导，全面贯彻党的二十大精神，准确把握新发展阶段，深入贯彻新发展理念，加快构建新发展格局，坚定实施陶瓷创新、文旅融合、城乡共建“三大战略”，紧抓党建引领、发展动能、民生福祉“三项提升”，全方位推进高质量发展，奋力打造幸福宜居的世界瓷都。经济社会发展主要预期目标是：全县生产总值增长7%，一般公共预算总收入增长7%，一般公共预算收入增长6%，固定资产投资增长10%，居民人均可支配收入增长和经济增长基本同步，完成节能减排降碳任务，其他各项指标也作了相应安排。

（摘编：王一星）

三明市产业经济发展综述

2022年三明市坚持以习近平新时代中国特色社会主义思想为指导，认真学习宣传贯彻党的二十大精神，深入贯彻落实习近平总书记来福建、来三明考察重要讲话重要指示精神，扎实做好“两稳一保一防”各项工作，全市经济社会发展取得了新的成效。全市地区生产总值3100亿元，增长3.5%；地方一般公共预算收入111.35亿元，同口径增长6.35%；固定资产投资1205亿元，增长8.3%；社会消费品零售总额886亿元，增长4.0%；外贸出口136.6亿元，增长17.3%；城镇居民、农村居民人均可支配收入分别增长5.5%、7.0%。产业经济发展主要工作和成效是：

坚持扩内需稳增长，经济发展总体实现稳中有进。全面落实国务院、省政府一揽子政策和接续措施，分四批次叠加出台了稳住经济大盘63条、纾困解难33条等一系列政策措施，全市减税降费超38亿元、新增贷款203.96亿元，协调解决企业困难1758个，全市实有市场主体34.4万户、增长13.2%。全面发挥投资关键作用，深入开展重点项目“百日攻坚大会战”行动，全市争取专项债、政策性基础设施投资基金85.53亿元，莆炎高速、兴泉铁路三明段全线通车，市本级和建宁、沙县、永安、大田分别获全省项目考评正向激励。全面增强消费基础作用，组织第三届“中国绿都·乐购三明”直播节暨首届网络主播大赛等线上线下促消费活动，分期发放消费券1865万元，带动批零住餐、新能源汽车等消费回升。全面提升出口质量，加大纺织、竹木制品、机械等出口产品创新力度，年出口额超千万美元的生产型企业21家。

坚持转方式调结构，产业加快转型升级。农业融合发展得到新提升。全市整治撂荒耕地3.12万亩，粮食总产量95.4万吨；制定出台推进种业振兴行动二十条措施，杂交水稻制种面积、产量均保持全国第一，建宁、泰宁、宁化、尤溪4个县列入国家新一轮制种大县名单；232家市级以上农业龙头企业营收超255亿元、增长4.3%，沙县夏茂镇列入国家级农业产业强镇。工业高质量发展增添新动能。强化科技赋能，制定出台重点企业增资扩产促进转型升级方案，新增国家高新技术企业67家、“专精特新”企业16家，展化化工成为我市首家国家级单项冠军企业，全市高技术产业增加值增长15%、战略性新兴产业增加值增长超8%。全面启动矿产资源整合，建立全市统一调配的利益分配机制，推动矿产资源优势转化为产业发展优势。服务业扩量提质发展实现新突破。出台加快服务业发展“1+3”政策，全市新增限上商贸企业160家、规上服务业企业71家，分别增长180.7%、195.8%，完成“主辅分离”企业30家，新增房建一级资质企业16家、增长54.6%；建成三钢闽光大数据中心、中国联通工业互联网研究院三明分院，4家企业入选数字经济“独角兽”或“瞪羚”企业，永安、尤溪、大田被授予首批省级数字乡村试点县（市）；启动泰宁、建宁、将乐3个县旅游资源整合工作，上线运营“智慧游三明”App，全市游客接待量、旅游总收入分别超3850万人次、300亿元。

坚持抢机遇用政策，区域合作迈出坚实步伐。党中央国务院始终关心革命老区发展，2022年又出台了《国务院关于同意建设赣州、闽西革命老区高质量发展示范区的批复》《革命老区重点城市对口合作工作方案》等系列文件，明确上海与三明对口合作，为三明市发展带来了新的重大机遇。新一轮中央和省级单位对口支援三明工作扎实推进，宁化应急产业园、明溪原料药绿色生产基地、清流华润绿色高新建材产业园、建宁粮食产业融合发展示范园、"百越专列进泰宁"等项目加快实施，省直单位对口支援实现11个县（市、区）全覆盖。沪明对口合作全面展开，上海市政府和福建省政府印发了《上海市与三明市对口合作实施方案（2023—2025年）》，红色文化交流、农产品销售、文旅及教育卫生事业合作等重点工作有序推进。京闽科技合作持续拓展，三明中关村科技园获批省级科技企业孵化器，累计入驻企业224家，中国机械科学研究总院海西分院开启第三轮三方共建。闽西南协同发展区深入推进，厦明火炬新材料产业园、泉三高端装备产业园新引进产业项目25个、总投资45亿元，16个项目建成投产。明台合作交流持续深化，第十七届林博会、首届海峡两岸（三明）乡村融合发展论坛成功举办，海峡两岸乡村融合发展试验区正式获批。

坚持抓龙头促协调，城乡建设水平持续提升。中心城市建设加快推进。编制完成"三沙永"融合发展规划，出台进一步支持生态新城加快发展十条措施，市委党校、市疾控中心完成整体搬迁。市区工业园区整合提升有力推进，三明经济开发区、三明高新区2个新园区管委会正式运营。市区实施老旧小区改造项目82个、直接受益群众2.32万户，儿童公园、户外劳动者"暖心驿站"等一批便民设施建成使用，市区餐厨垃圾、飞灰垃圾处理等项目投入运营，启动实施城市防洪排涝系统能力建设，福建省城市精细化管理研究培训中心落户三明市。城镇化建设持续推进。实施城乡建设品质提升项目937个、完成投资277亿元，5个项目被评为全省样板工程并获省级正向激励，新建改造福道140公里，更新老旧燃气管道40公里，管道燃气实现"县县通"，泰宁获省级历史文化名城称号。乡村建设成效明显。完成1046个村庄规划编制，培育38条乡村振兴精品示范线，沙县小吃管理服务标准化项目入选国家级试点，全国乡村建设工作会议在三明市召开。

坚持解难题务实效，特色改革走深走实。林改持续发力，制定进一步推进林业改革发展二十条措施，入选国家林业碳汇试点市，首届全国林草碳汇高峰论坛在三明市举办，福建沙县农村产权交易中心成为全省首家区域性农村综合产权交易平台并投入运营，"碳票"变"钞票"、探索生态产品价值实现机制做法在党的二十大新闻发布会上发布。绿色金融改革取得实效，推出"福碳贷"等绿色金融产品，三明市列入国家首批、全省唯一的国家气候投融资试点城市，沙溪流域生态治理及资源化一体开发EOD项目入选国家试点，全市绿色信贷余额235亿元、增长28%。

2023年经济社会发展的主要预期目标是：地区生产总值增长5.5%；地方一般公共预算收入增长5%；固定资产投资增长6.5%；外贸出口增长6%；实际利用外商直接投资增长3%；社会消费品零售总额增长5%；居民消费价格涨幅控制在3%左右；城镇居民人均可支配收入增长5%，农村居民人均可支配收入增长7.5%；完成节能减排降碳目标。围绕上述目标任务，产业经济发展重点做好以下方面工作：

全力抓项目扩投资。开展重大项目竞赛活动，推动更多重大项目早开工、早建设、早见效。优化投资结构，积极与战略投资者、上市公司深度合作，做实矿产资源"两集中一拓展"，推进300个市级增资扩产重点项目建设，努力把产业链、价值链高端环节留在三明；突出谋划和实施重大基础设施项目，攻坚实施大田至安溪高速、岩前至胡坊高速、沙县至南平高速、闽江干流三明段防洪提升工程等重大项目，加大5G网络、工业互联网、大数据中心等新基建投资力度，深化推进潮南高速三明段、尤溪吉木至西城高速、永安抽水蓄能电站、三明核电等重大项目前期工作；突出谋划和推进重大公共服务项目。

全力活市场旺消费。优先恢复和扩大消费，持续开展"乐购三明"促消费活动，加快恢复住宿餐饮、商超购物等传统消费，扩大家居家电、汽车等大宗消费，支持刚性和改善性住房消费；实施文旅消费提升年活动，深化推进旅游资源整合，加快打造环大金湖旅游度假区，拓展商务旅游、休闲康养、研学培训等业态，提高旅游人均消费。积极发展服务消费，优化医疗健康、养老育幼服务供给，推动家政服务提质扩容，提高社区物业服务水平。顺应居民消费升级趋势，做实国家文旅消费、体育消费试点城市，创新消费场景，培育发展露营经济、夜间经济、赛事经济等新型消费，支持百货商场、商业街、批发市场改造提升，营造良好消费氛围。

全力优环境提信心。聚焦惠企政策精准落地，完善“即申即享”“免申即享”、帮办代办等服务机制，强化政策实施效果评估，及时出台“补丁版”“加强版”政策，让政策跑在问题发生之前、跑在企业需求之前。聚焦企业发展难点痛点，完善领导干部挂钩帮扶企业制度，持续开展“我为企业解难题”活动，千方百计帮助企业解决好用地、用工、融资等具体困难。聚焦深化“放管服”改革，加快审批流程再造，提升“e三明”全流程网上办事平台，推进“不见面审批”“秒批秒办”和“一件事”集成套餐服务，进一步优化营商环境。聚焦民营经济发展，弘扬“晋江经验”，落实促进民营经济发展的政策措施，构建亲清政商关系，让企业家以恒心办恒业、一门心思谋发展。

稳住一产优势，在“接二连三”上下功夫。扛起全省“米袋子”“菜篮子”责任，抓好耕地“非农化、非粮化”整治，严守239万亩耕地保护红线，提升中国稻种基地建设水平，建设高标准农田20万亩，确保粮食产量稳定在95万吨以上；抓好蛋鸡优势特色产业集群建设，保持生猪存栏122万头以上。积极支持更多“新农人”返乡创业，大力推广适用丘陵山区的高效专用农机，促进市农科院科研成果就地转化，提升农业生产智慧化、机械化水平。创建国家农产品质量安全市，打造明茶、明果、明蔬等三明农产品区域公共品牌，做大农特产品直播电商，突破农产品冷链物流短板，全面对接上海等大市场，让好产品找到好销路、卖出好价钱。做好“农业+”文章，加快先正达中国水稻种子供应链创新中心、温氏畜禽产业园等项目建设，大力发展预制菜产业，力争新培育省级以上龙头企业15家；鼓励发展各具特色的农家乐、农事体验等业态，促进农业就地增值、农民就近增收。

优化二产结构，在转型升级上下功夫。实施传统优势产业技改赋能工程，加快钢铁与装备制造、新型建材、高端纺织等产业智能化改造、数字化转型，力争全市传统产业技改面90%以上，增强核心竞争力。实施新兴产业补链扩量工程，推进“新材料·三明”省级新型工业化产业示范基地建设，大力培育引进“链主”企业，推动新兴产业向高端产业和产业链高端发展。实施龙头企业培优扶强工程，对全市23家重点成长型企业，实行“一企一策”精准扶持，培育更多三明“金娃娃”。实施建筑业升级提质工程，加大力度支持建筑企业高质量发展，鼓励企业“走出去”开拓市场。

加快三产提速，在扩量进位上下功夫。做优存量，市本级财政继续安排不少于4000万元，重点支持餐饮、零售、旅游、交通运输等服务业领域特殊困难企业渡难关。做大增量，力争全年新增限上商贸企业130家、规上服务业企业80家以上，完成“主辅分离”企业20家以上；加快永安韵达电商产业园、闽光云商网络货运物流平台建设，力争新培育物流规上企业3家以上。做强变量，加快市时空大数据云服务平台、中国移动（福建沙县）大数据中心和政务云、产业云、信创云、医疗云、国资云“五朵云”等重点项目建设，推动数字经济与服务业融合发展、倍增发展；激活金融活水，积极创新投融资方式，支持企业发行债券、上市融资，做大产业基金，力争新增各类贷款180亿元以上。

提升科技创新能力。聚焦产业链打造创新链，支持“6+1”创新平台提档升级，推动市内龙头企业深化与天津大学、厦门大学、上海农科院等高校科研院所合作，促进产学研用协同，力争在新材料、高端装备、生物医药、种业等领域合力攻克一批“卡脖子”技术难题，形成一批关键技术成果。实施优质中小企业梯度培育行动，在全市遴选500家具备潜力的科技型企业，实行分类施策和靶向服务，力争培育高新技术企业100家、省级以上“专精特新”企业20家。支持企业加大研发投入，力争全社会研发投入增长18%以上。

（摘编：邓新民）

三元区产业经济发展概述

2022年，三元区深入学习宣传贯彻党的二十大精神，按照“疫情要防住、经济要稳住、发展要安全”重要要求，聚焦“三提三效”，聚力真抓实干，突出“快、优、实”，深入推进改革创新，全力以赴加快三元革命老区高质量发展先行示范区建设。一年来，投入集中隔离场所、核酸检测、物资保障等防控资金约1.5亿元，改造建成小蕉健康驿站和岩前方舱医院，开展疫情应急处置、物资中转接驳等多场演训演练，各项防疫措施落实精准高效，最大限度减少疫情对经济社会发展的影响。一年来，群策群力谋发展，经济保持平稳较快增长。全区经济综合实力明显增强，在全市各县（市、区）中经济总量最大、工业产值最高、项目投资最多，在全市“五比五晒”活动中居第1位，实现地区生产总值716.05亿元，增长2.8%；地方一般公共预算收入10.48亿元，同口径增长-2.0%；规模以上工业增加值增长4.4%，固定资产投资增长24.2%，社会消费品零售总额增长4.6%，城镇、农村居民人均可支配收入分别增长4.8%、6.6%。

产业发展聚力向前。出台“稳经济促发展58条”等助企纾困措施，“一起益企”“银行会客厅”等服务深入开展，退、缓、减税费超6亿元，“四上”企业培育机制成效凸显，新增“四上”企业87家。工业势头保持强劲。制定稳岗稳工稳产、助企纾困解难等惠企扶持措施，深化“我为企业解难题”活动，召开座谈会4场，收集解决问题100余个，设立2000万元工业发展专项资金，33个千万元重点投资工业项目建成投产，规模以上工业增加值增量在全市占比超过40%。实施“三化四新”改造行动，推动技改项目78个，总投资143.7亿元。成功申报省重点技改项目16个。毅君机械获评国家专精特新“小巨人”企业。三产发展夯基筑能。安排1000万元资金用于支持第三产业重点领域发展和重点项目建设。推动金牛水泥等3家工业企业实现工贸分离。推进三明大坂现代物流园基础设施提升、客家国际大酒店等50个项目建设，全年完成投资47亿元。全闽乐购促消费系列活动带动消费1.5亿元以上。三钢工业旅游区获评国家工业旅游示范基地和国家4A级旅游景区，洋溪镇获评省级森林康养小镇，岩前镇获评全省全域生态旅游小镇。现代农业提标升级。深入实施国家粮食安全战略，完成高标准农田建设6500亩，撂荒地复垦面积4800多亩，粮食播种面积4.6万亩、产量1.9万吨。充实粮油储备，已储备5500吨稻谷、100吨动态大米和20吨食用油，筑牢粮食安全“压舱石”。实施“百镇千村”试点项目，建成投产的现代农业项目10个，完成投资3.8亿元。建立起百亩商品有机肥示范片和千亩优质稻产销衔接示范片，带动农业生产高质高效发展。

发展后劲积蓄动能。项目谋划量多质优。持续开展“项目入库月”活动，用足300万元项目策划奖补资金，围绕交通、能源、水利、保障性安居工程等八大领域18个方面做好项目谋划梳理，生成项目76个总投资136.2亿元，获批预算内投资项目22个补助资金7600多万元，争取地方政府专项债券项目11个10亿元、一般债券项目23个1.3亿元。项目建设快速推进。开展重点项目“百日攻坚大会战”行动，实施“三百工程”，持续深化“亮、晒、评”考评机制，34个省市重点项目完成投资近77.7亿元，60个“百日攻坚大会战”重点项目完成投资74.1亿元，4个“三大”项目完成投资19.6亿元，超序时完成全年计划，为经济高质量发展奠定坚实基础。平台支撑日益强化。完成《三明市西部新城概念规划》编制，为园区谋划了近30平方公里的发展空间。《关于商品厂房开发经营管理建议》被市里采纳，促成全市首个工业地产项目落户园区。全年投入3.7亿元，完成工业用地征迁2880亩，平整土地830亩，处置批而未供土地1015.8亩，盘活闲置低效用地233.7亩，用地报批1017亩。投入3.8亿元完善基础设施，黄砂化工园顺利通过化工园C级评定，园区综合承载能力不断增强。招商引资更具实效。精准开展“以商招商”“乡贤招商”“产业链招商”，实行“云洽谈”“云签约”“线上+线下”对接模式，全年招商引资完成签约项目125个，总投资额近242亿元，其中亿元以上项目97个，总投资额224.8亿元；含氟聚合物及氟精细化学品、名佑预制菜智能化生产等33个亿元以上项目开工，真正落地一批效益高、带动性强的链上企业和项目。

改革开放激发活力。财政体制更加完善。出台财政专项资金全过程管理、国库支付管理等办法。建立项目评审机制，节约投资资金近千万元。省财政厅将新三元区纳入基本财力保障县，省级每年增加对三元区补助资金3500万元。有效盘活沉淀多年的存量资金5050万余元，获得项目融资超8亿元，有效保障了卫生健康、规范津补贴、“两稳一保一防”等预算外支出超4亿元，多措并举促开源保运转，兜住“三保”支出超12亿元。国企改革提质增效。蹄疾步稳推动国资国企改革，设立国资办和国有资产投资运营中心，推动城发、建发集团公司建立健全投资建设项目监督、人力资源等系列管理办法，整合并形成国有资产超75亿元，业务拓展到工程建设、物资贸易、生活服务及矿产资源利用等领域，实现营业收入超7亿元、税利5600多万元，国企正在步入高质量发展轨道，为政府化解债务、减轻财政负担作出了重要贡献。发展环境优化提升。深化“放管服”改革，推行工业项目“签约即挂牌”“交地即开工”改革，将用地挂牌时间从11天压缩至3天；“一趟不用跑”和“最多跑一趟”事项占比100%，居全省前列。落实证明事项告知承诺制度。完成第一批乡镇综合行政执法赋权事项的承接。对外开放深入推进。立足革命老区高质量发展示范区，深化沪明对口合作，建立沪明对口合作专题项目库，梳理上海市、杨浦区与我区对口合作项目22个，成立沪明科技创新研究院，上海交通大学BIM研究中心设立首个驻沪“人才科创飞地”。积极融入闽西南协同发展区和福州、厦漳泉都市圈建设，承接机械制造、新材料等产业项目转移。

城乡建设协调并进。城市更新持续扩面。理顺市区征迁工作机制，完成土地征收900多亩，有效保障重点项目用地需求。老旧小区改造步入“快车道”，投入资金1.2亿元，改造老旧小区22个，打造丁香新村、和仁片区作为全市示范样板。城区居民生活垃圾分类基本实现全覆盖。乡村建设成效明显。持续巩固拓展脱贫攻坚成果，落实监测帮扶措施，及时化解致贫返贫风险。大力实施乡村振兴战略，落深落细“156”乡村建设机制，创建乡村振兴省级试点村10个，“1+3”乡村振兴示范线辐射带动全域发展提升，全区自营性收入10万元以上的村达68个。2022年6月，小蕉村作为全国乡村建设现场会受检点得到肯定。

生态环境逐步改善。在全市率先成功创评国家级大宗固体废弃物综合利用示范基地。继续打好蓝天、碧水、净土保卫战，加大餐饮油烟、园区异味等专项整治力度，城区空气优良指数持续向好。荆东溪黑臭水体常态化治理初见成效，完成溪源溪河道整治工程，城镇和农村集中式生活饮用水源地水质达标率达100%。三元区水环境综合治理工程获得省级正向激励。推进生态整治修复，常态化开展违法用地清理整治工作，清理整治违法用地面积约375.8亩。完成植树造林1.3万亩、森林抚育3.5万亩，创建省级森林村庄4个。莘口镇后溪村柳杉古树群获评第二批“福建最美古树群”。

（摘编：林汇智）

沙县区产业经济发展概述

2022年，沙县区坚持以习近平新时代中国特色社会主义思想为指导，全面贯彻落实党的二十大精神，深化“五比五晒”和“项目产业发展提升年”活动，较好地完成了全年的目标任务。全区地区生产总值增长4.6%；农林牧渔业总产值增长4.5%；规模以上工业增加值增长3.3%；地方一般公共预算收入扣除留抵退税因素后增长6.8%；全社会固定资产投资增长17.5%；社会消费品零售总额增长6%；城镇居民人均可支配收入增长5.7%；农村居民人均可支配收入增长6.8%；城镇登记失业率为3.08%。

沙县小吃产业“五项提升”扎实推进。新增制定烧卖等5项沙县小吃核心产品团体标准，完成39种口味“沙县酱”研发，全国加盟店达3821家；日本、法国等全球66个国家沙县小吃门店达174家。自主开发沙县小吃门店前端收银系统和门店体系供应链平台，完成泉州、东莞等城市供应链体系进驻。引进厨神、舌间道、星鲜点等一批食品企业，沙县小吃二产集群不断壮大。

乡村振兴“六大行动”深入实施。获评省级2022年度落实促进乡村产业振兴和改善农村人居环境激励县（区）。武夷岩茶优势特色集群项目、南阳乡百万羽蛋鸡养殖项目有力推进，中国南方稻种研发展示基地（二期）建设项目顺利竣工验收；夏茂镇被列入国家级农业产业强镇和全国乡村特色产业超十亿元镇。严格落实“四个不摘”要求，脱贫攻坚成果进一步巩固。俞邦村成为全国乡村建设现场会调研点，郑湖乡、南霞乡获评省级乡村治理示范乡镇，大洛镇昌荣畲族村获评全省民族团结进步重点单位，古县村等24个村获评省级乡村治理示范村。

林改“五大体系”持续构建。全面推行30立方米以下林木采伐审批告知承诺制，新增“四共一体”专业化联营2.1万亩，新增发行林票2060万元；碳中和系列活动有序开展，竹林碳汇“CCER”项目有力推进，获评全省林下经济重点县；全省首个区域性农村综合产权交易平台——福建沙县农村产权交易中心正式揭牌运营；在全市率先成立林长制指挥中心，获评全省唯一2021年度全面推行林长制工作成效明显激励县（区），区林业局获评福建林业改革发展20年突出贡献集体。

项目强发展后劲足。全力打好“大招商招好商”攻坚战役，组织各类招商活动165场次，签约项目85个、总投资172亿元。深入开展“依法和谐征迁”攻坚行动，完成小吃产业园扩园、沙县生猪屠宰场、金泉村花海后山地块等17个征迁项目，征收土地3650.87亩。重点项目“百日攻坚大会战”有序推进，263个区重点项目超年度计划5%，77个集中攻坚项目新增投资36.77亿元，其中乙辰运动器材生产、沙县小吃三产融合示范园等16个项目提前开工，立宜信节能环保换热设备生产、顶创钒合金新型材料等38个项目提前建成或部分建成。全年完成“五个一批”项目260个，获得全省第一季度“五个一批”项目正向激励。

现代农业提质增收。建成高标准农田1.3万亩，百亩以上水稻绿色高质高效示范片29片，优质农产品标准化示范基地4个，夏茂镇成功创建国家级和省级优质稻新品种核心展示片。完成粮食播种面积17.72万亩、产量7.57万吨，保持生猪存栏17万头以上。新增农业产业化市级重点龙头企业10家，沙县红边茶制作技艺入选第七批福建省非物质文化遗产。

新型工业提质增效。开展节能与循环经济项

目15项，完成青山纸业碱回收技改、阿福硅硅酸钠生产线技术改造（一期）等节能技改项目10个；有道贵金属的年处理1.2万吨贵金属废料及再生铂族系列催化剂26吨项目、中机焊业的工业易损件修复再制造生产及特种高端焊接材料生产建设项目等循环经济项目5个，规上企业万元产值能耗同比下降9.8%，青山纸业获省级重点用能行业“能效领跑者”标杆企业称号和省级“绿色工厂”称号，三明市青杉活性炭有限公司荣获省级“循环经济示范企业”。新增立宜信、闽耀金属等规上工业企业11家，中机焊业、圣龙食品等国家高新技术企业5家，中机院海西分院、宏盛塑料等科技小巨人企业6家，国家级、省级专精特新“小巨人”企业各1家。三大主导产业预计实现产值600亿元，同比增长9%。

文旅消费提质增能。承办全国、全省青年手球锦标赛、全省全民健身运动会气排球锦标赛等各类国家级、省级赛事15场次。举办2022年“中国旅游日”福建分会场、非遗美食集市等活动，俞邦民宿群投入使用，罗岩福道、沙县小吃主题乐园等新一批网红旅游点相继开放，露营地、古街巷打卡点引爆夜游经济，浙江卫视《奔跑吧》节目组来沙录制，广电网络“万福千屏”首个超百平8K户外屏落地沙县。开展“福购虬城”等系列线上促消费活动，投入政府性促消费专项资金396万元，带动市场消费8000万元以上。

城乡建设品质不断提升。三优街道路白改黑、东天岭安置地基础设施完善及夏茂镇俞邦村绿地改造等68个城乡基础设施项目相继竣工，完成投资额33.42亿元，城乡风貌、管理、居住水平得到提升。老旧小区改造项目在去年争取各类资金4.9亿元的基础上，“自建房纳入老旧小区改造范畴”政策突破，2022年再次争取到各类资金2.1亿元，并获评全省老旧改造评价绩效优异地区，获正向激励奖励300万元。生态新城新区（组团）建设样板、城市精细化管理街区样板工程被列入省级城乡建设品质提升样板工程，曲巷改造被省住建厅列为“活化案例”，东门历史街区改造被《中国建设报》宣传报道。投资2亿元完成村庄规划编制、高桥全域垃圾分类试点等17项农村品质提升重点建设项目，夏茂镇俞邦村、南阳乡大基口村分别获评2022年中国和福建省美丽休闲乡村。

生态治理稳步推进。加强农村生活污水提升治理，完成沙县区水源地规范化建设及饮用水安全保障工程项目申报；争取3700万元实施夏高中型灌区续建配套与节水改造项目；城乡供水一体化项目全面铺开，小水电站退出工作稳步开展，闽江防洪工程（三期）、西霞溪段河道治理等13个总投资4.36亿元的水利项目有序推进。加强污染地块安全利用，松川化工有限公司原址完成地块修复工作并从全省污染地块名录库中移出。城区环境空气质量始终保持在优于国家二级标准水平，城区三个饮用水源地水质全年达标率100%，小流域平均水质指标全部符合或优于地表水Ⅲ类水质标准。

稳住安全生产形势。深入推进安全生产大检查和安全生产专项整治三年行动巩固提升，事故起数和死亡人数实现“双下降”，安全生产形势总体保持稳定向好。实行安全生产责任追究管理办法和乡（镇、街道）安全生产网格督导员制度，在全省率先开展乡（镇、街道）安全生产连片联合执法创新试点工作。安全文化公园投入使用，全省2022年森林火灾灭火救援实战演练在青州镇开展，官庄国有林场等3家生产经营单位代表省政府顺利接受国务院安委会考核。

筑牢风险防控底线。聚力防范涉政、涉稳、网络风险，着力稳定金融环境，地方政府债务控制在省定限额范围。健全完善国有资产监管等重点领域风险防控机制，公园道、公园壹号、皇家花园等风险楼盘已达到整体办证条件。老潘头系列资产处置工作基本完成，已全面接管老潘头系列企业整体资产，累计支付竞拍款5.28亿元。

营商环境更加良好。对标“六最”营商环境，深入推进“放管服”改革，加快“一网通办”“一窗通办”建设，完善“双随机一公开”制度，推进园区“1+N”项目服务，“一趟不用跑”“最多跑一趟”事项占比99.5%，2693项业务实现全程网上办理，527项便民服务事项实行“周六便民服务”办理。办理承诺时限压缩至法定时限的90%以上，企业开办时间压缩至4个工作时以内，新增市场主体4125户。

（摘编：游永贵）

永安市产业经济发展概述

2022年是党的二十大召开之年，是实施“十四五”规划的关键之年。永安市坚持以习近平新时代中国特色社会主义思想为指导，深入学习宣传贯彻党的二十大精神，坚决落实疫情要防住、经济要稳住、发展要安全的重要要求，克服了宏观经济下行、疫情多发和天气前涝后旱等多重超预期因素影响，扎实做好“两稳一保一防”各项工作，全市经济社会发展保持稳中向好态势。全市完成地区生产总值507.51亿元、增长4%，规模以上工业增加值增长3%，地方一般公共预算收入20.02亿元、同口径增长4.8%，固定资产投资增长15%，出口总值15.7亿元，实际利用外资4000万元，城镇居民人均可支配收入45772元、增长5.8%，农村居民人均可支配收入24390元、增长8%，完成上级下达的年度能耗“双控”目标任务，继续保持全省县域经济实力“十强”县(市)。产业经济发展的主要工作和成效是：

聚焦产业发展增实力。持之以恒做实“3321”产业体系，以实体强产业、以产业促发展，推动产业发展量质齐升。主导产业提量增效。汽车及机械加工、纺织新材料、石墨和石墨烯三大主导产业实现产值539.11亿元，增长9.32%。汽车及机械加工产业链式发展，配套企业达70家，橡胶加工产业税收首次突破亿元，重汽海西新能源轻型卡车市场占有率进入全国前十，商用车出口属地化实现“零突破”；纺织新材料产业承压回升，宝华林入选全省“2022—2024年度重点培育发展的国际知名品牌”，永安市顺利通过第五次全国纺织产业集群试点地区命名复评；石墨和石墨烯产业集聚发展，翔丰华三期等3个省重点项目实现投产或部分投产，形成国内首个石墨烯导热膜产业链条。传统产业提质升级。建材、化工、林竹三大传统产业实现产值584.08亿元，增长5.59%。安砂建福水泥完成省重点工业节能改造；科宏生物被认定为国家知识产权优势企业、省级专精特新中小企业，完成出口7000万美元、增长133%；国家永安竹制品产业示范园区获得认定命名。现代服务业提速发展。现代物流业不断壮大，韵达智能化快递分拨中心和供应链仓储中心投入运营，闽中公铁铁路专用线开工建设，运力增长1.7%；文旅康养业持续提升，霞鹤村入选第四批全国乡村旅游重点村，上坪乡、青水乡分别入选省级森林康养基地和森林康养小镇，新增网红打卡地20个；电商产业顺势而为，直播电商创业孵化基地入驻企业13家，开展“乐购三明”等线上促销活动400余场，带动社会消费品零售总额增长3%。特色现代农业提标扩面。完成种粮面积16.3万亩，粮食总产量6.68万吨，打造重点特色优势产业集群3个，累计获批省级以上“一村一品”示范村14个，永安贡鸡获评全国名特优新农产品，永安鸡爪椒、永安冬笋、永安大湖鱼被列为国家地理标志商标，实现农林牧渔业总产值68.11亿元，增长4.5%。

聚焦增强后劲挖潜力。立足制造业发展需要，全力以赴抓机遇、促投资、保实体，为增强发展后劲积蓄势能。重大机遇谋深。释放老区苏区政策红利，抢抓革命老区高质量发展示范区建设机遇，谋划储备重大项目159个，争取中央及省级预算内投资补助1.53亿元，为近6年最好成绩；抢抓沪明合作机遇，与上海浦东新区建立区县合作关系，明确6个方面合作意向。积极融入大三明中心城市建设，完成三永快速通道和三永水运航道规划调整前期工作，贡川新城初具雏形。项目攻坚谋实。攻坚抢速度，开展重点项目“百日攻坚大会战”，39 个省市重点项目完成投资 56.6 亿元、80 个攻坚项目完成投资 86.54 亿元，均超额完成年度投资计划；攻坚补短板，兴泉铁路永安段完工，抽水蓄能电站、桃源（永安）500 千伏输变电工程列入全国重大基础设施项目库，争取基础设施投资基金项目 3 个和专项债项目 16 个、总额度 16.11 亿元；攻坚破难点，科达重工机械铸造件等 7 个项目提前开工，中盛宏业有机碳酸酯等 37 个项目提前竣工或部分竣工；攻坚增动能，全年新签约项目 105 个、总投资 190.27 亿元，25 个投资亿元以上项目落地开工。提振实体谋细。注重梯度培优，和其昌、永林入选省龙头培育企业库，5 家企业列入省重点上市后备企业名单，科宏生物完成上市申报辅导；注重助企纾困，制定帮助市场主体纾困解难 41 条措施，完成增值税留抵退税 2.24 亿元，投放纾困贷款 3.13 亿元，降低企业用电支出 3508 万元；注重金融惠企，引进泉州银行，全市新增贷款 23.62 亿元、增长 12.35%，其中制造业贷款余额达 46.44 亿元。

聚焦风险化解提能力。坚持统筹发展与安全，有效应对各种风险挑战，不断提升解决制约永安发展深层次矛盾和问题的能力。守好疫情安全防线。优化落实疫情防控二十条措施及新十条措施，设立防疫网格群 1871 个、入群居民 14.29 万户，提升快速处理能力，最大限度减少疫情对经济社会发展的影响。守牢重大风险底线。房地产风险有序化解，14 个风险楼盘已成功化解 13 个，剩余 1 个楼盘正启动破产重整；政府债务风险有效稳控，推动 PPP、TOT 项目融资 41.9 亿元，再融资债券置换比例从 80%提高至 85%，顺利度过偿债高峰期；工贸企业风险有力管控，不良率压降至 0.66%。守住生态环境红线。狠抓尼葛园异味整治、金银湖水泥矿山治理复绿等中央生态环境保护督察反馈问题整改销号，建立水环境问题研判溯源和预警督办机制，开展环境空气质量改善专项攻坚，沙溪流域生态治理 EOD 项目入选国家试点，安砂红军渡口、九龙湖荣获福建省首批河湖文化遗产，全市流域及城区饮用水源水质达标率 100%，空气质量达到国家二级标准。

聚焦深化改革激活力。将改革作为解决问题的基础和关键，积极探索更多“永安模式”，把制度优势更好转化为治理效能。国资国企改革有实效。完善国资监管，在三明市率先开展市属国企“三定”工作，实行工资总额预算管理；市属国企牵头盘活神鹰汽车公司闲置资产，腾出产业发展空间；发展市属国企供应链金融，城投集团以煤炭、钢材贸易为新增长点，实现销售额 8.21 亿元、增长 71.81%。林业改革有亮点。创新林竹碳中和“五碳”工程项目，搭建“竹师傅”竹产业共享平台，国家林草局林竹碳汇工程技术研究中心福建省基地落地永安，被列入省级碳中和试点县。财政体制改革有突破。调整乡镇、园区财政管理体制，开展市直单位零基预算改革，财政资金配置效率进一步提高。

聚焦城市面貌有机更新。投入 17.28 亿元实施 74 个城市品质提升项目和 46 个老旧小区改造项目；乡村建设有序推进，新增中、高级版“绿盈乡村”24 个，完成国道 356 线曹远樟林至泥坪公路主体建设，获批全省首个“福路贷”，被评为全省村庄清洁行动成效突出县。公共服务更加贴心。60 项省、三明和我市为民办实事项目完成投资 8.81 亿元，全年民生支出增长 18.26%，占一般公共预算支出的 70.89%。巩固脱贫成果，全市脱贫监测户人均年收入达 19443 元，未发生返贫致贫。

聚焦优化营商环境。深入开展“服务百家企业、推进百大项目、走访百位人才”活动，解决企业难题 65 个；深化“放管服”改革，梳理落实“一趟不用跑”“最多跑一趟”事项 3098 项，事项占比 99.94%，平均缩短审批时限比例 93.52%。坚持依法行政不松劲。自觉接受监督，办理人大代表建议 210 件、政协委员提案 165 件；法治政府建设持续推进，制定完善《永安市人民政府“三重一大”事项集体决策制度》，行政复议合法率连续四年保持 100%。

（摘编：苏小雨）

明溪县产业经济发展概述

2022年，明溪县坚持以习近平新时代中国特色社会主义思想为指导，聚焦“三提三效”，实施“两稳一保一防”系列措施，全县经济总体呈现恢复企稳、承压前进的较好态势。全县实现地区生产总值增长2.5%，地方一般公共预算收入增长10%，社会消费品零售总额增长2%，城镇居民人均可支配收入增长5.5%，农村居民人均可支配收入增长8%。一些重要领域、重点工作取得新进展新成效。

稳住经济有策。先后出台帮助市场主体纾困解难35条、旅游业高质量发展23条、加快现代服务业发展7条、稳增长促进产业高质量发展6条、促进建筑业持续健康发展9条、促进房地产市场平稳健康发展等系列政策，累计兑现资金4639万元，退税减税降费7466万元，缓缴税费3764万元，落实稳岗返还等各项惠企政策资金743.41万元，推动产融对接3.52亿元，新增各类市场主体1051户。

产业发展有为。做大做强龙头企业，制定19条政策措施促进海斯福公司高质量发展，公司成为全市民营企业纳税额第一的企业，获评2021年度“亩均论英雄”综合评价Ⅰ类企业，国家专精特新“小巨人”企业；南方制药盐酸吉西他滨原料药关联制剂获德国上市许可，原料药富马酸丙酚替诺福韦获批上市；投资30亿元的熙华医药产业园项目主体工程建设正式启动，项目建成后将填补福建省绿色原料药和高端制剂CDMO研发生产项目空白；格林韦尔“NMP纳米碳导电剂产品的研发及产业化”项目，入选第七届“创客中国”中小企业创新创业大赛前50强；海西联合药业异氟烷原料药通过GMP认证，成为全国第三家获得审批通过的企业。县经济开发区获评福建省第五批绿色园区，综合发展水平位居全市第1位。营商环境市场满意度全市第1位。

老区振兴有力。做足做好老区苏区文章，争取上级资金补助10.83亿元，地方政府债券6.01亿元，是上年的2.78倍，政策项目支持107项。深化与国家中医药管理局对口支援、与省卫健委等部门对口帮扶、与上海嘉定区对口合作，组织对接重点事项和项目76个，总投资212亿元，成立全省首个县级中医药管理局，启动创建全国基层中医药工作示范县、全国健康县区。“明溪欧品购”区域公共品牌持续打响，全年外贸出口10.6亿元，增长21.3%。

城乡品质有进。兴泉铁路明溪站即将通车，省道S219至兴泉铁路明溪客货运站连接线（一阶段）即将完工。新人武部营区竣工投用，完成坪埠东路二期、康乐路提升改造，建成南山田园综合体一期等58个城市品质提升项目。成功举办“中国农民丰收节”三明分会场暨明溪淮山文化节，乡村振兴热度指数综合排名全省第6位，2个乡镇、16个村获评第二批省级乡村治理示范乡镇、示范村，胡坊村获评省级乡村振兴实绩突出村。

一年来产业经济发展的工作主要体现在：

强产业、兴园区、增实力。大力发展“232”现代产业体系，着力做优特色现代农业、中医药种植产业，建成硒锌农业特色基地10.6万亩，新增灵芝、茯苓等林下中药材基地7700亩，获评省级林下经济重点县，沃林生物列入省级药食同源管理试点食品生产企业，明溪淮山入选大国好货“一县一品”特色农产品；做强“三新”产业，科顺一期、南方制药二期、卓跃氟硅新材料等项目建成投产，海斯福四期、南方制药三期完成主体建设，盛禾二期、SPC石塑地板、导洁水处理剂等项目加快推进，1-11月“三新”产业产值、税收分别增长33.28%、39.90%，其中海斯福产值、税收分别达22亿元、2.12亿元，分别增长57.48%、49.51%；做精生态观鸟、文旅康养产业，建成黄金井生态综合体，规划实施王桥生态观鸟景区旅游基础设施建设项目，积极打造延寿山、紫云森林康养基地和肖家山、翠竹洋、龙湖3A级旅游景区，推出“十佳网红打卡地”，办好淮山宴、闽学家宴，旅游发展迈上新台阶，1-11月实现旅游收入、森林康养营业额分别为8.81亿元、1.38亿元。推进园区标准化建设，完成应急池、智慧园区平台等项目26个，特勤消防站、职工公寓、污水处理厂二期扩建等项目有序推进，征迁土地1095亩，盘活闲置厂房2.59万平方米，1-11月园区实现产值、税收分别为97.4亿元、2.26亿元，亩均税收居全市前列。

抓改革、促创新、强活力。深入推进林改，完成重点生态区位商品林赎买5037亩，推动“益林贷”扩面增量，贷款总额突破1亿元，制发林票1518万元，开发碳票2.05万亩。稳妥推进国企改革，新组建明溪县城市建设发展集团，国有及国有控股企业资产总额同比增长12%。深入实施创新驱动战略，1-11月高技术产业增加值增长38.12%，占规上工业增加值比重达31.12%，连续7年居全市第1位。建立全省首家氟化工院士工作站、全省首个县级化工建设工程质量技术服务中心，瑞博奥、美士邦获评福建省科技“小巨人”企业，南方制药列入省企业技术中心入库培育名单，设立海西联合药业省级博士后创新实践基地，全氟聚醚冷却液技术攻关和产业化项目列入省技术创新重点攻关及产业化项目名单，高效制备紫杉醇侧链剂的关键技术研究及产业化等7个项目成功申报省级科技项目。

抓招商、上项目、稳增长。深入推进大招商招好商，开展“云洽谈”“云签约”“云开工”，积极探索“需求找人才、人才引项目”招商新模式。全年对接签约年产1万吨高端氟新材料及单体等项目91个、总投资超百亿元，落地开工熙华医药产业园等项目15个，总投资22.5亿元。深化“五比五晒”，打好重点项目“百日攻坚大会战”，全年开竣工项目45个，完成年度投资26.1亿元，19个省市重点项目、57个“百日攻坚大会战”项目完成投资分别占年度计划的108.5%、109%，海斯福高端氟精细化学品生产项目（一期）荣获2019-2021年福建省重点建设优胜项目。

强管理、提品质、美城乡。深入实施“小县大城关”战略，推进北部新区、南山片区、东部新城等重点区域规划设计，11个市级征迁攻坚项目全面完成，征收土地1858亩，保障建设用地1288亩。加快城市更新，实施老旧小区改造18个，建成口袋公园4个，福道12公里，新建城乡雨污管网18.5公里；畅通城市路网，完成第三实验小学配套道路建设，打通原老年大学-妇幼保健院路段瓶颈路，加快实施北部新区路网工程，修缮城区桥梁7座，新增一批停车泊位。全面推进乡村振兴，建成高标准农田2.08万亩，整治抛荒撂荒耕地4984亩，落实粮播面积21.47万亩、总产量8.08万吨。推行“156”乡村建设工作机制，投入2810万元打造10个省级乡村振兴试点村、3条示范线，有序推进9个农村新型小区建设。

治污染、优生态、增颜值。空气质量达标天数比例100%，全省排名第3位；县乡饮用水源、主要流域国省控断面以及小流域水质达标率均为100%，清理退出水电站13座，水环境质量全省排名第5位；危废、医废处置率分别达98.5%，100%。深入推进河湖长制，整治牛蛙、红虫养殖面积183亩，抓好鳗鱼养殖尾水达标排放，强化“静夜守护”专项整治，涉噪声投诉总数下降。大力实施国土绿化行动，落实林长制，全县森林覆盖率达81.52%。深化生态文明建设，实施闽西北山地丘陵生物多样性保护项目，打造省级森林乡镇1个、森林村庄2个，被列入福建省综合性生态保护补偿28个实施县名单。

（摘编：唐启阳）

清流县产业经济发展概述

2022年，清流县坚持以习近平新时代中国特色社会主义思想为指导，全面贯彻落实“疫情要防住、经济要稳住、发展要安全”重要要求，扎实开展“大干一百天、喜迎二十大”活动，全力做好“两稳一保一防”工作，有力促进全县经济社会持续健康发展。据统计，全年完成地区生产总值158.83亿元，县级一般公共预算收入5.15亿元、增长13.7%，固定资产投资增长10.0%，社会消费品零售总额增长1.6%，城镇居民人均可支配收入增长6.1%，农村居民人均可支配收入增长7.1%，全县本外币各项存款余额增长14.53%，全县本外币贷款余额增长17.17%。以下方面发展取得了新突破：

——县域发展遇新机。党中央、国务院大力支持革命老区振兴发展，央企对口支援、省直单位对口帮扶、重点城市对口合作相继深化，华润集团米兰花酒店等7份合作协议正式签订，上海嘉定区12个方面合作项目稳步推进。多重政策叠加释放，清流革命老区后续发展更具优势潜力。

——主导产业发新枝。氟新材料、新型建材两大百亿产业集群发展迈出新步伐，六氟磷酸锂、高纯级氟化锂等一批高附加值项目落地建设，总投资1.6亿美元的硅基新材料项目正式启动，产业链不断延伸拓展，工业高质量发展增添新动能。

——园区建设谱新篇。大力开展园区环保安全提升攻坚年活动，一批基础设施项目竣工投入使用，氟新材料产业园“一园三片”安全等级全部达“C”级，经济开发区获评福建“绿色园区”、“水效领跑者”，省级化工园区“金字招牌”更加夯实，拓展层次再上崭新台阶。

——城市面貌焕新颜。创新开展“微改造、大提升”共建活动，老旧小区、背街小巷“灯不明、路不畅、管不通”等一批问题有效整治，“边角地”成为居民群众“幸福地”。北大路白改黑、凤翔街区综合整治、龙津广场改造、九龙夜市提升、屏山微乐园等投入使用，桩桩件件直落群众心坎。

一年来，产业经济发展主要成效有：

产业提质再加快。深入开展“我为企业办实事”活动，全面落实中央和省市一揽子纾困解难政策措施，制定县级“加强版”和“补充版”，有力帮扶实体经济渡过难关。大力实施龙头企业提升和延链补链强链，东莹化工、中欣氟材等一批龙头企业增资扩产，氟全产业链产值和税收分别占规上工业的61%、60%；培育新增规上工业企业10家，展化化工、汽枪厂分别通过国家和省级“专精特新”企业认定，展化化工成为全市首家国家级单项冠军企业。大力推进农业产业化发展，豆腐皮现代农业创意产业园加快建设，九龙湖渔业综合开发稳步推进，赖坊花生列入国家地理标志农产品保护工程，苏福茶叶入选国家现代农业全产业链标准示范基地。大力支持三产发展，全市率先实施工贸分离和农贸分离，新增销售额超8亿元；培育新增限上商贸和规上服务企业20家；着力推进旅游资源整合，“一心两翼三线”全域文旅康养格局加快形成，旅游消费加快回暖。

发展后劲再夯实。坚持“项目为先、项目为基、项目为要”理念，谋划实施“一张表抓全年，全年抓一张表”重点项目161个，完成投资61.36亿元。大力开展“百日攻坚大会战”，成立36个重点项目工作专班，县处级领导挂帅，上下同心，推动重点项目大干快上，泉南高速桐坑互通、城乡供水一体化等项目加快建设，清流动车站连接线、开元射击训练基地等45个项目竣工或部分竣工投产。深入开展招商攻坚，聚焦产业链缺失环节，坚持以商招商、产业链招商、资源合作招商等为重点，实施“亩均论英雄”，明确对等对赌和土地履约协议，一批高质量项目签约落地，新型电解液、云足鞋业等26个项目开工建设。强化资金保障，发挥“2+1+N”协同联动机制，争取国家基础设施投资基金1亿元，地方政府债券资金6.97亿元。

城乡品质再提升。推进城市有机更新，高标准实施城乡品质提升项目69个，凤翔、长兴等五个片区老旧小区改造完成，城区污水管网改造提升、老年儿童微乐园等竣工启用。强化城市精细管理，实施“环卫一体化”建设，拆除城区“两违”面积6200多平方米，修缮城区市政设施621处，增设交通安全红绿灯3处。加快乡村建设，全国首个华润希望乡村“芬芳石下”、拔里田园综合体等项目建成运营，培育“四村一体”省级乡村振兴精品示范带，全市“三农”暨乡村振兴工作现场会在我县召开。坚持先做“减法”、再做“加法”，集镇街区和农村人居环境逐步提升。深入开展畜禽水产规范化养殖整治，依法严控取水、排水等环节，优化监测、排污等标准，鳗鱼养殖规模和地下取水量分别缩减30%、81.5%。

重点改革再深化。大力推进基础教育和现代职业教育“双轮驱动”改革，中高考成绩保持全市前列，职高分类考试，本科、专科上线率均居全市第一，“二元制”“3+2”合作办学成功推进，“小县办大教育”加快见效。持续深化“三医联动”改革，扎实推进“无红包”“无陪护”医院创建，县域就诊率达90%，连续三年群众医院满意度排全市前列。创新实施林业执法“一带三”模式，全省现场会在清流县召开，经验做法得到省上肯定和推广。探索实施“龙头企业+基地+林农”模式，华润三九“订单式”岗梅种植面积超3000亩，入选全省林下经济发展典型案例。稳步推进县属国有企业改革重组，整合30家企业，形成“1+2”集团公司体系，国有企业市场主体地位进一步凸显。扎实开展乡镇综合执法改革，组建综合执法大队，赋予乡镇行政执法事项166项，疏通基层执法“最后一公里”。

自身建设再加强。深入开展省委“三提三效”行动，聚焦“三提三效”，聚力真抓实干，年初政府工作报告确定的73项任务清单全面落实。认真落实意识形态工作责任制，纵深推进政府系统全面从严治党、党风廉政建设和反腐败斗争，完善财政资金、工程建设、项目管理、政府招投标等重点领域制度，风清气正的干事创业氛围更加浓厚。深入推进法治政府建设，着力提升政务服务效能，设立“办不成事”“异地代收代办”窗口，推出“一站式”集成服务，“一趟不用跑”和“最多跑一趟”事项占比达99.95%。坚持政府过“紧日子”思想，强化预算执行约束，“三公”经费支出逐年缩减。

2023年，清流县经济社会发展主要预期目标为：地区生产总值增长5.5%，第三产业增加值增长6.5%，县级一般公共预算收入增长3.0%，农林牧渔业总产值增长4.8%，规模以上工业增加值增长6.0%，固定资产投资增长10.0%，外贸出口增长3.0%，验资口径实际利用外资增长3.0%，社会消费品零售总额增长7.2%，城镇居民人均可支配收入增长6.0%，农村居民人均可支配收入增长7.0%，城镇登记失业率控制在5.0%以内；完成节能减排降碳目标。

（摘编：蔡志轩）

宁化县产业经济发展概述

2022年宁化县坚持以习近平新时代中国特色社会主义思想为指导，聚焦“三提三效”、聚力真抓实干，高效统筹疫情防控和经济社会发展，扎实做好“两稳一保一防”工作，全县经济社会发展稳中向好。全年完成地区生产总值236亿元，增长4%；固定资产投资增长15%；公共财政收入8.81亿元，其中地方公共财政收入7.05亿元，增长0.58%；城镇居民人均可支配收入37009元，增长7%；农村居民人均可支配收入22147元，增长10%；金融机构本外币存贷款余额首次突破300亿元，增长10.4%；争取到各级各类政策资金19.72亿元、总量居全市前列；宁化县获评国家级制种大县、全省县域经济发展“十佳”县、省级双拥模范县、省级平安县。产业经济发展主要工作如下：

一产提质增效。产业转型迈出坚实步伐，全年完成农林牧渔业总产值54.1亿元，增长5.2%。农业综合生产能力不断增强，启动第三次全国土壤普查和承包耕地细碎化整治试点，推进高标准农田、石淮灌区等项目建设，新修水渠120公里，新建高标准农田5.5万亩，整治撂荒地1.74万亩，粮食总产量达17.95万吨。特色现代农业规模不断壮大，发展河龙贡米5.25万亩、薏米3.6万亩、茶叶3.85万亩、水稻制种3.69万亩，培育丰产油茶林基地1万亩，新增林下经济1.13万亩，河龙贡米入选全省十大农产品区域公用品牌，烟叶收购量连续33年居全省首位。农业产业化经营水平不断提高，正大肉制品精深加工、现代农业（薏米、河龙贡米）产业园等项目扎实推进，新增市级以上示范农民专业合作社4家、示范家庭农（林）场5家，新认证“三品一标”农产品11个，省级农产品质量安全县创建工作有序开展。

二产提档升级。出台稳定工业运行若干措施，建立“345”服务企业机制，全年减税降费1.94亿元，兑现各类惠企资金5700余万元，长宁纺织等12家企业入选全市制造业“十百”重点企业，全县新增规模以上工业企业14家，规模以上工业增加值增长3.6%。开展新一轮技术改造提升行动，在库技改项目90个，完成机器换工20台（套），日昌升新材料智能工厂入选全国建材工业智能制造数字转型典型案例。大力发展战略性新兴产业，同位素、光伏发电等项目有序推进，固泰有机硅等6个项目入选全省工业战略性新兴产业重点项目。加快“一区多园”建设，新建标准厂房6万平方米，应急产业园签订框架协议，陶瓷、循环经济等产业园加快建设，智能制造产业园部分交付使用。建筑业健康发展，培育一级总承包资质建筑企业7家、为全市最多。

三产提速扩量。全年实现第三产业增加值99亿元，增长2%。消费潜力逐步释放，出台加快第三产业发展实施方案，开展“全闽乐购·乐购三明”促消费等活动，新增限额以上商贸企业24家、规模以上服务业企业14家，“工（农）贸分离”纳统企业3家，兴业银行宁化支行开业，石壁镇获评省级商务特色镇，全社会消费品零售总额增长6%。旅游品牌持续打响，发布漫游宁化·文旅攻略打卡手册，打造网红打卡点22个，新增三星级森林人家5家，天鹅洞洞天福地森林康养基地获评省级森林康养基地，天鹅洞景区通过国家4A级旅游景区验收，城南镇获评省级森林康养小镇，治平畲族乡入选全省首批气候康养福地。小吃产业不断壮大，培训宁化客家小吃学员1200人，新增小吃店413家，小吃全行业营业额达76亿元。

攻坚项目增创新优势。坚持以项目引领县域

开发，深化“五比五晒”，开展“大招商招好商”攻坚战役，成功签约项目115个、总投资达174亿余元，闽洲环保、纳福硅胶、天翊硅油等61个项目开工，开工率全市第一。开展重点项目“百日攻坚大会战”，全年建设重点项目167个，完成投资85.76亿元，潮南高速宁化段列入国高网规划，石板桥水库列入国家水利发展“十四五”规划，闽江干流防洪提升工程三明宁化段列入国家150项重大水利工程，新型陶瓷产业链、长征国家文化公园（一期）等35个项目加快推进，国道G356线城关段改建、兴泉铁路宁化段“三改”等9个基础设施项目竣工投用，小盾钢化玻璃盖、宁兴工业固废资源综合利用等31个生产性项目竣工或部分竣工投产。开展“你说我办”项目服务日活动，集中精力破解项目建设堵点问题，编制产业项目成片开发方案2700余亩，发放项目贷款4.5亿余元，项目保障更加有力。

深化改革迸发新活力。聚焦林改“六大环节”，健全生态产品价值实现机制，全年制发林票2000余万元、营造碳中和林示范片500余亩，首批持有三明林业碳票碳减排量超万吨。国有企业、工商联所属商会等改革稳步推进，县工商联获评全国“五好”标杆县级工商联。开放合作催生新动能。抢抓国家支持新时代革命老区振兴发展机遇，主动融入闽西革命老区高质量发展示范区建设，谋划示范区建设政策清单101条、项目清单132条，宁化县作为全省36个苏区县代表在纪念福建省苏维埃政府成立90周年大会上发言。扎实做好山海协作、挂钩帮扶、对口支援、对口合作等工作，上海中共一大纪念馆与县革命纪念馆结对共建。

城市颜值更高。实施“大城关”战略，优化城东、城南规划布局，推进城市“东扩南伸”，水上儿童公园建成投用，康养城、慈恩文化公园等项目加快建设，城市规模体量不断拓展。开展城市建设品质提升行动，投入资金16.96亿元，实施城市更新、交通通达等五大工程，改造小溪边、下东门、北大街等老旧小区7个，宁阳古街客家风貌提升工程有序推进，玉屏路、翠锦桥和智慧停车（一期）等项目竣工投用，新建市政道路3.5公里、福道12公里，新改建供水管网5.5公里、雨污管网24公里、燃气管网12.5公里。

乡村面貌更美。落实“156”乡村建设工作机制，投入资金9600万元，实施乡村振兴“6+2”工程，推进10个省级、18个县级试点村和7个实绩突出村项目建设，建成“一村一品”示范村37个，成功打造“红色故里·产业振兴”市级乡村振兴重点示范线。实施农村建设品质提升工程，加强农村风貌管控和基础设施建设，编制多规融合村庄规划129个，整治违法用地435宗，提升改造农村公路43.44公里，农村集中供水率达98.7%、供电可靠率达99.91%，千兆光网和5G网络实现乡镇镇区全覆盖，城区外13个乡镇集镇和84个村生活污水处理设施实现市场化运维，探索建立的“345”农村公共基础设施管护机制得到省市充分肯定。实施乡村绿化美化行动，推进闽赣交界村容村貌整治，加快乡村“五个美丽”建设，建成美丽乡村庭院、微景观等1083个，石壁镇溪背村等4个村获评高级版“绿盈乡村”，安乐镇谢坊村获评省级美丽休闲乡村。

生态环境更优。深化国家生态文明建设示范县建设，投入资金1.8亿余元，纵深推进污染防治攻坚战，生态文明建设取得显著成效，我们的“天更蓝、水更清、山更绿”。全力打好“蓝天”保卫战，推进扬尘污染和秸秆、垃圾焚烧等治理，完成燃煤锅炉整治4台、烤烟房“煤改电”310座，环境空气质量优良率100%、居全省第五位。全力打好“碧水”保卫战，全面深化河（湖）长制，实施流域水环境工程治理项目20个，新建安全生态水系25公里，水源地和水功能区水质达标率100%。全力打好“净土”保卫战，全面深化林长制，扎实做好森林资源保护和水土保持工作，综合治理水土流失面积1.99万亩，完成植树造林1.52万亩、森林抚育2.78万亩、封山育林1.96万亩，森林覆盖率提高到75.09%。

（摘编：余松山）

建宁县产业经济发展概述

2022年，建宁县全面贯彻落实习近平总书记重要讲话重要指示批示精神以及来闽、来明考察重要讲话精神，深入学习宣传贯彻党的二十大精神。扎实开展“提高效率、提升效能、提增效益”行动，围绕“两稳一保一防一控”，聚力革命老区高质量发展示范区建设，全县经济社会发展取得新进展、新成效。全年完成地区生产总值164亿元，增长4.5%；农林牧渔业总产值36亿元，增长5.7%；规模以上工业增加值增长2.2%；第三产业增加值46亿元，增长3.5%；地方一般公共预算收入3.5亿元，自然增幅2%，同口径完成3.67亿元，增幅6.1%；固定资产投资增长19%；社会消费品零售总额44亿元，增长10%；城镇居民人均可支配收入37757元，增长6.5%；农村居民人均可支配收入21965元，增长8%，较好完成了全年的各项目标任务。产业经济发展的主要工作措施和成效是：

现代农业亮点纷呈。被认定为新一轮国家级制种大县，建立种业发展“1324”工作机制，先正达集团（中国）、华谷高科等龙头企业顺利落地，将有力助推种业育繁推一体化发展，补齐育种销售、就地加工包装等短板。入选全国农业社会化服务创新试点县、全国农业绿色发展先行区创建名单，制种大县建设工作列入全国种业基地建设案例，种业机械化经验做法入选农业农村部典型案例，央视两度走进我县直播报道种业做法。通心白莲列入全国第一批地理标志运用促进重点联系指导名录，溪源明笋加工工艺获评省级非物质文化遗产、荣获福建十大农产品区域公用品牌，里心镇入选全省首批产业强镇。烟叶种植和收购同比增加4600亩、2.13万担，烟农售烟收入1.86亿元，同比增长28.7%，烟税收入3855万元，同比增长35.4%。

工业经济提质增效。奥晟科技、闽江源白酒、澳博利生态板等7家高税性工业企业成功落户经济开发区，云杉纺织一期项目顺利投产、绿田食品成功实现退城入园，通过“腾笼换鸟”盘活闲置土地99亩、闲置厂房近3万平方米。促进“老树发新枝”，组建专班强力推进铙纸集团并购重组，已完成银行债务资产包拍卖及转包。明一乳业全产业链持续完善、婴幼儿配方乳粉生产许可证顺利获批、明一天籁获评全国奶业休闲观光牧场。研究制定“一企一策”，扶持现有企业增资扩产，帮助企业融资3.37亿元，兑现奖补资金4505万元；落实好减税降费政策，减轻实体企业税费负担1.23亿元；规上工业全年实现产值258亿元，完成外贸出口10亿元，同比增长163%。

第三产业活力更强。入围“2022健康中国·康养旅游百强县”名单，新打造谢马苏梯田莲海（一期）等一系列环金铙山旅游带项目，培育“网红打卡点”17个，发布五大主题100个特色景点，修竹荷苑、莲海玉家入选全国乡村旅游精品线路，黄坊乡红色文化遗址入选中国青年运动史教育精品线路，高峰村入选福建省金牌旅游村，水尾村获评全省新时代国防科技工业文化教育基地。推出“全莲宴”系列菜品并入驻衙前食府美食街，预计接待游客240万人次，旅游收入20亿元。商贸物流行业繁荣发展，建成云仓储快递中心，新增限上商贸企业26家，电商交易额达35.1亿元，增长7.8%，带动莲业、果业价格提增8%，实现农民人均增收2400元以上。

项目建设有成效。“五个一批”项目获全省一季度正向激励第二名，为全市历年来最好成绩。打好重点项目“百日攻坚大会战”，19个省市重点项目完成投资35.5亿元，60个市县重点攻坚项目完成投资40.5亿元，数字建宁暨基层社会治理现代化数字平台、山海廊桥等37个重点项目开工建设，民兵训练基地等27个项目竣工，水系连通及水美乡村建设试点县项目终期评估优秀，中央专项彩票公益金支持欠发达革命老区乡村振兴示范区项目全面完成并评估A等次。

项目招引有成果。推进“大招商招好商”攻坚战役，开展专场招商30余次，策划首届产业“云招商”大比拼活动，招引落地友力特机械、金博旺塑料制品等项目95个、开工41个。在全市率先实施“飞地招商”，创新“跨境人民币投资”增资方案，实际利用外资2996万元。

项目储备有接续。安排500万元项目前期经费，全年共有15个项目获得中央、省级预算内补助6196万元，9个项目争取地方政府专项债券2.16亿元。成立项目策划办，举办首届项目策划擂台赛，提前谋划储备2023年项目219个，总投资211.1亿元。

城镇提增品质。扎实推进城镇棚户区改造，被省住建厅评为城镇棚户区改造优异县，花墩桥入选省级传统历史文化街区名单。提升城市温度，完成桥南苑、葫芦坑老旧小区改造以及民主街周边、黄舟坊南路立面改造，建成莲花公园、容驷河儿童微乐园等一批口袋公园。开展征迁“百日攻坚”，完成征迁项目14宗，解决将屯红绿灯路口地块等一批十年以上历史遗留问题。

乡村更换新颜。获评全国乡村建设评价样板县、全省城乡建设品质提升工作综合绩效优异县，获正向奖励2000万元。整治提升乡村建筑4400余栋、“三线”104公里，创建“绿盈乡村”77个，创建省级乡村“五个美丽”典型示范建设点26个，里心集镇整治被列为省级集镇环境整治样板项目，罗源村列入省级传统村落改善提升项目，笔架村入选第六批中国传统村落名录。在全市率先实施交通路网“白改黑”三年行动，完成闽赣边界、动车北站连接线及所有乡镇集镇道路“白改黑”近40公里，获评“四好农村路”全国示范县。

生态再添靓色。入选“2022美丽中国·深呼吸小城”名单，闽江源国家湿地公园通过省级初验，被评为福建省村庄清洁行动成效突出县，莲海玉家、金铙山分别获评国家级、省级森林康养基地，修竹村、楚尾村成功创建省级森林村庄。开展美丽建宁“三清双提”行动，实施宁溪、楚溪等流域生态环境整治提升项目，水源地饮用水质达标率、空气质量优良天数比例均保持100%，地表水水质综合排名全省第3。

重点改革稳步推进。创新推出“五子贷”等绿色金融产品，经验做法在人民日报等主流媒体刊载推介。创新设立覆盖县乡两级“共享联办”林改服务机构，制放林票2216万元，核发碳票3.6万吨，被列为全省林业执法队伍建设改革试点县。国企改革重组完成框架构建，初步完成城发、投发集团组建，整合成立金木林业、粮食购销公司。

科技赋能更加凸显。全力创建全国农业科技现代化先行县，新认定省审以上水稻品种20个，本地企业拥有自主知识产权的品种达71个。实施同越管件二期等24个省市重点技改项目，技改投资增幅57.8%，居全市第一。全县企业研发投入1.76亿元、增长5.9%，培育科技型中小企业11家、科技小巨人企业5家、战略新兴企业12家、国家级高新技术企业9家，高技术产业增加值比增9%。

协作成果加快转化。用好省“5+1”单位挂钩帮扶资源，争取政策项目支持20余个、各级补助资金12.69亿元。深化中粮集团对口支援合作，中粮·建宁粮食产业融合发展示范园加快建设，先正达水稻种子供应链中心、省级粮食储备库、山水润粮食加工等项目有序推进。举办第二届“林深水美茶香”斗茶赛，“建宁红”获世界红茶产品质量金奖，茶产业产值达1.09亿元、同比增长20.1%。实施品牌带动战略，特色农产品终端价格提升15%以上，助推群众丰收增收。积极融入沪明合作，主动对接虹口区，策划合作项目12个；与上海市农科院签署战略合作框架协议，明确沪明生物多样性研学中心、精品果园示范基地等一批合作事项。

（摘编：邓新民）

泰宁县产业经济发展概述

2022年，泰宁县坚持以习近平新时代中国特色社会主义思想为指导，以“重点工作突破年”活动为抓手，深入实施“勇担当、促攻坚、建新功”专项行动，全方位推动经济社会发展取得新成效。

发展迎来新的重大历史机遇。党中央、国务院深切关怀老区苏区，继去年国务院和有关部委出台《关于新时代支持革命老区振兴发展的意见》等系列文件，并明确国铁集团对口支援泰宁后，今年国家发改委印发了《革命老区重点城市对口合作工作方案》，明确上海与三明对口合作，上海方面指定虹口区与泰宁县对口合作。今年以来，泰宁县与国铁集团、上海市虹口区建立常态化沟通联络机制，达成了一系列重要共识，泰宁县与上海市虹口区结对行动计划落地实施。

文化旅游在全省、全市的战略定位更加凸显。福建省支持泰宁建设内涵丰富的世界级风景名胜区、申报国家历史文化名城，泰宁影视基地被纳入全省影视发展战略布局；三明市提出以泰宁为龙头，整合全市旅游资源，打造“环大金湖旅游度假区”。

统筹疫情防控和经济社会发展取得积极成果。认真落实国务院扎实稳住经济的一揽子政策措施，常态化开展“我为企业解难题”活动，新增减税降费超0.7亿元，帮助112家企业申请纾困贷款超1.6亿元，新增“四上”企业16家；加快经济恢复性增长，初步统计（下同），全县完成地区生产总值102.36亿元，三产结构为15.4∶44.3∶40.3；全力扩大有效投资，全县实施县级重点项目300个，23个项目列入省市重点项目，固定资产投资增长3%；持续兜牢“三保”底线，完成地方一般公共预算收入3.45亿元、增长17.2%，创历史新高，完成民生支出12.9亿元，占一般公共预算支出的78.6%。

一年来，产业经济发展主要做了以下工作：

以促进就业创业和富民增收为导向，产业发展有新突破。工业经济回升向好，制定出台工业13条、水资源13条、竹制品15条等系列扶持政策，引进高纯硅基材料产业链、中硫科技资源循环综合利用等工业项目36个，新增省级重点技改项目7个、创新型企业2家；在大规模减缓税费以及经济下行严峻形势下，制造业税收增长51%，创历史新高；投入近亿元实施工业园区专业化综合提升工程，园区平台扩容升级，管理服务水平位居73个省级开发区第九位、综合发展水平位居22个省级脱贫县开发区第十位。特色农业加快发展，启动实施茶产业、渔业、笋竹产业发展五年行动计划，生态茶园面积突破3万亩，新建和维修竹山机耕道120.8公里，建成闽笋交易市场，入选省级笋竹精深加工示范县；杂交水稻制种面积3.9万亩、产量950吨，均居全省第二位，实现种业收入2亿元、增长8.5%；烟叶产量达8.1万担、增长29.7%，实现烟叶收入1.6亿元、增长35.6%，烟农户均创收17.2万元、增长38.9%，创历史新高；全县种植铁皮石斛、灵芝、黄精等林下经济作物近4万亩，发放林票1328万元，实现碳汇交易2150吨，入选省级林下经济重点县；农林牧渔业总产值增长5%。全县开设村级电商直播间84个，推动14家企业、113款地方产品入驻国铁集团“三网一柜”，入选省级快递进村“6113”工程试点县。通过产业带就业，打开了群众就业增收新空间，全县新增城镇就业420人，居民存款达65.3亿元、增长19.3%，城乡居民人均可支配收入分别增长6.1%、9%。

以建设内涵丰富的世界级风景名胜区为追求，文化旅游有新变化。旅游要素持续完善，引进落地锦江国际度假酒店、福旅旅游商务综合楼等项目，建成全省首个“福”文化主题馆，九龙潭升格为国家4A级旅游景区。旅游业态持续拓展，全县创建市级以上森林康养基地5个、研学营地1个、红色教育基地3个，文创基地成为全省首家“上海职工疗休养基地”，泰宁全域化写生基地入选省级新时代中国特色文艺示范基地，红军街暨红一方面军领导机关旧址被命名为省级爱国主义教育基地；青少年羽毛球巡回赛、青少年击剑冠军赛暨击剑俱乐部总决赛等省级赛事落户泰宁；成立县影视产业发展服务中心，建成专业化影视生产创作基地，与18家影视高校建立实训实习合作关系，入驻影视基地企业达70家，累计拍摄影视作品25部、大学生影像作品32部，以泰宁为原型的省重点剧目《大金湖》顺利杀青。旅游市场持续升温，启动实施“一十百千万”文旅消费复苏行动，与南昌铁路旅游有限公司、锦江国际集团达成旅游推广合作协议，实现游客接待量678万人次。旅游品牌影响力持续提升，成功举办丹霞文化旅游节、“福影·泰宁之夜”等20余场节事活动，“大金湖”区域公共品牌正式对外启用，文旅推介入驻全国铁路高铁站车，泰宁多次亮相央视等主流媒体。

以“重点工作突破年”活动为抓手，发展后劲有新提升。部门突出抓好向上争取、招商引资、招徕会议等三项重点和两项亮点工作，乡镇突出抓好向上争取、招商引资、新增耕地、乡村建设、特色产业发展等五项重点工作，取得了较好成效。全县争取各类补助资金和新增债券14.7亿元、同比增长13%，大金湖“美丽河湖”试点、建设红色影视外景拍摄基地和职工疗休养基地、大金湖航道工程等20个事项列入上级发展规划和相关政策文件支持范围，泰宁动车站站前广场改造提升等6个国铁帮扶重点项目落地实施。开展招商引资活动480余场次，签约项目93个、计划总投资达91.4亿元，项目数量和体量、落地转化率较往年均有明显提升。圆满承办2022年第一季度中央驻闽新闻单位调研采访暨新闻策划会、全省市、县（区）人大常委会主任培训班等大型活动，累计招徕上级部门来泰开展各类会议、考察、党日活动、研学培训、疗休养等活动280余场、6200余人次。重点打造池潭村、王坑村等18个美丽乡村示范村和泰宁岩茶、大金湖有机鱼、笋竹等18个乡村特色产业，完成新增耕地951.2亩，“乡村建设学泰宁”品牌进一步擦亮，实施乡村振兴战略实绩考核位居全市前列，大源村、龙湖村入选省级乡村振兴实绩突出村。一批亮点工作落地见效，泰宁获批省级历史文化名城，入选2023－2024年全国水系连通及水美乡村建设县、国家级制种大县，获评全国村庄清洁行动先进县、全国中医药工作先进县，入围全国“四好农村路”示范县创建单位。

以申报国家历史文化名城为重点，城乡建设有新名片。泰宁入选全省城乡历史文化保护传承试点县，古城区更新提升工程在省级样板工程年终考核中荣获全省第2名，际溪、崇际、里坑入选中国传统村落，游浆豆腐制作技艺、竹编技艺入选省级非物质文化遗产代表性项目名录。历史文化街区焕发新活力，打通了街巷路网，修复了古迹老宅，点亮了街头巷尾，提升了历史风貌，改变了古城旅游“一条巷子逛到底”的困境。古城集聚文旅消费和夜间经济作用更加明显，完成灵秀商城改造提升和“一河两岸三桥”夜态环境营造，启动民主街片区仿古商业街区改造，建设豆香上青馆、岭红酒馆、池潭80影视梦工厂等特色主题馆14个。城乡建设品质提升工作成效明显，入选省级垃圾分类试点县，完成5条市政道路和10个老旧社区改造提升，新建休闲步道13公里，新增停车泊位200个，投入运营垃圾分类屋（亭）30座；完成27个村庄规划编制，培育23个市级以上“一村一品”示范村、4条市级乡村振兴示范线，明清园—新桥乡岭下村公路被评为全省最美乡村“福”路，全省“四好农村路”高质量发展现场会在泰宁召开，泰宁入选全省党建引领乡村治理试点县，2个乡（镇）、18个村入选省级乡村治理示范村镇。

（摘编：唐启阳）

将乐县产业经济发展概述

2022年，将乐县坚持以习近平新时代中国特色社会主义思想为指导，深入学习贯彻党的二十大精神，聚焦“三提三效”、聚力真抓实干，经济社会保持良好发展态势。2022年全县地区生产总值增长5.8%；地方一般公共预算收入增长5%；农林牧渔业总产值37.77亿元，增长5.3%；规模以上工业增加值增长3.8%；固定资产投资增长20%；社会消费品零售总额增长7.6%；城镇居民人均可支配收入增长7%；农村居民人均可支配收入增长9.5%。一年来产业经济发展的主要工作措施和成效是：

企业生产运行平稳。加快企业投产达效，南宾集团、煌源金属等一批项目建成投产，苍穹硅业完成第二条生产线建设。助力企业“老树发新枝”，引导25家重点工业企业增资扩产，规上工业企业平均产能稳定在80%以上。破解企业融资难题，新增中小微企业融资8.8亿元，服务企业335户。加大企业培育力度，新增“四上”企业39家，增长86%；将5家企业纳入上市后备企业库，推动科源新材料由新三板基础层晋升创新层。

科技创新有力有效。鼓励企业加大创新投入，规上企业R&D经费支出3.23亿元，居全市第三；获批国家级高新技术企业8家、省科技项目3个、省专精特新中小企业3家，新增有效发明专利20个，省科学技术一等奖落地将乐。加快绿色低碳转型，开发区光伏项目二期投入使用，每年可提供清洁电量850万千瓦时；实施节能改造项目5个，可节约标准煤3860吨，推动金牛水泥公司在全省率先建成超洁净生产示范线。积极搭建产学研平台，推动县内企业与北京有色金属研究总院、华中农业大学等科研机构开展深入合作。

产销市场对接畅通。支持县内企业、在建项目“就地取材”，引导园区内企业开展“手拉手”活动，轻合金上下游企业实现互采7568万元，建材生产企业本地销售量增加5%。助力企业开拓市场，依托中国食用菌产业博览会、市农林发展集团等平台，竹荪、蜜饯、红糖等农产品销售渠道和规模不断扩大。交通物流业持续发展，新增18家物流企业，客货运周转量增幅居全市首位。

文旅市场更加多元。主动融入“环大金湖旅游度假区”建设，建立“思明·将乐文旅交流中心”，在上海、厦门等地举办文旅推介活动5场次。康养产业亮点纷呈，思明区职工疗休养基地落户将乐，常口、蛟湖获评省级森林康养基地，4家经营单位获评“三星级森林人家”，常上湖森林康养慢道成为群众休闲游玩的好去处。露营经济站在“风口”，龙栖山、玉华洞等5个露营地于国庆期间投入运营，日接待游客1500人次，实现旅游收入580余万元。延长文旅产业链条，将具有本地特色的玉华洞鸡冠石、将乐窑凤首壶等文化标识IP化，打造新颖时尚的文创产品。“两山学堂”投入使用，被省委党校（行政学院）列为现场教学点。

电商体系更加健全。搭建农产品出村进城桥梁，建成1个县级电商公共服务中心和6个乡镇直播基地，培训电商人才1100人次。持续开展“全闽乐购”促消费行动，累计投入500万元，举办首届直播带货大赛等促销活动10余场、直播活动3000余场，发放200万元消费券，拉动消费1300万元。第三届福建电子商务赋能县域经济发展峰会在将乐举办。

项目建设干劲更足。掀起“百日攻坚大会战”项目建设热潮，深化县处级领导挂包等制度，60个市县重点项目全面完成攻坚任务，13个项目竣工投产。坚持“要素跟着项目走”，精准高效供应土地1044亩，审批林地128亩，维生素D3等5个项目列入省集中开工项目。加强项目谋划，建立三年滚动项目储备库，形成远近结合、梯次接续格局。

招商引资氛围更浓。完善招商机制，成立招商引资工作专班，制定“1+N”招商政策体系，建立招商引资预审、评估、决策和考评四项机制。克服疫情影响，大力开展“云招商”，推动闽台良种繁育中心等12个项目“云签约”，改性重钙母粒体等5个项目集中“云开工”。拓宽招商渠道，成立三明将乐企业商会，选聘27名招商顾问，收集各类招商线索150余条，实现签约项目102个，总投资144.3亿元。

资金争取成效更实。把握上级政策导向和资金投向，争取中央和省级预算内投资9505.3万元、地方政府债券资金4.13亿元，为企业争取研发补助等各类资金2890万元。发挥政策性、开发性金融工具作用，通过盘活文博小镇二期、城市停车位等存量资产，获得政策性银行资金支持8.8亿元。

园区发展势头更好。开发区四期基础设施和化工产业集中区建设有序推进，投入1.8亿元，建成化工事故应急池、化工污水处理厂等项目，扩园工作开始启动。着力化解一批历史遗留问题，有效保障国有资本合法权益。“腾笼换鸟”盘活低效用地252亩，园区承载力进一步提升。开发区获评全省首个商业秘密保护示范区。

现代农业量质齐升。严格落实粮食安全责任制，粮食播种面积18.28万亩。大力开展抛荒地整治工作，复垦抛荒地6572亩，“认田种粮”230亩。深入实施种业振兴行动，加强与谢华安院士等专家团队合作，制种面积2.7万亩，增长52%，“福香占”等优质稻种推广面积达1800亩，全国首个麻竹组培苗扩繁项目落地将乐。抓好烟叶生产，烟叶产量7.8万担，增长35%，烟农户均售烟收入突破20万元。食用菌产业快速发展，利用树蔸种植茯苓3100亩，全省首个红菇人工保育扩繁试验取得突破进展。培育农业新动能，引进永诚生猪核心育种场等8个亿元以上农业项目，温氏集团新建养鸭大棚50栋，肉鸭产能达600万羽，牲畜屠宰及冷链物流项目投产。壮大现代农业生力军，新增合作社等新型农业经营主体52家。大力发展竹木产业，成立竹产业协会，启动竹林FSC［11］认证工作。“山水将乐”区域公共品牌建设初见成效，授权合作企业达28家，建立含百余种产品的农特产品体系。

乡村面貌不断改善。严格农村建筑风貌管控，完成60个村庄规划编制，整治违法图斑65亩，存量裸房整治基本完成。完善农村基础设施，改造乡镇污水管网18公里，新改建农村公路21.6公里，城乡供水一体化项目完成投资1.2亿元。持续深化河湖长制，治理水土流失2.3万亩，“水美乡村”后扶示范区和万全、南口中小河流治理等项目建设完成，漠源乡下村水厂水源地保护等项目有序推进。推广乡村治理积分制、清单制，南口镇、白莲镇和26个村被评为第二批省级乡村治理示范村镇。

农村改革持续深化。促进林业适度规模经营，新增村民企合作造林6000亩、林权抵押贷款1.7亿元，普惠林业金融贷款实现行政村全覆盖。拓宽碳票应用场景，建立福建金森碳票展示平台，县内新开发碳票项目9个村16.6万吨。深化“生态司法+碳汇”机制，11个案件认购碳汇1.4万吨。全面推行林长制，建立“一林一警”机制，建设10个“六绿”工程示范点。启动农村宅基地改革，以蛟湖村、马嘶村为试点，盘活闲置房屋近1600平方米。

高标准推进城市建设。提升规划质量，加快国土空间规划编制，划定“三区三线”。提升居住环境，投入1500万元完成水门街、南门街、人民路等沿街立面美化，为老旧小区加装电梯14部。提升基础设施，打通华南路等3条断头路，黑化改造东门街等3条道路并向16条背街小巷延伸，城区污水处理厂二期等项目投入使用。提升城市形象，华山公园完成生态步道、立雪广场等重要节点建设，实施绿化彩化亮化20万平方米。提升古县魅力，着力重塑南门历史古街、水南宋代古渡口遗址等老城风貌，找回城市历史记忆。提升管理水平，拆除“两违”建筑约900平方米，完成环卫作业市场化改革。

（摘编：陈闽声）

尤溪县产业经济发展概述

2022年，尤溪县坚持以习近平新时代中国特色社会主义思想为指导，全面贯彻“疫情要防住、经济要稳住、发展要安全”重要要求，有力保障全县经济稳中有进。一些重点领域取得新突破：

戮力干大事：坚持以经济建设为中心，开展“一季一主题·我为企业解难题”活动，“一企一策”扶持龙头企业发展，帮助企业协调解决问题165个，兑现惠企奖励2891.47万元，落实企业留抵退税费4.26亿元。国企整合重组取得实效，县属企业营业收入增长193.89%。全力争试点、抢试验、当示范、创特色，获批国家级制种大县，被评为省级纺织品外贸转型升级基地、省级数字乡村试点县。重大项目取得积极进展，万达商业综合体、横五线、纵五线加快建设，联三线春节前可实现单幅贯通。

聚力解难事：强化问题导向，开展“百日攻坚大会战”。打通纺织产业发展瓶颈，富瑞热电联产项目建成投产，染整企业实现退城入园并部分建成投产。纾解财政收支紧平衡难题，创新投融资方式，有效盘活闲置资产，获得9.1亿元政策性长周期低利率金融支持。破解保护耕地和发展用地矛盾，联三线、水南桥、造纸厂片区征迁历史遗留问题成为历史，全域土地综合整治试点取得实效，新增耕地387亩，完成36批次1850.59亩土地农转用报批，22个处级领导挂包的招商项目开工建设14个。

聚焦“三提三效”。以“三个提升年”行动为载体，促进高质量发展。推进“五大一重”项目建设，174个项目累计完成投资64.1亿元，超出年度计划3.4亿元。强化要素保障，一批项目用林、用地获得批复，向上争取各类资金19.67亿元，总量居全市第二。经过全县上下共同努力，全年实现地区生产总值257.5亿元、增长3.8%，农林牧渔业总产值90.8亿元、增长4.5%，地方一般公共预算收入10.01亿元、增长11.91%，固定资产投资增长18%，社会消费品零售总额74.5亿元、增长6%，城乡居民人均可支配收入分别为42913元、24078元，分别增长6.5%、8%。一年来，产业经济发展主要工作体现在以下方面。

矢志不移强产业。一产持续优化。守牢粮食安全底线，开展“认筹一亩田·唤醒抛荒地”活动，完成33.63万亩粮食播种任务，杂交水稻制种面积达3.3万亩。全面推进“1366”特色现代农业，“两茶”产业持续做优，举办红茶文化节等系列活动，“尤溪红·福天下”公共品牌影响力日益增强，台溪乡（茶）入选全国“一村一品”示范村镇和全国乡村特色产业超十亿乡镇；食用菌鲜品产量突破29万吨；获评省级主要农作物生产全程机械化示范县。二产稳中有进。企业主体稳步增加，创益纺织、格利尔印染等22个项目实现投产或部分投产，工业投资增长34.5%，新培育规上工业企业17家，数量居全市第一；传统企业加快升级，东方鑫威、发达包装等20个项目列入省重点技改项目库，隆胜纺织等15个项目实现投产。研发创新步伐加快，新增太元动力等18家国家科技型中小企业、齐创机电等7家省级科技小巨人企业，企业研发经费投入增长12.9%。“一区五园”持续拓展，供热、供水等基础设施不断完善，征迁、建设各项工作有序推进，新增工业用地1100亩。三产活力持续迸发。在全市率先开展工贸分离、农贸分离、主辅分离并取得成效，新入统诚源、福恒等8家贸易企业，实现贸易额9.1亿元。新培育限上商贸企业24家、规上服务业企业9家。帮助外贸企业稳订单，成功申报全市首份RCEP原产地证书，指导38家企业参与出口信保，外贸出口额居全市第一。推出桂峰村、半山村、朱子文化园、闽湖等一批网红打卡地，预计全年接待游客480万人次，实现总收入35.5亿元。坚持“房住不炒”，支持居民合理住房需求，商品房销售面积预计增长3%。

全力以赴攻项目。一批项目获得上级支持。谋划生成一批产业发展、民生改善项目，其中综合职教园、农村垃圾“三合一”市场化运营管理等67个项目达到预可研阶段。紧跟政策导向，争取城乡冷链等10个项目进入中央、省预算内投资盘子，获批资金3306万元。申报专债项目23个，获批资金5.95亿元。一批项目实现开工竣工。74个“百日攻坚大会战”项目完成投资39.76亿元，超出年度计划10.14个百分点，通耐钨钢刀具、百棱竹木等12个项目开工建设，佳宇纺织、华达茶叶等13个项目建成投产。28个省市重点项目完成投资54.45亿元，超序时进度20.09个百分点。一批项目实现签约落地。全年签约萧然新材料等项目90个，总投资137.61亿元。坚持“亩均论英雄”，抓好招商项目入园预审和尽职调查，推动集约节约用地，20个项目通过预审落地园区。

主动改革优服务。深化重点改革，提升林改，“林股贷”等林业金融创新产品顺利发放，承诺制林木采伐改革试点不断深化。优化营商环境。深入开展政银企对接，助力企业无还本续贷8.5亿元，银行发放纾困贷4.5亿元。推进标准地改革，创新推行项目“绿色审批”“模拟审批”“联合验收”，平均压缩审批时限56个工作日。开展“区域水资源论证+备案承诺制”，办理承诺备案制取水许可124件，帮助企业节约费用620万元，改革案例入选省发改委深化“放管服”改革持续优化政务服务典型经验。深化“一窗通办”、简化商事登记，不动产登记由30个工作日缩短至3个工作日，5993家商户通过承诺制快速办理了营业执照。

措并举增财税。加强政策引导。制定鼓励轻资产、建筑业、房地产等发展的政策措施，三个产业共缴纳税收3.07亿元、比增6.34%。扶强税收主体。“一企一策”支持顺源、鑫森等龙头企业，企业产值分别增长17.5%、23.9%，实现税收分别增长82.44%、293.6%。扶持金融业发展，信用联社资产总额突破百亿，入库税收增长54.8%，全县各银行金融机构贷款余额增长12.6%。扩大有效融资。积极争取基础设施建设投资基金，城南园基础设施建设（三期）、闽中（尤溪）绿色发展林业示范园等7个项目列入国家发改委项目库，获得1亿元融资支持。

立足特色美城乡。城市加速更新。加快推进瑞云园、秀村等片区规划，完成“三区三线”划定。14个老旧小区基本完成改造，朱子文化园（二期）开工建设，新建5个“口袋公园”，增设风雨连廊6座。工人文化宫、LNG气化站等项目建成使用，中医特色专科大楼进入室内装修阶段，公交综合场站及汽车东站完成地下室主体结构基础工程建设。检察院技侦大楼全面开工，公安业务技术用房、县总院迁建、城西快速通道绿化亮化美化工程等项目有序推进。乡村加快振兴。1940位脱贫劳动力实现稳定就业。71个乡村振兴重点项目完成投资1.37亿元，培育形成1条省级、3条县级乡村振兴精品示范线，完成194个村庄规划编制，全市农村建设品质提升工作现场推进会在我县召开。完成裸房整治2037栋，农村户厕新建改造611户。莆炎高速中仙互通及接线工程动工建设，新改建农村公路50公里。依法拆除违法占用耕地建筑129处，处置城市违建4067.8平方米。

生态整治见成效。实施国家和省级水土保持重点项目等水利工程，完成水电站退出验收销号36座；加速推进城乡供水一体化和吉木村等6个村污水处理设施建设，城东水厂、城西水厂、溪尾水厂等项目建成投产，饮用水水源地水质达标率100%，城区环境空气质量优良率达100%，尤溪县获评“2022美丽中国·深呼吸小城”“中国天然氧吧”。

（摘编：陈闽声）

大田县产业经济发展概述

2022年大田县坚持以习近平新时代中国特色社会主义思想为指导，深入学习贯彻党的二十大精神，扎实做好“两稳一保一防”各项工作，聚焦“三提三效”、聚力真抓实干，有力克服宏观经济下行、疫情多发散发、天气前涝后旱等诸多超预期因素影响，较好地完成了全年的目标任务。完成地区生产总值261亿元，增长4.1%；规上工业增加值增长2.6%；第三产业增加值增长5.5%；地方公共财政收入9.1亿元，增长16.6%；社会消费品零售总额64.9亿元，增长7.1%；城镇居民人均可支配收入45417元，增长6.5%；农村居民人均可支配收入23580元，增长7.8%。一年来产业经济发展的主要工作措施和成效是：

农业生产稳步提质。落实粮食安全省长责任制，开展“认耕一亩荒田”活动，耕地“占补平衡”“进出平衡”全面落实，复垦撂荒地5592亩，建设高标准农田3.4万亩，完成播种面积25.2万亩，粮食总产量可达8.97万吨以上；成功举办第二届中国美人茶大赛等活动，改造提升茶园5676亩，茶叶全产业链产值同比增加1.2亿元；改造油茶低产林1.5万亩、油茶林抚育5万亩；江山美人茶业、绿然食用菌获评省级农业产业化联合体，尔雅茶业、五兴兔业等29家企业列入市级重点农业龙头企业名单，新培育示范家庭农（林）场20家、示范专业合作社17家，“三品一标”农产品认证12个，SC认证12家。

工业经济优化提升。积极推动稳投资促生产拓市场、稳岗稳工等惠企纾困政策直达快享，全年办理退税、减税、降费3.46亿元，争取纾困专项资金1.57亿元；大力发展铸造和装备制造、水泥建材、新材料等重点产业，环境能源装备基地产业园等60个重大工业项目签约落地，美湖聚氨酯、金门新型人造板等44个工业项目开工建设，晟兴铸造、超越科技等19个工业项目竣工投产，科达新能源一期全面投产、启动二期建设，清航无人机与省消防总队达成意向合作；组织实施英仑陶瓷、煜德铸造等37个省市重点技改项目，兴田混凝土、鹏威机械等16个技改项目建成投产；新培育耀锐体育、坤源机械等12家规上企业，建华纺织、丰源矿业等10家上市后备企业，权旺建设、海颐建工2家建筑业企业资质晋升一级；经开区京口园入选第五批次省级绿色园区，大田县被中铸协授予“中国铸造产业集群县”。

三产发展进中提效。成功举办“大田全猪宴”美食推广月、（云上）樱花节等文旅活动，推出古堡茶香、绿都康养、亲子郊游3条福源·主题旅游线路，“多彩大田体验之旅”入选2022年中国美丽乡村休闲旅游行（秋季）精品景点线路推介名单，全年接待游客230万人次，实现旅游收入18亿元；落实商贸流通发展政策，新增规上服务业企业14家，限上商贸企业27家，育灯纺织、中工塑胶、新岩水泥3家企业实现“工贸分离”入统；成功举办第三届“乐购三明”直播节暨首届网络主播大赛，线上销售额达7500万元；乡镇商贸中心和物流网点实现全覆盖，武陵商贸中心等4个项目列入省县域商业建设项目库，腾顺危货运输获评国家3A级物流企业；大田县入选省级数字乡村试点县名单。

项目攻坚持续发力。深入开展“百日攻坚大会战”行动，下岩水库、田安高速（大田段）列入省“十四五”老区苏区振兴发展专项规划并动工建设，兴泉铁路（大田段）通车在即，科达新能源、广建环保等29个项目列入省重点项目库，位居全市第1，入库省级新开工项目38个、总投资154.77亿元；香山学村、中光众恒等51个市、县攻坚项目超序时推进，159个县重点项目完成投资146.46亿元，乐发体育、兴家园保温砂浆等56个项目动工建设，荣毅金属、卓立达工贸等42个项目竣工投产；我县获第三季度全省项目工作正向激励奖励，前三季度“五比五晒”活动考评位居全市第1。

招商引资成效明显。围绕建链补链强链，大力开展“以商招商”“产业链招商”“田商回归”，发挥34名招商顾问作用，梳理对接招商信息54条，举办“云招商”、专场招商等活动24场次，全年新签约亿元以上项目77个、总投资142.85亿元，成业辰装备、恒通重工机械等40个项目顺利落地转化，创跃成设备制造项目实现“拿地即开工”。

园区基础不断夯实。完成用地报批1244亩，平整土地500亩，供地1060亩，万豪实业、金恒阀门等9个“等地”项目实现落地；城关至上京园区客运路线开通运营，华兴至京口园区客运路线班次增加；上京园区公用配套设施项目建成使用，污水处理厂进入试运行阶段，南环路、南一路等园区路网动工建设；罗丰园区污水处理厂和220千伏输变电工程动工建设，罗丰大道建成通车。

重点改革开创新局面。试点开展“场村合作”经营模式，完成“碳中和林”示范片建设1500亩，林权抵押贷款1492笔3.2亿元，发行林票2134万元，开发林业碳票项目两个、碳减排量7.6万吨，可增加林农人均年收入1125元；“局长走流程”活动被《人民网》等媒体广泛报道；探索开展“农票担保”质押贷款1583笔7376万元，成立三明首家“后生仔·福农驿站”，新培育森展林业、大安水电等7家市级绿色企业，绿色融资超6亿元；国企改革三年行动稳妥推进，国投、城投等县属国企人事、绩效、运营等生产经营制度逐步完善。

开放协作取得新成效。成功举办首届大田-浦东对口合作招商推介暨乡贤恳谈会，策划达成农特产品产销、医疗教育服务提升等9个第一批对口合作项目；积极融入闽西南协同发展区建设，全市首个闽西南协作项目——3.2万平方米生产生活配套设施项目建成使用；抢抓省直部门挂钩帮扶有利契机，主动向上对接基础教育扩容、美人茶产业提升等15个事项，引进优秀人才到大田县挂职或担任产业顾问20名；积极组织参加“6·18”“9·8”、林博会和“数字中国”建设峰会等活动，后生仔数字治理创新基地等68个项目上台签约，总投资194.62亿元；全年实际利用外资3450万元，外贸出口11.16亿元，均超额完成市下达目标。

科技创新实现新突破。鼓励引导企业加大科研投入，年度研发（R&D）经费投入增幅达12.2%，新增授权专利222件；和财食品、秦朝木业等8家企业获国家高新技术企业认定，瓦能科技、大联新型材料等20家企业入库科技型中小企业，清航装备、科达新能源、硅光通讯3家企业获评省科技小巨人企业，江山美人、山瓜瓜、飞红酒业、古山茶叶4家企业入围省科技计划项目；精准选认省级个人及团队科技特派员34名下沉开展科技服务，有效助力乡村振兴。

城市品质不断提升。健身福道、数字城管等39个城市品质提升项目竣工使用，东门社区、地矿宿舍楼等30个老旧小区完成改造任务，美人茶花漾街区入选省级样板工程；澹多桥、白岩山北路、凤山东路环岛等5个市政项目投入使用，完成坪尾仑、东兜石坑等6个片区雨污水管网改造14公里，新（改）建智慧路灯1.1万盏；凤凰广场、三角亭广场等5处“老人儿童微乐园”和鸿图中学、实验小学、第二实验小学3处“风雨亭”交付使用。

乡村振兴扎实推进。编制村庄规划99个，整治裸房3150栋，上京、梅山等7个乡镇城乡供水一体化工程启动实施，乡镇生活污水处理设施、建制村公厕实现全覆盖；持续打造48个乡村振兴重点村，新增省级“一村一品”专业村5个、市级32个，“游古村落·品美人茶”“赏花海乐园·游畲寨古堡”2条示范线路列入全省百条精品示范线路，屏山乡获评国家全域森林康养试点建设乡，桃源镇获评省级森林康养小镇，桃源里被列为国家级森林康养试点建设基地。

（摘编：周少雄）

莆田市产业经济发展综述

2022年，莆田市坚持以习近平新时代中国特色社会主义思想为指导，深入学习贯彻习近平总书记重要讲话重要指示批示精神，以木兰溪综合治理为总抓手，全面发力产业发展、城乡建设、基层治理、民生保障、港口崛起“五篇文章”，全方位推进高质量发展，各项工作取得新成效。

这一年，莆田市坚定践行习近平总书记治理木兰溪的重要理念和保护好湄洲岛的重要嘱托，木兰溪流域获评全国“绿水青山就是金山银山”实践创新基地，省委、省政府出台政策，支持我市践行木兰溪治理理念建设绿色高质量发展先行市，木兰溪样本再谱新华章；湄洲岛入选国家级再生水利用配置试点，获评全国水系连通及水美乡村建设试点县优秀等次，绿色低碳发展案例亮相联合国气候变化大会，向全球展现湄洲岛生态之美。

这一年，莆田市坚定发展实体经济，俯下身子抓产业、一心一意谋发展，四套班子领导挂帅12条重点产业链，高规格配置、高站位谋划、高层次嫁接，“链”动产业发展；充分激活数据要素价值，“全市一张图、全域数字化”试点列入《2022年数字福建工作要点》，大数据指挥调度平台建成投用，190个核心业务全面融入，212个场景全面应用，“数”推产业转型，上榜2022全国先进制造业百强市。

这一年，莆田市坚定人民立场，创新实施“党建引领、夯基惠民”工程，经验做法首获国务院大督查通报表扬和全国社区建设部际联席会议推广；开通运营“水上巴士”，游客林间泛舟、绿心赏景，荔林葱郁、白鹭翔空成为家门口的“诗和远方”；投资百亿实施民生三个“十大工程”，惠民红包更暖人心。

一年来，莆田市坚决贯彻落实疫情要防住、经济要稳住、发展要安全重要要求，推动经济社会平稳健康发展。初步统计地区生产总值3100亿元，增长5%左右；一般公共预算总收入264.6亿元（含留抵退税45.9亿元），同口径增长3%，地方一般公共预算收入174亿元（含留抵退税22.9亿元），同口径增长10%；固定资产投资增长9%；社会消费品零售总额1833亿元，增长5%；外贸出口总额375亿元，增长21%；实际利用外资1.22亿美元，增长14.9%；城镇居民人均可支配收入增长7%，农村居民人均可支配收入增长8%；城镇登记失业率2.7%；居民消费价格上涨2%。产业经济发展的主要工作和成效：

综合施策，经济发展稳中向好。叠加出台“开门红”31条、纾困解难28条、稳经济60条等一揽子政策，为企业退减降缓税费67.2亿元，发放贷款120亿元，用“真金白银”换市场主体轻装上阵、专注前行，市场主体净增6.7万户、规模突破70万户。建立“一周一协调、半月一分析、一月一研判”协调机制，330个市重点项目完成投资890亿元，超全年任务，第三季度项目工作正向激励考评全省第二，秀屿（含湄洲岛、北岸）、仙游分别居全省县区第一、第八；完善招商引资工作机制，新增对接产业类项目283个、总投资3792亿元，湄洲湾火电厂三期、五矿选矿基地、国城三元正极等21个30亿元以上重大项目签约，发展后劲持续增强；设立兴莆产业投资基金，获批地方债额度266.2亿元，争取基础设施投资基金额度91.4亿元，规模均居全省前列。城市24小时便利店比例居全国第四，组织“全闽乐购·约惠莆田”等活动近百场，带动消费30亿元以上。跨境电商综试区建设持续深化，首单“9810”货物顺利出关，仙游抖音基地获全省首批 TikTok 跨境电商运营服务商资质，鞋类出口逆势增长 20%以上，带动外贸出口增速稳居全省前三。

创新赋能，产业转型提质增效。全社会研发投入增长 17%，新增国家高新技术企业 108 家、国家专精特新“小巨人”企业 4 家、省级科技小巨人企业 22 家，10 个产品列入省级首台（套）重大技术装备指导目录、为历年之最；实施“人才工作突破年”行动，引进各类人才 1572 人、增长 15.2%。传统产业迭代升级，“莆田鞋”集体商标成功注册，形成“1+N”品牌效应，40 家企业入选省纺织鞋服“白名单”、居全省第一，亚太最大、全省首个精酿啤酒生产线实现投产。新兴产业规模壮大，豆讯云计算数据中心、2GW 二代异质结电池等项目开工，三棵树产业园、三利谱偏光片等项目投产，云度新能源汽车战略性重组、实现复产，妈祖重离子医院设备成功调试出束，生命健康、新型功能材料产业产值均增长 20%以上。经济新动能加速培育，京东（仙游）数字经济产业园经验获商务部推广，完成全国首例双壳贝类海洋渔业碳汇交易，秀屿区获评国家级水产健康养殖和生态养殖示范区，木兰溪绶溪片区项目入选国家 EOD 模式试点，163 公里的“1 号滨海风景道”启动建设，入选全国国庆十大“本地游新锐目的地”，文化产业增加值占 GDP 比重达 9.8%、稳居全省首位。

全域统筹，城乡品质一体提升。完善城乡规划发展委员会，高铁城市新区、大学城南片区、绶溪片区建设稳步推进，开工棚改 1.7 万套、改造老旧小区 49 个，新区扩容、老城提质双向发力。木兰大道一期实现通车，10 个高快一体化项目开工建设，八二一街南段、木兰大道三期加快建设，3 条“断头路”顺利打通，新改扩建城市道路 66 公里，建成莆阳福道 42.2 公里，新增公共停车泊位 3060 个、口袋公园 35 个、公园绿地 73 公顷，城市生活更加便捷、更具品质。人大代表、政协委员主动参与河湖治理监督，完成泗华溪排污口整治及清淤工程，提升安全生态河道 35 公里，新改建污水管网 60 公里、供水管网 60 公里，入选国家“无废城市”建设名单，饮用水源水质达标率、近岸海域国控点位水质优良比例均居全省第一；整治城市易涝点 17 个，非居民用户燃气报警器安装率 100%，在全省率先完成互花米草除治任务、获省政府推广表扬，城市运行更加安全、更具韧性。常太镇获评国家级农业产业强镇，仙游湘溪村、金溪村入选全国乡村特色产业超亿元村，涵江双福村获评中国美丽休闲乡村，建成美丽示范点 3400 个，“五个美丽”建设经验得到国家部委肯定，乡村生活更有特色、更具活力。

畅通循环，改革开放多点突破。在全省率先试点工程建设项目审批全流程无纸化办理、个体户“一表登记”改革和全程电子化登记，在全省率先开展以地方政府规章推进城市道路挖掘管理改革；创新“12345+智慧监督”督办机制，各类诉求接诉即办，群众满意率达 99.9%，营商环境更加优化。基本完成国企改革三年行动任务，国有资产总额增长 20%。出台小微产业园行动方案，创新亩均效益评价机制，盘活闲置厂房 15 万平方米。成功举办海峡工艺品博览会、香文化产业大会、福建企业 100 强发布大会等活动，城市影响力不断扩大。海峡两岸生技和医疗健康产业合作区初具规模，金门供气项目扎实推动，对台铁矿石中转量连续四年全国第一。升级建设莆田国际陆港，开工建设罗屿第二个 40 万吨级泊位，港口吞吐量 5360 万吨、增长 7%，增幅居全省沿海港口第二。积极融入福州都市圈，G324 线荻芦溪大桥开工建设，全国首座跨海高铁矮塔斜拉桥——湄洲湾跨海大桥建成，湄洲岛至平潭岛海上旅游线路开通，区域协同更加顺畅便捷。

2023 年莆田市经济社会发展的主要预期目标是：地区生产总值增长 6%左右，一般公共预算总收入增长 6%，地方一般公共预算收入增长 6%，固定资产投资增长 7%，社会消费品零售总额增长 10%，外贸出口总额增长 7%，城镇居民人均可支配收入增长 7%、农村居民人均可支配收入增长 7.5%，城镇登记失业率控制在 3%以内，居民消费价格涨幅 3%左右，粮食总产量稳定在 18.7 万吨。

产业经济发展要坚持数智赋能、强核提质，加快建设现代化产业体系，打造匠心智造产业新城，重点做好以下工作：

实施三大传统产业提升工程。坚持品牌化引领、数字化转型、智能化改造，推动传统产业改造升级。鞋服产业，建设省级鞋业供应链平台、鞋业工业互联网标识解析二级节点，推进荔城鞋材加工集中区、城厢东海鞋服科技产业园建设，打造全国科技创新型鞋服产业智造基地。规模产值增长10%。食品产业，提速建设涵江食品产业园、秀屿鲍鱼科技产业园，开工建设麦芽加工等项目，举办海峡两岸食品投洽会暨预制菜产业发展高峰论坛。规模产值增长10%。工艺美术产业，持续盘活沉淀资源，突破细分领域，推动香文化产业园、黄金珠宝城、钟潭工艺小镇等项目落地。规模产值增长10%。

实施四大经济新动能培育工程。因地制宜做强做优做大数字经济、海洋经济、绿色经济、文旅经济，为高质量发展增添新动能。数字经济，培育10家省级“独角兽”“瞪羚”企业，新增10个省级创新应用场景，打造国家数字经济创新发展试验区（福建）重要承载区。数字经济增加值增长15%。海洋经济，创建南日岛省级“四大经济”融合发展先行示范区，做强国家级海洋牧场示范区，建设省级水产原良种场和规模化种业基地、国家级LNG战略储备基地。海洋生产总值增长13%。绿色经济，扎实做好碳达峰碳中和工作，推动莆田高新区争创国家“双创”示范区，新增省级以上绿色制造品牌3家。文旅经济，深化“水上巴士”项目建设，推进绿心有序保护利用，建设木兰溪“十里风光带”，实施“莆阳开春，开河、开街、开村”，联动木兰溪源头文旅发展，打造木兰溪文旅品牌。以湄洲岛5A级旅游景区为龙头，发展以“1号滨海风景道”为主线的滨海旅游，推进九鲤湖—九龙谷景区融合发展，创建4A级旅游景区1家、3A级旅游景区6家，接待旅客量、旅游总收入均增长20%以上。

实施五大新兴产业壮大工程。抢占新赛道、打造新终端、再造新优势，推动新兴产业融合集群发展。新型功能材料产业，完善石门澳园区配套，加快建设华峰一揽子项目、丙烷制丙烯、和拓新材料产业园等，建成投产永荣CPL二期。力争规模产值突破千亿元。电子信息产业，推动华佳彩一期、福联集成电路扩大产能，开工建设福硅半导体，投产瑞声数码、大唐5G微基站等项目，建设中电科创城、北斗三号综合应用产业园。规模产值增长10%。新能源产业，加快建设木兰抽蓄电站，有序推进平海湾海上风电项目，建成投产2GW二代异质结电池、集中式光伏电站等项目，加快建设国家新能源产业创新示范区。规模产值增长20%。高端装备产业，加快推进恒而达产业园、海安装备产业园等项目，推动云度新能源汽车产能释放。规模产值增长10%。生命健康产业，开工建设两岸生技园二期、妈祖健康城医疗教育基地二期、联东U谷、华信医疗器械等项目，竣工投用国家核医学产业园基础设施、博普医疗等项目，扩大海峡两岸生技和医疗健康产业合作区影响力。规模产值增长20%。

实施品牌建设工程。以建市40周年为契机，发布城市吉祥物、市歌，打造城市IP，以城市品牌助力产业发展。强化质量标准化基础建设，推进鲍鱼健康养殖等5个省级以上标准化试点项目。开展行业质量提升行动，建设国际家具品牌中心、中国预制菜产业创新基地，扩大“莆田名品”影响力。支持企业培育自主品牌、开展品牌并购，新注册商标2万件。把莆田鞋、莆田木雕等区域品牌擦得锃亮，把百威雪津、三棵树、复茂等企业品牌叫得更响，把南日鲍、文旦柚等地理标志产品卖得更好，让更多细分品牌闯出新天地。

实施民营经济提质工程。开展莆商回归提升行动，新引进莆商总部回归企业10家、资本回归100亿元。开展“上规上市”行动，实施企业上市“木兰计划”，新增规上工业企业100家、省级上市后备企业19家，力促海安橡胶挂牌上市。开展数字赋能行动，推动50家规上工业企业数字化转型，带动100家企业上云用云。开展融资畅通行动，创新供应链金融服务模式，新增民营经济贷款200亿元。要切实落实“两个毫不动摇”，依法保护企业产权、企业家权益，让企业家有地位、有荣誉、受尊重。

（摘编：游永贵）

仙游县产业经济发展概述

2022年，仙游县坚持以习近平新时代中国特色社会主义思想为指导，以县委“1299”为工作总抓手，着力战疫情、稳经济、促就业、惠民生、防风险、保稳定，较好完成了全年的目标任务。全年实现地区生产总值609亿元，增长7%；规模以上工业增加值255.2亿元，增长7.5%；全社会固定资产投资300亿元，增长11.2%；一般公共预算总收入47.26亿元，增长9.2%，其中地方一般公共预算收入29.7亿元，增长11.2%；实际利用外资2500万美元；外贸出口总额36亿元，增长45.2%；社会消费品零售总额380亿元，增长10.6%；农林牧渔业总产值47.2亿元，增长5%；居民人均可支配收入29900元，增长8.5%。一年来产业经济发展的主要工作和成效是：

动能转换不断提速。抓产业、调结构，三次产业结构调整为4.1∶49.1∶46.8。落实高质量纳统工作要求，“三转一市”“四换四名”“四个一批”工程有效推进，新增“个转企”2696家、“下转上”92家。市场主体总量达19.73万户、新增4.5万户，总量、增量均居全市第一。实施技改项目29个、完成投资20亿元。新认证“三品一标”农产品17个。处置批而未供土地1499亩，盘活闲置厂房10万平方米、低效用地100亩。出台69条稳住经济一揽子政策措施，兑现惠企资金1.9亿元，累计新增减税降费及退税缓税缓费7.4亿元。新增县级“白名单”企业375家，获得纾困贷4.7亿元、技改贷1.7亿元。工业经济提速升级。296家规模以上工业企业完成产值895.5亿元、增速位居全市第一，产值超亿元企业172家。设立了九个产业专班，由四套班子领导分别挂帅，全力推进九大重点产业高质量发展。工艺美术产业创新搭建工美生活家产业生态链、红木共享交易中心、集中监管仓、中国香博园等4个平台并实现运行，有效破解库存、原材料、成品融资问题，共授信3.6亿元。第十届红博会、首届香文化产业峰会、首届古典家具创新设计大赛成功举办。鞋服纺织产业建成标准化厂房10万平方米，培育5家企业7个自主品牌。机械装备、电子信息新材料等产业发展瓶颈有效突破、提档升级，高性能软磁新材料技改项目、信唐微GPU芯片研发项目有序推进。紫京科技等一批锂电池新材料重大项目陆续落地开工。新增国家级专精特新“小巨人”企业1家、省级“科技小巨人”领军企业5家、省级“专精特新”中小企业3家、省级众创空间3家，组织申报国家级高新技术企业28家。海安集团创建国家级博士后科研工作站并完成上市申报。第三产业提档进位。国家级电子商务进农村示范县创建工作有序推进，连续七年位列全国“电商百强县”，淘宝镇数量居全市第一。仙游抖音基地年度销售额超45亿元、稳居全国同类抖音基地第一，并首批获得全省TikTok跨境电商运营服务商资质。京东（仙游）数字经济产业园典型经验获商务部推广。游洋镇龙山村、天马村、兴山村获评中国传统村落。西苑乡前溪村跻身“中国十大露营地”。现代农业提质增效。出台稳定粮食综合生产能力17条措施，完成补充耕地1043亩，治理撂荒地1.6万亩，粮食播种面积超20.7万亩。文旦柚入选全国名特优新农产品名录。台湾农民创业园连续六年在国家考评中居优秀等级。获评全国农产品数字化百强县，度尾镇湘溪村、龙华镇金溪村入选全国乡村特色产业超亿元村。

发展后劲不断增强。抓项目、促攻坚，项目建设全力推进，省市县重点项目均超额完成年度投资任务，累计开竣工项目89个，第三季度项目工作正向激励综合考评位居全省第八并获得项目前期工作奖励。招商引资成效明显，新增对接产业项目111个、总投资1486亿元，实现签约项目38个、总投资489.8亿元，前三季度项目签约数和投资额均居全市第一。围绕锂电新能源新材料产业微集群，积极布局引进锂电池三元正极材料产业链，紫京科技、国城三元正极、木兰抽蓄等一批投资超100亿元的重点项目实现签约、开工。瑞博、巨石、禄驰、胜龙等4个项目盘活闲置厂房3.8万平方米，实现当年度对接洽谈、签约落地、建成投产、升规纳统。木兰抽蓄预可研报告、“三大专题”报告通过评审。鑫瑞新材料、南伴生物等项目实现试投产，智胜半导体项目加快建设，瑞声数码、省储备粮公司仙游粮库等项目实现开工。要素保障不断加强，完成征地3394亩、拆迁18.46万平方米。获批林地308亩、土地3514.5亩。亚洲开发银行贷款木兰溪流域生态环境综合治理及提升项目成功落地，成为全市第一个由县级主导实施的国家主权贷款项目。全年共争取专项债券资金39.96亿元，资金量超过前两年的总和；积极统筹23.36亿元用于农村污水管网建设、土地整治开发、县总医院迁建项目。

城乡面貌不断改观。抓品质、拓功能，实施城市品质提升项目130个、完成投资60亿元，综合排名位居全市第一，获评省级城乡建设品质提升综合绩效优异县，仙糖绿色社区样板工程考评居全省第一。18个老旧小区完成改造，开工率和改造进度均居全市第一，荣获省级单项工作绩效优异县。县国土空间总体规划编制形成初步成果，完成“三区三线”划定、中心城区总体概念性城市设计、59个村庄规划编制。165个城建项目有序推进。全面落实“保交楼”，推进4个楼盘复工建设。商品房销售面积达75.74万平方米。纵三线游洋沽山至梧椿段、慈岳中路动工建设，龙泉街、迎勋街改造工程及枫秀西路、法庭路、仙源路竣工通车，新改扩建市政道路10.8公里。新建木兰溪防洪景观工程11公里。城市“五化”扎实推进，设置便民服务摊点125个，整治店外经营、乱摆摊3300多处；在全市率先建成垃圾分类指挥平台，新建垃圾分类屋（亭）145座；新改造公园绿地10公顷、福道6公里，完成主干道绿化景观花化彩化提升3公里；实施路灯节能智能改造1130盏。深入实施乡村振兴战略，入选全国乡村建设评价样本县。省委统战部挂钩联系的乡村振兴工作有序推进。成立由温铁军教授担任名誉院长的乡村振兴研究院，探索乡村振兴新路径。引进省内9所高校与11个乡镇结对，精准编制村庄规划及产业发展规划，打造乡村振兴校地共建合作新模式。2个镇、30个村入选第二批“省级乡村治理示范村镇”。创成32个“绿盈乡村”。游洋镇兴山村、社硎乡田利村入选“全国第三批红色美丽村庄”。

创新活力不断迸发。抓改革、破难题，积极探索创新，全力突破一批瓶颈约束，打造一批仙游模式。推行村（居）集体出资成立公司代建小规模工程建设新模式，4个试点乡镇78个村实现村财增收317万元。率先出台“五回一新”政策，30个村回乡资本注册企业32家、新增纳税2100万元。综合行政执法改革全面推进，在全市率先开展“一支队伍管执法”工作。“放管服”改革持续深化，“一趟不用跑”“最多跑一趟”事项占比分别达75.68%、98.99%。启动县属国有企业重组整合改革，木兰投资集团获评2A级信用国有企业。仙游经济开发区管委会被国家发改委、生态环境部列入第一批全国清洁生产审核创新试点项目单位。探索开展公益林、天然林等质押贷款和林地经营权抵押贷款，获评省级林下经济重点县。在全省率先建立“森林110”工作机制。

生态环境不断优化。抓源头、严治理，木兰溪源头获评全省第一批“河湖文化遗产”。荣获“莆田市河长制教育基地”。在全市率先建成县级林长制指挥调度中心。空气质量达标率达到99.7%。河长制深入推进，重点河流考核断面水质均100%达标。完成植树造林1.7万亩、森林抚育5.4万亩、封山育林3.1万亩，水土流失治理2.63万亩。

（摘编：曾文升）

荔城区产业经济发展概述

2022年是党的二十大胜利召开之年，也是荔城区建区二十周年和实施“十四五”规划承上启下的关键之年，荔城区坚持以习近平新时代中国特色社会主义思想为指导，全面贯彻落实习近平总书记对福建工作的重要讲话重要指示批示精神和治理木兰溪的重要理念，大力实施“三提三效”行动，俯下身子抓产业、一心一意谋发展，聚焦“强产兴城、幸福荔城”总体目标，扎实推进“1815”重点工作，以坚韧不拔之志克服多重超预期因素影响，全方位推进高质量发展取得新成效。全区实现地区生产总值635亿元，增长2%；固定资产投资300亿元；财政总收入51.6亿元（含留抵退税3.4亿元）、同口径增长4%，其中地方级财政收入33.38亿元（含留抵退税1.7亿元）、同口径增长8%；规上工业增加值264亿元；社会消费品零售总额520亿元，增长3.1%；外贸出口总额108亿元，增长20%；实际利用外资1.17亿元，增长37%；农林牧渔业总产值33亿元，增长3.1%；居民人均可支配收入48000元，增长7.1%；节能减排等约束性指标完成市下达任务。产业经济发展的主要工作和成效是：

经济发展趋稳向好。出台落实稳经济一揽子政策和接续措施，定向发力、综合施策，较好稳住经济发展大盘。发展基础持续夯实。先行指标增势良好，1-11月份规上工业企业用电量比增1.5%；金融机构本外币存贷款余额总量、增幅全市第一；全社会研究与试验发展（R&D）投入增幅全市第一，超额完成全年任务；税收收入39.04亿元、同口径增长1.29%，总量全市第二，税性比重达79.36%，充分展现荔城加快发展的底蕴优势和韧劲潜力。惠企措施精准落地。健全完善领导干部挂钩走访企业制度，推行“发展清单+服务清单”工作机制，兑现省区市补助资金3.04亿元，减免企业税费2.37亿元，留抵退税3.4亿元。落实服务业领域扶持政策，定向投放消费券1562.56万元，开展“全闽乐购·约惠荔城”促消费活动24场，带动消费2.9亿元。要素支撑稳固有力。深化政银企对接，帮助企业融资2.2亿元，办理过桥担保资金2.35亿元。实施工业用地提质增效工程，鼓励20家存量企业增资扩产，盘活闲置厂房近3万平方米；开展土地报批专项攻坚行动，完成土地报批50宗2202亩，出让工业用地10宗270亩，出让经营性土地6宗251.52亩、出让金24.06亿元。有效投资不断扩大。大力实施“奋战60天，三促保全年”攻坚行动，390个重点项目预计完成投资386亿元，其中省市重点项目超额完成年度投资计划，实现68个项目开工，92个项目竣工（含部分竣工）。开展10个方面招商行动，成功签约项目49个、总投资243亿元。全年新增获批16个专项债券资金项目29.68亿元。

产业能级扩容提升。围绕12条重点产业链，实施强产业“八大工程”，推动产业高质量发展，全市首家入选省级“服务型制造示范城市”。传统动能加速升级。深化龙头企业倍增工程，48家龙头工业企业完成产值490亿元，实现税收10亿元、增长35%。引导206家企业入驻省工业企业供需对接平台，新增省科技小巨人领军企业2家。双驰实业获评“福建省循环经济示范单位”，双源鞋业获评“国家级绿色工厂”。建立小微工业企业名录库，新增升规入库工业企业38家。新兴业态集聚成势。出台加快第三产业发展相关扶持政策，三棵树平台、跨境电商云产业园、美莱集团等龙头项目投入运营，豆讯、智康云分别获评省数字经济领域“独角兽”和“瞪羚”创新企业。众协联供应链平台入驻企业超5000家，累计交易额达136亿元；23个平台项目新增交易额49.85亿元、开票额45.92亿元。鼓励传统产业线上营销，拉动销售增长33%。建立行业后备企业库，新增限上商贸业和规上服务业企业180家。创新动力竞相迸发。“一区五园”加快建设，鞋材集中加工区实现8宗227.2亩工业地块挂牌出让，跨境电商云产业园完成全市首单“9810”模式出口业务。新增高新技术企业培育对象35家、战略性新兴企业11家、省市级“专精特新”中小企业9家，列入省市级重点技改项目36个；双驰大批量个性化定制模式入选工信部“工业互联网平台创新领航应用案例”。成立鞋服产业协会、黄金珠宝协会、美食协会，推动产业链融合发展。

城乡韵味更具魅力。坚持高水平规划、高质量建设、高标准管理，城乡品质持续提升。城市更新步伐加快。兴化府历史文化街区开街亮相。木兰溪南岸、紫霄片区等城市新区加快建设，完成南梧塘CBD一期、永嘉街等4个项目征迁100多万平方米。新开工房地产项目5个107万平方米，面积全市最多。完成老旧小区改造10个，开工棚改3450套，建成3895套。基础设施日趋完善。实施城市建设品质提升市级十大样板项目10个，打通渭阳配套路网、玉湖路二期等市政道路，建成绿廊“福道”3公里，新增公园绿地10公顷、口袋公园5处、垃圾分类屋（亭）50座。新改建农村公路5.06公里，创建美丽农村路18.8公里，成功获批“四好农村路”省级示范县。生态治理逐步深化。建成幸福河湖建设示范点3个、河长制文化公园4个，完成“蓝色海湾”综合治理和互花米草除治任务，治理生态河道33.9公里，新改扩建市政污水管网10公里、供水管网103公里。加快实施农村生活污水治理工程，木兰溪三江口、延寿西溪等流域断面水质分别达到国、省考目标要求。乡村振兴扎实推进。完成68个乡村振兴试点示范项目建设，实施旧村土地复垦项目1423亩，建设高标准农田2080亩，超额完成全年任务。新增省级优质农产品标准化示范基地3家。成功创建省级乡村治理示范村5个，后黄社区获评全国乡村旅游重点村。严格落实粮食安全责任制，圆满完成年度粮食种植面积和产量，提前完成新增储备粮6143吨。有序推进林长制各项工作，超额完成松林改造抚育、“商品林”赎买等目标任务。

改革活力加速释放。加强“互联网+”信用监管，全面深化“一窗受理、集成服务”，行政许可事项“即办件”“一趟不用跑”和“全程网办”覆盖率均居全市各县区前列，网上可办率达99.74%，企业群众非常满意率达99.96%，政务服务效能持续提升。全年新登记内资市场主体2.77万户，比增6.7%，各类市场主体累计16.19万户，其中企业3.6万户、全市第一。成功举办第十六届中国（莆田）海峡工艺品博览会、香文化产业大会等活动，新晋“中国工艺美术大师”2人。坚持“非禁即享”，推进各项惠台政策落地见效，积极开展对台交流合作，促进荔台产业融合，努力打造台胞、台企登陆“第一家园”。

2023年是全面贯彻落实党的二十大精神的开局之年，也是庆祝莆田建市40周年、全方位推进荔城高质量发展的重要一年。荔城区以木兰溪综合治理为总抓手，以“强产兴城、幸福荔城”为总体目标，全方位推进高质量发展，为奋力谱写全面建设社会主义现代化国家福建篇章贡献荔城力量。经济社会发展主要预期目标是：地区生产总值670亿元，增长5.5%；固定资产投资320亿元，增长6.7%；财政总收入50.1亿元（不含留抵退税）、增长4%，其中地方级财政收入32.55亿元（不含留抵退税）、增长2.7%；规上工业增加值272亿元，增长3%；农林牧渔业总产值34亿元，增长3%；社会消费品零售总额550亿元，增长6%；外贸出口总额108亿元，与上年度持平；实际利用外资1.26亿元，增长10%；居民人均可支配收入51100元，增长6.5%；完成节能减排降碳目标任务。

（摘编：郭向东）

城厢区产业经济发展概述

2022年，城厢区坚持以习近平新时代中国特色社会主义思想为指导，扎实推进“两稳一保一防”各项工作，大力实施五大专项行动，推动经济社会平稳健康发展。全区生产总值完成580亿元，增长6.5%；财政总收入35亿元，同口径增长2%，其中地方级收入25.5亿元，同口径增长5.4%；固定资产投资增长10%；规模以上工业产值500亿元，增长7.8%；社会消费品零售总额670亿元，增长2.8%；农林牧渔业总产值21.2亿元，增长1%；外贸出口总额80.2亿元，增长12%；实际利用外资2570万美元，增长1281%；全体居民人均可支配收入47050元，增长6.5%。

这一年，城厢区坚持当表率、作示范，全方位推进高质量发展，入选全国“数字乡村百强县”，荣获全省“平安中国建设示范县区”、省级义务教育优质均衡先行创建区、省级双拥模范城“五连冠”等荣誉称号。木兰溪流域入选全国“绿水青山就是金山银山”实践创新基地，木兰陂获评首届国家水利风景区高质量发展十大标杆景区。

这一年，城厢区坚持俯下身子抓产业，一心一意谋发展，大格局推进“六园千亿”产业高质量发展，10条重点产业链实现提质增效。着力提升城市品质，中心城区九大片区加快推进，全市首条环城福道（凤凰福道）、首个郊野公园（泗华郊野公园）落地建设，木兰陂世遗公园等木兰溪“十里风光带”项目全面拉开序幕。产业经济发展主要工作成效体现在以下方面：

产业发展提质增效。实施10条重点产业链“链长制”，科学编制重点产业发展规划，全力推动产业强链延链补链，现代化产业体系加快构建。实体经济稳中有升。深入开展“龙头企业培优扶强”专项行动，新增省市工业龙头企业8家、“专精特新”中小企业12家。持续深化创新引领，新认定国家高新技术企业23家，新增省级科技小巨人企业、科技型中小企业15家，市级企业技术中心6家，全社会研发投入10.6亿元，占GDP比重1.96%，居全市第一。坚持传统产业和战略性新兴产业齐头并进，举办“产业赋能 助力升级”企业家培训，支持21家企业技改升级，中电科创城核心区、风达产业园动工建设，三利谱偏光片实现试投产，华源工贸与厦门国贸开展供应链合作并实现达产。加强工业用地集约利用，有效盘活闲置厂房15.1万平方米，新改建标准化厂房21.2万平方米，华林经济开发区获评省第四批循环经济示范园区。现代服务业蓬勃发展。深入实施“服务业提质扩容”专项行动，新落地平台总部企业16家，引进知名品牌首店、旗舰店超10家，新增限上企业近200家，总数超800家。多措并举提升消费能级，先后举办“全闽乐购·富美城厢”、首届“城厢好物”展销会、第二届直播电商节等促消费活动30场次，拉动消费超10亿元，文献新生活体验馆、华林汽车文创园等新零售新业态项目正式开业，万达广场、联创广场、文献夜市等商圈经济、夜间经济更加繁荣。持续深化跨境电商综试区建设，跨境电商通关监管中心升级为莆田国际陆港，跨关区转关监管模式正式开通，一般贸易（0110模式）实现首票通关，累计清关包裹超150万个，全区跨境电商交易额增长52.5%。产业生态更趋完善。搭建全市首家惠企资金直达平台，“云兑现”惠企资金超6000万元。出台惠企纾困政策，为200余家企业提供超9亿元融资服务，落实减税降费政策4.6亿元，市场主体活力不断增强。引进落地中国联通（福建）工业互联网研究院莆田分院、莆田市人力资源服务产业园以及全市首家金融服务中心，为产业发展赋能赋势。

项目建设全面提速。聚焦项目攻坚比学赶超，创新重点项目前期工作、全周期管理和“俯下身子、一抓到底”督查落实等三大机制。大力实施“抓前期促开工”专项行动，高规格推进前期办实体化运作，完成洋西、下黄等8个地块控规编制、753亩用地用林手续报批，以及38个项目1780亩土地供应。深入开展“临门一脚”项目攻坚，集中资源破解项目制约瓶颈，实现14个项目征迁净地，力促北理工东南研究院产学研基地、东南艺纸特种纸生产等57个项目动工建设。全力保障项目建设，实行问题收集、交办落实、全程跟踪闭环管理，高效推进141个重点跟踪项目建设，莆田市机动车驾训场、福厦客专城厢段安置房等31个项目实现竣工，46个省市重点项目完成投资150亿元，超序时17个百分点。积极争取地方政府专项债资金48.8亿元，基础设施基金投放额度5.97亿元，均居全市第一。大力实施“安置房提速增效”专项行动，实现万达南、坂头西等5个安置房项目开工，坂头东地块三四、顶墩下黄等6个安置房项目回迁，通过统筹安置、拍卖、租赁等方式盘活闲置安置房近600套、商务楼宇4.8万平方米。大力实施“大招商招大商”专项行动，举办民营经济暨产业发展大会、现代服务业发展大会等招商活动10余场次，全年新增入库招商项目50个，总投资488.4亿元，实现富力智造产业园等14个项目签约、一亩芸生态旅游园等20个项目投产。

城乡品质稳步提升。城市面貌持续改善。扎实开展城市功能与品质提升三年行动，统筹推进60个城市建设品质提升项目，提升改造口岸小区、一中集资房等11个老旧小区，2个样板项目荣获省城乡建设品质提升正向激励。厚植中心城区生态底色，新建口袋公园5个，新增绿地面积825亩、绿道6公里，建成区绿化覆盖率达46.5%，人均公园绿地面积15.98㎡。持续提升城市综合承载能力，建成投用人行天桥4座、公共停车泊位510个，治理国道G324华林段等6个城市易涝点；新建市政道路9公里，万达南、延寿路2条“断头路”加快打通，国道G228线笏枫公路晋级改造段开工建设，灵华线、木兰大道三期全线贯通，木兰大道一期、龟山路正式通车。城市管理不断优化。巩固拓展文明城市创建成果，深入开展城市精细化管理三年行动，实施“空中飞线”、经营性停车场等专项整治，开展物业小区“点题整治”，探索市政设施公众责任险、公共停车位特许经营等市政治理新模式，数字城管案件有效处置率达99.98%以上。稳步推进垃圾分类，建设59座生活垃圾分类屋亭，生活垃圾回用率进一步提高，餐饮单位餐厨垃圾收运覆盖率达100%。乡村振兴深入推进。大力发展特色农业，常太枇杷、华亭龙眼、灵川蛋鸡等农产品示范基地项目加快建设，新增全国名特优新农产品1个、“三品一标”认证农产品9个，新认定省级以上示范合作社和家庭农场4家、优质农产品生产基地4个，被列为省级农民专业合作社质量提升整区推进试点区，常太镇、灵川镇分获国家级、市级农业产业强镇，华亭镇获评省乡村振兴重点特色镇。扎实推进乡村建设，编制完成74个村庄规划，实施51个乡村振兴试点示范项目和15个农村建设品质提升项目，建成“五个美丽”示范点304个，被评为省村庄清洁行动成效突出区。健全防止返贫监测机制，巩固拓展脱贫攻坚成果，山海协作、闽宁协作等工作深入推进。

生态环境更加优美。深入推行“河湖长制”，深化“六清六化六方”攻坚行动，完成兴沙溪等6条河道31.7千米清淤整治，建成2条市级、8条区级幸福河，小流域省考断面、东圳饮用水源地水质达标率均为100%，木兰溪水环境考评稳居全市前茅，东圳水库入选省第一批河湖文化遗产。持续推进农村生活污水提升治理五年行动，完成16个村生活污水提升治理，“投、建、管、运”区域一体化机制渐进形成。扎实推进国土绿化，完成造林绿化3600亩，森林抚育、封山育林9270亩，华亭镇获评省森林城镇。

（摘编：余松山）

涵江区产业经济发展概述

2022年，涵江区坚持以习近平新时代中国特色社会主义思想为指导，全面贯彻落实党的十九大和十九届历次全会精神，深入学习宣传贯彻党的二十大精神，俯下身子抓产业、一心一意谋发展，高效统筹疫情防控和经济社会发展，统筹发展和安全，全区各项事业取得新成效，全市唯一获评“平安中国建设示范县（区）”“2022年中国工业百强区”、省级数字经济核心产业集聚区。据统计全年地区生产总值增长5%；规模以上工业企业增加值增长5.1%；固定资产投资增长8%；农林牧渔业总产值34.9亿元，增长6%；社会消费品零售总额161亿元，增长2.5%；一般公共预算总收入45.2亿元、增长1.9%，其中地方一般公共预算收入25.8亿元、增长5.1%；外贸出口总额59亿元；实际利用外资3100万美元；居民人均可支配收入4.14万元，增长6%；财政收入税性比重达87%，居全市县区首位。

经济大盘稳中提质。全面落实各级稳经济一揽子政策措施，千方百计稳住市场主体，经济运行保持在合理区间。用足用好财政金融支持政策，向上争取专项债等各类资金40多亿元。创新融资渠道，国开行贷款授信20多亿元，有效盘活存量国有资产。强化重大项目攻坚，“四个清单”项目顺利推进，113个年度投资超亿元项目完成投资339亿元，建成城北工业园等标准化厂房超36万平方米。落实惠企纾困政策，累计减税降费超20亿元，18.5亿元的留抵退税资金直达231户市场主体。发放各类企业补助、纾困贷款超6亿元，产融对接签约金额超2.7亿元，88家企业享受免费融资担保。持续推动政策红利转化为发展实效，制造业投资增长14%。莆田高新区获评国家级众创空间、科技企业孵化器和省级绿色园区，综合发展水平跃升全国第110位、全省第7位，分别晋升16位、1位。298家规上工业企业完成产值超1300亿元，工业企业用电量总量、增幅分别位居全市第一、第二。深化产业链招商、以商招商，对接洽谈产业类项目37个、总投资超510亿元。深入实施“夯基础、提质量、促增量”专项行动，新增“个转企”478家、“小升规”152家，市场主体超9万户。全力提升产业链供应链韧性和安全水平，新增高新技术企业26家、省级科技小巨人企业6家，培育国家科技型、省级创新型中小企业94家，省级“专精特新”企业总量、每万人口发明专利拥有量均居全市第一。314家企业进驻省工业企业供需对接平台，总量居全市第一。11条产业链扩链提质，6条产值实现两位数增长。百威雪津通过增资技改，年产能提升至200万吨，投产全省首个精酿啤酒生产线，成功上榜国家重点用水企业水效领跑者、2022年全省百强企业名单。国圣食品成为全国最大的即食海带生产基地，云度汽车引入战略合作方，年产销量超2000辆，全新智能座舱车型实现量产。百威东南销售、合力泰等2家企业分别入选全省服务业、制造业、战略性新兴企业百强榜单，6家企业入选省重点上市后备企业名单。威诺数控、全冠机械分别列入全国、省内首台（套），华佳彩、钜能电力等2家企业获评全省数字经济领域“瞪羚”创新企业，山河药业等2家企业技术成果分别获省科技进步奖、专利奖三等奖。引进落地平台项目4个，年交易额突破60亿元。开展“全闽乐购·品味涵江”促消费、福建省华侨美食风情文化节等系列活动，发放消费补贴420万元，带动消费超2亿元。

城乡品质提档升级。主动融入闽东北协同发展区和福州都市圈建设，高标准编制滨海新城发展规划，联十一线萩芦溪大桥、G228 滨海风景道涵江段等一批重大交通节点项目加快建设。统筹推进旧城更新，完成老旧小区改造 15 个，开工建设安置房近 4300 套，水环境综合治理等 2 个项目列入省级十大样板工程。深入实施“三千工程”，储备经营性土地 1128 亩、年度出让面积居全市第一，工业用地挂牌出让 1066 亩，盘活闲置工业用地超 1000 亩。引进万达投资集团，规划布局涵江万达综合体，推动欧亚达家具城落地。与省高速集团合作开发赤港服务区双开放项目，投资超百亿元打造“福建特色、全国领先”的交文旅融合发展示范区。加快推进三江口特大桥、紫霄大道、高林街北伸等项目建设，新改扩建片区配套路网 10 公里，“外联内畅”的交通网络逐步形成。完善设施配套，启动白塘湖提升工程，实施福厦路塔桥等 3 处城市易涝点改造，新增停车泊位 510 个，新建口袋公园 5 个，完成市政路灯智能化改造 1.1 万盏。深化环卫“多位一体”化改革，垃圾日收集率达 100%。持续推动木兰溪流域系统治理，创新开展“主题河长日”活动，完成蓝色海湾整治项目建设及互花米草除治任务。新建污水管网 21.4 公里，综合治理河道 41 公里，小流域水质优良率保持 100%。全力推进“莆阳开春”工作，“水上巴士”航线全面贯通，双福村获评中国美丽休闲乡村，大洋乡列入省级“全域生态旅游小镇”名单，白塘湖、东方红水库、苏洋陂入选省第一批河湖文化遗产。严格落实粮食安全责任，全面推行耕地保护“田长制”，出台“稳粮发展十六条”，新建高标准农田 2826 亩，撂荒地整治工作经验在全省推广。建成全省首家中药材科技小院，引进全市首家“稻药轮种”示范项目，培育“五彩萩芦”“我在大洋有亩田”等农文旅融合发展业态，市对区乡村振兴战略实绩考核实现“三连优”。

自身建设全面加强。加强顶层设计、管理赋能，出台安置房建设管理及差价款清收、工业用地出让、工业商贸企业升规纳统、重大项目攻坚等十项重点工作考评机制，全面提升政府工作效能。深化“放管服”改革，推动 116 项行政执法职权下放乡镇。全省率先实现归侨“定居+落户”“姓名变更”一件事套餐和居住证“全区通办”，全市首推“交房即交证”“带押过户”等便民政策，101 项常办事项在“党建+”社区邻里中心实现“就近办”。全面落实政府系统全面从严治党主体责任，坚决做好省委涉粮领域专项巡视等问题整改，推进全区营商环境专项巡察整改落实。办结人大代表建议意见 86 件、政协提案 112 件，办复率均为 100%。扎实推进党风廉政建设和反腐败工作，严格落实中央八项规定及其实施细则精神。

2023 年是全面贯彻党的二十大精神的开局之年，也是莆田建市 40 周年。涵江区要凝聚发展共识，坚定发展信心，汇聚发展合力，以更加饱满的热情、更加昂扬的斗志、更加务实的作风，全面推动各项工作取得新突破。涵江区工作的总体要求是：以习近平新时代中国特色社会主义思想为指导，全面学习贯彻党的二十大精神，深入落实习近平总书记重要讲话重要指示精神，认真落实省委十一届三次全会、市委八届四次全会和区委十届四次全会精神，紧紧围绕统筹推进“五位一体”总体布局和协调推进“四个全面”战略布局，立足新发展阶段、贯彻新发展理念、服务和融入新发展格局，紧扣“四个更大”重要要求，围绕新发展阶段新福建建设，融入全市“一个总抓手、两大支撑、三大战略、四城辉映、五篇文章”建设，全方位推进高质量发展，奋力答好谱写全面建设社会主义现代化国家福建篇章的涵江答卷。全区经济社会发展的主要预期目标是：地区生产总值增长 6.5%，固定资产投资增长 7%以上，农林牧渔业总产值增长 5%，规模以上工业企业增加值增长 6%，社会消费品零售总额增长 8.7%，一般公共预算总收入增长 3%，其中地方一般公共预算收入增长 3.2%，居民人均可支配收入增长 6%，完成节能减排降碳任务。

（摘编：唐启阳）

秀屿区产业经济发展概述

2022年秀屿区坚决贯彻落实习近平总书记重要讲话重要指示批示精神，扎实抓好“两稳一保一防一控”重点工作，较好完成全年各项目标任务，全区经济社会保持平稳健康发展。全年实现地区生产总值430亿元，比增5.8%；规模以上工业总产值870亿元，比增13.8%；全社会固定资产投资405亿元，比增19.2%；财政总收入首次突破30亿元，达30.2亿元，比增6.9%；社会消费品零售总额95亿元，比增11%；农业总产值95.77亿元，比增6.2%；外贸出口总额28亿元，比增10%；实际利用外资1972万美元；居民人均可支配收入29007元，比增7.1%。

这一年，秀屿区创成“国家级水产健康养殖和生态养殖示范区”，荣获“福建省双拥模范城”称号，获得全省乡村振兴重点工作成效明显县区激励，水系连通及水美乡村建设被水利部和财政部评为优秀，第三季度项目工作正向激励考评位列全省各县区第一，成功举办建区二十周年系列庆祝活动，各项事业呈现欣欣向荣之势。产业经济发展的主要成就是：

致力项目攻坚，发展动能积蓄增强。制定完善重点项目推进工作实施方案，坚持每月调度协调、一线办公推进、“提醒单”督促、“红绿旗”评比、“微信群”晾晒5项制度，39个项目顺利开工、25个项目实现竣工、112个项目提速推进，247个重点项目完成投资348亿元，30个省重点项目完成年度投资计划的120.4%、居全市第一，全社会固定资产投资总量、增幅均全市第一。特别是东南沿海最大的涂料生产基地三棵树产业园试投产，永荣CPL二期进入设备调试阶段、全国单产最大的己内酰胺生产基地即将建成，叉车电机行业隐形冠军聚力电机扩建投产，项目建设质效全面提升。要素保障加力突破，“十四五”期间拟建成投产的20个重点用能项目全部取得能评批复，新增专项债资金31.5亿元，对接政策性银行长期限、低利率项目贷款34.7亿元，争取基础设施投资基金9.2亿元。

致力招商选资，产业链条延伸集聚。注重抓龙头、铸链条、建集群，精心培育10条产业链，全市率先绘制产业链“发展全景图”，首家制定企业“发展清单”“服务清单”并在全市推广，重点产业发展清单11个共性指标居全市第一。实行全产业链招商模式，既要顶天立地大项目，也要铺天盖地专精特新项目，签约产业类项目37个，其中开工13个、投产15个，开工、投产项目数均居全市第一。制定出台现代服务业、建筑业扶持政策，实施市场主体纾困解难举措30条，落实减税退税降费18.5亿元、惠企资金1.3亿元。新型功能材料产业，石门澳产业园服务中心挂牌成立市级产业创新中心，永荣科技全市首家获评工信部智能制造优秀场景，总投资98亿元的己二腈、总投资8亿元的益杰新材料2个项目实现签约，石门澳作业区6#9#11#泊位等48个项目加快推进，产值达427亿元，占全市新型功能材料产业产值的57.2%、全市第一，比增39.5%、全市第一。新能源产业，已投产风电总装机容量207.9万KW，年创税收3.8亿元，均居全市第一。圣元生活垃圾焚烧发电厂提级改造等5个项目动工建设、迈锐光伏等4个项目竣工投产，完成投资23.3亿元。生命健康产业，总投资60亿元的鑫玺源、生物制药原料药生产基地等5个项目实现签约，奥言医疗当年度签约、当年度投产、当年度纳税，联东U谷创成全市首个生命健康小微产业园，全市单体面积最大的医养综合体百寿康正式营业，全市单体库容最大冷库栢合冷链物流园主体竣工。工艺美术产业，国家级木材智慧园区综合配套项目加快推进，抖音 QIC 珠宝质检仓实现试运营，第二届香文化产业大会、第三届“七夕”上塘银饰小镇缤纷季、第二届一站式木质家具家居用品集采节等活动成功举办。食品产业，全省首个鲍鱼科技产业园动工建设，壹路鲜伴、皇磊米业、区牲畜定点屠宰场等6个项目实现开工，诚壹实业、环好食品建成投产，“十全食美”南日福鲍宴正式推出，鲍鱼及制品出口量价齐增。鞋服产业，组织企业参与行业标准制定10个、全市第一，龙飞科技等3个项目签约落地，莆田学院华峰产业学院挂牌成立，华峰新材料全市唯一一家获工信部国家技术创新示范企业认定。文旅经济产业，皇帝山沙文化旅游区等6个项目实现签约，文化创意产业园等5个项目开工建设，南日镇、平海社区分别获评省级生态旅游小镇、金牌旅游村，九重山、汀港山创成国家3A级旅游景区，全区接待国内游客280万人次、增长率全市第一。数字经济产业，药械网、屹立智能化等3家企业入选省数字经济核心产业领域创新“瞪羚”企业，佳群科技等6个项目签约落地，平台企业交易额突破320亿元。绿色经济产业，海洋渔业碳汇核算与交易示范基地等2个项目正式签约，中天现代农业等8个项目顺利开工，永荣科技、中锦新材料获评省级“绿色工厂”。

致力逐梦深蓝，海洋经济活力迸发。海洋大区优势凸显，37个项目列入市海洋经济产业年度重点任务，总投资1247.5亿元，年度完成投资165.7亿元、超序时进度9.3个百分点，20个项目签约落地、总投资达386亿元，其中9个项目实现开工，完成产值594.6亿元，占全市海洋经济产业产值的51%、全市第一，比增22.5%、全市第一。积极推进南日岛全域开发，新华社智库经济分析报告《打造福建海洋牧场“南日岛样本”仍需政策助力》得到省委、省政府主要领导批示，南日岛南开公司实现实体化运作，国鲍荟研学中心投入运营，“优选金地标×秀屿南日鲍”、开海节等活动成功举办。深化创建全省首批海洋产业发展示范区，落地全国首例双壳贝类碳汇交易、全国首单村集体海洋碳汇交易，“蓝碳”交易走在全省前列，全省首个海洋牧场通航可视化电子围栏系统建成投用，2.5万口渔排、4.5万亩浮球升级改造全面完成，全球首个漂浮式风电与网箱养殖融合示范项目、全省最大渔旅融合示范项目6万方智能型高端深海养殖装备开工建设，现代渔业迈向集约化、智能化，全年水产品产量62.12万吨、比增5.9%，渔业产值80.71亿元、比增8.5%，产量、产值总量均居全市第一。福建农林大学、中国海洋大学水产科研基地挂牌成立，产学研合作深入开展。

致力优化功能，城乡品质提档升级。“港产城”融合发展持续深化，高铁、城东、物流片区连片开发，国投迎宾府、澳德状元里、柒号院3个品质楼盘相继入市，完成房地产投资42亿元，比增11.4%、全市第一。国道G228、笏石大道开工建设，联十一线加快推进，西马二路一期、西塘街等6条市政道路建成通车，坝津街、毓秀东路、平海湾疏港公路埭头至平海段及溪边连接线4条断头路顺利打通，新建人行天桥2座，“四横四纵”、外联内畅交通格局日趋完善。首个智慧体育公园建成投用，新建口袋公园5个，土海百亩花海新晋热点打卡地，铜锣湾·万达广场盛大开业，商务大厦、建筑业总部大楼揭牌启用，城市建设踏上更高能级。城市管理更加精细，助力全市顺利通过全国文明城市复评。莆田国际物流港启动前期，丰树物流全面完工，智慧电商物流园签约落地，永福电商城初具规模，与湄洲湾职业技术学院达成电商人才战略合作，电商物流产业逐步兴起。乡村振兴全面铺开，“1镇12村”试点不断拓展，编制村庄规划95个，提升产业扶贫基地28个，“镇镇有基地、村村有产业”格局基本形成。深入实施农村建设品质提升行动，大力开展生活垃圾无害化处理，新建污水管网135公里，整治河道11公里，城乡环境持续改善。建立区镇村三级“田长制”责任体系，落实耕地保护制度，强力整治乱占耕地建房，清理整治撂荒地5631亩，建成高标准农田2.18万亩。

（摘编：蔡志轩）

南平市产业经济发展综述

2022年，南平市紧扣迎接和学习宣传贯彻党的二十大这条主线，坚持以习近平新时代中国特色社会主义思想为指导，深入践行习近平总书记对福建、对南平工作的重要讲话重要指示精神，坚持稳中求进工作总基调，坚决落实疫情要防住、经济要稳住、发展要安全的重要要求，着力提高效率、提升效能、提增效益，绿色高质量发展迈出了坚实的步伐。2022年全市地区生产总值2211.8亿元、增长3.8%；一般公共预算总收入147.3亿元、同口径增长4.3%，地方一般公共预算收入104.1亿元、同口径增长9.4%；固定资产投资增长5.1%；社会消费品零售总额791.1亿元、增长4%；居民消费价格总水平涨幅控制在3%以内；城镇居民人均可支配收入41101元、增长4.4%，农村居民人均可支配收入21782元、增长6.6%。一些重要领域、重大项目取得新的突破：荣获国家生态文明建设示范区和林业碳汇试点市，生态文明建设和林长制两项工作获国务院督查激励。南平港正式开港，闽江干流全面复航；沙南高速开工建设；温武吉铁路列入国家“十四五”现代综合交通运输体系发展规划；武夷山机场迁建项目前期取得重大突破，民航部分预可研评审报告上报国家发改委。

一年来产业经济发展主要做了以下工作：

环武夷山国家公园保护发展带加快建设。完成总体规划和3个专项研究编制，构建环带“三防一提升”森林资源联动保护机制，成功争取中央财政国土绿化试点示范、闽西北山地丘陵生物多样性保护、武夷山脉区域生态保护修复、竹林碳中和创新工程等项目，累计争取各类资金215亿元、增长16%；加快实施闽江上游水生态环境治理、环带生态巡护路、风景道等85个亿元以上项目；组织开展“发现武夷之美”活动，“网络名人看武夷”活动全平台阅读量达6.2亿次，开发环带观景科考点26个，启动建设一批国家公园科普教育基地。

“三茶”统筹发展稳步推进。积极推动燕子窠区域打造成全国“三茶”统筹示范标杆，建成绿色生态茶园48.2万亩，评选一批最美生态茶园；成功举办中国（南平）茶科学家论坛、第二届中国武夷红茶国际交流会和首届南平市“万斤好茶等您来”现场交易会等活动，发布《武夷岩茶的品质化学与健康养生功能白皮书》；“武夷岩茶（大红袍）制作技艺”入选联合国教科文组织人类非物质文化遗产代表作名录；“武夷岩茶”“政和白茶”等6个区域公用品牌入选中国百强榜单；茶全产业链产值达410亿元、增长17.1%。

科技特派员制度持续巩固提升。成功举办“学习贯彻习近平总书记关于科技特派员制度重要论述理论研讨会”、科特派创新创业大赛，首个全国骨干科技特派员培训基地成功落地，创建13家科特派院士专家工作站，建成建阳仁山、武夷山燕子窠、延平溪后等9个现场教学点；完善科特派四级服务管理架构，围绕乡村振兴产业链，选派选认科技特派员1029人、团队421个；推行重大项目“揭榜挂帅”机制。

稳市场主体有力有效。制定出台帮助市场主体纾困解难26条、促工业稳增长10条等措施，全面落实组合式税费政策，累计减税降费及退缓税费38.9亿元；深化“双百”活动，建立政银企常态化对接服务和“企业家下午茶、晚餐会”机制，帮助企业协调解决问题1150项，工业企业贷款增长23.2%；规上企业研发费用投入增长12%，新认定国家级高新技术企业、知识产权优势企业122

家；新增省级以上“专精特新”和制造业单项冠军企业22家、数字经济“未来独角兽”“瞪羚”企业16家、企业技术中心5家；圣农白羽肉鸡育种与产业应用工程研究中心、氟新材料创新中心升格为省级创新平台。新培育“四上”企业616家、上市后备企业18家，远翔新材料在创业板成功上市。深化新一代信息技术与制造业融合发展，推进太阳电缆、帝盛科技等一批工业企业技改升级，经营效益有效提升。

产业集聚日益显现。聚焦“五个一”等生态优势产业补链强链延链，新落地开工或投产竹产业链项目48个、茶产业链项目42个、水产业链项目15个、食品加工产业链项目193个、文旅产业链项目45个；全国竹产业高质量发展示范市、中国竹工机械产业基地、中国竹产业协会竹家居与装饰分会、省竹木产业工业设计研究院落地我市，邵武荣获“中国竹家居之都”，龙竹科技、祥福工艺入选中国竹产业品牌企业十强；发布《环武夷山国家公园保护发展带水资源白皮书》，福酒集团挂牌运行；“圣泽901”成功推向国内原种鸡市场；出台武夷山主景区免门票政策，创新推出国家公园探秘游、“山盟海誓”等旅游线路和产品，建成武夷山崇溪漫步道特色观景台，打造提升武夷山国家公园十大打卡点；加强与携程等OTA平台合作，上线“南平大武夷星球号”，上架“五个100”放心产品，我市上榜国内出游地热门前十；建阳考亭获评国家级夜间文旅消费集聚区，新增3家国家4A级旅游景区。

园区平台建设加力推进。继续实施园区标准化建设三年行动，推行工业标准地出让，15个园区基础设施和生产生活配套项目加快推进，建成工业标准厂房94.4万平方米；积极盘活批而未供和低效闲置土地2.2万亩，园区亩均产值、税收分别增长17.2%、11%。南平工业园区标准化考评排名全省前五，获省上通报表扬。

项目攻坚进一步增强。坚持大抓项目、抓大项目，深入开展“三大攻坚行动”，武夷山、建瓯、邵武、浦城、光泽获全省项目工作正向激励奖。抢抓政策“窗口期”，谋划重大项目317个、总投资1013亿元，获批地方政府专项债项目244个、债券资金149.6亿元，开工率93.9%，资金使用率居全省前列。

招商引资成效显著。实施“一把手”招商、产业链招商、以商招商，成功举办第三届资管峰会，积极参加进博会、数字中国峰会、“9·8”投洽会、“6·18”项目成果交易会，组织开展小分队招商，选派干部驻沪常态化招商，新签约落地天成纺织新材料、福美医药、联华冻眠食品等亿元以上产业项目152个、总投资585亿元，其中5亿元以上项目42个。

加紧推进项目落实。新开工美新科技、永太六氟磷酸锂、华祥苑茶博城等省市重点项目156个，三爱富氟新材料、瑞和白茶庄园、城乡供水一体化等233个省市重点项目加快建设；永和新材料、圣农加工六厂、熊宝科技等62个亿元以上产业项目投产，年可增加工业产值200亿元以上；顺昌棚户区（危旧房）改造、林职院江南校区二期、松溪生态养老康复中心等350个城建或社会事业项目建成。

城乡品质进一步提升。以“办好省运会、争创文明城”为契机，大力实施城市更新和旧城综合改造百日攻坚行动，推进以县城为重要载体的城镇化建设取得实质性突破，采取“房票”安置等形式，完成拆迁面积222万平方米；改造各类棚户区3286套、老旧小区3.5万户，改造新建城市道路118.4公里、绿道152公里，新建污水、雨水、供水等各类管网415公里，新增公园绿地187.7公顷、公共停车泊位3385个；制定南平市风貌管控意见，完成全域规模化花化彩化1.5万亩，打造景观带23条。谋划实施城市建设品质提升项目759个，累计完成投资349.6亿元，占年计划的111.4%；武夷新区、延平、邵武、武夷山分别获省城乡品质提升、城镇老旧小区改造等正向激励。坚持双核驱动，武夷新区林后大街、童游大街、建平大道等城市主干道景观提升全面完成，周垄水库备用水源、云谷公园、赤岸幼儿园等一批基础设施和公共服务配套项目相继建成；生态食品产业园、智慧物流园、汽车驾训产业园、职教园加快建设，华润怡宝、益优园食品等项目开工建设，武夷山水城、闽铝轻量化三期、恒冰物流等项目建成投产或运营。建阳街道析置工作顺利完成，连接新老城的潭阳大桥、潭阳隧道建成通车，医卫产业园一批ES纤维产业链项目相继投产。延平中心城市建设协同推进，改造危旧片区3个、老旧小区16个，惠及群众1.86万户；工业路改造二期、李侗支路（一期）建成通车，闽北中医重点专科大楼顺利竣工，九峰隧道、南福路快速通道等项目突破制约多年的要素瓶颈，取得实质性进展；南平工业园区物联网电池产业园、爱克太尔等13个产业项目开工建设，闽职院、南平技师学院、喜马拉雅等产学研融合项目签约入园，新港路二期、开元实验学校、新城医院等一批市政基础和公共服务项目加快实施，产城融合态势日益凸显。

加快推进乡村振兴。深化农业农村工作机制，持续推进乡村振兴"一二三四"机制，制定稳定发展粮食生产的若干措施，开展"齐心共耕希望田"活动，新建高标准农田22.5万亩，复耕复种撂荒闲置地6万亩，完成粮食播种面281.17万亩、总产量118.49万吨；推进种业创新，茶树种质资源圃加快建设，全省首个百合种质资源圃建成；争取国家支持扩种烟叶，收购增长27.3%；完善农村土地流转服务平台，土地流转率提升至41.5%；97%以上乡镇通达三级及以上公路，80%以上乡镇实现半小时内上高速；完成农村危旧房、违建房、裸房"三房同治"5564栋；浦城入选国家乡村振兴示范县和国家农业现代化示范区，松溪、顺昌乡村振兴热度指数居全省前十。

生态环境质量持续优化。坚决打好污染防治攻坚战，从严从实整改生态环保督察反馈问题，空气、水等生态环境质量保持全省第一，建瓯、武夷山、松溪、政和入选全国百佳深呼吸小城名单，邵武获批全国"两山"实践创新基地。

改革开放激发发展活力。"放管服"改革持续深化，出台"便利南平"12条措施，推动262项惠企政策"免申即享"，创新推出45件便民利企"一件事"套餐改革，走在全省前列；全面推广"e政务"，群众、企业办事"三减三提升"居全省前列，新登记法人企业数增长8.2%。集体林权制度改革加快推进，实施全国林业改革发展综合试点市建设，"森林生态银行"股份合作经营面积新增5.1万亩，实现县域全覆盖。绿色金融改革试验区加快建设，"绿色转型贷""林下经营权贷""林业碳汇贷""科特贷"等金融产品提质扩面，绿色信贷余额增长120%、全省第二。国企改革三年行动扎实推进，新一轮市属国有企业整合重组顺利完成，武夷发展集团获评全市首个AA+主体信用等级，市属国企累计融资余额增长13.3%。市直行政事业单位闲置国有资产加快处置，国资经营质效稳步提升。财政管理改革不断深化，实施零基预算改革和预算管理一体化系统建设，7个县（市）进入财政部县级财政管理绩效综合评价全国前110名。

对外开放持续扩大。全省首家台商独资公用型保税仓正式开仓，举办海峡两岸纪念"延平王"郑成功收复台湾360周年等25场次对台交流活动。获批设立国家跨境电子商务综合试验区，武夷山国际货运班列常态化运行，全市进出口总额157.1亿元、增长2.5%。

加强政府自身建设。坚持以政治建设为统领，以实际行动忠诚拥护"两个确立"、坚决做到"两个维护"。严格依法行政，加强重点领域立法，提请审议地方性法规2件，修改废止行政规范性文件13件，办理市人大代表议案建议162件、政协提案267件，办复率100%，"厚植法治护绿根基赋能生态文明建设"获批全国法治政府建设示范项目。传承弘扬廖俊波同志优良作风，健全重点工作闭环落实和"晾晒"考评、点对点通报、绿色发展与绩效管理等机制，开展"吃喝风"顽疾、"躺平式"干部、"宽松软"执法、"老好人"思想等问题整治，干部作风明显改进。

2023年南平市经济社会发展的主要预期目标是：全市地区生产总值增长6%，固定资产投资增长6%，一般公共预算总收入增长5%，地方一般公共预算收入增长5%，出口增长4%，实际利用外资增长8%，社会消费品零售总额增长7%，城镇居民、农村居民人均可支配收入分别增长7%、7.5%，单位GDP能耗控制在省下达目标内，粮食总产量稳定在118.4万吨以上。

（摘编：赵远）

延平区产业经济发展概述

2022年，是党和国家历史上极为重要的一年，举世瞩目的党的二十大胜利召开，全面建设社会主义现代化国家新征程迈出坚实步伐，举国上下欢欣鼓舞，延平儿女感恩奋进。2022年也是延平发展历史上极不平凡的一年，新冠肺炎疫情反复、经济下行压力和自然灾害等超预期影响，延平区坚持以习近平新时代中国特色社会主义思想为指导，全面落实“疫情要防住、经济要稳住、发展要安全”重要要求，深入实施“三提三效”行动，紧扣“12335”行动和“10+6”重点工作，砥砺奋进、勇毅前行，干成了许多大事难事实事，经济社会保持稳中向好发展态势。

这一年，市区联动温暖民心。市委、市政府始终关心和支持延平发展，组建市区一体工作专班，一月一梳理一推进解决延平城区公共服务及民生领域问题，江南学校、正荣片区路灯、朱熹路步道等2批22个民生补短板项目正有序推进落实；无偿调剂市委原大院、市政府大楼等一批办公场所；无偿移交南武体育馆、文体路体育场等一批文体设施运营管理权；下放19项城市管理职能、11项城市建设职能、170项审批服务事项，市区联动成果进一步惠及全区人民。

这一年，“二次创业”激励人心。时隔26年，延平“二次创业”再出发，全区广大干群，齐心发扬时任省委副书记的习近平同志1996年在延平调研时充分肯定的“二次创业”的精神，迅速掀起推进延平绿色高质量发展热潮。3个月内攻坚完成了17.45万平方米片区开发拆迁任务，啃下南福路快速通道、新城港区码头两个制约多年的征迁“硬骨头”；承接招引了福州等地转移的长辉新材料等15个关联产业好项目，太平混合抽蓄等3个超15亿元大项目正式签约；“十个聚力”境外电信涉诈劝返做法获国务院联席办高度肯定。

这一年，捷报频传鼓舞信心。长富乳品成功入选农业产业化国家重点龙头企业，华孚电器获评国家级专精特新“小巨人”企业；闽江干流航道正式复航、延平新城港区开港，500吨级货船实现通江达海；全区6项主要经济指标名列全市前茅，GDP迈上450亿元新台阶；一般公共预算收入、地方一般公共预算收入同口径分别增长5.1%、16.3%，增速分别位于全市第3、第1；农林牧渔总产值增长7.1%，全市第1；存贷款余额连续15年全市第1。

一年来，产业经济发展着重抓好以下方面工作：

工业产业提档升级。实施技改项目48个，技改投资比增6.94%，全市第1。新增国家级专精特新“小巨人”企业1家，省级“专精特新”中小企业2家、“科技小巨人”企业2家、制造业单项冠军产品1项，省、市知识产权优势企业5家。新培育鑫元竹木等“新建投”企业3家、远拓电气等“小升规”企业5家，电线电缆、林产化工两大重点产业集群实现逆势发展，预计产值增速分别超35%、20%。

特色农业做强做优。出台稳粮措施十二条，累计投入4849万元建设高标准农田2.13万亩，复耕复种撂荒地8756亩，粮食产量达5.9万吨。落地全国首个规模化菌草微生物农业生产系统——“菌草家园”；建成生态茶园示范片7个；百合花种植面积达1.2万亩，商品种球规模突破70万粒；50个农产品获绿色食品认证，鸿瑞现代农业产业园建成投产。

三产发展态势良好。新增限上商贸企业45家、规上服务业企业5家。推出茫荡山避暑康养、南山地下航线等精品文旅线路6条，成功举办纪念郑成功收复台湾360周年活动，承办省运会拳击等3个项目赛事，预计实现旅游总收入90亿元，比增4.09%。

重点改革迈出新步伐。重组成立国投、产投、文旅“三大集团”，盘活城市公共停车场特许经营权等专项资产7.6亿元。成立区工业发展中心，理顺区、乡（镇）两级运行机制，盘活闲置土地268.9亩，新建标准化厂房1.58万平方米。深化财政审计、预算绩效、金融服务、国资监管“四个中心”一体化建设，调减非必要性预算项目98个6800多万元。全面落实财政保障教师、医卫等机关事业单位津补贴和退休人员生活补贴约3.3亿元，下放乡（镇）、街道行政执法事项394项。

重点项目提速提效。出台向上争取资金《奖励办法》，争取中央、省级预算内项目资金6.5亿元，债券资金4.2亿元，有效支撑了重点项目建设。人民医院八仙院区等4个项目列入国家“十四五”102项重大项目盘子；元力环保用活性炭等6个闽东北协同发展重点项目加快建设，累计投资10.84亿元。46个在建省、市重点项目完成投资45.54亿元，新开工9项，新竣工18项。

招商引资成效明显。出台《招商选资工作导则》，“一把手”招商2亿元以上项目11个，总投资91.96亿元，勇锋光伏玻璃等3个项目开工建设；新签约落地5000万以上项目41个，总投资43.6亿元。推动保温、酒店、游乐三大特色产业加速回归，酒店业协会顺利成立，预计保温产业年产值突破49.5亿元，税收1.84亿元。全年引进建筑企业1家，新增入库资质等级建筑业企业17家。

市场主体活力增强。深化“百名局长帮百企”活动，出台9个方面41条稳经济一揽子政策措施，累计减免国有房租376户、644万元，“退减缓免”各类税费4.06亿元，新增市场主体1万多户。在全市率先开展“企业家下午茶、晚餐会”活动，解决市场主体问题82个。推出“政企直通车”服务，19项“免申即享”政策上线运行，“信易贷”授信金额5.82亿元。

城市品质不断提升。实施城市建设品质提升项目68个，工业路改造（二期）、李侗支路等重大基础设施建成投用。16个老旧小区改造项目有序推进，累计完成投资约1.6亿元，惠及1.86万户，南铝绿色社区建设样板项目通过省级考核验收并获正向激励300万元。智慧城管二期顺利建成，城市管理问题处置率达95%以上；设置生活垃圾分类收集点257个，建成区覆盖率100%。

乡村振兴有力实施。完成农村建设品质提升工程18项，新改建“四好农村路”54.7公里、道路安防设施400公里、乡镇污水管网23.3公里、安全生态水系11.3公里，整治裸房1150栋，获评省级美丽庭院111家，乡镇千兆光网和5G网络覆盖率达85%以上。投资9300多万元新建乡村振兴试点示范项目84个，“人人都是科特派”小程序上线运行，王台“科特派”入选省级乡村振兴精品示范带。创成省级“一村一品”示范村3个，省级乡村治理示范镇1个、示范村19个。新增国家级农民合作示范社6家、省级示范社29家、省级产业化示范联合体3个。积极对接财政、改革办、国安办、供销社、消防救援总队等省直挂钩共建单位，以及对口协作莆田市秀屿区，支持农村基础设施、公共服务、特色优势产业培育等方面项目64个、资金1.32亿元。

生态环境持续优化。从严从实抓好生态环保督察反馈问题整改，空气环境质量连续7年位居全省设区市第1；主要河流和重点小流域水质达Ⅲ类以上，水源地水质达标率100%；转移处置各类危废1.86万吨。因地制宜打造规模化花化彩化面积4.4万平方米，种植各类树种3.7万株。新增省级气候康养福地1个、最美古树群2处。加快推进松材线虫病防控工作，新造林2万亩，森林覆盖率74.47%。

2023年延平区经济社会发展主要预期目标是：地区生产总值增长6%；财政两项收入均增长5%；固定资产投资增长6%；外贸出口增长4%，实际利用外资增长5%；社会消费品零售总额增长6%；城镇居民、农村居民人均可支配收入分别增长6.5%和5%。

（摘编：曾文升）

建阳区产业经济发展概述

2022年，建阳区坚持以习近平新时代中国特色社会主义思想为指导，深入贯彻落实习近平总书记来闽考察重要讲话精神，按照“市区一体、绿色发展、产业强区、书香建阳”发展思路，全方位推进建阳绿色高质量发展。全区实现生产总值282.6亿元、增长4%，农林牧渔业总产值79.5亿元、增长5.5%，规模工业增加值增长8%，固定资产投资增长3%，建筑业总产值增长10%，公共财政总收入18.52亿元、下降6.1%，地方公共财政收入14.32亿元、增长5%，社会消费品零售总额102亿元、增长6%，外贸出口总值增长18.9%，城镇居民人均可支配收入42420元、增长4.2%，农村居民人均可支配收入21970元、增长6.5%。

一年来产业经济发展主要成效有：

产业承载平台基础更加牢固。出台加快工业经济绿色高质量发展实施意见、全力抗击疫情助企业促发展十五条措施等政策，精准帮扶企业入规纳统，新增“四上”企业95家，申报产值65亿元。加快推进经开区开发建设，建成标准（定制）厂房33.4万平方米、生活与商务配套项目13万平方米，新增投产企业14家、满产产值超80亿元，亩均税收达到21万元，超过省级经济开发区创建标准。精细化工产业园顺利通过省级安全风险等级评估复核，安全风险等级升格至C级。黄坑竹循环产业园、漳墩小白茶文化产业园实现突破，土地征收成片开发方案获省政府批复，成功引进香江茶业、京挺现代化茶业观光工厂等14个项目。竹木产业工业设计研究院完成竹设备研发12台（套），成功申报实用新型专利36项、发明专利6项，通过省级研究院专家评审课题5个，即将获批成为全国唯一的省级竹木产业工业设计研究院。

龙头企业带动效应持续增强。强化企业创新主体地位，入库国家科技型中小企业45家，新增国家高新技术企业7家。新入选省科技小巨人企业5家、数字经济领域“瞪羚”企业5家、“专精特新”企业2家，汽车锻压件厂工字前轴被认定为省级制造业单项冠军产品。依托龙头企业推进主导产业成链成群，精细化工产业稳步提质，青华科技、金石氟业含氟精细化学品项目实现投产，产品链条进一步向高端和下游延伸，金石氟业成功申报省级企业技术中心、获评国家级“专精特新”小巨人企业；竹木产业做优做强，龙竹科技入选中国竹产业品牌企业十强榜单；医卫材料产业园“纤维-无纺布-终端个人护理卫品”链条已经形成，5家建成投产企业满产产值超25亿元，新签约医卫上下游及支链产业配套项目13项、总投资超70亿元。

消费市场活力迸发。响应“全闽乐购”促消费行动，开展“迎省运畅游建阳”系列活动，拉动汽车、家电等大宗商品消费6000余万元。积极开拓海外市场，实现外贸出口17亿元。规范引导电商直播行业发展，获评“中国直播电商发展示范城市”。融合夜间文旅休闲元素，打造“建阳味”夜市经济，考亭文化和旅游集聚区获评国家级夜间文化和旅游消费集聚区。考亭旅游度假区、三色书坊景区被列为全国首批非遗与旅游融合发展优选项目。

文旅产业蓬勃发展。建盏图像识别溯源系统具备上线运行条件，建盏产业生产基地进入国土空间规划，矿土资源探转采稳步推进，福建省建盏（黑釉瓷）产品质量检验中心投入运营。《地理标志证明商标 建阳建盏》团体标准正式发布，完成首批10家建盏行业知识产权优势企业评选。不断拓展“特色文化+旅游”发展空间，实施全域智慧旅游提升工程，开发智慧导览系统，打造“不忘初心、牢记使命”红色追忆之旅、“寻大儒朱熹·品理学精髓”朱子文化研学之旅、大潭职工示范线路等10余条精品旅游线路，麻阳溪畔赏花休闲游入选全国乡村旅游精品路线。推出“建本拓福”“五福建盏”等“福文化”融合产品。

项目工作高质高效。深入开展三大攻坚行动和“七赛七比”活动，建立“一把手”六抓项目工作机制，46项省市重点项目完成投资超60亿元，全年开工项目128项、总投资192亿元，竣工项目76项、总投资115亿元。鼓励区属国有企业提升信用评级，增强投融资能力，城投集团获评2A信用等级。抢抓金融政策窗口期，运用国家进一步盘活存量资产扩大有效投资政策，争取政策性银行资金支持33亿元；加强项目策划和向上争跑，获得上级预算内投资补助项目550项、17亿元，政府债券项目38项、22亿元。举办工业发展大会暨“招商升华年”行动启动仪式，持续开展“小分队”招商，创新推行“链长制”精准招商，聘请龙头企业负责人担任产业链链长，成功签约建发云智慧中央仓、特步制造基地等2亿元以上“一把手”招商项目7项，其中5亿元以上5项。5000万元以上招商项目转开工27项、总投资70亿元。做优基金招商平台，新组建闽招等产业投资基金3支、总规模25亿元，带动温州天成、康明克斯机电设备等优质项目签约落地。

城市品质持续改善。坚持集中连片规模化实施城市更新，在全市率先完成旧城改造片区开发“百日攻坚”行动任务，17个片区累计征收土地1800亩、拆除建筑72万平方米。引入国内高水平规划设计团队，全过程陪伴式跟踪服务重点片区规划提升。城市功能日臻完善。完成绿化提升126万平方米，新建各类管网约50公里，新建改扩建城市主次干道8条、城市公园7个、农贸市场8家、公厕9座，新增及改造路灯5000余盏；注重保护延续城市历史文脉，谋划实施大潭城墙公园、芥菜主题公园、工业遗产记忆博物馆、古树名木保护等一批“留文留魂留绿”项目。落实市委、市政府“办好省运会、共创文明城”部署，实施“创城迎省运”城市品质提升项目256项、完成投资25亿元。

农业农村迸发新活力。建阳区入选全省乡村振兴重点工作成效明显县（区）名单，成为获得上级激励资金1200万元的8个县之一。粮食安全底线和耕地保护红线全面守牢。超额完成全年47.4万亩、20.9万吨的粮食生产目标任务。创建优质稻品种核心展示示范区16片，辐射推广优质稻36.8万亩。下达耕地地力保护、实际种粮农民一次性补贴、储备粮订单直补、农机购置补贴等惠农资金6866万元。严守46.4万亩耕地红线，扎实推进耕地撂荒整治，开展“齐心共耕希望田”活动，复耕耕地6354亩，累计建成高标准农田8万亩。崇雒村烟叶产能提升及烟后稻制种产业基地被列为国家级烟区综合体示范基地。乡村特色产业不断壮大。扎实推进“三茶”统筹发展，打造绿色生态茶园6.2万亩。开展首届小白茶宴特色名菜征集评选、“建阳小白茶北方行”等活动，打响“建阳小白茶”品牌知名度。“建阳麻沙扁溪草莓”成功注册地理标志证明商标，黄坑镇商会荣膺全国“四好”商会。以科技创新助推现代农业发展，深化科技特派员制度，“科特派+”服务模式获人民日报等重要媒体刊登报道，全国科特派学院仁山村、吉翔牧业现场教学点投入使用，新建成崇雒安然家庭农场、麻沙水南、回龙均中等3个现场教学点。

生态文明建设再上新台阶。环武夷山国家公园保护发展带建设成效初显，实施五大行动项目29项、完成投资11亿元。交通环线全面贯通，高标准建成黄坑集镇至先锋岭、小油岭至回潭等风景道6条、65公里，县道860麻桐线入选全省首批最美乡村“福”路。加快发展风景经济，围绕发现“武夷之美”，谋划黄坑坳头观景平台、九峰村塘头服务驿站等项目79项、总投资超120亿元。生态环境保护水平全面提升。全力抓好四大环保突出问题整改，二氧化硫浓度同比下降31%，塔山污水处理厂年平均进水浓度和污水收集率实现“双达标”。

（摘编：陈闽声）

邵武市产业经济发展概述

2022年，邵武市坚持以习近平新时代中国特色社会主义思想为指导，扎实做好“两稳一保一防”等重点工作，全市经济运行稳中有进，各项事业取得新的成效。据统计，全市地区生产总值268亿元、增长5.5%，农林牧渔业增加值增长4.5%，规模以上工业增加值增长6%，社会消费品零售总额增长6%，一般公共预算总收入16.4亿元、同口径增长8.5%，地方一般公共预算收入13亿元、同口径增长11.3%，城镇居民、农村居民人均可支配收入分别增长4%、6%。县域经济综合竞争力进入全国300强，荣获国字号“绿水青山就是金山银山”实践创新基地金字招牌，获评“中国竹家居之都”、省林竹碳中和示范县、闽台乡建乡创合作样板县，成为南平首个省级青年发展型县域试点。氟新材料创新中心获评省级制造业创新平台。

一年来，产业经济发展的主要工作和成效是：

产业发展提质增效。政策支撑更加有力，顶格落实上级稳经济政策，全面落实组合式税费政策，制定出台抗疫助企16条，以及推进工业、竹产业、第三产业高质量发展等一揽子措施，多措并举稳市场主体、保产业链供应链，全年累计减免退缓税费9.2亿元，新增“四上”企业60家、市场主体5965户。

工业经济发展壮大。规模以上工业总产值增长7.7%，年产值亿元以上企业达81家；新增工业类项目47个，总投资104.1亿元；5家全球前20强氟新材料企业在邵武投资落户并陆续建成投产，新材料产业集群效应初显；远翔新材登陆深交所，本土企业上市工作实现零突破。新材料和林产工业等主导产业产值增长19.7%，占全市规模工业比重达55.7%；27家战略新兴产业产值增长48.5%，14家高新技术企业产值增长30.6%。新增省级工业龙头企业2家、制造业单项冠军1家、“专精特新”中小企业3家、科技小巨人领军企业4家；永晶科技获评国家级企业技术中心，味家家居获评国家知识产权优势企业和国家小型微型企业创业创新示范基地；“知竹网”竹产业互联网平台正式上线。

农业生产稳中有进。制定稳定粮食生产若干措施，新建高标准农田3.7万亩，复耕复种撂荒闲置地5304.3亩，粮食生产目标任务全面完成；大力推进种业创新，水稻制种面积达4.3万亩，居全省第二；改造提升生态茶园3.3万亩，“三茶”融合发展加快推进；烟叶生产扩面提质，种植面积增加13.3%，带动农户增收4980万元；新增农民专业合作社31家、家庭农场34家；深化闽台融合发展，新引进台资企业4家。

第三产业稳步发展。实施和平古镇、云灵山、金坑红色小镇等一批文旅品质提升项目，金坑村被评为全国红色名村，龙斗村被评为省级金牌旅游村，和平镇张三丰故里通过中国历史人文旅游地标基地认证，全市旅游总人数和总收入分别增长7.3%、3.3%。永太、永晶、卓理入选省数字经济核心产业领域“独角兽”“瞪羚”创新企业，数字经济增加值增长8.7%。龙祥汽贸物流仓储二期建成试运营，智慧物流园、合莱来等商贸项目加速推进，农产品冷链物流体系不断完善。举办抖音直播大赛、“全闽乐购”和“邵武百味”美食评选等活动，有效激发消费活力，全年网络销售额增长47.7%。

发展动力有效激活。稳步推进重点领域改革，国企改革三年行动圆满收官，国建发公司获评AA主体信用等级；集体林权改革不断深化，发放全省首本“林下经营权证”和首笔“林下经营权证”抵押贷款；巩固提升科技特派员制度，成立科特派院士工作站2个，建成科特派展示馆。持续深化“放管服”改革。出台“便利邵武十二条”，“免申即享”政策达24项，政务服务全程网办率达75.5%，一趟不用跑事项占比达80.1%；创新“项目落地一件事”，从审批到开工实现“全程办”“并联办”，永庚科技从意向签约到开工建设仅用3个月，跑出了“邵武加速度”。千方百计助企纾困，常态化开展“企业家下午茶、晚餐会”活动，真心实意帮助企业解决困难问题；搭建政银企对接平台，促成银企签约项目65个，放贷金额达4.8亿元。

项目建设全面提速。深入开展重大项目、“一把手”招商、征地拆迁“三大攻坚”行动，综合考评连续三个季度居南平第一，第二季度项目工作获省级正向激励。建立健全项目入园专家与部门联审机制，推行交地即颁证、交地即开工，75个省市重点项目完成投资110亿元，一中新校区、格林生物等27个项目开工，三爱富、福豆新材料、城乡供水一体化等28个项目加快建设，永和新材料、热电联产等20个项目建成投产，温武吉铁路列入国家“十四五”现代综合交通运输体系发展规划；争取上级各类资金21.5亿元、债券资金16.3亿元，分别增长18%、40%。

招商引资全面提效。持续开展“一把手”招商、产业链招商，推动招商引资向择商选资转变，全年引进5000万元以上项目50个、总投资108.9亿元，新签约落地科润、永瑞等亿元以上产业项目11个，其中5亿元以上项目7个。

园区平台全面提档。金塘工业园区、经济开发区两园合并升格，智慧园区、应急救援中心、景观提升等项目加快推进，综合管廊架、事故应急池、企业职工公寓等项目建成投用，发展承载力不断提升。先后与福州大学、西安近代化学研究所等建立战略合作关系，搭建产学研用一体化平台；成立高质量发展人才顾问团，为产业发展把脉会诊、建智献策；首次设立“人才日”，推动人才链和产业链精准对接。

全面推进城市更新。以“喜迎二十大、办好省运会、争创文明城”活动为抓手，大力开展城乡建设品质提升行动，组织实施旧城改造片区开发百日攻坚，采取“房票”安置等形式，完成拆迁29万平方米；李纲西路、八一中路、五四北路完成“白改黑”；智慧停车一期建成投用，新增公共停车位1027个，新（改）建雨水、污水管网36.5公里；改造提升西门街区和52个老旧小区，惠及居民1.5万户；福山红飘带健康漫道、城区总水厂等项目主体工程基本完工；实施重要节点花化彩化15.4万平方米，城乡建设品质提升和老旧小区改造两项工作获得省正向激励。扎实开展城市精细化管理六大行动，城市治理水平不断提升。

加快推进乡村建设。打造南平市级“一带N点”示范带2条，新增四好农村路32公里，94.7%以上乡镇通达三级以上公路，整治“三房”140栋，造林2.6万亩，森林覆盖率达78.95%；新增省级“一村一品”专业村3个、森林村3个、乡村治理示范村（镇）17个，云灵山入选国家级森林康养试点建设基地，拿口千岭湖、水北二都获评省级森林康养基地。

全面强化污染防治。持续深化“河湖长制”，严厉打击河道非法采砂、电毒炸鱼等行为；吴家塘污水处理厂、城市生活污水处理厂完成提标，出水水质达到一级A标准；餐厨垃圾收运处置一体化项目建成投用，生活垃圾焚烧发电厂、莆常垃圾转运站等项目加快建设；各级生态环保督察反馈问题得到有效整改，全年空气质量优良天数比例达100%，主要流域、小流域优良水质比例达100%。

2023年是全面贯彻落实党的二十大精神的开局之年，是实施“十四五”规划承上启下的关键一年，经济社会发展的主要预期目标是：全市地区生产总值增长6%，农林牧渔业增加值增长4.5%，规模以上工业增加值增长6%，一般公共预算总收入增长26%，地方一般公共预算收入增长6%，社会消费品零售总额增长6%，外贸出口增长3%；城镇居民、农村居民人均可支配收入分别增长6.5%、7%；单位GDP能耗控制在上级下达的目标内。

（摘编：邓新民）

武夷山市产业经济发展概述

2022年，武夷山市深入学习贯彻党的二十大和习近平总书记来闽考察重要讲话精神，创新开展“大学习、大攻坚、大比拼、大夯实”行动和“文旅提效年”活动，全市经济社会保持平稳健康发展。全市实现地区生产总值233.22亿元，增长3.8%；一般公共预算总收入13.09亿元，增长3.8%。地方一般公共预算收入9.69亿元，增长5.5%；固定资产投资比降8.5%；城镇居民人均可支配收入43420元，增长7%；农村居民人均可支配收入24224元，增长8%。城镇登记失业率控制在3.4%以内。

一些重要领域、重点工作取得新的突破：武夷岩茶（大红袍）制作技艺入选人类非物质文化遗产代表作名录，武夷山成为唯一“三世遗”城市。燕子窠茶园基地列入国家“三茶”统筹综合标准化示范区项目，“无化肥无化学农药”生态茶园建设入选全国绿色发展典型案例。获国务院批准设立国家跨境电子商务综合试验区。荣获首批国家知识产权强县建设试点县。位列2021年全国“农产品数字化百强县”第3，县域数字乡村指数全国第14、全省第2。入选省级棚户区改造工作评价优异县。

一年来，武夷山市聚焦习近平总书记四个方面重要指示，专班推进、创新突破，取得了积极成效。

生态文明建设方面，列入全省“无废城市”建设试点城市、省级地质灾害防治和生态修复工作优秀县。实施环武夷山国家公园保护发展带项目49项，累计完成投资42.56亿元。整治提升东溪水库水质，拔除违法违规开垦茶山2827.69亩，整改卫片图斑142宗，拆除“两违”建筑20.1万平方米，处置散养生猪1953头、治理水土流失4.56万亩。完成国土绿化1.15万亩、规模化绿化花化彩化改造提升6023亩、松林改造5.15万亩。扎实推进化肥农药减量增效行动，化肥、农药使用量同比均减少4%。先行先试推进碳达峰碳中和，建立“森林生态银行”示范点3个，试点水稻资源开发农业碳汇，交易林业碳汇3万吨。建成黄龙岩省级自然保护区宣教中心标本馆。

“三茶”统筹方面，武夷岩茶连续6年位列中国茶叶类区域品牌价值第2位。正山小种入选2022年农业品牌精品培育计划。荣获2022年度茶业助力乡村振兴示范县域、茶业百强县称号。成立茶叶学会，发布《武夷岩茶品质化学与健康养生功能》白皮书，制定《斗茶赛》《武夷岩茶冲泡与品鉴茶具》团体标准。成功举办“茶和天下 共享非遗”之“福茶香飘”主题活动。正山茶业综合实践区、武夷星智能产品中心、中茶武夷山工厂开业投产；华祥苑茶博城落地开工；中国武夷茶博物馆、“三茶”统筹展示馆、中国茶树种质资源圃等一批项目加快推进。建成绿色生态茶园11万亩，新增“小升规”茶企7家，茶产业税收1.16亿元，增长9.5%。

科特派助力乡村振兴方面，在首届南平市科技特派员创新创业大赛中获奖数量排名南平第2。完成科技特派员信息共享平台建设，实现管理服务数字化。选认省级科技特派员44人、团队科特派16个，实现茶产业链各环节科特派服务全覆盖。创新开展“四百兴村”活动，实现全市115个行政村科技服务全覆盖，促进村财增收900余万元。3名科技特派员获得省级表彰，争取“科特贷”1200万元。

文化传承创新发展方面，启动武夷岩茶重要农业文化遗产申报。当溪、红旗渠入选首批福建省河湖文化遗产，岚谷熏鹅和竹编技艺列入第七批省级非物质文化遗产。

一年来，产业经济发展还做了以下工作：

聚力稳增长，发展活力竞相迸发。出台助企纾困十四条、营商环境十二条等一揽子政策措施，兑现留抵退税资金 2.01 亿元，下达各类直达补助资金 6.9 亿元，发放助企纾困政策补助资金 5409 万元，337 家企业获“信易贷”平台融资贷款 34.86 亿元。盘活国有资产，创新林权贷、农地贷、停车场专营权贷等项目，融资 9.7 亿元。工业用电量增长 6.52%，公路运输周转量增长 2.4%。R&D 经费投入 1.53 亿元，培育科技型中小企业 17 家，认定省级科技小巨人企业 3 家。社会消费品零售总额增长 5.7%。中欧班列开行 19 列，货值 4.02 亿元。

聚力增后劲，“三大攻坚”有力推进。一季度获得全省“五个一批”项目正向激励，三季度“三大攻坚”综合排名南平第 2。组建 4 支招商小分队，设立“招商专员”，新引进华瑞洲际酒店、凯溢时代包装智造中心等 5000 万元以上产业项目 50 个，总投资 80.6 亿元，岚境岚悦观景度假酒店等一批项目开工建设，“一把手”招商攻坚行动排名南平前列。42 个省、南平市重点项目完成投资 67.7 亿元，占年度计划 109.5%。争取各类政策资金 10.22 亿元、债券资金 21.39 亿元。完成土地征收 2732 亩、报批 2697 亩、供地 3051 亩，处置批而未供土地 281.8 亩。

聚力促发展，文旅经济强劲复苏。创新推出武夷山主景区免门票优惠政策，出台扩大旅游市场消费 12 条政策措施保市场主体。组建文旅产业发展顾问团、人才库，成立文旅经济研究院。旅游发展股份公司列入省重点上市后备企业。引进飞越福建、3D 裸眼、星巴克、室内射击场、鹅岛啤酒等新产品新业态，推出武夷茶宴等百道武夷风味特色菜，打造 5 处露营地、6 个网红观景台、6 个大众茶馆、60 个共享茶空间。设立主题邮局、特色邮筒，推出国家公园纪念币、纪念邮票等文创产品。盘活改造、提档升级 13 家民宿酒店，打响武夷山居品牌。开展“网络名人看武夷”“山盟海誓·恋在武夷”“山水连心·大红闽宁”等系列文旅推介活动，中央、省级媒体新闻曝光 941 条。武夷山入选“2022 美丽中国·深呼吸小城”“2022 健康中国·康养旅游百强县”、省级森林康养城市。武夷宫宋街入选福建省特色步行街，星村镇入选全省全域生态旅游小镇，五一村获评省级金牌旅游村。“文旅茶融合打造消费新地标”入选全国城市旅游优秀案例。武夷山上榜国内出游地热门前十，日益成为游客向往的旅游“优选地”。

聚力提品质，城市面貌焕然一新。实施城市品质提升项目 77 个，完成投资 40.38 亿元，占年度计划 109.43%。完成崇安街、大同街、兴山路、水厂路、金盘亭路等道路提级改造，加快推进西快线、崇阳溪生态巡护绿道等项目。崇东大桥建成通车，景区轻轨接驳站、工人文化宫投入使用，完成中山路示范段立面改造。实行闽 H 牌照 9 座以下一类客车市内高速路段免费通行政策。改造老旧小区 59 个，惠及 2900 户。推进度假区改造提升，实施透绿工程。新建停车场 6 个，新增停车泊位 1226 个，新建改造城市雨水管网 10 公里、污水管网 18 公里、市政燃气管网 17.2 公里；新建垃圾分类屋（亭）100 座。

聚力夯基础，乡村振兴扎实推进。落实粮食安全双首长责任制，粮食播种面积 22.5 万亩、产量 9.9 万吨。整治撂荒耕地 3366.43 亩，整改“耕地流出”1712 亩，新改建高标准农田 3.2 万亩。建立粮食作物绿色高质高效示范片 29 个、4500 亩，水稻新品种试验点 18 个、3840 亩。实施乡村品质提升项目 16 个，完成投资 2.79 亿元，占年度计划 132.86%。大力推进马城线、西快线、星桐线、五夫翁墩至上梅荷墩公路工程、星村特色小镇等项目建设。完成农村生活污水智慧监管试点。编制村庄规划 24 个，新建改造管网 33 公里，建设农村公路 36.3 公里，改造危桥 5 座，整治裸房 200 栋。兴田镇入选省级商务特色镇，6 个项目列入全省首批县域商业建设行动。桐木村获评全国“一村一品”示范村、兴贤村上榜中国美丽休闲乡村。

（摘编：陈闽声）

建瓯市产业经济发展概述

2022年，建瓯市坚持以习近平新时代中国特色社会主义思想为指导，锚定“千年建州·理学名城”定位，加快“五个一”战略发展，经济社会发展平稳有序。全年完成地区生产总值312.73亿元，增长4.7%；固定资产投资增长8%；一般公共预算总收入15.13亿元，同口径增长3.3%；地方一般公共预算收入11.56亿元，同口径增长8.8%；规模工业增加值增长4.7%；社会消费品零售总额161.67亿元，增长3.5%；外贸出口总额28.9亿元，增长13.2%；城镇居民人均可支配收入40777元，增长4.3%；农村居民人均可支配收入23462元，增长8.5%。一年来，产业经济发展主要做了以下工作：

要素保障显力显效。资金争取总量取得突破，全年争取各类资金总额超77亿元，居南平第一，有力保障重点项目建设，为全市经济社会发展提供充裕的财政支持。其中，累计争取债券资金25亿元，居南平第二，获全省利用限额空间发行第二批地方政府专项债5.4亿元，占批次总额15%，居全省95个县（市、区）额度第一；争取上级专项资金25.1亿元，总额南平第一，增速南平第三，获全省最高档额度一次性财力补助；谋划智慧城市公共泊位提升改造等项目，银行贷款授信27.2亿元。土地要素保障显著增强。启动总投资10亿元高标准农田及农业综合提升项目，新增耕地面积2085亩；完成批而未供土地处置683.6亩，农转用报批490亩，出让建设用地511亩；新增招商台地500亩，“腾笼换鸟”6家，盘活用地257亩；构建三级征迁体系，理学名城等项目不到20天100%签约，累计征迁984户、28.4万平方米。行政审批“一趟不用跑”事项占比92.3%，优化营商环境工作前三季度考评居南平第一。

绿色产业提质提效。林产工业加快发展。“圣象系”美新科技开工建设，圣象集团首家To B智慧工厂、毛家女机制炭等项目竣工投产，福人木业、利树股份完成搬迁技改，周氏生物科技等30家企业获评科技型中小企业；碳达峰碳中和工作迈出扎实步伐，毛竹林FSC森林认证58万亩，启动国有林森林经营碳汇开发11万亩，国际竹藤中心全国竹林“四库”建设示范区落户建瓯；申报国家生态文明试验区林竹碳中和创新工程，入选省林业“碳中和”重点建设县、竹产业一二三产融合发展重点县。白酒产业顺势启航。组建福建省酒业股份有限公司，成立福酒研究院，与四川轻化工大学开展校地合作，建设酿酒专用粮实验基地，举办首届福酒高质量发展峰会，重磅推出“福酱”新品，发布《建瓯市酱酒生产环境分析白皮书》《建州酒典》；中华福酱文博园万吨洞藏储酒基地建成，双龙戏珠桐源基地（一期）竣工投产；黄华山酿酒获评“第七届福建省政府质量奖”，福矛酒业入选“中国酒业百强”榜单，再次斩获巴拿马万国博览会金奖，双龙戏珠获评省科技小巨人企业；酒业营销收入超5亿元、税收翻番。“三茶”发展深度融合。召开“三茶”高质量发展大会，启动“1+5”北苑复兴计划，北苑贡茶文化中心、闽台同根茶园（二期）建成，北苑御焙遗址列入第二批省级考古遗址公园；改造绿色生态茶园8.3万亩，小桥甘源茶山获评南平最美绿色生态茶园，3片茶园获评南平绿色生态茶园示范基地；新增SC、绿标等茶企8家，“东峰矮脚乌龙”“北苑贡茶”入选中国品牌价值评价区域品牌（地理标志）百强榜。现代物流加速崛起。列入南平港规划，多式联运产业基地开工建设，农产品冷链物流项目（一期）竣工；鲲鹏物流、宏创通联合打造“多式联运+网络货运”新模式，引进好运联联智慧专车总部项目；大力发展电商产业，闽北电商快递分拨中心（一期）建成运营。打响“建州味道”品牌。成立美食研究院，发布第一批“建州味道”美食标准体系，开设示范店 14 家；成功举办福建旅游美食季（主会场）及第二届中国（建瓯）美食文化旅游节暨八闽美食嘉年华活动，入选美食文化地标城市。

项目建设实干实效。落实“三化运作、专班推进、挂图作战、四单管理”项目闭环机制，开展“项目谋划大比拼”活动，新增入库项目 300 个，总投资 270 亿元。其中，亿元以上项目 68 个，地方政府专项债入库项目 31 个；省、南平市重点项目 47 个，完成投资 58.6 亿元，获省一季度“五个一批”正向激励。突出“一把手”招商、“以商招商”“产业链招商”，签约 5000 万元以上产业项目 47 个，其中，10 亿元以上项目 2 个；七贡农产品、美和家居等一批项目实现当年签约、当年开工。“一区多园”发展持续推进，南雅、东游、房道、龙村等竹材初级加工区加快建设；根雕家居城建成标准厂房 15.5 万平方米，入驻企业 46 家；城东园污水处理厂试运营，丰乐园污水处理厂主体工程竣工；工业园区综合实力显著增强，全省排名前移 9 位，提升至第 32 位，入选省第五批绿色园区。

城市建设有力有效。制定完善片区发展规划，明确定位建州新区、柳坑片区、水南片区、城北片区分别为教育产业区、物流产业区、文化休闲区、康养型居住区。古城开发方案编制完成，确定“两个门户、三条街区、五个文化节点”保护开发思路，谋划项目 12 个总投资 48.5 亿元。启动铁井栏-紫芝街历史文化街区等 6 个保护与活化项目建设，通仙门历史风貌等 2 个片区开发快速推进。创新推行“房票”机制，在南平首创“电子房票”，房票安置率 50.5%，13.5 亿元征迁补偿资金全部发放到位。实施城乡建设品质提升项目 93 个，邮电局宿舍等 10 个老旧小区、曙光路等 6 条道路“白改黑”、弓鱼枢纽重要节点等基础设施完成改造提升；画卦路等 10 条道路缆线下地，水西桥头等 5 个口袋公园建成，花化彩化绿化 1 万平方米；新增公共停车位 710 个。龙船塘保障房项目竣工，保修厂棚户区改造项目有序推进。西环路、城乡供水一体化、溪仔路等项目开工建设，三江口大桥、水南二桥主桥合拢，闽江防洪工程南平段三期城西段竣工，垃圾综合处理厂建成投入使用。被确定为省城乡历史文化保护传承试点县。

乡村振兴增速增效。严格落实粮食安全责任制，整治撂荒地 5977 亩，建设高标准农田 4.6 万亩，耕地经营权流转 21.2 万亩，粮食生产任务全面完成。突出科技引领。推进小松现代农业科技示范先导区建设，推广“稻渔共生”“鱼茶共养”等生态种养模式；强化科技特派员支撑，试点示范玉米等高产、优质、绿色农作物品种 25 个；新增社会化服务主体 5 家，俊丰食用菌等 4 家企业列入省级农业物联网应用基地储备项目。入选全国供销总社“整县推进乡镇为农服务综合体”试点县。加强农产品质量监管，创建省级示范基地 6 个，新增绿色食品认证 7 件。硒望园入选省第一批无公害产品，陶然生态园入选省休闲农业示范点，圆旺元种子集团获评“国家农作物品种展示评价基地”。乡村建设扎实推进。完成 78 个行政村国土空间规划和党城村、裴桥村历史文化名村保护规划，保护修缮 16 个传统村落、33 处历史文化建筑，巧溪村、霞溪村入选中国传统村落；持续整治既有裸房，打造“美丽庭院”101 个；新改建农村公路 52.4 公里，生命防护工程 80 公里；13 个乡镇实现镇区千兆光纤和 5G 网络覆盖。落实“河长制”，农村生活污水提升治理项目有序推进，7 个乡镇生活污水实行市场化运营，溪东溪安全生态水系、高阳溪中小流域治理等项目竣工。全面推行“林长制”，《建瓯市国家森林城市总体规划》编制完成，人工造林、林分修复、森林抚育 13 万亩，生态林管护机制在全省推广。获评“美丽中国·深呼吸小城”称号，入围“健康中国·康养旅游百强县”。小桥获评省级森林城镇。

（摘编：蔡志轩）

顺昌县产业经济发展概述

2022年顺昌县深入学习贯彻习近平新时代中国特色社会主义思想和党的二十大精神，高效统筹疫情防控和经济社会发展，扎实抓好“两稳一保一防”工作，经济运行总体平稳。全县生产总值147亿元，增长4.1%；农林牧渔业总产值36.36亿元，增长5.3%；规上工业增加值增长4.2%，社会消费品零售总额35.3亿元，增长4%；固定资产投资增长8.5%；财政总收入7.97亿元，地方财政收入6.18亿元，同口径分别增长1.8%和18.2%；外贸出口16亿元，增长9.8%；城镇居民人均可支配收入37781元，农村居民人均可支配收入21041元，分别增长4.7%和7.4%。三次产业结构预计由2021年末的15.3 ∶ 34.9 ∶ 49.8调整为14.1 ∶ 35.6 ∶ 50.3。产业经济发展主要做了以下工作：

大力发展实体经济，产业基础进一步夯实。加快建设“两大平台”，金山新材料产业园通过福建省第二批化工园区安全风险排查评估C级评定，工业供水、污水处理、特勤消防站、公共事故应急池、智慧园区一期等项目完工，入驻企业11家；浙商（中国）出口家具产业园建成一期标准厂房21万平方米，签约企业8家。积极服务市场主体，全面落实组合式税费政策，累计减税降费及退缓税费2.5亿元；出台积极应对疫情影响助企纾困若干措施，常态化举办企业家“下午茶、晚餐会”活动，帮助企业协调解决办证、融资等事项75项；积极融入知识产权强国建设，虹润精密仪器有限公司、升升木业有限公司入选“国家知识产权优势企业”；深入实施质量强县战略，升升木业荣获“第五届南平市政府质量奖”称号；支持企业增资扩产、创新发展，12项省市重点工业技改项目完成投资16.85亿元，规上企业研发费用投入增长18%，申报高新技术企业4家、科技型中小企业15家；开展“全闽乐购·大圣祖地·零碳顺昌”福利购活动，中山城商贸综合体开业，上亿国际商贸城竣工；新增“四上”企业31家。有效盘活闲置资产，在洋口、建西、元坑、郑坊等乡镇落地小微企业孵化园、轻工业产业园、生态食品冷链物流园、建筑材料回收利用、海峡研学教育基地等项目，累计盘活利用闲置用地395亩。着力发展文旅产业，完成五圣形象IP设计，推出大圣酒、大圣茶、大圣橘、大圣宴等大圣系列产品和消费品牌，成功举办“顺昌大圣信俗文化活动周”“大圣祖地 福味顺昌”地方特色美食展；全县3A级旅游景区智慧语音导览系统投入使用；元坑镇东郊村入选第六批中国传统村落名录；高阳乡大富村获评福建省“气候康养福地”；洋口东方军革命旧址入选第七批省级爱国主义教育基地，洋口红色旅游小镇成功创建国家4A级旅游景区，并入选福建省全域生态旅游小镇。

探索“双碳”实践路径，生态优势进一步凸显。创新生态环境治理机制，实行“河长办+公安、检察院、法院”联动机制，严厉打击河湖“五乱三非”问题，县检察院党组书记、检察长李培昌同志入选全国百名“最美河湖卫士”；组建生态联合执法中心，强力整治生态环境领域突出问题；扩容生态修复资金，成立“绿色发展修复补偿资金”，对节能减排降耗的企业给予生态补偿。推动林业改革发展，全面落实林长制，科学防治松材线虫病，实施森林质量精准提升工程，完成植树造林8449亩、森林抚育约5万亩，全县森林覆盖率80.37%，县林业局获评“全省造林绿化工作先进集体”，县国有林场党总支书记赵刚源同志荣获“福建林业改革发展20年突出贡献个人”称号。探索“公司+合作社+家庭林场+农户”经营模式，培育林业产业利益共同体，升升杉多多农业产业化联合体入选省级农业产业化联合体。拓展森林生态产品价值实现，依托“森林生态银行”，推广“四个一”林业合作经营模式，建成12个村级平台，累计导入资金9.37亿元，惠及涉林企业、林农7976户；深挖林业碳汇项目潜力，实施VCS标准的国际林业碳汇项目，成立零碳环保公益基金会，“一元碳汇”首次在香港2022年国际环保博览会参展，并与中国银河国际控股有限公司、联谊工程（国际控股）有限公司签署购销合同，开创“一元碳汇”跨境销售新局面。

全力推进“三大攻坚”，有效投资进一步扩大。深化重大项目攻坚，实施省市重点项目31项，当年完成投资43.98亿元。昌福（厦）高铁项目启动预可研，完成顺昌境内线路走向前期研究工作。沙南高速（顺昌段）全面开工，沙南高速埔上、洋墩2个互通及接线工程动工建设。沙南高速新增合掌岩互通及服务区工程完工，并入选“省重点建设优胜项目”。济盛玺新材料、添裕生物新材料、张源水库、城乡供水一体化等一批重点项目有序推进。全年新增入库项目352项。实施“一把手”招商攻坚，围绕主导产业延链、补链、强链和新兴产业破题，招商签约总投资5000万元以上项目41项，生物循环经济产业园等39个项目落地开工。强化征地拆迁攻坚，实施旧城改造片区开发，完成征迁13.19万平方米。用活用足房票政策，带动房地产销售4.4万平方米。工业园区金山片区成片开发方案获批，总面积2117.52亩。全年供地1362.13亩，其中处置批而未供土地448.36亩，有效保障金山新材料产业园危化品停车场（一期）等18个重点项目用地需求。

注重统筹协调发展，城乡品质进一步提升。加速推进宜居城市建设，坚持“规划绘城、品质建城、文化塑城、匠心治城、融合兴城”的发展理念，高质量推进国土空间规划编制工作，基本实现中心城区控规全覆盖；加快推进城西、城北、余坊、龙湖湾等片区开发建设，体育中心、文化艺术中心投入使用，城西片区（危旧房）改造二期、庙前安置房竣工，城南造纸厂片区棚户区（危房）改造、县委党校搬迁等项目有序推进；提升公园绿地11.2公顷，新建绿道11公里，建成口袋公园4个，新建或改造城区雨污管网22公里，城区污水处理厂二期投入运行；实行网格化街区管理，大力整治“两违”、占道经营、违规停放车辆等乱象；启动“无废城市”建设，实施环卫一体化服务项目，开展城区垃圾分类示范片区创建工作，县城建设向更高品质迈进。深入实施乡村振兴战略，坚持产业引领、科技赋能，成立绿色高质量发展科技创新委员会、乡村振兴科研与创业孵化中心，与福建农林大学、福建农科院、福建农职院、华侨大学、清华启迪集团等科研院校及企业建立合作关系，推进巨菌草综合化利用，探索零碳循环农业发展模式。选任省级个人科技特派员32名、团队科特派7个，充实乡村产业振兴科技力量，《顺昌县杉木产业全产业链机制创新》荣获省科技厅科特派工作优秀案例，高允旺同志荣获福建省“最美科技特派员”称号。抓好“三茶”统筹发展，建成绿色生态茶园1881亩。建立顺昌县农村土地经营权流转服务平台，促进农业规模化经营，全年新增流转土地1.7万亩。加强特色农产品品牌建设，“顺昌闽北花猪”入选“全国名特优新农产品”名录。严守粮食安全底线，完成粮食播种面积12.675万亩、产量5.39万吨，新建高标准农田1.2万亩。实施县级土地开发项目，新增耕地3496亩，同时引入保险机制、设立综合开发基金，有力保障新增耕地长效管护运营。完成乡镇生活污水处理设施市场化建设运营，实施农村生活污水治理工程，乡村环境持续改善。扎实开展防止返贫监测工作，持续巩固拓展脱贫攻坚成果。与泉州市丰泽区深化“山海协作”，11个乡村振兴试点示范村建设有序推进。顺昌县2022年度乡村振兴热度指数评价综合排名全省第5，连续两年进入全省前列。

（摘编：周少雄）

浦城县产业经济发展概述

2022年，浦城县坚持以习近平新时代中国特色社会主义思想为指导，创新开展“城市提升年”“园区建设年”“产业招商年”活动，圆满完成了全年的目标任务，成功入选国家级农业现代化示范区、国家乡村振兴示范县创建名单，全县经济运行承压稳行、稳中向好。全年完成地区生产总值188.6亿元，增长3.8%；一般公共财政预算收入10.4亿元，与上年持平；地方一般公共财政预算收入7.6亿元，增长5.0%；社会消费品零售总额47.26亿元，增长5.0%；县本级固定资产投资116.4亿元，增长8.0%；规模以上工业增加值增长3.5%；城镇居民人均可支配收入39303元，增长7.0%；农村居民人均可支配收入20322元，增长8.0%；外贸出口总值7.95亿元，增长8.68%。一年来，产业经济发展主要做了以下工作：

现代农业提质增效。坚决扛起维护粮食安全的政治责任，出台加强粮食生产十二条等惠农稳粮政策，统筹3000余万元资金推进粮食生产。推进“非农化”“非粮化”整治6998亩、撂荒地整治14362亩，全年完成高标准农田建设5.4万亩，连续三年位居全省第一；完成粮食播种面积47.73万亩，产量达21.18万吨，位居全省前列；全程机械化种植再生稻6万亩，居全省首位；“浦城大米”品牌价值达360.52亿元。特色农业发展态势良好，全年生猪出栏15.7万头，圣农肉鸡出栏1.6亿羽；烟叶种植2.9万亩，完成收购7.57万担，比增45.3%，实现烟叶税2820万元；完成冬种油菜6万亩。入选全国主要农作物生产全程机械化示范县，成为全省唯一的第三次全国土壤普查试点县，试点进度居全国前列。

特色工业不断壮大。县本级62家规模工业企业累计实现产值突破百亿元，新增规上工业企业9家，工业投资增幅和技改投资增幅均位居全市前列。深入开展“园区建设年”活动，集中实施14个总投资11.3亿元的基础设施项目，浦城工业园化工集中区通过省级安全风险排查和分级评估，列入省级化学原料药产业集群重点建设园区。圣农（浦城）二期9000万羽肉鸡项目生熟一体化智慧工厂开工建设，浦圣预制菜产业园，福美医药年产4.12万吨降压药、降血糖药及医药中间体项目，蒙正生物年产3000吨素食氨糖保健食品项目，闽创科技年产40万吨铜铝精密制品产业基地等一批产业项目加速推进。

三产潜力持续释放。开展5场“全闽乐购·福见浦城”促销费活动，进一步提振消费信心。不断培育壮大市场主体，全年新增限上商贸企业30家。房地产市场总体平稳，出台安居购房补贴政策，持续激活改善性购房需求，在建房地产项目加快推进，全年房地产投资预计完成16.42亿元，商品房销售面积25.82万平方米。发挥金融“活水”精准滴灌作用，发放乡村振兴贷款1.55亿元，发放无抵押振兴贷1.02亿元、增幅13.2%，成立兴农融资担保公司，全县金融机构各项存款、贷款余额大幅度增长，预计分别增长为17.03%、28.71%，居全市前列。

重点改革深入推进。大手笔推进国资国企改革，32家县属国有企业整合重组为浦开、浦盛2家国有集团公司，资产总额50亿元，有力促进国有资本和国有企业做强做优做大。深化“放管服”改革，工程建设项目103项行政许可事项实行“一网通办”，95个全国高频事项“跨省通办”，更新推出38个“一件事”套餐。

创新驱动更加有力。新增7家科技小巨人企业、20家科技型中小企业，6家企业申报国家高新技术企业。绿康、正大通过国家知识产权优势企业复核，铭塔玩具、永芳香料成为省级新一代信息技术与制造业融合发展典型应用案例企业，4家企业获批专利质押贷款5375万元。新引进确认省市高层次人才7人，选派省级科技特派29名，新发放“科特贷”19笔1175万元。

对外交流成效较好。实现闽浙赣皖四省边际城市128个事项“跨省通办”。深化山海协作，厦门湖里区对口帮扶资金1600万元，支持浦城县民生基础设施、共建产业园区、乡村振兴产业项目等领域建设。3个总投资26.1亿元的项目在闽商大会、厦门投洽会签约。第18届省粮洽会对接落实2个央企招商项目、总投资18.4亿元。

招商引资有新突破。开展“产业招商年”活动，深化“一把手招商”“乡贤招商”“以商招商”等工作机制，全年新引进5000万元以上产业项目60个、总投资112.49亿元，其中2亿元以上新签约并开工项目8个、总投资31.24亿元。

要素保障有新提升。全面落实国家留抵退税等减税降费政策，追加工业产业基金2000万元，扩增企业“振兴贷”规模至2亿元。举办企业家“下午茶、晚餐会”活动17场，协调解决企业生产经营困难238个。投资项目备案事项实现全流程网办，审批时限压减至20%以下，“即办”事项占比达83.95%。全年完成用地报批2877.4亩，供地1361.98亩。争取地方政府专项债券项目36项、26.71亿元，数量和金额均居全市第一。

项目工作有新进展。全县新谋划亿元以上项目56个、总投资170.8亿元，32个在建省市重点项目完成投资41.75亿元、超年度计划12.5个百分点。王家洲水库顺利下闸蓄水，生活垃圾焚烧发电厂、浦潭园区热电联产、福能三爱富（浦城）矿业等项目建成投产，城乡供水一体化项目完成管道铺设22公里，东区水厂日供水1.5万吨扩建项目投入使用。

新城功能不断完善。持续推进新型城镇化建设，71个城市建设品质提升项目、12个样板项目和56个“城市提升年”重点项目有序推进，完成投资65.06亿元，城乡“颜值气质”全面提升。浦城新城梦笔西路、西岩山路等11条总长约7公里市政道路建成通车，梦笔大道提升改造、马莲河两岸景观提升、丹桂广场提升改造等项目基本完成，新城群众出行更加方便，环境更加优美。全民健身中心、行政服务中心、博物馆、档案馆、文化馆、大剧院建成投入使用，美术馆、图书馆基本建成，城市功能更趋完善。

城市更新力度加大。兴浦东区、松鹤小区等4个老旧小区改造项目基本完成，南浦北路片区、怡园片区等4个老旧小区改造加快推进，完成投资2.25亿元、惠及8286户居民。建成上水南安置小区、大众影院棚改安置房等6个棚改安置项目。将城市片区开发作为一号工程，县四套班子领导尽锐出战，广大党员干部勠力攻坚，在人民群众的理解支持下，我们仅用不到3个月的时间，基本完成南浦、千里马、虹桥（龟山）等3个片区房屋征收任务，共签约1529户、32.94万平方米，拆迁1451户、30.83万平方米。

乡村建设成效明显。实施农村人居环境整治提升五年行动，完成74个村庄规划编制，整治裸房246栋，改建农村厕所240户，新建25公里乡镇污水管网，创建绿盈乡村234个。建成“四好农村公路”25公里，改造危桥4座，投入5000万元整治提升国、省道沿线“穿村过镇”“平交路口”等道路交通安全问题，205国道沿线增设26个公交停靠站。

生态屏障更加稳固。深入贯彻习近平生态文明思想，坚持生态优先，不折不扣落实生态环保目标责任，城区空气质量优良天数比例达99.3%，6项污染物指标达到国家二级标准，县乡两级集中式饮用水水源地、国控和省控断面水质达标率均达100%。推行林长+“三长”机制，守好森林生态资源，森林覆盖率达76.99%。严格落实河湖长制，各级河长累计巡河10.81万次、解决河道问题4152处，成功入选国家水土保持示范县。

（摘编：周少雄）

光泽县产业经济发展概述

2022年，光泽县以迎接、宣传、贯彻党的二十大为主线，聚焦“中国生态食品城”战略定位，坚决落实疫情要防住、经济要稳住、发展要安全的重要要求，认真实施“三提三效”行动，扎实做好“两稳一保一防”等重点工作，绿色高质量发展取得新成效。全县地区生产总值131亿元、增长6.0%；农林牧渔业总产值93.5亿元，增长5.1%；规模以上工业增加值增长8.5%；一般公共预算总收入6.68亿元、同口径下降7.1%，地方一般公共预算收入4.83亿元、同口径增长8.2%；固定资产投资增长10.1%；实际利用外资增长247.5%；社会消费品零售总额26.1亿元、增长10.0%；出口总额7.6亿元，增长23.2%；城镇居民人均可支配收入38300元、增长6.5%，农村居民人均可支配收入18780元、增长8.0%。城镇登记失业率控制在5.0%以内。产业经济发展主要做了以下工作：

绿色产业发展量质齐升。坚持扶引大龙头、培育大集群、发展大产业，圣农千亿产业集群效应凸显，圣农肉鸡加工六厂提前建成投产，圣农发展品牌价值再破百亿，圣农集团再次上榜中国民营企业500强；成立白羽肉鸡行业首家国际性研究院，“圣泽901”国内市场份额稳步提高，父母代种鸡雏自用与对外销售600万套；鸡肉产品成功打入东盟十国、中亚五国等市场，在全省首家获得冷冻禽肉企业“香港通行证”；三大系列预制菜产品进一步优化扩充，累计完成销售额近10亿元；圣新能源进入投产试运营，圣农养殖场屋顶分布式光伏项目实现部分网点并网发电。特色产业扩量升级，武夷山矿泉水二期全面投产，泽汇渔业一期产品投放市场，“以数字赋能促生态稻渔产业绿色发展”“依托水优势激活‘水美经济’”入选福建省绿色经济发展典型案例。

项目支撑动能持续增强。树牢大抓项目、抓大项目鲜明导向，29个省、市重点项目完成投资34.94亿元，占年度计划108.5%；西关叉口至李坊石城村道路改建、梅树湾大桥建成投用，县委党校异地新建项目完成主体工程，和顺工业园供热工程一期、圣农种鸡饲养场新建等项目序时推进，项目工作获第三季度全省正向激励。推行聘请乡贤代理招商、委托招商等新模式，引进超5000万元招商项目34个、2亿元以上项目8个，签约落地央地合作项目4个。全年出让商住用地4宗224.25亩，落实耕地占补平衡140.81亩，率先超额完成年度批而未供土地处置任务，在全省批而未供和闲置土地处置视频会上作先进经验典型发言。

市场主体活力有效激发。惠企政策持续叠加，全面落实国务院、省、市稳住经济一揽子政策，制定进一步帮助市场主体纾困解难等措施25条，新增减、退、缓税费超1.27亿元，兑现各类惠企奖补资金3411万元。破解难题精准高效，推行企业家“下午茶·晚餐会”，组织全县38个部门领导“一对一”“点对点”挂钩帮扶40家重点工业企业，争取省中小微企业纾困增产增效专项资金贷款6731万元，成功申报绿色企业（项目）27家。消费市场复苏向好，开展“全闽乐购”促消费、美食嘉年华等活动，新培育限上商贸业25家、规上服务业企业2家。

重大改革蹄疾步稳。国企改革取得阶段性成果，红杉国有投资集团及其下设的城建、城运、城服三大板块公司挂牌运营，开展行政事业单位经营性资产登记确权，企业清产核资基本完成，资产净核增7.66亿元。有序推进行政执法和行政复议体制改革，下放乡镇行政执法第一批清单。行政服务中心完成搬迁和标准化建设，形成15分钟便民服务办事圈。获授市级科技特派员示范基地和现场教学点3个，为18家企业（合作社）发放“科特贷”1097万元。“水生态产品价值转化新路径”“农村生活污水提升治理新路径”典型案例分别在《人民日报》《中国水利报》等媒介刊登推介。

协调联动创新发展。创新要素加速集聚，“自主培育白羽肉鸡新品种破解种源‘卡脖子’难题”在全省唯一入选全国农业生产“三品一标”典型案例，“圣泽901”白羽鸡种源项目荣获“2022年度科技成果转化贡献奖”，圣泽生物获评国家级禽白血病净化场，新获批国家知识产权优势企业2家、省级科技小巨人企业2家、省级科技企业孵化器1家。帮扶共建成效明显，争取城乡饮水、水土保持、中小河流治理等水利建设资金4798万元，与厦门大学结对开展第一批“百校联百县兴千村”行动，与惠安县山海协作持续增进，县总医院与福建医科大学附属协和医院建立县域医共体能力提升对口帮扶机制。对外交流更为密切，成立香港光泽联谊会，成功举办“十四五”时期“无废城市”建设高端研讨会。

城市品质大幅提升。聚力打造闽赣边界幸福小城，注重规划引领、点面结合，城市集聚力和承载力全面提升。实施旧城片区改造，累计拆迁面积16.2万平方米，采用房票签约12.16万平方米，完成中山南路、二一七路片区等老旧小区改造9.45万平方米，打造特色街巷5条。城市颜值不断升级，实施花化彩化提升项目919亩，建成花海公园、口袋公园17个，人均公园绿地面积达11.39平方米。城乡供水一体化项目稳步推进，新扩建水厂2个，铺设管网42公里，受益人口达6.5万。城区人口密集区域及乡镇主街道实现5G信号全覆盖。

乡村振兴拓面提质。扎实做好巩固拓展脱贫攻坚成果同乡村振兴有效衔接，圣农集团等龙头企业产业链延展植入乡村，实现“产业带村”66个，带动村财增收400万元以上，带动更多人走向共同富裕。全力保障粮食安全，开展“齐心共耕希望田”活动，粮食播种面积和总产量分别达到15.33万亩、6.32万吨，蔬果播种面积稳定在7.8万亩以上，粮油和应急物资储备建设项目主体工程基本完工，建成农产品产地冷藏保鲜设施30个，获全国农产品产地冷藏保鲜整县推进实施县奖补资金1200万元。落实“三茶”统筹理念，建成绿色生态茶园面积3.23万亩，福茶网红茶仓落地光泽，成功发布光泽红茶系列团体标准，获授同心杯两岸青年乡村振兴研修营研习基地。大力发展林下经济，全县林下经济产业规模达5.49万亩，华桥乡获评省级林下经济重点（示范）乡镇。

城乡环境不断改善。污染防治工作成效明显，县域空气质量优良比例达99.7%，全流域水质优良比例达100%，重要流域和饮用水源水质达标率100%，获省级农村生活污水治理“以奖代补”专项资金800万元，成立闽江流域首家县级幸福河湖促进会，“河长制”工作连续6年居全市前三。人居环境质量大幅提升，整治农村危房、裸房等404栋，建成垃圾分类屋（亭）90座，华桥乡获评第二批省级乡村治理示范乡镇。乡村基础设施不断完善，完成高标准农田建设3500亩、抛荒地复垦3964亩，改造提升“四好农村路”44.6公里，新建乡村生态漫步道3.5公里，饶坪溪获批福建省第十一批省级水利风景区，油溪村入选福建省美丽休闲乡村。

生态效益日益彰显。深度融入环武夷山国家公园保护发展带建设，武夷山国家公园西大门及综合服务区、杉关生态示范园和富屯溪防洪提升、北溪流域综合治理等项目落地实施，承办“关注森林·探秘武夷—走进光泽”武夷山国家公园生态科考活动，在“护”与“促”中实现绿色发展。加快畅通省际边界节点，谋划生成“环线”项目6个、规划里程267.74公里，山头村至江西冷水镇公路开工建设，316国道和顺工业园区改线项目有序推进，“一环四通道”建设成势见效。拓宽生态产品价值实现路径，探索“生态资产权益抵押+项目贷”模式，有偿流转国有林场商品林5.77万亩，发放林下贷款1.88亿元，绿色贷款余额增量、增速均居全市首位。

（摘编：蔡志轩）

松溪县产业经济发展概述

2022年松溪县坚持以习近平新时代中国特色社会主义思想为指导，以“三提三效”“三大攻坚”等行动为抓手，高效统筹疫情防控和经济社会发展，全方位推进绿色高质量发展超迈上新台阶。全年实现各项指标平稳增长，全县地区生产总值90.45亿元、增长3.6%。社会消费品零售总额37.7亿元、增长4.5%；一般公共预算总收入4.05亿元、同口径增长8.56%，地方一般公共预算收入首次突破3亿元、同口径增长12.67%；城镇居民人均可支配收入36005元、增长3.8%，农村居民人均可支配收入16924元、增长7.0%。这一年，成功纳入福建省综合性生态保护补偿，获评“美丽中国·深呼吸小城”。湛卢山、龙头山旅游公路顺利建成，松溪人民多年夙愿得以实现。推动总投资11亿元的涤纶短纤循环经济产业园落地建设，新型纺织专业园标准化厂房主体工程基本完成。乡村振兴热度指数综合排名全省第2，圆满举办第三届中国（松溪）茶商大会，获评“中国茶业百强县”，“松溪九龙大白茶”成功注册国家地理标志证明商标。

一年来产业经济发展的主要工作是：

经济运行态势良好。全力稳住市场主体，配套出台“稳住经济一揽子”“促进工业经济稳增长”等惠企政策，推进免申即享、应享快享，退税减税、缓缴社保费等各项政策累计为市场主体减负1.35亿元；落实再贷款延期、稳企纾困专项贷款等普惠金融政策，各项贷款余额增长15%；深化“双百”服务机制，开展“企业家下午茶、晚餐会”活动，帮助企业解决增资扩产、资金周转等各类问题48个；大力培育经济新增长点，年内净增“四上”企业41家。“三驾马车”扩量增效，抢抓国家盘活存量资产政策窗口，谋划实施农业综合开发、森林资源高质量发展等项目，获批政策性贷款6.5亿元，有效推动存量资产和新增投资良性循环；开展全闽乐购促消费活动，出台城区购房补贴、房票安置等政策支持刚性和改善性住房需求；促进外贸保稳提质，30家实际从事外贸企业出口总额5.4亿元、同比增长26%。

产业升级步伐加快。工业经济提质增效，闽瑞新合纤被认定为全国专精特新“小巨人”企业，闽松纤维棉型再生涤纶短纤等项目建成投产，成功引进大行纤维、稳得利纺织等产业链企业；永顺机械、普仑斯泵业等创新型企业效益稳步提增，强跃机械入选省级“科技小巨人”企业，纺织设备产业园落地建设，有效实现县域两大产业的协同发展、相互促进。完成现代竹业重点县成果验收，鑫洪竹木、博泰竹木等项目开工建设。熹茗白茶、好味食品生产线等加快推进，龙坛茶业连续2年茶叶出口量居全省民营企业第1。全年全社会研发经费投入同比增长19.6%，工业用电增长15.4%，2项指标均居全市第2；县级税收同口径增长4.61%，增幅全市第1，其中工业税收同口径增长26.9%，工业发展后劲持续提升。文旅经济加速发展，梅口埠国家4A级旅游景区创建进入终审阶段，完成吴山头传统村落改造提升、文秀湖游龙栈道建设，入围“2022健康中国·康养旅游百强县”。溪畔村获评省金牌旅游村。影视兴县持续推进，湛卢文化、福宝形象更加丰富。松溪版画作为国礼赠送中俄战略安全磋商来访外宾，《松溪百年蔗的传奇与新生》荣获全国县级融媒体中心夏赛一等奖。数字商务先行先试，推进国家级电子商务进农村综合示范县建设，数字商务产业园正式签约落地，与乡愁沈丹等知名主播达成战略合作，松溪“好福器”正式入驻福茶网，举办

"古韵松溪、生态好茶"等直播活动 11 场。旧县集贸中心、蚂蚁家仓储物流中心等 4 个项目入选全省县域商业建设行动清单，茶平获批省级商务特色镇。全年电商销售额实现 12 亿元、增长 16.28%。

发展基础更加坚实。坚持系统谋划，建立重大项目预审联审机制，开展"谋实项目、做实前期"百日攻坚、项目谋划大比拼等活动，创新引进第三方咨询服务机构加强指导把关，高质量谋划项目 91 个、总投资 229.61 亿元，其中 35 个已进行到立项批复阶段。全年累计向上争取资金 12.43 亿元、增长 13.8%，改变长期处于全市末位的局面；新增地方政府债券 5.08 亿元、增长 25.86%，申报 2023 年提前批专项债项目 20 个、总投资 57.34 亿元。坚持闭环推进，深化"四化"运作、"四单"管理，健全县处级领导挂点和重大项目定期协调等机制，德南科技、跃鑫机械等 28 个新开工项目完成投资 10.13 亿元，胜元精铸等 10 个项目竣工投产，31 个在建省市重点项目完成投资 22.98 亿元、占年度计划投资的 110%。坚持延链补链，瞄准产业链各环节，强化项目落地全流程服务保障，引进总投资超 5000 万元产业链项目 39 个、总投资 55.3 亿元，其中"一把手"签约项目 5 个、总投资 23.6 亿元。加大外资招引力度，成功签约外资项目 6 个，实际利用外资 1578.26 万元，顺利完成市里下达任务，实现自 2015 年以来"零"的突破。强化平台支撑，三和园 C 区完成征迁 1623 亩、土地报批 299 亩，启步区基础设施建设全面启动；城东园、食品加工产业园基础设施加快完善，建成中兴二路黄坑垅段、熹茗路等 3 条园区主干道。累计投资 1500 万元用于雨污管道、路灯等园区标准化改造提升。推行工业用地"标准地"改革，全年出让工业用地 553.6 亩，成功处置批而未供土地 325.8 亩、闲置土地 234.8 亩，盘活闲置厂房 8 栋、3.7 万平方米。

城市面貌加速更新。立足中长期发展，聘请福州大学团队作为城乡总规划师，编制《松溪县新型城镇化规划（2022-2035 年）》。交通路网加快完善，国道 353 松溪段全线通车，城区大外环全面形成；长深高速松溪出口连接线林屯大桥拓宽春节前可满足通车条件，湛卢大道建设、下畲路提升等加快推进。城市更新有序进行，创新"1356"工作机制，原武装部至财富天下棚改项目加快推进，红旗街片区基本完成征迁。实施雨污分流第七期、污水处理厂迁建等项目，茶洲水库至文秀湖、花岩溪水系连通工程春节前可投入使用，新改建供水管网 15.5 公里、雨污管网 38 公里，改造老旧小区 1000 户。

乡村振兴全面推进。严守耕地保护红线和粮食安全底线，全域土地综合整治、县级土地开发、旧村复垦等项目补充耕地 718.75 亩，提前 2 年完成 5305 亩撂荒地复耕复种，新建 1.6 万亩高标准农田，超额完成粮食生产目标任务。推进农业适度规模经营，规范化流转土地 1.4 万亩、流转率达 46.86%，扩种烟叶 1 万亩，湛卢生态茶叶入选省级农业产业化联合体，新增省级示范社 4 家、家庭农场 2 家、"一村一品"专业村 2 个。加快现代特色农业发展，推进现代农业（茶叶）产业园建设，举办茶王赛、九龙大白茶销区行等系列活动，获评"九龙大白茶核心产区""茶业品牌建设示范县"；完成"百年蔗活性成分鉴定与健康营养功能白皮书"编写，建成产学研一体的现代化百年蔗生产车间，成立福糖科技公司，以市场化方式推进百年蔗运营推广。基础设施短板有效补齐，完成 44 个实用性村庄规划编制，新改建乡镇污水配套管网 20 公里、农村卫生厕所 145 户，铺设城乡供水一体化管网 70 公里，整治既有裸房 675 栋。渭源线等道路建成通车，招沙甲至源尾、祖墩至山源道路春节前可满足通车条件，全年累计新改建"四好农村路"29 公里。

（摘编：邓新民）

政和县产业经济发展概述

2022年，政和县坚持以习近平新时代中国特色社会主义思想为指导，学习宣传贯彻党的二十大精神，坚决落实“疫情要防住、经济要稳住、发展要安全”的重要要求，传承弘扬廖俊波先进事迹，深入开展“三提三效”行动，持续深化“三比三提升”活动，高效统筹疫情防控和经济社会发展，统筹发展和安全，扎实做好“两稳一保一防”等重点工作，全县经济社会保持平稳健康发展。据统计，2022年全县地区生产总值增长4.5%；一般公共预算总收入同口径增长2.6%，地方一般公共预算收入同口径增长9.6%；社会消费品零售总额增长5%；城镇、农村居民人均可支配收入分别增长6%、7.5%。一年来，产业经济发展的主要工作成效体现在以下几个方面：

产业升级的新成效日益显现。设立绿色产业发展基金3500万元，扶持产业发展，推动产业升级，“2+3+4”现代绿色产业体系成效显现。现代农业增效。完成农林牧渔业总产值38.9亿元，增长5%。“五个万亩”现代农业工程、省级现代农业（茶业）产业园、铁山省级农业产业强镇建设扎实推进，盛庭农场、深山云谷现代农业园投入生产。“政和白茶”、“政和工夫”区域公共品牌入选中国百强榜单，中国福茶仓（政和仓）、中国白茶城天津服务中心投入运营，“政和白茶”走向全国市场。培育省级农业产业化龙头企业29家、农民专业合作社示范社4家，建立全省首个“原生茶树种质资源野外定点观测站”。获省级烟叶基地县、中国“白茶产业统筹发展先行县域”称号。工业发展提质。新增规模以上工业14家，全县规模以上工业产值增长21%。实施工业技改项目95个，完成投资41亿元。茶、竹全产业链产值分别突破40亿元、50亿元。圣农食品九厂投入生产，在11个厂中，生产线最多、单厂产能最大、生产设备亚洲最先进；茶是康“三茶”融合发展项目从开工到部分投产仅用5个月；祥福工艺有限公司进入中国竹产业品牌企业十强榜单，培育省级“专精特新”中小企业7家，入选南平市首批绿色企业24家。旅游发展提速。全年接待游客306.3万人次，增长4.5%。石圳湾成功创建国家4A级景区，洞宫山风景名胜区总体规划完成修编，廖俊波先进事迹传习地、华美达酒店投入运营，洞宫山红河谷生态文明体验区项目完成征迁超80%。与建发国旅公司合作，成立政和我意文旅公司，与石狮市免费共享旅游、互推互动。成功举办第二届中国白茶大会、百家旅行商走进政和踩线活动。获“茶文旅融合发展示范区”称号，入围“健康中国？康养旅游百强县”，杨源乡、稠岭村入选省级“全域生态旅游小镇”、“金牌旅游村”名单，洞宫山被评为省级“森林康养基地”。

经济发展的新动能支撑有力。后劲持续增强。设立项目前期工作经费1000万元，组建16个工作专班，健全完善县领导挂项服务机制，“三大攻坚行动”成效明显。预计，全年完成固定资产投资110亿元，增长4.2%。实施省市重点项目32个，完成投资37.8亿元，占年度计划的127%。谋划储备扩内需、补短板亿元以上项目130个，总投资201亿元。实施“一把手”招商攻坚行动，新签约落地5000万元以上招商项目48个、总投资51.7亿元，其中罗金山茶旅康养、美科通用设备等2亿元以上“一把手”招商项目5个。获得地方政府专项债项目22个，债券资金9.8亿元；争取中央和省级预算内补助1.33亿元，增长67%。完成土地征收1176.8亩。兴业银行政和支行开业运营，金融市场更加活跃。服务持续优化。深化提升

“容缺审批”工作机制，创新政松庆三地“跨省通办”政务服务，“一趟不用跑”、“最多跑一趟”事项达99.9%。落实“一件事”套餐服务，平均缩时比例提升至90%以上。实施工业用地“标准地”出让，推行“拿地即开工、交房即交证”服务模式。建立“企业服务日”机制，开展企业家“下午茶、晚餐会”活动，组织“双百”活动，有效帮助企业协调解决问题213项，兑现助企纾困政策资金7583万元，落实减税降费1.7亿元，帮助企业获得纾困解难贷款2.78亿元。平台持续提升。经济开发区成功孵化小微企业2家，培育国家级、省级高新技术企业5家，在全省综合排名位列37位，连续六年实现提升进位。成功举办第六届政和杯·国际竹产品设计大赛，通过几年不懈努力，影响力不断提升，今年在大学生艺术类竞赛中排名全国第二，电商创业产业园集聚功能不断加强，中国竹具工艺城、电工电器产业园建设扎实推进。5个白茶标准化产业园引进企业7家，聘请刘仲华院士等7个团队74名专家入驻白茶科技研究院，与陈坚院士团队、中科院上海研究所申报STS院省合作项目通过省上考核。

人居环境的宜居度不断提升。城市在变靓。以“办好省运会、争创文明城”为契机，加快新城建设、老城更新，推动双城联动发展。实施城市品质提升工程项目76个，完成投资25亿元。政和新城、南庄新区完成城市设计，工人文化宫、新城路、开发区加油站投入使用，博物馆、林博馆基本建成，中国白茶城二期、白茶博物馆、城区供水引调水工程等加快建设，路网、管网、绿化等配套基础设施同步跟进，政和新城已具雏形。七星溪滨水森林休闲步道投入使用，迎宾大道完成路面改造，环城路铁山至稻香段通过竣工验收，元峰大桥至姜屯连接线建成通车，城区高水高排(一期)、人武部新营区、“三山公园”提升改造等加快推进。东门老旧小区完成改造，城市立面改造9.34万平方米，完成智慧公交站台建设86个、“口袋公园”7个、全域规模化花化彩化8.5万平方米。开展旧城改造片区开发百日攻坚行动，完成拆迁15万平方米，老城更新成效明显。乡村在变美。探索“一统二引三聚合”工作机制，打造三产融合、文旅康养、高山生态农业3条乡村振兴示范带，建成“长者食堂”90个，发展民宿29家，评选“最美乡村”、“最美庭院”等6个系列50个最美典型，完成石屯乡村振兴示范区项目建设，入选首批省级数字乡村试点县，获评省村庄清洁行动成效突出县。开展“齐心共耕希望田”活动，新建高标准农田0.7万亩。建成寨岭隧道及连接线、澄源新康至寿宁上党公路，新建改建村级公路34.4公里，完成农村饮水改造提升项目3个，电网基础设施投资4360万元。生态在变好。完成国控坤口水质自动监测站、餐厨垃圾处理站、渗滤液处理站建设，扩建城区污水处理厂（三期)，提升改造开发区污水处理厂，完成城乡污水管网铺设15公里。加强念山国家湿地公园开发与保护，推进森林生态系统保护修复、生物多样性保护项目建设，完成七星溪东峰段安全生态水系治理，植树造林9800亩，全县森林覆盖率达79.6%，县林业局获评全国绿化先进集体，政和连续六年入选全国百佳深呼吸小城名单。

2023年，是全面贯彻落实党的二十大精神的开局之年，是实施“十四五”规划承上启下的关键一年。经济社会发展的主要预期指标是：地区生产总值增长6.2%；固定资产投资增长5.5%；规模以上工业增加值增长7%；一般公共预算总收入增长6.7%，地方一般公共预算收入增长6%；社会消费品零售总额增长6%；城镇居民人均可支配收入增长6%、农村居民人均可支配收入增长8%；单位GDP能耗控制在省市下达目标内，力争主要经济指标增速跑在全市前列。

（摘编：唐启阳）

龙岩市产业经济发展综述

2022年，龙岩市全面贯彻习近平新时代中国特色社会主义思想，认真学习宣传贯彻党的二十大精神，按照“疫情要防住、经济要稳住、发展要安全”重要要求，深入实施“提高效率、提升效能、提增效益”行动，大抓招商、大抓产业、大抓项目，各项事业发展取得新成效。全年实现地区生产总值3300亿元，增长5.5%左右；固定资产投资增长9%；社会消费品零售总额增长4%；出口增长4.9%；一般公共预算总收入356.3亿元、同口径增长8.1%，地方一般公共预算收入165.5亿元、同口径增长5.5%；城镇、农村居民人均可支配收入分别增长5%、7.5%。

这一年，也是龙岩发展进程中极不寻常的一年。在党中央、国务院的关怀重视下，国家出台《闽西革命老区高质量发展示范区建设方案》，为推动老区苏区振兴发展指明新的方向、注入强大动力。龙岩与广州、7个县（市、区）与广州11个市辖区建立结对合作关系。龙岩新机场签订军地协议并报国务院、中央军委立项审批。科学精准抓好疫情防控工作，因时因势优化调整防控措施，最大程度保护了人民生命安全和身体健康，最大限度减少了疫情对经济社会发展的影响。科学有效应对5月、6月多轮超历史极值强降雨天气和坡面泥石流地质灾害，243户灾后重建户春节前可搬迁入住。入选首批国家知识产权强市建设试点城市、首批国家“十四五”土壤污染防治先行区、国家林业碳汇试点市、全国基础教育综合改革实验区。首次跻身全省营商环境标杆城市。

这一年，抓产业、促转型，实体经济提质增效。制定闽粤赣边区域先进制造业中心实施方案，加快构建“2+4”工业体系，有色金属、机械装备产业产值分别达1400亿元、890亿元，新材料产业产值突破500亿元、增长20.5%，新上百亿企业1家，新增规模以上工业企业145家、为近十年最多。出台区域文旅康养消费中心实施方案，推出“一机游龙岩”平台，开展“全闽乐购·福见龙岩”、“四季如歌游龙岩”、“客家美食宴”等活动，恢复和扩大消费，文旅康养产业产值达1150亿元。新增限额以上商贸企业290家、为近六年最多。加大农业生产支持力度，七大特色农业全产业链产值突破1000亿元，闽西禽蛋入选国家优势特色产业集群建设名单。长汀列入国家农业绿色发展先行区。漳平列入国家现代农业产业园。漳平水仙制茶技艺入选联合国人类非遗名录。全面落实国家和省稳经济一揽子政策，出台实施稳经济58条、助企纾困25条等措施，深化“千名干部挂千企”“百名行长进企业”活动，退税减税降费47亿元，发放纾困专项贷款49亿元，提供还贷应急资金17亿元。净增国家高新技术企业96家、“专精特新”小巨人企业6家。永定获评国家小微型创业创新示范基地。金龙稀土获评国家技术创新示范企业。德尔科技荣获全国颠覆性技术创新大赛最高奖。龙净环保、福龙马入选国家工业互联网应用试点示范。侨龙应急创业板IPO成功过会。新罗连续五年入选全国综合实力、投资潜力“双百强”区。上杭成为原中央苏区县中唯一全国百强县。连城连续五年入选省县域经济发展十佳县。

这一年，抓项目、促投资，发展后劲不断增强。组织开展一月一签约、每月开竣工“互比互看”活动，打好重点项目百日攻坚战役，项目工作打开新局面。1106个重点项目、160个重大攻坚项目、十大重点工程均超额完成年度任务。新安阻燃剂、紫金锂元等468个项目开工建设，天甫电子、新兴纺织等377个项目竣工投产。靖永高速、东环高速建成通车。开展大招商招好商行动，建立产业链“链长+链主”双链驱动机制，出台“飞地”政策，全市新签约项目549个、总投资1444亿元。对接落实老区苏区政策取得新成果，获得中央和省转移支付资金187亿元、增长14%，第三轮汀江—韩江流域上下游横向生态补偿协议签订实施，永定历史遗留废弃矿山生态修复工程列入国家示范项目；上杭与深圳前海合作建设铜产业数字化智慧供应链平台。

这一年，抓城乡、促协调，人居环境持续提升。“三区三线”划定成果通过国家审查。启动中心城区南部新城、北部新城规划建设。系统化全域推进海绵城市建设，全市新改建雨污水管网187公里、供水管网74公里，新增公园绿地114公顷、福道149公里，整治内涝积水隐患点193个。持续实施交通畅通工程，全市新改建城市道路60公里、新增公共停车位2150个，中心城区打通了浮东路、陈陂南路、天马西路二期、东外环铁山市政连接线等一批“断头路”，龙岩大道四期可于春节前通车。完成老旧小区改造349个，竣工回迁安置房3200多套。乡村振兴“一县一片区”建设扎实推进，完成150个村“两治一拆”整治。新建设高标准农田14万亩，超额完成省下达粮食生产任务。龙岩市杉木和米老排种子搭载神舟十四号进入太空试验。上杭列入国家乡村振兴示范县创建名单。长汀获评全国县域农业农村信息化发展先进县。连城入选全国传统村落集中连片保护利用示范县。生态环境质量巩固提升，全市主要流域优良水质比例100%，小流域Ⅰ-Ⅲ类水质达标率100%，城市空气质量优良天数比例99.5%、居全省第一。市第二生活垃圾焚烧发电厂可于春节前后点火运行，中心城区基本实现新增原生生活垃圾“零填埋”。完成水土流失治理44.9万亩、占年度任务131%。龙岩作为唯一设区市代表在全国水土保持会议上作典型发言。

这一年，抓改革、促开放，发展活力加速释放。制定区域物流和供应链中心实施方案，开通龙岩至福州往返标杆车、龙岩至广州直达动车和直飞航线，开行中欧班列，新培育跨境电商企业47家，跨境电商出口额增长98%。出台区域高标准市场体系示范中心实施方案，实行市县乡“一窗受理、集成服务”联动改革，完成“一件事”集成服务套餐364个，“一趟不用跑”事项占比99%，不动产交易登记和抵押登记便利化改革、普惠金融司法协同等经验做法在全省推广。营商环境综合考评、中小企业发展环境评估均首次跻身全省前三。顺利完成国企改革三年行动任务。入选全国政府采购支持绿色建材试点市。成为首批中央财政支持普惠金融发展示范区。数字普惠金融服务平台入选全国数字政府创新优秀案例。武平林业金融区块链平台入选全国“两山银行”十大优秀案例。

这一年，扎实推进法治政府建设和治理创新，编制行政许可事项清单，完成市县两级行政复议体制改革，坚持重大事项向市委报告制度，自觉接受人大法律监督、政协民主监督和社会监督，认真办理人大代表建议和政协委员提案。坚定不移推进党风廉政建设和反腐败斗争，严格执行中央八项规定及其实施细则精神，坚持“过紧日子”，兜住基层“三保”底线。

2023年是全面贯彻落实党的二十大精神的开局之年，是实施“十四五”规划承上启下的关键一年。龙岩市全年经济社会发展主要预期目标是：全市地区生产总值增长6%~6.5%；固定资产投资增长7%；社会消费品零售总额增长6%；出口增长5%，实际利用外资增长8%；地方一般公共预算收入增长6.2%；城镇、农村居民人均可支配收入分别增长7.5%、8%；城镇新增就业1.4万人以上。力争在实际工作中取得更好成绩。

为此，产业经济发展重点抓好以下方面工作：

致力构建现代化产业体系，让经济发展更有质量。坚持把发展经济的着力点放在实体经济上，深入实施创新驱动发展战略，充分发挥“四大经济”乘数效应，推动主导产业提质增效、战略性新兴产业倍增发展，提升产业链供应链竞争力。

打造区域先进制造业中心。坚持抓龙头、铸链条、建集群，推动制造业往高端化、智能化、绿色化发展，加快构建具有区域竞争力的“2+4”工业体系。有色金属产业围绕打造全国重要的有色金属精深加工基地，推动铜、稀贵金属等产业链延伸发展，重点抓好紫金高性能铜合金、高性能电子铜箔等项目，力争全年产值突破1500亿元。

机械装备产业围绕打造全国知名的先进装备制造基地，推动汽车、工程机械和应急、环保装备等产业向价值链高端延伸，重点抓好新龙马新能源乘用车、福建龙钢等项目，力争全年产值突破1000亿元。新材料产业重点发展锂电新材料、稀土新材料、含氟新材料、半导体材料、高性能金属材料等产业链，突出抓好常青三元前驱体二期、龙德新材料等项目，力争全年产值达650亿元。新能源产业重点发展储能电池、动力电池配件、光伏发电，推进龙净储能电芯、量道锂电池储能系统等项目建设，加快漳平、新罗抽水蓄能项目前期，力争全年产值达150亿元。电子信息产业重点发展新型显示产业链，推进中触全自动数字智能显示、天塑光电PC光学材料等项目建设，力争全年产值达380亿元。节能环保产业重点发展先进环保和高效节能产业链，推进嘉航稀土永磁专用电机等项目建设，力争全年产值达260亿元。支持烟草、纺织、建材等传统产业数字化转型、智能化改造。大力实施“互联网返乡工程”，推动数字经济与实体经济深度融合，新建成“5G+工业互联网”项目3个，新增100家以上企业“上云上平台”。实施优质中小企业梯度培育工程，新增规模以上工业企业130家以上、产值超10亿元企业5家以上、“专精特新”企业10家以上。推进生产性服务业与先进制造业协同发展。

打造区域文旅康养消费中心。把恢复和扩大消费摆在优先位置，支持以多种方式和渠道扩大内需。加快国家文化和旅游消费试点城市建设，争创国家全域旅游示范市，支持永定、长汀创建国家级旅游度假区，推动冠豸山创建国家5A级景区。加强与大型旅游集团合作，推进跨区域文旅资源整合开发，培育一批精品旅游线路。常态化举办“四季如歌”文旅集市活动，用好“一机游龙岩”平台，推出沉浸式土楼演艺、5G+长征公园、特色民宿等文旅消费场景，打造永定土楼、汀州古城等一批“引爆点”。加大规划引导和政策支持，抓好古田梅花山文旅康养试验区等项目建设，培育森林康养、温泉疗养、旅居养老等新业态，推动康养产业加快发展。深化“全闽乐购·福见龙岩”等促消费活动，持续办好“客家美食宴”大赛，推进中山街等传统街区提档升级，进一步激活传统消费。大力拓展消费新空间，支持养老育幼、医疗健康等服务消费，推动新个体经济、首店经济等新业态加快发展，提升消费能级。加快培育消费新场景，打造多层次多元化消费集聚区，增强消费体验，催生消费需求。

争创国家双创示范基地。加快国家知识产权强市试点建设。力争成功创建国家可持续发展议程创新示范区。健全多元化创新投入机制，全社会R&D经费投入增长15%以上，净增国家高新技术企业100家以上，新认定省级科技小巨人企业20家以上。支持跨企业、跨行业联合技术攻关，新增省级以上科技计划项目30项。深化与中科院、厦门大学等知名高校、科研院所合作，推进产学研深度融合。探索打造产教融合示范区，提升人力资本质量和专业技能水平。大力实施“才聚龙岩”行动，加快推进青年友好城市建设，吸引“岩籍青年”回归、有志青年落户，让更多优秀青年人才扎根龙岩。深入推进科技特派员制度，鼓励科技人员开展全产业链创业和技术服务。支持上杭、武平创建国家创新型县。推动龙岩高新区提质增效，争创国家创新型特色园区。

深化大招商招好商行动。坚持“链长+链主”双链驱动靶向招商，用好产业地图、招商地图、人才地图，全年新签约亿元以上项目超400个。完善招商激励机制，建设高素质招商队伍，发挥招商顾问作用，大力推行基金招商、要素招商、以商引商，提升招商实效。支持现有企业增资扩产、做大做强。积极扩大有效投资，常态化开展重点项目攻坚行动，完善“专班服务”、“亮晒考评”等工作机制，全力推进“十百千”项目建设。坚持“亩产论英雄”，分类分档做好项目用地、用能等要素保障。实行项目全生命周期服务，加强开工率、履约率跟踪管理，推动项目尽快落地见效。

（摘编：郑平名）

新罗区产业经济发展概述

2022年，面对国际国内严峻复杂的发展形势和疫情、极端天气等多重风险挑战，新罗区牢记嘱托、感恩奋进，坚持以习近平新时代中国特色社会主义思想为指导，认真学习贯彻党的二十大精神，按照“疫情要防住、经济要稳住、发展要安全”的重要要求，紧紧围绕当好“三个排头兵”、建设“三个区”的目标定位，深入实施“提高效率、提升效能、提增效益”行动，扎实开展项目攻坚“5+1”专项行动，打赢重点项目百日攻坚战役，圆满完成了年初确定的各项目标任务。全年完成地区生产总值1193亿元，增长6.0%。一般公共预算总收入实现39.3亿元、同口径增长2.3%，地方一般公共预算收入实现27.9亿元、同口径增长15.2%；城镇和农村居民人均可支配收入分别达49908元、28705元，增长4.0%、7.5%。新罗区入选全国综合实力百强区、全国投资潜力百强区、全国创新百强区。一些领域取得了创新突破：

大抓招商，发展动力持续增强。全面开展“大招商招好商”行动，出台“1+N”招商政策体系，绘制产业链招商图谱，实行“招商地图工作法”，建立招商闭环管理机制，实现签约落地项目120个，总投资340亿元，构建了全员大招商格局。

大抓产业，发展前景日益广阔。聚焦“3+N”产业，突出打造机械装备、精细化工、能源互联网三大重点板块，推动新材料新能源等战略性新兴产业蓄势发展。未来城一期基本建成，银雁新城建设全面提速，产业载体集聚效应初步显现。

大抓项目，发展支撑更加坚实。坚持项目为王，重点项目百日攻坚战役取得突破，7个市级重点工程保障有力，26个市级攻坚项目完成目标任务，160个区级重点攻坚项目完成投资255亿元，形成了“大抓项目、抓大项目”的浓厚氛围。

大抓工业，发展基础不断夯实。突出工业、突破工业，实施工业发展倍增五年行动，侨龙成为全市首家创业板IPO过会企业，新培育规上企业37家，规模工业产值增长10.5%，有力支撑了经济发展和财税增收。

大抓城市经济，发展活力有效释放。中心城区写字楼宇入驻面积超14万平方米，金慧融智等一批总部企业落户发展。“八条措施”支持龙岩大道核心商圈发展首店经济，提升万达金街等3个夜间经济特色街区，中央苏区金融街入选“全国非遗旅游街区”“福建省特色步行街”，成为中心城市靓丽名片。

一年来，产业经济发展主要工作和成效是：

产业质量稳步提升。现代农业高质高效。全面落实粮食安全责任制，大力开展粮食生产“三进三增”专项行动，新增市级以上农业产业化龙头企业6家、“三品一标”农产品认证10个，岩山莱山、适中仁和等5个村入选全省“一村一品”专业村，晋龙等3家企业获评省级农业产业化示范联合体。农业总产值达103.9亿元，增长4.6%。工业经济稳中有进。龙泰实业等57个工业新增长点稳步增长，实施龙麟、春驰等45个技改项目，总投资达48.6亿元，推动“大树发新枝”。新培育高新技术企业、“专精特新”中小企业31家。龙净环保数据应用项目入选工信部大数据产业发展试点示范项目。第三产业繁荣活跃。新增限上商贸企业86家、规上服务业企业15家、A级物流企业3家。深入开展“全闽乐购·福见龙岩”促消费活动，社会消费品零售总额增长4.0%。设立1000万元专项资金支持民宿产业高质量发展。龙岩洞核心区保护开发加快推进，富溪大峡谷成功创建3A级景区，举办“四季如歌 · 百万老广游龙岩”等活动，接待游客1176万人次，旅游收入超136亿元。市场活力日益增强。聚力优化营商环境，推动稳经济一揽子政策落地见效，出台“帮助市场主体纾困解难30条措施”，累计留抵退税13.3亿元，占全市37%。各类市场主体逆势增长2.3万户。完成国企改革三年行动，国企经营建设、投融资能力进一步增强，四大国企总资产突破325亿元，增长27%。

项目攻坚有力有效。项目建设全速推进。健全重点项目五级协调机制，136个省市区重点项目均超序时完成年度投资任务，建壹真空等85个项目开工建设，龙工铸锻等77个项目竣工投产，策划重大项目573个，总投资1722亿元，形成项目滚动接续的良好态势。招商引资成效明显。深化“老区+湾区”合作模式，实行重点产业“链长”“链主”双链驱动机制，各级党政主要领导外出招商240场次，引进力隆氨纶、润祥新能源等亿元以上项目85个，实现月月有签约。要素保障精准有效。完成房屋征迁71.5万平方米、土地征收7971亩，省级区域医疗中心市第一医院分院等40个项目实现净地交付，多次获得市委、市政府主要领导批示肯定。“腾笼换鸟”盘活闲置工业用地（厂房）1446亩。争取地方政府专项债、竞争性资金23.7亿元。

产城融合加速推进。未来城开发提速。47.5万平方米标准化厂房建成投用，双亚、华拓等重点产业项目实现投产，紫阳商贸中心对外运营，博雅高中部、紫阳人才小区、北翼公交场站等公共服务设施建成投用。未来城“周周有主题、月月有活动”，人气热度持续攀升。银雁新城日新月异。生态轻纺电子产业园区基本成形，“链主”企业新兴纺织全面投产，吸引雅祺、朗晴等下游制衣企业入驻。生物精细化工产业园安全风险等级评定、征迁等工作进展顺利，能源互联网实训基地开工，文旅产业带、银雁小区等一批项目加快推进，推动“产城人”高度融合。对口支援共谱新篇。与国家电网、省检察院、省委党校、厦门集美区等单位形成常态化互访和交流合作机制，能源互联网产业园B地块加快建设，6栋厂房结构封顶，太阳电缆、寅耀新能源等7个重点项目实现投产，成功引进厦门成套、福州诚控等项目，能源互联网产业集群效应初显。

城乡环境不断改善。城市更新步伐加快。实施城市建设品质提升项目58个，完成投资65亿元。打通天马西路二期、犀牛路南段等4条断头路，全面破解龙岩大道四期等征迁历史难题。201个老旧小区完成改造。“双红”小区实现全覆盖，全国文明城市创建迈向更高水平。乡村振兴蹄疾步稳。脱贫攻坚成果有效巩固，创建“部门+国企”帮扶机制，投入3.6亿元建设银雁、城北乡村振兴“一县一片区”。大池、东肖、适中、雁石等集镇改造进展顺利，比乡村振兴“两治一拆”全市第一，村容村貌焕然一新。投入3.3亿元实施城乡供水一体化项目，群众饮水更加放心。小池培斜上榜全国乡村特色产业亿元村，大池大东等4个村获评省级乡村振兴实绩突出村。苏坂易家邦入选第六批中国传统村落名录。

生态环境持续优化。深化河（湖）长制、林长制，开展水质提升专项行动，主要流域和小流域水质优良比例达100%，列入全省首批农村生活污水治理试点县。九龙江流域山水林田湖草沙一体化保护和修复工程项目完成投资3.6亿元。建成全省首个县级智慧林业监管中心，社会化林业碳汇项目成功签约。空气质量持续保持全省前列。小池镇入选省级森林康养小镇，东肖镇和万安梅村、白沙小吉、小池赖邦分别上榜“福建省森林城镇”“福建省森林村庄”。

（摘编：邓新民）

永定区产业经济发展概述

2022年，永定区在习近平新时代中国特色社会主义思想的指引下，全面落实“疫情要防住、经济要稳住、发展要安全”重要要求，高效统筹疫情防控和经济社会发展，较好地完成了年初确定的各项目标任务。全年实现地区生产总值337.7亿元，增长5.6%；一般公共预算总收入16.3亿元，地方一般公共预算收入11.1亿元；固定资产投资增长18%；社会消费品零售总额增长3.5%；城镇、农村居民人均可支配收入分别增长5.0%、8.5%。

一年来，产业经济发展主要做了以下工作：

产业转型加快推进。紧紧抓住实体经济“牛鼻子”，“341”产业体系建设加快推进。数字智造产业势头强劲。光电信息产业园三期项目竣工验收，文秀数字智造产业园加快建设，数字文化产业园正式运营，新增维骑动力、康海科技、众鑫电子等一批上规企业，国动通信产业南方基地等重点项目扎实推进，实现产值67.4亿元。新型建材产业活力迸发。“矿业+工业”模式持续发力，成功争取省“十四五”矿规允许永定新设饰面石材矿权，永定红石材循环经济产业园迈入二期建设，华润水泥二期、樟坑石灰石综合开发等重点项目有序推进，实现产值70亿元。文旅康养产业加速发展。充分利用世遗土楼这个“金字招牌”，洪坑景区沉浸式文旅夜游、“天涯明月刀”沉浸式体验、龙湖旅游码头等项目投入运营，中央红色交通线展陈馆基本建成，正式启动土楼新村建设，全域旅游业态进一步丰富。湖坑镇入选第二批全国乡村旅游重点镇，下洋镇、岐岭镇下山村分别入选省“全域生态旅游小镇”、“金牌旅游村”名单。龙湖景区、牛牯扑景区成功申报国家3A级旅游景区。土楼景区入选全国非遗与旅游融合发展优选项目名录名单、第三次入选中国体育旅游十佳精品景区，《天涯共此楼，数字IP助力永定客家土楼焕新》案例入选20个“2022年城市旅游优秀案例”之一。全年接待国内外游客623万人次，文旅康养产业预计实现产值152.1亿元。现代农业产业特色发展。新增农民合作社省级示范社6个、国家级示范社2个，被省林业局列为全省油茶生产重点县。“土楼农业”提升为市级区域性品牌，现代农产品科技产业基地、预制菜加工等项目建设稳步推进，推动现代农业“接二连三”发展。新材料新能源产业茁壮成长。青橄榄可降解植物纤维项目二期试运行，年产3万吨新型环保制品项目开工建设，旭林生物纤维项目实现签约落地，棉花滩水电站生态机组、棉花滩混合抽水蓄能电站等项目前期工作扎实推进。产业平台夯基固本。工业园区标准化建设纵深推进，建成标准厂房18万平方米，年度产值实现100亿元。永定工业园区在全省开发区综合评价排名第51名，较上年度提升27位，获评2022年度国家小型微型企业创业创新示范基地。此外，白酒酿造、生物制药、制衣等产业有序发展。

发展动能更加强劲。牢牢把握重大机遇，创新建立“项目化落实、兵团式推进”工作机制，发展后劲持续增强。重点项目攻坚突破。打好打赢“重点项目百日攻坚”战役，100个重点项目完成投资99.76亿元；29个省市重点项目完成投资67.84亿元，占年度计划110%；13个列入市百日攻坚项目完成投资13.65亿元，占年度计划100%；开工项目38个、竣工项目32个，“比项目开竣工”开工、竣工项目数均超额完成市级下达年度目标。三季度获全市项目工作正向激励第一名。招商引资成果丰硕。深入开展“一月一签约”活动，出台《关于推动招商引资工作的正向激励政策》及《永定区大招商招好商行动方案》“1+4”系列文件，完善招商引资考评办法，持续掀起招商引资热潮。全年共完成洽谈储备项目221个、总投资559.31亿元，其中亿元以上项目97个；全年新签约项目65个、总投资98.1亿元，其中亿元以上项目50个，超额完成市级下达目标任务。要素保障有力有效。出台《永定区争取上级资金正向激励绩效考核奖励办法》，全年争取中央和省级预算内投资、中央财政等竞争性项目奖补资金近5亿元，获得地方政府专项债项目15个、发行额度共计13.5亿元，获国开行基础设施投资基金2.48亿元。永定教育人才生活区、下黄水库、坎市罗星坝地块等项目历史遗留征迁问题“拔钉清零”取得突破性进展，完成土地征收面积7315.92亩，实现净地交地项目39个。为459家企业提供6.93亿元纾困专项贷款支持，落实组合式税费支持政策退免缓税款2.5亿元。获批全国首批国家知识产权强县建设试点县（区）。对口支援卓有成效。与文化和旅游部建立挂职锻炼常态机制，推动文旅部出台《“十四五”时期文化和旅游部对口支援福建省龙岩市永定区工作方案》。对接完成省直对口挂钩帮扶项目（事项）29个，争取各类帮扶资金7700万元；落地完成总投资1600万元的福州大学永定飞地科技园项目，获批福建省福厦泉自主创新示范区协同创新平台。与广州市天河区建立对口合作关系，成功举办“百万老广游龙岩”首批千人团接团仪式。

城乡面貌明显改善。立足城市提升、乡村振兴，宜居宜业宜游永定建设扎实推进。城市品质功能加速提升。实施10个城建重中之重项目，完成投资6.85亿元，5个“口袋公园”投入使用，17个老旧小区改造工作有序开展，书院沿河大道及支路工程基本完成，城区外环道路改造提升3.8公里，新建改造供水管网9.5公里、新建改造修复城市污水管网8.24公里，城市安全韧性稳固提升。靖永高速竣工通车。乡村振兴战略接续实施。农村人居环境整治提升五年行动持续推进，超任务完成20个市级整治任务村验收工作；投资8.01亿元推进农村建设品质提升工作，完善提升美丽乡村微景观238个、小公园65个；“土楼风情·耕读文化”精品线路列入省级百条乡村振兴精品线路，重点打造“一县一片区”土楼十里长廊片区，完成年度投资1.42亿元；实施集镇改造提升项目74个，完成年度投资1.92亿元。完成农村公路改造项目70.2公里、村道安全生命防护工程24公里；实施农村客运公交化改造，新增公交线路3条，群众交通出行条件明显改善。粮食安全保障有力，完成抛荒山垅田复垦种粮面积3292.2亩，顺利完成省市下达粮食播种面积和总产量任务。高陂镇西陂村获评“2022年福建省美丽休闲乡村”，峰市镇和金砂镇被认定为省级乡村治理示范镇，湖坑镇南中村被列入第六批中国传统村落名录。

生态文明建设成效显著。实施推动33个生态环保攻坚项目，完成投资16亿元。永定区历史遗留废弃煤矿生态修复示范工程入选全国示范工程名单，获3亿元中央财政资金支持。获评国家水土保持示范区，金砂镇获评福建省森林城镇，湖雷镇前坊村等4个村获评福建省森林村庄。辖区内3个国控断面、9个省控断面水质达标率100%，城区集中式饮用水源地水质达标率100%，全年空气达标天数比例100%，空气质量在全省县级城市中排名靠前、位居全市第一。

（摘编：唐启阳）

上杭县产业经济发展概述

2022年，上杭县坚持以习近平新时代中国特色社会主义思想为指导，锚定“三个先行示范”，大抓招商、大抓产业、大抓项目，高质量发展迈上新台阶。全年实现地区生产总值首次突破500亿元，达516亿元，增长8%；规模以上工业增加值增长11%；财政总收入首次突破50亿元，达53.6亿元，增长25.9%，其中地方级收入34.5亿元，增长18.8%；固定资产投资增长10.8%；城镇居民人均可支配收入50380元，增长5.2%；农村居民人均可支配收入24120元，增长7.4%。连续七年入选福建省“县域经济实力十强县”，首次入选全国县域综合竞争力百强县，是全国97个原中央苏区县唯一入选的县。一年来产业经济发展的工作主要体现在以下方面：

主导产业提质增效。金铜产业现有企业75家，预计实现产值1260亿元，占全市有色金属产业产值的86.8%，增长10.7%。太阳铜业产值首次突破100亿元。福建省首笔前海仓单质押融资业务在上杭县成交，国港汇平台预计实现交易额达220亿元。新材料产业现有企业29家，预计实现产值240亿元，占全市43.6%，增长22%。县属国企紫金矿业拥有“两湖一矿”碳酸锂资源当量超过1300万吨，位列全球第9、全国第3。建筑业现有资质建筑企业241家，其中一级企业51家，预计实现总产值731亿元，占全市42%，增长4.8%。自然资源部直属国企中海海洋城市建设发展有限公司落户上杭，实现国家部委直属建筑企业总部落户龙岩“零的突破”。引进了全省信用等级排名第2的荣建集团等优质企业，有效提升行业竞争力。

特色产业稳步提升。文旅康养产业实现产值182亿元，增长11%，接待游客890万人次。全国中小学生研学实践教育营地等项目建成。打造“听江露营”“袍岭朝云”等网红打卡点。发现全球首个正负模（对板）保存的恐龙足迹化石。瓦子街历史文化街区入选全国非遗旅游街区。现代农业实现农林牧渔业总产值97.2亿元，增长3.2%。严格落实粮食安全党政同责，完成粮食播种面积36.6万亩，产量15.9万吨。中都镇获评全市唯一的全国农业产业强镇。商贸服务业第三产业实现增加值229亿元，增长8.7%。开展“全闽乐购·福见上杭”商旅促消费活动，撬动消费1.4亿元。全市首家县级万达广场开业。

产业平台不断拓展。蛟洋工业区实现产值490亿元，增长19.5%，顺利通过C级化工园区安全风险评估等级复核。新材料科创谷完成土地征收1500亩，北部综合体主体工程顺利封顶，引进落地龙净环保储能电芯项目。县工业园区预计实现产值750亿元，增长8.9%，建成标准厂房15万平方米。

项目建设乘势而上。实施了11个单体投资超10亿元的重大生产性项目，其中，天甫电子于7月份竣工投产，新安磷系阻燃剂、高性能电子铜箔、铜合金精深加工和年产2万吨磷酸铁锂等4个项目预计年内竣工。深入开展重点项目百日攻坚行动，160个攻坚项目完成投资71.5亿元，占计划的109%。扎实开展产业发展项目建设年“五比一看”竞赛活动，138个重点项目完成投资145亿元，占计划的101%。领导干部带头策划项目405个，总投资597亿元。完成土地报批6193亩，全省第四，占全市48%。

创新活力充分释放。新增国家高新技术企业12家，总数达55家。17家企业被列入全市新材料新能源企业重点扶持库，占全市44.7%。科技部全国颠覆性技术创新大赛，德尔科技获首届总决赛最高奖，创我省企业参加全国性大赛最好成绩；晶旭半导体获第二届集成电路领域优胜奖，晋级全国总决赛。现有国家重大计划人才9人，占全市52.9%；新增省高层次人才39人，现有省高层次ABC类人才166人，占全市43.2%。

重点改革成效显著。古田镇纳入福建省经济发达镇行政管理体制改革范围。实施国有企业整体重组，全县国有资产总量突破千亿元。县属国企紫金矿业位居2022《财富》世界500强第407位，较去年提升79位。建立政银企常态化对接机制，国有企业节省3000多万元利息支出。基金集聚区引进落地25只私募股权投资基金，认缴规模达115.3亿元。企业上市加快步伐，4家企业纳入全省重点上市后备企业库。全县金融本外币存贷款余额突破千亿元，不良贷款率保持全省县域最低，列入全省金融服务实体经济试点县，金融服务实体经济经验做法得到赵龙省长批示肯定。

营商环境持续优化。市对县营商环境综合考评连续三年排名全市第1。行政审批办件当日办结率达99.8%，实现“一趟不用跑”事项90%。在全市率先试行“家门口办照”改革，推动42项便民事项下沉办理。乡镇便民集成服务标准化国家级试点通过考核评估。全力兑现各项惠企政策，为企业减轻税费7.4亿元。

对口支援开创新局面。完成第一批、第二批对口支援交接工作。抢抓闽西革命老区高质量发展示范区建设等机遇，涉及上杭的21个事项被纳入国家和省实施方案。加强与番禺、晋江、同安交流合作。军民融合加快发展。建立常态化“上省赴京”沟通交流机制，全年累计争取各类资金42亿元。

对外合作迈出新步伐。龙龙铁路（上杭段）进展顺利，土建工程已进入收尾阶段。2022年4月，全市首趟中欧班列（红古田号）在蛟洋开行。前瞻性规划中塞“两国双园”项目。全年外贸进出口总额310亿元，占全市52%。瓮福紫金通过海关总署AEO高级认证，成为全市首家化工行业海关高级认证企业。

招商引资实现新突破。开展“大招商招好商”行动，精准绘制产业链图谱，新签约项目71个，总投资220亿元，完成计划的173%，其中新开工项目55个，总投资120亿元，开工转化率77.5%。引进落地常青新能源二期、晶旭半导体二期等8个单体超10亿元项目。招商引资经验做法入选福建改革创新案例。

城市品质持续提升。118个城建项目完成投资39亿元。高铁新城顺利推进，上杭北站基础设施配套项目有序建设。做优中部县城核心区，启动东环小区等46个老旧小区和16条背街小巷改造。提质建设龙翔新城，持续完善县医院周边道路等基础设施。全省城市建设品质提升暨县城品质提升工作现场会在上杭县召开。

乡村振兴全面推进。入选国家乡村振兴示范县创建名单。完成22个村试点示范项目建设和109个村庄规划编制。大力推进“两治一拆”专项行动，完成裸房整治2713栋39.6万平方米，空心房治理1787栋15.6万平方米，31个村通过市级考评验收。国家数字乡村试点以全省最高分通过阶段性评估。

基础设施不断完善。投入1.04亿元完成46.7公里“四好”农村路建设，完成才庄线官庄段隐患整治，G205线背头岭至湖洋段、中都富光至临城黄竹等项目有序推进。城乡供水一体化累计完成管道铺设848公里，兰地水厂供水规模从6万吨/日提升至12万吨/日。上杭县城区江滨水利风景区通过“国家级水利风景区”考评。

生态赋能加速发展。屋顶分布式光伏开发整县推进试点县建设有序推进，累计完成装机容量10万千瓦。紫金山金铜矿等5家企业入选福建省第五批绿色工厂。投资3000万元的垃圾填埋场整治提升工程成效显著。下大力气推进水环境治理，有效解决汀江“藻类”问题。实施城区环境空气质量、秸秆禁烧、工业污水、城区生活污水、养殖业污染等5大专项整治行动，国（省）控断面水质达标率100%，城区环境空气质量优良天数比例100%。全面推行垃圾分类，生活垃圾减少48.1%。58个生态环境保护攻坚战役项目完成投资20.1亿元。完成植树造林5.3万亩、水土流失治理5.5万亩，森林覆盖率达76.8%。

（摘编：游永贵）

武平县产业经济发展概述

2022年，武平县全面贯彻落实习近平新时代中国特色社会主义思想，有力有效应对新冠疫情冲击、经济下行压力加大和“5·27”重大自然灾害等超预期因素影响，县域发展经受住重重考验，“稳”的基础更加扎实，“进”的动能更加强劲。2022年实现地区生产总值308.2亿元，增长6.2%；固定资产投资增长10%；财政总收入11.68亿元，其中地方级财政收入8.12亿元；城乡居民人均可支配收入分别达到43217元、23625元，增长5%、9%。一年来产业经济发展的主要工作和成效是：

大抓产业动能强。“武平县新型显示产业集聚区”获评省级数字经济核心产业集聚区。投资超10亿元的中触智能显示、中洲绿泰威电子、天塑光电等产业项目落户我县，企业总数达102家，产业链条加快延伸；与天马微电子建立常态化沟通机制，与京东方、新大陆等龙头企业开展“手拉手”活动，促成8家企业成为省内新显产业龙头企业的合格供应商；岳凯科技、希恩凯电子分别被列入国家、省重点产业链供应链“白名单”。紫金龙江亭铜金矿成功取得采矿权证，并启动基建建设；华润机制砂、大禾萤石矿等项目实现投产。新增2家一级资质建筑企业，全县115家建筑企业（含县外企业在武设立的分公司）纳税增长35%。兴业银行进驻武平。市场主体持续壮大，新登记内资企业892户、个体工商户3269户，新增规上工业企业20家、规上服务业企业8家、资质以上建筑业企业6家、限额以上批零住餐企业17家。新增纳税户1707户，纳税千万元以上“金娃娃”企业11家。

大抓项目投资稳。聚焦项目全生命周期，开展“六大专项攻坚行动”。14个“老大难”项目实现净地交付。获批项目建设用地1405亩、林地2793.6亩，启动竹篙塘城区公墓地建设，国道205线十方高梧至丘坑段实现开工建设。建立“政策攻坚日”和“财力攻坚日”机制，共向上争取专项资金（列入考核范围）10亿元，增长20%。100个县重点项目超额完成年度投资计划。龙龙铁路武平段完成正线工程量的80%，武平人民的“高铁梦”触手可及。高林公路高梧至炉坑段基本完成路面工程，预计元旦前实现通车。城乡供水一体化项目有序推进，完成城区第二水厂和十方集镇水厂扩建工程。百把寨水库实现开工，美子坑水库完成大坝主体工程建设。新建316座5G基站，实现5G信号乡镇全覆盖。110千伏悦洋变电站二期扩建项目实现开工建设，完成110千伏城关、岩前等14座变电站升级改造。

大抓招商后劲足。持续开展“533”招商引资竞赛活动，完善招商宣传视频和投资指南，绘制新显产业招商地图，举办武平（深圳）新显产业招商推介会，实现新签约项目53个，总投资49.3亿元，其中5亿元以上项目9个、新显项目26个；实现新开工项目38个、新竣工项目32个。强化产业落地平台建设，省级科技孵化器三期、光电信息产业园一期竣工投入使用，新型显示产业园实现开工建设。提标改造岩前第二污水处理厂，建成匠心园职工宿舍楼、县工业园区污水处理厂（一期）等配套设施。县工业园区在全省23个省级脱贫县中综合发展水平考核评价排名第一，并成为福建省工业（产业）园区标准化建设试点园区。

林改步伐再加快。圆满完成林改20周年系列活动，建成“我有青山”主题馆，在全省林业改革发展会议暨省级总林长会议上作典型经验介绍，捷文村荣获福建林业改革发展20年突出贡献集体，讲述武平林改20年历程的《我有青山》纪录片亮相央视，武平林改影响力、引领力不断扩大。林业金融区块链平台获评全国“两山银行”十大优秀案例，并纳入全省优化营商环境典型经验做法。建立全省首个低碳社会创建信息管理平台，发行全省首张低碳金融创新产品碳金卡，武平县被列为全省林业碳中和试点单位，签约引进全省首个普惠型林业碳汇项目。启动国家储备林建设。开展农民集体林地承包权依法自愿有偿退出和林业采伐制度改革试点工作。林下经济科教馆获评全省优秀科普教育基地。创建省级森林城镇2个、省级森林村庄6个、省级森林康养基地1个，共有森林人家112家、保持全省第一。

创新动能再加码。新增国家高新技术企业12家、省“专精特新”中小企业3家、省级科技小巨人企业6家、“上云上平台”工业企业16家。龙业光电等41家企业通过省级科技型中小企业评价。希恩凯电子成为县内首家全省数字经济领域“瞪羚”创新企业。金时裕电子获评省级企业技术中心。金普达电子等4家企业入选省级新一代信息技术与制造业融合发展项目。伊普思实业、唯正智能2家企业产品入选省级“首台（套）”重大技术装备名录。星河电路被列入第一批省工业和信息化重点新产品推广目录。投入8.1亿元实施15个省重点工业企业技改项目，实现“老树发新枝”。

拓展空间再聚力。建立与国家开发投资集团对口支援系统化工作机制，争取1460万元无偿援助资金，在武设立“国投集团党员教育基地”。加强与省直帮扶单位对接，争取2359万元资金支持。深化山海协作，争取1800万元资金支持，与思明区共建山海协作创新中心，共创“山系思明·海纳武平”协作机制品牌，联合开展旅游推介活动。对口合作迈出实质性步伐，与广州海珠区、荔湾区确定结对关系。签约引进来自粤港澳大湾区产业项目30个，占全县签约引进项目的57%。累计培育12家跨境电商企业，完成交易额3000万美元。

城市建设新提升。南部新城加快崛起，沿河西路三期完成主体工程建设，平南路东段建成通车，灵通溪水美乡村、崇文公园等项目开工建设。基本完成丰平路主体工程建设，结合实施东门片区雨污分流，改造提升红东路、双福路、安东路。河东新村等28个老旧小区改造和2个背街小巷整治全面完成。心月公园建成并对外开放，建成5个城市口袋公园。兴贤坊入选全国非遗旅游街区和全省特色步行街。21家城区机关企事业单位500个内部停车位向社会开放，缓解城区“停车难”问题。

乡村振兴谱新篇。守好粮食安全底线，下拨粮食生产扶持资金4260万元，新建高标准农田2.26万亩。新增补充耕地944.7亩。五大地标性特色农产品实现初级农产品产值19亿元。紫灵芝种植面积达2.8万亩，成为全国最大紫灵芝生产基地。抢抓“食药物质”管理试点契机，成功培育3家紫灵芝精深加工企业。武平灵芝以8.7亿元品牌价值荣登“2022中国灵芝区域品牌价值榜单”。新增省级示范家庭农场9家、省级农民专业合作社示范社4家、省级“一村一品”示范村5个、市级农业产业化龙头企业8家。实施中赤、十方集镇提升示范工程。完成89个村“两治一拆”整治任务。成功创建15个“绿盈乡村”。城厢镇荣获福建省“全域生态旅游小镇”，园丁村获评省级金牌旅游村。“春生夏长‘乡’约大美武平之旅”入选全国乡村旅游精品线路。推进“五大基地”建设，累计接待游客528万人次。武平连续两年位居福建省乡村振兴热度指数全省前十。

生态环境显底色。投入10.5亿元实施41个生态环保攻坚战役项目。建成韩江上游梅江防洪工程12.5公里。完成2条中小河流治理，实施5条安全生态水系建设。建成首个风箱树异地补植复绿基地。启动第一批9个乡镇30个村农村生活污水治理。在5个乡镇开展全域垃圾干湿分类试点，生活垃圾焚烧发电项目成功投产运营。完成水土流失治理4.6万亩。8条省控小流域断面综合水质均达到Ⅲ类水标准，县级及乡镇集中式饮用水水源地水质达标率均为100%。城区空气质量保持全省前列，优良天数比例为100%。武平被纳入福建省综合性生态保护补偿区域。

（摘编：唐启阳）

长汀县产业经济发展概述

2022年，长汀县面对错综复杂的经济形势和疫情考验，在以习近平同志为核心的党中央和上级党委、政府的正确领导下，按照“疫情要防住、经济要稳住、发展要安全”的重要要求，抢抓中央支持革命老区振兴发展的重大历史机遇，深入开展“三提三效”行动，持续深化“产业发展项目建设年”活动，大抓招商、大抓产业、大抓项目，全县经济社会发展取得较好成效，荣获“福建省县域经济发展十佳县”称号。全年完成地区生产总值343.8亿元、增长6%；一般公共预算总收入13.47亿元、同口径增长16.1%，地方一般公共预算收入9.87亿元、同口径增长19.6%；规模工业增加值增长6%；固定资产投资增长17%；社会消费品零售总额增长5.1%；城镇、农村居民人均可支配收入分别增长4%、6%。

助企政策加速落地。坚持与企业共克时艰、共谋发展，切实稳住市场主体，推动产业发展稳中向好、量质齐升。衔接中央、省、市稳经济一揽子措施，精准实施惠企政策，推动企业降本增效，累计减税降费12亿元，兑现惠企资金2.36亿元，新增企业贷款21亿元，为977家企业发放纾困专项贷款8.75亿元。开展“一镇一周一交地”净地交付攻坚行动，完成征地8000亩、拆迁18.5万平方米，清理处置批而未供土地978亩，盘活低效闲置用地723.5亩、闲置厂房9850平方米，解决企业用工3038人。实现新增“四上企业”104家、市场主体6733家。

主导产业蓄势扩张。稀土及其应用产业，实现产值156亿元、增长10.8%。年产1000吨稀土钐钴永磁、嘉航稀土永磁专用电机项目开工建设，高性能4000吨稀土永磁材料扩建等3个项目竣工投产，金龙稀土获评国家技术创新示范企业。纺织服装产业，实现产值130亿元、增长8%。安踏二期、天守数字化纺织等8个项目完成技改，华平扩建10万锭高端纺纱等6个项目竣工投产。医疗器械产业，实现产值及贸易额20亿元、增长32.3%。新签约引进生产企业13家、贸易企业10家，新投产企业5家，标准厂房入驻率超85%。

重点产业态势良好。文旅康养产业，接待游客586.9万人次，实现旅游收入49.2亿元。出台进一步推动旅游业高质量发展实施意见。智慧旅游平台、客家菜美食文化创意基地等综合旅游项目顺利实施，汀州建国饭店投入运营，汀江国家湿地公园获评国家4A级景区。特色现代农业，实现七大特色产业全产业链产值91亿元、增长9.1%。完成粮食产量17.3万吨、烟叶收购17.8万担。积极创建省级现代农业（河田鸡、槟榔芋）产业园，河田鸡出笼1500万羽，涂坊槟榔芋获评省十大区域公用品牌。新增“三品一标”9个、省级优质农产品标准化示范基地5个、市级以上龙头企业9家。建筑业，实现总产值96亿元、增长10%。出台推进建筑业发展补充措施，新增一级资质企业2家、二级资质企业2家、鉴定甲级资质企业1家。电子商务产业，实现交易额100.2亿元、增长5.1%，其中县域产品上行34亿元、增长5.6%。

项目建设提速增效。深入开展“产业发展项目建设年”活动，“五比一看”多项指标位居全市前列。以重点项目百日攻坚战役为抓手，创新“123456”项目攻坚工作机制，19个市攻坚项目、159个县攻坚项目提速建设。年产30万吨高性能铝合金材料等64个项目开工，百仕韦医用高分子材料等45个项目竣工。新增入库项目235个，其中5000万元以上项目57个。33个省市重点项目完成投资76.5亿元，占年度投资计划的115%。

招商选资更趋优质。坚持“一把手招商”“产业链招商”“全员招商”，完善招商项目联审和落地联席机制，突出亩均产值、固投、税收、就业等核心指标，提升招商项目质量。组建粤港澳大湾区、长三角、闽西南三大片区招商工作组，绘制产业链招商图谱，按图索骥开展一线精准招商，新签约项目120个，总投资221亿元，其中亿元以上项目70个，10亿元以上项目7个。深耕乡贤资源，大力实施“汀商回归”工程，吸引旭众装备制造等10家乡贤企业回归，总投资达37.6亿元。

对口支援走深走实。出台长汀县建设闽西革命老区高质量发展示范区行动方案，建立领导干部赴省进京对接工作制度，争取老区示范区“1+N+X”系列政策42个、省级支持政策事项49项、资金27亿元、地方政府债券9.1亿元。推动中建集团出台对口支援实施方案，在绿色建材产业园、乡村振兴、城市建设等方面开展深度合作。主动融入龙岩—粤港澳大湾区产业合作试验区，与广州市白云、从化建立结对区县联络机制。

城市品质稳步提升。成立规划委员会，加快城市建设品质提升步伐，投入17.4亿元实施65个城市建设品质提升项目、41个创城重点项目、15个老旧小区改造项目，高效创建省级生活垃圾分类试点，街道美化亮化、背街小巷改造、便民设施提档等惠民工程建成见效，违搭违建、空中线网、占道经营等专项治理抓紧抓实。优化调整社区布局，新增7个社区。客家传统建筑营造技艺传习所（木工）项目、省苏维埃工会旧址工程竣工，“红色小上海”旧址保护提升项目试运营，城市记忆得到活化传承。

乡村振兴富有成效。深化试点示范建设，“红旗跃过汀江·两山实践走廊”“田园牧歌·七星闪耀”2个跨村联建示范片区实施项目48个，完成投资2.39亿元，24个省级试点村和实绩突出村实施项目102个，完成投资1.55亿元。推进农村人居环境整治，30个村高质量通过“两治一拆”市级验收。聚力乡村“五个美丽”创建，“五园一舍五化”长汀模式在全省现场推进会上作典型经验交流。中复村获评中国美丽休闲乡村，丁黄村获评省美丽休闲乡村，“长征起点·生态典范”“江畔田园·宜居客寨”列入全省百条乡村振兴示范精品线路。

生态优势愈发彰显。编制水土保持高质量发展先行区建设方案，稳步实施“六大工程”“十八项行动”，完成综合治理面积19.2万亩，水土流失率下降至6.57%，持续创新长汀水土流失治理模式列入省绿色经济发展典型案例。深化生态共治监管，持续推进河（湖）长制、林长制，空气质量优良天数比例、国控断面水质达标率均达100%。大力倡导绿色生产，获评国家农业绿色发展先行区、省林业碳中和试点县，稀土园区获评省第四批循环经济示范园区，盼盼食品获评国家级绿色工厂。水保中心获评第三届中国生态文明奖先进集体。汀江源自然教育馆建成开馆。

基础设施加快完善。推进半片街区市场提升、垃圾焚烧发电、第一污水处理厂技改扩容等一批重大基础设施工程。新建及改造城乡污水管网79.9公里、雨水管网9.2公里，启动农村生活污水提升治理整县推进项目。加快推进城乡供水一体化，新铺设供水管网339公里，荣丰水厂实现试通水。开工建设综合客运枢纽，完成农村公路建设110公里、生命防护工程45公里、危桥改造17座。新建5G基站239个，新增停车位2700个，完成电网改造项目119个、天然气管道铺设13.3公里、高标准农田建设3.3万亩、补充耕地483.83亩。

重点领域改革阔步向前。深化“放管服”和工程建设项目审批制度改革，“e龙岩”自助机全面运行，94.3%的事项实现全流程网办，96.6%的事项实现“一趟不用跑”，一体化政务服务能力明显提高。加快推进国有企业管理体制改革，选优配强领导班子，全面推行企业预算管理，优化考核激励机制，国有企业运营质效进一步提升。经济发达镇行政管理体制、乡（镇）执法体制等重点领域改革顺利推进。

（摘编：曾文升）

连城县产业经济发展概述

2022年，连城县坚持以习近平新时代中国特色社会主义思想为指导，扎实开展“提高效率、提升效能、提增效益”行动，发扬“冲冲冲”工作作风，大抓招商、大抓产业、大抓项目，高质量发展取得了新的成效。全县实现地区生产总值320亿元，增长6.2%；规模以上工业增加值增长4%；城乡500万元以上固定资产投资增长10%；社会消费品零售总额140.2亿元，增长6%；财政总收入11亿元，同口径增长5.2%；地方级财政收入8.4亿元，同口径增长11.5%；城镇居民人均可支配收入39384元，增长4.7%；农村居民人均可支配收入22240元，增长7.5%。16项主要经济指标一半以上增速保持全市前列，连续五年蝉联“福建省县域经济发展十佳县”。产业经济发展的主要工作和成效是：

工业经济持续增长。规模以上工业高技术产业增加值占比居全市前列。新增规模以上工业企业8家，纳税超千万元企业6家、超百万元企业31家。华裕天恒、康莱宝、富润建材列入省重点上市后备企业。新增国家专精特新“小巨人”企业1家，省级科技小巨人企业4家、企业技术中心2家。总投资10亿元的精制高纯石英砂项目刷新了项目签约“当年开工、半年投产”的“连城速度”；总投资5.2亿元的明瑞科维30万吨水泥建材添加剂项目实现试投产；总投资50亿元的新型建材产业园、总投资30亿元的稀有稀土产业园项目实现开工建设。

特色农业基础更实。农林牧渔业总产值增长3.8%。建设高标准农田3.3万亩，粮食年产量稳定在12.93万吨。完成补充耕地及旧村复垦526.6亩。“十个一”特色产业全产业链产值实现110亿元，增长10%。完成烟叶收购7.6万担，雪茄烟叶537.5担，成为全省最大的雪茄烟叶种植基地。入选第三批国家农村产业融合发展示范园（全市首个）。朋口镇连续2年跻身全国乡村特色产业超十亿元镇。新增“三品一标”农产品10个，新培育省市农业产业化龙头企业6家、示范农场17家，新建省级优质农产品标准化示范基地4家，新创省级“一村一品”示范村3个，朋东村获评全国“一村一品”示范村。

第三产业活力迸发。第三产业增加值增长6.5%。新增规模以上服务业企业6家、限额以上商贸企业11家。入围“2022健康中国·康养旅游百强县”。新泉整训红色旅游区成功创建国家3A级景区，顺利承办“人民军队正规化建设起点—新泉整训”理论研讨会。“冠豸迎宾宴”荣获全市首届文旅客家美食大赛银奖。环冠豸山正山前夜间经济带日趋完善，培田古村落“沉浸式”夜游晋升“网红打卡点”。出台扶持全域旅游发展奖励办法，开展“全闽乐购·福见连城”商旅促消费活动。建成直播（跨境）电商生态园，打造了网络零售额突破10亿元的“网红大楼”。全县网络零售额实现27.8亿元，增长312.3%，增幅居全省县份第3。

园区平台支撑增强。相继投入29亿元专项债券资金，推动县工业园区及精细化工产业园、矿产业园、现代甘薯产业园、竹产业园、环保科技产业园等特色园区建设升级，新建标准化工业厂房16万平方米，形成了全市门类最齐全的产业园区。“一园三区”管理机制进一步优化，产值、税收分别增长3.3%、12%。县工业园区在22个省级脱贫县开发区综合发展水平中排名第3。

项目攻坚有战果。扎实开展重点项目百日攻坚战役，创新实施专班制、晒单制、竞赛制、奖惩制“四制推进法”，获全市项目工作正向激励考评奖励。深化领导干部带头策划项目“2+3”工作机制，策划生成项目405个，182个项目列入国家重大项目库。落实重点项目建设“五个一”工作机制，32个省市重点项目完成投资79.1亿元；3个“重中之重”项目完成投资10.5亿元；14个列入市重点攻坚项目完成投资19.7亿元，完成目标任务133.1%，进度居全市第1。渡远复合材料、欧瑞得新型不锈钢制品等项目建成投入使用。

招大引强有实效。坚持“一把手”招商、产业链招商、以商招商，绘制招商图谱，聘请招商顾问，组建驻外招商“小分队”，精准承接粤港澳、京津冀、长三角和闽东南等重点区域产业转移。成功签约了总投资超百亿元的新型建材产业园、混合式抽水蓄能电站、稀有稀土产业园和锆钛专业产业园等一批大项目、好项目。全年新签约10亿元以上项目5个、亿元以上项目45个，“莲商回归”35家。

要素保障有力度。27个项目获地方政府专项债券支持，到位资金18.8亿元，除市本级外，项目数、资金规模均居全市第1。完成房屋征收15.3万平方米、土地征收6682亩。获批项目用地1095亩。开通重点项目用林“绿色通道”，审批时间压缩至2个工作日内。累计向上争取各类补助资金21.4亿元。银行业机构为市场主体提供贷款36.5亿元，县中小企业信用担保中心提供融资担保4.1亿元、应急还款6800万元。出台“乡贤回归工程”十条措施，绘制人才地图，引进各类紧缺急需人才50余名。

城镇建设扩容提质。新开通冠豸山机场连城至广州、长沙、成都航线。北部动车新城、东部景区新城、西城新区初具规模。连宁南路、文川南路、西桥路综合改造项目实现通车。完成塔背巷等10个城区片区集中整治攻坚。城区高水高排一期等项目投入使用，城乡供水一体化项目完成总投资86%。乡镇污水管网支管建设一期项目加快实施。投资4亿元的福地水库顺利下闸蓄水，有效防御“6·13”强降雨的侵袭。福地水厂正式供水，城区居民告别饮用地下水历史。永丰水库列入全省重大水利工程集中开工项目。

乡村振兴稳步推进。争取中央财政衔接推进乡村振兴资金补助3500万元。完成村庄规划编制139个。新改建农村公路55公里，改造农村危桥7座，实施安全生命防护工程100公里。环冠豸山乡村振兴示范片区完成投资1.8亿元，环冠豸山旅游公路全线贯通。17个省级乡村振兴试点村（含实绩突出村）完成投资1.2亿元。17个任务村通过农村人居环境整治“两治一拆”验收，超额完成市级下达任务。塘前乡、赖源乡入选第二批省级乡村治理示范乡镇。乐江村、池溪村列入第六批中国传统村落名录。

重点领域改革纵深推进。持续深化国企改革，国投、豸龙集团“自我造血”功能不断提升。出台规范园区工业标准厂房分割转让管理办法，推进盘活工业厂房7.9万平方米。组建矿投集团，整合矿产资源，推动矿业经济发展。

市场主体活力持续焕发。研究与试验发展（R&D）经费投入4.7亿元。赛特新材等4家企业认定为国家、省知识产权优势企业。各类市场主体增长11.4%。持续深化营商环境、政务环境、社会环境“一月一联席”“问题吐槽”，共计梳理出有效问题线索1025个，已解决87.6%。创新推出“领导干部换位体验走流程”、营商环境服务专员、涉企执法备案登记等工作机制，率先设立“企业服务专窗”。行政许可服务“一趟不用跑”“全流程网办”事项分别占比96.8%、94%，办件平均压缩至1个工作日。落实企业减税降费3.7亿元。筹集资金9900万元兑现涉企优惠政策。市对县营商环境考评评估连续3年实现进位。

双向合作共建卓有成效。住建部、省住建厅确定的60个帮扶事项基本完成年度任务，争取到位各级帮扶支持资金1.5亿元。新培育晋升一级建筑业资质企业2家，建筑业产值实现174.5亿元，增长19%，增速居全市第1。入选国家传统村落集中连片保护利用示范县（全省2个），全国市长研修学院（住建部干部学院）现场教学基地在莲挂牌。3个NBA乡村篮球场建成投入使用。住建部、省住建厅亲自关心推动恒大“悦澜湾”、怡景花园项目建设“保交房、保民生、保稳定”。

（摘编：王一星）

漳平市产业经济发展概述

2022年，中共中央总书记习近平向漳平台湾农民创业园全体台农致以新春问候和亲切勉励，中共中央政治局委员、时任福建省委书记尹力亲临漳平考察，全市人民深受鼓舞、备受激励，漳平大地如沐春风、生机勃发，各项工作取得新进展新成效。全市地区生产总值317.6亿元、增长5.3%；一般公共预算总收入14亿元，同口径增长13.2%，地方一般公共预算收入10.8亿元、同口径增长26.5%；固定资产投资增长13%；实际利用外资172万美元；外贸出口总额16.5亿元；社会消费品零售总额增长2%；城镇、农村居民人均可支配收入分别增长4.8%、7.5%。漳平台湾农民创业园连续六年在国家级台湾农民创业园发展建设考评中位居第一，漳平工业园区连续三年在省级开发区综合发展水平考评中位居前十。漳平现代农业产业园入选国家现代农业产业园创建名单，漳平水仙茶制作技艺入选人类非物质文化遗产代表作名录，乡村振兴“宣传度”热度指数居全省前十。福建龙钢项目开工以来，完成投资68亿元、占一期总投资额82亿元的82.9%，完成95%的土建工程、82%的钢构安装、65%的设备安装，创造了项目攻坚的“龙钢速度”。

实体经济持续增长。工业经济企稳回升，各级扶持工业发展政策全面落实，兑现企业政策资金6501万元，入驻省工业企业供需对接平台100家，工业固定资产投资、工业技改投资分别增长13%、15%，规模以上工业增加值增长3%，新增规模以上工业企业25家；工业园区道路、管网等基础设施建设完成投资3.4亿元，华寮化工集中区污水处理厂、创新创业基地等项目加快建设，新材料产业园二期稳步推进，园区规模以上工业企业产值207亿元、增长7%。建筑业稳中趋快，产值80.1亿元、增长15%。特色农业加快发展，在保障粮食安全前提下，打造差异化、特色化农产品，农林牧渔业总产值67.8亿元、增长5%；粮食作物播种14.1万亩、产量6.2万吨，复垦抛荒地1902亩、高标准农田建设1.65万亩，认领“乡间有亩田”456亩；七大特色农业全产业链产值突破170亿元，新增地理标志商标4件、绿色食品认证9个，漳平香菇入选全国名特优新农产品；新增省级优质农产品标准化基地6个、农业产业化联合体1个、“一村一品”专业村5个、示范家庭农场11家、示范合作社3家，培育高素质农民1043人；我市入选全国平安农机示范县、第二批省级农业绿色发展先行区，两岸农民庆丰收节入选全国100个丰收节庆特色活动，梧溪村入选全国乡村特色产业超亿元村，台品茶业公司入选国家级生态农场。第三产业稳步向好，增加值146.5亿元、增长5.1%，新增规模以上服务业企业11家、限额以上商贸业企业24家；公路客货运周转总量增长7%，金融机构本外币存贷款余额356.5亿元、增长15%；电子商务进农村综合示范县建设中期绩效评价居全省优秀等次，三级物流体系项目、电子商务公共服务中心、花卉供应链基地投用；网上年货节花茶电商直播、“全闽乐购·福见漳平”等系列促销活动成功举办，网络零售额增长12%；旅游产业复苏加速，接待游客339万人次，旅游收入24.5亿元，赏花品茶踏青休闲之旅入选全国茶乡旅游精品线路。

发展后劲持续增强。项目建设推进有序，30个省、龙岩市重点项目完成投资77.7亿元，实现开工项目14个、建成或部分建成项目8个；120个市本级重点项目完成投资142.6亿元，实现开工项目62个、竣工项目52个；抽水蓄能电站、红狮皮带长廊等重大项目前期取得新进展，联星塔吊、后盂水库等项目加快推进，高水高排及生态补水工程、新德诺户外木制品等项目投用。招商引资精准有力，新签约弗士德环保设备、菁龙铁路桥建筑等项目53个、总投资103亿元，其中超10亿元项目4个；军民融合项目新签约5个、开工4个、竣工3个，转化军工技术新签约5项、转化4项，民品销售4.8亿元。要素保障全面有效，争取各类上级补助资金17.6亿元、地方政府债券8.3亿元，发放企业纾困贷款4.5亿元，办理留抵退税5.6亿元，解决企业用工4680人、市内农村劳动力进工业园区务工2564人；林地报批1271亩、土地报批2354亩，征地面积4000亩、房屋征收17万平方米；建立“拿地即开工”审批服务机制，诚匠轻量型起重机、卓越水性聚氨酯等4个项目实现“拿地即开工”“交地即交证”。

改革开放持续推进。行政审批制度改革取得新进展，“一窗受理、集成服务”改革加快推进，企业群众办事由“一事跑多窗”变为“一窗办多事”，市本级审批服务事项“最多跑一趟”“一趟不用跑”分别占比3.9%、96.1%；完成省网“跨域通办”专区事项配置，企业注册登记立等可取。集体林权制度改革不断深化，漳平市列入全省林业行政执法队伍建设改革试点县、人工商品林采伐改革试点。科技创新加快推进，新增国家级高新技术企业6家、省级科技小巨人企业11家、省级科技型中小企业28家、“上云上平台”企业12家。两岸融合发展取得新成效，落实《龙岩市支持漳平台湾农民创业园创建海峡两岸农业融合发展示范区若干措施》等各级惠台政策，新增入驻台资企业9家，第十一届樱花（福）文化旅游节成功举办；漳平台湾特色小镇重点项目建设三年行动规划全面实施，完成投资5.6亿元，两岸融合馆等11个项目投用，永福溪防洪堤等15个项目加快建设。

城乡面貌持续改善。城市品质不断提升，实施城市建设品质提升项目111个、完成投资18.5亿元，老旧小区提升改造35个3034户，新改建武馆路、双拥路等城市道路4.6公里，新增文昌公园、城北小学等地停车位160个，新建东石路片区、城南片区等地雨水管网8.8公里，新建门口洋、上江片区等地污水管网9公里，新建改造下水洋、外环东路等地供水管网9.9公里；全力争创全国文明城市，扎实开展渣土扬尘、占道经营等问题整治，拆除“两违”建筑143宗、面积42.8万平方米，新建绿地公园17.3公顷、绿地5.6公顷，创建绿色社区9个，购置新能源公交车14辆、增添公交线路2条，建成无障碍项目17个，火车集市成功开市，果蔬批发市场投用。乡村颜值持续刷新，村庄规划编制31个，农村建设品质提升项目完成投资8.5亿元，重点特色乡镇、省级乡村振兴试点村（含实绩突出村）完成投资7016.4万元，省级乡村振兴精品示范县完成投资7415万元，城乡供水一体化完成投资3.6亿元、主管网铺设95公里，农村公路新改建28.9公里；创成美丽乡村庭院787户、美丽乡村微景观215处、美丽乡村小公园48个、美丽田园46片、美丽乡村休闲旅游点4个；“两治一拆”整村推进20个，通过龙岩市级考核验收村14个，我市入选省级村庄清洁行动成效突出县、农村厕所革命样板县，入选全国乡村治理示范村1个和省级乡村治理试点示范镇2个、示范村19个，龙岩市农村生活污水提升治理工作现场会在新桥成功举办。

生态质量日趋向好。城区空气环境质量指标均达到或优于国家二级标准，国控、省控断面综合水质达到或优于Ⅲ类水标准，境内六大支流综合水质保持Ⅱ类水标准，城区两个集中式饮用水源地水质达标率保持100%；山水林田湖草沙一体化保护和修复工程完成投资5.9亿元，生态环保攻坚项目完成投资12.2亿元，水利项目完成投资8亿元，治理水土流失4.4万亩，植树造林2.97万亩，新增省级森林人家5个，现有森林蓄积量2449万立方米、森林覆盖率80.59%，林下经济年产值32.2亿元。

（摘编：蔡志轩）

宁德市产业经济发展综述

2022年，宁德市坚持以习近平新时代中国特色社会主义思想为指导，以迎接、学习、宣传、贯彻党的二十大为主线，全面落实“疫情要防住、经济要稳住、发展要安全”重要要求和“提高效率、提升效能、提增效益”行动部署，以实施“双百”项目、献礼“二十大”活动为总抓手，以“15个专项行动”为具体抓手，扎扎实实抓市场主体、抓项目攻坚、抓运行调度、抓重难点突破，较好完成了主要目标任务，实现了良好开局。这一年，宁德市承压前行，用“两个稳定”的好势头喜迎党的二十大胜利召开。面对多重超预期因素叠加影响，全市上下坚定信心、积极应对，经济运行稳定保持了良好发展态势、稳定保持了全省领跑势头，全市实现地区生产总值3554.6亿元、增长10.7%，增速全省第1，12项主要经济指标中6项增幅全省第1。宁德历史性跻身中国百强城市，蕉城挺进全国“百强区”、蝉联全省“十优区”并前移1位，福安蝉联全省“十强县”并前移2位，霞浦、周宁新晋全省“十佳县”，东侨首次进入国家级经济技术开发区30强。这一年，宁德市众志成城，用“一统三保”的新举措顶住了疫情冲击的影响。面对一波又一波疫情来袭，全市上下闻令而动、并肩战“疫”，科学精准打赢了“0409”“0703”“1125”疫情攻坚战，有力保障了交通畅通、企业生产、群众正常生活，得到了省里的肯定。在大战大考中，356万闽东儿女不畏艰辛、守望相助，唱响了“坚持就是胜利、团结就是胜利”的主旋律。这一年，宁德市初心不改，用“只增不减”的硬投入诠释了发展为民的情怀。全年民生支出297.2亿元、比上年增加28.5亿元，实施补短板项目330个、为民办实事项目37件，人民群众的获得感、幸福感、安全感进一步增强。一年来产业经济发展的主要工作措施和成效是：

坚持综合施策，经济运行更加稳健。实施“走千企访万户促发展”活动和人力资源服务提升专项行动。出台一揽子助企纾困政策，及时办理减退缓税降费85亿元，发放纾困贷款41亿元，解决企业用工需求5.5万人。全市新增各类市场主体8.23万户，入选福建百强企业4家、百强民营企业4家。围绕深化“三比三赛”，创新项目前期“3+N”工作机制，实施筹融资专项行动和主导产业产业链招商专项行动。255个在建省市重点项目完成投资719亿元，重大项目开工341个、竣工217个，“双百”任务超额完成。获批农转用1.23万亩、林地1.55万亩，解决项目融资需求558亿元，签约项目总投资1122亿元。开展“福见商旅·畅享宁德”系列促消费活动，出台文旅消费“10条措施”，全年接待游客4235.4万人次、旅游总收入363.8亿元。成功举办世界地质公园文化旅游节，验收通过首批金牌旅游村34个、新发布主题线路4条。线上平台交易活跃，实现网络零售额248.6亿元，涌现出一批粉丝百万、销量过亿的网红主播。进一步扩大对外贸易，全市进出口增长42.5%，总额达到1292.8亿元、晋位全省第4。

坚持创新转型，产业支撑更加有力。推进主导产业龙头扩张、集群发展，锂电新能源产业完成产值2758亿元，蕉城时代、福鼎时代一期等一批龙头项目建成投产，新增在建、投产配套项目35个。动力电池集群入选国家先进制造业集群，宁德时代入选全球电池联盟董事会、荣获“中国工业大奖”。不锈钢新材料产业完成产值1923亿元，新增在建、投产配套项目18个，不锈钢新材料产业园入选国家新型工业化产业示范基地。新能源汽车产业完成产值285亿元，年产26.19万辆

(含KD件)，首款全球车“名爵·木兰”热销20多个国家。铜材料产业完成产值266亿元，东南铜业阴极铜产品取得国内国际期货交易“双牌照”。宁德入选全国首批产业链供应链生态体系建设试点城市。实施传统产业数字化转型专项行动，完成52家企业智能制造诊断，实施103个省市重点技改项目。船舶修造、电机电器产业携手进军电动船舶市场，福船集团电动船舶研制总装基地落地，一批技术领先的电动船舶下水首航，新能源汽车驱动电机生产取得突破。食品加工、汽摩配件、合成革等产业转型步伐加快。累计建成小微园19个、标准化厂房及配套设施130万平方米，入驻及意向入驻企业260家。推动现代服务业提质增效，实施现代物流创新发展专项行动，漳湾临港物流仓储、宁德国际物流中心一期等项目建成投用，港口货物吞吐量6847万吨。金融业加快发展，金融机构本外币存贷款余额分别达到3676亿元、3414亿元。拓展“两业融合”场景应用，全国首座标准化光储充检智能超充站、全省首座电动重卡换电站建成投用。宁德首次上榜全国百强数字城市。实施优势农业提效专项行动，“8+1”特色产业全产业链总规模达2150亿元。创新开展“我在宁德有亩田”活动，在全省率先实施农资保供补助，粮食总产量48.1万吨。新增农业标准化示范基地45个；新增全国名特优新农产品3个、地理标志证明商标4件、“三品一标”157个；新增省级农业产业化示范联合体18家、“一村一品”专业村24个，福安入选国家级“一县一业”葡萄标准化示范基地。启动实施“国鱼计划”，首次发布大黄鱼地方标准、烹饪团体标准和产业发展蓝皮书，深远海养殖平台“宁德1号”建成下水，霞浦获评“中国生态大黄鱼之乡”。成立全国首个“三茶”研究院，5个县（市、区）获评中国茶业百强县域，福鼎被授予“世界白茶发源地”。成功举办全国“十四五”渔业高质量发展推进会、中国大黄鱼文化节、首届福建蔬菜种业创新大会。实施科技创新扩面升级专项行动，全社会研发投入突破百亿元大关，规上工业研发活动覆盖率达到45.8%、同比提高15.5个百分点。新增国家级高新技术企业74家，新增省级以上“专精特新”企业、科技小巨人、新型研发机构、企业技术中心80家；新增专利授权5953件，申请PCT国际专利11063项，获得中国专利优秀奖3项。宁德时代创新实验室一期建成投用，麒麟电池正式发布；海水养殖生物育种全国重点实验室获批建设，三祥新材实验室再获国家认可实验室；广生堂新冠口服创新药完成Ⅰ期临床试验。成功举办首届国际不锈钢产业创新发展大会，世界钢铁工业十大优秀不锈钢技术在宁德发布。实施新时代“三都澳人才”强市战略，新引进认定省高层次人才71人、省工科青年专业人才475人、“天湖人才”1183人，认定“能工巧匠”550人。

坚持改革开放，发展活力更加充沛。扎实推进重点领域改革，深化践行“四下基层”制度、海上社区治理等32项改革典型在全国全省推广。高质量完成国家普惠金融改革试验区建设任务，入选中央财政支持普惠金融发展示范区，3项创新成果入选全国典型案例。稳妥推进国企改革三年行动，新组建市旅发集团。在全国率先开展市级医用耗材集中带量采购，中选产品平均降价40%以上。深化财政零基预算、绩效管理等改革，周宁财政管理绩效综合评价全国第1。实施营商环境创优专项行动，扎实推进“137”工程，全面打响“宁德服务”品牌。完成全市一体化政务服务平台和中小企业信用融资平台建设、市县“多规合一”平台整合，102个自建信息系统数据实现全量汇聚。全市推广“一件事”集成套餐服务129项，“一网通办”比例达90.2%，“一趟不用跑”比例达90%。在全省率先推行政务大厅“局长服务日”机制。持续加大对外开放步伐，宁德获批跨境电商综合试验区，漳湾作业区正式对外开放，霞浦三沙-福州江阴集装箱航线正式开通。新增闽台农业融合发展推广基地3个、乡建乡创合作项目9个；成功举办海峡论坛·陈靖姑文化节、海丝国际茶文化论坛、国际白茶论坛。闽浙赣皖福州经济协作区、闽东北协同发展区交流合作和福州·宁德山海协作更加紧密。

坚持城乡统筹，人居环境更加宜居。实施城市更新、新区拓展、生态连绵、交通通达、安全韧性五大工程，完成老旧小区改造38个，新增口袋公园44个、福道145公里、公园绿地1755亩、停车泊位2357个。实施中心城区交通拥堵治理专项行动，建成市政道路8条，开通定制高速客运班线、定制公交线路19条，完成堵点治理、路口改造、信号灯优化109处，主干道路口通行能力、干道通行速度分别提升10%、15%以上；常态化推进全国文明城市创建，实施“十个十”城市民生项目148个，建成投用立体绿化、标准公厕、夜景提升、易涝点整治等一批项目；在全省率先实行城市总规划师制度，完成主城区总体城市设计和东湖片区、锂电小镇片区城市设计初步方案。实施农村人居环境分类晋级专项行动，新晋标准版村庄857个、提升版村庄430个，实现生活垃圾干湿分类全镇域乡镇19个、行政村754个，整治裸房2万栋；新增中国传统村落14个，创建森林村庄184个、绿盈乡村177个。落实支持老区基点行政村、少数民族村振兴系列措施，出台支持海岛乡村振兴“9条措施”。古田入选国家乡村振兴示范县，周宁获评全国村庄清洁行动先进县。加快城乡基础设施扩容提级，宁古高速、宁上高速霞浦至福安段加快推进，国道228全线开工。新改建国省道57.2公里、农村公路353公里，“四好农村路”经验全国推广。新增5G基站2888个，信号覆盖90%以上乡村。实施闽东大水网建设专项行动，开工建设中心城区湖库连通工程，新改建供水管网573公里，建成城乡供水一体化项目10个。建成投产110千伏以上输变电工程12个。周宁抽蓄电站全面投产发电。强化生态环境综合治理，全市空气环境保持优良，国考断面水质居全国第25位。实施污染防治项目141个，建设生态清洁小流域22.3公里，治理水土流失30.2万亩，植树造林19.7万亩，修复红树林3000亩，除治互花米草7.4万亩，清理整治小水电站162座。海上养殖综合整治经验全国推广，石材行业综合整治入选中央生态环保督察整改典型案例，古田获评国家生态文明建设示范区，周宁获评国家水土保持示范县，寿宁入选全国水系连通及水美乡村建设县。

坚持把政治建设摆在首位，严格落实“第一议题”学习制度。认真学习宣传贯彻党的二十大精神，及时传达学习习近平总书记重要讲话重要指示精神，深刻领悟“两个确立”的决定性意义，坚决做到“两个维护”。深入开展“法治政府建设年”活动，修订市政府工作规则，提请审议地方性法规草案1部，制定规范性文件22份，行政复议合法率、规范性文件备案审查合法率均达100%。深化机关效能建设，继续归并优化各类政务服务热线，推动12345便民服务平台扩容升级，累计办理诉求55.7万件，政府网站绩效评估晋位全国第3。认真执行人大及其常委会决定决议，坚持向人大及其常委会报告工作，向人民政协通报情况，支持政协开展专题议政，办理人大代表建议825件次、政协提案1038件次，办结率100%、满意率100%。严格落实中央八项规定及其实施细则精神，持续纠治“四风”。监察监督、审计监督、统计服务等工作进一步加强。

2023年宁德市工作的总体要求是：坚持以习近平新时代中国特色社会主义思想为指导，深入学习宣传贯彻党的二十大精神，组织开展“四个年”活动，深化实施“15个专项行动”，加快打造“增长极”、建设“四个区”，奋力谱写全面建设社会主义现代化国家的宁德篇章。经济社会发展主要预期目标是：地区生产总值增长8.5%；农林牧渔业总产值增长5.2%；规上工业增加值增长15.5%；固定资产投资增长5%；社会消费品零售总额增长6%；进出口增长14%；一般公共预算总收入增长8%，地方一般公共预算收入增长6%；金融机构本外币贷款余额增长14%；城乡居民人均可支配收入分别增长7.5%、9.5%。

（摘编：郑平名）

蕉城区产业经济发展概述

2022年，蕉城区紧紧围绕建设“五高五美”现代化新蕉城中心任务，以“三提三效”行动为抓手，高效统筹疫情防控和经济社会发展，综合实力再上新台阶，首次跻身全国百强区，位列第93名，提前三年完成“十四五”规划进入“一个榜单”的目标。全年完成地区生产总值1261.51亿元，增长14.1%；一般公共预算总收入60.92亿元，同口径增长19.9%；地方一般公共预算收入30.49亿元，同口径增长15.7%；农林牧渔业总产值100.52亿元，增长2.7%；规上工业增加值增长23.7%；社会消费品零售总额178.19亿元，增长3.7%；城镇居民人均可支配收入44463元，增长4.2%；农村居民人均可支配收入23139元，增长8.5%。一年来产业经济发展主要工作和成效有：

主导产业实力倍增。锂电新能源、新能源汽车、铜材料三大主导产业磅礴发展，全年实现产值1700.3亿元。宁德时代荣获“中国工业大奖”，动力电池、储能电池和新能源科技的消费类电池全球市占率继续保持第一；锂电新能源车里湾基地建成投产，新增百亿级产业园区；科达利、康本、蓝海节能、晟硕等一批产业链项目建成投产。上汽宁德基地成为全国最大的新能源汽车出口基地，“名爵·木兰”成为首款在全球20多个国家上市的中国车，基地整车年产能26万台，首次突破达产产能；上汽园区新增上海西艾爱、拓投等5家配套供应商。东南铜业持续达产，福浦特种铝项目部分生产线投产。实施传统产业数字化转型三年专项行动，完成智能制造诊断5家。“一区多园”模式成效显著，三都澳经济开发区在全省开发区综合考评中居第24位。

农业发展提质增量。实施“粮食安全蕉城行动”，复垦抛荒地1.28万亩，落实永久基本农田划定任务11.98万亩，创新乡镇粮耕保姆站作法，并在全省率先组织机关企事业单位共建认筹山区抛荒地，省区市三级共有213个单位认领1766.6亩。开展优势农业提效专项行动，强化茶鱼产业工作的组织领导，高位推进“一茶一鱼”特色产业，启动“国鱼计划”，成功举办大黄鱼文化节暨产业发展高峰论坛等系列活动，进一步打响国鱼品牌；深化“五方共建”茶产业发展试点，实施茶树品种改造1994亩，赤溪茶博城完成一期工程建设，天山绿茶入选2022年度福建十大农产品区域公共品牌，连续五年入选“中国茶业百强县”。水产品总产量22.3万吨、同比增长0.7%。水果种植实现产值2.74亿元、同比增长6.2%。完成生猪稳产保供任务，存栏10.43万头，年出栏15.97万头。培育“三品一标”产品41个，“三品一标”认证有效增量连续5年位居全省前列。

服务业稳步发展。出台促进商贸业提质增效若干措施，开展“幸福蕉城，为‘宁’加油”“全民美食节”等系列促消费活动；完成金蛇头美丽新渔村、二月花商业街等老街旧村改造提升，新增一批网红打卡点。大黄鱼等农特产品畅销海内外，全年电商网络零售额超23亿元。文旅经济融合发展，全年接待游客人数538.14万人次、实现旅游收入45.65亿元，林厝服务区成为全国首个沉浸式民族风情主题服务区，霍童过溪坂花漾湾项目动工建设。开展现代物流创新发展专项行动，喜百年物流一期、宁德市水陆联运一期等项目建成投用。

项目建设持续加快。创新建立项目前期“1+5+N”工作模式，深入开展“三比三赛”、“双百”献礼等活动，66个重点在建项目完成投资86.2亿元；上汽园区分布式光伏发电等30个重点项目竣工投产，飞鸾物流产业园等 48 个重点项目开工建设。集中攻坚 6 大片区安征迁工作，完成征地任务 7208 亩。开展筹融资专项行动，全年为 12 个项目提供启动资金 11.54 亿元。谋划申报 2023 年专项债项目 28 个，总投 256.98 亿元。全年招商引资晟拓能源科技、天地和食品等 25 个项目，总投资 188.1 亿元，超额完成年度任务。

创新优势持续扩大。首次跻身全国创新百强区，位列第 75 名。开展科技创新扩面升级专项行动，出台《关于大力推进科技创新能力建设的若干措施》，培育省级专精特新企业 3 家、省级企业技术中心 1 家，新认定省科技小巨人领军企业 10 家，全年专利授权总量和有效发明专利拥有量居全市前列，获省科技进步一等奖 1 项、三等奖 2 项。宁德时代连续五年入选福布斯中国创新力企业 50 强；发布麒麟电池，系统集成度创全球新高；首创 MTB 技术落地国家电投换电重卡车型；21C 创新实验室投入使用。

营商环境持续优化。开展“走千企访万户促发展”行动，出台助企纾困复工复产 22 条措施，修订工业、建筑业、商贸服务业、规上服务业等 6 个行业惠企政策，全年兑现中央和省、市奖补资金 2.27 亿元，落实区级惠企政策资金 5048 万元，办理留抵退税 6.21 亿元，减免疫情纾困租金 2675 万元；落实制造业中小微企业缓税、小微企业“六税两费”减免等支持政策，为中小微企业减负 1.17 亿元。成立政府性融资担保公司，为中小微企业开展融资担保业务 8800 万元；强化政银企对接，为企业和行业协会提供授信金额 46.5 亿元。开展营商环境创优专项行动，“放管服”改革持续深化，创新推出“3+12”行政争议化解、公共资源交易“一窗受理、一网通办”集成服务模式、设立“北上广深异地代收代办”服务专窗等举措。

城市颜值不断刷新。连续两年上榜全省城市发展“十优”区，位列第四名。打造城市更新、生态连绵、交通通达、安全韧性等四大城市品质提升工程，完成投资约 21 亿元。福洋一期、环金溪琼堂一期等片区城市更新项目完成投资 8.53 亿元；24 个老旧小区完成改造。创城品质持续提升，实施 36 个补短板项目，完成 7 个市场改造提升，蕉南农贸市场入选省级“四星文明集市”；新增公共停车场 5 个，建成口袋公园 5 个，新改建公厕 7 座。中心城区完成省级生活垃圾分类示范区创建。组建 10 支城市管理综合执法中队，拆除违建面积 16.1 万平方米。交通路网不断完善，连城路一期、车里湾片区配套市政道路、104 国道福洋至孝岐头段和疏港路至苗圃段改扩建工程、228 国道碗窑至礁溪段和城澳至罗源界段、306 省道井上至牛头岗段建成通车，兰田路、天王路、青山路、镇前路完成“白改黑”，新佳坡步行街、后岗环岛完成改造提升。

乡村建设稳步推进。全年投入 3.02 亿元，实施农村人居环境整治暨农村建设品质提升项目 28 个。深入开展农村人居环境分类晋级专项行动，改造农网 10 千伏线路 3 条，整治通信线路 20 公里、广播电视线路 45 公里，提升农村公路 25.5 公里，新建乡镇污水管网 5.3 公里，新改建农村供水管网 30.9 公里，完成裸房整治 1768 栋，创建“美丽庭院”155 户。乡村振兴扎实推进，15 个省级乡村振兴试点村完成项目 63 个、总投资 3762.5 万元。洋中钟洋村入选中国传统村落，金涵上金贝村入选省级美丽乡村，虎贝镇入选福建“气候康养福地”。

生态环境持续向好。建成 7 座重点流域水质自动监测站，完成 185 个入河排污口综合整治；互花米草除治全面完成；升级改造木质踏板渔排加塑胶浮球 5.8 万口，清理海漂垃圾 21.34 万立方；洪口清库全面完成，十余年水库网箱养殖成为历史。霍童溪流域生态治理 EOD 项目成功入选国家项目库。完成植树造林 2.83 万亩、水土流失治理 2.48 万亩、综合治理堤岸建设 6870 米，148 家小微企业危废处置试点工作成效明显，危废处置利用率达 96%以上，土壤环境质量保持稳定。20 个大气污染治理减排项目完成建设，全年环境空气质量优于全省平均水平。

（摘编：王一星）

古田县产业经济发展概述

2022年古田县坚持以习近平新时代中国特色社会主义思想为指导，全力推进“数字古田、绿色古田、开放古田、健康古田、魅力古田”建设，经济社会发展总体稳中有进。全县地区生产总值242亿元、增长6%；农林牧渔业总产值94.18亿元、增长6%；规上工业总产值91亿元、增长16%；固定资产投资增长15%；社会消费品零售总额99.5亿元、增长5%；一般公共预算总收入10.7亿元、增长2%；地方一般公共预算收入8.2亿元、增长5%；城镇居民人均可支配收入40380元、增长4.8%；农村居民人均可支配收入24323元、增长8%。产业经济发展的主要工作和成效是：

这一年，通道更畅。全年交通投入6.69亿元，改造提升农村公路31.8公里，成功入选“四好农村路”全国示范县创建名单。比以往任何时候更加接近“镇镇通高速”目标，全县人民期盼多年的宁古高速正式列入《国家公路网规划》，并顺利动工建设。京台高速复线及古田联络线被列入省高速公路网，并完成工可编制，京台高速黄田连接线、环湖旅游公路等项目建成投用。

这一年，产业更优。三次产业比重从去年的22.9∶29.2∶47.9，优化为21.6∶32.7∶45.7。在大吉片区谋划建设“中国食用菌之都产业园”构想正逐步推进。小微园建设获评全市第一，成功入选全国乡村振兴示范县创建名单。农业优势不断巩固提升。加快食用菌产业转型升级，投入10.7亿元实施食用菌标准化生产、良种繁育、科研能力、产业服务、品牌文化等五大提升工程。建成全国首个菌种科技园、食用菌数字大脑一期、光伏+菇棚基地等食用菌产业重点项目。完成食用菌产品质量检验中心迁建，实现检测项目全覆盖，技术水平达到全省一流。压实粮食安全生产责任制，整治抛荒撂荒地2.13万亩，完成粮播面积30.19万亩，建成高标准农田3.76万亩，圆满完成省级储备粮代储任务。完成全国农产品产地冷藏保鲜整县推进试点县项目建设，全省推进会在古田县召开。制定实施《水果产业发展规划（2021-2030）》，成功举办油柰采摘节、炮弹柿丰收节等一系列推介活动，进一步打响古田特色水果品牌。宁德第十届茶王赛古田荣获3个金奖、2个银奖，“古田红茶”制作技艺被列入第七批市级非物质文化遗产名录。工业发展劲头持续增强。全县工业投资增长37.6%，制造业投资增长20%，技改投资增长133.5%，新增规上工业企业14家。大力推进大东工业走廊建设，启动大甲工业集中区拓展区成片开发和杉洋工业集中区控规编制，完成鹤塘工业集中区控规编制。食用菌产业园西区标准化厂房、哥达锂电池复合材料生产线等20个工业项目建成投用。古田药业通过省级专精特新企业认定，古田溪抽蓄项目通过可研评审，黄田抽蓄项目完成生态红线调整和建设规模优化论证，杉杉科技二期实现当年开工、当年投产。第三产业活力不断迸发。全年实现服务业增加值109亿元，新增限上商贸企业17家。大力打造“双创基地”，培育电商培训机构、直播电商企业32家，全年网络销售额达17.5亿元，电商企业培育工作经验做法在全市推广。完成青云美食街改造升级，成功举办“首届翠屏湖盛夏生活节”“逛商圈”等主题活动30多场次，进一步提振市场消费。完成临水宫祖庙保护修缮工程，建成“翠坞里”高端民宿项目，开工建设临水文旅、翠屏湖文旅、环湖森林步道等一批旅游产业项目。翠屏湖成功入选福建省首批河湖文化遗产，前洋村成功创建国家 3A 级旅游景区，杉洋·文武古镇、际面桃园风景区成功创建国家 2A 级旅游景区，金翼村入选 2022 年福建省“金牌旅游村”，杉洋镇入选 2022 年福建省“全域生态旅游小镇”。全年接待游客 420 万人次，实现旅游综合收入 32.8 亿元。金融机构存贷款余额分别增长 10.89%、14.99%，不良贷款率降至 0.71%。

这一年，项目更实。全县 170 个在建重点项目完成投资 58 亿元，39 个“献礼二十大”项目如期实现开竣工，进度居山区县第一。争取上级补助资金 20.5 亿元，到位债券资金 10.27 亿元。成功签约总投资 20 亿元的杉杉负极材料一体化项目，达产后杉杉科技将成为首个产值百亿企业。项目建设加快推进。城乡供水一体化项目、凤埔农业基础设施提升等 69 个项目开工建设，“三林”食用菌精深加工、交通职业技能综合考训基地等 75 个项目建成投用。37 个省市县为民办实事项目完成投资 3.47 亿元。47 个“三比三赛”专项行动项目完成投资 23 亿元，综合考评居全市前列。项目储备质效提升。安排项目前期工作经费 3000 万元，建立项目策划“3+N”工作机制，共谋划储备项目 193 个、总投资 446 亿元，古田一中翠屏湖校区、黄田仔水库、环翠屏湖文旅等 44 个项目已纳入前期，形成项目阶梯推进、滚动发展的良好态势。要素保障支撑有力。攻坚推进“14 个专项行动”，有效破解各类重难点问题，共完成安征迁 5997 亩，获批占用林地项目 25 宗 79.3 公顷，划拨出让国有建设用地 12 宗 5216 亩。成功策划生成敖江流域山水林田湖草生态保护修复项目，获得财政补助 3 亿元。精准招商成效突出。聚焦宁德四大主导产业及食品加工等重点领域，签约工业项目 26 个、总投资 38 亿元，服务业项目 19 个、总投资 27 亿元，履约率、动工率均超过 90%，超额完成招商引资任务。

这一年，活力更强。创新推出 24 条“古田服务”承诺清单，创新建立企业“白名单”制度，促进市场主体数量增长 17.3%。营商环境持续改善。实施营商环境创优专项行动，推行 82 项具体优化提升措施，深入开展“走千企访万户促发展”专项行动，破解企业各类难题 127 个，落实退税减税 2.62 亿元，减免国有房屋租金 1198 万元，惠及小微企业和个体工商户 881 家。改革创新亮点纷呈。国企改革三年行动取得阶段性成果，成立国资运营中心，改组成立国投、城投等五大县属国企。持续深化集体林权制度改革，完成 56798 亩国家储备林项目收储、2107 亩重点商品林赎买工作。对外开放不断拓展。加快推进国家级、省级外贸转型升级基地建设，与宁德海关签订《优化营商环境合作备忘录》，为食用菌等外贸企业提供便利化服务，全年完成外贸出口 12.7 亿元。

这一年，城乡更美。投入 25 亿元用于城乡基础设施建设和环境整治提升，城乡人居环境更加整洁靓丽。全年城区空气质量优良率达 99.7%，成功创建国家生态文明建设示范区。乡村振兴稳步推进。实施省级乡村振兴试点村、实绩突出村示范项目 59 个，完成投资 4613 万元。实施金牌旅游村建设项目 46 个，完成投资 3128 万元。开展农村电商直播、短视频制作等农村新型职业技术培训 1800 多人次。推行“一月一观摩”工作机制，深入开展农村人居环境分类晋级专项行动和“五个美丽”建设活动，完成 166 个村庄规划编制，整治农村裸房 3021 栋，洋上村“低碳村庄”模式入选省级乡村振兴典型案例，市对县乡村振兴战略实绩考核位居全市第一。城区面貌提档升级。新丰河绿水景观提升工程、印石山健身休闲栈道、城西路三坡头段、文峰路等一批市政项目建成投用，移民公园、“旧城紫桥”等项目开工建设。新建 7 个城乡停车场，新改造提升 4 个公共停车场，新增 233 个公共停车泊位。第一批老旧小区完成改造，城区污水处理厂改扩建、新丰河污水管网改造等项目建成投用，新改建雨污管网 11.7 公里、供水管网 37.2 公里、燃气管网 20 公里。“数字城管”平台建成投用，城区公厕实现市场化管理，在全市率先实现智慧停车和公交车全电动化。拆除“两违”建筑面积 4.2 万平方米。

（摘编：邓新民）

屏南县产业经济发展概述

2022年，屏南县深入实施“三提三效”行动，扎实推进“三个一流”产业发展。全年完成地区生产总值125.16亿元、增长16%，增速有望全市第一，连续两年保持两位数增长，总量跃升至全市山区县第二；规上工业增加值增长150%，增速全市第一，连续14个月增速超100%；农林牧渔业总产值30.51亿元、增长10.5%，增速全市第一；社会消费品零售总额44.21亿元、增长7.8%，增速全市第一；城镇居民人均可支配收入35562元、增长6%，农村居民人均可支配收入20752元、增长8.5%；一般公共预算总收入5.31亿元、同口径增长15.8%，地方一般公共预算收入4.23亿元、同口径增长30.4%。一年来产业经济发展的主要工作和成效是：

工业动能不断增强。规上工业总产值是2021年3倍，新增规上工业企业8家。时代电子科技PCBA一期、华阳新材料一期等一批带动能力强、科技含量高的项目实现投产，邦普新材料磷酸铁锂项目试生产，邦普新材料年产值突破30亿元，时代电子科技年产值突破15亿元，瑞幸咖啡年产值达9亿元。全社会研发投入增长100.5%，新增省级科技型中小企业7家，邦普新材料、惠荣农业申报国家高新技术企业，海星生物获评省级科技小巨人企业。

发展潜能不断积蓄。溪角洋工业园区标准化厂房建成投用1万平方米、建成主体9万平方米，4条园区道路建成通车。甘棠板式家具园区、上源中小微双创产业园建成投产。出台招商项目全要素保障方案，实现项目落地、审批、开工、运营、管理全周期全流程服务保障，全年签约动工工业项目5个、总投资38亿元，已储备华阳新材料二期、新能源匣钵等工业项目9个、总投资18亿元。

特色农业更具效益。坚决扛起粮食安全责任，出台稳定粮食生产保障粮食安全15条措施，完成粮播面积11.92万亩，新建高标准农田1.12万亩，粮食产量4.71万吨。创新推出“农耕贷”“福粮贷”“农机贷”等信贷产品，发放春耕备耕贷款2421户、1.8亿元。以屏南为首创的“我在宁德有亩田”活动在全省推广，通过国企经营、电商销售、社会参与的模式，推进政府主导向市场化运营转变，累计认领水田1977亩，复垦撂荒地3302亩，南湾、柏源入选省级美丽田园建设点。实施优势农业提质增效项目11个、完成投资2.4亿元。新增市级以上合作社示范社8家、家庭农场6家、“三品一标”4个。岭下乡入选国家农业产业强镇，成功举办全省蔬菜种业创新大会。柏源、垣坑入选省级“一村一品”专业村，亲家菇、九仙茶业入选省级农业产业化联合体。北区蔬菜集散中心、棠口省级农业产业强镇、塘后片区产业园等项目建成投产。高山冷凉花卉品牌加快建设，在第一届南方花卉苗木交易会上获得6金11银15铜。

乡村建设更具特色。乡村建设投入资金2.48亿元，创建“标准版”乡村62个、“提升版”乡村32个、特色样板村2个，新增中高级版绿盈乡村13个，累计完成112个村庄规划编制，乡村振兴反响度排名全省第五。提级改造农村公路25公里，获评省级“四好农村路”示范县。全国首个乡村访问学者计划、首个“云村庄·云村民”以及中央电视台农业农村频道乡村振兴观察点落户四坪。北墘获评中国美丽休闲乡村，龙潭、四坪、前汾溪入选中国传统村落名录，罗沙洋获评省级美丽休闲乡村。

文旅康养提质增效。新开工金牌旅游村、全

域旅游基础设施、红色精品旅游带等一批文旅项目、总投资8.31亿元，打造旅游精品线路6条、建成金牌旅游村5个，仙山牧场成为热门旅游目的地。白水洋·鸳鸯溪景区入选国家体育旅游精品项目，双溪入选省级全域生态旅游小镇，寿山和白玉分别入选全市首批中小学生劳动教育实践基地和研学实践教育基地。在全市率先上线“屏南文旅”数字智慧平台，实现“一键知屏南、一机游屏南”。发布“屏南凭什么?”热点话题，线上讨论超2.7亿人次。举办“四季屏南·乡村有约”系列活动70多场次。全年接待游客490.5万人次、增长9%，旅游综合收入40.5亿元、增长8%。

新兴业态加快培育。推动电商产业加快发展，农产品电商产业园一期、快递产业园建成投用，新改建乡村寄递物流网点40个。举办系列短剧短视频训练营，孵化农村主播200多名，涌现出小田姑娘、鲜珥家、杨美丽等一批亿元企业，培育千万元以上企业15家，网络零售额8.69亿元、增长33.1%。大力发展影视产业，打造屏南全域乡村最佳影视拍摄点100个，出品《遇见不同的你》屏南故事短剧，《传福》短片在35届金鸡电影节厦门电影论坛特别展映，成功举办首届宁德白水洋影视文化周暨屏南“福”文化影视论坛。

商贸经济持续活跃。发挥文旅产业带动作用，大力发展特色住宿、风味美食，新增精品民宿床位153张、特色餐饮45家。实施“四上企业”攻坚行动，推动一批商贸企业“个转企”“小升规”，新增限上商贸企业和大个体15家。全力落实稳外资、稳外贸系列措施，实际利用外资4721万元、增长56.4%，进出口总额1.6亿元、增长60%。

城市功能日趋完善。全力推进省级文明县城创建。实施城市品质提升项目73个，累计完成投资21亿元。文化东路一期安置房竣工验收，长圻中路A区安置房建成主体，文化东路一期、城东路建成通车，污水处理厂二期扩建及配套管网工程、城区排水防涝一期、公园小区提升改造等项目建成投用。新建口袋公园5个、燃气管道10公里、供水管网35公里，新改建雨污管网24.6公里，新增城市绿地120亩、公共停车位90个。

营商环境不断优化。实施营商环境创优争先行动，4个典型经验做法在全市推广，新增各类市场主体2250多家。推动数字赋能，8个系统实现数据汇聚共享，工程项目建设审批实现全流程网办，企业实现4小时开办，政务服务事项实现100%网上可办，行政许可事项全流程网办比例达92%，“一趟不用跑”事项比例达99%，“一件事”“跨省通办”事项分别达112项、85项。

改革创新更具活力。创新“片区党委”治理模式，优化整合农村“六大员”队伍，推行村主干“基本薪酬+绩效奖励+村集体经济创收”薪酬模式，全面激活乡村内生动力，相关做法被新华社、人民网、中组部组工信息等报道。在全市率先面向社会招募乡村振兴特聘指导员61名，匹配服务结对项目71个，实现乡镇全覆盖。龙潭文创旅游减贫入选文旅部乡村旅游扶贫示范案例，“弱鸟先飞——‘文创+文旅’推进乡村振兴的屏南实践”入选全国乡村人才振兴优秀案例，“工料法”模式在全国乡村建设现场培训班上作典型发言。

投资结构得到优化。深入实施17个专项行动和“三比三赛”“双百”“三新三提升”“百日攻坚”等活动，全力推动以实体产业为主导的项目建设。溪角洋工业园区基础设施、棠口千亩花卉产业园二期等一批产业项目加快推进，工业投资完成10.6亿元、增长54%。产业、基础设施、房地产占投资比重从25.1：23.4：51.5优化为42.2：25.5：32.3，产业投资比重提高17.1个百分点。

要素保障扎实有力。实施筹融资专项行动，争取各类补助12.5亿元，获批专项债券7.17亿元、是2021年3.9倍，已完成2023年专项债券项目申报23个、总投资117.5亿元。拆除“两违”1.48万平方米、腾出土地1.39万平方米，完成征地610亩。扎实推动项目滚动接续，已谋划储备项目92个、总投资180亿元。持续推进国企改革，建立原料采购、设计监理、施工建设、财务管理等全流程国企代办托管机制，国企自营收入增长326%。

（摘编：蔡志轩）

周宁县产业经济发展概述

2022年，周宁县坚持以习近平新时代中国特色社会主义思想为指导，以“强攻坚、重突破、促提升，干好‘三个年’、献礼‘二十大’”活动为主抓手，有力推动经济实现质的有效提升和量的合理增长，首次跻身福建省经济发展“十佳”县。地区生产总值突破“百亿大关”、达100.5亿元，增长10.4%；规模以上工业增加值增长80%以上；社会消费品零售总额29.83亿元，增长5.5%；一般公共预算总收入4.11亿元，同口径增长14.5%；地方一般公共预算收入3.66亿元，同口径增长24.2%；城乡居民人均可支配收入分别增长6.5%、8%。一年来产业经济发展的主要工作措施和成效是：

工业经济扩量提质。不锈钢深加工产业园一期投产企业达22家，园区服务中心、县道社陈线（X952）提升工程等配套项目开工建设；二期推行“龙头企业+孵化基地”模式，青山钢管总部经济、银海万向针管研发中心稳步推进，“双管驱动”产业布局加速形成，正大步迈向“百亿园区”。站前工贸科技园综合办公楼及首栋厂房主体结构顺利封顶，昆山华致、磁悬浮微风设备制造项目落地动工。山海协作产业园三产联动齐驱，花卉科研组培展示一体化中心、茶叶标准化加工厂房开工建设，立源棉纺1#、2#厂房建成投用。梨坪铸造产业科技园一期“退城入园”企业全面投产。

现代农业增产增效。紧紧抓住种子和耕地两个关键，建成“金种子”保种和孵化培育中心，新建高标准农田9000亩，完成粮播面积7.45万亩，实现粮食产量2.81万吨；推行“两个一百亩”计划，掀起抛荒撂荒耕地“认种潮”，农田党建“133”模式经验做法在全省推广。制定出台“3+N”扶持政策，精心打造“周宁有鲤”公共品牌，高山冷凉花卉“一县一业”发展步入快车道，《周宁高山马铃薯生产技术规范》团体标准通过专家审查，“周宁高山云雾茶”在各类名优茶评比活动中荣获12项“金奖”。积极培育新型农业经营主体，李墩镇际头村、玛坑乡首章村、浦源镇上洋村获评省级“一村一品”专业村，绿城龙脑、苏氏茶产业被列入省级农业产业化联合体，新增省级农民专业合作社示范社2家、家庭农场示范场2家，新认证“三品一标”2个。

第三产业加快发展。宁德世界地质公园周宁园区扩园获联合国教科文组织世界地质公园理事会审查通过，常源、紫云国家AAA级旅游景区创建工作稳步推进，全域旅游基础设施提升项目有序实施，首批6个“金牌旅游村”开工建设。加强文旅宣传推介，举办旅游文化节、摄影展、民俗节庆等活动60余场，“周宁一桌菜”、仙风小居、鲤鱼溪夜景入选“拾味山海·畅游宁德”最美文创旅游系列产品，仙风山“流云飞瀑”、苏家山“乡村迪士尼”、纯池库区“风情小镇”等景点成为网红打卡地。深化国家级电子商务进农村综合示范县建设，电商产业园竣工投用，吸引16家电商企业入驻。

营商环境优化提升。“互联网+政务服务”加速升级，推行“局长服务日”机制，466项高频事项实现跨省通办，“一件事”集成套餐服务事项达142个，“一趟不用跑”事项占比达90.4%，全程网办事项比例达81.1%。普惠金融改革深入推进，在全省首推“垦荒贷”，普惠小微贷款余额增长28%，涉农贷款增长15%，县金融办获评全市“普惠金融先进单位”。不折不扣落实减税降费等惠企政策，留抵退税达3.38亿元；出台鼓励铸造企业恢复生产政策和助企纾困“六条措施”，组建工业服务队，有效帮助中小微企业渡过难关。

项目建设掀起热潮。扎实推进“三比三赛”活动，24个“双百”及省市重点项目完成投资20.3亿元。充实“前期办”、筹融资专班等工作力量，积极跑审批、争资金，获批用地1925亩、用林1084亩，供地率、交地率、批而未供土地处置率均居全省前列，专项债获批个数、发行额度均创下历年新高，总投资3.96亿元的城区基础设施提升项目入选财政部PPP项目库并动工建设。开展每季度“集中签约+集中开竣工”活动，签约项目23个，总投资超过110亿元。

城市更新热火朝天。积极推进省级文明县城创建，实施城市建设品质提升项目107个，年度完成投资16.76亿元，县城品质提升样板和浦源镇集镇环境整治样板项目获省级正向激励。综合交通枢纽建设工程如期竣工，狮城特色农产品交易中心开工建设，升级改造老旧小区8个，新增停车位158个，新建供水管网70公里、雨污管网15.8公里，鲤鱼溪“水幕光影”、云山名城“周宁之夜”等夜经济活力满满。

乡村振兴全面推进。巩固拓展脱贫攻坚成果同乡村振兴有效衔接，实现脱贫人口“零返贫”、非贫困人员“零致贫”。扎实开展农村人居环境整治提升五年行动，全域推广“坂坑经验”，农村垃圾干湿分类及资源化利用工作实现全覆盖。深入推进乡村“五个美丽”建设，创建美丽庭院388个、乡村微景观75个，萌源、赤岩等5个村被列为省级典型示范建设点。实施农村建设品质提升项目29个，编制实用性村庄规划107个，完成裸房整治391栋，总投资3.82亿元的城乡供水一体化（一期）项目开工建设，78个千人以下农村集中式饮用水水源地保护区划定工作全面完成。大力开展村集体经济“提质强村”三年行动，积极推行党支部领办合作社，村财50万元以上的村达到38个。

基础条件不断夯实。高标准组织落实“三区三线”划定工作。农村生产要素流转融资平台唤醒农村“沉睡资产”，新增流转林地7300余亩、茶园1.12万亩。赛江防洪（三期）、城区高水高排工程基本完工，县城防洪标准从5年一遇提高到20年一遇。建成5G基站50个，完成41个行政村电网改造。纵三线（北段）城关至纯池段主体工程进入扫尾阶段，狮浦大道（浦源段）“白改黑”前期工作扎实推进，拓改提升白咸线、泗红线等农村公路20公里，成功入选“四好农村路”全国示范县创建单位。

污染防治力度加大。深入打好污染防治攻坚战，中央、省环保督察反馈的21个问题和37件信访交办件基本完成整改。实施“蓝天”工程，完成34家茶企“煤改电”，调整优化城区声环境功能区，空气质量优良天数比率达100%、居全省第一。实施“碧水”工程，常态化开展“河湖长”巡查和“清四乱”行动，开展东洋溪等小流域水土流失综合治理1319公顷，建成生态水系3.95公里，完成禾溪、樟源溪河道整治，重点流域考核断面水质、集中式饮用水源水质优良比例均达100%，河长制工作考核实现“六连优”。实施“净土”工程，畜禽粪污资源利用率、农膜回收率分别达95%、82%，土壤环境安全可控。

节能减排推进有力。落实“双碳”行动，周宁抽水蓄能电站3号、4号机组相继投入商业运行，成为“十四五”期间福建省首个全面投产发电的抽水蓄能电站。富鼎精密铸造、鑫常泓机械设备等重点用能单位纳入全省能耗在线监测系统。创新绿色金融产品，发放“碳汇贷”136万元。打造兴福社区、长安社区等4个绿色社区。

生态创建成效显著。全面推行林长制，狠抓松材线虫病防治，改造低质低效林1.22万亩，造林绿化7400多亩，新增省级森林村庄3个、绿盈乡村21个，成功申报省级林下经济重点县。一举创成全国村庄清洁行动先进县、国家水土保持示范县、“中国天然氧吧”，“三库”生态文明学习实践基地成为福建省习近平新时代中国特色社会主义思想实践示范基地和省委党校现场教学点，七步镇入选“清新福建·气候福地”第二批“气候康养福地”。

（摘编：周少雄）

寿宁县产业经济发展概述

2022年寿宁县坚持以习近平新时代中国特色社会主义思想为指导，围绕以更优业绩献礼党的二十大，扎实开展14个专项行动，尽最大努力实现了经济平稳增长。全县地区生产总值122.64亿元，增长6%；农林牧渔业总产值32.46亿元，增长5.3%；规上工业增加值增长6%；服务业增加值增长5.2%；固定资产投资增长10%；社会消费品零售总额34.21亿元，增长6%；一般公共预算总收入5.49亿元、地方一般公共预算收入3.68亿元，扣除留抵退税影响分别增长1.5%和7%；城镇居民人均可支配收入33685元，增长6.2%，农村居民人均可支配收入20370元，增长9.3%。

入选全国乡村振兴典型观测县，列入首批省级数字乡村试点县，乡村振兴热度指数评价全省第三，其中获得感全省第一。静态总投资56.3亿元的下党抽水蓄能电站项目列入省级规划建设盘子，入选全国2023-2024年水系连通及水美乡村建设县，将获中央财政奖补资金1.2亿元。一年来产业经济发展的主要工作成效是：

致力夯实发展根基，三次产业量质齐升。现代农业拓展增效。创新开展“我在山里有亩抛荒复垦田”活动，以产业链模式推进粮食生产发展。建设高标准农田1.11万亩，复垦复种撂荒地1.33万亩，认种护耕2570亩，完成粮播面积15.49万亩，粮食产量5.36万吨，超额完成市下达任务。实施“1+4”特色主导产业提质增效行动，全产业链产值65亿元。硒锌功能康养产业体系日渐完善。清源-竹管垅3.6万亩天然富硒地块获评全国第二批天然富硒土地。注册健康之路（寿宁）互联网医院有限公司，实现硒锌农副产品从“含硒锌”向“富硒锌”批量生产跨越。推行茶叶全产业链叠加补助，争取和落实茶产业补助资金3104万元，新增SC认证茶企10家，茶叶产量突破2万吨，全产业链产值45亿元。“三茶”融合发展示范园项目启动规划建设。入选2022年度中国茶业百强县域。推广高优品种，标准化建设清源风水湾猕猴桃等3个示范基地，水果种植面积突破4万亩。有机食用菌全产业链项目动工建设，建成坝头、下党、水洋等3个基地，发展食用菌800多万袋，“一镇一工厂+一户一车间”全产业链发展格局加快形成。新增林下中草药种植2050亩，建成林下经济示范基地2个，完成清源镇省级林下经济示范乡镇创建，林下经济产值破亿。推行党支部领办合作社，新增县级以上农民专业合作社示范社26家、家庭农场示范场14家，凤阳镇臻锌园葡萄专业合作社获评2022年度国家级生态农场。工业经济稳中有进。锆镁新材料产业园扩容提质，轻量化电动船舶项目成功签约，纳米氧化锆、液态金属、镁铝合金项目（一期）建成投产，特种陶瓷项目主体完工，锆镁新材料全品类布局加快形成。际武工业集中区基础设施建设（一期）PPP项目投入运营，创新创业园启动建设，武曲精密铸造产业园完成规划。一植有园等18个工业重点项目建成投产，大韩矿泉水（一期）等15个项目有序推进。实施工业技改项目13个，完成春权模具、友好模具、金朝模具等高耗低效企业转型。强化助企纾困政策落实，叠加出台稳企运行六条措施，办理增值税留抵退税2700万元、制造业中小微企业缓缴税费4433万元，为承租国有房屋店面市场主体减租238万元。推行“一企一专班”，兑现奖励扶持资金1413万元，新入库规上工业企业9家。服务业基础不断夯实。成功在榕举办“难忘下党·福满寿宁”全域旅游宣传推介活动，“福满寿宁·魅力农耕——红‘福’之旅”入选“稻花香里说丰年”全国乡村旅游精品线路，《难忘下党》旅游宣传片亮相2022年“中国旅游文化周”。“难忘下党”学习基地入选福建省森林康养基地、廉洁文化示范基地，二期项目提前竣工投用。21个金牌旅游村创建梯次推进。全年接待游客352万人次，实现旅游综合收入24亿元。消费市场逐步回暖，新增限上商贸企业9家。探索试行“下乡的味道”公共品牌市场化运营模式，“寿宁好礼·寿宁好茶”平台建成投运，线上线下销售农产品5.2亿元。

坚持“发展就是硬道理”，发展动能持续增强。项目支撑更加有力。“三比三赛”专项行动、“双百”献礼活动强势推进。223个在建重点项目完成投资52.96亿元，占年度计划的106%。18个省市重点项目和19个“双百”项目完成投资25.81亿元，占年度计划的115%。招商引资成果丰硕，成功举办福州、宁德、下党等专场招商推介会，签约年产50万吨再生铝、菌丰有机食用菌全产业链、旭日东升新能源电池运输服务等项目87个，总投资97.56亿元；落地开工项目55个，总投资36.92亿元。筹融资专项行动扎实开展，筹集到位资金16.26亿元，有力保障了27个在建项目实施。要素保障专项攻坚行动首战告捷，征收土地2108亩，新增建设用地361亩，消化批而未供土地570亩，出让土地669亩。营商环境稳步向好。开展营商环境创优专项行动，18件改革事项27项改革任务全面完成。设立“事难办”协调窗口，推行“无否决”制度，新增“一件事”集成服务事项146项，行政许可事项“一趟不用跑”比例达98.81%、全流程网办比例达93.43%。实行惠企政策“一窗受理、系统转办、统一反馈”，实现“企业找政策”到“政策找企业”转变。商事主体全业务帮办代办模式在全市推广，新增市场主体2792家。实施人力资源服务提升专项行动，新增企业用工519人。改革创新释放活力。普惠金融改革持续深化，金融服务实体力度加强，办理无本还续贷1.93亿元，发放纾困贷、快服贷、创保贷等2.11亿元。金融机构本外币贷款余额93.5亿元，增长37.7%。金融风险防控有效，不良贷款率控制在0.6%以内。国企改革三年行动顺利收官，国有资产监管体制更加完善。实施科技创新扩面升级专项行动，全社会研发投入增长3.5%，规上工业研发活动覆盖率提高到45%。新增国家级高新技术企业4家，省级星创天地1个、市级3个。三祥新材获工信部专精特新“小巨人”企业授牌，被国家知识产权局认定为知识产权优质企业，实验室获国家认可实验室CNAS资质证书。恒力汽车空调配件、恒力混凝土搅拌、大裕精密铸造分别被认定为省“专精特新”企业、省科技小巨人企业和市企业技术中心，国鑫印刷机械获得2022年省内首台（套）重大技术装备认定。

加快县域一体化建设，城乡环境更加宜居。县城面貌明显改观。实施城市建设品质提升项目136个，完成投资24.92亿元。东部新城开发步伐加快，后壁洋片区控制性详细规划编制高标准推进，新城大桥、工人文化宫、赛江防洪堤三期工程（寿宁段）实现竣工，寿宁大道（一期）、文昌路、福宁大桥及连接线工程主体完工，寿宁大道（二期）附属工程启动建设，县行政服务中心及配套设施工程即将投用。蟾溪生态治理及城区市政提升工程项目稳步实施，旧城区“截污纳管”和新城区“雨污分离”扎实推进，“一湖两岸”夜景全面点亮。完成10个老旧小区改造提升和湖光新村平交口改建，茗溪农贸市场新建项目即将投用，铺设“福道”12公里，新增城区停车泊位196个。出台县城个人危房改建政策，解决30户群众“安居”问题。整治农村裸房532栋、改造危房134户、户厕277户，打造了武曲塘洋等一批示范样板村。基础设施日益完善。千方百计投入交通基础设施建设资金3.6亿元，年初动工的省道S207线南北段公路工程进度过半，12个建制村通双车道项目和16个较大自然村通硬化路项目率先建成，新改建农村公路45公里。新建5G基站120个，实现乡镇所在地5G信号全覆盖。

（摘编：陈闽声）

福安市产业经济发展概述

2022年福安市坚持以习近平新时代中国特色社会主义思想为指导，紧扣“五福新城、全家福安”发展目标，深入开展“提能级、攻项目、优服务，献礼二十大”活动和19个专项行动，连续两年获评全省经济实力“十强”县（市），且晋升至第八位。全市地区生产总值737亿元，增长6.5%；农林牧渔业总产值109亿元，增长6%；规上工业增加值增长8.5%；固定资产投资增长6.5%；社会消费品零售总额172亿元，增长5.5%；一般公共预算总收入65.94亿元，同口径增长10.5%；一般公共预算地方级收入39.63亿元，同口径增长13.6%；城镇居民人均可支配收入45935元，增长5%；农村居民人均可支配收入24210元，增长9%。一年来，产业经济发展的主要成效有：

工业硬核支撑给力。规上工业总产值2140亿元，增长16%。兑现工业奖补资金1.09亿元。不锈钢新材料产业完成产值1804亿元，增长16.5%。湾坞不锈钢新材料产业园获评国家新型工业化产业示范基地。3家企业入选福建民企100强、制造业企业50强。青拓集团荣登福建企业100强第六位、民企100强和制造业企业50强首位。瑞钢精密钢带建成投产。青拓1780热连轧主体封顶。青拓高性能不锈钢加快设备进厂安装。新能源、新材料等产业加快集聚。福船电动船舶研制总装基地落户福安。成功研制出国内首批入级电力砂船、全省首制内河增程式电动货船。长盈二期、青美一期、嘉元铜箔项目建成投产。启动全国整县屋顶分布式光伏开发试点工作，备案项目39个，总投资5.02亿元。实施传统产业数字化转型三年专项行动，出台电机电器产业高质量发展16条措施、推进传统产业数字化转型8条措施。电机电器、按摩器、船舶修造、食品加工、冶金铸造等传统产业完成规上产值237亿元，增长8.1%。实施省、宁德市重点技改项目14个。省发改委协同创新院机电（福安）分院授牌成立。荣耀健康成功挂牌“新三板”。福安制造的全国最大海洋工程大件运输船和深远海半潜式养殖平台顺利下水。

现代农业延链升级。“2+N”特色农业全产业链产值达175亿元。新增认证“三品一标”122个。新申报省、宁德市农业龙头企业、家庭农场示范场、合作社19家。新增林下经济面积8000亩。成功举办第二届世界红茶产品质量推选活动、中国茶叶·制茶师研习班、中国葡萄产业高质量发展高峰论坛。获评中国茶业百强县、中国花果香红茶发源地、全国茶业科技助农示范县、国家现代农业全产业链标准化示范基地、国家“一县一业”葡萄标准化示范基地。建成国家水蜜桃产业强镇、省级农产品质量安全示范县。赛岐镇、社口镇、象环村、苏堤村入选全国乡村特色产业超十亿元镇超亿元村。下岐村成为全国渔业高质量发展推进会观摩点。宁海村获评省水乡渔村休闲渔业示范基地。组建福安葡萄、穆阳水蜜桃专家工作室。成立全国首个“三茶”研究院、葡萄产业研究院。穆阳水蜜桃产业中心建成投用。“三茶”融合创新园、农垦茶产业学院正式揭牌。制定发布《花果香红茶》国家行业标准。“坦洋工夫”荣登央视宣传推介，入选中国品牌价值百强榜。创新“农垦+N”模式，复垦复种撂荒地5593亩。新建高标准农田1.2万亩。发放农民种粮补贴、耕地地力保护补贴2871.87万元。完成粮播面积24万亩、总产量7.76万吨。

第三产业承压而上。实现增加值211亿元，增长7.8%。出台促进消费稳定增长12条措施，新增限上贸易业和规上服务业企业 40 家。跻身全国县市电商竞争力百佳样本第 22 位。坂中乡入选省级商务特色镇。金沙、东百城夜市建成投用。东百商城获评全省绿色商场。现代物流加快发展，新建农产品仓储保鲜冷链设施 28 座，宁德市级仓储物流处理中心落户甘棠，湾坞作业区 1#、8#泊位建成投用。出台促进房地产市场平稳健康发展 6 条措施，商品房销售面积 32 万平方米。世林弘著、五福雅居等一批房地产项目竣工。“全家福安”智慧旅游平台上线。成功举办“福”文化宣传周、非遗文化周、三月三、首届连家船民上岸节、各类水果采摘节等系列文旅、农旅活动。推出“养福、寻福、集福、亲福、纳福”5 条旅游精品线路。坦洋春季茶旅、柏柱洋红色茶旅线路分别入选全国茶乡旅游精品线路、全国百条红色茶乡旅游精品线路。康厝彭洋等 5 个村入选第六批中国传统村落。溪柄镇入选省全域生态旅游小镇。松罗乡获评省气候康养福地。南岩村获评省金牌旅游村。南岸村、宁海村入选省美丽休闲乡村。穆阳水幕光影秀、岩湖茶王街等成为新晋网红打卡点。全年接待游客 750 万人次，实现旅游综合收入 65 亿元。

科技创新动力强劲。实施科技创新扩面升级专项行动，研发投入增长 66.2%，研发活动覆盖率达 45%。新授权发明、实用新型、外观设计三类专利 1237 件。新申报国家高新技术企业 25 家、省科技小巨人企业 15 家、“专精特新”中小企业 4 家。华一设计获评国家级工业设计中心。珠峰动力、博禾电子分别获评省、宁德市企业技术中心。创新“科技贷”“专利权质押贷”“人才贷”“技术流贷”，促进金融、产业、科技融合发展。举办首届海外优秀青年人才学术交流活动。组建市政府专家顾问团。建立高技能人才库，新申报各类人才 150 人。

交通路网日趋完善。栖云桥提前 4 个月竣工通车。富春大道二期 2 标段安征迁在 2 个月内全面完成，有望年底全线贯通。黄沙大桥、联虹大桥、崩头山路网建成通车。溪北洋隧道及两端路网提升改造和富春大道一期“白改黑”如期完成。天马大道、西互通匝道拓宽、赛岐东江滨路、省道 203 寿宁至社口互通口段改造提升工程将在年内完工。宁上高速霞浦至福安段、湾坞（青拓）大道拓宽改造、北互通连接线等加快建设。坂中大桥改造二期正式动工。国道 228 线及乌山特大桥等前期扎实推进。福穆高速公交线路顺利开通。

城乡建管更加精细。实施城乡品质提升项目 120 个，完成投资 34.6 亿元。完成 76 个村庄规划编制。南岩村村庄规划入选全国国土空间规划实践优秀案例。智慧城市基础设施项目启动建设。城区立体绿化、龟湖生态走廊慢道提升、湖滨西路花漾街区、梦顶山公园二期全面建成。秦溪绿道城阳段、富春溪绿道坑下至长汀段顺利完工。江家渡大桥至富春大酒店沿线、环龟湖夜景实现增亮。一批口袋公园走进群众生活。新增公共绿地 315 亩。新改建天然气管道 15 公里、城区雨水及供水管网 18 公里，建成 5G 基站 1047 个。累计建成城区公共停车泊位 3610 个、充电桩 429 个。完成电网建设投资 1.7 亿元。实施城区电力线路缆化下地工程，冠后路、金山北路等市区 9 条主干道电力线路有望年底全部入地，电力高压缆化下地 31.4 公里、低压缆化下地 9.6 公里。4 个老旧小区、东风市场、东风美食城完成改造。阳春绿色社区样板工程获评省级样板工程。

乡村振兴奋力推进。开展乡村振兴战略十大行动，批复乡村振兴试点村、实绩突出村建设项目 54 个，累计投入 4205 万元。实施 76 个产业薄弱村产业发展项目 211 个，累计投入 2.48 亿元。实施“一事一议”奖补项目 165 个，兑现奖补资金 2620 万元。入股闽东时代基金、铁湖工业园区厂房项目，年增加村集体经营性收入 1120 万元，实现 80%以上建制村经营性收入达 15 万元以上。新增省级“一村一品”专业村 3 个。苏堤村入选全国“一村一品”示范村。完成 4 个历史文化名镇名村提升修缮、全部历史建筑测绘建档及保护图则编制。完成裸房整治 9845 栋。新改建农村公路 38.5 公里。农村公路“路长制”入选全国农村公路典型案例。

（摘编：赵远）

柘荣县产业经济发展概述

2022年柘荣县深入贯彻党的二十大精神和习近平总书记对福建、对宁德工作重要讲话重要指示精神，传承弘扬“柘荣现象”丰富内涵，扎实推动“闽东药城”“中国慢城”建设迈出新步伐，努力为“宁德篇章”宏伟蓝图增添柘荣色彩。全年地区生产总值增长4.9%；农林牧渔业总产值增长6.5%；规上工业增加值增长2%；固定资产投资增长15%；社会消费品零售总额增长5%；实际利用外资278万元、增长220%；一般公共预算总收入5.34亿元、下降6.4%；地方一般公共预算收入3.52亿元、增长3.5%；城镇居民人均可支配收入34913元、增长6%；农村居民人均可支配收入21084元、增长12%。一年来产业经济发展的主要工作和成效是：

主导产业不断壮大。医药研究成果丰硕，5个产品通过仿制药一致性评价，3个产品获批二类新兽药，广生堂抗新冠病毒口服药临床试验Ⅰ期顺利完成，生物医药创新高地加快构建。生物医药产业集群重点项目稳步推进，广生堂制剂国际产业化项目进行试生产、核苷类抗乙肝病毒药物生产线升级改造项目部分投产，力捷迅现代化制剂生产基地（一期）完成建设，贝迪国家级新兽药与新产品产业化项目完成主体工程，新引进亿康医疗器械、国药凯丽康等4个项目，“闽东药城”实力不断攀升。深交所正式受理力捷迅上市申请，上市药企“柘荣板块”加快形成。不锈钢产业集群发展水平提升，累计引进企业20家，12家动工建设，5家建成投产，进入蓄势待发新阶段。

传统产业转型升级。实施传统产业数字化转型三年专项行动，5家企业完成智能制造诊断。刀剪产业市场竞争力提升，与张小泉公司达成战略合作，智造中心项目顺利落地；福建袁氏刀剪“袁合兴”商标被认定为“福建老字号”；5家刀剪小微企业整合重组，3家企业入驻标准化厂房。僧服产业抱团发展步伐加快，5家僧服企业联合成立天堃商贸有限公司，芭黎僧服启动联合上市。建筑业龙头企业带动作用明显，闽东荣冠申报一级资质，新入库建筑企业7家，预计全年建筑业总产值4.15亿元、增长16%。

特色农业不断壮大。以实施优势农业提效专项行动为抓手，稳固“2+N”现代特色农业产业发展格局。太子参产业高质量发展，航天育种试验顺利进行，太子参冷链仓储、种苗培育及示范基地等7个项目稳步推进，柘荣太子参系列团体标准发布。茶产业品牌影响力持续提升，荣获全国“茶产业百强县域”“茶产业最具投资价值县域”称号。衔接省特色现代农业高质量发展“3212”工程，同步发展蔬菜、水果、花卉、锌硒等“N产业”，完成“一村一品”专业村项目5个，英山乡茶产业强镇项目有序推进，乡村产业“圈”状发展格局初具雏形。严格落实粮食安全党政同责，出台粮食安全生产16条措施，开展“我在柘荣有亩田”活动，整治非粮化、抛荒地1.35万亩，完成粮食播种面积6.78万亩。

服务业稳中有进。启动省级全域生态旅游示范县建设，推出“中国慢城·长寿柘荣”品牌定位，围绕“一城三区”格局，推进鸳鸯草场4A级景区、富溪商贸古镇3A级景区及4个2A级景区创建，打造13个金牌旅游村，建成嘉馨民俗文化园、东狮山文博大观园等文旅重点项目，鸳鸯草场获评“省级森林康养基地”。成功举办三坊七巷全域旅游推介展、“万人游柘荣”等活动，全年接待游客223万人次、增长15%。加快电子商务培育，深化电子商务进农村综合示范县建设，富溪镇创成省级商务特色小镇。全资支持企业参加跨境电商交易会等活动，有效激发电商活力，全年网络零售额3.6亿元、增长12%。

项目建设提速。落实项目前期“3+N”工作机制，成立项目前期工作专班，安排1000万元项目前期工作经费，完成“多规合一”协同平台建设，开展工程建设项目审批流程改造，推动项目跑出“加速度”。131个重点项目完成投资46.1亿元，其中28个省市重点项目完成投资19.3亿元，预计实现开工项目77个、竣工项目50个。策划储备各领域项目98个、计划投资110亿元，项目建设滚动接续。

城市展现新颜值。落实城市建设品质提升项目39个，重点开展“12558”工程，建成口袋公园5处、城市书坊2处，新建改造慢行步道9.5公里，改造老旧小区2个，城市颜值持续攀升。岭边路、双安路等道路工程建成投用，仙屿公园西侧片区道路提升、文昌南路拓宽等改造工程完成，累计新建城区道路3.7公里、改造提升道路3.5公里，城区主次干道“白改黑”覆盖率达92%；龙溪水污染源头治理有序铺开，全面完成主城区排水管网溯源排查工程119.1公里，修复破损管道2.6公里，新改建排水管网20.7公里，城区污水收集率由不足10%提高至23%，城市发展本底更加坚实。探索“城市智脑”建设，实施城区交通建设管理提升专项行动，新增停车位363个、“智慧停车”系统试运行，荣华路、上桥路等一批交通堵点有效化解。开展“静夜守护”、流浪犬治理等民生小事专项整治，启动小区垃圾分类和垃圾外运，拆除“两违”1.1万平方米，城市管理水平显著提升。

乡村呈现新面貌。整合中央预算内资金、专项债、一般债、PPP资金等各类乡村振兴资金5亿元，持续改善乡村基础设施。聚焦农村“五个美丽”建设，创成一批美丽庭院、乡村微景观、乡村小公园、乡村休闲旅游点，英山乡半岭村入选省级乡村“五个美丽”典型示范建设点。开展环境整治和建设品质提升项目27个，编制村庄规划22个，整治裸房185栋，完成东源乡全域垃圾干湿分类试点建设，实现晋升“标准版”村庄45个、“提升版”村庄23个，被评为省级村庄清洁行动成效突出县。实施闽东大水网建设专项行动，完成城乡供水一体化工程2个、供水管网60公里，新改建乡村公路13公里，铺设污水管网3公里。实施现代物流创新发展专项行动，建成农村交邮融合网点30个，乡村物流更畅通。

推进重点领域改革。坚持金融赋能乡村振兴，深化省级农村产权流转交易市场建设试点工作，建成农村生产要素融资流转平台，累计融资3752笔、3.21亿元，对比年初增长224%，增速位居全市第二。人才发展环境持续优化，出台生物医药、教育等领域引才留才专项政策，创新卫生领域人才自主评价认定机制，推动人才与重点产业、重点领域发展同频共振。在全市率先开展青年友好型城市创建，让城市对青年更友好、青年在城市更有为。

激发科技创新活力。在龙头企业带动下，全县规上工业企业研发活动覆盖率达46%，企业技术合同成交额3.2亿元，全社会研发投入2253万元、强度跃居全市山区县第一。建设高新技术企业培育库，入库登记科技型中小企业21家，新认定高新技术企业4家、省级科技小巨人企业3家、省级新型研发机构2家。广生堂“乙型和戊型肝炎发病新机制和诊疗新指标新技术的研究及应用”荣获“中华医学会科技进步二等奖”，贝迪药业荣获“国家知识产权优势企业”称号。

持续优化营商环境。对标“全市最优营商环境”，打造“柘好办”服务品牌，200件“一件事”集成套餐服务落地运行，在全市率先推出23个“秒办秒批”事项，全类型服务事项“一趟不用跑”占比96.8%、“全流程网办”占比95.9%、“减时间”比例92.3%，均位居全市第一。创新县政府分管领导“一线督办日”、涉改窗口“局长联审会商日”等机制，提升政务服务“好差评”“一企一议”等举措，有效提高市场主体满意度。探索形成一批优秀经验做法，在全市首创“水电气网络”联动报装服务模式，率先完成土地收储阶段“四评合一”区域审查工作，“精准赋能小微企业转型升级”典型经验在全省推广。

（摘编：余松山）

福鼎市产业经济发展概述

2022年，福鼎市坚持以习近平新时代中国特色社会主义思想为指导，以“三抓两创一目标”的落实机制为抓手，全面实施16个专项行动，经济社会发展稳中有进。全年实现地区生产总值520亿元、增长10.5%左右，创2015年以来最高增幅，固定资产投资增长6.5%，一般公共预算总收入增长3.7%（同口径），地方一般公共预算收入与上年持平，城乡居民人均可支配收入分别增长5%和8%。一年来产业经济发展的主要工作措施和成效是：

第一产业亮点纷呈。全年涉农资金支出6.5亿元，实现农林牧渔业总产值增长5%。全力保障粮食安全，扎实做好涉粮巡察反馈问题整改，推出“粮十条”，深入开展“我在福鼎有亩田”活动，复耕复种撂荒地7087亩，新增高标准农田1.25万亩，实现粮食总产量6.5万吨，生猪存栏6.2万头，超额完成年度粮播面积任务。统筹做好“三茶”文章，全面推行伏季休茶，成功举办海丝国际茶文化论坛、国际白茶论坛、首届中国白茶发源地茶商大会，首次“云”直播开茶节，福鼎白茶入选全国农业品牌精品培育名单，登上央视《对话》专栏，连续13年进入中国茶叶区域公用品牌价值十强，成为上合组织元首峰会指定用茶，福鼎被授予“世界白茶发源地”“世界白茶文化产业科技中心”、荣获白茶产业统筹发展先行县域。福鼎栀子花白茶、栀子栽培及产地初加工团体标准公布实施，栀子全产业链产值突破十亿。四季柚、槟榔芋入选全国名特优新农产品名录，新增省级“一村一品”专业村3个。龙头企业持续壮大，闽威实业跻身首批国家水产种业阵型企业、农业国际贸易高质量发展基地，瑞达茶业获评省级名牌农产品，太姥山景蓝生态农业获评省级休闲农业示范点，嵛山敬财合作社获评省级“美丽牧场”，新增省级农业产业化联合体3家。

第二产业发展强劲。工业用电量增长23.6%，工业投资增长22%。新增规上工业企业25家，规上工业增加值增长32%左右，创十年来最高增幅。锂电产业扩能倍增，福鼎时代1-3号工厂建成投产，4号、5号超级工厂加快建设，投产和在建电芯产能达109GWH。邦普一期、凯欣一期、国泰二期建成投产，邦普二三期、凯欣二期、国泰三期、威海财金等项目签约落地，规划电解液产能超120万吨、正极材料产能超20万吨，有望成为国内最大的电解液和正极材料生产基地。鼎盛钢铁一期正式投产，二期产能加快置换。传统产业提质发展，汽摩配小微园、通用设备小微园动工建设，退出合成革低效产能企业3家，品品香建成国内首条白茶精制自动化流水线，新增省级重点上市后备企业4家，列入省、宁德市重点技改项目25个，技改投资增长84%。科技创新驱动有力，规上企业投入研发经费7.9亿元、增长358%，新增省级科技小巨人企业12家、专精特新中小企业2家、企业技术中心2家、专利授权896件。出台扶持建筑业发展十条意见，新增一级施工总承包资质企业3家，建筑业总产值增长5%。

第三产业加速回暖。商贸流通更趋活跃，宝龙城市综合体对外营业，云鼎时代城市综合体、沙埕港冷链物流中心、环湾酒店动工建设，新改建城区农贸市场7个，新增限上商贸企业15家。电商产业集聚发展，新增直播基地3个、农村电商网点29个，全年网络零售额36.5亿元、增长12.3%，位居全国农产品数字化百强县第4位。美食经济持续发力，八盘五、鲈鱼宴上榜中餐特色宴席，8款菜品、41款小吃列入中餐特色菜品、特色小吃，溪西美食街入选省级百个美食街区，开辟夜市5处，城市“烟火气”更加浓郁。“引银入鼎”成果突出，兴业证券、厦门银行对外营业，金融机构本外币贷款余额增长14.1%，存贷款余额总量突破千亿。

四大经济赋能发力。数字经济全面提速，福鼎获批建设国家数字种植业创新应用基地，白茶区块链技术等6个项目列入省级数字经济重点储备库，华龙化油器获评省级工业互联网应用标杆企业。新改建5G基站539个。福鼎白茶大数据溯源平台稳健运营，发放溯源码超400万枚，茶青成交额28亿元。海洋经济多元发展，牛郎岗景区拓展提升等3个项目列入省级海洋经济重点项目，成功举办第七届中国鲈鱼文化节。动工建设渔港5个，新增深水大网箱98口，港口货物吞吐量200万吨、增长35%。杨岐作业区16号泊位建成投用，实现万吨级码头零的突破。绿色经济持续壮大，华电分布式光伏项目动工建设，龙安获评省级循环经济示范园区。推广新能源汽车1150辆，节约型机关覆盖面增至72%。文旅经济加快复苏，太姥山景区道路白改黑、快速应急通道一期、嵛山环岛路改造一期完工。成功举办第十一届宁德世界地质公园文化旅游节，绿雪芽白茶庄园晋升国家AAA级景区，渔井入选省级金牌旅游村。

重点项目攻坚有力。开工重点项目46个、竣工21个，30个省、宁德市在建重点项目完成投资106亿元。获批专项债项目20个、额度22亿元。产业链招商成效显著，成功签约项目34个、总投资278亿元，其中超亿元项目26个。要素供给更为高效，积极争取省内年度计划指标，全年报批土地2421亩、林地2212亩。交通路网持续优化，104国道控制性工程三门里大桥实现合龙，甬莞高速沙埕互通连接线动工建设。水利设施不断完善，东南河库水系连通工程隧洞全线贯通，东南沿海供水三期、溪头水库加快建设，磨石山水厂完成扩建。能源供给更有保障，500千伏棠园变、110千伏店下变建成投用，新建10千伏以上线路185公里。海西天然气管网二期、龙安至太姥山镇燃气工程建成投用，新建燃气管道46公里。

文明城市加快创建。全面落实创城三年行动，实施创城补短板项目178个，宜居水平持续提升。滨海大道二期、站前大道二期全线竣工，完成主次干道“白改黑”13条，提升背街小巷15条，新改建道路20公里、停车场8个、停车泊位516个，改造智慧停车路侧泊位1680个。锂电产业园交通枢纽中心动工建设，动车站公交首末站建成投用。慢行空间加快拓展，潮音城市客厅、鹿龟山公园、梅澳湿地公园建成开放，新建口袋公园9个，新增绿道慢道14.6公里，改造老旧小区12个，新改建雨污管网25公里。

美丽乡村提速建设。“百万村财、千万乡财”行动有力推进，创新推出“乡村振兴·富村贷”，新增村财超百万村18个，柏洋村财率先在宁德实现超千万。严格落实国土空间规划管控，科学划定“三区三线”，提前完成三年村庄规划编制任务155个，柏洋村庄规划入选自然资源部优秀案例。农村建设品质有效提升，启动农村生活污水治理工程一期，整治裸房2000栋，新增省级美丽庭院120户，治理“两违”3.1万平方米。晋级改造四好农村路68公里，完成单村入户供水工程35个。城乡环卫一体化加快实施，在宁德首创“城市+农村”“陆上+海上”运作模式。赤溪入选全国乡村振兴创新案例，太姥山、硖门-嵛山乡村振兴示范线纳入省级精品线路，潋城入选省级美丽休闲乡村，溪美入选省级乡村振兴实绩突出村。

生态环境持续向好。实施生态环境治理项目33个，全市空气质量、重点流域水质保持优良。严格落实“河湖长制”，综合治理管阳溪、吉溪等河道21.4公里，建设生态水系12公里，整治入河入海排污口83个。全面完成水电站生态下泄整改任务。巩固海上综合整治成果，提前完成“消白除旧”任务，实施环保型玻璃钢撑杆养殖6000亩。获批八尺门内湾海洋生态修复项目，争取中央预算内补助资金3亿元。完成益民垃圾填埋场封场整治。在宁德率先完成互花米草除治攻坚行动，出台首个林长令，种植红树林2371亩，造林绿化1.6万亩，治理水土流失2.1万亩。

（摘编：邓新民）

霞浦县产业经济发展概述

2022年，霞浦县坚持以习近平新时代中国特色社会主义思想为指导，全面落实“三提三效”行动部署，统筹疫情防控和经济社会发展，较好地完成了各项目标任务。全县地区生产总值350.7亿元、增长10%；一般公共预算总收入26亿元、同口径增长41.35%，地方一般公共预算收入19.51亿元、同口径增长45.5%；城镇居民人均可支配收入43130元、增长7%，农村居民人均可支配收入28329元、增长9%；规上工业增加值增长120%；固定资产投资增长10%；出口增长28%；社会消费品零售总额增长6%；年度节能减排任务全面完成。先后荣获“中国海带苗之乡”“中国生态大黄鱼之乡”、第六批“四好农村路”省级示范县等荣誉称号，成功上榜2022年度福建省经济发展“十佳”县（市），并作为全国18个县份之一。产业经济发展主要工作及成效是：

工业经济支撑有力。实现规上工业产值274亿元，增长85%；工业用电量8.17亿千瓦时，增长45%。新能源产业产值突破150亿元，增长280%。时代一汽成为我县首个产值超百亿企业。国网时代储能工程、闽宏纤维三期等项目顺利投产，时代科士达储能设备（南区）、国龙生物酶制剂等项目动工建设。全年安排工业专项资金9670万元，4个省、市重点技改项目完成投资25亿元。创建国家级高新技术企业8家。福宁浦明胶、创凯缝纫机评为科技小巨人企业，时代一汽获评省级绿色工厂。新能源产业园及配套设施项目启动建设，大宗特色水产品加工产业园扎实推进，三沙紫菜加工产业园基本建成。霞浦经济开发区在省级开发区综合发展水平评价中升至44名。

传统农业提质增效。完成农林牧渔业产值164亿元、增长4.5%。扎实开展“千名干部领农田、万名党员护耕地”活动，各级党员干部和社会团体认领田地1515亩。全年兑现强农惠农资金4.45亿元，新建高标准农田2.1万亩，完成粮食播种面积12.99万亩、粮食总产量4.44万吨、生猪存栏7.3万头。实施现代农业项目16个，新建省级优质农产品标准化示范基地4个，新增省市级家庭农场示范场6家、农民合作社示范社10家，县质量计量检测所取得CMA和CATL“双认证”，水门武坪村、北壁东冲村等8个村上榜省市“一村一品”示范村名单。大力发展现代渔业，建设设施渔业项目8个、渔业科技试验示范基地2个，开展海参健康养殖专项整治，完成“参优1号”刺参本土化育苗实验。全年完成水产品产量50万吨，产值135亿元。

第三产业回暖升温。完成第三产业增加值142亿元，新增限上贸易单位40家。电子商务加快发展，国家级电子商务进农村综合示范项目顺利通过省级中期绩效评估，全省率先打造“邮政+交邮”农村物流服务模式，全年新增限上电商企业11家，完成电商网络销售总额14.5亿元、增长13.5%。商贸流通日益繁荣，方圆荟商业广场开业运营，霞浦三沙-福州江阴集装箱航线正式开通。全域旅游亮点纷呈，“东海1号”观光道一期建成通车，积石公园、“星河一号”房车营地竣工投用，四礵列岛、下尾岛等成为新晋网红打卡点。新增3A级景区1个、2A级景区2个，溪南半月里村荣获省级“金牌旅游村”，三沙东壁村入选全国乡村旅游重点村，“拾间海”获评全省首家全国甲级旅游民宿。首届中国·霞浦海洋诗会暨新时代海洋诗歌论坛、首届福建海洋文化论坛等活动成功举办，央视频《乘着大巴看中国》等栏目纷纷来霞拍摄，霞浦美景再次刷屏“朋友圈”。全年接待游客720万人次，实现旅游综合收入66.6亿元，分别增长1.17%、2.02%。

项目建设更加高效。空海大道（西汉大道至六一七路）、牙城镇工业集中区基础设施提升工程等35个重大项目集中开工建设，三沙中心渔港扩建工程、西洋一级渔港等32个重大项目顺利竣工。28个省市在建重点项目完成投资162亿元。成功申报专项债项目23个，获得资金19.52亿元；中央、省预算内投资项目12个，争取补助资金0.55亿元。深度对接国开行、农发行等政策性银行，城乡融合一体化等4个项目累计争取授信贷款33亿元。“多规合一”平台投入使用。获批用地用林5222亩，处置批而未供土地774亩、闲置土地581亩。

“双招双引”更加有力。深入开展主导产业链招商专项行动，全年新签约项目47个、总投资192亿元。时代一汽二期、信质新能源等一批亿元以上产业项目落地建设。加快实施“霞智回归”工程，引进省高层次人才、宁德市“天湖人才”、紧缺急需青年专业人才等各类人才32人，发放人才经费387.7万元。福建一嘉海带苗业董志安荣获“大国农匠”全国农民技能大赛种养能手类“一等奖”。

营商环境更加优质。“互联网+政务服务”持续升级，“一趟不用跑”事项比例提高至96.7%，5100个事项实现“即来即办”，网上可办率达100%。推出132个“一件事”套餐服务，17个部门实现全流程在线审批，企业开办最快4个小时完成。县便民服务馆、行政审批馆、公安业务馆正式开馆。在全市率先推行“一窗通办”审批服务改革，业务办理时间压缩45%。设立“办不成事”窗口，开展“局长服务日”“局长会商日”活动，推行政务业务“四免服务”，全面落实“好差评”制度，好评率达100%。

城市更新按下“快进键”。实施城乡品质提升项目83个。福宁湾滨海新城建设全面铺开，塔山路、沙洲路等6条道路建成通车，工人文化宫、行政服务中心等一批市政工程开工建设。旧城改造稳步实施，启动锦绣山河、俊贤新村等8个老旧小区改造提升项目。完成世纪大道、上沙东路等16条道路“白改黑”，新改建雨污管网9.05公里、燃气管道20公里，新增公共停车场2个、停车泊位288个。数字城管平台建成试运行。“两违”整治拆违面积4.82万平方米。

乡村建设跑出“加速度”。累计投入2.15亿元，实施农村人居环境整治暨农村建设品质提升项目29个，启动40个“多规合一”村庄规划编制，整治裸房1999栋，危房改造48座；崇儒、水门全乡域以及60个建制村（社区）试点推广垃圾分类。创建乡村振兴示范带11条。222个行政村集体经营性收入均达到20万元以上。盐田乡上村村、水门乡茶岗村列入第六批中国传统村落名录，三沙东壁村设为全国乡村振兴观察点，玉潭樱花谷获评省级休闲农业示范点。基础设施加快完善，城乡供水一体化项目加快实施，宁上高速霞浦至福安段、G228沙江沙塘里至溪南德土鼻段加速推进，国省干线（联七线）公路东冲至火车站段全线贯通，城乡“1小时交通圈”顺利实现。

生态环保打出“组合拳”。中央生态环保督察反馈问题整改扎实推进，护城河黑臭现象基本消除。强化工业园区大气污染和城市扬尘、餐饮油烟等联防联控，推进“散乱污”企业集中整治，城市空气质量优良达标率100%。落实“河（湖）长制”，治理河道6.1公里、水土流失3.48万亩，基本完成杯溪沿线违规畜禽养殖场集中拆除，饮用水源地和主要流域省控断面水质达标率均为100%。推行“林长制”，完成植树造林2.66万亩、松林改造4.38万亩，互花米草除治2.01万亩，“绿盈乡村”覆盖率达83.3%。推进海上养殖综合整治，完成“消白除旧”整治工作，改造半塑胶渔排26.4万口，清理超规划养殖设施1460公顷，征收海域使用租金5381万元，清海成果持续巩固提升。

（摘编：陈闽声）

平潭综合实验区产业经济发展综述

2022年是极不寻常的一年。面对世界变局加剧、新冠疫情冲击、国内经济下行、两岸形势变化等复杂严峻的外部环境，以及主动调整经济结构、全面净化政治生态等多重考验，实验区上下以迎接党的二十大召开和学习宣传贯彻党的二十大精神为主线，紧扣“一岛两窗三区”战略定位，在省委、省政府的坚强领导下，保持战略定力，主动求变、敢于斗争、攻坚克难，稳住了经济大盘，守护了人民健康，维护了社会大局稳定，实验区高质量发展表现出强大韧性。

备受鼓舞的是，上级支持力度不断加大。国家部委和省委、省政府始终对平潭关心厚爱，《平潭综合实验区总体发展规划（2022-2035）》已经国家发改委研究通过，省委、省政府建立福州新区、平潭综合实验区工作联席会议制度，全力推动两地一体化高质量发展，并在规划报批、债券申报、重大项目、政策争取等方面给予实验区大力支持。

令人振奋的是，新思路打开了新局面。音乐、赛车、棒垒球、环岛游等新产品陆续推出，欢乐岛、活力岛、舒心岛建设初见成效。积极探索“资源换产业”，引进中能建合作开发新兴产业园，三五集团“海峡梦之城”项目成功签约，总投资分别为90亿元、240亿元。围绕专项债策划生成项目，2022年26个项目获批额度45.29亿元，超过过去历年的总和。区属国企战略重组顺利完成，投融资能力显著增强，区城发集团成功获得AA+信用评级。城乡一体化试点、社会治理网格化等重大改革谋定快动。

值得欣慰的是，人民群众的“幸福指数”持续提升。尽管财政支出压力加大，但财政用于民生的比例仍保持在70%以上，并进一步调增了实验区最低工资、城乡居民基础养老金、城乡低保和特困人员基本生活供养等标准，均位列全省中上游水平，居民收入增长与经济增长保持同步。省、区39件为民办实事项目全面完成。

极为不易的是，新旧动能转换迎难而上。平潭综合实验区立足战略定位，敢于以一时阵痛换长远发展，不再依靠房地产拉动和税收奖补驱动，更加注重壮大第三产业，更加注重企业的长生命周期健康运营。全年完成地区生产总值373.91亿元，增长4%；固定资产投资完成212亿元，保持正增长；一般公共预算总收入、地方一般公共预算收入完成调整后目标；社会消费品零售总额61.6亿元，增长0.5%；进出口总额198亿元，增长1%。透过现象看本质，一些指标虽经受短期波动，但平潭综合实验区发展的底子更实、路子更准、内生动力更足。一年来，平潭综合实验区产业经济发展的主要工作和成效是：

培优产业调结构，经济运行增添活力。经济结构调整坚决主动，旅游文体、物流贸易、金融、集成电路、清洁能源等特色产业加速壮大。出台稳住经济大盘一揽子接续措施，新登记市场主体9265户，新增注册资本542亿元人民币。平潭连续四年上榜全国投资潜力百强县市。

科创能力显著提升，海岛研究中心成功申报省重点实验室，厦大平潭研究院获批设立博士后创新实践基地，平潭集成电路产业中心揭牌成立，新增国家级高新技术企业10家、省级科技小巨人企业和科技型中小企业12家、省数字经济领域“瞪羚”企业4家。

重点项目攻坚成效明显，24个省级重点项目完成年度计划投资45.12亿元，新开工平潭外海海上风电场等95个区重点项目，建成投用75个区重点项目，“惠聚岚岛”“开渔直播节”等促消费活动全面开展，累计拉动消费超过3000万元。

注入内涵提品质，文旅发展闯出新路。围绕打造音乐艺术欢乐岛，新增国际演艺中心、龙王头城市音乐会客厅、68小镇黑礁音乐博览馆等体验空间，上演舞蹈诗剧《只此青绿》等60多场高品质演出。举办首届“海岛生活节”。影视产业逆势而上，全年吸引28个影视综艺剧组落地拍摄、比增65%，平潭参与联合摄制的央视热播剧《那山那海》取得口碑、收视双丰收。

围绕打造品牌赛事活力岛，卡丁车场、越野赛道、如意湖国际赛道、全国唯一的综合性奥运备战“泡泡”隔离训练基地等建成投用；成功举办平潭国际赛车嘉年华活动，做特风筝冲浪、棒垒球、自行车等品牌赛事，成立全省首支F4国际方程式赛车队、洲际自行车队，以省队区办模式组建福建平潭男子排球队，国家羽毛球队、速滑队顺利在“泡泡”基地完成集训；组团参加第十七届省运会并夺取2枚金牌，实现实验区独立组团以来金牌零的突破。平潭连续六年获评“中国体育旅游十佳目的地”。

围绕打造旅游体验舒心岛，开展全域旅游品质提升攻坚行动，“福往福来”海上游平潭—莆田航线成功入选国内水路旅游客运精品试点航线，平潭滨海旅游公路获评全国交旅融合创新项目，全省首创消费投诉“先行垫付、代位追偿”协同保护机制，推广“畅游平潭”APP，确保游客放心来、自在游。全年接待游客700万人次，旅游收入63亿元，分别同比增长2.3%、3.3%。

保持交流不断档，两岸融合克难前行。平潭综合实验区着力打造两岸“黄金水道”，平潭对台货运航线实现天天有航班，全年跨境电商进出口额突破100亿元，外贸集装箱吞吐量突破10万标箱，对台贸易额突破180亿元，平潭跨境电商保税进口业务量蝉联全省第一，对台海运跨境电商业务量居全国第一。

着力构建台胞登陆平台，全国首个台胞职业资格一体化服务中心揭牌运营，对台职业资格采信“e+”服务模式在全省推广，两岸家园数字身份公共服务平台实现政务办理、医保购药等7类服务场景“一码通”服务，“台商台胞金融信用证书”“台胞诚信闪贷”业务累计发放贷款近2000万元，有效缓解了台商台胞担保难、融资难问题，新增台资企业111家。

着力增进两岸民间交流，与全国台企联签订战略合作协议，与厦大合作成立两岸融合发展研究院，顺利举办第十一届共同家园论坛、海峡两岸工商合作论坛、海峡两岸检察制度研讨会、岚台青年创新创业大赛等50多场交流活动。

深化改革促开放，发展环境持续向好。坚持对标先进，推出涉案房产“e拍即得”协同执行机制等24项创新举措、其中全国首创15项。入选第三批数字人民币试点城市，在对台、旅游等应用场景方面取得初步成效。

坚持惠企便民，营商环境专项治理行动深入开展，获得电力、招标投标等指标保持全省标杆，推出面向中小微企业的融资服务平台，推行政务服务大厅局长轮值制度，实施全生命周期“一件事”改革，行政许可事项“一网通办”占比达80%，即办件提升至65%，位居全省前列。

2023年是全面贯彻落实党的二十大精神的开局之年，是实施“十四五”规划承上启下的一年。站在新起点上，机遇与挑战并存，信心比黄金更重要。中央大力支持福建建设海峡两岸融合发展示范区，省委、省政府明确支持平潭加快构建对台全方位开放格局，为平潭发挥试验田作用、当好两岸关系和平发展的新载体，赋予了更大作为空间。《平潭综合实验区总体发展规划（2022—2035）》的落地带来重大战略机遇，必将有力引领实验区中长期发展。平潭综合实验区要坚定必胜信心，全力以赴展现新作为、干出新成效、实现新跨越。工作的总体要求是：以习近平新时代中国特色社会主义思想为指导，全面贯彻落实党的二十大精神以及中央经济工作会议精神，按照省委十一届三次全会和省委经济工作会议的部署，坚持稳中求进工作总基调，完整、准确、全面贯彻新发展理念，加快构建新发展格局，更好统筹经济社会发展和疫情防控，更好统筹发展和安全，以新一轮总体发展规划落地实施为牵引，建设高辨识度的国际旅游岛，率先推动对台全方位开放，以更大气魄谋划推进全面深化改革，加快探索以城乡一体化发展推动共同富裕的平潭模式，努力开创新时代“一岛两窗三区”高质量发展新局面。经济社会发展的主要预期目标是：地区生产总值增长6%以上，固定资产投资增长6%，一般公共预算总收入和地方一般公共预算收入增长保持在合理区间；接待游客达800万人次，旅游收入达70亿元，文旅规上企业增长33%以上，旅游增加值占GDP比重达10%；台资企业增长10%，台胞创业就业人数增长10%，对台贸易额突破200亿元，占闽台贸易额20%以上。实现上述目标，必须全面落实中央“六个更好统筹”重要要求，突出重点，统筹兼顾。产业经济发展主要抓好以下几个方面工作：

深化打造音乐艺术欢乐岛。加快发展“音乐+旅游”，改造竹屿湾影视音乐产业园，重点打造蓝眼泪音乐节、海岛生活节等品牌活动，引进3家以上演出经营、经纪机构和一批文化企业、音乐团队落地，构建集创作、表演、录制、体验等功能为一体的音乐旅游示范区。加快发展“影视+旅游”，依托竹屿湾影视基地、台湾风情影视基地、丝路影视基地，引进30个以上剧组在岚拍摄制作，丰富旅拍摄影、商业街、影视主题酒店等业态，形成影视主题游产品线路，培育一批规上影视企业，依托IM两岸青年影展，打造两岸影视人才库和创作基地。

深化打造品牌赛事活力岛。围绕建设“平潭赛车岛”，突出“速度与激情”主题，提升、新建环如意湖汽车赛道、汽车文体科创产业园（一期）、水上运动公园、老爷车博物馆等项目，打造集专业赛事经济、汽车研发、试驾体验、赛车学校、名车展示、维修改装于一体的赛车产业集群。力争国际风帆运动基地于年内投入运营，海峡两岸青少年体育交流训练中心在年底开工，启动国际棒垒球基地建设，争取中汽摩联、中帆协、中棒协等在赛事资源、基地建设等方面的指导支持，加强与海峡两岸棒球交流合作委员会、中华台北赛车会等的合作，持续培育赛车、风筝冲浪、棒垒球、篮球、自行车等国际赛事品牌，增开相关本土体育赛事电视栏目，实现门票、转播权销售、衍生品开发、商业活动、厂商赞助等多渠道收入，延伸发展赛事培训、体验、疗养康复、装备展销等相关业态，积极申报国家体育消费试点城市。

深化打造旅游体验舒心岛。持续开展全域旅游品质攻坚行动。联合天文气象、在线旅游商等机构，依托蔚蓝的大海、灿烂的星辰、清新的空气及蓝眼泪、日出日落等优质资源，打造“星辰大海”“浪漫蓝眼泪”等旅游品牌。启动全区商业网点规划编制，全力加快“海峡梦之城”文商旅综合体落地建设，常态化运营海洋国际会展中心、海洋科技文体中心，培育“首店、首牌、首秀、首发”经济，打造“商贸会展+旅游”集聚区。加快引进、建设连锁酒店、高星级酒店，力争全年新增住宿房间2000个，新增床位数3000个。推动民宿产业集群化、精品化。打造一批特色高品质城市地标，开展全岛公共场所多语种标识标牌规范建设工作，培养多语种导游人才，规范旅游市场，提升平潭旅游国际形象。实施景区提升工程，打造凤凰湾旅游度假区，推动南部湾景区创建国家级度假区，推动澳前68小镇—台湾小镇、仙人井—东美古村创建4A级景区。

构建对台经贸往来主通道。加密对台货运航线班次，提升八方物流园、小迪拜国际物流园等智能化运作水平，完善集运仓等配套，争取将两岸邮件处理中心打造成为集邮件、快件、跨境电商“三合一”的海关监管场所，持续做大平潭对台跨境电商业务规模。探索对台小额商品交易市场兼容跨境电商保税展示业务经营模式。拓展液晶面板、芯片等对台进口品类保税物流业务，引进美妆、保健品品牌开展保税加工、跨境电商保税进口区域分拨业务。依托澳前保税物流园和流水水产品加工园，加快国家骨干冷链物流基地建设。进一步推动两岸贸易结算便利，提高两岸贸易以人民币结算的比重。

（摘编：吴建翰）

FUJIAN

INDUSTRIAL ECONOMY YEARBOOK

第五篇
开发园区

福建省开发区发展情况综述

2021年，全省开发区坚持以习近平新时代中国特色社会主义思想为指导，认真贯彻落实国务院《关于推进国家级经济技术开发区创新提升打造改革开放新高地的意见》《关于促进国家高新技术产业开发区高质量发展的若干意见》《关于促进综合保税区高水平开放高质量发展的若干意见》和省政府《关于促进开发区高质量发展的指导意见》《关于实施工业（产业）园区标准化建设推动制造业高质量发展的指导意见》等文件精神，聚焦“三提三效”，统筹疫情防控和经济社会发展，加快推动开发区质量变革、效率变革、动力变革，开发区建设发展取得新成效。一是经济总量较快增长。全省开发区实现地区生产总值1.88万亿元，增长14.3%，占全省比重为38.6%；实现规模以上工业增加值1.01万亿元，增长15.3%，占全省比重56.6%。实现税收收入（不含海关代征，下同）1572.65亿元，增长20.6%，占全省比重32.4%。二是投资聚集效应凸显。全省开发区实现公共基础设施建设投资总额1886.08亿元，较上年增长12.9%。省级工业龙头企业450家，较上年增加101家，占全省60.2%。全省开发区户均产业集聚水平为83.3%，较上年提高2.9个百分点。三是土地利用集约增效。全省开发区工业用地固定资产投入强度552.44万元/亩，增长18.4%；户均综合容积率达1.11，较上年提高3.5个百分点。全省开发区工业用地地均税收28.10万元/亩，增长19.5%。四是创新动能持续增强。新认定国家高新技术企业数1414家，累计5051家，占全省56.3%。有效发明专利数28661件，较上年新增2164件，增长8.2%，占全省比重为46.1%。五是开放合作继续深化。全省开发区实际使用外资总额180.92亿元，增长3.2%，占全省49.0%。实现进出口总额1.04万亿元，增长28.6%，占全省56.1%。重点推动以下几方面工作：

一、研究制定开发区工作要点及促进政策

制定印发《2021年全省开发区工作要点》，重点从十个方面提出创新举措，提升开发区对外合作水平和经济发展质量；起草制定《福建省开发区管理办法（试行）》，规范开发区管理，促进开发区高质量建设发展，争取以省政府规章的形式出台；研究制定《福建省综合保税区提升行动方案》，促进综合保税区提质增效、争先进位。

二、推动开发区整合提升创新发展

全年有福清龙田经济开发区、漳平工业园区、三明尤溪经济开发区、宁德三都澳经济开发区等10个省级开发区实行“一区多园”整合托管。印发《全省开发区建设自贸创新成果复制推广先行区的实施意见》，推动全省开发区全面复制推广自贸创新成果，打造国内国际双循环重要载体。总结各地开发区在创新发展中形成的好经验好做法，编辑印发《福建省开发区高质量发展典型经验汇编》，供开发区学习互鉴。落实《福建省工业（产业）园区标准化建设“机制创新专项行动”实施方案》，推动园区标准化建设试点。

三、推进海关特殊监管区域整合优化

推动海关特殊监管区域与自贸试验区统筹发展，制定印发《推动海关特殊监管区域与福建自贸试验区统筹发展任务分工方案》。福州综合保税区、厦门象屿综合保税区完成验收，实施封闭监管、开关运作。推进厦门海沧港综合保税区和福州江阴港综合保税区，分别通过由厦门海关和福州海关组织相关部门进行的验收。推动福州保税区整合优化为福州长乐国际机场综合保税区，推进厦门象屿综合保税区和厦门象屿保税区整合优

化，规划新设厦门空港综合保税区。组织全省 7 家海关特殊监管区域参加海关总署组织的发展绩效评估，结果显示我省海关特殊监管区域发展绩效居中上水平。

四、推动开发区招商引资

第二十一届投洽会共有福州高新区、厦门海沧台商投资区、福州综合保税区、漳州古雷港经济开发区等 14 家国家级和省级开发区参展，其中 9 家参展开发区设置 7 个独立特装展台，面积达 810 平方米，会上共签约内外资项目 13 个，总投资 580 多亿元。同时结合第四届进博会、第四届数字中国建设峰会、"日资企业福建行" 等活动，组织开发区参加招商推介，对接洽谈投资项目；推动中国与印尼、中国与意大利、中国与塞尔维亚等 "两国双园" 建设。

五、开展开发区综合发展水平考核评价

组织对全省 97 家省级以上开发区开展 2020 年度综合发展水平考核评价，通报评价结果，对先进开发区予以奖励，督促落后开发区整改提升。组织 10 家国家级经开区参加 2020 年全国国家级经开区考评，并根据 2019 年评价结果督促相关国家级经开区整改提升。

六、推动对口合作帮扶

持续协调推动福清融侨经开区、龙岩经开区、东侨经开区与宁夏银川国家级经开区、石嘴山经开区落实合作，推动宁夏固原经济开发区分别与漳州金峰经济开发区、晋江经济开发区开展合作。推动福建开发区与新疆昌吉高新区、昌吉国家农业科技园区、准东经开区开展合作，加强对口帮扶，促进产业合作。继续推动福州经开区等 4 个国家级经开区对口帮扶新疆准东经开区，推动泉州经开区扶持吉林珲春边境经济合作区，促进招商合作和资金支持。

七、推进开发区生态环境保护和安全生产

持续推动落实省委、省政府办公厅印发的《福建省贯彻落实中央生态环境保护督察报告整改方案》要求，督促开发区做好中央环保督察问题整改落实，重点推进沿海开发区混合处理生活污水和工业污水的配套污水处理厂提标改造，福清江阴港城经济区等 5 家开发区污水处理厂提标改造工程已完成。联合省生态环境厅、科技厅印发《福建省开发区生态环境专项整治工作方案》。开展 "污水零直排区" 建设，提升开发区污水接管率和处理率。督促闽江、九龙江流域开发区、近岸海域开发区按照省河长办等相关部门要求，落实生态环境保护措施，提高污水处理水平。督促开发区健全安全生产监管机构，明确安全生产监管人员。

2021 年全省开发区建设发展虽然取得较好成绩，但是仍然存在一些问题，主要是总体规模偏小，仍然有 17 个开发区没有工业龙头企业入驻，辐射带动作用发挥不充分；对外开放水平还有差距，外资增长缓慢，占比不高，对外投资下降；集约用地有待继续提升，沿海和山区开发区亩均税收差距进一步拉大等。

（撰稿：福建省商务厅开发区管理处　原载《2022 福建开发区年鉴》）

福州开发区概况

福州经济技术开发区

福州经济技术开发区于1985年1月经国务院批准设立（1992年与马尾区实行“两区合一”的行政管理体制），是首批14个国家级经济技术开发区之一，地处福州市东南部、闽江下游北岸，距闽江口17海里，是福建省的重要商港、福州的水上门户。2021年，福州经开区完成地区生产总值639.84亿元，比上年增长3.5%；一般公共预算总收入35.6亿元，增长12.8%；地方一般公共预算收入22.95亿元，增长9.3%；固定资产投资144.18亿元，下降28.4%；社会消费品零售总额204.14元，增长9.4%；进出口总额345亿元，增长31.4%；实际使用外资6.07亿元，下降9.3%；城镇居民人均可支配收入58990元，增长7.9%；农村居民人均可支配收入32375元，增长10.4%。

项目建设赶超进度。省重点项目：全年列入省级重点项目9项，年计划投资14.89亿元，全年完成投资17.42亿元，完成年计划117.1%；市重点项目：全年列入市重点项目110项，年计划投资200.75亿元，全年完成投资226.78亿元，完成年计划113%；区重点项目：全年区重点项目344项，年计划投资174.67亿元，全年完成投资165.83亿元，完成年计划的94.9%；“五个一批”项目：全区产业开工项目34项，总投资78.15亿元（其中战兴项目11项，总投资30.21亿元）；“抓促”项目：全年新开工94项，完成市下达任务的110.6%；新竣工项目66项，完成市下达任务的113.8%；“一企一议”：全年累计收集项目问题1198条，已协调解决1174条，办结率97.9%（其中区主要领导协调675条，解决675条，办结率100%）；“攻坚120天”项目：专项行动提速攻坚项目107项，计划投资123.35亿元，累计完成投资165.37亿元，完成率134.1%；开工提速攻坚项目36项，实际开工36项，开工率100%；竣工投产攻坚40项，实际竣工40项，竣工率100%；地铁二号线东延线项目：顺利完成项目工可专家评审、站点及管线工程技术对接、社会稳定风险评估报告专家评审、总体设计专家评审、节能报告专家评审。

产业发展快速壮大。物联网产业创新发展中心已确定入驻意向企业279家，其中已落地企业244家。物联网认定企业达201家，产值达700亿元，比增8%。物联网产业创新发展二期联东U谷项目动工建设，物联网开放实验室测试认定体系进一步完善，成为国际、国内物联网标准制定的重要机构，在多个物联网垂直应用领域开展标准化工作，已完成37项物联网相关标准发布，正在推进39项标准的拟定、立项在编，涵盖智能网联汽车、智能道路照明、远程抄表、生命体征感知、可燃气体监测等多个物联网应用领域。建成全国首个“5G产业服务平台”、省内首个“城市道路”车路协同开放试验场。承办第四届数字中国建设峰会物联网分论坛、中国工业互联网安全大赛（福建省选拔赛）暨首届福建省工业互联网创新大赛等大型活动，数字中国成果展马尾展区被组委会授予“优秀展示奖”。马尾物联网产业的知名度和影响力持续提升。新兴产业快速发展。加大传统产业技术改造力度，全年完成37项省市重点技改项目，完成投资21.59亿元，超序时进度11.26个百分点。全力推动龙头企业发展，2021年全区国家级高新技术企业累计共212家，福建省科技小巨人企业41家。

招商引资成果丰硕。全区新引进招商落地项目366个，总投资额549.66亿元。按产业类别分：一产项目12项，投资额19.05亿元；二产项目68项，投资额208.57亿元；三产项目286项，投资额322.04亿元。按三维属性分：国企项目6项，投资额28.16亿元；外企项目15项，投资额21.58亿元；民企项目345项，投资额499.92亿元。从项目规模看：投资额5—10亿元（含5亿元）以上的大项目、好项目有7个，总投资额45.68亿元；投资额10亿元以上（含10亿元）的大项目、好项目有6个，总投资额102.02亿元（其中1个为重大产业项目，投资额51.5亿元）。

体制机制深化改革。深化供给侧结构性改革，大力营造有利于创新创业创造的良好发展环境。深化区属国有企业改革，加快区属国企重组整合步伐，已全面完成区工业建总、区房地产公司两家全民所有制企业公司制改革工作，同时完成区建发集团和区城投集团组建工作。初步建立区属国有企业负责人经营业绩考核体系。深化医疗卫生体制综合改革，全面实行区医院全员目标年薪制、绩效管理工分制以及院长聘任制。成立全省县（区）首家标准化代谢性疾病管理中心（MMC），进一步提升马尾区医疗水平。深化教育体制综合改革，印发《马尾区属公办中小学、幼儿园参照事业单位聘用制人员管理办法》，创新招聘形式，逐步解决缺编缺员问题，进一步激发教师队伍工作积极性。规范开展农村集体资产股份合作制改革，全面完成农村集体经济组织成员认定、农村集体经济组织赋码登记，57个村开展股份合作制改革，5个村成立经济合作社。加强农村集体“三资”台账管理工作，落实农村集体“三资”网上公开。

生态环保持续优化。马尾区全年空气优良天数362天，优良率99.7%，其中优257天，占比71.0%，比上年提高15.3%；6项污染物平均浓度均达到国家环境空气质量二级标准，PM2.5年均浓度18微克/立方米，小于23微克/立方米的考核指标要求，空气质量综合指数比上年有所下降，表明空气质量较去年有所改善。臭氧上升势头得到遏制。白眉水库等集中式饮用水源水质达标率100%，闽江国控琯头断面、白眉溪省控小流域水质达标率100%。昼间区域环境噪声平均值55.8分贝，昼间道路交通噪声平均值63.5分贝，符合声学环境质量功能区标准。固废和危废处置综合利用率达100%。强化生态环境执法监管，加大执法力度，立案处罚14家企业，罚款42.87万元。

（摘编：邓新民）

福清融侨经济技术开发区

福清融侨经济技术开发区位于福建省福清市，地处东南沿海，海峡西岸经济区中部、福建省省会城市福州市的南翼，与宝岛台湾隔海相望，是对台交流合作先行先试的重要窗口。开发区创办于1987年，是全国第19个国家级经济技术开发区，规划面积为10平方公里。区内交通便利、环境优美，国道324线、高速福厦线贯穿全区，福州新港码头、元洪码头、长乐国际机场临近周边，具备良好的物流运输条件。2021年，福清融侨经开区249家规上工业产值1264.8亿元，比增13.7%，占福清市规上工业产值一半以上；限上零售额114.6亿元，比增24.4%；限上批发额236亿元，比增114.5%；固定资产投资311.4亿元，比增20.4%，其中，工业固投99.2亿元，比增40%；实际使用外资3.3亿元，比减9.7%；税收收入51.3亿元，比增0.5%。

产业发展多措并举。一是做实龙头培育，重点抓好列入福州市“扶持产业壮大龙头”的11家企业跟踪服务，对企业存在问题进行深入调研和现场协调解决。2021年列入福州市“扶持产业壮大龙头”的11家企业，累计完成产值733.1亿元，比增26.3%，占全区工业产值的一半以上。二是做大产业集群，围绕电子信息、汽车部件、光学器件三大产业，持续强链、补链、延链，不断培育壮大产业集群。全年共引进福融新材料、越华晖显示科技产业园等产业链项目52个，总投资346.2亿元。三是做优要素供给，开展零地招商工作，实施“腾笼换鸟”，推进土地集约利用，有效提升经开区厂房整体利用率。2021年通过“零地招商”，引进科富电子、世高智能、嘉德等项目44个，总投资6.85亿元，盘活闲置厂房30.04万平方米。

营商环境完善优化。一是强化服务保障。结合开展“千名干部进千企”行动，建立完善党员干部挂钩联系服务工作机制，联合到基层一线、到企业、到工地现场去帮助他们解决问题，指导企业做好安全生产、常态化疫情防控、环境保护以及有序用电等工作，帮助企业增速转正。落实好各项惠企政策，2021年共帮助企业申请兑现各项补助资金8405.57万元。二是强化配套保障。实施一批强基础补短板项目，不断提升基础配套水平，做好“筑巢引凤”文章。道路方面，新建15条道路总长度达20余公里；交通方面，启动光电园友谊集团及洪宽工业区公交首末站建设；绿化景观方面，推进洪宽大道绿化综合整治项目建设；环保设施方面，实施了福前路、万安大道等4个污水管网项目；员工住房方面，完成洪宽工业村员工宿舍（一期）项目，加快推进友谊集团公共租赁住房项目建设；教育方面，完成崇文小学二期项目，加快推进石竹高仑小学附设幼儿班项目及宏路中学综合楼项目建设。三是强化人才保障。联合闽江职校、福建技术师范等院校，探索开展订单培养、岗前短训和技能等级培训，为区内企业发展提供大量技术人才。规模以上工业企业中开展产教融合校企合作培养技能人才比例39.8%。依托福建省闽江职业技术学院设立的融侨经济技术开发区职业技能提升中心已通过省级备案并顺利揭牌。

创新提升围绕重点。一是抓科技赋能。用足用活各类创新激励政策，鼓励企业开展自主创新、加大研发投入规模。2021年经开区新批35家国家级高新技术企业，现有国家级高新技术企业82家；新批科技型中小企业35家，科技小巨人企业10家。二是抓改造提升。着力从技改提升、“5G+工业互联网”改造和企业“上云上平台”三个维度推动产业升级、创新发展。2021年共备案各类技改项目28个，总投资63.83亿元；实施了17个“互联网+先进制造业”重点项目，培育了福耀玻璃、福州京东方2家省级工业互联网应用标杆示范企业，福耀集团和京东方集团还荣获中国质量奖。三是抓平台打造。围绕“大众创业，万众创新”，积极打造提升“双创”载体平台，积极推进厦门大学科技园、均和云谷·福清科技港、岁金智谷·福清科创走廊项目等一批科技平台项目落户经开区，加快推进联东U谷三创中心项目建设。目前，联东U谷·三创中心项目厂房已封顶，已签约入驻项目7个，总投资约2.68亿元，面积约2.38万平方米，其中国家高新技术企业3家。

（摘编：郭向东）

福州高新技术产业开发区

1991年，在时任福州市委书记习近平同志的部署推动下，福州高新区成功获批全国首批国家级高新区。下辖海西高新技术产业园、生物医药和机电产业园以及洪山、仓山、马尾和福州软件园等6个园区，2016年6月，经国务院批复同意建设国家自主创新示范区。2021年，福州高新区实现财政总收入30.18亿元，比增11.1%；地方一般公共预算收入20.27亿元，比增14.2%；一般公共预算支出23.7亿元，比增20.1%；固定资产投资257.6亿元，比增14.2%，完成计划的108.8%；工业固定资产投资127.9亿元，比增55.8%。规上工业企业66家，规上工业总产值完成226亿元，比增13.7%。实际利用外资15856万元，完成全年任务的101.6%；进出口总额36.23亿元，比增28%；限上社零30.6亿元，比增19.3%。

基础设施提升改造。市政基础设施建设方面：完成市政道路新建改建12条，总长度约14公里，投资金额约9.34亿元；完成污水管网建设14.07公里，投资金额约1.18亿元；雨水管网建设13.05公里，投资金额0.98亿元；供水管网建设12.03公里，投资金额0.68亿元；完成燃气管网建设5公里，投资金额130万元。园林绿化方面：新建和改造提升公园绿地面积10公顷，新建和改造提升福道长度10公里、立体绿化5处、口袋公园5处，完成总投资9000万元。

项目建设赶超进度。全年市重点项目93个，总投资962.14亿元，年计划投资171.62亿元。累计完成投资175.26亿元，完成年计划投资102.1%。其中：在建项目54项，总投资562.44亿元，年计划投资139.84亿元，全年累计完成投资142.5亿元，完成年计划投资101.9%；计划新开工项目15项，总投资178.82亿元，年计划投资

31.78亿元，全年累计完成投资32.8亿元，完成年计划投资103.2%；预备项目24项，总投资220.88亿元。组织开展市级园区标准化建设项目45个，所有项目累计完成投资44.4亿元，项目完成比率为104.9%。其中，6个龙头培育和集群建设项目完成投资9.94亿元；4个优化规划和集约发展项目完成投资10.1亿元；5个科技创新和产教融合项目完成投资4.92亿元；30个基础设施和生产生活配套项目完成投资19.44亿元。2021年建成、投产年产600台液晶面板自动化设备生产线项目、物联网大口径水表智能生产项目、福州建工（集团）总公司建筑生产基地、高新区万达广场等18个重点项目。迈新生物诊断试剂生产基地、5G通信配套设备及基础配电设备生产项目、凯德数创信息中心、广裕德扩能增效建设项目等15个重点项目按期实现开工。国家地球空间信息福州产业化基地、创新园三期、光电实验室等54个省、市重点项目正在加速建设。

招商引资卓有成效。实行全员招商，组建18支招商小分队，开展“招商效率和招商质量提升工程”专项行动。引进福耀科技大学、保利通信福州科技产业园、腾讯云数字经济生态产业总部等260个招商项目，总投资约993.35亿元，比增9%。其中福耀科技大学、保利通信产业园和海峡星云等3个项目投资额超百亿元，腾讯云、中建五局、国投福州等多个区域总部基地落地。接洽工联院、东方电气、鹏博士、大陆希望、上海莱士、上海微创、中建三局等300余家企业，海狮数智中心、云众锂电池生产基地和中科兰剑智能制造研究中心等好项目落地，创新园一期、二期、三期共计落地500余家企业。与区内办公楼宇、金融机构达成招商引税合作伙伴，多渠道接收一手招商信息，每周定期走访企业，甄别好商、优商。借助第四届数字中国建设峰会签约项目17项，总投资额达480亿元。

生态环保持续优化。2021年，高新区环境质量总体良好，区环境空气质量优良率达99.5%，优良天数达363天。粗颗粒物、细颗粒物、二氧化硫、二氧化氮、一氧化碳和臭氧六项指标均达到国家《环境空气质量标准》中的二级标准，其中细颗粒物PM2.5平均浓度为20微克/立方米，优于23微克/立方米目标值。

（摘编：邓新民）

福州保税区

福州保税区位于闽江下游福州经济技术开发区的东北部，占地面积1.8平方公里，是经国务院批准的我国大陆迄今为止开放度最大的投资区域。2021年，福州保税区新设内资企业412户，注册资本52.09亿元，新设外资企业4户，注册资本1285.75万美元。截至2021年底，区内共有企业5968户，注册资本820.72亿元，其中内资企业5878户、注册资本718.04亿元，外资企业90户、注册资本160045万美元。全年全区一般公共预算总收入突破历史新高达7.28亿元，同比增长40.1%，增长率创历年最高。

基础建设改造升级。启动福州保税区滨河路道路工程及通港路北段道路工程建设，推进保税区路网骨架从“一纵八横”升级为“两纵八横”，缓解中央大道交通压力。2021年5月，该道路通过验收并投入使用，道路总长度1540米，项目共投入资金近7000万元。

项目建设持续推进。鑫原达冷链中心（二期）项目，占地2822平方米，总建筑面积14933平方米，2021年5月建成投用，总投资1亿元。二期项目为目前福建省高度最高的单体冷库（单层楼高5.33米，总高度80米），库容3万吨，建成后与一期项目连成一体，总体库容量达8万吨。

园区建设转型升级。积极谋划园区转型升级方向，对标工业园区标准化建设要求，研究编制《福州保税区产业发展规划》。开展园区环境集中大整治，新建、修缮各类围墙近2000米，路面硬化约1630平方米。建立健全区长效管理机制，研究出台《福州保税区日常网格化管理制度》，提升园区管理精细化水平。以区内国有地块为突破口，拟引进第三方产业园区运营机构，建设标准化工业厂房，吸引智能装备制造、海洋经济、智慧物流等产业的研发科技型企业落地孵化。

（摘编：郭向东）

福州综合保税区

福州综合保税区位于福建自贸试验区福州片区内，前身为福州出口加工区，于2005年6月批准成立，总面积0.659平方公里，2020年1月14日，国务院正式批复同意福州出口加工区整合优化为福州综合保税区，同年11月18日通过福州海关组织的联合验收。2021年2月海关总署批复开关运作，成为福州市首个、省内第二个综合保税区。2021年，全年完成进出口总额35.26亿元，比增66%；实际利用外资1165万元，比增11.4%；固定资产投资6.42亿元，比增7.1%；完成跨境电商业务量约541万票，比增9.9%；跨境电商交易额10.48亿元，比增43.9%；完成规模以上、限额以上“两转”任务4个。

基础建设完善提升。累计投入1672万元对监控、卡口、围网、环区巡逻道、海关监管信息平台等配套设施进行修复和完善，提升了福州综合保税区软硬件设施水平。在原有信息化管理系统上新增“非保税货物电子账册”、“保税物流仓储管理系统”、“一般纳税人资格试点”、“业务数据可视化展示系统”、“综保区园区管理系统”等5个功能模块，于8月18日审核通过上报试运行。

项目建设卓有成效。2021年，列入省重点项目1项、市重点项目2项、区重点项目3项。其中，优你康隐形眼镜生产项目综合车间和研发实验室竣工，安装2条生产线并试投产；冷链加工物流产业项目取得阶段性成效；中交汉吉斯冷链枢纽暨跨境电商项目3、4号厂房已完工，1、2号冷库及研发中心主体结构已基本完成；正福超低温冷库项目（一期）的制冷、电气、消防等工程安装调试完成，开始试投产；御金冷链水产加工物流产业园项目完成开工前期准备。

招商引资超额完成。2021年，招商落地项目38项，注册资本48.91亿元，比增109.2%。各类开竣工项目和投资额均提前并超额完成年度任务，其中，新开工项目3项，总投资8.61亿元；新竣工项目2项，总投资4.08亿元。省“五个一批”已完成开工项目4项，总投资10.54亿元，提前完成年度任务。首次参加厦门“9·8”投洽会，依托“9·8”平台宣传推介综保区投资环境、产业导向等内容。

（摘编：邓新民）

福州福兴经济开发区

福兴经济开发区创办于1990年8月，位于福州市区东部晋安区鼓山镇，规划总面积5.5平方公里。福兴经济开发区是福建省首家遵循镇村自办、资金自筹、设施自建、收支自求平衡的方针进行开发建设的民办开发区。2005年12月，福兴经济开发区成为首批国家批准保留的省级开发区。2021年，福州福兴经济开发区现有规模以上企业84家，规模以上工业产值480亿元，年产值亿元以上工业企业46家。晋安湖“三创园”实现营业收入1119.4亿元，增长8.1%。

项目建设稳步推进。遵循“工业园区姓工”的原则，规划工业园区容积率从现状1.4调至2.57，全面落实“管得住、拆得下、建得起、招得来”四步工作法，推进31项“四个一批”（收储出让一批、工业用地增容一批、老旧厂房转租一批、企业利用自有用地建设零星办公用房一批）项目进程，顺利举办湖塘科创园、未来科技大厦等重点项目开工仪式，序时推进永正检测中心、金强欧居装配产业园、福州数字内容产业园等在建工程，推动园区产业逐步转型升级。

产业发展集群效应。产业集群渐成体系，形成以高意光学、华科光电、日光照明等企业为龙头的光电通信产业集群；以中信网安、天盟数码、无线创意等企业为龙头的数字经济产业集群；以高意通讯、茶花家居、海峡环保、华润燃气、喜相逢集团等企业为龙头的总部经济产业集群；以麦克赛尔数字映像、高壹工机、本田动力等企业为龙头的智能制造产业集群；以盛辉物流、盛丰物流、宏捷物流等企业为龙头的智慧物流产业集群。

招商引资多措并举。建立“政府+企业”招商信息共享机制，与外部招商公司和团队合作共享招商资源、招商渠道和招商信息，以达到资源的优势互补、增强市场开拓、协同推广目的。2021年开发区及鼓山镇通过考评项目86个，认定总投资 518.65 亿元。重点引进纵横集团总部项目、福州中晋投资有限公司、IGG 集团总部办公及研发中心项目、本田动力舷外机生产项目、未来无线职能总部大楼及互联网数据中心项目等。

（摘编：郭向东）

福州金山工业园区

福州金山工业园区包括橘园洲片、金山片、浦上片、福湾片和义序片等五大片区，现有企业约 3500 家，2021 年园区获评福建省新型工业化产业示范基地和省级示范数字经济园区。2021 年，园区实现税收约 16.22 亿元，拥有规上企业 385 家，全年实现规模工业产值 784.14 亿元，服务业营业收入 92.34 亿元，社会消费品零售额 62.31 亿元，建筑业产值 3.27 亿元。2021 年，在省市各项考核中，园区均取得优异成绩，市级重点工业园区绩效考核位列第一，福厦泉自主创新示范区福州片区“一区二十四园”考核在产业核心园区中排名第一、综合排名全市第二，全省开发区综合评价跻身全省前十。

招商引资突出重点。以橘园洲智能产业园、瑞科医药健康产业园、财茂生物医药科技园等“园中园”为抓手，实施主导产业招商引资补链工程，推动智能产业、生物医药产业集聚式发展。全年招商项目 397 个，总投资额 1168.22 亿元。

（摘编：郭向东）

福州高新技术产业园区（福州软件园）

福州软件园地处福州城西北隅，规划面积近 2 平方公里。园区形成了软件和信息技术服务、光电芯片智造、新一代信息技术为核心，产业创新服务为基础的“3+1”产业集群，现已汇聚 1100 余家企业，其中主板上市挂牌企业 9 家、上市公司分支机构 15 家、上市后备企业 24 家、产值超亿元企业 112 家、高新技术企业 279 家；园区瑞芯微、联迪、福昕等 30 家企业在全国行业细分领域名列前茅。

招商引资卓有成效。全面冲刺“攻坚 120 天”，梳理任务 102 项，总投资近百亿元，推动 37 个重大签约项目落地，落地率 97%，21 个招商项目生效，生效率 42%。通过开展线上招商、平台招商、以商招商等举措，瞄准国内外数字龙头企业，推动数字经济领域的领军企业落户园区。全年引进字节跳动、阿里钉钉生态加速基地、新西兰绘梦集团等招商项目，总投资 65.39 亿元，在鼓楼区排名第一。

（摘编：郭向东）

闽侯青口汽车工业园区

福州市青口投资区是经国家发改委核定的省级汽车工业园区，位于福建省会福州市的东南部，是省市重点打造的汽车生产基地。全区规划面积 56 平方公里，规划工业用地 16 平方公里。已开发工业用地 12 平方公里，主要发展汽车、机械、电子等工业，汽车产业占主导地位。2021 年，青口汽车工业园区实现规上工业产值 549.33 亿元，比增 30.1%，其中：东南产值 4.44 亿元、比降 33.7%，产量 7342 辆、比降 24.4%；奔驰产值 143.98 亿元、比增 29.1%，产量 37786 辆、比增 26%。税收收入 37.25 亿元、比增 19.3%；实际使用外资 9432 万元，比增 458.1%；固定资产投资完成 98 亿元，比增 13.9%。

基础建设全面提升。全力推进“解难清障”专项行动，加快推进东台产业园、兰圃产业园等征地拆迁工作，提前谋划新的集中开发片区，盘活园区存量土地资源和低效用地，统筹推进园区供水、污水、防洪、环卫、公交等五位一体建设，加快实施汽车城六大主要出入口绿化、花化、彩化、亮化改造，改善汽车城整体面貌，持续提升园区教育、医疗、养老水平，宜居宜业的东南汽车城逐渐显现。

产业发展重点突出。基本形成以东南汽车和福建奔驰为龙头的汽车产业链，以福建青口新型材料研发中心为代表的高端制造产业链，以海峡汽车文化广场为中心的第三产业链的高质量融合发展新格局。

招商引资要素保障。推进“链长+招商专员”工作机制，对接小康集团、理想、奇瑞、上汽、比亚迪、领跑等整车制造企业与东南汽车洽谈项目合作，力促项目落地。完成招商项目126项，总投资321.81亿元。

（摘编：邓新民）

罗源湾经济开发区

罗源湾经济开发区成立于1992年，于福建省政府1998年3月批准建立省级开发区，定名为福州罗源湾开发区。2021年，罗源湾开发区完成规模以上工业产值565.4亿元，比增17.7%；工业固定资产投资75.46亿元，比增64.8%；地方级财政收入4.24亿元；其他营利性服务业1.2亿元，比增14.8%；限上社会消费零售总额2.78亿元，比增9.8%。

基础建设提升改造。坚持规划引领，明确发展战略，已完成《环罗源湾地区工业产业布局规划》，其中包含园区产业规划。罗源湾经济开发区北工业区控规和金港工业区控规已委托福州市规划院编制。罗源湾南片控制性详细规划（含台商投资区松山片区）2017年完成编制并通过县政府常务会议研定。投入320万元完成罗江路等2条道路建设、完成松歧路等7条道路环境整治及绿化提升工程。

项目建设赶超进度。全年列入省市县重点项目共24个，总投320.39亿元，年度计划投资71.41亿元，完成投资83.91亿元，完成年度投资117.50%，超额完成序时进度。2021年开工项目任务数8个，完成10个；竣工项目任务数6个，完成7个；“抓项目促发展”专项行动综合排名全县第一。

产业发展初具规模。在一批龙头企业的带领下，开发区初步形成了冶金建材、轻工食品、船舶修造、机械制造、港口物流等临港产业集群。特别是作为罗源县工业主导产业的冶金工业，内容涵盖了产业链上的冶炼、轧制成材环节，工艺上的冷轧、热轧，产品主要有棒形、板形、线形钢铁材料，初步形成包括生铁、钢、镍合金不锈钢冶炼、压延加工、周边设备及制品制造，铝材加工等在内的冶金工业体系，具备了较为雄厚的产业基础，为加快打造罗源湾绿色高端千亿钢铁产业基地奠定了基础。

招商引资成果丰硕。全年累计完成招商项目23个，引资约149.38亿元。其中，投资额超50亿元项目2个，超2亿元项目7个；三产项目14个，二产项目8个，技改工业项目1个。

生态环保严格执行。贯彻落实中央、省、市县生态文明建设和环境保护重大决策部署，牢固树立“绿水青山就是金山银山”的发展理念，把绿色发展融入开发区发展的全过程，把环境保护工作和污染防治工作纳入全年工作的议事日程，不断健全环境保护工作制度。加强园区重点区域环保巡查工作，狠抓水、气、尘等环保突出问题的督查，完成开发区网格巡查288次，发现并及时制止有关影响生态环境问题32次，向区内有关企业发放37份整改通知书，并按时跟踪督查落实，全面提升环保工作水平，努力形成环保工作上下齐抓共管的良好局面。完成金港工业区德胜新建材企业生活污水纳管。启动编制开发区环境事件应急预案。深入推进“四减四增”，加快亿鑫钢铁超低排放、德盛镍业节能减排改造。持续整治“散乱污”企业，减少面源污染。

（摘编：邓新民）

福州江阴经济开发区
（福州江阴港城经济区）

福建福清江阴经济开发区位于海峡西岸经济区中间区段著名侨乡福清市东南部沿海。2005年4月经福州市人民政府批准实施，总体规划面积158.6平方公里。2021年，福清江阴经济开发区完成规上工业产值471.16亿元，比增27.2%；固定资产投资136.98亿元，比增8.8%；工业固投120.14亿元，比增13.1%；集装箱吞吐量206.83万标箱，比减3.9%；港口货物吞吐量4253.84万吨，比增2.9%。截至2021年底，共落地工业企业116家，其中规上企业65家。

基础建设完善配套。围绕企业生产需求，逐步完善园区基础设施配套，完成新建及提升道路各3条，总长3.35公里；完成16万平方米绿化景观提升工作；完成顺宝河、圣发河、高港大道边沟绿化等驳岸景观提升改造工程。钱塘河工程已完成左右岸挡墙各700米；高港南、北滞洪区已完成水泥搅拌桩施工；壁头河、壁头支河已完工。启动园区污水管网及设施运维方案编制工作。

产业发展融合平台。推动区内平台深化与京东、拼多多、菜鸟等国内大型平台的合作关系，2021年完成累计运营1533.4万票（进口运营639.77万票，出口运营893.63万票），同比增长217.8%。整车进口平台：推动进口整车符合性整改场所升级，进一步完善整车口岸配套服务设施。培育进口粮食加工贸易中心：推动拓田年产100万吨饲料加工项目达产，招引天马年产100万吨饲料项目和国捷进口粮食集散分拨中心项目，致力打造区域粮食加工贸易中心。

生态环保严格落实。加强安全基础设施建设，推进危险化学品运输车辆专用停车场、消防车辆取水点或取水码头建设，完成视频监控能力提升项目建设并通过验收。建立健全企业安全分级管理考核机制，实施企业安全考核分级管理，强化企业主体责任落实。完成有毒有害气体环境风险预警体系建设，于11月通过验收。推动成立园区道安办、江阴港城城管中队、江阴交警中队，增强执法力量，提升园区道路安全和交通管理水平。采用“科技+制度”方式，推进建设覆盖安全生产、道安、应急、环保等工作的综合性智慧化平台。

（摘编：郭向东）

连江经济开发区

福建连江经济开发区于2006年3月经省政府批准，通过国家发改委审核通过的省级开发区。2021年，连江经济开发区实现地区生产总值359.9亿元，比增134.4%；实现规模以上工业增加值111.2亿元，比增30.5%；实现税收30.19亿元；实现规模以上工业产值548.04亿元；完成固定资产投资187.38亿元（其中：公共基础设施建设投资46.93亿元，区内企业固定资产投资140.45亿元），比增93.6%；实现进口总额14.6亿元，比增171.8%；实际使用外资3.86亿元，比增309.1%。

基础建设有序推进。粗芦岛污水处理厂二期、海西园区污水处理厂二期、青岛啤酒北侧道路、宏东产业园纵二路等项目开工动建；金凤高科标准厂房建成投用，正在开展项目招商。

项目建设持续推动。长恒水产品精深加工项目、连江聚力实业有限公司水产品加工及冷链项目开工动建；普洛斯二期仓储物流项目、福州海大饲料有限公司年产18万吨生物饲料项目建成投产。

产业发展多点合作。庄臣酒业公司依托福建农业大学食品学科优势，推进校企“产、学、研”合作，建立专家工作站，秉承“工匠精神”，实现“连江下濂地瓜烧酿造工艺”入选第七批省级代表性名录名单；以聚春园食品、海欣食品、奇新食品为龙头，依托宏东交易中心“线上+线下”平台，通过文化传承和技术创新相结合，不断丰富以福州鱼丸为代表的鱼糜类制品强链延链补链。

（摘编：邓新民）

福州新区长乐功能区（长乐经济开发区）

福州新区长乐功能区（长乐经济开发区）位于长乐区东南沿海，是福州新区核心区，规划面积92平方公里，地处福州长乐国际机场与松下港之间的沿海区域，主要涵盖松下、江田、古槐、文武砂、漳港五个镇街，包含了滨海新城86平方公里核心区以及松下临港片区，是福州市工业集聚区与数字经济发展重点区域。2021年，长乐功能区工业总产值1437.5亿元；规上工业企业实现营收526.94亿元，比增26%；税收5.42亿元，比增36%；固定资产投资582.48亿元，比增30%；工业固定资产投资230.76亿元，比增31.8%。数字经济核心产业2021年占比约9.5%，高于全国、全市平均水平。大数据产业园实现营业收入501.7亿元，比增286%；税收7.8亿元，比增212%。

项目建设持续推进。全年安排重点项目119个，年度计划投资417.1亿元，完成投资467.49亿元。其中，在建项目79个，总投资1317.38亿元，年度计划投资369.8亿元，完成投资412.13亿元；计划新开工项目18个，总投资243.1亿元，年度计划投资47.3亿元，完成投资55.36亿元。

达华卫星互联网产业园、福州滨海新城 CBD 核心区输配环区域工程地下空间项目等 16 个项目已动工建设，开工率 88.9%。

营商环境健全完善。在加快滨海新城文化教育、健康医疗、生态绿地、住房保障、便捷交通等营商硬环境和城市配套功能建设的同时，继续优化园区服务软环境，结合千名干部进千企暨“我为企业办实事”活动，用心用情用力解决企业烦心事，帮助企业排忧解难。健全完善滨海行政服务中心，简化审批环节，依托省网上办事大厅、e 福州 App，推动一网通办，提供“一站式”、“新连办”服务。特别是资规、住建、发改等部门简化审批环节，压缩审批时限，提高了审批效率，为企业提供高效便捷服务，努力创造宜商宜业宜居的良好营商环境。

产业发展重点围绕。围绕“建设数字经济应用第一区”为目标，以“载体+龙头企业+产业链+平台”发展模式，聚焦四个载体（数字峰会永久会址、国家医疗中心、纺织冶金龙头企业、区域大数据存储及算力中心），主攻四条产业链（生物医疗产业链、大数据产业链、数字经济产业链、纺织冶金功能性新材料产业链），打造四个平台（产业培育平台、资本运作平台、人才焦聚平台、管理创新平台），全力推动数字经济、生物医药、大数据等新兴产业落地、集群发展。着力推进东湖“三创园”建设工作，以“三基地一中心”为重点，打通“众创空间—孵化器—加速器—产业园区”的科技成果转化通道，初步构建起“三创”生态体系。构筑产学研融合体系，6 家企业与天津大学签署科研转化合作项目。

招商引资卓有成效。全年招商落地数 125 项，总投资 564 亿元，招商排名保持全市各类园区前三。利用“5·16”、数字峰会等招商平台，积极开展数字产业链精准招商工作，累计引进 747 家企业入驻东南大数据产业园，注册资本 587.6 亿元。其中，在数字峰会上共签约项目 23 个，总投资 328.6 亿元。

（摘编：邓新民）

闽台（福州）蓝色经济产业园

闽台蓝色产业园位于福清市东南部、兴化湾北岸、江阴半岛东面，划至国家级福州新区规划南翼片区，规划总面积 56 平方公里，包括江镜华侨农场及江镜镇、港头镇的部分陆域和海域，距福州市区 69 公里，距福州长乐国际机场 50 公里，在一小时交通圈内；距平潭综合实验区 25 公里，福清火车站约 27 公里，在半小时交通圈内；距福州港江阴港区 8 公里，待东港大桥建成后，蓝园与江阴港城经济区、福州保税港区行程时长将缩短至 15 分钟，渔平高速公路和沈海高速公路从蓝园北部穿过，园区蓝色大道、港头入园大道两条主干道在园区东西两侧分别连接高速江镜互通口和高速港头互通口，区位优势明显，交通条件优越，土地资源丰富。

基础建设逐步完善。路网方面：蓝园园内交通以“三横三纵”为主线，推进滨海大道蓝园段、闽台大道、湖滨大道、海洋大道等主干路网框架逐步成型；水网方面：蓝园迎面向海，水系资源丰富，规划水系河道总长度约 35 公里，横向河道长约 15 公里，纵向河道长约 20 公里。绿网方面：蓝园规划绿地与广场用地面积为 6136 亩，占总规划面积 19.5%，已建成绿化面积 800 余亩。正着力推进实现打造水清岸绿的良好生态环境。生产生活配套逐步完善。供水方面，日供水量 8000 吨的蓝园专线供水管道铺设工程已完成，远期日供水量可增容至 3.5 万吨，可满足远期项目需求；污水处理方面，日处理量 1.25 万吨的污水处理厂已建成并投入使用；供电方面，110kV 高压电力走廊工程已交付使用，220kV 变电站正进行项目前期设计，预计 2023 年底投入运行；供气方面，由华润燃气公司投资建设日供气量 2.0 万 Nm^3/h 的 LNG 燃气站已投入使用；通信方面，4G 网络已实现全覆盖，5G 网络试点覆盖。

招商引资多措并举。2021 年，园区以“三抓”为手段，全力推进招商工作，已完成招商项目 12 项，总投资额达 196.5 亿元。一是抓产业链招商。依托中铝东南沿海铝精深加工产品项目的品牌优势，延伸产业链，力争打造新材料项目产业链条。

深入研究铝精深产业链的细分方向、关键环节，充分利用中铝瑞闽市场关系，配合企业招引其合作伙伴，吸引上下游产业和深加工项目向产业园集聚。二是抓以商招商。依托蓝谷产业综合体，稳步推进小微集群招商。园区紧密配合蓝谷做好入驻企业跟踪服务，与发改、市场监管、生态等多个部门联动，靠前服务加快审批分批推进，实现入驻蓝谷产业综合体的企业项目快注册、快审批、快落地。现项目一期共吸引58家中小微企业入驻，已推进9家企业项目完成落地备案。三是抓重点招商。园区积极与东方电气、浙大氢能、国家能源集团氢能公司、中国氢能源产业联盟、氢能产业示范项目展开对接，推动在蓝园发展制氢产业。同时与福清核电公司共同推进核能驱动智慧零碳产业园项目，打造国际首创“核能驱动，零碳智慧”新型产业园，利用核能建设园区零碳综合能源供应体系，大幅提高能源有效利用率，显著减低园区能源价格水平。已完成项目备案工作，正全力推进一期“清洁供汽”工程建设。大力推进福清市氢能产业规划编制、氢能产业宣传册制作、氢能展馆规划工作，打造氢能产业福清蓝园名片。

（摘编：邓新民）

厦门开发区概况

厦门海沧台商投资区

厦门海沧台商投资区于1989年5月经国务院批准设立，规划开发面积100平方公里，目标是建成厦门市的新工业区、新港区、新市区。海沧三面环海，海岸线长26公里，深水岸线长5.5公里，具备建设第五、六代集装箱码头的条件，按规划可建设万吨级深水泊位36个，年吞吐量可达7000万吨。海沧地势平坦，地质结构稳定，发展空间和内陆腹地广阔，具备建设发展大工业的良好条件。2021年，厦门海沧台商投资区完成地区生产总值938.24亿元，比上年增长11.9%；固定资产投资（不含农户）增长15.1%；全区财政总收入237.26亿元，增长25.6%；区级财政收入40.14亿元，增长18.1%；合同外资完成14.73亿元，实际到资17.34亿元，增长15.8%。全区全年完成征地375.35公顷（5630.22亩）；交地476.8公顷（7152.06亩）；拆迁35.74万平方米；拆除74.06万平方米，封闭项目25个。

产业发展欣欣向荣。全年全区439家规模以上工业企业完成产值1809.2亿元，比上年增长27.6%；规模以上工业企业完成增加值576.2亿元，比上年增长23.7%。规模以上工业企业实现销售产值1776.32亿元，产销率为98.2%，出口交货值643.68亿元，增长35.7%。生物医药、集成电路和新材料等战略性新兴产业发展初见成效，获国务院办公厅通报激励。全区生物医药企业总数405家，实现产值516.24亿元，增长57.4%；其中规模以上生物医药企业完成工业总产值371.38亿元，占全区规模以上工业总产值的20.5%，增长81.6%。获批第三、第二、第一类医疗器械产品分别为32项、62项、259项，各占全市的82.1%、55.9%、71.9%。万泰沧海自主研发的宫颈癌疫苗获世界卫生组织认证，全国首座硼中子俘获治疗中心竣工。厦门艾德生物医药科技股份有限公司自主研发的肺癌多基因联合检测产品（PCR-11基因）获日本医药品医疗器械综合机构（PMDA）批准上市。以宝太、安邦、为正等为代表的新冠诊断产品出口企业增长迅猛，并带动佶银生物、迪佰生物、同仁心等一批体外诊断上游活性原料及辅材企业快速发展。疫情突发应急工作中，博迪泰、美林美邦、迈达瑞、国贸艾迪康、医药港健康公司等一批防疫物资生产和第三方医学检验企业紧急增产，全力保障防疫物资供应，提供核酸检测力量支持。集成电路企业实现总营收约26.3亿元，增长约230%；规模以上集成电路企业完成工业总产值15.44亿元，比增363.4%，其中年产值亿元以上的企业有4家，总产值13.74亿元。通富、士兰化合物、士兰集科等集成电路企业生产递增，海沧集成电路园区荣获“2020—2021中国集成电路高质量发展十大特色园区”，“三链融合”的集成电路产业发展模式获评第四届“IC创新奖”产业链合作奖。新材料产业按照“龙头培育—科技支撑—复合拓展”的思路，加强自主创新和产品开发，向以高附加值深加工为主转变，发展新型有色金属合金材料制造。重点围绕厦钨新能源等企业，深耕电池正极材料、铝箔加工、薄膜等优势产业，厦钨钨钼制品产业链基本形成。法拉电子、长塑实业、厦钨新能源等企业纷纷增资扩产，厦钨新能源公司成功上市。全年新材料产业实现产值214.37亿元，占全区规模以上工业总产值的11.8%，比上年增长52.7%。三大主导产业全年产值共601.19亿元，比增

72.6%，产值占全区总量的33.2%，拉动全区规上工业产值增长17.8%。现代制造业更具活力，机械制造、智能家居等优势产业产能提升，佳浴陶瓷、捷太格特等新产线投产。锐珂（厦门）医疗器材有限公司入选第五批省级制造业单项冠军企业，厦门东声电子有限公司生产的手机扬声器受话器入选第五批省级制造业单项冠军产品。松霖、瑞尔特、威迪亚等水暖卫浴行业等智能卫浴产品市场表现突出。全年完成建筑业产值302.98亿元，机械产业产值452.83亿元，水暖卫浴产值100.46亿元，电子信息产业产值290.28亿元。2021年，海沧港综合保税区正式运营，21个项目签约入驻，总投资额超百亿。中欧（厦门）班列持续拓展，首次以电商货物9710监管方式申报出口，3月20日开出全省首列跨境电商专列。全年中欧（厦门）班列发运197列，共9634个40尺大柜，累计货值69.74亿元。11月，海投·厦门进口汽车贸易博览中心首次展出进口厢式货车，这也是厦门口岸首次进口厢式货车车厢，总价值超35万美元。推动黄金产业园区建设，累计引进26个境内外知名项目入驻，园内已实现加工、检测、展示、批发、贸易、文创、零售等业态。黄金产业园黄金加工提纯实现工业产值143.68亿元，各入园企业工业产值、销售收入合计约175亿元。燕窝加工、进口酒等平台有序运营。2021年，海沧港区完成集装箱吞吐量963.45万标箱，占全市的75%，完成货物吞吐量12893.48万吨，占全市的50%。

招商引资成果喜人。2021年，海沧区建立长效招商机制，落地项目875个、总投资1164亿元。先后推动当盛新材料、万泰凯瑞、中谷海运、远海供应链、宝太生物等重点项目落地。考察和对接125家重点企业和项目，推动班纳利、中通快递等重点项目落地；接待100余家重点企业客商，实地考察海沧营商环境，推动元初食品、新格诺康等重点项目落地。依托厦门大学校友招商大会、第四届数字中国峰会、海沧港综合保税港区揭牌暨企业入驻签约会、第二十一届投洽会等各类重要会议，推动安捷利美维、宝太生物POCT产业园等28个项目会上签约，签约总投资额约382.2亿元。与马銮湾新城指挥部联合推动中通、兆樾投资等456个项目落地；与自贸委联合推动沧雅投资、卓志全球优品等62个项目落地。争取黄金产业园股东周大生公司电商等业务板块落地园区，推动紫金信息科技项目注册落地；跟进东南燕都产业园、小仙炖等企业业务开展情况，力促新项目生成；对接石油交易中心，落地石油关联商贸项目78个，落地项目投资总额59.52亿元。全区直接新增录入市招商引资项目管理平台并审核通过的招商项目1144个，总投资额1204.70亿元。全区落地项目853个，落地项目投资总额1005.97亿元，注册资本439.86亿元。高能级落地项目39个，高能级落地项目投资总额193.35亿元，高能级到资金额140.02亿元。实际到位内资金额288.11亿元。项目库外资促到资金额约12.90亿元。全年合同外资完成14.73亿元，实际到资17.34亿元，比上年增长15.8%，完成全年任务的107.2%，同比增长15.8%。

（摘编：郑平名）

厦门海沧港综合保税区

厦门海沧港综合保税区前身是厦门海沧保税港区，于2008年经国务院批准设立。经过十多年发展，园区建成了世界一流的集装箱深水港口和配套设施，集聚了一批跨国企业、世界知名企业，形成了以港口物流为依托，保税仓储为特色，高端加工增值和服务外包产业为重点的现代服务业集聚区。2021年，海沧港综保区进出口额394.09亿元，同比增长30.8%，其中一般贸易进出口额85.63亿元，同比增长146.9%，加工贸易进出口额55.39亿元，同比减少2.7%，保税物流进出口额252.99亿元，同比增长20.7%。2021年，海沧港区完成货物吞吐量12877.46万吨，同比增长2.9%，占厦门港业务量的56.6%；完成集装箱吞吐量891万标箱，同比增长7.5%，占厦门港业务量的74%。在2020年度全国134个海关特殊监管区发展绩效评估工作中，海沧港综保区在全国排名第31位，比2019年前进20名，在全省排名第2位。

营商环境要素保障。一是保障园区基础设施正常运行。坚持市政巡检月度例会制度，指导物业公司坚持经常性市政巡查，对园区围网、道路、管网、水电等基础设施进行规范化管理；做好园区防汛防台期间基础运维安全工作，组织排查园区存在的安全隐患，及时协调推进海景中路积水、京口岩山体滑坡、石仓南路东北侧政府储备用地山体滑坡应急整治项目等相关工作。2021 年度小额零星维修项目 10 个，已完工项目 10 个。二是保障园区海关监管设施正常运行。组织协调福建电子口岸公司、海投物业及维保单位三支管理力量，合力抓好维护管理，确保海关监管设施正常运行。三是优化园区营商环境。改善园区交通环境，根据园区现有交通情况，对厦门港区工程建设指挥部关于海沧港区道路交通集疏运系统优化方案提出相关意见；参加海沧区建交局组织召开的海沧港区道路交通安全及集装箱车辆停放整治工作领导小组工作，对道路停车和停车服务港建设提出相关意见。积极参加海沧区“两高”指挥部会议，协调自贸区海沧园区正本清源改造工程项目。

项目建设转型升级。综合保税区是开放层次最高、政策最优惠、功能最齐全的特殊监管区，具备出口加工、保税仓储、现代港区“三位一体”的功能。2020 年 9 月国务院批准海沧港综合保税区以来，自贸委联合海沧区政府成立验收工作领导小组，多次召开专题会统筹协调推进验收各项工作，经过半年多的紧锣密鼓建设，一期 5.23 平方公里于 2021 年 5 月 12 日通过海关验收，首批 21 个项目签约入驻、总投资 109 亿元。

平台建设欣欣向荣。①中欧（厦门）班列：2021 年 3 月中欧（厦门）班列首次以电商货物 9710 监管方式申报出口，也是福建省首票跨境电商班列货物出口。采用市场化手段调节运价，首次取得运营平衡的良好局面。自开通截至 2021 年 12 月底，中欧班列已累计开行 1107 列、45393 个 40 尺大柜，累计货值 261.48 亿元。2021 年全年发运 197 列、9634 个 40 尺大柜，累计货值 69.74 亿元。②燕窝平台：燕窝平台已成为全国最大的进口毛燕基地，2021 年 11 月 17 日平台进口 2 吨马来西亚毛燕原料，刷新了全国单批毛燕进口量纪录。经过三年多的协调努力，推动福建省市场监督管理局 2021 年 8 月出台印发《福建省非即食燕窝生产许可审查细则（试行）》，成为全国首个涵盖进口毛燕、净燕非即食燕窝生产许可审查细则。平台企业燕安居实业有限公司获得全省首张非即食燕窝生产许可牌照。③进口酒平台：进口酒平台形成东南红酒自贸直销中心和海翼供应链、海投供应链两个进口酒仓储物流中心发展格局，海沧港成为全国最大的啤酒进口口岸。2021 年，东南红酒自贸直销中心营业额 5.65 亿元，酒划算加盟商 938 家。④跨境电商平台：跨境电商平台吸引了京东、卓志、菜鸟等一批头部电商企业入驻，2021 年开展 1210 保税备货业务 241 万单，货值超 7.46 亿元。⑤黄金产业园：产业园内现有加工、检测、展示、批发、贸易等业态，已引进台湾今生金饰、紫玉方舟等 26 家企业，其中紫金矿业集团黄金珠宝有限公司等 5 家已正式入驻园区。2021 年，园区实现工业产值 143.68 亿元，投产以来累计完成产值 305.29 亿元。⑥青创基地：截至 2021 年注册企业 1471 家，其中 2021 年新增注册企业数 62 家。目前入驻一品创客众创空间，其中，海峡两岸无人机暨智能机器人孵化基地累计孵化创业团队超 600 家，孵化总人数超 1600 人。包括国家级高新技术企业 11 家，市级高新技术企业 26 家，厦门市“双百计划”企业 7 家，获得融资企业 19 家，融资金额超 1700 万。海峡智慧经济产业基地累计孵化创业团队近 160 家，孵化总人数超 500 人，包括国家级高新技术企业 4 家，市级高新技术企业 3 家，厦门市“双百计划”企业 1 家。⑦整车口岸平台：2021 年口岸累计一线到港各类整车 152 辆，同比下降 92.2%（去年同期 1943 辆），累计进口货值 1343.93 万美元，同比下降 87.2%（去年同期 10503.71 万美元）。自 2018 年口岸开放以来，口岸已累计到港整车 4187 辆，货值 20646.9 万美元。

招商引资双管齐下。一是依托平台开展精准招商，坚持以产业平台为依托，尤其是利用综保区设立为契机，吸引一批跨境电商、智能高端制造和整车进口等项目落户，包括京东国际中心仓、中通云仓、菜鸟物流、威驰腾（福建）汽车制造、捷牛智能装备、百德迈整车进口、众诚汽车销售等 21 个项目，投资总额 11 亿元，注册资本 2.05 亿元。二是建立区间联动招商机制，加强与海沧区招商公司、海投供应链公司等招商单位的联动招商，合力推进招商项目落地或开工，先后引进包括云创直播小镇、中远智慧供应链、中化保税燃油、中顺信供应链和信达国贸汽车等一批高质量、高能级项目。2021 年全年累计上报项目 97 个、落地项目 87 个，实现落地项目投资总额 50.62 亿元、注册资本 13 亿元（含联动项目）。其中与海沧区联动招商项目 54 个、总投资 14.4 亿元、注册资本 3.6 亿元。

（摘编：郑平名）

厦门火炬高技术产业开发区

厦门国家火炬高技术产业开发区（简称“厦门国家火炬高新区”）1991 年被国务院批准为全国首批国家级高新区，是全国三个以“火炬”冠名的国家高新区之一。2021 年，厦门火炬高技术产业开发区主要经济指标平稳增长。完成规上工业总产值 3453.8 亿元，占全市 42%，同比增长 13.9%。完成规上工业增加值 833.02 亿元，同比增长 10.6%。规上软件业营收同比增长 10.7%。固定资产投资完成 332.5 亿元，同比增长 21.3%。实际利用外资 35 亿元，同比增长 16.7%，超额完成市里下达的各项任务。新净增企业 4148 家，企业数量增长 39.6%。国家级高企超 1200 家，高技术产业产值占比规上工业总产值达 78.9%，数字经济产值占比达 92%。高技术企业利润同比增长 96.8%。实现一般公共预算总收入 74.4 亿元，同比增长 41.1%，其中实现区级一般公共预算收入 19.9 亿元，同比增长 80.7%。

项目建设提速增效。围绕推进产城人深度融合，加强项目策划，加快项目建设，形成投资强有力拉动。超额完成省、市重点项目全年投资目标，连续五次在全市综合排名第一。12 个省重点项目完成投资 189.35 亿元，完成年度计划 116%；37 个市重点项目完成投资 209.38 亿元，完成年度计划 115.9%。厦门时代项目 1500 亩工业用地仅 42 天就完成全过程审批，并正式动工建设；天马 6 代项目近 65 万平方米的主厂房不到一年实现建设封顶；海辰项目建设仅一年即实现竣工投产，重大项目建成投产时限快速提升。重大片区加快成型成势。新储并供给产业用地超 1000 亩，出让用地宗数、总量均居全市第一。率先推进国企回购存量土地房产新举措，ABB、峻凌、麦克奥迪等工业地块回购取得突破性进展。聚焦同翔高新城、软件园三期等重大片区，推动产业项目和基建配套项目建设协同推进。推动同翔高新城市政设施、学校、安置房等 66 个重点配套项目落地，产城人融合进一步推进。

产业发展加快推动。加强企业服务保障，千方百计稳增长，促进主导产业供应链安全、价值链提升。平板显示产业实现产值 1543.7 亿元，同比增长 7.7%；计算机与通信设备产业实现产值 1006.6 亿元，同比增长 15.1%。半导体和集成电路、电力电器等其他主导产业增速均超过两位数，实现持续快速发展。加力扶持专精特新“小巨人”企业。推出专精特新“小巨人”企业 10 条专项扶持政策，每年安排不少于 1.5 亿元专项资金，新增国家级专精特新“小巨人”企业 9 家，总数达 29 家。加强培育“三高”企业。落实企业服务“六必访”制度，实现“三高”企业精准服务全覆盖，全年协调解决企业问题和困难 1334 项，新增“三高”企业 179 家，增量全市第一，在库“三高”企业数达 1116 家。罗普特、青瓷游戏成功上市。4399 等 3 家企业获评中国“软件百强”，美图等 4 家企业获评中国“互联网百强”。21 家企业入选福建省软件 50 强，占比全省 42%。加速布局新兴产业。积极谋划布局智能传感器与物联网、生物医药与健康等新兴产业，初步编制完成产业发展规划，启动专业产业园选址设计，筹划产业引导基金设立。与中科院计算所、中国芯片产业联盟等深度合作，打造全国首个集赛事论坛、项目加速、公共技术平台于一体的 RISC-V 开源芯片产业生态。

招商引资成效显著。开展平板显示、集成电路、计算机与通讯设备、软件与信息服务业等主导产业链群系统研究，围绕产业链薄弱、缺失环节重点发力，提高招商精准度。百亿级厦门时代项目落地有效助推厦门市打造千亿级新能源产业集群；新引进中国电力、光谷云等十亿级项目，以及烟台显华、南京高光、诺华精密等先进制造业强链补链项目。同时，深入挖掘园区企业增资扩产潜力，推动中航锂电、电气硝子、友达等重点企业增资 179 亿元。落地神州信创、和利时、她趣泛娱乐平台等 10 余个软件与信息服务业重点项目，产业发展后劲充足。基金招商效应初显。设立火炬孵化加速母基金，落地惠新长期资本、惠友豪嘉、芯跑共创三号等产业基金。做优基金招商平台，并通过基金投资，引进集睿致远、天德钰、华大北斗等优质项目，推进星宸科技、鑫天虹、熙重电子等企业加速发展。专业化水平稳步提升。加强以招商中心公司为龙头、各委属企业和火炬集团、信息集团参与的专业化招商队伍建设；依托赛迪、集邦等专业咨询机构，建立包括项目评估、平衡测算、谈判、决策等全链条流程，强化招商项目的科学决策和规范化管理。全年落地招商项目1751个，总投资1583.5亿元；落地高能级项目46个，实际利用外资35亿元。

生态环保持续治理。绿色园区建设有为有效，开展能源管理试点，推动火炬（翔安）产业区增量配电改革。持续开展环境污染第三方治理试点工作，探索启动工业园区危险废物集中收贮试点项目。制订火炬高新区（信息光电园）低碳工业园区试点实施方案，提升园区绿色发展水平。

（摘编：郑平名）

厦门象屿保税区和厦门象屿综合保税区

2005年厦门市决定建设厦门现代物流园区，由象屿保税区、保税物流园区、东渡港区、航空港工业与物流园区等部分组成，面积约9平方公里，由保税区管委会管理。2021年，象屿保税区进出口额811.8亿元，比增90.5%；象屿综保区进出口总额314.7亿元，比长25.6%。2020年度全国综合保税区发展绩效评估中，厦门象屿保税区位列全国第23位、福建省第1位，厦门象屿综合保税区位列全国第44位、福建省第3位。同时，在福建省开发区综合发展水平考核评价中，厦门象屿保税区、厦门象屿综合保税区分列全省海关特殊监管区综合排名第一、第四位。

产业发展持续推动。2021年园区着力打造几大重点产业平台发展。一是融资租赁平台。截止2021年底，已注册的融资租赁企业435家，其中SPV公司123家。融资租赁年贡献税收超10亿元，其中飞机租赁贡献6.12亿元，产业涉及飞机、船舶租赁、集成电路产业、影视设备、汽车、大型设备等。船舶融资租赁累计量达27艘，集成电路产业租赁累计投放55.84亿元。在疫情反复，航空业务复苏缓慢的背景下，通过租赁仍引进12架飞机（累计达144架）。二是进口酒平台。2021年进口酒平台企业销售额88亿元，同比增长23%。厦门国际酒类交易平台共引入轩尼诗、麦卡伦、马爹利等近40个国际一流品牌，会员企业共236家，对接产业链企业58家（新增引入日本知名威士忌运营商三得利、国产白酒华茅品牌入驻平台）。数字酒平台上线发布仪式在厦门国际酒类交易平台隆重举行。活动现场发布了数字酒平台官网和线上商城小程序，并展示了产业资讯发布、VR线上展会等核心功能。京东商城首家以“自贸区”名义设立的专业进口酒类旗舰店——厦门自贸片区进口酒旗舰店上线运营，有效帮助自贸区酒商拓展数字化零售新销路。三是机电设备平台。2021年平台及平台注册企业开展设备集采、贸易代理等多项业务规模营收近38亿元，同比增长26.7%。2021年，平台坚持贯彻《落实机电“平台+基地”三年行动方案的意见》和《落实机电“平台+基地”三年行动方案支持政策》。截至2021年底，机电平台累计注册企业332家（2021年新增注册企业23家），累计注册资本90.03亿元（2021年新增注册资本21.37亿元），累计服务工业企业超2500家，已签约入驻430个国内外知名企业。机电设备工业互联网平台自2019年9月正式运营，累计达成业务订单金额约7亿元。平台创新举办首届高端装备和智能制造云上订购会，携手世界商品网，以云展云销模式首创举办国际智造装备海外订购会，活动共吸引线上30多位知名商界领袖参与、全球130家主流媒体跟踪报道和200多个海外采购团体持单寻盘。四是水产交易平台。厦门国际水产品交易平台总占地面积约18.2万平方米，总建筑面积17.8万平方米，总投资10.5亿元。平台主营活鲜、冰鲜、贝类、冻品、淡水鱼、干货等，日常经营水产品品种超过200个，入驻商户1100多家。2021年厦门国际水产品交易平台进口水产品交易量17.69万吨，比增24.4%，交易额79.02亿元，比增15.37%。其中，龙虾、帝王蟹、青蟹、面包蟹、珍宝蟹、虾等高端水产品年交易额突破35亿元，年分拨中转量居全国前茅。

（摘编：蔡志轩）

厦门同安工业园区

厦门同安工业集中区目前规划面积13平方公里，地处厦门市同安区，国道324线以南、同集路以西，距高崎国际机场25公里、东渡港码头27公里、福厦高速公路1公里。同安工业集中区由同安园、思明园、湖里园和火炬园等4个园区组成。园区已建通用厂房建成260栋，占地183公顷，总建筑面积269万平方米。截至2021年底，园区共有工业企业300余家，其中规模以上企业57家。2021年同安工业园区规模以上工业企业完成工业产值110.30亿元。

项目建设持续推进。同安工业园区开发较早，园区配套设施项目相对完善，近几年来主要对原有设施的提升改造项目为主。2021年，园区建设项目主要有：美禾园美禾二路（美禾三路至海翔大道）道路工程，总投资约1200万元；轻工食品工业园区美禾园提升改造工程（一期），总投资约590万元；轻工食品工业区美禾九路道路工程，总投资约250万元；海翔大道与美禾二路交叉口西北侧地块配套道路工程，总投资约280万元；海翔大道北侧排洪沟提升整治工程，总投资约230万元；以上项目总投资约2550万元。

生态环保严格执行。园区不断加强生态环境保护，为入园企业和周边村庄村民和楼盘小区居民创造良好的生产和居住环境。特别是近年来，政府投入大量资金对存在的环保问题进行专项整治和提升改造，相关部门根据国家和省环保督察要求和反馈存在问题，采取有力措施和加强管理，不断促进园区的生态环保工作上新的台阶。园区污水排水采用分流制。污水（包括生活污水与工业污水）独立排放，目前排入同安污水处理厂处理，轻工食品工业区污水待西柯污水厂建成后，规划区内污水改为排入西柯污水厂处理，污水必须经预处理达到标准后才能进入污水厂处理。雨水独立排放，就近排入水体。区域大气环境质量趋于改善，目前园区大气环境质量可满足《环境空气质量标准》（GB3095—2012）二级标准要求。随着同集热电公司实施日常锅炉烟气超低排放运行，可进一步改善区域大气环境质量。根据工业区的工业发展方向，规划范围内产生的工业固废主要以轻工、食品、机械等方面的废弃物居多，固体废物的类型主要是食品生产过程中产生的有机类的食品下脚料、食品剩余物等，均由企业委托有资质单位统一处置。截至2021年末，园区用于防治水污染的集中治理设施和在线监控设备（含与生态环境部门平台联网）已建成并正常运行，涉水排污企业接管率和处理率达到100%；园区固废和危废处置综合利用率达到100%。

（摘编：蔡志轩）

厦门翔安工业园区

厦门翔安工业园区于2006年3月经福建省人民政府批准设立为省级工业园区，位于国道324线以北，地跨马巷、内厝、新圩三镇，中长期规划面积25.52平方公里，分为银鹭高科技园区和巷北园区两大园区，围绕打造先进制造业基地和百十亿产业工程的目标，主要发展、引进光电及其配套行业、电器电工、纺织化纤、电子信息和食品加工游艇产值、高效益、高附加值和低污染、低能耗的行业。2021年园区规模以上工业增加值434.5亿元，同比增长6.2%。高新技术企业90家，比增96%。实际利用外资4.83亿元。

项目建设加快推进。2021年工业区管委会固投计划10亿元，计划建设项目共计20个，其中财政投融资项目9个，省市重点项目6个，目前已开工16个。新开工建设延江项目、晟腾祥、益和丰牛肉等项目，加快推进利胜三期横一路、东寮一期东寮一路、内厝物流园市政基础设施配套工程、巷北四期B地块市政基础设施配套工程等项目建设。鼓励本地规模企业做大做强，推动具备高效益高增量的吉士汀奶酪、爱源科技健康家电、捷昕集成电路引线框架制造等项目增资扩产。加快推进入驻银鹭三期C地块的益和丰牛肉加工仓储、晟腾祥输配电设备制造项目，入驻巷北四期B地块的延江新材料、龙胜达智慧家居照明电器增资扩产、钜瓷氮化铝粉项目开工建设。2021年区属工业实际完成固定资产投资16.7亿元。

招商引资围绕重点。2021年，共生成策划项目18个，新增入库高能级项目5个。积极协同厦门市同翔高新城片区指挥部加快推进项目落地，围绕天马六代、中航锂电等龙头企业打造集成电路、微电子及平板显示等产业集群，持续引入相关项目，包括南京高光半导体材料、厦门普诚、厦门诺华精密电子等项目。完成招商落地项目注册资本总额9.04亿元。

（摘编：蔡志轩）

漳州开发区概况

东山经济技术开发区

东山经济技术开发区于 1993 年 1 月经国务院正式批准设立。东山经济技术开发区位于福建省南端，厦门、汕头两个经济特区之间的东山岛，是漳州市目前唯一的国家东山经济技术开发区级经济技术开发区。2021 年，东山经济技术开发区规模工业产值完成 151.92 亿元，比增 48.3%；工业增加值完成 54.14 亿元，比增 66.4%；全社会固定资产投资 28.36 元，比增 10.7%；财政总收入完成 9.5 亿元，比增 21.7%。其中，本级财政收入完成 5.05 亿元，比增 13.7%。

基础设施优化升级。按照“一区两园”产业布局，以参与“六比一看”竞赛活动为契机，着眼打造优质产业发展平台，高标准推动园区标准化建设。谋划建设总投资 5.6 亿元的众创孵化园，在“两个园区”入口处建有大型地名标识牌。坚持“园区即是景区、厂区即是庭院”，开展“美丽园区”建设行动，实施临港园路灯工程等一批园区绿化、亮化、靓化工程，谋划建设园区入口景观带，改造完善园区道路设施，大大提升了园区整体形象。2021 年全市园区标准化建设活动中，东山位列全市第五。

项目建设有力推动。开发区坚持工作以项目为重点、要素向项目集中、服务向项目聚拢，实行“9+9+12”项目动态管理，建立项目挂钩责任制，坚持把解企业之难当作肩上之责，实行“一月一集中调度、一周一专题研办”，成立开发区“营商办”及审批服务工作专班，在县行政服务中心开设“帮代办中心”窗口，对落户开发区的项目，实行一个专班服务、一系列问题帮助协调、一站式审批办理服务等全程“班帮办”。在良好的营商环境带动下，一年来，全区共新开工项目 12 个、竣工项目 3 个、投产项目 7 个，项目建设、投产如火如荼。

招商引资多措并举。开发区坚持“一把手”招商、“走出去”招商、以商引商相结合，捕捉光伏组件、新能源、新材料等产业风口，前往北京、浙江衢州、湖南郴州等地开展招商活动，围绕水产业精深加工和玻璃新材料产业等主导产业，有针对性引入大项目、好项目。一年来，完成签约项目 14 个、总投资 87.86 亿元。其中，签约引进总投资 30.66 亿元的旗滨一窑多线光伏组件高透基板项目、总投资 17.18 亿元的太阳海缆项目等大项目、好项目，与一道新能源科技（衢州）有限公司合作，有望实现单项目达产后年产值 100 亿元、税收 4.5 亿元以上，为全区工业发展蓄足后劲、铆足马力。

（摘编：蔡志轩）

漳州招商局经济技术开发区

漳州招商局经济技术开发区（以下简称“漳州开发区”）位于中国东南沿海厦门湾南岸，与厦门经济特区仅一水之隔，总体规划面积 56.17 平方公里。漳州开发区处在上海、台湾、香港三大经济区的中间地带，距香港、上海港、台中港分别为 287 海里、564 海里和 120 海里，是福建省建设海峡西岸经济区的重要组成部分和漳州市港口经济发展的龙头。2021 年，漳州招商局经济技术开发区完成地区生产总值 116.7 亿元，比增 9%；规模工业总产值完成 153 亿元，比增 39.2%；一般公共预算总收入 12.91 亿元，比增 32%；地方一般公共预算收入8.02亿元，比增36%；主要经济指标实现大幅增长，规模工业总产值指标创历史新高，一般公共预算总收入、地方级收入指标增速位居漳州市第一。

项目建设持续完善。2021年，园区港航设施持续优化，招银航道扩建二期工程开工；后石航道二期工程完成军用光缆迁改及疏浚工程交工验收；四区码头项目完成前期研究论证及谈判工作。基础设施持续完善，基建项目完成投资2.11亿元，四区四号路、寨山七路等建成投入使用；完成实验幼儿园总园、大径许厝水产研究所周边截污整治等工程。公共配套持续改善，推出厦门湾“海上巴士”月卡，提升公共服务水平和群众的幸福感。区内首家综合性购物商场“中闽百汇”开业，填补了我区商业综合体空白。厦漳城际轨道R3线纳入福建交通强国先行区建设重大项目谋划。

产业发展欣欣向荣。2021年，漳州开发区在做好疫情防控的同时，狠抓经济发展，通过深入开展“产业发展项目建设年”活动，临港工业产值大幅增长。全年交通设备制造业完成22.72亿元，比增118.9%；粮油食品加工业完成41.86亿元，比增40.7%；金属制品加工业完成64.97亿元，比增141.7%。中集、福钢、豪氏威马、中纺等重点企业产销两旺，产值10亿元以上规上企业达5家。新增纳统“四上”企业19家，全区“四上”企业总数比增19%，经济活力得到增强。经济结构持续优化，第二产业占GDP比重由2020年的30.2%提高至2021年的34.7%。成功举办双鱼岛开发启动暨项目奠基仪式，双鱼岛全面启动二级开发。此外，2021年，区内的重点工业企业也亮点频出：海工装备行业龙头企业豪氏威马顺利交付了为中国首艘中深水半潜式钻井平台“CMHI-182”项目交付钻塔等核心部件。在高质量完成订单的同时，豪氏威马中国还投资约1.1亿元扩建厂房，并持续加大投入研发可用于海上风电的设备。中信重工漳州公司落地漳州开发区后，超额完成了2021年全年生产任务，并投资1.5亿元对厂区进行改扩建，结合产品开展技术工艺创新，改制焊接操作平台和固定吊梁。

招商引资全力以赴。漳州开发区认真按照市委、市政府部署，一以贯之秉承重商、亲商、安商、富商理念，依托港口带动，聚焦“3+2”产业体系，狠抓“一把手”招商，全力推进产业发展项目建设年活动，2021年全年签约中玻玻璃等26个产业项目，投资总额75.6亿元；开工项目20个，包括多肽产业化二期项目、福钢科技厂区及办公楼项目等；此外，共有漳州开发区3#泊位贮仓、威驰腾新能源汽车样车组装、白玉兰精糖等11个项目竣工投产。

生态环保严格落实。2021年，漳州开发区全面贯彻落实习近平生态文明思想，认真践行“绿水青山就是金山银山”发展理念，全面推进落实2021年党政领导生态环境保护目标任务，严格落实生态环保“一岗双责”，推进污染源头整治，完成多处生活污水截污纳管项目。推进入海排污口及大气污染整治，空气优良天数比例达99.7%。危险废物规范化管理处置率达100%。2021年围绕“碳达峰、碳中和”战略，漳州开发区组织实施减污降碳项目，与漳州国网合作建设一套2000KVA船舶岸点设施，节约油料消耗950吨，减少碳排放约3000吨。

（摘编：陈闽声）

漳州台商投资区

漳州台商投资区位于漳州、厦门城市节点，是规划中的漳州市中心城区组团之一，区域总面积163平方公里，是漳州中心城区重要组成部分，处于漳州、厦门城区中心区（古为漳州府和泉州府连接点），南临九龙江入海口，是漳州距离福建自贸区厦门片区最近的区。2021年，漳州台商投资区实现地区生产总值407.8亿元，增长9.8%；规模工业总产值971.48亿元，增长15.3%；固定资产投资160.19亿元；进出口总额180.72亿元，增长21.3%；实际使用外资1.2亿元；一般公共预算总收入35.19亿元，增长15.9%；地方一般公共预算收入22.65亿元，增长14.5%；社会消费品零售总额73.8亿元，增长7.1%；城镇居民人均可支配收入44755元，增长9%；农村居民人均可支配收入24696元，增长11.3%。

基础设施更新完善。坚持“以产兴城、以城促产，产城联动”。加快城市更新，完成全区城市更新专项规划、城市更新单元文化和产业布局研究和开发策略方案，34个城乡建设品质提升工程完成投资16.07亿元，占年任务的120.3%；完成棚户区改造1149套，城市道路、绿道10公里、公园绿地75亩；新建改造城乡公共停车泊位240个，全区首个智慧停车系统于龙池片区试点使用；对接市级编制国土空间规划，建成区计划扩大到75.8平方公里。大力发展楼宇经济、地铁经济，夜间经济，华侨城欢乐美港、国贸智谷、双十中心体育中心、博物馆、图书馆等配套项目顺利推进，城市业态加速涌现。推进园区标准化建设，社头、龙江标准化园区打造取得阶段性成果，加快“二次招商”“腾笼换鸟”，处置批而未供土地876亩，清理闲置厂房3.3万平方米。

项目建设大力推动。开展“产业发展项目建设年”活动，实施“六比一看”竞赛，“比征地拆迁与耕地保护”“比园区标准化建设”专项工作位居全市开发区系列第二。一以贯之坚持项目为王，深化“三百三下”帮扶活动，强化用地、用电、用水、用工、用林、人才等保障，加快解决能耗双控问题，为企业提供“妈妈式”服务，推动项目建设、企业发展提速增效，全年新开工项目25个，建成或部分建成项目17个；固投项目入库91个，总投资211.5亿元；13个省级续建重点项目、59个市级重点项目均超序时完成；福欣特钢二期竣工投产；厦门地铁6号线漳州（角美）延伸段全线开工，站点建设和盾构区间贯通取得重大进展。抓招商增后劲，新签约项目106个，总投资237.1亿元，其中，中节能双碳产业园等6个项目投资10亿元以上，华昌大型综合体投资上百亿元。

产业发展重点围绕。坚持突出工业、突破工业。龙头企业做大做强，五大主导产业完成产值822.25亿元，比增26.7%，拉动规模工业总产值增长21.9个百分点；战略性新兴产业产值465.33亿元，增长45%；新增新上规模工业企业22家。创新能力持续提升，完成技改投资33.89亿元；新培育国家级高新技术企业17家，全区国家级高新技术企业46家，科技小巨人企业9家；全社会研究与试验发展经费支出12.8亿元，比增29%。现代服务业不断做强，餐饮烹饪协会成立运转；扶持拓展跨境电商业务，台商区保税物流中心（B型）完成进出口业务10636票，总货值5.05亿美元；全市首个国际快件监管中心投入使用。现代农业不断做优，落实乡村振兴战略专项资金3000万元；省、市级乡村振兴试点项目完成投资704万元，100%完成年任务；4个“多规合一”实用性村庄完成规划编制；推广吴宅村“1+N”食用菌产业工厂化种植，沙洲岛无土栽培蔬菜生产基地初具规模。

（摘编：郭向东）

漳州高新技术产业开发区

漳州高新技术产业开发区地处九龙江西溪南岸平原，是全国有名花果之乡、漳州水仙花故里，也是漳州市四大经济增长极之一。2012年11月经省政府批准设立，2013年12月经国务院批准升级为国家级高新技术产业开发区。2021年，漳州高新区完成地区生产总值153.8亿元，增长11.8%，增幅位列全市第3、开发区第3；规模工业产值275.17亿元，增长26.9%，增幅位列全市第4、开发区第4；规模工业增加值85.98亿元，增长26.6%，增幅位列全市第4、开发区第4；固定资产投资127.76亿元，增长11.8%，增幅位列全市第8、开发区第2；社零总额66.85亿，增长9.2%，增幅位列全市第5、开发区第3；一般公共预算总收入15.1亿元，增长11.2%，增幅位列全市第10、开发区第4；地方一般公共预算收入6.84亿元，增长33.2%，增幅位列全市第2、开发区第2。

基础建设配套完善。市政道路方面，全区建成道路总长94公里，其中“区地合一”以来建成道路总长41.13公里。横向重点建成南江滨路、圆山大道，纵向重点建成龙江南路、西环城路、金圆大道等；给排水方面，（1）自来水供水，目前园区的用总水量约3.68万吨/天，现已完成市政主干管网建设约124.8公里。（2）污水处理，主要依靠3座污水厂和2个农村污水整治项目，累计投资多达10亿。污水处理厂现有沧溪、林前及马洲等三座，共计远期可收集处理污水达26.2万吨/天，近期可收集处理污水达4.4万吨/天。圆山新城污水整治农村污水整治PPP项目总投资约4.5

亿，共计划设置82座污水处理设施，截至12月底全部完成建设；靖圆片区农村污水处理主要建设7座一体化污水处理站、35座污水提升泵站，污水管道48.9公里，总投资约1.3亿元，已全部建设完成。供电方面，全区现有220kV变电站2座，110kV变电站7座。10kV线路约670公里，其中架空线路390公里、电缆线路280公里。公园绿地方面，扎实开展“生态+”行动，荔枝海、南湖、水仙花海等10座公园，总面积约678公顷。建成绿道约48公里，新增绿地花海约192公顷，形成139.2万平方米的城市绿地空间。2021年来，陆续建成漳州红色教育主题园地、龙江岁月、水仙花海、片林公园、七首岩串点连线等一批热门打卡点，重现漳州古八景之“南山秋色”，将城市南区的人文景观效应进一步放大，带动漳州南部更好的发展。

产业发展突出重点。①突出工业发展。全力以赴突出工业、突破工业，紧盯“一药一智”主导产业，引进片仔癀大健康智造园、德睿重型机械总部项目、巴比熊高端休闲食品等“一药一智”项目14个、总投资83.3亿元。加快在建工业项目建设，全年新开工产业项目36个、竣工23个项目，新增规模工业企业9家，资质等级建筑业企业13家，限上商贸企业15家，规上服务业企业2家。积极发展总部经济，总投资约26.9亿的漳龙总部经济大楼、九龙江置地广场、七建总部大楼、建业总部大厦和汇商发展广场5个项目总部经济项目开工建设，总建筑体量达40万平方米。②突出园区建设。着力推进园区标准化建设工作，智能制造产业园、大健康产业园、中盟科技园、联东U谷、上海岁金等5个重点工业园区标准化项目完成投资93.3亿元，新建成厂房62.2万平方米，引进新能源电池电芯制造一期项目、捷牛智能装备制造项目、航升商业微小卫星研发制造项目等高新技术产业项目30个，总投资21.3亿元，产业集聚发展的态势进一步增强。园区引进抖音电商直播基地正式落户，成为全国第二个花卉绿植电商直播销售平台，推动漳州百亿传统花卉苗木产业数字化转型。

招商引资围绕重点。按照漳州市委、市政府“突出工业、突破工业”的工作安排，围绕“一药一智”（生物医药、智能制造）、文旅康养、总部经济等重点产业领域，进行精准产业链招商、以商引商，2021年共完成4次集中签约，签约正式协议项目36个，总投资110.73亿元。推行“一把手”招商，共开展招商活动超过100次，外出招商14次，赴北京、长三角、珠三角等地实地考察企业超40家；开展驻点招商，驻深圳招商平台共完成对接企业90家，邀请来区考察的企业34家，签约澜海智能终端生产基地等4个项目；实践“基金+招商”模式，借助基金公司投资带动，先后引入捷牛智能装备制造、冠能发光材料、奥咨达医疗器械科创中心、航升商业微小卫星研发制造等一批高质量项目。

生态环保严格治理。紧密围绕“产城融合宜居宜业新城区”的发展定位，持续推动高新区生态环境质量持续改善提升。一是持续推进流域污染治理。深化“源头治理、末端兜底”理念，以项目建设为抓手，突出“河畅、水清、岸绿、景美、兴业”五个管护目标，投资约1200万元实施浦尾港污水处理设施提升改造、小梅溪生活污水处理站、下割排涝渠水质提升等16个流域污染治理攻坚项目。2021年省控南凌大桥断面水质由Ⅲ类越级提升至Ⅱ类；小流域水质优良比例达100%，其中岱仙岩水质由Ⅳ类水质越级提升至Ⅲ类。二是扎实推进突出问题整改。扎实开展生态环境执法专项行动，综合运用日常巡查、双随机抽查和信访件办理等方式，严厉打击企业偷排、超标排放、污染治理设施不规范运行等环境违法行为。2021年共立案处罚13起，累计罚款金额160.87万元，移送公安机关予以行政拘留2起，查封23起，限产1起，实施生态损害赔偿1起。同时，扎实推进群众反映强烈环境问题攻坚整治，着力解决群众身边的生态环境污染问题。全年共受理投诉件103件，办结率100%。三是不断夯实项目资金保障。积极向上争取资金补助，策划形成“山水林田湖草沙”项目6.38亿元，并获批，为辖区生态环境治理提供项目支撑和资金保障。同时，靖圆片区农村污水处理设施建设工程取得省级农村污水治理项目资金补助760万元。

（摘编：邓新民）

漳州金峰经济开发区

漳州金峰经济开发区位于漳州市区西北部，介于厦门、汕头两大经济特区之间，距漳州港30公里，距厦门机场、厦门港50公里的金峰经济开发区，漳龙高速公路、319国道纵贯全区，立体交通网络健全，四通八达。1998年经福建省人民政府批准，确定为省级重点开发区。2000年9月与芝山镇合并，实行“以区带镇”的管理模式。2005年12月8日成为国家发改委第一批审核公告的省级经济开发区。2021年，金峰开发区多项经济指标取得新突破：地区生产总值突破400亿元，规模工业产值突破1000亿元，固定资产投资突破200亿元，税收收入突破25亿元，经济实力再上新台阶，为芗城区“六比一看”竞赛考评总分位列漳州市第1名作出巨大的贡献，为芗城区“十四五”规划开好头、起好步。

项目建设有力推动。结合市委、市政府“千名干部挂千企”，区委、区政府“百名干部挂百企”的活动，完善沟通渠道，建立高效、快捷、便利的工作机制。一是用地保障：今年来，征迁工作：持续推进征迁项目15个，合计1904亩；土地报批：完成林地报批10宗，合计921亩；项目供地：完成7宗项目供地，合计422亩。二是建设审批：推行“1+N”行政审批机制，完成建设项目规划方案模拟审批26宗、正式审批18件，办理建筑工程施工许可证22宗，消防验收备案10件，建设工程消防设计审查1件，建设工程竣工验收备案17件，工程规划条件核实与土地核验11件；协助办理用地预审与选址意见书6件，建设用地规划许可证35件，工程规划许可证18件。三是产业项目建设：坚持项目引领，推进三宝新材料科技等50个项目开工建设，中南高科金湖云谷智造小镇一期（B区）工程等63个项目如期竣工。四是园区配套建设：市政设施方面，实施道路“黑化、亮化、绿化”项目共48个，金塘路一期等项目竣工通车；实施软件园地块电力迁改工程等电力项目18个。民生工程方面，铁塘、金安片区棚改项目均已完成所有楼栋主体封顶；石亭中心小学已到项目的尾声阶段，金安片区幼儿园建设工程已完成主体封顶。

产业发展持续强化。2021年开发区持续强化工业支撑，逐步形成食品加工、冶金新材料、高端装备制造、电子信息“四大主导产业”，积极推动“个转企、小升规、规改股、股上市”，强化创新驱动发展。“四大主导产业”形成龙头企业带动效应：食品加工产业，傲农集团被认定为“农业产业化国家重点龙头企业”，入围“2021中国制造业民营企业500强”榜单，入围“2021福建企业100强”、“2021福建制造业企业100强”榜单，入围“2021福建省民营企业100强”、“2021福建省民营企业制造业50强”榜单；信华食品成为国家级绿色工厂。冶金新材料产业，三宝集团入围“2021中国制造业企业500强”、“2021中国民营企业500强”、“2021中国制造业民营企业500强”榜单，入围“2021福建企业100强”、“2021福建制造业企业100强”榜单，入围“2021福建省民营企业100强”、“2021福建省民营企业制造业50强”榜单。高端装备制造产业，龙溪轴承入围“2021年（第十九届）中国机械500强”榜单；正兴集团成为国家级绿色工厂。电子信息产业，科华技术成为漳州市首家国家级服务型制造示范企业，漳州市首批入选的国家级工业产品绿色设计示范企业，国家级绿色工厂、省级绿色工厂。傲农集团、三宝集团（含三宝钢铁、三宝特钢）、闽光钢铁、龙溪轴承、正兴集团入选福建省工业现有龙头企业名单；大北农科技、科华技术、众环科技入选福建省工业龙头培育企业名单。

招商引资精准高效。加强队伍建设，提升服务水平。为进一步提升招商团队的专业化水平，金峰招商服务中心坚持学习与研讨相结合，定期组织开展专题培训、学习研讨、活动竞赛等活动，鼓励和推荐骨干人员外出学习和提升，交流招商经验，拓宽招商思维，致力于提高团队成员的业务能力和招商水平，以便高效地围绕开发区产业发展方向，做到精准招商、专业化招商。完善招商机制，优化产业格局。一是培育壮大现有企业，立足开发区主导产业，着力招引一批集聚度高、带动力强的项目，将“招大引强”与“延链补链”相结合，发展总部经济、楼宇经济，做大增量、优化存量，引进了万安集团、科华电气、盈趣科技漳州区域总部、视瑞特科技、大舟建设、立熊食品等企业总部项目，进一步攀升价值链，推动现有产业做优做强。二是聚焦产业结构升级，着重发展轻型经济，围绕电子信息产业，以平台为抓手，招引项目，引入语堂数字经济产业园、盈科智谷产业园、闽台科技产业园、新经济产业园等重点产业发展平台，促进产业发展资源集聚。摸查闲置资源，推进“零地招商”。坚持“借巢引凤、腾笼换鸟”，摸清闲置厂房、僵尸企业等闲置资源，建立空置厂房、楼宇数据库。持续推进“零地招商”新模式，实现“增资增效不增地”的良好效应。助力企业轻装上阵提质扩容，为土地集约化、产业集聚化创造条件。2021年，已摸查出开发区内面积约15万平方米的闲置厂房信息。强化外出招商，拓展招商路径。前往福州、厦门、泉州等地区，考察项目、宣传推介、招揽投资，积极推动更多大项目、好项目落地金峰。参与“知名台企漳州行”“央国企对接大会”“第四届数字中国建设峰会”等6场大型活动，与企业家精准对接、招引投资。12月，在厦门、漳州、芗城台商协会的参与下，举办芗城区闽台科技产业招商推介会暨漳州信息产业发展论坛，共有6个项目现场签约，总投资25.3亿元；同月在厦门举办芗城区台商台企招商推介会精准对接厦漳台商企业，取得良好的效果。2021年完成新签约产业项目58个，完成总投资224.58亿元，其中投资百亿以上的项目1个，10亿以上的项目5个；主要参与的“比项目招商”竞赛获得漳州市第2名。

生态环保严格执行。园区坚持贯彻“绿色”发展理念，进一步打造“金山银山”。持续开展建筑施工扬尘整治工作，查出并督促责任单位落实好整改。8月，溪里溪（香蕉海）安全生态水系建设项目投入使用，项目以“人在景中，景映水中，水融园中，生态同行”为设计主题，对沿岸生态保护、生态修复、生态水利、生态亲水、生态补植、标识管理等方面起到积极作用，同时也将排涝设计标准提升为二十年一遇。8月26日，万安集团、科华技术、众环科技入选福建省第四批绿色制造体系示范名单，被省工信厅认定为省级绿色工厂；11月3日，科华技术入选工信部第三批工业产品绿色设计示范企业，是福建省机械装备行业目前唯一入选的企业，也是漳州市首批入选的该类企业；12月10日，万安集团、科华技术、信华食品、正兴集团入选工信部2021年度绿色制造公示名单。

（摘编：郭向东）

漳州蓝田经济开发区

漳州蓝田经济开发区位于漳州市龙文区，由蓝田、龙文两个省级工业区整合而成，总规划面积10.19平方公里。2006年3月经福建省政府批准，蓝田工业区、龙文工业区整合成立福建漳州蓝田经济开发区，是漳州市第一个省级经济开发区。2021年，蓝田经济开发区完成规上企业工业产值305.6亿元，同比增长53.6%；完成固定资产投资73.88亿元，同比增长47.6%；完成限额以上社会消费品零售额46.29亿元，同比增长-5.9%；完成税收8.4亿元，同比增长0.6%。在全省开发区综评中，开发区总得分381.31分，综合排名第28名，相较2019年上升8个位次，相较2018年上升16个名次。

项目建设赶超进度。2021年，开发区实施产业园区提升工程项目58个，总投资230.57亿元，完成年度投资54.2亿元、完成年度计划的101.5%；2021年实施省市级重点项目20个，其中：省级重点项目3个，总投资86.1亿，完成投资10.49亿元，完成年度计划的104.9%；市级重点项目17个，总投资99.4亿元，完成投资21.96亿元，完成年度计划的107.1%。

产业发展加快推动。深入开展“产业发展项目建设年”，以实施“六比一看”竞赛和“八大提升工程”为重要抓手，加快推动产业发展和转型升级。比征地拆迁与耕地保护方面。2021年，开发区清理闲置厂房目标4.16万平方米，实际完成5.5万平方米，已完成全年任务目标。比项目招商方面。蓝田经济开发区、景山街道已新签约产业项目54.4个（飞地招商项目1个），完成率147%；已签约项目总投资127.24亿元，完成率157.1%，其中投资10亿元以上项目2个，完成率100%；实现新开工项目数60个，完成率187.5%；实现新竣工投产项目40个，完成率400%，位居全区第一。比项目开竣工方面。全年开工建设重点项目8个，建成或部分建成项目5个，集中开工项目9个，集中竣工项目11个，10亿以上开竣工项目1个，新增入库项目24个，新谋划项目21个，新谋划项目转化开工完成率96.8%。比园区标准化建设方面。重点项目79个，实际投资额完成投资90.83亿元，竣工项目39个，新建成厂房面积70.7万平方米。比新增规上（限上）企业方面。全年新上规上工业企业6家，户均产值3152.2万元。盘活闲置厂房10万平方米。

招商引资卓有成效。2021年，蓝田经济开发区累计招引新供地工业项目8个，总用地面积约539.7亩，总投资约40.62亿元。科技产业园项目、富乘创新式智能划船器生产基地、景田包装饮用水生产基地及仓储项目等7个项目已签订《投资合同书》，总用地面积约453.23亩，合计总投资约30.42亿元。

生态环保落实到位。2021年8月，蓝田经济开发区通过“福建省省级绿色园区”认定，时隔四个月，蓝田经济开发区通过2021年“国家级绿色工业园区”认定，成为漳州市2021年唯一获此殊荣的单位。蓝田经济开发区全面践行创新、协调、绿色、开放、共享的新发展理念，先后制定发布了《漳州蓝田经济开发区绿色园区发展规划》《绿色园区创建和管理办法》和《绿色园区发展规划》等系列政策文件，全年组织到企业宣讲近百场次，近千名企业主要负责人员参与。同时，蓝田经济开发区还成立了绿色发展工作领导小组，形成了以区委常委、蓝田经济开发区党委书记为组长，区政府党组成员、蓝田经济开发区管委会主任为副组长、各部门分管为主要成员的园区绿色发展管理与服务组织构架，划分7大片区，由16名科级领导、4名开发公司班子成员作为组长、副组长，92名干部挂钩指导1105家工贸企业，明确了组长及各成员的职责，为漳州蓝田经济开发区绿色、可持续发展提供了组织保障，切实为园区企业创造良好的绿色发展环境。

（摘编：郭向东）

长泰经济开发区

长泰经济开发区地处于“千年古县，状元故里”长泰县的东南部，1997年设立管委会，是第一批国家发改委审核通过的省级重点开发区之一，规划面积22平方公里。2021年，长泰经济开发区各项主要经济指标保持较快增长，预计实现规模工业产值535亿元，比增50%；规模工业企业纳税10.2亿元，比增59%；签约项目49个，比增188%，投资总额107.2亿元，比增182%；新增规模企业34家，比增240%，新增限上商贸企业7家，比增600%；盘活闲置土地400亩，比增60%，盘活闲置厂房20万平方米，比增150%。

项目建设赶超进度。持续转变干部作风。大力弘扬“马上就办、真抓实干”的作风，提振干部干事创业的精气神，通过深入开展“千名干部挂千企”活动，践行“妈妈式”服务，落实“基层吹哨、机关报到”、“驻企特派员”等工作机制，在长泰区率先实行四个“负责到底”工作机制，推行“一线工作法”，全面推动干部力量下沉靠前服务、主动服务、全程服务，坚持“一企一策、一问题一方案”，全方位提供各种要素保障，满足不同企业发展需求。2021年，40个区级以上重点项目完成投资38.4亿元，完成年度计划的110%，新开工项目18个，新竣工项目24个；共有3个成片开发批次获批，包括科技产业园、电子信息产业园、官山北、前山、宏发5个成片开发方案，获批总面积4600亩；向上争取专项债、一般债资金1.15亿元，有效保障了基础设施配套项目建设的资金需求；千方百计推进达规纳统工作，全年固投项目入库完成39个，计划总投资40.2亿元，培育新增新上企业34家，商贸企业7家、建筑企业2家，发展后劲较为充足。树立服务企业标杆。坚持精心服务、快速服务、优先服务，在服务企业发展过程中，长泰经济开发区坚持专人专班跟踪服务，尤其是全力协调解决立达信企业运营总部将迁入长泰中遇到的征地、停车、厂房验收、人才认定、人才公寓等问题，实行“一日一会商、一周一督办、一月一推进”，先后为立达信量身定制土地连片开发方案，努力向上争取林地、耕地报批指标，全力加快土地报批和征地赔青工作。

产业发展扶持引导。落实《长泰区三大主导产业链发展工作方案》，全面推行主导产业链长制，实施龙头带动强链工程，坚持“抓龙头、筑链条、建集群”，电子信息产业重点实施立达信“千才聚泰、众企驻泰”引才铸链行动计划，支持新峰科技、安泰新能源上市；新材料产业重点扶持壮大山鹰纸业、安安、兴岩等龙头企业，培育一批创新型“小巨人”企业。

招商引资成效显著。持续深化“一把手”招商、链条招商、以商招商，进一步推进“零地招商”，资源配置全面优化，招商引资工作实效显著，产业有序集约集聚发展。全年完成新签约产业项目67个、总投资131.5亿元，分别完成年任务数的478.6%、305.9%；其中，投资10亿元以上产业项目4个。

（摘编：陈闽声）

漳州古雷港经济开发区（绥安）

绥安工业开发区设立于1991年6月，总规划面积34.59平方公里，1998年3月列为省级开发区。2021年，绥安工业区完成规模工业产值180.1亿元，占全县规模工业产值的44.47%；完成工业固定资产投资7.63亿元，占全县工业投资额的14%；完成税收收入5.76亿元，占全县税收收入的22.2%。

项目建设有力推进。持续深化推进“五个一批”项目工作，建立健全项目工作机制，着力完善园区基础设施配套，破解制约建设要素保障难题，推进批而未供和闲置土地处置工作，有效地促进一批项目投建、生产、增效，三年来，鹏利玩具、伟伊化纤三期、欧康化妆品、达川食品二期、自行车产业园等87个市县重点项目开工建设，台玻二期技改、和丰食品、敏捷动漫、政伸印刷、海新饲料、金马百虹金葱粉等75个项目投产产生效益，为园区发展注入新动力。

产业发展做大做强。为加快推进产业聚集优化布局，工业区围绕食品加工、轻纺制品、运动器材等三大主导产业，做大做强特色产业。一是积极做大食品产业，2021年园区规上食品加工企业20家，实现产值51亿元，税收5450万元；重点做大大南坂食品产业园，计划新增用地800亩全面打造食品产业集群。二是补全运动器材产业链条，2021年运动器材规上企业11家，实现产值7.5亿，税收3100万元；目前自行车产业园规划面积800亩，先后引进自行车配件生产企业10家，总投资10亿。捷安特、爱地雅、意普等品牌整车生产企业等近20家企业先后到园考察形成意向，自行车产业园初具规模。2021年，绥安工业区主要领导带队外出招商15次，其中参与县委书记带队北京开展招商引资活动1次、县长带队2次、副县长带队3次，组织参加漳州市“大众创业、万众创新”项目集中签约仪式1次，组织对接第十九届“海创会”项目成果对接仪式1次。

招商引资突出重点。围绕主导产业，突出产业链补齐，实施以商招商、产业链招商、盘活存量促招商等，努力克服疫情影响，赴珠三角、长三角、泉厦地区三大招商重点区域，以自行车产业、食品产业两个特色园为主打精准招商。五年来，累计引进了冷链物流园、源文兴车料、骏驰运动器材、三商食品、春藤工贸、妙江食品等205个项目（含增资项目），累计签约投资额151亿元，先后盘活闲置厂房共计28.44万平方米，盘活闲置土地1282亩，实现“腾笼换鸟”促招商。

生态环保持续治理。2021年来，对老旧工业片区管网进行改造和完善，确保企业污水纳管。已完成神味食品片区、同溢堂片区、辕门社区、鼓山北路、彩露华片区、腊山片区等近3km污水管道铺设，还有明泰包装、中美食品等企业纳管改造，使近20家企业污水纳入管网。同时对老旧管道进行维护与清淤，确保管道畅通。完成大南坂至县城污水管道、周军口明沟、绥东溪上游厦商段、辕门社区雨污沟渠等10KM管沟清淤，修复管道破损外溢问题3处及县城污水厂大南坂片提水泵站改造。

（摘编：郭向东）

漳州古雷港经济开发区（古雷港）

漳州古雷港经济开发区，地处厦门、汕头两个经济特区之间，与台湾隔海相望，对台地缘、人员及区域经济协作优势突出，是全省、全市全方位推动高质量发展超越的重要增长极。2006 年 4 月，经省政府批准设立福建漳州古雷港经济开发区，同年 9 月被国务院确认为省级开发区。2021 年，古雷港开发区实现地区生产总值 130 亿元，增长 18%。其中第一产业 17.2 亿元，增长 1.2%；第二产业 65.9 亿元，增长 30.5%，第三产业 46.9 亿元，增长 10.7%。“突出工业、突破工业”格局突出明显。其中，规模以上工业总产值 449.9 亿元，可比增长 42.0%；固定资产投资 176.8 亿元，增长 6.8%；一般公共预算总收入 24.5 亿元，下降 14.3%；地方一般公共预算总收入 19.9 亿元，增长 15.9%；资质建筑业总产值增长 339.2%；社会消费品零售总额 60.5 亿元，增长 11.4%。

项目建设赶超进度。对标建设世界一流绿色生态石化基地的定位，以“产业发展项目建设年”活动和“六比一看”竞赛为抓手，着力抓好活动办、前期办工作，建立健全周、月例会协调机制跟进项目找问题、解难题，切实改进工作作风，强化督查问效力度，确保在建项目抓进度，建成项目抓投产，全力保障重点项目顺利推进，通过赛成绩、比排名来倒逼完善机制、优化服务、提高效率、抓好工作、推动发展。园区 2021 年省级重点项目 23 个，总投资 1508.77 亿元，年计划投资 148.20 亿元，其中在建项目 18 个，预备项目 5 个，在建项目总投资 665.34 亿元，年计划投资任务 144.56 亿元；市级重点项目 26 个，总投资 2066.85 亿元，年计划投资 170.30 亿元，其中在建项目 21 个，总投资 687.90 亿元，年计划投资任务 165.26 亿元。截至 12 月底，园区市级重点在建重点项目已完成投资额 178.60 亿元，序时进度为 108.1%，超序时 8.1%。

产业发展多措并举。园区以提升石化产业竞争力为核心，稳步推进基础炼化产业项目，大力发展石化深加工产业，打造规模、质量、效益协调发展的高端石化产业体系。一是紧抓龙头企业，古雷炼化一体化一期项目、福华气体、中怡化工、奇美 ABS、新阳树脂等项目已于年内投产；目前 PX、PTA 产能位居全国前列；重点推进中沙古雷 150 万吨/年乙烯项目加快“储转规”进度，古雷炼化一体化二期项目申请尽快列入国家《石化产业规划布局方案》，力争在“十四五”末形成古雷石化园区千亿产业集群，朝世界级石化基地目标不断奋进。二是加快产业集聚，重点跟踪对接古蕾化学、海顺德催化剂、鲁华碳五碳九、奇美 PS 等项目建设进度，力争 2023 年整个区域实现投产高峰；三是推进配套建设，公用管廊、电力管廊、华能热电、码头、北部污水处理厂等配套项目按照既定时间节点有序推进。

招商引资成果喜人。2021 年，古雷开发区围绕“产业发展项目建设年”活动，积极参加“六比一看”竞赛活动并取得良好佳绩，“比项目招商”排名全市第一，新签约产业项目共有 9 个，完成率 150%，总投资额 673.6 亿元，完成率 350.8%，新开工项目 6 个，完成率 150%，开竣工投产项目 14 个，完成率 700%；外资到资 10.23 亿元，到资规模位列漳州第一。聚焦主责主业抓招商，在区主要领导的带队下先后赴多个省份及福建周边外出招商 10 余次，从龙头企业、重点项目、产业链关键环节出发，重点对接石化标杆企业，精选招商项目，建立重点项目滚动推进良性机制。多层次、高频率开展招商推介活动，不断提升古雷知名度，吸引一批优质企业前来参观洽谈，为项目选资提供储备库。

生态环保严格治理。2021 年，古雷开发区将“守好生态环境的底线”纳入全区工作格局，认真贯彻落实省市实施“三线一单”生态环境分区管控要求，将生态保护红线、环境质量底线、资源利用上线落实在每一个项目的选址、布局、可研等各个环节。辖区环境质量稳中优化，大气环境质量、饮用水源环境质量、近岸海域环境质量指标持续向好。2021 年全年环境空气质量优良率为 98.9%，较 2020 年同期提高 2.38 个百分点；辖区集中式饮用水源水质监测优良率 100%；古雷石化基地地下水调查与评估工作报告通过专家评审和省生态环境厅审核，为全省首例；近岸海域国省水质考核点位水质监测均达到考核要求。污染防治攻坚成效显著，石化园区北部污水处理厂于 2021 年 10 月进入试生产阶段，北污配套排海管道工程已全线贯通，试生产进展顺利；古雷石化基地有毒有害气体环境风险预警体系试运行正常，项目于 2021 年 11 月通过验收；辖区目前有 7 台 65

蒸吨以上燃煤锅炉，均能稳定达到超低排放要求；自2021年1月1日起正式实施农村生活垃圾清扫保洁市场化运作管理，农村生活垃圾常态化治理机制更加完善；出台“湾滩长”制度工作方案，建立健全近岸海域海漂垃圾治理长效机制，加强海漂垃圾综合治理。持续强化环境安全监管，2021年，修订出台《福建漳州古雷石化基地突发环境事件应急预案》和制定《古雷开发区祖妈林水库饮用水水源地突发环境事件应急预案》，开展辖区放射性物品“一体化”督查检查；结合2021年全国生态环境系统开展“以案促建提升环境应急能力”专项活动，科学总结环境应急处置经验，积极推动古雷开发区环境应急能力持续提升。

（摘编：邓新民）

诏安工业园区

诏安工业园创建于1988年，前身为“诏安县闽粤边界贸易加工区”，1992年被省政府正式批复为省级开发区，2005年12月，经国家发改委公告确认为省级开发区，正式更名为“福建诏安工业园区”。2021年，园区各项经济指标均实现正向增长。实现规模工业总产值335.86亿元，比增19.4%；累计完成固投出数16.81亿元，比增149.5%；实现财税总收入3.02亿元，比增10.2%；全年实现外贸出口额30.64亿元，比增26.5%。园区总体规划面积约68.8平方公里，开发建成面积7.95平方公里，其中工业用地6.24平方公里，尚有可供开发利用土地约25000亩，入驻企业近300余家。

基础设施配套完善。经过多年建设，园区道路、用电、供水、排水、排污、绿化、路灯等配套不断完善，生活、休闲、医疗、文化、教育场所逐步形成。在市政道路配套方面：县城西侧园区的“二横三纵”路网格局及县城东侧园区“五横六纵”的路网格局共同构成了四通八达的交通网络。今年拟建婴童产业园配套道路专项债项目，包括站前四条路、经纬四条路、怡景路，共9条，可新增道路里程7公里。在功能设施配套方面：日处理1.2万吨污水的诏安城西污水厂及16公里配套管网已建成试运营，另有日供水1.6万吨工业园区自来水厂已纳入县城乡供水一体化项目推进。同时拥有可承接大项目入驻的基础配套设施，通信和宽带网络基本覆盖全区；有日供水2万吨海利自来水厂1座，今年计划新建一期日供水4万吨的金都自来水厂1座；有日处理量1.2万吨、一级A排污标准的城东污水处理厂1座，今年拟扩建日处理量1.2万吨污水处理设施；引进的金都气化站工程项目已基本完成。在公共配套方面：已建成企业服务中心、职工文体中心、党群活动中心、农民工服务中心，“四个中心”连一体，服务企业“加速度”。同时，建成4.8万平方米的兴业园标准通用厂房、农民工公寓等配套设施进一步提升园区的项目承载力。同步完善辖区生活商业服务配套设施，打造金都海洋生物产业城、水产品加工产业城，实现产城融合发展。

项目建设全面推动。园区始终把项目作为发展的生命线，加大项目推进力度，全力推进项目进展。一是年初谋划项目。年初结合项目业主投资积极性、前期工作完成情况、项目用地现场情况等，梳理出23个条件相对成熟的促开工项目，总投资约19.65亿元，作为重点促建项目。二是完善项目“四”机制。包括责任挂钩机制、协调配合机制、项目督查机制、考核奖惩机制，形成项目闭环管理。三是解决要素保障。针对征迁遗留、报批新旧规不同等情况，梳理问题症结，成立工作专班，全力协调有关乡镇、部门，落实土地、环评、规划许可等要素保障，全年推进10宗土地报批前期工作；涉及环保、林地指标、不动产权证办理的完成20宗。四是开展百日攻坚战。为持续增添项目促建动力，园区创新实施“大行动、大提升、大攻坚”活动，实现市县集中开工项目13个。2021年园区重点项目数达23个，总投资45.85亿元，年度计划投资19.65亿元。其中省级重点项目1个，为诏安工业园区婴童文化用品产业园及配套基础设施建设项目，项目总投资11亿元，年度计划投资3.3亿元。市级重点项目15个（均已开工或续建），总投资29.6亿元，年度计划投资13.3亿元。县级重点项目7个，已开工3个（物华路一期、国锆、融海），另3个在土地招拍挂，1个在基建手续办理，总投资5.25亿元，年度计划投资3.05亿元。新开工项目11个，续建项目12个，省市县重点项目1—7月份累计完成投资128624万元，完成年度计划65.5%，超序时进度7.1%。

产业发展欣欣向荣。目前园区初步形成食品加工、婴童文化创意、电子轻工机械、海洋生物、新材料新能源五大主导产业集群。2021年五大主导产业总产值280.11亿元，占全区总产值的83%，税收收入2.27元，占全区税收收入的75%。1、食品加工产业是立足“中国青梅之乡”和“中国生态牡蛎之乡”的本地资源品牌优势打造的重点产业，重点发展青梅加工、水产品加工产业。目前已培育出能裕、荣华、铭兴、海洲、忠发等23家规模以上企业。2021年实现产值128.67亿元，税收1.15亿元。2、婴童文化创意产业是根据诏安毗邻广东的区位优势，承接粤港澳大湾区产业转移打造的重点产业。目前，有星辉、京丰等6家规模以上企业。2021年实现产值47.39亿元，税收2492.32万元。3、电子轻工机械产业是园区重点打造的四大主导产业之一。目前，有大新电子、超悦纸业等16家规模以上企业。2021年实现产值57.41亿元，税收3530.71万元。4、海洋生物产业园规划面积2.51平方公里，重点发展海洋生物制品、海洋生物医药材料、海洋生物育种和健康养殖、海洋生物服务业、海洋生物综合配套产业五大领域。以润科生物为龙头带动，吸引了环海生物、大北农水产、玛塔生态等一批海洋生物企业入驻。截至目前，在产、在建企业14家，其中，规上企业5家。2021年实现产值18.88亿元，税收4662.97万元。5、新材料、新能源产业园主要发展锂电池、新能源汽车及配件、机械制造等高科技制造业，已引进猛狮新能源龙头企业。截至目前，在产企业2家，其中，规上企业2家。2021年实现产值27.76亿元，税收503.79万元。

招商引资精准高效。园区深入实施“诏商回归”工程，开展精准招商，运用“以商招商、产业链招商”等组合模式，拓宽招商渠道成效显著。2021年新签约项目29个，超全年任务数9个，涵盖新材料、电子制造、食品加工等行业，协议总投资33.25亿元，同比增长31.4%；盘活闲置用地、厂房14个，对接项目用地416.47亩。新引进的项目中，新材料这一战略新兴产业占比30%，产业集聚优势不断凸显，有望成为新的经济增长点。

生态环保严格执行。一是加大污染减排力度，确保完成年度减排目标任务。继续加强建设项目环境管理，严格把好项目准入关、环评关、验收关，严格执行项目审批各项规定，切实提高项目准入门槛。强化对企业污染治理设施的监督管理，确保所有治理设施高效稳定运行。二是强化工业污染防治，做好重点企业行业监管。加强对重点排污企业的监督管理，集中人力和车辆，组织巡查队伍，每周不定期开展2—3次巡查。督促企业进一步认清当前环保工作形势和要求，积极、主动、有效落实污水排放问题整改，集中整治环保领域违法违规行为。三是紧盯“一厂一湖一溪”（城西污水处理厂及配套管网建设、南湖片区企业黑臭水体治理和赤水溪流域水质提升），完善提升园区基础设施配套。扎实推进城西污水处理厂及污水管网建设、南湖片区企业黑臭水体治理和赤水溪流域水质提升工作，进一步提升园区招商引资及项目建设承载力。四是深入开展环境保护宣传，大力营造公众参与氛围。密切关注涉区涉企有关环保工作网络舆情动态，适时启动网络舆情应急预案，把社会矛盾消灭在萌芽状态。及时有效化解个别企业排污与周边社区、村庄农户矛盾问题，防止出现群体事件和诱发社会不稳定因素。不断加强生态环保宣传教育和舆论引导，运用好信息公开栏、微信公众号、标语等各种媒体宣传手段，倡导绿色文化。

（摘编：陈闽声）

云霄常山经济开发区（云陵）

云陵工业开发区地处海峡西岸经济区闽南金三角，位于云霄县南部，介于厦门和汕头两个特区中间，面对台湾海峡，南临港澳。国道324线穿过全区，沈海高速公路和沪深高速公路在园区内设有互通口及客运、货运站埠，云霄疏港公路、将军大道和规划建设中的入闽通道均在开发区交汇，是漳州南部主要的交通枢纽中心，区位优势明显，交通便利。云霄经济开发区现有入驻企业138家，已投产95家，在建10家，其中规上工业企业41家，2021年实现规模工业产值42.72亿元，其中开发区引资有10家，规模工业产值9.88亿元；工业税收6268.33万元，其中开发区引资企业4143.64万元；限额以上社会消费品零售企业5家，零售总额5495.4万元；出口额53426.86万元人民币；进口1951.35万元人民币。截止2021年末，已供应建设用地面积约18230亩，已达到供地条件土地面积约19440亩，土地供应率约为93.8%，土地建成率约为89.4%，综合容积率为2.1%。

项目建设有序推进。扎实做好“六稳”工作、全面落实“六保”任务、推进“大抓工业、抓大工业”，做好项目服务攻坚活动，建立健全项目服务攻坚机制，分类施策，有效推动。围绕重点工作，加大重点项目建设力度，2021年园区列入县级以上的重点项目13个，其中市级重点4个。

招商引资卓有成效。围绕“2+2”产业新体系，开展“一把手”招商、产业链招商，创新“云”招商方式，加大产业链条招商力度，补齐补全产业链，优化本地产业集群，逐步形成园区产业集聚优势，加快建设富佳宝食品工业园和奥克兰电工设备产业园，推动产业集群化发展。2021年以来，区主要负责同志带队，分别前往深圳、东莞、佛山、福州、厦门、泉州等经济发达地区进行招商推介，突出区域招商，长三角、珠三角等地区仍然是园区承接产业转移和招商引资的重点区域。全年园区共外出招商12场次，参加集中签约活动4次，签约项目数4个，完成签约项目投资额12.5亿元。

生态环保持续治理。2021年园区未发生重大环境污染事件。云霄经济开发区污水处理厂目前已正常运行，污水主管网18.78km及污水管网干管13.7公里，企业污水排放口至污水处理厂的管网全线贯通，污水处理规模为10000m³/d，接纳全区89家企业污水进水量。目前污水处理厂日平均污水处理量达到7000吨，基本按一级A标准排放。为进行区域农村污染源防治，改善农村人居环境，创建生态城镇，村庄生活污水治理民生基础设施补短板项目已于2020年10月开工，该项目建成可有效解决开发区7个行政村10370人日常生活中产生的污水，污水处理量可达830m³/d，截至2021年12月该项目已完成75%工程量。

（摘编：邓新民）

云霄常山经济开发区（常山华侨）

云霄常山华侨经济开发区，隶属于福建省漳州市，地处漳州市南部，云霄、诏安、东山三县交界处，西南与诏安县接壤，东、北与云霄县毗邻，南与东山县、云霄县相连。行政区域总面积115平方千米。2021年，常山华侨开发区地区生产总值36.78亿元，增长13.2%；规模工业总产值87.90亿元，增长30.3%；规模工业增加值23.49亿元，增长30%；固定资产投资14.73亿元，增长17.5%；一般公共预算总收入2.49亿元，增长23.9%；地方一般公共预算收入1.65亿元，增长29.7%；完成进出口额42.31亿元，增长43.4%；实际利用外资2593万元；社会消费品零售总额4.23亿元，增长13.3%；城镇居民人均可支配收入38272元；农村居民人均可支配收入21665元；完成年度节能减排任务。

项目建设有序推进。狠抓重大项目建设，成立项目前期办，开展“百名干部挂项目”活动，完成五个一批项目37个，总投资47.96亿元，9个市级重点项目超额完成年度投资任务，固定资产投资由负转正，增速位列开发区序列第1。积极开展全民招商，落实“一把手”招商，全区新签约项目24个，总投资21.8亿元，其中，撕烤官食品等10个项目开工，盛吉食品等6个项目竣工，长农食品等7个项目投产。强化要素保障，全年完成土地征收308.79公顷、报批377.68公顷，处置耕地“非农化”4.77公顷，处置批而未供土地294.5公顷，处置闲置土地3.71公顷，为确保项目高效有序推进提供坚实保障。

产业发展全面推动。深入开展“产业发展项目建设年”活动，大力实施“六比一看”竞赛，主要经济指标基本实现两位数增长，其中GDP、财政总收入、社会消费品零售额3项指标增速位居全市第2，规模工业总产值、增加值、地方财政收入3项指标增速位居全市第3，固定资产投资和社会消费品零售总额2项指标增速位居开发区序列第1。致力推动企业做大做强，坚持突出工业、突破工业，支持企业科技创新、转型升级，完成工业投资7.96亿元，增长52.5%；技改投资3.5亿元，增长81.6%；实现工业税收1.22亿元。全力支持外贸企业拓展线上市场、开拓国内市场，外贸进出口总额达到42.31亿元，增长43.4%，其中出口39.5亿元，增长60.18%。全面促进市场主体持续健康快速增长，新增市场主体406户，同比增长18.7%。积极开展“千名干部挂千企”帮扶活动，为企业提供“妈妈式”服务，兑现各类惠企政策资金650万元；新增减税减费426.3万元。加快现代服务业发展，新增限上商贸企业5家，乌山湾田园度假区项目开工建设。特色现代农业提质增效。新增现代农业企业3家、生产基地300公顷，完成金猴椅省级生态农业项目和大统省级闽台水果推广基地建设。

生态环保治理到位。落实“一村一方案”，以梧园、双山、柘林为主打造乡村振兴“串点连线成片”示范线，年度投资965万元推进22个项目建设。全力推进人居环境整治，开展农村人居环境整治提升五年行动及乡村建设品质提升行动，推进3个水源保护区划定、4个行政村污水处理设施验收等重点工作。加快推进基础设施建设，年度投资3.36亿元实施36个城乡建设品质提升项目，覆盖道路建设、污水处理、城区排水等多个领域，新建改造道路2.2公里；建成农村污水处理站8座，尾水排放均达到一级A标准；铺设污水管道30公里，实现开发区城区污水管网全覆盖。着力优化城市环境功能，完成裸房立面整治120栋，整治屋顶水箱103个，完成房地产投资0.5亿元，商品房销售436套。

（摘编：邓新民）

平和工业园区

平和工业园区成立于1999年3月，前身为平和县文峰工业区，2006年3月经国家发改委、福建省人民政府批准升格为省级工业园区，是一家以机械制造、汽配、建材、纸品、家具为主，其它轻加工业为辅的综合工业园，园区规划控制面积5平方公里。2021年，园区累计实现规模工业产值114亿元，比去年同期增加46亿，同比增长67.7%；税收入库10004.65万元，比去年同期增加1804.48万元，增长22%，完成全年任务100.1%；新引进签约招商引资项目7个，新落地信达管业、得利再生资源、德拓新型建材等3个，计划投资2.5亿元。

营商环境整合资源。一是推进征地拆迁。开展征地攻坚活动，集中人员、时间、精力，较快推进了西蝉成片开发地块的征地，用一个时间征地接近100亩。推进西蝉蜗牛池等久拖未决的征地扫尾攻坚，完成信达管业等8个项目征地扫尾工作，全年完成征地300多亩，完成房屋拆迁5126平方米。二是推进土地成片开发。持续获批平和县第一、四批次成片开发方案，合计2061.84亩；其中西蝉成片开农转报批已完成选址意见书、规划条件意见书等。三是推进批而未供和闲置土地处置。处置批而未供土地853.4亩，完成数全县最多。闲置土地13宗1104.78亩全部得到妥善处置。四是推进盘活闲置厂房。完成多年未生产的腾云纸业嫁接中凯环保、汀龙机械通过法院拍卖引进木业生产项目、汇润丰通过股权转让嫁接PVC项目，全年共完成闲置厂房5宗，面积超过10万平方米。

项目建设多点突破。一是抓招商项目。新引进落地项目7个，总投资15.55亿元；完成新增入库项目11个，总投资16.23亿元。二抓重点项目。在建重点项目12个，总投资65.28亿元，全年完成投资额20亿元；建成或部分建成项目5个，有效增强发展后劲。三抓投产项目。月度新增规工企业2家，年度新增规工企业4家，超额完成县下达任务。积极谋划，完成年度新增限上贸易企业1家。四抓园区标准化建设项目。园区标准化建设重点项目完成12个投资额10.2亿元；竣工项目完成6个；新建成厂房完成36.341万平方米。

（摘编：邓新民）

华安经济开发区

华安经济开发区位于漳州市北郊、华安县南部，于2005年创办，2007年7月成立华安工业集中区管委会，2010年12月21日由省人民政府批准同意设立华安经济开发区，纳入省级经济开发区。2021年，开发区固定资产投资完成69.5亿元，同比增长1.07%；规模以上工业总产值完成257.3亿元，同比增长35%；规模以上工业增加值完成72.8亿元，同比增长40.9%；财政总收入完成4.7亿元，同比增17.5%；规模以上企业共83家，2021年新增规模以上企业13家；实际利用外资完成3842万元；进口总额完成2.3亿元；出口总额完成11亿元。

项目建设成效喜人。2021年新开工项目9个，总投资9.52亿元；新投产项目11个，总投资18亿元。截至2021年底，开发区已入驻企业257家，总投资450亿元，其中投资10亿元以上企业11家；省级龙头企业7家；国家级高新技术企业17家；上市公司5家；投产项目221家，规模以上企业83家，2021年实现产值257.3亿元，工业税收4.7亿元。

产业发展围绕重点。开发区坚持做大做强产业链，围绕主导产业实施铸链、补链、强链工程，重点培育“先进装备制造、智能家居”两大百亿产业集群，聚力打造“铝车轮、针织机械、冻干食品”三大专业生产园区，培育具有核心竞争力的产业集群，打造产城人融合示范区。

招商引资完善规划。2021年新供地项目10个，总投资17.6亿元；新引进项目34个，总投资84.39亿元。其中，上亿元项目26个，主要涉及针织机械、钢结构建筑、家具家居、金属制品等行业。同时，为进一步明确招商条件及投资进度，开发区会同县工信局、发改局、自然资源局等相关部门，重新修订《华安县招商引资工作实施方案》和《华安县人民政府（乡镇、开发区）项目投资协议书》。

（摘编：蔡志轩）

泉州开发区概况

泉州经济技术开发区

泉州经济技术开发区地处泉州南大门，是泉州南翼新城的重要组成部分，于1996年12月开始开发建设，2010年6月升格为国家级经济技术开发区。2021年，开发区实现地区生产总值203.4亿元，比增8.1%；工业增加值154.6亿元，比增5.3%；第三产业增加值46.6亿元，比增18.3%；一般公共预算总收入13.53亿元，比增2.3%；一般公共预算收入6.34亿元，比增2.3%；全社会固定资产投资11.85亿元，比增17.3%；社会消费品零售总额119.42亿元，比增14.6%；出口商品总值53.34亿元，比增15%；实际使用外资（验资口径）3.18亿元，比增45%。其中，三产增加值、固定资产投资、社会消费品零售总额增速排在全市前3位。

营商环境深化服务。深入开展“营商环境提升年”攻坚活动，深化“放管服”改革，推出“清亲清濛”微信公众号，打造惠企服务、政务审批、便民服务等平台，已进驻各类服务事项551项；聚焦高效办成一件事，推广网上办、就近办和24小时自助服务。目前，审批事项全部压缩在3个环节以内，审批时限压缩至法定的11.5%，行政许可事项“一趟不用跑”占比位居全市第一。同时，持续做好配套提升工作，着力完善服务和生活消费配套。拟谋划建设中高端消费街区，初步选定在2.5产业园、圣弗兰小镇，打造集购物、娱乐、餐饮、休闲、健身等为一体的商业配套区。

产业发展有力推动。一是推进新规划。编制“十四五”规划纲要，提出“提升含金量、含新量、含绿量”，实施创新驱动引领、产业升级、数字经济领跑等9项重点任务。二是引育新平台。先后引育友臣等食品电商总部、斐乐等工业设计，利讯等贸易平台，比邻等服务型制造平台，现有平台类企业近百家。全年平台经济贡献占销售额近一半，带动三产对GDP贡献较2020年提升1.6个百分点。三是发展新经济。引进华数机器人等数字企业；与科复时代、京东科技共同打造新型显示数字经济产业园，锐驰与冠捷联合开发多款智能投影显示系列产品并在京东线上及冠捷线下门店销售，区内数字经济占GDP的42.9%。四是攻坚新项目。重点建设数字经济、工业更新、城市更新等项目，2021年，17个市级在建重点项目年度计划投资14.86亿元，已完成116.7%。

招商引资多路并进。一是“走出去”拓宽渠道。区主要领导赴上海、深圳、杭州等地开展9场招商活动，实地考察联东U谷、立邦公司、西虎汽车、中深数字科技等30多个项目及企业；组织参加第四届上海进口博览会、第二十一届国际投资洽谈会等9场签约推介活动。二是“请进来”精准招商。已成功落地奇鹭产业园、腾趣休闲食品电商产业园等47个项目，合计总投资124.95亿元，其中海丝埃睿迪智慧水务等12个项目纳入民企项目管理库跟踪管理，超额完成市级下达的泉州市招商季和民企对接任务。三是策划搭建总部平台。在2.5产业园搭建区域总部平台集聚区，鼓励和吸引域外企业在开发区设立区域总部平台，提供免费注册办公场所，引进绿泉、宝峰、三峡等9家总部企业入驻。现有外资投资企业86家，特步于2021年6月实际到资4亿元，重点跟踪立邦新型材料海峡西岸经济区生产基地等项目，推动项目尽快到资、投入生产。

生态环保严格执行。园区认真做好生态提品。

启动全区规划环评报告编制，严把建设用地环境准入和建设项目准入，全年共处理环境污染投诉12件，同期相比减少74.5%。深化大气、水、土壤等污染防治攻坚战，完成5个VOCs治理项目和4个制鞋企业水性胶替代项目，年度空气质量优良天数比例高于近三年平均值，大气污染物指标达到国家二级标准。有序推进智慧停车项目。启动奥林匹克花园低碳社区试点创建工作。全市中心市区小区考评成绩位居第一。

（摘编：余松山）

泉州高新技术产业开发区（江南园）

泉州高新技术产业园区（江南园）是鲤城区乃至整个泉州市发展高新技术产业的核心区域，于2001年11月开园建设，2003年经省政府批准确认为省级开发区，2006年3月经国家发改委审核正式更名为“福建泉州高新技术产业园区（江南园）”。2021年，江南园完成规上工业产值420亿元，较上年比增9.1%；实现税收收入11.31亿元，比增7.6%。2020年福建省开发区综合发展水平考核评价位居全省第15名，较2019年上升四个名次。

项目建设围绕重点。园区坚持“项目为王”。2021年重点聚焦四大项目。一是科创中心项目。组织干部职工学习福州园区标准化建设的相关经验，并积极走访调研企业。在此基础上，确定科创中心项目作为园区标准化建设试点项目。紧接着，牵头对接设计单位，形成高质量设计方案，通过市资规局组织的“多评合一”专家评审；协同配合城建集团，加快组织“投建营”一体化公开招标，策划形成包括投资、建设、运营、产业定位、监管机制等系列方案，2021年12月完成公开招标。二是恒劲科博项目。该项目用地面积30亩，计划投资1.3亿元，建设3万平方米厂房及配套设施，新增流量测量仪表生产线和行政办公、研发中心，生产应用于石油、化工、电力、水利等的计量和自动化控制系统，目前，项目已动工建设。三是万盛中心项目。该项目自2018年9月完成裙楼施工后停工至今，高新区主要领导多次到项目现场调研。经多方协调，已解决项目纠纷和动建手续办理问题，万盛公司于2021年6月取得施工许可证，项目恢复建设。目前，项目已施工至主体结构22层底板。四是宝峰公司临时用地。2020年9月，高新区公开拍卖在2010.01—2019.12期间出租给宝峰公司使用的临时用地，鸿荣轻工公司竞得用地使用权。但由于种种矛盾，宝峰公司迟迟未能腾空移交用地。高新区高度重视这一问题，主要领导亲自协调。宝峰公司、鸿星尔克公司与江南新区公司于2021年7月30日签订补偿协议达成和解，宝峰公司于2021年9月27日完成腾空。现该用地已交付鸿荣轻工使用，租赁合同于2021年10月1日正式签订。

产业发展强强联合。积极探索推动企业与高等院校、职业院校共建产业学院，“二元制”培养产业工人和技能人才，福建众益太阳能科技股份公司与泉州经贸职业技术学院签订校企合作协议，既实现学校、企业和学生三方共赢，也可促进职业教育和产业联动发展。2021年10月，思源海峡研究院项目落地鲤城，总投资35亿元，计划选址高新区创投中心。该研究院由上海交通大学、西安交通大学、西南交通大学、北京交通大学和台湾新竹交通大学等5所高校校友联合发起，旨在聚焦新一代信息技术，将以精准智慧医疗、电力电子技术、新材料等为研究方向，更好地推动鲤城产业转型升级。

招商引资要素结合。园区坚持把招商引资工作作为加快发展的关键要素，坚持把项目落地作为关键环节。2021年，加大招商力度，成功引进多个项目，盘整未利用土地258亩。其中，常泰路东侧68.25亩土地成功挂牌出让，由福建火炬电子科技股份有限公司摘牌竞得，将建成集生产、研发、仓储为一体的四号工厂和智能化自动化仓储中心，已进场动工建设。泰新街南侧123亩工业用地成功挂牌出让，规划建设科创中心项目，已完成公开招标工作。促成百川服饰对接盘活奇信机械用地，正协助企业开展方案设计报批和场地清理。世腾汽车公司于2017年7月购得金象汽配项目用地59.14亩，闲置28亩，一期用地完成规划竣工验收手续投入运营。帮助宝峰公司成功对接东方克拉，盘活17.78亩用地作为宝峰公司扩建及瑜伽垫等生产线项目用地。同时，积极与盈石国际水果冷链创新产业园项目、国金通汇运营中心及数字化产业园区项目、泉州（东旭集团）新材料产业园、军民融合产业-泉州市军英航宇科技有限公司、泉州网易联合创新中心、思源海峡研究院、苏州陈那自动化等项目对接洽谈，其中军民融合产业-泉州市军英航宇科技有限公司已完成工商注册。

生态环保持续推进。园区持续推进生态环境保护工作，为居民群众营造良好的生活环境。2021年重点聚焦以下四项工作：一是组织实施紫安路渠清淤工程。紫安渠长约350米，宽6米，深度约3米，于2006年建成，起到汛期排山洪重要作用。由于历年山洪造成渠道泥土沉积，2021年，高新区组织对该段渠道进行全面清淤，共清运约366立方米淤泥，保证汛期内行洪的要求。二是解决南环路跨南高渠梁下（雷克萨斯北侧）排水问题。由于紫新路等道路雨污分流不彻底，2019年市水利部门对该直排口进行封堵，造成紫新路、紫华路沿路雨天时雨水无法正常排放，形成严重的交通安全隐患。2021年，高新区再次协调区城管局处理此事。目前已策划生成南环路（雷克萨斯段）雨水节点改造项目，设置一体化雨水提升泵站，建设单位泉州水务集团于当年12月底进场动工。三是启动建设泰康路—泰塘街智慧路灯工程。该路段于2010年修建完成，未配套路灯，为保障周边企业和居民交通出行安全，启动实施该工程。泰康路长800米，宽30米，泰塘街长1000米，宽18米。2021年9月30日，全部共118杆新型太阳能路灯建设工程已完工并正式投入使用。四是实施泰明街路段LED光源节能改造项目。泰明街路段全长1.25公里，人流量、车流量较大。改造后，该路段144盏路灯全部改为太阳能LED一体化路灯。路灯各组成部件采用安全、环保材料，节能、光效高，使用寿命长，每年可节约用电量约7.9万度，节约电费约4.7万元，相当于每年减少碳排放量241吨标准煤，更好保障周边企业员工和市民夜间出行安全。

（摘编：林汇智）

泉州高新技术产业开发区（石狮园）

泉州高新技术产业开发区（石狮园）位于泉州湾南岸，东临台湾海峡，西连晋江、泉州市区，北靠国家一类口岸——石湖港，南接石狮城区，距晋江机场10公里、石狮北高速入口2.5公里，交通区位优越。泉州湾跨海大桥、沿海大通道、环湾大道和共富路等快速通道横贯其中，形成便捷的海陆空立体交通网络。2021年，石狮园全年经济运行保持强劲的增长态势，实现规上产值506.35亿元，首次突破500亿元大关，同比增长20.8%。2020年，根据省开发区综合发展水平评价结果，高新区位居全省第15位。

项目建设助推发展。园区围绕项目建设，助推经济发展“新”突破。一是在社会投资方面，中益制药二期、鸿日光学、汇星机械厂房扩建等5个已建成或投产；建新轮胎、中石光芯二期、新启兴防伪科技、振富机械、胜宏水产、海益冷冻、明泰船舶、得宝染料二期等27个项目正在建设当中。二是在基础设施方面，石狮海洋生物食品园C区道路工程、莲农路及古莲路工程等3个项目已完工；高新区污水处理厂尾水深海排放项目陆上段已施工完毕，正管道与应急锚地冲突问题基本协调完毕，正进行应急锚地优化调整论证；同时为提升完善园区配套功能，高新区西片（智能产业园）供热工程已全线贯通，于2021年3月通气并正式投入使用，该部分供热管网已服务企业16家，淘汰清理自天然气、燃煤等小锅炉16台。2021年，高新区共实施重点建设项目46个，总投资46.97亿元，其中社会投资项目36个，投资额43.39亿元，基础设施项目10个，投资额3.58亿元。

招商引资双管齐下。园区围绕招商选资，引进长远发展“新”动力。一是在招商选资方面，高新区重点围绕光子技术、智能制造、海洋生物等产业开展“招大商、大招商”，先后赶赴深圳、上海、福州、厦门、苏州、杭州等地开展项目考察20余次，与30多个项目进行招商洽谈，在谈项目投资额达100多亿元。二是在扩线增产方面，以龙头企业为支点，不断扩大产业规模和延伸产业链条，顺利推动通达集团在现有产业基础上，新增落地5G通信模块金属件、创智智能制造基地2个项目；推动安元光学新增落地反光膜深加工、圆点光栅研发与制造2个项目；推动中科光芯新增落地高端元器件、光学器件基地2个项目。2021年，光子技术产业共新增签约产业项目50个，新增开工36个，新增投产27个，共有落地企业40家，完成产值70亿元，同比增速达70%；此外，高新区顺利促成福地化纤、上海诚一、天保益等落地项目13个，总投资额14.2亿元。

（摘编：余松山）

泉州台商投资区

泉州台商投资区成立于2010年，位于泉州市中心城区东部，与泉州市新行政中心隔海相望。2021年，园区实现地区生产总值355.7亿元，增长10.7%；规上工业增加值增长13.4%；第三产业增加值92.07亿元，增长10.3%；社会消费品零售总额98.24亿元，增长14%；固定资产投资增长16%；一般公共预算总收入25.06亿元，增长23.6%；一般公共预算收入16.7亿元，增长31.3%；实际利用外资2.5亿元，增长119.1%。8个主要经济指标增速全部高于全市平均水平，其中地区生产总值、固定资产投资、实际利用外资、一般公共预算总收入、一般公共预算收入等5个指标全市前三。

基础建设配套完善。一是新泉州东站站前广场及市政配套工程建设年度计划投资7.9亿元，已完成投资约7.9亿元，组织成立了泉州台商投资区高铁片区建设推进协调小组，编制高铁片区单元控制性详细规划。二是白沙片区棚户区改造工程今年计划总投资约27.16亿元，目前项目整体有序推进中，白沙一期安置房共38栋，已结构封顶35栋，将于5月交付使用。白沙二期安置房共22栋，18栋正在进行主体结构施工。部分周边配套道路已启动建设。首师大附属学校及台商第三实验小学均处于征地、拆迁阶段。成立了白沙片区棚户区改造项目工程管理指挥部。三是“五横五纵”路网现已建成道路46.75公里，完成总投资约59.95亿元。洛阳大道、南北大道、东西大道、海灵大道均已完成建设并通车。

项目建设赶超进度。开展“项目攻坚年”和项目攻坚“插红旗”活动，举办重点项目集中开竣工活动5场、集中开（竣）工项目43个、总投资406亿元，137个区级、25个市级、11个省级重点项目分别完成投资207.67亿元、134.13亿元、91.83亿元，完成年度计划的101.7%、120.1%、118.5%，其中95个区级在建项目、24个市级在建项目、10个省级在建项目分别完成投资198.16亿元、134.1亿元、91.8亿元，完成年度计划的104.4%、120.6%、119.2%，新开建联东U谷·科技创新谷、泉州东站等项目52个、完成年度计划的101.9%，建成（部分建成）泉东大道、德国侧尼特混凝土成型设备等项目31个、完成年度计划的110.7%，分四个季度为招商（签约）、拔钉清障、新开工、建成投用等工作完成较好的4个乡镇和17个部门授“红旗”62面，海湾大道双山段道路及景观工程被推荐为2021年省人民政府表彰的全省优胜项目。加快“五个一批”项目建设，累计完成投资166.56亿元、完成计划的100.4%，其中新增谋划项目135个、总投资1075.51亿元，新签约项目66个、总投资323.64亿元，新开工项目22个、总投资65.21亿元，转投产项目19个、总投资157.72亿元。

产业发展欣欣向荣。第一产业方面，全区农林牧渔总产值9.82亿元，同比增长1.6%。全年农作物播种面积4.64万亩，产量1.56万吨，其中粮食播种面积2.46万亩，产量0.8万吨，油料作物1.71万亩，产量0.32万吨，蔬菜0.47万亩，产量0.44万吨；全年肉蛋奶总产量8472.2吨，其中肉类总产量6531.2吨、禽蛋产量1936吨、奶类产量5吨；全区水产养殖面积约701公顷，全年水产品总产量2.58万吨，渔业总产值6.42亿元。2021年，全区累计有3家市级龙头企业、1家省级龙头企业；集盛肉鸽等5个“三品一标”产品。“集盛牌肉鸽”被授予“2021年度福建名牌农产品”称号。2021年新增设施大棚413亩。完成900亩高标准农田建设。新增农业投资1500万元。落实耕地地力保护补贴256万元、实际种粮农户一次性补贴29万元、区级特色农业补贴22万元。完成高素质农民培育892人次。第二产业方面，全年实现工业增加值219.74亿元，增长11.4%，其中规上工业增加值增长13.4%；产值超亿元企业产值同比增长25%，占规上工业总产值95%。全区规上工业企业228家，其中纺织鞋服产业规上工业企业81家，规上工业增加值71.77亿元、增长10.5%，企业产品主要为制鞋和服装，拥有洲克、快乐玛丽等知名品牌。机械装备产业规上工业企业45家，规上工业增加值41.2亿元、增长9.8%，企业产品主要为力达机电、华德机电的空压机、钜闽机械等。纸品印刷产业规上工业企业18家，规上工业增加值32.38亿元、增长21.9%。产品主要有两类：一是造纸和纸制品，生产企业主要为玖龙纸业、文松彩印、金百利包装、玖龙智能包装等；二是纸尿裤，生产企业主要为利澳纸业、和成日用品等。石化后加工产业规上工业企业23家，规上工业增加值26.41亿元、增长25.8%。产品主要有三类：一是化学原料和化学制品，生产企业主要为立亚新材、森瑞新材料等6家；二是化学纤维，生产企业主要为科一超纤、烯石新材料等2家；三是橡胶和塑料制品，生产企业主要为华世科技、联盛新材料等15家。工艺制品产业规上工业企业23家，规上工业增加值9.41亿元、增长-5.4%。生产企业主要为圣丰木雕、杰丰礼品、艺洋轻工等。第三产业方面，全年实现第三产业增加值92.07亿元，增长10.3%。举办全区旅游发展大会，现场签约文旅项目5个、总投资超100亿元，推出5条精品旅游线路和1条研学旅游线路。洛阳桥作为“泉州：宋元中国的世界海洋商贸中心”22处代表性古迹遗址之一，被列入《世界遗产名录》，欧乐堡景区获评国家3A级旅游景区，玉沙湾公园建成并对外开放。

招商引资卓有成效。台商区全年签约海峡雕艺文化产业园项目、台商机械产业园项目、福建时代自动化新能源智能船舶研发生产运营基地项目等269个招商项目，总投资724.66亿元。新签约台商时代广场等10个重大台资及涉台项目，总投资90.15亿元。全年举办春节重大招商项目集中签约活动、疫情以来首场台资招商大会、产业链招商暨要素供给保障签约活动、智能电网电器产业峰会、旅游发展大会等5次专题招商活动。

生态环保监管到位。区党工委、管委会贯彻落实习近平生态文明思想，以改善生态环境质量为核心，强化措施深入打好污染防治攻坚战，全区环境质量持续向好，县级集中式饮用水水源地水质保持III类标准，功能区水质达标率100%，空气质量达标天数比例99.4%，土壤生态环境质量继续保持良好水平，未发生环境污染事件，为全区经济高质量发展提供了良好的生态保障。同时，综合推进渣土治理，实行领导挂钩制，推进落实建设工地场地扬尘污染防治“六个100%”措施，打造文明工地。建立村、片、镇三级联动机制，开展设点检查、动态巡查、工地盯守等监管方式，强化科技赋能，在重要节点、区域投用10个高空智慧监控，实现渣土车违法行为24小时全方位监管。

（摘编：余松山）

泉州综合保税区

泉州综合保税区，前身为泉州出口加工区，于2005年经国务院批准设立，2016年年初获国务院正式批准升格为综合保税区，是泉州市唯一的国家级海关特殊监管区，也是落实国家“一带一路”及海丝先行区战略的重要平台、发展对外贸易的政策洼地及复制自贸区政策的主要载体，是晋江集成电路产业配套园区。2021年，泉州综合保税区主动融入泉州跨境电子商务综合试验区大局，加大招商引资，优化营商环境，拓宽业态发展新链条，重点培育跨境电商，推动跨境电商产业集聚，领跑区域跨境电商产业经济发展。泉州综合保税区规上工业总产值28.04亿元，同比增长44.2%；限上批零销售额4.09亿元，同比增长40.7%；社会固投2.97亿元；进出口总额54.64亿元，同比增长15.6%。

营商环境优化升级。泉州综合保税区聚焦打造服务链，优化整体营商环境。助推园区企业高质量发展。一是攻坚克难，推动重难点项目落地。建立重点项目服务专班，关注重点引进项目，提供全程“保姆式”跟踪服务，精准掌握企业需求，从选址、项目规划、入园核准、产业对接等多个方面提供服务，积极争取优质企业落户。二是多点发力，做企业发展的贴心人。建立领导干部挂钩服务企业机制，坚持领导干部带队定期走访调研园区企业，关注重点引进项目跟踪，提供全程专人“保姆式”服务，精准掌握企业发展需求，收集企业诉求并积极协调解决企业困难。三是加大政策激励，护航企业提振发展信心。建立高质量发展工作专班，深度解读、研究政策，结合发展定位和政策优势，优化惠企政策措施，扶持奖励激励措施。四是创新监管服务模式。探索创新运行“1210”“9610”通关服务模式，开启泉州跨境电商综试区首单“1210”业务。投入近2000万元建设“9610”监管查验中心，打造厦门关区首个具备“9610”业务通关能力的综保区。进一步提升报关实效、简化流程、节约通关成本，进一步推动集聚进出口持续发展新动能。

招商引资助推发展。泉州综合保税区立足高端高新产业集聚区、产业发展创新发展引领区的功能定位，主动融入泉州和晋江跨境电子商务综合试验区大局，引进港盛物流、御金跨境贸易产业园等优质商贸物流项目；引进富盈通纺织、朗朗上口食品、庞珀珞斯鞋服、霞美纤维、浩博新材料等工业项目；引进建设SAP海丝工业互联网(泉州)创新中心，进一步推动泉州区域工业互联网、智能制造的高质量发展。2021年对接洽谈的招商引资项目共16项，成功签约6个项目，涉及保税研发、保税物流、机械制造、食品基地等多个产业领域。

（摘编：李元）

洛江经济开发区

洛江经济开发区是2006年4月经国家发改委批准设立，由原万安开发区、双阳华侨经济开发区整合而成的省级经济开发区。2021年，洛江经济开发区完成地区生产总值284亿元，增长17%；规模以上工业产值713亿元，增长17.3%；财政收入12亿元；实际利用外资15469万元。

项目建设有力推动。开展“项目攻坚2021”、重点项目五大专项攻坚及路演竞赛、拉练比拼观摩，实行区领导一对一挂钩，月调度、月督查、月收账，96个区级在建重点项目完成投资95亿元，其中6个省级重点项目、32个市级重点项目超额完成年度投资任务。滚动推进项目谋划、储备，列入省“五个一批”项目120个、总投资560亿元。基础设施日益完善。优化交通路网体系，万虹路河市中学至马甲新庵岭拓改工程加快建设，启动省道213线、万虹路马甲至罗溪段提升改造，打通新城路、学府路、经五路等一批断头路，完善杏星路、金庄街、安达路等支路路网。实施万安市政道路改造提升，新建社区微光能路灯亮化、双阳高速出口匝道路灯工程；完成智慧停车项目，升级城区停车位1027个；投入4200万元实施万贤街、万盛街等市政道路绿化景观项目；新建改造绿化面积19.5万平方米、口袋公园5个。公共服务扩量提质。投入1.5亿元建设13个教育项目，创建2所省级“义务教育管理标准化学校”，泉州十一中晋升省一级达标高中；泉州宝璋肿瘤医院、区医院项目有序推进，区妇幼疾控综合业务大楼即将投用；文体设施不断完善，改造提升2个村(社区)综合文化服务中心，依托阳江社区综合文化服务中心打造区图书馆分馆；建成一批健身路径、多功能运动场、全民健身驿站、篮球场。

产业发展稳步推进。园区致力于工业产业做强做优，主导产业稳健增长。机械装备、纺织鞋服、工艺制品、纸类卫生用品等产业分别完成产值178、162、155、65亿元。传感智造动力增强，34家智能装备企业实现规上工业产值137亿元、增长11%，华南动力配套及试验工业园年底前开工投建，泉州市传感智能制造产业基地核心区万洋高新技术产业园开工建设并吸引60家企业意向入驻。新型材料加速培育，天智合金与中科院宁波材料所共建非晶纳米晶磁性材料工程中心；信和新材料新型海洋重防腐涂料技术荣获浙江省科技进步一等奖；泉州绿色建筑产业园二期等一批新型建材项目开工建设。建筑规模持续壮大。实施建筑业资质升级培育工程，全年新增建筑业企业50家，目前开发区内共有建筑业企业250家，其中总承包一级资质企业13家、二级资质企业8家，实现建筑业总产值263.5亿元、增长22%，纳税4.6亿元；推进小总部建筑业产业园区开发建设，已引进5家建筑业企业入驻。第三产业增势强劲。举办2021年泉州首届全民购车节、“全闽乐购·洛江乐购生活节”“五一超级置家节”系列促消费活动，社会消费品零售总额增长20%，限额以上批零住餐销售额增长32%。推进生鲜电商、社区电商、直播电商等新业态发展，房地产市场健康发展，房地产开发投资增长20.1%，商品房销售面积60.5万平方米、增长78.4%，销售额58.5亿元、增长90.6%。以泉州申遗成功为契机，策划洛阳桥遗产点等专题营销，有效融入泉州古城半小时旅游圈；全年接待游客230万人次，实现旅游收入20亿元。

生态环保专项整治。园区开展大气污染治理专项行动，完成5个精准治理减排项目，空气质量优良天数比率达97.9%；开展流域水质提升专项行动，实施12个精准治理项目；开展污染地块修复，治理修复污染面积1.8万平方米，修复污染土壤1.4万立方米；转移危险废物1703吨；完成植树造林及森林经营6238.2亩。有效扩容环境设施，实现万安、双阳街道19个社区生活垃圾分类全覆盖。深入开展节能降碳，稳步开展有序用电工作，规上工业单位增加值能耗下降5.9%。

（摘编：曾文升）

晋江经济开发区

福建晋江经济开发区于2000年正式动工建设，2003年被省政府批准为省级开发区，2005年被列入省级开发区示范区，2006年经省政府批准、国家发改委正式审核公告更名为“福建晋江经济开发区”。2021年，晋江经济开发区入驻企业共1252家，其中规模以上企业388家、限额以上企业134家、上市及上市后备企业46家，园区内企业规模率37%。完成规模以上工业总产值1364.11亿元，比增18.2%，超出全年计划100.7亿元；限上批发业完成596.13亿元，比增28.4%，超出全年计划64.53亿元；固定资产投资完成57.34亿元，比增14.6%；新增四上企业99家。

项目建设加速推进。开发区深入开展“百大项目攻坚大比拼”活动，按照开工建设一批，加速建成一批、竣工投产一批的原则，全力推进98个总投资达567.88亿元重点项目建设，全年累计完成投资83.11亿元，完成年度计划112.8%。落实拔钉清障攻坚行动，成功化解“三张清单”内国际企业大道南延伸（侨晖路至围头支线段）工程、晋江南高速出口连接线延伸段工程2个项目涉及4个问题销号。冠和非织造布智能工厂、港益纤维等10个项目新开工，华清电子材料自动化生产线改造项目、信泰集团研发综合办公大楼建设项目等22个项目竣工或部分竣工；新增普达仓储、泉州亲亲安东园扩建项目等6个项目入库省系统。

产业发展强链补链。开发区以集约高效为导向，启动开发区五里园、安东园控规修编工作，将园区工业用地容积率由原来的上限1.2—1.5提高到3.0，建筑密度上限提高到60%，有效释放存量空间。根据企业地块亩均税收、亩均产出，绘制“红、粉、橙、黄、棕、绿、蓝”七色等级热力图，以最直观的可视化模型对园区企业进行全面辨识评估，实现企业综合效益“好中差”一目了然。以亩均效益为核心，以热力图作为支撑基底，在五里园、安东园、食品园试点实施工业厂房亩均效益评价及激励约束制度，以“优质精扶、低质倒逼”方式，有序推进低效用地提升改造。以双控限电、“雷霆行动”为契机，联合派出所、市场监督管理所、税务分局、环保执法中队力量开展联合执法，截至2021年底查封、取缔关闭66家，倒逼企业低效用地“腾笼换鸟”。大力引导企业采用新建、改扩建等“零地增资扩产”方式，破解空间要素制约，同步对园区公共配套设施及市政配套管网统筹规划设计，满足企业增资扩容的配套需求。推动38家公司启动改扩建，企业建筑面积增量约190万平方米，相当于增加约1900亩的用地空间（按建筑容积率1.5计算）。突出“规划、规范、提升、示范、招商”一体化，探索采取国企投资主导运营、政府规划+企业投营、政府规划+企业投建+政府统租统管等多种模式，以晋江开发区绿色高端面料整理微工业园为试点，打造6个“专精特新工业园”“微工业园”，总建筑面积120万平方米以上，实现鞋服、纺织、装备制造等行业强链补链。

招商引资积极推动。开发区立足高质量发展，围绕构建全市“4341”现代产业体系，以壮大传统产业、培育新兴产业、补齐产业短板为招商目标，积极推行“带土地找项目、带空间去招商”的招商模式，全年引进招商项目17个，总投资额达41.92亿元。先后引进盈茂食品、安普智新材料等5个项目，总投资6.7亿元，并联合水务集团共建坊源工业污泥处置中心，总投资2亿元；支持伟泰化纤、好林家食品等项目增资扩产，总投资10亿元；利用园区闲置厂房引入胜科纳米集成电路专业分析测试平台及新宇顺纸塑等3个项目，总投资6.2亿元；配合集成电路筹备组引进胜科纳米集成电路专业分析测试平台项目，总投资3.5亿元，并引荐石拓信息科技入驻三创园，助力企业数字化升级、智能化改造；引进万益广场商业配套项目，总投资7.7亿元，完善“3+2+1”生活配套体系，构建宜居宜业的园区营商环境。

生态环保落实到位。开发区坚持“控源、截污、清淤”三同步，全面排查河段16.36公里，巡河上报事件办结率100%。完成安东园61个大地块涉及80家企业地块的雨、污分流的整治。全年总投资约2914万元，完成河道整治、清淤疏浚、景观绿化提升、管网改造等工作。开展了“巾帼护河”“河小禹”等爱河护河主题专项行动12场次，聘用“企业河长”、“百姓河长”，落实门前三包，引导社会资本流向生态环境领域，构建“水清河畅岸绿景美天蓝空气清新”的绿色生态园区。

（摘编：曾文升）

永春工业园区

永春工业园区于1993年8月经福建省人民政府批准设立，于2006年7月通过国家发改委审核，列入省级工业园区序列管理。2021年园区企业纳税首次突破3亿元，达3.13亿元，同比增长24.2%。九牧永春智慧制造产业园（一期）在全国陶瓷行业中率先实现5G赋能，获评全国“5G+工业互联网”试点示范项目。骏源纺织、凯鑫食品（QQ糖）、中顺科技、中闽建研、冠中科技一期等项目建成投产，为产业发展注入新活力。

项目建设高效务实。一是加快推动轻工新城智慧产业园基础设施工程（二期）建设，项目总投资1.4亿元，年度计划投资8000万元，完成投资8200万元，超时序进度2.5个百分点。二是完成QQ糖、冠中一期、香橼茶叶等项目基础设施建设并交地，共计新增平整工业用地150亩。三是积极推动永春老醋科技产业园（石鼓）基础设施工程项目建设，目前已完成可研批复、专项债入库，正在进行方案设计。四是启动冠中科技二期、云度、第三水厂西侧、南德北侧等批而未供项目用地基础设施建设前期工作，预计新增拓展工业用地185亩。

招商引资双管齐下。一是组建招商专班。明确专班工作职责，抓紧抓牢园区招商项目。已招商落地项目2个（华膜环保和春满园大酒楼），在谈项目9个。华膜环保项目总投资5000万元，一期租赁厂房5000平方米，安装2条全自动生产线，主要进行反渗透膜工业纯净水滤芯生产；二期拟租赁厂房3000平方米，并建设4条半自动生产线。二是牵头做好高端智造产业链招商工作。组建产业链招商工作群，建立管理台账，重点跟进推动。现有在谈高端智造产业链项目15个，计划总投资82亿元。三是全力配合全县招商后勤服务。积极做好县“五全”招商服务工作，对接各部门、各乡镇到园区招商工作70余次，2021年新增出让工业用地6块共433亩。

生态环保专项整治。一是完成《永春县工业园区规划环境影响评价报告书》跟踪评价工作，在全面总结工业园区2015-2020年园区环境影响跟踪评价基础上，提出下一轮规划环评意见及减缓措施，已送省环保厅备案。二是对榜头溪的污水问题开展集中整治活动，开展水质监测3次，现场检查20多家企业污水排放情况和设施运行情况，督促企业雨污分流，污水全部接入市政污水管网。三是与县生态环境局共同督促园区企业完善环评编制、验收和排污许可证的办理，实地检查设施运行情况，开展“静夜守护”专项整治活动。

（摘编：李元）

德化陶瓷产业园区

德化陶瓷产业园区于2012年9月12日被国家发改委确定为福建省唯一的国家循环化改造示范试点园区。该园区总面积8.98平方千米，于2006年被国家发展改革委命名为德化陶瓷产业园区。截至2021年底，园区入驻企业1920家，规上企业数量67家，创造就业岗位10万人以上，园区工业总产值183亿元，其中规上企业173亿元，实现财税收入1.6亿元。形成了以陶瓷业为主导产业的发展模式，产业集聚水平高达82%。

项目建设成效显著。园区被列入泉州市重点项目2个（城东四期古洋片区、紫洋陶瓷科技文化产业园区），县在建重点项目34个。2021年，项目建设成效显著，共推进县重点项目建设34个，完成投资133162万元（其中，财政性投资项目35382万元），完成年度投资计划的84.5%。

产业发展促进融合。园区主导产业定位为日用陶瓷、国内外工艺品、茶具茶盘等，拥有大量陶瓷行业专业技术人员。园区坚持产城融合的总体思路，依托厦沙高速、兴泉铁路德化站（在建）、德化至嵩口高速等道口区位优势，交通便利。园区建成后，将成为产业协调发展、配套设施完备、资源节约、环境友好、富有特色的新型工业园区，对于进一步实施德化县“大城关”发展战略，合理高效利用资源，改善城市形象，提升城关辐射和带动能力，建设成闽中区域发展中心，提供坚实用地保障。

招商引资积极推动。园区招商引资模式为开发区管委会协同县招商办联合做好招商工作。园区管委会凭借园区集聚的独特优势，积极扩大对外招商新路，力争引进重大招商项目，辐射带动，提升园区整体品质。

生态环保落实到位。园区内企业均采用自建地下污水管网的形式，建成后全部接入县污水处理厂集中处理。园区生活垃圾由当地镇政府环卫站负责统一清理；工业垃圾由企业出资定期运至县级垃圾填埋厂集中进行处理。园区规划建设瓷土集中加工区，建设瓷土集中加工区污水管网配套工程，将浐溪上游瓷土加工类企业集中规划进区，这样可减少浐溪源头污染，改善城乡居民生活环境。此外，园区开发建设过程中十分注重做好水土保持、绿化养护等各项工作，大力建设街边绿地、袖珍公园。园区内现有建成阳光公园、嘉裕公园、月亮湾公园，规划建设何朝宗公园等场所供辖区内群众休闲娱乐，整个园区发展环境良好。

（摘编：周少雄）

安溪经济开发区

安溪经济开发区于2006年4月经省政府批复为省级开发区，现核准面积826.22公顷，共分为六个区块，形成“一区带三园”的格局。2021年，开发区实现地区生产总值641.82亿元，比增14.6%；税收收入18.06亿元，比增19.6%；出口总额33.58亿元，比增15.5%；实际使用外资1.25亿元。

基础建设日臻完善。组织安溪县综合档案馆边坡支护、安溪凤岩保健茶有限公司项目用地边坡支护、仙苑村埔尾山佛子格角落排洪沟改造等工程施工；全面推进纵一路、横一路、纬一路延伸段、C-30至C33、C41、C34、C38地块边坡支护、1#排洪渠、污水处理厂、场地平整和泰高寨安置区土石方等工程建设。

招商引资成果喜人。2021年，城区工业园区签约福建省安华市政工程建设有限公司、福建浪川智能科技有限公司等2个投资项目，项目总投资1.5亿元以上。湖头工业园大力开展“以商招商、精准招商、产业链招商”，深化“妈妈式”服务，湖头新城片区共完成科技体育用品生产、米粉文化园、食品工厂和餐饮管理公司总部建设、红外光耦技术研发和产业化、蓝宝石衬底技改等招商签约项目。其中，科技体育用品生产、米粉文化园建设项目控制性规划及土地成片开发方案编制中，食品工厂和餐饮管理公司总部建设项目用地已报批，控制性规划编制中，红外光耦技术研发和产业化项目现约60台机台正在生产，2号厂房1楼装修工程待进场施工；蓝宝石衬底技改项目现已完成无尘蚀刻车间装修，以及水气电及供酸、上胶等辅助系统施工，首批工艺生产设备完成定位安装；LED封装改造项目相关产线已开始部分试产。龙桥工业园深入推进“项目攻坚”“大招商招大商”活动，新开工项目29个，总投资53.61亿元；谋划招商项目24个，总投资98.55亿元，签约16个，总投资58.35亿元。湖里园入驻企业26家，其中，富一锦塑胶、欣省控实业、君诺美橱柜、健为医疗、芸台科技、宝丽金、诚尔兴电子配件等15个项目已正式投产；欧叶自动化、小罐茶、明电实业、业盛电气、秦北消防、尚贸家饰等6个已动工建设。思明园入驻企业30家，其中，牡丹饲料、吉福厨具、信亿食品、古山医药、申兴商贸、启邦食品、大腾云茶业、芸茗茶业、峻源生物科技、益号茶业等23家企业已投产；翔业厨卫已进入工程收尾阶段，智途户外用品、恒桥纸箱正在进行厂房主体建设和室内装修。南方食品园入驻企业9家，其中万寿谷食品、安恒物流、腾龙水产、渔百惠食品厂房主体封顶，正在进行内外装修；港安、大发食品正在办理施工许可证。弘桥智谷（泉州）电商园入驻企业近百家，主要涉及茶叶、铁艺、家居、仓储物流等，年度交易额迫近10亿元大关，园区入驻率常年保持在90%左右。

（摘编：周少雄）

惠安经济开发区

惠安经济开发区于2021年6月经省市编委批准设立，由原城南、惠东两个省级工业园区一体化融合而成。2021年，惠东园区地区生产总值占全县的6.0%，占比增长0.01%，增速12.6%；规模以上工业增加值占全县9.0%同比虽有稍微下降，但同比去年增长11.5%；财政收入方面，税收增长4.7%，非税收入仅有一个地块进行土地清算因此有所下降；省级龙头企业与2020年持平，产业水平进一步提升达到90.2%；企业累计完成固定资产投资12.15亿元，增长6.2%，公共基础设施建设投资1.64亿元，较2020年增长7.2%。城南园区实现工业产值433亿元，固定资产投资13.5亿元。

基础设施完善提升。惠东园区地处三个乡镇交界，坚持产城融合发展理念，配套功能更加完善，针对园区生活配套不足问题，加快推进翔豪新城、金龙壹号及和亨·幸福里项目建设，新增园区公交路线站点，进一步营造宜居便企园区，对企业招工、稳工、留工等具有重要意义。城南园区对东拓片区进行控制性详细规划修编工作，将灵山工业基地纳入园区整体布局统筹规划，重新规划产业布局，适当扩大第三产业，增加居住、医疗、商业、物流、休闲娱乐及生态景观用地，适应发展新兴产业要求。

项目建设求真务实。认真组织实施“项目攻坚年”活动，抓好项目落实，实施挂图作战和项目挂钩制度，及时跟踪掌握项目建设进度，梳理解决存在问题及服务需求，确保项目能够按照时间节点完成建设进度，平稳快速推进项目建设。惠东园区累计建成工业用地4004.32亩，较2020年末增加132.35亩；2021年，园区列入县重点项目共有17个，总投资38.72亿元。城南园区11个重点项目中，双羽服饰、宇信金刚石工具等4个正在办理施工前置手续，展宏汽车项目（二期）、海丝新梦园等6个项目已经完成建设并部分投入使用，米诺纸业2亿片纸尿裤生产项目已经完成建设并部分投入使用。

招商引资精准发力。园区高度重视招商引资，采取“走出去、引进来、一把手亲自抓”的招商方式，不断开拓创新招商思路，实施精准招商，采取签订对赌协议的方式，进一步确保项目落地投产。惠东园区为加快项目落地，充分利用好园区标准厂房，引进易动力锂电池、佳泰数控等项目，实现企业拎包入驻，落地即投产，节省了项目前期建设时间。城南园区积极盘活建成区供而未用、低效利用等存量土地，采取“工改工”的方式，通过“腾笼换鸟”，重点引进和发展符合产业发展的产业链及相关配套设施项目，提高产业关联度和互补性。引导一些地理位置较好的倒闭、停产企业进行“退二进三”，建设园区服务配套。

生态环保严格执行。园区高度重视生态环保建设，严格抓好各企业环保措施落实，严格按照中华人民共和国生态环境部要求，认真落实绿色可持续发展战略。实行严格的环保制度，从项目准入、建设及生产三个环节全程把控。2021年惠东、城南两个园区均无环境污染事故发生。惠东污水处理厂做到污水全收集，日出水量3900吨左右；固废和危废处置综合利用率84.5%。

（摘编：周少雄）

南安经济开发区

南安经济开发区是2006年经国家发改委、省政府正式批准设立的省级工业园区。2020年11

月，南安市委、市政府创新园区体制机制，实行“一区多园”管理模式，设立3大产业分园区，即：智能泛家居产业园、机械光伏产业园、高端智造产业园。2021年，园区地区生产总值591.25亿元，增速10%；规模以上工业增加值249.24亿元，增速17.3%；税收收入22.22亿元，非税收入1.35亿元；产业集聚水平达84%；公共基础设施建设投资19.92亿元；企业固定资产投资83.62亿元，增速10.8%；外资企业131家，出口总额62.41亿元，增速106.6%；进口总额18.37亿元，增速32.8%。

产业发展特色鲜明。园区围绕水暖厨卫、机械装备、光电信息、石材陶瓷、日用轻工五大产业集群来建设特色鲜明的产业园区。水暖厨卫：南安经济开发区是全国发展潜力最大、配套最完整、名牌企业最集中的水暖厨卫生产基地，“中国水暖之乡”，规上产值近300亿元，3个水龙头至少1个是南安造，产品走进鸟巢、水立方、故宫。南安经济开发区·五金制品（水暖厨卫）被工信部确认为国家新型工业化产业示范基地，被国家市场监督管理总局批准建设“全国水暖卫浴知名品牌创建示范区”，水暖工业园被商务部认定为“国家外贸转型升级基地（水暖卫浴）”，入选中国百佳产业集群和泉州市九大千亿产业集群。机械装备：福建省装备制造业重点基地，规上产值600亿元。主打整装机械、通用设备、专用设备、智能装备等，有亚洲最大的针织机生产企业和国内最大的球磨机生产企业。电子信息：中国可再生能源学会产业化示范基地、南安国家光电信息高新技术产业化基地，拥有大规模光电应用产业及电子信息产业集群。其中从事对讲机及配件产销的规模企业100多家，模拟对讲机年产销量近3000万台，占全球对讲机年产量60%以上，年规模产值超20亿元。

生态环保监管到位。园区用于防治水污染的集中治理设施和在线监控设备与生态部门平台已联网，完成西区泵站应急池主体建设和园区大气自动监测站选址论证；新铺设福昌路三期、福金北路等道路的雨污管道约10公里，疏通污水管道4公里；园区内涉及的燃煤锅炉均已经改为燃气锅炉；园区固废和危废处置综合利用率达99.7%。2021年，南安经济开发区无发生一般、较大环境污染事故。

（摘编：曾文升）

泉港石化工业园区

泉港石化工业园区位于中国东南沿海、福建省中部、湄洲湾南岸，是2007年9月福建省政府批准的《福建省湄洲湾石化基地发展规划》确定的湄洲湾石化基地先导区，是福建省发展石化产业的龙头地区。2012年3月，省政府正式批复为省级经济开发区，2014年被国家发改委和财政部门确定为国家级循环化改造示范试点园区。2021年，泉港石化工业园区统筹抓好企业疫情防控和生产经营，最大限度降低疫情对企业的影响，保障企业生产平稳顺畅，全年实现石化产值1158亿元，连续3年突破千亿，税收86.1亿元，连续9年跻身中国化工园区20强，综合发展水平在福建97家省级开发区中名列第四。

项目建设大力推进。在落实疫情防控各项措施的前提下，持续深化“五个一批”，抓好签约、开工、投产三个关键环节，集中力量开展项目攻坚，大力推进石化项目建设投产进度。2021年，新开工建设国亨化学丙烷脱氢及聚丙烯、西建聚羧酸减水剂、鲤鱼尾作业区4号泊位工程及仓储工程等6个项目，总投资134.38亿元。新投产福建百宏石化250万吨/年PTA、佑达精细电子化学、新立基沥青等4个项目，总投资70.5亿元。

招商引资精准配对。园区坚持“大招商、招大商”，围绕联合石化“脱瓶颈”下游及其他深度延伸的石化产业链项目开展招商工作，推进石化产业链延伸，发挥石化基地的综合效益。现已招商引进石化企业48家，落户了联合石化炼化一体化、天原化工聚苯乙烯树脂、振戎石化等从“油头”到“化尾”较为完善的上中下游石化产业，并配套相关仓储、码头公司，服务园区入驻企业，提供港口物流服务。南山片区作为园区产业项目发展的主战场，重点规划下游烯烃、芳烃等产业链条。2021年，成功引进中国化学天辰泉港新材料产业基地、邦丽达高吸水性树脂、宇极环境友好型新材料产业化总部等7个项目，总投资

264.37亿元。其中总投资150亿元的中国化学天辰泉港新材料产业基地项目在2021年泉州市招商大会上成功签约，是泉港石化工业园区碳三、碳四产业链的关键强链补链项目，将同步拉动园区内下游企业增资扩建，并将带动泉州纺织服装、高端鞋材、管道线缆、护理医疗等行业进一步发展。另储备了联合石化二期新建120万吨/年乙烯及其下游产品、百宏化学BDO及EVA等一批优质项目。

生态环保落到实处。园区深入推进危险废物规范化管理工作，切实防控危险废物环境风险。以创建低碳片区为契机，推动园区企业循环化和低碳化改造，推进VOCs"一厂一策"整治，推进非甲烷总烃连续在线监测设备安装，开展园区走航工作，探索建立政府引导、企业协同、公众参与的园区低碳发展机制，实现园区绿色生态发展、循环低碳发展。按照"减量化、再利用、资源化"的原则，始终坚持园区内石化产业间的循环协调，进一步完善产业链的延伸，加强废弃物的综合回收利用，实施完成"火炬气回收利用"、"干气回收利用"和"失效催化剂资源回收利用"等16个循环化改造项目，顺利通过国家发展改革委、财政部关于2021年园区循环化改造示范试点和"城市矿产"示范基地验收。

（摘编：林汇智）

泉惠石化工业园区

泉惠石化园区位于中国福建省泉州市湄洲湾南岸。园区作为省级经济开发区、是福建省湄洲湾石化基地的重要组成部分，也是海峡西岸经济区发展石化产业的重要载体。截至2021年，泉惠石化工业园区已累计完成固定资产投资1204.16亿元、实现规模以上工业产值4581.26亿元、实现税收364.76亿元；其中2021年完成固定资产投资42.05亿元，实现规模以上工业产值1015.78亿元，实现税收64.8亿元。

基础设施配套完善。园区始终对标国家级临港石化基地标准，按照产业项目、公辅设施、物流传输、安全环保、管理服务"五个一体化"模式，致力做优载体平台，提升园区品质。园区从开发建设以来，累计投入近80亿元集中建设了绿化、防洪、道路、供水、供热、供电、供气、应急救援、污水处理、一般固废填埋场、工业废物综合处置、公用管廊、码头、天然气管网等公用工程项目，形成集约使用的公用工程和物流运输体系，最大限度地发挥了公用配套设施大型化、规模化的优势。同时，充分发挥惠安海岸线长、港阔水深的天然优势，加大公用码头和仓储的开发建设，配套扩建化工原料和产品输送的公用管廊。大力扶持二、三产业融合，加快规划石油化工产品交易中心项目的建设，以满足石化工业原料及产品日益旺盛的交易需求。另外，围绕"产城双轮驱动"的发展思路，打造"产城人"融合，开展园区周边空间拓展研究，加快生产服务业发展规划，引导研发检测中心、金融服务、信息中心、培训中心等生产性服务业落户周边镇区，提升园区的科研、商服配套能力，满足园区职工基础的就学、医疗、居住、消费等需求。

产业发展精准发力。近年来，园区以中化炼油、中化乙烯为龙头，依托临港靠海、产业基础等优势，大力打造石化产业板块。一是促龙头。紧盯中化集团，积极推动和落实省、市政府与中化集团签订的各项战略合作协议，全力做好中化龙头项目的服务协调工作，力争中化集团在园区的累计投资额达2000亿元以上。目前，入驻园区的中化龙头项目主要有：①中化1200万吨/年炼油项目，建设19套炼油生产装置及配套码头仓储设施，主要生产煤油、汽油、柴油、聚丙烯等产品，占地4636亩，总投资300亿元，项目于2014年7月建成投产。②中化100万吨/年乙烯及炼油改扩建项目，建设常减压装置扩建至1500万吨、100万吨乙烯、80万吨芳烃、20万吨乙烯-醋酸乙烯共聚物等装置，占地6600亩，总投资325亿元，项目于2020年9月建成投产。二是筑链条。按照"少油多化"原则，以中化炼油、乙烯原料为依托，加快石化上中下游产业链条填平补齐，重点发展高性能新材料、精细化工、化纤三大产业，打造产业链"闭合圈"，让"高峰"变成"高原"。目前，已引进总投资约200亿元的28个中下游及配套项目，并与中化园区公司建立了联合招商机制，加大产业链招商力度，一批关联项目正在洽谈。这些项目的入驻有效补齐园区炼油、烯烃、芳烃产业链条，构筑了乙烯、丙烯、碳四、碳五、苯、碳九、对二甲苯（PX）、环氧乙烷（EO）等10条产品链，形成以中化炼油为龙头，石化中下游项目为配套的石化产业链条，实现央企、民企和外资企业耦合发展、产品项目一体化建设。预计至2035年可实现工业产值超2000亿元、税收超200亿元规模，建成具有国际竞争力的石化产业基地。

生态环保多措并举。一是严格环境准入，园区于2015年委托福建省环境科学研究院编制规划环评，于2016年12月份委托天津大学城市规划设计研究院编制安全控制区专项规划，并在2018年2月获市政府批复，确定园区用地界线、外部安全防护距离界线、环境风险防范界线“三线”，把好源头关，对入园项目从产业政策、工艺技术先进、清洁生产、污染物排放总量控制等方面严格审核，有效推动企业建设绿色供应链，实现整区绿色发展。二是健全监管机制，严格落实环保安全“党政同责、一岗双责”，建立企业“一企一档”、第一时间通报等制度，实现信息互通共享，及时掌握企业环保安全状况变化情况。三是严格排污监管，园区企业产生的污水经预处理达到接管要求后进入运水处理厂集中处置，对处理达标后的废水作进一步深度处理、加工和净化，实现达标排放；严格大气监管，2017年投资813万元在园区下风向建成3个大气环境自动监测站，2020年投资1724万元建成园区有毒有害气体环境风险预警体系项目，在园区内部11个站点布设传感器等硬件设施，构建全覆盖的“预警监测网”，实时掌控园区环境情况，对园区企业排放的废气进行在线监测及重点整治；同时鼓励企业采用先进的环保技术装备，实施清洁生产技术改造，减少硫氢等物质对环境的污染。

（摘编：林汇智）

泉州半导体高新技术产业园区

泉州半导体高新技术产业园区是福建省级高新技术产业园区，由晋江集成电路产业园区、南安高新技术产业园区、安溪湖头光电产业园区等3个园区整合而成，总规划面积1480.9102公顷。2021年，管委会按照“抓点串线建园带面”的总体思路，加速推进泉州市半导体产业成形成势，深度推动海峡两岸集成电路产业合作试验区建设，年内规上企业实现产值209.2亿元，同比增长85.1%。新增半导体签约项目13个，总投资规模76亿元。全市半导体产业集群列入福建省首批战略性新兴产业集群名单；园区在2020年度全省开发区考核评价排名进一步提升至第17位，其中科技创新指标排名全省第4位，管理服务指标排名全省第5位。目前，园区累计引进项目54个，计划总投资1314亿元，拥有晋华（总投资370亿元）、三安（总投资333亿元）、渠梁（总投资102亿元）等投资额超10亿元项目10个。现有规上企业13家（其中营业收入超亿元9家）、高新技术企业15家、科技型中小企业3家、外商投资企业18家，年内完成产业项目投资131亿元。

基础建设日臻完善。2021年，完成基础设施投资51亿元，同比增长28%，累计完成投入209亿元，晋江分园区科学园、南安分园区主次干道相继建成通车，园区污水处理等配套设施建成投用。一是持续推进南安科创中心、联东U谷半导体科技产业港、晋江邻里中心及安溪园区二期标准厂房等项目，加速打造项目空间载体。二是扎实开展园区标准化建设工作，安溪分园区二期内规划建设的“安溪芯园”纳入全市标准化建设试点工业园区。三是公共服务设施不断健全，芯谷七星湾人才房项目及其配套幼儿园已完成竣工验收，芯人才之家建成投用，南安一中奎霞分校、南翼实验小学等5所中小学项目正办理相关手续，台湾人才之家开工建设，芯动家园项目完成设计方案编制。

项目建设提质增效。三安项目是国内化合物半导体产业龙头企业，填补我国在大功率氮化镓激光器、射频滤波器及功率半导体等领域的空白，目前氮化镓、砷化镓、特种应用封装、滤波器等项目已投产并逐月提速释放产能，全年完成产值40.1亿元，同比增长213%；渠梁项目高端封测领域国内技术领先，一期已满产，二期已通过国家“窗口指导”，三期正同步规划中。晋华项目是国内领先的存储器芯片制造生产线。中石光芯项目持续放量，年度产值达 2.7 亿元，已实现 25G DFB 光芯片量产，打破国际垄断。晶安光电项目是全球最大的蓝宝石衬底企业，年度产值达 42.6 亿元。天电光电项目大功率封装技术和产能国际领先，年度产值达 28 亿元。慧芯项目一期主体建筑已完成，正在进行车间装修及设备安装。宏芯项目已完成海外流片，正在进行设备安装调试。

招商引资成果喜人。园区聚焦上下游产业链开展招商，会同泉州市发改委等市直单位、丰泽区、石狮市、晋江市等县（市、区）、市金控集团等金融机构，邀请国家特聘专家廖廷俤等产业专家，组建“政府+专家+项目”信任链条，多次组织前往深圳、合肥、西安、北京等地开展招商活动，取得积极成果，年内洽谈项目 72 个，总投资超 110 亿元，签约项目 13 个，总投资 76.3 亿元，落地开工项目 8 个，总投资 75.3 亿元，促成渠梁二期、胜科纳米、元谷波场等项目签约落地。招商经验获市领导充分肯定，管委会主要领导受邀在全市招商大会作招商经验分享发言。

（摘编：林汇智）

三明开发区概况

三明高新技术产业开发区（尼葛园）

三明高新技术产业开发区（尼葛园）是1992年6月经福建省政府批准设立，2007年3月经国务院审核通过保留的省级开发区，2015年2月经国务院批复升级为国家高新技术产业开发区。2021年，三明高新技术产业开发区（尼葛园）完成规模以上工业产值144亿元，比上年增长12%，市里纳入园区核算税收额2.35亿元。实现税收实得1.46亿元，比增48%左右。园区通过中国质量认证中心管理体系认证，荣获全省首批“绿色开发区示范区”、省劳动关系和谐园区、三明市文明单位等荣誉。2021年园区被评为年度绩效考评二等奖，“五比五晒”二等奖、重点工作先进团队、平安建设先进单位。

项目建设有力推进。作为全市项目建设的主阵地，按照工作项目化、项目清单化、清单责任化的总体要求，采取挂图作战、序时列表、帮扶督导等措施，持续深化“五比五晒”“项目攻坚年”活动，园区五比五晒实现晋位提升。科宏生物健康产业项目作为全省开竣工现场连线和三明市“项目攻坚年”现场交流推进项目，投资6亿元的中科宏业有机碳酸酯项目在6.18海交会集中上台签约；聚明德项目在9.8投洽会上集中签约；有8个项目列入三明市重点跟踪项目，投资增长点项目科宏生物、华药生物进度超前，实现投资额度和形象进度“双确保”；GDP增长点完成累计完成30.88亿元，新增7.7亿元，增长33.2%，超额完成新增3.1亿元目标任务。已完成入库9个项目开工（科宏、华药、昌盛、君浩、恒丰开关、中泰、顺发科技、劲美生物、建兴设备），4个项目竣工（中瑞装备、固体硅酸钠、钛多彩板、昌盛竹制品），超额完成5个开工，3个竣工任务数。新增规模以上企业3家，新增固投项目入库4个（科宏生物、华药生物、顺发科技和中泰纺织），入库固投数10.23亿元。

产业发展以点带面。培育扶持园区建新轮胎、科宏生物、信明橡塑、中科宏业等龙头企业做大做强，通过龙头企业带动集聚主导产业。编制完成《尼葛开发区产业发展规划》，重点发展橡胶、纺织新材料、化工医药等产业。一是做强橡胶产业。利用建新、信明橡塑富余炼胶能力，招商对接橡胶内胎、垫带等橡胶深加工项目，努力形成橡胶全产业链条。二是提升传统产业。以纺织新材料、林竹加工为重点，引导现有传统企业转型升级，提升自身竞争力。三是集聚化工医药产业。完成北部新城“化工及生物制药集中区”认定工作，以科宏生物、华药生物、顺发科技等项目建设为重点，加快项目建设进度，集聚化工医药产业。

招商引资成效显著。落实“招商地图工作法”，理顺招商主攻方向，突出谋划、对接、服务三环节，创新招商引资方式，围绕主导产业开展产业链拓展招商，紧盯沿海发达地区开展以商招商，依托资源优势开展定向招商，成效明显。对接国务院《关于新时代支持革命老区振兴发展的意见》，新增谋划项目12个（10个工业项目2个基础设施项目）；先后10多次到福州、晋江、南京等地开展小分队招商，完成招商签约建新内胎、昌盛工贸、热熔胶、君浩包装桶、德森光伏、华电永安发电公司7#机组改造项目、分布式光伏、中盛宏业、聚明德、华电入厂煤智能验收系统等10个项目，招商备案申报16.96亿元。

生态环保专项整治。园区异味扰民问题列入中央环保督察反馈问题，省、三明、永安等各级领导对中央环保督察问题整改十分重视，多次到尼葛现场指导和调研，指导制定实施方案，贯彻落实上级领导指示要求，按照“精准溯源、科学施治、清单销号、合力推进、标本兼治”的工作思路，坚持党政主导、部门主管、园区主责、企业主体、群众主评，扎实推动环保问题整改。园区投资2000多万元，建成尼葛污水厂废气收集、16个大气特征因子自动监测站、1个背景站等一批环保基础项目，初步建成异味污染溯源监测体系；企业先后投资3000多万元，配套建设73套废气处理设施；专门设立环保工作站，实施6期精准治污，排查整改77个问题。持续实行每天昼夜“双巡查”制度，领导干部带队不定时夜间蹲点行动，推进企业精细化管理，累计巡查1100余次，出动3300余人次。6月21日华东督察局、7月26日省第三方监督评估组分别到园区现场督查第二轮中央环保问题整改和信访投诉情况。直面园区环保投诉异常反弹问题，采取入户走访、昼夜巡查、现场蹲点、约谈企业等方式，抓好环保整改落实，环保投诉已大幅下降。目前正在推进异味整改交账销号。

（摘编：林汇智）

三明高新技术产业开发区（金沙园）

三明高新技术产业开发区（金沙园）由金沙园和金古园两大工业园区组成，总规划面积93平方公里。2021年，高新区规上企业实现产值708.62亿元，同比增长10.7%，实现工业增加值54亿元；用电量30415万千瓦时，比增11.8%；限上贸易商品销售额13.71亿元，比增30.7%；实现企业税收2.26亿，完成固定资产投资21.34亿元。“五个一批”累计完成谋划48个、签约28个，开工20个，投产14个，增资4个，超额完成全年目标任务。

项目建设赶超进度。全年完成投资38亿元，占年度计划的111%，新开工项目9个，新投产项目21个，中钛启辰、开诚、三重阀门、乐敏、金杨、华饮等21个项目超序时进度；金瀚重工、送变电等33个项目达序时进度。

招商引资常抓不懈。采取“走出去、请进来”方式，以长三角、珠三角地区以及省内沿海地区产业项目为重点，发扬“四千”精神，推动一批项目签约。开展“一把手”招商，重点对接高端装备、新能源动力锂电池、5G电缆项目、体育器材用品项目，以及上海中合汇集团建材产业链项目、正威国际集团稀土永磁产业园项目、深圳宝安集团生物医药项目、国潮富民预制菜及调味料、薯多多小吃食品供应链等。开展以商招商，发挥海西分院、金杨科技、天中纳米等龙头企业及招商顾问作用，对接电液伺锻压装备项目、井杨新能源光伏外资项目、科飞新型民爆及军工产业链合作项目、纳米二氧化钛项目。开展平台招商，主办沙县区—南安市机械制造企业产业链深化融合对接会、6·18中国食材订货节（沙县）专场招商会、“6·18海创会”沙县招商专场，以“数字中国”峰会、“9·8”投洽会、中关村“创新中国行”、“上海进博会”、“12·8”小吃文化旅游节为平台，推动项目签约落地。2021年，共签约引进项目33个，外资实际到资957万元。

（摘编：林汇智）

三元经济开发区

三元经济开发区于2002年12月经三明市人民政府批准设立，2006年5月经国家发改委审核，福建省人民政府正式批准为省级经济开发区。2021年，开发区规模以上企业96家，龙头企业20家，实现规模以上工业总产值454.16亿元，规模以上工业增加值8.9亿元，增幅17.2%；规模以上企业创造税收2.36亿元。

基础建设趋于完善。2021年，园区基础设施配套项目64个，完成泉三高端装备产业园一期三批次53公顷平台开发，平台平整约40.7公顷；完成市政道路A线道路885米；B线道路已完成路基碎石层1437米；完成黄砂氟橡胶地块土石方平整工作；小蕉工业园小微创业园二期土石方平整；明州一路边坡项目；吉服化工至宏力钢构道路改造项目；黄砂园三农至191挡墙南侧污水管应急抢修等项目。

招商引资有序推进。2021 年，开发区管委会列入三元区“百日攻坚赛场练兵”行动中项目 12 个，其中 7 个已投产，其余 5 个项目中，1 个项目试生产，4 个项目有序推进；泉三高端产业园总投资达 60 亿，用地需求 80 公顷，达产后可实现年产值约 66 亿元，已完成土地摘牌并投入建设 10 家，其中投产 6 家，在建 4 家。

（摘编：陈闽声）

尤溪经济开发区

尤溪经济开发区是 2006 年 4 月经国家发改委审核公告的省级开发区。开发区控制性规划面积 60000 亩，即 40 平方公里（含将新规划 30000 亩城南园），分为城西园、埔头园、林坑园、城南园、仙山园、生态园等若干个工业园区。2021 年，尤溪经济开发区新上规模企业 2 家，园区 44 家规上企业完成工业产值 203.02 亿元，同比增幅 11.3%；规模以上工业用电量达到 7.24 亿千瓦时，同比增长 11.1%，占全县规模企业用电量的 77.6%。

项目建设要素保障。抓住项目审批及供地等关键环节，推动康运实业蕾丝花边面料、佳宇纺织配件、格利尔印染、德坤织染、创益织染、华扬纤纺、华达茶叶、富瑞热电和旭源纺织等项目加快厂房、宿舍楼、办公楼等施工进度，其中旭源纺织一期建成投产。

招商引资重点围绕。采取以商招商、以产业链招商的方式，充分发挥招商顾问作用，坚持走出去请进来，主动承接沿海发达地区产业转移，挖掘本地优秀产业项目，积极对接高端民用布织造、染整及成衣织造等补链强链项目，策划生成一批科技含量高、产品附加值高、财税贡献率高、辐射带动能力强的“三高一强”储备项目清单。2021 年 7 月以来，新签约宏昌纺织服装面料布项目、氨纶纺织、成衣织造、厦门通耐高端刀具及装备产业链智能制造基地、苏州玉立年产 10 亿米高端差别化面料织造及后整理、自动化家具配件定制生产等 8 个项目，总投资 30 亿元以上。

生态环保持续推动。2021 年春节来临之际，安环科和工会共同举办了以安全生产、新冠肺炎、民法典为主题的宣传教育活动。通过安全生产警示教育会、约谈会和安全生产布置会等要求各企业张贴安全生产法宣传标语。安全生产月制作了宣传横幅 15 条、有限空间宣传图册 500 多份发给企员工进行宣传学习，制作安全生产展板 68 块悬挂在各企业的显要位置。此外城南污水处理厂提标改造可研报告已获批、《城南园印染企业工业废水排放标准论证报告》7 月 9 日通过专家评审。

（摘编：郑平名）

泰宁工业园区

泰宁工业园区系 2006 年 3 月经省政府批准设立的省级开发区、4 月经国家发改委审定为省级工业开发区。2021 年，泰宁工业园区实现地区生产总值 48.83 亿元，比增 4.1%；税收收入 4034 万元，比增 5.8%；区内企业固定资产投资总额 6.57 亿元，比增 29.7%；出口总额 2.07 亿元，比增 39.3%。在省开发区综合发展水平考核评价中，泰宁工业园区居全省 38 位，并在 23 个省级扶贫开发工作重点县中排名第 1 位。

项目建设不断推进。2021 年，持续加强园区道路、污水管网和消防设施等基础设施建设，不断提升工业园区的产业承载力和招商吸引力。2021 年，共投入资金 200 万元，实施园区至高速互通口连接线、大洋坪二路 E、F 栋生产厂房消防、污水管网堵塞修复等工程建设，建设道路 218 米，边挡土墙 1700 立方米；新增消防管网 1060 米，消防栓 28 组，布设电力线 7000 米，应急灯 68 盏；清理七期道路污水管网 215 米，检查井 8 个，沉砂池 1 个。同时，推进公共服务平台建设，策划生成山海协作产业园和朱口龙湖工业园综合提升项目，计划总投资 10.3 亿元，拟在园区布局综合服务中心、商贸中心、标准化厂房及孵化中心、物流仓储中心等公共服务设施。目前，部分工程项目已完成规划设计，将着手开展手续办理、招投标等工作。

招商引资有效促进。2021 年，共引进日木新型建材、佳宏纺织、竹泰智能装备、灏源木业、太林木业等 5 个项目和企业落户园区，推进深圳银星绝缘子电气化铁路器材生产和“镇冠”草本植物饮品2个重大项目签约。坚持实行项目帮代办“店小二式”服务，高效率推进项目进度，有效促进新引进的5个项目全部年内完成投产。

生态环保精细管理。2021年园区加强生态环境保护工作，投入资金10余万元，实施大洋坪工业园绿化和泰宁工业园环境卫生整治等工程项目，绿化面积4800平方米、植树430棵，维护公共环境卫生面积约12万平方米，并组织开展环保巡查100余人次，发放企业整改通知10余份，着力建立整洁、和谐、美丽园区。

（摘编：郑平名）

宁化华侨经济开发区

宁化华侨经济开发区1999年6月经省政府批准设立，2005年12月第一批通过国家发改委审核公告。开发区总体规划面积28平方公里，包括城南工业园、莲塘食品加工园、生物产业园和城南化工工业集中区“一区四园”。2021年，宁化华侨经济开发区新增落地项目12个，新增规上企业5家，累计入驻项目85个，其中规模以上36家，完成工业产值76.8亿元，同比增长24.8%，占全县工业产值36.8%；上缴税收5730万元，同比增长48.4%；工业用电1.43亿度，同比增长6.7%；现有员工5530人。

基础建设完善配套。2021年，扎实推进各园区开发建设，完善园区水、电、路等基础及配套设施建设，为企业落地提供发展空间。河龙贡米产业园（二期）主体建设完成，总建筑面积6万平方米的智能制造产业园启动建设，完成江背路、园区二路等道路1公里挡土墙建设，实施白色家电产业园、元仲路等区域绿化及亮化工程，打造优质、健康、卫生的工作生活环境，提升园区整体形象。

招商引资精准发力。2021年，开发区按照宁化县招商引资地图，围绕智慧家电、新兴材料等主导产业，实行一把手招商制度，前往青岛、浙江、苏州、福州、厦门、深圳、东莞等地开展招商活动12次，签订投资意向项目22个。纳新有机硅、固泰有机硅、拓普斯、滑雪杆、环成鞋业、纳福硅油、朝达家具、天翊硅油等12个项目入驻园区，总投资达19.5亿元。其中纳新有机硅、固泰有机硅、拓普斯、滑雪杆、环成鞋业、骏良体育、正鑫模具、轻科新能源等8个项目已实现当年落地投产。

（摘编：林汇智）

将乐经济开发区

将乐经济开发区是经国家发改委审核确认，2006年8月省人民政府批准设立的省级经济开发区，规划总用地面积1280公顷。2021年，将乐经济开发区企业共111家，已经落户投产企业共82家，其中积善已投产企业63家、北郊已投产企业19家、在建企业23家、停产6家。企业完成工业总产值176.67亿元；完成企业固定资产投资10.47亿元；完成税收2.28亿元。新增规模以上工业企业7家。

基础建设完善配套。①完善园区道路路网结构：投资2700万元建设积善工业园河滨路市政道路工程第一期A标、B标段工程，A标段全面竣工完成验收，B标路基整形，第二期完成规划并着手地勘勘察。②提升污水处理能力：投资1800万元建设积善新区污水处理厂（第三期）及配套管网工程完成竣工验收；针对污水处理厂第一期、第二期工艺出水不稳定，色度高的问题，多方咨询最优方案，12月底第一期技改完成100%。③第四期征迁地块场平工程及道路建设：第四期土石方SQ2地块土方完成100%；四期主干道与南滨支路路线进行规划完成前期准备工作并组织开工；排洪渠完成施工并组织结算审核工作。④生活商服配套：投资3600万元建设积善工业园区PPP项目商服区商服中心、5栋公租房已全部完成竣工。⑤轻合金产业园建设：研发楼B栋、C栋、D栋附属工程完工并组织结算审核。

项目建设加速推进。2021年，落实重点项目代办和企业零距离服务，加快项目建设审批办证，帮助协调解决困难、问题，促进在建项目早投产、投产企业早达产项目23家。加快推进中科金属、久策气体、富远铝业、方岩改性重钙、桂垚方解石深加工、盈美新材料等15家在建项目建设进度。到年末建成投产或部分投产项目有创明钛业、乐信包装等项目。截至年底，开发区企业共 111 家，已经落户投产企业 82 家、在建企业 23 家、停产 6 家。

招商引资卓有成效。2021 年，重点抓好半固态轻合金、精细化工等产业链招商，重点打造轻合金特色产业。开发区签约 10 个项目，签约额为人民币 15.25 亿元，分别是：集中供热项目重组，总投资 0.65 亿元；农产品深加工项目，总投资 1.4 亿元；手机锂电池项目，总投资 0.6 亿元；桥梁预制厂建设项目，总投资 0.8 亿元；工业新型铝型材生产项目，总投资 1.5 亿元；危废包装物再生利用项目，总投资 2 亿元；方解石深加工超微细重质碳酸钙粉体功能新材料生产项目，总投资 4 亿元；改性重钙母粒生产项目，总投资 3 亿元；羽毛球拍、网球拍项目，总投资 0.3 亿元；将乐经济开发区数字经济产业园项目，总投资 1 亿元。

（摘编：李元）

三明经济开发区

三明经济开发区（海西三明台商投资区）于 2009 年 9 月开始筹建，2010 年 12 月 31 日，福建省人民政府批准设立省级三明经济开发区。2021 年，园区新增规上企业 2 家，工业总产值 53.61 亿元，同比增长 11.4%；完成税收 0.94 亿元；规模以上企业技改增资 1.42 亿元；企业固定资产投资 10.06 亿元，同比增长 59%以上；完成基础设施固定投资 4.64 亿元，同比增长 130.4%以上；工业用电量 2.41 亿度。

项目建设围绕重点。围绕“强龙头，铸链条”，大力培育厦钨新能源、三化元福新材料两个百亿龙头企业。三立福项目完成一期厂房封顶，台氟项目完成土地出让和施工图审查，中州新材料项目已完成土地出让、地勘、地块强夯，悦淳项目完成土地出让、施工图审查、地块强夯，润祥项目已完成土地出让和地勘作业，钢联项目已完成项目建设并完成年工业产值 1650 万元。

产业发展精准发力。三明经济开发区吉口产业园是福建省稀土战略布局“一龙头、两园区”中的两园区之一。重点发展稀土新材料、新能源电池材料及氟新材料产业。现已形成氟化工新材料、新能源新材料、水泥制造、重竹加工等产业。稀土新材料产业方面。三明稀土资源丰富，主要为离子吸附型稀土，全市稀土氧化物储量 200 万吨以上。2012 年三明稀土工业园（吉口新兴产业园）开工建设，集中建设稀土分离中心，重点打造稀土磁性材料、发光材料、储氢材料、催化材料、稀土合金、稀土陶瓷、稀土助剂等产业链。新能源（锂电池）产业方面。三明市萤石、石墨等资源在全省乃至全国占有重要地位，锂电池上游正极材料、负极材料、电解液等产业配套齐全，下游应用需求旺盛，发展新能源（锂电池）材料有良好的基础。吉口新兴产业园重点发展以锂电池在新能源汽车、消费类数码产品等领域应用为方向，向上下游延伸，满足中、高端市场的需求。含氟新材料产业方面，三明市已形成从萤石→氢氟酸→F22→四氟乙烯→六氟丙烯→六氟环氧丙烷→六氟异丙基甲醚→吸入式麻醉剂（七氟烷）的氟化工主产业链，实现资源就地深加工、就地转化的愿景。在现有产业基础上，重点发展绝缘材料、注塑和挤塑制品、纤维增强材料，并努力扩大含氟新材料的品种范围，拓展应用空间延伸产业链。

招商引资成果显著。2021 年，工业项目签约 5 个，投资超过 10 亿元的项目 2 个，总投资 88 亿元。先后引进中州新材、润祥新材等多个氟化工产业链上下游关联项目，产品种类超过 100 种。在工业生产型企业的基础上，引进物流、贸易、建筑等类型服务配套企业 36 家，为做好园区重点产业和重点企业的生产性配套服务提供坚实保障。

生态环保推动落实。积极践行绿色发展责任，严格做好园区企业环评准入工作，同时结合吉口村区位与开发区产业发展特点，以生态产业化创新发展作为具体突破口和着力点，发展光伏发电产业，推动绿色园区建设。

（摘编：游永贵）

三明现代物流产业开发区

三明现代物流产业开发区是由三明市和沙县两级政府共同投资创办，2006 年被省政府列入福建省“十一五”现代物流业发展十大专项规划重点建设项目，是一个集加工配送中心区、多式联运中心区、物流中心区、综合服务区为一体的综合性功能区，是一个集物流基础设施建设、物流企业发展、依托物流进行产业开发的综合性开发区。2021年，三明现代物流产业开发区共实施重点项目30个，完成投资约35.06亿元，超年度计划68%；完成固定资产投资约6.02亿元，同比增长26.2%；实现税收约2.6亿元，同比增长509%；三明陆地港全年完成进出口集装箱28926个标箱，同比增长19%，累计货值约53922.72万美元，同比增长17.3%。

项目建设扎实推进。认真落实“两单一表”，实施挂作战图，实行一月一调度，扎实推进各重点项目建设，所有项目均按“四保”要求扎实推进。截至年底，市第一医院生态新城分院项目门急诊大楼、医技综合楼、行政后勤科研综合楼、住院病房大楼、人才公寓均已封顶，正在进行砌体工程施工。市委党校迁建项目办公区及宿舍生活区均已封顶，正在进行装修工程施工。三明生态康养城项目康养公寓和康养配套已封顶，正在进行室内装修，康养住宅累计销售房源4132套；项目一期、二期工程均按序时进度有序推进。市档案馆项目主体结构已封顶，正在进行砌体工程施工。市疾控中心建设项目主体结构已封顶，正在进行幕墙工程施工。三明市生态新城学校项目校前广场、操场基底施工及地下室主体结构完成，正在进行主教学楼主体工程施工。

产业发展围绕重点。开发区着力打造生态康养、教育培训、商贸物流、数字经济四大产业：一是依托三明市第一医院生态新城分院、三明生态康养城、如意湖湿地公园，集医疗、颐养、教育、休闲、娱乐等完善资源，发展生态康养产业；二是依托市委党校、三明职教园、三明北大附属实验学校等，建设全省先进教育示范区，发展教育培训产业；三是依托三明陆地港、三明生态文化广场、明城新城广场等，做大做强圆通、韵达等物流企业，发展商贸物流产业；四是依托三明·中关村科技园创新网络和高端产业资源，结合三明资源禀赋和产业发展需求，发展数字经济产业。

招商引资精准对接。园区成立三明生态新城五个方面招商工作专班并印发《实施方案》，明确目标任务，落实责任到人，营造人人招商的浓厚氛围。依托三明·中关村科技园区域协同创新资源优势，探索“数字医疗+数智红谷”产业体系发展路径，大力发展电子商务、智能互联、生命健康等产业，深入北京、深圳等地开展创新中国行、京闽创新汇等各类招商活动38场次，对接360、科大讯飞等企业500多家次，促成园区注册企业104家，注册资金超7亿元，常态化办公人数超500人，基本实现“一年打基础”的阶段性目标，产业集聚效应初步显现。

（摘编：游永贵）

建宁经济开发区

建宁经济开发区位于建宁县城北部，总规划面积为15.27平方公里。于2011年8月由省政府批准升格为省级经济开发区。截至2021年12月，建宁开发区已开发建成面积2.95平方公里，其中建成工业用地2.37平方公里。共有入驻企业45家（其中：投产企业38家，规模以上企业27家，在建企业7家）；2021年实现工业总产值64.96亿元，税收0.31亿元。初步形成特种造纸、食品加工、林产、机械装备制造等四大产业。

项目建设精准发力。开发区现已落地三个重中之重项目，一是建浦机床年产8000台高端数控机床全产业链生产建设项目。总投资5亿元。预计可实现年工业产值10亿元，税收5000万元左右。目前完成厂房主体施工，正在进行场地硬化、设备已定购，确定生产线布局。完成用电用水开户申请和专变实施方案设计。二是建宁县云杉纺织年产40万锭多功能差异化纱线混纺项目。总投资12亿元。项目全部建成投产后，年产40万锭混纺纱线，年实现工业总产值13亿元，年创税约3500万元。解决就业岗位980个。目前一期项目建设综合楼、宿舍楼、食堂、厂房等4栋建筑，总建筑面积约4.2万平方米，已完成主体施工，正在进行内外装修，设备已陆续到场安装调试，预计2022年6月份点火试产。三是奥晟科技机械设备配件加工产业园建设项目。总投资5亿元。该项目2021年

12月7日完成签约，目前完成签约、企业注册、备案，一期土地已挂牌。已完成用地降标高平整工程及确定设计方案，正在做地质勘察及办理开工前相关手续。项目建成达产后，可年产12万件（套）机械设备配件等产品。预计实现工业年产值10亿元，税收0.5亿元，可提供约100个就业岗位。

招商引资常抓不懈。开发区把招商引资作为“重中之重”工作为抓手，牢固树立“招大商招好商”的意识，按照“大项目—产业链—产业集群—循环经济工业生产基地”的思路，依托大项目培育关联配套产业，促进企业集聚和产业链延伸，使园区产业链以及产业间的相互协作。重点发展：通用设备制造业、电气机械和器材制造业、食品制造业、金属制品业等符合国家产业发展政策的产业。现已引进建浦机床、铖盛通用机械、佰川数控、奥晟科技、云杉纺织、恒冠新材、和骏工业、味薷跳动、金博旺环保科技、绿田退城入园等一批好项目落户园区。

（摘编：李元）

明溪经济开发区

2011年8月省政府批准明溪经济开发区为省级经济开发区。开发区位于明溪县城关东北侧约3公里处，以306省道为基准，分为南、北两个分区，规划总面积约10.22平方公里，其中工业用地6100多亩。2021年，园区企业完成规上工业总产值87.03亿元，实现税收1.88亿元，同比增21.4%和30.8%；开发区三新产业完成规上工业总产值47.89亿元，实现税收1.59亿元，同比增长46.6%和31.4%，产值、税收占比高达55.0%、84.6%。现入驻企业67家，其中规模以上企业39家，高新技术企业10家，上市企业3家。

项目建设有序推进。一是基础设施方面。开发区实施标准化园区建设项目17个，累计完成投资10652万元。完成智慧园区监管平台、医疗救护站、事故应急池等12个化工园区补短板基础设施建设项目建成投用，特勤消防站、危化停车场、工业污水处理厂二期等项目正在加快推进中。二是项目建设方面。常态化开展“访、解、促”专项行动，持续抓好“五比五晒”“项目攻坚年”重点项目跟踪服务，及时协调解决项目落地、建设、用工等困难问题150余个，全力推进海斯副四期、瑞博奥、导洁水处理剂、紫杉园抗肿瘤药物迁建项目、科顺防水新材料、熙华药业产业园等12个重点建设项目，旻和含氟核苷类中间体、福瑞明德医药中间体、南方二期、格林韦尔（NMP）提纯等四个项目建成投产。

生态环保双管齐下。一是应急保障方面。建成安全环保应急智慧管理中心，接入企业“两重点一重大”实时在线监测监控相关数据、关键岗位视频监控、安全仪表等异常报警数据，实现对化工园区内重点场所、重点设施在线实时监测、动态评估和及时自动预警。二是制度方面。建立健全《园区封闭化管理制度》《安全风险分级管控制度》《承包商管理暂行规定》等10项制度规定，科学调整化工园区特征污染物名录库，综合运用人防、物防、技防手段，强化事故隐患排查整改，全年开展安全、环保隐患排查223家次，严格实行闭环管理，确保风险可控、隐患消除。

（摘编：林汇智）

大田经济开发区

大田经济开发区于2008年设立，2012年经省政府批准升格为省级开发区。开发区位于大田县城东部的华兴乡京口村境内，规划面积7560亩，其中工业用地4018亩，办公、服务设施用地940亩，道路、公共绿化用地2602亩。2021年，大田经济开发区规模以上工业产值66.53亿元，同比增长39.8%；规上企业用电4.25亿千瓦时，增长17%；企业新增固定资产投资14.91亿元，增长64.9%；实际利用外资140万美元；税收5005万元。

基础建设完善配套。进一步完善基础设施，京口工业园方面，新增一台日处理6000吨净水器投入使用、集中供热进行试运行，新增2000平方米消防站训练用地。上京工业园方面，2021年近期用水工程于3月投产、上京园二标段道路及管网于5月竣工、110kv变电站于10月份竣工投入使用；污水厂、职工公寓等配套设施正在有序建设；

罗丰工业园方面，完成110kv线路工程建设并投入使用；罗丰大道、污水处理厂、供水厂等设施正在有序建设。

项目建设推动落实。以提升项目转化率为目的，制定了领导牵头、专人负责的服务机制，通过问题数字化、进度图文化的形式开展“亮、晒”服务活动，每周通报项目服务成效，形成比学赶超的浓厚氛围，推动项目问题逐项、限时解决，推进项目早建设、早投产。2021年来，落地转开工项目15个，开工转投产项目10个，其中晟兴、英仑陶瓷开工后半年内实现投产、3.2万㎡生产生活配套设施仅用时4个多月完成主体封顶，跑出了园区项目建设“加速度”。协助大田京泰能源公司做好京口工业园集中供热项目排污权购买，为企业节约资金1365万元。

招商引资靶向施策。根据各园区自身产业定位，加快主导产业招商，有选择地引进一批符合园区发展方向、有利于产业集群发展的大项目、好项目，同时依托“6.18”“9.8”及商会年会等契机，积极开展招商推介，2021年新签约项目16个。特别是通过合作重组、司法拍卖等方式，引进了合鑫金属、英仑陶瓷2个项目盘活2家闲置资产及土地346亩，实现了增资增效不增地。闽西南地区协同发展取得突破，通过加大与闽西南城市协作开发集团有限公司洽谈对接，于2021年1月与该集团公司签订大田经济开发区上京工业园综合楼、职工公寓等配套设施建设项目共建协议，一期投资12000万元，是三明首个与闽西南集团合作项目。

（摘编：李元）

清流经济开发区

清流经济开发区总规划面积12平方公里，按功能划分为“一区两园（金星加工园区、龙翔轻工园区）”，起步期规划4.5平方公里，其中金星工业园3平方公里、龙翔轻工园1.5平方公里。2021年，清流经济开发区实现地区生产总值98.67亿元，比增9%；税收收入2.5亿元，下降30%；区内企业固定资产投资总额16.54亿元，比增64.9%；出口总额2.08亿元，比增18.2%。2021年度三明市抓园区非公企业党建工作述职评议得分第一名；氟新材料产业园通过化工园区认定，并获得安全风险等级2C1B评级，园区总体发展稳中有进、持续向好。

项目建设有序推进。2021年，园区完成22个基础设施项目建设，共投入资金约8806万元。其中氟新材料产业园福宝片已完成氟新材料产业园取水工程、永福片水渠、下平台污水管网、排污口下移工程，启动了福宝园西侧道路工程、福宝园污水处理厂（二期）、消防站改造等项目。大路口片已完成环保型制冷剂取水工程、污水排放口下移工程、东莹技改扩建项目土石方工程。金星工业园完成了金星园西南片市政道路、净水厂、消防站等项目的建设。城南工业园完成城南工业园消防管道工程、垃圾中转站等项目建设，启动了集美（清流）共建产业园小微双创基地（二期）、南极公园等项目建设。

招商引资卓有成效。2021年签约了致远亚克力循环利用建设项目、彬晖水上制品生产项目、伊铂5G通信电子元件一体成型模压电感生产项目、博思韬高纯氟化锂及医药化学品生产项目、精瑞光电元件生产项目、废旧沥青环保再生利用项目、年产5万吨电子氢氟酸项目、年产功能性电子清洗材料制备项目、超纯清洗材料配套原料扩建项目、年产100吨氟氮气生产项目共10个入园项目，总投资约15.16亿元。目前，已洽谈睿鑫新材料投资的睿鑫氟化盐生产线技术改造及配套附属设施建设项目，正抓紧进行签约。

（摘编：林汇智）

三明埔岭汽车工业园区

三明埔岭汽车工业园区由三明、永安市两级政府共同开发，2013年12月1日经福建省人民政府批准设立为省级经济开发区，是海西生态工贸区的重要组成部分，也是福建省现有两个专业汽车工业园区之一，列入工信部《海西先进制造业发展规划》汽车产业的重点园区，是福建省重要的汽车产业发展平台和汽车及零部件制造业基地。2021年，规模以上企业完成工业产值89.97亿元，比增23.8%；完成固定资产投资4.4亿元，完成任务 74.5%；实现税收 4216 万元。

基础建设有序推进。完成省重点项目雅众科技车用铝合金项目 1—4 厂房、标准化厂房三期 9#、10#厂房建设，省重点项目重汽海西汽车车身冲压项目开工建设，完成吉山甲中小微企业园区场地平整 80 亩及供水、供电管线的铺架设 1000 米；完成埔岭路南侧局部控规局部调整工作，办理审批事项 15 件。完成中科以南及周边地块征收工作；完成洛溪新村三期 37 户安置房基础钻探工作，完成园区 2021 年度开发区土地集约利用评价工作。开展违法建设及涉及安全建筑排查，拆除违章搭建建筑 1500 平方米厂房。已征土地已进入有序管理中，签订临时用地出租协议 22 份。

项目建设落到实处。全年举办专场招商 2 场、外出招商 12 次。谋划 10 亿元以上项目入库 2 个（汽车零部件标准化厂房三期及配套设施项目、企业孵化基地二期项目）；完成开工项目入库 4 个（雅众车用铝合金项目、亦城车架项目、海西 M20 驾驶室总成项目、海西新能源载重汽车配件基地项目）；投产项目完成 3 个（竹中竹旅居房车项目、中重卡驾驶室配件生产线项目、汽车传动轴生产线项目）；固定资产在库项目 6 个（汽车座椅、货箱及底盘件生产线项目、汽车内外饰件生产项目、汽车传动轴生产线项目、竹中竹旅居房车改造项目、零部件集聚区配套项目、源创智行车用智能底盘紧固零部件项目）；入库省级重点项目 3 个（雅众车用铝合金及装配式构件项目、汽车零部件标准化厂房三期及配套设施项目、海西 M20 驾驶室总成建设项目）；申报引资项目 4 个（乾华车用底盘支架类项目、亦城汽车车架总成项目、源创智行车用智能底盘紧固零部件项目、海西 M20 驾驶室总成建设项目）。

生态环保严格执行。2021 年，获批省级绿色园区，正在申报绿色园区节能循环经济财政奖项目专项资金，全年组织开展安全生产检查 32 次，督促企业整改隐患 88 个；污染防治攻坚战网格化巡查 76 次，排污企业固废及危险废物实行规范化处置并备案，利用率达 98%以上；园区污水处理厂共处理废水 75 吨，危废间库存物化干污泥、化学废液 1.5 吨，转移处置上年度危险废物近 1 吨；中国重汽福建海西汽车有限公司涂装 VOCs 废气治理项目完成调试及投入运行前的废气指标检测。

（摘编：游永贵）

莆田开发区概况

莆田高新技术产业开发区

莆田高新技术产业开发区于2002年6月经省人民政府批准成立，规划面积11.05平方公里，2012年8月19日，国务院正式批准莆田高新园区升格为国家级高新技术产业开发区。2021年，莆田高新区实现规模以上工业产值930亿元，较上年同期增长12.7%；综合发展水平位列福建省开发区（89家）第8名；获批省级示范数字经济园区、省级职业技能提升中心。

产业发展欣欣向荣。一是加快产业提质增效。电子信息产业，园区主动作为，城北工业园开工建设，引入大族元亨、睿信自动化，进一步延链、补链。作为福建省电子信息制造业“增芯强屏”战略部署的重要环节，华佳彩生产的中小尺寸高阶面板产品实现满产满销，2021销售额超20亿元；福联6英寸砷化镓射频芯片9月已量产，筹备建设二期年产12万片6英寸晶圆毫米波、光通信与功率芯片生产线，是射频芯片国产化替代的核心力量。依吨扩大生产规模，建设高性能覆铜板产业化和智能家居互联通信用印制电路板等项目。装备制造产业，荣兴机械获评省级制造业单项冠军，在建机动车高性能零件智能制造生产线开发项目和新能源汽车控制器箱体加工线开发项目。威诺数控入选福建省未来“独角兽”企业，其七轴为主的智能制造总体方案成为行业标杆，“威诺高档数控机床智能制造工厂”项目荣获工信部主办的“第二届促进金砖工业创新合作大赛总决赛”二等奖，在建焊接结构数控机床智能加工生产线、面向高端数控机床智能制造试验和技术检测服务工业互联网平台和智能制造工厂关键技术研究及应用创新等项目。云度新能源汽车与国投首汽约车合作，并在建A平台车型产品提升项目。食品加工产业，百威雪津实现产能200万吨，在产销分离情况下，预计今年可实现产值38亿元。华兴玻璃在建年产60万吨绿色智能轻量化玻璃瓶项目，投产第3条生产线实现年产能45万吨。中粮制罐建设第二条两片罐生产线提速扩产项目，推动产能从6000万罐/月向9000万罐/月提升。迁建国圣食品产业园，主要建设集生产、冷藏、办公、生活为一体的产业综合体，建成后产值将达到11亿元。

招商引资招优引强。紧盯高质量、高能级项目，2021年签约引进大族元亨LED项目、睿信自动化SMT设备生产项目、海丝“北斗+”产业园、艾丽鑫生产基地项目、莆田海吉星国际农产品综合产业园和启明产业园项目，与福建钜能电力有限公司签订框架协议，引进首台（套）异质结电池生产制造项目。洽谈对接中南高科高新科创园、杰华特汽车电子测试和封装等8个项目。拓展招商渠道。龙头企业招商，瞄准中电科、华峰公司、中南高科、王老吉等一批龙头企业加强项目洽谈，签约总投资200亿元的功能性纺织新材料及配套生产线项目和总投资120亿元的资源循环智能装备生产线及配套研发项目。“基金+产业”招商。通过“政府引导”与“市场运作”相结合的方式设立产业投资基金，成立5亿元电子信息产业投资基金，于2021年2月签约落地大族元亨和睿信自动化两个项目，对接杰华特微电子、深圳联建光电、深圳芯智锐光电等项目。“产业园（标准化厂房）”招商。以专业园区建设为切入点，采用“两体两中心三房”的园区布局模式建设国投·城北园，其产业综合体面积约

20万平方米，拟建设10幢标准化厂房，建成后可入驻电子信息类企业约40余家，目前已建成3栋标准化厂房，建成面积13万平方米，并已洽谈海丝北斗、永辉塑胶、黑石精密等5家意向入驻企业。“要素资源”招商。滨海园引入中国通号建设集团合作开发建设，开发面积约800亩，拟建生产厂房、研发大楼、总部办公楼、生活配套共约100万平方米工建及相关配套设施。

（摘编：游永贵）

莆田湄洲湾北岸经济开发区

湄洲湾北岸经济开发区是经国家发改委、福建省政府批准设立的省级开发区，是福建省少有的具有县区一级行政管理职能的经济开发区，与台湾隔海相望，距台中港仅72海里。2021年，莆田湄洲湾北岸经济开发区实现地区生产总值104.76亿元，比增6.6%；规上工业增加值比增6.5%；固定资产投资230.11亿元，比增5.5%；外贸出口总额35亿元，比增54.3%；社会消费品零售总额23.82亿元，比增12.5%；财政总收入12.63亿元。

项目建设稳步推进。罗屿作业区9#泊位40万吨散货码头投入运营。哈纳斯莆田液化天然气（LNG）接收站项目已通过国家发改委核准。总投资102亿元的金鹰绿色产业园项目一期实现开工。2家科研院所投入运营，2所大学稳步推进，3家高端专科医院全面装修。硼中子医疗装置示范基地项目核心设备离子源完成阶段性调试。轻离子装置及配套设备生产基地项目研发厂房主体全面封顶并成立合资公司。太阳树医药研发生产基地项目试投产。“两体两中心”配套一期、市政配套及综合管廊项目一期有序推进。城市展厅建成投用，入驻北岸咖啡、小镇客厅等城市元素。悦海壹号酒店如意楼完成装修试营业，康乃馨酒店完成出让并开始场地平整、基础打桩。百地一条街已有商户入驻装修。新策划“贤良水镇”4A级景区、紫玉湖湿地公园等文旅项目。

产业发展持续提升。坚定实施“双轮驱动、三箭齐发”战略，全力打造港产城联动发展的港城经济新增长极。临港产业以赛得利、火电厂为龙头，依托得天独厚的深水良港，重点发展新型功能材料、新能源、海洋经济、现代物流等业态，策划并推动金鹰绿色纤维产业园、哈纳斯LNG、火电厂三期、潜能恒信等一批大项目好项目。生命健康产业以妈祖健康城、两岸生技园为主阵地，重点发展生物技术、核医学、高端医疗器械、大型医疗设备等业态，推动以“重轻硼”三子一体项目为龙头的高端医疗形成集聚。文旅产业主要发挥妈祖文化、滨海风光等优势，有机整合自然生态、文创地标、民俗文化、渔家文化等资源，切实融合生命健康元素，致力打造健康养生地和未来智慧城。

招商引资靶向施策。坚持产业链、专业队招商，聚力招政策、招机制、招动能、招人气、招资金。围绕“全生命周期”招商目标，进一步明晰“产业链招商路线图”“资源分布图”“招商攻坚图”，引进研究院所、高精尖人才，构筑高新产业洼地。以产业发展撬动资源集聚，通过产业链招商，集聚上下游产品、降低综合成本、延长产业链条、提高产业配套能力，提升产业发展的规模效应和技术外溢效应。全年共组队外出招商10余次，接待中华医养健康总会等来北岸考察客商20余批次，组织召开招商洽谈会近20场次，新增对接项目53个，达成合作意向21个，签订框架协议14个、总投资额超过200亿元。

生态环保严格执行。蓝色海湾整治项目海岸带生态修复工程、妈祖城海堤生态化加固主体工程基本完成。全力推进全域造林绿化，投资约7000万元，完成造林面积约1000亩，种植乔木41.3万株、灌木102.9万株、地被93.8万平方米。持续深入推进河长制，扎实开展河道周边截污和治污工作。全面推行林长制，设立区镇村三级林长，并出台区级配套制度。持续开展农村污水收集治理，港城新区污水处理厂与市级平台实现联网，企业危废委外处理利用量503.43吨，处置率98.5%。完成莆禧爱尔爱司、东仙一期、后壶山等矿山生态恢复治理，持续推进海漂垃圾综合治理。

（摘编：苏小雨）

莆田华林经济开发区

莆田华林经济开发区的前身为华林工业园，华林园区于2003年6月经莆田市人民政府及有关部门批准成立，规划面积8.16平方公里，可利用工业用地面积近4000亩。2006年4月17日经国家发改委批准为省级经济开发区。2021年，开发区共有企业460家，其中征地企业117家，租赁企业343家，规上工业企业78家，纳税100万以上企业39家，白名单企业62家。2021年完成产值262.3亿元，比增17.4%。其中，太湖工业园共有企业42家，其中征地企业27家，租赁企业15家，规上工业企业23家，纳税100万以上企业9家。2021年完成产值85亿元，比增21%。2021年完成固定资产投资6.5亿元。

产业发展全面开花。华林园区的产业布局：主要以鞋服产业、电子信息产业、食品产业、工艺美术四大产业为主：①鞋服产业规模以上企业39家，2021年工业产值为132.3亿元，占50.4%，比上年同期增长19.2%。税收千万以上的有力奴鞋业、三迪鞋服、郭氏鞋业、新路体育等。②电子产业规模以上企业11家，2021年工业产值为24.49亿元，占9.3%，比上年同期增长30%。重点企业有：三利谱电子、嘉辉光电、杰讯光电等。③食品产业规模以上企业7家，2021年工业产值为28.27亿元，占10.8%，比上年同期增长29.7%。重点企业有：天怡现代、亚明食品、复茂食品等。④工艺美术产业规模以上企业6家，2021年工业产值为28.7亿元，28.41亿元，占10.8%，比上年同期增长3%。重点企业有：庄严苑工艺、腾晖工艺、艺峰工艺、欧雅艺术等。⑤其它产业规模以上企业15家，2021年工业产值为29.62亿元，45.54亿元，占17.4%，比上年同期增长16.2%。重点企业有：新旺隆、溢通环保、荔城纸业等。太湖工业园的产业布局：主要以鞋服产业和食品产业为主：①鞋服产业规模以上企业1家，2021年工业产值为4.1亿元，占4.8%，比上年同期增长16.7%。重点企业有：华骏鞋业。②食品产业规模以上企业11家，2021年工业产值为39.5亿元，占46.5%，比上年同期增长15.4%。重点企业有：天喔食品、诚味食品等。③其它产业规模以上企业12家，2021年工业产值为41.4亿元，占48.7%，比上年同期增长18.4%。重点企业有：华源工贸、赛博思钢结构、超淇纸业等。

招商引资成果丰硕。华林工业园招商共对接项目11个，签约转开工项目3个，前期项目2个，签约项目4个，洽谈项目2个。

①已开工项目3个。一是大唐5G产业东南总部基地，一期标准化厂房已主体封顶，目前进行室内装修、室外道路施工。5G配套厂房已完成主体结构施工，正进行外墙涂料粉刷。5G综合楼已完成地下室结构施工，目前进行二层结构施工。二是大唐网络东南运营总部项目计划五年内布设5G室内微基站110万台套设备，年可实现主营业务收入110亿元，税收8亿元。项目二、三期用地220亩拟选址于华亭西许片区，正在开展前期工作，项目用地已完成征地丈量224.27亩。三是三利谱偏光片生产项目规划用地约95亩，布局2条宽幅TFT偏光片生产线，总投资约10亿，建成投产后年产值6亿元以上，年税收超5000万元。项目10幢建筑已全面完成主体工程建设，力争6月份竣工交付使用。②前期项目2个。一是中电科创城项目总投资约50亿元，规划总面积约739亩，全面建成运营后，可实现园区注册企业500家，带动就业2万人，实现企业年营业收入200亿元、税收5亿元。截至目前，意向入驻企业有15家，正式签约入驻有福建三体科技有限公司等3家。二是光电光纤元器件产业化项目，规划用地10亩，项目投资1亿，项目投产后预计年产值将超2亿元、税收1000万元以上，解决就业1000人以上。去年已摘牌星华模具厂房旁10亩。目前正在办理施工许可证。③已签约项目4个。一是中餐标准化智能厂房，拟计划在亚明食品厂边北面扩征约4亩，建设产品展示馆及厂房配套设施，预计投资1亿元。已完成开发编制方案及申报材料，正在办理土地出让前期手续。二是国钛钛瓷纳米新材料总部，目前已设立“国钛（福建）新材料有限公司”作为全国总部（已于2020年10月在城厢区注册，注册资本20230万元），在华林智汇租赁约1328平方米作

为总部研发办公楼拥有自主专利和专家团队。三是宝得智能制造生产基地，拟选址华林园区约14.8亩，建设服装厂房及员工宿舍楼20000平方米。达产后预计年产值3亿元、税收1500万元。项目已于1月28日签订投资协议，正在办理土地招拍挂前期手续。四是全自动3D打印及机器人雕刻项目，拟投资1亿元进行厂房建设及设备采购。投产后预计增加年产值2亿元，年纳税400万元。目前已与业主签订项目投资协议。④洽谈项目2个。一是中国电子云（东南）大数据中心，中国系统拟在莆建设“中国电子云”二级节点，初步规划用地10亩，一期建设1000个机柜。预计总投资10亿元。二是中国中餐标准化产业基地项目，宁波康喜乐嘉餐饮管理有限公司拟选址华林经济开发区，规划用地15亩，建设中餐标准化厂房项目，布局满足全市中小学生集体用餐配套的7个中央厨房，并配套建设万吨智能冷库，预估年营收4.5亿元。正在协调用地选址事宜计划签订招商投资协议。

（摘编：苏小雨）

荔城经济开发区

福建荔城经济开发区原为莆田市荔园工业区，创办于2002年10月，2006年3月份经省政府批准、国家发改委审核，升级为省级经济开发区。2021年，荔城开发区完成固投12.9亿元，实现规上工业产值355.16亿，亩均产值达1060.81万元，实现税收11.84亿，亩均税收28.3万元。

基础建设补齐短板。一是加快基础设施建设。荔园北路（西侧）综合提升工程、工业一号路沥青加铺工程、石盘路沥青加铺工程等。荔园北路提升工程于2021年4月中旬动工，已完成沥青加铺及绿化带路缘石安装，对部分破损路面进行修复，正在人行道铺设施工。石盘路、工业一号路提升2个项目于2021年8月30日完工，10月19日竣工。二是推进“两体两中心”。通过开发区下属运营公司（莆田市荔城区荔兴投资有限公司），通过法院拍卖收购锦田及中科嘉世标准化厂房、员工宿舍楼及办公楼，建筑面积约11万平方米，并将通过第三方招商、小分队招商和专业招商，主动对接省市招商项目库，按照园区土地利用规划和产业规划，从地价厂房租金、人才和品牌奖励等方面统一招商优惠口径，提高园区招商功能质量。三是配套污水集中处理设施。西天尾镇及荔城经济开发区内污水管网已建成并投入使用的约为36公里，已形成以城涵大道、荔涵大道、南少林路、荔园路、东川路、九华路等为主干道的污水管网，上述污水管网中的污水经西天尾镇提升泵站统一纳入闽中污水处理厂收集处理。

项目建设持续推进。开发区全年在建项目23个（续建6个，新建9个，技改8个）；预备项目7个；前期项目6个。其中已竣工5个，分别是：荔园北路西侧综合提升工程、工业一号路沥青加铺工程、石盘路沥青加铺工程、鑫合鞋业扩建项目、和顺鞋业扩建项目等；已开工4个：福盛鞋材扩建项目、华承鞋业扩建项目、方显光电扩建项目、央聚跨境电商大楼等；新竣工及新技改投产9个：分别是三棵树涂料、东瑞制药、安健致远、飞特鞋业等。

招商引资多措并举。①强化招商引资。依托莆田大学城、商务总部经济区、才子产业园、新日科创园和顺天通电商物流园等平台，优化创新服务，提质增效企业产能；通过央聚跨境数字产业园和灏谷（莆田）智能制造创新产业园两个招商载体进行专业化、产业化、灵活化招商，创新招商模式，提升招商成效；同时加强武汉科技大学、海山机械与欧麦鑫科技校企产研运营合作，打造多样化产业，促进开发区高质量发展。②加强项目攻坚。加大招商引资力度，拟以荔城经济开发区现有产业为基础，建设创业孵化中心，利用可利用土地进行招商，引进一批高质量、高技术、高水准的项目，为引进项目比如豆讯科技等项目提供手续报批一条龙服务，促落地、促建设、促投产。豆讯科技项目预计2022年第一季度开工建设。鑫合鞋业样品车间目前主体已竣工验收，正在二次装修及室内装修。顺天通0594莆猫电商城，已完成标准化厂房改造及装修，已投入使用。③梯次培优企业。已基本形成以三棵树涂料为龙头的新型化工建材，以协丰鞋业、才子服饰、双驰鞋业为龙头的鞋服主导产业，以海山机械、钛米机器人为龙头的高端装备及以东瑞制药为龙头的生物医药产业。全年实现转规上企业7家，目前正在培育3家转规企业。

生态环保落实到位。开发区污水管网已建成并投入使用的约为32公里，已形成以荔涵大道、南少林路、荔园路、东川路、九华路、绶溪路等为主干道的污水管网，上述污水管网中的污水经西天尾镇提升泵站统一纳入闽中污水处理厂收集处理。一年来，开发区已完成对园区内南少林路、九华路、石盘路、工业一号路等污水管网进行疏通和清淤维护，确保污水有效收集。

（摘编：游永贵）

仙游经济开发区

仙游经济开发区地处海峡西岸经济区的中心地带、莆田市南大门、湄洲湾南北岸湾底结合部，南邻肖厝港，东接秀屿港，西连福泉高速公路出入口处，东南紧接出海通道。2021年开发区核心区50家规模以上工业企业预计实现产值约202.12亿元，同比增长25%；完成固定资产投资约72.3亿元，同比增长44.6%；实现工业税收3.14亿元，同比增长5.7%。新增规模以上工业企业2家，年产值超亿元的企业达29家，创税500万元以上的企业达21家。在全市园区“三比”活动中，列第3位。

基础建设加速推进。加快基础设施建设，高标准、高质量完成道路等基础设施建设项目着力解决基础设施建设进度不平衡问题，重点加快内部道路与对外重大交通工程的串联贯通。枫秀西路已完成控制性工程（两座盖板涵、两座桥梁工程）、路面6.5公里工程，路基6.7公里，正在推进东宅段箱涵和路基建设；仙港大道连接线（枫亭段）道路工程因信息价变化，正在进行预算审核调整；慈岳中路已完成资金证明等前期手续；公园东路已完成施工图设计及图审工作；锦山路及安置房完成施工图设计工作。

项目建设机制推动。全面推行“一个项目、一套专班、一抓到底”的推进机制，开发区列入2021年重点项目30个，项目总投资324.1206亿元，2021年计划投资55.39亿元。（其中：在建重点项目18个、预备项目3个、前期项目9个。）严格按照时间表、任务书、路线图，全力推进重点项目建设，截至目前，泰景装配式（PHC）项目，房办公楼装修外架正在拆卸，正在办理规划验收，其余设施已投产；南伴生物中药饮片项目，土建部分已完工，正在厂房装修及设备安装；强友实业项目，2#厂房主体封顶，一二层开始装修，仓库基础已完工，正在主体施工；众鑫设备生产项目1#厂房钢结构屋面已完成，正在施工墙面及地板，地磅已完工，厂区主要出入口已完成；正昊新型鞋材制造项目一期已完成1#、3#厂房建设，完成设备安装，正在试生产；康保无尘科技项目厂房正在装修，设备正在采购。中海油抢维修技改项目设备已全部到位，安装完成，目前已投用；日晶玻璃技改正在规划设计。

产业发展方兴未艾。华峰绿色纤维产业园，计划总投资86亿元，分三期建设，一期已投产，二期化学法生产线部分建设完成，设备正在调试。鞋服标准化产业园，占地93亩，计划总投资10亿元，总建筑面积约11万平方米，建设10幢标准化厂房及综合楼、宿舍楼、研发楼，目前10栋厂房主体封顶，正在粉刷及涂料，一号宿舍楼地下室施工，2#宿舍楼跟研发楼正在砌体。项目建成后为园区新的鞋服产业链平台，实现引智引才引资，提升研发、生产、营销能力水平，培育鞋服产业新增长点。鑫瑞新材料产业园，占地91亩，计划投资7亿元，建筑面积7.2万平方米，计划建设厂房5幢、检验检测中心1幢，宿舍楼1幢，目前已供地56亩，宿舍楼正在装修，厂房正在主体施工。

招商引资成果喜人。坚持“项目优先”，大招项目、招大项目，始终把招商引资作为加快发展的突破口，2021年已落地建设项目3个，总投资14亿元，一次性丁腈手套投资建设项目，总投资10亿元，占地60亩，完成桩基施工；给力机械（福建）集团有限公司扩建，总投资1亿元，正在钢结构厂房施工；福建益明科技有限公司，总投资3亿元，正在办理项目前期手续；已签约项目3个，总投资76.33亿元，海安三期厂房扩建项目，总投资2.6亿元，地块控规已完成公示，专家评审已完成；华峰服装产业园项目，总投资23.73亿元，一期120亩正在进行报批组件，报批材料已送达省政府；旺威材料科技产业园项目，总投资50亿元，一期40亩地块已挂牌出让。意向项目8个，计划总投资126.6亿元，分别是青拓（仙游）新材料产业园项目，海安集团高端装备产业园项目，精制、包装食用油投资建设项目，年产10万吨环保型聚羧酸系高性能减水剂母液项目，温州新正强现代物流项目，福建美斯拓机械设备有限公司莆田市诚顺建材有限公司，厦门欧德朗汽车配件有限公司，锌合金原材模具压铸成型项目，厦门益材集团有限公司。

（摘编：苏小雨）

湄洲湾国投经济开发区

2010年12月，省政府批复同意将湄洲湾（石门澳）产业园区确认为省级开发区，定名为湄洲湾国投经济开发区，规划面积35.8平方公里，包括石门澳一期10平方公里围填海工程，形成陆域面积1.5万亩，其中可利用工业用地1万多亩，已得到全面开发利用或完成招商签约落地工作。2021年，园区实现工业产值273.4亿元，财税收入约3.5亿元。

基础建设全面推进。园区道路、供水、供电、供气、污水处理厂、防洪排涝、特勤消防站、公共应急池、码头等一批重大基础设施建设全面推进，已累计完成投资40多亿元。主要有：一是道路及管网建设一步到位。形成“三横三纵”路网，“三横”即疏港路、石门澳路、沁峤路已通车；“三纵”即城港大道、东九街一期、东五街已通车，同时道路供水、给水、电力、通信等管网建设一步到位。二是石化消防配置标准较高。总投资0.6亿元石门澳产业园特勤消防站是全省布局的综合应急救援石化特勤大队之一，于2018年1月建成投用，配备有原装进口泡沫消防车、远程供水系统等技术先进的消防车辆20部。三是应急环保硬件齐全。日处理1万吨的石门澳产业园污水处理厂（一期）及配套管网已建成投用，企业实现统一接管、达标排放，二期日处理3.5万吨的污水处理厂项目正在工程招标；容量5.5万m^3的石门澳产业园区公共应急池一期工程于2018年11月投入使用，建成全天候自动监测站2座。四是防洪防潮实现百年一遇。按照满足百年一遇的防潮要求，内侧堤防满足百年一遇的防洪要求，全长5.3公里的堤防提升工程西堤、北堤标段和全长3.2公里东堤、南堤，以及总投资2.3亿元的西园片区防洪防潮排涝一期工程及石门澳东沁片区（一期）防洪排涝工程已建成；投资15.3亿元的石门澳产业园滞洪区清淤及配套工程、生态修复及配套工程等项目累计完成投资10.72亿元。五是供水实现双水源保障。总投资2亿元的莆田金钟水利枢纽引水配套工程石门澳支线工程已建成供水，莆田市东圳水库枢纽引水配套工程引入作为备用应急供水，实现双水源供水。六是电力实现双电源双回路供电。总投资0.8亿元的石门澳产业园输变电工程由国网莆田供电公司建成投用，形成双回路双电源供电。七是供气实现双气源保供。石门澳产业园供气工程由旷远能源股份有限公司承建，形成双气源供气，满足园区企业用气需要。八是用热实现集中供给。总投资约26.7亿元的热电联产项目由福建永荣科技有限公司承建，目前一期已投用，二期项目正在加快建设，预计今年建成。同时，石门澳作业区6#9#11#码头泊位正在主体工程建设，库容量10万m^3的莆田市工业固体废物综合处置项目二期填埋场项目已建成，沿石门澳产业园堤岸长12公里已完成绿化林带建设，构建产业园与村庄绿色屏障。

产业发展围绕重点。着力“主攻三大产业链条”：一是己内酰胺产业，建成年产28万吨的CPL一期、37万吨的PA6项目；依托CPL项目，引进了投资165亿元的PA66及产业链配套项目，推动了产业强链、增链、延链；二是丙烷制丙烯产业，引进投资396亿元的丙烷制丙烯及下游新材料产业链项目；三是纺织化纤产业，引进投资150亿元的年产50万吨再生功能性纤维及配套项目。围绕做强做大三条产业链，2021年开展了石门澳化工新材料产业发展规划修编并取得市发改委批复实施，完成了2个地块控规报批并取得市政府批复实施，推动了园区公共管廊规划、供电规划、区域规划环评编制审查，为重大产业项目落地建设创造条件。特别是集中人力、财力、物力，全力推进三大在建产业项目建设，其中永荣年产30万吨的CPL二期项目2022年底中交，2023年上半年建成试投产，2023年己内酰胺年产规模达到60万吨，将成为全国单个工厂生产己内酰胺规模最大的基地之一；全力推动华峰水性油墨一期项目今年建成投产，将成为全国规模最大的水性油墨生产基地之一；全力推动三棵树高新材料综合产业园一期一阶段2022年上半年建成投产，将成为全省规模最大的涂料生产基地。

招商引资精准突破。主动对接意向企业、行业协会、第三方招商机构，借力用力、借智发力，着力在产业链招商、平台招商有突破有作为。2021年6月总投资11亿元的莆田石门澳作业区1#、13#泊位项目、总投资150亿元的年产50万吨再生功能性纤维及配套项目、总投资165亿元的年产60万吨尼龙66（PA66）及产业链配套项目签约落地，同时做好催化剂等CPL产业链配套项目的招商推介。

生态环保落实到位。按照2015年11月省环保厅批复同意《莆田湄洲湾（石门澳）产业园总体规划（2014—2030）环境影响报告书》内容，一是在石门澳化工新材料产业园周边进行地形测绘并落标定桩，片区外设置200m的环保隔离带、2000m的环境风险防范区，落实环保隔离带内不得有居民区、学校、医院等敏感目标，环境风险防范区应控制人口规模，不新增居民区、学校、医院等敏感目标要求。二是建设日处理1万吨的石门澳产业园污水处理厂（一期）及配套管网工程，项目于2017年3月开工、2019年1月开始接收污水。三是建设总投资0.8亿元的石门澳产业园区公共应急池一期工程，容量为5.5万立方米，项目于2017年10月开工建设、2018年11月投入使用。四是建设总投资约0.12亿元，建设全天候自动监测站2座，东沁、苏厝环境空气自动监测站分别于2015年6月、2018年5月投入使用。五是建设投资约2.32亿元的莆田市工业固体废物综合处置项目二期填埋场项目，由莆田宏盛环保产业发展有限公司承建，占地58.5亩，填埋坑总库容为10万立方米，目前综合楼、固化车间、填埋场已投用。

（摘编：游永贵）

南平开发区概况

南平工业园区

南平工业园区，为国家发改委审核通过、福建省人民政府批准创建的省级开发区，也是南平市委、市政府“突出工业，突破工业”，推动闽北经济、社会发展的重要战略手段。经过多年的开发建设，南平工业园区已取得明显成效，构就了长沙电子电器及汽配组团、塔下电线电缆及有色金属加工组团、水东针纺组团、罗源综合产业组团“一区多组团”的发展格局。2021 年，南平工业园区新增规上工业企业 5 家，入选福建省工业和信息化省级龙头企业 10 家，新增省级“专精特新”企业 1 家，海峡股权交易中心挂牌展示企业 10 家；园区企业太阳电缆被评为国家级绿色工厂、绿色供应链企业；华闽南配、元力活性炭、新南针等 5 家企业入选省级高新技术企业名单；闽航电子企业技术中心入选省级企业技术中心认定名单；元力活性炭被评为省级循环经济示范企业，远大墙材、九峰建材等 2 家企业入选省级循环经济示范试点企业。太阳电缆、华闽南配、德赛电子、闽航电子等四家企业被列为省军民融合重点关注企业。南平铝业被评为福建省工业互联网应用标杆企业，南孚电池 APP 应用项目入选省级工业互联网典型应用案例。全年园区完成规上工业产值 183. 77 亿元，同比增长 8. 8%；工业增加值 36. 95 亿元，现价比增 13. 6%，累计税收入库 7. 82 亿元，同比增长 20. 8%。

项目建设加快推进。园区路网、港口项目建设持续推进。疏港路一期、从彦路一期、崇仁路三期建成通车，南福路快速通道工程一期、南平港延平新城港区项目全面动工，天祥路、疏港路二期等加快实施。强化项目用地保障，加快推进工业平台开发，新增 2000 余亩工业平台建设。注重生产生活配套提升，热能中心、危废固废填埋场、污水处理厂及配套管网、LNG 气化站、工业水厂等生产配套相继建成投入使用；延平新城产业园、科技创新产业园配套基础设施项目等一批标准化厂房、办公楼等基本建成，建设规模将进一步扩大；职业技能培训中心一期投入使用，元力产业学院成功办学，瓦口洋湿地公园景观基本成型，延平医院等配套有序推进，九年一贯制学校、职工、专家公寓，研发设计中心等聚人气、留人才配套项目加紧谋划。

产业发展持续发力。太阳电缆技改提升、南孚智能制造、南铝技改提升项目实现当年建设，当年投产；南纺水刺无纺布生产项目，力克疫情，逆势发力，迅速扩建两条智能生产线，水刺针刺无纺布产业链向医卫终端产品和民用超纤材料延伸。围绕南孚电池产业链延伸集聚发展，加快推动南孚工业互联网智造技改，电池彩印包装、钢壳制造等一批产业链配套项目入园，朝打造世界小电池生态产业园目标快速迈进。

招商引资凸显效益。2021 年，园区林产化工不断做强，循环经济不断壮大。元禾水玻璃、三元竹业、元力化学炭和超级电容炭生产线、三元热能中心等相继投产，总投资 22 亿元的白炭黑—林产化工循环经济专业园基本建成，实现循环发展，不断增资扩产，并获评省级循环经济示范园。总投资 65 亿元的泰盛纸业项目、12 亿元的元力环保用活性炭项目、3 亿元的爱克太尔新材料、5 亿元的高性能纳米二氧化硅项目及 1. 2 亿元的熊宝户外重竹项目等重点产业项目签约入园。园区林产化工循环经济园产业集聚效应逐步显现，朝百亿产值目标稳步迈进。

（摘编：余松山）

南平高新技术产业园区（闽北经济开发区）

2005年，福建省开展《中心城市框架规划研究》时，提出了“武夷新区”的概念，并设立省级闽北经济开发区。2021年，南平高新区实现地区生产总值35.16亿元，规模以上工业增加值9.32亿元，税收收入4.82亿元，出口总额2400万元，实际使用外资2200万元。

项目建设务实笃行。园区实行挂图作战、专班推进。一是严格落实重点项目闭环管理机制，按照“三化”运作、“四单”管理要求，倒排工期、压茬推进，做到项目只多不少、任务只增不减、时间只前不后。二是加强协调，形成合力，推行“问题收集、分析研判、派单协调、接单落实、结果反馈”的工作方法，将项目建设过程中所需清单打包，一揽子协调服务。三是聚焦问题，强化督查，按照“每旬一督查、每月一点评”实施动态跟踪督查，对滞后项目的问题现场协调解决，确保工作高效落实。

产业发展围绕重点。在产业发展方面，围绕新能源、新材料上下游产业抓招商，依托闽铝轻量化、海源新材料等企业，加强与绿色储能电池、光伏组件等产业招商项目的对接。围绕生态食品、智慧物流等绿色产业抓招商，发挥华润怡宝、圣农恒冰物流等入驻企业的领军作用和品牌效应，提升生态资源的附加值，加快引进水产业、生态食品相关头部企业落地。围绕文旅产业抓招商，紧抓省运会在南平举办的历史机遇，进一步完善城市基础设施建设，以赛事带动旅游产业发展，发挥邻近武夷山国家公园优势，加快引进文旅康养项目，实现兴田片区项目落地的突破。

招商引资卓有成效。在招商引资方面，围绕食品加工业、水产业、商贸物流、教育产业及健康养生等产业，精心谋划“一把手”招商线路、精准对接招商目标企业，前往福州、厦门、泉州、上海等地外出招商。2021年开展“一把手”外出招商活动20余次，主要对接的企业有：圣农集团、华润怡宝、顺丰集团、晟硕集团、福建银河投资管理有限公司、省旅游集团、上海艾绿集团、福建省艺术职业学校、泉州蜡笔小新公司、厦门源香食品公司及宁德时代等。主要对接洽谈项目23个，其中已完成签约项目12个，完成年度目标任务的120%，转开工项目7个，完成年度目标任务的116.67%，转开工率为58.33%，具体转开工项目为：闽铝轻量化三期、恒冰冷链物流、久利食品、万马复合食品包、顺丰闽北智慧物流枢纽中心、喜马拉雅有声文化装袋等项目。

生态环保严格落实。在生态环境保护方面，坚持“党政同责、一岗双责”，强化开发区环保监督和服务，创新环保工作管理方式，通过购买服务方式引进第三方环保服务机构，为做好开发区环境保护工作提供技术支持，在大力促进园区发展的同时，确保既创造“金山银山”，又守护好绿水青山。目前开发区一企一档已建立，开发区突发环境事件应急预案已完成编制并发布，环境质量评估报告已完成，日常技术服务有序推进，下一步将加快事故应急池和应急物资储备库的建设并对园区内企业内部雨污管网进行全面摸排。

（摘编：王一星）

光泽工业园区

福建光泽工业园区为省级开发区，总规划面积23.4平方公里，分为和顺工业园、金岭工业园。2021年，光泽工业园区共实现工业总产值136.11亿元（其中规模以上企业产值133.96亿元），比上年增长6.3%，税收1.49亿元，比上年下降5.5%，解决就业21210人。目前，光泽工业园区拥有上市企业1家，省级龙头企业1家，创新研发平台机构1家，创业服务平台机构2家，通过ISO14000认证企业3家，国家级及省级高新技术企业10家，企业发明专利15项。

基础建设设施完善。园区已有农业产业化国家重点龙头企业、南方规模最大的联合型肉鸡生产加工企业圣农集团等企业入驻。金岭工业园已建成金岭110千伏专用变电站1座，已开发范围的道路、排水、排污、供水、供电、通讯已完善到位；建设标准厂房22幢，面积60000平方米，员工配套楼 2 幢，面积 8160 平方米；已开通城区至园区公交线路。

项目建设日新月异。光泽工业园区共入驻企业 58 家，其中已投产 53 家，在建 5 家。其中食品加工企业 24 家，竹木精深加工企业 16 家，工艺箱包企业 4 家，生物类项目企业 3 家，电子类及电力配件生产企业 2 家，发电企业 2 家，其它企业 7 家。2021 年，在建项目有：圣新能源生物质发电厂、圣农肉鸡六厂、电子科技产业园、农产品公共冷链；竣工投产项目有：晟成食品产业园、竹循环产业园。同时，对金岭工业园 18 幢标准厂房周边环境进行提升改造，完善公共餐厅、围墙、外墙立面、路灯、安防等基础配套设施。注册了光泽县晟成生态食品产业园有限公司，将租赁提升改造的标准厂房分租给所入驻的中小型企业，并按入驻企业要求，分割办理不动产登记证等有关证照，当年干黄酒业、苏彭新能源汽车、青源食品、信达调味品、艺扬墨业等 10 多家企业入驻，其中 6 家企业当年已投入生产。

产业发展聚集效应。和顺工业园为食品加工专业园，以圣农集团为龙头，是我国规模最大、现代化程度最高的自繁、自养、自宰白羽肉鸡专业生产企业，已形成了集饲料加工、种鸡养殖、种蛋孵化、肉鸡饲养、肉鸡加工、食品深加工为一体的白羽肉鸡“全进链”的全产业链。金岭工业园作为承接发达地区产业转移，新上工业项目以及老企业提升改造后退城进园的集约化工业平台，是以食品加工为主导产业，以生物制药和传统资源加工为辅助产业的生态园区。2021 年，食品加工产业实现工业产值 123.92 亿元，产业集聚达 94.8%。

招商引资凸显活力。重视招商前期项目策划、论证工作，及时更新项目储备库，定期开展招商项目策划工作。进一步明确光泽县项目策划的目标任务、重点方向、项目库的建设管理和保障措施。为促进县域经济结构调整和产业转型升级，提供项目支撑。实行招商项目跟踪管理机制，按照“谁签约、谁负责、谁跟踪”的原则，建立健全签约项目跟踪落实责任制。合同签约后，确保及时报批注册，按时开工建设，切实提高签约项目履约率、到资率、开工率。全年招商引资氛围浓厚，“回归经济”活力凸显，在上海、厦门等地召开“回归经济”座谈会，共引进回归项目 25 个，总投资 19.5 亿元。推进“以商招商”，引进圣新能源生物质发电厂、圣农肉鸡六厂、金岭孵化中心等一批项目落地；实施“轻资产招商”，盘活园区 18 幢 5.3 万平方米闲置厂房，晟成生态食品产业园、电子科技产业园、竹循环产业园等特色鲜明的“园中园”初具规模。2021 年，全县共引进签约超 5000 万元产业招商项目 32 个，总投资 43.83 亿元，其中，已转化开工项目 27 个，项目履约率超 80%。

生态环保严格执行。和顺工业园投资近 8000 多万元建立 4 个污水处理厂，采用物化加生化相结合的处理工艺，每日可处理污水 22000 多吨，完成规划环境影响评价评审。金岭工业园绿化面积 9.3 万平方米，绿地率达 31%，绿化覆盖率达 36%。投资 4000 多万新建了日处理污水 5000 吨的金岭污水处理厂已投入营运。目前，工业园新一轮土地集约利用评价、水土保持方案、地质灾害评估。为提高项目投资的可行性，项目落地决策的科学性和确定项目投资政策的合理性，对投资入驻工业园区的投资项目，实行联合审核制度，确定项目是否可以入园。同时，对新上项目坚决执行“四不批”政策：即环境影响评价不过关的不批、环境容量不允许的不批、区域或流域排污总量超标的不批、污染防治措施不可行的不批。入园项目均通过环评审查，按要求建设污水处理、粉尘处理、降噪处理设施，尤其是对用水量大，要求建设水循环利用系统，加强定期监测，主要污染物符合全县污染物排放总量控制要求，有关企业固体废物综合利用率指标达到国家标准。

（摘编：王一星）

邵武经济开发区

邵武经济开发区自 2003 年 2 月开始建设，2006 年 8 月经国家发改委审核省政府批准为省级开发区，核定面积为 86.67 公顷（1300 亩）。2021 年园区共入驻企业 301 家，规上企业 62 家，2021 年全年实现规模工业产值 182 亿元，工业企业税收 2.45 亿元。在 2020 年全省 97 家省级以上开发区评比中，涉及57个指标中有14个均取较上年取得进步，综合实力排名第58位，比2019年上升6位。

基础建设日趋完善。电力设施：建设22万KV安坪变电站1座，规划建设朱山11万KV变电站。供水系统：实行工业用水和生活用水分支供水，工业用水来源1.75万吨/日的紫金山水厂（日供水1万吨左右），生活用水管网与城区联网，均由中闽水务（邵武）有限公司运行。环保设施：已建成并正常运行6000吨/日的污水处理厂一座（远期总规模为30000吨/日）和空气监测站3座，正在建设6000m^{3}事故应急处1座；一般固废和危废处理分别依托市垃圾填埋场和绿益新环保公司专业处理。能源供应：主要以天然气和蒸汽为主，天然气由中裕燃气公司建设运行，供气管网已铺设至紫金、龙川平台；蒸汽由福建中燃清洁能源公司投资建设集中供热项目，设计规模3×45吨燃煤锅炉。通信设施：已建成5G基站5个，5G信号基本可覆盖整个园区。产城融合：建有皇庭新世界、城中花园、紫金城等3个高档住宅小区，有商品房近6000套，同时配套建设建成4个保障性安置小区，建设安置房1254套；区内有邵武第二实验幼儿园、八一希望小学、邵武第八中学等，维也纳酒店、大型商超、餐饮酒店、麦当劳、闽赣物流园已入驻，基础设施配套完善。是闽北地区规模优势明显、产业配套齐全、产业特色突出、产业链条完善、产业集群聚集的综合性省级开发区。

项目建设全力推进。2021年，园区以“五个一批”为抓手，推进全区20个项目建设，项目总投资18亿元。全年新开工荃利家居、大诚世纪二期、鑫丰竹木、含香二期、黄记食品、豪顺兔肉等6个项目（总投资8亿元），建成闽达清水笋、鑫森炭业车用活性炭、德林多粘胶纱、利良印刷生产、集中供热、天宇热溶胶、佳诚竹木、意创机械、林炎生活用纸、臻翔防腐设备、隆鑫纺织无纺布、丁腈手套、金维新材料、晗昊板式家居等14个项目，总投资10亿元。谋划54个基础配套设施建设项目，总投资1.6亿元，已竣工项目50个，总投资1.2亿元。

产业发展稳步提升。园区以林产加工、新型轻纺、绿色食品、新能源新材料、电商物流为主，共入驻企业301家。按产业分为：林产加工类企业191家，新型纺织类企业27家，绿色食品类企业7家，其他类企业76家，就业人数2万余人。按规模分为：规模工业企业64家，规下企业237家。2021年，随着大诚世纪集成家居有限公司、福建含香食品有限公司、福建邵武佳诚竹木制品有限公司、林炎（福建）有限公司、闽赣（邵武）互联网产业物流园、邵武隆鑫纺织实业有限公司等公司相继投产，初步形成了多产业齐头并进的良好局面。

招商引资拓宽渠道。2021年，开发区创新招商理念，采取“链长制招商、一把手招商、以商招商”等方式扩大招商引资。全年，开发区新引进投资项目8个（总投资额11亿元），其中荃利家居用品日用及医用竹制品项目、鑫森炭业车用活性炭生产扩建项目、存知高档展示（卡）册、广告册、装饰和包装美化的纸制品项目、杜氏高端智能家居生产项目投资额均超过亿元。

生态环保严守底线。园区大力抓好生态环保工作。严守“环境质量只能更好、不能变坏”底线，坚持生态优先、加快绿色发展，以中央生态环保督察整改为抓手，结合“四比六促”活动，严格落实党政领导生态环境目标责任制，全力打好污染防治攻坚战，精心呵护好绿水青山。一是坚持高位推进，着力强化生态环保责任；二是坚持绿色发展，着力推动高质量发展；三是坚持综合治理，着力打好污染防治攻坚战；四是坚持问题导向，着力解决生态环境突出问题；五是坚持依法依规，着力提升环境监管水平；六是坚持与时俱进，着力构建生态环境治理体系；七是坚持从严治党，着力打造生态环境保护铁军。

（摘编：余松山）

浦城工业园区

浦城工业园区地处县城北部，离中心城市3.5公里，工业园区紧连“长三角”与上海、温州、杭州、福州、南昌形成四小时经济圈。是福建浦城北大门前锋的重要平台，也是浦城承接长三角产业梯度开发的前沿平台及经济结构调整、产业升级和招商引资的重要基地。2021年，浦城工业园区24家规模企业完成工业产值32.57亿元，比去年同期增长19.9%；创造税收1.14亿元，比去年同期增长9.3%。园区规模工业企业在整体经济下行及疫情环境下保持了逆势增长的态势。

基础建设有序推进。浦潭产业园横九路、浦潭大桥、滨溪路、浦潭大道、110KV变电站（双线双变）等项目现已建成且投入使用，显著提升园区企业对外对内的输送能力。按照“循环化绿色园区”发展理念，建成浦潭产业园日蒸汽量4000吨热电联厂（全市首家）项目，全力推动浦潭产业园实现集中供水、供电、供热、污水处理，降低企业生产成本。同时新增2.5亿元建设防洪堤、滨溪路、浦潭大道、污水处理厂二期（10000吨/日）等配套设施，着力打造优质营商环境，增强园区承载力、吸引力。

招商引资改革创新。坚持把招商引资作为重中之重的工作之一，通过创新招商引资模式，强力推进招商引资工作迈上新台阶。采取会议招商、机构招商、环境招商、政策招商、中介招商等方式，引进了一批实力雄厚、税源可靠、前景看好的省市重点工业项目。目前，园区共入驻企业36家，均已建成投产；热电联产项目已竣工拟投入生产；在建和计划建设的项目有绿康系列产品、蒙正系列产品、仁宏药业等项目，初步形成了以医药制造、生物制药、食品及饲料添加剂、专用化学品和日用化学品制造等产业为主、相关下游产业为辅的生物化工产业集群。

生态环保一以贯之。园区引导、督促入园企业加快工艺改进和设备更新，淘汰了一批能耗大、污染重、效益低的陈旧设备，实现了环保技术升级。积极推广清洁生产，提高入园企业门槛，构建多层次的产业链网，使园区内的产业结构和空间布局合理化，从源头控制污染。建成日蒸汽量4000吨热电联厂（全市首家）项目及一期日处理量达6000吨污水处理厂，加快建设二期日处理量达10000吨污水处理厂和日处理8000吨自来水厂，实现园区集中供水、供电、供热、污水处理，为园区各企业安全、绿色、高质发展提供有力保障。

（摘编：余松山）

建瓯工业园区

建瓯市工业园区位于建瓯市东郊，距市中心3公里，距火车站约6公里，高速公路枢纽互通口设置其中，环城路和浦南高速公路均在中心区穿过，到武夷山机场50分钟车程，交通十分便利。2021年，建瓯工业园区入驻企业130家，其中工业企业95家，商贸企业35家。全年实现工业产值135亿元，实现税收2.05亿元，其中40家规模工业企业实现工业产值63亿元，税收1.64亿元，完成出口创汇6.5亿元。2020年在全省率先完成省级园区整合托管工作。在2020年度全省89家开发区综合评价中排名第41位，排名保持连续四年上升。2021年度开发区绿色发展考评工作在南平市排名第二。

基础建设大力推动。2021年园区加大力度投资园区基础设施建设，其中城东工业园已建成客运汽车始发站、22万伏变电站、供水能力达3万吨的自来水供水站、省级竹产品检测中心、总规模2万吨（一期建设日处理7500吨）的污水处理厂、全民健身活动中心和园区主次干道。园区主干道曙光路“白改黑”项目完成部分路面破除，管道施工，正在进行路缘石和人行路床、护坡土方施工。丰乐工业园正在建设投资1.5亿元的园区基础设施项目，包含路网3.8公里、台地平整约500亩、总规模日处理5000吨（一期日处理量3000吨）的污水处理厂和总规模日处理1万吨（一期日处理量5000吨）的自来水厂各一座。丰乐污水处理厂已完成粗细格栅、综合机房、综合楼、高效沉淀池基础，调节及事故池顶板也已完成施工。丰乐二期道理已完工，丰乐一期道路完成雨污管铺设，丰乐三期道路完成部分路基施工、管道开挖及铺设。莲花坪工业园已建成日处理3000吨的污水处理厂，园区主次干道。二期规划面积3000亩，完成征地650亩，二期开发项目建成后预计可供入驻企业40家。

产业发展提质增效。为贯彻落实习近平总书记来闽考察重要讲话精神，园区围绕绿色、环保的发展理念，全力打造高质量发展的产业园区。在做强“一根竹”、做大“一瓶酒”产业发展中挑大梁勇担当，强化产业延链补链，着力谋划、生成、落地一批质量高、利长远的新项目好项目，推进项目滚动接续，持续增强发展后劲，为园区生产提质增效。做大做强圣象华宇集团、双龙戏珠酒业等龙头企业，跟踪落实华宇集团二期、双龙戏珠二期建设项目，确保项目按期竣工投产。开展绿色园区创建，加大绿色制造理念和相关政策宣传，提高全民绿色发展意识，为绿色工厂和绿色园区建设创造良好社会氛围。精准园区产业定位，充分发挥建瓯市优势资源，结合现有招商环境、优惠政策，发挥现有园区产业集群效应，对一区三园进行统一规划，集中打造城东工业园以竹木加工为主导，食品加工、中药制造、废纸再生利用、汽车物流，专业市场等公共服务设施相配套的综合园区。丰乐工业园产业规划以竹木加工、农产品加工为主导。莲花坪工业园规划以新材料（竹木加工及塑木制品为主）、食品加工为主导。明确三园发展方向，突出主导产业，带动产业集群，延伸产业链条，打造工业园区区域品牌。

招商引资精准突破。为全面营造快捷、规范、透明的营商环境，推动经济快速发展，园区从健全机制、优化流程、夯实基础等几个方面入手，建立“一站式服务平台”，全流程对接企业，做好服务跟踪。2021年园区主动对接客商，共接待客商30多批次，充分用好闽东北协同招商、以商招商工作机制。2021年新落地项目18个，其中，新入园企业12个，其中包括美和家居工艺品、联华七贡食品、美新科技等业内知名企业。腾笼换鸟4个（永昌木业、巨宏木业已入驻雅虎地块、新永兴木业入驻莲花坪园大自然地块、三木（福建建瓯）竹业有限公司竹木家居日用品生产项目入驻精工齿轮地块），改扩建2个（圣象华宇集团居怡二期居佳家居竹木全产业链项目、双龙戏珠二期项目），当年开工当年投产项目7个。

（摘编：王一星）

松溪经济开发区

松溪经济开发区按照“一区三园”构架，分城东园、旧县园、三和园组团建设。城东园于2003年启动建设，2007年启动旧县园建设，三和园目前处于开发建设起步阶段，2011年8月城东园经省政府批准升格为省级开发区。2021年，开发区实现工业总产值55亿元，创税约9600万元。园区列入省、市重点项目8项，总投资18.38亿元。闽瑞三期新型复合纤维扩建项目第二套生产线、普仑斯泵业年产2万台（套）高效节能单级离心泵系列研发生产项目、松溪县盛邦精密铸件厂区建设项目、雷尔高分子吸水新材料项目第二条生产线、松溪县电机绝缘套管生产项目、松溪县精密铸件建设项目、松溪县年产10000吨水泵铸件生产线建设项目先后竣工投产。

基础设施配套完善。开发区交通便捷，2020年衢宁铁路开通运营，长深高速和G353线从园区穿过，园区毗邻浙江省庆元县，是向北承接浙沪地区产业转移的“桥头堡”。园区基础设施和拓园项目建设高效推进，先后完成了三和园C区启步区第一批次土地、城东园新型纺织专业园、旧县园（奥大二期、金宏洋二期、矩霖制造）等成片开发方案的报批工作，完成三和园毛源垅片区（原聚酯瓶片地块）土方平整、黄坑垅地块土方平整、城东园排水系统提升改造（一期）、城东园中兴五路、旧县园基础设施（污水、排水、人行道等）提升、三和园矮溪桥改沟项目等工程建设。为园区高质量发展奠定了坚实的基础。

项目建设有序推进。2021年，园区列入省、市重点项目8项，总投资18.38亿元。闽瑞三期新型复合纤维扩建项目第二套生产线、普仑斯泵业年产2万台（套）高效节能单级离心泵系列研发生产项目、松溪县盛邦精密铸件厂区建设项目、雷尔高分子吸水新材料项目第二条生产线、松溪县电机绝缘套管生产项目、松溪县精密铸件建设项目、松溪县年产10000吨水泵铸件生产线建设项目先后竣工投产。

产业发展蓬勃壮大。开发区目前已形成以林产工业、机械制造、新型轻纺、食品加工为主导的产业格局。城东园位于县城东部，距县城中心1公里，规划面积2.31平方公里，以林产工业、机械制造、新型轻纺为主导产业，其中林产工业分为工艺茶具加工、文化产品加工、竹制品加工三个类型，代表性的企业分别有畅宏茶具、金亿文化用品、华韵竹木等。机械制造的代表性企业为永顺机械，该企业承接的福建省科技厅重大科技援疆项目——新型棉秆拔切残膜回收联合作业机目前已取得重大进展，产品已进入批量生产阶段。新型轻纺产业主要依托从华西村引进的高端ES纤维项目，形成以福建闽瑞新合纤股份有限公司为龙头的新型轻纺产业链。旧县园位于松溪县旧县乡，距长深高速旧县出口1公里，规划面积2.09平方公里，主要打造精密铸造专业园区，形成以工程机械、智能装备、电力电气、汽车部件等产业的精密制造特色，产品覆盖不锈钢、耐热钢、双向钢、碳钢、合金钢等100多种材质，广泛应用于军工、汽车、船舶、医疗、食品、建筑等行业。三和园位于松溪县郑墩镇，规划面积8.05平方公里，目前处于开发建设阶段，重点打造绿色食品（茶叶加工）、机械制造、新型建材、生物医药等产业。

招商引资精准定位。新型轻纺产业重点招商方向：纺织面料、化纤、品牌服饰以及洗洁巾等家用纺织品加工；箱包鞋服加工；绿色围挡、纺纱、汽车内饰生产加工。林产工业重点招商方向：竹木制品加工（竹木工艺品和家居制品加工、建筑材料等）；绿色食品加工（以茶业加工为主）；生物能源。机械制造产业重点招商方向：精密铸件阀门和泵业、汽车零配件铸件生产加工。

生态环保严格把关。为完善园区生态环境监管，统筹推进园区污染治理，完善支持绿色发展，已启动园区的规划环评（修编）工作。同时以建设“绿色园区”为抓手，严把项目准入关口，对不符合环保政策的企业不予准入，同时对现有“三高一低”（高投入、高能耗、高污染、低效益）项目，引导企业易地搬迁、改造转型。

（摘编：唐启阳）

政和经济开发区

政和经济开发区于2011年9月谋划建设，2012年4月动工建设，同年6月获批为省级经济开发区。2021年，政和开发区围绕政和县“2+3+4”现代绿色产业体系，立足一区五组团发展格局，打造“百亿产业园”，经济持续增长，主导产业发展势头较好，骨干企业运行良好，企业效益明显提高，2021年来，新增入驻企业10家，新增开工企业8家，新增投产企业3家，目前，签约入驻企业118家，96家投产经营，15家正在建设，用工人数超6000人，2021年完成工业总产值42.2亿元，比增15.3%，32家规模以上企业工业总产值34.61亿元，比增26.6%；完成固定资产投资12亿元；实现税收入库1.22亿元，比增79.5%；实现工业用电量约2.81亿千瓦时，比增34.2%。在2020年度福建省国家级和省级开发区（全省97个）综合发展水平评价中，政和经济开发区位列福建省第40位，在参评的22个省级脱贫县名列第三，呈现逐年上升趋势。

基础建设改造提升。2021年开发区坚持高质量发展要求，坚持高质量发展要求，完成开发区基础设施建设，完成鸭母垄、松源垄场地平整，并完成各大路网安防监控、道路工程（除人行道、路灯外）等项目。2021年开发区增设各交叉路口红绿灯，新增29处高清道路安全监控摄像头，铺设道路减速带，竖立交通警示牌，保障开发区交通安全；逐步推进第二污水处理厂改造提升、天然气供应系统、职工文化活动中心、闽北绿色家居产业园、电工电器产业园、三期基础设施项目、松源垄工程及部分市政基础设施建设。加快产城融合，同心幼儿园已投入使用，接纳园区及周边儿童就学；中职校、同心小学启动项目建设前期工作；同心创业小区建设项目一期已完成所有前期工作，预计于2022年竣工。

招商引资多点开花。强化“一把手”招商、小分队招商，利用市、县活动平台招商，围绕产业链招商、以商招商及以企引企等方式，广泛收集项目信息，接洽意向入园企业达97家，走访考察盼盼食品集团、宁波惠政工程机械有限公司等60多家，引进福钻科技（汽车玻璃机械设备）、格兰德电机（减速机）整机成品等3个机电项目，投资约4亿元；在谈项目23个，项目总投资超20亿元，盼盼集团、政和源鑫矿业、福建电友科技等3个一把手招商项目在谈，总投资约40亿元。盘活闲置资源，通过腾笼换鸟，累计帮助17家问题企业完成资产重组，2021年完成原蓝雁、原南鼎王公司资产竞拍，完成再招商工作；联合法院推进武夷三和债务化解，采取节点倒排等方式推进，促进公司负责人积极与民生银行、建行对接处理抵押贷款等事宜。围绕盘活闲置低效土地，激发企业二次创业，依托各片区网格对企业用地情况进行全面摸底排查，加快催促企业进行二期建设，实现产能规模的扩张。

生态环保多管齐下。加快铸造产业转型升级，打造绿色铸造产业，拟制定《政和县铸造产业规范提升三年行动工作方案》，加快铸造产业转型升级。依托南平市环境交叉检查契机，对园区企业进行全面环保排查，多措并举推进问题整改，在前期废水整治方面和固废整治方面取得良好成效的基础上，推进废气全面整治，即“新入园企业高标准建设，原有企业提质升级，淘汰落后工艺设施”目前整改率达90%。

（摘编：唐启阳）

顺昌工业园区

顺昌县工业园区总规划面积15.21平方公里，沿316国道和福银高速引线等交通干道布局，初步形成了“一区多园”发展格局，即以新屯机械加工园区为核心、促进金山化工园、郑坊光电园、文新生物质产业园、张坑绿色食品产业园等多个专业特色园区共同发展。2021年，顺昌工业园区紧密围绕县委、县政府决策部署，根据《福建省人民政府关于实施工业（产业）园区标准化建设推动制造业高质量发展的指导意见》（闽政〔2020〕1号）、《南平市实施工业（产业）园区标准化建设推动制造业高质量发展三年行动方案》（南政办〔2020〕56号）等文件精神，坚持以党建工作为引领，以项目建设为抓手，以绿色低碳循环为发展理念，推进各项工作有效落实。全年对接中央专项债券，谋划一批大项目、好项目积极向上争取资金，并拓展银行贷款等园区建设资金渠道来源，累计向上争取资金8.05亿元；实行挂图作战，全力抓好项目入库和重点项目建设，完成固定资产投资4.36亿元，工业产值56.86亿元。

基础建设提升改造。围绕高起点、高标准做好园区规划、建设、配套要求，紧盯施工进度质量，推动各产业平台基础设施建设加快推进，有效地提升了园区各产业平台的承载能力和配套服务，保障了企业的生产建设。郑坊工业园区一期平台路网工程、排洪系统改造工程、标准厂房及公租房建设项目已基本完成建设；浙商出口家具产业园一期土方和路网工程基本完成，启动标准厂房建设；保障性租赁住房、污水处理厂提升改造项开始项目前期工作。金山新材料产业园污水处理厂、工业供水厂、埔上至水口寨公路改建工程顺利建成，一期路网道路主体工程完成施工，园区双电源供电、工业管廊、智慧平台、特勤消防站、取水泵房及应急池等基础设施抓紧建设。谟武竹木产业园标准厂房建设加快推进，1、2、3、4号标准厂房已建成。新屯机械加工园完成220kv宝华Ⅱ路#15-17塔基迁改，启动污水处理厂建设。五里亭物流园完成电商楼大楼建设。

招商引资精准突破。2021年先后赴北京、上海、天津等多地开展招商引资工作，按投资政策、相关法规及园区产业规划，严把项目质量关，精准招商，共引进企业31家，谋划产业集群建设。同时，突出服务，扶持企业良性发展，为重点项目提供点对点、面对面、心连心的服务，精细化对接各项工作，确保了升升木业、宏丰钢铁等企业增资扩产或技术提升改造项目顺利推进。

（摘编：唐启阳）

龙岩开发区概况

龙岩高新技术产业开发区（龙岩经济技术开发区）

龙岩高新技术产业开发区是福建省人民政府正式批准在龙岩设立的省级高新区，园区范围涉及长汀、永定、新罗三个县区，规划面积132.9平方公里。2021年，龙岩高新区（经开区）实现规模工业增加值比增11.3%；财政总收入完成12.03亿元、比增6.7%，其中地方级收入完成7.6亿元、比增13.1%；固定资产投资比增14.5%，其中工业固投比增31.1%，技改投资比增36.2%；限上商品销售额及营业额比增17.7%。国家级高新区、国家级经开区年度综合评价分别进位17名、26名，获评国家级节约型机关，成功创建福建省军民融合高技术产业基地（示范园区），在全省经开区综合评价中进位2名，管理服务排名全省第2位，在2021年度园区标准化省级综合评价中获产教融合专项第一名。

项目建设赶超进度。实施项目“7+X”部门联审，严把项目准入关，建立项目工作专班制，全面推行帮办代办制，“五比一看”中实现比项目开竣工完成率126.7%、166.7%，其中竣工完成率居全市第一；新签约项目开工转化率100%，居全市第一。15个省市重点、4个“重中之重”项目分别完成年度计划投资的110%、109%。龙净环保输送装备、龙邦工程机械、绿色装配式钢结构等8个项目开工建设，龙马高端环卫装备、龙驰专用汽车、电子信息产业园三期等9个项目竣工投产，龙工新能源装载机、福龙马氢燃料电池洗扫车成功下线。

产业发展欣欣向荣。深入实施“三大”工程，16家重点企业实现产值210.5亿元、比增12%，15家成长型中小微企业实现产值22.1亿元、比增42%。三大战略性新兴产业产值比增33.7%，其中新一代信息技术增势迅猛，产值比增245.7%。全年新增“四上”企业28家，其中规上工业企业13家；新增备案公示国家高新技术企业28家，总数达89家，占比全市约1/4；培育省级“专精特新”企业4家、新增“省级绿色工厂”2家，省级制造业单项冠军企业1家，17家重点企业“上云上平台”。德煜照明成为全市两家省数字经济领域“瞪羚”创新企业之一，龙合智能荣获国家级专精特新第一批重点“小巨人”，龙马环卫和龙合智能获得“省级绿色工厂”称号，致尚生物质获评福建省第五批制造业单项冠军企业。

招商引资成果喜人。充分发挥招商顾问、招商引荐人、“一把手”招商等作用，“以商招商”实现新突破，推行“链长+链主”招商新模式，编制机械装备、新型显示、智能手机三类招商图谱，搭建电子信息产业园、高端装备智造园和新医药产业园等重要产业平台，筑巢引凤，推动新兴产业实现集群发展。全年完成市级谋划项目15个，签约项目48个、总投资109.4亿元，分别完成任务数的107.1%、200%。建成全市唯一跨境电商生态圈，实现注册企业70余家，入驻企业18家，公共服务平台备案企业30余家，通关122万票，出口交易额达10.8亿元。

（摘编：周少雄）

漳平工业园区

漳平工业园区位于福建省龙岩地区漳平市菁城街道、和平镇、西园乡三个乡镇之间。全称为

"福建漳平工业园区"福建漳平工业园区是国家发改委批准建设的省级工业园区。2021 年漳平工业园区现有规模以上工业企业 96 家，新增规模以上工业企业 10 家，实现规模以上工业产值 194.86 亿元，同比增长 18.9%；实现入库税收 2.4 亿元，同比增长 61.4%；企业用电总量 27741.13 万千瓦时，同比增长 28.1%，占全市工业用电总量 113636.08 万千瓦时的 24.4%。截止 2021 年底在册企业员工 9402 人，较 2020 年底增加 1302 人。2021 年获国家级绿色工业园区。2020 年全省开发区综合发展水平考核评价位列第 20 名。

基础建设提升改造。实施园区基础设施改造提升工程包，持续开展"七通一平"标准化建设。2021 年，总投资 1.55 亿元以上，完成大洋北路、康榜北路、纬二路、纬五路等 7 条路网，总长 2.9 公里；登榜工贸新区标准化厂房 10 万平方米、新材料产业园污水处理厂、新材料产业园道路及菁华大道两侧绿化提升改造工程、智慧体育公园附属设施工程等项目完成建设，园区承载力进一步提升。

项目建设全力推进。以钢铁机械制造主导产业为抓手，加快推进龙钢项目前期，完成项目用地红线 5050 亩（不含公铁物流园）内所有地块土石方工程发包，龙钢 219 地块、原炼铁地块、烧结地块土石方工程已全部施工完成，通信线路、20KV 电力线路完成迁改；11 月 24 日取得《福建省生态环境厅关于批复福建龙钢智能化钢铁工业 4.0 定制化生产示范项目环境影响报告书的函》。规划建设钢铁智慧制造加工产业园，规划面积 1000 亩，承接钢铁机械制造项目落户。新材料产业园开发建设。围绕"3+N"产业，推进新材料产业园开发建设，一期已完成开发建设 700 亩，总投资 2.3 亿元，道路、水、电、热、通信等配套设施已完善，新材料产业园污水处理厂建成试运行，入驻企业 5 家；2021 年 3 月启动新材料产业园二期开发建设，开发面积 345 亩，已完成土地征收，土地成片开发方案已经获批。完善华寮化工集中区基础设施。以 2021 年华寮化工园集中区通过化工园区认定为契机，加快完善华寮化工集中区配套设施；开展华寮化工集中区环保基础设施建设项目、智慧园区（一期）建设。

产业发展强链补链。重点培育发展钢铁机械制造、建材、新材料等 3 大主导产业，加快木竹加工、轻纺等产业转型升级，不断强化建链补链强链延链，加速形成产业集群竞争优势和规模效应。2021 年工业园区钢铁机械制造、建材、新材料产业三大主导产业产值占园区总产值 53%。

招商引资精准发力。主动融入粤港澳大湾区、闽西南协同发展区，引进一批好项目、大项目落地。2021 年新签约入驻项目 31 个，总投资约 17.6 亿元以上，其中供地项目 8 个，供地面积 274.83 亩，租赁标准化厂房企业 8 个。

生态环保抓在日常。坚持常态化企业环保日常巡查，提升企业环保主体责任意识，2021 年累计巡查企业 215 人次，发出整改通知书 6 份，与企业约谈 3 次；完成漳平新材料产业园污水处理厂建设工作，2021 年 10 月 22 日污水处理厂已投入试运行。

（摘编：李元）

武平工业园区

武平工业园区是省级工业园区，规划面积 14.37 平方公里。2021 年，武平工业园区入驻企业 102 家，其中，规上企业 46 家，国家级高新技术企业 8 家。实现工业产值 101.28 亿元，同比增长 18.9%，首次实现百亿园区目标，其中规模工业产值 91.4 亿元，同比增长 18.3%；实现税收 9120.48 万元（纳税百万企业 14 家），同比增长 34.6%；实现外贸出口 2201.68 万美元；工业用电量 7665.53 万千瓦时，同比增长 11.2%。；完成工业固投 4.07 亿元。在 2020 年全省开发区综合发展水平考核评价中排名第 43 名，前进了 15 名。

基础建设完善配套。配套齐全的高标准厂房为企业提供"拎包入住"的"武平服务"。入孵企业从 2020 年 12 月入驻到 2021 年 5 月全部实现投产，最快的福盛达公司仅用了 3 个月就投产，创造了"武平速度"。从粤港澳大湾区引进的清一色新显企业具有新显产业上游光学级材料，中游显示模组，下游显示终端产品等生产能力，形成了新显产业链的雏形。全力抓好武平新显产业体验中心建设，打造成一座集展览、洽谈、会晤、休闲及教育等多功能为一体的现代化综合性体验中心。新建4栋职工宿舍楼，项目总投资约1.5亿元，总建筑面积约3万平方米，已完成方案设计、施工图设计等前期工作。建设心月公园，与千鹭湖国家湿地公园、集文校区和园区职工宿舍相融合，按照山、水、林、田、湖、草、沙是一个生命共同体的理念，融入“心”“月”元素，打造浪漫唯美的景观氛围，项目总投资约3500万元，11月底开工建设。

招商引资持续发力。2021年园区完成一个1亿元以上项目（可植入式柔性线材生产设备建设项目）和2个辅助项目（年产800万平方米宽幅TFT偏光片项目、年产120吨TFT-LCD混合液晶显示材料项目），亿元以上项目通过市级专家评审并进入市库。实现新签约项目9个（其中新显企业4家），新开工项目9个，新投产项目13个。新引进“宠物金属工艺笼产品生产项目”，实现当年签约、开工、竣工。

（摘编：李元）

上杭工业园区

福建上杭工业园区成立于1997年8月，2006年9月经国家发改委审批核定为省级工业园区。2021年上杭工业园区落户企业225家，其中规模以上企业34家。2021年，完成固定资产投资9.3亿元，实现工业产值689亿元，税收收入3亿元。在2020年度全省开发区综合发展水平考核评价中排名30位。

基础建设深化推进。2021年，深化推进园区标准化建设，实施龙飞路二期（杭富路—黄竹路）道路接通完善工程、杭富路右侧道路完善工程、生态环境公共应急池建设项目和标准厂房建设，在全市“五比一看”中排名前3名。标准厂房项目分三期建设，总建筑面积约18.6万平方米，建成约7.4万平方米，在建约10.8万平方米，总投资约5.18亿元。其中一期项目总投资6813万元，入驻福建晶旭半导体科技有限公司和福建润发电缆科技有限公司等两家企业，拟入驻惠州市豪锦鹏新能源有限公司；二期项目，建设面积约4.2万平方米，总投资8920万元，拟入驻艾斯芸防伪有限公司；三期项目，建筑面积约10.8万平方米，总投资约3.5亿元，2021年12月开工建设。

项目建设全面开花。引入金铜新材料循环产业园建设项目，预计总投资186亿元，占地约4000亩，按照“国际领先、全国一流”工艺设计要求，重点规划精深加工区、产业配套区、创新研发区、表面处理区、废水处理区、集中供热区以及园区市政配套设施，打造国际一流专业表面处理园区。项目建成后，预计实现年产值500亿元以上，年上缴税收30亿元以上。项目计划分三期建设：一期规划位于上杭南高速出口周边，预计总投资60亿元，规划用地约900亩，重点布局高性能铜合金深精加工、高端五金加工等项目；二期规划位于李家坪国控断面区域，预计总投资71亿元，规划用地约2100亩，其中表面处理区约500亩。拟建标准表面处理厂房约15万平方米，标准厂房约40万平方米，配套日处理量2.5万吨的废水处理中心以及应急池。将引入九牧集团建设智能五金新材料产业，规划布局智能厨卫五金新材料、高端线路板（PCB）、新能源汽车内饰新材料、新型不锈钢材料、高性能医疗器械材料产业及其表面处理，金（银）盐及金银首饰表面处理、光伏电池背银材料，打造集产业链上下游铜材加工、表面处理、成品制造、新材料研发为一体的水暖卫浴新材料产业链，预计年产值300亿元以上；三期规划位于李家坪国控断面以下区域，预计总投资55亿元，拟规划用地约1000亩，配套日处理量2.5万吨的废水处理中心。以引进高端PCB下游封装、金铜新材料、机械制造等下游产业为主，包括：①机械设备零件溅射镀膜、精密设备、汽车关键配件、结构件等；②高性能电子信息零部件制造、5G通讯、智能装备等领域。目前在建待建项目有福建紫金铜业有限公司铜合金精深加工项目、福建紫金铜箔科技有限公司年产2万吨高性能电子铜箔生产项目、鑫昌龙年产2000吨热塑性弹性体增韧材料项目、晶旭半导体5G通信滤波芯片生产项目、亘鸿钢构集束智能装配科技新模式产业化项目、宏拓金属制品智能化加工项目等。

（摘编：周少雄）

连城工业园区

福建连城工业园区坐落在风景秀丽的国家重点风景名胜区冠豸山城区西部，是经国家发改委核准、省人民政府批准的省级工业园区。2021年，连城工业园区规模以上企业实现产值203.3亿元，税收2.4亿元，产业集聚水平82.9%。成功培育福建渡远户外运动用品有限公司、福建宇文浩电子有限公司、福建航凯户外休闲用品有限公司、福建力传生物有限公司、龙岩博文工业材料科技有限公司、龙岩安能燃气有限公司、福建省鸿祥竹业有限公司等7家规上企业。

项目建设壮大发展。园区新签约致锋钨钢模具材料异型产品及精密加工制造、恒晟和3C数码配件、奕龙高强环保复合纸板新材等29个项目。新开工康莱宝运动产业园建设、菲克斯达世卫组织防疫物资生产基地、大拇指年产8000吨地瓜系列食品等27个项目。新竣工渡远复合材料科技产业园、航凯高端户外休闲用品项目、福农三期地瓜干精深加工等21个项目。

（摘编：周少雄）

永定工业园区

永定工业园区原称莲花工业园区，创建于2002年10月，2006年9月经省政府批准为省级工业园区，2012年起委托永丰新区管理。2014年9月获省政府批复同意南扩，总体规划用地面积13.68平方公里，沿永梅出省公路两侧拓展。2015年4月市委进行“三区两园”体制调整，原在高陂的永定工业园区管委会于2016年2月整体搬迁至南部园区，负责具体管理永定工业园区。截至2021年12月底，园区入驻企业101家，已投产企业85家，解决就业人口4000余人，其中规上企业24家，实现工业总产值78.5亿元。

项目建设多措并举。园区加快光电信息产业园建设，引进一批竞争力强、技术含量高、产业链长的线材线缆项目，推动光电信息产业企业集聚发展。一是强化要素保障，优化园区产业布局。重点对园区排洪、排污、供水、供电、边坡治理进行优化，完成了工业园区北环路、文秀数字产业园成片土地开发方案的编制工作，完成青橄榄二期等6个项目的土地出让工作，面积达245.8亩。二是加快项目建设，增强园区承载能力。园区实行重点项目领导挂钩联系制度，重点推进光电信息产业园二期、三期和新材料产业园二期、三期、纺织循环经济产业园配套设施、文秀数字产业园标准厂房、莆永高速坎市互通等13个重点项目建设，实现立孚光电等4个项目竣工投产。切实加快推进标准厂房建设和市政管网建设，对部分闲置旧厂房实行“腾笼换鸟”，不断增强园区承载能力。2021年完成标准厂房建设17.5万平方米，在建4.3万平方米。完成新材料产业园二期、三期市政道路管网建设0.7公里，全年完成投资5.6亿元。

招商引资主动出击。园区主动融入粤港澳大湾区和闽西南协同发展区开展招商引资工作。全年外出招商23次，接待来园区考察客商50余批次，跟踪洽谈项目38个，其中落地意愿强烈项目12个，新签约项目8个，其中数字经济项目4个，光电信息及配套项目2个、新材料及配套项目2个，总投资30.8亿元。

（摘编：李元）

长汀经济开发区
（龙岩稀土工业园区）

长汀经济开发区规划面积12.82平方公里，建设用地面积7.98平方公里，已纳入省级工业园区管理，为福建省重点抓的20个产业基地（集群）之一，被评为第二批福建省新型工业化产业示范基地、第三批福建省省级绿色园区、第四批福建省循环经济示范园区、第一批福建省省级战略性新兴产业集群。2021年稀土及其相关应用产业产值实现140.7亿元，同比增长13%；新增规上企业2家，纳税超百万元企业7家。截至年底，共有企业17家（含在建），其中规模企业9家，亿元企业5家。

基础设施持续建设。全年已完成金龙稀土公司稀土园厂区门口道路工程项目、福建先知化学助剂制造有限公司挡土墙工程项目、金龙路排水沟工程项目、18 号、19 号公寓挡土墙工程项目、污水管网工程项目等基础设施项目建设，完成基础设施投资约 8232 万元。

项目建设稳步推进。坚定不移把项目建设作为经济发展的重要抓手，全力开展产业发展建设年活动和“五个一批”项目活动，高水平推进项目建设。园区全年新开工项目 4 个，具体为长汀达旺科技消费类磁组件项目、长汀金龙稀土年产 4000 吨高性能永磁材料改扩建项目、长汀贝思科 5000 吨多层陶瓷电容器用电子级纳米原材料（高纯度电子级纳米碳酸钡）项目、年产 3000 吨稀土功能靶材及稀土金属合金生产线项目；新投产项目 3 个，具体为长汀贝思科高性能纳米钛酸钡产业化项目、长汀优驰磁性材料生产项目、年产 5000 吨碳酸氢镁溶液改建项目。稀金精工特色小镇建设项目正在稳步推进，其中中心大道道路工程 C 段、西环路 A 段、黄馆路、临江绿道景观工程、小镇文化展示区（包括展示馆、体验馆和科技馆）、小镇游客集散中心（包含旅游集散中心、咨询中心、推广中心、集散分流等功能为一体的综合体，同时包括稀土文化广场等）等建设项目现已初步完成方案设计及初步设计工作。3 栋职工公寓已完成扫尾工程并竣工验收。

招商引资突出重点。积极发挥长汀稀土资源优势，依托厦门钨业龙头带动，围绕“龙头招商”“产业链招商”“以商招商”等模式，不断拓展招商领域，提高招商成效。全年前往京津冀、长三角、珠三角等地区开展稀土产业招商活动 11 场，完成签约项目 2 个（长汀达旺消费类磁组件项目、先知化学催化剂原料配套项目），总投资 2.2 亿元。

（摘编：李元）

龙雁经济开发区

龙雁经济开发区是福建首批循环经济示范园区、国家级加工贸易梯度转移重点承接地核心区，2013 年 11 月 13 日，福建省政府批复同意设立龙雁经济开发区，纳入省级经济开发区管理。2021 年，龙雁经济开发区实现工业产值 134.67 亿元，同比增长 14.1%，完成税收 2.33 亿元，新增企业 5 家，新上规模工业企业 1 家。在 2020 年度福建省开发区综合发展水平考核评价中实现全省省级园区综合排名第 67 名，综合排名前进 14 名。

项目建设落实到位。围绕产业发展项目建设年、“五比一看”工作要求，落细落实 2021 年经济发展工作部署，紧抓项目建设工作，着力解决项目推进过程中的困难和问题，累计完成开工建设项目 3 个，即博坦尼年产 10 万套各类汽车零部件及配件项目、兴瑞再生废钢铁和铁屑生产项目、龙茂机械黏土砂精密铸造生产线项目。

招商引资凸显优势。围绕园区机械加工、化工、建材、新能源等主导产业，着力引进一批“强链、补链、延链”项目，提升园区产业链集聚水平，助推园区高质量发展。2021 年，策划完成危险化学品应急救援实训演练中心建设项目 1 个，对接豪邦化工年产 18 万吨农用硫酸钾项目、危固废处置中心及资源化综合利用项目二期工程、年产 5 万吨环保燃料项目、钨渣减量化资源化和无害化综合利用处置项目 4 个。

（摘编：周少雄）

宁德开发区概况

东侨经济技术开发区

东侨经济技术开发区位于福建省宁德市中心城区。1997年成立，2012年12月经国务院批准，升级为国家级经济技术开发区，定名为东侨经济技术开发区，实行现行国家级经济技术开发区政策。2021年，东侨经济技术开发区实现生产总值658.62亿元，比增61.1%；规上工业增加值633亿元，比增89.3%；一般公共预算总收入61.9亿元，其中，地方一般公共预算收入32.02亿元；固定资产投资191.49亿元；完成出口总值358亿元；实际利用外资1800万元。年度绩效考评连续4年保持优秀等次。在全省开发区综合发展水平评价中位列全省第2，在最新的国家级经开区综合发展水平考核评价综合排名位列第26名，成为全省首个进入30强的国家级经开区。

基础建设提升改造。2021年，东侨经济技术开发区完成湖东片区控规和北部景观提升规划编制，扎实开展塔南片区控规编制。着眼提升城市品质，新建城市福道10.3公里、雨（污）水管网6.8千米、停车泊位175个、口袋公园5处。巩固拓展全国文明城市创建成果，制定出台《开发区农贸市场长效监管工作实施方案》等一系列文明城市创建常态长效机制，实施九龙商城、置业小区等一批老旧小区改造提升工程。常态化整治摊位乱摆、车辆乱停等城市顽疾，落实“门前三包”3760家，整治占道经营1.8万起，疏导流动摊点1.7万次，拆除违建1.12万平方米，市容市貌焕然一新。

项目建设扎实推进。东侨经济技术开发区全年累计签约项目60个，协议总投资140.13亿元，其中，5亿元以上重大项目9个、5000万元以上项目44个，完成全年签约任务的107.8%。“三比三赛”、百日攻坚活动热火朝天，25个在建重点项目完成投资115.4亿元，完成计划123.8%，16个在建重点项目提前完成年度投资计划；年度新增“五个一批”项目101个，在库签约项目履约率100%，开工项目投产率69%。大力破解历史遗留问题，成立棉桃山、井濂、塔南三个片区攻坚突击队，完成征迁660.7亩。专项债券资金申请获批支持28.5亿元，占全市1/4以上，连续两年保持全市第一。城建项目有序推进，完成投资5.3亿元，棉桃山片区路网完成年度计划，二附小周边配套路网前期工作全面启动，新建、续建城市道路2.84公里，完成城市道路“白改黑”4.05公里。扎实推进小微园建设，北部新区标准厂房开工建设，标准化工业（产业）园区排名位居全省前列，获省政府表彰。锂电新能源小镇完成投资58.94亿元，通过国家3A级旅游景区认定。

产业发展蓬勃壮大。东侨经济技术开发区全年实现产值1451亿元，增长98.6%，成功打造全市第二个千亿产业集群。宁德时代实现供应商100%国产化，市场占有率稳居全球首位，入选“全球灯塔工厂”；智能装备制造、大健康产业产值分别完成15.96亿元、44.66亿元。安发、鲁花、亚南等公司入选省级工业龙头企业；成功落地好奇心影业等一批现代服务项目，初步形成以武汉动游为龙头，好奇心影业、极光传媒等组成的新媒体文创产业集群，成为全省唯一入选全国第二批先进制造业和现代服务业融合发展试点区域。双创示范基地建设稳步推进，创新能力持续增强，时代21C创新实验室部分投入使用，新增国家级高新技术企业10家，入选省级科技小巨人领军企业7家，获批省、市“专精特新”企业4家、“单项冠军”企业3家，高新技术企业产值占规上工业产值93.8%。全区获批专利授权405件，增长37.8%，每万人发明专利拥有量提升至17.63件，远超全市平均水平，专利合作协定（PCT）国际专利申请642件，位居全省第一。

生态环保严格治理。建成全省首个县级低值可回收物分拣中心，成功创建福建省垃圾分类示范片区。扎实推进生态环保督察问题整改，全面启动西陂塘防洪防潮提升改造工程和四孔桥水闸除险加固工程。全面落实河（湖）长制，持续推进生态环境改善，以生态底色彰显为民本色。

（摘编：唐启阳）

福安经济开发区

福建福安经济开发区（原名福建省闽东赛岐经济开发区），地处闽东中心的赛江之畔，是福安市滨海新区建设的重要组成部分，是闽东地区第一个省级经济开发区，是宁德市（福安）军民融合深度发展产业园的核心区。2021年，开发区完成规上工业企业总产值62.98亿元，固定资产投资6.09亿元，税收收入2.51亿元。2020年，开发区共有规上工业企业28家，全年完成限上商贸贸易额10.31亿元。

项目建设有力推进。2021年，开发区全面启动并部分完成樟港、大留、小留和罗江产业园的基础设施配套前期工作。赛和置业和世贸云玺等房地产建设有序推进，成为罗江的新地标和高尚住宅区，为罗江人口聚集和企业职工提供良好的生活环境。江滨大道（B段）道路工程一期工程竣工投入使用，莺歌大道、坑门里工业路动工建设，大洋路、樟港路即将完成前期工作并即将动工建设。罗江社区卫生服务中心动工建设，福安二中初中部教学综合楼建成并投入使用。城镇面貌、基础设施配套、民生事业建设和产业发展同步推进、相得益彰，进一步推进了产城融合。

产业发展转型升级。2021年，开发区成立了鑫泰汽车新能源产业技术研究院，建成京港众创空间并投入使用，智慧园区一期投入试运行，为企业搭建了政府主导的创新服务平台。国家级大中小企业融通型双创特色载体项目顺利通过财政部验收，省级园区循环化绿色改造项目通过省工信厅验收，带动了巨龙、新银嘉、大酉、一洲、德普柯、富贵铼、福华和联港等一批企业转型升级。一批低效高耗的产业相继淘汰，一批空置厂房实现“腾笼换鸟”，以新能源配套为主的新的主导产业正在形成，企业转型升级步伐加快，经济质量持续向好。

招商引资创新改革。2021年，开发区不断创新招商引资方式，改进招商引资方法，完善招商引资优惠政策，努力以大项目推进大发展。全年引进项目6个，完成招商引资17.4亿元，同比上升182.35%，排名位居福安市前列；相继引进广东嘉元科技、深圳长盈精密技术和宁波震裕科技等一批上市企业落地建设或投产，是开发区成立以来招商成果最好的一年，为实现“十四五”发展目标奠定基础。

（摘编：唐启阳）

宁德三都澳经济开发区

宁德三都澳经济开发区于1998年3月经省政府批准设立，是以港口、商贸、加工业、海洋产业为主的省级经济开发区，位于天然深水良港三都澳内，已建成万吨码头和疏港公路，可建多个10-30万吨级泊位码头。2021年，开发区完成地区生产总值188.54亿元，增长153.5%；新增入园企业4家，目前入园企业共计66家；实现工业产值572.1亿元，增长355.9%；财政收入8.6亿元，增长203%；税收收入8.22亿元，增长138%。其中三屿工业园区上汽乘用车福建分公司完成22.8万辆整车生产，增长241%，实现工业总产值超231亿元，增长超150%；创造税收约5.6亿元。2020年，三都澳经济开发区在全省88个开发区的综合发展水平考核评价排名再度上升10个位次，位列第35名。

项目建设有序推进。宁德锂电新能源车里湾产业园区：项目建成后主要生产新能源汽车动力电池及储能电池，预计新增就业岗位4000多个；主要供应国际车企需求，有助于吸引更多新能源车企在宁德投资落户。2021年总投资约80亿元，项目于2022年4月开始逐步试产并达产，达产后预计年新增产值约500亿元、税收15亿元。省重点项目大黄鱼产业园：按照百日攻坚要求有序推进建设工作，完成排污口论证、环评、污水处理、供水供电等基础设施建设，园区厂房及办公配套用房有序推进。2021年，大黄鱼产业园已累计完成投资约7.9亿元，其中2021年完成投资约2亿元，建设厂房面积6万多平方米。同时，三都澳港区城澳作业区西1号泊位于2021年11月19日竣工投产；园区基础设施建设和安吉物流等配套项目建设有序推进，启动新增10万平方米厂房建设，协调落实园区外整车停放5500台；积极推进园区厂房建设、停车场建设以及各项保障服务工作。

产业发展全力推动。开发区结合区位特点、资源禀赋、产业基础、环境容量等，科学制定发展规划，全力推动新能源汽车、港口货运、食品冷链等园区产业发展，走专业化发展道路。充分发挥龙头企业引领、集聚、支撑作用，支持三屿工业园区上汽宁德基地做优、做大、做强，建成配套齐全、功能完善、全国先进、技术一流、绿色生态的现代化汽车生产标杆基地。进一步推进标准化园区建设，推进信息化与工业化深度融合，鼓励企业推进智能化发展，提高产业竞争力，推动各类要素资源、政策资源向龙头企业倾斜。统筹推进三都澳港区城澳作业区连片开发，2021年度福建省重点项目三都澳港区城澳作业区西1号泊位工程项目于2021年11月竣工，投产后将进一步提升三都澳港区城澳作业区港口基础设施条件，加快三都澳港口高质量发展，满足临港产业水路运输的需求。

招商引资精准发力。围绕上汽宁德基地配套供应链持续招商发力，积极开展企业摸排和招商拓展，2021年共引入四家一级供应商，进一步完善上汽宁德基地汽车生产产业链，实现新一级供应商落地投产。

生态环保严格落实。加强园区环境整治，2021年已完成开发区（城澳园区）总体规划环评论证；推动省环保督察三屿污水处理厂的整改工作，落实园区整体管网排查和溯源工作，已完成园区内雨污混接整改。

（摘编：陈闽声）

福鼎工业园区

福鼎工业园区位于福建省宁德市福鼎市福鼎新城，距市中心2公里，总规划面积2.1平方公里，前身为星火工业园区，于1998年9月由宁德市政府批准成立，2006年4月福建福鼎工业园区经省政府批准并报国家发改委审核为省级工业园区。2021年，福鼎工业园区104家规模以上企业完成工业产值194亿元；完成固定资产投资69.92亿元。

基础建设完善配套。园区完成温州大道、双岳溪和文渡污水厂提升改造等基础配套建设和前岐、双岳片区防洪排涝规划编制和控规编制。完成大湾区生态产业园区滨溪西路、环城西路便道建设，棠园至新能源220KV双回线路电力专线建设，以及水、气、污水等锂电项目配套建设，确保锂电项目设备进场和投产后成品运输需求。启动龙安化工园周边道路及配套设施等项目组卷报批，进一步增强园区项目承载能力。

产业发展稳中向好。福鼎工业园区星火、文渡项目区已基本完成，开发建设基本形成具有产业特色的新型工业园区。其中星火项目区逐步形成以华益机车部件、丰泰化油器、晨冠乳业、誉达茶业等为龙头的汽摩配及食品加工产业园；文渡项目区形成以宏大特钢、欧荣布业、有氟密管阀等为龙头的特钢、泵阀、树脂、无纺布、PU革及上下游产品为主的产业园区。双岳项目区作为福鼎市新兴产业园区。根据宁德市委市政府工作部署，该片区定位为先进制造业重要基地、福鼎中心城市产城融合特色组团，增加锂电项目结构件配套产业布局，并规划商住、教育、医疗、交通等公共设施用地以及其他用地。前岐片区定位为宁德湾区产业新兴增长点、福鼎市锂电新能源产城融合新区，主要布局宁德时代锂电项目及商住配套等。佳阳片区定位为发展锂电项目物流、仓储配套及储能项目。龙安化工园被认定为省第二批化工园区，主要以宁德时代配套的锂电池相关配套化工产业及合成革配套的上游产业为主。

招商引资重点围绕。园区强化一把手招商、产业链招商，文渡项目区引进润锦新材料，投资

1.2亿元，双岳项目区引进锂电配套项目领福新能源，其中一期投资2.5亿元。同时，按照产城一体，重点围绕三产服务业，二产机械制造、食品深加工等产业加大招商力度，构建园区产业发展新格局。

生态环保严格执行。全面落实环保“党政同责”“一岗双责”，严格按照园区的规划环评和批复要求，优化园区产业布局，严把建设项目环境准入。持续推进文渡合成革行业二甲胺气体污染整治，基本完成二甲胺废气治理和废水处理等环保设施的升级改造，进一步改善文渡项目区的大气环境质量，全力推动园区实现全面、协调、可持续发展。

（摘编：唐启阳）

周宁工业园区

周宁工业园区始创于1992年，几经扩建，现规划面积3500亩。2021年，周宁工业园区共有规模以上工业企业23家，完成固投入库项目19个。全年完成规上工业增加值5.76亿元，固定资产投资4.23亿元，税收1.23亿元。

项目建设提质提效。周宁工业园区按照周宁县委、县政府工作思路，县城产业发展布局规划：重点围绕不锈钢、新能源和上汽、铸造，以不锈钢产业园工业园区为核心，形成分工合作、产业配套、集群发展的“一区四园”产业主导方向，策划包装招商项目，突出产业发展平台，做到提质提效。其中，周宁县不锈钢深加工产业园总规划用地面积6000多亩。一期总投资8.85亿元，规划面积1743亩，引进不锈钢深加工企业43家，达产后产量可达30万吨，实现产值120亿元以上，税收3亿元；整个园区建成可培育规上工业企业百家，产值突破200亿元，税收10亿元，入驻43家企业，截至目前，共有28家企业完成厂房建设，其中16家企业已投产，15家正在进行基础建设。二期规划用地4400亩，其中可出让用地为2148亩（工业用地1948亩、生活配套200亩），可出让用地可安排不锈钢针管、不锈钢餐厨、不锈钢拉丝等不锈钢深加工企业60家。

招商引资主动出击。2021年以来，园区围绕四大主导产业开展产业链招商，认真做好招商引资，做到了目标明确、积极落实、稳步推进，招商各项工作均保持良好发展态势。推行县党政“一把手”亲自带头招商。全县各乡镇、各有关部门通力协作，通过“小分队”走出去招商和请进来洽谈等形式，先后赴浙江、广西、上海、厦门等地，围绕千亿集群产业链和特色旅游、金融服务、大宗商品贸易等方面，开展党政“一把手”招商。

（摘编：王一星）

古田工业园区

古田工业园区位于古田县城区西南面的局下、浣中、浣下、官江一带，距城区约2公里，总用地面积为249公顷，其中一期工程47.5公顷。园区根据现状用地控制情况与202省道衔接。区内交通便捷，三面环山，区内现有一座35kV变电所，有4回35kV进出线，并将规划建设一座220KV古田变电站，位于本区东北方向古田县城300立方米高位水可向本区供水，是古田县最大的工业新区。2021年，园区实现地区生产总值45.86亿元，比增8.6%，规模以上工业增加值4.23亿元。纳税总额2831.69万元，进出口总额79703万元，从业人员约3000人。

项目建设扶持推动。以扶持县食用菌支柱产业为原则，根据国家、省、市的工业用地调整的政策要求，在符合规划、不改变土地用途的前提下，按照相关法律法规，对东区采取厂房增层扩容、建筑立面改造的办法，扩大企业生产空间。同时加快西区基础设施配套工程建设（包括园区道路、河道、供水、供电等），配合推进“双创”基地项目、“文化三馆”、城西双语幼儿园等项目建设，扶持推动、引导动员对驻留厂区窄小和旧厂房的企业退城入园，集聚发展。

产业发展突出优势。园区根据发展调整优化产业布局，依托古田食用菌产业优势，形成东区以食用菌加工、销售、仓储和包装为主导的绿色园区，现集聚企业123家，包含规模以上企业23家，限上企业12家。西区以食用菌精深加工为主导，配套博览中心、美食体验中心和物流仓储等公共服务，现西区已入驻三友、德惠、志诚、康亿达等十一家食用菌龙头企业。

生态环保多措并举。一是建立健全环保机制，制定园区环保检查计划和方案，加强环境保护管理；二是严格监管已入园企业，明确环保要求，并要求已建成投产企业严格落实环保责任，排放污染物必须达到环保排放标准；三是全面开展“一企一档”工作，收集园区内企业环保方面信息。现东西区规划环保评估已完成，固体废物与维修废物处置综合利用率两年连续达到100%，园区土地建成率73.4%，综合容积率89%。园区企业环保相关信息已进行摸底排查，数据库逐步建立。

（摘编：唐启阳）

屏南工业园区

屏南县工业园区为省级开发区，按照福建省人民政府审核批准的范围，福建屏南县工业园区东至涤头村、南到甘棠村、西到屏南县城关、北至凤林村，用地总面积160公顷。2021年，屏南工业园区工业企业投产达效明显。新能源锂电池凹版、华仁汽车配件等15个产业项目开工建设，新能源正极材料一期、瑞幸咖啡、板式家具等10个产业项目竣工投产，新增规模以上工业企业6家，合计产值2.18亿元，逐步形成产值增长极。

产业发展转型升级。溪角洋工业园区位于棠口镇，规划面积约为446.8公顷，该园区重点布局新能源新材料、高端制造业、高新技术产业项目，以屏南时代为核心，发展动力锂电池、新能源汽车产业链及配套或附属产业。入驻的企业有屏南时代新材料技术有限公司10家企业。溪坪工业园区位于屏城乡南部，规划面积约为100公顷（其中13.33公顷为上源工业集中区）该园区是屏南县最早开发的园区，园区工业用地与居民区用地毗邻，现结合上源工业集中区发展规划，逐步引导园区转型升级，重点建设用于承载其他园区所需要配套的电商、金融、物流、商务服务等生产性服务业，打造产城融合发展新高地。潦头工业园区位于城关至火车站主干道两侧，规划面积约为51.73公顷，四至范围为东至潦头村、南至S303、西至屏南锦辉木业有限公司、北至清水变电站。该园区利用“全国民间药膳示范县”和“福建药膳美食名城”的牌子，结合药膳小镇开发建设，重点发展特色食品加工基地及配套或附属产业。已落户的企业有瑞幸咖啡烘焙（屏南）基地项目、健神生物、泰华工艺、永丰生物等15家企业。2021年，新增甘棠（新型）工业园区，该园区位于甘棠乡南侧，规划面积约为66.67公顷，四至范围为东至S202、南至S202、西至高速互通、北至甘棠镇区。该园区结合旱兴亭组团发展规划，利用屏南县丰富的森林资源，重点发展竹木加工上下游产业链及配套或附属产业，形成集群效应。福建省旅贸实业有限公司、宁德谊邦家具有限公司等8家板式家具企业已签约入驻，共建设20条以上板式家具生产线，该园区主要以板式家具制造项目入驻为契机，强化园区基础设施建设，努力打造成为国内一流、国际知名的板式家具产业自主创新示范区。

（摘编：陈闽声）

寿宁工业园区

寿宁工业园区2006年4月被省政府确定为省级工业园区，是寿宁县对接长三角、承接浙东南产业转移的重要平台，也是宁德市较早定位、启动的工业园区之一。截至2021年12月，园区入驻企业115家，2021年实现工业总产值32.75亿元，税收10734万元。

基础建设日趋完善。南阳工业园区自来水和污水管网设施建设、园内主干道硬化、通信网络等建成投用。际武工业集中区涵盖职工生活区、污水处理厂、溪滨山前路硬化、景观公园等，ppp项目已竣工验收。宁德锆镁新材料产业园职工共享之家、产品展览厅、科研楼已建成投用，为园区的进一步发展夯实基础。

产业发展着力打造。园区牢记习近平总书记对寿宁县提出的“马不停蹄办好工业”的殷切嘱托，坚持“布局集中、资源集约、企业集群、产业集聚、生态环保”的原则，依托溧宁高速公路在境内的三个互通口，规划建设南阳工业园区、际武工业集中区和宁德锆镁新材料产业园，着力打造“道口经济”“场站经济”，培育形成工业新材料、精密铸造、汽摩配件、电机电器等主导产业，工业经济已成为推动寿宁加快发展绿色崛起的主引擎。

生态环保从严治理。寿宁是国家级生态功能区，园区根据国家产业政策及产业负面清单的要求，严把项目引进审批关，从源头上杜绝高污染、高耗能、低效益的企业入驻；并对区内各类企业进行合理规划布局，促进园区产业聚集和生态保护、集约用地、资源节约，努力建设“节能减排、低碳环保、循环经济”的绿色工业园区。按照生态型工业园区的发展目标，强化源头管控，实行绿色招商。严格入园企业项目准入门槛，杜绝或限制引进污染大、能耗大的项目，同时淘汰一批在环保、节能方面存在较大问题且无力整改的企业项目；强化企业生产过程动态监管，对重点耗能、耗水、排放企业，按照“减量化”有限原则，进行节能改造、节能监察、能源审计。大力扶持发展绿色产业，实现富民富县。建设污水、垃圾以及固废处理设施，加强运行管理，营造环保、生态、美洁的园区环境。推进循环经济发展，鼓励和扶持企业内部以及企业之间的副产品与能源梯级利用，实现环境效益、经济效益和社会效益同步提升。

（摘编：陈闽声）

柘荣经济开发区

柘荣经济开发区总规划面积9平方公里，省政府批复面积4.4平方公里，目前建成面积约3平方公里，下辖生物医药循环经济产业园、砚山洋山海协作示范园、富源综合区等3个产业园区。2021年，开发区实现产值53.26亿元，缴纳税收2.44亿元。

产业发展逐步升级。园区推动出台新一轮《柘荣县促进刀剪产业发展的五条措施》，从工业用地、培育龙头企业、鼓励创新、支持整合重组、完善产业平台等方面推动刀剪转型升级，积极对接市工信局出台《宁德市促进生物与新医药产业发展若干措施》，主要从科技创新发展、促进科技成果转化、推进特色中药材发展、壮大产业规模能级、推动产业集聚集群、加强市场供应保障、人才培育引进等7个方面支持生物医药产业发展。

招商引资有效推进。园区积极开展以商招商、以情招商，有效推进招商引资工作。2021年先后对接漳州片仔癀与时珍堂合作项目、新生命中药颗粒生产线项目等18个生物医药产业项目。元鑫医用手套两条新生产线已建成投产，时珍堂将竣工投产，草本汤全国生产服务中心项目已开工建设，福建龙窠谷生物药业股份有限公司已落地。同时，成功向省侨联推介生物医药产业孵化器、太子参保健酒合作等两个项目。

（摘编：王一星）

霞浦经济开发区

霞浦经济开发区于2014年1月经省政府批准设立省级经济开发区，位于城市南部，南临古县沙塘里，规划面积362.2公顷。至2021年底已引进企业90家，总投资达70多亿元，现有规模以上企业39家，限上企业12家，正在建设及筹建的项目16家。全年完成工业制造业（含技改）固定资产投资21亿元，规上工业产值61亿元，税收1.76亿元。

基础建设持续推进。2021年，园区启动霞浦县新能源产业园及配套设施项目，总投资23.7亿元。已完成横二路初步设计文件编制并获发改委批复；纵二路（北段）勘察、初步设计文件编制批复和施工图设计文件编制，施工图审查批复完成。招标控制价和工程量清单编制完成，财审初稿完成。同时继续推进开发区转型升级一期项目，项目总投资7.37亿元，陆续完成了时代一汽110KV线路工程，主物流通道工程及周边路网工程和排洪沟改造工程等工程建设。

项目建设围绕重点。做好项目入驻前期工作和配套基础设施建设，目前省市等重点项目建设进展顺利，邦德年产3180万米超纤合成革生产线建设项目树脂车间已竣工投产；“时代科士达储能项目”（北区）第一第二生产线完成安装，2021年9月顺利投产，并顺利完成规上企业的培育工作；嘉鸿水产、善邀福项目、元福塑胶及三海科技项目顺利开工，昌荣工贸、寰江食品完成竣工，正洋食品顺利投产。

招商引资精准配对。围绕“扶引大龙头、培育大集群、发展大产业”为目标，大力支持主导产业发展壮大、新兴产业占比提升、传统产业转型升级，利用时代一汽等龙头企业入驻的有利条件，加快产业结构调整，组织开展上下游配套项目的招商活动。2021以来陆续引进浦晟新能源、康纳科技、福麟工贸等12家企业，协议总投资达7亿元，培育壮大福建邦德、众源机械、创凯缝纫机、野湾水产等10多家本土企业，新增时代科士达、爱谱森、福宁港渔业等5家规模以上工业企业，兴办电商产业园、物流园等商业服务配套。

生态环保严格落实。开发区高度重视环保生态建设，严格抓好各项目环保措施落实，力推不锈钢集中式污水处理厂的环保验收工作，全面实现大沙片区不锈钢集中式污水处理厂和邦德合成革基地污水处理厂的污水处理达标后全部回用不外排，入园企业的生活污水全部接入县城污水厂处理，安排资金投入园区水循环系统建设和园区绿化，建设省级绿色环保生态工业区。

（摘编：王一星）

FUJIAN

INDUSTRIAL ECONOMY YEARBOOK

第六篇 品牌建设

“2022 中国企业 500 强”入围闽企

2022 年 9 月 6 日，中国企业联合会、中国企业家协会在北京发布了“2022 中国企业 500 强”榜单，这是中国企联连续第 21 次向社会发布该榜单，我省有 19 家企业入围，比 2021 年多 1 家，数量创历史新高。

我省 4 家企业入围全国“百强”。其中，厦门建发集团排名第 26 位，刷新福建企业的最高排名，厦门国贸控股、厦门象屿集团、兴业银行分列第 36 位、第 52 位、第 66 位。4 家进入“百强”的福建企业与紫金矿业、宁德时代、大东海实业一起成为进入营收“千亿俱乐部”的 7 家闽企。其余入围 500 强榜单的福建企业还有：永辉超市、厦门路桥工程、恒申股份、永荣控股、省港口集团、省能化集团、三钢集团、省电子集团、厦门港务集团、中景石化、安踏集团、盛屯矿业。

紫金矿业、宁德时代跻身中国制造业企业“百强”，领衔 21 家福建企业入围“2022 中国制造业企业 500 强”。此外，40 家闽企入围“2022 中国服务业企业 500 强”，仅次于广东、江苏、北京、浙江，位列全国第五，数量创历史新高。

（摘编：郑平名）

中国新经济企业 500 强入围闽企

2022 年 8 月 3 日，中国企业评价协会发布了 2021 中国新经济企业 500 强榜单，腾讯、阿里巴巴、字节跳动、华为和宁德时代位列前五。我省累计有 15 家企业入围榜单。

我省入围的企业有宁德时代（第 5）、亿联网络（第 101）、三安光电（第 118）、瑞芯微（第 146）、三棵树（第 160）、吉比特（第 198）、永辉超市（第 233）、盈趣科技（第 239）、宏发股份（第 248 位）、大博医疗（第 259）、火炬电子（第 278）、厦门钨业（第 394）、福昕软件（第 463）、新大陆（第 487）、美亚柏科（第 500）。我省入围企业涵盖了数字经济领域的龙头企业、专精特新“小巨人”，以及先进制造业企业、现代服务业企业，代表了新经济领域的发展方向。

2021 年新经济 500 强榜单，较上年变化率达到 34.2%，超过三分之一的企业未能蝉联第二届榜单。从行业分类看，先进制造业企业 314 家，比上年增加 58 家，占比增加一成。从企业性质看，民营企业仍占绝对优势，数量为 422 家；国有企业数量为 78 家，比去年增加 4 家。从区域分布看，新经济 500 强仍以东部为主场向内地辐射。

（摘编：吴建翰）

2022 新型实体企业 100 强福建省入围企业

2022 年 12 月 1 日福建省工信厅消息，近日，中国企业评价协会发布了“2022 新型实体企业 100 强”名单及发展报告，国家电网、京东、华为位居前三。一同上榜的还有宁德时代、福耀玻璃和九牧集团 3 家我省企业，分列榜单的第 27 位、第 29 位、第 50 位。

新型实体企业是指由数字技术与实体经济深度融合催生的企业类别。根据中国企业评价协会的统计数据，百强企业中，超过六成属于智能制造、智能交通、智慧物流等数字化效率提升的新兴产业，三成属于传统实体产业数字化转型升级，产业数字化占比超过九成，只有 8 家企业隶属于数字产业化企业。百强企业 2021 年总研发投入 6481 亿元，新增发明专利 5.6 万件，呈现科技创新和产出“双高”的特点。在自身科技创新的同时，新型实体企业还对外输出数字技术服务，成为助力千行百业生产工艺升级、经营效率提升的“数字底座”。从供应链赋能来看，65 家企业承担起供应链数字化服务商角色，发挥出数字基础设施的作用。

（摘编：王一星）

2022 中国县级市品牌百强福建省上榜名单

2023 年 1 月 3 日福建日报报道，2022 中国县级市品牌评价综合影响力指数近日发布，在前 100 名中，福建省有 4 个县级市上榜。其中，晋江市仅次于江苏的昆山市、江阴市列全国第 3 名，福清市、南安市、石狮市分列第 15、20、22 名。

此次中国县级市品牌评价综合影响力指数运用近两年的国家统计数据，对全国 394 个县级市进行标准化分析，计算出各城市品牌综合影响力指数。评价遵照“创新、协调、绿色、开放、共享”五大新发展理念，采用“质量、服务、创新、有形资产、无形资产”五个一级指标，淡化存量，注重增量，减少了城市规模、GDP 权重，增加了绿色发展、共享发展权重，旨在鼓励主动作为，引导城市贯彻新发展理念，创建“以人民为中心”的中国品牌城市。

（摘编：游永贵）

先进制造业百强园区（2022）福建省入选名单

2022年7月5日，工信部赛迪顾问智能装备产业研究中心发布了《先进制造业百强园区（2022）》榜单，我省共有5个园区上榜。我省入选的5个园区分别是厦门火炬高技术产业开发区（第11名）、福州高新技术产业开发区（第44名）、福州经济技术开发区（第68名）、泉州高新技术产业开发区（第86名）、厦门海沧台商投资区（第99名）。其中，厦门火炬高新区在全国230个国家级经开区和168个国家级高新区中位列第11位，较2021年度排名上升3位，领衔我省入围园区。

为助力国家级产业园区制造业高质量发展，2022年先进制造业园区发展研究在优化先进制造业园区发展“五力”评估模型的基础上，对国家级园区先进制造业综合发展水平进行评价。百强榜单，在经济实力维度，更加注重经济总量带动，促进区域经济增长；在创新潜力维度，更加关注技术创新驱动，引领高质量发展；在融合能力维度，更加注重智能制造和数字化水平，带动产能提升；在产业聚力维度，更加突出先进制造业集聚，关注生产要素流动优势；在绿色动力维度，更加倡导低碳制造，助力绿色制造体系建设。

经过评定，中关村科技园区、北京经济技术开发区、深圳市高新技术产业园区、上海张江高新技术产业开发区、广州经济技术开发区列前五位。

（摘编：王一星）

厦门象屿保税区质量效益综合排名全国第一

2022年10月13日海关总署公布2021年全国137个海关特殊监管区域发展绩效评估结果。厦门象屿保税区质量效益综合排名全国第一位。

根据海关总署2021年度绩效评估结果，厦门象屿保税区、厦门象屿综合保税区在福建省海关特殊监管区域中分列前两位。其中，厦门象屿保税区在全国排名第23位（质量效益全国综合排名第1位），在东部地区排名第16位，评估结果为A类；厦门象屿综合保税区在全国排名第29位（较2020年度排名提升15位），在东部地区排名第21位，评估结果为B类。

（摘编：陈闽声）

2022年度福建省“十强”“十佳”“十优”县（市、区）评价结果

2022年11月23日福建省人民政府发展研究中心消息：2022年度福建省县域经济实力“十强”县（市）、经济发展“十佳”县（市）和城市发展“十优”区（以下简称三个“十”）评价结果今日发布。

县市区经济评价是引导激励各地比学赶超、加快高质量发展的重要抓手，从1994年开始，省政府发展研究中心连续开展该项工作。该评价体系不完全以GDP论英雄，既有存量指标也有增量指标，不仅考察了县市区的发展现状，更兼顾了县市区的发展潜力和可持续性。

从今年的评价结果看，经济实力“十强”县（市）中，福清市首次超过石狮市上升至第2名，福安市从第10名上升至第8名。经济发展“十佳”县（市）中，闽清县和连城县均连续5年进入榜单。

近年来，三个“十”成为全省经济高质量发展的基本盘和增长极，2021年以全省30%左右的行政区域面积，创造了55%的经济总量，经济增速高出全省平均增速1.5个百分点。

此外，三个“十”还集聚了全省七成以上的千亿产业集群，贡献了一半以上的科研经费投入，规上工业企业营业收入和第三产业增加值占全省比重均接近60%，是建设更高质量现代产业体系的“排头兵”。

擦亮高质量发展的民生底色，2021年三个“十”居民人均可支配收入高出全省平均水平3771元，社会消费品零售总额占全省54%，增长率高出全省水平1.8个百分点，成为我省扎实推进共同富裕的重要抓手。

2022年度福建省“十强”“十佳”“十优”县（市、区）

经济实力“十强”县（市）

排名依次为：晋江市、福清市、石狮市、闽侯县、南安市、惠安县、上杭县、福安市、连江县、永安市。

经济发展“十佳”县（市）

排名依次为：霞浦县、德化县、闽清县、宁化县、连城县、安溪县、长汀县、周宁县、永春县、华安县。

城市发展“十优”区

排名依次为：思明区、鼓楼区、海沧区、蕉城区、长乐区、湖里区、长泰区、马尾区、台江区、龙文区。

（摘编：吴建翰）

2022 福建企业 100 强名单

2022 年 12 月 7 日下午，由莆田市政府、省企联、省广播影视集团、省社科院共同举办的 2022 福建企业 100 强发布大会在莆田举行。会上发布了"2022 福建企业 100 强""2022 福建制造业企业 100 强""2022 福建服务业企业 100 强""2022 福建战略性新兴产业企业 100 强"4 个榜单。从榜单来看，尽管 2021 年受全球经济下行叠加疫情影响，福建省大企业整体规模和效益增长态势良好。

数据显示，与去年相比，2022 福建百强企业入围门槛为 100.22 亿元，突破百亿元大关，同比增长 19.97%；总营收 54128.4 亿元，同比增长 19.3%；营收超过千亿元的企业有 10 家，较上年增加了 2 家；共实现净利润总额 2767 亿元，增幅 19.8%，6 家企业净利润超百亿元。此外，2022 福建制造业百强入围门槛为 40.81 亿元，同比增长 34.33%；服务业百强入围门槛为 42.35 亿元，同比增长 20.66%；战略性新兴产业百强企业入围门槛为 8.11 亿元，同比增长 41.04%。

2022 福建企业 100 强名单

排名	企业名称	属性	地区	行业	2021 营业收入（万元）
1	厦门建发集团有限公司	国有	厦门	服务业	71957617
2	厦门国贸控股集团有限公司	国有	厦门	服务业	60498494
3	厦门象屿集团有限公司	国有	厦门	服务业	48438283
4	兴业银行股份有限公司	国有	福州	服务业	39560200
5	紫金矿业集团股份有限公司	国有	龙岩	制造业	22510249
6	青拓集团有限公司	民营	宁德	制造业	16060726
7	国网福建省电力有限公司	国有	福州	服务业	13292865
8	宁德时代新能源科技股份有限公司	民营	宁德	制造业	13035580
9	福建省冶金（控股）有限责任公司	国有	福州	制造业	10604594
10	福建大东海实业集团有限公司	民营	福州	制造业	10123439
11	永辉超市股份有限公司	民营	福州	服务业	9106189
12	厦门路桥工程物资有限公司	国有	厦门	服务业	8342169
13	戴尔（中国）有限公司	外资	厦门	制造业	7142182
14	中化泉州石化有限公司	国有	泉州	制造业	7081224
15	恒申控股集团有限公司	民营	福州	制造业	6592748
16	永荣控股集团有限公司	民营	福州	制造业	6505855
17	福建省港口集团有限责任公司	国有	福州	服务业	6504841
18	福建省能源石化集团有限责任公司	国有	福州	制造业	6472824
19	福建闽光云商有限公司	国有	三明	服务业	5865028

续表

排名	企业名称	属性	地区	行业	2021营业收入（万元）
20	福建省电子信息（集团）有限责任公司	国有	福州	制造业	5598398
21	福建省农村信用社联合社	国有	福州	服务业	5330379
22	福州中景石化集团有限公司	民营	福州	制造业	4832141
23	福建联合石油化工有限公司	中外合资	泉州	制造业	4722415
24	福建省金纶高纤股份有限公司	民营	福州	制造业	4695729
25	安踏体育用品集团有限公司	民营	泉州	制造业	4559564
26	盛屯矿业集团股份有限公司	民营	厦门	制造业	4523673
27	厦门中骏集团有限公司	民营	厦门	服务业	4033480
28	三宝集团股份有限公司	民营	漳州	制造业	4024038
29	中建海峡建设发展有限公司	国有	福州	建筑业	4000028
30	福建百宏聚纤科技实业有限公司	民营	泉州	制造业	3998798
31	均和（厦门）控股有限公司	民营	厦门	服务业	3727611
32	福州城市建设投资集团有限公司	国有	福州	服务业	3525495
33	漳州市九龙江集团有限公司	国有	漳州	服务业	3447274
34	福建建工集团有限责任公司	国有	福州	建筑业	3332778
35	福建福海创石油化工有限公司	国有	漳州	制造业	3217794
36	厦门海沧投资集团有限公司	国有	厦门	服务业	3076013
37	福建漳龙集团有限公司	国有	漳州	服务业	2937123
38	中铜东南铜业有限公司	国有	宁德	制造业	2800442
39	厦门禹洲集团股份有限公司	民营	厦门	服务业	2707124
40	中国移动通信集团福建有限公司	国有	福州	服务业	2559447
41	福建省高速公路集团有限公司	国有	福州	服务业	2441069
42	兴业证券股份有限公司	国有	福州	服务业	2407294
43	福耀玻璃工业集团股份有限公司	中外合资	福州	制造业	2360300
44	达利食品集团有限公司	民营	泉州	制造业	2229400
45	福建省国有资产管理有限公司	国有	福州	服务业	2220530
46	福建亿力集团有限公司	国有	福州	制造业	2107049
47	厦门航空有限公司	国有	厦门	服务业	2103421
48	福建恒安集团有限公司	民营	泉州	制造业	2079014
49	冠捷电子科技（福建）有限公司	外资	福州	制造业	2047485
50	福州京东方光电科技有限公司	国有	福州	制造业	1824861
51	福建傲农生物科技集团股份有限公司	民营	漳州	制造业	1803816
52	龙岩烟草工业有限责任公司	国有	龙岩	制造业	1789335
53	厦门翔业集团有限公司	国有	厦门	服务业	1783558
54	福建世德久晟贸易有限公司	民营	平潭	服务业	1774529
55	厦门合兴包装印刷股份有限公司	民营	厦门	制造业	1754878
56	鹭燕医药股份有限公司	民营	厦门	服务业	1754540

续表

排名	企　业　名　称	属性	地区	行业	2021 营业收入（万元）
57	厦门夏商集团有限公司	国有	厦门	服务业	1685442
58	福建纵腾网络有限公司	民营	福州	服务业	1682561
59	厦门国际银行股份有限公司	国有	厦门	服务业	1679151
60	福建省汽车工业集团有限公司	国有	福州	制造业	1667425
61	中国电信股份有限公司福建分公司	国有	福州	服务业	1663308
62	福建长源纺织有限公司	民营	福州	制造业	1616644
63	厦门天马微电子有限公司	国有	厦门	制造业	1600000
64	一柏集团有限公司	民营	福州	服务业	1595117
65	宝钢德盛不锈钢有限公司	国有	福州	制造业	1590697
66	厦门宝太生物科技股份有限公司	民营	厦门	制造业	1549262
67	福建圣农控股集团有限公司	民营	南平	制造业	1542539
68	中建四局建设发展有限公司	国有	厦门	建筑业	1541428
69	厦门烟草工业有限责任公司	国有	厦门	制造业	1447910
70	厦门恒兴集团有限公司	民营	厦门	服务业	1402383
71	福建奔驰汽车有限公司	中外合资	福州	制造业	1370052
72	泉州市金融控股集团有限公司	国有	泉州	服务业	1364133
73	中国（福建）对外贸易中心集团有限责任公司	国有	福州	服务业	1337471
74	福建一建集团有限公司	国有	三明	建筑业	1335189
75	祥兴（福建）箱包集团有限公司	民营	福州	制造业	1334751
76	福建吴航不锈钢制品有限公司	中外合资	福州	制造业	1327637
77	福州朴朴电子商务有限公司	民营	福州	服务业	1291307
78	中国人民财产保险股份有限公司福建省分公司	国有	福州	服务业	1291239
79	福建省旅游发展集团有限公司	国有	福州	服务业	1288614
80	福建福清核电有限公司	国有	福州	制造业	1264403
81	厦门市嘉晟对外贸易有限公司	民营	厦门	服务业	1257006
82	三明市城市建设发展集团有限公司	国有	三明	建筑业	1200390
83	厦门鑫东森控股有限公司	民营	厦门	服务业	1152518
84	三棵树涂料股份有限公司	民营	莆田	制造业	1142871
85	福建漳州城投集团有限公司	国有	漳州	服务业	1136117
86	宸关（厦门）光电有限公司	外资	厦门	制造业	1135072
87	百威雪津啤酒有限公司	外商投资	莆田	制造业	1134702
88	福建南平太阳电缆股份有限公司	民营	南平	制造业	1122475
89	福建友谊胶粘带集团有限公司	民营	福州	制造业	1111753
90	福州锦泽石化有限公司	民营	福州	服务业	1108618
91	厦门火炬集团有限公司	国有	厦门	服务业	1088554
92	福建宁德核电有限公司	国有	宁德	制造业	1072345
93	福建省闽南建筑工程有限公司	民营	泉州	建筑业	1071335

续表

排名	企业名称	属性	地区	行业	2021营业收入（万元）
94	厦门市明穗粮油贸易有限公司	民营	厦门	服务业	1062011
95	福建新华源科技集团有限公司	民营	福州	制造业	1061547
96	厦门经济特区房地产开发集团有限公司	国有	厦门	服务业	1056231
97	福建巨岸集团有限公司	民营	厦门	服务业	1033396
98	福建路港（集团）有限公司	民营	泉州	服务业	1029512
99	福建省华荣建设集团有限公司	民营	福州	建筑业	1010595
100	厦门宏发电声股份有限公司	民营	厦门	制造业	1002266

2022福建制造业企业100强名单

排名	企业名称	属性	地区	2021营业收入（万元）
1	紫金矿业集团股份有限公司	国有	龙岩	22510249
2	青拓集团有限公司	民营	宁德	16060726
3	宁德时代新能源科技股份有限公司	民营	宁德	13035580
4	福建大东海实业集团有限公司	民营	福州	10123439
5	戴尔（中国）有限公司	外资	厦门	7142182
6	中化泉州石化有限公司	国有	泉州	7081224
7	永荣控股集团有限公司	民营	福州	6505855
8	福建省能源石化集团有限责任公司	国有	福州	6472824
9	福建省三钢（集团）有限责任公司	国有	三明	6419696
10	福州中景石化集团有限公司	民营	福州	4832141
11	福建联合石油化工有限公司	中外合资	泉州	4722415
12	安踏体育用品集团有限公司	民营	泉州	4559564
13	盛屯矿业集团股份有限公司	民营	厦门	4523673
14	三宝集团股份有限公司	民营	漳州	4024038
15	福建百宏聚纤科技实业有限公司	民营	泉州	3998798
16	厦门钨业股份有限公司	国有	厦门	3185220
17	中铜东南铜业有限公司	国有	宁德	2800442
18	福耀玻璃工业集团股份有限公司	中外合资	福州	2360300
19	达利食品集团有限公司	民营	泉州	2229400
20	腾龙芳烃（漳州）有限公司	国有	漳州	2169525
21	福建亿力集团有限公司	国有	福州	2107049
22	福建恒安集团有限公司	民营	泉州	2079014
23	冠捷电子科技（福建）有限公司	外资	福州	2047485
24	福建省恒申合纤科技有限公司	民营	福州	1975045
25	福建申远新材料有限公司	民营	福州	1935113
26	福建福日电子股份有限公司	国有	福州	1863373
27	福州京东方光电科技有限公司	国有	福州	1824861

续表

排名	企 业 名 称	属性	地区	2021 营业收入（万元）
28	福建傲农生物科技集团股份有限公司	民营	漳州	1803816
29	龙岩烟草工业有限责任公司	国有	龙岩	1789335
30	厦门合兴包装印刷股份有限公司	民营	厦门	1754878
31	合力泰科技股份有限公司	国有	莆田	1623260
32	福建长源纺织有限公司	民营	福州	1616644
33	厦门天马微电子有限公司	国有	厦门	1600000
34	宝钢德盛不锈钢有限公司	国有	福州	1590697
35	厦门宝太生物科技股份有限公司	民营	厦门	1549262
36	福建圣农控股集团有限公司	民营	南平	1542539
37	厦门金龙汽车集团股份有限公司	国有	厦门	1541841
38	翔鹭石化（漳州）有限公司	国有	漳州	1514706
39	厦门烟草工业有限责任公司	国有	厦门	1447910
40	福建奔驰汽车有限公司	中外合资	福州	1370052
41	福建星网锐捷通讯股份有限公司	国有	福州	1354868
42	祥兴（福建）箱包集团有限公司	民营	福州	1334751
43	福建吴航不锈钢制品有限公司	中外合资	福州	1327637
44	福建福清核电有限公司	国有	福州	1264403
45	福建省南平铝业股份有限公司	国有	南平	1168569
46	三棵树涂料股份有限公司	民营	莆田	1142871
47	宸美（厦门）光电有限公司	外资	厦门	1135072
48	福建龙净环保股份有限公司	国有	龙岩	1129674
49	福建南平太阳电缆股份有限公司	民营	南平	1122475
50	福建友谊胶粘带集团有限公司	民营	福州	1111753
51	福建省力恒锦纶实业有限公司	民营	福州	1101155
52	福建宁德核电有限公司	国有	宁德	1072345
53	福建新华源科技集团有限公司	民营	福州	1061547
54	厦门宏发电声股份有限公司	民营	厦门	1002266
55	特步集团有限公司	民营	泉州	1001324
56	联盛纸业（龙海）有限公司	民营	漳州	958588
57	冠城大通股份有限公司	民营	福州	945722
58	安井食品集团股份有限公司	民营	厦门	927220
59	福建省船舶工业集团有限公司	国有	福州	914937
60	九牧集团有限公司	民营	泉州	888466
61	中铝瑞闽股份有限公司	国有	福州	880404
62	宸鸿科技（厦门）有限公司	外资	厦门	871015
63	福建省长乐市山力化纤有限公司	民营	福州	870085
64	福建福欣特殊钢有限公司	中外合资	漳州	826721

续表

排名	企业名称	属性	地区	2021 营业收入（万元）
65	福建匹克集团有限公司	民营	泉州	820530
66	漳州片仔癀药业股份有限公司	国有	漳州	802155
67	奥佳华智能健康科技集团股份有限公司	民营	厦门	792672
68	福建盼盼食品有限公司	民营	泉州	786709
69	厦门正新橡胶工业有限公司	外资	厦门	737842
70	福建金源纺织有限公司	民营	福州	734037
71	飞毛腿（福建）电子有限公司	港澳台法人独资	福州	717625
72	立达信物联科技股份有限公司	民营	厦门	647723
73	上海电气风电设备莆田有限公司	国有	莆田	643091
74	中交一公局厦门工程有限公司	国有	厦门	637090
75	福建经纬新纤科技实业有限公司	民营	福州	629047
76	明达实业（厦门）有限公司	外资	厦门	605919
77	华峰华锦有限公司	民营	莆田	605692
78	厦门市建潘集团有限公司	民营	厦门	599855
79	福建祥鑫股份有限公司	民营	福州	588009
80	福龙马集团股份有限公司	民营	龙岩	570194
81	捷太格特转向系统（厦门）有限公司	外资	厦门	562302
82	路达（厦门）工业有限公司	民营	厦门	555362
83	福建凯邦锦纶科技有限公司	民营	福州	545803
84	福建天马科技集团股份有限公司	民营	福州	541902
85	林德（中国）叉车有限公司	中外合资	厦门	536731
86	福建龙麟集团有限公司	民营	龙岩	517544
87	昇兴集团股份有限公司	民营	福州	516612
88	福建天辰耀隆新材料有限公司	国有	福州	509562
89	福建恒捷实业有限公司	民营	福州	492563
90	科华数据股份有限公司	民营	厦门	486570
91	厦门轻工集团有限公司	国有	厦门	479573
92	厦门建霖健康家居股份有限公司	外资	厦门	471212
93	福建鑫森合纤科技有限公司	民营	三明	450266
94	厦门强力巨彩光电科技有限公司	民营	厦门	447907
95	福建金牛水泥有限公司	民营	三明	437388
96	联芯集成电路制造（厦门）有限公司	民营	厦门	437337
97	厦门银祥集团有限公司	民营	厦门	433706
98	福建省轻纺（控股）有限责任公司	国有	福州	431013
99	华特控股集团有限公司	民营	厦门	429917
100	百路达（厦门）工业有限公司	民营	厦门	408106

2022 福建服务业企业 100 强名单

排名	企　业　名　称	属性	地区	2021 营业收入（万元）
1	厦门建发集团有限公司	国有	厦门	71957617
2	厦门国贸控股集团有限公司	国有	厦门	60498494
3	厦门象屿集团有限公司	国有	厦门	48438283
4	兴业银行股份有限公司	国有	福州	39560200
5	国网福建省电力有限公司	国有	福州	13292865
6	永辉超市股份有限公司	民营	福州	9106189
7	福建闽光云商有限公司	国有	三明	5865028
8	福建省农村信用社联合社	国有	福州	5330379
9	厦门港务控股集团有限公司	国有	厦门	5260428
10	厦门中骏集团有限公司	民营	厦门	4033480
11	中建海峡建设发展有限公司	国有	福州	4000028
12	均和（厦门）控股有限公司	民营	厦门	3727611
13	福建建工集团有限责任公司	国有	福州	3332778
14	厦门海沧投资集团有限公司	国有	厦门	3076013
15	福建漳龙集团有限公司	国有	漳州	2937123
16	联发集团有限公司	国有	厦门	2729983
17	厦门禹洲集团股份有限公司	民营	厦门	2707124
18	中国移动通信集团福建有限公司	国有	福州	2559447
19	福建省高速公路集团有限公司	国有	福州	2441069
20	兴业证券股份有限公司	国有	福州	2407294
21	厦门航空有限公司	国有	厦门	2103421
22	厦门翔业集团有限公司	国有	厦门	1783558
23	福建世德久晟贸易有限公司	民营	平潭	1774529
24	鹭燕医药股份有限公司	民营	厦门	1754540
25	厦门夏商集团有限公司	国有	厦门	1685442
26	福建纵腾网络有限公司	民营	福州	1682561
27	厦门国际银行股份有限公司	国有	厦门	1679151
28	中建四局建设发展有限公司	国有	厦门	1541428
29	漳州路桥物资发展有限公司	国有	漳州	1501990
30	厦门恒兴集团有限公司	民营	厦门	1402383
31	中国（福建）对外贸易中心集团有限责任公司	国有	福州	1337471
32	福建一建集团有限公司	国有	三明	1335189
33	福州朴朴电子商务有限公司	民营	福州	1291307
34	中国人民财产保险股份有限公司福建省分公司	国有	福州	1291239
35	福建省旅游发展集团有限公司	国有	福州	1288614
36	厦门市嘉晟对外贸易有限公司	民营	厦门	1257006
37	三明市城市建设发展集团有限公司	国有	三明	1200390

续表

排名	企 业 名 称	属性	地区	2021 营业收入（万元）
38	厦门鑫东森控股有限公司	民营	厦门	1152518
39	福建漳州城投集团有限公司	国有	漳州	1136117
40	福州锦泽石化有限公司	民营	福州	1108618
41	厦门火炬集团有限公司	国有	厦门	1088554
42	福州市建设发展集团有限公司	国有	福州	1080903
43	福建省闽南建筑工程有限公司	民营	泉州	1071335
44	厦门市明穗粮油贸易有限公司	民营	厦门	1062011
45	一柏国际贸易有限公司	民营	厦门	1046356
46	福建巨岸集团有限公司	民营	厦门	1033396
47	福建路港（集团）有限公司	民营	泉州	1029512
48	福建省华荣建设集团有限公司	民营	福州	1010595
49	福建省人力资源服务有限公司	国有	福州	964092
50	百威东南销售有限公司	民营	莆田	958691
51	泉州银行股份有限公司	国有	泉州	953543
52	福建好运联联信息科技有限公司	民营	福州	946347
53	龙若文旅汇金发展集团有限公司	国有	龙岩	928908
54	厦门金圆投资集团有限公司	国有	厦门	922931
55	福建三木集团股份有限公司	国有	福州	860048
56	永富建工集团有限公司	民营	福州	853750
57	新大陆科技集团有限公司	民营	福州	826479
58	厦门信和达电子有限公司	民营	厦门	825894
59	智旦运宝宝（福建）科技有限公司	民营	福州	798995
60	福建省惠东建筑工程有限公司	民营	泉州	795488
61	福建省二建建设集团有限公司	国有	福州	781052
62	名城控股集团有限公司	民营	福州	767555
63	福建省投资开发集团有限责任公司	国有	福州	741836
64	福建发展集团有限公司	民营	福州	732553
65	厦门宝拓资源有限公司	民营	厦门	721385
66	福建省石油化工供销有限公司	国有	福州	718268
67	厦门安居控股集团有限公司	国有	厦门	714437
68	中国联合网络通信有限公司福建省分公司	央企	福州	714395
69	福建网龙计算机网络信息技术有限公司	民营	福州	703550
70	泉发建设股份有限公司	民营	泉州	696367
71	福建省五建建设集团有限公司	国有	泉州	694682
72	福建晟育投资发展集团有限公司	民营	漳州	667014
73	福建省民益建设工程有限公司	民营	福州	652696
74	平安银行股份有限公司福州分行	民营	福州	642808

续表

排名	企　业　名　称	属性	地区	2021 营业收入（万元）
75	四三九九网络股份有限公司	民营	厦门	634201
76	福州开发区新电燃料有限公司	民营	福州	623934
77	厦门海澳集团有限公司	民营	厦门	619679
78	福建省九龙建设集团有限公司	民营	厦门	616527
79	厦门源昌集团有限公司	民营	厦门	584254
80	中铁二十二局集团第三工程有限公司	国有	厦门	580882
81	福建省东霖建设工程有限公司	民营	泉州	563551
82	中建协和建设有限公司	民营	泉州	562203
83	鑫东森集团有限公司	民营	厦门	552718
84	福建省通信产业服务有限公司	国有	福州	546607
85	福建省顺安建筑工程有限公司	民营	莆田	530329
86	福州市金融控股集团有限公司	国有	福州	528815
87	厦门特房建设工程集团有限公司	国有	厦门	525208
88	福建宏盛建设集团有限公司	民营	福州	500947
89	福建广源再生资源回收有限公司	民营	福州	500614
90	福建广电网络集团股份有限公司	国有	福州	500215
91	垒知控股集团股份有限公司	民营	厦门	491775
92	福建磊鑫（集团）有限公司	民营	厦门	472145
93	厦门市万科企业有限公司	民营	厦门	467679
94	泉州城建集团有限公司	国有	泉州	466457
95	厦门吉比特网络技术股份有限公司	民营	厦门	461905
96	泉州交通发展集团有限责任公司	国有	泉州	461645
97	厦门中联永亨建设集团有限公司	民营	厦门	461287
98	厦门信和达供应链有限公司	民营	厦门	457284
99	福建省百盛建设发展有限公司	民营	福州	443822
100	福建省金正建设工程有限公司	民营	泉州	423520

2022 福建战略性新兴产业企业 100 强名单

排名	企　业　名　称	战新业务所属领域	企业所属行业	属性	地区	2021 营业收入（万元）
1	福建省恒申合纤科技有限公司	新材料	化学纤维制造	民营	福州	1975045
2	福建申远新材料有限公司	新材料	化学纤维制造	民营	福州	1935113
3	福州京东方光电科技有限公司	电子核心产业	新型电子元器件及设备制造	国有	福州	1824861
4	福建长源纺织有限公司	新材料产业	化学纤维制造	民营	福州	1616644
5	厦门天马微电子有限公司	新一代信息技术	电子核心产业	国有	厦门	1600000
6	厦门厦钨新能源材料股份有限公司	新材料产业	新能源材料制造	国有	福州	1555732
7	厦门金龙汽车集团股份有限公司	新能源汽车产业	客车制造	国有	福州	1541842

续表

排名	企 业 名 称	战新业务所属领域	企业所属行业	属性	地区	2021营业收入（万元）
8	三棵树涂料股份有限公司	新材料	涂料制造	民营	莆田	1142871
9	宸美（厦门）光电有限公司	新一代信息技术	新型电子元器件及设备制造	外资	厦门	1135072
10	福建省力恒锦纶实业有限公司	新材料产业	化学纤维制造	民营	福州	1101155
11	锐捷网络股份有限公司	新一代信息技术	网络设备制造	国有	福州	918864
12	宸鸿科技（厦门）有限公司	新一代信息技术	新型电子元器件及设备制造	外资	厦门	871015
13	智旦运宝宝（福建）科技有限公司	新一代信息技术	互联网平台服务（互联网+）	民营	福州	798995
14	上海电气风电设备莆田有限公司	新能源产业	风能发电机装备及零部件制造	国有	莆田	643091
15	明达实业（厦门）有限公司	新材料产业	先进石化化工新材料产业	外资	厦门	605919
16	漳州立达信光电子科技股份有限公司	新一代信息技术	智能消费相关设备制造	民营	厦门	561741
17	福建凯邦锦纶科技有限公司	新材料产业	高性能纤维及制品制造	民营	福州	545803
18	福建广源再生资源回收有限公司	节能环保产业	城乡生活垃圾综合利用	民营	福州	500614
19	福建省长汀金龙稀土有限公司	新材料产业	稀土新材料制造	国有	福州	471807
20	厦门强力巨彩光电科技有限公司	新一代信息技术	新型电子元器件及设备制造	民营	厦门	447907
21	福建合力泰科技有限公司	电子核心产业	新型电子元器件及设备制造	国有	莆田	444226
22	联芯集成电路制造（厦门）有限公司	电子核心产业	集成电路制造	民营	厦门	437337
23	福建省轻纺（控股）有限责任公司	生物产业	现代中药与民族药制造	国有	福州	431013
24	厦门金鹭特种合金有限公司	新材料产业	硬质合金及制品制造	国有	福州	418701
25	奋安铝业股份有限公司	新材料产业	铝及铝合金制造	民营	福州	401937
26	福建中锦新材料有限公司	新材料产业	工程塑料制造	民营	莆田	387676
27	厦门亿联网络技术股份有限公司	新一代信息技术	通信桌面终端	民营	厦门	368424
28	福建省华龙集团饲料有限公司	生物产业	生物饲料制造	民营	福州	350536
29	福建佳通轮胎有限公司	新能源汽车产业	新能源汽车零部件配件制造	民营	莆田	332532
30	玉晶光电（厦门）有限公司	新一代信息技术	人工智能	外资	厦门	320807
31	厦门弘信电子科技集团股份有限公司	新一代信息技术	柔性电路板	民营	厦门	319522
32	科之杰新材料集团有限公司	新材料产业	新型建筑材料制造	民营	厦门	307366
33	华映科技（集团）股份有限公司	新一代信息技术	新型电子元器件及设备制造	国有	福州	301373
34	厦门松霖科技股份有限公司	高端装备制造	智能关键基础零部件制造	民营	厦门	297700

续表

排名	企 业 名 称	战新业务所属领域	企业所属行业	属性	地区	2021 营业收入（万元）
35	福建采木工业互联网科技有限公司	新一代信息技术	互联网平台服务（互联网+）	民营	莆田	292092
36	福建省福投新能源投资股份公司	新能源	其他新能源运营服务	国有	福州	284763
37	中福大明（福建）发展有限公司	新能源	太阳能电池片	国有	福州	279588
38	福建恒捷实业有限公司	新材料产业	高性能纤维及制品制造	民营	福州	269233
39	福建光通实业有限公司	新能源	太阳能电池片	民营	福州	261366
40	联通（福建）产业互联网有限公司	新一代信息技术	工业互联网及支持服务	国有	福州	251081
41	新中冠智能科技股份有限公司	新一代信息技术	互联网平台服务（互联网+）	民营	福州	244570
42	福建申马新材料有限公司	新材料产业	专用化学品及材料制造	民营	福州	242467
43	福建海峡企业管理服务有限公司	新一代信息技术	新型信息技术服务	国有	福州	240501
44	厦门翔鹭化纤股份有限公司	新材料产业	化学纤维制造	合资	厦门	235819
45	圣元环保股份有限公司	节能环保	城乡生活垃圾综合利用	民营	厦门	229568
46	金强（福建）建材科技股份有限公司	新材料产业	新型建筑材料制造	民营	福州	227608
47	漳州蒙发利实业有限公司	高端装备制造	其他智能设备制造	民营	漳州	226664
48	开发晶照明（厦门）有限公司	新一代信息技术	电子核心产业	国有	厦门	220519
49	福建新大陆支付技术有限公司	新一代信息技术	新型计算机及信息终端设备制造	民营	福州	207981
50	中仑新材料股份有限公司	新材料	高性能 BOPA 薄膜	民营	厦门	199359
51	腾龙特种树脂（厦门）有限公司	新材料产业	聚合单体纤维制造	外资	厦门	190813
52	中电福富信息科技有限公司	新一代信息技术	云服务平台	国有	福州	189933
53	厦门乾照光电股份有限公司	新一代信息技术	全色系超高亮度 LED 外延片、芯片	民营	厦门	187914
54	福建天晴数码有限公司	数字创意	数字文化创意软件开发	民营	福州	187003
55	长乐力源锦纶实业有限公司	新材料产业	化学纤维制造	民营	福州	185713
56	福建省电信技术发展有限公司	新一代信息技术	其他网络运营服务	国有	福州	184022
57	漳州中科智谷科技有限公司	新一代信息技术	液晶显示模组	民营	漳州	182690
58	福建合盛气体有限公司	新材料产业	专用化学品及材料制造	民营	福州	175813
59	南威软件股份有限公司	新一代信息技术	新兴软件和新型信息技术服务	民营	泉州	171633
60	正兴车轮集团有限公司	新材料	高品质铝锻件制造	民营	漳州	167973
61	福建省禹澄建设工程有限公司	节能环保产业	环保工程施工	民营	漳州	160044
62	福建博思软件股份有限公司	新一代信息技术	新型信息技术服务	民营	福州	156410
63	福建飞毛腿动力科技有限公司	新一代信息技术	智能消费相关设备制造	港澳台法人独资	福州	153933
64	中闽能源股份有限公司	新能源	风能发电运营维护	国有	福州	153263
65	飞毛腿电池有限公司	新一代信息技术	集成电路制造	港澳台法人独资	福州	148302

续表

排名	企业名称	战新业务所属领域	企业所属行业	属性	地区	2021营业收入（万元）
66	福建海峡科化股份有限公司	新材料产业	专用化学品及材料制造	国有	三明	147632
67	福建福船一帆新能源装备制造有限公司	新能源产业	风能发电其他相关装备及材料制造	国有	漳州	147498
68	福建升腾资讯有限公司	新一代信息技术	新型计算机及信息终端设备制造	国有	福州	145785
69	福建鑫森合纤科技有限公司	新材料产业	化学纤维制造	民营	三明	143704
70	福建龙溪轴承（集团）股份有限公司	高端装备制造	智能关键基础零部件制造	国有	漳州	143517
71	福建龙麟环境工程有限公司	节能环保	资源循环利用产业	民营	龙岩	140830
72	福建雪人股份有限公司	节能环保产业	节能型制冷设备	民营	福州	137845
73	福建省数字福建云计算运营有限公司	新一代信息技术	互联网与云计算、大数据服务	国有	福州	132755
74	晋江力绿食品有限公司	生物产业	海洋生物制品制造	民营	泉州	129612
75	中邮科通信技术股份有限公司	新一代信息技术	新型信息技术服务	国有	福州	126686
76	中铁福船海洋工程有限责任公司	新能源	风能发电工程施工	国有	福州	125508
77	厦门蒙发利电子有限公司	高端装备制造	其他智能设备制造	民营	厦门	121575
78	厦门她趣信息技术有限公司	新一代信息技术	互联网相关信息服务	民营	厦门	117729
79	福建永晶科技股份有限公司	新材料	专用化学品及材料制造	民营	南平	115030
80	厦门中创环保科技股份有限公司	新材料	产业用纺织制成品制造	民营	厦门	114204
81	福建赛隆科技有限公司	新材料	涤纶纤维	民营	莆田	111689
82	中武（福建）跨境电子商务有限责任公司	新一代信息技术	互联网平台服务（互联网+）	国有	福州	110342
83	厦门市最有料信息科技有限公司	新一代信息技术	互联网平台服务（互联网+）	民营	厦门	109463
84	厦门石头城信息服务有限公司	新一代信息技术	互联网平台服务（互联网+）	民营	厦门	107241
85	福建翔丰华新能源材料有限公司	新材料	高端石墨负极材料	民营	三明	106881
86	福建南平青松化工有限公司	生物产业	化学药品与原料药制造	民营	南平	104135
87	清源科技股份有限公司	新能源	智慧光伏+数字能源解决方案	民营	厦门	101798
88	福建龙净脱硫脱硝工程有限公司	高端装备制造	除尘装置和烟气脱硫装置	国有	厦门	99601
89	厦门呼博仕智能健康科技股份有限公司	高端装备制造	环境健康类产品	民营	厦门	98380
90	福建兆元光电有限公司	新一代信息技术	新型电子元器件及设备制造	国有	福州	98099
91	福州福光水务科技有限公司	节能环保	环境监测系统集成	民营	福州	95913
92	厦门点触科技股份有限公司	数字创意	数字文化创意软件开发	民营	厦门	94127
93	福建星网智慧科技有限公司	新一代信息技术	新型计算机及信息终端设备制造	国有	厦门	93937

续表

排名	企　业　名　称	战新业务所属领域	企业所属行业	属性	地区	2021 营业收入（万元）
94	德京集团有限公司	新能源	海上风电场电力工程施工	民营	宁德	93881
95	安安（中国）有限公司	新材料	高性能纤维及制品制造	民营	漳州	91062
96	福建海峡环保集团股份有限公司	节能环保	环境保护及污染治理	国有	福州	88958
97	厦门狄耐克智能科技股份有限公司	高端装备制造	其他智能设备制造	民营	厦门	87586
98	金旸（厦门）新材料科技有限公司	新材料	高分子复合材料	民营	厦门	86899
99	厦门雷霆互动网络有限公司	数字创意	数字文化创意软件开发	民营	厦门	85951
100	福建星云电子股份有限公司	高端装备制造	智能测控装备制造	民营	福州	81069

（摘编：吴建翰）

2022 福建省民营企业 100 强榜单

2022 年 9 月 26 日福建省人民政府新闻发布会消息，2022 年福建省民营企业 100 强正式发布，这是省工商联第 5 年发布该榜单。今年福建民营企业 100 强企业营业收入入围门槛达 43 亿元，比上年增加 7.6 亿元。100 强企业中，有 6 家营业收入超 500 亿元，3 家营业收入超 1000 亿元。

数据显示，2022 年，福建民营企业 100 强的营业收入总额 1.85 万亿元，资产总额 2.3 万亿元，税后净利润 999.4 亿元。其中，青拓集团以 1606.1 亿元的营业收入首次位居榜首，宁德时代（1303.6 亿元）和大东海实业（1012.3 亿元）则成为另两家营收过亿元的企业。另外，永辉超市（910.6 亿元）、恒申控股（659.3 亿元）、永荣控股（650.6 亿元）的营业收入超过 500 亿元。

当前福建民营企业经营持续稳健增长，此次入围 100 强榜单的民营企业平均销售净利率为 6.77%，比上年增加 1.21 个百分点；平均资产净利率为 4.34%，比上年增加 0.46 个百分点，人均利润为 15.1 万元。据调研统计，人均利润超 200 万元的企业有 6 家，超 100 万元的有 12 家，超 50 万元的有 20 家。

沿海地区发展优势显著。2022 福建省民营企业 100 强主要集中于厦门市、福州市和泉州市，三地分别有 38 家、31 家、17 家企业入围，在入围企业数量、营业收入和资产规模等指标上优势明显。其中，福州市入围企业营业收入总额达 7410.5 亿元、资产总额达 10204.8 亿元，均位居第一。

制造业支撑地位更加凸显。据统计，100 强企业中，主营业务为第二产业的有 64 家，第三产业的有 36 家；第二产业的营业收入总额、纳税总额、净利润总额分别是第三产业的 2.3 倍、1.93 倍、10.98 倍。

技术创新不断增强。100 强企业年度研发经费投入共计 429.7 亿元，比上年增加 266.4 亿元，同比增长 163.2%。其中，排名前十位企业的研发经费投入为 116.3 亿元，比上年增加 60.4 亿元，同比增长 108.1%。

社会贡献逐年增加。100 强企业纳税总额为 669.4 亿元，青拓集团、安踏体育、禹州集团三家企业纳税额超过 50 亿元。百强企业员工总数达到 81 万人，比上年增长 9%，为我省社会就业和经济发展作出重要贡献。

此外，福建民企百强积极参与国家重大决策部署，45 家制造业企业为落实碳达峰、碳中和目标任务，已实施低碳绿色转型；58 家民营企业参与“万企兴万村”行动。

100 强企业还在助力福建高质量发展超越中发挥了重要作用。涉及“四大经济”企业有 57 家，他们加大布局大数据、物联网、区块链、人工智能等数字经济领域，积极践行绿色发展理念，促进全产业链和产品全生命周期绿色发展，坚定不移推进“海洋强省”建设，大力发展文旅经济。

2022 福建省民营企业 100 强榜单

（根据企业自主申报数据为依据）

序号	企业名称	地区	所属行业	营业收入（亿元）
1	青拓集团有限公司	宁德市	黑色金属冶炼和压延加工业	1606.1
2	宁德时代新能源科技股份有限公司	宁德市	电气机械和器材制造业	1303.6
3	福建大东海实业集团有限公司	福州市	黑色金属冶炼和压延加工业	1012.3
4	永辉超市股份有限公司	福州市	零售业	910.6
5	恒申控股集团有限公司	福州市	化学纤维制造业	659.3
6	永荣控股集团有限公司	福州市	化学纤维制造业	650.6
7	安踏体育用品集团有限公司	泉州市	皮革、毛皮、羽毛及其制品和制鞋业	493.3
8	福州中景石化集团有限公司	福州市	化学原料和化学制品制造业	483.2
9	福建省金纶高纤股份有限公司	福州市	化学纤维制造业	469.6
10	盛屯矿业集团股份有限公司	厦门市	有色金属矿采选业	452.4
11	三宝集团股份有限公司	漳州市	黑色金属冶炼和压延加工业	402.4
12	福建百宏聚纤科技实业有限公司	泉州市	化学纤维制造业	399.9
13	均和（厦门）控股有限公司	厦门市	批发业	372.8
14	正荣地产控股股份有限公司	福州市	房地产业	369.9
15	融信（福建）投资集团有限公司	福州市	房地产业	332.8
16	名城控股集团有限公司	福州市	综合	306.8
17	福建圣农控股集团有限公司	南平市	农副食品加工业	291.2
18	福信集团有限公司	厦门市	综合	291.0
19	福建三安集团有限公司	厦门市	计算机、通信和其他电子设备制造业	273.7
20	厦门禹洲集团股份有限公司	厦门市	房地产业	270.7
21	福耀玻璃工业集团股份有限公司	福州市	非金属矿物制品业	236.0
22	达利食品集团有限公司	泉州市	食品制造业	222.9
23	福建恒安集团有限公司	泉州市	造纸和纸制品业	207.9
24	福建傲农生物科技集团股份有限公司	漳州市	农副食品加工业	180.4
25	福建世德久晟贸易有限公司	福州市	批发业	177.5
26	厦门合兴包装印刷股份有限公司	厦门市	造纸和纸制品业	175.5
27	鹭燕医药股份有限公司	厦门市	批发业	175.5
28	一柏集团有限公司	福州市	批发业	159.5
29	厦门宝太生物科技股份有限公司	厦门市	医药制造业	154.9
30	福建甬金金属科技有限公司	宁德市	黑色金属冶炼和压延加工业	153.2
31	福建力聚物流有限公司	福州市	批发业	146.5
32	厦门恒兴集团有限公司	厦门市	批发业	140.2
33	福建宏旺实业有限公司	宁德市	金属制品业	137.2
34	祥兴（福建）箱包集团有限公司	福州市	其他制造业	133.5
35	福建人力宝科技有限公司	厦门市	道路运输业	130.5
36	厦门市嘉晟对外贸易有限公司	厦门市	批发业	125.7

续表

序号	企业名称	地区	所属行业	营业收入（亿元）
37	厦门宏发电声股份有限公司	厦门市	电气机械和器材制造业	124.0
38	三棵树涂料股份有限公司	莆田市	化学原料和化学制品制造业	114.3
39	福建南平太阳电缆股份有限公司	南平市	电气机械和器材制造业	112.2
40	福建友谊胶粘带集团有限公司	福州市	化学原料和化学制品制造业	111.2
41	福建新华源科技集团有限公司	福州市	纺织业	107.7
42	福建省闽南建筑工程有限公司	泉州市	房屋建筑业	107.1
43	厦门市明穗粮油贸易有限公司	厦门市	批发业	106.2
44	飞毛腿（福建）电子有限公司	福州市	电气机械和器材制造业	102.8
45	盈众控股集团有限公司	厦门市	零售业	101.4
46	特步集团有限公司	泉州市	皮革、毛皮、羽毛及其制品和制鞋业	100.1
47	冠城大通股份有限公司	福州市	综合	94.6
48	福建好运联联信息科技有限公司	福州市	软件和信息技术服务业	93.6
49	安井食品集团股份有限公司	厦门市	食品制造业	92.7
50	福建省华荣建设集团有限公司	福州市	房屋建筑业	89.0
51	九牧集团有限公司	泉州市	非金属矿物制品业	88.8
52	福建省长乐市山力化纤有限公司	福州市	化学纤维制造业	87.0
53	永富建工集团有限公司	福州市	房屋建筑业	85.4
54	物泊科技有限公司	莆田市	道路运输业	83.5
55	新大陆科技集团有限公司	福州市	软件和信息技术服务业	82.6
56	厦门信和达电子有限公司	厦门市	批发业	82.6
57	福建匹克集团有限公司	泉州市	纺织服装、服饰业	82.1
58	福建省惠东建筑工程有限公司	泉州市	房屋建筑业	79.5
59	奥佳华智能健康科技集团股份有限公司	厦门市	专用设备制造业	79.3
60	安通控股股份有限公司	泉州市	装卸搬运和仓储业	77.9
61	福建路港（集团）有限公司	泉州市	建筑装饰、装修和其他建筑业	77.7
62	福建省永泰建筑工程公司	福州市	房屋建筑业	72.3
63	厦门宝拓资源有限公司	厦门市	批发业	72.3
64	厦门盈趣科技股份有限公司	厦门市	其他制造业	70.6
65	福建网龙计算机网络信息技术有限公司	福州市	软件和信息技术服务业	70.4
66	福建源盛纺织服装城有限公司	福州市	纺织服装、服饰业	68.9
67	全骏达实业有限公司	福州市	批发业	66.6
68	立达信物联科技股份有限公司	厦门市	电气机械和器材制造业	64.8
69	四三九九网络股份有限公司	厦门市	软件和信息技术服务业	63.4
70	福建经纬新纤科技实业有限公司	福州市	化学纤维制造业	62.9
71	厦门海澳集团有限公司	厦门市	批发业	62.0
72	福建省九龙建设集团有限公司	厦门市	房屋建筑业	61.7

续表

序号	企　业　名　称	地区	所　属　行　业	营业收入（亿元）
73	厦门市建潘集团有限公司	厦门市	家具制造业	60.0
74	中乔体育股份有限公司	泉州市	皮革、毛皮、羽毛及其制品和制鞋业	59.3
75	福建祥鑫股份有限公司	福州市	有色金属冶炼和压延加工业	58.8
76	福龙马集团股份有限公司	龙岩市	专用设备制造业	57.0
77	固美金属股份有限公司	泉州市	有色金属冶炼和压延加工业	56.5
78	福建省东霖建设工程有限公司	泉州市	房屋建筑业	56.4
79	福建凯邦锦纶科技有限公司	福州市	化学纤维制造业	54.6
80	福建天马科技集团股份有限公司	福州市	农副食品加工业	54.2
81	厦门西海控股有限公司	厦门市	批发业	53.4
82	鼎丰集团（中国）有限公司	厦门市	综合	51.9
83	厦门吉宏科技股份有限公司	厦门市	互联网和相关服务	51.8
84	福建龙麟集团有限公司	龙岩市	非金属矿物制品业	51.8
85	瑞幸咖啡（中国）有限公司	厦门市	餐饮业	48.9
86	坤健控股（厦门）有限公司	厦门市	批发业	48.9
87	科华数据股份有限公司	厦门市	计算机、通信和其他电子设备制造业	48.7
88	福建省石狮市通达电器有限公司	泉州市	计算机、通信和其他电子设备制造业	48.0
89	福建鸿星尔克体育用品有限公司	泉州市	皮革、毛皮、羽毛及其制品和制鞋业	47.6
90	福建磊鑫（集团）有限公司	厦门市	房屋建筑业	47.2
91	厦门建霖健康家居股份有限公司	厦门市	橡胶和塑料制品业	47.1
92	厦门吉比特网络技术股份有限公司	厦门市	软件和信息技术服务业	46.2
93	厦门中联永亨建设集团有限公司	厦门市	房屋建筑业	46.1
94	福建鑫森合纤科技有限公司	三明市	化学纤维制造业	45.0
95	厦门强力巨彩光电科技有限公司	厦门市	计算机、通信和其他电子设备制造业	44.8
96	福建三叶集团有限公司	泉州市	批发业	44.1
97	厦门中合逸化工贸易有限公司	厦门市	批发业	44.1
98	福建金牛水泥有限公司	三明市	非金属矿物制品业	43.7
99	厦门银祥集团有限公司	厦门市	农副食品加工业	43.4
100	华特控股集团有限公司	厦门市	石油、煤炭及其他燃料加工业	43.0

2022 福建省制造业民营企业 50 强榜单

（根据企业自主申报数据为依据）

序号	企　业　名　称	地区	所　属　行　业	营业收入（亿元）
1	青拓集团有限公司	宁德市	黑色金属冶炼和压延加工业	1606.1
2	宁德时代新能源科技股份有限公司	宁德市	电气机械和器材制造业	1303.6
3	福建大东海实业集团有限公司	福州市	黑色金属冶炼和压延加工业	1012.3
4	恒申控股集团有限公司	福州市	化学纤维制造业	659.3

续表

序号	企 业 名 称	地区	所 属 行 业	营业收入（亿元）
5	永荣控股集团有限公司	福州市	化学纤维制造业	650.6
6	安踏体育用品集团有限公司	泉州市	皮革、毛皮、羽毛及其制品和制鞋业	493.3
7	福州中景石化集团有限公司	福州市	化学原料和化学制品制造业	483.2
8	福建省金纶高纤股份有限公司	福州市	化学纤维制造业	469.6
9	三宝集团股份有限公司	漳州市	黑色金属冶炼和压延加工业	402.4
10	福建百宏聚纤科技实业有限公司	泉州市	化学纤维制造业	399.9
11	福建圣农控股集团有限公司	南平市	农副食品加工业	291.2
12	福耀玻璃工业集团股份有限公司	福州市	非金属矿物制品业	236.0
13	达利食品集团有限公司	泉州市	食品制造业	222.9
14	福建恒安集团有限公司	泉州市	造纸和纸制品业	207.9
15	福建傲农生物科技集团股份有限公司	漳州市	农副食品加工业	180.4
16	厦门合兴包装印刷股份有限公司	厦门市	造纸和纸制品业	175.5
17	厦门宝太生物科技股份有限公司	厦门市	医药制造业	154.9
18	福建甬金金属科技有限公司	宁德市	黑色金属冶炼和压延加工业	153.2
19	福建宏旺实业有限公司	宁德市	金属制品业	137.2
20	祥兴（福建）箱包集团有限公司	福州市	其他制造业	133.5
21	厦门宏发电声股份有限公司	厦门市	电气机械和器材制造业	124.0
22	三棵树涂料股份有限公司	莆田市	化学原料和化学制品制造业	114.3
23	福建南平太阳电缆股份有限公司	南平市	电气机械和器材制造业	112.2
24	福建友谊胶粘带集团有限公司	福州市	化学原料和化学制品制造业	111.2
25	福建新华源科技集团有限公司	福州市	纺织业	107.7
26	飞毛腿（福建）电子有限公司	福州市	电气机械和器材制造业	102.8
27	特步集团有限公司	泉州市	皮革、毛皮、羽毛及其制品和制鞋业	100.1
28	安井食品集团股份有限公司	厦门市	食品制造业	92.7
29	九牧集团有限公司	泉州市	非金属矿物制品业	88.8
30	福建省长乐市山力化纤有限公司	福州市	化学纤维制造业	87.0
31	福建匹克集团有限公司	泉州市	纺织服装、服饰业	82.1
32	奥佳华智能健康科技集团股份有限公司	厦门市	专用设备制造业	79.3
33	厦门盈趣科技股份有限公司	厦门市	其他制造业	70.6
34	福建源盛纺织服装城有限公司	福州市	纺织服装、服饰业	68.9
35	立达信物联科技股份有限公司	厦门市	电气机械和器材制造业	64.8
36	福建经纬新纤科技实业有限公司	福州市	化学纤维制造业	62.9
37	厦门市建潘集团有限公司	厦门市	家具制造业	60.0
38	中乔体育股份有限公司	泉州市	皮革、毛皮、羽毛及其制品和制鞋业	59.3
39	福建祥鑫股份有限公司	福州市	有色金属冶炼和压延加工业	58.8
40	福龙马集团股份有限公司	龙岩市	专用设备制造业	57.0

续表

序号	企　业　名　称	地区	所　属　行　业	营业收入（亿元）
41	固美金属股份有限公司	泉州市	有色金属冶炼和压延加工业	56.5
42	福建凯邦锦纶科技有限公司	福州市	化学纤维制造业	54.6
43	福建天马科技集团股份有限公司	福州市	农副食品加工业	54.2
44	福建龙麟集团有限公司	龙岩市	非金属矿物制品业	51.8
45	科华数据股份有限公司	厦门市	计算机、通信和其他电子设备制造业	48.7
46	福建省石狮市通达电器有限公司	泉州市	计算机、通信和其他电子设备制造业	48.0
47	福建鸿星尔克体育用品有限公司	泉州市	皮革、毛皮、羽毛及其制品和制鞋业	47.6
48	厦门建霖健康家居股份有限公司	厦门市	橡胶和塑料制品业	47.1
49	福建鑫森合纤科技有限公司	三明市	化学纤维制造业	45.0
50	厦门强力巨彩光电科技有限公司	厦门市	计算机、通信和其他电子设备制造业	44.8

2022 福建省创新型民营企业 100 强榜单

（根据企业自主申报有关数据测算）

排名	企　业　名　称	地区	所　属　行　业
1	科华数据股份有限公司	厦门市	计算机、通信和其他电子设备制造业
2	九牧集团有限公司	泉州市	非金属矿物制品业
3	福建恒安集团有限公司	泉州市	造纸和纸制品业
4	宁德时代新能源科技股份有限公司	宁德市	电气机械和器材制造业
5	特步集团有限公司	泉州市	皮革、毛皮、羽毛及其制品和制鞋业
6	三棵树涂料股份有限公司	莆田市	化学原料和化学制品制造业
7	厦门松霖科技股份有限公司	厦门市	橡胶和塑料制品业
8	福建匹克集团有限公司	泉州市	纺织服装、服饰业
9	立达信物联科技股份有限公司	厦门市	电气机械和器材制造业
10	新大陆科技集团有限公司	福州市	软件和信息技术服务业
11	厦门厦华科技有限公司	厦门市	计算机、通信和其他电子设备制造业
12	永荣控股集团有限公司	福州市	化学纤维制造业
13	厦门宏发电声股份有限公司	厦门市	电气机械和器材制造业
14	福耀玻璃工业集团股份有限公司	福州市	非金属矿物制品业
15	金牌厨柜家居科技股份有限公司	厦门市	家具制造业
16	福建鸿星尔克体育用品有限公司	泉州市	皮革、毛皮、羽毛及其制品和制鞋业
17	厦门延趣网络科技有限公司	厦门市	软件和信息技术服务业
18	厦门东昂科技股份有限公司	厦门市	专用设备制造业
19	厦门艾美森新材料科技股份有限公司	厦门市	橡胶和塑料制品业
20	厦门美图网科技有限公司	厦门市	互联网和相关服务
21	丽珠集团福州福兴医药有限公司	福州市	医药制造业
22	厦门邦芒服务外包有限公司	厦门市	商务服务业

续表

排名	企业名称	地区	所属行业
23	厦门盈趣科技股份有限公司	厦门市	其他制造业
24	厦门光莆电子股份有限公司	厦门市	计算机、通信和其他电子设备制造业
25	福建傲农生物科技集团股份有限公司	漳州市	农副食品加工业
26	福建晋工机械有限公司	泉州市	通用设备制造业
27	福慧达股份有限公司	厦门市	农业
28	厦门建霖健康家居股份有限公司	厦门市	橡胶和塑料制品业
29	宝宝巴士股份有限公司	福州市	软件和信息技术服务业
30	厦门呼博仕环境工程产业股份有限公司	厦门市	专用设备制造业
31	厦门汉印电子技术有限公司	厦门市	计算机、通信和其他电子设备制造业
32	厦门三德信科技股份有限公司	厦门市	计算机、通信和其他电子设备制造业
33	厦门市得尔美卫浴有限公司	厦门市	其他制造业
34	厦门普为光电科技有限公司	厦门市	电气机械和器材制造业
35	福建赛特新材股份有限公司	龙岩市	非金属矿物制品业
36	通达（厦门）精密橡塑有限公司	厦门市	橡胶和塑料制品业
37	厦门力鼎光电股份有限公司	厦门市	计算机、通信和其他电子设备制造业
38	福建南王环保科技股份有限公司	泉州市	造纸和纸制品业
39	科之杰新材料集团有限公司	厦门市	化学原料和化学制品制造业
40	厦门乾照光电股份有限公司	厦门市	计算机、通信和其他电子设备制造业
41	福建泉州顺美集团有限责任公司	泉州市	文教、工美、体育和娱乐用品制造业
42	福建人力宝科技有限公司	厦门市	道路运输业
43	厦门喜德隆家具制品有限公司	厦门市	家具制造业
44	福建省三明正元化工有限公司	三明市	化学原料和化学制品制造业
45	福建亚通新材料科技股份有限公司	福州市	橡胶和塑料制品业
46	厦门正黎明冶金机械有限公司	厦门市	专用设备制造业
47	厦门唯科模塑科技股份有限公司	厦门市	专用设备制造业
48	福建青松股份有限公司	南平市	医药制造业
49	厦门美润医疗科技有限公司	厦门市	专用设备制造业
50	厦门金汇峰新型包装材料股份有限公司	厦门市	印刷和记录媒介复制业
51	中乔体育股份有限公司	泉州市	皮革、毛皮、羽毛及其制品和制鞋业
52	福建岳海水产食品有限公司	宁德市	农副食品加工业
53	优必选（厦门）智能科技有限公司	厦门市	计算机、通信和其他电子设备制造业
54	厦门铱科卫浴科技有限公司	厦门市	非金属矿物制品业
55	瑞华高科技电子工业园（厦门）有限公司	厦门市	计算机、通信和其他电子设备制造业
56	福建网龙计算机网络信息技术有限公司	福州市	软件和信息技术服务业
57	安踏体育用品集团有限公司	泉州市	皮革、毛皮、羽毛及其制品和制鞋业
58	奥佳华智能健康科技集团股份有限公司	厦门市	专用设备制造业

续表

排名	企　业　名　称	地区	所　属　行　业
59	福建恒杰塑业新材料有限公司	福州市	橡胶和塑料制品业
60	厦门强力巨彩光电科技有限公司	厦门市	计算机、通信和其他电子设备制造业
61	厦门万泰沧海生物技术有限公司	厦门市	医药制造业
62	信和新材料股份有限公司	泉州市	化学原料和化学制品制造业
63	福建恒捷实业有限公司	福州市	化学纤维制造业
64	福建源盛纺织服装城有限公司	福州市	纺织服装、服饰业
65	福建新峰科技有限公司	漳州市	其他制造业
66	福建省铁拓机械股份有限公司	泉州市	通用设备制造业
67	盈众控股集团有限公司	厦门市	零售业
68	福建麦特新铝业科技有限公司	福州市	有色金属冶炼和压延加工业
69	宁化月兔科技有限公司	三明市	电气机械和器材制造业
70	厦门市世纪网通网络服务有限公司	厦门市	软件和信息技术服务业
71	厦门瑞为信息技术有限公司	厦门市	软件和信息技术服务业
72	厦门安科科技有限公司	厦门市	专用设备制造业
73	厦门大金机械有限公司	厦门市	通用设备制造业
74	厦门中构新材料科技股份有限公司	厦门市	其他制造业
75	智业软件股份有限公司	厦门市	软件和信息技术服务业
76	厦门瑞尔特卫浴科技股份有限公司	厦门市	橡胶和塑料制品业
77	厦门狄耐克智能科技股份有限公司	厦门市	计算机、通信和其他电子设备制造业
78	白鸽在线（厦门）网络科技有限公司	厦门市	软件和信息技术服务业
79	福建亿达食品有限公司	福州市	渔业
80	厦门快快网络科技有限公司	厦门市	软件和信息技术服务业
81	厦门东亚机械工业股份有限公司	厦门市	通用设备制造业
82	四三九九网络股份有限公司	厦门市	软件和信息技术服务业
83	大博医疗科技股份有限公司	厦门市	专用设备制造业
84	安井食品集团股份有限公司	厦门市	食品制造业
85	福建万鸿纺织有限公司	福州市	化学纤维制造业
86	厦门弘信电子科技集团股份有限公司	厦门市	计算机、通信和其他电子设备制造业
87	飞毛腿（福建）电子有限公司	福州市	电气机械和器材制造业
88	厦门保沣实业有限公司	厦门市	金属制品业
89	方菱桥隧模架（福州）有限公司	福州市	金属制品业
90	厦门长塑实业有限公司	厦门市	橡胶和塑料制品业
91	厦门亿联网络技术股份有限公司	厦门市	软件和信息技术服务业
92	厦门特宝生物工程股份有限公司	厦门市	医药制造业
93	厦门延江新材料股份有限公司	厦门市	纺织业
94	邵武永太高新材料有限公司	南平市	化学原料和化学制品制造业

续表

排名	企 业 名 称	地区	所 属 行 业
95	帕拉丁（厦门）体育用品有限公司	厦门市	零售业
96	厦门保驾护航网络科技有限公司	厦门市	软件和信息技术服务业
97	厦门斯坦道科学仪器股份有限公司	厦门市	仪器仪表制造业
98	厦门市唯云网络科技有限公司	厦门市	软件和信息技术服务业
99	莆田市协诚鞋业有限公司	莆田市	皮革、毛皮、羽毛及其制品和制鞋业
100	科技谷（厦门）信息技术有限公司	厦门市	软件和信息技术服务业

（摘编：王一星）

国家级畜禽养殖标准化示范场福建省新增名单

2022年1月14日福建省农业农村厅消息，我省6家养殖场获评2021年农业农村部畜禽养殖标准化示范场。

它们分别是：福建光阳蛋业股份有限公司、福建省闽绿立体农业综合开发有限公司、永春隆兴种养殖有限责任公司、福建省创亿元农牧有限公司、福建金盛养殖有限公司、武夷山武夷畜牧有限公司。

此外，福清市丰泽农牧科技开发有限公司、福建光华百斯特生态农牧有限公司、福建圣农发展股份有限公司（虎山垅肉鸡场）等3家国家级畜禽养殖标准化示范场，于日前通过国家级复检。福州梅林农牧有限公司等48家养殖场，被认定为2021年省级畜禽养殖标准化示范场。

近年来，我省围绕“生产高效、环境友好、产品安全、管理先进”四个方面，积极组织开展畜禽养殖标准化示范创建活动。这些标准化示范场充分展示了我省畜牧业生产的先进水平，成为引领我省畜禽养殖标准化发展的标杆。

（摘编：蔡志轩）

福建省自主培育白羽肉鸡新品种“圣泽901”入选全国“三品一标”典型案例

2022年9月21日，农业农村部发布2022年全国农业生产“三品一标”（无公害农产品、绿色食品、有机农产品和农产品地理标志）典型案例。经自主申报、省级审核、专家评审，全国共有40个案例入选。光泽县《自主培育白羽肉鸡新品种破解种源“卡脖子”难题》荣列其中，成为我省唯一入选的案例。

日前从圣农集团获悉，自培育成功以来，“圣泽901”市场份额逐渐提高，父母代种鸡雏自用与对外销售量已超过400万套，销售区域覆盖河北、山东等9省。

《全国肉鸡遗传改良计划（2021—2035年）》提出，到2035年，自主培育白羽肉鸡品种市场占有率达到60%以上。去年12月“圣泽901”通过国家审定后，圣农在行业内启动试探性推广，国内多家头部养殖企业相继小规模引种试养。今年5月，圣农举办“圣泽901”父母代种鸡雏首发仪式。随着9.6万套父母代种鸡雏正式启运，国产白羽肉鸡“国产芯”正式批量供应市场。

根据企业发展规划，到2025年，圣农产能将增加到10亿羽，祖代鸡产能将占国内市场的40%。上个月，圣农发起成立白羽肉鸡行业首家国际性研究院。

（摘编：蔡志轩）

农业国际贸易高质量发展基地福建省入选企业名单

2022 年 9 月 11 日福建省农业农村厅消息，农业农村部日前公布 2022 年农业国际贸易高质量发展基地名单。全国共 116 家企业入选，其中我省 7 家。它们分别是漳州市陈宇贸易有限公司、福建岳海水产食品有限公司、福建天马科技集团股份有限公司、福建铭兴食品冷冻有限公司、仙芝科技（福建）股份有限公司、平和县三绿果蔬有限公司、福建闽威实业股份有限公司。

农业国际贸易高质量发展基地包括生产型、加工型、贸易型和服务贸易型四类。其中，生产型、加工型、贸易型基地 2019 至 2021 年年均出口额原则上应达到 500 万美元以上；服务贸易型基地，应有在境外开展或向境外提供农业生产服务的业务，原则上近 3 年年均营业收入不低于 1 亿元人民币或者农业服务出口额（或境外农业服务营业额）不低于 100 万美元。

建设农业国际贸易高质量发展基地，旨在培育打造产业集聚度高、生产标准高、出口附加值高、品牌认可度高、综合服务水平高的农业外贸骨干力量。按照规划，“十四五”期间，全国共将建设 500 个左右国贸基地，所认定基地的每类产品年出口额占全国该类产品年出口总额 50%以上。

（摘编：蔡志轩）

2022 年农业品牌精品培育名单福建省入选品牌

2022 年 11 月 4 日福建省农业农村厅消息，日前，农业农村部办公厅发布 2022 年农业品牌精品培育名单。经省级推荐、形式审查、专家推选、网上公示等程序，全国共 75 个品牌入选，其中我省 4 个，分别是平和琯溪蜜柚、正山小种、福鼎白茶、宁德大黄鱼。

近年来，我国加快实施品牌强农战略，农业农村部更于今年启动实施农业品牌精品培育计划。按照计划，到 2025 年，我国将聚焦粮油、果蔬、茶叶、畜牧、水产等品类，塑强一批品质过硬、特色鲜明、带动力强、知名度美誉度消费忠诚度高的农产品区域公用品牌，培育推介一批产品优、信誉好、产业带动作用明显、具有核心竞争力的企业品牌和优质特色农产品品牌。

（摘编：蔡志轩）

全国乡村旅游重点村镇福建省入选名单

2022年12月6日福建省文化和旅游厅消息，近日，文化和旅游部发布了第四批全国乡村旅游重点村和第二批全国乡村旅游重点镇（乡）名单，我省有6个乡村旅游重点村和3个乡村旅游重点镇入选。

入选第四批全国乡村旅游重点村的是：三明市永安市曹远镇霞鹤村、莆田市荔城区西天尾镇后黄社区、福州市永泰县嵩口镇大喜村、宁德市霞浦县三沙镇东壁村、龙岩市长汀县南山镇中复村、厦门市翔安区金海街道澳头社区。

入选第二批全国乡村旅游重点镇（乡）的是：福州市平潭县苏平镇、龙岩市永定区湖坑镇、泉州市惠安县崇武镇。

（摘编：尤文凡）

国家生态文明建设示范区福建省获评名单

2022年11月20日福建省生态环境厅消息，我省厦门市、厦门同安区、厦门翔安区、南平市、福州马尾区、闽侯县、泉州洛江区、惠安县、古田县等9个市县获评第六批国家生态文明建设示范区；莆田市木兰溪流域、南平市邵武市被命名为“绿水青山就是金山银山”实践创新基地。

目前，我省已有39个国家生态文明建设示范区，7个“绿水青山就是金山银山”实践创新基地，数量位居全国前列。厦门市成为继深圳市之后全国第二个全域及其各区均为示范区的副省级城市。木兰溪流域是全国唯一以流域命名的实践创新基地。

（摘编：邓新民）

国家林业碳汇试点市福建省入选名单

2022年11月30日福建省林业局消息，日前，国家林草局办公室公布2022年度林业碳汇试点市（县）和国有林场森林碳汇试点名单。经各市（县）及国有林场申报、省级林草主管部门推荐，全国共18个市（县）和21个国有林场入选。其中，我省三明市、龙岩市、南平市入选林业碳汇试点市。

根据项目实施方案，我省3个试点市将围绕森林生态系统碳汇能力巩固提升的重点领域、关键环节，以如何增加森林碳汇量、精准实施计量监测、创新价值实现机制、拓宽绿色金融支持渠道等内容为重点，开展试点探索，助力协同推进降碳、减污、扩绿。早在2016年，福建便在全国率先推进启动林业碳汇交易试点，将福建林业碳汇（FFCER）列为福建碳市场三大交易标的物之一。截至目前，全省累计完成福建林业碳汇（FFCER）成交量385万吨，成交额5745万元，成交量和成交额均居全国前列。此外，各地不断创新林业碳汇产品与交易机制，涌现出了三明“碳票”、顺昌“一元碳汇”、碳汇司法、碳汇贷、碳汇指数保险等创新成果。

（摘编：王一星）

国家种业阵型入选闽企

2022年8月8日福建省农业农村消息，农业农村部日前公布国家种业阵型企业名单，包括69家国家农作物种业阵型企业、86家国家畜禽种业阵型企业、121家国家水产种业阵型企业。我省共有13家入选。

在农作物种业方面，福建万辰生物科技股份有限公司入选食用菌破难题阵型；在畜禽种业方面，福建圣农发展股份有限公司入选白羽肉鸡破难题阵型，福建傲农生物科技集团股份有限公司入选生猪补短板阵型；在水产种业方面，福建天马科技集团股份有限公司入选鳗鲡破难题阵型，福建闽威实业股份有限公司入选花鲈破难题阵型，宁德市官井洋大黄鱼养殖有限公司、宁德市富发水产有限公司入选大黄鱼补短板阵型，福建省宝智水产科技有限公司入选蛤蚶蛏补短板阵型，福州闽之海水产苗种有限公司入选紫菜补短板阵型，晋江福大鲍鱼水产有限公司入选鲍鱼强优势阵型，福建省连江县官坞海产开发有限公司入选海带裙带菜强优势阵型，厦门大学与集美大学入选专业化平台阵型。

确定国家种业阵型企业，旨在强化企业创新主体地位，打造一批具有核心研发能力、产业带动能力、国际竞争能力的航母型领军企业、“隐形冠军”企业和专业化平台企业，加快形成优势种业企业集群。

（摘编：尤文凡）

第三批国家农业绿色发展先行区创建福建省入选名单

2022 年 8 月 14 日福建省农业农村厅消息，农业农村部、国家发改委、科技部等 8 部门日前公布第三批 49 个国家农业绿色发展先行区创建名单。我省长汀县、建宁县入选。

我国自 2017 年启动国家农业绿色发展先行示范区建设，以形成一批适宜不同类型特点的农业绿色发展模式和技术集成，提炼推广一批农业绿色发展制度，为推动形成农业绿色生产和生活方式提供样板。按照要求，创建单位要重点围绕农业投入品减量增效、废弃物资源化利用、农业资源集约利用、产业链低碳循环等方面，探索符合不同区域、生态类型、主导品种的绿色发展模式。

此前，我省漳州市、南平市入选第一批国家农业绿色发展先行区创建名单；永泰县入选第二批国家农业绿色发展先行区创建名单。

（摘编：王一星）

第三批国家林木种质资源库福建入选名单

2022 年 2 月 14 日福建省林业局消息，国家林业和草原局日前公布了第三批国家林木种质资源库名单，我省的建宁无患子国家林木种质资源库、沙县水南国有林场油茶国家林木种质资源库入选。

林木种质资源是遗传多样性和物种多样性的基础，是国家重要的战略资源。长期以来，我省高度重视林木种质资源保护和利用，持续开展主要林木种质选育收集保存。迄今，全省累计保存各类林木种质资源 1 万余份，国家林木种质资源库增至 5 处，树种类型涉及用材林、防护林、经济林三大方面。目前，我省已在全国率先构建了杉木第 4 代育种群体，杉木、马尾松育种水平位居全国前列。

（摘编：蔡志轩）

第二批国家林业产业示范园区福建省上榜名单

2022年2月10日，福建省林业局消息，国家林业和草原局日前公布第二批59家国家林业产业示范园区名单。我省共3家单位入选，分别是：国家漳浦海峡花卉集散中心产业示范园区、国家永安竹制品产业示范园区、国家顺昌木竹加工产业示范园区。

近年来，我省高度重视林业产业发展，持续推进林业产业园区建设，并在项目资金、林地要素保障等方面给予重点支持，扶持壮大一批林业产业园区。截至目前，全省共5家单位被认定为国家林业产业示范园区。另外2家是国家永春香产业示范园区、国家漳平户外木竹制品产业示范园区。

（摘编：蔡志轩）

第二批国家级动物疫病净化场福建省入选养殖场名单

2022年11月14日福建省农业农村部厅消息，农业农村部办公厅日前公布第二批国家级动物疫病净化场名单。经养殖场自愿申请、省级评估推荐、部级专家评审，来自全国18个省份的72个养殖场入选该名单，其中我省6家。

福建圣泽生物科技发展有限公司被确定为国家级禽白血病净化场，福清市永诚畜牧有限公司被确定为国家级猪伪狂犬病净化场，福建省鼎业生态农业有限公司被确定为国家级牛布鲁氏菌病（非免疫）净化场和国家级牛结核病净化场，福建鑫锦宏农牧开发有限公司被确定为国家级猪伪狂犬病净化场，三明市魁强农牧发展有限公司被确定为国家级猪伪狂犬病净化场，福清市天大畜牧有限公司被确定为国家级猪伪狂犬病净化场。

动物疫病净化是指在特定场群或区域消灭动物疫病，实现动物疫病的源头控制，对促进养殖业可持续、高质量发展，保障公共卫生安全具有十分重要的意义。

（摘编：翁宁）

2022年中国美丽休闲乡村福建省入选村名单

2022年11月17日福建省农业农村厅消息，农业农村部办公厅日前公布2022年中国美丽休闲乡村名单。全国共255个村入选，其中84个村同时为农家乐特色村。

我省三明市沙县区夏茂镇俞邦村、长汀县南山镇中复村、华安县仙都镇大地村、永泰县嵩口镇大喜村、武夷山市五夫镇兴贤村、莆田市涵江区白塘镇双福村、晋江市英林镇湖尾村、屏南县黛溪镇北墘村等8个村获评“中国美丽休闲乡村”。其中，大地村、湖尾村同时获评“农家乐特色村”。

建设中国美丽休闲乡村是带动乡村生产生活生态价值提升、拓宽农民增收致富渠道的重要途径，是促进农村一、二、三产业融合发展的重要举措。

（摘编：尤文凡）

全国农村有机废弃物资源化利用典型案例福建省入选案例

2022年2月14日，省农业农村厅消息，农业农村部、国家乡村振兴局日前向社会遴选4种农村有机废弃物资源化利用典型技术模式与案例。由省农科院土壤肥料研究所技术团队在光泽县实践的农村餐余废弃物分层发酵精制有机肥技术案例，作为堆沤还田技术模式的代表入选其中。

该案例自2016年投入运行，主要用于处理厨余垃圾、农作物秸秆、蘑菇渣等有机废弃物。村民将分类后的垃圾投放至统一收集点，再由保洁员运至处理站。厨余垃圾经除杂和固液分离后，与其他有机废物混合，置入分层发酵池，添加微生物菌剂，并定期转动驱动装置，实现发酵池内物料的搅动和换层。目前，该设施设计日处理能力0.18吨，实际每天处理有机废弃物0.13吨，综合运行成本为每吨215元，年可产有机肥约24吨，主要供应周边农户免费试用，渗滤液贮存发酵后还田利用。

（摘编：蔡志轩）

第十九批国家水利风景区福建省上榜名单

2022年1月16日福建省水利厅消息，水利部公布的第十九批国家水利风景区中福建有2处上榜，分别为建阳考亭水利风景区和永春外山云河谷水利风景区。至此，我省国家水利风景区增至39家。

考亭水利风景区位于建阳区潭城街道考亭村，以西门电站库区山水为核心，以考亭朱子文化为依托，结合考亭山水风光、民风民俗、历史文化、非遗工艺等特色资源，打造综合性水利风景胜地。2021年7月，考亭水美城被水利部评定为全国第三届水工程与水文化有机融合典型案例，成为我省此次唯一被认定的风景区。

外山云河谷水利风景区位于泉州市永春县外山乡境内，主要水体景观资源为外山溪和美乾溪，以云河谷亲水游览区为核心，辐射外山溪水土保持科普观光区、草洋村生态农业体验园及云峰村大风车露营基地，以水利资源带动新农村建设和乡村旅游发展。

（摘编：游永贵）

2022年度国家水土保持示范名单福建省入选名单

2022年12月31日福建省水利厅消息，“2022年度国家水土保持示范名单”公布，我省7处上榜，水土保持“国字号”数量领先全国。

永春县、浦城县、周宁县入选国家水土保持示范县；长汀县罗地河小流域、南靖县石桥小流域、惠安县黄塘溪小流域入选国家水土保持示范工程（生态清洁小流域）；尤溪汤川风电场工程入选国家水土保持示范工程（生产建设项目）。

截至目前，我省共有国家水土保持示范县6个、国家水土保持科技示范园1个、国家水土保持示范工程8个，全国领先。

我省继去年在国家水土保持示范评选获得“大满贯”后，继续以示范创建为契机，推动“长汀经验”在八闽大地落地生花。今年我省上报项目100%上榜，水土保持生态文明建设继续保持全国领先水平。

（摘编：杨福来）

2022年度央企十大超级工程、十大国之重器福建省入选项目

2023年1月3日福建省国资委消息，国务院国资委日前发布了“2022年度央企十大超级工程”，“新建福厦铁路全线铺轨贯通”入选。

2022年8月30日，随着福厦铁路厦门最后一组500米长钢轨顺利铺设，我国首条跨海高铁——新建福厦铁路全线铺轨贯通。新建福厦铁路设计时速350公里，正线全长277.42公里，全线共设8座车站。福厦高铁建成通车后，福州、厦门将形成“一小时生活圈”，厦门、漳州、泉州等地形成“半小时交通圈”，东南沿海城市群将串联起一条“黄金旅游带”。

同期发布的“2022年度央企十大国之重器”中，全球单机容量最大16兆瓦海上风电机组下线入选。

2022年11月23日，由中国三峡集团与新疆国企金风科技联合研制的16兆瓦海上风电机组在福建下线。该机组叶轮直径252米，叶轮扫风面积约5万平方米，约相当于7个标准足球场大；轮毂高度达146米，约相当于一座50层大楼的高度。在满发风速下，单台机组每转动一圈可发电34.2千瓦时。这是目前全球范围内单机容量最大、叶轮直径最大、单位兆瓦重量最轻的风电机组，标志着我国海上风电大容量机组在高端装备制造能力上实现重要突破。

（摘编：吴建翰）

2022数字城市百强榜福建省上榜名单

2022年11月17日福建省工信厅消息，近日工信部中国电子信息产业发展研究院直属机构赛迪顾问发布《2022中国数字城市竞争力研究报告》，对全国城市数字化竞争力能力进行全面评估，剖析了数字城市建设路径和方法，为深化我国数字城市高质量发展奠定基础。

赛迪顾问围绕城市数字化转型发展的建设内容，从信息基础、城市治理、民生服务、产业经济、技术创新、低碳发展六个维度进行量化评估，形成了2022数字城市百强榜。福建6市上榜，其中，福州居全国第19位，厦门第30位，泉州第45位，漳州第72位，宁德第96位，莆田第98位。

数字城市是指城市借助信息与通信技术，对城市治理、政务服务、民生发展、经济发展等进行全方位数字化升级和多维度表达，并对数据资源加以利用，使城市具有数字化、网络化、智能化特征。

（摘编：林汇智）

上杭跻身全国综合竞争力百强县（市）

2022年11月29日，中国社会科学院财经战略研究院发布“2022年全国综合竞争力百强县（市）”榜单，我省上杭县位列百强榜第96位，成为全国97个原中央苏区县中第一个百强县（市）。

20世纪90年代初，上杭仍属国家级贫困县，1990年全县地区生产总值仅为4.04亿元，

从2000年的24.23亿元增加到2021年的466.4亿元，增长18.25倍，年均增长10.3%，增速位列福建省县域第一；财政总收入从2000年的1.34亿元增加到2021年的44.9亿元，增长32.5倍；地方财政收入从2000年的1.02亿元增加到2021年的30.2亿元，增长28.6倍。2016年至2022年，上杭连续七年入选福建省“县域经济实力十强县”。今年1至9月，全县实现地区生产总值384亿元，同比增长8.2%，增速居龙岩市第一、全省十强县第一；财政总收入43.5亿元，同比增长32.6%，增速居全省83个县（市、区）第一。从2020年12月起，上杭县财政总收入已连续22个月实现正增长。

原中央苏区县是指土地革命时期中央苏区范围内的县（市、区），共有97个。作为原中央苏区县之一，土地革命时期，上杭共有1.5万人参加革命，9000多人牺牲，1955年至1964年授衔的开国将军27人，占全省三分之一。1929年，彪炳史册的古田会议在这里召开。

（摘编：郑平名）

2022年中国电子信息百强企业入围闽企

2022年9月19日中国电子信息行业联合会发布了《2022年电子信息企业竞争力指数报告及前百家企业名单》，省电子信息集团、厦门宏发电声、新大陆科技集团等3家我省企业入围百强榜单，分列第22位、第87位、第96位。

《2022年电子信息企业竞争力指数报告及前百家企业名单》是中国电子信息行业联合会在工信部指导下，基于企业2021年的经营数据，利用指数模型，结合专家评审编制而成，在电子信息领域具有较高的权威性。

数据显示，本届电子信息百强企业2021年主营业务收入合计53805亿元，同比增长17.0%，占规模以上电子信息制造业收入比重接近40%；实现利润总额4180亿元，同比增长43.0%，占全行业利润比重超过50%；出口额达到13732亿元，同比增长26.7%，占收入规模比重超过25%；研发投入合计3435亿元，同比增长19.0%，超过同期收入增速2.0个百分点，平均研发投入强度达到6.4%。华为、联想、海尔、小米、TCL、京东方、比亚迪、海信、中兴通讯、天能控股列榜单前十名。

（摘编：游永贵）

全国轻工业200强入围闽企名单

2022年8月14日，中国轻工业联合会发布了2021年度轻工业200强企业，我省11家企业入围。

入围榜单的福建企业分别是：安踏体育用品集团有限公司（第16位）、达利食品集团有限公司（第33位）、特步集团有限公司（第48位）、九牧集团有限公司（第56位）、奥佳华智能健康科技集团股份有限公司（第100位）、福建盼盼食品有限公司（第101位）、立达信物联科技股份有限公司（第109位）、厦门银祥集团有限公司（第143位）、三六一度（中国）有限公司（第160位）、信泰（福建）科技有限公司（第186位）和中乔体育股份有限公司（第193位）。

数据显示，2021年度200强企业分布在全国24个省区市，涉及家电、食品制造、酿酒、造纸等38个轻工行业，其中7家企业营业收入超过1000亿元，利润总额超过了100亿元，美的集团、海尔集团、格力电器列200强榜单的前三位。

在同期公布的中国轻工业科技百强企业中，我省的立达信物联科技股份有限公司、奥佳华智能健康科技集团股份有限公司、福建瑞达精工股份有限公司3家企业入围，分列第20、45、95位。

（摘编：陈闽声）

“百鹤杯”“百花奖”金奖数福建省占获奖总数近三成

2022年8月28日，第二届中国工艺美术博览会近日在南京国际博览中心举行。本次博览会期间举办了“百鹤杯”工艺美术设计创新大赛和中国首饰玉器“百花奖”评选两大行业顶尖赛事，我省“百鹤杯”“百花奖”金奖数占获奖总数近三成。

本届博览会展览总面积5万平方米，汇集了46个地方特色展团、32所专业院校、1800多家展商，展示作品涵盖11个大类上千个小类，参展作品超过10万件，其中工美大师和大国工匠的精品超过2万件。

“百鹤杯”工艺美术设计创新大赛今年设“百鹤金鼎奖”“百鹤奖”“百鹤新锐奖”三个层次奖项。福建参加“百鹤杯”比赛作品392件（套），其中荣获“百鹤金鼎奖”20件、“百鹤奖”31件、“百鹤新锐奖”19件，荣获“百鹤金鼎奖”作品数量占全国获奖总数的28.2%。

福建参加“百花奖”评选的作品109件（套），其中获得金奖10件、银奖6件、铜奖3件，荣获“百花奖”金奖作品数量占全国获奖总数的32.3%。

本届博览会期间同步举办第八届中国工艺美术大师颁证大会，我省刘传斌等11位新晋的第八届中国工艺美术大师获颁证书。

（摘编：唐启阳）

国家智能制造试点示范工厂揭榜单位入围闽企

2022年2月22日福建省工信厅消息，国家工信部、发改委、财政部、市场监管总局联合发布了《2021年度智能制造试点示范工厂揭榜单位和优秀场景名单》，共110家企业、241个场景上榜。我省共有3家企业入围“智能制造试点示范工厂揭榜单位”，另有两家企业的智能制造场景入围“智能制造优秀场景”。

此次试点示范行动通过遴选智能制造优秀场景，以“揭榜挂帅”方式推进示范工厂建设，深化智能制造推广应用。其中，智能制造示范工厂主要聚焦原材料、装备制造、消费品、电子信息等领域的细分行业，围绕设计、生产、管理、服务等制造全流程，建设智能制造示范工厂。

此次我省入围智能制造试点示范工厂揭榜单位的分别是宁德时代新能源科技股份有限公司的电池智能制造示范工厂、福建星网锐捷通讯股份有限公司的网络设备智能制造示范工厂、阳光中科（福建）能源股份有限公司的太阳能电池组件智能制造示范工厂，三个示范工厂都有多个智能制造场景获认可。此外，晋江市华宇织造有限公司的智能在线监测、福建恒源纺织有限公司的精准作业派工两个场景入围智能制造优秀场景。

（摘编：苏小雨）

第二届全国智能制造创新大赛福建省获奖项目

2022年11月28日福建省工信厅消息，近日，第二届智能制造创新大赛颁奖仪式在南京举行，代表我省参加决赛的福建省龙合智能装备制造有限公司、福建省万物智联科技有限公司两个团队分获各自赛道的二等奖、三等奖。

第二届智能制造创新大赛共吸引来自全国29个省、自治区、直辖市的800余个团队3000余名选手报名参赛。大赛历时3个月，经过80余名业界权威专家专业细致的评审，最终评选出各赛道各小组一等奖1名、二等奖3名、三等奖6名、创意奖3名、人气奖3名和优秀奖5名。

来自龙岩的龙合智能装备制造有限公司“新能源智能装卸系统实现零碳物流”成果获得智能制造装备创新赛道领航组二等奖，来自泉州的福建省万物智联科技有限公司“纺织精编自动穿卸轴及运输系统”成果获得智能制造系统集成解决方案创新赛道潜力组三等奖。

（摘编：尤文凡）

2022 年度智能制造标准应用试点名单福建省入选项目

2022 年 8 月 6 日福建省工信厅消息，工信部近日公示 2022 年度智能制造标准应用试点项目名单。全国 59 个项目入选名单，福建入选 2 个，分别是：厦门金龙旅行车有限公司和中汽研汽车工业工程（天津）有限公司联合申报的客车制造供应链协同智能制造标准应用试点、金牌厨柜家居科技股份有限公司申报的家居行业大规模个性化定制标准应用试点。

今年，国家市场监管总局与工信部联合开展智能制造标准应用试点项目，围绕智能制造标准在制造业各细分行业中的应用，确定智能车间/工厂建设类、新模式应用类、新技术应用类、供应链协同类 4 个重点方向，在全国遴选首批 50 余个具有代表性的标准应用试点，形成一批推动智能制造有效实施应用的“标准群”，发挥标准对促进制造业转型升级、引领创新驱动的支撑作用。试点建设周期一般为 2 年，试点建设单位将围绕申报方向，推进一批以智能制造重点国家标准为核心的先进“标准群”的实施应用。

（摘编：邓新民）

首批“科创中国”创新基地福建入选名单

2022 年 8 月 13 日福建省科协消息，中国科协日前公布 2022 年“科创中国”创新基地认定结果，首批 194 个“科创中国”创新基地入选，福建省有 4 个基地获得认定，分别是“科创中国”光电信息创新基地（闽都创新实验室）、“科创中国”智能制鞋装备产业创新基地（泉州华中科技大学智能制造研究院）、“科创中国”福州高新区创新基地（福州高新技术产业开发区管理委员会）和“科创中国”纺织服装（泉州）创新基地（石狮市中纺学服装及配饰产业研究院）。

近年来，省科协积极推动“科创中国”试点城市工作的开展，促进科技经济融合。泉州和福州先后入选“科创中国”试点城市，省市科协密切配合，组织科技服务团，围绕两个城市重点产业，服务我省高质量发展。

（摘编：游永贵）

“2021年度工业稳增长和转型升级成效明显市（州）”“2021年度建设信息基础设施和推进产业数字化成效明显市（州）”福建省上榜名单

2022年2月27日工信部消息，经各地工业和信息化主管部门推荐，通过评审确定10个市（州）入选“2021年度工业稳增长和转型升级成效明显市（州）”名单，10个市（州）入选“2021年度建设信息基础设施和推进产业数字化成效明显市（州）”名单。我省厦门市、福州市分别入围这两份榜单。

据厦门市统计局统计，2021年厦门市规上工业增加值增长11.9%，居全省第2位；其中规上工业战略性新兴产业增加值比上年增长19.4%，新一代信息技术、生物产业合计占规上工业战略性新兴产业增加值比重超八成；低碳、智能化新产品供给显著提升，新能源汽车、服务机器人产量分别增长50.2%和4.2倍，工业转型升级取得显著成效。

近年来，福州市以数字福州建设为引领，5G+工业互联网、物联网开放实验室、东南大数据产业园等信息基础设施加快建设，新一代信息技术与制造业加快融合发展，产业数字化带动全市战略性新兴产业增加值增长15.4%，互联网和相关服务行业营收增长52.3%，全年福州数字经济增加值预计突破5000亿元。

（摘编：林汇智）

2022年大数据产业发展试点示范项目福建省入围名单

2022年9月13日，在工信部公布的2022年大数据产业发展试点示范项目名单中，我省七个项目入围。

其中，入选大数据重点产品和服务试点示范领域的共4项，包括厦门市国网信通亿力科技有限责任公司的“基于跨业务领域的智慧能源应用平台”项目、泉州大数据运营服务有限公司的“基于大数据的泉州市公共数据资源开发服务平台”项目、福建中信网安信息科技有限公司的“基于区域链的数据安全共享关键技术研发及应用示范”项目、厦门卫星定位应用股份有限公司的“基于大数据的重大活动交通安全保障指挥平台”项目。

入选行业大数据应用试点示范领域的共3项，包括福建龙净环保股份有限公司的“烟气治理环保大数据智能应用”、福建省福龙马集团股份有限公司的“智慧环卫工业互联网云平台建设”项目、福建博思软件股份有限公司的“医疗电子票据大数据应用监管平台”项目。

（摘编：吴建翰）

2022年中国互联网企业综合实力前百家企业上榜闽企

2022年11月5日福建省工信厅消息，近日，中国互联网协会和厦门市政府联合主办的中国互联网企业综合实力指数（2022）发布会暨百家企业高峰论坛在厦门召开。会议发布了《中国互联网企业综合实力指数报告（2022）》，并公布了2022年中国互联网企业综合实力前百家企业、成长型前二十家企业和数据安全服务前十家企业名单，福建省多家企业进入各个榜单。

2022年中国互联网综合实力企业榜单共计100家企业入围，腾讯、阿里巴巴、百度、京东等知名互联网公司跻身榜单，福建省共计5家企业入选2022年中国互联网企业综合实力前百家企业，分别是：位列第33的美图公司、位列第45的四三九九网络股份有限公司、位列第60的厦门吉比特网络技术股份有限公司、位列第66的福建博思软件股份有限公司和位列第89的福建网龙计算机网络信息技术有限公司。

另外，2022年中国互联网成长型前二十家企业中，有6家来自福建，分别是：位列第1的厦门旷世联盟网络科技有限公司、位列第3的福建健康之路信息技术有限公司、位列第5的福州来玩互娱网络科技有限公司、位列第6的厦门极致互动网络技术股份有限公司、位列第12的厦门吉快科技有限公司以及位列第20的福建游龙共创网络技术有限公司。

（摘编：邓新民）

2022年工业互联网App优秀解决方案福建省入围项目

2023年1月30日福建省工信厅消息，工信部日前发布2022年工业互联网App优秀解决方案名单，我省有6个项目入围。分别是：福建省龙岩耐思信息科技有限公司的“面向建材行业运管一体化智能管控App集成应用解决方案”、全冠（福建）机械工业有限公司的“BottleViewer智能吹瓶生产系统解决方案”、锐马（福建）电气制造有限公司的“基于物联网称重技术的智能制造物联网称重App解决方案”、双驰实业股份有限公司的“基于工业互联网的鞋业智能成品仓解决方案”、厦门市迈丹科技开发有限公司的“科研生产质量过程管理系统解决方案”和厦门卡伦特科技有限公司的“基于云端协同CAD的解决方案”。

2022年11月，工信部组织开展2022年工业互联网App优秀解决方案征集遴选工作，主要征集包括关键支撑工业App、基础共性工业App、行业通用工业App、企业专用工业App等四类。工信部从项目综合实力、关键技术创新、经济社会效益、产业化推广价值等维度进行系统评选。

（摘编：林汇智）

2022 年度智能制造示范工厂揭榜单位和优秀场景发布 福建省入围示范工厂数量列全国第一

2023 年 1 月 5 日福建省工信厅消息，工信部、发改委、财政部、市场监管总局日前联合发布 2022 年度智能制造示范工厂揭榜单位和优秀场景的名单，福建 7 家示范工厂、18 家企业的 31 个优秀场景入围。其中，我省示范工厂数量与山东省并列全国第一，优秀场景数量仅次于湖北排名第二。

入围 2022 年度智能制造示范工厂揭榜单位的 7 家工厂均来自泉州和厦门，分别是：福建省晋江市华宇织造有限公司的“精编智能制造示范工厂”、兴业皮革科技股份有限公司的“高端制革智能制造示范工厂”、达利食品集团有限公司的“植物蛋白智能制造示范工厂”、施耐德电气（厦门）开关设备有限公司的“开关设备智能制造示范工厂”、厦门唯科模塑科技股份有限公司的“高端精密模具智能制造示范工厂”、厦门天马微电子有限公司的“低温多晶硅面板智能制造示范工厂”和厦门盈趣科技股份有限公司的“消费电子产品智能制造示范工厂”。

福建长源纺织有限公司“智能在线检测、在线运行监测”、华安正兴车轮有限公司“在线运行监测、质量精准追溯”、福建永荣科技有限公司“工艺动态优化”等 31 个智能制造场景入围优秀场景榜单。其中，泉州有 7 家企业 13 个优秀场景入围，数量最多。

（摘编：李元）

京东方福州第 8.5 代半导体显示生产线荣膺“灯塔工厂”

2022 年 3 月 30 日，世界经济论坛对外公布最新一批“灯塔工厂”名单，位于福清的京东方福州第 8.5 代半导体显示生产线从全球数千家申报企业中脱颖而出，荣膺这一全球智能制造领域最高荣誉。京东方也成为中国大陆首家也是唯一一家入选的显示企业。

此次入选的京东方福州第 8.5 代半导体显示生产线总投资 300 亿元，主要研发生产高分辨率（UHD）、大尺寸低功耗等高端液晶显示产品，并广泛应用于智慧家居、智慧零售、智慧出行、数字艺术等各大创新应用领域。

去年，宁德时代宁德工厂就曾被评为“灯塔工厂”，成为全球首个获此认可的电池工厂。利用人工智能、先进分析和边缘/云计算等技术，宁德时代在三年内实现了在生产每组电池耗时 1.7 秒的速度下仅有十亿分之一的缺陷率，同时将劳动生产率提高了 75%，将每年的能源消耗降低了 10%。

（摘编：尚岩）

福建省入围工信部首批 5G 应用安全创新示范中心

2022 年 1 月 7 日福建省工信厅消息，工信部日前公布了首批 5G 应用安全创新示范中心名单，北京市、天津市、浙江省、福建省、河南省、广东省、重庆市、四川省、贵州省等 9 省市的 5G 应用安全创新示范中心上榜。

为进一步强化区域协同，凝聚力量，工信部规定每省设立 1 个示范中心，对于省内有两个或以上申报主体入选的，每个申报主体作为分中心，共同组成该省示范中心。我省此次入围的 5G 应用安全创新示范中心（福建）是由省通信管理局和省工信厅推荐，联合体牵头单位为省大数据公司，联合体参与单位包括中兴通讯股份有限公司、中国电信福建分公司、福建师范大学、工信君阳（北京）科技有限公司和南京中新赛克科技有限责任公司。

工信部要求，各示范中心要按《5G 应用安全创新示范中心申报和创建指南》的要求以及申报内容，进一步强化示范特色，提升产品、服务、解决方案的创新性和可复制性，加大开展规模化推广力度；进一步夯实现有科研能力和配套资源，为示范中心发展提供更好条件。

（摘编：苏小雨）

工业互联网推动数字化创新领先县（市）福建省入围名单

2022 年 7 月 29 日，中国工业互联网研究院发布工业互联网推动数字化创新领先县（市）名单，20 个县（市）入围，我省的晋江、福清、闽侯位列其中。

入围的 20 个县（市）分别是：昆山、江阴、张家港、慈溪、太仓、常熟、晋江、长沙、余姚、福清、海盐、义乌、胶州、宁海、乐清、宜兴、大冶、浏阳、泰兴、闽侯。

从各项指标来看，20 个领先县（市）呈现以下特点：

在基础设施方面，领先县（市）每万人拥有 5G 基站数量平均达 15 个，培育工业互联网重点平台数量平均超 5 家，19 个县（市）位于国家工业互联网大数据中心区域分中心服务覆盖范围内。

从产业生态和科技创新角度看，领先县（市）工业增加值平均达 766. 34 亿元，规上工业企业数量平均超过 1071 家，高新技术企业数量平均超过 623 家。

在融合应用方面，工业互联网带动领先县（市）生产总值增长合计超 1434 亿元，带动地区就业总人数超 86371 人次。

从人才环境角度来看，领先县（市）所在的设区市合计有普通高等院校、职业技术学校平均超 20 家。

（摘编：翁宁）

厦门成为福建省首个国家千兆城市

2022年12月21日福建省工信厅消息，日前，工业和信息化部通报2022年千兆城市建设情况。截至2022年10月底，全国共有110个城市达到千兆城市建设标准，完成总结评估工作。厦门成功入围国家2022年千兆城市名单，成为我省首个国家千兆城市。

目前厦门每万人拥有5G基站18.9个，5G用户占比36%，10G-PON端口占比37%，500M及以上用户占比25%。

工信部点赞厦门“对基础电信企业新升级500Mbps以上的家庭宽带用户、新升级光纤到房间（FTTR）用户给予每户100元左右资助，对‘光华杯’应用创新大赛获奖项目等给予专项奖励”的做法。

（摘编：李元）

全国首批产业链供应链生态体系建设试点城市宁德入选

2022年10月12日福建省工信厅消息，工业和信息化部近日正式确定12个城市首批开展产业链供应链生态体系建设试点，宁德市名列其中。

开展产业链供应链生态体系建设试点，是提升产业链供应链创新能力、增强其稳定性和竞争力的重要举措。通过试点，探索形成“遴选试点—加强指导—资源倾斜—滚动评估—持续优化—推广应用”的工作推进模式，树立一批可复制、可推广的发展标杆，推广典型案例和成功经验，助力制造业高质量发展。

近年来，宁德加快构建以锂电新能源、不锈钢新材料、新能源汽车、铜材料为主的四大主导产业体系。宁德工业经济已形成存量工业、在建项目和洽谈对接项目滚动发展态势，正加速迈向“万亿工业时代”。

目前，宁德已初步形成以宁德时代新能源科技股份有限公司（CATL）和宁德新能源科技有限公司（ATL）为龙头，覆盖核心材料、电池构件、智能制造装备等三大类配套项目以及服务型制造等产业延伸新业态，拥有全球领先地位的锂电新能源产业集群，已建成投产和在建电池总产能合计超300GWh，产业布局总产能500GWh。2021年，锂电产业链规上企业41家，完成产值1580亿元、增加值增长92.1%；两家新能源龙头企业合计产值1384亿元，产值现价增长97.7%；CATL产值990亿元，产值现价增长151.3%；新能源科技产值394亿元，产值现价增长28.8%。

（摘编：李元）

2022年度中小企业特色产业集群漳州龙文石英钟表入选

2023年1月3日福建省工信厅消息，工信部近日公布2022年度中小企业特色产业集群的认定评审结果。其中，漳州市龙文区的石英钟表产业集群入选，为漳州市唯一入选的产业集群。

龙文区石英钟表产业以蓝田经济开发区为集聚区，目前形成了以恒丽电子有限公司、桑泰钟表有限公司、众辰精密机芯有限公司等一批核心企业为龙头骨干，以44家规模以上制造企业为支撑的钟表产业集群。

（摘编：唐启阳）

国家重点培育纺织服装百家品牌福建省入围企业

2022年11月30日福建省工信厅消息，为培育一批高端品牌，促进纺织服装产业高质量发展，工信部日前印发《重点培育纺织服装百家品牌名单（2022版）》。经各省级工业和信息化主管部门推荐，中国纺织工业联合会分析研究，最终确定124家品牌（消费品牌53家，制造品牌54家，区域品牌17家）为重点培育对象，我省8家企业入围。

福建金源纺织有限公司、福建经纬新纤科技实业有限公司、福建景丰科技有限公司、福建省长乐山力化纤有限公司、福建永荣锦江股份有限公司、福建长源纺织有限公司、恒申控股集团有限公司7家企业入选重点培育纺织服装百家品牌（制造品牌）。值得一提的是，这7家入围企业均来自福州市长乐区。另外，福建七匹狼实业股份有限公司入围重点培育纺织服装百家品牌（消费品牌）。

近年来，我省现代纺织服装产业加快品牌化、高附加值发展，已形成“前端化工原料、上游纤维制造、中端纺纱织染、下游鞋服产品、配套纺织机械等”最完整、竞争力极强的产业链，是我省规模最先超万亿元的产业。

（摘编：陈闽声）

2022 中国钢企竞争力暨发展质量评级结果：福建三钢获评 A+（极强）级别

2023 年 1 月 8 日福建省工信厅消息，冶金工业规划研究院线上日前发布了 2022 中国钢企竞争力暨发展质量评级结果，19 家钢企获评 A+（极强）级别，占评估钢企总数的 17.4%，福建三钢位列其中。

本次共有 109 家钢企进入评估范围，粗钢产量累计占全国总产量的 90.9%。获评为 A+（极强）、A（特强）、B+（优强）的钢企共有 96 家，占评估钢企总数的 88.1%，其粗钢产量累计占全国总产量的 89%。

（摘编：陈闽声）

2022 年全国质量标杆福建省入围企业

2022 年 10 月 13 日福建省工信厅消息，工信部网站近日公布了 2022 年全国质量标杆入围名单，拟确定 47 项工业企业质量管理体系升级、质量管理数字化、可靠性提升、过程控制和质量管理方法等领域的典型经验，以及 5 项中小企业、7 项服务业企业典型经验为 2022 年全国质量标杆。我省四家企业入围。

其中，福建宁德核电有限公司的“设备可靠性管理体系在核电运维质量管控中的应用经验”、科华数据股份有限公司的“构建基于精益生产管理体系的智能供应链经验”入围工业企业质量管理体系升级方向典型经验；福建闽威实业股份有限公司的“实施海洋食品产业链精准协同质量管控经验”入围工业企业过程控制方向典型经验；国网福建省电力有限公司厦门供电公司“通过构建‘115 全业务、全流程质量管控模式’提升供电可靠性的经验”入围服务业方向典型经验。

“全国质量标杆”是由工信部主导、中国质量协会具体组织的全国性质量奖项，被誉为企业管理质量最高奖项，上榜企业代表着全国范围内质量管理的先进水平，更为行业提供了质量管理典型经验的参考和示范。

（摘编：邓新民）

国家先进制造业集群福建省入选名单

2022 年 12 月 1 日福建省工信厅消息，近日，工业和信息化部正式公布 45 个国家先进制造业集群的名单，宁德市动力电池集群名列其中，成为我省唯一入围的国家先进制造业集群。

此次公布的 45 个国家级集群在 2021 年主导产业产值达 19 万亿元，布局建设了 18 家国家制造业创新中心，占全部国家级创新中心数量的 70%，拥有国家级技术创新载体 1700 余家，培育创建了 170 余家国家级单项冠军企业、2200 余家国家级专精特新“小巨人”企业，成为推动制造业高质量发展的重要载体。

宁德市以宁德时代新能源科技股份有限公司（CATL）和宁德新能源科技有限公司（ATL）为龙头，初步形成覆盖核心材料、电池构件、智能制造装备等三大类配套项目以及服务型制造等产业延伸新业态的具有全球领先地位的锂电新能源产业集群，已建成投产和在建电池总产能合计超 300GWh，产业布局总产能 500GWh。数据显示，2021 年，宁德市锂电产业链规上企业 41 家，完成产值 1580 亿元，增加值增长 92.1%；其中，两家新能源龙头企业合计产值 1384 亿元。

（摘编：邓新民）

国家级制造业单项冠军福建省新增名单

2022 年 11 月 25 日福建省工信厅消息，近日，工业和信息化部、中国工业经济联合会发布第七批制造业单项冠军名单，我省 10 个企业（产品）成为新一批国家级单项冠军。

福建省晋江市华宇织造有限公司入围第七批全国制造业单项冠军示范企业名单，是我省本批唯一入围单项冠军示范企业的企业。另外，我省还有 9 个产品成为新一批单项冠军产品，分别是：福建友谊胶粘带集团有限公司的“BOPP 胶粘带”、福建睿能科技股份有限公司的“针织横机电脑控制系统”、福建省铁拓机械股份有限公司的“沥青混合料厂拌热再生设备”、福建省展化化工有限公司的“过硫酸钠”、福建晶安光电有限公司的“蓝宝石衬底”、厦门厦顺铝箔有限公司的“无菌包铝箔”、厦门乾照光电股份有限公司的“高端小间距 RGB 显示屏芯片”、科之杰新材料集团有限公司的“聚羧酸减水剂”、科华数据股份有限公司的“不间断电源”。

制造业单项冠军包括单项冠军示范企业和单项冠军产品两类，是指长期专注于制造业某些特定细分产品市场，生产技术或工艺国际领先，单项产品市场占有率位居全球前列的企业和产品。截至目前，我省已有 44 个企业（产品）被认定为国家级单项冠军，数量位居全国第 7。

（摘编：游永贵）

福建省三项目获食品工业科学技术特等奖

2022 年 12 月 29 日福建日报报道，近日，2022 年中国食品工业协会科学技术奖揭晓，我省《海洋绿藻加工提取制备多糖工艺》《豆本豆豆奶全豆工艺技术》《速冻面制品品质提升关键技术创新与应用》荣获特等奖。

《海洋绿藻加工提取制备多糖工艺》项目由福建海兴保健食品有限公司、福建医科大学公共卫生与营养学院、福州海众葆海洋食品有限公司完成；《豆本豆豆奶全豆工艺技术》项目由达利食品集团有限公司完成；《速冻面制品品质提升关键技术创新与应用》项目由福建省亚明食品有限公司完成。

（摘编：翁宁）

“双百企业”福建省国企进入名单

2022 年 3 月 10 日福建省国资委消息，国务院国资委近日公布了新一批调整后的“双百企业”名单。本次更新的名单新增了 16 家国有企业，其中 10 家为地方国有企业，6 家为央企控股子企业。随着厦门建发集团有限公司新入围榜单，我省已有 11 家企业在列，数量仅次于广东省，居全国第二。

值得一提的是，我省进入“双百企业”名单的除省国资公司、龙溪轴承、福日电子、福人木业外均来自厦门，分别为厦门新立基、厦钨股份、厦门国际港务、厦门国贸、象屿集团、厦工股份和厦门建发。

本次更新的“双百企业”增至 454 家，其中共有 193 家地方国有企业入选。广东省入选企业数量最多，达 20 家；我省以 11 家排名第二，山东、陕西入选企业均为 10 家，上海以 9 家排名第五。其余大部分省（区、市）入选企业数量均在 4 家至 8 家。

“双百行动”是国务院国有企业改革领导小组组织开展的国企改革专项行动之一。据国务院国资委最新数据，2021 年，400 多家“双百企业”全员劳动生产率达到人均 85.3 万元，远远高于中央企业和全国国有企业的水平。

（摘编：陈闽声）

2022 年国际桥梁与结构工程协会（IABSE）“杰出人行桥奖”福建省获奖项目

2022 年 11 月 30 日福建日报报道，日前，2022 年度国际桥梁与结构工程协会全球项目与技术奖 7 个奖项在瑞士苏黎世揭晓。其中，厦门山海健康步道和美桥获得 2022 年国际桥梁与结构工程协会（IABSE）“杰出人行桥奖”，这是国际桥梁工程界最高奖项。

和美桥为厦门山海健康步道云海线七座特色节点桥梁之一，串联狐尾山及仙岳山山体步道，跨越仙岳路及海沧大桥引桥，总体造型呈现为高耸的 V 形索塔和轻巧灵动的单侧支撑人行桥，用简约优雅的弧线与两侧山体及城市环境相融合。桥梁主跨采用 216.7 米的单塔单索面曲线悬索桥结构，为世界上同类型人行桥跨径之最。已建成开放的山海健康步道云海线和山海健康步道林海线一期成为颇具人气的网红打卡地，截至目前累计接待客流约 3700 万人次。

（摘编：邓新民）

漳州入选全国海绵城市建设示范城市

2022 年 5 月 30 日福建省财政厅消息，日前，在财政部、住建部、水利部联合开展的全国第二批系统化全域推进海绵城市建设示范城市竞争性选拔中，漳州市排名第十，成为全国第二批 25 个海绵城市建设示范城市之一，3 年可获得 9 亿元中央财政资金补助。

此次示范城市创建，漳州市计划系统推进 143 个重点项目，总投资 186 亿元，其中海绵方面投资 40.7 亿元，除中央财政支持外，地方配套资金 11.1 亿元，引进社会资本 20.6 亿元，将进一步强化区域防洪体系，完善城市排涝体系，提升基础设施体系，打造绿色海绵社区。

数据显示，近五年来，全省完成约 360 个城市重要积水点整治，城市生活污水集中收集率和污水处理厂进水 BOD 浓度较 2018 年底显著提升，收集率增加近 25 个百分点，设区市建成区 87 条黑臭水体基本消除。

（摘编：唐启阳）

首批国家知识产权强市建设示范城市福建省入选名单

2022年8月11日福建省知识产权局消息，国家知识产权局日前印发《关于确定国家知识产权强市建设试点示范城市的通知》，经申报推荐、材料审查、专家评审等程序，我省福州、厦门成功入选首批国家知识产权强市建设示范城市，泉州、漳州、龙岩入选首批国家知识产权强市建设试点城市，试点示范时限自2022年7月至2025年6月。

全国此次共计38个城市（区）入选示范城市。近年来，我省深入实施知识产权强省战略，积极开展知识产权强国建设试点示范工作，不断提升知识产权创造质量、运用效益、保护效果、管理能力和服务水平，打造区域知识产权工作高地，引领带动全省知识产权高质量发展。此次我省5设区市成功入选国家知识产权强市建设示范、试点城市，标志着我省知识产权工作迈上新的台阶。

（摘编：林汇智）

第六批全国工业领域电力需求侧管理示范企业福建省入围企业

2022年3月28日福建省工信厅消息，为贯彻中共中央、国务院关于碳达峰碳中和决策部署，落实国家能源生产和消费革命战略，日前，工信部确定了22家企业以及4家园区为第六批全国工业领域电力需求侧管理示范企业（园区），我省的福建省晋华集成电路有限公司入围。

电力需求侧管理是指电力行业（供应侧）采取行政、经济、技术措施，鼓励用户（需求侧）采用各种有效的节能技术改变需求方式，在保持能源服务水平的情况下，降低能源消费和用电负荷，实现减少新建电厂投资和一次能源对大气环境的污染，从而取得明显的经济效益和社会效益。

工信部要求各地工信主管部门结合电力市场改革和要素保障工作，加强工业用电研究和配套政策支持，强化示范企业（园区）宣传推广，充分发挥其示范辐射带动作用，推动工业领域电力需求侧管理工作取得新成效，为促进工业领域能源消费革命发挥积极作用。

（摘编：游永贵）

国家废旧物资循环利用体系建设重点城市福建省入选名单

2022年8月3日福建省发改委消息，国家发展改革委等七部委近日联合印发《废旧物资循环利用体系建设重点城市名单》，我省福州、厦门、泉州三个城市入选。

全国共60个城市入选重点城市名单并开展示范建设，到2025年率先建成基本完善的废旧物资循环利用体系，对全国形成示范引领效应。

入选城市要健全废旧物资回收网络体系，提升再生资源分拣加工利用水平，推动二手商品交易和再制造产业发展。重点包括建设规模化、网络化、智能化的规范回收站点，符合标准的绿色分拣中心、交易中心，将塑料废弃物、废旧纺织品规范收集设施作为回收体系建设的重要内容统筹推进；对再生资源回收加工利用行业提质改造、加强环境监管，推动行业集聚化发展，做好废弃电器电子产品等拆解产物流向监管，改善行业“散乱污”状况；建设多种形式的二手商品交易渠道，鼓励建设高质量的汽车零部件再制造项目，探索航空器、航空发动机、工业机器人等新领域再制造项目等。

（摘编：李元）

国有企业品牌建设典型案例和优秀品牌故事“双百榜”入选闽企

2022年7月14日福建省国资委消息，国务院国资委国有企业品牌建设典型案例和优秀品牌故事“双百榜”近日揭晓。由省国资委推荐的福建建工集团品牌建设成果《中国武夷“党旗飘扬在海外”党建品牌打造》、厦门市国资委推荐的厦门轻工集团有限公司品牌建设成果《实现从中国制造到世界品牌的跨越》入选“2021年度地方国有企业品牌建设典型案例”；由厦门市国资委推荐的厦门象屿集团有限公司的短视频作品《计利天下，相与有成》入选“2021年度地方国有企业优秀品牌故事”。

国务院国资委每年一届持续举办国有企业品牌建设典型案例和优秀品牌故事征集活动。本次国务院国资委从中央企业和地方国资委报送的492个品牌建设实践案例、634个优秀品牌故事中，最终遴选出具有良好示范效应和学习借鉴意义的100个典型案例和100个优秀品牌故事，其中，地方国有企业典型案例和优秀品牌故事分别为32个、31个。

（摘编：翁宁）

国家级科技企业孵化器福建省上榜名单

2022年4月28日，福建省科技厅消息，在最新公布的2021年度国家级科技企业孵化器名单中，我省共有3家单位上榜。截至目前，全省共有国家级孵化器23家（含2家大学科技园）。

此次上榜的3家单位是：莆田高新区科技孵化器（运营主体为莆田市高新技术产业开发区创业服务中心）、博思创业园（运营主体为福建博思创业园管理有限公司）、厦门火炬物联网专业孵化器（运营主体为厦门火炬物联网孵化器有限公司）。

（摘编：邓新民）

中央财政支持普惠金融发展示范区福建省入选名单

2022年6月6日福建省财政厅消息，近日，财政部公布2022年中央财政支持普惠金融发展示范区名单并下达奖补资金预算。我省龙岩市、宁德市、晋江市、厦门市入选，共获补资金6000万元，其中厦门市3000万元。

根据要求，省级财政部门要履行牵头责任，加强部门协同和政策联动，因地制宜建立对示范区的激励约束机制，指导督促示范区落实落细示范区建设方案，探索财政支持普惠金融发展有效模式，形成可复制、可推广经验，树立标杆，打造样板，切实引导普惠金融服务增量、扩面、降本、增效。

（摘编：唐启阳）

国内水路旅游客运精品航线试点福建省三条航线入选

2022年10月22日福建省交通运输厅消息，交通运输部日前公布打造国内水路旅游客运精品航线试点单位及试点内容，全国50条水路旅游客运航线入选。其中福州闽江夜游航线、厦门“学习号”红色航线和平潭“福往福来”海上游航线3条航线上榜全国精品航线试点名单。

闽江夜游航线由福建八方海上客运有限公司运营，主要沿着闽江中下游黄金水道进行游览。游船从台江码头出发，途经解放大桥、中洲岛、闽江大桥、泛船浦教堂、鳌峰洲大桥、海峡金融街（3D灯光秀播放区域）、花海公园、鼓山大桥（折返），是福州推动文旅经济发展的一张烫金名片，被评为福州市“十大网红打卡地”。

“学习号”红色航线由福建省厦门轮船有限公司运营，利用VR、AR等多项前沿展示与互动技术，打造广泛面向国内广大党员干部群体、人民群众、来厦国际友人传播习近平新时代中国特色社会主义思想、弘扬“红船精神”、重温百年党史、回顾峥嵘岁月的实践示范基地。

“福往福来”海上游航线由福建平潭海上观光游轮有限公司运营，以平潭作为枢纽支点，向北开通平潭至福州、宁德等闽东北沿海城市航线，向南开通平潭至莆田、泉州、厦门、漳州等闽东南沿海城市航线，打造串联福建省内沿海地区的海上精品游航线，推进建设更高水平的“海上福建”。

（摘编：游永贵）

全国第三批农村物流服务品牌福建省入选项目

2022年10月22日福建省交通运输厅消息，交通运输部、国家邮政局近日联合印发通知，发布了第三批40个农村物流服务品牌。我省安溪县“多网融合+客货邮融合”项目入选，继武平“交通运输+邮政快递融合”和沙县“新兴邮政+电商物流”之后，成为我省第三个入选农村物流服务品牌项目。

近年来，交通运输部、国家邮政局以交邮融合为切口，以农村物流服务品牌宣传推广为突破点，不断提升农村物流服务水平。截至目前，全国共有3批100个项目入选农村物流服务品牌。

（摘编：蔡志轩）

国家物流枢纽建设名单福建省泉州枢纽入选

2022年11月28日福建省发改委消息，近日，国家发展改革委发布2022年国家物流枢纽建设名单，以晋江陆地港片区为主体的泉州商贸服务型国家物流枢纽（简称“泉州枢纽”）入选，系本次我省唯一入选的国家物流枢纽。

泉州枢纽包含晋江陆地港片区和石狮石湖港片区，由福建陆地港集团作为牵头单位，与普发仓储公司、丝路云仓公司、港口开发公司和阜康储运公司等4家企业组成战略联盟，共同推进枢纽项目的建设运营。

目前，晋江市拥有机场、陆港、铁路、综保区等重要物流支撑设施，4个省级示范物流园区，36家国家A级物流企业，2021年晋江市快递业务量达到10.57亿件，占泉州市近一半、全省四分之一强，全省快递中转枢纽核心地位凸显，并获批国家市场采购贸易方式试点，基本形成“通道+枢纽+网络”的现代物流体系，具备建设国家物流枢纽的雄厚基础。

晋江市主动谋划，加强培育，积极配合泉州市作为承载城市之一，以陆地港片区为主体申报商贸服务型国家物流枢纽。

（摘编：杨福来）

全国商业秘密保护创新试点厦门海沧入选

2022年7月20日福建省市场监管局消息，厦门市海沧区入选第一批全国商业秘密保护创新试点地区。来自全国12个省、自治区、直辖市的20个地区入选第一批试点。

海沧区具有高新产业集聚和地缘、政策等多方面的优势，历来重视商业秘密保护工作，今年制定出台工作方案，从完善商业秘密保护的制度体系，指导提升企业的保护意识能力，建设维权站点和提供第三方供给网络等方面，积极推动商业秘密保护工作。

近年来，省市场监管局持续推进商业秘密保护工作，积极开展商业秘密保护示范基地建设，已建成23个省级，153个市、县（区）级商业秘密保护示范基地。

（摘编：林汇智）

跨境电子商务综合试验区福建省新增名单

2022 年 11 月 26 日福建省商务厅消息，根据国务院近日批复，继厦门、福州、泉州、漳州、莆田、龙岩之后，南平、宁德再获批设立国家跨境电子商务综合试验区。目前全省已获批 8 个跨境电商综试区。

宁德市锂电新能源、机电等产业集群效应明显，高效便捷的物流大通道也已成型，为跨境电商发展创造了良好的供应链基础。南平市竹制品、茶叶生产加工等产业特色鲜明，陆地港建设初具规模，开通了国际货运班列，是我省跨境电商新的重要货源地。获批跨境电商综试区后，两地可享受跨境电商零售出口货物按规定免征增值税、消费税和企业所得税核定征收等支持政策，通过跨境电商合规、创新发展，为当地传统外贸产业转型和升级发展带来良好机遇。

据不完全统计，2021 年全省通过海关监管出口的跨境电商交易额增长超过 2 倍，跨境电商已经成为福建外贸创新发展、转型升级的新引擎。

（摘编：林汇智）

国家进口贸易促进创新示范区福建省获批名单

2022 年 11 月 3 日商务部对外公布，商务部、国家发展改革委、财政部等 8 部门决定，在全国增设 29 个国家进口贸易促进创新示范区，晋江位列其中，为全省唯一。

主动扩大进口，是中国推进高水平对外开放的重要内容。商务部等 8 部门联合印发通知，在全国增设北京首都国际机场临空经济区、天津经济技术开发区、上海淮海新天地进口贸易功能区等 29 个国家进口贸易促进创新示范区。截至目前，我国进口示范区已达 43 个。

晋江实体经济活跃，拥有纺织、鞋服 2 个超千亿元产业集群和建材、食品、集成电路、智能装备、医疗健康等 5 个超百亿元产业集群，拥有“中国鞋都”“中国纺织产业基地”等 15 项“国字号”区域产业品牌，培育出 46 件中国驰名商标、24 个中国名牌产品，成为全国闻名的“品牌之都”。

近年来，晋江扎实推进“国际化”战略，构建市场采购、综合保税、国际陆港、国际机场、围头港等开放平台，形成海陆空港立体格局。晋江对外贸易规模常年位列福建省县级市首位，2021 年实现进出口总值 1009.02 亿元，同比增长 59.3%，其中进口同比增长 4.8%，进口来源涉及 103 个国家和地区。

（摘编：郑平名）

上杭县古田镇入选全国红色旅游融合发展试点单位

2022年12月25日福建省文旅厅消息，为深入贯彻落实党的二十大关于“用好红色资源”“传承红色基因，赓续红色血脉”部署要求，贯彻落实《国务院关于新时代支持革命老区振兴发展的意见》《“十四五”旅游业发展规划》有关要求，近日，文化和旅游部遴选发布了10家全国红色旅游融合发展试点单位。其中，上杭县古田镇入选，也是全省唯一一家入选单位。

近年来，上杭县古田镇抓住红色文化优势日益凸显的新机遇，特别是龙岩市“七景区”、古蛟组团、古田梅花山文旅康养试验区等规划建设的机遇，通过整合、优化旅游资源，着力提升古田红色品牌影响力和带动力，把政治资源优势转化为加快产业发展新优势，把古田打造成为思想建党“不忘初心、牢记使命”教育基地，政治建军“传承红色基因、担当强军重任”教育基地和游客向往的红色5A级旅游目的地。

下一步，上杭县古田镇将持续探索农旅融合发展新路径，充分发挥“古田会议”品牌效应和绿色生态优势，加强数字景区、绿色生态景区、文旅康养景区建设，加快老区苏区振兴发展。

（摘编：陈闽声）

2022年国家新型信息消费示范项目福建省入选名单

2022年8月6日福建省工信厅消息，工信部近日公布了2022年新型信息消费示范项目的遴选结果，全国151个项目入选，我省4个项目入选，分别是：莆田国投云信科技有限责任公司申报的“智慧U站深度体验式智慧便利店”项目，中电望辰科技有限公司申报的“KOPF阿里国际品牌体验中心”项目，福建榕基软件股份有限公司申报的“‘互联网+’移动在线协同办公平台”项目，智童时刻（厦门）科技有限公司申报的“区县智慧幼教提质项目”。

信息消费以信息产品和信息服务为对象，从“吃饱穿暖”到智能手机、平板电脑等电子产品，再到电商直播、在线办公、远程医疗等，正成为增长最迅猛、创新最活跃、辐射最广泛的消费领域之一。今年，工信部聚焦信息消费+乡村振兴、信息消费体验中心、新型信息消费产品与服务3个方向9个领域，面向5G、人工智能、大数据等前沿技术，在全国范围内遴选一批发展前景好、带动作用大、示范效应强的新型信息消费示范项目，通过示范引领，总结形成可复制、可推广的经验做法，加快扩大和升级信息消费。

（摘编：游永贵）

全国和谐劳动关系创建示范企业、工业园区福建省上榜名单

2022 年 9 月 23 日福建省人社厅消息，福建省 13 家企业被命名为“全国和谐劳动关系创建示范企业”、2 个工业园区命名为“全国和谐劳动关系创建示范工业园区”。名单如下：

（一）全国和谐劳动关系创建示范企业

1. 福耀玻璃工业集团股份有限公司
2. 福建福光股份有限公司
3. 福建奔驰汽车有限公司
4. 厦门海谊楼宇经营管理有限公司
5. 厦门保沣实业有限公司
6. 漳州片仔癀药业股份有限公司
7. 安踏（中国）有限公司
8. 福建省鸿山热电有限责任公司
9. 福建一建集团有限公司
10. 福建华峰新材料有限公司
11. 福建杜氏木业有限公司
12. 福建海华医药连锁有限公司
13. 福建亚南电机有限公司

（二）全国和谐劳动关系创建示范工业园区

1. 福州市软件园
2. 中国（福建）自由贸易试验区厦门片区管理委员会海沧园区

（摘编：唐启阳）

第七届福建省政府质量奖名单

2022 年 1 月 27 日福建省市场监管局消息，日前，经省政府常务会议研究同意，授予盛辉物流集团有限公司、福建品品香茶业有限公司、龙工（福建）机械有限公司、厦门 ABB 开关有限公司、福建省建瓯黄华山酿酒有限公司等 5 家企业第七届福建省政府质量奖，授予福建闽威实业股份有限公司、福建省建筑设计研究院有限公司、福建一建集团有限公司、厦门盈趣科技股份有限公司、三棵树涂料股份有限公司等 5 家企业第七届福建省政府质量奖提名奖。

福建省政府质量奖是省政府 2009 年批准设立的我省质量领域最高荣誉奖项，用于表彰在经济领域中实行卓越绩效管理，经济社会效益显著，对我省经济社会发展作出突出贡献具有标杆示范作用的各类企业或组织，目的是为了树立标杆、弘扬先进，激励、引导我省广大企业不断追求卓越绩效、打造福建品牌，加快推进质量强省建设。福建省政府质量奖评审工作从 2009 年开始已开展七届，全省共有 41 家企业获此殊荣。

（摘编：吴建翰）

福建省公布省级水效领跑者名单

2022年11月21日福建省工信厅消息，近日，省工信厅、省水利厅、省发改委和省市场监管局遴选并公布了2022年重点用水企业、园区水效领跑者，福建凤竹纺织科技股份有限公司、恒安（中国）纸业有限公司、福建省向兴纺织科技有限公司、联盛纸业（龙海）有限公司、百威雪津啤酒有限公司和清流经济开发区入围。

重点用水企业水效领跑者遴选条件为：企业年用水量超过10万立方米的独立法人企业；2021年主要产品的水效指标达到节水型企业国家标准要求，且为领先水平；未使用国家明令禁止或列入禁止、淘汰目录的用水设备或器具；建立节水管理制度，各生产环节有配套的节水措施，建立完备的用水计量和统计管理体系，用水计量器具配备满足国家标准《用水单位水计量器具配备和管理通则》要求，并依法检定或校准等。重点用水园区水效领跑者则需达到国家绿色工业园区中水效指标要求且水效为领先水平，新建、改建、扩建项目时实施节水“三同时”“四到位”制度，建立节水管理制度，主要企业有配套的节水措施等条件。

（摘编：杨福来）

九龙江流域保护和修复精品示范工程获省级财政奖励项目名单

2022年12月23日福建省财政厅消息，经专家评审，近日，10个九龙江流域山水林田湖草沙一体化保护和修复项目通过省级备案，入选精品示范工程，将获得省级财政奖补资金3亿元，目前首批奖励资金已下达。

这10个项目分别是：九龙江流域（新罗段）面源污染治理工程、龙岩红坊溪流域生态修复整治工程、九龙江北溪（漳平片）流域生态廊道建设工程、新罗区万安溪生物多样性保护工程、漳平市废弃矿山生态修复工程、九龙江西溪（南靖片）流域水环境综合治理及生态廊道建设工程（一期）、九龙江（华安片）重点流域水环境治理提升与生态廊道建设工程、龙海区九龙江口整治与红树林保护修复工程、九龙江西溪（龙文段）生态带及湿地建设工程、高新区漳州水仙花种植区农地生态提升与农田整治工程。

今年，我省建立九龙江流域山水林田湖草沙一体化保护和修复创新示范激励机制，通过遴选支持建设10个精品示范工程，探索形成一批可复制可推广的改革经验和有效模式。

（摘编：李元）

2022年福建省互联网综合实力前50家企业榜单发布

2022年12月29日，福建省互联网协会发布2022年福建省互联网综合实力前50家企业和福建省互联网最具成长型企业、福建省互联网最具创新型企业、福建省互联网数据安全服务能力前5家企业等榜单，以及《2022年福建省互联网企业综合实力研究报告》。报告显示，2022年福建省互联网综合实力前50家企业的2021年互联网业务收入高达536.2亿元，整体规模较上年前50家的互联网业务收入（456.8亿元）增长17.4%；占福建省互联网经济总规模比重达17.0%，呈现规模实力大幅扩张，头部集中效应显著的特点。

报告显示，这50家企业的2021年营业利润总额达58.6亿元，平均营业利润率达到10.2%，较上年小幅增长3.7%，营业利润总额实现稳定增长。

入选2022年福建省互联网综合实力前50家企业包括厦门吉比特网络技术股份有限公司、四三九九网络股份有限公司、美图公司、福建网龙计算机网络信息技术有限公司、厦门市美亚柏科信息股份有限公司、家乡互动（厦门）网络科技有限公司、厦门点触科技股份有限公司、易联众信息技术股份有限公司、福建福昕软件开发股份有限公司、福州来玩互娱网络科技有限公司等。

（摘编：邓新民）

福建省新增两个省级制造业创新中心

2022年9月7日福建省工信厅消息，由中国皮革和制鞋工业研究院（晋江）有限公司牵头创建的福建省高端绿色鞋服制造业创新中心、福建永晶科技股份有限公司牵头创建的福建省氟新材料创新中心近日被省工信厅认定为最新一批省级制造业创新中心。截至目前，我省共有4家省级制造业创新中心。

福建省氟新材料创新中心是南平市首家省级制造业创新中心，牵头单位永晶科技是一家集氟精细产品研发、生产、销售于一体的国家级高新技术企业。企业负责人表示，福建省氟新材料创新中心通过认定将为推动当地氟新材料产业整体水平再上新台阶夯实科技支撑。

福建省高端绿色鞋服制造业创新中心是按照“公司+联盟”的模式，由中国皮革和制鞋工业研究院（晋江）有限公司作为牵头单位和运营公司，联合海西纺织新材料工业技术晋江研究院、安踏、三六一度、柒牌、七匹狼、长源纺织、闽江学院等20余家龙头企业、高校、科研院所和产业联盟共同组建。该创新中心将重点开展高端绿色鞋服新材料、鞋服三维数字化大数据、鞋服三维数字化设计开发、鞋服高端装备及智能制造等领域的关键共性技术研发。

（摘编：尤文凡）

福建省遴选新一批科技经济融合服务平台

2022年11月24日福建省科协消息，日前，省科协遴选确认5个平台为2022年福建省科技经济融合服务平台，每个平台给予50万元经费资助。

此次遴选出的新一批科技经济融合服务平台包括：厦门大学申报的福建省半导体光电科技经济融合服务平台、福州大学申报的福建省人工智能科技经济融合服务平台、福建工程学院申报的福建省数字城乡融合发展科技经济融合服务平台、中国科学院福建物质结构研究所申报的福建省智能控制科技经济融合服务平台、龙岩学院申报的福建省数字普惠金融科技经济融合服务平台。

截至目前，省科协共评选出18个科技经济融合服务平台，涉及海洋生物、智能制造、集成电路、食品制造与安全、环境安全、中西医结合、现代物流、氟化工、数字农业等领域。2020年12月迄今，平台共为企业进行技术指导122次，解决重点产业技术问题66个，线下培训技术人员约1500人，远程培训参与人数26万人次，主承办论坛18场，与服务企业签订合同金额2500万元，申请授权专利或计算机著作权48个，科技成果转化39项，制定技术标准19项，形成11份智库咨询报告，为服务我省产业高质量发展发挥了积极作用。

（摘编：翁宁）

福建省第四批科技小院授牌

2022年8月11日，由省科协主办的2022年福建省科技小院建设工作推进会暨观摩交流活动在福州举办。会上，福建省第四批11家科技小院正式授牌。

第四批科技小院包括福清龙眼科技小院、漳州水仙花科技小院、诏安青梅科技小院、安溪铁观音茶科技小院、德化淮山科技小院、建宁莲子科技小院、大田乌龙茶科技小院、仙游茄果类蔬菜科技小院、建阳桔柚科技小院、连城铁皮石斛科技小院、福鼎鲈鱼科技小院等。

其中，平和蜜柚科技小院服务全县数万柚农100多万亩蜜柚产业，向该县果农化肥减量、提质增效提供技术方法，通过示范推广后可使全县农民增收10亿元以上；浦城再生稻科技小院服务全县60多万亩水稻产业，示范推广再生稻高产优质水稻种植技术，2021全年亩产平均达到1164斤，产量比往年翻一番；闽侯青梗菜科技小院选育出的青梗菜材料一年可繁殖2至3代，累计推广青梗菜种植面积1800亩，每亩增产150公斤。

2019年以来，全省科技小院开展科技服务600多次，举办新品种技术观摩会400多场，举办技术推广培训1800多人次，直接受益农民3万多人次。

（摘编：蔡志轩）

福建省品牌故事大赛获奖名单

2022 年 8 月 5 日福建省工信厅消息，第十届全国品牌故事大赛福州赛区决赛暨第二届福建省品牌故事大赛决赛日前在福州举办。活动由省工信厅指导、中国质量协会主办、省质量管理协会承办。

大赛以“高质量 可持续 享未来”为主题，分品牌故事征文比赛和品牌故事演讲比赛。福建福清核电有限公司《兴化湾畔腾起的“华龙”》、福建水口发电有限公司《QC，你的中文名字叫“全才”》和福州玖玖口腔门诊有限公司《大匠之风，精益求精》等作品获征文比赛一等奖。福建福清核电有限公司《绿色华龙梦，核力创未来》、福建大渔丰水产养殖有限公司《“渔”跃乡村赴振兴“鼎天”入海助创新》和国网福建省电力有限公司福州供电公司《隐形守护 无声告白》获演讲比赛一等奖。同时，征文组和演讲组还各评出二等奖 5 家、三等奖 10 家以及最佳创意奖 1 名、最佳现场奖 2 名和优秀组织奖 7 名。

本次赛事以企业品牌为主线、用故事的方式来体现企业品牌特色，宣传了福建省优秀企业品牌，展示福建品牌建设成果，引导更多企业争创品牌，提升品牌价值和影响力，为加快区域质量品牌提升赋能。

（摘编：翁宁）

福建省新增国家 4A 级生态型旅游景区名单

2022 年 9 月 14 日福建省文化和旅游厅消息，依据《旅游景区质量等级评定管理办法》和《旅游景区质量等级评定与划分》国家标准的相关规定，近日，长汀汀江国家湿地公园新获批为国家 4A 级生态型旅游景区。

今年以来，我省已创建生态型 A 级旅游景区 8 家，其中 4A 级 3 家，进一步丰富了旅游产品供给，持续打响“清新福建”“福”文化品牌。

（摘编：蔡志轩）

福建省第六批“四好农村路”省级示范县名单

2022年11月30日福建省交通运输厅消息，日前，省交通运输厅、省财政厅、省农业农村厅、省乡村振兴局联合发布通知，决定命名霞浦县、屏南县、惠安县、漳州市龙海区、莆田市荔城区等5个县（区）为第六批“四好农村路”省级示范县。获评“四好农村路”省级示范县的县（区）将得到省级奖励500万元，用于公路日常管养建设。

霞浦县紧密结合乡村振兴、脱贫攻坚战略，积极申报争取了18个项目，建设旅游路、资源路、产业路81.9公里。屏南县龙潭、北墘等15个村的农村公路升级改造后，吸引了众多原村民回流、新村民入住、自驾游打卡，实现文旅助推乡村振兴。惠安县将农村公路建设纳入为民办实事项目，实施6.2亿元PPP融资工程包，先后建设309线拓宽、净峰线及镇区道路提升工程等17个重大交通项目，县域路网更加畅达高效。龙海区积极构建农村运输网络，推进全域公交一体化发展。荔城区围绕建设宜居宜业宜游的美丽农村公路，着力打造典型示范走廊，有效带动了沿线周边农村的经济发展，以“网红路”带动“修路热”，并通过基层党组织发动乡亲捐资捐地等方式，拓展融资渠道，形成“以富带路、以路致富”的良性循环。

目前，全省累计创建9个全国“四好农村路”示范县、1个全国示范市域、38个省级示范县。

（摘编：郑平名）

FUJIAN

INDUSTRIAL ECONOMY YEARBOOK

第七篇

年度纪事

年度纪事

一月

1 日，我省 RCEP 原产地证明“首单”落地。

上午，全省贸促系统首份 RCEP 原产地证书由福建省贸促会在福州签发。1 日凌晨，福州木家工艺品有限公司通过“中国国际贸易单一窗口”向福州海关隶属榕城海关申报了 RCEP 原产地证书。不多会儿，该份原产地证书状态即显示“审核通过”。这是《区域全面经济伙伴关系协定》（RCEP）2022 年 1 月 1 日正式生效后，福州海关签发的首份 RCEP 原产地证书。

1 日，福建农产品乘 RCEP 机遇走出国门。

凌晨，亚细亚食品（南靖）有限公司通过中国国际贸易“单一窗口”向漳州海关发送了 RCEP 原产地证书申请，随后，经漳州海关审核通过，一份自助打印的 RCEP 原产地证书新鲜出炉。这是福建省首票农产品 RCEP 原产地证书，也是漳州首票 RCEP 原产地证书。随着《区域全面经济伙伴关系协定》（RCEP）实施，该企业一批货值 2 万余美元的速冻蔬菜将会以更低的价格、更快的速度进入 RCEP 成员国市场。

2 日，第三批全国生态产品价值实现典型案例发布。

自然资源部办公厅近日印发《关于生态产品价值实现典型案例的通知》（第三批），向各地推荐一批生态产品价值实现典型案例。“福建省三明市林权改革和碳汇交易促进生态产品价值实现案例”在列。

3 日，赵龙赴晋江调研并主持召开民营企业家座谈会。

代省长赵龙赴晋江调研民营经济工作，主持召开企业家座谈会，向广大企业家致以新年问候和祝福，强调要坚持以习近平新时代中国特色社会主义思想为指导，认真学习贯彻党的十九届六中全会和中央经济工作会议精神，按照省第十一次党代会部署，传承弘扬发展“晋江经验”，坚持“两个毫不动摇”，坚定支持民营经济高质量发展、民营企业做大做强，以实际行动迎接党的二十大胜利召开。省委常委、泉州市委书记刘建洋参加活动。

3 日，赵龙在泉州调研粮食安全工作。

代省长赵龙在泉州调研粮食安全工作时强调，要深入学习贯彻习近平总书记关于国家粮食安全的重要论述，认真贯彻落实中央经济工作会议、省委经济工作精神，坚决扛稳粮食安全政治责任，巩固提升粮食安全保障能力。赵龙来到晋江市粮食储备库，察看了检验室、仓储管理科、警示室等，深入了解粮库综合业务管理系统，一一询问稻谷、小麦等粮食储备以及智能出入库、安防管理、仓储等情况。赵龙还随机检查了储备粮仓，详细了解储备粮的轮换、管理、经营等情况，要求结合“智慧粮库”建设，进一步完善智能报警系统，推动省级平台与地方储备粮承储企业之间的数据互通共享、在线全程监控，形成全省粮食储备信息化“一张网”，确保储备粮数量实、质量好、调得快、用得上。要坚持量质并举，不断改善粮食储备条件，储备好、保护好粮食，杜绝弄虚作假，当好粮仓守护者。

4 日，省政府召开常务会议。

代省长赵龙主持召开省政府常务会议，深入学习贯彻党的十九届六中全会和中央经济工作会议精神，按照省委部署，审议通过《福建省卫生健康发展建设三年行动计划（2021—2023 年）》《福建省传统工艺美术保护和发展办法（修订草案）》，听取第七届福建省政府质量奖评审工作的汇报。

4 日，首家闽企通过可信区块链政务评测。

中国信息通信研究院日前在“2021 可信区块链峰会”上公布了第六批可信区块链评测结果，我省企业新大陆自主研发的“新链”通过政务评测。新大陆成为我省首家通过该评测的企业。可信区块链政务评测是中国信通院在第五批评测期间新推出的功能评测，目前全国仅四家企业产品通过该功能评测，分别是腾讯、蚂蚁集团、新大陆、趣链。

5 日，我省首条旅游观光轨道交通启用。

武夷新区旅游观光轨道交通日前正式开通一期运营，线路全长 26.43 公里。这是我省首条采用 PPP 模式建设的有轨电车项目，总规划里程 68 公里，计划分三期实施。一期定位为“旅游观光线路”，投资 27.58 亿元。目前线路起于南平市站站前大道，经将口、兴田、仙店、南源岭至武夷山景区南入口，初期开通南平市站、仙店站、东山埔站、南源岭站等 4 座车站。首班车发车时间为南平市站 8：20、南源岭站 7：04，末班车发车时间南源岭站 20：04，南平市站 20：00。票价起步 5 元/位，全程最高 10 元/位。

5 日，我省 5 个基层水技推广机构获国字号荣誉。

农业农村部科技教育司和全国水产技术推广总站近日开展星级基层农（水）技推广机构遴选，我省 5 个基层水技推广机构获全国星级荣誉称号。其中，武平县水产技术推广站获农业农村部科技教育司授予的“全国星级基层农技推广机构”荣誉称号。连江县水产技术推广站、清流县水产技术推广站、南平市延平区水产技术推广站和南安市水产技术推广站获全国水产技术推广总站授予的“全国星级基层水产技术推广机构”荣誉称号。

6 日，2021 年境内上市闽企表现亮眼。

公开数据显示，截至 2021 年 12 月 31 日，我省 162 家境内上市公司总市值约 3.9 万亿元，其中，44 家市值超 100 亿元，10 家市值超 500 亿元，5 家市值超 1000 亿元。2021 年，我省新增了 11 家境内上市公司，资本市场福建板块共有 44 家闽股跻身“百亿市值俱乐部”，较上年增加 3 家。总市值排名前十的企业为：宁德时代、兴业银行、片仔癀、紫金矿业、福耀玻璃、亿联网络、兴业证券、瑞芯微、三棵树、法拉电子。这 10 家公司的市值均超 500 亿元，其中，宁德时代、兴业银行、片仔癀、紫金矿业、福耀玻璃的市值超千亿元。

6 日，福建省生物制品科学与技术创新实验室奠基。

福建省生物制品科学与技术创新实验室（简称“翔安创新实验室”）奠基仪式日前在厦门举行。建设省创新实验室是贯彻落实省委、省政府加快推进福建省建设创新型省份的重要举措。福建省生物制品科学与技术创新实验室是福建省第二批建设的两家省创新实验室之一，由福建省人民政府、厦门市人民政府和厦门大学三方共建共管。实验室主要围绕生物医药领域的科学研究与技术创新、转化和产业化，开展相关基础科学、底层技术攻关，研发核心原料、应用技术和雏形产品，提供转化技术和公共服务，致力建成国内领先、有国际影响力的生物医药创新和转化综合型平台，打造支撑区域发展、服务战略需求的科技力量。该创新实验室由厦门市政府牵头，依托厦门大学并以夏宁邵教授团队等生物医药前沿创新转化群体为主体力量建设。重点围绕生物制品开展原始创新和疫苗、检测试剂、抗体药物、免疫治疗药物等研发。

6 日，尹力会见中国铁建董事长汪建平一行。

省委书记尹力在福州会见了中国铁建股份有限公司董事长汪建平一行。省委副书记、代省长赵龙参加。尹力表示，我们高度重视与中国铁建的合作，希望中国铁建积极参与到福建创建交通强国先行区的建设中来，创新合作模式，拓展合作空间，实现互利共赢、共同发展。

6 日，七条措施保障一季度工业生产稳定运行。

日前，省工信厅、省发改委、省财政厅和省人社厅四部门联合出台七条措施，保障 2022 年一季度工业生产稳定运行，确保我省全年实现良好开局。

7 日，我省加大对养殖业和产粮大县粮食作物保险支持力度。

省财政厅印发《关于调整政策性农业保险财政保费补贴比例的通知》，加大对养殖业保险和产粮大县粮食作物保险支持力度，切实保障农户利益。在养殖业保险方面，将财政保费补贴比例从70%提高至75%，养殖户负担比例相应由原来的30%下降到25%，保费负担大幅降低。在水稻、水稻制种和玉米保险方面，将产粮大县市县两级应承担保费的10%，改由省级财政承担，切实减轻产粮大县的财政负担。同时，保持对其他政策性农业保险的支持力度不变。

7日，八款产品入围年度工业互联网 App 优秀解决方案。

日前，工信部发布2021年工业互联网 App 优秀解决方案公示名单。我省共有8家企业的解决方案入围榜单，数量仅次于山东、广东和湖北。福建入围的企业和解决方案分别是：福建华鼎智造技术有限公司的“智能装备远程运维工业 App”、信泰（福建）科技有限公司的“SincetechPDA 经编生产管理 App 集成应用解决方案”、德化亿星软件有限公司的“陶瓷工业互联网 App 应用解决方案”、福建雷盾信息安全有限公司的“大型网络东西向威胁一站式管控 App 集成应用解决方案”、福建东南西北科技集团有限公司的“纺织工业互联网解决方案”、中电望辰科技有限公司的“基于工业互联网的鞋业创新 App 集成应用解决方案”、硕橙（厦门）科技有限公司的“机器听诊大师应用解决方案”、厦门信达环能科技有限公司的“水泥生产智能化控制系统”。

7日，省委农村工作会议召开。

省委农村工作会议在福州召开。省委书记尹力，副书记、代省长赵龙对我省做好“三农”工作作出批示要求。省委副书记、政法委书记罗东川出席会议并讲话。会议强调，各地各有关部门要坚持稳字当头、稳中求进，坚决守住保障粮食安全和不发生规模性返贫两条底线，加强耕地保护和质量建设，丰富“菜篮子”产品供给，大力推进种业振兴，加快推动特色现代农业高质量发展，深入实施乡村建设行动，深化农业农村改革，切实提升农业农村防灾减灾能力，保障重点领域安全生产，以更大的决心、更实的举措、更足的干劲，推动全面推进乡村振兴取得新进展、农业农村现代化迈出新步伐。副省长康涛主持会议。会议表彰了2021年度全省乡村振兴先进单位和个人。会议以视频形式召开，各市、县（区）及平潭综合实验区设分会场。

8日，今年首场科技开放日活动举办。

省农科院在福州举办今年首场科技开放日活动。活动以“凝‘芯’聚力 春播福地”为主题，重点展示龙眼、柑橘、土豆、红薯、食用菌等新品种，展现种业创新成果。

9日，2022全国网上年货节启动。

2022全国网上年货节暨电商主播大赛启动仪式在福州举行，由商务部协同中央网信办、工业和信息化部、市场监管总局、国家邮政局、中国消费者协会共同指导开展，于1月10日至2月7日（农历腊月初八至正月初七）举行，在全国开设福建、辽宁、浙江、上海等九大分会场。

10日，去年全省一般公共预算总收入同比增长11.3%。

全省财政工作视频会议消息，据快报统计，2021年，全省一般公共预算总收入完成5743.84亿元，同比增长11.3%，其中，地方一般公共预算收入3383.38亿元，增长9.9%；全省一般公共预算支出5210.92亿元，同口径增长7.5%。

11日，2021年我省税收收入，同比增长14.6%。

福建省税务局消息，去年全省税务部门（含厦门）共组织税费收入6619.78亿元，同比增收1047.36亿元，增长18.8%，其中：税收收入4851.10亿元，同比增长14.6%，比2019年增长12.2%，两年平均增长5.9%；办理出口退税749.72亿元，同比增长25.5%。2022年，全省税务部门将在现有基础上升级拓展“八闽办税码”，在全省基本实现“智慧税务办税云厅”全覆盖，探索构建热线电话、窗口座席、“同屏帮办”三位一体的网上办税保障体系，让服务更有感。

11日，招标股份敲钟上市！

9时25分，伴随着十声洪亮的钟声，福建省招标采购集团控股企业福建省招标股份有限公司（简称招标股份，证券代码：301136）在深交所创业板成功上市，成为我省首家在创业板上市的省属企业控股公司。本次上市仪式以“云敲钟”方式进行，省委常委、常务副省长郭宁宁出席福州会场活动。上市首日，招标股份股价开盘于25元，较发行价10.52元上涨137.6%。

12日，全省规上工业营收利润总额均居全国第5位。

福建省工信厅消息，2021年，福建工业运行呈现稳中加固、稳中向好态势。去年1—11月，全省规模以上工业增加值同比增长9.9%，两年平均增长6%，预计全年规上工业增加值增速将创2015年以来新高；规上工业企业实现营业收入58520亿元，同比增长14%，利润总额3833.8亿，增长23%，营业收入、利润总额均居全国第5位。

13日，首届中国-东盟网红大会举办。

首届中国-东盟网红大会暨“福建品牌海丝行”在榕举办。省委常委、常务副省长郭宁宁出席并致辞，外交部部长助理华春莹通过视频致辞，印度尼西亚驻华大使周浩黎、中国公共外交协会副会长胡正跃、中国-东盟中心秘书长陈德海出席大会。

15日，中宣部国家发改委联合发布“诚信之星”，福建鸿星尔克入选。

新华社北京1月15日电，中央宣传部、国家发展改革委近日向社会发布了2021年“诚信之星”。此次发布的10个“诚信之星”（2个集体和8名个人）分别是：福建鸿星尔克体育用品有限公司，新疆旺源生物科技集团；天津市北辰区瑞景街道宝翠花都社区党总支书记、居委会主任林则银，上海市静安区彭浦镇社区卫生服务中心全科团队长严正，江苏省淮安市淮阴区市场监督管理局退休职工李爱云，安徽省六安市金寨县麻埠镇齐山村海岛卫生站医生余家军，山东省济宁市市中区委老干部局退休职工谢立亭，重庆市万州区武陵镇椅城社区居民袁玉兰，中国邮政集团云南省怒江傈僳族自治州分公司泸水市称杆乡邮政所所长桑南才，西藏自治区林芝润鑫实业有限公司董事长韩宇。

15日，尹力会见中国联通董事长刘烈宏一行。

省委书记尹力在福州与中国联通集团董事长刘烈宏一行就深化务实合作、推进“数字福建”建设进行会谈。省委副书记、代省长赵龙出席。尹力希望双方优势互补，携手推动数字信息基础设施建设、5G创新场景应用等，共同谋划新的合作领域，促进数字技术和实体经济深度融合，不断做强做优做大我省数字经济。

17日，全省高速交通流量预计明显上升。

2022年春运于1月17日正式拉开序幕。今年春节假期时间为1月31日零时—2月6日24时，7天春节假期7座以下（含7座）载客车辆免费通行高速公路。根据福建省高速集团研判，预计今年春运期间全省高速公路总体交通流量较去年会有明显上升。自驾出行车辆可能增多，春节假期将呈现“节前分散、节日集中、节后叠加”的特点。

17日，我省外贸出口首次突破1万亿元关口。

福州海关、省商务厅消息，2021年，面对全球严峻形势挑战，我省商务系统精准施策，外贸规模、增速、全国占比均创近十年来新高。全省2021年累计完成进出口18449.6亿元人民币，同比增长30.9%。年度出口规模首次突破1万亿元关口，出口10816.5亿元，同比增长27.7%；进口7633.1亿元，同比增长35.7%。2021年，我省进出口、出口、进口增幅分别高于全国9.5个、6.5个、14.2个百分点；进出口、出口、进口增速居全国东部沿海主要省市前列；全省进出口、出口、进口占全国份额由2020年的4.38%、4.73%、3.94%提升至4.72%、4.98%、4.40%；出口增量贡献居全国第五位。

18日，中欧班列（泉州—莫斯科）开通。

满载着50个集装箱、445.69吨货物的首趟中欧班列（泉州—莫斯科）驶出漳泉肖铁路泉州东站（右图），奔赴1.1万公里之外的莫斯科，标志着继厦门、武夷山之后福建省第三条中欧班列顺利开通。中欧班列（泉州—莫斯科）由泉州始发，由内蒙古满洲里出境后，运抵莫斯科，全程10965公里，预计开行18天。此次中欧班列主要装有卫生用品、箱包、鞋服及工艺品等泉州轻工产品，首趟货物货值1037.3万元。

18日，我省与中国船舶集团签署产业发展合作框架协议。

我省与中国船舶集团有限公司以视频连线形式举行产业发展合作框架协议签约仪式。省委书记、省人大常委会主任尹力，中国船舶集团董事长雷凡培在签约仪式上讲话并见证。省委副书记、代省长赵龙主持，中国船舶集团总经理杨金成出席。

18 日，闽西南协同发展区联席会议第四次会议召开。

闽西南协同发展区联席会议第四次会议在三明召开。闽西南五市及省直相关部门领导出席会议，研究谋划进一步做深做实新时代山海协作，加快把闽西南协同发展区打造成为区域协同发展示范区。会议总结第三次联席会议以来工作成效，研究部署下一步工作安排，审议通过《闽西南协同发展区陆路交通互联互通三年行动计划(2022—2024)》《厦门市海沧区—漳州台商投资区加快融合发展打造区域协同发展先行示范区的实施方案》《厦门市翔安区—泉州市南安市加快融合发展打造区域协同发展先行示范区的实施方案》《闽西南协同发展区关于深化新时代山海协作的实施方案》。福建闽西南城市协作开发集团分别与东山县政府、长汀县政府以及相关企业机构签订 7 份合作协议。

19 日，我省部署推进安全生产工作。

2022 年全省安全生产工作暨省政府第一季度防范重特大生产安全事故视频会议召开，总结 2021 年安全生产工作，部署下一阶段重点工作任务。省委书记尹力、省政府代省长赵龙作出批示。省委常委、常务副省长郭宁宁出席并讲话。

19 日，我省市场监管多项目考核进入全国第一梯队。

全省市场监管工作会议消息，去年，全省市场监管系统各项工作取得明显成效，食品安全、药品安全、质量工作和打击侵权假冒考核进入全国第一梯队。

21 日，我省“银团合作”发放小额贷款 159.77 亿元。

近日，共青团福建省委、福建银保监局在三明联合举办福建“银团合作”助力乡村振兴工作推进会。会议消息，2010 年 5 月至今，我省已遴选 10 批次 661 名金融机构青年干部到基层团组织挂职，通过提供“融资”服务、加强“融智”支持、打造“融通”平台，在助力脱贫攻坚、服务乡村振兴、帮扶青年创业、夯实基层团组织等方面取得了良好的工作成效。截至目前，累计为农村创业青年发放小额贷款 159.77 亿元，创建“农村青年创业金融服务站”1530 家，举办“送金融知识下乡”活动 11097 场次，培训农村创业青年 9.9 万多人次。我省“银团合作”工作模式被团中央编入《共青团扶贫实践 20 例》。

22 日，我省首次邀请闽籍华侨列席省人代会。

福建省十三届人大六次会议消息，今年在列席大会的人员中有 19 位“特殊”的成员，他们是来自海外各国的闽籍华侨。这是福建省人民代表大会首次邀请华侨列席，他们将参加大会全体会议和各代表团的分组审议。19 位列席大会的华侨来自五大洲、16 个不同的国家，他们中有的是为促进福建与海外的经贸交流发挥了积极作用的企业家；有的是在某个领域取得突出成就、为促进福建与海外的科技合作、服务福建高质量发展作出了积极贡献的知名学者；有的是海外侨社杰出的侨领，他们为推动海外侨胞融入当地主流社会发挥了重要作用；还有的是知名文化人士，致力于推动中华文化在海外的传承与传播。

24 日，2021 年全省 GDP 48810.36 亿元，增长 8%。

福建省统计局发布 2021 年全省经济运行情况显示，根据地区生产总值统一核算结果，2021 年全省生产总值 48810.36 亿元，按可比价格计算，比上年增长 8.0%。其中，第一产业增加值为 2897.74 亿元，比上年增长 4.9%；第二产业增加值为 22866.32 亿元，增长 7.5%；第三产业增加值为 23046.30 亿元，增长 8.8%。

25 日，赵龙当选福建省省长。

福建省第十三届人民代表大会第六次会议补选赵龙为省人民政府省长，周联清、庄稼汉为省十三届人大常委会副主任，金银墙为省法院院长，黄新銮为省十三届人大常委会秘书长，尤猛军、阮军、陈为民、陈灿辉、陈善光、林兴禄为省十三届人大常委会委员；表决通过林兴禄为省十三届人大财经委主任委员、陈善光为省十三届人大社会委主任委员。

26 日，省政府召开常务会议。

省长赵龙主持召开省政府常务会议，贯彻落实党中央国务院决策部署以及省委工作要求，研究2022年度省重点项目安排方案，审议通过《关于切实加强水库除险加固和运行管护工作的通知》，听取涉及计划生育内容的地方性法规清理、省科学技术奖评审有关情况汇报。

27日，文化旅游发展出新出彩。

福建省文旅厅消息，去年我省加快文化强省和全域生态旅游省建设，文旅产业加快发展。

去年全省接待国内旅游人数4.06亿人次，同比增长15.6%；实现国内旅游收入4862.34亿元，同比增长5.3%。

27日，我省水产品出口连续9年居全国第一。

全省海洋与渔业工作会议消息，2021年我省水产品出口额突破70亿美元，连续9年居全国第一。2021年，全省海洋生产总值预计突破1.1万亿元，水产品总产量853万吨、增长2.4%左右，渔民人均纯收入2.58万元、增长6.5%，继续保持全国前列。2021年，全省海洋经济稳健发展，实施海洋经济项目300多个、总投资2855亿元。投建深远海养殖装备13台（套），规模居全国前列。产业融合提质增效，大黄鱼、鲍鱼、花蛤、海带、紫菜、牡蛎等6个种业规模全国领先，大黄鱼、南美白对虾、牡蛎、鲍鱼、鳗鲡、紫菜等六大优势品种全产业链产值均超100亿元。更新改造远洋渔船34艘，远洋渔业产量超60万吨，综合实力居全国前列。

28日，工业经济运行亮点纷呈。

福建省统计局消息，2021年以来，我省工业经济运行整体呈现“高开趋稳”态势。全年，我省规模以上工业增加值同比增长9.9%，与1—11月持平，比全国高0.3个百分点。12月，全省规模以上工业增加值同比增长9.0%，比11月份提升1.3个百分点，比全国高4.7个百分点。

28日，全闽乐购·“万福”迎新春促消费活动红火开启。

省商务厅在福州市长乐旅游集散服务中心，牵头开展全闽乐购·“万福”迎新春促消费活动，省委常委、常务副省长郭宁宁出席并启动活动。活动现场举行了“万福”商品线下展销、预制菜现场展示推广、“全闽乐购·网上年货节”俄罗斯专场直播带货、福茶网直播带货及福农驿站、五福年货集市等丰富多彩的展销活动。

28日，新修订《福建省科技企业孵化器和众创空间管理办法》发布。

福建省科技消息，该厅日前发布《福建省科技企业孵化器和众创空间管理办法》，发布即日起实施，《福建省科技企业孵化器管理办法（修订）》同时废止。新《管理办法》增加福建省众创空间管理办法的相关内容，对孵化器加强服务能力建设提出新要求，将构建良好的科技创新创业生态，进一步发挥我省科技企业孵化器、众创空间等双创平台对经济发展的带动作用。新《管理办法》充实完善了科技企业孵化器和众创空间的定义，明确了新时期孵化器和众创空间的内涵、功能、定位、范围和发展宗旨。

30日，福州道庆洲大桥通车。

福州道庆洲大桥正式开放通车，这是全省首座公轨两用桥。道庆洲大桥双向6车道，是我省首座双层公轨两用桥梁，多项设计与施工在国内实现大突破，填补同类型桥梁建造空白：大桥主跨长276米，是世界变高度钢桁结合梁跨度之最；大桥采用体外预应力钢混结合梁结构桥面，为国内首创；大桥的双曲面球形减震支座竖向承载力高达1.35万吨，为国内同类型支座第二大吨位。道庆洲大桥全长6.82公里，其中跨江段为2.3公里，公轨共建段为4.4公里，上层为双向6车道一级公路兼城市主干道，设计时速60公里，下层搭载地铁6号线。

31日，我省财政收入首月实现较快增长。

据快报统计，1月，全省一般公共预算总收入完成884.69亿元，同比增长7.5%，其中地方一般公共预算收入完成525.54亿元，增长17.2%。两项财政收入主要指标在去年基数较高情况下实现首月较快增长，为一季度收入增长奠定扎实基础，也为全省经济社会发展实现首季“开门红”提供了强有力财政保障。

（摘编：杨福来）

二月

1 日，让信息安全为数字福建护航。

工信部近日公布首批 5G 应用安全创新示范中心名单，9 省市 5G 应用安全创新示范中心上榜，福建位列其中。

1 日，依靠科技推进农业减排增汇。

国务院近日印发的《“十四五”节能减排综合工作方案》提出，强化农业面源污染防治，推进农药化肥减量增效、秸秆综合利用，加快农膜和农药包装废弃物回收处理；深入推进规模养殖场污染治理，整县推进畜禽粪污资源化利用。

6 日，泉州市举行 2022 年民营经济发展大会。

泉州市举行 2022 年民营经济发展大会，约千位企业家和有关银行机构、行业协会的负责人，与市、县两级领导干部等在主、分会场共谋发展。省委常委、泉州市委书记刘建洋出席会议并讲话。

7 日，福建第一季度 230 个重大项目集中开工。

省委、省政府举行第一季度重大项目视频连线集中开工活动，共开工重大项目 230 个，总投资 2398 亿元。省委书记尹力宣布开工，省长赵龙主持并讲话。此次集中开工的重大项目涉及产业项目 147 个、总投资 1766 亿元，基础设施项目 53 个、总投资 388.5 亿元，社会民生项目 30 个、总投资 243.5 亿元，包括马尾新能源装备智造基地、中创新航厦门三期、漳浦县赤湖工业园热电联产、石狮光子技术产业园、三明中州锂电池导电剂和添加剂生产、荔城区豆讯云计算数据中心、美新科技建瓯新型环保应用材料生产、上杭传化新安磷系阻燃剂生产、福鼎时代锂电子电池生产基地四期、平潭新兴产业园基础设施建设（一期）等项目。

7 日，省委、省政府召开民营企业家座谈会。

下午，省委、省政府在福州举行民营企业家座谈会，向全省广大民营企业家致以新春祝福，与大家共商良策、共谋发展。省委书记尹力在会上强调，要深入学习贯彻习近平总书记关于民营经济发展的重要论述，坚持“两个毫不动摇”，传承弘扬“晋江经验”，为民营经济营造更好发展环境，引导民营企业进一步激发创新创业创造活力，为新发展阶段新福建建设作出更大贡献。省长赵龙主持。座谈中，励民、陈钦忠、陈建龙、王诗榕、章高路、郭建涛、陈成辉、翁强、李海锋、吴体芳、谢秉昆、邹剑寒等民营企业家代表先后发言，结合企业发展情况，围绕做强做优做大数字经济、海洋经济、绿色经济、文旅经济和科技创新、产业转型、人才引进、营商环境等方面提出意见建议。

8 日，去年我省农产品质量安全监测总体合格率 99.3%。

福建省农业农村厅消息，2021 年农业农村部对我省农产品质量安全监测总体合格率为 99.3%，高于全国平均水平 1.7 个百分点，继续保持全国前列。全年省级监督抽查合格率 99.4%，与上年持平。2021 年，农业农村部对我省开展了 3 次例行监测，共抽检了我省生产和销售的种植业产品（蔬菜、水果、食用菌、茶叶）334 批次，畜禽产品（猪肉、猪肝、牛肉、羊肉、禽肉、禽蛋）207 批次，总体合格率为 99.3%。其中，蔬菜、食用菌、水果、茶叶和畜禽产品合格率分别为 98.9%、100%、100%、100%和 99.5%。

8 日，莆田市民营经济暨产业发展大会召开。

莆田市民营经济暨产业发展大会召开。省委常委、常务副省长郭宁宁出席会议并讲话。

9 日，我省发布首部《企业集体协商工作质效评价指引》地方标准。

近日，我省发布《企业集体协商工作质效评价指引》（DB35/T2030-2021）省级地方标准，并将于 2022 年 3 月 29 日正式实施。这是福建省首部针对集体协商工作制定的地方标准，为推动集体协商工作提质增效提供了规范指引。

9 日，全省国家高新区工业总产值预计首破万亿元。

2022 年全省科技工作会议消息，我省全力推进福厦泉国家自主创新示范区建设，带动全省国家高新区快速发展，2021 年全省 7 个国家高新区工业总产值预计可突破 1 万亿元，增长 6%以上。

10 日，我省新增一处省级自然保护区。

福建省人民政府近日批复同意建立福清兴化湾水鸟省级自然保护区，批复总面积7518.36公顷，其中核心区面积2282.66公顷，实验区面积5235.70公顷。福清兴化湾水鸟省级自然保护区坐落于福清市南部，位于福建省海湾内湿地面积最大、湿地生态系统优良的兴化湾湿地北岸，以黑脸琵鹭、黑嘴鸥等众多珍稀濒危动物物种、丰富水鸟资源和滨海湿地生态系统为主要保护对象，多项指标达到国际重要湿地标准。截至目前，我省共建立各级各类自然保护区111处，其中国家级16处、省级24处、市县级71处，总面积达36.89万公顷。

11日，我省开始发放海洋渔业资源养护补贴。

福建省海洋与渔业局消息，我省今年起面向福建籍合法的国内海洋捕捞渔船的所有人，发放海洋渔业资源养护补贴。我省将依据海洋伏季休渔和负责任捕捞两项指标（各占50%），对国内海洋捕捞渔船按照船长和作业类型（15类船长、16种作业类型）进行分类分档补助，并确定海洋渔业资源养护补贴年度标准上限。

11日，我省兑现增值税留抵退税资金规模居全国前十。

福建省财政厅消息，作为增加企业流动资金、缓解企业经营压力的一项重要举措，我省加快落实增值税留抵退税政策，及时足额向各类企业兑现退税资金。2021年，累计向各类企业兑现退税资金233亿元，规模在全国排名第10位，连续两年居全国前十。

11日，尹力会见浦发银行董事长郑杨一行。

省委书记尹力在福州会见了浦发银行党委书记、董事长郑杨一行。尹力希望双方进一步密切政银关系，在绿色金融、科创金融、普惠金融以及城市更新、文化旅游等领域开展深度合作，持续提升金融服务实体经济的能力，为区域经济发展不断注入金融活水，联手合作、互利共赢。

12日，全国首创！福州企业向六省市同步在线招工。

“好年华 聚福州”2022年企业用工线上专场招聘会启动，主会场设在用工需求旺盛的福州，并在云南、重庆等6个中西部重点劳务输出省市设立8个分会场，由企业通过视频连线向当地尚未离家的务工人员“递出橄榄枝”，通过线上线下联动把企业招工触角延伸到最前沿，为实现一季度“开工红”提供用工保障。此举在全国属于首创。

13日，全省春季农业生产工作视频会议召开。

在收听收看全国春季农业生产暨加强冬小麦田间管理工作会议后，我省召开全省春季农业生产工作视频会议，部署全省春季农业生产和当前农业农村重点工作。副省长康涛出席并讲话，要求各地各部门要扎实推进春季农业生产，确保实现一季度“开门稳”“开门红”，为全年农业生产开好局、起好步打下坚实基础。

14日，提升城乡建设品质，今年我省计划完成投资4600亿元。

福建省住建厅消息，我省一批城乡建设重大项目陆续上马。其中，涉及多个老旧小区改造、道路提升、新区建设等项目。今年，我省将提升城乡建设管理水平，实施城市更新、新区拓展、生态连绵、交通通达、安全韧性等工程，推进乡村建设，全年力争完成投资4600亿元。

14日，福建公开征集软件业关键技术产业化项目。

为支持软件企业加强技术创新，加快研发成果落地转化，推动重大软件产品开发，日前，省工信厅发布了《开展软件业关键技术产业化项目征集工作的通知》，将在本月28日前向全省征集软件和信息技术服务业关键技术产业化项目。本次软件业关键技术产业化项目征集主要包括：面向云计算、大数据、人工智能、5G、物联网、区块链、工业互联网、量子计算等新一代信息技术创新应用，深化新一代信息技术与传统行业融合发展，推进经济社会向数字化、智能化转型；面向基础软件、工业软件、新兴平台软件、重大装备领域嵌入式软件、重点领域行业专用软件，开展数字化转型支撑平台建设应用，促进各行业数字化转型升级；面向5G芯片、存储芯片、新型传感器、微处理器、人工智能芯片等芯片产品设计，推进芯片设计EDA工具软件核心技术攻关及EDA平台的国产化，提升核心芯片自主化水平。

14日，我省一木麻黄品种获新品种授权。

国家林业和草原局日前发布2021年第三批授予植物新品种权名录，我省惠安赤湖国有防护林场选育的木麻黄品种“吉祥龙”获新品种授权。“吉祥龙”是从短枝木麻黄变异植株中选育出来的一个品种，具有树形优美、树皮近似龙鳞，适应于滨海盐碱、瘠薄地区生长等特点，可作为滨海地区绿化美化品种。选育单位赤湖国有防护林场拥有全国唯一的国家级木麻黄种质资源库，拥有木麻黄种质资源达409份。

14日，福州关区进出口通关时间连续4年提速。

福州海关关区工作会议消息，至2021年12月，福州关区进出口整体通关时间分别为15.66小时、0.76小时，分别较2017年压缩85.99%、93.38%，连续4年实现新突破。

14日，全省技能人才总量达664万人。

福建省人社厅消息，近年来，我省大力弘扬劳模精神、工匠精神，创新培育机制，健全培育体系，专业技术人才和技能人才队伍建设持续加强。目前，全省专业技术人才总量达291万人，技能人才总量达664万人。

15日，数字福建云计算数据中心入围。

工信部日前发布《国家新型数据中心典型案例名单（2021年）》。福建省电子信息集团成员企业福建省数字福建云计算运营有限公司“数字福建云计算数据中心”项目入选，成为我省唯一入围的典型案例。

15日，我省设施花卉苗木种植面积达19.3万亩。

福建省林木种苗总站消息，2021年全省设施花卉苗木种植面积已达19.3万亩，较2012年增长94.9%。其中，花卉保护地种植面积达16.6万亩，较2012年增长74.7%。

16日，我省去年出口退税749.72亿元。

国家税务总局福建省税务局消息，我省2021年出口规模首破1万亿元关口，全省出口退税额也同步增长，直接出口退税额达749.72亿元，同比增长25.47%。出口退税体量位居全国第6位。

16日，RCEP实施首月来，福建产业对日出口利好明显。

福州海关消息，《区域全面经济伙伴关系协定》（RCEP）实施首月，福州海关共签发RCEP原产地证书307份，1.09亿元出口货物将在外方享受关税优惠。其中，对日出口贸易利好最为明显，首月福州海关共为出口日本货物签发RCEP原产地证书296份，签证金额1.06亿元，签证份数、金额分别占比96%和97%，主要产品为冷冻水产品及其制品、鞋类产品及化工产品，福建特色产业对日贸易市场竞争力进一步提升。

16日，我省春节期间广泛开展走访看望企业家活动。

这个春节，省委书记尹力、省长赵龙等省领导带头深入企业，与企业家座谈交流，商对策、鼓干劲、谋发展。全省各地广泛开展走访看望企业家活动，组织广大党员干部采取现场办公、调研走访等方式，面对面了解企业发展需求，帮助解决实际困难，与全省企业家想在一起、干在一起、赢在一起。

16日，今年全省将建设特色现代农业项目850个以上。

福建省农业农村厅今日印发《关于落实省委和省政府2022年全面推进乡村振兴重点工作部署的实施意见》，明确今年全省将建设现代农业项目850个以上、新增投资373亿元，新创建1个国家优势特色产业集群、1至2个国家现代农业产业园、10个国家农业产业强镇，扶持培育“一村一品”专业村280个，引导建设一批乡村作坊、家庭工场，促进特色产业向优势区域集聚。

16日，2021年全省社会消费品零售总额首度突破2万亿元大关。

福建省统计局消息，2021年我省消费品市场新业态不断发展，市场规模再创新高。全省社会消费品零售总额首度突破2万亿元大关，实现20373.11亿元，比上年增长9.4%。

17日，海洋经济产融合作签约超200亿元。

全省海洋经济项目融资对接会在福州举行。省投资集团、省船舶集团、省旅发集团等多家企业与金融机构进行了产融合作项目对接签约，涉及项目13个，签约总额超200亿元，项目涵盖临海能源、海上牧场、港口物流、滨海旅游等领域。

17日，今年全省运输服务计划投资307亿元。

2022年全省运输服务投资计划近日正式印发，全年计划完成行业投资307亿元，其中，运输场站9.74亿元，公共运输配套设施33.23亿元，交通运输现代服务业264.03亿元。

17日，我省四项目入围工信部2021年工业互联网试点示范项目。

工信部日前公布“2021年工业互联网试点示范项目公示名单”，试点示范项目名单分为“网络集成创新应用”“平台集成创新应用”“安全集成创新应用”和“园区集成创新应用”四大类，我省四个项目入围。此次我省入围的试点示范项目包括福建移动的工业互联网网络化改造解决方案试点示范（国网福建电力网络智能化改造解决方案）、福建龙净环保股份有限公司的工业互联网平台+绿色低碳解决方案试点示范（智慧环保岛优化运行平台）、中电福富信息科技有限公司的工业互联网平台+质量管理解决方案试点示范（云边端协同5G+AI工业生产视觉监测平台解决方案）、福州市数字产业互联科技有限责任公司的工业互联网平台+供应链协同解决方案试点示范（长乐区纺织工业互联网平台）。

17日，去年我省中小企业宽带平均资费降幅39.26%。

福建省通信管理局消息，我省通信行业聚焦行为监管转型，大力提升信息通信服务能力，去年，超额完成国务院精准降费指标，我省中小企业宽带平均资费较2020年12月降幅为39.26%，中小企业专线平均资费较2020年12月降幅为45.75%。

18日，赵龙赴福州新区平潭调研并主持召开联席会议。

17—18日，省长赵龙赴福州新区、平潭综合实验区调研并主持召开联席会议，研究协调解决相关问题，强调要深入学习贯彻习近平总书记重要讲话重要指示批示精神，传承弘扬习近平总书记在福建工作时开创的重要理念和重大实践，按照省委实施“提高效率、提升效能、提增效益”行动要求，在新起点上加快推动福州新区、平潭综合实验区一体化高质量发展。省领导林宝金、郭宁宁出席会议。

18日，福建省成立全国首个幸福河湖促进会。

福建省幸福河湖促进会在福州成立，成为全国首个幸福河湖促进会，标志着福建河湖治理保护工作进入新阶段。福建是全国首个生态文明试验区，承担探索生态文明建设的重大政治任务。福建省幸福河湖促进会由福建省内从事河湖领域的管理者、研究者和实践者组成，由福建省水利水电勘测设计研究院、福州大学、福建师范大学、福建省九龙江北溪水资源调配中心、福建省溪源水库管理处等11个单位联合发起。

18日，首月全省实际使用外资超四十四亿元。

今年1月全省利用外资工作实现良好开局。福建省商务厅消息，1月份全省实际使用外资44.2亿元人民币，同比增长8.7%，比2020年同期增长17.2%，两年平均增长8.3%，完成年度任务11.2%，超序时进度2.9个百分点。

18日，中欧班列（厦门）今年以来累计发货近7亿元。

福建省商务厅消息，春节假期以来，中欧班列（厦门）不停工不打烊，助力外贸进出口新春“开门红”。截至2月10日，海沧海关累计监管中欧班列（厦门）17列，载货1632标箱，货值近7亿元人民币。班列运载的货物主要包括彩色液晶显示板、汽车零配件、石材、LED灯管等，发往波兰波兹南、德国汉堡、俄罗斯莫斯科等“一带一路”沿线国家与城市。

21日，2022数字中国创新大赛总奖金达900万。

2022数字中国创新大赛网络安全赛道启动报名。截至目前，本届大赛的10个赛道已有9个开始接受报名。据悉，作为数字中国建设峰会的重要组成部分，今年的数字中国创新大赛总奖金达900万元，还有其他权益奖励。

21日，我省农信系统总资产迈上万亿元新台阶。

全省农信系统“深化农信改革助力乡村振兴”专题会消息，截至2021年末，全省农信系统总资产迈上万亿元新台阶，达10705亿元，较年初增长9.69%。各项存款8420亿元，同比增长8.45%；各项贷款5707亿元，同比增长13.75%。

21日，全省12258家企业安全复工。

福建省应急管理厅消息，春节后，省安办加强复工复产安全监管，对各地实行“一日一调度”，截至2月16日，全省重点行业领域12258家企业安全复工。

21日，尹力会见东方电气集团董事长俞培根。

省委书记尹力在福州会见了东方电气集团董

事长俞培根、总经理徐鹏一行。省长赵龙参加会见。尹力希望双方把共识变为行动、行动变为成果，在海上风电、氢能和储电、环保等新能源新产业领域不断深化合作，为发展提供更加稳定的电力保障，促进我省能源布局优化、绿色低碳发展，实现双方互利共赢。会见后，双方签署了产业发展合作协议。

21 日，2021 年我省食品工业实现营收 6660.48 亿元。

福建省食品工业协会消息，2021 年，我省规模以上食品工业企业个数达 2368 个；经济运行情况良好，规模以上食品工业实现营业收入达 6660.48 亿元，同比增长 8.7%，销售收入、盈利水平、主要产品产量均实现增长。其中，农副食品加工业达 3484.89 亿元，同比增长 10.4%；食品制造业达 1732.39 亿元，同比增长 5.2%；酒、饮料和精制茶制造业达 1106.15 亿元，同比增长 8.9%；烟草制品业达 337.05 亿元，同比增长 8.9%。

22 日，中央一号文件发布（新华社北京 2 月 22 日电）。

中共中央、国务院关于做好二〇二二年全面推进乡村振兴重点工作的意见（二〇二二年一月四日）。

22 日，全省重点交通项目实现 100%复工。

福建省交通运输厅消息，全省重点交通项目已实现 100%复工。今年 1 月，全省交通运输系统完成投资 90.3 亿元，同比增长 0.6%。今年一季度将开工 14 个重要交通运输项目，力争完成交通运输投资 280 亿元以上。

22 日，迪拜世博会中国馆福建活动日举办。

迪拜世博会中国馆福建活动日在福州和迪拜通过连线方式隆重开幕。省委常委、常务副省长郭宁宁出席开幕式并致辞。阿联酋驻华大使阿里·扎希里，迪拜世博会中国馆政府总代表、中国贸促会副会长张慎峰，中国驻迪拜代总领事孙旭东，迪拜世博局执行董事纳吉布·阿里线上出席开幕式。

22 日，亚洲单机容量最大风电机组在福清下线。

由中国东方电气集团有限公司自主研制、拥有完全自主知识产权的 13 兆瓦抗台风型海上风电机组，在位于福清市的福建三峡海上风电产业园顺利下线。这是目前我国已下线的亚洲地区单机容量最大、叶轮直径最大的风电机组，也是我国下线的首台 10 兆瓦级以上风电机组。

22 日，我省首个水权交易平台落户厦门。

福建省首个水权交易平台成立暨首批水权交易项目签约仪式在厦门产权交易中心举行，该平台的成立也意味着厦门市水权交易全面进入改革实施阶段。仪式上，厦门市汀溪水库分别与青岛啤酒、厦门惠尔康、厦门银鹭食品等三家当地重点企业、工商业重点用水单位签署水权交易协议书，共交易水权 4270.5 万吨，水权交易期限共三年。

23 日，尹力主持召开十一届省委全面深化改革委员会第二次会议。

省委书记、省委全面深化改革委员会主任尹力主持召开十一届省委全面深化改革委员会第二次会议，研究审议省委深改委 2021 年工作总结报告和 2022 年工作要点，听取武平县传承弘扬“林改经验”努力创造高品质生活的汇报，审议通过《福建省完善重要民生商品价格调控机制实施方案》《关于推进种业振兴的若干措施》。省长、省委全面深化改革委员会副主任赵龙，省政协主席崔玉英，省委副书记、省委全面深化改革委员会副主任罗东川出席会议。

23 日，尹力主持召开十一届省委财经委员会第一次会议。

省委书记、省委财经委员会主任尹力主持召开十一届省委财经委员会第一次会议，审议省委财经委员会 2021 年工作报告和 2022 年工作要点，研究提升全省经济发展质量效益有关工作，研究推动我省民航高质量发展。省长、省委财经委员会副主任赵龙出席。

23 日，全省各地多举措应对低温雨雪冰冻灾害。

福建省减灾办今日电话调度南平、三明、龙岩、宁德等地及福州、泉州部分重点县，要求做好电、水、通信及道路交通安全、群众生活保障、农业生产、灾情处置等各项工作，各地各部门压紧压实低温寒潮灾害防御工作责任。22 日至 23 日，南平中北部、三明西部、宁德西北部和龙岩西部城区最低气温-1—4℃。全省共有23个县（市、区）的47个乡镇最低温度低于0℃，以泰宁新桥乡-3.0℃（海拔1706米）为最低。北部地区的部分乡镇出现雪或雨夹雪，部分山区路段出现道路结冰或积雪。24日，最低气温在0℃以下且伴有降水的有浦城、光泽、武夷山、寿宁4个县（市、区）11个乡镇。

23日，省农业科技创新联盟入选第三批国家农业科技创新联盟名单。

农业农村部近日公布农业农村部认定第三批9个国家农业科技创新联盟名单。福建省农业科技创新联盟入选。福建省农业科技创新联盟由省农业农村厅、省农科院、福建农林大学共同发起成立，旨在解决农业科技资源条块分割、创新力量碎片化问题。联盟成立以来，组建完成15个专业技术联盟，成员单位达1644家，筹集科研经费8169万元，取得112项原创性成果，选育的63个品种通过省级品种审认定，研发29项产业链关键瓶颈技术，为福建特色现代农业发展提供了有力科技支撑。

24日，尹力主持召开省委常委会会议。

省委书记尹力主持召开省委常委会会议，总结去年贯彻落实习近平总书记重要指示批示精神的工作情况，部署"回头看"工作；学习贯彻《中共中央国务院关于做好二〇二二年全面推进乡村振兴重点工作的意见》，落实党委和政府领导班子及其成员粮食安全责任，研究全面推进乡村振兴，部署深化科技特派员制度、加强粮食安全工作；审议2022年省政协重点协商和调研计划；听取第五届数字中国建设峰会筹备情况，研究今年数字福建工作要点等。

24日，省政府召开常务会议。

省长赵龙主持召开省政府常务会议，认真贯彻落实党中央、国务院决策部署以及省委工作要求，审议通过科学技术奖励办法、标准化管理办法修订草案和价格争议调解处理办法草案等；研究法治政府建设、生物医药产业高质量发展等工作。

25日，555亿元专项债助力重大项目建设提速。

为服务一季度"开门稳""开门红"，我省加快政府债券发行节奏，在2月8日发行270亿元新增政府债券基础上，于21日再发行285亿元。至此，由省财政厅组织发行的提前批555亿元新增专项债务限额全部发行完成。新一批债券资金共支持全省377个政府公益性项目建设，涉及农林水利，教育、卫生、养老等社会事业，保障性安居工程，交通基础设施，生态环保，市政和产业园区，城乡冷链物流基础设施等7个领域。债券发行期限分别为5—20年不等，中标利率为2.65%—3.32%。

25日，我省首创"数字工匠技能大赛"。

福建省总工会举办的全省"数字工匠技能大赛"推进总动员会上了解到，2021年我省数字经济增加值达2.3万亿元。今年1月，省总工会在全国首创"数字工匠技能大赛"，通过竞赛选树一批"数字工匠"，更好地推动新时代数字福建建设。

25日，我省新增5家省级工业设计中心。

福建省工信厅日前认定5家企业的工业设计中心为第九批福建省省级工业设计中心。新增的5家企业分别为：福州联泓交通器材有限公司、泉州寰球鞋服有限公司、梅花（晋江）伞业有限公司、福建华峰新材料有限公司、福建省威诺数控有限公司。截至目前，我省已认定90家省级工业设计中心。

25日，赵龙在福州调研。

上午，省长赵龙前往福州新区、长乐区调研工业企业生产经营情况，面对面了解企业所需所盼，推动解决实际困难问题。他强调，稳增长是今年经济工作的头等大事，一季度"开门红""开门稳"至关重要。全省上下要深入学习贯彻习近平总书记重要讲话重要指示批示精神，按照党中央决策部署，全面落实省第十一次党代会、省委经济工作会议、省两会要求，以实施"提高效率、提升效能、提增效益"行动为抓手，加快传统产业转型升级，高质量做大做强先进制造业，以优异成绩迎接党的二十大胜利召开。

26日，省委常委会召开会议。

省委书记尹力主持召开省委常委会会议，传达中央纪委国家监委对陈家东涉嫌严重违纪违法进行纪律审查和监察调查的决定。与会同志一一作了表态发言，大家一致表示，坚决拥护党中央决定，自觉在思想上政治上行动上同以习近平同志为核心的党中央保持高度一致，坚定不移推动全面从严治党向纵深发展。

27 日，我省首颗城市定制卫星发射升空。

11 时 06 分，随着长征八号遥二运载火箭在中国文昌航天发射场成功发射，“厦门·天卫科技壹号”先导星开启了太空之旅。此次长征八号遥二运载火箭共搭载 22 颗商业卫星升空，作为其中一员的“厦门·天卫科技壹号”先导星，也是我省首颗城市定制卫星。“厦门·天卫科技壹号”先导星是厦门市人民政府与厦门天卫科技有限公司深度合作的城市定制卫星，总投资 1.5 亿元，整星重量 30kg，将每天平均 1.5 次飞越厦门正上空，可获取分辨率优于 0.75m。

27 日，三家闽企入围国有企业公司治理示范企业名单。

国务院国资委近日印发《关于印发国有企业公司治理示范企业名单的通知》，我省厦门钨业股份有限公司、厦门国贸集团股份有限公司、厦门路桥信息股份有限公司入围首批“国有企业公司治理示范企业”名单。

28 日，福州宁德携手推进文旅产业合作。

“山海宁德·四季相约·有福之州”宣传推介活动之“难忘下党·福满寿宁”全域旅游推介展 26—28 日在福州举行。活动旨在进一步整合宁德、福州两地文旅资源，实现客源互换、市场共享，共同推动福州、宁德两地文化旅游事业、产业快速发展。

29 日，“安溪铁观音一号”卫星发射成功。

“安溪铁观音一号”卫星首轨数据被成功接收，经过信号解码及数据处理后，卫星影像数据质量十分优异。2 月 27 日 11 时 06 分，在我国文昌航天发射场，长征八号遥二运载火箭点火起飞，成功发射 22 颗卫星，刷新我国“一箭多星”发射纪录。其中的一颗，即为“安溪铁观音一号”卫星。它是我省第一颗亚米级地面分辨率的商业光学遥感卫星，也是我国第一颗以茶叶冠名的遥感卫星。

（摘编：蔡志轩）

三月

1 日，我省规范省级文化生态保护区建设管理。

经福建省人民政府同意，福建省文化和旅游厅日前印发《福建省省级文化生态保护区管理办法》（以下简称《管理办法》），对省级文化生态保护区的申报与设立、建设与管理等作出明确规定，标志着依法行政、依规保护非物质文化遗产又迈上一个新的台阶。《管理办法》于 2022 年 3 月 1 日施行。

2 日，1—2 月我省财政收入继续保持较快增长。

据省财政厅最新快报统计，1—2 月，全省一般公共预算总收入完成 1536.38 亿元，同比增长 9.9%。地方一般公共预算收入完成 799.43 亿元，同比增长 18.1%。两项指标在 1 月实现良好开局基础上继续扩大增幅。在收入结构中，税收收入继续保持稳步增长，完成 1120.08 亿元，同比增长 2.5%。国内增值税、企业所得税两项主体税种分别比上年同期增长 6.8%、5.4%，合计占税收收入总量的 61.7%，拉动全省总收入增长 3.3 个百分点。非税收入完成 236.30 亿元，同比增长 66.5%。九个设区市的总收入和地方级收入均实现较快增长，其中福州（含平潭）分别同比增长 4.1%、18.6%，厦门分别同比增长 11.6%、17.6%，漳州分别同比增长 34.5%、45.8%，泉州分别同比增长 7.9%、22.4%，三明分别同比增长 8.7%、17.8%，莆田分别同比增长 7.6%、16.7%，南平分别同比增长 11.0%、14.8%，龙岩分别同比增长 9.2%、14.5%，宁德分别同比增长 23.6%、21.2%。

3 日，院士专家为福建数字创意产业发展建言献策。

中国工程院福建研究院重大咨询项目“全球

竞合与‘双循环’背景下福建省数字创意产业发展战略与路径研究”启动会日前在福州召开。中国工程院潘云鹤、陈杰、吾守尔·斯拉木、倪光南、谭建荣、丁文华、王耀南等7位院士以线上线下相结合的方式出席会议。来自同济大学、浙江大学、新疆大学、集美大学等单位的20多位专家，以及省直相关单位的有关负责同志参加会议。与会专家就项目研究重点领域、关键目标等展开深入讨论。

4日，我省在全国率先启动省级品牌价值评价工作。

上午，由省企业与企业家联合会、省品牌建设促进会共同主办的首届福建省品牌价值评价工作会议在福州召开。从本次会议上了解到，我省立足实际，在全国率先启动省级品牌价值评价工作。

7日，省领导调研高速公路工作。

副省长林文斌带领省直有关部门负责人，赴长乐服务区、机场服务区、高速路网监控指挥中心等地，实地调研高速公路建设发展工作。

8日，城乡建设品质提升实施方案印发。

经省政府同意，福建省城市建设品质提升工作组和福建省农村建设品质提升工作组日前联合印发《2022年全省城乡建设品质提升实施方案》。《方案》提出，实施10类工程带动全省城乡建设品质提升工作，包括5类城市建设品质提升工程，分别是城市更新工程、新区拓展工程、生态连绵工程、交通通达工程、安全韧性工程；4类农村建设品质提升工程，分别是水环境治理工程、居住环境整治工程、风貌管控工程、基础设施提档工程；以及省级典型样板工程，其中城市提升9类、农村提升3类。

8—9日，省领导赴泉州漳州调研。

省委常委、常务副省长郭宁宁与省直有关部门负责同志赴泉州、漳州调研，先后深入福厦客专新泉州东站、南安三安半导体研发与产业化项目、泉州嘉泰鞋业、七匹狼实业股份公司、漳州古雷炼化一体化、中沙古雷乙烯项目等重点项目工地和企业，详细了解项目建设进展和企业生产经营状况，现场协调解决有关问题。

10日，永辉超市入围2022全球零售250强。

德勤近日发布2022年全球零售250强榜单，14家中国企业上榜，永辉超市是唯一入围的我省企业，名列第84位，较去年上升8位。据8日永辉超市发布的主要经营数据显示，经初步核算，2022年1月至2月，永辉超市实现营业总收入204亿元左右，同比增长约3%。尤为值得一提的是，2022年1月至2月，永辉实现经营性净利润7.6亿元左右。分析人士指出，营收、经营性净利润等多项关键指标明显改善，说明永辉以科技永辉战略协同科技、供应链、营运团队共同推进全渠道数字化的变革已见成效。

10日，中沙古雷乙烯项目建设启动。

福建能化集团与全球石化巨头沙特基础工业公司（SABIC）合资企业——福建中沙石化有限公司正式注册成立，标志着我省迄今为止一次性投资最大的中外合资项目，也是全省最大的乙烯项目——中沙古雷乙烯项目建设正式启动。福建中沙石化有限公司将在古雷石化基地投资约400亿元人民币建设并运营一座世界级大型石化联合体——中沙古雷乙烯项目。项目将建设一套年产150万吨乙烯装置，同时配套建设一系列下游生产装置，采用多项全球先进技术，多项专利技术为国内首次采用，填补国内空白。项目的能源利用、三废排放、CO_2排放指标大大优于同行业先进水平，处于国际领先水平，具有经济效益好、高端产品多、能耗排放少、装置规模大、下游带动强等特点。

10—11日，省领导到南平三明调研

省委常委、常务副省长郭宁宁与省直有关部门负责同志赴南平、三明调研，实地查看了武夷山国家公园智慧管理中心、生态茶园、历史文化保护点、沙县区总医院、沙县小吃“五中心一研究院”、机械科学研究总院海西分院、官庄国有林场等，现场协调解决有关问题。

11日，我省成立文旅营销推广联盟。

福建省文旅厅消息，为创新宣传推广方式，探索文旅营销新模式，推进文化旅游高质量发展，省文旅厅按照“政府搭台、企业唱戏、传媒推动、市场运作”的原则，成立福建文旅营销推广联盟，讲好新时代福建文旅故事，持续提升“福文化”“清新福建”“全福游、有全福”品牌的知名度和美誉度。福建文旅营销推广联盟成立后，将搭建采购平台，邀约国内各大媒体机构积极参与，献计献策，汇聚具有创意性、可行性的思路和建议。各地文化和旅游部门可通过该平台，筛选适合当地文旅营销的策划方案。

16 日，全省粮食安全和耕地保护工作推进会召开。

全省粮食安全和耕地保护工作推进会在福州召开。省委副书记罗东川主持会议并讲话，强调要深入学习贯彻落实习近平总书记在全国两会上关于粮食安全和耕地保护工作的重要讲话精神，全面落实省委和省政府工作部署，进一步增强效率意识、效能意识、效益意识，在加强粮食安全和耕地保护工作上见行动、拿实招、出成效。

17 日，我省与拉美地区研讨菌草技术国际合作与推广。

拉丁美洲和加勒比地区关于菌草技术及其支持实现可持续农业和 2030 可持续发展目标区域能力建设研讨会通过视频连线方式举行。省委常委、常务副省长郭宁宁出席并致辞。

18 日，2021 年全省技术合同成交金额超 214 亿元。

福建省科技厅消息，2021 年，全省共登记技术合同 16320 项，成交金额 2143959.69 万元，较上一年分别增长 49.14%和 16.61%。技术合同成交金额居前三位的设区市依次是厦门、福州和泉州，占全省的比例分别为 59.29%、33.25%和 2.88%。2021 年，我省输出技术 16121 项，成交金额 1967975.75 万元，同比分别增长 49.92%和 20.34%；吸纳技术 17634 项，成交金额 6300299.67 万元，同比分别增长 48.36%和 22.64%。2021 年，我省各地各有关部门继续认真贯彻落实技术市场建设的有关决策部署，进一步激发技术市场活力，技术市场在创新资源优化配置、高质量科技成果供给、高水平科技成果转化中继续发挥决定性作用，技术交易质效持续提升。

18 日，前两月我省经济开局良好。

福建省统计局发布今年前两月我省主要经济指标运行情况。今年 1—2 月我省经济实现良好开局，工业生产和投资、消费增长加快，新动能动力强劲，高质量发展稳步推进。随着各类“开门红”、稳增长政策发力，支持实体经济的力度加大，我省工业生产总体呈现较快增长态势。数据显示，1—2 月，全省规上工业增加值同比增长 11.9%，比全国高 4.4 个百分点。全省 38 个行业大类中有 34 个增加值实现同比增长。

21 日，去年我省绿色贷款增速再创新高。

我省绿色贷款持续高速增长。数据显示，2021 年全省绿色贷款大增近 1173 亿元，截至年末，全省绿色贷款余额 4110 亿元，同比增长 40.6%，比全国高 7.6 个百分点，高于各项贷款增速 27.2 个百分点，增速再创新高。

21 日，我省首次举办科技特派员金融对接会。

福建省科技厅联合南平市政府共同举办科技特派员金融对接会，这是我省首次举办科特派金融对接会。对接会采取线上方式进行。对接会上，南平市科技局、兴业银行南平分行共同发布“科特 e 贷”金融新产品。南平市科技局与兴业银行南平分行、省农信社南平办事处、人保财险南平分公司等金融机构分别签署科特派金融产品合作协议。兴业银行南平分行与绿闽环保、双羿竹木、鑫森炭业等 3 家科特派服务企业签署协议，向 3 家企业授信 3 亿元。

22 日，厦门海沧站推出莆田—厦门—吉安班列。

一列装载 1500 吨进口散装玉米的粮食“散改集”海铁联运班列，在厦门海沧站顺利发车，前往江西腹地，直接服务江西吉安的饲料加工企业。这是中国铁路南昌局集团有限公司确保粮食等重点物资保供、畅通国内国际供应链，推出的一条海铁物流新通道。

22 日，我省对小微企业再减负，顶格减半征收“六税两费”。

福建省财政厅消息，根据中央授权，经省政府批准，省财政厅、省税务局今日联合印发通知，明确从 2022 年 1 月 1 日至 2024 年 12 月 31 日，对我省小微企业减半征收“六税两费”。“六税两费”指的是资源税、城市维护建设税、房产税、城镇土地使用税、印花税（不含证券交易印花税）、耕地占用税和教育费附加、地方教育附加。作为今年新的组合式税费支持政策之一，“六税两费”减征政策面向的是小微企业，包括增值税小规模纳税人、小型微利企业和个体工商户。

23日，省防指部署近期强降雨和强对流天气防范应对工作。

上午，省防指组织气象、应急、水利等部门会商，分析研判近期强降雨和强对流天气情况，部署防范应对工作。会商指出，24日至26日，我省有较明显降雨过程并伴有雷电，雷电时局地伴有短时强降雨、7—9级短时大风和冰雹等强对流天气，过程累计雨量可达50—120毫米，局部160毫米，最大小时雨量60毫米。24日，全省有中雨到大雨，北部地区的局部有暴雨。25日，全省有阵雨或雷阵雨，西北部地区有暴雨，局部大暴雨。26日，全省有中雨到大雨，局部暴雨。会商要求，各地各有关部门要迅速进入临战状态，密切关注天气态势，扎实做好强降雨、强对流天气防范工作。

24日，1—2月我省纺织服装出口268亿元。

厦门海关消息，受益RCEP生效带来的政策红利，我省纺织服装出口呈现增长态势。1—2月，全省出口纺织服装268亿元人民币，同比增长9.9%。数据显示，民营企业是我省纺织服装出口的主力军。1—2月，我省民营企业出口纺织服装202.2亿元，同比增长5.3%，占同期我省纺织服装出口总值的75.5%；外商投资企业出口40.6亿元，同比增长16.1%；国有企业出口25.2亿元，同比增长49.8%。东盟、欧盟和美国是我省纺织服装的主要出口市场。1—2月，我省对东盟出口纺织服装67.9亿元，同比增长13.1%，占同期我省纺织服装出口总值的25.3%；对欧盟出口43.6亿元，同比增长17.5%，占16.3%；对美国出口29.3亿元，同比增长12.4%，占10.9%。

24日，福州—厦门、驻马店—武汉1000千伏特高压交流工程开工。

上午，福州—厦门、驻马店—武汉1000千伏特高压交流工程开工。其中，福州至厦门特高压交流工程（以下简称福州—厦门工程）是继闽浙、闽粤特高压交流工程之后，福建省内又一条能源大动脉，工程总投资71亿元，计划于2023年建成投运。福州—厦门工程采用我国自主研发、国际领先的特高压输电技术，工程起于榕城站、途经长泰站、止于集美站，新增变电容量600万千伏安，建设双回1000千伏输电线路238公里、双回500千伏输电线路41.5公里，是实现电网高质量发展的重大基础工程。

24日，我省完成全国首个杉木第4代种子园嫁接工作。

福建省洋口国有林场杉木育种科研团队完成了全国第一个杉木第4代种子园嫁接工作，为下阶段选育出杉木良种打下坚实基础。第4代杉木育种目标是：材积增益将达5%至7%，木材密度增益1%至3%，显著提高杉木的抗寒、抗病害、耐瘠薄等抗逆性。洋口林场自2015年启动杉木第4代育种群体选择与构建以来，营建了杉木第4代种质资源库121亩，不间断对建园亲本开展花期花粉、结实情况、生长性状、矮化特性等物候调查分析，结合基因测序和谱系关系，共优选出符合条件的无性系48个，收集保存优良遗传材料608份。自洋口国有林场建场以来，已顺利完成了杉木3个世代的遗传改良，累计推广杉木造林3000多万亩，由遗传增益所产生的经济价值达千亿元以上。

25日，“华龙一号”示范工程全面建成投运。

我国自主三代核电“华龙一号”示范工程第2台机组——中核集团福清核电6号机组正式具备商运条件，至此，中核集团“华龙一号”示范工程全面建成投运。作为我国核电走向世界的“国家名片”，“华龙一号”是当前核电市场接受度最高的三代核电机型之一，是我国核电企业研发设计的具有完全自主知识产权的三代压水堆核电创新成果，满足国际最高安全标准，已成为中国为世界贡献的三代核电优选方案。

25日，我省四项目获评公路水运建设“平安工程”。

交通运输部、应急管理部、中华全国总工会近日联合公布2018—2020年度公路水运建设“平安工程”名单，我省4个公路水运工程项目获评2020年度公路水运建设“平安工程”，数量位居全国各省份第一。获冠名的项目是长乐至平潭高速公路（长乐古槐至松下段）、沙埕湾跨海公路通道工程、平潭综合实验区麒麟大道东段（高铁中心站—翠园路段）工程和福州港三都澳港区漳湾作业区7号泊位工程。

27日，前两个月我省实际使用外资同比增长15.8%。

福建省商务厅消息，1—2 月，我省实际使用外资 73.2 亿元人民币，同比增长 15.8%，完成年度任务 18.5%，超序时进度 1.8 个百分点。

27 日，省文旅厅开设“云游福建”专栏。

福建省文旅厅积极作为，在“清新福建 文旅之声”官方微信公众号专门开设“云游福建”专栏，帮大家圆心中的“福游”计划。“云游福建”专栏以 VR 视频为主，覆盖全省 65 个县（区）文旅资源，共有 103 个 4A 级以上景区的 VR 数据（包含全景图片、全景视频、航拍鸟瞰、POI 兴趣点），以及世遗之旅、海丝之旅、文化之旅、美食之旅等 4 部多语种清新福建旅游 VR 全景宣传片。公众可通过链接（手机端：*vr.fjta.com/mobile*、电脑端：*vr.fjta.com*）直接访问，或关注“清新福建文旅之声”微信公众号，点击“全福游”菜单选取“云游福建”即可。

28 日，我省发现一植物新种。

福建省林业局消息，我省在开展林木种质资源普查过程中，在永泰县发现了漆属新种——少叶漆。近日，该成果在国际权威分类学期刊 *Phytotaxa* 发表。该新种为落叶乔木或小乔木，高可达 12 米，主要生长在火山岩风化后形成的悬崖峭壁山顶，在永泰县的赤壁景区、天门山大峡谷生态景区、赤锡乡溪门村等均有分布。模式标本采集于永泰县天门山大峡谷生态景区的天门洞边。

28 日，我省首个绿色原料药和高端制剂 CDMO 研发生产项目落地明溪。

一场特殊的开工仪式在明溪县举行。一块电子屏、一次视频连线，总投资 30 亿元的熙华医药产业园“云”上开工了。福建熙华医药产业园项目是我省首个绿色原料药和高端制剂 CDMO 研发生产项目。该项目由上海熙华药业与福建南方制药共同投资建设，总投资约 30 亿元，分两期建设，计划建设成药性研究、CMC 一体化研究中心、原料药工艺研发中心、原料药及制剂生产中心等，项目建成后，预计年产值可达 20 亿元以上。

29 日，2021 年全省规模以上林业工业经济保持平稳增长。

福建省林业局消息，2021 年全省规模以上林业工业销售产值、出口交货值、工业增加值分别累计增长 9.8%、36.8%、9.8%。全省主要林产品产量总体趋稳。人造板产量保持增长，累计完成 2709.89 万立方米，同比增长 4.38%；木质家具累计完成 3794 万件，同比降低 3.01%；纸浆（原生浆及废纸浆）累计完成 42.15 万吨，同比增长 0.1%；机制纸及纸板累计完成 994.84 万吨，同比增长 24.69%；实木地板累计完成 42.55 万平方米，同比增长 10.3%；复合木地板完成 948.48 万平方米，同比增长 2.13%。全省林业工业主要产品累计完成出口交货值 450.8 亿元，同比增长 36.8%，主要因欧美各国受新冠肺炎疫情影响，生产停顿，需求大增。

29 日，2021 年万元工业增加值用水量下降近三成。

福建省节约用水办公室消息，2021 年，我省坚决落实国家节水行动方案，各地各部门通力协作，用水总量有效控制，用水效率进一步提高：用水总量有效控制在 182.6 亿立方米以内，万元工业增加值、万元国内生产总值用水量分别比 2020 年下降 28.7%、10.3%，农田灌溉水有效利用系数提高到 0.561。2021 年，我省完成 4 个县域节水型社会达标建设，至目前累计完成 26 个县域节水型社会达标创建工作，占比 30.5%，提前一年完成国家下达的任务。2021 年，我省全面落实农业节水增效，发展高效节水灌溉面积 12.58 万亩，比计划增加 2.58 万亩；大力推广工业节水减排，共转移支付各设区市 11030 万元，重点支持钢铁、造纸、石化、纺织等高耗水行业节能、节水技术改造，全省共有 196 家企业被评为节水型企业，其中 45 家为节水型示范企业；百威雪津啤酒有限公司等 6 家企业获评全国“水效领跑者”。

29 日，福鼎白茶获评“福建气候优质农产品”。

近日，福鼎白茶被福建省气象服务中心授予“福建气候优质农产品”称号，这也是福建省气象局首次为公共品牌授牌。根据福建省气象局《福建省农产品气候品质认证管理办法》，福建省气象服务中心根据“福建气候优质农产品”评价技术指南，通过相关数据的采集收集、实地调查、实验试验、对比分析等技术手段方法，设置认证气候条件指标，建立认证模型，对福鼎白茶开展气候品质评估，等级划分为特优、优、良、一般。

30 日，李建成任福建省副省长。

今日福建省第十三届人大常委会第三十二次会议决定任命李建成为福建省人民政府副省长。

30 日，《福建省生态环境保护条例》将于 5 月 1 日起施行。

今日《福建省生态环境保护条例》经省十三届人大常委会第三十二次会议表决通过，将于今年 5 月 1 日起施行，该《条例》贯彻新发展理念，落实党中央关于生态文明建设重大决策部署、衔接国家近年来新出台生态环保领域法律，对现行《福建省环境保护条例》进行全面修订完善，从监督管理、保护和改善生态环境、防治污染和其他公害、信息公开与公众参与以及法律责任等方面进行总纲性、综合性规定，进一步完善我省生态文明建设的法规制度体系，对其他生态环保单项法规起到统领作用，从整体上推进我省生态环境保护，促进我省生态文明建设迈上新台阶。

30 日，前 2 月我省物流业景气指数呈现周期性波动。

福建省物流协会发布了 1—2 月福建省物流业景气指数（LPI）。数据显示，1—2 月，受节日因素影响，全省物流业景气指数呈周期性波动，较上一周期有所回落；其中，2 月份受年后消费需求放缓、多点疫情散发冲击影响，物流业运行波动更加明显。从分项指数来看，资金周转率指数和主营业务利润指数下降最为明显；业务活动预期指数有所提升，表明物流企业对未来还是有较强的信心，物流活动将企稳向好。

31 日，全省安全生产电视电话会议召开。

在收听收看全国安全生产电视电话会议后，省安委会随即召开电视电话会议，深入学习贯彻习近平总书记关于安全生产重要指示精神和李克强总理批示要求，认真落实全国安全生产电视电话会议部署和省委要求，部署开展全省安全生产大检查。省长赵龙出席并讲话。

（摘编：游永贵）

四月

1 日，我省与国家能源集团签署合作协议。

我省与国家能源集团以视频连线形式举行产业发展合作框架协议签约仪式。省委书记、省人大常委会主任尹力，国家能源集团党组书记、董事长王祥喜在签约仪式上讲话并见证。省长赵龙主持。根据协议，双方将在煤炭储运基地、港口铁路建设、综合能源服务、氢能运用、新能源开发、清洁能源发展、低碳智慧园区等方面加强合作，实现共赢。

1 日，今年第一次省级农产品质量安全监督抽查总体合格率 99.0%。

福建省农业农村厅消息，2022 年第一次省级农产品质量安全监督抽查总体合格率为 99.0%。本次监督抽查覆盖 9 个设区市和平潭综合实验区，随机抽取了农产品生产企业、农民合作社、家庭农场的 351 个种植基地、99 个畜禽养殖场和 111 个屠宰厂（场），抽检蔬菜、水果、食用菌、禽肉、禽蛋、猪肉、猪肝、生猪尿样、牛肝、羊肝、牛尿、羊尿等 12 大类产品 1435 批次样品 131 项参数。

2 日，我省财政收入实现首季开门红。

据财政快报统计，一季度，全省财政总收入完成 1908.93 亿元，同比增长 11.2%。其中地方级收入完成 1191.89 亿元，同比增长 17.3%。总收入和地方级收入均实现首季开门红。

2 日，春季造林实现“开门红”。

福建省林业局消息，今年一季度，我省抢抓季节，不误林时，完成春季造林“开门红”目标。截至 3 月 31 日，全省完成植树造林 97.5 万亩，占年度计划任务的 97.5%。

2 日，鼓励制造业技术创新。

我省相关部门印发《关于组织申报 2022 年技术创新重点攻关及产业化项目的通知》，计划遴选一批技术先进、产业化前景好，能提升实体经济竞争力和创新力的制造业技术创新重点项目。此次遴选项目计划为 50 个，按最高不超过 300 万元进行补助。

2日，全省促进工业稳定运行工作视频会召开。

全省促进工业稳定运行工作视频会召开，分析当前全省工业运行情况、存在问题，研究部署疫后和二季度工业稳增长工作。省委常委、常务副省长郭宁宁出席并讲话。

2日，数字人民币试点福州厦门定了。

央行公布第三批数字人民币试点11个城市名单，我省的福州、厦门入选。

6日，省委常委会召开会议。

省委书记尹力主持召开省委常委会会议，认真学习贯彻习近平总书记对安全生产、对东航客机坠毁作出的重要指示和参加首都义务植树活动时的重要讲话精神，传达贯彻全国安全生产电视电话会议精神，研究部署我省安全生产、生态文明建设等工作。

6日，全省首笔“垦荒贷”在周宁发放。

周宁县李墩镇东前农民专业合作社近日收到了周宁农信社发放的50万元贷款，该社负责人陈孙喜第一时间召集了相关人员商讨土地复垦相关事宜。这是周宁县创新发放的全省首笔银行专属贷款产品“垦荒贷”。

6日，我省近5万名货车司机加入工会组织。

福建省总工会消息，目前全省已建立覆盖货车司机的工会组织1374家，入会司机近5万人。近年来，我省积极组织开展全省货车司机、网约车司机等新就业形态劳动者入会暨“司机之家”建设推进活动。

7日，我省“商贸贷、外贸贷”放款突破10亿元。

福建省商务厅消息，据省金服云平台统计，截至目前，我省“商贸贷、外贸贷”放款总额已突破10亿元，受益轻资产中小微企业超250家次，平均利率4.2%。

7日，2025年全省竹产业总产值将超1200亿。

福建省林业局等十部门日前联合下发《关于加快推进竹产业高质量发展的通知》，提出，力争到2025年，全省竹林面积稳定在1819万亩（其中丰产竹林面积850万亩），建设竹山道路5000公里，竹产业总产值超1200亿元、年均增长10%以上。

7日，省政府召开常务会议。

省长赵龙主持召开省政府常务会议，认真贯彻落实党中央国务院决策部署以及省委工作要求，审议通过《福建省湄洲湾（泉港、泉惠）石化基地总体发展规划（2020-2030年）》；研究深入打好污染防治攻坚战、加强新时代老龄工作等事项。会议还研究了其他事项。

7日，省领导检查调研防汛备汛工作。

省委常委、常务副省长郭宁宁检查调研今年防汛备汛工作。郭宁宁一行先后来到福州市地铁4号线施工现场、红星排涝站、“高水高排”工程魁岐出水口及市联排联调中心等地，认真检查调研，全面了解情况，现场提出要求。

8日，泉州漳州福州获年度中小企业梯度培养正向奖励。

福建省工信厅日前公布2021年度中小企业梯度培养正向奖励结果，泉州获得正向奖励指标得分第一名、漳州第二名、福州第三名，三地将获省级财政奖励。中小企业梯度培养正向奖励指标得分由“个转企”“小升规”“规改股”“股上市”四个指标得分构成。经研究，各地综合指标得分情况如下：泉州84，漳州72.5，福州70.5，厦门69，龙岩55，宁德54，莆田52.5，南平52.5，平潭40，三明29.5。

8日，我省推动民族乡村高质量发展。

福建省民族与宗教事务厅、福建省农村信用社联合社近日签署共同推动民族乡村高质量发展战略合作框架协议，双方携手在授信融资、金融惠民、文旅特色等方面开展深入合作，共同推动民族乡村振兴、促进共同富裕。目前，全省已有超过2万名民族乡村群众和经营主体得到授信，支持民族乡村发展授信共计32.7亿元。

8日，福建省与西希腊大区视频交流会召开。

福建省与西希腊大区视频交流会召开，商谈双方深化合作事宜。省委常委、常务副省长郭宁宁出席并讲话。她希望，两省区推进经贸合作，相互推介营商环境、投资政策和合作机会，鼓励双方有实力的企业加强洽谈对接；扩大港口航运合作，欢迎帕特雷港口、航运企业等机构加入“丝路海运”联盟，推进共建“一带一路”走深走实；加强教育、文旅交流合作，鼓励双方高校深入开展学科教育和科研合作，通过网络新媒体等形式共享推介文旅资源；不断拓展友好交流领域，早日建立友城关系，开启友好合作新篇章。

8日，省领导调研粮食安全和春耕生产工作。

省委副书记罗东川率省委农办、省粮储局等部门负责同志，赴福州长乐区调研粮食安全和春耕生产工作，前往省储备粮管理公司长乐直属库、中粮面业、元成豆业和雪美农业开发公司，实地察看粮库、粮油加工车间、蔬菜供销服务中心以及插秧基地，现场查阅粮食账卡簿，与仓管员、种植户、企业负责人和当地干部群众深入交流，详细了解储粮规模、品种、技术、管理情况以及农业龙头企业育种育苗、春耕春播等情况。

11日，我省建设新型互联网广告市场监管体系。

福建省市场监管局消息，该局持续深入开展互联网广告整治，互联网广告案件查办数量和罚没款持续保持“双增长”，近三年互联网广告案件占广告案件总数的63.3%，2021年互联网广告监测条次违法率为0.01%，明显低于全国平均违法率，市场秩序平稳向好。

11日，今年我省反垄断聚焦四类行为。

福建省市场监管局消息，从3月至10月该局在全省范围内开展制止滥用行政权力排除、限制竞争执法专项行动，启动2022年度重点领域反垄断与反不正当竞争执法行动。专项行动重点聚焦教育、医疗卫生、工程建筑、公用事业、交通运输、保险、政府采购、招投标等行业和领域的四类滥用行政权力排除、限制竞争行为。

12日，我省高速公路启动数字人民币场景试点应用工作。

福建省高速集团日前召开高速公路数字人民币场景应用推进会。我省高速公路前期将以长乐服务区、机场征管所、快安征管所等的商超（驿佳购）、加油站以及车道通行费作为数字人民币试点应用场景，由易到难，由点到面有序推进。

12日，福建省乡村振兴贷贷款规模破亿元。

福建省农业农村厅消息，为深入推进金融服务乡村振兴，省农业农村厅、省财政厅、省地方金融监管局、人行福州中心支行、福建银保监局早前出台了《福建省乡村振兴贷实施暂行办法》，创新推出“福建省乡村振兴贷”产品，为农业经营主体提供流动性融资服务。由农业农村部门推送经营主体名单，公示后实行名单管理，各金融机构通过“金服云”平台受理贷款，5个工作日内完成贷款投放。乡村振兴贷单户经营主体贷款规模可达1000万元。自3月26日上线以来，福建省乡村振兴贷贷款规模已突破亿元。

12日，省领导调研福州重点文化产业园和文化企业。

福建省委常委、宣传部部长张彦赴福州市互联网小镇、福州软件园部分文化企业，围绕“疫情防控常态化条件下如何发挥文化科技企业引领作用，推动文化产业高质量发展”深入调研走访，并召开座谈会研究推动我省文化产业发展的思路举措。

12日，福建省加大电动船舶全产业链政策支持力度。

福建省工信厅和省财政厅联合出台《2022年福建省电动船舶产业发展试点示范实施方案》，进一步加大对电动船舶的全产业链政策支持力度。

13日，一季度我省水利投资超百亿。

福建省水利厅消息，今年一季度，我省水利系统统筹疫情防控和经济社会发展，各项工作进度超序时，顺利实现“开门红”。截至3月底，我省累计完成水利投资121.05亿元，占年计划的28.96%。其中，流域防洪防潮、安全生态水系建设、流域综合整治、城区内涝防治、蓄水工程、引调水工程、城乡供水一体化建设等7类重大项目，完成投资95.06亿元，完成率28.7%，超序时进度3.7个百分点；20类面上项目完成投资25.99亿元，完成率29.94%，超序时进度4.94个百分点；76个列入2022年省重点项目的水利项目，已完成投资38亿元，占年度计划29.6%，超序时进度4.6个百分点。

13日，省领导赴龙岩市调研指导重大项目建设和挂点村帮扶工作。

福建省副省长、省公安厅厅长黄海昆深入龙岩市，指导推进重大项目建设和挂点村帮扶工作，调研公安派出所建设和内部疫情防控工作。

14日，省领导调研春季农业生产和乡村振兴工作。

近日，省委副书记罗东川率省委农办负责同志，赴南平市松溪县、浦城县调研春季农业生产和乡村振兴工作，强调要深入学习贯彻习近平总书记关于“三农”工作的重要论述，切实把思想和行动统一到党中央决策部署上来，扛牢粮食安全责任，不误农时抓好春耕生产，为促进复工复产、奋力实现“双过半”提供有力保障。

14 日，我省印发“十四五”粮食安全和物资储备发展专项规划。

《福建省“十四五”粮食安全和物资储备发展专项规划》日前印发。规划提出，到 2025 年，基本实现低温、准低温储粮，全省县级以上中心粮库、储备粮代储点智能化改造全覆盖，形成全省粮食储备信息化“一张网”。全省粮食完好仓容达到 700 万吨，其中高标准生态粮库占比 40%以上，实现粮食产业总产值 900 亿元，粮食优质品率提高 30%以上，粮食加工转化率达到 90%，十亿级企业集团达到 15 家，规模以上粮油加工企业研发投入占主营业务收入比例达 0.5%，科技贡献率提高 3 个百分点。到 2035 年，基本实现粮食安全和物资储备基础设施水平现代化、基本构建现代化的产业体系，建成更高层次、更高质量、更有效率、更可持续、更为安全的粮食安全和物资储备保障体系。

15 日，一季度我省外贸进出口保持两位数增幅。

福州海关消息，一季度，我省对外贸易进出口保持两位数增幅，展现了外贸韧性强、潜力大的特点。据福州海关统计，一季度，我省外贸进出口 4330.8 亿元，同比增长 12.1%。一季度，我省出口 2624.3 亿元，同比增长 14.3%；进口 1706.5 亿元，同比增长 8.8%。我省进出口表现优于全国，进出口、出口及进口增速较全国平均水平分别高 1.4 个、0.9 个、1.3 个百分点。

15 日，2021 年物联网示范项目公示。

近日，工信部公示了 2021 年物联网示范项目，共 179 个项目入选。我省有 11 个项目入围，入围数仅次于北京，排名全国第二。本次项目征集聚焦物联网新型基础设施建设的关键环节和重点问题，在技术发展和融合应用中取得创新性突破，解决行业迫切需求，推广价值高，带动作用强，可作为典型案例在物联网行业进行推广示范。

15 日，3 月我省居民消费价格同比上涨 1.2%。

据国家统计局福建调查总队提供的数据显示，3 月份，福建居民消费价格（CPI）同比上涨 1.2%。其中，食品价格同比下降 2.7%，非食品价格同比上涨 2.2%；消费品价格同比上涨 1.1%，服务价格同比上涨 1.3%。1—3 月平均，比去年同期上涨 0.8%。3 月份，全省 CPI 环比下降 0.2%。其中，食品价格环比下降 1.7%，非食品价格环比上涨 0.2%；消费品价格环比上涨 0.1%，服务价格环比下降 0.5%。

16 日，福建完成全国首个数字人民币高速公路全场景应用。

途经福建高速公路长乐服务区、机场收费站的多名司乘人员，通过下载“数字人民币” App，输入手机号注册、开通钱包，快速完成了在服务区购物、加油、通行费的交易结算，这也标志着数字人民币支付方式在福建高速公路全场景应用成功落地。伴随着数字人民币试点落地福建（福州、厦门率先试点），以高速公路服务区、加油站、收费站作为试点应用场景，福建高速集团在全国同行业内率先启动、推广数字人民币高速公路全场景应用工作。

16 日，全国首张统一格式重点物资运输车辆通行证在闽发放。

下午 4 时，全国首张统一格式、全国互认的重点物资运输车辆通行证在福安市发放。福建青拓集团冷轧物流组申领到编号尾数为 0001—0004 的 4 张通行证。这几张通行证始发地为福建福安，目的地为浙江瑞安，保障 4 辆车 132 吨不锈钢钢卷运输。

18 日，我省对制造业中小微企业融资给予专项政策支持。

福建省工信厅、省财政厅、省金融监管局、人行福州中心支行、福建银保监局联合印发了《关于落实制造业中小微企业融资支持专项政策有关工作的通知》。根据该通知，省工业和信息化发展专项资金将对符合条件的企业新增流动资金贷款，且单行单户贷款余额不超过 1000 万元的部分，在贷款利率基础上予以 1 个百分点贴息补助。

18 日，省领导调研挂钩推进重大项目建设情况。

福建省委常委、常务副省长郭宁宁赴福州市调研挂钩推进重大项目建设情况，先后深入新建福厦铁路福州南站、福州长乐国际机场二期扩建工程，实地察看并详细了解项目施工进度，现场协调解决有关困难和问题。

18 日，全球最大年产 120 万吨多元共聚聚丙烯装置交付验收。

中景石化全球最大年产 120 万吨多元共聚聚丙烯装置中交验收仪式举行，标志着这一省重点项目顺利进入调试阶段，预计 6 月份开车投产。中景石化年产 120 万吨多元共聚聚丙烯项目总投资 40 亿元，年产值 150 亿元，可拉动产业链 250 亿元，带动供应链金融 250 亿元。项目引进世界著名企业——荷兰利安得巴塞尔最先进技术，产品填补省内空白，并改变我国每年大量进口共聚聚丙烯的局面，补齐内循环产业链。

18 日，一季度福州海关签发出口货物 RCEP 原产地证书 911 份。

福州海关消息，《区域全面经济伙伴关系协定》（RCEP）实施首个季度，福州海关共签发出口货物 RCEP 原产地证书 911 份，主要商品为以冷冻水产品及其制品为主的农产品、化工产品及鞋类产品，合计 3.15 亿元的出口货物将凭 RCEP 原产地证书在外方享受 RCEP 协定关税优惠。48 票进口货物申请 RCEP 项下关税减让，货值 2.5 亿元，主要商品为塑料、矿产品、化工产品等。

19 日，我省开通“福建行”重点物资运输车辆通行证网上办理平台。

我省于 16 日在全国率先开通“福建行”重点物资运输车辆通行证网上办理平台。通过主流媒体、政府网站、各类微信公众号等多种方式，“福建行”平台二维码及操作规程得到了广泛传播。截至 19 日 12 时，累计颁发统一式样、全国互认的通行证 1000 件；截至 19 日 17 时，已为我省重点物资单位或企业办理通行证 1203 件。

19 日，全省季度经济会议暨第二季度重大项目视频连线集中开工活动举行。

全省季度经济会议暨第二季度重大项目视频连线集中开工活动在福州举行。省委书记尹力宣布全省重大项目集中开工并作讲话，强调要深入学习贯彻习近平总书记来闽考察重要讲话精神，坚持稳字当头、稳中求进，统筹疫情防控和经济社会发展，统筹发展和安全，把提高效率、提升效能、提增效益贯穿各项工作全过程，认清形势积极作为、坚定信心攻坚克难，奋力实现“双过半”，以实际行动迎接党的二十大胜利召开。省长赵龙点评一季度各地经济运行情况并具体部署下一步工作。省政协主席崔玉英出席。第二季度重大项目集中开工共 253 个项目，总投资 1941 亿元，年度计划投资 477 亿元。此次集中开工，再次吹响了重大项目建设集结号。

19 日，福州港可门作业区一至二号泊位开港运营。

位于连江县的福州港可门作业区 1—2 号泊位开港运营，可满足 30 万吨级散货船舶全天候靠泊，可兼靠 40 万吨级散货船，助力福州加快建设丝路海港城。

19 日，福建：进一步支持漳州古雷石化基地加快开发建设。

《福建省人民政府办公厅关于进一步支持漳州古雷石化基地加快开发建设的通知》正式印发，具体内容包括：精心编制实施规划、强化用地保障、保障项目用林、统筹环境容量及能耗指标、推动两岸产业融合发展、加大基础设施建设力度、加大财税支持力度、加大金融支持力度、强化人才支撑、加大对外开放力度、积极争取国家支持、建立专项协调机制。

21 日，2022 数字中国创新大赛网络安全赛道大赛在三明举行。

2022 数字中国创新大赛网络安全赛道暨三明市第二届“红明谷”杯数据安全大赛在三明举行，大赛由数字中国建设峰会组委会主办，福建省数字福建建设领导小组办公室、三明市政府承办。

21 日，我省开展松材线虫病疫木检疫执法专项行动。

福建省林业局近日印发通知，提出今年 4 月至 11 月在全省范围内开展松材线虫病疫木检疫执法专项行动，严厉打击违法违规调运行为，以有效遏制松材线虫病人为传播。

21 日，省领导赴莆田调研。

福建省委常委、常务副省长郭宁宁深入莆田

市，前往福厦客专莆田站北站房、福建佳通轮胎有限公司、福建省亚明食品有限公司、莆田嘉裕华制鞋工业有限公司，调研重点项目建设情况，详细了解企业应对疫情加快恢复发展情况，实地检查企业和项目安全生产责任制落实情况，现场协调解决有关问题。

21日，创新驱动，加快打造生物医药产业高地。

福建省人民政府新闻办召开福建省加快生物医药产业高质量发展新闻发布会，邀请省发改委、省工信厅、省科技厅、省卫健委、省药监局等部门和厦门市科技局，介绍福建省加快打造生物医药产业高地的有关情况，解读《福建省加快生物医药产业高质量发展的实施方案》。

21日，2022数字中国创新大赛数字低碳赛道决赛举行。

由数字中国建设峰会组委会主办的2022数字中国创新大赛数字低碳赛道决赛在南平市举行。作为国内首个以数字化驱动双碳目标实现为内容的专业赛事，共有36支队伍从全国各地566个低碳创新应用领域表现突出的企业与团队中跻身决赛。因新冠肺炎疫情防控需要，决赛采用“线上+线下”结合方式举行，通过“云路演”“云答辩”等形式参与“数字+产业低碳转型”“数字+低碳生活风尚”“数字+碳汇价值实现”三个赛题的角逐。大赛商请清华大学新型城镇化研究院等作为顾问单位，组织了行业内顶级专家参与评审和配套活动。

22日，小微民营企业可享工会经费返还政策。

福建省总工会消息，为进一步助力民营经济高质量发展，支持小微民营企业工会工作，根据《福建省总工会实施助力民营经济高质量发展“百千万行动计划”》要求，我省面向小微民营企业的工会实施经费返还政策。符合财政部、国家税务总局2021年第11号公告条件“月销售额15万元及以下”的民营小微企业，2022年度上缴地方工会的经费全额予以返还。

22日，全国首个台企上市服务联盟在厦门集美成立。

企业上市过程中有哪些环节，如何提早筹备规划，如何规范经营，可以享受哪些政策……今天下午，由集美区财政局（上市办）、集美区委人才办、集美区台港澳办、集美区税务局联合发起的全国首个台企上市服务联盟在集美区正式成立，上述的这些问题都能得到“一站式”解决。

23日，一季度福建经济实现“开门稳”“开门红”。

福建省统计局消息，根据地区生产总值统一核算结果，一季度福建生产总值11859.21亿元，按可比价格计算，比上年同期增长6.7%，高于全国1.9个百分点。一季度我省规模以上工业增加值、固定资产投资、社会消费品零售总额、出口总额、进口总额等主要指标增速好于全国，多数好于年度预期，对我省一季度经济实现“开门稳”“开门红”起到关键作用。

24日，福建党政代表团在四川学习考察。

省委书记、省人大常委会主任尹力率领福建党政代表团在四川成都学习考察。代表团一行先后考察了天府国际机场、天府新区规划馆、兴隆湖湿地公园、成都超算中心等，详细了解机场智能管理、城市规划建设、区域生态改善、基础计算平台建设等具体情况，学习当地在对外开放、公园城市建设、科技创新、文化旅游等方面的先进经验做法。

24日，省物流保通保畅工作领导小组工作部署视频会议召开。

我省召开视频会议，贯彻落实国务院物流保通保畅工作领导小组总指挥（全体）调度会议精神，部署全省保障物流畅通促进产业链供应链稳定工作。省委常委、常务副省长、省物流保通保畅工作领导小组常务副组长郭宁宁出席并讲话。

24日，全省根治拖欠农民工工资工作电视电话会议召开。

全省根治拖欠农民工工资工作电视电话会议召开。副省长康涛出席并讲话。会议强调，要深入学习贯彻习近平总书记关于根治欠薪工作的重要讲话重要指示批示精神，贯彻落实党中央、国务院决策部署和省委、省政府工作要求，坚决扛起根治欠薪政治责任，出实招、拿硬招、使新招，抓紧抓实抓细抓到位各项工作，持续巩固拓展我省根治欠薪成果。

24日，我省广泛征集科技型中小微企业融资需求。

福建省科技厅消息，为应对新冠肺炎疫情影

响，及时纾解中小微企业面临的暂时流动性困难，支持企业复工复产，我省开始面向全省科技型中小微企业广泛征集“科技贷”融资需求，支持科技型企业融资发展。此次征集活动将贯彻落实省科技厅等五部门印发的《福建省科技型中小微企业贷款方案》，根据《方案》，单户贷款金额最高可达5000万元。

25日，一季度全省实际使用外资同比增长39.9%。

福建省商务厅消息，今年一季度，全省实际使用外资190.5亿元人民币，同比增长39.9%，完成全年目标任务48.2%，超序时进度23.2个百分点，顺利实现“开门红”。一季度，我省有31个到资亿元以上大项目，外资企业利润再投资成为新增长点。

25日，一季度福建实际使用港资增势良好。

福建省商务厅消息，一季度，福建省新设港资企业数126家，合同港资110.6亿元，实际使用港资132.7亿元，同比增长32.8%，占全省同期实际使用外资总额的69.7%。香港仍是福建第一大外资来源地，截至2022年3月，全省累计实际使用港资971.8亿美元，占全省实际使用外资的66.1%。福州、厦门、泉州仍是引资主要地区，合计实际使用港资122.7亿元，同比增长33.9%，占比92.5%，拉动全省实际使用港资增长31.1个百分点。厦门、泉州、莆田、三明、宁德、平潭等五市一区实际使用港资实现正增长。

26日，2021年中小企业数字化转型典型案例公布，我省6个项目入选。

福建省工信厅消息，国家工业信息安全发展研究中心日前公布了“2021年中小企业数字化转型典型案例”，我省有6个案例入围。此次公布的111个典型案例中，地方政府推进中小企业数字化转型案例15个、中小企业数字化转型案例47个、应用场景解决方案案例49个。我省有4个项目入围中小企业数字化转型案例，分别是：九牧集团福建良瓷科技有限公司“基于5G+工业互联网打造的工业4.0智慧云工厂”、漳州科华技术有限责任公司“建设智能化、数字化工厂提升精细化管理管控水平”、福建铁拓机械股份有限公司“通过5G智能制造产业园数字化改造实现提效降耗”、厦门芯阳科技股份有限公司“自主开发适合柔性生产的数字化智能制造平台推动转型升级”。福建星云电子股份有限公司“基于工业互联网动力电池生产智能管控平台”、厦门乐石科技有限公司“乐石智能制造整体解决方案”2个项目入围应用场景解决方案案例。

26日，我省开展铁路项目欠薪问题专项整治。

福建省人社厅、省发展改革委日前印发《关于狠抓铁路工程建设项目根治欠薪工作的通知》，全省将统一组织开展铁路项目欠薪问题专项整治，排查铁路项目劳动用工和工资支付情况，依法查处欠薪和工资支付保障制度不落实等违法行为，精准清除欠薪风险隐患。

27日，一季度我省居民人均可支配收入同比名义增长7.0%。

国家统计局福建调查总队消息，一季度，福建居民人均可支配收入12500元，同比名义增长7.0%，扣除价格因素实际增长6.1%。按常住地分，城镇居民人均可支配收入16300元，同比名义增长6.5%，实际增长5.5%；农村居民人均可支配收入6221元，同比名义增长7.2%，实际增长6.9%。

27日，全省一季度审批用地同比增长358%。

福建省自然资源厅消息，今年一季度，全省共审批用地7.1万亩，同比增加358%，为全省经济社会实现“开门红”提供了要素硬支撑。其中，批准省级及以上重点项目用地4.9万亩，同比增加861%；批准一般项目用地2.1万亩，同比增加108%。全省累计供应国有建设用地5.1万亩，工业用地供应量连续两年同比递增。从审批用地用途来看，工业产业和基础项目新增用地报批量较大。其中，工业用地1.4万亩，同比增加1105%；交通运输、公共管理、水域及水利设施等基础设施用地5.1万亩，同比增加288%。省政府批准成片开发方案137个、面积6.5万亩。

27日，第十届福建创新创业大赛启动。

第十届福建创新创业大赛近日正式启动。大赛报名网站为中国创新创业大赛官网（*www.cxcyds.com*）。企业参赛注册、报名截止日期分别为6月23日、6月30日。本届大赛由省科技厅主办，省教育厅、省财政厅、省委网信办、省工商业联合会、致公党福建省委会共同支持，省科技型中小企业技术创新中心承办，共设奖金 197 万元，一等奖可获 15 万元。此外，省赛获奖企业将被择优推荐晋级全国赛，晋级全国赛的企业，除获得国家有关政策支持外，还将获得 2023 年度省科技型中小企业技术创新资金后补助支持。

28 日，海峡两岸信息服务创新大赛启动。

“瑞芯微杯”第十二届海峡两岸信息服务创新大赛暨福建省第十六届计算机软件设计大赛启动。今年的大赛由省工信厅、省教育厅、省人社厅、省商务厅、省科技厅、省总工会、共青团省委和福建中华职教社等 8 家单位联合主办，闽台多家机构协办。此项赛事为我省举办时间最长、知名度最高、参与人员最广泛的 IT 行业性赛事。大赛自 2005 年创办以来，累计参赛人数达 8.1 万人次，提交参赛项目 17321 部。其中，获奖项目 1259 部，入孵大赛加油站的累计 140 部。大赛举办创业就业实践活动超 300 场，对接和输送产业人才 3.5 万余人，助推和见证 15 家企业上市。

28 日，“全闽乐购·福见商旅”促消费活动正式启动。

“全闽乐购·福见商旅”促消费活动启动仪式在福州举行，省委常委、常务副省长郭宁宁出席。启动仪式上，省商务厅、省文旅厅分别发布了商务、文旅领域促消费政策举措及“全闽乐购·福见商旅”活动安排，推介了首届“福品网购节”系列活动，福建银联和福州市介绍了有关促消费活动内容。活动现场还发布了“福建省老字号”官方新标识，并为第六批福建老字号企业授牌。启动仪式当天，各设区市通过云闪付 App 共发放 4730 万元消费券。

28 日晚，尹力在全省视频会议上部署疫情防控和安全生产、防汛防台风等工作。

省委召开全省视频会议，听取当前全省疫情防控工作情况、安全生产形势和防汛防台风情况汇报，研究部署下一步有关工作。省委书记尹力在会上强调，要深入贯彻落实习近平总书记重要讲话重要指示精神，坚持人民至上、生命至上，统筹常态化疫情防控和经济社会发展，统筹发展和安全，统筹抓好“五一”假期相关工作，持续抓好新冠疫情防控，扎实做好安全生产工作，确保人民群众过一个安宁祥和健康的节日。省长赵龙主持会议。

29 日，省政府召开常务会议。

省长赵龙主持召开省政府常务会议，听取《信访工作条例》法治专题讲座，研究第七届世界闽商大会筹备、退役军人服务和保障等工作。会议邀请国务院副秘书长、国家信访局局长李文章以视频连线方式作专题辅导报告。

30 日，省领导看望慰问劳动模范和一线职工。

五一劳动节即将到来之际，省人大常委会党组副书记、副主任，省总工会主席周联清一行赴南平、三明看望慰问劳动模范和一线职工，向全省劳动群众致以节日问候。

30 日，福建首颗 0.5 米遥感卫星发射成功。

11 时 30 分，在我国东海海域的海上发射平台，长征十一号运载火箭将“安溪铁观音二号”卫星送入预定轨道，发射获得圆满成功。据悉，“安溪铁观音二号”卫星将与之前发射的“安溪铁观音一号”卫星一起对地组网进行观测。“安溪铁观音二号”卫星由安溪县人民政府与中科星桥和长光卫星共同合作研制，是我省首颗分辨率达到 0.5 米的光学商业遥感卫星，也是我国目前民用和商用领域最高分辨率的光学遥感卫星之一。

（摘编：陈闽声）

五月

1 日，我省进入海洋伏季休渔期。

中午 12 时，我省海域 11138 艘渔船进入海洋伏季休渔期，最长休渔时间 4.5 个月。

2 日，用好“一张网”，精准“两手抓”。

福建省经济社会运行和高质量发展监测与绩效管理平台近日上线试运行。该平台主要包括经济社会运行监测、高质量发展绩效管理两个子系统，旨在实现全省各地区各领域经济社会运行情况“一网监测、一网评估”。

2日，我省一季度贷款余额首次突破7万亿元。

3月末，福建省社会融资规模比年初增加5081.49亿元，季度增量首次突破5000亿元关口，同比多增1375.62亿元；本外币各项贷款余额首次突破7万亿元，达7.07万亿元，同比增长13.4%，为近七年同期次高，增速居全国第5位，比全国平均增速高2.3个百分点；本外币各项存款余额6.72万亿元，同比增长13.2%，创近九年同期新高，增速居全国第4位，比全国平均增速高3.3个百分点。

5日，省委常委会召开会议。

省委书记尹力主持召开省委常委会会议，认真学习贯彻习近平总书记在4月29日中央政治局会议上、在中央政治局第三十八次集体学习时的重要讲话和对湖南长沙居民自建房倒塌事故作出的重要指示、给中国航天科技集团空间站建造青年团队的回信精神，研究部署我省贯彻落实措施；听取第七届世界闽商大会筹备工作情况汇报，提出具体要求。

5日，尹力主持召开十一届省委财经委员会第二次会议。

省委书记、省委财经委员会主任尹力主持召开十一届省委财经委员会第二次会议，认真学习贯彻习近平总书记在中央财经委员会第十一次会议上的重要讲话精神，研究我省贯彻落实措施；研究统筹做好重大金融风险防范化解工作，部署推动金融更好支持实体经济发展；研究推进加快我省光伏和氢能产业发展工作。省长、省委财经委员会副主任赵龙出席。

5日，“五一”假期全省接待游客逾1700万人次。

今年“五一”假期，全省文化和旅游系统在科学精准做好疫情防控前提下，统筹做好假日文旅经济发展，着力丰富优质文旅产品供给，组织开展一系列特色鲜明、形式新颖的线上线下文化和旅游活动，推出多样化“本地游”“微度假”文旅产品，吸引市民游客就近出游，尽享假期。全省文旅市场安全有序，未发生重大涉旅投诉和旅游安全事故。据测算，假期全省累计接待旅游人数1716.79万人次，实现旅游收入116.71亿元。

5日，我省启动民营企业招聘月活动。

为帮助重点群体就业，助力民营企业发展，省人社厅、省教育厅、省退役军人事务厅、省总工会等7部门日前联合出台通知，在全省开展为期一个月的民营企业招聘月活动。

5日，一季度我省水运口岸实现“开门红”。

福建省商务厅消息，一季度，我省水运口岸实现“开门红”——完成外贸货物吞吐量6114.89万吨，同比增长3.1%，外贸集装箱吞吐量262.53万标箱，同比增长7.1%。

6日，尹力赴宁德调研。

省委书记尹力深入宁德市蕉城区、寿宁县、周宁县，来到时代新能源公司、上汽集团乘用车福建分公司、三祥新材股份有限公司和南阳镇坝头村、七步镇后洋村的黄振芳家庭林场、周宁抽水蓄能电站等，调研推进复工复产、安全生产和乡村振兴等工作。

6日，我省首条跨城际岛际滨海游线路试运行。

上午8时许，随着一阵清脆的鸣笛声，承载166名游客的平潭海上观光游船“海坛1号”缓缓驶出码头，开启了平潭往返莆田的海上精品旅游线路。游船从平潭澳前客滚码头出发，在历经约4个小时的海上航行后，到达湄洲岛宫下陆岛交通码头。

6日，我省将予以分档补助。

福建省工信厅近日印发《福建省技术创新重点攻关及产业化项目实施方案》指出，2022年到2024年，我省将每年发布征集符合福建产业新体系相关领域的产业短板和急需紧缺的关键技术并对入选项目予以分档补助。根据《实施方案》，入选项目将综合考虑研发投入、团队实力、技术创新水平、预期产生的经济社会效益等因素，按不超过项目总投入的40%进行分档补助（A、B、C档分别不超过300万元、200万元、100万元）。

6日，我省出台多项措施力促消费。

福建省商务厅消息，为进一步激发消费信心，挖掘消费潜力，近日，福建省外贸外资（稳价保供）协调机制办公室印发《福建省促进商务领域消费提质扩容的若干措施》，从八个方面挖掘消费潜力。

7日，3月我省规上工业利润增长2.3%

福建省统计局近日发布工业效益数据显示，3月份我省虽受局部区域疫情冲击，但在部分行业的带动及各项帮扶政策的强力推动下，规上工业利润止跌回稳，同比增长2.3%。

7日，福建首份RCEP项下输缅甸原产地证书签发。

厦门海关为厦门保沣实业有限公司一批价值34.3万美元的“易拉盖”签发RCEP项下输缅甸原产地证书，这也是《区域全面经济伙伴关系协定》（RCEP）5月1日对缅甸生效实施以来，福建省签发的首份RCEP项下输缅原产地证书。

8日，我省出台措施鼓励外资投向制造业。

我省近日印发《关于进一步推进利用外资保稳促优若干措施的通知》，从外资提质增效、强化投资促进、优化投资环境、完善正向激励等方面提出具体政策措施。其中，在惠企政策方面，保留原有企业到资奖励政策，同时加大对制造业引资，世界500强、台湾百大企业投资项目支持力度。

9日，我省首个“基于柔直互联的馈线组微电网”投运。

近日，位于泉州南安水头镇的“10千伏白莲线—垢坑线柔直互联微电网”完成24小时试运行，正式投入运行。这是我省首个投入运行的“基于柔直互联的馈线组微电网”，该项目也是国网福建电力创建新型电力系统省级示范区首批30个项目中第一个投运的示范工程。

9日，我省开具首张符合会计数据标准电子凭证。

福建省财政厅消息，今日，福建电力福州供电公司向厦门航空福州分公司开具了我省第一张符合会计数据标准的增值税普通发票电子凭证，这标志着我省电子凭证会计数据标准试点工作迈出了关键一步，为全面实现电子会计凭证应用奠定基础。

10日，“一起益企”中小企业服务行动开展。

我省近日印发《开展“一起益企”中小企业服务行动方案》。《方案》明确，要充分发挥我省中小企业公共服务平台骨干支撑作用，汇聚和带动各类优质服务资源，组织服务团队进企业、进园区、进集群，为中小企业送政策、送管理、送技术，促进全省中小企业平稳健康发展。

10日，我省衔接推进乡村振兴补助资金绩效考核居东部地区首位。

福建省财政厅消息，经综合评价，近日，财政部等部门公布2021年衔接推进乡村振兴补助资金绩效评价考核结果，我省获得A级等次，排名位居东部地区首位，获得中央财政奖励资金1.1亿元。

10日，省防指召开全省防范持续性暴雨视频会商调度会。

省防指召开视频会议，会商调度持续性暴雨防御工作。省委常委、常务副省长郭宁宁出席会议并讲话。会议强调，本轮降雨是今年我省入汛以来预报最强的降雨过程。各地市各有关部门要认真学习贯彻习近平总书记关于防汛救灾工作的重要指示精神，落实省委和省政府工作要求，坚持人民至上、生命至上，统筹做好疫情防控和强降雨防御各项工作，牢牢守住安全底线。

11日，省集成电路创新实验室建设可行性专家论证会举行。

福建省科技厅日前在福州组织召开福建省集成电路创新实验室建设可行性专家论证会，邀请了8位有关院士、专家进行参与。集成电路创新实验室由泉州市政府牵头、以福建省电子信息集团为依托单位申报建设。论证会上，专家们听取实验室建设方案汇报，围绕实验室建设建议书进行了质询和讨论。专家组充分肯定了集成电路创新实验室的建设意义，认为实验室总体定位合理、建设目标明确、方向鲜明，建设方案基本可行。

11日下午，省防指启动防暴雨Ⅳ级应急响应。

省防指组织气象、应急、水利等部门会商，并与厦门、龙岩、漳州、泉州、莆田市视频连线，分析研判强降雨天气趋势，进一步部署防范应对工作。根据《福建省防汛防台风应急预案》，省防指于11日18时启动防暴雨Ⅳ级应急响应。

12日，2022年优势特色产业集群建设名单公布。

农业农村部日前公布2022年优势特色产业集

群建设名单。闽西禽蛋产业集群入选。闽西禽蛋产业集群项目覆盖宁化县、清流县、三明市沙县区、永安市、大田县、连城县、龙岩市新罗区、福清市、永泰县等九地。近年来，我国通过支持建成一批年产值超过100亿元的优势特色产业集群，推动产业形态由“小特产”升级为“大产业”，空间布局由“平面分布”转型为“集群发展”，主体关系由“同质竞争”转变为“合作共赢”。此前，农业农村部已批复我省建设武夷岩茶、福建食用菌两大优势特色产业集群。

12日，我省首批数字人民币代发工资落地。

厦门自贸委的69名在岗公务员和35名事业单位在编人员收到了单位发放的首笔数字人民币工资，厦门自贸委成为我省首个以数字人民币发放公务员和事业单位员工工资的单位。

12日，前4个月我省外贸进出口同比增长8.3%。

福州海关消息，前4个月，我省外贸进出口5826.8亿元人民币，同比增长8.3%。其中，出口3497亿元，同比增长10.8%；进口2329.8亿元，同比增长4.6%。一般贸易进出口占比超七成。前4个月，我省一般贸易进出口4347.4亿元，同比增长4%，占同期我省外贸进出口总值的74.6%。同期，加工贸易进出口831.5亿元，同比增长19.3%，占14.3%。

13日，4月份我省工业生产者出厂价格同比上涨4.7%。

据国家统计局福建调查总队提供的数据显示，4月份，我省工业生产者出厂价格同比上涨4.7%，环比上涨0.8%；工业生产者购进价格同比上涨8.2%，环比上涨1.0%。1—4月平均，工业生产者出厂价格比上年同期上涨5.1%，工业生产者购进价格比上年同期上涨9.1%。

13日，交通运输部门全力做好本轮暴雨防御工作。

10日以来，我省遭遇持续强降雨量过程。省交通运输厅于11日18时启动防暴雨Ⅳ级应急响应，全省启动交通运输防汛预案。全省落实专业抢险队伍650支共9969人、抢险救援装备5058台/套，以“抢毁保通”为重点开展好抢险救援。截至12日16时，全省高速公路通行正常；普通公路累计阻断2条2处，已全部抢通。

15日，前4月我省实际使用外资211.6亿元。

福建省商务厅消息，1—4月，福建省实际使用外资211.6亿元人民币，同比增长32.6%，完成全年目标任务的53.6%，超序时进度20.3个百分点。

16日，2022年省级示范物流园区开始申报。

为推进我省现代物流业高质量发展，建设一批布局集中、用地集约、功能集成的示范物流园区，我省日前启动2022年省级示范物流园区申报工作。据省工信厅消息，我省将对认定的省级示范物流园区给予最高不超过100万元的一次性奖励。

17日，尹力在福州永泰调研。

省委书记尹力深入福州市永泰县的山村古庄、产业园区、水利项目等，实地调研推进乡村振兴、文旅融合、基础设施建设等工作。尹力强调，要深入贯彻落实习近平总书记来闽考察重要讲话和对福建、福州工作的重要指示批示精神，坚持“3820”战略工程思想精髓，牢记“绿水青山就是金山银山”，坚持因地制宜，找准自身优势，努力走出一条具有当地特色的乡村振兴之路。

17日，我省出台纾困帮扶措施支持文旅行业恢复发展。

福建省文旅厅消息，《关于支持文旅行业恢复发展的纾困帮扶措施》经省政府同意，于近日印发实施。《措施》全面贯彻落实国家和省里已出台的纾困帮扶举措，要求按照简化流程加快兑现、同类政策实行从高不重复原则执行，确保企业应享尽享。同时落实《文化和旅游部关于进一步调整暂退旅游服务质量保证金相关政策的通知》（文旅发电〔2022〕61号），对符合条件的旅行社暂退或缓交旅游质量保证金按100%比例执行，补足时间延至2023年3月31日。

18日，我省再添三家体育产业“国家队”。

国家体育总局日前下发了《关于命名、认定2021年国家体育产业基地的通知》，全国9个县（区）被命名为国家体育产业示范基地，19家单位被认定为国家体育产业示范单位，5个项目被认定为国家体育产业示范项目。我省的福州文体产业开发运营有限公司和厦门钢宇工业有限公司入选国家体育产业示范单位，建瓯福松体育文化产业园则在国家体育产业示范项目中榜上有名，光荣晋级“国家队”。

19 日上午，福建省重大水利工程集中开工。

我省重大水利工程集中开工视频动员会举行，共开工重大项目 11 个，总投资 105.87 亿元。受省委书记尹力委托，省长赵龙讲话并宣布开工。水利部副部长魏山忠作视频讲话，副省长康涛主持。

19 日，省领导出席 2022“中国旅游日”福建分会场主题活动。

2022“中国旅游日”福建分会场主题活动暨“沙县小吃·福味”活动在三明市沙县区正式启动，副省长郑建闽出席。活动发布了 2022“中国旅游日”福建省系列活动和优惠政策、“来福建·享福味”宣传片，开展福建文旅品牌进沙县小吃店推广活动，为首批“百城万店有福味”加盟沙县小吃店授牌。同时，现场还正式发布启用了“智慧游三明”小程序，发放三明文旅消费券，向援沪医务人员家属赠送文化和旅游消费大礼包等。

19 日，2025 年全省沿海港口吞吐量力争达 8 亿吨。

福建省交通运输厅、省发改委、福建海事局近日联合印发《福建省建设世界一流港口做大做强东南国际航运中心工作方案（2021—2023 年）》，从 5 个方面，提出了保障国际供应链畅通、推进“丝路海运”建设、创新多式联运发展模式、增强港口腹地辐射能力等 13 条具体举措。方案提出，到 2023 年，力争全省沿海港口吞吐量达 7.3 亿吨、集装箱 1950 万标箱。到 2025 年，力争全省沿海港口吞吐量达 8 亿吨、集装箱 2300 万标箱。

19 日，全球“福茶驿站”启动暨授牌仪式举行。

在“国际茶日”即将到来之际，以“福润五洲、茶和天下”为主题的全球“福茶驿站”启动暨授牌仪式在福州举行。省委常委、常务副省长郭宁宁出席并致辞。“福茶驿站”是由省侨联发起，以福茶为纽带，向世界开展茶文化交流的公益性平台。目前，已与 23 个国家和地区的 25 个侨团，以及 17 家国内茶企签订合作备忘录。

20 日，安溪铁观音茶文化系统被认定为全球重要农业文化遗产。

联合国粮食及农业组织（FAO）网站对外公布，“中国福建安溪铁观音茶文化系统”被正式认定为全球重要农业文化遗产（GIAHS）。

20 日，中国工程科技发展战略福建研究院 2022 年咨询研究项目启动申报。

中国工程科技发展战略福建研究院面向全国发布该院 2022 年咨询研究项目指南，紧扣做强做优做大“四大经济”，聚焦福建省“十四五”规划和 2035 年远景目标纲要的重大工程和重点工作，旨在切实发挥战略咨询研究对科学决策的支撑作用，广邀院士前来申报。每个项目经费 100 万—150 万元，研究周期为 2022 年 6 月 1 日至 2023 年 5 月 31 日。

21 日，第二届“国际茶日·福茶行天下”三茶融合发展大会召开。

第二届“国际茶日·福茶行天下”三茶融合发展大会在福州召开。省委常委、常务副省长郭宁宁出席大会启动仪式。本届大会深入贯彻落实习近平总书记致首个“国际茶日”的贺信精神，以及去年来闽考察对统筹做好茶文化、茶产业、茶科技三篇大文章作出的重要指示，立足国际视野，紧紧围绕三茶融合发展，以“福茶行天下，健康进万家”为主题，促进福茶新消费与流通，助力福建茶产业高质量发展。大会现场，省商务厅在福茶网投放 3000 万元福茶消费券，并发布《支持福茶网高质量发展十条措施》。

23 日，王勇出席金砖国家工业互联网与数字制造发展论坛。

国务委员王勇在福建厦门出席金砖国家工业互联网与数字制造发展论坛开幕式并致辞。本次论坛主题为“把握工业互联网发展机遇，携手推动制造业数字化转型”，由工业和信息化部、福建省人民政府、厦门市人民政府共同主办。

23 日，全国首个农业碳汇服务驿站在厦设立。

厦门市产权交易中心与厦门农商银行合作，在厦门市同安区军营村设立全国首个农业碳汇服务驿站。厦门农商银行首批 50 万元“乡村振兴碳汇贷”顺利发放给了同安区莲花镇军营村、白交祠村的三家农户，开启为农户提供“农业碳汇+绿色金融”的下沉式服务模式。

23日，我省将新增75万吨省级粮食储备库总仓容。

福建省粮食和物资储备局消息，我省将新增省级粮食储备库总仓容75万吨，总投资约16.3亿元。粮储系统将按照“6月30日前开工4个项目，9月30日前再开工4个项目”的既定目标任务，倒排工期，确保按时开工，保质保量完成建库任务。

23日，我国首个海洋领域国家基础科学中心启动。

我国首个海洋领域国家基础科学中心——海洋碳汇与生物地球化学过程基础科学中心，经过多年严苛的评审和现场考察，高票获得国家自然科学基金委员会的批准立项，今日在厦门启动。基础科学中心正式启动后，将加快推进相关研究工作进展，进一步吸引和凝聚国内外优秀科技人才，着力推动学科深度交叉融合，打造海洋科学人才高地，建设海洋碳汇研究国际平台。

24日，我省首批“最美乡村‘福’路”受牌。

福建省首批“最美乡村‘福’路”授牌仪式在平潭综合实验区举行。平潭综合实验区北部湾旅游公路、泰宁县明清园—新桥乡岭下村、永春岵山北溪至南安蓬华公路旅游风景道、南平市建阳区麻桐线X860、长汀县新临线和中白线生态红色路线被授予福建省首批“最美乡村‘福’路”。

25日，省政府召开常务会议。

省长赵龙主持召开省政府常务会议，认真贯彻落实党中央国务院决策部署以及省委工作要求，研究通过2022年新增政府债务限额分配方案，决定提请省人大常委会审议；审议通过《福建省矿产资源监督管理办法（修订草案）》；研究推进林业改革发展再出发等事项。

25日，日用陶瓷5G云智慧工厂项目在德化启动。

国家陶瓷行业工业设计研究院大楼奠基暨全球首个日用陶瓷5G云智慧工厂项目启动仪式在瓷都德化举行。这标志着以数字化、智能化、定制化为标志的日用陶瓷智能制造时代已经到来。2021年，工业和信息化部公布首批5家国家工业设计研究院名单，国家陶瓷研究院正式获批成立并落户德化。

25日，象屿综合保税区跨境电商海关监管中心首单业务试单成功。

在厦门东渡海关的监管下，象屿综合保税区跨境电商海关监管中心的首批货物顺利通关，从厦门港直接登上前往美国的货轮。这一全新的通关监管模式，也为厦门市跨境电商出口业务新添了一条“黄金通道”。

25日，全省农村建设品质提升完成投资110亿元。

福建省农村建设品质提升工作组办公室消息，今年前4月，全省农村建设品质提升5类工程、20项重点任务已完成投资110亿元，占年度210亿元计划投资的52.4%，总体建设超序时推进。

25日，我省发行今年首批再融资债券157亿元。

福建省财政厅消息，我省在中央国债登记结算有限责任公司发行首批再融资债券157亿元，其中，一般债券41亿元，专项债券116亿元。

25日，江阴口岸整车进口居全国前列.

福建省商务厅消息，今年以来，在福州自贸片区管委会、江阴港城经济区管委会、海关和车企的共同努力下，江阴整车口岸发展形势向好，目前累计进口整车已超过1000辆，在全国29个整车口岸中位居前8位。

26日，省委常委会召开会议。

福建省委书记尹力主持召开省委常委会会议，学习贯彻习近平总书记在庆祝中国共产主义青年团成立100周年大会上的重要讲话、在庆祝中国国际贸易促进会建会70周年大会暨全球贸易投资促进峰会上的视频致辞和给南京大学留学归国青年学者的回信精神，贯彻落实全国稳住经济大盘电视电话会议精神，研究我省具体贯彻落实措施。

26日，省文旅厅举办“福”文化文创作品推广活动。

为做强做优做大文旅经济，省文旅厅在全省“福”文化创意设计大赛的基础上，聚焦“福茶、福瓷、福章”，日前启动相关文创作品优化和展销推广活动，支持“福”文化创意设计大赛相关优秀作品的转化利用，进一步掀起“福”文化文创宣传推广新热潮。

26日，第七届世界闽商大会下月18日在榕举行。

福建省人民政府新闻发布会消息，第七届世

界闽商大会将于 6 月 18 日在福州举行。同期，还将举办第十二届福建省民营企业产业项目洽谈会。本届大会将采取“1+N”的“线下+线上”办会模式，在福州设主会场，在境外闽商聚集的国家和地区设立若干个视频分会场。

27 日，我省专项整治在建项目拖欠工程款及农民工工资问题。

福建省住建厅、人社厅日前联合召开全省深化推进拖欠工程款及农民工工资“点题整治”视频会议，部署在建项目拖欠工程款及农民工工资问题专项整治工作。力争到今年 10 月底前，全面落实工程项目工资支付保障制度，确保实现大数据监管全覆盖。

27 日，《福建省邮政条例》将于今年 7 月 1 日起施行

福建省十三届人大常委会第三十三次会议表决通过《福建省邮政条例》，将于今年 7 月 1 日起正式施行。条例对新建小区配建智能信包箱、加强用户信息保护、邮政快递卫生防疫等作出了规定，特别是针对快递行业从业人员权益保障方面存在的问题，填补了立法空白、监管空白，为快递小哥提供“硬核”保障。

27 日晚，全省防汛视频工作会议召开。

全省防汛视频工作会议在福州召开。省委书记尹力在会上强调，要深入贯彻习近平总书记关于加强防汛抗旱救灾工作的重要指示精神，按照党中央、国务院决策部署，坚持人民至上、生命至上，统筹发展和安全，立足防大汛、抢大险、救大灾，以更高标准、更严要求、更实举措全力抓好防汛防灾各项工作，切实保障人民群众生命财产安全。省长赵龙主持。

30 日上午，省政协“多措并举确保我省粮食安全”专题协商会召开。

省政协围绕“多措并举确保我省粮食安全”召开年度首场专题协商会，深入学习贯彻习近平总书记关于粮食安全的重要论述，贯彻落实省委部署要求，以“现场协商+视频连线”方式，组织百名政协委员、专家学者、基层代表与有关部门共商粮食安全大计。

30 日，我省县域数字乡村指数排名全国第三。

北京大学新农村发展研究院、阿里研究院数字乡村项目组联合在线上发布了“县域数字乡村指数报告 2020”。根据该报告，福建的县域数字乡村指数分为 69 分，仅次于浙江（83 分）、江苏（70 分），列全国第 3 位；福建 14 个县域进入数字乡村指数“百强县”，仅次于浙江（32 个）、河北（19 个），同样排名全国第 3 位。

31 日，全省经济运行调度视频会议召开。

全省经济运行调度视频会议召开。省委常委、常务副省长郭宁宁主持会议并讲话。会议指出，当前正处于决定全年经济走势的关键节点。各地各部门要认真贯彻党中央、国务院决策部署，围绕“疫情要防住、经济要稳住、发展要安全”重要要求，坚定信心、下定决心，坚持短期长期结合、存量增量并举，全力以赴稳增长稳市场主体保就业防风险，确保经济运行在合理区间。

（摘编：苏小雨）

六月

1 日，尹力在平潭调研。

省委书记尹力赴平潭综合实验区，深入产业园区、文旅项目、乡村社区等基层一线，看实情、问实计、办实事，推动政策措施落地见效，加快高质量发展。

1 日，省政府召开常务会议。

省长赵龙主持召开省政府常务会议，认真贯彻落实党中央国务院决策部署以及省委工作要求，听取研究深化东西部协作和定点帮扶、加强和改进信访工作、加强新时代公安工作，审议通过《福建省“十四五”推进农业农村现代化实施方案》《关于促进民宿发展的若干措施》，研究碳达峰碳中和、海丝核心区建设、加强统计工作等事项。

1日，省国防科技工业办公室与省创新研究院签订合作备忘录。

福建省国防科技工业办公室与福建省创新研究院签订合作备忘录，共建福建省两用技术创新研究院，省国防科工办和省创新研究院主要领导共同为福建省两用技术创新研究院揭牌。双方将聚焦科技协同创新，打造两用技术创新公共服务平台，加快推动国防科技成果转化，推动创新链、产业链、人才链、资金链深度融合，助力我省相关产业提质增效。

2日，我省最大的木荷无性系种子园在邵武建成。

邵武市卫闽国有林场建成150亩1.5代木荷无性系种子园，日前经省林业科学研究院珍贵树种创新团队认定，为当前我省面积最大、种植技术领先的木荷良种繁育基地。

2日，嘉庚创新实验室与晶禾投资共推半导体关键材料国产化。

首批省创新实验室之一——嘉庚创新实验室与晶禾投资在厦门大学近日举行签约仪式，合作成立福建永庚科技有限公司及联合研究院，共同运营高端电子化学品产品线并开展新产品研发。厦门大学凝聚了一支有持续创新能力的研究队伍，与厦门市共建的嘉庚创新实验室在体制机制方面大胆创新、积极探索，本次合作将致力于产出原创性成果并推动产业化应用，实现产学研深度融合。

2日，1至4月我省贷款增速全国第三。

人行福州中心支行消息，4月末，福建省社会融资规模比年初增加5402.87亿元，同比多增1168.03亿元；本外币各项贷款余额7.14万亿元，同比增长14.18%，创近八年同期新高，增速居全国第3位，比全国平均增速高3.58个百分点；本外币各项存款余额6.73万亿元，同比增长14.09%，创近九年同期新高，增速居全国第3位，比全国平均增速高3.9个百分点。

2日，我省出台交通运输助企纾困扶持政策。

福建省交通运输厅消息，该厅出台交通运输助企纾困支持市场主体发展九条措施，助力行业健康稳定发展。九条举措主要包括对运输企业予以纾困补助资金、实施港口收费优惠政策、优化服务企业和全力推进项目攻坚等。

4日，中沙古雷乙烯项目获核准。

近日，省发改委批复核准福建古雷150万吨/年乙烯及下游深加工联合体项目（中沙古雷乙烯项目），项目总投资420.7亿元，标志着我省迄今一次性投资最大的中外合资项目正式落地。项目由福建省能源石化集团有限责任公司与全球石化巨头沙特基础工业公司（SABIC）合资建设，将在古雷石化基地投资建设一套年产150万吨乙烯及下游深加工联合装置，共采用19项全球领先工艺技术，建成后年产值约300亿元，将带动上下游投资超千亿元。

4日，省防指启动防暴雨Ⅳ级应急响应。

福建省防指消息，根据《福建省防汛防台风应急预案》，省防指决定于6月4日17时启动防暴雨Ⅳ级应急响应。要求各相关成员单位和有关地市密切监视雨情动态，适时启动防暴雨应急响应，强化组织指挥，扎实做好防御工作。

4日，中欧（厦门）班列首发“台湾—厦门—圣彼得堡”海铁联运线路。

一批来自台湾高雄的货柜搭乘厦门中欧班列建发专列发往俄罗斯，此前，该批货物以海运方式抵达厦门。这也意味着中欧（厦门）班列首发“台湾—厦门—圣彼得堡”海铁联运线路。

5日上午，龙岩杉木和米老排种子上太空。

跟随陈冬、刘洋、蔡旭哲3名航天员一起进入太空的还有来自龙岩市上杭白砂国有林场的250克杉木种子和100克米老排种子。

6日，福建多措并举稳经济。

福建省人民政府近日印发了《关于贯彻落实扎实稳住经济一揽子政策措施的实施方案》，从加大市场主体纾困解难力度、保产业链供应链稳定、更大力度保就业等8个方面出台48项措施。今日，省政府举行新闻发布会，邀请省发改委、省工信厅、省财政厅、省人社厅等单位有关负责人介绍《实施方案》有关情况。

6日，全国首次！连江用海洋碳汇实现“零碳”会议。

连江县召开金融助力海洋经济发展大会暨海洋经济产业项目集中签约会。让人意外的是，这场大会的第一项程序既不是领导讲话，也不是企业签约，而是“零碳”确认——兴业银行福州分行捐赠了6000千克海洋碳汇，抵消了此次大会的碳排放，创造了全国首次由海洋碳汇实现碳中和的“零碳”会议。

6日，第二十届海创会将于18日开幕。

福建省人民政府新闻发布会消息，6月18日至20日，第二十届中国·海峡创新项目成果交易会将如期在福州举办。海创会是我省实施创新驱动发展战略的重要平台，从2003年起已连续成功举办十九届。发布会数据显示，二十年来，海创会累计征集推介10万多项科技项目成果，促进5万多项成果在福建转化落地，带动社会投资超9000亿元。

7日，全省首个“多端互联低压柔性微电网”在湄洲岛并网。

近日，在湄洲岛轮渡码头，莆田供电公司数名施工人员正在进行第4台柔性互联装置低压电缆施工。当天，全省首个“多端互联低压柔性微电网”项目接入电网。该项目将对探索构建以新能源为主体的新型电力系统提供示范意义。

8日，加快推进疫情防控应急医疗物资产业发展。

福建省工信厅联合省发改委、科技厅、财政厅、卫健委、医保局、药监局近日印发《福建省加快推进疫情防控应急医疗物资产业发展若干措施》，从6个方面提出19条措施，旨在壮大应急医疗物资产业规模，切实提升医疗物资保供能力。

8日，我省对重点新材料首批次生产应用予以奖励。

福建省工信厅日前印发《福建省重点新材料首批次生产应用奖励办法》（下简称“办法”）。根据该办法，我省将对符合条件的企业按照不超过其上一年度单个重点新材料产品销售总额5%的比例予以奖励，奖励金额最高200万元。

8日，省防指召开防范持续性强降雨会商调度会。

省防指召开视频会议，落实省委和省政府工作要求，对防范持续性强降雨再强调、再部署、再落实。省委常委、常务副省长郭宁宁出席会议并讲话。会议强调，本轮强降雨仍将持续一段时间。各地各有关部门要认真学习贯彻习近平总书记关于防汛救灾工作的重要指示精神，坚持人民至上、生命至上，统筹发展和安全，慎终如始抓好防汛防暴雨各项工作，切实保障人民群众生命财产安全。

9日，我省国有港口区域化整合初步完成。

5月中旬，省港口集团在福州港罗源湾港区和平潭港区的区域优化整合正式落地，我省国有港口区域化整合完成了两块重要“拼图”。全省范围内“一市（区）一港”区域化发展的新格局初步形成。

9日，我省完成首单区外飞机整机保税维修业务。

一架完成进境检修的B787-8飞机近日从厦门高崎国际机场起飞，前往目的国。这是由厦门机场海关监管的我省首架采用区外保税维修模式开展进境整机维修的飞机，从进厂检修到完成申报复出境不过半个月时间。

10日上午，国内首条“丝路海运”电商快线开通。

一批装有服装鞋帽、五金配件等跨境电商产品的集装箱，在厦门象屿综合保税区跨境电商海关监管中心完成海关出口手续后，运往海天码头装船，准备次日发往菲律宾马尼拉南港。这是厦门港开通的国内首条“丝路海运”电商快线，该条快线开通标志着厦门港跨境电商海运快捷通道正式启动。

10日，省政府召开常务会议。

省长赵龙主持召开省政府常务会议，认真贯彻落实党中央国务院决策部署以及省委工作要求，听取全省营商环境数字化监测督导机制实施情况汇报，审议通过《福建省营商环境创新改革行动计划》《关于进一步推进工业用地提质增效促进工业经济高质量发展的通知》。会议还研究了其他事项。

10日，福建滨海旅游联盟成立。

福建滨海旅游联盟工作会议在宁德市霞浦县召开。会上，福建沿海六市一区（福州、厦门、漳州、泉州、莆田、宁德、平潭）文旅部门共同成立了福建滨海旅游联盟。会上，省文化和旅游厅正式发布“1号滨海风景道”标识，并向国家知识产权局申请“1号滨海风景道”23大类注册商标。截至2021年底，滨海六市一区3A级以上旅游景区（点）共181个，海洋旅游前景广阔。

10日，我省预制菜出口专场对接会举行。

在2022中国（福州）国际渔业博览会期间，由省商务厅主办、省进出口商会承办的“福建省预制菜出口专场对接会”在福州举行。40多家福建预制菜供应商和11家美国、加拿大采购商代表等约100人通过线上+线下方式参与活动。

10日，福建“福”文化创意设计大赛产业对接会举行。

福建“福”文化创意设计大赛产业对接会暨成果展在福州市举行。展会现场展出了本次大赛入围终评的306件优秀参赛作品，来自全省各地的10多家文创企业人员与优秀参赛作品作者代表进行合作洽谈，现场有多件作品达成合作开发意向。

10日，我省出台公积金贷款新政。

省住建厅出台《关于稳住住建行业经济运行若干措施》，提出实施住房公积金阶段性支持政策，职工家庭第二次申请使用住房公积金贷款购房的，最低首付款比例由40%降低至30%，具体最低首付款比例由各地住房公积金管委会根据当地公积金资金状况、当地房价水平等因素综合确定。

10日，福建首个地方窑口研究中心落户晋江磁灶。

中国古陶瓷学会磁灶窑研究中心揭牌仪式在世界遗产点磁灶窑址（金交椅山窑址）举行，标志着福建首个、全国第三个地方窑口研究中心正式落户晋江磁灶。

10日，中国（福建）知识产权保护中心通过验收。

福建省市场监管局消息，国家知识产权局专家验收组通过对中国（福建）知识产权保护中心的验收。该中心是继泉州、宁德后，在福建省布局建设的第3家知识产权保护中心，也是全国第11家面向全省域提供知识产权快速协同保护工作的中心。

12日，省防指部署持续性强降雨防御工作。

省防指召开视频会议，认真学习贯彻习近平总书记关于防汛救灾工作的重要指示精神，落实省委和省政府工作要求，对强降雨防御工作再动员、再部署、再落实。省委常委、常务副省长郭宁宁出席会议并讲话。

13日，5月份省工业生产者出厂价格同比上涨4.3%。

国家统计局福建调查总队发布数据显示，今年5月份，福建省工业生产者出厂价格同比上涨4.3%，环比上涨0.2%；工业生产者购进价格同比上涨7.3%，环比上涨0.4%。1—5月平均，工业生产者出厂价格比上年同期上涨5.0%，工业生产者购进价格比上年同期上涨8.7%。分析显示，5月份我省工业生产者出厂价格中，生产资料价格同比（下同）上涨6.3%，拉动工业生产者出厂价格总水平上涨约4.12个百分点。其中，采掘工业价格上涨7.4%，原材料工业价格上涨14.5%，加工工业价格上涨2.8%。生活资料价格上涨0.6%，拉动工业生产者出厂价格总水平上涨约0.20个百分点。其中，食品价格上涨0.2%，衣着持平，一般日用品价格上涨1.0%，耐用消费品价格上涨2.0%。工业生产者购进价格中，燃料、动力类价格上涨33.0%，有色金属材料及电线类价格上涨8.5%，化工原料类价格上涨7.6%。

14日，我省率先完成新增地方政府债券发行任务。

我省在中央国债登记结算有限公司发行新增政府债券697.21亿元，至此，今年财政部下达我省的新增政府债务限额1640亿元已全部发行完毕。我省成为全国首个完成全年新增政府债券发行任务的省份。

14日，我省首单科创票据落地。

全国首批用途类科创票据厦门象屿集团有限公司2022年度第一期中期票据（科创票据）成功发行，募集资金共计10亿元，专项用于厦门天马显示科技有限公司建设第六代柔性主动矩阵有机发光二极体（AMOLED）项目生产线项目，该项目为国内最大的柔性AMOLEO单体工厂。这是全国首批用途类科创票据暨福建省首单科创票据。由兴业银行厦门分行牵头主承销。

14日，我省1000M及以上高速率宽带用户增长迅猛。

省通信管理局发布的数据显示，我省固定宽带用户加速向高速率迁转，1000M及以上高速率宽带用户增长迅猛。截至 4 月底，全省固定宽带用户达 2060.1 万户，同比增长 8.1%。其中，100M 及以上宽带用户 1922.1 万户，同比增长 16.1%，占总用户数的 93.3%；1000M 及以上宽带用户 102.9 万户，同比增长 29.7 倍，占总用户数的 5%。

14—17 日，全国政协农业和农村委员会来闽开展专题调研。

全国政协农业和农村委员会主任罗志军率调研组来闽，就“统筹推进茶产业高质量发展”开展专题调研，并在福州举行调研座谈会听取情况介绍。在闽期间，调研组先后赴福州及南平建阳、武夷山等地，深入茶产业示范企业、文化企业、生态茶园、农民专业合作社实地调研，和茶农、茶企面对面交流，听取意见建议。

15 日，前 5 个月我省外贸进出口同比增长 6.5%。

据福州海关统计，前 5 个月，我省外贸进出口 7500 亿元人民币，同比增长 6.5%。其中，出口 4507.2 亿元，同比增长 9.9%；进口 2992.8 亿元，同比增长 1.8%。一般贸易进出口占比超过七成。一般贸易进出口 5623 亿元，同比增长 2.6%，占同期福建省外贸进出口总值的 75%。同期，加工贸易进出口 1017.4 亿元，同比增长 14%，占 13.6%。民营企业进出口占半壁江山。民营企业进出口 3978.8 亿元，同比增长 5.6%，占同期福建省外贸进出口总值的 53.1%。外商投资企业进出口 1837.1 亿元，同比增长 5.8%，占 24.5%。同期，国有企业进出口 1676.5 亿元，同比增长 9.7%，占 22.4%。

16 日，第七届世界闽商大会各项准备工作已就绪。

根据省委、省政府部署，第七届世界闽商大会将于 6 月 18 日在福州召开。目前，各会场和与会嘉宾驻地已按照大会的要求，做了认真充分的安排，各项工作全部就绪。

16 日，《闽商蓝皮书·闽商发展报告（2022）》发布。

在第七届世界闽商大会即将召开之际，今日，由社会科学文献出版社出版的《闽商蓝皮书·闽商发展报告（2022）》新书发布会在福州举行。该书由福州大学、福建省闽商文化发展基金会、中国商业史学会共同编撰。报告指出，2021 年我省民营企业百强总营业收入达 18559.24 亿元，同比增长 13.29%；百强企业门槛达 35.41 亿元，比上年增加 17.41 亿元。同时，2020 年，我省共有 17 家企业上榜“2021 中国民营企业 500 强”，16 家企业入围“2021 中国制造业民营企业 500 强”，6 家企业入围“2021 中国服务业民营企业 100 强”。报告引用公开数据显示，当前，民营经济占全省 GDP 的近 70%，成为经济发展的主动力；提供 70%的税收，成为财力增加的重要源泉；贡献 70%的科技成果，成为创新型省份建设的最大动力；提供 80%的就业岗位，企业数占 90%以上，成为就业的最大主体。同时，在全省高科技企业中，95%以上是民营企业。

16 日，省人大常委会召开“四大经济”发展专题调研工作汇报会。

省人大常委会“四大经济”发展专题调研工作汇报会在榕召开。省人大常委会党组书记、副主任梁建勇出席会议并讲话。会议指出，省人大常委会党组开展“四大经济”调研以来，各调研组深入基层、深入实际，掌握情况比较全面、找出问题比较精准、所提建议比较到位，进一步凝聚了推进“四大经济”发展的共识和力量，坚定了推进高质量发展的信心和决心，展现了围绕中心服务大局的担当和作为。

16 日，全省经济运行调度会议召开。

全省经济运行调度会议召开。省委常委、常务副省长郭宁宁主持会议并讲话。会议指出，上半年已经进入冲刺阶段，各地各部门要落实“疫情要防住、经济要稳住、发展要安全”重要要求，紧紧围绕“两稳一保一防”，聚焦提高效率、提升效能、提增效益，扭住目标任务不动摇，坚定信心、下定决心，立足实际、精准施策，确保二季度结果好、上半年“双过半”。

16 日晚，第五届数字中国建设峰会筹备会召开。

第五届数字中国建设峰会第 11 次筹备会召开，深入学习贯彻习近平总书记关于网络强国的重要思想和数字中国的重要论述，精益求精、全力以赴，高质量做好峰会各项筹备工作。省委常委、福州市委书记林宝金，省委常委、常务副省长郭宁宁参加会议。

17日，沙退绿进，我省6年建设沿海防护林75.43万亩。

6月17日是“世界防治荒漠化和干旱日”，今年中国的主题为“携手防治荒漠化，共建命运共同体”。福建坚持把防沙治沙与沿海防护林体系建设紧密结合，过去6年间，全省累计完成沿海防护林建设75.43万余亩，其中新造基干林带4.35万余亩、林带修复提升52.68万余亩、封山育林18.4万余亩。福建大陆海岸线长3752公里，位居全国第二位。沿海防护林体系建设工程位列福建林业“八大工程”之首。2016年开始，省委、省政府连续3年把沿海基干林带建设列入为民办实事项目。红树林则是沿海基干林带的重要组成部分。据统计，全省红树林面积已由2001年的9225亩增加到现在的2万多亩。

17日，全国政协副主席高云龙与闽商代表交流座谈。

第七届世界闽商大会开幕前夕，全国政协副主席、中华全国工商业联合会主席高云龙今日在福州与参加本届大会的部分闽商代表座谈交流。省委书记尹力出席并讲话。省长赵龙主持。中央统战部副部长许又声，省政协主席崔玉英出席。座谈会上，曹燕灵、蔡建四、吕联选、吴家莹、丁世忠等与会代表先后发言。

18日，第七届世界闽商大会闽商发展高峰论坛在榕举办。

第七届世界闽商大会闽商发展高峰论坛在福州举办。论坛以“数字融合实体 绿色引领发展”为主题，由全国工商联指导，省海外联谊会、省工商联主办。论坛邀请万博新经济研究院院长滕泰，360公司创始人、董事长兼CEO周鸿祎作主题演讲，同时邀请洪杰、许清流、林孝发、谢秉昆、付文辉、陈成辉等6位闽商代表作对话交流。论坛期间，还举行“共同富裕”光彩基金和“同心·民办职业教育基金”成立签约仪式。三棵树涂料股份有限公司、香缤集团有限公司、永荣控股集团有限公司、九牧厨卫股份有限公司等4家民营企业分别出资1亿元，深圳信义控股集团有限公司李贤义、李圣泼父子出资1亿元，与省光彩事业促进会签约设立“共同富裕”光彩基金；福建天马科技集团股份有限公司出资1000万元，与福建省温暖工程促进会签约设立“同心·天马民办职业教育基金”。

18日，福建金融服务“四大经济”对接会举行。

第二十届中国·海峡创新项目成果交易会福建金融服务“四大经济”对接会在福州海峡国际会展中心举行。省委常委、常务副省长郭宁宁出席会议。对接会上，24个产融项目集体签约，总金额逾1700亿元，创历史新高。

18日，民企重大产业项目签约仪式观察。

第十二届福建省民营企业产业项目洽谈会举行重大产业项目签约仪式，50个代表性项目现场签约，计划投资额达1731亿元。纵观这50个项目，既有我省的传统优势产业项目，又有新产业、新经济项目；既有新建项目，又有增资技改项目。项目绝大多数涉及数字经济、海洋经济、绿色经济、文旅经济“四大经济”领域，对促进我省产业延链、补链、强链、拓链，加快构建现代化产业体系具有积极的推动作用。

18日，第十八届粮食产销协作福建洽谈会开幕。

第十八届粮食产销协作福建洽谈会在福州开幕。省委常委、常务副省长郭宁宁出席并致辞。本届粮洽会以“落实党政同责 深化产销协作 保障粮食安全”为主题，吸引400多家企业参展、近4000名代表参会，落实286项粮食购销意向合同、数量498万吨，征集到61项粮食行业科技成果、25项粮食企业科技需求。现场，省粮储局与兴业银行签订战略协作协议，14家省间粮油企业代表现场签约。

18日，福建省碳中和学会成立大会暨“双碳”高峰论坛在榕举行。

福建省碳中和学会成立大会暨2022年福建碳达峰、碳中和高峰论坛，在福州海峡国际会展中心举行。福建省人大常委会副主任、民进福建省委会主委严可仕出席并致辞。福建省碳中和学会由福建师范大学联合省内高校、科研院所、行业企业，在省科协等有关部门的指导下发起成立，旨在集成福建各行业力量，为国家“双碳”战略目标和福建生态省建设提供智力支持。

18 日，第二届“丝路云”合作论坛举行。

作为第二十届中国·海峡创新项目成果交易会重大活动之一，第二届“丝路云”合作论坛举行。“丝路云”的目标和初衷是运用云技术，实现长效的线上+线下模式的国际多领域交流与交易，使云论坛、云展会成为数字经济的一种新模式。论坛上举行了重要产学研合作签约仪式。

19 日，昌吉州（福州）项目签约仪式举行。

新疆昌吉州（福州）招商推介会暨项目签约仪式在福州举行。推介会吸引了近 70 家企业参加，现场共签约 5 个项目和 2 份供销消费战略合作协议，涉及投资 89.55 亿元，签约项目涵盖新能源、新材料制造、再生能源转化等领域。本次活动由昌吉回族自治州党委、州人民政府，福建省对口支援新疆工作前方指挥部共同主办。

19 日，“高分子材料先进制造技术”对接会举行。

以“科技赋能、绿色发展”为主题的“高分子材料先进制造技术”对接会在福州海峡国际会展中心举行。本次对接会旨在促进我省先进制造技术成果的转化，服务石化下游高分子材料产业，实现石化下游产业的减碳目标，推动石化下游产业的创新引领和绿色发展。会议主办方邀请中国科学院卢秉恒院士分享国家科技重大专项“工业母机与制造创新”主题报告，同时，一批高校和科研机构与企业的产学研合作项目签约。

19 日，福建省生态环境项目成果发布会举办。

福建省生态环境项目成果发布会在福州海峡国际会展中心举行。作为第二十届中国·海峡创新项目成果交易会的重要活动之一，此次发布会旨在推介生态环境项目，推进项目精准对接，扩大生态环保领域有效投资。发布会由省生态环境厅、省发改委、省财政厅、省地方金融监管局联合主办，会上展示了生态环境相关的 150 个项目案例、45 项前沿技术及 10 家金融机构。福州、龙岩等地方政府及金融机构、重点科研院所的负责人在会上推介生态环境项目成果、前沿技术和绿色金融产品，莆田市 EOD 项目、大田县环境能源装备产业园区等 30 个项目现场“牵手联姻”，总签约金额逾 310 亿元。同时，省生态环境厅与省内 8 家主要金融机构签署合作协议，未来 5 年，各金融机构将给予生态环保领域 8000 亿元的意向性融资支持；其中，首批 10 个重点融资项目现场签约，总授信额近 150 亿元。

20 日上午，金融支持科技创新行动新闻发布会举行。

金融支持科技创新行动新闻发布会举行，围绕海创会“项目—技术—资本—人才”主题，系统性介绍和展示金融服务科技创新的新模式、新产品和新服务。会上，人行福州中心支行、福建银保监局、省科技厅相关负责人分别就“一县一品 贷动‘闽’生”专项行动、福建银行业保险业支持科技创新行动方案、福建省科技型中小微企业贷款方案开展政策宣讲，帮助科技企业了解相关金融政策红利，加快推进金融支持科技企业政策精准落地。

21 日，省财政下达第二批补贴 1.15 亿元。

福建省财政厅消息，为保障种粮农民收益，中央财政在此前已落实实际种粮农民一次性补贴基础上，针对今年来农资市场价格上涨情况，决定再向实际种粮农民发放一次性补贴。今年，中央财政给予我省的两次补贴金额达 2.6 亿元，省财政厅日前已将第二批补贴 1.15 亿元下达各地。

22 日，胡春华出席南方省份粮食生产座谈会。

福建日报报道，南方省份粮食生产座谈会日前在三明市召开。中共中央政治局委员、国务院副总理胡春华出席会议并讲话。他强调，要深入贯彻习近平总书记关于保障国家粮食安全的系列重要讲话精神，采取坚决有力措施加强南方省份粮食生产，加快巩固提升综合生产能力，为实现全国粮食稳产增产作出应有贡献。在福建期间，胡春华还先后到龙岩市、三明市、南平市，实地调研了粮食生产情况。

22 日，我省加快推进灾后生产恢复。

福建省农业农村厅消息，今年入汛以来，我省经历了超长持续性降水，累计降水量、下雨日数、暴雨日数均破历史纪录，特别是 6 月 4 日至 20 日遭遇持续性强降雨过程，对农业生产造成较大灾害损失。据初步统计，截至 6 月 20 日，全省农业因灾损失约 16.90 亿元，其中，种植业受灾面积 44.71 万亩，畜牧业共计受灾场户数 390 个，农田基础设施因灾受损21205处、受灾面积22.90万亩，渔业受灾面积14857.48亩。全省各级农业农村部门正迅速开展灾后恢复生产技术指导，千方百计降低近期超长持续性降雨对农业生产造成的损失。

22日，我省落实民航业纾困补贴政策。

根据国家部署，我省扎实落实阶段性国内客运航班运行补贴政策，及时下达中央财政首批补助资金4913万元，并配套落实地方财政资金，支持民航业保安全稳发展。资金主要用于经由福州、泉州、三明、龙岩、南平五地机场起飞的国内运输航空公司弥补运行亏损。

22日，前5个月全省规上工业增加值同比增长7.5%。

省统计局近日发布的数据显示，今年1—5月，全省规模以上工业增加值同比增长7.5%，高于全国4.2个百分点。5月份，我省规上工业中有六成行业、超四成产品产量实现增长，凸显当前我省工业生产的平稳态势。分析显示，我省38个行业大类中，有26个行业在5月增加值实现同比增长，行业增长面为68.4%；其中，增速高于规上工业的行业有15个。全省列入统计的447种工业产品中，有189种产品产量实现增长，增长面为42.3%；其中，液晶显示屏、方便面、精制茶和鞋是增速较快的工业产品。

23日，我省计划3年安排9亿元激励资金。

福建省财政厅消息，为加快推进九龙江流域山水林田湖草沙一体化保护和修复项目实施，今年，我省建立正向激励机制，计划3年安排9亿元激励资金，推动项目实施市县抓好工作落实。

24日，第七届世界闽商大会工作总结会举行。

第七届世界闽商大会工作总结会举行。省委常委、统战部部长王永礼，省政府副省长康涛出席并讲话，省政协副主席、省工商联主席王光远出席会议。大会组委会办公室各工作组负责人发言。

25日，我省首个鲍鱼加工产业园区落户莆田秀屿。

莆田市秀屿区鲍鱼科技产业园暨壹路鲜伴海产品生产研发基地项目开工仪式举行。这是我省首个鲍鱼加工产业园区，也是莆田市首个专业的水产品精深加工园区。秀屿区鲍鱼科技产业园项目位于笏石工业园区，总规划建设用地约200亩，是以鲍鱼加工为主题，集海洋食品加工、冷链仓储、产品展示、生产观光体验于一体的海洋产品加工示范产业园。

25日，我省一重点粮库在建宁开建。

福建省储备粮管理有限公司建宁直属库项目正式开工奠基。建宁直属库为福建省重点项目，总投资1.76亿元，建设用地约82亩，仓容8.09万吨，新建9栋高大平房仓。按照计划，我省将投资16.3亿元，新增省级粮食储备库总仓容75万吨。本次扩容涉及7个项目，其中3个已在本月全部开工，另外4个力争在9月底前开工。

26日，我省启动“民企稳岗促就业”专项行动。

福建省人社厅、工商联日前联合下发《关于进一步促进民营企业吸纳高校毕业生就业的通知》，将开展“民企稳岗促就业”专项行动，充分发挥民营企业吸纳高校毕业生就业主渠道作用，畅通民营企业与高校毕业生供需对接渠道，千方百计扩大就业容量。

26—27日，第五届数字中国建设峰会筹备工作汇报会召开。

中央网信办副主任曹淑敏带队来闽调研，实地检查数字中国建设峰会相关场馆并出席筹备工作汇报会。省委常委、常务副省长郭宁宁主持会议。会上，峰会组委会秘书处汇报峰会筹备进展情况。

27日，省领导会见参加第三届海丝国际茶文化论坛的外国驻华使节。

省委常委、宣传部部长张彦在福州会见出席第三届海丝国际茶文化论坛系列活动的各国驻华使节和代表。省政协副主席阮诗玮参加会见。海丝国际茶文化论坛自2020年起已成功举办两届，本届论坛主题为“海丝茶道、福茶飘香”，开幕式将于6月29日在宁德福鼎市举办。

28日，全省林业改革发展会议暨省级总林长会议召开。

全省林业改革发展会议暨省级总林长会议在福州召开。省委书记、总林长尹力出席会议，强调要深入学习贯彻习近平生态文明思想，传承弘扬习近平总书记在福建工作期间开创的重要理念、重大实践，回顾总结 20 年我省林业工作成效和经验，深化推进林长制工作，在更高起点上扎实推动我省林业改革发展。省长、总林长赵龙主持。

28 日，省政府召开常务会议。

省长赵龙主持召开省政府常务会议，认真贯彻落实党中央国务院决策部署以及省委工作要求，审议通过《福建省“十四五”城乡社区服务体系建设规划》《福建省人民政府关于贯彻落实国务院〈计量发展规划（2021—2035 年）〉的实施意见》；通过《福建省气候资源保护和利用条例（草案）》，决定提请省人大常委会审议。

28 日，“全闽乐购・万企百日惠福品”系列活动启动。

福建省商务厅联合省农业农村厅、省工信厅、省文旅厅、省供销社，组织发动龙头企业开展“全闽乐购・万企百日惠福品”系列活动启动仪式在福州市上下杭举办，省委常委、常务副省长郭宁宁出席仪式并现场启动系列活动。启动仪式现场，近百家福品、老字号、预制菜及闽货商家到场布展，向消费者展示福建特色闽货。福茶网等还在现场开设直播间，开展直播带货。

28 日，《老字号・新生活》“福建老字号”官方宣传片正式发布。

截至目前，福建省共有“福建老字号”企业 145 家，中华老字号企业 34 家。为鼓励“老字号”传承创新发展，福建省商务厅出台《“福建老字号”认定管理办法》，组织认定 59 家企业为全省第六批“福建老字号”，此次老字号新增面孔中，有厦门的涂料、鱼肝油、柘荣刀剪、仙游红木家具、德化陶瓷、永春篾香、福州温泉洗浴等一些具有地域特色的行业，让人耳目一新。为了更好地宣传推广福建省老字号品牌，省商务厅组织拍摄全省老字号专题宣传片并正式发布。

28 日，我省菌草研究取得六项新成果。

福建省菌草科学与技术研究院授牌仪式暨福建农林大学菌草科学技术成果发布会举行。中国工程院院士尹伟伦、张全兴，省科技厅、省教育厅、福建农林大学相关负责人及菌草产业企业代表等参会。发布会上，国家菌草工程技术研究中心首席科学家林占熺介绍了菌草研究取得的六项新成果，包括：巨菌草新种鉴定、巨菌草基因组测序与高质量组装、巨菌草表观基因组图谱绘制与菌草品种多组学数据库、菌草改良盐碱地技术、菌草工业化利用技术、菌草数字化技术开发与应用。

29 日，金砖国家可持续发展高层论坛开幕。

金砖国家可持续发展高层论坛在榕开幕。省长赵龙，国家发展改革委副主任、秘书长赵辰昕，省委常委、福州市委书记林宝金出席并致辞，巴西、俄罗斯、印度、南非政府部门代表视频致辞，省委常委、常务副省长郭宁宁出席。金砖国家可持续发展高层论坛于 29 日至 30 日在福州以线上线下结合方式举行，设置主论坛、平行分论坛和产业对接会，旨在进一步凝聚金砖国家共识，推动实现更加绿色、健康、安全、可持续的全球发展。金砖国家政府部门、企业、高校、金融机构及国际组织代表等参加活动。

30 日，尹力赵龙会见中国大唐集团董事长邹磊。

省委书记尹力在福州会见了中国大唐集团有限公司党组书记、董事长邹磊一行。省长赵龙参加。尹力希望大唐集团发挥自身优势，进一步加大在闽投资力度，在清洁能源开发利用、科研创新等方面深化合作，助力福建构建清洁低碳、安全高效能源体系，实现互利共赢。会见后，双方还签署了产业合作协议。

30 日，我省完成农作物种质资源普查与收集行动全部数据报送

福建省农科院消息，我省已完成第三次全国农作物种质资源普查与收集行动全部资源移交和数据报送。此外，该行动领导小组办公室还编写了《福建省农作物种质资源普查、收集与利用报告》和《福建省优异农作物种质资源图鉴》等图书资料，为种质资源保护、鉴定评价、开发利用提供了丰富的基础材料。

（摘编：尤文凡）

七月

1日，全国林草碳汇高峰论坛在三明举行。

全国林草碳汇高峰论坛在三明举行，主题为“发挥林草碳汇优势，助力实现‘双碳’目标”，由国家林草局应对气候变化工作领导小组办公室、福建省林业局指导，中国林学会、福建农林大学、三明市政府、中国林业科学研究院、中国林业集团有限公司等单位共同主办。省政府副省长康涛、国家林草局副局长刘东生出席论坛。

3日，乡村振兴贷贷款规模突破10亿元。

福建省农业农村厅消息，上线3个月以来，福建省乡村振兴贷已惠及全省450家农业经营主体，累计发放贷款10.09亿元。

4日，首批省级现代产业学院建设项目确定。

近日，省教育厅和省工信厅公布了首批省级现代产业学院建设项目名单，立项建设省级现代产业学院21个，这些学院涉及省内18所高校。现代产业学院建设期两年，建设期满，将由省教育厅和省工信厅组织进行验收，通过则确定为省级现代产业学院。

4日，2021年度国家备案众创空间名单出炉，我省9家上榜。

近日，科技部发布《关于公布2021年度国家备案众创空间的通知》，确定350家机构为国家备案众创空间，我省9家入选，它们是省科技厅推荐的滴咚众创空间、福州市职工创新创业创造中心、甲骨文众创空间、莆田高新区创客梦工场、海翔智谷众创空间、硒博士众创空间，厦门科技局推荐的蚂蚁海西青年社区、创客帮众创空间、黑马创业基地。

5日，第五届数字中国建设峰会新闻发布会在北京举行

第五届数字中国建设峰会新闻发布会在北京举行。国家互联网信息办公室副主任曹淑敏，国家发改委、科技部、工信部有关负责人，省委常委、福州市委书记林宝金，省委常委、常务副省长郭宁宁等介绍了峰会有关情况。本届峰会将于7月23日至24日在福州举办。峰会由国家网信办、发改委、科技部、工信部、国务院国资委、福建省政府等共同主办，包括开幕式、主论坛、政策发布、分论坛、成果展览会、数字产品博览会、创新大赛、云生态大会等8个部分，并将举办30多场特色活动。

5日，我省立项建设种业研发公共服务平台。

日前，“福建省种业研发公共服务平台”项目被列入2022年度福建省科技创新平台项目计划。该平台由省农业科学院负责承担建设，将建立“科研院所+种业企业+种业基地”的平台运行模式。该平台是基于党中央、国务院对加快种业科技创新、解决种源“卡脖子”问题、做到种源自主可控的背景下启动建设的。

5日，政府采购面向中小企业预留份额提高至40%以上。

为进一步加大政府采购支持中小企业力度，省财政厅近日印发通知，将政府采购项目面向中小企业预留份额由30%以上阶段性提高至40%以上。

5日，国内首艘绿色智能混合动力拖轮项目签约。

近日，5000马力绿色智能型新能源混合动力拖轮项目签约及启动会在福建省马尾造船股份有限公司召开。该船为我省电动船舶重点示范项目，也是国内首艘同时满足串联式混合动力、绿色船舶、智能船舶附加标志的高技术高附加值拖轮。

5日，全省首个税收法律服务中心在福州成立。

近日，国家税务总局福州市税务局税收法律服务中心揭牌成立。这是全省首个税收法律服务中心，将帮助市场主体依法应对发展中遇到的税收法律问题，引导纳税人缴费人学法遵法守法、诚信经营、依法维权。

6日，我省直通安徽首条集装箱航线开通。

“福州江阴港—安徽郑蒲港”江海直达航线举行了首航仪式。仪式采用线上线下同步进行的方式，线下活动场地位于马鞍山郑蒲港，线上位于福建港口集团4楼监控中心。该航线的开通是福建港口集团与安徽港航集团全面深化合作的首个重要成果。

6日，我省获专利转化专项计划重点支持。

福建省市场监管局消息，近期，国家知识产权局联合财政部对参与专利转化专项计划的省（区、市）进行了实施成效评估，我省获得专利转化专项计划中央财政奖补资金支持。

7日，李克强主持召开东南沿海省份政府主要负责人经济形势座谈会。

中共中央政治局常委、国务院总理李克强在福建主持召开东南沿海省份政府主要负责人座谈会，分析经济形势，对做好下一步经济工作提出要求。会上，福建省委书记尹力、省长赵龙发了言，上海市市长龚正、江苏省省长许昆林、浙江省省长王浩、广东省省长王伟中通过视频发言。大家谈了对当前经济形势和下一步走势的看法，并提出建议。

7日，13所高校489个产学合作科技项目获立项支持。

福建省财政厅、省科技厅日前下达2022年度高校产学合作等科技计划项目经费（省、市级）。“智慧商业数字孪生能力系统研发及产业化”等373项科技计划项目（省级）和“蓄能/防护性能兼顾马拉松跑鞋仿生研发及产业化”等116项（市级）科技计划项目入选，获补助经费支持共计14926.5万元。此次入选项目针对我省重点产业发展技术需求，聚焦关键核心技术项目和产业链“卡脖子”技术，涉及工业、农业、社会发展等方面19个领域。

7—8日，李克强在福建考察。

中共中央政治局常委、国务院总理李克强在福建省委书记尹力、省长赵龙陪同下，在福州、泉州考察。他强调，要以习近平新时代中国特色社会主义思想为指导，落实党中央、国务院部署，全面贯彻新发展理念，高效统筹疫情防控和经济社会发展，扎实把稳经济大盘各项政策落到位，坚持发展是解决我国一切问题的基础和关键，更大力度推进改革开放，稳市场主体稳就业保民生，着力巩固经济恢复基础，保持经济运行在合理区间。李克强充分肯定福建经济社会发展成就，希望在以习近平同志为核心的党中央坚强领导下，锐意进取，推动发展不断迈上新台阶。

7—8日，新疆维吾尔自治区党政代表团来闽考察。

新疆维吾尔自治区政协党组书记、主席努尔兰·阿不都满金率自治区党政代表团来闽考察。受省委书记尹力、省长赵龙委托，省政协党组书记、主席崔玉英陪同考察调研。在闽期间，代表团一行深入实地感悟“3820”战略工程思想精髓的时代价值和实践伟力，考察了三坊七巷历史文化街区、福州新区滨海新城规划展示馆、国家健康医疗大数据试点工程（福州）成果展示中心、天津大学福州国际校区、瑞芯微电子股份有限公司、苍霞新城、福建福光股份有限公司、船政文化博物馆等，并与福建省援疆干部人才代表座谈。

8日，第十九届福建省优秀企业家表彰大会在榕举行。

第十九届福建省优秀企业家表彰大会在福州举行。会上，王钻等134位企业经营管理者获颁福建省优秀企业家奖杯、奖牌和证书。副省长康涛，第十三届全国政协委员雷春美，省级老同志黄文麟、李祖可、李川出席活动并为优秀企业家颁奖。大会还通过以第十九届福建省优秀企业家全体成员名义，向全省广大企业家提出大学习、大讨论《闽山闽水物华新——习近平福建足迹》一书的倡议。

8日，纪念“晋江经验”提出20周年企业家座谈会召开。

按照省委统一部署，纪念“晋江经验”提出20周年企业家座谈会在榕召开。省政协主席崔玉英主持会议并讲话。全国政协经济委副主任马建堂致辞。省委常委、统战部部长王永礼出席并讲话。会上，许连捷、曹晖、柯希平、王晶、蔡金钗、尤玉仙、周少雄、李冬敏、吴家莹等企业家代表先后发言，其中有“晋江经验”的亲历者、见证者，还有8年前致信习近平总书记的企业家们。他们结合亲身经历和思考感悟，真挚抒发对习近平总书记的深厚崇敬、爱戴和感恩之情，深情叙述二十年来“晋江经验”的生动实践和显著成效，共同表达了续写“晋江经验”新篇章、再创民营经济发展新奇迹的信心决心。

8日，福州高新区获中央中小企业发展专项奖励。

福建省科技厅消息，今年5月初，财政部福建监管局对福州高新区2021年度中小企业发展专项资金（双创升级方向）开展绩效评价工作，福州高新区评价得分92.8分，等级为A。根据财政部有关通知，福州高新技术产业开发区获2022年中央中小企业发展专项奖励1000万元。2020年以来，福州高新区全面落实财政部、工业和信息化部、科技部《关于支持打造特色载体推动中小企业创新创业升级工作的通知》，按照既定的实施方案积极打造建设科技资源支撑型载体。

10日，我省下达城乡建设品质提升正向激励资金1.8亿元。

福建省住建厅和省财政厅近日下达2022年城乡建设品质提升部分正向激励奖励资金，每个县（市、区）奖励2000万元，共计1.8亿元。

10日，第五届数字中国建设峰会“云上峰会”等三大云平台发布会暨启动仪式举行。

第五届数字中国建设峰会“云上峰会”等三大云平台发布会暨启动仪式在福州举行。省委常委、常务副省长郭宁宁出席发布会。

10—12日，宁夏党政代表团来闽考察交流。

宁夏回族自治区党政代表团来闽考察交流。省委书记、省人大常委会主任尹力，宁夏回族自治区党委书记、人大常委会主任梁言顺，省委副书记、省长赵龙，自治区党委副书记、自治区主席张雨浦，省委副书记、政法委书记罗东川，自治区党委副书记陈雍参加有关活动。

11日，两省区领导在福州进行了深入座谈，共同推动闽宁协作再上新台阶。在闽期间，代表团一行先后到福州、厦门等地，实地考察企业项目、城市建设、文化街区，详细了解科技创新、产业发展、民生改善、文化遗产保护等方面情况，并开展经贸合作交流活动。

11日，2022年宁夏品质中国行（福州站）活动启幕。

2022年宁夏品质中国行（福州站）活动在福州海峡国际会展中心启幕。副省长康涛、宁夏回族自治区副主席王道席出席并致辞。今年是闽宁对口扶贫协作开展第26年，目前，宁夏回族自治区已在我省设立宁夏名优特色农产品外销窗口近200家，为“宁品出塞 闽品西行”搭建了桥梁纽带。活动现场为福建闽宁圆实业公司等20家外销窗口授牌，认定它们为2022年宁夏名优特色农产品品牌店。本次活动时间为7月11日—7月14日，共有宁夏“六特”产业等240余家优质农产品、文旅产品企业组团来到福州，展示8大类近千种产品。

11日，我省6月份PPI同比上涨4.4%。

国家统计局福建调查总队今日发布，今年6月份，我省工业生产者出厂价格（PPI）同比上涨4.4%，涨幅连续7个月回落，环比上涨0.2%；工业生产者购进价格同比上涨7.4%，涨幅亦为连续7个月回落，环比上涨0.6%。1—6月平均，我省工业生产者出厂价格比上年同期上涨4.9%，工业生产者购进价格比上年同期上涨8.5%。

11日，鼓励发展地方优势特色农产品保险。

福建省财政厅近日印发通知，明确自2022年起，在继续实施中央和省级财政补贴的农业保险品种的基础上，进一步加大奖补力度，鼓励发展地方优势特色农产品保险。

11日，今年第二次省级农产品质量安全监督抽查总体合格率98.8%。

福建省农业农村厅消息，2022年第二次省级农产品质量安全监督抽查总体合格率为98.8%。本次监督抽查发现的主要问题是15批次种植业产品农药残留超标、1批次畜禽产品兽药残留超标。

12日，我省阶段性缓缴农民工工资保证金。

省人社厅日前转发人社部办公厅《关于阶段性缓缴农民工工资保证金有关事项的紧急通知》，明确全省施工企业暂缓存储农民工工资保证金，2022年6月1日至9月30日期间工程中标（依法不需要招标的工程按签订施工合同之日）或取得施工许可证，且尚未存储工资保证金的施工总承包单位，暂缓存储工资保证金至2022年9月30日。

12日，2022海峡科技专家论坛开幕。

由中国科协主办，福建省科协承办，两岸60多家单位和社团共同协办的2022海峡科技专家论坛开幕，汇聚两岸专家智慧，探索科技融合新路。两岸300多位科技专家、学者、企业家代表、台港澳大学生通过线上线下方式参会。2022海峡科技专家论坛以“两岸新时代 科技新融合”为主题，设1个主会场和10个分会场，采用“线上+线下”

“集中+分散”相结合的方式，将于7月至9月陆续在厦门、福州、泉州、三明、南平等地举办。

12日，“海峡金融论坛·台企发展峰会”举办。

第十四届海峡论坛“海峡金融论坛·台企发展峰会”在厦门举行。本次论坛聚焦“把握资本市场机遇、赋能台企高质量发展”主题，共商服务台胞台企新思路，探寻两岸融合发展新路径。论坛上，金圆集团联合十家深耕服务台企的机构共同发起成立全国首个“台企金融服务联盟”。论坛上还举行了台企投资项目集中签约仪式，共有13个优质台企投资项目签约，签约金额达119.7亿元。

13日，高端聚酰胺系列项目签约落地古雷。

总投资约232亿元的高端聚酰胺系列项目投资协议正式签约。项目由中国天辰工程有限公司、福建能化集团、漳州九龙江集团共同投资，将在古雷石化基地建设化工新材料系列项目，合作发展高端聚酰胺产业链。

13日，尹力赵龙会见中国化学董事长戴和根一行。

省委书记尹力在厦门会见了中国化学工程集团有限公司董事长戴和根一行。省长赵龙出席。尹力希望中国化学充分发挥自身优势，在已有合作基础上，进一步推动更多优质项目落地福建，着力延链强链，强化人才支撑，共同推进科技创新、打造化工新材料现代产业，助力福建石化产业高质量发展。会见后，双方签署了产业发展合作框架协议。

13日，晋江产业数字化转型工作现场会在泉州晋江市召开。

晋江产业数字化转型工作现场会在泉州晋江市召开，副省长康涛出席并讲话。会前，各设区市和平潭综合实验区、省直相关部门负责人，相关企业、行业协会、专家代表实地调研了晋江华宇织造、卡尔美体育用品、盼盼食品等数字化工厂和中科院海西研究院泉州装备所，参观了融合发展典型案例展览。

14日，前5个月我省茶叶出口保持较快增长。

来自福州海关的统计数据显示，前5个月，我省茶叶出口1.2万吨，价值13.2亿元，同比分别增长22.1%、16.9%。茶叶在我省农产品出口中占有重要地位，2010年—2020年，我省茶叶出口货值年均增长率高达20.4%，出口货值占全国茶叶出口的比重由2010年的8.5%提升至2020年的20.5%。目前，我省出口茶叶的种类包括乌龙茶、茉莉花茶、白茶、绿茶、红茶等，主要出口至马来西亚、缅甸、日本、越南、美国、欧盟等国家和地区。

14日，两岸青年创新创业论坛举行。

作为第十四届海峡论坛配套活动，两岸青年创新创业论坛暨集美区两岸融合发展中心智库成立仪式在厦门举办，吸引了海峡两岸200余位专家学者、投资人、创业者等参会。论坛还举办了项目对接和项目路演，共有29个台青创业项目与企业家、天使投资人面对面交流，助力优质台青创业项目落地。

14日，省政府召开常务会议。

省长赵龙主持召开省政府常务会议，认真贯彻落实党中央国务院决策部署以及省委工作要求，部署推进全省自建房安全专项整治工作；研究省级有关部门拟向福州市、厦门市下放的省级审批权限事项清单；审议通过《福建省“十四五”老龄事业发展和养老服务体系规划》；通过《福建省湿地保护条例（修订草案）》《福建省海上搜寻救助条例（草案）》。

14日，170家闽企入选 中国外贸出口先导指数样本企业。

福州海关和省商务厅联合召开“为企业纾困解难献策 为外贸保稳提质出力”企业座谈会。会上，福州关区中国外贸出口先导指数样本企业代表获颁证书。中国外贸出口先导指数由海关总署自2012年起组织实施，每3年轮换一次。今年正是轮换年，全国几十万家外贸企业中有3118家出口企业入选。海关总署公开信息显示，我省170家企业入选新一轮中国外贸出口先导指数样本企业。

14日下午，“全闽乐购·数惠闽都”数字人民币主题推广活动启动。

福建省商务厅、农行福建省分行联合在福州举办“全闽乐购·数惠闽都”数字人民币主题推广活动启动仪式。省委常委、常务副省长郭宁宁出席。

15 日，我省首次部省联动实施国家重点研发计划。

福建省科技厅消息，在科技部大力支持下，科技部与我省日前联合实施国家重点研发计划“高抗优质大黄鱼种质创新与新品种培育”项目。这也是科技部与我省首次部省联动实施国家重点研发计划。“高抗优质大黄鱼种质创新与新品种培育”项目属于国家重点研发计划“海洋农业与淡水渔业科技创新”重点专项。

15 日，全国首单民营企业绿色熊猫债券落地福建。

安踏体育用品有限公司 2022 年度第一期绿色中期票据近日成功发行，这是全国首单民营企业绿色熊猫债券，也是市场首单体育行业绿色债券。该笔债券由兴业银行牵头主承销，发行金额 5 亿元，期限 3 年，票面利率 2.80%，认购倍数 2.38，票面利率普遍低于近期 AAA 央企及国企发行价格。

15 日上午，福州首发“闽都号”中欧班列。

伴随着悠扬的汽笛声，“闽都号”中欧班列自福清汇丰物流江阴铁路物流园缓缓驶出，发往俄罗斯莫斯科。这是福州正式开行的首列中欧国际货运班列，将进一步打通我省连接欧亚的陆上物流大通道。“闽都号”首发中欧班列满载 50 个集装箱货柜、100 个标箱的婴幼儿用品等货物，货重 455 吨，货值 200 万美元，均由福州本地企业生产。“闽都号”中欧班列途经武汉、西安等城市后，经由新疆阿拉山口口岸出境，预计将于 16 天后抵达目的地。该专列全程运行约 9900 公里，与海运相比，在运费基本持平的情况下，时间节省了近 20 天，货物的运输效率大大提升。

15 日，福建省近岸海域污染防治专项整改工作部署推进会召开。

福建省近岸海域污染防治专项整改工作部署推进会召开。会议深入学习贯彻习近平生态文明思想，落实中央决策部署和省委工作要求，研究推进中央生态环保督察整改工作。专项整改牵头领导，省委常委、宣传部部长张彦，副省长郑建闽出席会议。

15 日，第五届海峡两岸通关论坛举办。

以“诚信经营利通关 · 信任共赢稳贸易”为主题的第五届海峡两岸通关论坛在厦门举办。两岸外贸和物流专家齐聚鹭岛，围绕“以双信构建两岸通关贸易圈”展开交流分享、思想碰撞。当天，厦门口岸协会联盟合作协议、两岸通关战略联盟、两岸 AEO 海关高级认证企业合作分别在论坛上签约。两岸通关论坛吉祥物“小通”“小融”也在活动中精彩亮相。

17 日，上半年我省外贸进出口同比增长 12.4%。

据福州海关统计，今年上半年，福建省外贸进出口 9713.7 亿元人民币，同比增长 12.4%。其中，出口 5933.6 亿元，增长 17.8%；进口 3780.1 亿元，增长 4.9%；进出口、出口及进口增速全面高于全国，增速分别较同期全国平均水平高 3 个、4.6 个、0.1 个百分点。

18 日，我省工业互联网标识注册量破亿。

福建省通信管理局消息，截至目前，我省工业互联网标识注册量达 1.05 亿个，较上年末增长 150%，二级节点注册企业达 762 家，覆盖纺织、食品、材料等多个重点行业领域，累计标识解析量达 5.26 亿次。

18 日，我省又一马铃薯新品种通过国家登记。

农业农村部日前发布公告，决定对 26 种非主要农作物 800 个品种予以登记，其中包括省农科院作物研究所参与选育的马铃薯新品种“闽薯 6 号”。2018 至 2019 年度和 2019 至 2020 年度，该品种参加省马铃薯区域试验，平均鲜薯亩产为 2209.13 公斤。自 2017 年施行登记制度以来，我省已有 11 个马铃薯品种通过登记。

18 日，“闽宁协作—旅居养老”合作框架协议签订。

福建省民政厅、宁夏回族自治区民政厅日前签订“闽宁协作—旅居养老”合作框架协议，共同谱写闽宁两省区在养老领域互帮互助、优势互补、共同发展的新篇章，促进两省区养老事业与养老产业协同融合发展。

18 日，中国（福建）–德国数字与绿色经济合作对接会举办

由省外办和省商务厅共同主办的“国际友城+”系列活动之“中国（福建）–德国数字与绿色经济合作对接会”近日以视频连线方式举行，来自德国莱法州、石荷州、不来梅州、汉堡市的 9 家德国企业和经济促进机构代表与我省宁德时代、龙净

环保等 8 家绿色和数字企业代表在会上推介交流，共话友好、共商合作、共谋发展。

19 日，全省上半年经济会议召开。

全省上半年经济会议在福州召开，强调要以习近平新时代中国特色社会主义思想为指导，完整准确全面贯彻新发展理念，落实“疫情要防住、经济要稳住、发展要安全”重要要求，坚定信心决心，大力推动经济持续发展，确保经济运行在合理区间，确保社会大局安定稳定，以实际行动迎接党的二十大胜利召开。省委书记尹力出席并讲话。省长赵龙结合省委、省政府工作检查暨“两稳一保一防”督查活动总结，点评九市一区上半年经济运行情况并作具体部署。省政协主席崔玉英出席。

19 日，我省启动第三批“创业之星”“创新之星”人才遴选。

省科技厅日前启动第三批福建省“创业之星”“创新之星”人才遴选工作，遴选范围在原有基础上拓展到高校、科研院所青年人才。本批福建省“创业之星”“创新之星”人才遴选数量 20 名左右，不限国籍。

19 日，我省完成全国首单农田碳汇交易 .

全国首单农田碳汇交易试点项目在海峡股权交易中心完成交易。福建环融环保股份有限公司向南靖县龙山镇购买农田碳汇 0. 7 万吨，并承诺用于捐赠碳中和事业。

19 日，全国首款联名文旅数字纪念票在福州亮相。

在第五届数字中国建设峰会到来之际，为倡导市民低碳绿色出行，福州今日推出全国首款联名文旅数字纪念票。通过区块链技术进行 IP 版权保护及确权，为这款数字纪念票提供了独特的珍藏价值。

20 日，“创客中国”大赛区块链中小企业创新创业大赛启动。

由工信部信息中心、省工信厅联合主办的第七届“创客中国”大赛区块链中小企业创新创业大赛日前正式启动，报名截止时间为 7 月 31 日。

20 日，省政府召开常务会议。

省长赵龙主持召开省政府常务会议，认真贯彻落实党中央国务院决策部署以及省委工作要求，研究通过《福建省推进绿色经济发展行动计划（2022—2025 年）》《关于健全重特大疾病医疗保险和救助制度的实施意见》；研究支持泉州传承弘扬“晋江经验”建设 21 世纪“海丝名城”、推动民营经济创新发展等事项。

20 日，我省 589 家科技型中小企业获创新券补助 2039 万元。

省科技厅消息，日前，我省对 589 家 2021 年取得科技型中小企业入库登记编号的企业发放科技创新券补助 2039 万元，对企业 244 项技术开发转让许可服务及大数据服务、3185 项检验检测服务进行补助，带动企业购买科技服务超 9000 万元。自 2015 年起，我省已累计补助 3965 家次企业，补助金额达 1. 7 亿多元。

20 日，上半年全省农村公路建设与改造投资 51. 7 亿元。

截至 6 月底，“四好农村路”为民办实事项目超序时推进，全省农村公路建设与改造累计完成为民办实事项目投资 51. 7 亿元，占年度投资 50 亿元的 103. 4%；农村公路建设与改造完工 1638 公里，占年度计划 1500 公里的 109. 2%；安保工程完成 1006 公里，占年度计划 800 公里的 125. 8%；危桥改造完成 113 座，占年度计划 150 座的 75. 3%，有力促进社会经济稳定发展。

20 日，2022 年福建省科技特派员名单公布。

福建省科技特派员工作联席会议办公室下发关于公布 2022 年福建省科技特派员名单的通知，经组织申报、市县两级科技主管部门推荐、省科技特派员工作联席会议成员单位共同审核筛选，决定选认 2022 年福建省科技特派员 2150 名、团队科技特派员 702 个、法人科技特派员 39 个。此次选认的 2022 年省级科技特派员中，属于一产领域的占 57. 97%、二产领域的占 30. 91%、三产领域占 11. 12%；从省外选认的 126 名、从港澳台选认的 58 名（台胞 55 名）、从国外选认的 7 名；服务 23 个原省级扶贫开发工作重点县的共 597 名；援疆援藏援宁的个人科技特派员 41 名、团队科技特派员 20 个（103 名成员）；服务数字经济的个人科技特派员 218 名、团队 192 个（919 名成员），服务海洋经济的个人科技特派员 138 名、团队 106 个（463 名成员），服务绿色经济的个人科技特派员

746名、团队473个（2285名成员），服务文旅经济的个人科技特派员58名、团队58个（296名成员），服务茶科技的个人科技特派员113名、团队93个（475名成员）。截至目前，全省已累计选认科技特派员64591人次，目前科技特派员创业和技术服务已实现全省乡镇和重点行政村全覆盖、一二三产业全覆盖。

21日，上半年我省政府采购脱贫地区农副产品5829万元。

省财政厅消息，按照中央统一部署，我省积极实施政府采购政策推进乡村产业振兴。截至6月30日，今年全省各级预算单位采购脱贫地区农副产品5829万元，占年初预留采购份额60.4%。自2019年实施该项政策以来，目前全省共有11864家预算单位在“832平台”开通账号，累计采购1.98亿元，通过消费带动持续巩固脱贫攻坚成果。

21日，省财政支持开展城乡建设绿色低碳试点。

作为碳排放的主要领域之一，城乡建设领域绿色低碳发展对落实碳达峰、碳中和目标至关重要。今年，省财政首次安排资金支持开展城乡建设绿色低碳试点。一方面，在全省范围内选取50个城乡建设项目开展绿色低碳试点。另一方面，支持莆田市湄洲岛和龙岩市长汀县核心区开展片区试点。

21日，福建省数据要素与数字生态大会举行。

福建省数据要素与数字生态大会在福州举行。省委常委、常务副省长郭宁宁出席会议并致辞。本次大会举行了国家5G应用安全创新示范中心（福建）、福建省数字经济产业工会、数字经济发展基金启动仪式，“福建省数字经济产业生态联盟”首批发起单位入盟仪式、千亿生态签约仪式等活动，还发布了“百亿市场合作清单”。

21日，福建省数字经济产业生态联盟成立。

福建省大数据集团有限公司结合自身“全省数字经济发展的市场化、专业化主体及主要投融资平台”的职责定位，牵头成立福建省数字经济产业生态联盟，旨在引入数字经济产业上下游企业，积极投身数字福建建设，共同探索数字经济未来发展新模式，实现建立全省一体化数据要素交易市场、营造良好数字生态的发展目标。

21日，福建大数据交易所正式揭牌成立。

在福建省数据要素与数字生态大会上，我省首个大数据交易所——福建大数据交易所正式揭牌成立。当天，交易所完成挂牌的数据产品近100个，涉及能源、金融、通信、征信等门类，并完成了平台首批交易，这是我省推进数据要素市场化流通的新里程碑，也标志着全省一体化的数据要素交易市场初步形成。

21日，数字经济国际合作交流会举行。

以“数字新时代 共赢新未来”为主题的数字经济国际合作交流会在福州举行。省委常委、常务副省长郭宁宁出席交流会并致辞。数字经济国际合作交流会旨在推进数字技术和项目对接洽谈，服务和促进数字生态交流合作，打造引领全球数字经济发展、助推数字中国建设的国际合作新平台。交流会上，多家英资企业和机构作了专题分享，有关省直单位和部分境外机构、企业代表进行了专题推介，近百家福建企业和境外企业开展“一对一”对接洽谈。

22日，上半年福建GDP增长4.6%。

福建省统计局消息，根据地区生产总值统一核算结果，上半年全省生产总值24605.36亿元，按可比价格计算，同比增长4.6%，高于全国2.1个百分点。二季度，全省生产总值12746亿元，同比增长2.6%，高于全国2.2个百分点。从全国范围看，上半年福建GDP增速仅次于宁夏、山西、江西、新疆和西藏，居东部省份第一。

22日，我省首票附条件提离进境蔬菜种子通关。

全省首票进口自泰国的蕹菜种子近日成功申报两段准入附条件提离模式，货物当天就提离至福建万农高科集团有限公司的专用仓库，在“空调房”里等待实验室检测结果出具后就可以销售给种植企业和农户了。进口蔬菜种子是福州关区具有代表性和鲜明特色的业务。上半年福州海关共进口蔬菜种子2317.73吨，重量约占全国四成。

22日，我省召开数字经济创新发展大会。

第五届数字中国建设峰会开幕前夕，7月22日，我省召开数字经济创新发展大会。第十二届全国政协副主席王钦敏，省委书记尹力出席开幕式并致辞。省长赵龙主持。会上，中国通用技术集团总经理陆益民、腾讯集团副总裁马斌、电子科技大学教授周涛、瑞芯微公司董事长励民等企业家和专家学者先后作了发言。大会还进行了重点项目集中签约。中央网信办、国家网信办副主任曹淑敏，省委、省人大常委会、省政府、省政协有关领导出席。国家有关部委和央企负责同志，省直有关部门主要负责同志，九市一区有关负责同志，数字经济企业、金融机构代表等参加。

22日，“有福之州·对话未来”系列活动启动。

作为第五届数字中国建设峰会的重要活动之一，“有福之州·对话未来”系列活动启动。会场设在福州三坊七巷历史文化街区、朱紫坊历史文化街区、“闽江之心”青年会前广场等地。各地政府领导、行业专家、两院院士、企业代表等共聚一堂，畅谈数字经济建设、共同对话未来。系列活动将持续至25日，共计31场次。其间，嘉宾们主要围绕建设数字经济人才高地、数字政府、汽车电子等内容展开讨论，传递人工智能、5G、区块链等前沿数字科技背景下的时代脉动，共同为数字中国建设发展建言献策。

22日晚，“闽江夜话”活动举行。

作为第五届数字中国建设峰会的重要配套交流活动，“闽江夜话”在福州闽江游船上开启。来自政府部门、科研院所和数字经济领军企业的嘉宾，在乘船游览闽江的轻松氛围中，共同探讨数字经济高质量发展路径，共同展望数字中国建设新时代。

22日、23日，尹力赵龙与出席第五届数字中国建设峰会嘉宾座谈。

省委书记尹力、省长赵龙在福州与出席第五届数字中国建设峰会的部分企业负责人分别座谈交流，进一步深入推动数字经济各领域务实合作，实现共同发展。座谈中，中国通用技术集团总经理陆益民、中国电子信息产业集团董事长芮晓武、中国广播电视网络集团董事长宋起柱、中储粮集团总经理迟京涛、中国电信集团董事长柯瑞文、华为公司轮值董事长胡厚崑、中国联通集团董事长刘烈宏、中国建设银行行长张金良等先后表示，祝贺第五届数字中国建设峰会成功举办，福建数字经济取得的成效令人瞩目。企业将进一步扩大在闽战略布局和投资力度，加强科研创新合作，积极参与数字福建建设，为福建经济社会发展作出新的贡献。我省还分别与中国电子、中国电信、中国联通签订相关合作协议。

23日，第五届数字中国建设峰会在福州开幕。

中共中央政治局委员、中宣部部长黄坤明以视频方式出席开幕式并发表主旨演讲，强调要深入学习贯彻习近平总书记关于网络强国的重要思想，加快数字中国建设，以数字化转型整体带动生产方式、生活方式、治理方式变革，在数字化发展浪潮中把握新机遇、应对新挑战、塑造新优势。第十二届全国政协副主席王钦敏在开幕式上就推进数字政府建设作专题发言。省委书记尹力在开幕式上表示，走过五年历程的数字中国建设峰会，已成为国内外信息化交流合作的重要平台。省长赵龙主持开幕式。省政协主席崔玉英，中科院院士徐冠华出席开幕式。工业和信息化部、国务院国资委有关领导和国际电联负责人等在开幕式上致辞。省委、省人大常委会、省政府、省政协领导，中央、国家有关部委领导，主宾省相关领导，部分央企负责人，院士专家代表，数字经济领军企业负责人等参加了开幕式。本届峰会以“创新驱动新变革 数字引领新格局”为主题，由国家网信办、国家发改委、科技部、工信部、国务院国资委、福建省人民政府共同主办。开幕式上还发布了《数字中国发展报告（2021年）》，举行了全民数字素养与技能提升月启动仪式。峰会开幕前，尹力一行还参观了第五届数字中国建设成果展。

23日，第五届数字中国建设峰会主论坛举行。

第五届数字中国建设峰会主论坛举行，以“创新驱动新变革 数字引领新格局”为主题，中国科学院院士徐冠华，省领导罗东川、张彦、王永礼、刘建洋，以及来自中央和各地的政府部门领导、知名专家学者、领军企业代表负责人出席。主论坛由国家网信办副主任盛荣华和省委常委、常务副省长郭宁宁共同主持。省委常委、福州市委书记林宝金致辞，中国科学院院士梅宏、河北省副省长胡启生、湖北省副省长赵海山、黑龙江省政协副主席郝会龙发言。主论坛上，中国电信集团董事长柯瑞文，中国电子信息产业集团总经理曾毅，中国联通集团董事长刘烈宏，中国建设银行行长张金良，华为公司轮值董事长胡厚崑，科大讯飞公司董事长刘庆峰，福建省大数据集团董事长钟军，锐捷网络公司总经理刘忠东等先后发言。

23 日，数字环保分论坛举行。

第五届数字中国建设峰会数字环保分论坛在福州举行。分论坛由生态环境部、福建省人民政府联合主办。围绕“智能化助力减污降碳，数字化引领绿色发展”主题，来自全国各地的专家学者，政府部门、知名企业代表等约500人进行深入交流和探讨。中国工程院院士王桥、中国科学院院士郭华东，及来自重庆市环境局、福建省生态环境厅、生态环境部信息中心和联通数字科技有限公司等的代表作主题报告，并发布了30个第五届“全国数字环保优秀应用案例”。

23 日，大数据分论坛举行。

第五届数字中国建设峰会大数据分论坛在福州海峡国际会展中心举行。论坛由工业和信息化部、福建省政府主办，以“激发数据潜能拥抱数字经济”为主题，邀请政府主管单位领导、院士专家以及深耕产业发展的优秀企业家，围绕数据要素市场化、大数据基础能力建设、产业链优化升级、行业融合应用、产业规范治理等议题展开深入研讨和分享。分论坛上，中国网络空间研究院副院长李颖新发布了《国家数据资源调查报告（2021）》。

23 日，福州市 29 项数字经济重大项目集中签约。

第五届数字中国建设峰会福州市数字经济重大项目集中签约活动在海峡国际会展中心举行现场共签约 29 项数字经济重大项目，总投资额达231.69亿元，其中战略框架协议 7 项，数字经济重点项目22 项。省委常委、福州市委书记林宝金出席。

23 日，新技术分论坛举行。

第五届数字中国建设峰会新技术分论坛在福州海峡国际会展中心举行。本次分论坛以“科技创新支撑数字中国建设”为主题，邀请嘉宾围绕电子信息、人工智能、区块链、量子计算、元宇宙、网络空间安全等热点话题，深入探讨新兴前沿技术和数字产业创新发展，为壮大数字经济发展能级、促进网络信息安全发展献计献策。中国工程院院士吴建平、中国科学院院士冯登国、中国工程院院士张平、中国互联网投资基金管理有限公司董事长吴海、华为昇腾计算业务总裁张迪煊、360 集团副总裁梁志辉等 15 位知名院士、专家学者和优秀企业负责人，通过线上线下相结合的方式发表主旨演讲、参与圆桌对话。

23 日，国有企业数字化转型分论坛举行。

由国务院国资委主办的第五届数字中国建设峰会国有企业数字化转型分论坛在福州举行。本次论坛以“数字赋能国企 创新引领未来”为主题，吸引众多央企代表以及国资国企各领域专家学者参会。会上，中国科学院吴一戎院士作以《企业数字化的时空框架》为题的主题报告，中国电子、东方电气、中国交建、中国联通、京东方相关负责人作国资国企数字化转型经验交流。会上发布了《国有企业数字技术典型成果》。

23 日，数字经济分论坛举行。

由国家发展和改革委员会、国家互联网信息办公室主办的第五届数字中国建设峰会数字经济分论坛在福州举行。本次论坛主题为“把握数字化转型机遇 赋能经济高质量发展”。河北省（雄安新区）、浙江省、福建省、广东省、重庆市、四川省等 6 家国家数字经济创新发展试验区就推进数字化转型工作进行经验分享。来自中国信息通信研究院、国家信息中心、中国电子信息产业集团和浙江大学的专家学者发表了主题发言。华为、京东、中国移动、中国联通、中国国际经济咨询有限公司等企业界代表则针对“企业数字化转型实践和探索”进行了圆桌对话。

23 日下午，智慧能源分论坛举行。

由国家电网有限公司主办的第五届数字中国建设峰会智慧能源分论坛在福州海峡国际会展中心举行。围绕“数字赋能能源转型，创新引领智慧发展”主题，中国科学院院士梅宏、中国工程院院士郭剑波，以及中国电力设备管理协会、国家能源集团、国家电网公司、中国石油、清华大学、国网信通产业集团、国网福建电力的嘉宾分别发表了主旨演讲。会上，国家电网公司发布了新型电力系统数字技术支撑体系白皮书。

24 日，云生态大会在榕举行。

第五届数字中国建设峰会云生态大会在福州

海峡国际会展中心举行。大会以“共铸国云 智领未来”为主题，由国务院国资委、福建省人民政府、中国电信、中国电科、中国电子联合主办，旨在进一步增强云产业集聚效应，构建开放共赢的云生态，聚力打造安全可信的云计算信息基础设施。云生态大会今年首次在数字中国建设峰会亮相，开设了央企论坛、行业论坛、合作论坛、技术论坛等四大重点论坛，云计算行业专家学者、知名企业代表同台论道，探讨行业未来合作趋势，为云生态创新发展、助力数字中国建设建言献策。

24日，数字人民币产业发展分论坛召开。

第五届数字中国建设峰会数字人民币产业发展分论坛在福州海峡国际会展中心举行。论坛由福建省人民政府主办，论坛立足“产业”与“新发展”，旨在促进数字人民币产业协同创新、推动数字人民币赋能新发展格局。论坛还举行了“数字人民币产业联盟”成立仪式，新大陆数字技术股份有限公司董事长、数字人民币产业联盟理事长王晶宣告联盟成立并作表态发言。

24日，工业互联网产业生态大会在榕举行。

第五届数字中国建设峰会工业互联网产业生态大会在福州举行，工信部副部长徐晓兰、中国联通董事长刘烈宏、福建省副省长康涛出席大会。会上举行了签约仪式，中国工业互联网研究院福建省分院暨国家工业互联网大数据中心福建省分中心落地福州，厦门、晋江与中国工业互联网研究院签约共建“数字工匠”工业互联网人才培养基地。大会还发布了2021年县域工业互联网发展20强榜单，我省的晋江市、福清市、闽侯县入围。

24日，物联网分论坛举行。

由福建省人民政府主办的第五届数字中国建设峰会物联网分论坛在福州海峡国际会展中心举行，副省长康涛出席论坛并致辞。本次分论坛以“智联万物 创新未来”主题，分享物联网领域的前沿技术，探讨物联网赋能产业升级的广阔前景。论坛上进行了签约仪式。

24日，“数字丝绸之路”分论坛举行。

第五届数字中国建设峰会“数字丝绸之路”分论坛在福州海峡国际会展中心举行。本次分论坛由国家发改委、国家网信办主办，以“数字丝路激活全球发展新引擎”为主题，有关国家数字经济主管部门、驻华使馆、国际组织、科研机构和企业代表约150余人参加了论坛，围绕疫情后各国数字经济发展与RCEP、中欧数字伙伴关系等区域合作机制带来的合作机遇，数字发展新动能，共筑数字丝路新基建等议题进行深入探讨和广泛交流。

24日，“5G应用及6G愿景”分论坛在福州举行。

第五届数字中国建设峰会“5G应用及6G愿景”分论坛在福州举行。本次论坛以“赋能数字经济，共创智慧未来”为主题，旨在汇聚众多信息通信及垂直行业优势资源，进一步挖掘5G应用价值，推动6G关键技术的研究和突破，助力全社会数字化转型发展，共吸引了中国工程院张平院士等近200位专家学者参加，一批行业龙头企业分享探讨了5G应用赋能行业、推动转型升级的经验，以及6G技术的技术特性、发展需求。论坛还以6G愿景展望为主题举行圆桌论坛，发布《6G典型场景和关键能力》白皮书。

24日，福建省发布2022年度数字技术创新应用场景。

在第五届数字中国建设峰会数字福建分论坛上，省数字办发布248项数字技术创新应用场景，其中：应用场景建设需求37项，应用场景解决方案164项，应用场景典型案例47项。涵盖人工智能、大数据、5G、区块链、VR/AR等领域，服务延伸新时代人们工作、生活的方方面面。

26日，福建水产行业有了首家海关高级认证企业。

厦门海关所属东山海关近日向通过AEO高级认证的中港（福建）水产食品有限公司颁发海关AEO高级认证企业证书，标志着福建省水产行业高级认证企业实现零的突破。AEO（Authorized Economic Operator）即海关“经认证的经营者”，是世界海关组织（WCO）《全球贸易安全与便利标准框架》认定的符合相应供应链安全标准的经济主体。截至目前，中国海关已经与新加坡、韩国、欧盟等22个经济体48个国家（地区）签署了AEO互认协议，互认国家或地区数量居世界首位。

26日，省人社厅印发通知要求：积极做好高温天气劳动保护工作。

持续的高温天气对职工工作及健康将产生较大影响。省人社厅日前印发通知，要求各级人社部门和用人单位积极做好暑期高温天气劳动保护工作，督促企业履行防暑降温主体责任，严格落实高温津贴发放规定。

27日，中国自贸试验区制度创新指数发布，厦门位列第五。

近日，“2021-2022年度中国自由贸易试验区制度创新指数”正式发布，厦门自贸片区再次取得优异成绩，位列全国第五。成立7年多来，厦门自贸片区对标国际先进规则，以制度集成创新为核心，锐意进取、勇于突破，形成了一批具有厦门特色亮点的可复制可推广的制度创新成果。截至目前，厦门自贸片区累计推出创新举措513项，其中全国首创111项。

27日，全省林业产业总产值居全国前列。

省十三届人大常委会第三十四次会议听取了省人大常委会执法检查组关于检查《森林法》和我省森林条例实施情况的报告。执法检查报告显示，2021年全省林业产业总产值达7021亿元，位居全国前列，重点林区林农涉林收入占总收入比例超过30%。我省林业碳汇项目已成交321万吨，成交额4665.2万元，成交量和成交额均居全国首位。根据报告，全省持续深化林改，完善生态产品价值实现机制，2017年以来，全省共有序流转林权478.5万亩，培育新型林业经营主体1698家，截至目前，全省共发放“闽林通”系列贷款106.4亿元，受益农户9.3万户。2021年全省参保森林面积1.13亿亩，参保率超过90%。

27日，全省城市建设品质提升暨县城品质提升工作现场会举行。

全省城市建设品质提升暨县城品质提升工作现场会在上杭举行。会议深入学习贯彻习近平总书记关于城市建设的重要论述和来闽考察重要讲话精神，聚焦提高效率、提升效能、提增效益，部署推进全省城市建设品质提升工作。副省长林文斌出席会议并讲话。

27日，全省“三农”工作推进会召开。

全省“三农”工作推进会在福州召开。省委副书记罗东川出席会议并讲话，强调要深入学习贯彻习近平总书记关于“三农”工作的重要论述，贯彻落实党中央决策部署和近期中央有关农业农村工作会议精神，按照全省上半年经济会议要求，扎实做好“两稳一保一防”工作，坚决守好“三农”战略后院，确保三季度态势稳、四季度冲劲足，为切实稳住经济大盘贡献“三农”力量。

27日晚，省直机关举办“做强做优做大海洋经济”青年学习讲堂学习会。

省委省直机关工委联合省发改委、省海洋渔业局，以“抢抓机遇　提质增效　做强做优做大海洋经济”为主题，在屏山大院举办省直青年学习讲堂第7讲学习会。学习会上，大家重温学习了习近平总书记关于海洋强国建设的重要论述，集中观看了《福建向海图强》专题纪录片。

28日，我省建立健全科技计划项目攻关机制。

为深化科技管理制度改革，健全省级科技计划项目“揭榜挂帅”攻关机制，探索“赛马制”，日前，省科技厅下发《进一步建立健全省级科技计划项目“揭榜挂帅”“赛马”攻关机制的若干措施（试行）》，支撑重点产业转型升级和数字经济、海洋经济、绿色经济、文旅经济高质量发展，鼓励具有较强技术研发实力和良好科研业绩的省内外企事业单位牵头或参与竞争揭榜。

28日，《福建省动物防疫条例》将于今年10月1日起施行。

省人大常委会第三十四次会议表决通过了《福建省动物防疫条例》，将于今年10月1日起施行。条例总结提炼我省动物防疫工作的实践和经验，对新形势下国家重点推动的动物疫病预防、控制、净化、消灭和区域化管理等动物防疫活动作出具体、明确、可操作规定，为公共安全和人体健康提供更加有力的法治保障。

29日，全省经济运行分析会议召开。

全省经济运行分析会议召开。会议指出，三季度处于承上启下、决定全年走势的关键节点。各地各部门要认真落实“疫情要防住、经济要稳住、发展要安全”重要要求，深入贯彻全省上半年经济会议精神，坚定信心决心，坚持稳字当头、稳中求进，全力稳住经济大盘，确保三季度态势稳。省委常委、常务副省长郭宁宁主持会议并讲话。

29日，第十四届海峡论坛·两岸乡村农田水利建设交流会举办。

由民革中央、水利部主办的第十四届海峡论坛·两岸乡村农田水利建设交流会在平潭举办。本次交流会以“水生态文明与美丽乡村”为主题，两岸水利专家采取线上、线下相结合的方式，围绕生态水利工程建设、水资源管理和保护、河湖水生态环境问题治理、水利科教园示范建设、水产业发展等方面分享建设管理经验。

29 日，邵武发放我省首笔“林下经营权证”抵押贷款。

邵武市肖家坊镇坊前村种植大户徐敦胜获得了一笔“林下经营权证”抵押贷款，贷款额度 20 万元，期限 5 年。该款产品为邵武农商银行为加快推动林下经济产业发展而推出的“福林？林下经营权贷”，这笔贷款是我省发放的首笔“林下经营权证”抵押贷款。

31 日，赵龙在省工会第十四次代表大会上作经济形势报告。

省长赵龙应邀在省工会第十四次代表大会上作经济形势报告，就深入学习贯彻习近平总书记来闽考察重要讲话精神，全面落实疫情要防住、经济要稳住、发展要安全重要要求，扎实做好下半年经济工作，全力推动高质量发展，同与会代表深入交流。

31 日，“福往福来”海上游首航活动在平潭举办。

由福建省文旅厅、平潭综合实验区管委会、莆田市人民政府共同主办的“福往福来”海上游首航活动在平潭举行。“福往福来”海上游项目，将围绕“海岸—海湾—海岛”全省一盘棋的布局，陆海统筹、湾港联动，串联省内滨海旅游城市。按照“共同开发、共同培育、一体循环、分期推进”的原则，以节点试行、串点成线、连线成链的线性循环为目标，有序开通海上精品线路，力争到 2025 年，基本形成覆盖环我省沿海多节点的海上游精品线路体系。

（摘编：王一星）

八月

1 日，厦门火炬高新区获评 2022 年第三代半导体最具竞争力产业园区。

厦门火炬高新区消息，在日前举办的第十六届中国半导体行业协会半导体分立器件年会暨苏州第三代半导体产业融合创新发展高峰论坛上，厦门火炬高新区被授予“2022 年第三代半导体最具竞争力产业园区”称号，为我省唯一。

2 日，我省支持打造 108 个乡村产业振兴示范村。

福建省财政厅消息，为鼓励各地积极创新乡村产业振兴模式，我省财政创新投入方式，通过奖补结合，支持乡村产业振兴示范村建设。今年支持打造 108 个乡村产业振兴示范村，省级补助资金 1.88 亿元已于日前下达。

2 日，全国市场监管系统执法办案电子数据取证大比武举行。

福建省市场监管局消息，近日，第二届全国市场监管系统执法办案电子数据取证大比武在厦门举办，省市场监管局荣获团体第二名。

3 日，全国首部 S 波段相控阵双偏振天气雷达在闽启用。

近日，全国首部 S 波段相控阵双偏振天气雷达在福州市闽侯县大湖乡雪峰村启用。据悉，该雷达系目前国际上最先进的天气雷达。

4 日，截至 6 月底，我省 5G 移动电话用户达 1295.5 万户。

福建省通信管理局最新发布的数据显示，我省移动电话用户规模稳中有增，5G 用户快速发展。截至 6 月底，全省 5G 移动电话用户达 1295.5 万户，同比增长 100.5%，占移动电话用户总数的 26.7%，占比较上年末提高 6.2 个百分点。截至 6 月底，全省固定宽带接入端口达 3636.2 万个，同比增长 5.3%。截至 6 月底，全省固定宽带用户达 2087.1 万户，同比增长 7.8%。1—6 月，全省移动互联网接入流量达 33.9 亿 G，同比增长 21.1%，总体保持较快增长。6 月当月户均流量 13.8G，同比增长 11.7%。

4 日，福建数字经济发展院士专家恳谈会

召开。

福建数字经济发展院士专家恳谈会在福州召开，邀请参加今年八闽行活动的院士专家，为深化数字福建建设、加快数字经济发展把脉献策。省长赵龙出席并讲话。会上，中国工程院副院长吴曼青，陈左宁、陆军、王坚、江碧涛、蒋昌俊、蓝羽石、吴剑旗、苏金树、王海峰、尚健等院士专家，立足科技前沿和产业制高点，紧密结合福建实际，就构建数字经济“双循环”新格局、统筹推进新基建、优化数字经济结构、建设工业互联网平台体系、加快“海上福建”建设、发展海洋经济等方面积极建言。

4日，全球农遗论坛在安溪举行。

以“在发掘中保护，在利用中传承”为主题的首届全球农遗·安溪铁观音茶文化系统保护与发展论坛日前在安溪县举行。论坛上，全国茶业界专家深度解读和研讨安溪铁观音茶文化系统，安溪县总结安溪铁观音茶文化系统申遗和保护经验，发布《安溪铁观音质量安全白皮书（2021年）》，启动安溪铁观音茶文化系统保护与发展系列项目，聚力安溪铁观音茶文化系统发展新路。

5日，我省首次开展注册会计师行业高端人才选拔培养。

福建省财政厅消息，近日，我省首批注册会计师行业高端人才培养选拔考试在厦门国家会计学院举行，共有85名前期通过资格初选的考生参加考试。这是我省首次组织开展注册会计师行业高端人才培养，旨在为行业培养一批高素质、复合型、国际化，能够全面提升会计师事务所治理水平、全方位融入资本市场、高质量服务国家经济建设的高端人才。首批将从行业中择优选取45名注册会计师进行培养，培养期三年。

5日，我省实施制造业创新中心建设管理新办法。

福建省工信厅消息，日前，新《福建省制造业创新中心建设管理办法（试行）》印发实施，原《福建省制造业创新中心建设管理办法（试行）》同时废止，原有创新中心试点单位纳入本管理办法进行管理，继续按照创建实施方案提出的目标和任务进行创建。

5日，全省首个涉案珍稀植物迁地保护基地在上杭揭牌。

“涉案珍稀植物迁地保护基地”在龙岩国家现代林业科技示范园区核心区上杭白砂国有林场正式揭牌。这是全省首个涉案珍稀植物迁地保护基地。该基地规划总面积800亩，目前已完成157亩，现有迁地保护珍稀植物金毛狗蕨等3万余株。

6日，海洋碳汇等34家省重点实验室通过验收并授牌。

根据《福建省重点实验室管理实施细则》规定，日前，省科技厅对34家学科类省重点实验室进行了验收。经研究决定，福建省海洋碳汇重点实验室等34家重点实验室通过验收，予以正式授牌运行。此次通过验收的学科类省重点实验室涵盖海洋碳汇、海洋经济生物遗传育种、智慧基础设施与监测、大数据智能与安全、媒体信息智能处理与无线传输、海洋生物技术、先进微纳光子技术与器件、复杂动态系统智能辨识与控制、蔬菜遗传育种、检验医学、医疗大数据工程等方面，依托单位包括厦门大学、福州大学、华侨大学、福建师范大学、福建农林大学、福建医科大学附属第一医院、中科院海西研究院泉州装备制造研究所、中科院城市环境研究所、福建省农业科学院作物研究所、福建省立医院、福建省计量科学研究院等28家。

8日，我省培育乡村产业振兴带头人“头雁”队伍。

福建省财政厅消息，今年起，我省计划用5年时间培育一支乡村产业振兴带头人“头雁”队伍，由财政给予补助，支持每个县（市、区）每年培育10名“头雁”。今年全省计划培育800名带头人。培育经费每人不超过2.5万元，由财政和带头人个人共同承担，其中财政给予每人补助最高2万元。

8日，中国投洽会九月在厦举行。

第二十二届投洽会组委会第二次筹备工作会议消息，第二十二届中国国际投资贸易洽谈会将于9月8日至11日在厦门举行，采取线上线下融合方式举办。

8日，科学技术部、福建省人民政府2022年部省工作会商会议在榕举行。

科学技术部、福建省人民政府在福州举行

2022年部省工作会商会议。省委书记、省人大常委会主任尹力，科技部党组书记、部长王志刚出席会议并讲话。省委副书记、省长赵龙主持会议。会上，王志刚与赵龙代表部省双方签署了《科学技术部 福建省人民政府工作会商制度议定书（2022—2026年）》。省委常委、秘书长吴偕林出席会议。科技部副部长李萌，副省长康涛分别报告部省双方对本次会商事项的有关考虑和意见。在闽期间，王志刚一行先后前往宁德、福州，深入宁德时代新能源科技股份有限公司、中海创科技（福建）集团、新大陆科技集团、福光股份有限公司等企业和中科院海西研究院调研科技创新及成果转化等情况，并在福州召开全国外专工作会议。

8日，尹力赵龙会见中国五矿集团董事长翁祖亮。

省委书记尹力在福州会见了中国五矿集团董事长翁祖亮、总经理国文清一行。省长赵龙出席。尹力希望五矿集团发挥综合优势，在矿产资源勘查开发、新能源新材料产业发展、大宗商品贸易和基础设施建设等领域深化双方务实合作，促进矿产资源绿色高效利用，实现互利共赢。会见后，双方签署了战略合作框架协议。

8日，“四大经济”金融动能足。

福建省人民政府新闻办召开“银行业保险业助力福建四大经济发展”新闻发布会，邀请福建银保监局、兴业银行、农行福建分行、省农信联社、人保财险福建分公司有关负责人，分别介绍支持我省数字、海洋、绿色、文旅“四大经济”发展的举措、成效和亮点。

9日，仙人掌省级花卉种质资源库通过专家评审。

日前，省林木种苗总站组织专家在漳州市龙海区开展仙人掌省级花卉种质资源库评审认定工作。专家组一致同意通过评审，并建议命名为福建省漳州市龙海区仙人掌省级花卉种质资源库。该种质资源库位于漳州市龙海区双第华侨农场，占地面积320亩，建有温室大棚5.6万平方米，配套组培实验室120平方米，共收集保存仙人掌科金琥属、岩牡丹属、强刺球属、星球属、乳突球属、裸萼球属、鹿角柱属等53属1335种（亚种）和品种。

9日，尹力赵龙会见中国海油集团董事长汪东进。

省委书记尹力在福州会见了中国海洋石油集团有限公司董事长汪东进一行。省长赵龙出席。尹力希望双方进一步加强优势互补、深化战略对接，围绕清洁能源应用、新能源产业发展、海洋经济新业态拓展等方面开展深入而广泛的全面合作，实现共同发展。会见后，双方签署了战略合作框架协议。

9日，“高等教育服务文旅经济高质量发展”活动举办。

由省文化和旅游厅、福建师范大学联合主办的“高等教育服务文旅经济高质量发展”系列活动今日在福建师范大学仓山校区举办。活动中，福建省文化和旅游资源信息系统正式上线、福建省文化和旅游研究院正式揭牌。副省长郑建闽出席活动并启动福建省文化和旅游资源信息系统上线。

10日，上半年我省规上工业企业营收增长9.6%。

福建省统计局消息，今年以来，面对疫情冲击，全省高效统筹疫情防控和经济社会发展，规模以上工业企业营业收入保持稳定增长。1—6月，全省规模以上工业企业实现营业收入达34556.14亿元，同比增长9.6%，增幅高于全国0.5个百分点。

10日，院士专家为我省新基建智能建造技术发展建言。

日前，中国工程科技发展战略福建研究院重点咨询项目“福建省新基建智能建造技术发展战略与实施路径研究”，在福州召开项目启动会暨研讨会。会上，项目组介绍了项目概况、研究内容、研究目标、研究计划以及后续安排，省住建厅、省交通运输厅等分别介绍了我省智能建造的基本情况，与会专家围绕智能建造等相关问题展开研讨。

10日，第三届中国短视频大会在福州开幕。

第三届中国短视频大会今日在福州数字中国会展中心开幕。本次大会有主论坛、8个分论坛及年度盛典、产业推介暨项目对接会等活动。开幕式上举行了福州短视频产业链招商成果签发仪式，并发布2021中国短视频行业发展报告、2021年度全国短视频创新案例推荐以及短视频健康发展与行业自律倡议。据不完全统计，截至2021年底，我国网络视频用户规模达9.75亿，其中短视频用户规模达到9.34亿，使用率超过90%。

10日，我省部署推进安全生产工作。

省政府第三季度防范重特大生产安全事故暨安委会成员视频会召开，分析今年以来全省安全生产形势，部署下阶段安全生产重点工作，促进全省安全生产形势稳定向好。省委常委、常务副省长郭宁宁出席并讲话。

10日，我省首座中石油综合能源服务站在平潭投运。

我省首座中石油综合能源服务站在平潭建成投运。该站点位于平潭澳前中石油加油站，设有5台60千瓦直流快速充电桩，可同时满足5辆电动汽车充电。

10日，首批国家级种质资源库（圃）来了。

农业农村部对第一批72个国家级农作物种质资源库（圃）、19个国家级农业微生物种质资源库予以公示。其中，我省有3个种质资源圃入选。它们分别是省农科院果树研究所建设的国家龙眼枇杷种质资源圃、省农科院农业生态研究所建设的国家红萍种质资源圃、省农科院亚热带农业研究所建设的国家闽台特色作物种质资源圃。

10日，我省首制内河增程式电动货船下水。

我省首制内河增程式电动货船“武夷2号”在宁德下水。“武夷2号”采用宁德时代动力电池，配备专业电控系统，设计容量1540kWh，设计续航80km，装箱量21箱，载货量可达765.304吨。据测算，从福州马尾至南平洋坑码头航程约185km，传统燃油动力船舶需消耗燃油约1260升，按当前燃油7元/升计算，单程燃油成本约为8820元，而电动船舶单程核算所需电力费用为3696元，相对于传统动力船舶仅燃料成本就节约了58.1%，而且使用电力推进时可以实现零排放。“武夷2号”的下水，是我省水路运输行业建设“电动闽江，绿色福建”的重要举措。

10日，全国县级首本深远海养殖平台“身份证”在连江发放。

全国县级首本深远海养殖平台所有权证书与国籍证书在福州市连江县发放。当天，在连江县行政服务中心，福建省泰源海洋开发有限公司总经理刘文质拿到了自主建造的深远海养殖平台所有权证书。

11日，三明已有4个“中国天然氧吧”。

近日，第三届氧吧产业发展大会暨“中国天然氧吧”媒体推介会举办，三明市永安市、建宁县以优质旅游气候资源获得中国气象局授予的“中国天然氧吧”称号。截至目前，三明共有4处“中国天然氧吧”，分别是将乐县、大田县、建宁县、永安市，成为全省拥有“中国天然氧吧”称号最多的地市。

11日，我省所有乡镇基本实现5G网络覆盖。

我省稳步推进5G及千兆光网协同建设。省通信管理局最新统计数据显示，目前，全省已建成5G基站超6万个，基本实现所有乡镇5G网络覆盖；建成10G-PON端口34万个，家庭千兆光纤网络覆盖率达94%，县级以上区域普遍具备“千兆到户”能力。

11日，省领导调研永泰抽水蓄能电站建设工作。

省委常委、常务副省长郭宁宁一行赴福州市永泰县，实地察看永泰抽水蓄能电站首台机组正式投产发电情况，调研电站项目建设工作。永泰抽水蓄能电站是我省百个“重中之重”建设项目之一，项目总装机容量120万千瓦，设计年发电量12亿千瓦时，预计在2023年上半年实现4台机组全部投产发电。届时，每年可减少二氧化碳排放42.4万吨，将有力促进我省可再生能源健康发展。

11日，2022年全省打击侵权假冒工作会议召开。

2022年全省打击侵权假冒工作会议召开。副省长、省打击侵权假冒工作领导小组组长李德金主持会议并讲话。

14日，我省再添一批茶树新品种。

省农科院在福州举行科技开放日活动，并现场发布一批茶树新品种。去年以来，该院茶叶研究所选育的福萱、瑞茗、春萱、春闺、瑞香、九龙袍等6个茶树品种通过国家非主要农作物品种登记。其中，春闺、瑞香、九龙袍已在全国茶区得到较大面积推广，并取得显著效益；福萱、瑞茗、春萱在今年6月刚通过登记。

14 日，第六届福建省粮食行业职业技能竞赛举办。

近日，第六届福建省粮食行业职业技能竞赛暨第六届全国粮食行业职业技能选拔赛在福州举办。来自全省粮食和储备系统的 11 支代表队 67 名“粮工巧匠”参赛。经过角逐，两个职业共产生优秀团队奖 3 个，优秀个人奖 13 名。福建省储备粮管理有限公司代表队连学进获（粮油）仓储管理员优秀个人一等奖，福建省粮油质量监测所代表队郑欣怡获农产品食品检验员优秀个人一等奖，福建省储备粮管理有限公司代表队、福州市粮食和物资储备局代表队、厦门市发展和改革委员会代表队分获优秀团队一、二、三等奖。

14 日，福建大数据发展水平居全国第 7 位。

福建日报报道：赛迪研究院信息化与软件产业研究所近日正式发布《中国大数据区域发展水平评估报告（2022 年）》。根据该报告，福建大数据发展水平居全国第 7 位，进入第一梯队。

14 日，全省 13 只政府投资母基金累计投资项目 214 个。

福建省财政厅消息，截至 6 月底，全省（不含厦门）政府投资基金共 13 只母基金，认缴出资总规模 494 亿元，其中已实缴出资 148 亿元，累计投资项目 214 个，投资金额 210 亿元。我省自去年 8 月设立省级政府投资基金以来，通过推进整合各类子基金，吸引社会资本，重点围绕数字经济、海洋经济、绿色经济、闽台融合、海丝合作等领域，支持创新创业、中小企业发展、产业转型升级和发展，以及基础设施和公共服务等，助力经济高质量发展。

14 日，我省县域商业体系建设项目获中央财政支持。

福建省财政厅消息，近期，我省县域商业体系建设项目获财政部等部门审核通过，将获得中央财政连续 4 年的资金支持。今年的 1.2 亿元补助资金已于日前下达。我省县域商业体系建设项目将重点支持乡村振兴重点县及欠发达老区苏区县，包括龙岩市所有县以及其他 8 市的 36 个县，实施期为 2022—2025 年。项目以县乡村商业网络体系和农村物流配送为重点，加快补齐农村商业基础设施短板，引导商贸流通企业转型升级，提高生活服务供给质量。

15 日，我省发布 2022 年企业工资指导线。

福建省人社厅消息，为合理调整收入分配关系，引导企业在生产发展和经济效益提高的基础上合理增加职工工资，经人社部和省政府同意，我省发布 2022 年企业工资指导线。其中，企业工资指导线基准线为 6.5%，企业工资指导线下线为 3%。

16 日，首届国际不锈钢产业创新发展大会在宁德召开。

首届国际不锈钢产业创新发展大会今日在宁德召开，大会以“创新为擎 标准为纲 推动国际不锈钢产业高质量发展”为主题，汇集全球各方专家、行业高管 270 余人，共商合作、共话发展、共赢未来，为不锈钢产业高质量发展注智赋能。

16 日，两岸森林康养标准共通试点项目启动。

两岸森林康养标准共通试点项目启动会在福州举行。来自中国林学会森林疗养分会、福建农林大学、台湾森林休憩保育协会、台湾森林保健学会等两岸森林康养领域的代表，以线上线下结合方式参加会议。根据《两岸森林康养标准试点工作方案》，本次试点工作将持续至 2024 年 6 月，为期两年。该项目预计形成一项互认机制——森林康养人才互认机制，四项共通标准——《森林康养目的地认定》《森林康养基地疗愈环境因子评价》《森林疗愈空间设计规范》《森林康养课程设计规范》。

16 日，尹力赵龙会见中国邮政集团董事长刘爱力一行。

省委书记尹力在福州会见了中国邮政集团董事长刘爱力、中国邮政储蓄银行行长刘建军一行。省长赵龙出席。尹力简要介绍了福建省省情，他希望中国邮政充分发挥点多面广、覆盖城乡等优势，深化拓展双方合作领域，加大信贷支持力度，推进金融创新服务实体经济，落实更多具有普惠性引领性的合作项目，实现优势互补、合作共赢。

16 日，尹力赵龙会见上海建工集团董事长徐征一行。

省委书记尹力在福州会见了上海建工集团董事长徐征一行。省长赵龙出席。尹力希望上海建工充分发挥资金、技术、人才、品牌等优势，进一步优化项目布局、扩大在闽投资，在基础工程建设、建筑设计服务、智慧城市等方面拓展合作，实现共赢发展。

16日，福建省工商联（总商会）第十二次代表大会举行。

省工商联（总商会）第十二次代表大会在福州举行。省委书记尹力出席开幕式并讲话，强调要认真学习贯彻习近平总书记关于新时代民营经济统战工作和工商联工作重要指示精神，全面贯彻落实中央统战工作会议部署，传承弘扬“晋江经验”，坚持政治建会、团结立会、服务兴会、改革强会，推动新时代福建工商联事业创新发展、全面发展。省长赵龙，省政协主席崔玉英出席。大会宣读了全国工商联贺信，表彰了全省工商联系统先进集体、先进工作者。

17日，全省土壤普查动员部署视频会召开。

福建省第三次全国土壤普查领导小组会议暨全省土壤普查动员部署视频会在榕召开，副省长李建成出席并讲话。会议指出，第三次全国土壤普查是一项重要的国情国力调查，对保障国家粮食安全、推进农业高质量发展、实现乡村生态振兴具有重要意义。

17日，尹力赵龙会见中国中检董事长许增德一行。

省委书记尹力在福州会见了中国检验认证集团董事长许增德一行。省长赵龙出席。尹力希望中国中检充分发挥专业优势，以此次签约为契机，结合福建产业特点、民生需求和科技创新方向，全面开展密切合作，协同推进产业升级，共同打造检验检测中心和质量提升公共服务平台，为福建建设先进制造业强省、质量强省提供有力保障。会见后，双方签署了战略合作框架协议。

17日，省工商联（总商会）第十二次代表大会闭幕。

福建省工商业联合会（总商会）第十二次代表大会在福州圆满闭幕。省委常委、统战部部长王永礼出席闭幕式并讲话。大会选举王光远为省总商会会长，陈晞、陈飚、林龙金、余建、叶善青等5人为专职副会长，方华玉、付文辉、朱志强、华祥斌、许阳阳、许明金、杨龙辉、吴迪、吴有林、吴体芳、张桂潮、陈全炼、陈富泽、林青、林斌、郑洪、柯希平、俞凯、施锦珊、洪忠信、黄丹青、黄铁明、章高路、董加余、蒋志鹏、景浓、傅天龙、谢伟东、谢秉昆、赖世贤、蔡秋平、魏成生等32人为兼职副会长。

17日，前7个月福建规上工业增加值同比增长5.7%。

省统计局消息，1—7月，全省工业生产稳中有进，规模以上工业增加值同比增长5.7%，高于全国2.2个百分点。7月，全省规模以上工业增加值同比增长3.3%，较6月回升1.2个百分点。

17日，7月份我省工业生产者出厂价格同比上涨3.1%。

国家统计局福建调查总队消息，7月份，我省工业生产者出厂价格同比上涨3.1%，环比下降0.7%；工业生产者购进价格同比上涨5.4%，环比下降0.9%。1—7月平均，工业生产者出厂价格比上年同期上涨4.6%，工业生产者购进价格比上年同期上涨8.1%。

17日，我省在全国率先推出农业碳汇保险。

福鼎市茶产业发展中心与中国人寿财险福建省分公司签约，为该市特色农业产业提供300万元碳汇损失风险保障，标志着农业碳汇保险率先在福建实现创新突破。

18日，福建省“网络直播产业助力数字经济”工作推进会召开。

福建省“网络直播产业助力数字经济”工作推进会在福州召开。省委常委、常务副省长郭宁宁出席并讲话。会前，省网络直播协会正式成立。会上宣读了《网络直播从业者倡议书》。

18日，省政府召开常务会议。

省长赵龙主持召开省政府常务会议，认真贯彻落实党中央国务院决策部署以及省委工作要求，审议通过《福建省政府质量奖管理办法（修订草案）》《福建省文化市场综合行政执法事项指导目录（2022年版）》，听取2021年福建省专利奖拟奖励事项有关情况汇报；研究深化生态省建设、福建省综合立体交通网规划纲要等工作。

19日，省幸福河湖建设交流会举行。

由福建省幸福河湖促进会和莆田市人民政府主办，莆田市水利局、福建省河湖健康研究中心和木兰溪生态河湖研究院承办的2022年福建省幸福河湖建设交流会在莆田举行，来自水利部太湖流域管理局、福建省水利厅以及福州、莆田、南平等地相关领导和水利专家共聚一堂，共同谋划建设造福人民的幸福河湖。

19 日，我省规范月饼市场价格秩序。

福建省市场监管局发布《关于规范月饼市场价格秩序的提醒告诫函》，规范月饼市场价格秩序。全省各级市场监管部门重点监管单价超过 500 元的盒装月饼，依法查处各类价格违法违规行为，对经提醒告诫仍未规范的价格行为，一经查实一律从严查处。

19 日，全国政协副主席梁振英来闽考察调研。

18—19 日，全国政协副主席梁振英来闽考察调研，并在福州召开闽港合作工作座谈会。省委书记尹力出席座谈会并讲话。省长赵龙主持座谈会。省政协主席崔玉英出席并陪同调研。

在闽期间，调研组赴福州、平潭，实地考察了解福建经济社会发展情况，助推闽港合作走深走实。

19 日，尹力会见申能集团董事长黄迪南一行。

省委书记尹力在福州会见了申能集团董事长黄迪南一行。尹力希望申能集团发挥自身优势，在清洁能源、绿色低碳技术等领域深化拓展双方合作，推动一批大项目、好项目尽快落地，助力福建加快形成多元化能源供应体系，实现企地共赢发展。

19 日，福建省弘扬“晋江经验”促进民营经济高质量发展大会举行。

福建省弘扬“晋江经验”促进民营经济高质量发展大会举行，大会在福州设主会场、在泉州晋江设分会场。省委书记、省人大常委会主任尹力出席大会并讲话，强调要深入学习贯彻习近平总书记关于民营经济发展的重要论述，坚持“两个毫不动摇”，大力弘扬“晋江经验”，鼓励、支持、引导民营企业大胆创新、放心创业、放手创造，促进民营经济高质量发展，让“晋江经验”在新时代新征程上绽放更加耀眼光芒。

19 日，“晋江经验”与习近平经济思想理论研讨会召开。

今年是“晋江经验”提出 20 周年，“晋江经验”与习近平经济思想理论研讨会今天在福州召开。省长赵龙出席并讲话，强调要深入学习贯彻习近平经济思想和习近平总书记重要讲话重要指示批示精神，按照党中央决策部署和省委工作要求，传承弘扬、创新发展“晋江经验”，以新发展理念引领高质量发展，以实际行动迎接党的二十大胜利召开。

20 日，2022 年福建省引进青年人才座谈会召开。

2022 年福建省引进青年人才座谈会在福州召开。省委常委、组织部部长邢善萍出席会议并讲话，勉励广大青年人才牢记习近平总书记谆谆教诲和深情嘱托，踔厉奋发、勇毅前行、投身实践，让青春在新时代新征程绽放绚丽之花。

20 日，我省与中国气象局举行省部合作联席会议。

我省与中国气象局在福州举行省部合作联席会议，省长赵龙、中国气象局局长庄国泰出席并讲话，共同签署推进福建“十四五”气象高质量发展合作协议。

20 日，我省开展工贸行业安全生产专项整治“百日清零行动”。

福建省应急管理厅消息，自 6 月初全国工贸行业安全生产整治“百日清零行动”开展以来，我省已有 267 家重点工贸企业完成事故隐患整改，工贸重点行业领域安全保障水平得到进一步提升。工贸行业重大风险点主要集中在可燃性粉尘爆炸危险、有限空间作业中毒窒息危险、钢铁企业煤气安全、冶金与铝加工企业熔融金属安全、液氨泄漏等危险。全国工贸行业安全生产专项整治“百日清零行动”针对的是存在重大风险的钢铁、铝加工（深井铸造）、10 人以上粉尘涉爆企业。目前，我省涉及的钢铁企业 28 家、铝加工（深井铸造）企业 20 家、10 人以上涉爆粉尘企业 251 家。

21 日，第十六届中国农村金融发展论坛举办。

19 日至 21 日，第十六届中国农村金融发展论坛在福州举办。本次论坛是福建农林大学金融学专业创办四十周年系列庆祝活动之一。论坛上，与会专家学者与行业代表围绕数字普惠金融、绿色金融与农村发展、农业经营主体融资行为、农户金融素养、农业保险与风险管理、农村金融机构改革和治理、金融与农户相对贫困、金融风险和担保、金融服务乡村振兴、乡村振兴与“三农”发展、农村金融和共同富裕等议题，展开研讨。

21 日，我省组织各地抓好农业防高温工作。

日前，省农业农村厅下发《关于抓好高温防御 努力夺取全年农业丰收的通知》，组织各地抓好农业防高温工作，并派出 44 个处室 51 名人员分赴各挂钩联系县（市、区）地，指导落实关键技术措施。

22 日，省委常委会召开会议。

省委书记尹力主持召开省委常委会会议，认真学习贯彻习近平总书记关于防汛救灾的重要指示、在辽宁考察时的重要讲话、给“中国好人”李培生胡晓春回信、向国际民间社会共同落实全球发展倡议交流大会和世界职业技术教育发展大会致贺信精神，研究贯彻落实措施；部署推进对口援藏工作。

22 日，尹力赵龙会见中建集团董事长郑学选一行。

省委书记尹力在福州会见了中国建筑集团董事长郑学选、总经理张兆祥一行。尹力希望双方在已有合作基础上，进一步深化在新型城镇化、基础设施建设、节能环保、乡村振兴等领域合作，实现更高水平互利共赢。会见后，双方签署了战略合作框架协议。

23 日，十一届省委全面深化改革委员会第四次会议召开。

日前，省委书记、省委全面深化改革委员会主任尹力主持召开十一届省委全面深化改革委员会第四次会议，认真学习贯彻习近平总书记在中央全面深化改革委员会第二十六次会议上的重要讲话精神，研究我省贯彻落实措施；研究部署我省深化科技体制改革和推动“福”文化传承创新工作。会议审议了《关于推行工业用地“标准地”改革的指导意见》《关于建立中小学校党组织领导的校长负责制的实施方案》。

23 日，尹力赵龙会见中国证监会副主席王建军一行。

省委书记尹力在福州会见了中国证监会副主席王建军一行。尹力希望证监会一如既往地指导、帮助福建，助力更多福建企业通过资本市场发展壮大，促进资源要素优化配置，推动多层次资本市场健康发展，更好地促进福建全方位推进高质量发展。

23 日，我省与九家金融机构签署战略合作协议。

我省分别与九家金融机构签署了战略合作协议，省长赵龙在福州与浦发银行董事长郑杨、光大银行行长付万军、招商银行行长王良、民生银行行长郑万春、泰康保险集团总裁刘挺军、中国人民保险集团副总裁才智伟、中国太平保险集团副总经理肖星、中信银行常务副行长刘成、平安银行监事长邱伟等座谈交流，共同见证合作协议签署。该协议重点支持合作领域和项目涉及现代产业体系建设、基础设施建设、普惠金融、乡村振兴等方面。

23 日，全国首座氨现场制氢加氢一体示范站在长乐启动。

近日，全国首座氨现场制氢加氢一体示范站在福州长乐启动。该示范站由紫金矿业旗下福大紫金氢能科技股份有限公司自主开发。该项目是以氨作为氢气的储能载体，通过集氨在线制氢、分离纯化、升压加注等功能于一体的自主创新制氢加氢装备技术，解决高密度储运氢气的安全性问题，降低了氢气储运成本，可灵活调整产能，实现氢气的现产现用，为零碳氨氢能源利用打造一个闭环。该项目不仅突破了氢能产业发展的安全性关键技术瓶颈，还大幅度降低了终端用氢成本和加氢站建设成本，从而实现以氨为储能载体的全链条零碳绿色能源循环经济。

23 日，院士专家聚焦“福建与粤港澳大湾区科技创新合作研究”。

日前，中国工程院福建研究院专题咨询项目“福建与粤港澳大湾区科技创新合作研究”在线召开结题评审会。会议评审组由国务院发展研究中心创新发展研究部部长、研究员马名杰担任组长，相关领域的 6 位省内外专家组成。评审组同意通过项目评审。该项目由中科院广州能源所战略研究中心副主任、研究员蔡国田担任项目负责人，中国工程院院士、广东省科协副主席、中科院广州能源所研究员陈勇，以及来自中科院广州能源所、厦门大学、福州大学等高校、科研院所的 30 多位专家参与研究。

24 日，农业农村部“十四五”渔业高质量发展推进会在宁德召开。

上午，农业农村部“十四五”渔业高质量发展推进会在宁德召开。农业农村部副部长马有祥、副省长李建成出席会议并讲话。会前，与会代表还对相关渔业项目进行了现场观摩考察。

24 日，全国首座氨现场制氢加氢一体示范站在长乐启动。

紫金矿业消息，近日，全国首座氨现场制氢加氢一体示范站在福州长乐启动。该示范站由紫金矿业旗下福大紫金氢能科技股份有限公司自主开发。该项目是以氨作为氢气的储能载体，通过集氨在线制氢、分离纯化、升压加注等功能于一体的自主创新制氢加氢装备技术，解决高密度储运氢气的安全性问题，降低了氢气储运成本，可灵活调整产能，实现氢气的现产现用，为零碳氨氢能源利用打造一个闭环。该项目不仅突破了氢能产业发展的安全性关键技术瓶颈，还大幅度降低了终端用氢成本和加氢站建设成本，从而实现以氨为储能载体的全链条零碳绿色能源循环经济。活动现场，还展示了氨现场制氢装置制氢并加注到氢燃料电池大巴全过程，受到现场人员的高度关注。

24 日，2022 年金融资本服务实体经济福建创新发展大会在榕开幕。

2022 年金融资本服务实体经济福建创新发展大会在福州开幕。省委书记、省人大常委会主任尹力出席并致辞，强调要深入学习贯彻习近平总书记关于金融工作的重要论述，贯彻落实党中央对金融工作的决策部署，紧紧围绕服务实体经济、防控金融风险、深化金融改革三项任务，促进经济和金融良性循环、健康发展，更好服务新发展阶段新福建建设。省委副书记、省长赵龙主持。开幕式上，有 33 个合作协议、融资项目进行了签约仪式，总规模约 705 亿元，涉及上市保荐、债券发行、基金设立、保险资金运用、媒体合作等领域。“福建省企业上市服务云平台”在会上启动，将实现上市后备资源、上市服务项目和上市动态进程“一网查询”。

25 日，第二十二届福建省科协年会在福州开幕。

第二十二届省科协年会在福州开幕。省委常委、统战部部长王永礼出席开幕式并讲话，中国科学院院士、省科协主席郑兰荪致辞，省级老同志李红、潘征，以及来自全国的 8 名院士、57 名专家出席开幕式。开幕式上还举行了院士工作站、全国学会服务站等授牌仪式，“福建省最美科技工作者”颁奖活动以及“科创中国”科技服务团入榕签约仪式。

25 日，福建企业上市工作推进会举行。

上午，“2022 年金融资本服务实体经济福建创新发展大会”子论坛——福建企业上市工作推进会在榕举行。省委常委、常务副省长郭宁宁到会致辞。论坛上，上海证券交易所、深圳证券交易所、北京证券交易所以及有关专家学者，围绕“拥抱全面注册制，服务高质量发展”主题，为推进福建企业上市工作建言献策。

25 日，期货和衍生品服务新福建建设推进会举行。

下午，“2022 年金融资本服务实体经济福建创新发展大会”期货子论坛暨期货和衍生品服务新福建建设推进会在福州举行。省委常委、常务副省长郭宁宁到会致辞。近年来，我国期货和衍生品市场快速发展，交易机制持续完善，产品服务不断丰富，有力地支持实体企业应对包括大宗商品价格波动在内的各类风险。今年 8 月 1 日，期货和衍生品法正式实施，将有力促进期货和衍生品市场进一步提升价格发现、风险管理和资源配置功能，更好地服务实体经济。会议由省金融监管局主办，兴证期货承办。

26 日，我省启动乡村产业振兴带头人培育项目。

福建省农业农村厅、福建农林大学在福州举办 2022 年福建省乡村产业振兴带头人培育“头雁”项目实施启动仪式暨第一期培训班开班式。该项目计划每年为全省各县（市、区）培育 10 名“头雁”，力争用 5 年时间培育一支能够引领一方、带动一片的乡村产业振兴带头人“头雁”队伍，带动全省新型农业经营主体形成“雁阵”。

26 日，全省首座“光、充、油”一体能源综合站在龙岩投运。

全省首座“光、充、油”一体能源综合站龙

岩莲花超级充电站正式投运。该站为国网福建电力与中国石化福建分公司合作建设的超级充电站，实现集充电、加油、光伏发电、自助洗车、休息驿站、停车等多功能为一体，全面提升电动汽车车主的充电服务体验。该站位于龙岩市新罗区莲花加油站停车场内，第一期共建设24个充电车位，配置6套300千瓦一拖四群充群控充电桩，单桩最大输出功率达180千瓦，最快可在25分钟内给电动汽车充满电。充电车位上方还建有150片光伏雨棚，总面积约410平方米，光伏雨棚采用国内领先的11BBB REPC电池组件，发电总功率达82千瓦，按照龙岩地区平均日照时长4.5小时计算，日发电量达369千瓦时，大约可供6部电动汽车充满电。

26日，全国早稻产量数据出炉，福建单产第一。

国家统计局今日发布的2022年全国早稻产量数据显示，福建每公顷产量6326.9公斤，在全国10个生产早稻的省区中位列第一。本次公布的早稻产量数据，由国家统计局以省为总体，通过抽样调查与实割实测调查得出。调查结果显示，今年全国早稻播种面积稳中有升，达到4755.1千公顷，比上年增加21.0千公顷，增幅0.4%。其中，福建早稻播种面积97.4千公顷，略高于去年。

26日，省领导赴松溪县调研灾后重建工作

福建省委常委、宣传部部长张彦赴挂钩联。系的松溪县，深入郑墩镇夙屯村、祖墩乡溪畔村、花桥乡花桥村、红旗街片区、松溪三中等地，调研“6·18”特大洪灾灾后重建、乡村振兴等工作，并召开灾后重建座谈会。

28日，全国首个母基金专项扶持政策在厦门发布。

近期，厦门自贸片区管委会联合湖里区人民政府共同发布《厦门自贸片区促进私募股权投资母基金发展办法》（以下简称《办法》），自10月1日起正式实施，有效期三年。这是全国首个母基金专项扶持政策，将与厦门市、区两级政府之前出台的股权投资类企业发展办法形成互补，有力支持母基金发展。《办法》共十条，适用于厦门自贸委和湖里区联合招商且在厦门金融机构开立托管账户的规模达50亿元（含）以上的母基金及其管理机构。《办法》将通过落户奖励、经济贡献奖励、投资贡献奖励、租金补助等四个方面的扶持，促进私募股权投资母基金发展。

28日，人民日报头版头条：福建晋江扎实推进县域经济高质量发展。

《人民日报》头版头条刊发通讯《福建晋江扎实推进县域经济高质量发展》，点赞福建省晋江市不断壮大实体经济，持续优化产业结构，晋江广大干部群众传承弘扬“晋江经验”，在波澜壮阔的时代大潮中顽强拼搏、不断创新，扎实推进县域经济高质量发展。

28日，国务院稳住经济大盘督导和服务工作组来闽。

根据国务院统一部署，近日，国务院稳住经济大盘督导和服务工作组来闽开展督导服务。今日，省委书记尹力、省长赵龙与工作组组长、住房和城乡建设部部长倪虹一行在福州座谈。

倪虹介绍了工作组总体工作安排和相关工作要求。尹力表示，国务院稳住经济大盘督导和服务工作组来福建开展工作，充分体现了党中央、国务院对福建的关心和支持，是对我省贯彻落实国务院稳住经济“一揽子”政策措施、扩大有效投资等情况的重要“检阅”，是对福建高质量发展的有力督导帮助。29日，倪虹在福州主持召开现场办公会，赵龙出席并作表态发言。

28日，“十四五”期间我省首个抽水蓄能电站，周宁抽蓄电站全面投产发电。

中国华电福建周宁抽蓄电站4号机组正式投入商业运行，标志着“十四五”期间我省首个抽水蓄能电站全面投产发电。周宁抽蓄电站为日调节纯抽水蓄能电站，总装机容量120万千瓦，年发电量12亿千瓦时，年抽水电量16亿千瓦时，是福建省“十三五”重点建设项目，也是国内同类型发电企业首座抽水蓄能电站。全面投产后，每年可节约标准煤约20.79万吨，减少二氧化碳排放41.58万吨，能有效促进节能减排、助力“双碳”目标实现。

28日，我省增值税留抵退税规模超630亿元。

据金库快报统计，自今年4月1日实施大规模留抵退税政策以来，截至8月24日，全省留抵退税规模达631亿元，退税资金全部退付到纳税人账户，约为去年全年退税规模的2.7倍。这项积极财政政策，有效缓解了企业资金紧张问题，减轻了企业特别是中小微企业负担，与其他一系列财政保市场主体的政策措施共同发力，成效越来越显现。

29日，我省召开钢材水泥生产企业与重点建设项目对接会。

福建省工信厅联合省住建厅、省重点办日前组织召开了全省钢材水泥生产企业与重点建设项目对接会。全省11家钢材水泥生产企业、18个重点建设项目和5家建筑业龙头企业代表分别在会上推介产品、发布需求，增进合作。今年以来，为促进经济平稳发展，省直各有关部门指导相关设区市举办钢材、水泥等产销对接活动20多场，直接促成了水泥钢材生产企业与重点建设项目对接水泥178万吨、钢材340多万吨，取得了初步成效。此次会议是对此前阶段工作的再深化、再部署、再推动。

29日，第七届金砖国家青年科学家论坛暨第五届金砖国家青年创新奖在厦门开幕。

晚上，第七届金砖国家青年科学家论坛暨第五届金砖国家青年创新奖在厦门开幕。本届论坛为期4天，来自金砖各国的青年科学家、青年企业家、专家学者近200人，将通过线上、线下的方式参与低碳技术、生物医药、人工智能、新材料四大平行论坛，金砖国家青年创新奖等系列活动。

30日，中共福建省委“中国这十年·福建”主题新闻发布会举行。

中共福建省委“中国这十年·福建”主题新闻发布会在福州举行。省委书记尹力围绕“全方位推进高质量发展，奋力把新福建宏伟蓝图变成美好现实”作主题发布并回答记者提问。省委副书记、省长赵龙回答有关提问。尹力说，党的十八大以来，在以习近平同志为核心的党中央坚强领导下，全省上下以习近平新时代中国特色社会主义思想为指导，坚持以人民为中心，完整、准确、全面贯彻新发展理念，经济社会发展取得新的成绩。全省地区生产总值连跨3个万亿元台阶，2021年达4.88万亿元；全省一般公共预算总收入连跨3个千亿元台阶，全省居民人均可支配收入连跨3个万元台阶。今年以来，福建全面落实“疫情要防住、经济要稳住、发展要安全”重要要求，高效统筹疫情防控和经济社会发展，统筹发展与安全，着力提高效率、提升效能、提增效益，上半年地区生产总值增长4.6%、增速居全国第6位。

30日，中国-尼日利亚工商界视频对话会举行。

中国-尼日利亚工商界视频对话会举行。中联部副部长沈蓓莉，驻尼日利亚大使崔建春，尼日利亚全体进步大会总书记、参议员奥米索，卡诺州州长甘杜杰，尼日利亚工贸投部部长阿德巴约线上参会。省委常委、常务副省长郭宁宁线上出席并致辞。会上，福建省与卡诺州签署建立友好省州关系意向书。福建省近40位工商企业代表参加对话会并与尼方企业开展交流对接。

30日，第二十二届投洽会新闻发布会举行。

国务院新闻办公室第二十二届投洽会专题新闻发布会在北京举行，并在福州设立分会场。商务部部长助理郭婷婷、福建省副省长李建成出席发布会。本届大会以“全球发展：共享数字机遇 投资绿色未来”为主题，围绕投资促进、产业创新、项目资本对接等三大板块布展12万平方米，其间还将发布《中国外资统计公报2022》《中国外商投资报告2022》《中国外商投资指引（2022版）》和《中资企业国别发展报告》等权威信息。韩国作为本届投洽会主宾国、重庆市作为主宾省（市）参展参会，香港特别行政区将在本届投洽会上集中展示回归祖国25周年发展成就。

30日，央媒聚焦，看福建非凡十年。

中共福建省委“中国这十年·福建”主题新闻发布会在福州举行。人民日报、新华社、中央广播电视总台、光明日报、经济日报、中国新闻社等多家央媒聚焦福建，纷纷推出重磅报道。

31日，尹力赵龙与中国铁路南昌局集团董事长熊春庚一行座谈。

省委书记尹力、省长赵龙在福州与中国铁路南昌局集团董事长熊春庚一行座谈交流，共同深化双方沟通协作，共商加快福建铁路交通发展建设。

31日，我省首趟中老铁路货运班列从福州江阴港开行。

上午，福建首趟“闽都号”中老铁路国际货运列车从福州江阴港站驶出，装载着507吨茶叶、农资产品等货物开往老挝首都万象，进军东南亚市场。

31日，省直青年学习讲堂举办“做大做强做优绿色经济”学习会。

晚上，省委省直机关工委联合省发改委、省生态环境厅，以“做大做强做优绿色经济”为主题，在屏山大院举办省直青年学习讲堂专题学习会。学习会上，大家重温学习了习近平生态文明思想和习近平总书记关于发展绿色经济的重要论述，集中观看了反映福建生态文明建设成就的专题片——《让绿水青山永远成为福建的骄傲》；传达学习了不久前印发实施的《福建省推进绿色经济发展行动计划（2022-2025年）》精神。

（摘编：邓新民）

九月

1日，省政府召开常务会议。

省长赵龙主持召开省政府常务会议，认真贯彻落实党中央、国务院决策部署以及省委工作要求，审议通过《福建省加快推进政务服务标准化规范化便利化的实施方案》《福建省地方政府储备粮安全管理办法（草案）》，通过《福建省公安机关警务辅助人员管理条例（草案）》，研究第二十二届中国国际投资贸易洽谈会筹备等工作。

1日，全省经济运行分析会议召开。

全省经济运行分析会议在福州召开。省委常委、常务副省长郭宁宁主持会议并讲话。

会议指出，当前正处于决定全年走势的关键节点。各地各有关部门要认真贯彻党中央、国务院决策部署，按照省委、省政府工作要求，坚定信心、稳中求进，坚持日监测、周分析、旬调度，加强经济运行跟踪研判，及时果断实施稳增长政策措施，确保“三季度好于二季度、下半年好于上半年”。

1日，尹力赵龙会见中国移动通信集团董事长杨杰一行。

省委书记尹力在福州会见了中国移动通信集团董事长杨杰一行。省长赵龙出席。尹力简要介绍了福建经济社会发展情况。他希望双方以本轮合作协议签署为新起点，进一步加大合作力度，完善5G网络等新型基础设施布局，促进产业链协同创新，夯实福建数字经济发展底座，实现互利共赢。

2日，尹力赵龙会见中国电建集团董事长丁焰章一行。

省委书记尹力在福州会见了中国电建集团董事长丁焰章一行。省长赵龙出席。尹力希望中国电建集团充分发挥资源、技术优势，开展全方位合作，加大投资力度，促进更多重大项目尽快落地，实现共赢发展。

2日，尹力赵龙会见新疆金风科技董事长武钢一行。

省委书记尹力在福州会见了新疆金风科技董事长武钢一行。省长赵龙出席。尹力希望金风科技充分发挥技术、资金等优势，在海上风电装备产业、技术研发创新、专业人才培养等领域进一步加强合作，促进全产业链集聚发展，共同打造国际领先的海上风电装备产业集群，促进福建海上风电融合发展和综合化立体化开发。

2日，1—8月，我省境内上市公司再融资规模全国第一。

兴业证券新增19.39亿配股上市，总股本增至86.36亿股。此次，兴业证券配股共募集资金100.8亿元，将用于发展融资融券业务、投资银行业务等主要业务，以及加大信息系统和合规风控投入。公开数据显示，按照上市日口径统计，1—8月，我省境内上市公司实现再融资1137.36亿元，同比增长1612.38%，规模居全国第一位。

3日，晋江、福清通过全国首批创新型县（市）验收。

科技部日前发布关于公布首批创新型县（市）验收通过名单的通知。通知显示，47个创新型县（市）通过全国首批验收，我省晋江市、福清市在列，建设主题为“科技支撑产业发展”。

4日，我省实际种粮农民再获农资补贴。

福建省财政厅消息，针对农资市场价格走势

和农业生产形势，近期，中央财政在此前已下达我省两批实际种粮农民一次性农资补贴资金基础上，再下达补贴资金6952万元，以缓解农资价格上涨带来的种粮增支影响，进一步调动农民种粮积极性。至此，今年中央财政已累计下达我省补贴资金3.3亿元。

4日，全省首家国家知识产权局专利检索咨询中心代办处揭牌运营。

厦门市市场监督管理局消息，近日，国家知识产权局专利检索咨询中心厦门代办处（以下简称“厦门代办处”）在海丝中央法务区自贸先行区“知识产权CBD”正式揭牌运营。这是全省首家国家知识产权局专利检索咨询中心代办处，是知识产权工作在海丝中央法务区厦门自贸先行区的重要成果。

5日，省委常委会召开会议。

省委书记尹力主持召开省委常委会会议，认真学习贯彻习近平总书记在8月30日中央政治局会议上的重要讲话、向2022年中国国际服务贸易交易会致贺信精神，研究我省贯彻落实措施；部署推进疫情防控、信访维稳、公务员队伍建设等工作，听取第二十二届中国国际投资贸易洽谈会筹备情况汇报。

5日，我省“科技贷”累计发放金额突破200亿元。

来自省科技厅的数据显示，截至8月24日，我省累计发放4894笔“科技贷”，发放金额达200.13亿元，惠及2837户科技型企业。

6日，第十一届“福建省文化企业十强”及提名企业、第五届“福建省最具成长性文化企业”评选活动收官

在省文化改革发展工作领导小组办公室组织下，经各地、各有关部门推荐和专家评审，第十一届“福建省文化企业十强”及提名企业、第五届“福建省最具成长性文化企业”评选活动日前圆满收官。本次活动共评选出海峡出版发行集团有限责任公司等10家企业为第十一届“福建省文化企业十强”，厦门外图集团有限公司等10家企业为“福建省文化企业十强”提名企业；福州佳软软件技术有限公司等25家企业为第五届“福建省最具成长性文化企业”。数据显示，省文化企业十强及提名企业的营业收入和利润水平稳中有升，总体实力平稳增长。主营收入方面，十强企业中，超50亿元的有3家，30亿元至50亿元之间的有4家；十强提名企业中，主营收入超亿元的有9家。净利润方面，十强企业中，超亿元的有5家；十强提名企业中，超亿元的有1家。

6日，2022金砖国家工业创新大赛决赛在厦启动。

金砖国家工业创新大赛决赛在厦门启动。经过4个月的项目征集，大赛共吸引了1330个项目参赛，其中金砖及“金砖+”项目390个。经专家评审，最终遴选推荐90个国内外项目进入决赛。本届大赛以“工业创新促进更加强劲、绿色、健康的全球发展”为主题，设置工业互联、智能制造、绿色循环三个赛道，各赛道分别设置一等奖1名、二等奖2名、三等奖3名。

6日，2022港航企业发展论坛举办。

以“勇当开路先锋 推动创新发展”为主题的2022港航企业发展论坛在平潭举办，吸引了来自政府部门、港航企业、科研院所、航运服务机构等各界约120名嘉宾齐聚一堂，共商港航业创新发展大计。论坛期间，围绕港航数字化、航运绿色低碳发展、提升航运服务“软实力”等话题，8名嘉宾以“线上+线下”相结合的形式发表主题演讲。

7日，2022金砖国家新工业革命伙伴关系论坛在厦开幕。

2022金砖国家新工业革命伙伴关系论坛在厦门开幕。来自金砖国家的嘉宾共聚一堂，围绕“深化新工业革命伙伴关系，推动共同可持续发展”主题开展交流对接，为深化合作探索新航路、注入新活力。省委书记尹力在开幕式上致辞，省长赵龙出席。开幕式上，举行了金砖创新基地赋能平台上线和产业创新联盟成立仪式，产业合作、能力建设等29个合作项目进行签约。

7日，省领导在厦调研电力保供和重大项目建设。

省委常委、常务副省长郭宁宁一行在厦门调研电力保供和重大项目建设，实地调研华夏国际电力公司电力生产经营和“上大压小”项目前期工作情况，现场察看第二东通道项目建设进展。

7日，第七届中国国际绿色创新发展大会举行。

第七届中国国际绿色创新发展大会在厦门举行。本次大会以“落实联合国气候公约，推进实现‘双碳’目标——共建新平台、共创新生态、共享新成果”为主题，围绕“加强低碳节能环保投资与融资，参与国际绿色领域合作，提升绿色低碳发展水平”展开研讨。现场还举办了中国园区开发区适合投资指数评价体系、科教创新梦想中心D-centre项目启动仪式，并为2022年度绿色低碳示范园区、绿色创新领军企业、低碳发展领军企业表彰授牌。

7日，第四届中阿经贸投资高峰论坛举行。

第四届中国-阿拉伯国家经贸投资高峰论坛在厦门举办。本次高峰论坛以“创新驱动，构建全球发展命运共同体”为主题，由中国日报社、福建省商务厅指导，迪拜中阿卫视、中国对外政务信息服务平台、漳州古雷港经济开发区管委会主办。

7日，第十五届海峡两岸（泉州）农产品采购订货会举行。

第十五届海峡两岸（泉州）农产品采购订货会在南安成功国际会展中心举行。本届“农订会”设线下馆3个，展厅面积共1.8万平方米，471个国际标准展位，其中内地台资企业展位232个、大陆特色农业企业展位215个、“一带一路”沿线国家企业展位24个，设立了农旅文创、招商引资、政银企对接等展区，为期3天。

7日，第二十届全国投资促进机构联席会议暨国际投资促进研讨会举行。

第二十届全国投资促进机构联席会议暨国际投资促进研讨会在厦门举行。商务部部长助理郭婷婷、中国国际投资促进会会长马秀红线上出席并致辞。本次会议主题为“把握政策新机遇，推动经济新发展——促投资、稳增长、保主体、扩就业”。

7日，2022福建-RCEP国家经贸合作对接会举行。

下午，由福建省贸促会、漳州市人民政府、世界贸易中心协会共同主办的“2022福建-RCEP国家经贸合作对接会”在厦门举行。本次活动以“共享发展机遇 拓展RCEP合作空间”为主题，邀请了菲律宾、新加坡、印尼、柬埔寨、泰国等RCEP成员国驻华使领馆和商协会嘉宾参会，通过“线上+线下”联动的方式，更好地推动《区域全面经济伙伴关系协定》（RCEP）实施，促进我国和RCEP成员国之间货物贸易、服务贸易和投资等领域的交流与合作，帮助RCEP区域中外企业用好用足RCEP协定优惠政策，寻找新的商机，拓宽进出口渠道。本次活动还举行东亚商务理事会中国委员会福建联络办公室揭牌仪式与企业洽谈交流环节。

7日，我省166家境内上市公司2022年上半年业绩发布。

A股2022年半期考成绩单出炉。Wind数据显示，上半年，我省166家境内上市公司实现营业总收入合计16999.16亿元，同比增长14.84%，规模居全国第5位；实现利润总额合计963.5亿元，同比增长5%，其中归属母公司股东净利润869.29亿元，同比增长3.43%。共有132家公司盈利，净利润超亿元的有57家，超10亿元的有12家。12家利润大户合计实现净利润801.51亿元，占上市公司净利润的比重达92%。其中，兴业银行、紫金矿业、宁德时代三个“金娃娃”，在去年业绩创历史新高的基础上加速腾飞，上半年净利润合计656.85亿元，同比增加144.4亿元，成为我省上市公司高质量发展的领头雁。

8日，第二十二届中国国际投资贸易洽谈会开幕。

全国人大常委会副委员长张春贤在厦门出席第二十二届中国国际投资贸易洽谈会开幕式并发表主旨演讲。本届投洽会将举办41场重要的会议论坛研讨活动，联合国工发组织以及韩国、日本、奥地利等48个国家和地区的使领馆、商协会和投资促进机构参展，国内的26个省、自治区、直辖市参展。

8日，金砖国家数字经济对话会举行。

金砖国家数字经济对话会在厦门举行。本次会议以“共享数字经济发展新机遇”为主题，由商务部电子商务和信息化司、福建省商务厅、厦门市政府共同主办。会议邀请金砖国家驻华使领馆代表、专家学者及相关平台（企业）代表，就如何进一步推进金砖国家数字经济交流合作，构建高质量伙伴关系，共享数字经济发展红利进行深度对话。

8日，领航中国·新兴产业投融资合作大会开幕式暨主旨论坛举行。

领航中国·新兴产业投融资合作大会开幕式暨主旨论坛在厦门举行。今年大会主题为“创新引领·聚合赋能”，商务部投促局在“项目资本对接馆”创新设置“领航中国投融资合作展区”。瞄准新能源与新材料、能源环保、物联网+5G、体育科技、生命科学、数字经济、人工智能、电子信息、金融领域，展区邀请产业头部企业、独角兽企业、专精特新企业，以及资本、园区载体等投资链条上的必要元素参展和接洽。

8日，2022海外华商中国投资峰会举行。

主题为“绿色经济与海外华商企业可持续发展”的2022海外华商中国投资峰会在厦门举行。峰会由国务院侨办主办。来自45个国家和地区的170位华商代表及专家学者参加会议。与会嘉宾代表结合行业、企业特点和发展历程作了专题发言和交流研讨，共同倡导推动绿色、低碳、可持续发展。海外华商在世界经济活动中扮演着重要角色，具有独特优势，更有“爱国、爱乡、爱自己的家人”的特点。改革开放以来，全省引进侨资企业3.6万多家，实际利用侨资超过1000亿美元，占实际利用外资总额的80%以上。

8日，双碳经济国际合作研讨会举行。

第二届中国外资展·双碳经济国际合作研讨会在厦门会展中心举行。会上，以“双碳目标下的国际合作”为主题，来自中华环保联合会、法国威立雅环境集团、道达尔能源集团、通用汽车、亿滋国际和福建省太阳能光伏商会等的专家学者、中外企业代表切磋交流，分享低碳减排方面的政策理论与实践经验。来自湖南省、中国（河南）自由贸易试验区开封片区、中国（福建）自由贸易试验区厦门片区等地的代表分享各自在“双碳”领域的计划。

8日，国际投资绿色发展论坛暨《中资企业国别发展报告》发布会举办。

2022国际投资绿色发展论坛暨《中资企业国别发展报告》发布会在厦门举办。为向社会各界展示中国企业对所在国的积极贡献和良好形象，传递中资企业利益诉求，并向驻在国政府提出重点政策建议，促进共同发展、互利共赢，境外中资企业商（协）会联席会议连续第二年在投洽会上发布《中资企业国别发展报告》。

8日，2022中国国际工业互联网创新发展大会开幕。

2022中国国际工业互联网创新发展大会在厦门开幕。福建省副省长康涛、工业和信息化部原党组成员郭炎炎、中国科学院院士郑志明出席开幕式并致辞。大会设置主论坛、工业互联网赋能绿色发展论坛、中小企业专精特新发展论坛，发布“工业互联网平台品牌榜”，颁发最具推广价值5G创新应用奖、最具投资价值工业互联网企业奖、最具投资价值物联网企业奖等奖项。全国工业百强县代表团、福建省工业企业百强代表、互联网双跨平台企业代表等参会，对接数字化转型需求，促进制造业企业产业升级。会议期间还同步举办中国国际工业互联网展览。

8日，稳增长扩内需与投融资创新专题论坛举行。

稳增长扩内需与投融资创新专题论坛在厦门举行。全国政协经济委员会副主任宁吉喆出席论坛并作主旨演讲，福建省委常委、常务副省长郭宁宁出席并致辞。本次论坛围绕“金融创新服务实体经济”主题，党政领导、专家学者及金融机构、企业负责人会聚一堂，在组合式税费支持政策、金融创新工具、拓展多元化的投融资渠道、数字经济全球化、金融助力基础设施建设及科技投资等热点领域展开研讨，为稳增长扩内需、投融资创新发展建言献策，助力经济发展。

8日，主宾省（市）重庆馆开馆仪式举行。

本届“9·8”投洽会主宾省（市）重庆馆开馆仪式举行。作为本届投洽会的主宾省（市），重庆馆共720平方米，以“内陆开放高地、山清水秀美丽之地”为主题，分为“开放通道”“开放平台”“开放经济”“开放环境”“国际消费中心城市”和“智能制造”等版块，通过图片、文字、视频、实物展示等多种形式，多个维度生动呈现开放的重庆。重庆市共组织了7个市级部门、22个区县和开放平台、40余家企业参加本届投洽会，围绕国际贸易、国际物流、智能制造和会展经济四个大的方面开展投资贸易洽谈活动。

8日，主宾国、明星市、伙伴区开馆仪式举行。

本届“9·8”投洽会主宾国韩国、明星市香港、伙伴区哈尔滨开馆仪式举行。福建省副省长李建成出席。黑龙江省副省长、省政协副主席李海涛，韩国驻广州总领事馆总领事韩在爀，香港特区政府驻粤经济贸易办事处主任陈选尧分别出席有关开馆活动。

8日，第二届RCEP国际合作论坛举办。

由中国国际投资促进会主办的第二届RCEP国际合作论坛在厦门举行。本次论坛以“高水平全面开放，高质量区域发展”为主题，邀请了来自政府主管部门、地方政府、知名智库、行业机构、各类企业的嘉宾以及RCEP国家政府代表等参会。论坛围绕RCEP规则与政策解读，探讨RCEP合作为各国、各地方及各行业带来的贸易投资商机，为RCEP高质量实施及区域经济提质增效贡献智慧。

8日，2022“丝路海运”国际合作论坛开幕。

2022“丝路海运”国际合作论坛在厦门开幕。来自国内外港口航运物流企业、行业协会和金融机构的代表，围绕“服务新格局，畅通双循环”主题，共商港航合作、共建丝路通道、共享经贸繁荣。省委书记、省人大常委会主任尹力出席开幕式并致辞。省长赵龙主持。目前，“丝路海运”联盟成员近260家，命名航线达86条，联通29个国家、102个港口，累计开行超过8700艘次，完成集装箱吞吐量近1000万标箱。

8日，投洽会首设乡村振兴产业展。

2022乡村振兴产业展开馆仪式在厦门举行。作为中国国际投资贸易洽谈会首次设立的展会，乡村振兴产业展聚焦“新时代 新机遇 新使命”主题，以展览、洽谈、论坛会议等方式，全面展示乡村振兴新成就新成果，本次展会展位规模8000平方米，共设立农产品创新、三产融合项目、乡村振兴政产研资对接等三大展区。开馆仪式当天，还举办了主旨论坛与中国乡村振兴发展论坛。展会期间，还将举办中国农业投资项目推介会、两岸农业旅游产业项目对接会、中国乡村代言人选拔赛启动仪式、中国民宿产业投资项目推介会等配套活动。

8日，第二十二届投洽会福建省重大项目集中签约。

下午，第二十二届中国国际投资贸易洽谈会福建省重大项目集中签约仪式在厦门会展中心举行。省委书记尹力，省长赵龙，省政协主席崔玉英出席并见证签约。本次集中签约项目50个，计划总投资996.3亿元，涵盖电子信息、先进装备制造、石油化工、现代纺织服装、生物医药、新能源、新材料等领域，其中数字经济、海洋经济、绿色经济、文旅经济项目35个，计划投资735.7亿元，分别占签约项目的70%和73.8%。

8日，第二十二届投洽会成功签约佩索纳高端酒店项目。

下午，第二十二届中国国际投资贸易洽谈会上，PE（Pesona Singapore 以下译为：佩索纳公司）与厦门市海沧区人民政府隆重签约“佩索纳高端酒店项目”。该项目将以总投资相当于人民币63亿元的外资资金投入落地厦门海沧。

9日，尹力赵龙会见百威亚太控股首席执行官杨克一行。

省委书记、省人大常委会主任尹力在莆田会见了百威亚太控股首席执行官兼联席主席、亚太区总裁杨克一行。省委副书记、省长赵龙出席。尹力希望百威把握发展机遇、坚定发展信心，进一步加大投资力度，完善上下游产业链，在旅游观光、文化创意、科普教育等方面发挥更大作用，满足市场多样化、高端化、个性化消费需求，赢得更大发展。

9日，中印尼“两国双园”经贸合作推介会举办。

中印尼“两国双园”经贸合作推介会在厦门举行。福建省委常委、常务副省长郭宁宁，印尼驻华大使周浩黎出席会议并致辞。推介会上还举行了项目签约仪式和《投资印尼法律指南》新书发布仪式。

9日，中国福建-塞尔维亚经贸创新合作发展推介会举办。

由福建省商务厅、福建省外办、龙岩市政府、塞尔维亚对俄对华合作委员会、塞尔维亚驻上海总领事馆联合主办的“中国福建-塞尔维亚经贸创新合作发展推介会”在厦门举行。福建省副省长康涛、塞尔维亚驻华大使玛娅·斯特凡诺维奇到会并致辞。中国驻塞尔维亚大使陈波以视频方式致辞。

10日，中华全国数字化人才培育联盟成立。

中国元宇宙产业人才峰会在厦门举办。会上，中华全国数字化人才培育联盟正式成立，联盟首批合作项目签约。此次峰会以“人才引领、产业发展、创新未来”为主题，聚焦元宇宙新赛道，加速创新型人才培养，助力新经济快速发展。会议期间，还发布了《数字经济与元宇宙产业人才发展白皮书》，有关专家学者分享“数字治理知识体系构建”“未来元宇宙”“元宇宙创新技术展望”等专题报告。厦门高度重视数字经济发展和人才培养工作，已建设金砖创新基地、元宇宙产业基地等创新技术研究平台。

10日，省防指会商部署“梅花”台风防御工作。

省防指召集省应急、水利、气象、海洋与渔业、海事等部门会商今年第12号台风“梅花”发展趋势，研判海上风浪影响情况，研究落实相关防御工作。会商指出，台风“梅花”10日14时中心位于距离台湾省台北市东南方向约610公里的西北太平洋洋面上，中心附近最大风力12级，七级风圈半径300~360公里，十级风圈半径60公里。预计“梅花”将以每小时15公里左右的速度向西北方向移动，强度逐渐增强，最强可达强台风级(14—15级)，并向台湾东部洋面靠近；12—13日在台湾以东洋面缓慢移动并逐渐北上，13日下午起进入我省外海渔场。

13日，尹力赵龙会见中国广核集团、中国大唐集团客人。

省委书记尹力在福州会见了中国广核集团董事长杨长利、总经理高立刚和中国大唐集团总经理刘明胜等。省长赵龙出席。尹力说，能源是推动高质量发展的重要基础，希望中广核、大唐持续加大在闽投资力度，大力发展核电、风电等清洁能源，加快推动项目落地、建成投产、接续发展，不断拓展合作领域，共同努力实现多方共赢。

14日，柘荣创建省级高新技术产业园区规划通过论证。

柘荣规划4.04平方公里创建省级高新技术产业园区。目前，该园区路网、供水供电、污水处理等基础设施基本建成投用，并已初步建成了比较完善的科技平台支撑体系，现有国家级企业技术中心1个、省级重点实验室2个、省级（企业）工程技术研究中心3个、省级众创空间2家、省级新型研发机构1个。截至目前，该园区已落户企业88家，其中，亿元以上企业8家、高新技术企业8家、省级科技小巨人企业10家、科技型中小企业16家。日前，省科技厅会同相关省直部门，组织专家对柘荣县创建省级高新技术产业园区总体发展规划和产业发展规划进行评审论证。会上，专家组一致认为，柘荣县提交的规划内容全面、发展目标清晰，产业特色鲜明、保障措施有力，具有科学性和可操作性，已达到规划编制要求，同意通过论证。

14日，省财政安排资金支持“福”文化产业发展。

福建省财政厅消息，为有效推动“福”文化资源创新发展，今年，省财政首次安排5650万元，支持“福”文化品牌建设。资金主要用于“福”文化产业项目建设，包括支持开展福建形象“福狮闽闽”塑造推广、“福”文化创意设计大赛等“福”文化品牌宣传推介项目；支持全省80个县（市、区）“福”文化景观建设，弘扬各地特色“福”文化；支持“福”文化主题街区、坪水畲乡“福”文化园区等“福”文化产业融合发展项目，推动“福”文化与文创、旅游等产业多元融合发展。

14日，尹力在龙岩漳平市调研。

省委书记尹力赴龙岩漳平市，深入龙钢智能化钢铁工业4.0定制化生产示范项目建设现场，走进永福台湾农民创业园台品樱花茶园，进行实地调研。

14日，我省成立首家中印尼产业合作研究中心。

福建技术师范学院中印尼产业合作研究中心揭牌仪式在福清市举行，同时在印尼雅加达设分会场。这是我省首家以中印尼产业合作为主题的研究机构，将从智库层面上为中印尼“两国双园”

项目建设提供智力支撑。

14 日，全省乡村“五个美丽”建设现场推进会召开。

13—14 日，全省乡村“五个美丽”建设现场推进会在泉州晋江召开，副省长李建成出席会议并讲话，各设区市政府及平潭综合实验区管委会分管负责人、乡村振兴局主要负责人参加会议。李建成指出，要突出乡土特征、民族特色和地域特点，深入改造提升乡村特有的自然资源和文化遗产，把挖掘原生态村居风貌和引入现代元素结合起来，再打造一批美丽乡村庭院、美丽乡村微景观、美丽乡村小公园（小广场）、美丽田园、美丽乡村休闲旅游点。

14 日，全国首单红树林蓝碳生态保护保险在闽落地。

全国首单红树林蓝碳生态保护保险在福鼎市试点落地，将为全市红树林提供 1875 万元损失风险保障。

15 日，2022 年全国双创活动周福建分会场在福州启动。

在收听收看 2022 年全国大众创业万众创新活动周启动仪式后，福建分会场暨“创响中国”福州站启动，省长赵龙出席并讲话。2022 年全国双创活动周于 9 月 15 日至 21 日举办，主题为“创新增动能、创业促就业”，全国各地设分会场。福建分会场将采取线上线下相结合方式，举办创新创业生态发展论坛、创新创业载体成果展、双创项目创业辅导专场对接会等主题活动。

15 日，乡村振兴鼓岭论坛举行。

由省人民政府发展研究中心、省乡村振兴研究会、福州市人民政府主办的乡村振兴鼓岭论坛在福州举行。全国人大农业农村委主任委员陈锡文视频致辞。副省长李建成出席并致辞，全国人大常委会委员邓力平，省乡村振兴研究会会长潘征，省级老领导陈增光、李红出席。论坛以“新发展格局与乡村振兴发展战略”为主题，邀请专家学者、有关部门负责同志、乡村基层干部代表等线上、线下参加，围绕“在新的历史起点上全面推进乡村振兴”等议题进行深入研讨交流。

15 日，《才溪乡调查》统计科学研讨会暨第十三届“中国统计开放日”活动举行。

14—15 日，《才溪乡调查》统计科学研讨会暨第十三届“中国统计开放日”现场活动在龙岩上杭举行。本次研讨会暨开放日活动由福建省统计局、中共福建省委党史研究和地方志编纂办公室、国家统计局福建调查总队、龙岩市人民政府共同主办。

15 日，省创新创业生态发展论坛举办。

下午，作为全国 12 场重点活动之一，“科技创新激发创业活力 带动就业增长”福建省创新创业生态发展论坛同步在福州软件园举办。论坛上，与会嘉宾以“打造新经济引擎，推动高质量创业”“IT 数字化赋能家庭服务业管理升级，科技带动就业”“融合创新，打造企业新增长极”等为题发言，助推产业和企业构建生态。从论坛上获悉，截至目前，我省已有省级及以上孵化器 63 家，其中，省级孵化器 57 家，国家级孵化器 23 家（含 2 家大学科技园）；省级以上众创空间 352 家，在孵企业拥有知识产权 3.3 万件。

16 日，8 月份我省工业生产者出厂价格同比上涨 1.9%。

国家统计局福建调查总队近日发布数据显示，8 月份，我省工业生产者出厂价格同比上涨 1.9%，环比下降 0.6%；工业生产者购进价格同比上涨 4.0%，环比下降 1.3%。1—8 月平均，工业生产者出厂价格比上年同期上涨 4.3%，工业生产者购进价格比上年同期上涨 7.5%。

16 日，我省苏区振兴发展座谈会举行。

我省苏区振兴发展座谈会在龙岩长汀举行。省委常委、常务副省长郭宁宁主持会议并讲话。会上，20 个支持闽西革命老区高质量发展示范区建设合作项目进行了签约。中央组织部、台办有关负责同志在北京视频参会。国家发展改革委和对口支援福建龙岩、三明的中央国家机关、单位有关负责同志及龙岩市经济社会发展顾问代表进行了交流发言。

16 日，我省主导的乌龙茶国际标准全球发布。

福建省市场监管局消息，由福建省主导研制的乌龙茶国际标准 ISO 20716：2022《乌龙茶-定义和基本要求》（Oolong tea-Definition and basic requirements），日前全球正式发布。

17 日，省农科院与德化县共建山葡萄产业研究院。

由省农科院与福建省春秋农林科技有限公司共建的德化春秋山葡萄产业研究院在德化县揭牌。该研究院将依托省农科院农业工程技术研究所、省农科院“农产品加工乡村振兴科技服务团队”和“食品加工科技创新重点团队”，力争用3年到5年时间，为当地山葡萄产业创制一批具有自主知识产权的高价值科研成果。

19日，前8个月我省外贸进出口同比增长10.6%。

福州海关消息，前8个月，我省外贸进出口1.32万亿元，同比增长10.6%。其中，出口8061.1亿元，同比增长16.4%；进口5125.8亿元，同比增长2.6%。一般贸易保持两位数增长。前8个月，我省一般贸易进出口1.01万亿元，同比增长10.2%，占同期我省外贸进出口总值的76.8%。同期，加工贸易进出口1596.5亿元，同比增长7.5%，占12.1%。以保税物流方式进出口962.8亿元，同比增长19.6%，占7.3%。民营企业进出口引领增长。前8个月，我省民营企业进出口7174.1亿元，同比增长12.9%，占同期我省外贸进出口总值的54.4%，比重较去年同期提高1.1个百分点。外商投资企业进出口3066.3亿元，同比增长5.8%，占23.3%。国有企业进出口2935.1亿元，同比增长10.3%，占22.3%。

19日，8月份我省居民消费价格同比上涨2.4%。

国家统计局福建调查总队消息，8月份，全省居民消费价格（CPI）同比上涨2.4%。其中，食品价格同比上涨6.6%，非食品价格同比上涨1.4%；消费品价格同比上涨3.7%，服务价格同比上涨0.3%。1—8月平均，比上年同期上涨1.7%。

19日，武夷岩茶、武夷红茶再登中国品牌价值百强榜单。

中国品牌建设促进会、中国资产评估协会、新华社民族品牌工程办公室等单位，近日在京联合发布“2022中国品牌价值评价信息”。今年参加评价的品牌数量达到1056个，涵盖大部分行业的龙头企业。其中，“武夷岩茶”“武夷红茶”入选中国品牌价值区域品牌（地理标志产品区）百强榜单，分列第4位、第27位。两大品牌价值超800亿元。

19日，双循环下的跨境发债新格局新机会论坛举办。

上午，2022年金融资本服务实体经济福建创新发展大会之“双循环下的跨境发债新格局新机会”子论坛在福州举行。论坛上，来自中国财政学会、国家金融与发展实验室、澳门国际银行、中华（澳门）金融资产交易公司等机构的专家与嘉宾，就近期外汇变动趋势与影响、双循环背景下的跨境区域融合趋势、赴澳门发债的融资实践和政策解读等议题进行分享和探讨。会上，厦门国际银行携其境外机构澳门国际银行、集友银行，与澳门中央证券托管结算公司共同签署了跨境发债“引资入闽”200亿元战略合作协议。

19日，福建高速服务区首批屋顶光伏电站开工。

福建高速服务区屋顶光伏电站在沈海高速龙掘东服务区内近日开工建设，这标志着福建高速公路正式迈出了建设光伏电站的第一步。除龙掘东服务区外，本批还有古田、桂湖、常山、南阳、兴泰服务区也将陆续开始施工。该项目采用“自发自用、余电上网”的运营模式，一个光伏电站预计年均发电量在20万kWh至35万kWh之间，运营期限为25年，预计于11月下旬即可完工。投入运营后能满足其服务区至少50%的年用电量。按发电耗煤平均304.9g标煤/kWh计算，本批6处服务区光伏电站每年可节约标准煤约512吨，减少二氧化碳排放约1677吨。

20日，超2000公里！全省“四好农村路”年度任务提前超额完成。

近年来，福建省委、省政府连年将“四好农村路”建设列入“为民办实事”项目。全省交通运输部门会同各地党委政府狠抓实施，全省累计建成农村公路9.4万公里，通建制村公路60%是双车道，超80%陆域乡镇可在30分钟内上高速公路，实现“镇有干线、村通客车”。截至8月底，全省农村公路建设与改造累计完成为民办实事项目投资62.8亿元，占项目总投资50亿元的125.6%，其中农村公路建设58.0亿元、危桥改造3.4亿元、农村公路安保工程1.4亿元。农村公路建设与改造完工2092.4公里，占年度计划1500公里的139.5%；安保工程完成1472.4公里，占年度计划

800 公里的 184.0%；危桥改造完成 150 座，占年度计划 150 座的 100%。

20 日，1—8 月我省工业生产稳中有升。

福建省统计局消息，今年 1—8 月，全省工业生产稳中有升，规模以上工业增加值同比增长 6.0%，高于全国 2.4 个百分点；其中，8 月份增长 8.4%，增速较 7 月份加快 5.1 个百分点。数据显示，1—8 月，全省 38 个行业大类中，有 29 个行业增加值实现同比增长，行业增长面为 76.3%。其中，增速高于规上工业的行业有 20 个。列入统计的 447 种工业产品中，有 212 种产品产量实现增长，增长面为 47.4%。其中，合成橡胶产量增长 27.8%，新能源汽车增长 19.8%，十种有色金属增长 14.1%。

21 日，中科院 STS 计划配套项目落户福州高新区。

福州高新区与省科技厅近日签订福建省中科院科技服务网络计划（STS 计划）配套项目福州高新区子专项协议，成为全省首家设立该子专项的高新区。根据协议，省科技厅每年给予福州高新区 STS 项目申报数 15 项，并由省科技厅和高新区共同提供专项经费对获得立项的项目给予资助。

21 日，厦门试点铁路运输单证金融服务。

近日，中国银保监会办公厅、商务部办公厅发布《关于开展铁路运输单证金融服务试点更好支持跨境贸易发展的通知》，鼓励银行将风险可控的铁路运输单证作为结算和融资可接受的单证，为外贸企业提供本外币结算、信用证开立、进出口贸易融资和供应链金融等服务。厦门等 5 个城市获批成为第一批开展铁路运输单证金融服务试点地区，试点时间 1 年。

21 日，国家重点研发计划项目落户厦门科学城。

近日，由北京交通大学牵头承担的“十三五”国家重点研发计划项目“基于人工智能技术的创新创业服务技术集成研发与应用示范”在厦门科学城Ⅰ号孵化器落户。项目研讨实施交流会同期举行，通过线上线下结合方式，围绕“AI 双创技术在厦门应用示范”的主题进行研讨交流。

21 日，我省下达 1 亿元科技小巨人企业研发投入奖励资金。

福建省科技厅消息，日前，我省向 185 家科技小巨人企业下达 1 亿元科技小巨人企业研发投入奖励资金，此举将带动企业年度研发费用投入近 20 亿元。其中有 79 家企业已连续两年获得奖励，这部分企业近两年的研发费用平均增长率超过 55%、平均营业收入增长率超过 46%。

21 日，1 至 8 月全省固定资产投资同比增长 9.1%。

福建省统计局消息，今年 1—8 月，全省固定资产投资 13904.42 亿元，同比增长 9.1%，增幅比 1—7 月提高 0.1 个百分点。其中，项目投资 9928.22 亿元，增长 17.0%；房地产开发投资 3976.20 亿元，下降 6.7%。数据显示，全省投资产业结构持续优化，三次产业投资结构由上年同期的 1.6∶31.5∶66.9 调整为 2.0∶34.1∶63.9。第一产业投资“高增长”，完成投资 272.33 亿元，同比增长 29.7%，增幅高于全省投资 20.6 个百分点；第二产业投资“高贡献”，完成投资 4745.64 亿元，增长 18.1%，对全省投资增长的贡献率达 62.9%；第三产业投资“高占比”，完成投资 8886.44 亿元，增长 4.3%，占全省投资的 63.9%，仍是全省投资的主力军。

22 日，省属高校首获国家自然科学基金创新研究群体项目。

国家自然科学基金委员会近日公布 2022 年度国家自然科学基金集中申报期项目评审结果，由福州大学江莉龙研究员牵头申报的“氨能源催化工程”创新研究群体项目获得资助，直接经费 1000 万元，实现了该校在国家自然科学基金创新群体项目上零的突破。这也是我省省属高校首次获批国家自然科学基金创新研究群体项目。“氨能源催化工程”创新研究群体以中国工程院院士付贤智为学术顾问，以江莉龙研究员为负责人，学术骨干包括鲍晓军教授、袁珮教授、刘福建教授和梁诗景教授。该群体主要依托福州大学前校长、已故中国工程院院士魏可镁创建的化肥催化剂国家工程研究中心，历经 50 年的传承和发展，在“合成氨催化”领域形成了鲜明特色和国际领先优势。

22 日，尹力赵龙会见上海电气集团董事长冷伟青一行。

省委书记尹力在福州会见了上海电气集团董事长冷伟青一行。省长赵龙出席。尹力简要介绍了福建省情。他希望在已有基础上，深化智慧能源、智慧城市、智慧医疗、工业装备与集成服务等领域合作，带动新能源及装备制造全产业链发展，实现优势互补、互利共赢。

22 日，我省首个 ETC 匝道预交易系统正式启用。

福建省国资委消息，近日沈海高速莆田收费站正式启用我省首个 ETC 匝道预交易系统。有了此系统，ETC 车辆在经过匝道时便能提前交易，“秒”过收费站，ETC 用户出行更加顺畅。

22 日，全国农村创业创新项目创意大赛福建省选拔赛收官。

由省农业农村厅主办的第六届全国农村创业创新项目创意大赛福建省选拔赛近日落幕。经过角逐，农产品产销组的“乡村共享驿站——晋享购”“峻山野——打造中国白茶新秀品牌”项目，平台服务组的“来三斤——基于大数据与线上线下融合的农特产供应链平台”“乡村智慧物流+F2C”项目从 24 个参赛项目中脱颖而出，分别获得所在组别一等奖。这 4 个项目将被推荐参加全国农村创业创新项目创意大赛。

22 日，2022 年双碳金融论坛举办。

在双碳目标提出两周年之际，兴业银行在福州举办 2022 年双碳金融论坛。省委常委、常务副省长郭宁宁到会致辞。论坛上，来自中国能源研究会、国际金融公司（IFC）以及省内有关单位嘉宾，围绕双碳目标下的能源转型发展、转型金融服务碳减排、福建实现双碳目标的机遇与优势发表了主题演讲；中国工程院、G20 可持续金融工作组、国家金融与发展实验室等的专家学者通过视频发表了精彩观点。

22 日，九龙江流域河湖长制工作暨闽西南水资源配置工程前期工作推进会召开。

副省长李建成带领省直相关部门负责同志赴漳州市开展巡河调研，并召开九龙江流域河湖长制工作暨闽西南水资源配置工程前期工作推进会，听取相关设区市河湖长述职，安排部署有关工作。

23 日，1—8 月我省社会消费品零售平稳增长。

福建省统计局消息，今年 1—8 月，全省实现社会消费品零售总额 13881.06 亿元，同比增长 3.5%，高于全国 3 个百分点。其中，8 月份全省实现社会消费品零售总额 1728.24 亿元，增长 7.3%。按销售单位所在地分，1—8 月，我省城镇消费品零售额 12042.14 亿元，增长 3.8%；乡村消费品零售额 1838.92 亿元，增长 2.0%。按消费形态分，1—8 月，我省餐饮收入额 1202.40 亿元，增长 2.4%；商品零售额 12678.66 亿元，增长 3.6%。

23 日，赵龙会见中国石化董事长马永生一行。

省长赵龙在福州会见了中国石化董事长马永生一行。省委常委、常务副省长郭宁宁参加。赵龙代表省委、省政府感谢中国石化长期以来对福建发展的支持。他希望中国石化进一步加大在闽投资力度，加快重点项目建设，不断延伸石化产业链条，助力新发展阶段新福建建设。会见后，双方签署了深化产业合作协议等。

23 日，福建银行业总资产迈上十万亿新台阶。

在福州召开的“福建银行业保险业这十年”新闻发布会消息，十年来，福建银行业保险业市场规模稳步提升，截至 2021 年底，银行业总资产 101236.2 亿元，十年增长了 2.8 倍。

23 日，2022 年福建省“中国农民丰收节”系列活动启动。

2022 年福建省“中国农民丰收节”系列活动在永泰启动。省委副书记罗东川出席并宣布活动启动。副省长李建成致辞。2022 年“中国农民丰收节”是我国第五个中国农民丰收节，今年的丰收节系列活动以“庆丰收 迎盛会”为主题，于 9 月中旬至 10 月上旬陆续在全省各地开展，共计 280 多场。启动仪式现场开展了“听党话、感党恩、跟党走”专题宣讲活动，并设有“福农优品”展示展销。

23 日，全省经济运行分析会议召开。

全省经济运行分析会议在福州召开。省委常委、常务副省长郭宁宁主持会议并讲话。会议指出，三季度收官在即，各地各有关部门要深入贯彻落实党中央、国务院决策部署和省委、省政府工作要求，认真落实“疫情要防住、经济要稳住、发展要安全”重要要求，坚定信心决心，坚持稳中求进，增强责任感紧迫感，全力稳住经济大盘，确保三季度态势稳。

23日，2022年泉州市盆景行业职工技能竞赛举办。

为全面提升从业者职业技能水平，2022年泉州市盆景行业职工技能竞赛暨福建省第三届（永春）盆景展开幕式在永春县举办，来自泉州全市各地的11支代表队60名选手同台竞技，一展身手。

25日，我省新增专项债券发行额度359亿元。

近日，财政部在今年已下达我省新增政府债务限额1640亿元的基础上，再次增加我省专项债券发行额度359亿元，用于支持促投资、补短板项目建设。

25日，“中国农民丰收节”三明分会场在明溪举行。

福建省2022年“中国农民丰收节”三明分会场暨明溪淮山文化节活动在明溪县城关乡罗翠村举行。活动不仅设置了明溪物产展示、美食品鉴等环节，还现场开启直播带货，“线上+线下”全方位、深入式推介明溪特色农产品。明溪淮山种植能手和种粮大户评选结果也在活动现场公布。

26日，永安发现福建蝴蝶新记录种。

永安天宝岩国家级自然保护区资源监测工作人员近日在保护区的一处山谷灌丛中监测到我省蝴蝶新记录种——灿烂双尾灰蝶。双尾灰蝶属目前在国内已知有9种。灿烂双尾灰蝶是该属中较罕见的一种，为中型灰蝶，幼虫主要以桑寄生科植物为寄主，成虫栖息常绿林内，喜晒日光浴，爱访花，偶尔落低处吸蜜，雄蝶有登峰习性。就在本月17日，永安市两名蝶友在罗坊乡一处山涧拍摄到灰翅串珠环蝶。这种蝴蝶是永安市第331种有影像记录的蝴蝶。

26日，我省全国首创林业碳汇损失计量及赔偿机制。

省高级人民法院与省林业局近日联合发布《关于在生态环境刑事案件中开展生态修复适用林业碳汇赔偿机制的工作指引（试行）》。该指引所建立的林业碳汇损失计量及赔偿机制系全国首创。

26日，省政府召开常务会议。

省长赵龙主持召开省政府常务会议，认真贯彻落实党中央国务院决策部署以及省委工作要求，审议通过《福建省综合性生态保护补偿实施方案》《福建省互花米草除治攻坚行动方案》；研究2022年省级预算调整方案，决定提请省人大常委会审议；研究进一步深化新时代山海协作推动区域协调发展工作。

26日，我省启动蝴蝶兰品种选育与产业化关键技术研发应用。

福建省农科院消息，福建省“蝴蝶兰品种选育与产业化关键技术研发应用”项目日前正式启动。我省是国内蝴蝶兰主要生产基地和种苗输出地。全省现有蝴蝶兰企业65家，年产种苗5000多万株，成品花400多万株，全产业链总产值近30亿元。该项目将从品种、技术、种苗等3个层面，开展蝴蝶兰种质资源收集保存、种质资源库建设、种质综合评价体系构建、良种筛选与利用、新品种（系）选育及配套种苗繁育、高效栽培等关键技术研发应用，为我省蝴蝶兰产业的提质增效、转型升级提供科技支撑。

26日，我省首届劳模（工匠）本科班开班。

我省首届劳模（工匠）本科班在福州开班，60名来自省内各行各业的劳模工匠走进大学课堂，开启为期两年的学习，进一步提升学历层次和文化素养，更好地发挥劳模工匠在实际生产和终身学习方面的示范引领作用。劳模（工匠）本科班由省总工会、福建开放大学主办，学费由省总工会承担。课程及培养方式根据劳模工匠的实际需求量身定制，采用线上线下相结合的教学方式，学员每个学期参加7~10天线下集中培训学习。

26日，我省优质稻品种选育取得新突破。

25—26日，2022年福建省种业创新与产业化工程优质稻新品种示范推广培训班在三明市沙县区举行。我省优质稻品种选育取得新突破，黑米等特种专用米和适应锈水田、冷烂田、旱地等的高抗性稻种大展风采。目前，福建省种子总站在全省建立优质稻新品种省级核心展示示范片点200多个，面积6万多亩，预计2022年全省水稻优质率达83%以上，高于全国平均水平。其中米质达部颁二等以上高档优质稻品种比例达45%左右，优质稻品种品质结构进一步优化。

27日，省防指会商部署我省当前防汛抗旱工作。

下午，省防指组织应急、水利、气象、农业农村、工信、住建、生态环境等部门会商，分析研判我省当前防汛抗旱形势，部署相关工作。会商指出，年初以来，全省平均降水量1428.2毫米，较常年同期偏少43%，较去年同期偏多15.9%；主要江河径流量723.56亿立方米，较常年同期偏多1%，较去年同期偏多67%；142座大中型水库蓄水总量96.52亿立方米，较常年同期偏少4%，较去年同期偏多9%。7月以来，我省持续干燥少雨，河道来水偏少，部分地方出现气象干旱。全省有40个县（市、区）出现重度及以上等级的气象干旱，其中15个县（市、区）出现气象特旱。

27日，全国首个国际海运船东协会在平潭成立。

平潭国际海运船东协会近日成立。这是国内首个国际海运行业协会，会员涵盖平潭周边城市经营国际运输业务的船东，以及经营国际航线的中资国际方便旗单位。该协会主要分布和活动的地域范围在福州和平潭，业务包括剖析行业发展态势、组织行业技术与管理交流等，目前已吸纳52名会员。

28日，省领导调研检查粮食安全工作。

省委常委、常务副省长郭宁宁赴福州市，现场察看福建省储备粮管理有限公司长乐直属库扩建项目，实地调研中央储备粮长乐直属库有限公司、福建元成豆业有限公司粮油储备和生产经营情况。

28日，省领导调研节前食品药品和特种设备安全生产工作。

副省长郑建闽带领省直有关部门负责同志在福州走访飞龙餐饮管理有限公司、康利达医药连锁有限公司福州第五分店、永辉超市福新店、地铁梁厝站等地，现场了解食品生产、药品流通管理、疫情防控和特种设备安全监管情况。

28日，我省部署推进安全生产和森林防灭火工作。

“防风险 保安全 迎二十大”暨全省第四季度防范重特大生产安全事故和森林防灭火工作视频会议召开，对国庆假期、党的二十大期间安全防范重点工作作出具体部署。省委常委、常务副省长郭宁宁出席并讲话。

28日，我省生态保护财力转移支付年均增长15.8%。

福建省财政厅消息，我省坚持绿色发展理念，持续加大生态文明建设投入，党的十八大以来，生态保护财力转移支付年均增长15.8%，为建设绿水青山的清新福建提供了强有力的财政保障。生态保护财力转移支付制度自2012年实施以来，资金从4.46亿元增长到2021年的16.69亿元，平均增幅高于财政收入增幅。

28日，省政协重点提案督办“三结合”座谈会召开。

省政协“关于促进福建茶文化与旅游业融合发展的建议”重点提案督办“三结合”座谈会在福州召开。省政协主席崔玉英主持会议并讲话。会上，提案主办单位省农业农村厅和协办单位省文旅厅、南平市政府的负责同志汇报了提案办理情况及工作打算。省科技厅、财政厅、人社厅、自然资源厅、商务厅以及福茶网科技发展有限公司的负责同志汇报了参与办理的相关情况。提案单位民盟省委会负责人在会上发言，对提案办理表示满意。提办双方深入沟通协商，就统筹做好“三茶”大文章、推动茶文旅融合发展进一步聚共识、汇合力。

28日，全省互花米草除治攻坚行动动员部署视频会召开。

全省互花米草除治攻坚行动动员部署视频会在福州召开。省长赵龙强调，要深入贯彻习近平生态文明思想和习近平总书记关于生物安全的重要指示批示精神，按照党中央和省委部署要求，坚定坚决开展互花米草除治攻坚，全力实现“一年明显见效、二年基本除治、三年完成修复、长期加强管护”总体目标。

28日，我省七市协同立法保护闽江流域水生态环境。

省十三届人大常委会第三十五次会议批准了福州、泉州、三明、莆田、南平、龙岩、宁德（以下简称七市）人大常委会《关于加强闽江流域水生态环境协同保护的决定》（以下简称《决定》）。这是我省继九龙江流域水生态环境保护协同立法后，再次打破行政边界，开展区域协同立法。

29日，全省经济发展和安全稳定会议召开。

全省经济发展和安全稳定会议在福州召开。会议深入学习贯彻习近平总书记重要讲话重要指示批示精神，贯彻落实党中央、国务院决策部署，高效统筹疫情防控和经济社会发展，统筹发展与安全，总结分析三季度我省经济形势和当前我省安全稳定形势，部署四季度经济工作和安全稳定工作。省委书记尹力出席并讲话。省长赵龙主持，点评三季度经济运行情况并作具体部署。省政协主席崔玉英出席。

29 日，福建国企迈出高质量发展新步伐。

党的十八大以来，全省国资系统认真落实党中央决策部署和省委、省政府工作要求，不断深化国有企业改革发展，推动国资国企经营发展、创新驱动、保障支撑、项目对接等各项工作迈出新步伐、取得新成效。十年间，省国资委所出资企业资产规模持续壮大，资产总额从 4963 亿元增长到 21446 亿元，年均增长 15.76%；营业收入持续提升，从 1612 亿元增长到 4814 亿元；企业效益持续改善，利润总额从 64.8 亿元增长到 224.2 亿元。

29 日，“牢记使命 奋斗为民”系列主题新闻发布会省工信厅专场举行。

“牢记使命 奋斗为民”系列主题新闻发布会省工信厅专场举行。省工信厅有关负责人介绍近十年来我省工业与信息化事业的发展情况和取得的成就。党的十八大以来，全省工信系统深入实施制造强省战略，加快构建现代化产业体系，全省工业和信息化高质量发展迈出坚实步伐。

29 日，中国机器人大赛 11 月在晋江举办。

“2022 中国机器人大赛暨 RoboCup 机器人世界杯中国赛”新闻发布会消息，大赛将于 11 月下旬在晋江举办，为期三天。本次比赛项目包含机器人先进视觉赛、自动分拣机器人、服务机器人、机器人旅游、医疗机器人等 21 个大项。大赛同期还将举办机器人、智能装备等相关领域高端学术论坛活动。截至目前，参加中国机器人大赛暨 RoboCup 机器人世界杯中国赛预选赛、区域决赛、总决赛的参赛院校已达到 300 余所，队伍数量超过 1500 支，总人数超过 5000 人，最终获奖比例为 30%左右。

29 日，“闽山闽水物华新——迎接党的二十大主题成就展”开幕。

为迎接党的二十大胜利召开，“闽山闽水物华新——迎接党的二十大主题成就展”在福建省革命历史纪念馆开幕，省委常委、宣传部部长张彦，省委常委、常务副省长郭宁宁参观展览。此次展览紧扣“奋进新时代”主题，以 2021 年 3 月习近平总书记在福建考察时提出的“一个篇章，四个更大”为主线，共分为“把新福建宏伟蓝图变为现实”“加快建设现代化经济体系”“服务和融入新发展格局”“探索海峡两岸融合发展新路”“创造高品质生活”五部分，多维度、多领域展示党的十八大以来福建重大发展成就。除传统图片、视频等展示形式之外，展览突出展示新能源、新材料、新技术，突出展示“实践之树”“全福游”“福见百业”等互动项目，通过立体化展示和体验，把为人民群众谋福祉的初心使命和担当作为贯穿始终，把为人民幸福建功立业的“福”文化精髓贯穿始终。展览融合互动性、参与性、体验性等要素，综合运用图片、视频、模型、实物、多媒体等，浓缩八闽大地上日新月异的变化。展览将对外开放至 12 月 31 日。

29 日，省级“树王”首次获保险理赔。

三明市三元区一棵被评为全省“无患子树王”的古树，因蛀枝、分枝枯萎遇大风断裂，获得了 2500 元保险赔偿金。这是三明市首单古树名木“综合保险”理赔单，也是我省首次对省级“树王”进行保险理赔。三元区共有古树群 18 个，古树名木 365 株，在福建省树王评选中共有 6 株古树上榜。

30 日，省委常委会召开会议．

省委书记尹力主持召开省委常委会会议，认真学习贯彻习近平总书记向全国广大农民和工作在“三农”战线上的同志们致以节日祝贺和诚挚慰问、对国防和军队改革研讨会作出重要指示、致中国新闻社建社 70 周年的贺信、为《复兴文库》作序言、参观“奋进新时代”主题成就展时的重要指示精神，研究我省贯彻落实措施；部署推进我省加强党的建设和组织工作、落实全面从严治党主体责任以及深化生态省建设、做好烈士褒扬工作等。

30 日，闽粤电力联网工程竣工投产。

闽粤电力联网工程竣工投产。国家电网公司董事长辛保安、南方电网公司董事长孟振平、福建省副省长黄海昆，以及广东省政府、国家能源局相关领导出席竣工投产大会。闽粤联网工程是国家“十四五”发展规划重点电力项目，是福建、广东两省和国家电网、南方电网两网深化合作的标志性工程，项目总投资32亿元，在福建新建1座直流背靠背换流站，通过两回500千伏交流线路分别与福建电网和广东电网连接，输送容量200万千瓦，线路全长303公里。

30日，省领导检查节日市场供应、疫情防控和安全生产工作。

副省长李建成带队在福州走访永辉超市奥体店、华威新西营里农产品交易中心，了解肉蛋菜水产品等主要副食品供应情况，检查疫情防控措施、消防设备维护、消控中心人员持证上岗等情况。

30日，“牢记使命 奋斗为民”系列主题新闻发布会省生态环境厅专场举行。

“牢记使命 奋斗为民”系列主题新闻发布会省生态环境厅专场在福州举行。省生态环境厅有关负责人介绍十年来我省守护生态环境、建设生态文明、坚持绿色发展的相关情况。

（摘编：马榕威）

十月

1日，国庆首日全省高速公路车流量同比增长83.8%

福建省交通运输厅消息，国庆首日全省高速公路车流量大幅增长，出入口流量达251.8万辆次，同比增长83.8%，环比增长99.6%；其中，免费通行的小型客车出入口流量225.6万辆次，占总车流量的89.6%，同比增长101.3%，环比增长157.7%。国庆长假首日，全省道路客运量达59万人次，同比增长7.6%，累计发送客运班次2万班。全省水路客运量2.4万人次，同比增长323%。

1日，迟耀云任福建省委常委、省纪委书记。

日前，中共中央批准：迟耀云同志任福建省委委员、常委和省纪委书记；李仰哲同志另有任用。

2日，赵龙调研推进数字福建建设工作。

省长赵龙近日在福州调研数字经济企业发展情况，召开省政府专题会议研究公共数据汇聚共享平台（政务云）建设有关工作。他强调，按照数字中国、网络强国建设要求，坚持把数字福建建设作为基础性先导性工程，加快推进数据共享应用，做大做强做优数字政府、数字经济、数字社会，以数字赋能高质量发展。新大陆科技集团深耕数字领域，在二维码等相关技术领域处于国际同行先进水平，是数字货币场景应用建设的领军企业。时代星云科技公司拥有自主研发的“光储充检”智能微网系统，是我省数字经济核心产业领域创新企业。他到以上两家企业进行了深入的调研。

2日，前八个月完成投资占年度计划78.5%。

福建省发改委消息，1—8月，我省2022年1587个省重点项目累计完成投资4839亿元，占年度计划的78.5%，超序时进度。在总投资大于50亿元的项目中，万华化学（福建）40万吨/年MDI项目、厦门马銮湾道路工程、福建天然气管网二期工程、宁德时代湖西锂离子动力电池生产基地项目、福州地铁6号线等20多个项目已提前完成年度计划投资。从各地完成情况看：厦门、福州、莆田、泉州超80%。分领域进度看：城建环保、工业、服务业、社会事业超75%。今年1—8月，全省固定资产投资中项目投资达9928.22亿元，同比增长17.0%。

3日，东盟成福建家电出口第二大市场。

据福州海关统计，今年前8个月，福建省对东盟出口家电8.8亿元，同比增长22.4%，跃居福建省家电出口市场第二位。数据显示，前8个月福建对东盟主要出口家电品种为电扇1.6亿元，增长47.8%；电炉等1亿元，增长47.6%；电视机0.9亿元，增长91%，三者合计占同期福建省对东盟出口家电总值的39.8%。

5日，滨海国道，风景这边独好。

我省国道G228滨海风景道先行建成段成为观光旅游理想目的地，游客络绎不绝。起于福鼎、终于诏安的这条1250公里长的沿海公路，把福建沿海6市海景一线串起，助力滨海旅游发展持续提速。G228滨海风景道沿线经过29个县（市、区）、115个乡镇（街道），人文景观荟萃，畲族文化、茶文化、妈祖文化、海丝文化等多元文化交融碰撞，正带动全省滨海旅游、乡村旅游、文化旅游、“海丝”旅游融合，房车露营、海上运动、海洋牧场等新业态应运而生。目前，国道G228线已建路段约882公里。下阶段，交通运输部门将加快建设368公里剩余路段以及衔接沿线交通枢纽、知名景区、美丽乡村等重要节点的旅游支线约1395公里，确保“十四五”末G228线全线贯通。

6日，福建列入内河船舶绿色智能发展先行先试地区。

工信部、发改委、财政部、生态环境部、交通运输部日前联合发布《关于加快内河船舶绿色智能发展的实施意见》，我省被列入内河船舶绿色智能发展先行先试地区，闽江被列为示范应用流域。意见提出，鼓励江苏、浙江、安徽、福建、山东、湖北、广东、广西以及河北雄安新区等有条件的地方先行先试。我省正以“立足福建、服务长江、面向全国”为目标，创新开展沿海内河船舶绿色智能发展工作，此次作为重点地区先行先试，对福建打造电动船舶产业发展先行区是个重要机遇。

7日，我省将新增75万吨省级仓容。

国庆节前，长乐、漳浦、泉州、仙游4个省级粮库建设项目相继开工。自此，我省新一轮省级粮库建设项目已全部开工，全省预计将新增75万吨省级仓容。

7日，我省下达千万元奖励资金支持数字人民币应用推广。

福建省财政厅近日根据福州和平潭综合实验区在数字人民币应用与推广中取得的成效，下达资金1000万元给予奖励。今年，我省福州（含平潭）、厦门入选第三批数字人民币试点地区。通过加大推进力度，拓展落地场景，强化地方特色，福州和平潭综合实验区的试点工作取得良好效果。

8日，国庆假期全省实现旅游收入逾210亿元。

刚刚过去的国庆假期，我省统筹抓好文旅活动、疫情防控等各项工作，全省文旅市场供需两旺。据第三方测算，国庆假期全省接待游客2927.52万人次，实现旅游收入212.75亿元。全省累计发放3000余万元消费券，吸引游客感受“清新福建”“福文化”魅力。同程旅行数据显示，厦门、漳州、泉州、福州4座城市的酒店住宿预订量同比增长均超过100%。国庆假期前6天，全省纳入监测的4A级以上重点景区累计接待游客281万人次，同比增长172%。

8日，数字经济，创新领跑。

数字福建建设，是福建的基础性先导性工程。数字经济，是福建经济创新领跑的重要引擎。2021年，福建数字经济增加值达2.32万亿元，居全国第7位，同比增长15.7%。2022年，省数字办公布全省数字经济核心产业领域创新企业316家。目前，全省已培育4个国家级工业互联网平台、22个省级工业互联网示范平台、161家标杆企业，涌现78个典型应用案例。福建率先开行的“丝路海运”，联盟成员达259家，联通29个国家102个港口。今年，“丝路海运”信息化平台启动建设，通过汇聚多维度数据，平台将推动港口间数据互联，推出更多航运指数和数据产品。

8日，福建省铁路建设劳动竞赛启动。

上午，“建功‘十四五’筑路当先锋”福建省铁路建设劳动竞赛启动仪式在榕举行。省人大常委会党组副书记、副主任，省总工会主席周联清出席活动。

9日，福建实施资本市场提升工程。

福建实施“资本市场提升工程”，出台了《关于进一步提高上市公司质量》《加快推进企业上市行动方案》等政策措施，充分发挥多层次资本市场作用。截至今年8月末，全省共有境内上市公司167家，较2012年末增加80家；上市公司市值3.34万亿元，居全国第七位，较2012年末增长2.2倍。今年1—8月，上市公司通过资本市场再融资1137.36亿元，同比大幅增长，规模居全国首位。此外，还有境外上市公司99家，较2012年末增加53家。

9日，全省金融形势分析会召开。

全省金融形势分析会在福州召开，人民银行福州中心支行通报前三季度我省金融运行情况，省委常委、常务副省长郭宁宁出席并讲话。

10日，全国大学生三创赛在榕启动。

第十三届全国大学生电子商务“创新、创意及创业”挑战赛线下启动仪式近日在福州外语外贸学院举行。该赛事被列入中国高等教育学会《全国普通高校学科竞赛排行榜》，自2009年举办第一届以来，参赛规模从1500多个团队发展到第十二届大赛的13.3万多个团队。

11日，连江发布全国首个海洋渔业碳汇建设体系。

前不久，2022年院士专家八闽行——全国海洋经济高峰论坛暨连江县海洋渔业碳汇建设体系发布会在连江贵安举行。会上发布全国首个海洋渔业碳汇建设体系，全国首笔数字人民币海洋碳汇融资同时签约落地。连江县发布的海洋渔业碳汇体系按“1+3+1+N”模式建设，即开展海洋渔业碳汇的机理机制研究；指定监测技术规范、核算技术指南、交易价值评估技术指南3个标准；建立海洋渔业碳汇交易平台；实施一批项目和工程，逐步实现海洋碳汇生态价值。

12日，我省印发互花米草除治攻坚行动方案。

省政府办公厅日前印发《福建省互花米草除治攻坚行动方案》，要求按照“一年明显见效、二年基本除治、三年完成修复、长期加强管护”总体目标和“全民动员、方法对路、科学除治、后期管护、生态提升”的工作要求，对全省现有136620亩互花米草的除治、修复、提升及后期管护进行统筹安排，分区域、分年度开展除治攻坚行动，维护我省滨海湿地生物多样性和生态系统安全，打造美丽生态岸线景观。

12日，央企入闽，携手共赢。

截至目前，98家央企中，已有92家在我省投资项目或开展业务合作。党的十八大以来，共有44家央企与我省签订合作协议，全省各地与央企合作项目657个，总投资1.8万亿元。

央企项目活跃于福建重点布局领域，已成为福建产业补短板、增总量、优结构、提质量的重要支撑。

12日，全省首本“立体分层设权”海域使用权证颁发。

东山县不动产登记中心近日向厦门引航站颁发采用“立体分层设权”方式确权的海域使用权证书，这是全省首次颁发的“立体分层设权”海域使用权证书。

13日，厦门火炬高新区建立元宇宙孵化器。

近日，厦门火炬元宇宙孵化器揭牌仪式暨元宇宙产业发展论坛在厦门软件园一期举行。当天揭牌成立的火炬元宇宙孵化器，将重点引进元宇宙初创型企业，并充分发挥软件园一期作为国家级孵化器的平台作用，通过打造公共技术服务平台、组建元宇宙基金、举办元宇宙大赛、建设应用场景等方式，为入驻企业提供有力支持。

13日，2021年我省全社会研究与试验发展经费投入968.7亿元。

全省企业研发投入促进工作会议消息，最新统计显示，全省全社会研究与试验发展（R&D）经费投入强度持续提升，2021年，全省共投入R&D经费968.7亿元，同比增长15.0%，增幅与上年相比回升了3.2个百分点；全省研究与试验发展（R&D）经费投入强度（与国内生产总值之比）为1.98%，比上年提高0.06个百分点。

13日，省防指会商部署热带扰动防御工作。

省防指召集省应急、水利、气象、海洋与渔业、海事等部门会商热带扰动发展趋势，研判海上风浪影响情况，研究部署相关防御工作。目前，西北太平洋和南海热带扰动活跃，未来24—48小时可能有1—2个台风生成。

16日，我省党员干部群众认真收听收看党的二十大开幕会。

16日上午，中国共产党第二十次全国代表大会隆重开幕。我省广大党员干部群众认真收听收看习近平总书记代表第十九届中央委员会向大会作报告。大家一致认为，习近平总书记所作的报告是党团结和带领全国各族人民在新时代继续踔厉奋发、勇毅前行的宣言书和指南针。以中国式现代化全面推进中华民族伟大复兴，为全面建设社会主义现代化国家、向第二个百年奋斗目标进军的新征程指明了前进方向。

20日，我省设立五十亿元专项贷款用于纾解纺织鞋服产业困难。

为贯彻落实省委、省政府关于推动纺织鞋服产业转型升级的工作部署，日前，省工信厅、省财政厅、省金融监管局、人行福州中心支行、福建银保监局联合印发了《关于设立福建省纺织鞋服产业纾困专项资金贷款的通知》。根据该通知，我省将设立50亿元规模的纺织鞋服产业纾困专项资金贷款，用于纾解纺织鞋服企业面临的暂时流动性困难，支持企业增产增效，保障产业链供应链稳定。

22日，福州"闽江之心"青年广场获两项国际设计大奖。

福州"闽江之心"青年广场城市更新项目日前获得2022年全球未来设计奖（Global Future Design Awards）金奖。而就在上月，2022年Eduwik建筑卓越奖城市设计类（建成类）一等奖刚刚花落"闽江之心"青年广场。接连获得国际设计大奖，彰显"闽江之心"青年广场的独特魅力。

22日，我省在建最大分布式光伏发电项目并网试运行。

福建联合石化聚烯烃堆场泉港光伏项目是我省在建最大分布式光伏发电项目。近日，在该项目建设现场，工程师对一期光伏发电试运行预制舱进出线柜进行核对，通过冲击试验检测设备运行情况。这次并网试运行，将为一期项目全容量投产、验收发电奠定良好基础。该项目总投资1.23亿元，建设规划容量21.05兆瓦，设计使用寿命25年，于今年初开工建设。目前，已完成一期的钢结构吊装、光伏组件、SVG设备、预制舱吊装、桩基施工等工作，二期桩基施工也已全部完成，预计今年12月份竣工投产。

22日，全国最大南极磷虾捕捞加工船开建。

近日，签约落地福州（连江）国家远洋渔业基地的正冠南极磷虾产业园，迎来最新进展——投资6.9亿元建造的南极磷虾捕捞加工船正式开工建造。这标志着，这个全国第一家专业的南极磷虾产业园进入加速建设阶段。正冠南极磷虾产业园占地约60亩，总投资约9.16亿元，建成后有望带动年约15万吨的磷虾在福州（连江）国家远洋渔业基地上岸。

22日，我省加快工业互联网标识解析体系建设。

近日，省工信厅联合省通信管理局印发《关于加快工业互联网标识解析体系建设与规模应用的通知》（以下简称《通知》），提出到2025年底，建成层次分明、功能完善、覆盖全省的工业互联网标识解析体系。

22日，推进福建文化数字化战略实施方案印发。

近日，福建省文化改革发展工作领导小组印发《关于推进福建文化数字化战略实施方案》（以下简称《方案》），要求各地各有关部门结合实际认真贯彻落实。《方案》明确，到"十四五"末，形成线上线下融合互动、立体覆盖的文化服务供给体系，形成引领行业、国内领先的数字文化发展高地。到2035年，建成物理分布、逻辑关联、快速链接、高效搜索、全面共享、重点集成、融通全国的国家文化大数据体系福建数据库，文化数字化生产力快速发展，福建文化全景全面呈现。

23日，出席党的二十大的福建代表返闽。

出席党的二十大的福建代表圆满完成大会各项任务后抵达福州，陆续返回各自工作岗位。

23日，我省党员干部群众热烈欢庆党的二十大胜利闭幕。

昨日，肩负9600多万名共产党员的殷殷重托，承载14亿多中国人民的热切期盼，党的二十大圆满完成各项议程，在人民大会堂胜利闭幕。闭幕之际，我省广大党员干部群众为新时代十年党和国家事业发展取得的辉煌成就热情"点赞"，对实现中华民族伟大复兴的光明前景满怀信心。

24日，我省科技创新平台"揭榜挂帅"榜单首发。

日前，我省首次面向全国发布2022年度"揭榜挂帅"科技创新公共服务平台建设项目榜单。围绕建设"电子信息产业中试（'中试'即产品正式投产前的试验，编者注）创新服务平台"，项目需求牵头单位抛出"橄榄枝"，广发"英雄帖"，邀请省外企事业单位牵头揭榜，并鼓励省内外科研单位共同组成联合体，与福建省平台建设需求企业联合申报项目。

24日，省委常委会召开扩大会议传达学习贯彻党的二十大精神。

省委书记尹力主持召开省委常委会（扩大）会议，传达学习党的二十大和党的十九届七中全会、二十届一中全会精神，研究部署我省初步贯彻落实意见。会议强调，学习宣传贯彻党的二十大精神是当前和今后一个时期的首要政治任务，要深刻领悟“两个确立”的决定性意义，增强“四个意识”、坚定“四个自信”、做到“两个维护”，切实把思想和行动统一到党的二十大精神上来，高举中国特色社会主义伟大旗帜，全面贯彻习近平新时代中国特色社会主义思想，扎扎实实办好福建的事情，在推进中国式现代化中彰显福建担当、展现福建作为，奋力谱写全面建设社会主义现代化国家福建篇章。省委副书记、省长赵龙，省政协主席崔玉英出席。

25日，省政府召开常务会议。

省长赵龙主持召开省政府常务会议，认真学习贯彻党的二十大精神，按照省委工作要求，审议通过《福建省贯彻“十四五”冷链物流发展规划实施方案》《福建省贯彻〈促进残疾人就业三年行动方案（2022—2024年）〉的实施意见》，听取我省见义勇为模范评选表彰有关情况汇报；研究数字政府改革和建设、闽西革命老区高质量发展示范区建设等工作。

25日，全球先进功能面料创新联合体签约。

日前，泉州师范学院—匹克（中国）有限公司共建先进功能面料实验室正式签约揭牌，全球先进功能面料创新联合体同步正式签约。通过共建先进功能面料实验室，双方将在功能纺织面料相关领域联合开展技术咨询、技术创新、新产品研制、人才培养等合作，打造校企双赢的合作模式。

27日，省防指会商部署台风“尼格”防御工作。

福建省防指召集省应急厅、水利厅、气象局、海洋与渔业局和福建海事局等部门会商今年第22号台风“尼格”发展趋势，研判影响情况，部署相关防御工作。

28日，省委常委会召开会议。

福建省委书记尹力主持召开省委常委会会议，传达学习习近平总书记在10月25日中共中央政治局会议上和27日带领中共中央政治局常委赴陕西延安瞻仰延安革命纪念地时的重要讲话精神，研究我省贯彻落实措施；学习贯彻习近平总书记会见C919大型客机项目团队代表并参观项目成果展览时作出的重要指示、给山东省地矿局第六地质大队全体地质工作者回信、向中国国际可持续交通创新和知识中心成立致贺信精神，研究部署推动我省有关工作。

28日，我省拟新建16个集中式光伏电站。

近日，省发改委公布2022年集中式光伏电站试点项目名单，16个试点项目总规模达1772MW，较去年首批公布的9个323.18MW，数量和规模均大增。16个试点项目类型中有3个水面（海上）光伏类，13个近海养殖渔光互补类。

28日，省市农科院共建杂交水稻生产与繁育研究中心。

日前，由省农科院、三明市农科院共建的杂交水稻生产与繁育研究中心在三明揭牌。依托研究中心，两级农科院将在种子生产与繁育过程的技术问题等方面开展合作研究。

28日，我省颁布全国首个《浒苔提取物》团体标准。

日前，由福建省特殊食品与化妆品协会牵头福建海兴保健品有限公司等企业起草的《浒苔提取物》团体标准已正式发布并实施（标准编号：T/FJCA001-2022）。这是我国首个关于浒苔提取物的团体标准。

30日，省防指部署台风“尼格”防御应对工作。

福建省防指消息，今年第22号台风“尼格”28日已进入48小时警戒线。受台风和冷空气共同影响，预计10月29日至11月2日，我省沿海地区和渔场海域将有一次显著风浪影响过程。

31日，我省农村建设品质提升超序时推进。

福建省农业农村厅消息，截至9月底，全省农村建设品质提升5类工程20项重点任务已完成投资281.2亿元，占年度210亿元计划投资的133.9%，总体建设超序时推进。其中，新改建农村卫生厕所年度任务9807户，已开工10520户，开工率107.3%；年度重点打造100条乡村振兴精品示范线，策划生成551个项目，目前已开工585

个，开工率106.3%；农村公路建设年度任务1500公里，已完成2282公里，完成率152.1%。

31日，全国第二批天然富硒土地认证结果出炉。

全国第二批天然富硒土地认证结果近日出炉，寿宁县清源-竹管垅3.6万余亩天然富硒地块上榜，这也是我省迄今为止发现并获认证的最大一块天然富硒土地。寿宁县富硒锌土地资源丰富，全县有58.2万亩富硒土壤和68.8万亩富锌土壤，且具双素共生、无重金属、含量适中、土地生态优良等特点。

31日，2022年金砖国家职业技能大赛福建赛区选拔赛举行。

2022年金砖国家职业技能大赛福建赛区选拔赛日前举行。比赛由省教育厅委托厦门市教育科学研究院组织实施，福建船政交通职业学院等8所高职院校和集美工业学校等3所中职学校承办24个赛项，全省200支代表队500名选手参加比赛。

（摘编：李元）

十一月

1日，财政部提前下达我省2023年新增政府债务限额1034亿元。

福建省财政厅消息，财政部提前下达我省2023年新增政府债务限额1034亿元，比上年增长33.9%。其中，一般债务101亿元，专项债务933亿元。新增债券资金将用于支持交通基础设施、新能源项目、新型基础设施等领域重点项目建设。

1日，我省非税收入收缴电子化实现全覆盖。

福建省财政厅消息，按照财政部“两码一渠道”标准，我省加快推进政府非税收入收缴电子化改革，截至9月底，已实现执收单位全覆盖。

1日，“单一窗口+出口信保”政策覆盖面进一步扩大。

福建省财政厅消息，为加大对小微出口企业的支持力度，近日，我省进一步扩大“单一窗口+出口信保”政策覆盖面，由年出口规模在600万美元以下企业扩大至700万美元以下企业，财政对企业投保保费予以支持。

1日，省级海洋高新技术产业园区加速推进创建工作。

日前，福建省科技厅会同省直相关部门与专家召开厦门海洋高新产业园创建省级高新区咨询会。会议同意厦门市创建省级海洋高新技术产业园区，建议要持续完善规划，凝练重大项目，聚集高端产业，打造专业化园区。

1日，厦门港远海码头获卫星导航定位科技白金奖。

近日，厦门港远海码头《基于5G+北斗高精度定位的智慧港口创新应用》项目荣获卫星导航定位科学技术奖创新应用最高奖项白金奖。卫星导航定位科学技术奖由中国卫星导航定位协会设立，是经国家科学技术部批准的全国性科学技术奖，是我国卫星导航技术领域唯一设置的科学技术奖。

1日，第二届世界红茶产品质量推选在福安举行。

日前，由中国茶叶流通协会主办的第二届世界红茶产品质量推选活动在福安举行。本届活动共收到国内20个省、自治区和直辖市以及印度、尼泊尔、斯里兰卡等国家和地区1031家企业选送的1334个红茶样品，具体涵盖20余个品类，参与数量、覆盖面、代表性创新高。

2日，全省经济运行分析视频会召开。

下午，全省经济运行分析视频会召开。会议指出，四季度是全年经济工作的攻坚期，各地各有关部门要按照省委和省政府部署要求，把学习宣传贯彻党的二十大精神作为当前和今后一个时期的首要政治任务和长期战略任务，只争朝夕、全力冲刺，确保四季度“冲劲足”、下半年好于上半年，确保全省经济总量再上一个新台阶。省委常委、常务副省长郭宁宁主持会议并讲话。

2日，9家闽企入围国家级融合发展试点示范名单。

工业和信息化部近日公示了2022年新一代信

息技术与制造业融合发展试点示范名单，共有9家闽企及项目入围。项目聚焦“数字领航”企业、两化融合管理体系贯标、特色专业型工业互联网平台等方向，旨在推动新一代信息技术与制造业全要素、全产业链、全价值链深度融合，加快制造业技术、模式、业态等创新和应用。

3日，我省成为全国首批对个人养老金实施递延纳税优惠政策地区。

福建省财政厅消息，财政部、税务总局印发《关于个人养老金有关个人所得税政策的公告》，明确自2022年1月1日起，在福建省、上海市、苏州工业园区对个人养老金实施递延纳税优惠政策。我省成为全国首批在全省范围内对个人养老金实施递延纳税优惠政策地区。

3日，我省4项设计下乡做法入选。

日前，住房和城乡建设部印发《设计下乡可复制经验清单（第一批）的通知》，全国有14个省份的设计下乡经验做法列入首批可复制经验清单，福建、江苏、山东均有4项入选，数量并列全国第二。

4日，金砖国家两大技能大赛在厦门开赛。

2022金砖国家职业技能大赛决赛和2022金砖国家技能发展与技术创新大赛厦门国际赛同期在厦开赛。此次两项大赛共吸引国内外千余支队伍、2000多名选手参赛，其中来自国内各省市的选手在厦门线下参赛，国外选手通过线上远程参赛。2022金砖国家职业技能大赛决赛是近年来厦门举办的规模最大、对标国际赛的职业技能赛事，是今年我国作为主席国在金砖国家合作机制下举办的第一届职业技能大赛，由教育部、人社部、金砖国家工商理事会和厦门市政府共同主办。

4日，我省2035年建成交通强国先行区。

近日，省委、省政府印发《福建省综合立体交通网规划纲要》。明确提出，我省加快建设优质高效的铁路网、便捷普惠的公路网、世界一流的港口群、干支协调的机场群、保障有力的油气管网、辐射全球的邮政快递网，到2035年建成交通强国先行区，交通基础设施达到世界先进水平，综合交通运输发展保持全国领先。

4日，我省一地新入选全国地质文化村（镇）。

福建省科协消息，日前，中国地质学会印发《关于公布第二批地质文化村（镇）评定结果的通知》，福建省地质学会组织审查并推荐申报的上杭县蛟洋镇贵竹村入选为第二批挂牌筹建的地质文化村（镇）。

4日，我省规上工业企业经营显著回暖。

福建省统计局日前发布数据显示，今年9月份，我省规模以上工业企业利润总额同比增长6.0%，比上个月回升了16.8个百分点；38个工业大类行业中18个利润较上月增速加快或降幅收窄，2个行业利润由降转增，合计占比超五成。数据显示，前三季度，全省规模以上工业企业实现利润总额2733.59亿元，比上年同期下降8.6%，降幅比1—8月收窄1.9个百分点。

5日，福建省青年科技人员创新能力提升培训班举办。

福建省科协依托中国科协系统网上党校举办的福建省青年科技人员创新能力提升培训班圆满完成各门课程，近200名来自高校、科研院所、省级学会和企业的青年科技人员参加为期一周的培训并顺利结业。

6日，全省城建品质提升工程有序推进。

福建省住建厅消息，1—9月，全省城市建设品质提升累计完成投资4068.6亿元，占年度投资目标任务的90.41%。今年3月，我省出台方案提出实施10类工程带动城乡建设品质提升工作，年内计划实施6900个项目，投资4500亿元。前三季度，全省住建系统有序推进城市基础设施建设项目加快落地，城乡人居环境得到持续改善。

7日，我省市场主体突破700万户。

福建省市场监管局消息，截至10月底，福建省实有市场主体702.14万户，同比增长6.70%。其中，企业181.85万户，同比增长8.73%；个体工商户515.89万户，同比增长6.05%；农民专业合作社4.40万户，同比增长2.43%。

7日，省财政厅提前下达一批2023年度专项资金。

福建省财政厅加强资金调度，于近日连续下达一批2023年度专项资金。这些资金包括科技创新资金、乡村振兴资金、优抚安置和残疾人事业发展资金等，总额20.34亿元，其中提前下达的23个脱贫县专项扶持资金9.64亿元，集中用于已出台的各项重大民生政策支出。

8日，政府采购支持绿色建材，福州龙岩成为试点城市。

福建省财政厅消息，根据财政部、住房和城乡建设部等部门日前印发的通知，自今年11月起，在48个市（市辖区）实施政府采购支持绿色建材促进建筑品质提升政策，我省福州、龙岩成为试点城市。

8日，福州9个案例入围2022城市数字化转型优秀案例。

全球智慧城市发展与合作大会在上海举行，在大会发布的2022城市数字化转型优秀案例中，福州市9个案例成功入围。

9日，福建云霄抽水蓄能电站工程开工。

上午，国内首创核蓄一体化项目——福建云霄抽水蓄能电站工程在云霄县火田镇顺利开工。该电站是目前福建省在建装机规模最大的抽水蓄能电站，承载着全国首创"核蓄一体化"示范运营模式的使命，建成后将成为造福一方的"绿色电站"。电站设计装机容量180万千瓦，建设6台30万千瓦混流可逆式蓄能机组，项目总投资约100亿元。

9日，全省首单"绿电贷"在漳州落地。

中国建设银行漳州分行为福化古蕾化学有限公司放款450万元，这是我省落地的首单"绿电贷"。据悉，此笔贷款将专项用于福化古蕾化学10月份购买635万千瓦时的全部绿电电费支出，相比企业日常流贷利率下浮了25%左右。

9日，中国—岛屿国家海洋合作高级别论坛在平潭召开。

由自然资源部和福建省人民政府主办的中国—岛屿国家海洋合作高级别论坛在平潭召开，论坛为期两日。自然资源部副部长、国家海洋局局长王宏，福建省副省长林文斌出席并致辞。部分岛屿国家的部级官员、驻华使节及国际组织代表出席。本次论坛以"生态海岛 蓝色发展"为主题，聚焦岛屿国家普遍关注的气候变化、经济复苏与发展等问题进行深入研讨。论坛发布了《海岛可持续发展倡议》。

10日，全省森林防灭火工作电视电话会议召开。

福建省森防指召开视频会议，贯彻落实全国森林草原防灭火工作电视电话会议精神，对全省森林防灭火工作进行分析研判、细化部署、督促落实。省委常委、常务副省长郭宁宁出席并讲话。

10日，2022厦门国际海洋周开幕。

2022厦门国际海洋周开幕式暨厦门国际海洋论坛在厦门举行。自然资源部副部长、国家海洋局局长王宏，福建省人民政府副省长林文斌，厦门市人民政府市长黄文辉出席并分别致辞，联合国副秘书长李军华等国际嘉宾线上致辞。

11日，赵龙赴厦门宣讲党的二十大精神。

按照省委统一部署，今日，省委副书记、省长赵龙深入厦门农村、企业，与基层干部群众深入学习交流，宣讲党的二十大精神。

11日，2022金贸会暨第十三届中医药发展论坛举办。

2022金健健康产业贸易博览会（简称"金贸会"）暨第十三届中医药发展论坛在厦门举办，活动将持续至13日。大会由金砖国家健康医疗国际合作委员会主办。大会以官方领航，全面推进健康医疗产业贸易与发展，推动金砖国家健康医疗领域合作，此外，大会开展"元参观+元展示+元对接"，打造元宇宙视界的金贸会。

13日，福建省召开领导干部会议宣布中央决定。

福建省召开全省领导干部会议，中共中央政治局委员尹力主持会议并讲话。中央组织部部长陈希出席会议并宣布中央决定：尹力同志不再兼任福建省委书记、常委、委员职务，周祖翼同志任福建省委委员、常委、书记。省委书记周祖翼出席会议并讲话。省委副书记、省长赵龙在会上发言。省政协主席崔玉英，中央组织部部务委员兼干部二局局长张光军出席会议。

13日，我省启动2022年度博士后创新实践基地申报工作。

福建省人社厅日前下发通知，决定组织开展2022年度博士后创新实践基地申报工作，申报对象包括我省各级（不含央属）各类企业、科研院所、新型研发机构、创新实验室、高新技术开发区、经济技术开发区和留学人员创业园区，以及从事科学研究和技术开发的事业单位。

13日，2022年度中国海洋文化发展报告在厦门发布。

《海洋文化蓝皮书·中国海洋文化发展报告（2022）》在第二届中华海洋文化厦门论坛上发布，该书是“海洋文化蓝皮书”系列的第四本。

14日，我省再生稻示范基地两季产量达1290.65公斤。

近日，南平市建阳区水吉镇和平村再生稻绿色丰产高效示范基地进行现场实收测产，测算结果显示，再生季产量达631.89公斤，加上头季稻的658.76公斤，两季产量达1290.65公斤。该示范基地连续7年实现再生稻两季亩产“超吨粮”。

14日，“双十一网购节”福建网络零售额同比增长16.2%。

福建省商务厅消息，根据浪潮大数据初步统计，2022年“双十一网购节”全国全网网络零售额达11767.3亿元，同比增长11.8%。福建省实现网络零售额538.4亿元，同比增长16.2%，高于全国4.4个百分点。全省网络零售额超过1000万元的企业有128家，排名前十、成交过亿元的福品闽货分别为安踏、九牧、特步、乔丹、361度、鸿星尔克、恒安、植护、金牌橱柜、法思觅语。

14日，明年我省将全面使用全国统一财政电子票据。

福建省财政厅消息，为推进财政电子票据社会化应用，实现财政票据统一，我省将于2023年1月1日起，全面使用全国统一财政电子票据式样和财政机打票据式样，原有的旧版票据，即2012年至2019年各年度省财政厅监（印）制（见票面的年度注册号码）的各类财政票据停止使用。

14日，今年我省再融资债券全部发行完成。

福建省财政厅消息，近日，我省在中央国债登记结算有限责任公司成功发行第四批再融资债券109.86亿元。至此，财政部今年核定我省的577.7亿元再融资债券全部发行完成。

15日，周祖翼在福州宣讲党的二十大精神。

福建省委书记周祖翼深入福州市社区、企业，与基层干部群众面对面交流，宣讲党的二十大精神并调研。

15日，我省智慧港口项目落地巴西。

近日，厦门港务控股集团旗下福建电子口岸股份有限公司的智慧港口项目落地巴西桑托斯港。项目将完成8台套“集卡防吊起系统”的升级改造，为桑托斯港生产运营更加安全高效提供“智慧”依托。

15日，龙龙铁路福建段最长隧道贯通。

近日，连接福建龙岩到广东龙川的龙龙铁路福建段最长隧道——双髻山隧道贯通。双髻山隧道是龙龙铁路全线重点控制性工程之一，至此，龙龙铁路福建段23座隧道全部贯通。

15日，我省完成全年政府债券发行任务。

我省在中央国债登记结算有限责任公司利用限额空间发行新增专项债券36.18亿元。本批债券信用等级为AAA级，认购倍数达25.5倍，加权平均利率3%，在存续期间累计可节省政府融资成本约11.79亿元。至此，我省全年政府债券任务全部发行完毕。2022年，我省共发行政府债券2575.91亿元。

15日，厦门在全国率先创新开展企业国际化分类定级。

厦门市举行推进对外开放系列措施新闻发布会。会上，厦门市商务局为首批获认定的“厦门市2022—2023年度A类国际化企业”授牌，这也是厦门在全国率先创新开展企业国际化分类定级和A类国际化企业评定，打造了国内首个地方创立的企业国际化水平评估体系。

15日，全球贸易投资促进峰会法律论坛暨中央法务区建设助力全球可持续发展研讨会召开。

由中国贸促会、国际商事争端预防与解决组织主办，厦门市海丝中央法务区建设工作领导小组办公室等单位承办的全球贸易投资促进峰会法律论坛暨中央法务区建设助力全球可持续发展研讨会正式召开，设北京、厦门两个分会场，国内外专家采取“线上+线下”方式进行交流研讨。

16日，省领导赴泉州调研重点项目建设。

福建省委常委、常务副省长郭宁宁赴泉州调研省重点项目建设情况，先后深入惠安中化泉州基地产业升级项目、福厦高铁泉州南站站前广场及市政配套设施项目、厦漳泉城际轨道R1线泉州段等项目一线，详细了解项目建设进展，现场协调解决项目建设存在的困难与问题。

16日，赵龙主持召开专题会议分析经济运行情况。

省长赵龙主持召开省政府专题会议，深入学习贯彻党的二十大精神，按照省委部署，听取省直有关部门经济运行情况汇报，研究部署下阶段经济工作。

17 日，全省冬春农田水利建设暨秋冬“三农”重点工作电视电话会议召开。

全省冬春农田水利建设暨秋冬“三农”重点工作电视电话会议召开，传达落实全国会议要求，部署我省相关工作。副省长李建成出席会议并讲话。

17 日，中国（厦门）国际跨境电商展落幕。

近日，为期 3 天的 2022 中国（厦门）国际跨境电商产业展览会在厦门国际会展中心落幕。此次展会是全国性展会恢复举办以来的首场国家级专业跨境电商主题展会，哈尔滨、广州、义乌、重庆、吉林、石狮、建宁等地均组团参展，同期配套举办 30 多场论坛、沙龙、推介会等活动。

18 日，周祖翼在宁德宣讲党的二十大精神。

福建省委书记周祖翼赴宁德市宣讲党的二十大精神，走进宁德市“摆脱贫困”主题展览，深入宁德时代新能源科技有限公司、青拓集团，来到连家船民上岸定居村——福安市下白石镇下岐村，与基层党员群众面对面互动交流，并调研经济社会发展情况。

18 日，1—10 月福建规上工业增加值同比增长 6.4%。

福建省统计局发布：今年 1—10 月，全省工业生产总体平稳，规模以上工业增加值同比增长 6.4%，比全国高 2.4 个百分点。10 月份，全省规模以上工业增加值同比增长 6.9%，比全国高 1.9 个百分点。数据显示，超七成行业、超四成产品产量实现增长。1—10 月，全省 38 个行业大类中，有 28 个行业增加值实现同比增长；列入统计的 447 种工业产品中，有 205 种产品产量实现增长。

18 日，前三季度闽境内上市公司研发投入逾 291 亿元。

Wind（万得）数据显示，福建 151 家境内上市公司公布今年前三季度研发投入总额，合计 291.61 亿元，同比增长 46%，规模居全国第七位。

18 日，福建（屏南）蔬菜种业创新大会召开。

2022 年福建（屏南）蔬菜种业创新大会在屏南县岭下乡海峡现代种业创新园举行，来自全国各地的 150 多家种业企业参会。大会采用“线上+线下”方式展示国内外蔬菜科研单位和种子企业的蔬菜新优品种 3000 多个，并组织国内知名专家现场评审，向社会推荐优秀品种 30 多个。

18 日，全省今冬明春能源保供视频会议召开。

全省今冬明春能源保供视频会议召开，深入学习贯彻党的二十大精神和习近平总书记关于能源安全的重要指示精神，传达落实国务院今冬明春保暖保供电视电话会议精神，部署下阶段工作。省委常委、常务副省长郭宁宁出席会议并讲话。

18 日，我省出台实施意见加快推进气象高质量发展。

福建省人民政府印发《福建省人民政府关于加快推进气象高质量发展的实施意见》，推进福建气象高质量发展。

19 日，第六届中国（宁德）大黄鱼文化节开幕。

第六届中国（宁德）大黄鱼文化节开幕仪式在宁德举行，国内知名的行业专家学者、行业协会、客商及重点涉渔企业代表等 300 多人参加活动。开幕式上发布了大黄鱼地方标准、烹饪团体标准和大黄鱼产业发展蓝皮书。

20 日，省委常委会召开会议。

福建省委书记周祖翼主持召开省委常委会会议，认真学习贯彻习近平总书记在亚太经合组织工商领导人峰会上的书面演讲、出席亚太经合组织第二十九次领导人非正式会议时的重要讲话、向第 6 届中国—南亚博览会致贺信精神，研究我省贯彻落实措施。

20 日，厦门政企代表团访欧收获满满。

日前，厦门市组建政府商务代表团出访欧洲，组织 36 家厦门企业赴欧开拓市场，首获订单近 5000 万美元。欧洲是厦门最重要的出口市场之一，随着企业新一轮赴欧交流合作，厦门对欧进出口有望驶入“快车道”。

21 日，全球最大丙烷丙烯分离塔在福清吊装。

在福清江阴中景石化科技园，全球最大的丙烷丙烯分离塔在中景石化二期年产 100 万吨丙烷脱氢项目工地完成吊装。作为项目最核心的设备，该塔高度138米、容积11000立方米，是目前世界上最高、最大的丙烷丙烯分离塔。中景石化年产100万吨丙烷脱氢项目，总投资40亿元，年产值100亿元，可拉动上下游产业链产值200亿元。

21日，福建乡村振兴贷贷款规模突破30亿元。

福建省农业农村厅消息，截至今日，福建乡村振兴贷累计发放贷款30.13亿元，已支持全省1455家农业经营主体发展生产。今年3月，为破解农业经营主体融资难题，省农业农村厅会同省财政厅、省金融监管局、人行福州中心支行、福建银保监局，创新推出福建乡村振兴贷。符合条件的农业经营主体可在“金服云”平台在线发起贷款申请，最高可获信用融资1000万元。银行受理5个工作日内即可完成放款。

22日，首届海丝泉州数字文创博览会下月举办。

首届海丝泉州数字文创博览会将于12月20日至22日在泉州市鲤城区举办。博览会以“数字变革·文创新生”作为年度主题，将采取线上、线下相融合的模式。博览会将举办2022“海丝泉州”数字文创大会、泉州首个城市NFT数字藏品金福船发售等活动。

22日，我省十项举措支持“中国白·德化瓷”产业高质量发展。

日前，福建省工信厅、教育厅、科技厅、财政厅、商务厅、文旅厅、市场监管局等部门联合印发《关于支持“中国白·德化瓷”产业高质量发展若干措施的通知》，着力做大日用瓷、做强工艺瓷、做精大师瓷，推动“中国白·德化瓷”产业高质量发展。

22日，我省粮食风险基金使用范围扩大。

为提高粮食风险基金使用效能，保障粮食安全，近日，省财政厅等部门对粮食风险基金管理办法进行修订，扩大基金使用范围，将粮食应急供应保障体系建设等纳入基金使用范围。

23日，周祖翼在泉州宣讲党的二十大精神。

23—24日，省委书记周祖翼赴泉州惠安县、南安市、晋江市，深入民营企业，向企业家代表宣讲党的二十大精神，并调研民营经济发展。周祖翼强调，要抓紧抓好学习宣传贯彻党的二十大精神这个首要政治任务，始终牢记习近平总书记的重要嘱托，大力传承弘扬“晋江经验”，敢为人先、爱拼会赢，实实在在、心无旁骛做好实体经济，鼓励民营企业创新创造、发展壮大，把学习贯彻党的二十大精神成果转化为实实在在发展成效。

23日，1—10月我省固定资产投资同比增长9.0%。

福建省统计局日前发布的数据显示，今年1—10月，全省固定资产投资（以下简称“投资”）17361.34亿元，同比增长9.0%。其中，项目投资12496.97亿元，同比增长17.8%；房地产开发投资4864.37亿元，同比下降8.5%。1—10月，全省工业投资6024.17亿元，同比增长19.2%，增幅与前三季度持平，高于全省投资增幅10.2个百分点。工业投资占全省投资的比重为34.7%，对全省投资增长的贡献率达67.8%，比重和贡献率分别比上年同期高3.0和19.8个百分点。工业改造升级力度持续加大，改建和技术改造投资1631.34亿元，增长33.1%，占工业投资的比重由上年同期的24.3%提高至27.1%。

23日，首届福品博览会12月开启。

福建省商务厅消息，我省将于12月9日—11日以“寻福、送福、造福、享福”“福品供全球，全球享福品”为主题，在福州海峡国际会展中心举办首届福品博览会。首届福博会展览面积超5万平方米、参展商近1000家、国际标准展位超2000个，预计参展观众超5万人次，聚焦“福品供全球，全球享福品”、传播“福文化”等重点内容，设置“六福”展区和“N”场活动。

23日，全球单机容量最大！16兆瓦海上风电机组在闽下线。

16兆瓦海上风电机组在福建三峡海上风电国际产业园下线。该机组是目前全球单机容量最大、叶轮直径最大、单位兆瓦重量最轻的风电机组，其发电机、叶片、数字化控制系统等主要部件完全实现国产化，打破了海上风电机组关键部件国外垄断。本次下线的海上风电机组由中国三峡集团、金风科技联合研发，机组轮毂中心高度达146米，叶轮直径252米，叶轮扫风面积约5万平方米。在额定工况下，单台机组每转动一圈可发电34.2千瓦时。

23 日，福建 13 部门联合发文加强新市民金融服务。

经省政府同意，近日，福建银保监局、厦门银保监局、人行福州中心支行、省金融监管局以及省发改、教育、民政、财政、人社、自然资源、住建、农业农村、医保等 13 部门联合出台《关于加强新市民金融服务工作的若干措施》。

23 日，全省产业数字化转型工作现场会召开。

全省产业数字化转型工作现场会在厦门召开，副省长康涛出席并讲话。会上，福州、厦门、三明、莆田市分别介绍了推进产业数字化转型经验做法，福州大学、省电信公司、宁德时代和奇安信公司作了交流发言。会前，与会代表实地调研了金牌厨柜、安踏、友达光电等数字化工厂，参观了产业数字化转型发展典型案例展览。

24 日，我省基础设施投资基金项目持续落地。

福建省发改委消息，我省政策性开发性金融工具支持重大项目建设取得阶段性进展。基础设施投资基金项目投放、带动总投资 3113 亿元。截至目前，开工率达 95.2%。今年 1—10 月，我省固定资产投资同比增长 9%，高于全国 3.2 个百分点，居全国第 8 位。其中，基础设施投资同比增长 15%，高于全国 6.3 个百分点，对全省投资增长的贡献率为 39.4%。

24 日，2022 第三届中国资产管理武夷峰会在南平举行。

以“新格局·大资管·绿色经济”为主题的 2022 第三届中国资产管理武夷峰会在南平举行。省委常委、常务副省长郭宁宁出席峰会并致辞。在峰会上，中国人民大学国家发展与战略研究院发布了《中国资产管理行业发展报告 2022》，现场签约对接 11 个产融项目，合作金额共 75.6 亿元。

24 日，省人大常委会对 2021 年度国有资产管理情况开展专题询问。

省十三届人大常委会第三十六次会议举行联组会议，审议省政府关于 2021 年度国有资产管理情况的综合报告，并开展专题询问。12 位省人大常委会组成人员从发挥国有经济战略支撑作用、金融支持实体经济发展、盘活利用闲置低效资产、自然资源统一确权登记等方面提出询问。省财政厅、自然资源厅、水利厅、国资委、林业局、机关事务管理局等应询部门负责人作了回答。

24 日，在食品级活性包装材料等研究领域我省取得新进展。

近日，省农业科学院农业生物资源研究所在食品级活性包装材料制备领域取得系列进展，获得的羟丙基甲基纤维素/黄原胶（HPMC/XG）等复合膜能延长香蕉、芒果、鲜切青椒等果蔬的保质期。活性包装是一种新型的包装方式，通过添加抗氧化剂、抗菌剂或其他活性成分，组成涂膜剂，能延长食品的保质期，是果蔬的“铠甲”。

24 日，《福建省海上搜寻救助条例》将于明年元旦起施行。

福建省第十三届人大常委会第三十六次会议审议通过了《福建省海上搜寻救助条例》，将于明年元旦起正式施行。《条例》进一步健全我省海上搜寻救助工作机制，建立海上搜寻救助的奖励、补偿及优待制度，为提升我省搜寻救助能力提供保障。

25 日，中共福建省委十一届三次全会在榕举行。

全会由省委常委会主持，省委书记周祖翼讲话。全会听取和讨论了周祖翼受省委常委会委托作的工作报告，审议通过了《中共福建省委关于深入学习宣传贯彻党的二十大精神，奋力谱写全面建设社会主义现代化国家福建篇章的决定》。

25 日，第八届“海丝”品博会在石狮开幕。

由中国国际商会、福建省人民政府侨务办公室、省商务厅、省贸促会、泉州市人民政府联合主办的第八届中国（泉州）海上丝绸之路国际品牌博览会暨第二届 RCEP 青年侨商创新创业峰会在石狮开幕。本届展会面积达 2.6 万平方米，来自 50 个国家和地区的 140 名闽籍青年侨商和逾 30 个国家和地区的 200 家企业参加。

27 日，福建省第十七届运动会开幕。

在全省上下深入学习宣传贯彻党的二十大精神、八闽儿女满怀信心奋进新时代新征程之际，今晚，福建省第十七届运动会在南平开幕。省委书记周祖翼出席开幕式并宣布开幕，省长赵龙致开幕辞，省政协主席崔玉英出席。

27 日，我省提前完成互花米草除治年度任务。

福建省林业局消息，我省已提前全面完成

2022 年度互花米草除治任务。截至 26 日，全省累计除治面积 105858 亩，占年度任务的 120.83%、总除治任务的 77.48%。其中，莆田市、厦门市、漳州市、泉州市已全部完成除治任务。

28 日，周祖翼在南平宣讲党的二十大精神。

省委书记周祖翼深入南平建阳区、武夷山市，来到乡村、企业宣讲党的二十大精神，并调研生态建设、乡村振兴、科技创新和疫情防控等工作。周祖翼强调，要认真学习宣传贯彻党的二十大精神，深入贯彻落实习近平总书记来闽考察重要讲话精神，牢固树立和践行绿水青山就是金山银山的理念，推进生态优先、转型升级，高效统筹疫情防控和经济社会发展，努力实现生态保护、绿色发展、民生改善相统一。

28 日，全球首个漂浮式风电与网箱养殖融合示范项目开建。

福建省海洋与渔业局消息，近日，国家能源集团龙源电力福建公司漂浮式海上风电融合深海养殖关键技术研发与工程示范项目半潜式浮体平台开工建造，标志着全球首个漂浮式风电与网箱养殖融合示范项目取得新突破。该项目位于莆田市秀屿区南日岛国家级海洋牧场示范区，基础形式采用半潜式浮体平台，安装 1 台 4 兆瓦漂浮式海上风电机组，同时在浮体平台上安装光伏板，平台中间取正六边形作为养殖区域，养殖水体约 1.2 万立方米，用以探索形成漂浮式风电融合深海养殖的关键技术。

28 日，心血管健康产业协同创新基地在厦揭牌。

近日，作为第十三届海峡心血管病高峰论坛的重要分论坛，“心产业·新未来”2022 年厦门心血管健康产业创新论坛在厦门举办。论坛上，心血管健康产业协同创新基地揭牌。该基地由厦门市科技局、厦门火炬高新区管委会、厦门心血管病医院合作共建，以厦门火炬生物医药专业孵化器为运营载体。

28 日，省法院发布金融审判破产审判工作亮点。

福建省高级人民法院召开金融审判和破产审判工作新闻发布会，发布《2020—2021 年福建法院金融审判白皮书》《2019—2021 年福建法院破产审判白皮书》以及福建法院破产审判典型案例。

28 日，“八闽有福·冬日游礼”福建文旅生活季启动。

省政府新闻办组织召开的“八闽有福·冬日游礼”福建文化和旅游生活季新闻发布会消息，省文化和旅游厅在统筹做好疫情防控和安全生产的前提下，联动各地举办“清新福建 闽山闽水物华新”文旅嘉年华系列之“八闽有福·冬日游礼”福建文化和旅游生活季活动，推出“欢喜聚福”“分享有福”“好戏送福”“非遗集福”“锦礼派福”“年味享福”等六大系列文旅活动和惠民举措，加快推动我省文旅市场复苏回暖。

29 日，周祖翼在三明宣讲党的二十大精神。

省委书记周祖翼赴三明三元区、沙县区，宣讲党的二十大精神，并调研林改医改、乡村振兴、文物遗址保护等工作。周祖翼强调，要切实把思想和行动统一到党的二十大精神上来，贯彻落实省委十一届三次全会要求，敢为人先、勇于探索，以抓铁有痕、踏石留印、钉钉子的精神深入推进改革创新，着力加快老区苏区发展，把党的二十大精神落实到改革发展各方面全过程。

29 日，“中国传统制茶技艺及其相关习俗”申遗成功。

在摩洛哥王国拉巴特召开的联合国教科文组织保护非物质文化遗产政府间委员会第 17 届常会宣布，将“中国传统制茶技艺及其相关习俗”列入人类非物质文化遗产代表作名录，这是我国第 43 个列入联合国教科文组织非物质文化遗产名录的项目。该项目包括了福建省的武夷岩茶（大红袍）制作技艺、铁观音制作技艺、福鼎白茶制作技艺、福州茉莉花茶窨制工艺、坦洋工夫茶制作技艺、漳平水仙茶制作技艺等 6 个国家级非遗代表性项目。

29 日，闽江干流已具备恢复通航条件。

福建省交通运输厅港航事业发展中心消息，闽江航道建设全面提速——闽江口外沙至南平延福门段 278 公里航道经过整治，闽江干流航道现已具备 500 吨级船舶恢复通航的条件。与此同时，南平闽江航运发展有限公司“武夷 1 号”“武夷 2 号”两条船舶近日入籍南平港，成为南平籍吨位最大的运输船型。

30日，2022年度福建省科学技术奖提名工作启动。

福建省科学技术奖励委员会办公室下发通知，正式启动2022年度福建省科学技术奖提名工作。该奖项评选是《福建省科学技术奖励办法》新修订后首次启动的评奖工作，评奖类别增至6类，包括省科学技术重大贡献奖、省自然科学奖、省技术发明奖、省科学技术进步奖、省科学技术成果转化奖和省国际科学技术合作奖。

30日，国家林草科技大讲堂在闽开讲。

第26期国家林草科技大讲堂暨福建省林业科技特派员培训活动在福州举办。本次科技大讲堂主题是“东南沿海林业灾害防控与珍贵树种高效栽培关键技术”。

（摘编：唐启阳）

十二月

1日，全省金融形势分析与金融服务实体经济工作推进会召开。

我省召开金融形势分析与金融服务实体经济工作推进会。省委常委、常务副省长郭宁宁主持会议并讲话。会上，有关部门通报了当前金融形势和工作进展，公布了在闽银行保险机构、金融机构服务非金融企业直接融资等激励评价情况，现场向相关金融机构颁发奖牌。

1日，前10个月我省对东盟进出口同比增长13.2%。

受益于RCEP政策红利，我省对东盟进出口保持增长态势。据厦门海关统计，今年前10个月，我省对东盟累计进出口3402.9亿元，同比增长13.2%，占全省进出口总额的21%，继续保持我省第一大贸易伙伴的地位。其中，出口2096.5亿元，同比增长13.3%；进口1306.4亿元，同比增长13%。

1日，我省启动实施制造业技能根基工程。

福建省人社厅、工信厅、国资委日前联合下发通知，将实施制造业技能根基工程，加强技能根基工程培训基地建设，动态调整急需紧缺职业工种目录，在制造业企业中全面推进中国特色企业新型学徒制，全面推进制造业工学一体化技能人才培养模式。通知明确，组织符合条件的企业和技工院校申报国家制造业技能根基工程培训基地，并争取地方政府各项目资金予以支持。

1日，厦福泉国家综合货运枢纽补链强链工程启动。

福建省交通运输厅消息，近日国家提前下达第一批车辆购置税收入补助地方资金，支持我省建设厦门、福州、泉州国家综合货运枢纽补链强链工程。这项重大交通工程计划实施时间3年，预计完成投资超过200亿元，重点建设一批综合货运枢纽、集疏运、装备升级以及信息化项目。

1日，2023年全省将精准选认省级科特派2000名左右。

福建省科技特派员工作联席会议办公室下发通知，2023年福建省科技特派员选认工作启动。2023年，我省将精准选认省级科技特派员2000名左右。其中，服务原省级扶贫开发工作重点县的省级科技特派员360名以上、团队（法人）科技特派员800个左右。

1日，50亿元纺织鞋服产业纾困贷发放完毕。

10月14日，我省在全国率先设立规模50亿元的纺织鞋服产业纾困专项贷款，目前已发放完毕，共惠及全省280多家纺织鞋服企业，营收总额约占全省纺织鞋服产业的1/5，涵盖化纤、棉纺、织造、染整、鞋服等产业链上下游企业以及纺织鞋服机械、工业互联网平台等配套产业。

2日，省政府召开常务会议。

福建省省长赵龙主持召开省政府常务会议，深入学习贯彻党的二十大精神，按照省委工作要求，听取近期食品安全工作情况汇报，审议通过《福建省氢能产业发展行动计划（2022—2025年）》；研究2023年政府工作报告、2022年预算执行情况及2023年预算草案、2022年国民经济和社会发展计划执行情况及2023年国民经济和社会发展计划草案等。

2日，省领导出席“周边国家地方政商界人士网络研修班”开班式。

上午，“周边国家地方政商界人士网络研修班”通过视频连线形式举办。省委常委、常务副省长郭宁宁，中联部部长助理朱锐线上出席开班式并致辞，印尼中爪哇省、巴新东高地省和菲律宾宿务市等国际友城领导线上出席。开班式后，研修班举办了中国式现代化、福建“四大经济”发展新篇章、菌草产业国际合作等专题讲座。

2日，全省首家氟化工院士工作站建站协议在明溪签订。

近日，明溪县委组织部牵头推动三明市海斯福化工有限责任公司与中科院上海有机化学所陈庆云院士签订全省首家氟化工院士工作站建站协议。陈庆云院士是国际知名有机氟化学家，长期从事有机氟化学和氟材料的研究工作，开创了陈试剂、铬雾抑制剂、全氟酮化学、双酚AF等重要课题研究，为我国有机氟化学发展作出了重要贡献。陈庆云院士团队与明溪县及海斯福有着多年实质性合作，多项科研成果转化落地。

3日，部省共建亚热带特色果蔬菌加工重点实验室落地福建。

福建省农科院农业工程技术研究所在福州举办以“践行二十大 健康‘食’尚家”为主题的科技开放日暨成果推介会活动。从科技开放日活动上获悉，农业农村部日前公布80个重点实验室（部省共建）名单。省农科院农业工程技术研究所牵头建设的“农业农村部亚热带特色果蔬菌加工重点实验室（部省共建）”获批。

5日，全省经济运行分析会议召开。

上午，全省经济运行分析会议在福州召开。省委常委、常务副省长郭宁宁主持会议并讲话。会议指出，全年收官工作到了最关键的阶段，各地各有关部门要深入学习贯彻落实党的二十大精神，认真落实省委和省政府部署要求，进一步坚定信心、鼓足干劲，全力以赴决战决胜最后20余天，保持经济运行在合理区间，努力完成全年目标任务。

5日，福建高速首批新能源汽车换电站开工建设。

日前，福建高速首批6座换电站在沈海、京台高速线部分服务区开工建设，这标志着福建高速开启高速路网新能源汽车换电建设新篇章。首批建设的6座换电站是蔚来汽车二代换电站，具有占地面积小、换电自动化等特点。换电站箱体占地60平方米，用户仅需将蔚来新能源汽车停在对应的车道上，用手机App打开换电功能，换电站即可自动将车倒入换电站内完成换电，这一过程仅需4分钟。

5日，福州开展市场主体歇业备案试点工作。

近日，福州市市场监管局出台了《福州市市场主体歇业备案试点工作方案》（试行），福州成为全省首个在设区市全域范围内开展市场主体歇业试点地区。

6日，三部门：新增14地开展二手车出口业务。

商务部消息，商务部、公安部、海关总署近日联合印发关于进一步扩大开展二手车出口业务地区范围的通知，决定新增14个地区开展二手车出口业务。根据通知，新增辽宁省、福建省、河南省、四川省、河北省（石家庄市）、内蒙古自治区（呼和浩特市）、吉林省（珲春市）、黑龙江省（哈尔滨市）、江苏省（苏州市）、浙江省（温州市）、山东省（潍坊市）、贵州省（贵阳市）、云南省（昆明市）、新疆维吾尔自治区（博尔塔拉蒙古自治州）等14地开展二手车出口业务。

6日，2022年福建省家庭服务行业职业技能竞赛举行。

为打造家政行业人才梯队，树立行业榜样标杆，让家政从业人员获得职业归属感、荣誉感，省商务厅、省人社厅、省总工会、省妇联日前联合举办2022年福建省家庭服务行业职业技能竞赛，全省9个设区市及平潭综合实验区代表队通过层层推荐、选拔，共有60名选手参加。

7日，2022福建企业100强榜单发布。

下午，由莆田市政府、省企联、省广播影视集团、省社科院共同举办的2022福建企业100强发布大会在莆田举行，全国政协常委、全国政协社会和法制委员会副主任、省社科院院长张帆出席大会。会上发布了“2022福建企业100强”

“2022福建制造业企业100强”“2022福建服务业企业100强”“2022福建战略性新兴产业企业100强”4个榜单。从榜单来看，尽管2021年受全球经济下行叠加疫情影响，我省大企业整体规模和效益增长态势良好。

8日，我省首张新建内河码头港口经营许可证颁发。

南平市交通运输局向南平新城港区开发有限公司颁发了南平港延平新城港区洋坑作业区11#泊位《港口经营许可证》，这也是我省颁发的首张新建内河码头港口经营许可证。该泊位的获批投产，意味着闽江干流南平至闽江口500吨级船舶恢复通航条件已经全面具备。

8日，首届海峡两岸（三明）乡村融合发展论坛开幕。

首届海峡两岸（三明）乡村融合发展论坛开幕，中共中央台办、国务院台办副主任潘贤掌通过视频致辞，省政协党组副书记、副主席杜源生出席并致辞。

8日，全球最大共聚聚丙烯装置在福州投产。

上午，中景石化集团年产120万吨多元共聚聚丙烯装置在福州江阴中景石化科技园正式投产，该装置为全球最大的共聚聚丙烯装置。加上已经投产的产能，中景石化的聚丙烯年产能将达220万吨，成为全球最大的单产聚丙烯生产基地。中景石化年产120万吨共聚聚丙烯项目引进荷兰利安得巴塞尔公司全球最先进的多元共聚聚丙烯技术，总投资40亿元，年产值150亿元，未来将拉动上下游产业链产值300亿元。

8日，全省1—11月共接到安全生产举报信息1401件。

福建省应急管理厅消息，今年1月至11月，全省共接到安全生产举报信息1401件，奖励9.2万元。

8—9日，周祖翼在龙岩宣讲党的二十大精神。

福建省委书记周祖翼赴龙岩上杭县、长汀县，瞻仰革命圣地，深入老区乡村、工厂企业，向基层党员群众宣讲党的二十大精神，加快推动老区苏区全面振兴发展。周祖翼强调，要自觉把思想和行动统一到党的二十大精神上来，大力弘扬古田会议精神，发扬革命传统，赓续红色血脉，推动党的二十大精神在老区苏区落地生根开花结果。

9日，福建金融业20件大事出炉。

日前，非凡十年·福建金融业20件大事征集活动评选结果正式出炉。“宁德、龙岩获批国家级普惠金融改革试验区”等20件“金融大事”成功入选。

11日，我省自主研发的三款医疗手术机器人亮相。

“福州大学未名医疗机器人研究院”重大项目签约揭牌仪式近日在福州大学国家大学科技园举行。我省自主研发的三款医疗手术机器人正式亮相。这三个项目分别是：全髋置换微创手术机器人、经鼻气管插管手术机器人、心血管钙化组织旋磨手术机器人。其中，全髋置换微创手术机器人已于今年8月完成首例科研临床，整机同步到位，现正着手申请绿色通道以取得国家三类医疗器械证书。

11日，2022年平潭国际赛车嘉年华开幕式举行。

2022年平潭国际赛车嘉年华开幕式在平潭如意湖国际赛道举行，共有68名车手同台竞技。省委常委、常务副省长郭宁宁到场观摩并为选手颁奖。

11日，我省推广碳汇型茶园超30万亩。

福建省农科院消息，该院碳计量与低碳农业技术科技创新团队致力于碳汇型茶园研究，探索构建了符合我省实际的茶园碳汇计量方法体系，同时在全省茶叶主产区推广茶园生态修复与固碳减排模式。目前，累计推广面积已达31万亩（次）。

12日，省领导在福州调研数字福建建设工作。

福建省委常委、常务副省长郭宁宁到福建师范大学、星网锐捷公司、仓山区互联网小镇和长乐区人工智能计算中心调研，深入学习宣传贯彻党的二十大精神，详细了解我省网络安全学科建设和人才培养、信息技术应用创新产业以及数字经济发展情况，推动《数字中国发展报告》项目落实。

12日，闽江干流通航管理办法出台。

日前，福建省交通运输厅印发《闽江干流通航管理办法（试行）》，为即将恢复的闽江干流全线通航保驾护航，促进闽江航运经济带加快发展。加强闽江干流航道管理养护工作，沿线的福州市、宁德市、南平市、三明市交通部门应制定养护计划并组织实施，定期开展航道例行养护巡查及扫测，及时发布航道通告和航行通（警）告。加大水上交通安全执法力度，依法惩处违法违规行为，维护通航秩序，保障通航安全。

12 日，全省机械装备制造业数字化转型发展论坛举办。

福建省机械装备制造业数字化转型发展论坛在龙岩举行。本次论坛由福建省贸促会、龙岩市政府主办，以“数字赋能 智能制造”为主题。论坛同时发布《龙岩市工业互联网应用企业（机械装备行业）典型案例汇编》，包括 4 大类共计 16 个列入国家、省、市工业互联网应用标杆、试点示范的数字化应用案例；论坛现场还举行项目签约仪式，13 家企业签署了 8 个企业数字化转型应用项目，项目涉及 5G 融合应用、智能制造、安全生产管理、企业资源计划等多个领域，总投资 1000 万元。

12 日，第二批“气候康养福地”名单发布。

“清新福建·气候福地”第二批“气候康养福地”发布会在福州举行，福州晋安区桂湖小镇、厦门翔安区大帽山农场、漳州平和县灵通风景区等 35 个乡镇、村落、景区被认定为第二批“气候康养福地”，并接受授牌。

13 日，“中国山水工程”入选联合国首批十大“世界生态恢复旗舰项目”。

北京时间 12 月 13 日，联合国《生物多样性公约》第 15 次缔约方大会（COP15）在高级别会议期间正式发布首批十大“世界生态恢复旗舰项目”，“中国山水工程”项目获评。从省财政厅获悉，“中国山水工程”项目包含福建闽江、九龙江流域两个项目。

13 日，“电动闽江”首个应用示范场景投用。

下午 3 时许，闽江水口坝区码头，随着码头岸端充电设备顺利启动，闽江首艘电动货船——“武夷 2 号”开始充电。这代表着“电动闽江”首个应用示范场景正式投入使用。这套充电设备是闽江流域首个“水陆一体”充电设施，采用高压变充一体大功率充电系统，可同时满足 1 艘电动船舶和 2 台电动汽车的充电需求。

14 日，我省 10 个生态项目获中央财政支持。

福建省财政厅消息，随着中央财政持续加大生态项目竞争性评审力度，我省财政紧紧依托生态优势，加强项目规划，积极争取中央竞争性资金支持。今年全省共有 10 个生态项目获得中央财政支持，总额达 32.4 亿元。

14 日，省领导出席“茶和天下·共享非遗之福茶香飘”主题活动。

“茶和天下·共享非遗之福茶香飘”主题活动在南平武夷山启动。活动围绕学习贯彻习近平总书记对非物质文化遗产保护工作作出的重要指示精神，以专家报告、成果展示、文化习俗演艺等形式，庆祝“中国传统制茶技艺及其相关习俗”申遗成功。省委常委、宣传部部长张彦出席并致辞。

15 日，省领导赴连江县调研海洋经济发展。

下午，省委常委、常务副省长郭宁宁赴连江县调研，详细了解海洋经济发展现状，察看“闽投 1 号”深海养殖设备运行情况，并为“闽投 1 号”正式投产运营投放首批鱼苗。“闽投 1 号”是我省自主建造的新型抗风浪绿色低碳智能化养殖旅游综合装备，也是全国首台渔旅融合的半潜式深海养殖平台。该平台采用太阳能等清洁能源供电，实现零碳能源供给，配置自动化投喂、机械化起捕等智能化深海养殖设备；同时搭载海景客房以及智慧渔业中心等旅游功能舱室，是具备观光、研学、度假、养殖等功能的智能化“海上牧场”。

15 日，我省首只县城新型城镇化建设专项企业债券簿记发行。

近日，福安市城市建设投资集团有限公司县城新型城镇化建设专项企业债券（第一期）成功簿记，发行规模 4.4 亿元，债券期限 7 年，发行利率 4.26%。本期债券是福建省首单县城新型城镇化建设专项企业债券，华福证券担任主承销商和簿记管理人。

16 日，1—11 月我省规上工业增加值增长 6.2%。

11 月份，受疫情影响，全省工业经济运行波动较大。据省统计局今日发布的数据，11 月我省规模以上工业增加值同比增长4.1%，增幅比全国高1.9个百分点，但较上月回落2.8个百分点。1—11月，全省规模以上工业增加值同比增长6.2%，比全国高2.4个百分点，较1—10月回落0.2个百分点。数据显示，1—11月，我省有超七成行业、超四成产品产量实现增长。全省38个行业大类中，有28个行业增加值实现同比增长，行业增长面为73.7%；列入统计的447种工业产品中，有199种产品产量实现增长，增长面为44.5%。

16日，海水制氢技术落户福州。

东方电气股份有限公司、东方电气（福建）创新研究院有限公司与深圳大学、四川大学谢和平院士团队，共同签署了“海水无淡化原位直接电解制氢原创技术中试和产业化推广应用”四方合作协议。根据四方协议，东方电气（福建）创新研究院有限公司将共有海水无淡化原位直接电解制氢技术的知识产权，并承担中试、示范和产业化任务。这意味着，这项革命性科技成果正式落地福州，将有力推进我省氢能产业跨越式发展。

16日，我省创新创业大赛在宁德圆满落幕。

第九届“创青春”福建省青年创新创业大赛暨福建省第四届返乡大学生创新创业大赛总结交流活动在宁德古田圆满落下帷幕。

16日，我省启动女性就业创业促进计划

福建省女性就业创业促进计划启动仪式在福州举行，省委常委、统战部部长王永礼出席并致辞。启动仪式上还举行了2022年海峡两岸女大学生创新创业大赛颁奖活动及项目签约、授信签约仪式等。

16日，全省首批预制菜团标发布实施。

近日，厦门市食安办、市场监管局联合公布了《供厦食品预包装冷藏膳食》《预包装冷藏膳食生产经营卫生规范》两项团体标准。

17日，我省提出锂电产业产值6000亿元目标。

近日，省发改委发布《关于加快推动锂电新能源新材料产业高质量发展的实施意见》，提出争取到2025年，全省锂电池产能规模突破500GWh，全产业链产值超过6000亿元，全省累计建成电动汽车换电站达1000座以上。宁德和厦门，成为我省重点打造的锂电产业发展集聚区。

17日，省领导与澳门中国企业协会代表团一行座谈。

副省长李建成在福州与澳门中国企业协会代表团一行座谈。李建成对代表团一行来闽考察表示欢迎，并简要介绍了福建经济社会发展情况。他希望澳门中企协发挥自身优势，搭建交流合作平台，为福建企业拓展葡语系国家市场提供帮助，同时支持闽澳企业在商贸、投资、金融、劳务、会展等领域合作向更宽领域、更深层次、更高水平发展，为闽澳携手共建“一带一路”、积极融入粤港澳大湾区建设多作贡献。

18日，1—11月我省固定资产投资同比增长8.1%。

福建省统计局消息，今年1—11月，全省固定资产投资（以下简称“投资”）18990.79亿元，同比增长8.1%。其中，项目投资增长17.2%，房地产开发投资下降10.2%。当前，我省正加快企业数字化、自动化、智能化、信息化、绿色化转型，有力带动产能提质增效，数据也印证了这一趋势。

18日，福建援藏队助力昌都青稞白酒产业发展。

上午，西藏昌都市解放广场上，一场政府搭台、企业唱戏的西藏青稞白酒科技成果转化签约仪式暨市场品牌运营招商推介会在这里举行。此次推介会上，福建第十批援藏工作队不仅邀请了13家企业和3家商会前来参会，还与昌都市乡村振兴局签订青稞白酒项目市场推广援藏协议，开启了产业援藏、消费援藏新模式。

19日，省委常委会召开会议。

福建省委书记周祖翼主持召开省委常委会会议，认真传达学习中央经济工作会议精神，研究我省贯彻落实措施。

19日，古雷炼化一体化项目投入商业运营。

上午，海峡两岸最大的石化合作项目——古雷炼化一体化项目投入商业运营仪式在漳州古雷举行，省委常委、常务副省长郭宁宁出席并致辞。

19日，省领导赴漳州调研重点项目建设。

福建省委常委、常务副省长郭宁宁赴漳州调研，深入中沙古雷乙烯、古雷石化基地配套基础设施、漳州核电等重点项目一线，现场推进项目建设工作，协调解决有关困难与问题。

19 日，我省科技型中小企业提质增量。

福建省科技厅消息，2022 年我省（不含厦门）在科技部科技型中小企业评价工作系统新增注册 3510 家，总注册数 13185 家，参评企业 6763 家，入库企业 6263 家，较去年增加了 1053 家，同比增长 20.2%。入库科技型中小企业实现量增质提。

20 日，福建院士专家宁夏行活动线上举办。

近日，由福建、宁夏两省区科协共同主办的 2022 年福建院士专家宁夏行活动在线上举办。活动期间，我省食品科学、锂电池、环境能源、数字信息、机械设备、电气工程、菌菇种植、医学等领域的院士和专家，针对宁夏厚生记食品有限公司、吴忠仪表有限责任公司、宁夏卿龙生物质能源开发有限公司等宁夏企事业单位进行技术指导，并进行学术交流、洽谈合作。

20 日，2022 两岸企业家峰会年会召开，王沪宁致信祝贺。

2022 两岸企业家峰会年会在厦门市举行。中共中央政治局常委王沪宁向两岸企业家峰会理事会发贺信，代表中共中央和习近平总书记，对年会召开表示祝贺，向峰会全体会员和与会嘉宾致以问候。

20 日，2022 两岸企业家峰会年会在厦门圆满闭幕。

下午，2022 两岸企业家峰会年会在厦门圆满闭幕。本次年会共有 300 多位两岸工商团体代表、企业家、政府代表参会，此外超 1500 位两岸工商界人士通过线上直播积极参与互动。

20 日，省内最长供热管线在福州新区开建。

近日，福州新区（暨长乐北区）集中供热项目开工建设。该项目以华能福州电厂为热源点，将建设从电厂向长乐区北部各工业片区供热的蒸汽管网。项目总长约 86 公里，是目前省内最长的供热管线项目，建成后可产生显著的经济效益、社会效益和环保效益。该供热项目由华能福建公司联合长乐区产业投资集团公司、福州新投生态开发有限公司共同建设，总投资 7.8 亿元。

20 日，“申远新材料产业学院”揭牌。

近日，政企校合作项目“申远新材料产业学院”揭牌成立。该学院由恒申集团旗下申远新材料有限公司与连江县政府、闽江师范高等专科学校、连江职业中专学校合作设立，办学模式为我省首创，将于近期开始正式招收第一届“订单班”学员。

20 日，我省在过氧化氢直接合成的研究中取得重要进展。

近日，厦门大学化学化工学院教授熊海峰、黄小青与福州大学教授林森等合作，在过氧化氢直接合成的研究中取得重要进展，开发出高性能层状 PdO（钯氧化物）催化剂用于过氧化氢的直接合成，在国际知名期刊 Nat. Commun. 上发表了相关的研究成果。

20—21 日，周祖翼在漳州调研。

福建省委书记周祖翼深入漳州古雷开发区、东山县、云霄县、芗城区等地，学习弘扬谷文昌精神，调研重大项目建设和重点企业发展。周祖翼强调，要把思想和行动统一到党的二十大精神和党中央关于经济工作的决策部署上来，高效统筹疫情防控和经济社会发展，统筹发展和安全，提振信心、稳中求进，确保明年经济社会发展各项工作开好局、起好步。省长赵龙参加有关活动。

21 日，闽台青年创业就业研习营举办。

近日，“同沐中华风 共创人生梦”——2022 年闽台青年创业就业研习营在龙岩市举办。

本次活动由中华文化联谊会指导，省文旅厅主办。在为期一周的时间里，研习营开展了丰富多彩的活动。

22 日，周祖翼主持召开省委经济工作务虚会。

福建省委书记周祖翼主持召开省委经济工作务虚会，强调要深入贯彻落实党的二十大精神，认真学习贯彻习近平总书记在中央政治局会议分析研究 2023 年经济工作时和在中央经济工作会议上的重要讲话精神，总结今年我省经济工作，分析当前经济形势，研究谋划明年经济工作的思路举措。省委副书记、省长赵龙出席并讲话。

22 日，省政府召开常务会议。

省长赵龙主持召开省政府常务会议，认真学习贯彻党的二十大精神，按照省委工作要求，研究厦门海洋高新产业园申请设立省级高新技术产业园区、2021 年省科学技术奖有关事项；审议《福建省治理货物运输车辆超限超载条例（草案）》《福建省献血条例（修订草案）》，决定提请省人大常委会审议。

22 日，首届福建“福”文化嘉年华活动月底启动。

以“新时代·享福气”为主题，全面展示我省“福”文化传承创新成果的首届福建“福”文化嘉年华活动，将于 12 月 30 日在位于福州市台江区的闽江之心启动，并连续开展三天。

22 日，2022 海峡两岸果业合作论坛举办。

2022 海峡科技专家论坛分会场——海峡两岸果业合作论坛在邵武市举办。海峡两岸 70 多名专家学者和业界代表分别通过线上线下方式参会。论坛以“绿色发展 果旅融合”为主题，就两岸果业技术、产业发展以及园区建设等方面，开展学术研讨、技术交流和项目对接，推进闽台农业融合发展和产业园区建设，促进海峡两岸绿色融合发展。

22 日，福建省农村产权流转交易信息平台上线。

近日，福建省农村产权流转交易信息平台上线启动仪式在福州举行。该平台涵盖了农村土地承包经营权、农村集体资源性资产使用权、农村集体经营性资产、小型水利设施使用权、农村集体经营性建设用地、林权、农业生产性设施设备等交易品种，能够提供信息登记、挂牌上网、在线竞价、资金交易、权属抵押、金融服务、政府管理等“一站式”在线交易服务。

22 日，第四批 16 项创新成果在省内复制推广。

近日，福建省普惠金融改革试验区工作推进小组办公室研究确定，在省内推广普惠金融第四批可复制创新成果，包括 7 项普惠金融改革创新经验做法和 9 个银行保险机构普惠金融创新产品。

23 日，福建省汽车产业集群发展战略研究项目启动。

日前，中国工程科技发展战略福建研究院重大咨询项目“福建省汽车产业集群发展战略研究”项目启动会暨院士专家研讨会在线上召开。会议由项目负责人、中国工程院副院长钟志华院士主持，中国工程院院士、中国汽车工程学会理事长李骏，中国工程院院士、北京理工大学教授孙逢春，中国工程院院士、清华大学教授李克强，以及中国汽车工业协会、中国汽车技术研究中心、清华大学、同济大学、中国工程院战略咨询中心等单位的 30 多位专家参加。

23 日，我省氢能产业发展三年行动计划发布。

近日，省发改委印发《福建省氢能产业发展行动计划（2022—2025 年）》，提出我省氢能产业发展目标：到 2025 年，培育 20 家具有全国影响力的知名企业，覆盖氢能制备、存储、运输、加注、燃料电池和应用等领域，实现产值 500 亿元以上；全省燃料电池汽车应用规模达到 4000 辆，覆盖全省主要氢能示范城市的基础设施配套体系初步建立，力争建成 40 座以上各种类型加氢站。

23 日，“政和杯”国际竹产品设计大赛颁奖。

第六届“政和杯”国际竹产品设计大赛颁奖大会通过线上举行。这次大赛共征集作品 3103 件，最终评出实践组和创意组金奖各 1 件、银奖各 2 件、铜奖各 3 件、最佳人气奖各 1 件，创意组优秀奖 10 件。第七届“政和杯”国际竹产品设计大赛也同时启动。本届大赛以“竹聚天下·福见政和”为主题，旨在挖掘竹文化内涵，调动社会各界设计、研发、制造以及经营竹具产品的积极性，开发出具有福建地区竹文化特色、市场潜力大的竹产品，加快竹产品结构调整，推进全省竹产业高质量发展，促进设计师与企业合作共赢。

23 日，福建省品牌建设标准化技术委员会成立。

福建省品牌建设标准化技术委员会成立大会在泉州召开。福建省品牌建设标准化技术委员会将负责福建省品牌建设领域地方标准制修订工作，对口全国品牌评价标准化技术委员会（SAC/TC532），发挥智库和平台优势，进一步凸显标准在品牌建设与管理中的技术支撑和保障作用。

24 日，周祖翼在平潭调研。

福建省委书记周祖翼深入平潭综合实验区的产业园区、台资企业、文旅项目等，调研经济社会发展情况。

24 日，我省四部门联合出台措施保障 2023 年一季度工业生产稳定运行。

日前，省工信厅、发改委、财政厅、人社厅四部门联合出台八条措施，保障 2023 年一季度工业生产稳定运行，进一步加力振作工业经济，促进工业实现“开门稳”。

25 日，第二十二届“石博会”开幕。

第二十二届中国（南安）水头国际石博会暨石设计周（简称“石博会”）在南安水头开幕。展会为期 4 天，其间，第六届中国（南安）泛家居主题活动周、中国建筑学会室内设计分会第 31 届（泉州）年会等活动将陆续举行。今年的石博会突出“源头办展、消费转型、设计引领、跨界破圈”，以 9 大主题展区、20 场精彩活动、100 件原创石作、30 个城市联动，打造一个“石界无边界”石博会。展会还强化了“设计”元素，吸引全国数十个设计师组团、3000 多位设计师前来参与。

26 日，省海洋生物医药产业高质量发展推进活动举行。

日前，第二届福建省海洋生物医药产业高质量发展推进活动在福州举行。本届活动征集发布环境友好型海洋防污涂料、药用注射剂辅料海藻糖、高端生物基质标准样品研发与供给基地等 96 项科技成果，海洋制品去腥技术、海参成分分析及提取技术、鲈鱼精深加工技术等 33 项技术需求；举行了琼胶寡糖类活性新材料的产业化、红藻高值化小分子琼脂产业化关键技术开发与应用 2 个全流程项目路演和投融资对接；开展了南极磷虾油生产新工艺及抗炎制剂的研发与应用、海洋藻源蛋白肽的研制及药剂配伍应用、鲍鱼肽开发技术研究与应用等 9 项政银对接、银企对接、研企对接等政产学研合作签约。

26 日，福建省体育产业招商及赛事推介活动举办。

2022 年全国革命老区体育产业发展高峰论坛暨福建省体育产业招商及赛事推介活动日前在线上举办。在体育产业项目签约仪式中，共有涵盖体旅融合、体教融合、数字体育、体育赛事、体育综合体、体育用品制造等领域的 20 个项目签约，总投资额超 23 亿元。本次项目签约充分体现了我省重视体育产业招商引资工作、充分发挥“引进来”和“走出去”双向投资，并见证福建体育产业蓬勃发展的结果。

26 日，全省最大的地方储备粮库在福州新区加快建设。

连日来，位于福州新区的省级储备粮长乐直属库扩建项目有序施工、加快推进。该项目建成投用后，长乐直属库总仓容可达 36.2 万吨，将成为我省最大的地方储备粮库。省级储备粮长乐直属库扩建项目位于松下镇，是福建本轮粮库新、扩建项目的重点建设项目之一，总投资约 3.1 亿元，扩建 15 座浅圆仓，总设计仓容 15 万吨，利用库区预留 54.67 亩用地，同时配套工作塔及汽车接发站、倒班宿舍等。

27 日，2022 年中国福建人才创业周启动。

由省人力资源和社会保障厅、中国海峡人才市场联合主办的 2022 年中国福建人才创业周活动 12 月 27 日—31 日举行，将面向我省数字经济、海洋经济、绿色经济、文旅经济等重点领域需求，聚焦高层次人才创业创新，进一步夯实人才、项目、资本、产业对接合作平台，促进产业链、创新链与人才链融合。

28 日，全省经济工作收官暨明年一季度“开门稳”工作部署视频会召开。

上午，全省经济工作收官暨明年一季度“开门稳”工作部署视频会召开。省委常委、常务副省长郭宁宁主持会议并讲话。会议指出，各地各有关部门要深入学习贯彻党的二十大精神，贯彻落实中央经济工作会议精神，按照省委、省政府部署要求，抓住年终岁末时间节点，进一步压实责任、细化措施，争分夺秒、抓早抓实，全力以赴拼经济、聚精会神抓发展，努力推动今年全年目标任务全面完成、明年一季度实现“开门稳”。

28 日，省委常委会召开会议。

福建省委书记周祖翼主持召开省委常委会会议，传达学习习近平总书记在中央农村工作会议上的重要讲话、对爱国卫生运动作出的重要指示、给中国东方演艺集团的艺术家的回信精神，研究我省贯彻落实措施；听取当前疫情防控工作情况汇报，部署推进下一步工作。

29 日，2022 福品发展论坛举行。

由省委宣传部、省商务厅主办的 2022 福品发展论坛在福州举行。省委常委、宣传部部长张彦出席活动。福品发展论坛是首届福品博览会系列活动之一，以“幸福时代，品质生活”为主题，邀请北大、清华等院校机构专家学者和知名企业人士进行交流研讨。

29日，我省“水稻多组学数据库及品种设计应用平台建设”通过专家组验收。

近日，省农科院生物技术研究所承担的院科技创新平台专项——“水稻多组学数据库及品种设计应用平台建设”通过专家组验收。该项目通过多组学信息数据库与分子设计云分析系统的建设，积累了作物基因组大数据，结合实验室建设的高通量基因分型平台，对作物分子育种研究的发展具有重要意义。

29日，新修订的《福建省湿地保护条例》明年起施行。

新修订的《福建省湿地保护条例》将于2023年1月1日起施行。该《条例》在与上位法衔接的同时，直面近年来我省湿地保护中遇到的新情况、新问题。

30日，省委经济工作会议在榕召开。

福建省委经济工作会议在福州召开。会议主要任务是，以习近平新时代中国特色社会主义思想为指导，全面贯彻落实党的二十大精神，按照中央经济工作会议部署，落实省第十一次党代会和省委十一届三次全会要求，总结2022年全省经济工作，分析当前经济形势，部署2023年经济工作。省委书记周祖翼出席并讲话。省委副书记、省长赵龙作会议总结。省政协主席崔玉英出席。

30日，2022年“闽茶海丝行”系列活动落幕。

以“万里海丝·闽茶飘香”为主题的“闽茶海丝行”主会场活动在福州举办，给2022年“闽茶海丝行”系列活动画上圆满的句号。2022年，“闽茶海丝行”活动分别在中国香港、法国巴黎、马来西亚吉隆坡举办专场活动，并通过境外“闽茶文化推广中心”辐射50多个国家和地区，吸引当地众多茶叶爱好者积极参与，共同领略中华茶文化的魅力，取得了良好的社会反响。会上，8家品牌茶企携手在亚马逊、来赞达、易贝等全球三大电商平台正式上线闽茶展示与销售专区，让海外消费者可以更加便捷地选购闽茶。

30日，首届中国茶叶交易会在榕开幕。

首届中国茶叶交易会开幕式暨中国茶产销升级发展高峰论坛在海峡国际会展中心举办。省委常委、福州市委书记林宝金致辞并宣布大会开幕，副省长林文斌出席大会。大会期间，还举行了“五里亭国际茶叶联合交易中心”项目合作签约。

30日，兴泉铁路全线通车。

8时15分，随着T8010次列车驶离福建泉州站，向着江西兴国县呼啸而去，全长464公里的兴泉铁路全线通车。兴泉铁路的全线贯通，结束了江西宁都、石城，福建宁化、清流、明溪、大田、德化、永春等8个革命老区县不通铁路的历史。同时，增加了一条以“货运为主，兼顾客运”往东出海的铁路运输通道，有力促进赣南和闽西革命老区振兴步入“快车道”。

30日，闽东北协同发展区暨福州都市圈（宁德）联席会议召开。

2022年闽东北协同发展区暨福州都市圈（宁德）联席会议以视频形式召开。省委常委、福州市委书记、闽东北协同发展区联席会议召集人、福州都市圈高质量发展领导小组组长林宝金出席并讲话，福州、宁德、南平、莆田、平潭等市（区）以及省直有关单位负责人出席。会议审议通过了《关于深入学习贯彻党的二十大精神，推动福州都市圈高质量发展的意见》《关于携手打造“电动闽东北”协作示范区的意见》，“四市一区”签订了“携手打造美丽闽江”等12份区域协同发展协议。

（摘编：郑平名）

FUJIAN

INDUSTRIAL ECONOMY YEARBOOK

第八篇 政策文件

中共福建省委　福建省人民政府印发《关于完整准确全面贯彻新发展理念做好碳达峰碳中和工作的实施意见》

2022 年 8 月 21 日福建日报刊发：中共福建省委、福建省人民政府印发《关于完整准确全面贯彻新发展理念做好碳达峰碳中和工作的实施意见》，并发出通知，要求各地各部门结合实际认真贯彻落实。

《关于完整准确全面贯彻新发展理念做好碳达峰碳中和工作的实施意见》公布如下：

为贯彻落实《中共中央、国务院关于完整准确全面贯彻新发展理念做好碳达峰碳中和工作的意见》，做好碳达峰碳中和工作，科学制定时间表、路线图，提出如下实施意见。

一、总体要求

以习近平新时代中国特色社会主义思想为指导，全面贯彻党的十九大和十九届历次全会精神，深入贯彻习近平生态文明思想，认真贯彻落实习近平总书记来闽考察重要讲话精神，按照省第十一次党代会的部署，立足新发展阶段，完整、准确、全面贯彻新发展理念，积极服务和深度融入新发展格局，把碳达峰碳中和纳入经济社会发展和生态省建设布局，科学统筹全方位推进高质量发展超越和实现碳达峰碳中和，坚持“全国统筹、节约优先、双轮驱动、内外畅通、防范风险”原则，以经济社会全面绿色转型为引领，以能源绿色低碳发展为关键，深化国家生态文明试验区建设，正确处理好发展和减排、整体和局部、长远目标和短期目标、政府和市场的关系，坚定不移走生态优先、绿色低碳的高质量发展道路，奋力谱写全面建设社会主义现代化国家福建篇章。

二、主要目标

到 2025 年，绿色低碳循环发展的经济体系初步形成，重点行业能源利用效率大幅提升。单位地区生产总值能耗和二氧化碳排放下降完成国家下达目标；非化石能源消费比重达到 27.40%；森林覆盖率比 2020 年增加 0.12 个百分点，森林蓄积量达到 7.79 亿立方米，为实现碳达峰碳中和奠定坚实基础。

到 2030 年，经济社会发展绿色低碳转型取得显著成效，重点耗能行业能源利用效率达到国际先进水平。单位地区生产总值能耗大幅下降；单位地区生产总值二氧化碳排放比 2005 年下降 65% 以上；非化石能源消费比重达到 30% 以上，风电、太阳能发电总装机容量达到 2000 万千瓦以上；森林覆盖率比 2020 年增加 0.19 个百分点，森林蓄积量达到 8 亿立方米，二氧化碳排放量达到峰值并实现稳中有降。

到 2060 年，绿色低碳循环发展的经济体系和清洁低碳安全高效的能源体系全面建立，能源利用效率达到国际先进水平，非化石能源消费比重达到 80% 以上，碳中和目标顺利实现，生态文明建设取得丰硕成果，开创人与自然和谐共生新境界。

三、推进经济社会发展全面绿色转型

（一）强化绿色低碳发展规划引领。强化战略导向，将碳达峰碳中和目标要求全面融入全省经济社会发展中长期规划和生态省规划，加强省级发展规划、国土空间规划、专项规划、区域规划和市县级规划等各级各类规划的衔接，强化支撑保障，确保碳达峰碳中和主要目标、发展方向、重大政策、重大工程等协调一致。

（二）构建绿色低碳国土空间格局。构建全省统一的国土空间规划体系，强化国土空间用途管控，严格保护森林、草地、湿地、海洋、土壤等具有重要固碳功能的自然生态系统。坚持绿色低碳、因地制宜，强化底线约束，统筹布局农业、生态、城镇等功能空间。遵循山水林田湖草沙生命共同体理念，保护城市山水格局，构筑生态廊道，保护生态屏障，提高国土安全性和城市韧性。

（三）全面推进重点区域低碳发展。在推进福州都市圈、厦漳泉都市圈等建设过程中，深入落实绿色低碳发展导向和任务要求，发挥地区产业协同联动优势，构建绿色低碳产业体系。推动龙岩、三明革命老区高质量发展示范区建设，在经济社会发展全面绿色转型上发挥示范引领作用。

（四）加快形成绿色生产生活方式。大力推进节能减排，全面推行清洁生产，加快发展绿色低碳循环经济，提高资源综合利用效率，不断深化绿色低碳发展水平。加快建立健全生态产品价值实现机制，不断提升高质量发展的“绿色含量”。倡导简约适度、绿色低碳的生活方式，按规定积极推进绿色低碳社会行动示范创建，提高全民节能低碳意识。

四、深度调整产业结构

（五）推动产业结构优化升级。制定能源、钢铁、有色金属、石化化工、建材、交通、建筑等行业和领域碳达峰实施方案。实施绿色制造行动，鼓励企业实施装备低碳升级改造，推广应用清洁高效制造工艺，加快推动传统产业绿色化改造。积极推动碳达峰试点园区建设，加快推进省级以上园区循环化改造和国家“城市矿产”示范基地建设。加快推进农业绿色低碳发展，促进农业固碳增效。推进商贸流通、信息服务等绿色转型，不断提升服务业低碳发展水平。

（六）坚决遏制高耗能、高排放、低水平项目盲目发展。按照国家高耗能高排放项目范围有关规定，对高耗能高排放项目实行清单管理、分类处置、动态监控，建立管理台账。全面排查在建、拟建高耗能高排放项目，严禁违规高耗能高排放项目建设、运行，坚决拿下不符合要求的高耗能高排放项目。对新建扩建钢铁、水泥、平板玻璃、电解铝等高耗能高排放项目加强工作指导。根据国家部署，提升高耗能高排放项目能耗准入标准。加强产能过剩分析预警和窗口指导。

（七）大力发展绿色低碳产业。持续发展新一代信息技术、高端装备、新材料、新能源、生物与新医药、节能环保、海洋高新等战略性新兴产业，按规定加强新技术新产品的试点示范和推广应用，加快打造福州高新技术开发区等国家绿色产业示范基地。全面推行产品绿色设计，建设绿色制造体系。推动互联网、大数据、人工智能、第五代移动通信（5G）等新兴技术与绿色低碳产业深度融合。

五、加快构建清洁低碳安全高效能源体系

（八）优化完善能源消费强度和总量双控制度。坚持节能优先，强化能耗强度降低约束性指标管理，增强能源消费总量管理弹性，有效控制和减少二氧化碳排放，按照国家部署推动能耗双控向碳排放总量和强度双控转变，加快形成减污降碳的激励约束机制。做好产业布局、结构调整、节能审查与能耗双控的衔接，强化环境资源约束。加强能耗及二氧化碳排放控制目标完成形势分析预警，严格目标责任落实和科学评价考核，加大节能法规标准等落实情况监察力度，对高预警等级地区加强工作指导。加强甲烷等非二氧化碳温室气体管控。

（九）大幅提升能源利用效率。把节能贯穿于经济社会发展全过程和各领域，持续深化工业、建筑、交通运输、公共机构等重点领域节能，提升数据中心、新型通信等信息化基础设施能效水平。加强能源管理体系建设，全面提高企业节能管理水平，强化重点用能单位节能管理和目标责任。依法依规淘汰落后产能，推行能效“领跑者”制度，推动重点行业能效对标。推进重点区域能源梯级利用。推进新能源产业创新示范区建设。

（十）严格合理控制化石能源消费。抓好煤炭清洁高效利用，推动煤炭和新能源优化组合，加快煤炭减量步伐，“十四五”时期严格合理控制煤炭消费增长，“十五五”时期逐步减少。石油消费“十五五”时期进入峰值平台期。统筹煤电发展和保供调峰，加快现役煤电机组节能升级和灵活性改造。逐步减少直至禁止煤炭散烧。大力推进终端用能领域电能替代工程。

（十一）积极发展非化石能源。实施可再生能源替代行动，不断提高非化石能源在能源消费中的比重。坚持集中式和分布式并举，因地制宜发展集中式光伏发电项目，培育“渔光互补”等光伏产业，积极开展屋顶分布式光伏整县（市、区）集中推进。有序推进海上风电开发，规划建设深远海海上风电基地。积极探索波浪能、潮汐能等海洋新能源，推进源网荷储和多能互补，布局建设一批风光储一体化项目。安全稳妥发展核电。合理利用生物质能。有序推进抽水蓄能电站建设，加快推进新型储能规模化应用。统筹推进氢能“制储输用”全链条发展。逐步构建以新能源为主体的新型电力系统，提高电网对高比例可再生能源的消纳和调控能力。

（十二）深化能源体制机制改革。全面深化电力市场化改革，加快培育发展配售电环节独立市场主体，推进中长期市场、现货市场和辅助服务市场衔接机制，不断提高电力市场化交易比重。推进电网体制改革，明确以消纳可再生能源为主的增量配电网、微电网和分布式电源的市场主体地位，加快形成以储能和调峰能力为基础支撑的新增电力装机发展机制。完善电力等能源品种价格市场化形成机制。从有利于节能的角度深化电价改革，理顺输配电价结构，全面放开竞争性环节电价。

六、加快推进低碳交通运输体系建设

（十三）优化交通运输结构。加快建设综合立体交通网，大力发展多式联运，做大做强海铁联运，形成以闽江干流高等级航道为骨架的江海联运体系。加快发展绿色低碳货运，提高铁路、水路在综合运输中的承运比重，持续降低运输能耗和二氧化碳排放强度。优化客运组织，引导客运企业规模化、集约化经营。加快发展绿色物流，支持物流企业构建数字化运营平台，鼓励发展智慧运输。培育建设一批布局集中、用地集约、功能集成的省级物流园区。

（十四）推广节能低碳型交通工具。大力发展智能交通，深入实施新能源汽车替代、船舶电动改造等措施，积极推进船舶、机场靠港使用岸电常态化。持续推进“电动福建”建设，加快推进城市客运、城市物流配送车辆电动化、新能源化和清洁化。有序推进充电桩、配套电网、加注（气）站、加氢站、换电站等基础设施建设，提升城市公共交通基础设施水平。落实交通运输装备能效标识制度，加快淘汰高能耗高排放老旧车船。

（十五）积极引导低碳出行。加快城市轨道交通、公交专用道、快速公交系统等大容量公共交通基础设施建设，加强自行车专用道和行人步道等城市慢行系统建设。加快建设城乡一体化绿色交通网，打造高效衔接、快捷舒适的城镇公共交通服务体系，大力打造轨道交通+TOD 等工程，积极引导公众主动选择绿色低碳交通方式。综合运用法律、经济、技术、行政等多种手段，加大城市交通拥堵治理力度。

七、提升城乡建设绿色低碳发展质量

（十六）促进城乡建设和管理模式低碳转型。将绿色低碳要求全面落实到城乡规划建设管理各环节，推动建立以绿色低碳为导向的城乡建设管理机制。建设城市森林、城市绿地、城市绿道、亲水空间，加快城市通风廊道建设，开展园林绿化“百千万”工程，高品质建设集健身、休闲、赏景等功能于一体的社区公园、“串珠公园”、“口袋公园”，大力提升城市绿化水平。合理规划城市建筑面积发展目标，严控高耗能公共建筑建设。实施工程建设全过程绿色建造，完善建筑拆除管理制度，杜绝大拆大建，加快推进绿色城镇、绿色社区建设。结合推进乡村振兴和实施乡村建设行动，加快推进县城和农村绿色低碳发展。

（十七）积极发展节能低碳建筑。倡导绿色低碳设计和施工理念，持续提高新建建筑节能标准，加快推进超低能耗、近零能耗、低碳建筑规模化发展。加快推进居住建筑和公共建筑节能改造，持续推动老旧基础设施节能降碳改造，提升城镇建筑和基础设施智能化运行管理水平。大力推广绿色建筑技术和绿色建造方式，加快推进新型建筑工业化，发展装配式建筑，推动建筑材料循环利用。加快开展建筑能耗限额管理，推行建筑能效测评标识，开展建筑领域低碳发展绩效评估。发展绿色农房。

（十八）加快优化建筑用能结构。推动建筑用能电气化和低碳化，提升新建建筑节能水平。开展建筑屋顶光伏行动，加大“光伏+”、微电网、风光储一体化、智慧能源等在建筑领域应用推进力度，大幅提高生活热水、炊事等电气化普及率。因地制宜推进生物质能、太阳能等可再生能源在农村建筑中的应用。

八、加强绿色低碳重大科技攻关和推广应用

（十九）强化基础研究和前沿技术布局。制定科技支撑碳达峰碳中和实施方案，建立绿色低碳重点攻关技术目录，布局一批前瞻性、系统性、战略性研发项目。完善绿色技术重大专项“揭榜挂帅”攻关机制，强化跨部门、跨行业重大科技攻关。培育组建一批节能减碳和新能源技术产品研发等方面的高水平科技创新平台。建设绿色低碳创新人才体系，鼓励省内高等院校按规定增设碳达峰碳中和相关专业学科，加强在气候变化成因及影响、生态系统碳汇、温室气体数值模式、卫星遥感监测二氧化碳等方面的基础理论和方法、技术等研究，实现海洋碳汇领域科学前沿突破。

（二十）加快先进适用技术研发和推广。加强电化学、氨-氢电池、船用大功率新能源电池等新型储能技术攻关、示范和产业化应用，推进电化学储能技术国家工程研究中心、福建能源器件科学与技术创新实验室、福建能源材料科学与技术创新实验室、高效太阳电池装备与技术国家工程研究中心等科技创新平台建设。大力推进规模化碳捕集利用与封存技术研发、示范和产业化应用。推进风能、太阳能、生物质能、地热能、海洋能和氢能等可再生能源及储能技术研发，加快推动核能与核安全技术、智能电网以及建筑节能技术实现新突破，推动落实首台（套）重大技术装备示范应用。

九、持续巩固提升碳汇能力

（二十一）巩固提升林业碳汇能力。实施武夷山脉、戴云山脉森林生态系统保护和修复工程，推进重点流域山水林田湖草沙一体化保护和修复，建立健全生态保护和修复支撑体系，加强生态安全屏障体系建设。实施森林碳汇重点生态工程，全面加强森林经营，调整优化林分结构，加强天然林与生态公益林保护修复、沿海防护林体系建设，科学推进退化林、低产低效林抚育、改造，增加森林面积和蓄积量，增强林业固碳能力。

（二十二）增强海洋系统固碳能力。以海岸带生态系统结构恢复和服务功能提升为导向，推进三都湾、闽江口、兴化湾、泉州湾、厦门湾、东山湾等整治修复，恢复退化的海洋生态环境，改善海洋生态系统。开展海水贝藻类养殖区域综合应用，持续开展海洋生态牧场建设。深化海洋人工增汇、海洋负排放相关规则和技术标准研究，建立养殖碳汇监测技术体系及规程。开展海水养殖增汇、滨海湿地和红树林增汇、海洋微生物增汇等试点工程，促进海洋生态系统固碳增汇。

（二十三）提升生态农业碳汇。加快农业减排固碳，推进农机、渔船渔机节能减排，推广健康低碳养殖，实施畜禽粪污资源化利用提升工程，推动种养循环发展。推行绿色种植，持续开展化肥农药减量增效行动，强化稻田水肥管理，推进秸秆综合利用，建设生态果茶园，增强作物碳汇能力。深挖土壤固碳潜力，实施高标准农田建设，构建用地养地结合的培肥固碳模式，提高农田土壤固碳水平。积极推广稻渔综合种养、多营养层级海水养殖、工厂化循环水养殖、池塘工程化循环流水养殖等绿色水产养殖技术模式，发展高效生态渔业。

十、提高对外开放绿色低碳发展水平

（二十四）加快建立绿色贸易体系。推动构建高效畅通的国际货运通道，促进物流贸易提速增效、节能降碳。持续优化贸易结构，大力发展高质量、高技术、高附加值的绿色产品贸易。严格管理高耗能高排放产品出口。推动服务出口数字化转型，促进数字贸易与其他产业融合发展，打造数字服务贸易支撑平台，培育建设一批我省发展数字贸易的重要载体和数字服务出口集聚区。支持绿色低碳产品、节能环保服务、环境服务等进口。

（二十五）推进绿色海上丝绸之路建设。充分发挥“海丝”核心区优势，推进与“海丝”沿线国家和地区在新能源及装备、流域水环境治理、矿山环境治理修复、生物多样性保护、湿地保护修复、海洋生态环境等领域交流合作，提升“一带一路”生态环境大数据（福建）服务平台建设水平。积极争取国际金融组织和外国政府贷款支持我省绿色低碳项目建设。推动绿色低碳理念、技术及产品“走出去”，在“一带一路”沿线国家和地区推广应用绿色技术、绿色装备、绿色服务、绿色基建等，引导境外投资项目践行绿色投资。

十一、健全法规规章标准和统计监测体系

（二十六）健全法规规章。认真贯彻落实国家颁布的各项有关碳达峰碳中和等方面的法律法规，加快制定、修订碳中和、节约能源、电力、煤炭、可再生资源、循环经济促进等相应的法规规章。对严重违反环境保护、自然资源利用等法律法规的行为，依法进行处置。

（二十七）完善标准计量体系。建立健全支持碳达峰碳中和的标准计量体系。严格落实能耗限额、产品设备能效强制性国家标准和工程建设标准以及能源核算、检测认证、评估、审计等配套标准。落实地区、行业、企业、产品等碳排放核查核算报告标准，实施国家统一规范的碳核算体系。在国家绿色标准体系的基础上，建立和完善我省标准体系，鼓励并支持企业、社会团体等组织主导或参与国家标准、行业标准制定、修订工作。

（二十八）提升统计监测能力。健全电力、钢铁、石化化工、建材等重点行业和领域能耗统计监测体系，加快省重点用能单位能耗在线监测系统建设。加强二氧化碳排放统计核算能力建设，建立覆盖陆地和海洋生态系统的碳汇监测核算体系，开展森林、湿地、海洋、土壤等碳汇本底调查和碳储量评估，实施生态保护修复碳汇成效监测评估。

十二、完善政策机制

（二十九）健全投资政策。将碳达峰碳中和有关要求融入投融资政策体系中，积极争取中央有关资金、规划、政策支持，加大对节能环保、新能源、低碳交通运输装备和组织方式、碳捕集利用与封存等项目的投融资支持力度。健全支持社会资本参与政策，激发市场主体绿色低碳投资活力。省属企业要加大绿色低碳投资，积极开展低碳零碳负碳技术研发应用。

（三十）积极发展绿色金融。构建金融支持绿色低碳发展的长效机制，有序开发绿色金融产品和服务，引导银行、保险机构为绿色低碳项目提供信贷和保险保障服务，发挥绿色金融在支持绿色低碳循环发展经济体系中的作用。鼓励开发性政策性金融机构按照市场化法治化原则为实现碳达峰碳中和提供长期稳定融资支持。支持符合条件的企业上市融资和再融资用于绿色低碳项目建设运营，扩大绿色债券规模。研究设立省级绿色低碳发展基金、绿色低碳转型基金，支持绿色低碳项目发展。开展碳金融专项行动，有效利用碳期权、碳期货及其他衍生品等金融工具。

（三十一）完善有关支持政策。各级财政要加大对碳达峰碳中和重大行动、重大示范、重大工程的支持力度，支持绿色低碳产业发展及节能减碳和高效新能源项目实施、技术研发等。支持高等院校、研发机构和企业研究开发绿色建筑新技术、新工艺、新材料和新设备，其研发和成果转化等按照国家规定享受税收优惠。建立健全政府绿色低碳采购政策，加大绿色低碳产品采购力度。严格落实环境保护、节能节水、新能源和清洁能源车船税收优惠政策。全面清理取消高耗能、高排放等项目的电价优惠政策，严格实施差别电价政策，落实电动汽车充电、船舶岸电等方面的节能环保电价政策。严格落实居民阶梯电价、水价、气价政策。

（三十二）推进市场化机制建设。积极参与国家碳排放权交易市场建设，健全福建碳排放权交易机制，完善用能权有偿使用和交易制度，加强电力交易、用能权交易和碳排放权交易的统筹衔接。建立健全能够体现碳汇价值的生态保护补偿机制。完善林业碳汇交易机制，探索建立碳普惠、产品“碳标签”认证等制度。发展市场化节能方式，积极推行合同能源管理。

十三、切实加强组织实施

（三十三）加强组织领导。贯彻落实中共中央、国务院关于碳达峰碳中和的重大战略决策，按照省委和省政府工作要求，服从全国一盘棋，不抢跑、不越位，形成统筹谋划、全面部署的工作格局。鼓励支持有条件的地区和重点行业、重点企业率先实现碳达峰，按规定组织开展碳达峰碳中和先行示范，探索有效模式和有益经验。将碳达峰碳中和相关业务知识作为干部教育培训重要内容，提升各级领导干部推动绿色低碳发展的本领。

（三十四）强化统筹协调。省发改委要加强统筹，组织落实碳达峰实施方案，加强碳中和工作

谋划，定期调度各设区市、平潭综合实验区和各有关部门落实碳达峰碳中和目标任务进展情况，加强跟踪评估和督促检查，协调解决实施中遇到的重大问题。各有关部门要加强协调配合，形成工作合力，确保政策取向一致、步骤力度衔接。

（三十五）压实各地责任。落实领导干部生态文明建设责任制，各级党委和政府要把抓好碳达峰碳中和工作作为衷心拥护“两个确立”、坚决做到“两个维护”的一项重大政治任务，坚决扛起碳达峰碳中和责任，明确目标任务，制定落实举措，确保各项政策措施落到实处，自觉为实现碳达峰碳中和作出贡献。

（三十六）严格监督考核。各市（县、区）、平潭综合实验区要把碳达峰碳中和相关指标纳入经济社会发展综合评价体系，健全考核评估机制和监督检查机制，增加考核权重，强化指标约束。进一步强化考核和问责，对表现突出的地区、单位和个人按照国家有关规定给予表彰奖励，对未完成目标的地区、部门依规依法实行通报批评和约谈问责；将工作落实情况纳入省生态环境保护督察重点内容，推进问题整改落实。各设区市、平潭综合实验区和各有关部门贯彻落实情况于每年12月10日前报送省双碳办（省发改委），省双碳办汇总形成报告后于每年12月31日前报送省委和省政府。

发文机关：中共福建省委、福建省人民政府
标　　题：中共福建省委、福建省人民政府印发《关于完整准确全面贯彻新发展理念做好碳达峰碳中和工作的实施意见》
发文日期：2022年8月21日

福建省人民政府关于印发福建省“十四五”推进农业农村现代化实施方案的通知

各市、县（区）人民政府，平潭综合实验区管委会，省人民政府各部门、各直属机构，各大企业，各高等院校：

现将《福建省“十四五”推进农业农村现代化实施方案》印发给你们，请认真组织实施。

福建省人民政府

2022年6月17日

（此件主动公开）

福建省“十四五”推进农业农村现代化实施方案

为贯彻落实国务院印发的《“十四五”推进农业农村现代化规划》，走具有福建特色的乡村振兴之路，加快推进我省农业农村现代化，现制定以下实施方案。

一、总体要求

（一）指导思想

以习近平新时代中国特色社会主义思想为指导，全面贯彻党的十九大和十九届历次全会精神，深入贯彻落实习近平总书记来闽考察重要讲话精神，按照省第十一次党代会部署要求，坚持稳中求进工作总基调，立足新发展阶段，完整、准确、全面贯彻新发展理念，积极服务和主动融入新发展格局，促进共同富裕，坚持农业农村优先发展，顺应乡村发展规律，坚持农业现代化与农村现代化一体设计、一并推进，以全方位推进高质量发展超越为主题，深化农业供给侧结构性改革，提高粮食综合生产能力，加快农业高质量转型发展，实施乡村建设行动，实现巩固拓展脱贫攻坚成果同乡村振兴有效衔接，全面推进乡村振兴，加快形成工农互促、城乡互补、协调发展、共同繁荣的新型工农城乡关系，促进农业高质高效、乡村宜居宜业、农民富裕富足，走出一条具有福建特色的乡村振兴之路。

（二）主要目标

到2025年，农业基础更加稳固，乡村振兴战略全面推进，粮食综合生产能力稳步提升，播种面积稳定在1250万亩以上、总产量保持在500万吨以上；生猪产能巩固提升，存栏保持在900万头以上；农业实现高质量转型发展，乡村产业体系进一步健全，培育形成一批产业强县、强镇、强村；乡村建设行动取得积极成效，数字乡村建设取得重要进展，农村生活设施不断改善，城乡基本公共服务均等化水平稳步提高；农村人居环境整体提升，生态环境明显改善，农村生产生活方式绿色低碳转型取得积极进展；村党组织对村级各类组织和各项工作领导机制更加完善，乡村治理能力进一步增强；农村居民人均可支配收入年均增长8%以上，脱贫地区实现巩固拓展脱贫攻坚成果同乡村振兴有效衔接，农业农村现代化取得重要进展，沿海较发达的县（市、区）率先基本实现农业农村现代化。

二、增强粮食等重要农产品供给保障能力

（一）稳定粮食生产和供给

压实粮食安全政治责任。严格落实粮食安全党政同责要求，发挥粮食安全责任制考核、乡村振兴实绩考核等指挥棒作用，压紧压实粮食安全属地责任。“十四五”期间，全省粮食年播种面积保持在1250万亩以上，其中大豆52万亩以上。〔责任单位：省发改委、农业农村厅、粮储局，各

市、县（区）人民政府，平潭综合实验区管委会。责任单位按职责分工负责，下同；以下均需各市、县（区）人民政府和平潭综合实验区管委会落实，不再列出〕

完善粮食生产扶持政策。完善、落实耕地地力保护补贴、规模种植双季稻补助、种粮大户奖励、蔬菜大棚规模轮作水稻补助、山垅田复垦种粮、水稻种植保险等各项扶农惠粮政策，鼓励地方出台发展粮食生产配套政策措施，提高农民种粮积极性。(责任单位：省财政厅、农业农村厅)

提高粮食单产和效益。深入开展粮食产能区增产模式攻关、绿色高质高效创建，建设一批百亩以上规模示范基地，大力推广水稻、甘薯、马铃薯、玉米等优良品种，落实水稻工厂化机插育秧、水稻精量播种、全程机械化等关键技术措施，发展代耕、代种、代防、代收、代烘等社会化服务，带动全省大面积均衡增产。稳定发展双季稻，扩大甘薯、玉米等旱粮作物种植面积。积极发展优质稻，水稻品种优质率稳定在80%以上。(责任单位：省农业农村厅)

抓好粮食储备流通。科学合理确定粮食储备规模，建立企业社会责任储备。统筹布局粮食物流枢纽，形成节点支撑、枢纽引领、通道顺畅的粮食物流骨干网络。加快省级高标准粮食储备库项目建设，建设全省粮食储备信息化“一张网”。促进“引粮入闽”，深化产销协作。推进绿色安全储粮，完善粮食标准体系，健全粮食协同保障机制，促进优粮优产、优购、优储、优加、优销。(责任单位：省粮储局)

（二）加强耕地保护与质量建设

守住耕地红线。落实最严格的耕地保护制度，加强耕地用途管制，坚决遏制耕地“非农化”、基本农田“非粮化”。一般建设项目不得占用永久基本农田，重大建设项目选址确实难以避让永久基本农田的，应符合国家规定并进行严格论证。严格控制非农建设占用耕地，经合法审批的建设项目占用耕地严格执行“占一补一、占优补优、占水田补水田”。严格控制耕地转为林地、草地、园地等其他农用地及农业设施建设用地。严禁违规占用耕地和违背自然规律绿化造林、挖湖造景。永久基本农田重点用于发展粮食生产，特别是保障稻谷、玉米等谷物种植。强化土地流转用途监管。建立健全耕地数量、种粮情况监测预警及评价通报机制。(责任单位：省自然资源厅、农业农村厅、林业局、海洋渔业局)

加强高标准农田建设。以提升粮食产能为首要目标，加快高标准农田建设步伐。压实属地主体责任，实行严格考核，强化县乡两级政府主体责任。持续完善管理制度，实行精准化管理农田建设，全面推广应用数字农田管理模式，做到项目县基本覆盖，鼓励建立市级数字农田平台。完善建后管护机制，开展农田设施灾损保险试点。严格落实良田粮用，新建高标准农田优先划入永久基本农田储备区，原则上全部用于粮食生产，对于已经在高标准农田种植林果、苗木、草皮或挖塘养鱼的，依法依规督促恢复粮食生产。2021—2025年全省新建高标准农田300万亩，改造提升高标准农田100万亩，新增高效节水灌溉面积45万亩。(责任单位：省农业农村厅、发改委、自然资源厅、水利厅)

提高耕地质量水平。以提升粮食产能为首要目标，突出抓好耕地保护和地力提升，增施有机肥，推广种植绿肥还田，实施秸秆还田，增加土壤有机质，提升土壤肥力，推广培肥地力技术模式，推进占用耕地耕作层土壤剥离再利用，进一步提升我省耕地园地的质量水平。开展耕地质量调查评价，建立健全耕地质量监测体系，科学布设耕地监测点，推动耕地质量监测信息化改造提升。(责任单位：省农业农村厅、自然资源厅)

（三）发展特色优势农林产品

树立大食物观，立足农业资源多样性和气候适宜优势，按照宜粮则粮、宜经则经、宜牧则牧、宜渔则渔、宜林则林的要求，大力培育特色优势产业，不断提高我省特色优势农产品市场占有率和竞争力。蔬菜产业。重点在闽江口以南冬春蔬菜优势区域，扩大冬春高优茄果类、瓜类、叶菜类蔬菜种植面积，在鹫峰山、戴云山脉等中高海拔山区，大力发展夏秋高山蔬菜。突出发展设施蔬菜，扶持蔬菜主产县建设达到省定标准的高标准钢架温室大棚。水果产业。优化果树品种结构，调整非适宜区果树面积，引导果农适地适栽，引导主栽果类向适宜、最适宜栽培区集中。闽南、闽东沿海地区，重点发展晚熟柑橘、晚熟龙眼、晚熟荔枝、优质白肉枇杷等，闽西北及闽东南山区，重点发展特早熟温州蜜柑、优质甜橙、早熟杂柑、早熟梨、桃等。因地制宜发展百香果、蓝莓、猕猴桃等特色鲜食果类品种。茶叶产业。统筹做好“茶产业、茶科技、茶文化”，大力推广金观音、金牡丹、紫玫瑰、春闺等高香型、制优率高、适制性好的优良品种，支持茶叶企业建设连续化自动化精制加工生产线等；坚持生态优先，推广茶园绿色防控、土壤环境优化技术，生态茶园面积占比超过80%；开展“闽茶海丝行”活动，利用中国农民丰收节、国际茶日、中国国际茶叶博览会、海峡两岸茶业博览会等平台，充分展示闽茶文化，讲好闽茶故事。食用菌产业。推广一批提质增效食用菌生产栽培技术，培育一批菌包集中生产供应中心，新建（扩）一批工厂化食用菌项目，推动一批传统菇棚标准化设施改造，发展一批食用菌专业村镇，打造一批食用菌区域公用品牌。到2025年，全省食用菌一产产值亿元以上大县达50个，专业村镇150个以上，工厂化食用菌栽培产量占比提高到30%。畜禽产业。推进畜禽产业转型升级，向标准化、智能化、品牌化发展，重点支持发展单点适度规模养殖，引导养殖场因地制宜改造提升，支持建设多层养殖设施建筑，示范推广水禽无水面饲养等技术。加快培育壮大一批畜禽养殖龙头企业，建设一批现代畜禽产业园区、产业集群。稳定生猪生产，做优做强南平、三明、龙岩主产区，提升福州、厦门、泉州主销区，稳定漳州、莆田、宁德、平潭产销平衡区。加快发展地方特色家禽，扩大优质牛羊兔生产，提升黄羽肉鸡、水禽、草食动物和蛋禽比例。加强规模化、标准化奶牛养殖场基础设施设备升级改造。持续推进生猪屠宰厂标准化建设，引导屠宰加工企业向养殖主产区转移。到2025年，生猪规模化率达95%以上，主要畜禽规模化率达90%以上，猪肉保持基本自给、禽肉自给有余、禽蛋自给率达90%以上。渔业产业。实施海上养殖转型升级行动，将传统养殖渔排升级为塑胶养殖渔排或深水大网箱。发展工厂化循环水养殖，治理养殖尾水，规模以上养殖主体尾水全面实现达标排放或循环利用。持续推进标准化池塘改造，发展稻（莲）渔综合种养。发展壮大远洋渔业，鼓励发展大洋性渔业，拓展过洋性渔业，加强南极磷虾资源开发，建设福州（连江）国家远洋渔业基地，完善省内远洋渔业基地布局。推进渔港新建改造提升，全省新建、改造提升和整治维护一批渔港。积极拓展渔港经济区功能内涵，延伸发展捕捞生产、卸港交易、加工运销、补给休闲等海洋渔业经济产业链。林业产业。推进优质森林资源培育和科学利用，加快丰产竹林基地建设，培育一批笋竹精深加工企业。大力推动以林下种植、林下养殖、林下产品采集加工、木本油茶等为主的林下经济发展，扶持一批示范基地建设。花卉产业。大力发展设施花卉，持续推进品种创新，着力推进花卉产业与观光旅游、休闲康养、文创产业等融合发展，推动花卉苗木产业提质增效。（责任单位：省农业农村厅、林业局、海洋渔业局）

（四）提升农业抗风险能力

加强流域治理和水库除险加固。突出生态理念，组织实施中小河流域治理项目。“十四五”期间，治理河长1752公里。建立水库常态化除险加固机制，发现一座，除险一座，加快对鉴定为三类坝的病险水库实施除险加固，积极消除隐患，确保水库安全。（责任单位：省水利厅）

强化动植物疫病防控。落实全省动物疫病强制免疫计划，确保强制免疫动物群体免疫密度常年保持在90%以上，应免畜禽免疫密度达到100%，群体免疫抗体合格率达到80%以上。强化动物疫病监测预警，组织实施全省动物疫病监测与流行病学调查计划，加强兽医系统实验室建设和管理，提升各级重大动物疫病监测和实验室自动化检测能力。以种畜禽场、规模养殖场为重点，推动10个以上重点动物疫病净化场和5个以上无疫小区建设。建立健全水生动物疫病防控体系，组织实施水产苗种产地检疫试点，建设检疫申报点，完善水产养殖病害测报网络，加强水产养殖病害预警和风险评估。加强林业有害生物监测预警、检疫御灾和防治减灾体系建设，强化马尾松毛虫、刚竹毒蛾等主要林业有害生物防治，组织实施松材线虫病防控5年攻坚。加强农作物重大病虫害和检疫性有害生物防控，完善监测网点及基础设施，改造提升监测预警信息系统，建设区域性应急防控设施及物资储备库，提升数字化水平和应急防控能力，确保粮食作物重大病虫害危害损失率控制在5%以内。（责任单位：省农业农村厅、林业局、海洋渔业局）

推进农业气象灾害风险预警。建立适应现代农业发展的气象为农服务技术保障体系，完善分区域、分时段、分灾种、分作物的农业气象灾害风险预警指标体系，建立健全面向农业生产全过程、多时效、精细化的农业气象监测分析、预测预报和影响评估的技术系统，提升精细化农业气候资源区划和农业气象灾害风险区划技术能力。开展特色农业、设施农业的灾害风险预警和福建特色农业气象灾害风险区划，实现基于位置的精细化、定制化、直通式农业气象信息服务。强化粮食安全气象保障，推进气象融入三明“中国稻种基地”和建宁国家现代农业（种业）产业园建设。持续推进国家级热带水果特色农业气象服务中心以及省级特色农业气象服务中心建设。（责任单位：省气象局，省农业农村厅）

保障农业生产安全。强化隐患排查治理，整治畜禽屠宰行业、农业生产以及饲料、饲料添加剂生产企业、渔业船舶等重点行业领域安全生产管理问题。修订完善全省动物防疫应急物资储备管理办法，按照储备计划做好兽用消毒剂、消毒器械、动物疫苗、诊断试剂、个人防护用品等动物防疫应急物资储备和日常管理。全面加强森林防火工作，重点推动无人机等新技术在森林防火方面的推广应用，有力提升森林火灾综合防控能力。（责任单位：省农业农村厅、林业局、海洋渔业局）

三、提升农业科技和装备水平

（一）强化现代农业科技支撑

开展农业关键核心技术攻关。实施创新驱动发展战略，构建现代农业产业技术体系，深化农业产学研用协同创新，组织实施农业科技计划项目，支持高校、科研院所、新型农业经营主体开展新品种、新技术研发和关键技术联合攻关。完善农业领域基础研究支持机制，强化高水平农业科研院校建设，加大农业领域省级科技计划支持力度，支持和鼓励涉农高校、科研院所、行业龙头企业聚焦农业科学、动植物科学、农业生态和环境科学、生物育种、农副产品精深加工、智慧农业、农业机械设备、农业绿色投入品等领域的基础前沿和关键领域开展协同创新。（责任单位：省科技厅、教育厅、农业农村厅、农科院，福建农林大学）

推动科技与产业深度融合。围绕产业链部署创新链、围绕创新链布局产业链，推进茶叶、蔬菜、水果、食用菌、水稻、生猪、家禽等7个省级现代农业产业技术体系和15个农业科技创新专业联盟建设，加强技术集成配套和推广应用，破解产业技术和工艺提升瓶颈问题。加快农业领域国家技术创新中心建设，支持国家菌草工程技术研究中心、国家甘蔗工程技术研究中心等现有农业领域国家工程中心转建国家技术创新中心。以产业研究院、科技小院、示范基地、农业科技园区为依托，围绕种业创新、优势特色产业全产业链发展、农产品精深加工、关键技术及装备研发、美丽乡村建设等，实施一批专项行动。持续推进科技特派员工作，建设结构合理、素质优良、适应需求的科技特派员队伍。创新农业科技成果转化机制，建立纵向贯通、横向多元“政产学研”协同创新体系，构建以知识产权为纽带的产学研用合作机制与利益共享机制。（责任单位：省农业农村厅、科技厅、农科院，福建农林大学，省科协）

（二）实施种业振兴

加强种质资源保护。全面完成农业、林木、水产养殖种质资源普查，摸清全省种质资源家底，开展种质资源精准鉴定及综合评价。建设福建省农业、林业、水产养殖生物种质资源库，新（改扩）建一批种质资源库（场、区、圃）。确定省级种质资源保护单位，做好农业、林业、水产养殖种质资源登记。（责任单位：省农业农村厅、林业局、海洋渔业局）

开展育种创新攻关。深入实施种业创新与产业化工程，突出粮食安全、特色优势及闽台融合，开展种源“卡脖子”技术攻关，围绕水稻、甘薯、马铃薯、玉米、蔬菜、果树、食用菌、花卉、林木、畜禽、水产等开展联合育种攻关，到2025年育成120个具有自主知识产权农业（水产）新品种（品系）。实施农业生物育种省级重大科技项目，对育种基础性研究以及重点育种项目给予长期稳定支持，大力推进分子设计育种、基因育种、抗性育种等现代育种技术创新发展。鼓励省内教学、科研机构及企业申报国家种业重点研发计划、国家科技重大专项等项目，对符合规定条件的省级育种攻关课题给予优先立项支持。（责任单位：省农业农村厅、科技厅、林业局、海洋渔业局、农科院，福建农林大学）

加强种业基地建设。建设三明“中国稻种基地”，推动南平、龙岩等地杂交水稻制种产业发展，全省杂交水稻年制种面积稳定在 30 万亩以上。实施福建省海南南繁科研育种基地改扩建工程。加快蔬菜、果树、茶树、中药材等特色农作物种苗繁育基地和种畜禽场建设。实施国家和省级重点林木良种基地质量提升，建设 10 个珍贵或乡土阔叶树种省级重点种子基地，大力培育珍贵树种和优良乡土阔叶树种苗木。扶持创建一批国家级和省级水产原良种场，鼓励省级水产原良种场择优创建国家级水产原良种场。到 2025 年，全省新增省级水产原良种场 20 家，省级水产良种场基本覆盖全省水产养殖主要品种和重点地区。（责任单位：省农业农村厅、林业局、海洋渔业局）

培育壮大种业企业。强化种业企业育种创新主体地位，引导种业企业加大研发投入，牵头承担国家和省级科研攻关任务，提高企业自主创新能力，培育一批具有核心竞争力的种业企业。建立健全商业化育种体系，打造一批叫得响、有影响力的种业品牌。（责任单位：省农业农村厅、海洋渔业局）

强化种业市场监管。开展保护种业知识产权专项整治，依法严厉打击假冒伪劣、套牌侵权等违法犯罪行为。坚持“双随机、一公开”，开展种子（苗）、种畜禽生产经营行为和质量监督检查。（责任单位：省农业农村厅、海洋渔业局、市场监管局）

（三）提高农业装备水平

加快农机装备薄弱环节研发。研究和引进适合我省实际情况的耕地、开沟、起垄、移栽、施肥、灌溉、打药、除草、修剪、采摘、烘干、仓储等全程机械化中小农机，形成集成配套装备。（责任单位：省农业农村厅、科技厅、工信厅）

推进农业生产机械化。大力实施农作物全程机械化推进行动，每年扶持建设一批主要农作物、特色产业生产全程机械化示范基地，重点开展水稻机械播种、“两薯”（甘薯、马铃薯）和蔬菜移栽收获、花生播种和收获、果茶园生产管理等薄弱环节新机具与新技术的试验示范。创建主要农作物生产全程机械化示范县，加强农机农艺融合，构建主要农作物生产全程机械化技术方案。到 2025 年，全省农作物耕种收综合机械化率达到 75%。支持林区道路等基础设施建设，将符合政策要求的林业机械纳入农机购置补贴范围。鼓励开展渔船更新改造，淘汰落后老旧渔船，推广渔船标准化船型，推进新技术、新设备在渔船上的应用。加强渔具管理，清理取缔禁用渔具和小于最小网目尺寸网具，逐步淘汰底拖网等高能耗、对资源和生态破坏严重的作业方式。（责任单位：省农业农村厅、林业局、海洋渔业局）

加快农业信息化。加快推进农业物联网、大数据、人工智能、5G、区块链、卫星遥感等信息化新技术新装备集成应用，提升现代农业全产业链数字化水平。构建“天空地”一体化的林业资源网格监管体系，增强林业资源动态监测和态势感知能力。建立以林业“一张图”为基础的林业大数据中心，完善智慧林业共享平台。开展福建省食用林产品安全信息追溯管理平台建设。推进智慧渔业建设，大力发展深海智能养殖渔场，实施深海装备养殖示范工程。推动“智慧海洋”工程建设，加强海洋立体观测网建设，促进渔业生态、渔业资源、水产品质量安全检测、渔船管理等数据的汇聚融合、共享应用。建设一批“智慧渔港”。加强“智慧供销”建设，推进生产供销信用三位一体运行机制。（责任单位：省农业农村厅、林业局、海洋渔业局、供销社）

四、构建现代乡村产业体系

（一）加快推进“三区”建设

推进特色现代农业集聚区建设。实施特色现代农业高质量发展“3212”工程，着力构建乡村产业“圈”状发展格局，形成“一村一品”微型经济圈、农业产业强镇小型经济圈、现代农业产业园中型经济圈、优势特色产业集群大型经济圈。开展农业现代化示范区建设，推动现代农业产业园、优势特色产业集群、产业强镇等项目向示范区集中，示范引领农业设施化、园区化、融合化、绿色化、数字化发展，持续做强做优做大我省特色优势产业。（责任单位：省农业农村厅、林业局、海洋渔业局）

推进农业绿色发展先行区建设。深化漳州、南平、永泰3个国家农业绿色发展先行区建设，创建福清、罗源、安溪、德化、尤溪、永安、新罗、漳平、柘荣、屏南等10个第二批省级农业绿色发展先行区，推进平和、武夷山、永泰等县（市、区）绿色发展先行先试支撑体系建设，探索不同生态类型、不同主导品种的农业绿色发展典型模式。全面开展生态农场评价工作，建设一批国家级、省级生态农场，探索生态农业扶持政策，提高农业质量效益和竞争力，让生态农场建设成为支撑农业绿色低碳发展的重要平台和有力抓手。（责任单位：省农业农村厅）

推进闽台农业融合发展示范区建设。落深落细同等待遇，组织实施一批重点工程项目，加强闽台优势产业对接合作，推动更多台胞台企来闽创业创新。高质量推动台湾农民创业园和闽台农业融合发展产业园建设，加快打造两岸农业融合发展示范样板，力争全省台湾农民创业园每年新增台资农业项目20个以上、闽台农业融合发展产业园每年新增台资农业项目18个以上。以闽台农业合作推广示范县和闽台农业融合发展推广基地为抓手，加快台湾农业“五新”示范推广，推动闽台特色现代农业深度融合。（责任单位：省农业农村厅，省委台港澳办，省海洋渔业局）

（二）发展农村二、三产业

大力发展农产品加工业。鼓励各类新型农业经营主体围绕我省蔬菜、水果、水产、食用菌、茶叶、畜禽、粮食等优势特色产业，发展农产品初加工，建设农产品产地初加工设施，提升商品化处理能力。加快农产品生产与加工、农副产品保鲜等行业技术开发基地建设，推动农产品加工企业技术改造、智能升级，提高农产品精深加工和副产物综合利用水平，促进农产品加工产业全链条循环化、集约化、绿色化发展。（责任单位：省农业农村厅、工信厅、海洋渔业局）

发展乡村休闲旅游业。丰富乡村旅游品牌体系，支持创建全国乡村旅游重点镇村、福建省全域生态旅游小镇、金牌旅游村，依托种养业、村落建筑、自然景观、民俗风情等资源优势，培育一批功能齐全、布局合理、机制完善、带动力强的省级休闲农业示范点、省级美丽休闲乡村、省级“水乡渔村”休闲渔业示范基地和中国美丽休闲乡村。突出优势互补、串点成线，拉动消费、提升效益，推介一批视觉美丽、体验美妙、内涵美好的休闲农业、休闲渔业精品线路。依托独特自然资源、农业资源、文化资源，培育一批设施完备、业态丰富、功能完善、知名度高、影响力强的休闲农业重点县。（责任单位：省农业农村厅、文旅厅、林业局、海洋渔业局）

发展乡村生产服务业。支持和引导农民专业合作社、家庭农场以及村集体经济组织，大力开展农产品产地冷藏保鲜设施建设，强化智能化信息化技术改造，夯实农产品产地流通基础设施，培育农产品流通新业态新模式。积极构建农产品产地冷藏设施信息化平台，建设配备智能化、数字化分等分级、包装称重、在线检测等设施，促进农产品产销衔接。以乡镇惠农综合服务中心建设为抓手，推进供销合作社基层社改造提升，加快发展基层经营网点，强化终端服务功能，满足农民便利消费、就近销售需求。（责任单位：省农业农村厅、海洋渔业局、供销社）

加快农村电子商务发展。推动全省44个电子商务进农村示范县建设，完善农村商贸流通体系和电商公共服务体系，结合推进“互联网+”农产品出村进城工程，畅通农产品进城和工业品下乡双向流通渠道，促进农村产品和服务网络销售。到2025年，全省农村网络零售额突破4000亿元。（责任单位：省商务厅、农业农村厅、供销社）

（三）推进农村创业创新

鼓励各类人才返乡创业。深入实施农村创业创新带头人培育行动，以返乡入乡创业创新农民工、中高等院校毕业生、退役军人、科技人员和在乡创业创新等人员为重点对象，培育一批创业创新活跃、联农带农紧密、业绩突出的农村创业创新群体。加大创业扶持政策支持力度，将符合条件的返乡入乡创业项目纳入创业资助项目评审，给予适当的资金扶持。实施“师带徒”乡村振兴引凤计划，支持一批省内外创新创业领军人才产业项目“嫁接”给返乡入乡创业群体。（责任单位：省农业农村厅、人社厅、林业局、海洋渔业局）

建设农业农村创业创新孵化载体。依托各类园区、农业企业、农民合作社、种养基地、大中专院校等，培育一批产业特色鲜明、资源要素集聚、基础设施齐全、服务功能完善的农村创业创新园区（基地），为农村创业创新人员提供政策咨询、项目遴选、创业辅导、技能培训、用工对接等服务，吸纳农村创业创新项目入驻。鼓励引导科技特派员围绕农业农村特色产业开展创业和技术服务，支持各地建设“星创天地”“科技企业孵化器”等支撑平台。（责任单位：省农业农村厅、科技厅、林业局、海洋渔业局）

开展创业创新培训。鼓励高校、职业院校广泛开展创业创新培训，支持大学生依托现代农业领域创新创业成果参加各类大学生创新创业竞赛。围绕脱贫地区主导产业和科技人才需求，积极选派高校优秀专家及团队下乡。推动高校发挥学科、人才、技术优势，主动对接乡村振兴产业发展需要，深化校地、校校、校企合作，培养应用型、复合型人才。深入实施“创业培训马兰花计划”，组织农村转移就业劳动者参加马兰花创业培训。（责任单位：省教育厅、人社厅，福建农林大学）

五、建设宜居宜业农民新家园

（一）科学推进乡村规划

完善县镇村规划管控。加快推进县乡国土空间规划编制，科学确定国土空间用途管制分区，统筹划定永久基本农田、生态保护红线、城镇开发边界。优化县域村庄建设用地布局，统筹安排县乡（镇）村功能衔接互补的建管格局，推动公共资源在县域范围内优化配置，实现农村建设用地节约集约利用。（责任单位：省自然资源厅）

科学推进村庄规划编制。区分集聚提升型、城郊融合型、特色保护型、搬迁撤并型等村庄类型，有序推进实用性村庄规划编制工作。按照“多规合一”要求，统筹考虑土地利用、“三产”融合、居民点布局、人居环境整治、生态保护等，科学划定农业生产空间和生态保护空间，合理规划农村生产生活配套设施用地。力争至2023年底实现村庄规划管控全覆盖。（责任单位：省自然资源厅）

（二）加强乡村基础设施建设

完善农村交通运输体系。实施“百乡千村”路网提升工程，加快农村路网提档升级，加快推进县道“四晋三”、乡道“单改双”等建设，有序推进较大自然村公路建设。“十四五”期间，全省建设改造农村公路5000公里。（责任单位：省交通运输厅）

增强农村供水和防灾减灾能力。以城乡供水一体化建设为载体，大力推进农村供水保障工程建设，推进供水工程规范化建设和管理，到2025年规模化工程覆盖农村人口比例达70%以上，农村自来水普及率达90%以上。健全农村供水工程建设运行和管护长效机制，积极探索推广“三级管护”、购买第三方服务等管护模式。完善农村防汛抗旱设施，整合优化自动雨水情监测站，充分利用大数据、云计算、人工智能等技术，巩固提升省级山洪灾害监测预警平台建设。科学制定水库供水调度计划方案，加强水资源统一调配和计划管理。加快实施平潭及闽江口水资源配置工程、罗源霍口水库、泉州白濑水库等一批骨干蓄引调水工程。（责任单位：省水利厅）

加强乡村清洁能源建设。深挖村镇电气化发展潜力，因地制宜实施“电能替代”。探索农村特色用能、能效提升、多能互补等建设，推动建成一批电能替代示范项目，推进农村生物质能源多元化利用，强化清洁供暖设施建设。在农业生产、生活各环节推广电气化、智能化设备，加快电气化改造，提高电能在农村能源消费中的比重。因地制宜推动农村地区光伏、风电发展，加强分布式光伏及风电项目接网方案设计，做好光伏及风电并网配套电网建设改造，促进农村能源消费环节减碳降碳。（责任单位：省电力公司）

完善农村物流体系。加强农村邮政快递基础设施和服务网络共享，支持建设和改造县级寄递公共配送中心、乡镇快递物流站点、村级寄递物流综合服务站等农村寄递基础设施，提高自动化和信息化水平。鼓励有条件的县乡（镇）村布设智能信包（快件）箱。（责任单位：省邮政管理局）

（三）实施农村环境整治五年提升行动

扎实推进农村改厕质量提升，持续推进农村户用厕所改造，提升一批农村公厕，推进农村厕所粪污无害化处理与资源化利用，到2025年农村卫生厕所全面普及，厕所粪污得到有效处理或资源化利用。推进村庄生活污水治理，重点治理人口聚集、环境区位敏感、发展潜力大以及周边环境质量差的村庄，加快推进试点示范工程，及时示范推广成熟的模式，到2025年全省农村生活污水治理率达65%以上，设施稳定运行率达90%以上。持续推进以县域为单位打包乡镇生活污水治理设施改造提升、管网铺设和运行维护实施市场化工作，实现全省乡镇生活污水治理市场化运营管理全覆盖。加强农村黑臭水体治理，建立农村黑臭水体治理台账，采取控源截污、清淤疏浚、生态修复、水体净化等措施进行综合治理，到2025年基本消除较大面积农村黑臭水体。健全农村生活垃圾处理长效机制，推行农村生活垃圾分类，以县域为单位，将村庄保洁、垃圾转运、农村公厕管护等打捆打包进行市场化运营管理，到2025年农村基本建立有机垃圾生态处理机制。整体提升村容村貌，规范用地建房审批，强化农房风貌管控，将农房建筑立面图集管控要求纳入乡村建设规划许可内容。（责任单位：省农业农村厅、自然资源厅、生态环境厅、住建厅、供销社）

（四）加快数字乡村建设

推进农村通信基础设施提档升级，综合应用光纤、4G、5G低频、卫星互联网等多种接入技术，对偏远地区和有具体应用需求场景进行网络覆盖补强。加速推动5G网络向乡镇及重点建制村延伸覆盖，深化重点人员聚集区、产业核心区5G网络覆盖，实现100%乡镇镇区和重点行政村5G覆盖。强化乡村信息基础设施建设，加快推动“互联网+”向乡村延伸，打通省、市、县、乡、村农业信息资源服务体系，每年建设一批国家级数字乡村试点县，创建一批省级数字乡村示范乡镇、示范村。融合乡村振兴示范创建试点工程，加快特色产业、乡村旅游、乡风文明、文化传承、党建村务、教育科普、健康医疗、综合治理、交通出行、便民服务等进行信息化智能化改造提升。（责任单位：省委网信办，省农业农村厅、数字办，省通信管理局）

（五）提升农村基本公共服务水平

提高农村教育质量。多渠道增加农村普惠性学前教育资源供给，推进学前教育普及普惠安全优质发展。深入推进城乡义务教育一体化改革发展，以乡村温馨校园、义务教育管理标准化学校、城乡紧密型教育共同体建设为主要抓手，办好必要的乡村小规模学校，改善乡镇寄宿制学校办学条件，完善特殊教育保障机制，进一步缩小城乡、校际教育差距。把耕读教育和科学素质教育纳入教育培训体系，着力提升学生的创新意识、创新能力和科研素养。支持建设涉农高校、涉农职业院校、涉农学科专业，调整优化学科专业结构，推动涉农学科的前沿交叉创新研究。办好一批县级职教中心，重点建设1—2个专业群，培养农村急需的实用技术技能人才。持续加强乡村教师队伍建设，继续实施省级公费师范生培养，开展乡村教师省级专项培训，深入推进“县管校聘”改革，加快推进县域内教师交流轮岗。（责任单位：省教育厅）

全面推进健康乡村建设。持续推进村卫生室标准化建设，每个建制村（乡镇卫生院所在地的行政村除外）至少有1所村卫生室为村民提供医疗卫生服务，通过选派乡镇卫生院医生巡诊、派驻或邻近村医覆盖的方式实现村级医疗卫生服务全覆盖。提升乡镇卫生院医疗服务能力，推动乡镇卫生院通过创建达到国家基本标准或推荐标准。到2025年，力争全省70%乡镇卫生院达到服务能力基本标准，10%服务能力较强的乡镇卫生院达到服务能力推荐标准。加强县级综合医院医疗服务能力提标扩能建设，常住人口超过10万人的县有1所县级医院达到二级医院。实施健康促进行动，推进“健康知识进万家”试点工作，推动健康知识进乡村、进家庭、进学校。完善农村医保经办管理服务体系，推进医保经办服务纳入县乡村公共服务一体化，实现省市县乡村五级全覆盖。（责任单位：省卫健委、医保局）

完善农村养老服务体系。推进县、乡、村三级农村养老服务网络建设，在县（市、区）范围推进失能照护机构、在乡镇范围推动农村区域养老服务中心建设，发展具备全日托养、日间照料、上门服务、区域协调指导等综合功能的区域养老服务机构。推进乡镇敬老院升级改造，通过增加照护型床位，开辟失能老人、残疾老人照护单元，优先保障生活不能自理特困人员集中供养。发展农村普惠型养老服务和互助性养老，加大居家养老支持力度。持续加强农村幸福院建设和运营管理，推进农村幸福院质量提升。（责任单位：省民政厅）

（六）扩大农村消费

促进农村居民耐用消费品更新换代，鼓励汽车消费，支持汽车流通行业相关商协会组织我省汽车生产企业、流通企业开展“汽车下乡”巡展促销活动。开展县域商业建设行动，支持优化县域商业网点设施布局，以人口聚集的乡镇为重点，支持升级改造一批商贸中心、大中型超市、集贸市场等，建立完善县域统筹、以县城为中心、乡镇为重点、村为基础的农村商业体系。（责任单位：省商务厅）

六、建设人与自然和谐共生美丽乡村

（一）推进质量兴农

加快标准化体系建设。聚焦农业农村发展，组织研制标准 100 项，推动构建现代农业全产业链标准体系、农业社会化服务标准体系。建设国家级农业标准化区域服务推广平台，开展农业农村领域标准化试点示范项目建设，新建 2 个平台、60 个标准化试点示范项目。（责任单位：省农业农村厅、林业局、海洋渔业局、市场监管局）

加强农产品质量安全监管。深入推进“治违禁、控药残、促提升”行动，聚焦禁限用药物使用、常规农兽药残留超标等问题，大力实施精准治理，推动 11 个重点品种农产品质量安全水平明显提升。加强质检体系建设，提升省市县乡四级农产品质量安全检验检测能力。加强监测预警，推进源头快速筛查、风险监测排查、重点监督抽查，全面落实快速反应制度。深入推进食用农产品承诺达标合格证与一品一码追溯并行制度，推动赋码出证、凭证销售，促进产地准出与市场准入有效衔接。积极推进乡镇农产品质量安全网格化管理体系建设，推动区域定格、网格定人、人员定责。（责任单位：省农业农村厅、卫健委、海洋渔业局、市场监管局）

实施农业品牌提升行动。大力发展绿色食品，稳步发展有机农产品，继续做好无公害农产品，积极推动农产品地理标志，提升“三品”占比率，每年新培育“三品一标”农产品 240 个以上，每年实施地理标志农产品保护工程 6 个以上。积极发挥农产品区域公用品牌作用，带动优质农产品生产发展，每年评选区域公用品牌 10 个和福建名牌农产品 20 个以上。创新和优化品牌宣传形式，融合传统媒体与新兴媒体，充分运用信息化平台、互联网技术，广泛开展品牌宣传与推介，构建“全方位、立体式、高强度”宣传态势。到 2025 年“生态福建·绿色农业”品牌影响力显著提升，品牌价值达到 3000 亿元以上。（责任单位：省农业农村厅、林业局、海洋渔业局）

（二）推进绿色兴农

促进化肥农药减量增效。集成推广科学施肥技术，分阶段分步骤稳步推进化肥投入定额制。在粮食、蔬菜、水果、茶叶等我省主要作物产区，推进农机农艺融合，推广机械施肥、水肥一体化等技术措施。示范推广缓控释肥、水溶肥、配方肥等新型肥料，提高肥料利用率。实施种养循环试点，以果菜茶优势区为重点，示范推动畜禽粪肥、秸秆粉碎、绿肥翻压等有机肥源还田措施，提高有机肥养分施用比例，减少化肥用量，增加土壤有机质含量。全面落实农药购买实名制，建立完善农药调查与监测体系，设立监测点。推进高效药械替代，因地制宜推广智能化植保无人机等现代植保机械及先进施药技术。扶持发展一批装备精良、服务高效、管理规范的病虫防治专业化服务组织。每年统防统治面积达 1200 万亩次以上，绿色防控技术应用面积达 3000 万亩次以上，2025 年农药使用量比 2020 年减少 10%。（责任单位：省农业农村厅）

推进农业废弃物资源化利用。推行源头减量，落实畜禽养殖场的主体责任，推行“一禁、二表、三分离”。推进畜禽粪肥还田利用，构建种养结合、农牧循环的发展机制，提升粪污精准化利用水平。深入实施畜禽粪污资源化利用提升工程，改造升级粪污收储、处理利用、臭气净化等基础设施设备，到 2025 年全省畜禽粪污资源化综合利用率达到 93% 以上。推动农药包装废弃物全面回收处理，按照“谁生产、经营，谁回收”的原则，建立“定点收集—科学分类—安全转运—规范处理”的全链条监管回收处理体系，到 2025 年全省农药包装废弃物回收处理率达80%。促进秸秆肥料化，集成推广秸秆还田技术，改造提升秸秆机械化还田装备，推动粮食生产大县整县推进秸秆粉碎还田。促进秸秆饲料化，鼓励养殖场和饲料企业利用秸秆发展优质饲料，实现过腹还田。促进秸秆基料化和原料化，发展食用菌生产等秸秆基料，引导开发人造板材、包装材料等秸秆原料产品，提升秸秆附加值。培育秸秆收储运服务主体，建设秸秆收储场（站、中心），构建秸秆收储和供应网络。落实严格的农膜管理制度，加强农膜生产、销售、使用、回收、再利用等环节管理。推广普及标准地膜，开展地膜覆盖技术适宜性评估，因地制宜调减作物覆膜面积。强化市场监管，禁止企业生产、采购、销售不符合国家强制性标准的地膜，积极探索推广环境友好的全生物降解地膜。培育专业化农膜回收主体，建设农膜储存加工场点，健全回收网络体系。开展区域农膜回收补贴制度试点，探索地膜生产者责任延伸制度。建立健全农田地膜残留监测点，开展常态化、制度化监测评估。（责任单位：省农业农村厅、工信厅、生态环境厅、市场监管局、供销社）

加强污染耕地治理。根据国家部署开展土壤污染状况调查，优化土壤环境质量监测网络，逐步摸清底数，建立台账。实行耕地土壤环境质量分类管理，建立完善优先保护类、安全利用类和严格管控类耕地管理清单。分类分区开展污染耕地治理，对轻中度污染耕地采取农艺措施治理修复，对重度污染耕地实行严格管控。持续开展农产品产地环境监测，因地制宜采取种养结合、增施有机肥、优化施肥、品种调整、水分调控、耕作优化、施用土壤调理剂或“VIP+n”农田重金属污染治理修复技术等安全利用技术措施，降低农产品超标风险。（责任单位：省农业农村厅、生态环境厅）

（三）保护修复农村生态系统

强化农业资源保护。深入推进农业水价综合改革，加强大中型灌区供水成本核算，结合灌区节水配套改造完善供水计量设施，将有效灌溉面积内的大中型灌区、高标准农田建设项目区作为改革实施重点，坚持工程建设与机制建设并重，协同推进建立农业水价形成机制、工程建设与管护机制、精准补贴与节水奖励机制、终端用水管理机制。以沿海基干林带建设、红树林保护修复为重点，补齐、加宽、加厚，以及老化、受损基干林带更新，努力构筑布局合理、结构稳定、功能完善，乔灌草、带网片相结合的沿海绿色屏障。做好生态公益林和天然林的管护，以及人工促进低产低效林分提升，推进以封禁、造林、坡改梯为主要措施的水土流失治理，打造水土保持生态清洁小流域。持续开展水生生物增殖放流，适当增加珍稀濒危水生动物放流数量，“十四五”期间，全省增殖放流苗种150亿个单位。保护渔业资源环境，创建国家级海洋牧场示范区6个，维护渔业水域生态平衡。严格执行海洋伏季休渔制度，探索实施海洋渔业资源总量管理制度，进一步探索开展限额捕捞试点工作。开展外来入侵生物普查，完善相关管理名录、应急预案及政策措施，有效阻截外来入侵物种，保护生物多样性。（责任单位：省水利厅、农业农村厅、林业局、海洋渔业局）

推进农业农村减排固碳。落实2030年前力争实现碳达峰的要求，围绕农业农村领域减排固碳重点任务，编制我省农业农村领域减排固碳实施方案。推进农村沼气转型升级，促进可再生能源利用。吸引市场主体开发农业碳汇项目，探索开展农业碳汇交易试点。创新林业碳汇方法学研究，鼓励通过森林经营、植树造林等措施增强森林生态系统碳汇能力。开展碳中和试点，探索林业碳汇交易方式，加强碳汇交易服务。推广水禽无水面养殖、稻渔综合种养、多营养层级海水养殖、工厂化循环水养殖、贝藻类混养，以及秸秆还田固碳、高效植保药械等技术模式，提升碳汇规模。（责任单位：省农业农村厅、林业局、海洋渔业局）

推进重点区域生态环境保护。严格执行闽江禁渔制度，开展闽江上游、汀江、九龙江等水域渔业资源情况调查，对扩大实施禁渔可行性进行研究评估。在重点湖库、饮用水水源保护区、氮磷超标河段等敏感区域，开展农田生态沟渠、污水净化塘、地表径流蓄积池等农田氮磷生态拦截设施建设，实施重点区域农田退水治理。根据国家部署要求，探索建立农业面源污染调查监测评估体系。继续推进重点生态区位商品林赎买等改革，探索建立多元化赎买资金筹集机制，加强赎买后森林的经营管理。在管护好现有省级以上生态公益林和天然林的同时，开展重点生态区位商品林赎买25万亩。围绕河湖水系综合整治，强化生态治理理念，突出山水林田湖草海要素，做好水系连通及水美乡村试点县建设。（责任单位：省水利厅、生态环境厅、农业农村厅、林业局、海洋渔业局）

七、加强和改进乡村治理

（一）加强农村基层党组织建设

强化县级党委抓乡促村职责。全面落实县级领导班子成员包乡走村入户制度。深化乡镇管理体制改革，健全乡镇党委统一指挥和统筹协调机制。加强乡镇、村集中换届后领导班子建设，充实加强乡镇工作力量。坚持和完善村党组织书记、村委会主任“一肩挑”制度，着力加强对“一肩挑”人员的管理监督。推动落实乡镇编制“专编专用”，探索“县编乡用”等方式推进县直部门人员编制向乡镇倾斜，整合条线辅助人员由乡镇统筹指挥调配，赋予乡镇更加灵活的用人自主权。推动县乡党委加强对驻村第一书记和工作队的日常管理，推动驻村第一书记和工作队员下沉一线扎实干事。完善乡村振兴指导员制度，鼓励各类人才投身乡村振兴事业。（责任单位：省委组织部、编办）

全面开展农村基层干部乡村振兴主题培训。认真组织农村基层干部深入学习习近平新时代中国特色社会主义思想，学习党的历史，推动农村基层干部深刻领悟“两个确立”的决定性意义，促进形成全面推进乡村振兴的强大力量。推动落实“农村基层干部乡村振兴主题培训计划”，按照“全员、精准、有效”要求，由县级以上党委组织部门牵头，每年对村党组织书记、村民委员会主任、村级集体经济组织负责人、村务监督委员会主任开展1次集中培训。发挥“互联网+培训”优势，在福建干部网络学院平台设立“实施新时代基层干部主题培训行动计划”专区专栏，不定期持续推送优质课程、特色课程。（责任单位：省委组织部）

完善村党组织领导村级议事决策工作机制。严格规范村级事项决策和公开，完善村级重要事项、重大问题经村党组织研究讨论机制，凡属村经济社会发展公共事务、大额资金使用、惠农政策落实、工程建设、社会治理、宅基地审批等重大事项，严格按照“四议两公开”制度、“六要”群众工作法程序议事决策。加强村级民主协商，综合运用听证会、议事会、理事会、恳谈会等形式，组织群众自己说事、议事、主事。（责任单位：省委组织部）

加强村务监督委员会建设。加强基层纪检监察组织与村务监督委员会的沟通协作、有效衔接，实现对村“两委”成员监督全覆盖，重点加强对“一肩挑”人员的监督。充分发挥村务监督委员会作用，重点加强对村务决策和公开、村级财产管理、村工程项目建设、惠农政策落实、农村精神文明建设等方面的全程监督，确保决策规范、公开到位、群众满意。（责任单位：省委组织部，省民政厅）

（二）提升乡村治理效能

依法设定县级对乡镇赋权赋能范围。依法赋予乡镇综合行政执法权。根据《福建省人民政府关于赋予乡镇人民政府、街道办事处部分行政处罚权的决定》（闽政文〔2022〕3号），指导县（市、区）依法赋予乡镇综合行政执法权，统筹乡镇和县级派驻乡镇的工作力量，健全完善乡镇和县直部门联动监管执法配合机制，压实乡镇综合治理、安全生产等方面的责任。（责任单位：省委编办，省司法厅）

健全党组织领导的乡村治理体系。推行网络化管理、数字化赋能、精细化服务，推动基层群众自治组织、经济组织和各类社会组织、服务组织等，在村党组织领导下依法依规有序开展工作、发挥作用。大力加强乡村治理队伍建设，引导各类人才资源在乡村治理中发挥积极作用，打造乡村治理过硬队伍。总结运用疫情防控、抢险救灾等经验，构建常态化管理和应急管理动态衔接机制，提升乡村应急管理能力，切实防范和有效应对自然灾害、公共卫生、安全隐患等风险。（责任单位：省委组织部，省农业农村厅、民政厅、应急厅）

推广应用“积分制”“清单制”等治理方式。完善党组织领导的自治、法治、德治相融合的乡村治理体系。扩大“积分制”运用范围，发挥积分激励约束作用，引导村民主动参与公共事务，激活乡村发展内生动力。加大“清单制”管理试点，厘清村级组织权责边界，规范清单运行规则，切实减轻村级组织负担。（责任单位：省农业农村厅、民政厅）

（三）深入开展平安乡村建设

加强乡（镇）、村综治中心规范化建设，深化农村网格化管理服务，推进警格、网格融合运作。完善基层社会治安防控体系，深化乡村“雪亮工程”“平安家园·智能天网”建设，壮大群防群治力量，持续开展平安创建活动。健全农村扫黑除恶常态化机制，严厉打击农村黑恶势力和整治“村霸”。坚持和发展新时代“枫桥经验”，探索完善“四门四访”工作机制，巩固充实乡村人民调解组织队伍，健全乡村矛盾纠纷多元化、一站式解决机制和心理疏导服务机制。进一步健全完善乡镇信访工作联席会议制度，探索多元预防调处化解矛盾纠纷机制。持续开展乡村公共安全隐患排查整治专项行动，建立健全农村安全监管责任体系，坚决遏制乡村各类重特大安全事故。（责任单位：省委政法委，省公安厅、司法厅、信访局）

（四）提升农民科技文化素质

以家庭农场主和农民合作社带头人为重点，加强高素质农民、能工巧匠等本土人才培养，面向乡村基层干部和涉农人员开展成人学历提升继续教育。实施农民素质提升行动，选拔一批有志从事农业的农村青壮年、返乡农民工和退役军人，到涉农大中专院校接受非全日制大中专学历教育。充分发挥农广校和涉农大中专院校作用，引导优质教育资源下沉乡村，采取线上线下相结合的培训模式，开展分级分类技术技能培训。依托电视台、党员干部现代远程教育网、农村实用技术远程培训网等平台，打造“兴农讲堂”“田园公开课”，提升农业生产经营者的技术和经营管理水平。依托福建开放大学开展农民学分银行试点，设立学分认定标准、“学分银行”合作联盟，完善学分转换和课程建设标准，推动农民培训与职业教育有效衔接，促进农民终身学习。（责任单位：省农业农村厅、教育厅）

（五）深化新时代农村精神文明建设

加强农村思想道德建设。坚持以社会主义核心价值观凝魂聚气、成风化人，促进农民素质和农村文明程度提档升级。深入开展“四史”教育，加强新时代农村思想文化建设，持续发挥新时代文明实践中心（所、站）、爱国主义教育基地、乡风文明联系点、公民思想道德教育馆等阵地作用，推动理想信念教育常态化制度化。不断壮大“新时代宣讲师”队伍，深入开展文明实践“宣讲+志愿服务”活动，拓展理论进基层的有效途径。深化“扣好人生第一粒扣子”主题教育实践和“新时代好少年”学习宣传，建好用好未成年人心理健康辅导站、乡村学校少年宫、青少年科学工作室等阵地，推动乡村“复兴少年宫”建设由试点探索向深化拓展延伸。（责任单位：省委宣传部、文明办）

深化农村文明村镇建设。围绕学思践悟新思想、提升农民精神风貌、保障农民基本文化权益、加强农村人居环境建设、强化基层治理等方面，科学研究制定省级文明村镇测评体系。推动乡镇党委、村党支部履行主体责任，把精神文明建设融入乡村振兴、基层党建等工作。充分发挥村民议事会、道德评议会、红白理事会、禁毒禁赌协会、老年人协会等组织的积极作用，引导农民自我教育、自我服务、自我提高。结合常态化疫情防控工作，引导广大农民群众开展爱国卫生运动，养成科学文明、绿色健康生活方式。（责任单位：省委宣传部、文明办）

繁荣发展乡村优秀文化。精心打造文化科技卫生“三下乡”、文化进万家、文艺轻骑兵等文化惠民品牌，推动乡镇综合文化站、文化广场、农家书屋、体育设施等设施提质增效。大力宣传选树“时代楷模”“道德模范”“八闽楷模”“诚信之星”“最美人物”等先进典型，营造学习先进、崇尚先进、争当先进的浓厚氛围。推动福建优秀传统文化传承发展，支持因地制宜推动“福”文化资源转化利用、打响“福”文化品牌，发展特色文化产业、培育新型文化业态。（责任单位：省委宣传部，省文旅厅）

持续推进农村移风易俗。开展结婚登记免费颁证服务，倡导“重登记、强责任、崇节俭”的现代婚俗新风。积极拓展婚姻家庭辅导服务，推动婚事移风易俗向基层延伸。深化违建坟墓专项整治行动，进一步严控增量、消减存量。加快乡村公益性骨灰楼堂建设步伐，积极推广树葬、花葬、草坪葬等节地生态葬法。推动各地制定丧葬礼仪规范指引，细化简办标准，纳入村规民约。积极推进绿色安全文明祭扫，统筹疫情防控和群众安全祭扫，规范和优化预约祭扫、网络祭扫等新型祭扫服务。（责任单位：省民政厅）

八、实现巩固拓展脱贫攻坚成果同乡村振兴有效衔接

（一）巩固提升脱贫攻坚成果

稳定过渡期内帮扶政策。严格落实“四个不摘”要求，保持现有帮扶政策连续性。持续落实教育、医疗、住房、饮水等民生保障普惠性政策。进一步优化产业就业等发展政策，支持脱贫地区因地制宜发展特色现代农业。维持财政保障政策，加强与全面推进乡村振兴衔接。适时组织开展巩固脱贫成果后评估工作，将巩固拓展脱贫攻坚成果纳入市县党政领导班子和领导干部推进乡村振兴战略实绩考核范围，坚决守住不发生规模性返贫的底线。（责任单位：省乡村振兴局，省委组织部，省教育厅、民政厅、财政厅、人社厅、住建厅、水利厅、卫健委、医保局）

巩固“三保障”和饮水安全成果。巩固教育扶贫成果，健全控辍保学工作机制，确保除身体原因不具备学习条件外的脱贫家庭义务教育阶段适龄儿童少年不失学辍学。健全从学前教育到高等教育全学段的学生资助体系，落实已脱贫和监测对象家庭就学子女教育精准资助政策。巩固健康扶贫、医保扶贫成果，稳步扩大乡村医疗卫生服务覆盖范围，统筹完善医疗保险分类资助参保政策，有效防范因病致贫返贫风险。对易返贫及脱贫边缘户患病人口落实“先诊疗后付费”及分类救治政策。建立农村脱贫人口住房安全动态监测保障机制，通过农村危房改造、造福工程搬迁等多种方式保障低收入人口基本住房安全，推动以县级为单位常态化开展住房安全筛查鉴定，及时解决动态新增危房问题。持续开展常态化排查监测工作，保障脱贫人口饮水安全。（责任单位：省乡村振兴局、教育厅、住建厅、水利厅、卫健委、医保局）

强化易地扶贫搬迁后续扶持。按照“稳得住、有就业、逐步能致富”要求，推动搬迁群众后续产业稳定发展。鼓励有条件的安置区发展特色种养、农产品加工、文化休闲等产业，引导新型经营主体参与搬迁群众承包地、林地等资源流转与规模化经营，盘活用好迁出地农业农村资源。加强职业技能培训，提供岗位信息等就业指导服务，引导企业吸纳脱贫劳动力就业，支持搬迁群众自主创业，开发公益性岗位兜底就业。持续加强安置区基础设施和公共服务设施配套建设，统筹推动安置区环境卫生、市政公用、产业平台等配套设施提档升级，优化教育医疗卫生服务，确保搬迁群众平等共享公共服务资源。加强属地管理，健全组织体系，建强服务队伍，强化感恩教育和权益保障，加快不动产登记，增强搬迁群众主人翁意识，促进搬迁群众融入新社区。（责任单位：省发改委、乡村振兴局、教育厅、民政厅、人社厅、自然资源厅、住建厅、卫健委、林业局）

加强扶贫项目资产管理和监督。构建资产家底清晰、产权归属明晰、类型界定科学、管护主体职责明确、运行管理规范的扶贫项目资产管理制度，防范资产流失、损失和闲置浪费。全面摸排项目资产情况，分类建立管理台账，在全面清产核资、登记造册的基础上，做好项目资产确权登记和资产移交，并纳入相关管理体系。根据项目资产特点，按照“受益权与管护权相结合”原则，落实管护主体，明确责任单位和具体责任人。引导受益群众参与管护，探索多形式、多层次、多样化的管护模式。规范资产收益分配，发挥扶贫项目资产的帮扶作用。（责任单位：省乡村振兴局、财政厅）

（二）持续推进脱贫地区乡村振兴

加快老区苏区振兴发展。落实省领导挂钩联系、省直部门挂钩帮扶、经济较发达县（市、区）对口协作的工作制度，38个乡村振兴重点县和欠发达老区苏区县分别由一位省领导挂钩联系，每个县确定1个老少边岛村作为省领导的联系点，由5—6个省直单位挂钩帮扶、1个经济较发达县（市、区）对口协作。有挂钩帮扶任务的省直单位每年可从部门专项等预算资金中安排一定数量资金用于开展挂钩帮扶。经济较发达县（市、区）每年落实不少于1200万元对口帮扶资金，支持所

挂钩帮扶县（市、区）。（责任单位：省乡村振兴局，承担挂钩帮扶任务的省直有关单位）

支持脱贫地区改善生产条件。不断改善脱贫地区农业生产条件，支持脱贫地区农业基础设施建设及补齐必要的农村人居环境整治和小型公益性基础设施建设短板，重点支持水、电、路、网等农业生产配套设施，以及垃圾清运等小型公益性生活设施建设。（责任单位：省发改委、财政厅、乡村振兴局）

促进脱贫人口就业增收。落实就业帮扶政策，压实就业帮扶责任，深化东西部劳务协作，加强省内劳务协作，促进就地就近就业，确保脱贫劳动力就业规模稳定。发挥消费帮扶、以工代赈等政策作用，统筹用好乡村公益性岗位，帮助脱贫劳动力和监测帮扶对象就业增收。实施“雨露计划”，做好“雨露计划”毕业生就业帮扶，促进毕业生实现有质量就业。（责任单位：省人社厅、教育厅、乡村振兴局）

（三）健全农村低收入人口常态化帮扶机制

健全防止返贫动态监测和精准帮扶机制。充分发挥“一键报贫”主动申报机制，结合每月组织乡村干部走访排查、行业主管部门专项筛查，加强部门联动预警，健全完善快速发现响应机制，及时将符合条件的易致贫返贫人口纳入监测范围，及时落实针对性帮扶措施。对脱贫人口和监测帮扶对象中完全丧失劳动能力或部分丧失劳动能力且无法通过产业就业获得稳定收入的人口，依规纳入低保、特困人员救助供养范围或给予临时救助。（责任单位：省乡村振兴局、教育厅、公安厅、民政厅、人社厅、住建厅、水利厅、卫健委、应急管理厅、统计局、医保局、残联）

实施分层分类社会救助。完善最低生活保障工作规范、特困人员认定办法，研究制定低收入人口救助帮扶政策，适度扩大基本生活救助覆盖范围，明确各类基本生活救助家庭财产标准和条件，对生活困难的重度残疾人和支出型困难人口、低保边缘家庭中的重病患者、失能失智老年人实施单人纳保。对有集中供养意愿的生活不能自理特困人员落实集中供养，对分散供养特困人员落实委托照料服务责任。完善急难社会救助，对遭遇规定情形导致基本生活出现困难的群众加强临时救助。发展服务类社会救助，通过政府购买服务，对社会救助家庭中生活不能自理的老年人、未成年人、残疾人等特殊困难群体提供必要的访视照料、关爱帮扶服务。（责任单位：省民政厅）

（四）深化闽宁对口协作

坚持以协作促发展的理念，以推动区域协调发展、促进共同富裕为目标，以宁夏5个国家乡村振兴重点帮扶县为重点，巩固产业、就业、消费等方面成果，推动闽宁对口协作援助资金、人员、项目落到实处。高标准推进闽宁镇建设，打造东西部协作乡村振兴典范。推进我省产业向宁夏梯度转移，提升10个闽宁产业园区建设水平。深化闽宁两省区行业部门和对口协作县（区）行业部门间的结对帮扶与互学互助，开展“万企兴万村”行动，鼓励我省慈善机构、行业协会、基金会等社会组织积极参与，营造全社会参与闽宁协作的浓厚氛围。（责任单位：省乡村振兴局，承担闽宁协作帮扶任务的省直有关单位）

九、健全城乡融合发展体制机制

（一）畅通城乡要素循环

推进县域内城乡融合发展。深化经济发达镇行政管理体制改革，健全完善考核评估体系，进一步破解影响基层发展的体制性障碍，推动按法定程序赋予更多乡镇部分县级经济社会管理权限，加快构建简约高效的基层管理体制。推进国家城乡融合发展试验区福州东部片区建设，在城乡有序流动的人口迁徙制度、城中村改造合作平台、城乡产业协同发展平台、生态产品价值实现机制、城乡基础设施一体化发展体制机制等方面开展改革探索。（责任单位：省发改委，省委编办）

促进城乡人力资源双向流动。完善城市人才入乡激励机制，进一步做好选调生到基层锻炼工作，鼓励引导高校毕业生回乡创业兴业，统筹实施“三支一扶”计划等高校毕业生服务基层项目。推进省级高层次人才、省引进紧缺急需人才等人才项目，对农村地区引进符合条件人才给予相应的安家补助等工作和生活待遇。适当放宽乡村基层事业单位专业技术人才招聘条件，适当降低学历、年龄、专业等要求。建立统一开放、竞争有序的人力资源市场，为城乡劳动力和人才流动提供专业化服务。推进农业转移人口市民化。有力有序有效深化户籍制度改革，推进居住证制度全覆盖，鼓励各地逐步扩大居住证附加的公共服务和便利项目。落实农业转移人口市民化奖补机制，增强市、县（区）政府的财政保障能力。统筹安排年度建设用地计划指标，保障进城落户人口用地需求。维护进城落户农民土地承包经营权、宅基地使用权、集体收益分配权，支持引导其依法自愿有偿转让上述权益。（责任单位：省委组织部，省教育厅、公安厅、人社厅、自然资源厅、农业农村厅）

优化城乡土地资源配置。建立健全城乡统一的建设用地市场。加快修订我省土地管理法实施办法，总结晋江农村土地制度改革试点经验，有序推动农村集体经营性建设用地入市。研究调整区片综合地价，明确征收农用地的土地补偿、安置救助费标准。依法扩大国有土地有偿使用范围，严格执行《划拨用地目录》，对可以使用划拨土地的能源、环境保护、保障性安居工程、养老、教育、文化、体育及供水、燃气供应、供热设施等项目，鼓励以出让、租赁方式供应土地。有序推进城乡建设用地增减挂钩，规范指标交易和资金使用。积极推进全域土地综合整治试点。引导农村产业在县域范围内统筹布局，保障农村一、二、三产业融合发展合理用地需求，县域内新增耕地指标应当重点保障乡村产业发展所需耕地占补平衡需求。编制县乡级国土空间规划应当安排不少于百分之十的建设用地指标，重点用于保障乡村产业用地。在符合国土空间规划前提下，通过村庄整治、土地整理等方式节余的农村集体建设用地优先用于发展乡村产业项目。（责任单位：省自然资源厅）

引导社会资本投向农业农村。支持县级农担机构建设，建立健全全省农业信贷担保体系，提高农业信贷担保规模，促进新型农业经营主体发展。加大对农业企业和农户的信贷支持，依托省级政策性优惠贷款风险分担资金池，落实乡村振兴贷政策。继续有效实施创业担保贷款贴息政策，支持返乡创业农民工、脱贫人口、农村自主创业农民等符合条件的群体获得贷款贴息支持。延续实施脱贫人口小额信贷政策，落实应贷尽贷，满足脱贫人口有效信贷需求。（责任单位：省财政厅，福建银保监局）

（二）深化农村改革

推进农村承包地“三权分置”改革。建立健全农村承包地日常登记、变更和管理等制度，加快农村经营管理综合信息应用平台建设，探索建立土地经营权流转合同网签制度，提升承包地管理数字化、信息化水平。引导土地经营权规范有序流转，推广使用统一的土地流转合同范本，引导发展土地股份合作、土地托管、土地经营权入股等多种适度规模经营模式。落实工商企业等社会资本流转土地经营权资格审查、项目审核和风险防范制度。加强农村土地承包经营纠纷调解仲裁能力建设，进一步健全和完善乡村调解、县市仲裁、司法保障的农村土地承包经营纠纷调处机制，依法维护农户土地承包权益。（责任单位：省农业农村厅）

深化农村集体产权制度改革。巩固提升农村集体产权制度改革成果，进一步完善集体经济组织成员信息，积极拓展成果应用渠道。持续深化集体林权制度改革，推进林业改革发展再出发。加强农村集体“三资”管理，建设福建省农村集体资产线上监督平台，依托福建省乡村振兴（扶贫惠民）资金在线监管平台，推动集体财务收支、合同管理等线上公开。发展壮大新型农村集体经济，创新集体经济组织形式和运营机制，因地制宜探索资源开发型、股份合作型、项目带动型、服务经济型、物业收益型等集体经济发展路径。探索开展经营性资产股份（份额）有偿退出、抵押担保试点。采取集中建设、分级使用、数据共享、综合监督的方式，建设省市县乡村上下畅通，多方联动与协同合作，实体交易市场+线上网络市场相结合的农村产权流转交易体系。（责任单位：省农业农村厅、林业局）

推进农村宅基地制度改革。深化农村宅基地制度改革试点，在晋江、沙县、建瓯探索宅基地所有权、资格权、使用权“三权分置”，落实宅基地属于本集体成员集体所有的有关规定，保障农村集体经济组织成员家庭作为宅基地资格权人依法享有的权益，允许在一定条件下流转、抵押宅基地使用权，推动建立依法取得、节约利用、权属清晰、权能完整、流转有序、管理规范的农村

宅基地制度。（责任单位：省农业农村厅）

（三）健全现代农业经营体系

培育壮大新型农业经营主体。推进国家、省、市、县级龙头企业梯队发展，“十四五”期间力争农业产业化省级以上重点龙头企业超1500家。着力提升龙头企业创新发展、数字化发展、绿色发展、品牌发展、融合发展等五项能力和联农带农水平。加强龙头企业服务，组织开展龙头企业培训，提高龙头企业管理人员素质。持续组织实施农民合作社规范提升行动，深入开展国家、省、市、县示范社“四级联创”，“十四五”期间新培育3000家县级及以上示范社。加强财政、税收、金融、用地等要素保障，支持农民合作社扩大规模、创建品牌、引进技术、促进产销。加快培育特色家庭农场，组织开展省、市、县示范家庭农场创建活动，鼓励有条件的地方，有序组建一批区域性家庭农场协会或联盟，“十四五”期间新培育5000家县级及以上示范场，推进家庭农场高质量发展。加强农民合作社和家庭农场辅导员等人才队伍建设。（责任单位：省农业农村厅、海洋渔业局）

健全社会化服务体系。以提升社会化服务能力为重点，突出以小农户为主要服务对象，在巩固水稻等粮食作物生产托管的同时，持续向食用菌、果树、茶叶、蔬菜等特色经济作物延伸。加快推广“互联网+农机作业”北斗卫星导航作业监测、网上订单等服务模式，为小农户和新型农业经营主体提供耕、种、防、收等各环节“菜单式”托管服务。发挥供销合作社作用，以龙头企业、农业服务公司、庄稼医院、农民合作社等为载体，加快构建县有运营中心、乡镇有服务站、村有服务点的县级供销社农业社会化服务体系，开展农产品营销、加工、电子商务、土地托管、配方施肥、统防统治、农机作业、助农信贷增信服务。（责任单位：省农业农村厅、供销社）

（四）强化支持保护

加大财政投入保障力度。建立健全与乡村振兴相适应的财政投入保障制度，继续把农业农村作为一般预算优先保障领域，预算内投资进一步向农业农村倾斜。加强考核监督，稳步提高土地出让收入用于农业农村比例。地方政府债券对符合条件的乡村振兴公益性项目给予支持。推进涉农资金统筹整合，强化预算绩效管理和监督，提高财政资金使用效益。（责任单位：省财政厅、发改委、农业农村厅、水利厅、海洋渔业局、林业局、供销社）

提高银行保险服务水平。以龙头企业为点、特色产业为线、现代农业产业园为面，进一步推广全产业链综合金融服务，为产业发展注入动能。重点加强乡村普惠型、基础性、兜底性民生建设的金融支持力度，加大乡村道路交通、物流通信、供水供电、教育卫生、清洁能源、人居环境改造等农村现代化重点领域的中长期信贷投放力度。突出创业创新带头人、返乡下乡人员、大学生村官、退役军人等重点群体，提供适配性更高、针对性更强的金融综合服务。促进政策性保险与商业性保险相融合，探索构建涵盖财政补贴基本险、商业险和附加险等的农业保险产品体系，巩固扩大农业保险覆盖面。实施优势特色农产品以奖代补政策，鼓励各地聚焦具有区域资源禀赋的特色水果、水产养殖、茶叶等产业，创新“一县一品”特色农险产品。逐步推进大宗农产品保险从“保成本”向“保价格”“保收入”转变。推广“保险+期货”“保险+信贷”等金融产品组合。（责任单位：福建银保监局）

（五）深化农业对外合作

推动优势农产品出口。每年创建30个农业国际贸易高质量发展基地，对标国际通行标准体系，推动开展国际认证和国际商标注册，不断提升出口农产品品质和国际化、标准化、品牌化水平。每年支持150家农产品生产、加工、贸易企业参加线上线下国际知名专业展会，开展宣传推介活动，巩固传统出口市场，重点拓展RCEP市场。（责任单位：省农业农村厅、海洋渔业局）

实施闽茶海丝行。充分发挥福建21世纪海上丝绸之路核心区的优势，立足已建立的13个“闽茶文化推广中心”和福建茶叶主要境外市场，组织茶企参加“香港茶展”等线上线下国际专业展会，设立闽茶展销专区，开展闽茶品牌文化推介活动。每年适时开展1次“闽茶海丝行”境外推介活动，提高闽茶海内外知名度。开展“闽茶海丝行”线上展销，依托福茶网开辟“闽茶海丝行”

专区，向全球专题推介闽茶文化、区域公用品牌、知名茶叶企业品牌等，拓展闽茶销售渠道。（责任单位：省农业农村厅）

强化菌草援外等农业技术国际合作。加强菌草种质保护与创新，推进菌草援外项目实施，拓展菌草国际合作渠道。积极推进全球重要农业文化遗产申报与保护利用，组织遗产地参与国际交流，助力遗产地乡村振兴事业。（责任单位：省农业农村厅，福建农林大学）

十、加大组织保障

（一）健全工作推进机制

建立省农业农村厅、发改委牵头的农业农村现代化工作推进机制，结合乡村振兴"十大行动"制定年度任务清单和工作台账，明确任务分工，加强重点工作任务跟踪调度，确保各项目标任务落地见效。各设区市和平潭综合实验区要结合实际制定推进落实措施，明确目标任务，细化政策举措。各部门要根据责任分工，强化政策配套，协同推进。

（二）动员社会参与

搭建社会参与平台，构建政府、市场、社会协同推进农业农村现代化的工作格局。调动基层干部和农民群众积极性、主动性、创造性，发挥各类群团组织和其他社会力量积极作用，凝聚推进农业农村现代化的强大合力。

（三）加强考核评估

建立农业农村现代化监测评估制度，加强年度监测分析、中期评估和总结评估全过程管理。建立健全跟踪考核机制，把推进农业农村现代化情况纳入实施乡村振兴战略实绩考核。健全规划、财政、金融等政策协调和工作协同机制，强化各类政策对规划实施的保障支撑。

附件：1. "十四五"推进农业农村现代化主要指标（略）

2. "十四五"推进农业农村现代化重点工程（略）

发文机关：福建省人民政府
文　　号：闽政文〔2022〕288号
标　　题：福建省人民政府关于印发福建省"十四五"推进农业农村现代化实施方案的通知
发文日期：2022年6月17日

福建省人民政府办公厅关于促进民宿发展若干措施的通知

各市、县（区）人民政府，平潭综合实验区管委会，省人民政府各部门、各直属机构，各大企业，各高等院校：

为深入学习贯彻习近平总书记关于文化和旅游工作的重要论述和来闽考察重要讲话精神，认真落实《福建省人民政府关于促进旅游业高质量发展的意见》（闽政〔2021〕8号），促进民宿持续健康发展，助力做大做强做优文旅经济，经省政府同意，提出如下措施。

一、强化规划引领

把民宿发展纳入经济社会发展、城乡建设、国土空间、乡村振兴、旅游景区等规划中，科学合理选址，完善民宿基础设施与公共服务配套设施，对通往民宿集聚区的公路提升改造、供水供电、广播电视、通信宽带、电力扩容、消防基础设施、标识标牌等公共设施建设加大扶持力度，推进民宿有序发展。支持特色街区、传统村落、特色小镇、旅游景区、省级金牌旅游村所在地，依法依规开展民宿集聚区试点和示范区建设，实现“吃、住、行、游、购、娱”一体，推动文化与民宿深度融合。〔责任单位：省发改委、自然资源厅、住建厅、交通运输厅、水利厅、农业农村厅、文旅厅、消防救援总队，福建广电网络集团、省通信管理局、国网福建省电力公司，各市、县（区）人民政府，平潭综合实验区管委会。以下均需各市、县（区）人民政府和平潭综合实验区管委会落实，不再列出〕

二、放宽民宿市场准入

深化“放管服”改革，集成民宿开办政务服务事项。各地推进民宿开办全流程“一件事”改革，制定“一件事”改革的具体方案，实行“一窗受理，集成服务”，民宿开办承诺备案事务集中在本地区行政服务中心综合窗口统一办理，实行“前台综合受理、后台分类备案、综合窗口出件”，提高服务效能。所在乡镇人民政府（街道办事处）加强属地管理，各相关部门依法依规依责进行事中事后监管。（责任单位：省公安厅、住建厅、发改委、卫健委、市场监管局、商务厅、文旅厅、消防救援总队）

三、支持利用农村闲置资源发展民宿

在确保使用安全的前提下，鼓励当地村民和外来投资者利用现有住房进行改造开办民宿，鼓励村集体利用连片闲置房屋打造区域民宿集群。在符合国土空间规划前提下，鼓励对依法登记的宅基地等农村建设用地进行复合利用，发展乡村民宿等农村产业。（责任单位：省自然资源厅、农业农村厅）

四、引导民宿经营者创新特色发展

创新招商模式，积极引入高端开发运营主体，推进民宿发展提档升级。引导民宿经营者加强对传统艺术、传统民俗、人文典故、地域风情等非物质文化遗产的挖掘和传承。将地域文化、本土文化和现代科技融入民宿建设与经营管理全过程，打造富有文化创意和景观美学的特色民宿品牌，支持民宿经营者在民宿周边打造餐饮消费、特色文创等多元化业态，提高吸引力和竞争力。（责任单位：省文旅厅、商务厅）

五、加大财政资金扶持力度

从省文旅厅、住建厅、农业农村厅等部门相关专项中统筹资金，用于扶持民宿发展、奖补精品民宿等，并向民宿发展较好的区域倾斜。鼓励各地根据实际设立促进民宿发展扶持资金。（责任

单位：省财政厅、住建厅、农业农村厅、文旅厅）

六、加强扶持性金融产品开发

鼓励金融机构推出农村承包土地的经营权抵押贷款等金融产品，对符合“财政惠农信贷通”政策条件的民宿经营者给予贷款倾斜。依托省级政策性优惠贷款风险分担资金池，推出“文旅贷”等快服贷产品，重点支持民宿经济发展。各地依托省“基金云”平台，以省级政府投资母基金为龙头，加强民宿经济项目对接和合作，引导社会资本参与民宿经济发展。探索建立民宿投融资担保平台、风险准备金制度及信用评级体系。支持采取“政府+保险公司+业主”三合一保险模式，降低民宿经营意外责任风险。（责任单位：省财政厅、文旅厅、金融监管局，人行福州中心支行、福建银保监局）

七、鼓励选择民宿开展培训和疗休养

拓宽民宿经营渠道，鼓励民宿积极参与职工疗休养基地创建评选。鼓励行政机关、事业单位、社会团体组织和国有企业选择民宿举办培训和职工疗休养。（责任单位：省总工会、财政厅）

八、推动管理和服务水平提升

鼓励村集体规范民宿发展，组建专业管理机构经营民宿。将民宿从业人员列入乡村振兴、商贸服务业、餐饮住宿业、文化和旅游人才培训计划，加大对民宿经营业主及从业人员的培训力度。依据文化和旅游部有关旅游民宿基本要求与评价标准，开展民宿等级评定并给予奖励，引导民宿规范化标准化发展。加强对民宿房屋安全、消防、食品卫生、文明诚信等方面的监管，守牢安全底线，规范经营管理。（责任单位：省文旅厅、人社厅、住建厅、农业农村厅、商务厅、卫健委、市场监管局、消防救援总队）

九、促进交流合作和宣传推介

把民宿纳入消费市场激活、夜间经济扶持、旅游营销计划和全域旅游精品线路推介内容，提高福建民宿品牌知名度、影响力，采取更有针对性的工作举措，持续拓展文旅消费，释放旅游消费潜力。对组建若干家民宿自主网络营销平台及吸纳建档立卡脱贫户就业的民宿给予奖励。积极吸引台商、台湾青年在闽创办民宿，支持两岸民宿行业组织在设计、经营、管理服务、宣传营销等方面加强交流合作，对符合政策要求的项目给予适当补助。（责任单位：省文旅厅、商务厅、农业农村厅、台港澳办）

十、建立健全促进民宿发展协调机制

发挥省旅游产业发展领导小组作用，加强对全省民宿发展的统筹协调。各设区市、平潭综合实验区管委会要制定促进民宿发展指导意见，县（市、区）要制定民宿发展实施细则或实施办法，明确民宿房屋建筑、消防安全等条件，并细化职责分工，协调处理民宿发展重大问题。省文旅厅要适时组织政策效果评估，及时加以调整完善，促进民宿持续健康发展。（责任单位：省旅游产业发展领导小组各成员单位）

福建省人民政府办公厅

2022年6月24日

（此件主动公开）

发文机关：福建省人民政府办公厅

文　　号：闽政办〔2022〕36号

标　　题：福建省人民政府办公厅关于促进民宿发展若干措施的通知

发文日期：2022年6月24日

福建省发展和改革委员会　福建省工业和信息化厅印发关于建立专项协调机制推动产业高质量发展的工作方案的通知

各设区市人民政府，平潭综合实验区管委会，省科技厅、财政厅、自然资源厅、生态环境厅、交通运输厅、卫健委、应急厅、国资委、医保局、机关管理局、药监局，省能化集团、汽车集团、电子信息集团，国网福建省电力公司：

《关于建立专项协调机制推动产业高质量发展的工作方案》已经省政府同意，现印发给你们，请认真贯彻执行。

福建省发展和改革委员会
福建省工业和信息化厅
2022年3月24日

（此件主动公开）

关于建立专项协调机制推动产业高质量发展的工作方案

按照省委、省政府工作部署，为推动“提高效率、提升效能、提增效益”行动落细落实，强化统筹谋划和协同推进，提升全省产业链现代化水平，推动产业高质量发展，省级层面建立重点区域、重点产业专项协调机制，设立专项协调小组，并制定本工作方案。

一、专项协调小组责任分工

（一）石化—化纤—纺织—鞋服产业

牵头省领导：郭宁宁、康涛

牵头单位：省发改委、工信厅

责任单位：省科技厅、自然资源厅、生态环境厅、应急厅、国资委，省能化集团，相关地市政府等

1. 古雷石化基地。

牵头省领导：郭宁宁

牵头单位：省发改委

责任单位：省工信厅、科技厅、自然资源厅、生态环境厅、应急厅、国资委，省能化集团，漳州市政府、古雷开发区管委会等

2. 湄洲湾石化基地。

牵头省领导：康涛

牵头单位：省工信厅

责任单位：省发改委、科技厅、自然资源厅、生态环境厅、应急厅，泉州市、莆田市政府等

（二）集成电路产业

牵头省领导：康涛

牵头单位：省工信厅

责任单位：省发改委、财政厅、科技厅、国资委，省委台港澳办，省电子信息集团，福州市、厦门市、泉州市、莆田市政府等

（三）新能源汽车产业

牵头省领导：康涛

牵头单位：省工信厅

责任单位：省发改委、财政厅、科技厅、交通运输厅、国资委、机关管理局，省汽车集团，相关地市政府等

（四）锂电新能源新材料产业

牵头省领导：郭宁宁

牵头单位：省发改委

责任单位：省工信厅、财政厅、科技厅、自然资源厅，国网福建省电力公司，相关地市政府等

（五）生物医药产业

牵头省领导：康涛

牵头单位：省工信厅

责任单位：省发改委、科技厅、财政厅、卫健委、医保局、药监局，相关地市政府等

二、重点任务

（一）强化产业分析研判

全面梳理重点产业链龙头企业、产业分布、优势领域、薄弱环节、缺失环节、招商重点、承载园区等情况，联合行业专家团队、咨询机构，理清本省、全国、全球产业发展现状，分析研判产业发展趋势，对现有产业链进行“会诊把脉”，细化完善“1张图谱+N张清单”，精准绘制产业链全景图谱，形成重点企业清单、重点招商项目清单、重点园区清单、重点产业区域布局清单等，明确产业发展路径方向。

（二）鼓励产业研发创新

围绕产业链部署创新链，支持重点实验室、工程研究中心、制造业创新中心、企业技术中心等创新平台建设。聚焦产业链关键环节“卡脖子”技术短板，综合运用“揭榜挂帅”等政策举措，组织实施省级重大科技专项，鼓励骨干企业、高校科研院所等搭建产业链创新联盟、创新联合体，开展产学研用协同攻关，重点突破一批产业链核心关键技术，加快推进技术成果市场转化应用。

（三）加强企业梯次培育

实施龙头企业“三个一批”行动，培优扶强龙头企业，支持龙头企业在突出主业的基础上延伸拓展产业链条，发挥引领带动作用。实施中小企业梯度培育工程，引导中小企业专业化、精细化、特色化、新颖化、高端化发展，持续推进“个转企”“小升规”“规改股”“股上市”，打造一批细分行业和细分市场单项冠军和专精特新“小巨人”企业。

（四）加大招商引资力度

紧盯世界500强、全国500强、全国民企百强、台湾百大以及独角兽、瞪羚等重点企业，根据重点产业发展需求，开展靶向招商、精准招商，对接引进一批产业链强链补链延链项目。探索跨市县联合招商，构建产业跨区域转移激励机制，支持合作共建产业园区，统筹抓好重大产业协作链群建设。

（五）强化产业协同联动

支持开展产品推介、协作配套、产能对接等“手拉手”活动，推动产业链上下游联动、产供销一体、大中小协同，拓宽重点产业终端产品在关联产业中的应用，促进石化、纺织、鞋服、锂电新能源新材料等关联产业协同发展。鼓励企业间建立长期战略合作关系，稳定重点产业链、供应链，实现集群式联动和全产业链发展。

（六）夯实园区载体建设

促进开发区高质量发展，支持符合条件的产业园区基础设施项目申请政府专项债券，持续完善园区水电气以及码头、航道、管廊、环保、安全、物流、商贸等公共服务设施配套，进一步扩大工业（产业）园区标准化试点范围。加大园区存量建设用地盘活力度，推进园区批而未供和闲置土地处置，加快产业向专业园区聚集，以园聚链、以链集群。

三、工作要求

（一）加强组织领导

专项协调小组要强化统筹谋划，明确省和地市具体任务分工。省级重点加强产业发展统筹布局和规划引导，全面梳理上下游产业链，明确产业发展重点和方向，研究制定产业发展规划、扶持政策措施，探索设立产业发展基金，建立健全行业协会、专家智库、企业家联盟，争取国家有关政策、资金、资源要素支持；各设区市、平潭综合实验区要参照省里做法，建立健全本地区领导挂钩重点区域和重点产业工作机制，加强园区配套、招商引资、要素保障等工作，进一步压实责任，明确分工，形成一级抓一级、层层抓落实的良好工作局面。

（二）完善工作机制

按照“一产业一专班”的模式，各牵头单位要会同有关责任单位分产业成立工作专班，办公室设在牵头单位。结合重点产业发展实际和现实需求，研究制定具体工作方案，明确目标任务，细化政策措施，落实具体人员，确保工作任务落细落实。各级各部门要密切配合、通力协作，建立定期跟踪报送机制，每月跟踪汇总各相关领域工作推进落实情况、存在问题和意见建议，定期

向省政府报告重大事项进展情况，形成整体推进合力。

（三）强化协调服务

完善省、市、县三级联动机制，加强产业发展日常跟踪调度、定期协商，及时协调解决产业园区建设、龙头企业发展、重点项目实施中遇到的困难问题，共性问题集中研究解决，个别问题专题研究解决，建立问题清单、任务清单、跟踪落实、对账销号。

（四）加强宣传引导

充分发挥电视、广播、报刊、网络、微信公众号等新闻媒体作用，多角度、多形式加大对重点产业推进工作成效和经验做法的宣传报道力度，挖掘先进典型，凝聚社会共识，营造全省上下齐心协力推动产业高质量发展的良好氛围。

发文机关：福建省发展和改革委员会
福建省工业和信息化厅

文　　号：闽发改工业〔2022〕193号

标　　题：福建省发展和改革委员会 福建省工业和信息化厅印发关于建立专项协调机制推动产业高质量发展的工作方案的通知

发文日期：2022年3月24日

福建省发展和改革委员会关于加快推动锂电新能源新材料产业高质量发展的实施意见

各设区市人民政府，平潭综合实验区管委会，省人民政府有关部门、有关直属机构，福建省电子信息（集团）有限责任公司、福建省大数据集团有限公司：

锂电新能源新材料是实现碳达峰碳中和目标，构建清洁低碳、安全高效现代能源体系的关键产业，对推动能源绿色转型、应对极端事件、保障能源安全、促进能源高质量发展等具有重要意义。为深入贯彻落实党的二十大精神，促进战略性新兴产业融合集群发展，经省政府研究同意，现就加快推动锂电新能源新材料产业高质量发展提出以下实施意见：

一、总体要求

（一）指导思想。以习近平新时代中国特色社会主义思想为指导，完整、准确、全面贯彻新发展理念，加快构建新发展格局，以实现碳达峰碳中和目标为引领，围绕推动锂电新能源新材料产业高质量发展，聚焦龙头企业培育和重大项目引进，推进高端补链、终端延链、整体强链，加快构建完善的产业生态体系，因地制宜加快培育优势产业集群，将锂电新能源新材料产业打造成为我省“特色鲜明、布局合理、结构优化、效益突出”的优势特色产业。

（二）基本原则。创新引领，自主可控。将提高自主创新能力和材料装备自给能力放在首要位置，不断提高关键材料、装备的国产化率。瞄准国际技术发展前沿，加快布局建设国家级、省级创新平台，实现基础创新能力全面提升。

龙头带动，市场引导。明确企业在产业发展中的主体地位，发挥龙头企业对产业链、供应链整合能力，优化产业发展布局，在关键材料、重点装备等细分领域吸引带动一批单项冠军企业落地，打造锂电新能源新材料产业生态圈和产业联盟。

示范应用，场景先行。鼓励开展锂电新能源新材料领域先进技术、先进装备应用试点示范，打造一批多能互补、技术融合的锂电新能源新材料应用场景和新业态新模式，将我省建设成为技术、标准、成果、装备输出高地。

（三）发展目标。实现锂电新能源新材料产业集聚化、规模化发展，以动力及储能电池制造为核心，以材料和设备为支撑，做全做大做强上下游配套产业，延伸带动发展金属矿产、锂电回收等关联产业，打造一批各具特色的产业集群。争取到2025年，全省锂电池产能规模突破500GWh，全产业链产值超过6000亿，全省累计建成电动汽车换电站达1000座以上。锂电新能源新材料共性技术研发创新能力保持国际领先水平，以宁德为核心、全国知名的新能源材料产业核心区基本形成，锂电新能源新材料产业在推动能源领域碳达峰碳中和过程中发挥显著作用。

二、打造自主可控产业创新体系

（四）做优做大创新平台。支持宁德时代电化学储能技术国家工程研究中心等一批锂电新能源新材料领域创新平台发展壮大，开展动力电池能量密度、安全性、循环寿命及储能电池容量、寿命等关键技术研究；依托龙头企业、高校和科研院所，围绕前驱体及原料、锂离子电池材料、电解液、隔膜、废旧电池循环利用等布局新建一批省级高水平创新平台，引导围绕制约产业链发展的新材料、新工艺、新装备开展技术攻关、加速成果转化，争创国家级创新平台。（省发改委、工

信厅、科技厅按职责分工，各设区市人民政府、平潭综合实验区管委会）

（五）探索提升创新能力。以“揭榜挂帅”“军令状”“赛马”等形式，组织实施锂电新能源新材料关键核心技术攻关与产业化示范应用，推动产学研深度融合，鼓励龙头企业牵头组建创新联合体，加快推进关键核心技术自主化，突破“里程焦虑”“安全焦虑”“寿命焦虑”等难点问题，实现产品成本持续下降和商业化规模应用。（省科技厅、发改委、工信厅、教育厅按职责分工，各设区市人民政府、平潭综合实验区管委会）

（六）建设新能源电池检验检测公共服务平台。发挥福建省创新研究院产业技术公共服务平台作用，建设新能源电池检验检测公共服务平台，聚焦锂电池检验检测领域，引进领军人才团队，推动科技成果转化，开展锂电池前沿技术跟踪研究，提供检验检测、产品认证、研发测试、推广应用、标准制订、咨询培训等全过程一站式的锂电池创新综合服务。（省创新研究院，省发改委、工信厅、科技厅按职责分工）

三、培育完善锂电产业链条

（七）加快打造产业发展集聚区。推动项目、技术、资金、人才等创新资源向专业园区集聚，重点支持宁德依托现有产业基础，发挥先发优势，建设全球领先的锂电新能源新材料产业核心区，做优做强产业集群，争取纳入国家级战略性新兴产业集群发展工程；支持厦门重点聚焦锂电池终端产品，持续扩大发展规模，带动上下游产业配套集聚发展。宁德、厦门要高起点、高质量研究产业发展规划，充分发挥龙头企业引领作用，推动组建锂电新能源新材料产业发展联盟，开展“以商招商”、精准招商，利用企业信息渠道、商务渠道、人脉资源等优势，着力引进落地产业链配套优质项目。（省发改委、工信厅、科技厅、商务厅按职责分工，宁德市、厦门市人民政府）

（八）做大做强特色配套园区。支持宁德锂电新能源新材料产业核心区与中国五矿集团等央企在矿产资源开发等领域深化合作，加强与福鼎龙安工业园区、漳州古雷开发区、邵武金塘工业园、南平高新技术产业园区、上杭蛟洋工业区等园区协作配套；推动南平、三明、龙岩等地区发挥石墨、氟新材料等领域资源禀赋优势，布局负极材料、正极材料、电解液生产基地，提升产品附加值；推动福州、漳州、泉州等地区围绕动力电池、储能、隔膜、电解液、壳体等，打造一批特色制造基地；支持有条件的地区结合实际，引进锂电新能源新材料产业链重大项目，并视项目投资强度、产值规模、创新成果等方面贡献情况给予“一事一议”奖励支持。（省发改委、工信厅、商务厅、科技厅按职责分工，各设区市人民政府、平潭综合实验区管委会）

（九）探索发展梯次利用与再制造。引导企业申报新能源汽车废旧动力蓄电池综合利用行业规范条件，突破锂电池循环再制造技术，完善回收处理工艺流程，形成退役动力电池回收服务、电池组拆包、模块测试筛选、电池再组装利用、镍钴锰锂等材料回收再利用的全链条产业体系，健全全生命周期资源综合管理，打造锂电池闭合循环产业链。（省工信厅、发改委、科技厅、生态环境厅、交通运输厅、商务厅、市场监管局、税务局按职责分工，各设区市人民政府、平潭综合实验区管委会）

四、推动多元化应用示范

（十）推进新能源项目落实储能配套。适应新能源为主体的新型电力系统发展需求，全面推广“新能源+储能”一体化开发模式，充分发挥新型储能对新能源消纳的支持能力，实现储能与新能源深度融合、联合运行。将配置储能要求纳入海上风电竞争性配置和集中式光伏试点申报内容，探索推动新建的可再生能源发电项目与储能设施同步建成、同步并网；鼓励各类已建、在建的风电和集中式光伏项目参照新建项目配建储能设施，对配建情况较好的企业，电网企业优先保障所属项目送出工程建设和并网接入。（省发改委，福建能源监管办，国网福建省电力有限公司按职责分工）

（十一）引导加快储能产品应用示范。鼓励聚合利用不间断电源、电动汽车、用户侧储能等分散式储能设施，依托大数据、云计算、人工智能、区块链等技术，探索智慧能源、虚拟电厂等多种商业模式；推动省内储能制造企业与新能源项目加强对接，扩大储能产品应用领域和使用规模，从消费端带动生产端，促进储能全产业链协同发

展。(省发改委、工信厅按职责分工，各设区市人民政府、平潭综合实验区管委会)

(十二) 探索推动换电模式加快发展。积极争取将换电基础设施和网络建设纳入新基建范畴。强化科学布局，支持充分利用现有充电站、停车场、港口码头、水上作业区、停泊区等已有场地资源，有序开展换电基础设施和网络建设，打造换电示范试点。支持各地研究出台“十四五”电动汽车、电动船舶充换电站等支持措施，省级各有关部门将根据各类充换电站建设运营情况，在现有专项资金中予以配套支持。(省发改委、工信厅、交通运输厅、财政厅、数字办按职责分工，各设区市人民政府、平潭综合实验区管委会)

(十三) 加强换电基础设施建设配套支持。支持各设区市将换电基础设施用地纳入公用设施营业网点用地范围，每年根据需要安排一定的建设用地，用于支持换电站建设，对服务 3 家 (含) 以上品牌的共享换电站优先安排建设用地。国网福建省电力有限公司落实好换电基础设施从产权分界点至公共电网的配套接网工程建设和运行维护工作，探索简化办理流程，开辟换电基础设施电力增容等审批服务的绿色通道，换电基础设施需符合电力公司的接网标准、并具备削峰填谷的能力。(省自然资源厅、住建厅、交通运输厅，国网福建省电力有限公司按职责分工，各设区市人民政府、平潭综合实验区管委会)

五、强化产业发展要素保障

(十四) 加强项目落地要素保障。合理配置新增建设用地，集约安排存量建设土地，优先保障锂电新能源新材料创新平台、产业基地、重点项目等建设用地，对省级及以上重点项目，优先安排用地指标，涉及新增围填海项目，推动纳入国家重大项目清单争取支持。鼓励各地对相关企业租、购创新型产业用房提供政策性优惠。对推动锂电新能源新材料领域创新平台、产业基地、重点项目建设成效显著的地区，省发改委安排前期工作经费予以支持。(省发改委、自然资源厅按职责分工，各设区市人民政府、平潭综合实验区管委会)

(十五) 保障产业发展算力需求。鼓励省超算中心与锂电新能源新材料领域龙头企业深入合作，以最优惠价格满足相关企业在高通量材料计算、高通量产品试验、多尺度材料模拟等技术研究和产品全生命周期数据监测、追溯等方面的超算需求。推动建设福建省算力资源一体化公共服务平台，统筹全省算力基础设施资源，为赋能锂电新能源新材料产业、提升科技创新能力提供基础支撑。(省数字办，省电子信息集团、大数据集团按职责分工)

(十六) 强化产业发展金融支持。推动福建省绿色产业基金和海洋经济产业基金加快运作，支持投向锂电新能源新材料等领域优质项目；推动金融机构配合相关产业、专项基金开展投贷联动业务；鼓励金融机构在风险可控前提下加大对锂电新能源新材料产业项目信贷支持力度，对符合条件的项目积极推动争取优惠利率的“碳减排支持工具”贷款支持，积极运用各类央行政策工具为符合条件的企业提供低利率信贷资金支持；鼓励各地对锂电新能源新材料领域生产基地、生产制造、共享储能、电池银行和换电业务等重大建设项目，给予相应贴息支持，多举措降低综合融资成本。(省财政厅、金融监管局、发改委、工信厅、海洋渔业局，福建银保监局，人行福州中心支行按职责分工，各设区市人民政府、平潭综合实验区管委会)

六、完善产业人才支撑体系

(十七) 加强产业人才引进力度。实施省级高层次人才认定支持、产业领军团队支持等项目，加大对锂电新能源新材料领域人才团队的支持力度，吸引具有国际影响力的顶尖人才携技术、团队来闽进行项目落地转化。各地可根据发展需要，灵活制定人才引进配套政策。(省人社厅、科技厅、教育厅、工信厅按职责分工，各设区市人民政府、平潭综合实验区管委会)

(十八) 强化专业人才培育工作。支持省内高等院校设立新能源新材料产业相关院系、学科，强化专业建设，逐步扩大相关专业本科、研究生招生指标。深化产教融合，加强职业教育，推动高等院校、科研院所与宁德时代等龙头企业深度合作，共同开展专业人才特别是中高级技能型人才培养、实习、实训，定向输送产业发展急需的合格人才。(省教育厅、人社厅、科技厅按职责分

工，各设区市人民政府、平潭综合实验区管委会）

（十九）打造机制灵活的创业加速器。鼓励锂电新能源新材料领域高端技术人才携具有自主知识产权的科技成果到福建创业。推动龙头企业内部资源平台化，支持企业内部创业。推动建立一批高标准产业生态孵化器、加速器和开放实验室。支持众包、众扶、众筹等创业支撑平台建设。充分发挥“9·8”投洽会、“6·18”海创会、数字中国建设峰会等平台优势，举办锂电新能源新材料专项对接活动。（省发改委、科技厅、人社厅按职责分工，各设区市人民政府、平潭综合实验区管委会）

七、加强产业统筹协调

（二十）完善产业协调体系。依托锂电新能源新材料产业发展专项协调小组，完善省、市、县（区）三级协同联动机制，加强对产业宏观指导和统筹协调，不定期召开专题工作会议，研究重点工作事项及需协调解决的重点难点问题，需省领导协调推动的重大事项及时报请省政府研究，保障重点项目建设，引导产业健康有序发展。（省发改委、工信厅、科技厅、财政厅、自然资源厅按职责分工，各设区市人民政府、平潭综合实验区管委会）

（二十一）加大要素保障。各地要加大对锂电新能源新材料发展的财政、金融、土地等政策支持力度，完善道路、公共交通、地下管网、供水供电、信息通信等公共基础设施配套，优化项目前期手续办理流程，积极推动一批产业链上下游重点项目落地。（各设区市人民政府、平潭综合实验区管委会）

（二十二）强化风险管理。各地应按照有关法律法规和技术规范要求，严格履行项目审批、安全、消防、环保等管理程序。项目产权（运营）单位要强化安全生产主体责任，加强电气、消防等日常检查和安全管理，做好组件和系统运行状态在线监测，及时消除安全隐患，有效提升锂电相关设施安全运行水平。（各设区市人民政府、平潭综合实验区管委会）

本实施意见自印发之日起施行，有效期至2025年12月31日。

福建省发展和改革委员会

2022年12月14日

（此件主动公开）

发文机关：福建省发展和改革委员会

文　　号：闽发改规〔2022〕12号

标　　题：福建省发展和改革委员会关于加快推动锂电新能源新材料产业高质量发展的实施意见

发文日期：2022年12月14日

福建省发展和改革委员会关于取消办理发电项目并网运行条件相关行政确认事项的通知

各设区市工信局、发改委，平潭综合实验区经济发展局，各发电企业：

为进一步落实“简政放权”有关工作要求，优化我省电力营商环境，经省委编办批复同意，即日起在全省范围内取消办理“发电企业并网运行条件的审查”行政确认事项，并就有关工作通知如下：

根据省委编办批复文件，各级工信部门2022年4月22日前已受理的发电企业并网运行条件确认申请，应当按照《福建省工业和信息化厅关于进一步做好发电企业并网运行条件确认有关工作的通知》（闽工信法规〔2020〕95号）文件规定，认真审查并出具行政确认意见，允许发电企业按程序撤回申请。4月23日起，各级工信部门受理的发电企业并网运行条件确认申请，已办结出具行政确认文件的，不予办理撤销；未办结的，应当对发电企业做好解释说明，并予办理退件。

各级能源主管部门在向项目建设单位下达电力项目核准文件或项目备案通知书时，必须同时就项目在安全管理和质量管控等方面需要履行的相关责任和义务进行书面告知，并依法加强监督管理。各级电网企业按照有关法律法规、政府文件、技术规程规定，主动对发电项目开展技术指导，严格落实涉网安全检查，对符合接入条件的予以办理并网手续并签订购售电合同。各发电项目业主单位要落实安全生产主体责任，严格执行电力行业技术要求，接受电网企业技术指导，确保企业安全生产建设。

本通知自印发之日起执行，各级电力运行主管部门不再受理发电企业并网运行条件确认申请。我省此前发布的发电企业并网运行条件确认工作相关文件与本通知不一致的，按本通知要求执行。

福建省发展和改革委员会

2022年5月17日

（此件主动公开）

发文机关：福建省发展和改革委员会

文　　号：闽发改能源〔2022〕313号

标　　题：福建省发展和改革委员会关于取消办理发电项目并网运行条件相关行政确认事项的通知

发文日期：2022年5月17日

福建省工业和信息化厅　福建省财政厅关于印发推进工业数字化转型九条措施的通知

各市、县（区）工信局、财政局，平潭综合实验区经发局、财政金融局：

为进一步贯彻落实工业和信息化部《“十四五”信息化和工业化深度融合发展规划》和省委、省政府关于深化新一代信息技术与制造业融合发展工作部署，加快推动工业企业数字化转型。经研究，提出《关于推进工业数字化转型的九条措施》，请认真抓好贯彻落实。

各地要加强政策宣贯，细化目标任务，主动靠前服务，指导企业用好用足惠企政策。鼓励各地制定配套政策措施，加大资金扶持力度。

福建省工业和信息化厅
福建省财政厅
2022 年 8 月 31 日

（此件主动公开）

关于推进工业数字化转型的九条措施

为深入贯彻落实工业和信息化部《“十四五”信息化和工业化深度融合发展规划》和省委、省政府关于深化新一代信息技术与制造业融合发展工作部署，加快推动全省工业数字化转型，制定以下措施。

一、支持工业互联网平台赋能

评选一批省级工业互联网示范平台，对获评企业给予最高 200 万元奖励；支持企业申报工业和信息化部跨行业跨领域综合型工业互联网平台以及特色型专业型工业互联网平台。支持省级以上工业互联网平台持续赋能中小企业数字化转型，对年度新增连接和有效服务企业数达到 100 家（含）以上的予以分档奖励：2022 年全年新增数在 300 家（含）以内的，按每家 6000 元予以奖励；超过 300 家以上的部分，按每家 8000 元予以奖励；2023 年、2024 年新增单家企业奖励额度分别按上述标准的 80%、50%执行；每个平台每年奖励最高不超过 300 万元。

二、培育标杆企业

加快新一代信息技术应用创新，支持工业企业发展个性化定制、网络化协同、智能化制造、服务化延伸、数字化管理、平台化设计等新模式新业态，发展“5G+工业互联网”。每年评选一批新模式新业态标杆企业和 5G 全连接工厂，对获评企业给予最高 50 万元奖励，并在“专精特新”中小企业认定中给予加分。对入选国家智能制造示范工厂的企业，给予最高 100 万元奖励。

三、壮大软件服务商

支持软件开发商与电信运营商、装备供应商等强强联合，推进智能装备、核心软件、工业互联网等技术的集成应用，围绕基础软件、工业软件、信息安全、行业应用软件等细分领域，每年评选一批综合竞争力强、增长速度快的“领雁”软件服务商，给予最高 50 万元奖励。

四、推广典型应用场景

支持工业领域数字化成熟典型应用场景复制推广，每年遴选发布一批典型应用场景，通过召开现场会、对接会等方式加快复制推广。支持数字化应用场景创新，每年征集发布一批应用场景需求，通过“揭榜挂帅”方式实施项目攻关，对揭榜成功的单位，通过项目验收的，按照项目投资额的 50%予以补助，最高补助 100 万元。支持各级通过政府购买服务方式为工业企业提供数字化转型咨询诊断服务。对入选国家智能制造优秀场景的企业，给予最高50万元奖励。

五、推进标识解析建设应用

支持工业互联网标识解析集成创新，开展关键产品追溯、供应链管理、产品全生命周期管理等应用，对完成与国家顶级节点对接的二级节点，注册工业企业数超300家，标识注册量超3000万，解析量超1亿次，且具备典型企业服务案例的，对二级节点建设运营单位，给予100万元奖励。

六、加强金融服务

对省级以上工业互联网标杆企业和新一代信息技术与制造业融合发展标杆企业实施的数字化技术改造项目，申报省重点技术改造项目时不受投资额限制，列入省技改项目融资专项支持范围，按项目实际投放贷款金额给予最长3年、年化2%的贴息支持。鼓励商业银行等各类金融机构创新推出数字化转型金融产品，为工业企业数字化转型提供低成本融资服务。

七、引培数字技术人才

鼓励在“创客中国”中小企业创新创业大赛、中国工业互联网大赛、中国工业互联网安全大赛等国家级赛事中的获奖团队和个人来闽创业，对项目落地的团队，符合条件的，推荐申报福建省产业领军团队，对入选的产业领军团队，按规定享受300万元、500万元、800万元的分档补助。每年评选表彰一批具有较强影响力的工业数字化领军人物，引领带动企业家数字启蒙，鼓励各地对数字化领军人物在子女入学、人才公寓等方面给予支持。

八、提升“党企新时空·政企直通车”服务效能

健全平台服务体系，推进县级平台建设全覆盖，实现省、市、县三级平台互联互通、数据共享，提升平台数字化服务能力。对新建并完成验收的县级平台，给予30万元补助。

九、加强数据安全保障

支持工业企业开展工业互联网网络安全分类分级和工业领域数据安全管理，举办工业互联网安全大赛，培育壮大网络安全产业。每年遴选一批工业领域数据安全标杆企业和数据安全优秀服务商，每家给予最高50万元奖励。

对上述符合省重点技改项目条件的，可叠加享受技改项目投资补助和奖励政策。对经省级以上评选认定的企业或项目，符合条件的，兑现政策奖补资金时企业无需重复申报。

本通知有效期至2024年12月31日，最终解释权归省工信厅、财政厅。

发文机关：福建省工业和信息化厅
　　　　　福建省财政厅
文　　号：闽工信规〔2022〕11号
标　　题：福建省工业和信息化厅 福建省财政厅关于印发推进工业数字化转型九条措施的通知
发文日期：2022年8月31日

福建省住房和城乡建设厅关于积极应对疫情影响促进住房城乡建设行业健康发展若干措施的通知

设区市住房和城乡建设主管部门：

为深入贯彻落实习近平总书记关于统筹疫情防控和经济社会发展的重要指示精神，全面落实省委和省政府工作要求，积极应对新冠肺炎疫情影响，保供给、保民生、保运转，促进全省住房城乡建设行业健康发展，特制定以下措施。

一、缓交或停缴住房公积金

严格落实省政府印发的《福建省积极应对疫情影响进一步帮助市场主体纾困解难的若干措施》（闽政〔2022〕9号）有关缓缴住房公积金的政策。疫情影响严重的城市，企业在与职工充分协商的前提下，可申请疫情期间自愿缴存住房公积金，愿意继续缴存的，自主确定缴存比例；停缴的，停缴期间缴存时间连续计算。

二、优化住房公积金购房提取

优化购买新建商品住房职工提取住房公积金支付首付款，增加购买新建商品住房提取住房公积金“预付制”，进一步减轻支付首付款资金压力，方便职工购买新建商品住房。

三、适当减免房屋租金

对承租房管部门直管公房、住建（房管）部门机关及所属企事业单位国有房屋的服务行业、小微企业和个体工商户，严格执行国家发改委等十三部门《关于促进服务业领域困难行业恢复发展的若干政策》（发改财金〔2022〕271号）和闽政〔2022〕9号等有关减免房屋租金的政策规定，帮助服务行业、小微企业和个体工商户恢复发展。

四、强化用水用气服务

疫情期间，供水、供气企业要采取灵活多样的服务方式，保持服务高效便民。对受疫情影响的欠费用户不停水、不停气，欠费不收滞纳金。对有上门服务需求的用户及时提供便民服务，并免收或者减收人工费等费用。

五、保障市政公用设施正常运行

疫情期间，各地优先保障城乡供气、供水、生活污水垃圾处理、排水管道作业、环卫保洁等公用行业运行。各地要按时足额拨付市政公用政府购买服务费用、公用事业财政补助资金、因疫情防控增加成本和投入费用，落实相关税费减免政策，确保市政公用行业安全有序运行。各地可视情提高一线环卫工人岗位津贴补助标准，因此增加企业成本的，由购买服务的所在地政府承担，相应补充购买合同。

六、提升供排水行业应急能力

重点依托省内大型有实力的供排水企业，组建若干个政企合作的省级应急中心，实行统一调度、分片负责，强化全省应急预案体系建设，建立健全跨地区应急物资调度机制，推进全省统一调配、资源共享。疫情期间，指导督促各地供排水企业密切关注药剂储备量，及时寻找供货源，做好药剂物资保障，协调开通物资运输绿色通道。

七、扶持物业服务企业

对配合属地街道（乡镇）部署，落实各项疫情防控工作的物业服务企业，所需的防疫物资纳入当地调配范围，属地街道（乡镇）需予以统筹调配保障。物业服务企业因疫情防控需要产生的物资采购、人员成本等费用，可与业主或业主委员会共同协商同意后，从服务项目的公共收益中列支，也可由服务项目委托单位予以相应奖补。

八、完善公共服务配套设施

加快推进老旧小区改造，按照应改尽改的原则，将群众反映强烈的防灾防疫等公共服务设施，作为重点内容优先列入改造内容。各类闲置空间尽可能改造成为快递、快餐存放用房等居民生活服务设施，满足疫情防控要求。坚持连线成片推进，把老旧小区改造和周边环境整治有机结合起来，进一步完善片区公共服务配套设施。

九、持续抓好行业疫情防控

全面落实《房屋建筑和市政基础设施工程施工现场新冠肺炎疫情常态化防控工作指南》《物业小区新冠肺炎疫情防控技术指南》等规定，加强在建工地、城市公园、物业服务区域等疫情防控。在建项目严格实施封闭式集中管理，最大限度减少人员外出流动，对进场人员及新招员工严格排查行程轨迹，落实“一人一档”制度。

十、加强复工前安全检查

复工前要对施工现场各个部位、各个环节、各类人员进行全面细致的安全培训和排查，重点检查深基坑、高边坡、高支模、外脚手架、建筑起重机械等危大工程和施工临时用电设施以及特种作业人员在岗到位情况等，确认符合开工条件并经总监理工程师签发开工令后，方可复工。

十一、优化工程项目审批服务

针对稳增长、保民生项目，各地各审批部门优先保障，专班专人指导服务，采取容缺办理、告知承诺等灵活方式，促进项目尽快开工。项目在设计方案批复后，完成基础部分施工图审查即可申请先行办理桩基工程施工许可证。社会投资简易低风险工程建设项目，施工图审查不作为施工许可证前置条件。

十二、优化预售资金监管

各地要落实预售资金监管规定，优化本地监管办法，增加支付节点，对开发企业使用商业银行保函替代预售监管资金的予以支持，鼓励根据企业经营和信用评价情况实施差异化监管。

十三、减轻施工企业资金压力

各级住建部门要深化“点题整治”群众身边腐败和不正之风工作，严肃查处拖欠工程款和农民工工资行为。积极推动施工过程结算，提升工程结算效率。工程总承包项目和施工项目的工程进度款拨付比例原则上不低于80%。政府投资项目建设单位应加快工程进度款拨付，及时办理施工过程结算和支付尾款。支持政府投资项目对信用综合评价分数高的企业，予以免缴投标保证金或履约保证金。推行各类保证金采用工程保函形式，除另有规定外，任何单位或个人不得要求施工企业采用现金形式缴纳或预留。

十四、健全完善建筑市场风险共担机制

各地住建主管部门要跟踪生产要素价格变化，及时发布调整人工费指数，加大主要建筑材料价格信息发布频次。健全工程造价风险管控机制，将钢材、水泥、电线电缆、铝合金等主要建材列入重点风险管控，保障企业权益。建设单位应严格执行省厅《关于房屋建筑和市政基础设施工程造价调整有关事项的通知》（闽建筑〔2021〕21号），落实疫情常态化防控措施费用并及时支付。承发包双方应依据合同约定，妥善解决疫情防控停止施工增加相应费用。项目确因特殊原因需要赶工的，应按照费用定额规定，计取缩短工期增加费。

十五、及时支付勘察设计费用

疫情期间，各类项目建设单位要严格按照工程勘察设计合同约定，分阶段足额、及时支付工程勘察设计费用。建筑工程项目的勘察设计费用要充分考虑疫情影响新增的各类设计内容或工作量，给予相应补偿，并实行优质优价，使设计工作的创新创意创造价值得到有效体现。

十六、支持企业拓展建筑市场

各地要培育发展建筑业龙头企业，在资质审批、业务承接、保证金减免等方面予以支持。贯彻落实《保障中小企业款项支付条例》，总承包施工企业不得利用优势地位，拒绝或拖延中小企业款项。鼓励企业“走出去”发展，推动省行业协会在省外重点区域设立服务网点，为企业协调解决实际困难。

十七、顺延企业资质和从业资格有效期

我省审批的房地产开发、勘察、设计、施工、监理、工程质量检测等企业资质和从业人员资格，以及建筑施工企业安全生产许可证，其有效期即将届满的，统一顺延至2022年12月31日。

十八、支持多元化解住建领域合同纠纷

疫情防控导致勘察、设计、施工等住建领域合同履约期限延误的，属于不可抗力情形，要引导建设单位特别是政府和国有资金投资项目建设单位依法顺延合同期限，妥善处理合同纠纷。支持鼓励各建设类行业协会按照省厅和省高级人民法院出台的《关于建立健全住房和城乡建设领域矛盾纠纷多元化解工作机制的指导意见》（闽高法〔2021〕33号），加强和属地人民法院诉调对接，为市场主体提供多样、便捷、适宜的纠纷化解服务，努力让矛盾纠纷在行业内高效、及时解决。

中央、省里已经制定出台一系列政策措施，各地住建部门要在抓好贯彻落实的同时，严格按照本通知要求，结合各自实际，进一步研究细化具体举措，统筹抓好实施工作。省厅将依托挂钩联系基层工作机制，结合落实"提高效率、提升效能、提增效益"行动，对各设区市和平潭综合实验区落实情况进行跟踪督促，及时发现问题，加强协调解决，推动政策措施不折不扣落到实处、取得实效。

福建省住房和城乡建设厅

2022年4月13日

发文机关：福建省住房和城乡建设厅

文　　号：闽建办〔2022〕4号

标　　题：福建省住房和城乡建设厅关于积极应对疫情影响促进住房城乡建设行业健康发展若干措施的通知

发文日期：2022年4月13日

福建省外贸外资（稳价保供）协调机制办公室关于印发《关于促进内外贸一体化发展的实施意见》的通知

各设区市人民政府、平潭综合实验区管委会，省有关单位：

根据省委、省政府工作部署，为进一步促进我省内外贸一体化发展，特制定《关于促进内外贸一体化发展的实施意见》，经省政府同意，现印发给你们，请结合实际情况，认真抓好贯彻落实，促进内外贸融合发展。

福建省外贸外资（稳价保供）协调机制办公室
（福建省商务厅代章）
2022 年 6 月 14 日

（此件主动公开）

关于促进内外贸一体化发展的实施意见

为贯彻落实《国务院办公厅关于促进内外贸一体化发展的意见》，落实省委、省政府有关工作部署，进一步推进我省内外贸一体化进程，提升营商环境，在新发展阶段统筹用好国内国际两个市场、两种资源，畅通国内国际双循环，服务构建新发展格局，现提出以下措施：

一、加强内外规则对接

加强国内市场规则与国际贸易规则对接，做好贸易政策合规工作，在贸易自由化便利化、知识产权保护、电子商务、投标招标、政府采购等方面执行国家确定的更高标准规则，有效联通国内国际市场，促进企业拓展内外贸业务。加强对国外重点技术性贸易措施的跟踪、评议和应对，加大企业对外注册推荐力度。在共建“一带一路”倡议、RCEP 协定等框架下开展国际贸易规则的研究工作，翻译比较相关国际通行贸易规则，提出与国内市场规则对接的相关建议。（责任单位：省商务厅、发改委、工信厅、财政厅、市场监管局、版权局，福州海关、厦门海关。以下均需各设区市人民政府、平潭综合实验区管委会落实，不再一一列出）

二、促进标准认证衔接

动员组织企业和行业协会积极争取国际、国家标准化组织落户福建，更多地参与国际标准、国家标准、行业标准的制定修订。推动我省传统特色产业对标国际标准，以标准升级推动装备制造和消费品质量升级。支持具备条件的检验检测认证机构从单一检测认证服务向检测项目集中、精准指导效果好的“一站式”检验检测服务发展。鼓励支持认证机构精简优化出口转内销产品强制性产品认证程序，开辟绿色通道，缩短办理时间。深入开展绿色产品认证服务“双碳”行动，加大中国森林认证体系制度宣传，鼓励支持有较强实力的森林经营单位、林产品加工企业等积极参与国际森林认证。（责任单位：省市场监管局、林业局）

三、大力推进同线同标同质

深入开展内外贸产品“同线同标同质”推进行动。加强对“三同”的政策引导、质量提升和服务保障，支持企业通过自我声明或第三方评价等方式满足“三同”要求，加强“三同”企业和产品信息宣传推广，提高消费者认知度。探索建立区域协同、部门协作“三同”推广实施机制，立足区域主打产品和产业实际，分行业类别组织推动企业实施内外贸产品“三同”，规范指导“三同”工作，为企业拓展国内国际市场提供业务培

训和技术服务。（责任单位：省市场监管局、商务厅、工信厅）

四、不断完善监管体制

建立以“双随机、一公开”为基本手段、以重点监管为补充、以信用监管为基础的新型监管机制，提升智慧监管水平和市场监管执法效能。加强反垄断和反不正当竞争执法，强化公平竞争审查，持续清理废除妨碍统一市场和公平竞争的政策措施。切实落实产品质量安全监管工作，指导全省市场监管队伍开展产品质量抽检工作。扩展深化海关国际合作，积极探索在口岸监管方面的信息交换，在海关监管、企业认证等领域开展务实合作，稳妥推进进出口商品检验第三方结果采信、汇总征税、预裁定等便利措施，将关际合作拓展至 RCEP 成员国、“海丝”及金砖国家。（责任单位：省市场监管局及各政策制定机关，福州海关、厦门海关）

五、加强知识产权保护

完善知识产权政策法规建设，实行严格的知识产权保护。发挥海丝中央法务区优势，建设全域覆盖知识产权保护体系，拓展我省企业 PCT 等海外专利布局，建设海外知识产权预警和维权援助平台，推动打造国际知识产权诉讼优选地。支持培育内外贸知识产权优势企业，发挥知识产权强市先行先试作用，引导内外贸企业推行知识产权管理体系认证+专利导航双培育、专利与标准融合，提高企业知识产权管理和运用能力，培育高价值专利。以国家知识产权局专利审查协作福建分中心、中国（福建）知识产权保护中心等平台为支撑，整合知识产权服务资源，打造福建知识产权服务业集聚区，为内外贸企业提供方便快捷的知识产权公共服务。（责任单位：省市场监管局、版权局）

六、鼓励市场主体内外贸一体化经营

鼓励我省有条件的大型商贸、物流、外综服企业“走出去”，推进海丝沿线市场的国际营销公共平台建设，加强资源整合配置，助力企业开拓国际市场。大力培育个性化定制、网络化协同、平台化设计、智能化制造、服务化延伸、数字化管理等新模式新业态，为产业转型升级注入新动能、激发新活力。培育一批专业性强、行业特色明显的智能制造系统集成服务商，重点围绕机械装备、纺织服装、食品、陶瓷等传统产业，开展智能制造诊断服务。组织开展智能制造试点示范行动，指导并向国家推荐智能制造示范工厂和智能制造优秀场景项目。对标国际先进农产品生产标准，建设一批农业国际贸易高质量发展基地，培育一批内外贸一体化的现代农业龙头企业。加强出口农产品质量安全管控，推动特色农产品出口。（责任单位：省商务厅、工信厅、农业农村厅，福州海关、厦门海关）

七、加强品牌赋能

强化政府公益服务，打造一批品牌影响力大、产品质量可靠、市场前景广阔的品牌标杆。创新和优化品牌宣传形式，融合传统媒体与新兴媒体，充分运用信息化平台、互联网技术强化品牌宣传与推介。支持各地建设一批具有公共服务属性的直播基地，围绕优势产业与品牌开展直播推介活动。深化“三品”专项行动，加快推动消费品工业转型升级和创新发展，引导纺织鞋服、食品等传统优势产业加强品牌建设和网络营销，积极开拓国内外市场。支持各地采取线上线下结合、“手拉手”等形式，开展产品推介、展览展销、互采互购等活动。培育“福”字号公共品牌，充分发挥我省的地理优势、旅游资源优势和产业优势，按“福茶”“福酒”“福装”“福鞋”“万福”等“福”系列主题遴选一批“福”字号福建商品，以政府推广+市场化运作相结合，着力构建价值清晰、形象统一、品质可靠的“福”字号公共品牌；积极发动外贸企业参加“万福”各类展销活动和“全闽乐购”活动，打开国内市场，提升品牌知名度和影响力。塑造“生态福建·绿色农业”整体品牌形象。大力发展绿色食品，稳步发展有机农产品，继续做好无公害农产品，实施地理标志农产品保护工程，发挥农产品区域公用品牌作用，积极推动农产品地理标志，提高“三品”占比率。（责任单位：省发改委、市场监管局、工信厅、商务厅、农业农村厅）

八、平台经济助力

加快培育发展平台经济，坚持整体推进和重点突破相结合，围绕“互联网+”战略，打造一批涵盖优势产业、电子商务和物流服务的平台，积极支持推动福州长乐区纺织工业互联网平台等国家级试点示范平台以及我省茶产业互联综合服务平台、全球消费品供应链服务平台、跨境电商物流平台、国际网货批发平台等省级重点经济平台的发展。通过数字赋能、模式创新，推动线上线下深度融合，加快形成平台效应、规模效应，推动生产、加工、仓储、营销、金融、文旅的有效结合，促进一、二、三产业融合发展，助力内外贸一体化。（责任单位：省商务厅、发改委、工信厅）

九、发展新业态新模式

充分发挥我省区位与侨台优势，探索建立“两国双园+海外仓”新模式，引导海外仓建设与运营服务模式创新，推动海外仓高质量发展。配合我省产业布局，优先在空港、海港及综合保税区临港配套新增跨境电商监管中心。支持符合条件的银行凭交易电子信息为跨境电商、市场采购等贸易新业态市场主体提供结售汇及相关资金收付服务。助推石狮服装城、晋江国际鞋纺城内外贸融合发展，鼓励福州等地申报新的市场采购试点，发挥特色产业优势，推动差异化发展。各地加快复制推广，鼓励本地特色产业入驻市场采购集聚区，打造全国侨商、采购商“一站式”采购集散中心。（责任单位：省商务厅，省税务局、厦门市税务局，福州海关、厦门海关，人行福州中心支行、人行厦门中心支行）

十、加快培养内外贸一体化专业人才

推进产教深度融合，构建以城市为节点、行业为支点、企业为重点的产教融合新格局，扩大内外贸一体化专业人才供给。改革职业教育“教师、教材、教法”。推广“外语+职业技能”等人才培养模式，推进课程教材建设，创新教学模式与方法，提高内外贸一体化人才培养质量。深化校企融合发展，推动校企联合开展“二元制”技术技能人才培养、企业新型学徒制和企业员工培训等，共建产教融合科技园区、众创空间、中试基地，面向内外贸一体化企业开展服务。推动职业院校及专业（群）建设与区域内外贸一体化发展紧密对接，加快构建与内外贸一体化人才需求精准对接的专业体系。（责任单位：省教育厅）

十一、建设内外贸融合发展示范引领区

争取福建自贸试验区扩区，开展对接高标准国际先进规则的先行先试工作，力争形成更多具有福建特色、全国影响力的制度创新成果。推进海关特殊监管区域与自贸试验区统筹发展，深入推进货物按状态分类监管、非保税货物与保税货物互转、“同仓共管”等便利化监管模式，提升海关监管制度创新质量和效应。加快整合优化福州保税区为福州长乐国际机场综合保税区，支持申请设立厦门空港综合保税区，推动象屿保税区转型升级。引导海关特殊监管区域内产业链供应链向多元化发展，有效连接国内国外两个市场、区内区外两个资源，成为推动“双循环”相互促进的重要节点、重要通道。（责任单位：省商务厅，福州海关、厦门海关）

十二、用好展会平台

充分发挥中国国际进口博览会、中国进出口商品交易会、华东进出口商品交易会、中国东盟博览会、中国国际消费品博览会等国内重点进出口展会和内外贸融合交易会以及在我省举办的中国国际数字产品博览会、商博会、跨境电商展会等重点展会平台作用，推动外贸进出口企业与商贸流通企业务实开展供需对接。将有利于出口企业开拓国内市场的展会纳入“闽货华夏行”年度展会计划，鼓励出口企业参加“闽货华夏行”展会和各种闽货品牌推介会、地方品牌推介会、云展会。对参加“闽货华夏行”重点展的我省出口企业优先安排展位，并按相关规定予以补助。支持国内商贸企业与外贸企业开展订单直采，引导外贸企业多渠道拓展内销市场。（责任单位：省商务厅）

十三、畅通内外物流网络

支持和鼓励班轮公司加大对我省运力投入，增开集装箱国际航线，优化航线配置，增加涉闽航线供给，加快船舶周转效率。在符合条件的地区开展内外贸同船运输，提高船舶舱位利用率，降低航运成本。完善“丝路海运”“丝路飞翔”等互联互通网络，拓展中欧班列回程货源，打造链接“海丝”“陆丝”的全球重要枢纽，构建服务国内国际双循环重要通道。培育重点物流龙头企业，支持服务内外贸的物流企业参评国家A级物流企业，发现和推荐优质物流企业进入省级工业龙头企业名单。指导创建省级示范物流园区，重点支持货运枢纽型、生产服务型、商贸服务型、口岸服务型、综合服务型等五类物流园区发展，不断完善区域间、城乡间配送中心等物流基础设施建设，提高物流运作效率。依托综合立体交通网，发展邮件快件多式联运，优化邮政快递网络布局，拓展末端配送渠道，深化交邮协同融合发展，推进发展资源集约共享。完善快递综合服务网络和国际寄递物流供应链体系。支持有条件的寄递企业“走出去”，加快推动快递出海。（责任单位：省交通运输厅、工信厅、商务厅、邮政管理局，福州海关、厦门海关）

十四、加大信贷资金支持

鼓励银行业金融机构在依法合规、风险可控的前提下按照市场化原则加大对内外贸企业特别是中小微内外贸企业的信贷支持力度，依托内外贸企业的应收账款、存货、仓单、订单、保单等，创新金融产品，加强金融服务。统筹用好现有财政支持政策，重点支持内外贸一体化发展的企业，推动内外贸融合创新发展。进一步完善金融支持内外贸奖补政策，推广“商贸贷、外贸贷”、纾困增产增效专项贷款等政策性优惠贷款。（责任单位：省金融监管局、商务厅、财政厅，福建银保监局、厦门银保监局，人行福州中心支行、人行厦门中心支行）

十五、加强保险保障

在依法合规、风险可控的前提下，鼓励出口信保强化产品联动，在扩大承保覆盖面、提升理赔质效、提供资信服务、支持企业融资等方面下足功夫，满足内外贸企业多层次的投保需求。持续加大对小微企业客户承保力度，提高小微企业覆盖面；扩大保单融资规模，完善金融科技在保单融资领域的探索和应用；加大对符合国家政策导向的国内贸易信用保险支持力度，积极拓展产业链承保，精准支持优质内贸业务，在风险可控前提下，提升信用限额供给及响应速度，助力企业提升产业链供应链自主可控能力。推动辖区内银行机构结合外贸企业需求优化完善保单融资等产品，积极推广“白名单”“信保贷”等融资模式。重点推广以区块链保单融资为代表的线上融资服务，有效提升保单融资的质效。（责任单位：福建银保监局、厦门银保监局，人行福州中心支行、人行厦门中心支行，出口信保福建分公司等保险机构）

十六、鼓励开展一体化试点

支持各市县（区）结合重点产业和地方优势特色，开展内外贸一体化试点，探索在内外贸法律法规、监管体制、经营资质、质量标准、检验检疫、认证认可等方面推动衔接，并复制推广相关经验和模式。培育一批内外贸一体化的双循环示范企业，在国际竞争力、创新能力、技术服务、产业链供应链地位等方面提升综合实力，保障产业链供应链稳定安全，助力双循环畅通。加强资源配置和对企业的配套服务，支持企业开展商业模式和管理体系创新，加强国际营销体系建设。及时宣传好经验好做法，营造良好的内外贸一体化发展环境，引导带动更多企业走一体化经营道路。（责任单位：省商务厅、发改委、财政厅、市场监管局、工信厅、农业农村厅、交通运输厅、林业局、邮政管理局，人行福州中心支行、人行厦门中心支行，福建银保监局、厦门银保监局，省税务局、厦门市税务局，福州海关、厦门海关）

十七、强化组织领导

各地市要充分认识促进内外贸一体化在新发展阶段的重要性，强化对内外贸一体化发展的顶层设计和统筹谋划，完善工作机制和评价体系，加强组织领导，落实工作责任。省商务厅会同相关部门建立工作机制，各部门要按照责任分工，加强协调配合，形成工作合力。各地市、各部门要定期报送工作进展，确保各项任务举措有效落实；鼓励内外贸行业协会、商会等参与制定发布内外贸一体化产品和服务标准，充分发挥第三方服务机构和市场中介组织作用。（责任单位：省商务厅、发改委、财政厅、市场监管局、版权局、工信厅、农业农村厅、交通运输厅、林业局、邮政管理局，人行福州中心支行、人行厦门中心支行，福建银保监局、厦门银保监局，省税务局、厦门市税务局，福州海关、厦门海关）

发文机关：福建省商务厅

文　　号：闽商务〔2022〕69号

标　　题：福建省外贸外资（稳价保供）协调机制办公室关于印发《关于促进内外贸一体化发展的实施意见》的通知

发文日期：2022年6月14日

福建省交通运输厅关于印发助企纾困支持市场主体发展九条举措的通知

各设区市（区）交通局、沿海各港口中心（局）、省高速集团、省公路中心、省港航中心、省运输中心：

为坚决贯彻落实全国稳住经济大盘电视电话会议精神，高效统筹疫情防控和经济社会发展，按照我省《关于贯彻落实扎实稳住经济一揽子政策措施实施方案》，制定以下工作措施：

一、设立工作专班协调帮助交通运输企业落实留抵退税、中小企业融资担保、1000 亿元交通物流领域再贷款等助企纾困政策，工作专班办公室电话 0591-87077091（正常工作时间）。各级交通运输主管部门也要同时设立相应的专班。

二、发挥省物流保通保畅工作机制作用，保障全省交通物流通畅。落实“一企一策”，强化对全省重点工业、外贸、农业企业物流保障服务。保通畅办公室 24 小时值班电话 0591-87077761。

三、取消港口设施保安费的政府定价，将其纳入港口作业包干费作为子项，该子项收费标准不得高于原收费标准；降低湄洲湾港引航（移泊）费基准费率 15%，降低福州港、厦门港、泉州港引航（移泊）费基准费率 10%。

四、对全省正常运营的三级及以上道路客运站给予疫情防控和电子客票纾困补助。

五、对全省岛际和农村水路客运经营性企业按客位给予纾困补助。

六、对今年获批国内水路旅游客运精品航线试点的企业给予纾困补助。

七、加快拨付农村道路客运、岛际和农村水路客运和出租汽车油价补贴资金。

八、深入推行轻微违法行为依法不予行政处罚清单，对符合条件的轻微不罚、首违不罚。

九、领导挂钩包片推进交通运输项目建设，发挥好“四个一机制”（一个机制、一个清单、一个专班、一个联动），设立工作专班协调落实要素保障，推进前期项目加快开工、在建项目加快施工，力争 6 月份新开工高速公路、普通国省干线 9 个项目、总投资超 200 亿元。

全省各级交通运输部门要把保主体、促投资、稳增长放在更加突出位置，全面顶格落实国家、省各项政策举措，加强政策跟踪落实，扎实做好二季度各项工作，努力实现二季度结果好、上半年“双过半”，以优异成绩迎接党的二十大胜利召开。

福建省交通运输厅

2022 年 6 月 2 日

发文机关：福建省交通运输厅

文　　号：闽交运〔2022〕13 号

标　　题：福建省交通运输厅关于印发助企纾困支持市场主体发展九条举措的通知

发文日期：2022 年 6 月 2 日

FUJIAN

INDUSTRIAL ECONOMY YEARBOOK

第九篇

数据资料

说明：本篇内容摘自《2023 福建统计摘要》，采用近 3 年的数据（除注明外），“#”表示其中的主要项。

（摘编：郑平名）

综合与核算

国民经济和社会发展情况

项　　目	单位	2021 年	2022 年	比上年增长（%）
人口				
年末常住人口	万人	4187	4188	0.02
#城镇人口	万人	2918	2937	0.65
国民经济核算				
地区生产总值	亿元	49566.05	53109.85	4.7
第一产业	亿元	2899.91	3076.20	3.7
第二产业	亿元	23319.82	25078.20	5.4
第三产业	亿元	23346.32	24955.45	4.0
主要行业				
#工业	亿元	18292.82	19628.83	4.9
建筑业	亿元	5097.80	5518.86	7.3
人均地区生产总值	元	118750	126829	4.3
人民生活				
居民人均可支配收入	元	40659	43118	6.0
城镇居民人均可支配收入	元	51140	53817	5.2
农村居民人均可支配收入	元	23229	24987	7.6
财政				
一般公共预算总收入	亿元	5743.84	5382.30	1.9
#地方一般公共预算收入	亿元	3383.40	3339.06	5.5
一般公共预算支出	亿元	5204.72	5702.93	9.6
金融				
金融机构本外币存款余额	亿元	62091.51	72927.90	17.5
金融机构本外币贷款余额	亿元	67894.59	75373.62	11.0

续表

项　　目	单位	2021 年	2022 年	比上年增长（%）
固定资产投资				
固定资产投资	亿元	19083.28	20513.89	7.5
项目投资	亿元	12887.66	14998.44	16.4
房地产开发投资	亿元	6195.61	5515.45	-11.0
国内贸易				
社会消费品零售总额	亿元	20373.11	21050.12	3.3
对外经济				
进出口总额	亿元	18433.02	19828.55	7.6
出口总额	亿元	10812.07	12140.53	12.3
进口总额	亿元	7620.95	7688.02	0.9
实际利用外商直接投资	亿美元	49.05	49.94	1.8
农业				
农林牧渔业总产值	亿元	5200.97	5502.87	3.9
主要农产品产量				
粮食	万吨	506.42	508.70	0.5
茶叶	万吨	48.79	52.08	6.7
园林水果	万吨	763.02	817.31	7.1
主要肉类	万吨	282.04	291.73	3.4
水产品	万吨	853.07	862.35	1.1
工业				
规模以上工业主要产品产量				
原煤	万吨	540.68	443.17	-17.0
水泥	万吨	10096.37	9656.80	-4.4
布	亿米	79.42	70.04	-11.2
汽车	万辆	31.75	33.89	6.7
全社会发电量	亿千瓦小时	2931.20	3073.96	4.9
建筑业（只含总承包和专业承包）				
建筑业企业年末从业人员	万人	477.98	480.21	0.5
建筑业总产值	亿元	15810.43	17129.46	8.3

续表

项　　目	单位	2021 年	2022 年	比上年增长（%）
交通运输邮电				
客运量	万人	21893	18140	-17.1
货运量	万吨	166131	169107	1.8
沿海主要港口货物吞吐量	万吨	69190	71408	3.2
旅游				
国内旅游人数	万人次	40680.51	39146.80	-3.8
国内旅游收入	亿元	4862.34	4306.54	-11.4
入境旅游人数	万人次	65.11	48.26	-25.9
国际旅游收入	亿美元	4.92	3.14	-36.2
教育				
普通高等学校在校生数	万人	102.34	107.61	5.2
普通中学在校生数	万人	222.54	231.21	3.9
普通小学在校生数	万人	352.90	359.09	1.8
文化				
图书出版总印数	亿份	1.55	1.68	8.4
期刊出版总印数	亿份	0.20	0.20	0.0
报纸出版总印数	亿份	6.52	6.30	-3.4
卫生				
卫生技术人员数	万人	29.44	30.65	4.1
#医生	万人	11.11	11.56	4.1
卫生机构床位数	万张	22.38	23.16	3.5
#医院、卫生院	万张	20.94	21.72	3.7
价格指数				
居民消费价格指数	上年=100	100.7	101.9	1.9
工业生产者出厂价格指数	上年=100	104.9	102.9	2.9
工业生产者购进价格指数	上年=100	109.2	105.2	5.2

国民经济与社会发展结构情况

单位:%

指　　标	2021 年	2022 年	比上年增减（+/-）
地区生产总值			
第一产业	5.9	5.8	-0.1
第二产业	47.0	47.2	0.2
第三产业	47.1	47.0	-0.1
一般公共预算收入			
中央	41.1	38.0	-3.1
地方	58.9	62.0	3.1
按收入性质分			
税收收入	73.7	62.7	-11.0
非税收入	26.3	37.3	11.0
金融机构各项存款			
# 住户存款	42.6	43.3	0.7
非金融企业存款	30.3	29.2	-1.1
非银行业金融机构存款	10.7	12.9	2.2
金融机构各项贷款			
# 住户贷款	48.3	46.6	-1.7
企（事）业单位贷款	48.8	51.2	2.3
非银行业金融机构贷款	0.2	0.4	0.1
固定资产投资			
# 基础设施	23.8	25.5	1.7
按产业分			
第一产业	1.9	1.9	0.0
第二产业	32.4	35.3	2.9
第三产业	65.7	62.8	-2.9
农林牧渔业总产值			
农业	36.6	37.5	0.9
林业	8.2	7.8	-0.4
牧业	20.4	19.4	-1.0
渔业	31.2	31.6	0.5
农林牧渔服务业	3.6	3.6	0.0
农作物播种面积			
粮食作物	49.0	48.2	-1.6
经济作物	51.0	51.8	1.5
规模以上工业增加值			
大型企业	35.1	35.7	0.7
中型企业	27.8	27.7	-0.1
小型企业	35.7	35.3	-0.4
微型企业	1.4	1.2	-0.2

续表

指　　标	2021 年	2022 年	比上年增减（+/-）
货物运输量			
铁路	3.1	2.8	-0.2
公路	66.7	63.2	-3.4
水运	30.2	33.9	3.7
民航	0.011	0.010	-0.001
旅客运输量			
铁路	38.1	35.2	-3.0
公路	48.1	53.2	5.1
水运	3.4	3.0	-0.4
民航	10.4	8.7	-1.7
国际旅游			
入境旅游人数结构			
外国人	47.6	43.3	-4.3
港澳同胞	25.2	24.7	-0.5
台湾同胞	27.3	32.0	4.7
社会消费品零售总额			
城镇	86.2	86.9	0.7
乡村	13.8	13.1	-0.7
货物进出口总额			
出口	58.7	61.2	2.5
进口	41.3	38.8	-2.5
城镇居民消费结构			
食品烟酒	31.3	31.2	0.0
衣着	5.1	5.0	-0.2
居住	30.5	29.9	-0.6
生活用品及服务	5.3	5.4	0.1
交通通信	10.8	11.1	0.3
教育文化娱乐	9.2	9.5	0.3
医疗保健	5.7	5.8	0.1
其他用品和服务	2.2	2.2	0.1
农村居民消费结构			
食品烟酒	35.1	34.5	-0.6
衣着	4.8	4.7	-0.1
居住	25.4	25.3	-0.1
生活用品及服务	4.9	5.1	0.2
交通通信	11.6	11.3	-0.2
教育文化娱乐	8.6	9.0	0.4
医疗保健	7.7	8.0	0.3
其他用品和服务	2.1	2.1	0.1

国民经济和社会发展比例和效益指标

项　　目	2021 年	2022 年
国民经济核算		
工业增加值占地区生产总值比重（%）	36.9	37.0
人均地区生产总值（元）	118750	126829
人均地区生产总值（美元）	18406	18856
财政金融		
一般公共预算总收入相当于地区生产总值比例（%）	11.6	10.1
金融机构年末人民币贷款余额相当于地区生产总值比例（%）	133.0	139.6
能源		
电力消费弹性系数	1.78	0.46
农业		
粮食亩产（千克）	404	405
工业		
规模以上工业		
资产负债率（%）	52.20	53.50
产品销售率（%）	96.47	95.59
环境与交通		
森林覆盖率（%）	66.80	65.12
铁路网密度（千米/万平方千米）	321	341
公路网密度（千米/万平方千米）	8954	9103
对外贸易		
进出口总额相当于地区生产总值比例（%）	37.2	37.3
#出口总额相当于地区生产总值比例（%）	21.8	22.9
居民生活		
城乡收入比	2.20	2.15
教育卫生		
高中阶段毛入学率（%）	97.0	97.4
每千人口拥有医生数（人）	2.7	2.8
每千人口拥有卫生机构床位数（张）	5.3	5.5

主要年份地区生产总值

单位：亿元

年　份	地区生产总值	第一产业	第二产业	第三产业	人均地区生产总值（元）
2020	43608.55	2730.81	20168.43	20709.31	105106
2021	49566.05	2899.91	23319.82	23346.32	118750
2022	53109.85	3076.20	25078.20	24955.45	126829

主要年份地区生产总值增速

单位:%

年　份	地区生产总值	第一产业	第二产业	第三产业	人均地区生产总值
2020	3.2	3.1	2.4	4.0	2.4
2021	8.3	5.0	8.1	9.0	7.7
2022	4.7	3.7	5.4	4.0	4.3

按行业分地区生产总值

单位：亿元

指　　标	2021 年	2022 年	比上年增长（%）
地区生产总值	**49566.05**	**53109.85**	**4.7**
按产业分			
第一产业	2899.91	3076.20	3.7
第二产业	23319.82	25078.20	5.4
第三产业	23346.32	24955.45	4.0
按行业分			
工业	18292.82	19628.83	4.9
建筑业	5097.80	5518.86	7.3
交通运输仓储和邮政业	1846.94	1960.00	0.7
批发零售业	5634.23	6230.37	7.4
住宿和餐饮业	709.77	734.41	2.9
金融业	3607.68	3889.78	6.7
房地产业	2733.75	2674.86	-3.0
其他服务业	8635.90	9280.84	3.7

三次产业对经济增长的贡献率

单位：%

年　　份	地区生产总值	第一产业	第二产业	第三产业	工业
2020	100.0	5.9	37.0	57.1	19.8
2021	100.0	3.7	44.8	51.5	42.5
2022	100.0	4.9	53.7	41.4	38.1

“三新”经济增加值

指　　标	2020 年		2021 年	
	绝对额（亿元）	相当于 GDP 的比重（%）	绝对额（亿元）	相当于 GDP 的比重（%）
“三新”经济增加值	**9293.84**	**21.2**	**9526.79**	**19.5**
一、按产业分				
第一产业	330.21	0.8	350.40	0.7
第二产业	4635.58	10.6	3928.58	8.0
第三产业	4328.05	9.9	5247.81	10.8
二、按“三新”大类分				
现代农林牧渔业	343.27	0.8	364.25	0.7
先进制造业	3746.72	8.5	3279.31	6.7
新型能源活动	511.58	1.2	344.67	0.7
节能环保活动	391.66	0.9	325.75	0.7
互联网与现代信息技术服务	908.10	2.1	1191.95	2.4
现代技术服务与创新创业服务	449.03	1.0	427.81	0.9
现代生产性服务活动	1967.16	4.5	2308.96	4.7
新型生活性服务活动	955.35	2.2	1248.48	2.6
现代综合管理活动	20.97	0.05	35.61	0.07
三、按“三新”经济重点领域分				
#战略性新兴产业增加值	4785.61	10.9	4786.02	9.8
高技术产业增加值	3339.31	7.6	4239.35	8.7
电子商务增加值	1821.27	4.1	2264.12	4.6

价　格

主要年份各种价格指数

(以上年价格为100)

年　份	居民消费价格指数	工业生产者出厂价格指数	工业生产者购进价格指数	农产品生产者价格指数
2020	102. 2	98. 4	98. 6	102. 3
2021	100. 7	104. 9	109. 2	104. 5
2022	101. 9	102. 9	105. 2	100. 8

2020—2022年居民消费分类价格指数

(以上年价格为100)

指　标	2020年	2021年	2022年
居民消费价格	**102. 2**	**100. 7**	**101. 9**
按城乡分			
城市	102. 2	100. 8	101. 9
农村	102. 1	100. 3	101. 8
按商品非商品分			
服务价格	100. 3	101. 0	100. 7
消费品价格	103. 2	100. 5	102. 6

（以上年价格为 100）　　　　续表

指　　标	2020 年	2021 年	2022 年
按类别分			
食品烟酒	**107.0**	**98.9**	**102.4**
食品	109.3	97.6	103.2
粮食	100.3	100.6	100.4
食用油	104.6	108.0	106.0
鲜菜	101.8	105.0	103.1
畜肉类	137.0	80.4	94.6
猪肉	146.4	68.5	90.2
水产品	103.1	105.6	105.5
蛋类	90.0	110.5	107.9
奶类	101.8	101.6	101.0
鲜果	85.6	101.4	114.5
卷烟	100.4	100.7	100.8
酒类	101.0	99.6	100.3
衣着	**99.9**	**101.5**	**100.0**
服装	99.6	101.3	99.5
衣着服务费	102.3	101.3	104.6
鞋类	100.5	102.7	102.2
居住	**100.0**	**101.3**	**100.9**
租赁房房租	100.0	101.1	99.9
水电燃料	99.7	101.4	103.4
生活用品及服务	**100.6**	**100.7**	**101.3**
家用器具	98.8	100.9	101.3
家庭服务	104.1	103.8	104.8
交通通信	**97.0**	**103.7**	**104.9**
交通工具	98.5	98.2	97.9
交通工具用燃料	86.0	117.3	121.1
交通工具使用和维修	102.3	100.0	100.4
通信工具	98.6	102.8	98.7
通信服务	100.0	99.7	100.0
邮递服务	100.2	99.8	100.1
教育文化娱乐	**101.2**	**102.0**	**101.4**
教育服务	102.0	102.8	101.6
旅游	100.5	99.9	101.8
医疗保健	**100.2**	**100.0**	**100.3**
中药	102.6	101.7	102.4
西药	100.3	99.9	101.7
医疗服务	99.8	100.0	99.9
其他用品和服务	**103.7**	**96.3**	**101.5**

2020—2022年商品零售分类价格指数

（以上年价格为100）

指　标	2020年	2021年	2022年
商品零售价格	**101.3**	**101.1**	**102.7**
食品	108.0	98.8	103.0
饮料、烟酒	99.9	99.7	100.9
服装、鞋帽	99.6	101.1	99.8
纺织品	100.3	100.8	102.1
家用电器及音像器材	98.3	101.0	100.5
文化办公用品	101.1	101.5	100.7
日用品	100.6	99.9	101.7
体育娱乐用品	100.2	101.4	101.1
交通、通信用品	97.9	99.3	98.5
家具	99.2	100.4	100.6
化妆品	101.1	99.2	101.9
金银饰品	119.2	98.2	101.9
中西药品及医疗保健用品	100.7	99.8	101.0
书报杂志及电子出版物	101.4	100.5	102.1
燃料	91.6	114.4	118.3
建筑材料及五金电料	99.9	101.9	102.9

2020—2022 年农产品生产价格指数

（以上年价格为 100）

指　　标	2020 年	2021 年	2022 年
农产品生产价格	**102.3**	**104.5**	**100.8**
种植业产品	**100.1**	**101.9**	**103.2**
谷物	102.3	95.6	103.4
早籼稻	102.3	100.0	101.1
晚籼稻	108.9	101.1	104.2
薯类	113.9	104.1	103.5
油料	102.4	105.2	100.2
蔬菜	101.4	104.8	99.3
烤烟叶	97.3	107.7	107.2
食用菌（干鲜混合）	93.7	95.3	99.5
水果	92.8	100.1	105.2
茶叶	99.2	104.7	100.6
林业产品	**89.1**	**115.2**	**98.3**
木材	92.4	99.3	97.5
竹材	95.4	105.9	97.5
饲养动物及其产品	**119.7**	**85.7**	**95.8**
活猪（毛重）	151.9	62.9	87.0
家禽（毛重）	97.0	103.4	102.0
渔业产品	**95.8**	**116.4**	**104.8**
#海水养殖产品	94.2	116.1	105.7
海水捕捞产品	105.0	107.6	108.4
淡水养殖产品	91.1	129.0	95.4

2020—2022 年工业生产者出厂价格指数

（以上年价格为 100）

指　　标	2020 年	2021 年	2022 年
工业生产者出厂价格	**98.4**	**104.9**	**102.9**
按轻重工业分类			
轻工业	99.2	101.7	101.7
以农产品为原料	99.7	100.9	101.4
以非农产品为原料	97.9	103.1	102.2
重工业	97.8	108.0	104.0
采掘工业	99.0	113.2	103.3
原材料工业	94.3	115.1	111.8
制造工业	99.1	104.5	100.3
按生产、生活资料分			
生产资料	97.1	107.7	103.9
采掘	99.0	113.2	103.3
原料	93.2	114.6	110.7
加工	98.5	104.7	101.0
生活资料	100.8	99.9	101.0
食品	101.7	99.8	100.9
衣着	100.6	99.6	100.6
一般日用品	101.0	99.8	101.4
耐用消费品	97.8	101.0	101.9
按工业部门分类			
冶金工业	99.2	120.0	101.4
电力工业	99.6	98.5	104.4
煤炭及炼焦工业	95.5	132.0	117.4
石油工业	83.3	120.0	134.0
化学工业	94.6	110.7	105.2
机械工业	98.5	101.4	100.4
建筑材料工业	101.2	99.9	99.9
森林工业	99.7	99.4	100.7
食品工业	101.7	100.7	101.4
纺织工业	93.4	105.8	104.2
缝纫工业	101.2	100.4	99.6
皮革工业	99.9	98.2	102.3
造纸工业	98.6	102.4	99.3
文教艺术用品工业	98.6	103.1	101.8
其他工业	102.7	99.8	102.3

2020—2022年工业生产者购进价格指数

（以上年价格为100）

指　　标	2020年	2021年	2022年
工业生产者购进价格	**98.6**	**109.2**	**105.2**
燃料、动力类	92.1	120.0	123.6
黑色金属材料类	100.9	124.5	101.4
有色金属材料类和电线类	104.5	113.1	103.9
化工原料类	92.7	114.3	104.4
木材及纸浆类	98.8	106.2	103.1
建材材料及非金属矿类	100.2	102.3	100.6
其他工业原材料及半成品类	100.0	103.3	102.7
农副产品类	110.6	103.8	104.7
纺织原料类	99.2	103.0	102.4

农 业

2021—2022 年农业基本情况

指　　标	2021 年	2022 年	比上年增长（%）
农作物播种面积（万亩）	2558.48	2606.93	1.9
粮食作物播种面积	1252.70	1256.42	0.3
非粮作物播种面积	1305.78	1350.52	3.4
茶叶年末实有面积（万亩）	348.13	361.50	3.8
园林水果年末实有面积（万亩）	552.54	565.64	2.4
水产品养殖面积（万亩）	376.12	379.82	1.0
海水养殖	246.96	251.93	2.0
淡水养殖	129.16	127.89	-1.0
农林牧渔业总产值（亿元）	5200.97	5502.87	3.9
农业	1906.02	2065.66	5.2
林业	424.87	430.23	5.0
牧业	1059.91	1066.25	4.2
渔业	1621.51	1740.75	1.9
农林牧渔服务业	188.65	199.98	4.2

主要年份农林牧渔业总产值

单位：亿元

年　　份	农林牧渔业总产值	农　业	林　业	牧　业	渔　业	农林牧渔服务业
2020	4901.07	1818.18	390.57	1141.12	1373.12	178.08
2021	5200.97	1906.02	424.87	1059.91	1621.51	188.65
2022	5502.87	2065.66	430.23	1066.25	1740.75	199.98

主要年份农林牧渔业总产值指数

（上年为100）

年　　份	农林牧渔业总产值	农　业	林　业	牧　业	渔　业	农林牧渔服务业
2020	103.3	104.0	103.2	103.9	101.9	104.4
2021	105.1	104.1	102.3	110.5	102.9	105.1
2022	103.9	105.2	105.0	104.2	101.9	104.2

2021—2022 年主要农产品产值

单位：亿元

指　　标	2021 年	2022 年	占农林牧渔业总产值比重（%）
粮食	184.44	189.98	3.5
#稻谷	129.99	136.22	2.5
薯类	37.79	38.52	0.7
豆类	10.74	9.23	0.2
油料	23.25	28.18	0.5
甘蔗	2.94	3.48	0.1
烤烟	37.04	43.81	0.8
蔬菜	575.36	609.69	11.1
茶叶	228.61	249.93	4.5
水果	381.70	443.25	8.1
食用菌	248.12	260.44	4.7
竹木采运	170.74	174.39	3.2
林产品	211.57	213.17	3.9
肉类	930.34	929.72	16.9
#猪肉	402.75	367.41	6.7
主要禽肉	464.31	484.82	8.8
主要禽蛋	100.18	103.12	1.9
奶	18.55	19.02	0.3
水产品	1621.51	1740.75	31.6
淡水产品	232.00	240.08	4.4
海水产品	1389.51	1500.67	27.3

2021—2022 年主要农产品产量

单位：万吨

指　　标	2021 年	2022 年	比上年增长（%）
粮食总产量	506.42	508.70	0.5
#稻谷	393.18	393.75	0.1
早稻	61.89	61.62	-0.4
中稻	172.12	169.05	-1.8
晚稻	159.17	163.07	2.5
薯类	84.06	85.18	1.3
甘薯	62.72	63.95	2.0
马铃薯	21.34	21.24	-0.5
油料	23.31	23.61	1.3
甘蔗	28.79	28.84	0.2
烤烟	10.52	12.09	15.0
蔬菜	1540.46	1599.77	3.9
茶叶	48.79	52.08	6.7
园林水果	763.02	817.31	7.1
食用菌	146.04	153.13	4.9
毛竹（万根）	63334.00	64337.00	1.6
篙竹（万根）	32926.00	33481.00	1.7
木材（万立方米）	1491.16	1563.16	4.8
竹笋干	45.28	48.43	7.0
主要肉类	282.04	291.73	3.4
#猪肉	124.34	128.07	3.0
主要禽肉	152.85	158.64	3.8
主要禽蛋	55.91	59.83	7.0
牛奶	19.43	21.51	10.7
水产品	853.07	862.35	1.1
淡水产品	95.59	98.95	3.5
淡水养殖	88.40	91.75	3.8
淡水捕捞	7.18	7.20	0.3
海水产品	757.49	763.39	0.8
海水养殖	543.72	547.79	0.7
海水捕捞	213.77	215.60	0.9

2022 年主要农作物产量

指　标	总产量		单　产	
	总量（万吨）	增长（%）	亩产（公斤）	增长（%）
粮食作物	**508.70**	**0.5**	**404.9**	**0.2**
# 稻谷	393.75	0.1	437.9	0.1
甘薯	63.95	2.0	399.7	0.8
马铃薯	21.24	-0.5	287.5	-0.3
大豆	9.93	3.2	188.3	1.5
杂豆	2.18	-0.7	217.5	-0.6
非粮作物				
# 油料	23.61	1.3	193.4	0.1
# 花生	22.43	1.0	201.5	0.3
油菜籽	1.10	7.7	108.4	0.7
芝麻	0.04	6.3	99.7	1.1
甘蔗	28.84	0.2	3721.7	0.1
烟叶	12.12	15.0	141.4	-1.3
# 烤烟	12.09	15.0	141.3	-1.2
莲籽	0.73	9.9	126.1	9.2
蔬菜	1599.77	3.9	1701.4	1.3
青饲料	6.71	-0.7	1337.2	-0.6

2021—2022 年农作物播种面积

单位：万亩

指　　标	2021 年	2022 年	比上年增长（%）	比重（%）
农作物播种面积	**2558.48**	**2606.93**	**1.9**	**100.0**
粮食作物播种面积	**1252.70**	**1256.42**	**0.3**	**48.2**
# 稻谷	899.03	899.17	0.0	34.5
甘薯	158.16	159.97	1.1	6.1
马铃薯	74.01	73.87	-0.2	2.8
非粮作物播种面积	**1305.78**	**1350.51**	**3.4**	**51.8**
# 油料	120.66	122.08	1.2	4.7
# 花生	110.60	111.36	0.7	4.3
油菜籽	9.51	10.16	6.9	0.4
甘蔗	7.75	7.75	0.0	0.3
烟叶	73.61	85.73	16.5	3.3
# 烤烟	73.51	85.58	16.4	3.3
蔬菜	916.66	940.84	2.6	36.1
绿肥	14.46	16.61	14.9	0.6
青饲料	5.03	5.02	-0.1	0.2

2022 年畜牧业生产情况

指　　标	出栏数		存栏数	
	数量	增长（%）	数量	增长（%）
猪（万头）	1614.13	4.3	956.76	2.0
牛（万头）	23.95	4.6	33.12	5.1
羊（万头）	160.92	0.8	105.85	0.7
主要家禽（亿只）	11.16	3.5	2.11	-0.7

工业与能源

主要年份工业增加值

年　份	工业增加值		规模以上工业增加值
	总量（亿元）	比上年增长（%）	比上年增长（%）
2020	15615.48	1.6	2.0
2021	18292.82	9.9	9.9
2022	19628.83	4.9	5.7

2022年按类型分规模以上工业增加值与出口交货值增速

指　　标	工业增加值 比上年增长（%）	工业出口交货值 比上年增长（%）
规模以上工业	**5.7**	**4.8**
#国有控股企业	-0.6	46.0
#主导产业	8.2	12.4
电子信息	7.8	-1.7
机械装备	16.7	27.5
石油化工	-2.2	17.3
按轻重分		
轻工业	6.6	3.6
重工业	4.9	6.7
按规模分		
大型	5.8	11.3
中型	6.6	-2.7
小型	10.6	8.5
微型	-60.1	-76.3
按经济类型分		
#私营企业	8.7	7.8
#国有企业	-7.8	154.8
集体企业	8.5	6.9
股份制公司	9.2	12.5
外商及港澳台商投资企业	-3.5	-2.1

2022年按行业分规模以上工业增加值和出口交货值增速

指　　标	工业增加值 比上年增长（%）	工业出口交货值 比上年增长（%）
总　计	**5.7**	**4.8**
采矿业	**3.9**	**8.4**
煤炭开采和洗选业	-21.9	
石油和天然气开采业		
黑色金属矿采选业	20.4	
有色金属矿采选业	20.1	
非金属矿采选业	-6.7	11.0
开采辅助活动		
其他采矿业		
制造业	**5.6**	**4.8**
农副食品加工业	5.7	6.4
食品制造业	-4.9	5.0
酒、饮料和精制茶制造业	-2.8	-18.2
烟草制品业	5.6	54.1
纺织业	-2.7	5.6
纺织服装、服饰业	10.9	-0.8
皮革、毛皮、羽毛及其制品和制鞋业	3.1	1.8
木材加工和木、竹、藤、棕、草制品业	0.0	-10.7
家具制造业	-1.6	-1.3
造纸和纸制品业	-6.6	3.2

续表

指　　标	工业增加值 比上年增长（%）	工业出口交货值 比上年增长（%）
印刷和记录媒介复制业	19.8	4.0
文教、工美、体育和娱乐用品制造业	-0.5	-14.5
石油、煤炭及其他燃料加工业	-56.6	80.9
化学原料和化学制品制造业	19.7	27.3
医药制造业	10.5	-54.0
化学纤维制造业	5.4	23.1
橡胶和塑料制品业	3.7	-15.5
非金属矿物制品业	5.1	-3.7
黑色金属冶炼和压延加工业	8.8	-39.3
有色金属冶炼和压延加工业	7.1	65.0
金属制品业	10.5	-10.7
通用设备制造业	-8.2	1.8
专用设备制造业	4.5	-11.9
汽车制造业	5.4	25.4
铁路、船舶、航空航天和其他运输设备制造业	16.7	38.6
电气机械和器材制造业	40.6	57.1
计算机、通信和其他电子设备制造业	7.8	-1.7
仪器仪表制造业	-0.1	-33.4
其他制造业	24.6	1.4
废弃资源综合利用业	3.9	47.3
金属制品、机械和设备修理业	9.0	29.5
电力、燃气及水的生产和供应业	**9.3**	
电力、热力的生产和供应业	11.5	
燃气生产和供应业	-6.1	
水的生产和供应业	-1.8	

2022 年规模以上工业企业主要财务指标

指　　标	2022 年	比上年增长或增减（%、+/-）
企业单位数（个）	20778	10.1
#亏损企业数（个）	2089	10.9
流动资产合计（亿元）	27558.36	13.8
#应收账款	6639.64	12.6
产成品	2621.83	10.0
资产总计（亿元）	51807.65	9.2
营业收入（亿元）	70367.52	7.0
税金及附加（亿元）	612.82	7.0
利润总额（亿元）	4071.32	-6.9
应交增值税（亿元）	693.89	1.7
每百元营业收入中的成本（元）	87.18	0.9
每百元营业收入中的费用（元）	6.51	-0.2
单位成本费用（元）	93.69	0.73
每百元资产实现的营业收入（元）	145.99	-4.44
资产负债率（%）	53.50	1.30
资产利润率（%）	8.45	-1.56
成本费用利润率（%）	6.18	-0.98
营业收入利润率（%）	5.8	-0.9

2022年按类型分规模

项目	资产总额		营业收入	
	总量（亿元）	比上年增长（%）	总量（亿元）	比上年增长（%）
合　计	**51807.65**	**9.2**	**70367.52**	**7.0**
#国有控股企业	13179.57	5.9	9999.33	10.6
#主导产业	24766.79	15.7	27749.26	11.1
电子信息	5526.71	5.8	4990.81	-4.6
机械装备	12379.33	27.7	12832.79	18.4
石油化工	6860.75	5.5	9925.66	11.4
按轻重分				
轻工业	21431.07	14.3	33542.35	7.8
重工业	30376.58	5.9	36825.17	6.4
按规模分				
大型企业	22411.24	14.2	22088.91	8.1
中型企业	13209.96	10.0	18829.61	6.8
小微型企业	16186.45	2.5	29448.99	6.4
按登记注册分				
#私营企业	24156.99	17.2	41385.93	9.9
#国有企业	74.51	-9.8	16.96	-20.5
集体企业	43.87	-5.4	271.08	12.2
股份制公司	38856.07	14.0	52856.67	10.7
外商及港澳台商投资企业	12697.17	-2.9	16666.68	-3.2

以上工业企业主要指标

利税总额		#利润总额		本年应交增值税	
总量（亿元）	比上年增长（%）	总量（亿元）	比上年增长（%）	总量（亿元）	比上年增长（%）
5378.03	**-4.5**	**4071.32**	**-6.9**	**693.89**	**1.7**
829.47	-18.4	281.96	-45.2	178.73	3.6
2051.38	-1.9	1576.94	-5.3	241.09	9.5
354.39	-20.0	303.79	-21.9	35.25	-7.7
1070.37	23.2	914.76	29.1	102.55	-4.6
626.63	-19.5	358.40	-36.8	103.29	38.6
3042.12	3.9	2420.39	4.4	288.06	-0.3
2335.91	-13.6	1650.93	-19.7	405.83	3.2
1985.88	-8.7	1307.57	-15.2	277.09	3.3
1489.28	-8.4	1231.00	-10.6	158.18	-0.2
1902.87	4.0	1532.75	5.3	258.62	1.3
3027.71	1.0	2548.20	2.3	328.18	-5.7
-1.53		-1.73			-0.2
8.88	-8.0	7.65	-5.3	0.39	-9.3
3929.45	-3.9	2969.81	-5.3	503.62	-2.7
1394.69	-6.2	11055.96	-11.4	186.34	16.2

2022 年按行业分规模

项目	资产总额		利税总额	
	总量（亿元）	比上年增长（%）	总量（亿元）	比上年增长（%）
合计	**51807.65**	**9.2**	**5378.03**	**-4.5**
煤炭开采和洗选业	100.20	2.4	19.11	24.7
石油和天然气开采业				
黑色金属矿采选业	95.89	-6.3	17.93	-29.4
有色金属矿采选业	79.58	1.0	12.03	30.1
非金属矿采选业	181.74	1.9	24.82	1.1
开采辅助活动				
其他采矿业				
农副食品加工业	1844.95	6.9	230.96	13.6
食品制造业	1128.70	2.5	164.35	-4.8
酒、饮料和精制茶制造业	644.47	1.4	137.18	8.7
烟草制品业	268.68	-3.2	258.31	6.9
纺织业	1862.85	3.5	245.50	1.9
纺织服装、服饰业	1245.09	-3.9	220.19	-3.2
皮革、毛皮、羽毛及其制品和制鞋业	1950.61	-3.0	367.95	6.8
木材加工和木、竹、藤、棕、草制品业	395.93	0.6	99.01	28.2
家具制造业	310.49	-5.2	46.45	-2.1
造纸和纸制品业	857.17	-6.5	120.78	-12.9
印刷和记录媒介复制业	293.60	-3.9	42.55	2.2
文教、工美、体育和娱乐用品制造业	894.80	-1.8	195.15	-2.5
石油加工、炼焦和核燃料加工业	1356.79	-5.7	124.90	-51.0
化学原料和化学制品制造业	3086.14	13.4	228.73	1.6
医药制造业	930.39	22.2	201.81	-25.5
化学纤维制造业	1016.08	1.8	96.15	-29.9
橡胶和塑料制品业	1401.74	4.5	176.86	9.9
非金属矿物制品业	2956.73	4.4	434.07	-13.3
黑色金属冶炼和压延加工业	1877.82	5.9	26.81	-87.0
有色金属冶炼和压延加工业	2481.39	18.4	137.14	-9.7
金属制品业	1289.49	5.4	158.15	-0.4
通用设备制造业	1073.48	-6.4	114.73	-7.6
专用设备制造业	1099.49	1.9	110.04	-2.4
汽车制造业	1195.01	5.4	119.81	6.3
铁路、船舶、航空航天和其他运输设备制造业	296.42	-4.5	5166.7	17.38
电气机械和器材制造业	6936.32	59.8	503.46	58.4
计算机、通信和其他电子设备制造业	5526.71	5.8	354.39	-20.0
仪器仪表制造业	334.30	5.7	32.17	1.9
其他制造业	141.75	-7.9	20.87	3.2
废弃资源综合利用业	136.65	13.1	25.21	-31.3
金属制品、机械和设备修理业	154.83	10.3	14.62	34.9
电力、热力生产和供应业	5272.17	3.0	267.14	53.9
燃气生产和供应业	346.89	7.6	0.19	-99.3
水的生产和供应业	742.34	9.9	11.10	-35.7

以上工业企业主要指标

#利润总额		营业收入		应交增值税	
总量（亿元）	比上年增长（%）	总量（亿元）	比上年增长（%）	总量（亿元）	比上年增长（%）
4071.32	**-6.9**	**70367.52**	**7.0**	**693.89**	**1.7**
13.89	55.0	97.25	5.1	3.83	-18.5
12.70	-32.3	260.91	5.6	3.32	-23.7
8.39	37.3	103.47	19.3	1.31	26.0
16.80	3.1	317.56	0.1	3.61	6.2
203.66	13.2	3738.62	5.9	19.07	20.4
144.98	-4.3	1707.56	-1.8	14.07	-8.3
112.53	11.8	1061.92	-5.0	12.80	-3.5
17.26	-19.0	374.78	11.1	32.94	11.4
211.56	0.4	3933.35	7.2	24.47	13.2
179.77	-3.0	2865.80	2.0	29.03	-4.1
304.51	7.5	4391.15	4.6	45.69	5.0
85.68	35.0	1381.26	5.3	9.32	-2.4
38.18	-2.1	646.37	-5.5	5.63	0.2
93.59	-13.9	1339.34	-3.7	21.28	-9.7
34.80	2.6	603.09	6.4	5.44	1.1
169.02	-3.3	2308.06	-0.4	14.46	3.0
-33.13	-127.1	1822.06	3.7	32.60	8.2
159.57	-14.4	3892.64	19.8	44.56	118.3
180.31	-27.8	752.82	-7.7	16.71	12.8
85.82	-31.3	1918.44	9.8	5.32	-9.7
146.14	9.9	2292.51	6.2	20.81	15.1
342.07	-14.4	5589.68	5.8	56.90	-12.2
1.08	-99.4	2826.49	-2.1	21.15	-29.0
104.47	-8.2	4159.04	12.7	23.31	-18.8
127.14	-3.4	2469.20	6.8	22.01	12.9
94.13	-8.1	1516.27	-4.1	13.73	-6.4
89.75	-3.5	1308.83	6.0	14.21	4.3
83.76	10.7	1637.33	7.5	20.84	-2.3
11.78		284.42	19.3	3.02	11.0
469.07	70.3	5104.38	48.4	23.01	-23.9
303.79	-21.9	4990.81	-4.6	35.25	-7.7
26.36	2.3	360.86	-4.6	4.64	2.7
17.87	2.7	306.86	6.5	2.08	6.7
8.84	26.3	380.48	-5.0	13.87	-45.5
12.77	38.1	151.49	21.7	1.08	25.6
186.90	69.6	2846.91	17.7	68.53	31.6
-1.72	-107.2	516.19	12.4	1.25	34.4
7.52	-48.0	109.28	-2.8	2.70	20.0

2021—2022 年规模以上工业主要产品产量

指标名称	计量单位	2021 年	2022 年
饮料酒	万千升	196.69	188.50
饮料	万吨	910.37	995.13
卷烟	亿支	895.60	899.87
纱	万吨	556.94	571.66
布	亿米	79.42	70.04
硫酸（折 100%）	万吨	332.19	356.62
烧碱（折 100%）	万吨	37.91	26.12
乙烯	万吨	211.90	189.57
化学纤维	万吨	1029.66	1031.37
水泥	万吨	10096.37	9656.80
平板玻璃	万重量箱	5512.69	5439.50
十种有色金属	万吨	89.55	94.46
电解铝	万吨	7.23	7.15
混凝土机械	台	931	1020
环境污染防止专用设备	台（套）	9804	9916
汽车	万辆	31.75	33.89
#轿车	万辆	14.09	14.48
SUV	万辆	3.18	6.37
载货汽车	万辆	4.72	5.09
新能源汽车	万辆	6.81	9.79
家用房间空气清洁装置	万台	167.47	96.27
微型计算机设备	万台	1369.67	1185.26
手机	万台	2275.52	3168.85
智能手机	万台	940.70	944.26
彩色电视机	万台	1383.29	1075.90
智能电视	万台	1357.15	1068.36
集成电路	亿块	27.89	18.13

2021—2022 年全社会用电量及能耗系数

指　　标	2021 年	2022 年	比上年增长（%）
全社会用电量（亿千瓦小时）	**2836.67**	**2899.61**	**2.2**
第一产业	45.20	49.54	9.6
第二产业	1812.73	1824.64	0.7
第三产业	447.94	466.08	4.1
居民	530.79	559.35	5.4
城镇	268.00	286.35	6.9
乡村	262.79	273.00	3.9
主要行业			
工业	1778.33	1795.40	1.0
交通运输、仓储和邮政业	48.31	48.51	0.4
信息传输、软件和信息技术服务业	36.99	40.32	9.0
批发和零售业	123.39	129.17	4.7
住宿和餐饮业	35.26	35.99	2.1
金融业	6.45	6.47	0.3
房地产业	32.96	34.14	3.6
租赁和商务服务业	19.30	21.10	9.4
公共服务及管理组织	138.37	142.73	3.2
能源消费弹性系数	**1.13**		
电力消费弹性系数	1.78	0.46	

固定资产投资

主要年份固定资产投资

年 份	固定资产投资		房地产开发投资	
	总量（亿元）	增速（%）	总量（亿元）	增速（%）
2020	17996. 36	−0. 4	6026. 80	6. 2
2021	19083. 28	6. 0	6195. 61	2. 8
2022	20513. 89	7. 5	5515. 45	−11. 0

2021—2022 年按行业分固定资产投资

单位：亿元

指 标	2021 年	2022 年	增长（%）
固定资产投资额	**19083. 28**	**20513. 89**	**7. 5**
按产业分			
第一产业	357. 77	394. 94	10. 4
第二产业	6186. 17	7235. 74	17. 0
第三产业	12539. 34	12883. 21	2. 7

续表

指　　标	2021 年	2022 年	增长（%）
按行业分			
农、林、牧、渔业	410.89	484.58	17.9
采矿业	90.02	53.32	-40.80
制造业	5322.07	6372.30	19.7
电力、热力、燃气及水生产和供应业	771.17	805.39	4.4
建筑业	7.54	9.85	30.7
批发和零售业	142.69	124.49	-12.8
交通运输、仓储和邮政业	1462.56	1535.17	5.0
住宿和餐饮业	124.38	150.22	20.8
信息传输、软件和信息技术服务业	168.96	181.70	7.5
金融业	16.53	28.71	73.6
房地产业	6584.19	5983.69	-9.1
租赁和商务服务业	258.33	408.69	58.2
科学研究和技术服务业	73.18	59.70	-18.4
水利、环境和公共设施管理业	2325.81	2905.03	24.9
居民服务、修理和其他服务业	36.05	38.64	7.2
教育	450.92	498.08	10.5
卫生和社会工作	304.68	300.81	-1.3
文化、体育和娱乐业	457.38	495.71	8.4
公共管理、社会保障和社会组织	75.94	77.82	2.5
国际组织			

2021—2022年固定资产投资

指　　标	2021年	2022年	增长（%）
固定资产投资额（亿元）	**19083.28**	**20513.89**	**7.5**
按登记注册类型分			
内资企业	17855.62	19434.11	8.8
# 国有企业	1488.29	1728.30	16.1
集体企业	108.13	155.64	43.9
私营企业	8205.71	8438.75	2.8
港、澳、台商投资	683.84	608.19	-11.1
外商投资企业	535.22	459.73	-14.1
个体经营	8.59	11.86	38.0
按构成方式分			
建安工程	13102.04	14504.53	10.7
设备工具器具购置	2122.62	2030.98	-4.3
其他费用	3858.61	3978.38	3.1
按隶属关系分			
中央投资	649.74	789.48	21.5
地方投资	18433.54	19724.41	7.0
新增固定资产（亿元）	**10814.77**	**10543.02**	**-2.5**
建设项目计划总投资（亿元）	**82545.73**	**88682.49**	**7.4**
# 本年新开工项目	11941.57	17692.47	48.2
施工项目个数（个）	**22601**	**25386**	**12.3**
# 本年新开工	10091	13096	29.8
全部建成投产项目个数	**12185**	**12435**	**2.1**
投资资金情况（亿元）			
上年末结余资金	2651.19	3072.92	15.9
本年资金来源小计	17290.83	17784.25	2.9
国家预算内资金	1402.35	2405.60	71.5
国内贷款	1575.79	1456.32	-7.6
债券	0.17	0.00	-100.0
利用外资	15.62	150.04	860.7
自筹资金	9916.16	10354.70	4.4
其他资金来源	4380.73	3417.59	-22.0

2021—2022 年房地产开发情况

指　　标	2021 年	2022 年	增长（%）
房地产开发			
企业个数（个）	3571	3426	-4.1
完成投资额（亿元）	6195.61	5515.45	-11.0
施工面积（万平方米）	34667.18	31734.98	-8.5
#新开工面积	6439.20	4142.36	-35.7
商品房屋竣工面积（万平方米）	**4041.68**	**4063.38**	**0.5**
住宅	2699.13	2848.15	5.5
办公楼	199.47	120.31	-39.7
商业营业用房	299.16	231.31	-22.7
其他	843.92	863.61	2.3
商品房屋销售面积（万平方米）	**6976.44**	**6054.33**	**-13.2**
住宅	5597.61	4359.25	-22.1
办公楼	192.76	223.00	15.7
商业营业用房	348.80	398.89	14.4
其他	837.27	1073.18	28.2
商品房屋销售额（亿元）	**8217.26**	**6502.37**	**-20.9**
住宅	7082.59	5284.26	-25.4
办公楼	213.50	216.31	1.3
商业营业用房	432.83	459.81	6.2
其他	488.34	542.00	11.0
商品房屋待售面积（万平方米）	**1958.37**	**2037.43**	**4.0**
# 1—3 年待售面积	718.91	895.72	24.6
#住宅	569.13	739.66	30.0
房地产交易数据			
商品房屋销售面积（万平方米）	5462	3511	-35.7
#住宅	4306	2479	-42.4
商品房屋销售额（亿元）	6928	4143	-40.2
#住宅	5976	3401	-43.1

交通运输与邮电

主要年份各类运输总量

年份	客运量（万人）	旅客周转量（亿人千米）	货运量（万吨）	货物周转量（亿吨千米）
2020	25490	661.97	139927	9020.34
2021	21893	650.89	166131	10164.20
2022	18140	511.82	169107	11344.64

2021—2022 年交通运输业基本情况

指标	2021 年	2022 年	比上年增长（%）
运输线路长度（千米）			
铁路营业里程	3983	4230	6.2
公路里程	111031	112878	1.7
# 等级公路	97876	100780	3.0
# 高速公路	5810	5951	2.4
旅客运输量（万人）	**21893**	**18140**	**-17.1**
铁路	8350	6378	-23.6
公路	10522	9651	-8.3
水运	742	538	-27.5
民航	2279	1572	-31.0

续表

指　　标	2021 年	2022 年	比上年增长（%）
旅客周转量（亿人千米）	**650.89**	**511.82**	**-21.4**
铁路	238.64	191.74	-19.7
公路	74.52	68.13	-8.6
水运	0.82	0.53	-34.9
民航	336.92	251.41	-25.4
货物运输量（万吨）	**166131**	**169107**	**1.8**
铁路	5112	4815	-5.8
公路	110777	106939	-3.5
水运	50224	57336	14.2
民航	18	17	-8.2
货物周转量（亿吨千米）	**10164.20**	**11344.64**	**11.6**
铁路	201.32	206.37	2.5
公路	1233.16	1260.62	2.2
水运	8724.61	9873.30	13.2
民航	5.11	4.36	-14.7
港口货物吞吐量（万吨）	**69190.28**	**71407.99**	**3.2**
内贸吞吐量	43230.34	45641.53	5.6
外贸吞吐量	25959.94	25766.46	-0.7
沿海主要港口货物吞吐量（万吨）	**69190.28**	**71407.99**	**3.2**
福州港	27352.42	30164.10	10.3
湄洲湾港	10727.39	11039.13	2.9
莆田市港区	5012.10	5365.74	7.1
湄洲湾南岸港区	5715.30	5673.39	-0.7
泉州港	8354.47	8265.15	-1.1
厦门港	22755.99	21939.62	-3.6

续表

指　　标	2021年	2022年	比上年增长（%）
集装箱吞吐量（万标箱）	**1746.21**	**1800.21**	**3.1**
福州港	344.55	346.03	0.4
湄洲湾港	1.58	2.31	46.1
莆田市港区	1.58	1.56	-1.2
湄洲湾南岸港区		0.75	
泉州港	195.43	208.39	6.6
厦门港	1204.64	1243.47	3.2
全社会机动车拥有量（万辆）	**1290.57**	**1379.96**	**6.9**
#汽车	778.05	827.07	6.3
#私人汽车	672.51	718.62	6.9
#载客汽车	683.89	731.52	7.0
大型	3.43	3.39	-1.2
中型	1.91	1.75	-8.4
小型	675.94	724.10	7.1
微型	2.61	2.28	-12.6
#载货汽车	90.96	92.19	1.4
重型	16.96	16.43	-3.1
中型	1.71	1.53	-10.5
轻型	71.50	73.59	2.9
微型	0.028	0.003	-90.0
低速货车	0.77	0.63	-18.2

2021—2022 年邮电业务基本情况

指　　标	2021 年	2022 年	比上年增长或增减（%、+/-）
邮电通信业务量			
邮政业务总量（亿元）	474.78	513.98	8.3
电信业务总量（亿元）	530.53	538.32	19.3
函件（万件）	2529	2693	6.5
快递（万件）	415012	426400	2.7
移动电话年末用户（万户）	4824	4894	1.5
固定电话年末用户（万户）	707	680	-3.9
固定互联网宽带接入用户（万户）	1985	2145	8.1
移动互联网用户（万户）	4147	4282	3.3
电信通信水平			
固定电话普及率（部/百人）	17.0	16.2	-0.8
移动电话普及率（部/百人）	116.1	116.9	0.8
固定宽带家庭普及率（部/百户）	119.2	126.1	6.9

主要年份国内外贸易情况

年份	社会消费品零售总额（亿元）	进出口总额（亿元）	出口	进口	进出口总额（亿美元）	出口	进口
2020	18626.45	14080.59	8473.17	5607.43	2033.17	1223.87	809.30
2021	20373.11	18433.02	10812.07	7620.95	2852.50	1673.41	1179.09
2022	21050.12	19828.55	12140.53	7688.02	2975.02	1820.41	1154.61

2021—2022 年社会消费品零售总额

单位：亿元

项　　目	2021 年	2022 年	比上年增长（%）
社会消费品零售总额	**20373.11**	**21050.12**	**3.3**
限额以上	8495.96	8942.45	6.5
吃类商品	1583.09	1623.50	14.5
穿类商品	1230.56	1368.27	8.6
用类商品	5155.34	5359.51	3.9
# 汽车	1863.95	1864.12	-0.8
限额以下	11877.15	12107.68	1.1

2021—2022 年实际利用外资情况

单位：万美元

项　　目	2021 年	2022 年	比上年增长（%）
实际利用外资	**490543**	**499364**	**1.8**
#农、林、牧、渔业	3148	4504	43.1
制造业	123808	187845	51.7
电力、燃气及水的生产和供应业	1195	519	-56.6
交通运输、仓储和邮政业	3944	21682	449.7
批发和零售业	35125	36083	2.7
房地产业	38724	29613	-23.5
租赁和商务服务业	116235	87078	-25.1

2021—2022 年进出口主要分类情况

单位：亿元

项　目	2021 年	2022 年	比上年增长（%）
进出口总额	**18433.02**	**19828.55**	**7.6**
出口总额	10812.07	12140.53	12.3
进口总额	7620.95	7688.02	0.9
出口商品总额	**10812.07**	**12140.53**	**12.3**
初级产品	830.18	965.04	16.2
工业制品	9981.88	11175.50	12.0
进口商品总额	**7620.95**	**7688.02**	**0.9**
初级产品	4533.76	4784.78	5.5
工业制品	3087.18	2903.24	-6.0
机电产品进出口	**5310.41**	**5802.06**	**9.3**
出口总额	3981.82	4648.63	16.7
进口总额	1328.59	1153.43	-13.2
高新技术产品进出口	**2363.40**	**2128.69**	**-9.9**
出口总额	1382.54	1290.08	-6.7
进口总额	980.86	838.61	-14.5
外商投资企业进出口	**4473.09**	**4360.70**	**-2.3**
出口总额	2718.02	2726.65	0.3
进口总额	1755.06	1634.05	-6.4
一般贸易进出口	**14150.40**	**15269.69**	**7.9**
出口总额	7926.37	8934.79	12.7
进口总额	6224.03	6334.89	1.8
加工贸易进出口	**2321.72**	**2225.24**	**-4.2**
出口总额	1493.00	1473.01	-1.3
进口总额	828.72	752.23	-9.2

2022年按主要国别（地区）分进口、出口商品贸易额

单位：亿元

国别（地区）	进出口		进口		出口	
	总量	比上年增长（%）	总量	比上年增长（%）	总量	比上年增长（%）
总计	**19828.55**	**7.6**	**7688.02**	**0.9**	**12140.53**	**12.3**
亚洲	**9351.00**	**7.8**	**3697.50**	**0.8**	**5653.50**	**12.9**
# 中国香港	494.83	3.4	19.13	111.7	475.70	1.3
中国澳门	4.05	-31.7	0.01	277.9	4.04	-31.8
中国台湾	1036.70	-1.0	400.85	-24.3	635.85	22.9
日本	826.44	-3.3	298.59	-8.6	527.84	0.0
菲律宾	846.60	11.4	92.16	7.3	754.44	11.9
泰国	500.53	17.9	146.36	21.2	354.17	16.6
马来西亚	601.64	-24.9	188.65	-29.6	413.00	-22.5
新加坡	271.41	36.8	67.60	0.3	203.81	55.6
阿拉伯联合酋长国	270.25	51.7	119.36	129.4	150.89	19.7
欧洲	**3601.29**	**9.5**	**990.71**	**4.8**	**2610.59**	**11.4**
# 德国	682.92	22.4	107.72	-20.4	575.19	36.1
法国	180.81	-4.3	44.97	-34.5	135.84	13.0
意大利	205.39	35.6	36.50	-1.4	168.89	47.6
芬兰	35.65	57.7	11.43	-7.4	24.22	136.0
英国	294.63	-42.9	23.73	-32.9	270.90	-43.7
丹麦	42.37	7.9	5.71	-10.6	36.66	11.5
瑞典	44.90	2.1	7.87	-10.3	37.03	5.2
瑞士	193.12	16.1	177.80	14.1	15.33	46.0
西班牙	259.19	33.8	34.58	5.2	224.61	39.7
北美洲	**2996.35**	**8.4**	**695.74**	**6.7**	**2300.61**	**8.9**
# 加拿大	359.82	-24.0	195.79	-14.9	164.04	-32.5
美国	2631.26	15.0	494.85	17.9	2136.40	14.3
大洋洲	**1102.88**	**-8.3**	**819.56**	**-12.7**	**283.32**	**7.2**
# 澳大利亚	912.32	-11.9	671.37	-17.4	240.95	8.1
拉丁美洲	**1894.59**	**9.4**	**1140.16**	**3.1**	**754.43**	**20.5**
非洲	**880.67**	**15.0**	**342.59**	**11.5**	**538.08**	**17.4**

2021—2022年旅游人数和收入情况

指　　标	2021年	2022年	比上年增长（%）
入境旅游人数（万人次）	**65.11**	**48.26**	**-25.9**
外国人	30.97	20.91	-32.5
亚洲	13.61	9.45	-30.6
#日本	6.67	2.56	-61.5
美洲	8.37	4.78	-43.0
#美国	5.96	2.84	-52.3
加拿大	1.81	1.23	-32.3
欧洲	6.96	5.04	-27.5
#英国	1.04	2.11	103.2
法国	0.73	0.26	-63.8
德国	1.88	0.76	-59.7
大洋洲	1.18	1.33	12.5
#澳大利亚	0.85	0.92	8.0
新西兰	0.24	0.29	17.2
非洲	0.85	0.32	-62.5
港澳同胞	16.39	11.90	-27.4
台湾同胞	17.75	15.44	-13.0
国际旅游外汇收入（亿美元）	**4.92**	**3.14**	**-36.2**
国内旅游人数（万人次）	**40680.51**	**39146.80**	**-3.8**
#一日游游客人数	28498.42	29305.18	2.8
国内旅游收入（亿元）	**4862.34**	**4306.54**	**-11.4**
外省游客消费	1611.25	1322.07	-17.9
本省多日游游客消费	1935.02	1615.56	-16.5
一日游游客消费	1316.06	1368.91	4.0
国内旅游人均花费（元）	**1195**	**1100**	**-8.0**

财政、金融与保险

主要年份财政金融情况

单位：亿元

年　份	一般公共预算总收入	地方一般公共预算收入	一般公共预算支出	人民币各项存款	人民币各项贷款
2020	5158.43	3079.04	5216.10	55160.49	58589.49
2021	5743.84	3383.40	5204.72	60557.26	65920.32
2022	5382.30	3339.06	5702.93	70859.00	74128.73

2021—2022 年一般公共预算收入与支出

单位：亿元

指　　标	2021 年	2022 年	比上年增长（%）
一般公共预算总收入	**5743.84**	**5382.30**	**1.9**
地方一般公共预算收入	**3383.40**	**3339.06**	**5.5**
#增值税	929.05	676.77	-1.6
企业所得税	454.54	447.92	-1.5
个人所得税	218.33	137.29	-37.1
资源税	9.86	10.05	1.9

续表

指　　标	2021 年	2022 年	比上年增长（%）
城市维护建设税	142. 39	125. 25	-12. 0
房产税	93. 64	101. 84	8. 8
印花税	55. 56	54. 28	-2. 3
城镇土地使用税	36. 83	34. 61	-6. 0
土地增值税	256. 81	239. 86	-6. 6
车船使用和牌照税	27. 98	30. 12	7. 6
耕地占用税	11. 13	15. 28	37. 2
契税	246. 15	207. 73	-15. 6
烟叶税	6. 73	8. 41	24. 9
一般公共预算支出	**5204. 72**	**5702. 93**	**9. 6**
# 一般公共服务支出	449. 93	504. 37	12. 1
公共安全支出	336. 76	365. 49	8. 5
教育支出	1079. 81	1222. 27	13. 2
科学技术支出	155. 11	149. 87	-3. 4
文化体育与传媒支出	104. 82	117. 52	12. 1
社会保障和就业支出	592. 50	709. 84	19. 8
卫生健康支出	533. 63	611. 05	14. 5
节能环保支出	139. 97	123. 34	-11. 9
城乡社区事务支出	410. 50	417. 31	1. 7
农林水事务支出	366. 61	405. 41	10. 6
交通运输支出	277. 05	268. 41	-3. 1
资源勘探信息等支出	264. 65	247. 03	-6. 7
住房保障支出	127. 40	127. 51	0. 1

2021—2022 年政府性基金收支

单位：亿元

指　　标	2021 年	2022 年	比上年增长（%）
政府性基金预算收入	**3342.72**	**2631.32**	**-21.3**
#大中型水库库区基金收入	1.56	1.41	-9.6
国有土地使用权出让金收入	3193.14	2492.79	-21.9
国有土地收益基金收入	57.18	29.10	-49.1
农业土地开发资金收入	2.17	0.69	-68.2
彩票公益金收入	20.16	21.02	4.3
政府性基金预算支出	**4155.32**	**4206.52**	**1.2**
#文化体育与传媒支出	0.48	0.41	-14.6
社会保障和就业支出	7.58	10.09	33.1
#大中型水库移民后期扶持基金支出	7.20	9.77	33.3
城乡社区支出	2936.64	2414.80	-17.8
#国有土地使用权出让金支出	2570.87	2007.66	-22.3
国有土地收益基金支出	43.28	30.53	-20.2
农业土地开发资金支出	1.22	0.51	-44.1
农林水事务	2.28	6.27	174.9
交通运输	61.57	86.16	39.9

2022年金融机构存贷款余额

单位：亿元

	本外币	比上年增长（%）	人民币	比上年增长（%）
金融机构各项存款余额	**72927.90**	**17.5**	**70859.00**	**17.0**
（一）境内存款	71506.84	17.2	69968.74	16.9
1. 住户存款	31585.06	19.3	31352.39	19.5
2. 非金融企业存款	21288.19	13.2	19992.32	11.7
#企业活期存款	6439.88	0.3	5631.52	-2.8
企业定期存款	3394.09	51.1	3024.10	49.2
企业保证金存款	2503.31	32.3	2443.05	32.3
3. 机关团体存款	8420.47	5.5	8417.27	5.5
4. 财政性存款	796.95	-29.6	796.95	-29.6
5. 非银行业金融机构存款	9416.17	42.1	9409.81	42.2
（二）境外存款	1421.07	32.6	890.26	30.2
金融机构各项贷款余额	**75373.62**	**11.0**	**74128.73**	**12.5**
（一）境内贷款	73996.93	11.9	73528.68	12.4
1. 住户贷款	35158.51	7.1	35156.72	7.1
（1）短期贷款	10507.56	7.5	10505.83	7.5
#个人消费贷款	5337.82	0.9	5336.09	0.9
个人经营性贷款	5169.74	15.2	5169.74	15.2
（2）中长期贷款	24650.95	7.0	24650.89	7.0
#个人消费贷款	18666.97	2.3	18666.91	2.3
个人经营性贷款	5983.98	24.8	5983.98	24.8
2. 企（事）业单位贷款	38561.24	16.3	38094.79	17.3
（1）短期贷款	10924.24	9.7	10708.93	11.8
#单位经营贷款	9026.00	6.5	8979.99	7.1
单位固定资产贷款	39.37	-47.8	39.37	-47.8
（2）中长期贷款	22112.46	11.9	21861.31	12.5
#单位经营贷款	5715.66	21.5	5514.51	22.9
单位固定资产贷款	15854.75	9.6	15808.37	10.0
（3）融资租赁	174.35	28.9	174.35	28.9
（4）票据融资	5314.04	61.6	5314.04	61.6
（5）各项垫款	36.16	39.9	36.16	49.3
3. 非银行业金融机构贷款	277.18	80.0	277.18	80.0
（二）境外贷款	1376.69	-22.0	600.05	23.1

2022年保险公司业务经济技术指标

单位：亿元

指　　标	保费	比上年增长（%）	赔款及给付	比上年增长（%）
合计	**1374.67**	**6.2**	**446.89**	**4.2**
财产保险公司	**439.28**	**10.3**	**282.81**	**8.3**
企业财产保险	18.73	9.7	8.91	-26.3
家庭财产保险	5.00	70.6	1.41	81.0
机动车辆保险	244.94	6.4	160.03	2.6
工程保险	4.44	34.9	2.39	7.1
责任保险	27.27	16.3	13.95	1.2
信用保险	10.91	-20.5	3.79	17.0
保证保险	20.41	42.3	16.43	21.2
船舶保险	3.66	9.9	2.05	-14.0
货物运输保险	5.64	18.1	2.37	27.7
特殊风险保险	1.80	-11.9	0.23	14.1
农业保险	9.90	15.1	7.65	17.5
健康险	66.03	22.8	52.99	35.6
意外伤害保险	14.46	-13.1	6.06	0.7
其他	6.12	45.6	4.57	31.8
人寿保险公司	**935.38**	**4.4**	**164.08**	**-2.2**
寿险	704.59	6.3	89.21	9.7
健康险	213.19	0.3	70.58	-13.6
人身意外伤害险	17.61	-13.1	4.29	-10.1

市、县、区主要统计指标

2022 年设区市主要统计指标

	单位	福州	平潭	福州（不含平潭）	厦门	莆田
人口						
年末常住人口	万人	844.8	38.2	806.6	530.8	319.9
常住人口城镇化率	%	73.27	58.83	73.95	90.19	64.01
国民经济核算						
地区生产总值	亿元	12308.23	367.71		7802.66	3116.25
第一产业	亿元	683.38	42.60		29.27	146.13
第二产业	亿元	4656.90	92.86		3233.56	1630.82
工业	亿元	3020.19	13.27		2454.28	1341.94
建筑业	亿元	1656.81	79.76		809.42	291.50
第三产业	亿元	6967.95	232.25		4539.83	1339.31
人均地区生产总值	元					
三次产业结构						
第一产业	%	5.6	11.6		0.4	4.7
第二产业	%	37.8	25.3		41.4	52.3
# 工业	%	24.5	3.6		31.5	43.1
第三产业	%	56.6	63.2		58.2	43.0
农业						
农林牧渔业总产值	亿元	1194.75	81.42	1113.33	62.19	273.94
粮食产量	万吨	49.36	1.90	47.46	2.57	18.77
水产品产量	万吨	300.50	47.23	253.27	6.45	102.57
农作物播种面积	万亩	412.67	14.37	398.31	32.31	103.43

续表

	单位	三明	泉州	漳州	南平	龙岩	宁德
人口							
年末常住人口	万人	245.5	887.9	506.8	265.1	271.6	315.6
常住人口城镇化率	%	64.39	70.04	63.34	60.84	64.15	62.87
国民经济核算							
地区生产总值	亿元	3110.14	12102.97	5706.58	2211.84	3314.47	3554.62
第一产业	亿元	339.60	250.12	571.50	361.31	311.27	386.41
第二产业	亿元	1580.92	6882.07	2859.95	784.95	1420.04	2048.60
工业	亿元	1148.85	6182.83	2231.98	503.19	940.13	1817.79
建筑业	亿元	435.30	706.71	631.99	281.94	479.91	232.55
第三产业	亿元	1189.62	4970.78	2275.13	1065.58	1583.16	1119.61
人均地区生产总值	元						
三次产业结构							
第一产业	%	10.9	2.1	10.0	16.3	9.4	10.9
第二产业	%	50.8	56.8	50.1	35.5	42.8	57.6
# 工业	%	36.9	51.1	39.1	22.7	28.4	51.1
第三产业	%	38.2	41.1	39.9	48.2	47.8	31.5
农业							
农林牧渔业总产值	亿元	573.19	454.03	1066.35	640.90	546.14	691.38
粮食产量	万吨	95.39	50.84	42.01	118.49	83.16	48.10
水产品产量	万吨	12.10	107.04	210.48	9.36	6.62	107.23
农作物播种面积	万亩	477.42	251.28	269.11	463.45	336.36	260.90

续表

	单位	福州	平潭	福州（不含平潭）	厦门	莆田
固定资产投资						
固定资产投资	亿元	5643.47	202.27	5441.21	2971.08	1986.67
#工业投资	亿元	1628.52	34.79	1593.74	645.34	578.62
房地产开发投资	亿元	1912.30	67.75	1844.55	1064.78	341.30
国内贸易						
社会消费品零售总额	亿元	4679.52	59.52	4620.00	2665.36	1804.58
对外经济						
海关进出口总额	亿元	3861.75	204.87	3656.89	9225.59	675.90
出口	亿元	2680.16	115.60	2564.56	4657.39	379.27
进口	亿元	1181.59	89.27	1092.33	4568.20	296.63
实际利用外资	万美元		470	110352	221197	11771
财政						
一般公共预算总收入	亿元	1059.05	40.33	1018.72	1493.76	218.86
地方一般公共预算收入	亿元	698.52	23.56	674.96	883.77	151.05
一般公共预算支出	亿元	999.91	70.19	929.71	1088.66	275.74
居民生活						
居民人均可支配收入	元	46418	32450		67999	37027
城镇居民人均可支配收入	元	55638	48816		70467	46595
农村居民人均可支配收入	元	26826	22277		32323	24718

续表

	单位	三明	泉州	漳州	南平	龙岩	宁德
固定资产投资							
固定资产投资	亿元	1216.01	2840.30	2242.02	1448.40	1221.97	943.97
#工业投资	亿元	656.81	1022.59	991.33	668.39	561.53	477.88
房地产开发投资	亿元	159.05	922.46	521.87	170.17	204.40	219.11
国内贸易							
社会消费品零售总额	亿元	883.27	5982.94	1904.21	791.12	1427.67	911.43
对外经济							
海关进出口总额	亿元	145.42	2711.93	1200.94	157.08	557.10	1292.84
出口	亿元	137.87	1994.61	813.15	151.16	332.17	994.75
进口	亿元	7.54	717.32	387.78	5.92	224.93	298.09
实际利用外资	万美元	6498	97254	39616	2644	4096	5466
财政							
一般公共预算总收入	亿元	158.05	920.70	341.03	147.33	356.31	272.70
地方一般公共预算收入	亿元	111.35	526.79	250.60	104.06	165.46	167.45
一般公共预算支出	亿元	351.94	806.15	499.11	346.12	362.15	381.78
居民生活							
居民人均可支配收入	元	34994	46707	36506	32594	35385	33473
城镇居民人均可支配收入	元	44627	57724	46380	41101	45990	42749
农村居民人均可支配收入	元	23228	27572	25789	21782	24407	23102

2022 年设区市主要统计指标增速

单位:%

	福州	平潭	福州(不含平潭)	厦门	莆田
人口					
年末常住总人口	0.3	-2.1	0.4	0.5	-0.7
国民经济核算					
地区生产总值	4.4	3.6		4.4	4.0
第一产业	3.0	1.5		1.4	2.5
第二产业	5.2	8.3		3.8	4.0
工业	2.9	4.5		3.3	3.0
建筑业	9.7	8.9		5.5	8.8
第三产业	4.0	2.2		4.7	4.2
人均地区生产总值					
农业					
农林牧渔业总产值	3.2	1.6	3.3	1.7	2.8
粮食产量	0.8	1.1	0.8	1.2	0.7
水产品产量	1.1	0.7	1.2	-7.3	1.0
农作物播种面积	2.5	0.0	2.6	-2.1	1.7
工业					
规模以上工业增加值	3.8	5.1	-	4.3	4.2
固定资产投资					
固定资产投资(不含跨区项目)	5.9	-4.2	6.3	10.2	6.2
# 工业投资	10.8	1.7	11.0	28.0	0.8
房地产开发投资	-15.0	-34.8	-14.0	-0.5	-16.6
国内贸易					
社会消费品零售总额	2.9	-2.0	2.9	3.1	3.4
对外经济					
海关进出口总额	9.9	6.1	10.2	4.0	-1.9
出口	16.9	26.1	16.6	8.2	22.6
进口	-3.2	-12.0	-2.4	0.1	-21.9
实际利用外资		-95.3	-5.8	-18.8	10.9
财政					
一般公共预算总收入	-5.5	-54.2	-1.2	4.9	3.0
地方一般公共预算收入	1.1	-50.7	5.1	6.6	9.8
一般公共预算支出	8.1	-17.7	10.7	2.7	11.1
居民生活					
居民人均可支配收入	4.9	4.9		5.7	6.5
城镇居民人均可支配收入	4.1	4.2		4.9	5.7
农民人均可支配收入	6.4	6.6		8.1	8.0

续表

	三明	泉州	漳州	南平	龙岩	宁德
人口						
年末常住总人口	-1.0	0.3	0.0	-0.7	-0.5	0.2
国民经济核算						
地区生产总值	3.1	3.5	6.9	3.8	5.0	10.7
第一产业	4.5	3.5	4.3	4.0	3.5	3.5
第二产业	3.3	3.3	8.5	5.8	5.7	15.1
工业	2.4	3.1	7.9	3.8	4.2	18.3
建筑业	5.8	4.2	10.9	9.7	8.8	-3.8
第三产业	2.3	3.8	5.9	2.3	4.7	6.1
人均地区生产总值						
农业						
农林牧渔业总产值	4.8	3.7	4.6	4.4	3.7	3.7
粮食产量	0.2	0.8	0.6	0.2	0.4	0.8
水产品产量	2.5	1.9	1.0	2.2	3.1	0.7
农作物播种面积	2.9	1.4	1.5	1.7	1.9	0.9
工业						
规模以上工业增加值	3.3	3.9	10.2	4.4	5.5	23.6
固定资产投资						
固定资产投资（不含跨区项目）	9.4	10.3	10.1	5.1	9.0	-1.9
#工业投资	13.8	21.6	29.7	14.3	27.8	11.7
房地产开发投资	-1.0	-4.2	-11.0	-26.6	-18.6	-20.4
国内贸易						
社会消费品零售总额	3.7	2.8	5.5	4.0	3.7	3.6
对外经济						
海关进出口总额	17.5	3.6	13.9	2.5	9.9	42.5
出口	18.3	-2.0	17.8	3.0	4.6	65.7
进口	4.9	23.4	6.6	-9.4	18.7	-2.8
实际利用外资	123.8	100.0	102.0	-22.5	17.0	157.8
财政						
一般公共预算总收入	-1.6	1.9	8.3	4.3	8.1	15.2
地方一般公共预算收入	6.3	8.0	16.7	9.4	5.5	16.4
一般公共预算支出	13.7	19.9	18.8	12.2	5.1	11.1
居民生活						
居民人均可支配收入	6.2	5.4	7.9	5.2	5.8	6.4
城镇居民人均可支配收入	5.5	4.9	7.1	4.4	5.0	5.3
农民人均可支配收入	7.5	6.4	9.4	6.6	7.4	8.6

2022年县（市、区）地区生产总值及三次产业构成

县（市、区）	地区生产总值		人均GDP		三次产业构成（%）		
	数值（亿元）	增长（%）	数值（元）	增长（%）	第一产业	第二产业	第三产业
全　省	**53109.85**	**4.7**	**126829**	**4.3**	**5.8**	**47.2**	**47.0**
福州市	**12308.23**	**4.4**	**145936**	**3.6**	**5.6**	**37.8**	**56.6**
鼓楼区	2609.06	4.4	387100	4.0	0.0	16.4	83.6
台江区	679.57	4.1	164345	3.8	0.0	8.8	91.2
仓山区	1045.07	1.1	88980	-0.2	0.2	39.3	60.5
马尾区	675.34	3.9	228155	3.1	2.1	57.0	40.9
晋安区	1137.19	4.6	142773	4.0	0.8	25.4	73.8
长乐区	1218.08	4.4	150195	3.1	6.2	58.9	34.8
福清市	1604.42	5.7	113628	4.9	8.3	48.1	43.6
闽侯县	1009.21	4.5	98991	2.9	5.5	54.8	39.7
连江县	731.46	4.9	113229	4.4	25.4	37.1	37.6
罗源县	417.04	4.7	160709	3.8	14.3	53.7	32.0
闽清县	446.26	4.3	171639	3.5	9.2	57.9	32.9
永泰县	367.83	2.4	128836	1.7	17.6	53.0	29.4
平潭县	367.71	3.6	95262	4.6	11.6	25.3	63.2
厦门市	**7802.66**	**4.4**	**147387**	**3.1**	**0.4**	**41.4**	**58.2**
思明区	2503.88	5.2	235549	5.6	0.1	16.5	83.4
海沧区	1067.48	4.7	172871	1.8	0.2	62.2	37.6
湖里区	1681.94	3.3	166446	5.4	0.0	40.7	59.3
集美区	956.58	3.0	88205	0.5	0.3	50.6	49.1
同安区	705.63	3.7	79195	1.7	1.6	53.2	45.2
翔安区	887.14	6.0	141377	0.7	1.1	69.2	29.7
莆田市	**3116.25**	**4.0**	**97095**	**4.2**	**4.7**	**52.3**	**43.0**
城厢区	587.08	5.6	107288	5.8	1.8	38.4	59.8
涵江区	684.56	3.1	142914	3.4	2.7	66.9	30.4
荔城区	642.00	1.0	95280	1.2	2.8	51.5	45.7
秀屿区	575.64	5.0	95304	5.1	12.9	51.8	35.3
仙游县	626.99	6.0	69242	6.2	4.0	50.7	45.3
三明市	**3110.14**	**3.1**	**126044**	**3.8**	**10.9**	**50.8**	**38.2**
三元区	716.05	2.8	174773	2.4	3.6	50.7	45.8
沙县区	375.79	4.0	150556	4.4	9.0	58.3	32.6

续表

县（市、区）	地区生产总值		人均 GDP		三次产业构成（%）		
	数值（亿元）	增长（%）	数值（元）	增长（%）	第一产业	第二产业	第三产业
永安市	511.73	3.3	149672	4.2	7.2	59.2	33.7
明溪县	127.08	1.6	132372	3.6	18.6	46.9	34.5
清流县	163.93	0.1	142051	1.5	18.7	46.8	34.5
宁化县	239.14	3.2	92437	4.5	13.0	43.7	43.3
大田县	258.38	3.7	86734	4.4	16.7	51.2	32.0
尤溪县	262.65	3.9	77228	4.6	21.0	36.6	42.4
将乐县	194.57	5.9	136255	7.0	11.4	49.0	39.6
泰宁县	99.69	-3.9	97450	-2.5	16.0	40.7	43.3
建宁县	161.15	4.4	142106	5.3	13.4	56.4	30.3
泉州市	**12102.97**	**3.5**	**136533**	**3.0**	**2.1**	**56.8**	**41.1**
鲤城区	759.13	3.6	176748	3.4	0.0	49.1	50.9
丰泽区	850.01	3.6	117567	1.8	0.2	18.5	81.3
洛江区	355.11	3.6	138985	1.9	1.5	62.9	35.6
泉港区	696.59	2.1	193497	1.2	1.9	74.1	24.0
石狮市	1159.68	4.2	167584	3.6	2.7	44.0	53.3
晋江市	3207.43	4.0	154762	3.6	0.7	61.5	37.8
南安市	1646.05	3.7	107585	3.3	2.1	60.0	37.9
惠安县	1624.43	4.1	155671	3.4	2.4	69.8	27.8
安溪县	907.18	4.3	90672	4.5	6.7	51.9	41.4
永春县	543.91	-2.4	129349	-2.0	5.2	59.7	35.1
德化县	353.44	4.7	104724	4.0	3.8	59.8	36.4
漳州市	**5706.58**	**6.9**	**112578**	**6.9**	**10.0**	**50.1**	**39.9**
芗城区	945.21	8.0	147160	7.7	1.3	47.3	51.4
龙文区	439.15	7.0	143279	6.6	1.2	38.3	60.5
龙海区	1432.49	6.9	149889	6.7	5.2	63.5	31.3
长泰区	412.27	7.1	178549	6.6	5.4	69.1	25.5
云霄县	269.70	6.8	65399	6.5	21.5	38.7	39.8
漳浦县	669.67	8.0	78739	7.9	15.6	39.8	44.6
诏安县	350.05	5.0	62766	5.5	17.4	50.5	32.1
东山县	249.43	8.6	112862	8.3	19.8	39.5	40.7
南靖县	421.71	6.3	138447	6.6	20.4	47.0	32.6

续表

县（市、区）	地区生产总值		人均 GDP		三次产业构成（%）		
	数值（亿元）	增长（%）	数值（元）	增长（%）	第一产业	第二产业	第三产业
平和县	302.89	4.8	66775	4.8	19.9	28.3	51.8
华安县	214.00	5.4	159704	5.5	17.4	56.3	26.3
南平市	**2211.84**	**3.8**	**83136**	**4.4**	**16.3**	**35.5**	**48.2**
延平区	455.23	2.5	101276	3.2	8.9	36.3	54.8
建阳区	278.99	4.7	81220	4.2	16.5	39.0	44.5
邵武市	273.94	5.4	100713	6.0	12.8	42.4	44.8
武夷山市	233.94	2.2	89634	1.9	13.9	31.8	54.3
建瓯市	303.01	2.4	70632	3.3	19.2	33.7	47.1
顺昌县	148.02	4.8	83863	6.0	14.5	34.2	51.3
浦城县	192.37	6.0	65321	6.9	21.4	32.4	46.2
光泽县	125.30	4.7	97889	6.0	38.6	29.5	31.9
松溪县	88.38	2.0	68249	2.7	17.2	33.1	49.7
政和县	112.65	5.9	63643	6.9	20.0	34.7	45.3
龙岩市	**3314.47**	**5.0**	**121721**	**5.2**	**9.4**	**42.8**	**47.8**
新罗区	1182.28	4.7	138684	4.2	4.5	47.2	48.3
永定区	336.38	4.2	105284	5.5	11.4	39.0	49.6
漳平市	314.85	3.6	124942	4.2	12.5	40.0	47.5
长汀县	343.71	5.5	86359	5.6	12.1	40.7	47.2
上杭县	513.29	7.3	136878	7.7	11.4	40.3	48.3
武平县	306.73	4.6	110931	5.2	12.6	40.6	46.8
连城县	317.23	4.7	127146	5.3	13.1	42.3	44.6
宁德市	**3554.62**	**10.7**	**112738**	**10.5**	**10.9**	**57.6**	**31.5**
蕉城区	1261.51	14.1	197420	12.3	4.1	71.6	24.3
福安市	761.11	6.6	125286	7.0	8.2	63.8	28.0
福鼎市	503.88	9.2	90301	8.3	15.1	54.3	30.6
霞浦县	353.70	13.6	73995	13.2	24.1	36.0	39.9
古田县	242.54	6.1	76150	7.6	22.6	32.6	44.8
屏南县	125.89	17.3	91226	18.6	13.8	45.0	41.2
寿宁县	111.42	4.5	63671	5.7	17.4	38.8	43.8
周宁县	108.98	14.1	74135	15.6	8.8	38.8	52.4
柘荣县	85.59	5.0	93033	5.6	11.8	43.6	44.6

2022年县（市、区）一般公共预算收支

县（市、区）	一般公共预算总收入		地方一般公共预算收入		一般公共预算支出	
	数量（亿元）	增长（%）	数量（亿元）	增长（%）	数量（亿元）	增长（%）
全　省	**5382.30**	**1.9**	**3339.06**	**5.5**	**5702.93**	**9.6**
福州市	**1059.05**	**-5.5**	**698.52**	**1.1**	**999.91**	**8.1**
鼓楼区	57.15	1.6	34.92	7.0	36.56	21.5
台江区	21.63	-9.4	14.65	-12.5	23.47	5.6
仓山区	31.23	-12.8	22.17	-8.9	39.88	13.8
马尾区	34.14	4.1	22.75	5.4	37.77	34.7
晋安区	26.36	-17.0	17.32	-23.0	30.30	13.8
长乐区	96.22	1.0	68.05	13.3	88.08	5.6
福清市	169.12	5.0	117.21	18.8	140.37	12.1
闽侯县	143.16	3.3	100.74	11.4	113.66	15.1
连江县	45.41	-6.3	33.69	9.0	75.67	-1.4
罗源县	14.82	15.3	11.76	34.6	23.03	-9.0
闽清县	30.65	-6.5	18.15	1.1	33.04	-6.4
永泰县	16.11	-13.3	11.43	-3.8	36.77	8.5
平潭县	40.33	-54.2	23.56	-50.7	70.19	-17.7
厦门市	**1493.76**	**4.9**	**883.77**	**6.6**	**1088.66**	**2.7**
思明区	137.07	3.6	73.91	5.2	119.40	9.2
海沧区	158.83	16.5	39.64	6.9	75.31	6.3
湖里区	95.21	0.6	55.92	8.5	98.22	20.8
集美区	67.38	1.1	46.07	0.8	95.83	13.2
同安区	47.25	4.4	32.40	12.3	83.73	0.6
翔安区	39.98	15.5	27.96	17.8	65.22	10.4
莆田市	**218.86**	**3.0**	**151.05**	**9.8**	**275.74**	**11.1**
城厢区	34.89	1.8	25.41	5.1	32.87	3.6
涵江区	28.79	2.9	18.65	10.3	30.50	12.8
荔城区	48.68	4.7	32.60	10.8	37.69	2.6
秀屿区	23.45	-7.3	19.02	9.2	43.55	18.1
仙游县	47.23	14.0	29.65	14.9	65.31	19.1
三明市	**158.05**	**-1.6**	**111.35**	**6.3**	**351.94**	**13.7**
三元区	14.62	-19.6	10.48	-2.0	25.57	18.6
沙县区	14.06	-10.1	10.58	7.5	29.11	6.4

续表

县（市、区）	一般公共预算总收入		地方一般公共预算收入		一般公共预算支出	
	数量（亿元）	增长（%）	数量（亿元）	增长（%）	数量（亿元）	增长（%）
永安市	26.54	-17.4	20.08	5.1	35.36	21.3
明溪县	6.08	11.7	3.99	15.0	16.59	15.7
清流县	7.23	12.2	5.03	20.5	20.42	23.2
宁化县	8.18	-3.2	6.40	0.5	31.79	6.9
大田县	12.41	16.9	8.75	21.6	28.11	-6.3
尤溪县	11.08	10.0	8.79	11.5	34.07	9.9
将乐县	9.82	3.8	7.14	10.8	25.59	29.2
泰宁县	4.33	10.6	3.24	14.5	16.62	9.7
建宁县	4.62	1.5	3.32	1.1	19.33	4.6
泉州市	**920.70**	**1.9**	**526.79**	**8.0**	**806.15**	**19.9**
鲤城区	22.02	3.9	13.92	7.4	26.02	27.9
丰泽区	29.01	6.9	18.43	5.2	26.34	17.2
洛江区	27.29	8.0	16.44	9.3	22.64	36.1
泉港区	91.26	-9.0	22.15	-14.6	35.97	32.9
石狮市	58.11	6.2	43.62	14.9	61.84	25.3
晋江市	230.95	-6.3	150.88	6.2	176.11	41.2
南安市	100.16	2.7	68.22	19.6	97.04	4.6
惠安县	124.47	18.5	43.97	13.0	64.95	11.5
安溪县	45.87	-4.7	31.53	-1.5	69.94	6.3
永春县	20.30	6.8	13.85	9.9	35.54	-6.3
德化县	22.64	5.0	15.97	13.7	38.46	15.9
漳州市	**341.03**	**8.3**	**250.60**	**16.7**	**499.11**	**18.8**
芗城区	33.29	6.1	20.20	11.9	31.21	37.6
龙文区	21.82	7.1	16.08	18.0	18.92	21.6
龙海区	40.48	11.8	30.15	41.7	50.22	23.1
长泰区	23.58	14.2	16.45	27.6	26.49	7.6
云霄县	12.09	15.0	9.14	20.6	31.43	23.8
漳浦县	10.55	-5.5	18.18	-0.6	72.56	29.0
诏安县	8.34	-10.3	5.85	-12.2	29.27	1.0
东山县	20.26	28.5	16.27	56.1	27.85	27.6
南靖县	14.08	2.5	10.03	10.4	29.09	24.9

续表

县（市、区）	一般公共预算总收入		地方一般公共预算收入		一般公共预算支出	
	数量（亿元）	增长（%）	数量（亿元）	增长（%）	数量（亿元）	增长（%）
平和县	10.44	21.9	8.02	29.3	30.41	23.4
华安县	8.47	7.9	6.00	11.8	19.58	40.8
南平市	**147.33**	**4.3**	**104.06**	**9.4**	**346.12**	**12.2**
延平区	10.82	5.1	8.02	16.3	27.15	15.2
建阳区	18.07	0.7	14.03	8.6	33.05	4.4
邵武市	16.41	8.6	13.00	11.3	35.56	5.8
武夷山市	13.10	3.3	9.7	5.3	32.40	28.8
建瓯市	14.87	0.9	11.20	5.7	36.14	12.4
顺昌县	7.89	0.2	6.00	14.8	23.89	0.7
浦城县	10.24	3.5	7.57	7.6	35.13	11.0
光泽县	6.82	-8.8	5.07	10.1	17.79	9.8
松溪县	4.07	8.8	3.01	12.8	18.10	28.7
政和县	6.26	2.9	4.33	10.0	22.78	15.7
龙岩市	**356.31**	**8.1**	**165.46**	**5.5**	**362.15**	**5.1**
新罗区	38.68	1.1	27.22	12.8	45.52	-14.8
永定区	15.12	-6.5	10.56	0.6	32.61	16.4
漳平市	13.64	10.1	10.59	23.7	26.44	2.8
长汀县	13.84	18.1	10.10	21.5	43.38	8.9
上杭县	53.02	25.5	34.06	17.9	64.04	10.2
武平县	12.11	-16.8	8.53	-14.7	29.59	7.4
连城县	11.64	11.1	9.00	18.8	29.22	8.4
宁德市	**272.70**	**15.2**	**167.45**	**16.4**	**381.78**	**11.1**
蕉城区	60.92	19.9	30.49	15.7	46.03	10.4
福安市	66.00	11.8	39.56	14.5	58.15	20.2
福鼎市	36.48	8.9	23.90	6.9	46.64	14.2
霞浦县	0.78	51.4	8.74	65.4	46.75	10.8
古田县	10.94	-2.2	8.64	10.5	27.44	-7.7
屏南县	5.94	22.3	4.95	45.7	21.09	-2.7
寿宁县	5.84	9.2	4.04	18.4	19.99	0.1
周宁县	4.11	17.1	3.62	25.1	19.71	2.6
柘荣县	5.72	0.2	3.81	12.1	15.69	13.0

2022年县（市、区）农林牧渔业总产值及农作物播种面积

县（市、区）	农林牧渔业总产值		农作物播种面积	
	数值（万元）	增长（%）	数值（万亩）	增加（万亩）
全　省	**55028745**	**3.9**	**2606.93**	**48.45**
福州市	**11947510**	**3.2**	**412.67**	**10.01**
鼓楼区				
台江区				
仓山区	36111	0.0	2.34	-0.20
马尾区	248501	3.3	3.51	0.00
晋安区	146296	3.2	10.46	0.31
长乐区	1328131	3.4	51.02	1.10
福清市	2385332	3.4	88.27	1.55
闽侯县	944928	4.4	84.66	2.90
连江县	3286186	2.3	20.19	0.11
罗源县	1050697	3.7	23.42	0.56
闽清县	663767	4.4	44.84	0.77
永泰县	1043315	5.1	69.60	2.93
平潭县	814244	1.6	14.37	0.01
厦门市	**621896**	**1.7**	**32.31**	**-0.71**
思明区	49770	-7.8	0.00	0.00
海沧区	42547	-0.2	1.69	-0.01
湖里区	41	-68.4	0.00	0.00
集美区	71620	-2.6	4.20	-0.20
同安区	232507	4.0	14.08	-0.17
翔安区	225411	3.7	12.33	-0.32
莆田市	**2739364**	**2.8**	**103.43**	**1.74**
城厢区	331605	0.5	5.19	0.17
涵江区	347196	4.2	14.02	0.37
荔城区	207581	-3.3	24.09	0.18
秀屿区	1385331	3.0	26.52	0.44
仙游县	467652	7.3	33.61	0.58
三明市	**5731858**	**4.8**	**477.42**	**13.63**
三元区	436595	50.0	15.22	0.52
沙县区	573347	4.2	33.83	0.81

续表

县（市、区）	农林牧渔业总产值		农作物播种面积	
	数值（万元）	增长（%）	数值（万亩）	增加（万亩）
永安市	617165	4.3	36.68	0.89
明溪县	391132	5.3	39.94	1.17
清流县	518033	5.0	67.30	2.73
宁化县	525761	4.5	81.58	2.51
大田县	724349	4.6	60.55	1.21
尤溪县	912666	4.9	54.28	1.27
将乐县	366779	5.1	29.83	0.84
泰宁县	280685	5.4	22.86	0.93
建宁县	385347	5.2	35.35	0.74
泉州市	**4540328**	**3.7**	**251.28**	**3.50**
鲤城区	3957	2.8	0.67	-0.02
丰泽区	51270	3.3	0.83	0.01
洛江区	111107	6.7	6.35	0.03
泉港区	244701	2.2	6.45	0.10
石狮市	594135	1.9	4.38	0.07
晋江市	459821	3.1	23.60	0.18
南安市	600803	3.7	58.35	0.88
惠安县	707773	2.7	32.46	0.36
安溪县	1007433	5.3	53.27	0.58
永春县	501466	5.2	38.80	0.92
德化县	257862	4.5	26.12	0.39
漳州市	**10663538**	**4.6**	**269.11**	**3.91**
芗城区	220631	6.9	4.78	0.11
龙文区	92717	6.8	3.19	0.08
龙海区	1416412	0.4	34.12	0.34
长泰区	434465	5.0	18.84	0.05
云霄县	1020129	5.3	26.69	0.28
漳浦县	1948882	4.3	75.99	0.90
诏安县	1127191	4.1	35.27	0.83
东山县	1044220	4.2	7.48	0.07
南靖县	1585806	6.7	33.16	0.55

续表

县（市、区）	农林牧渔业总产值		农作物播种面积	
	数值（万元）	增长（%）	数值（万亩）	增加（万亩）
平和县	1144525	6.7	15.66	0.36
华安县	628558	6.6	13.92	0.35
南平市	**6409001**	**4.4**	**463.45**	**7.94**
延平区	774570	7.1	32.32	0.51
建阳区	785052	4.1	73.35	1.68
邵武市	607060	4.9	71.01	1.17
武夷山市	540828	5.5	40.55	0.27
建瓯市	999296	3.9	77.34	0.40
顺昌县	369905	3.2	19.43	0.26
浦城县	770758	1.7	66.61	1.35
光泽县	915632	4.4	29.97	0.68
松溪县	257404	5.8	23.46	0.94
政和县	388496	4.3	29.40	0.69
龙岩市	**5461406**	**3.7**	**336.36**	**6.17**
新罗区	986190	4.7	22.22	0.68
永定区	679749	3.6	39.97	0.95
漳平市	659761	4.4	33.55	0.29
长汀县	736177	4.8	65.28	1.74
上杭县	989949	3.7	71.01	1.42
武平县	701312	1.0	53.28	0.71
连城县	708269	3.5	51.05	0.39
宁德市	**6913841**	**3.7**	**260.90**	**2.25**
蕉城区	1005178	2.6	17.24	0.66
福安市	1071612	4.8	56.05	1.03
福鼎市	1310087	2.8	46.07	−0.45
霞浦县	1592766	2.0	26.78	0.22
古田县	949164	5.5	38.75	−0.54
屏南县	304194	8.7	19.67	0.28
寿宁县	327885	5.7	27.43	0.50
周宁县	172887	5.9	13.82	0.40
柘荣县	180067	5.8	15.09	0.16

2022 年县（市、区）规模以上工业增加值增速

单位：%

县（市、区）	规模以上工业增加值	重工业	轻工业
全　省	**5.7**	**4.9**	**6.6**
福州市	**3.8**	**8.9**	**-1.6**
鼓楼区	0.2	-1.8	9.9
台江区			
仓山区	-1.3	-0.9	-1.5
马尾区	3.8	15.7	1.8
晋安区	4.0	6.0	2.7
长乐区	4.3	-2.7	6.6
福清市	4.5	2.5	8.5
闽侯县	4.1	10.5	-9.4
连江县	8.2	16.4	-41.3
罗源县	7.3	8.2	-4.7
闽清县	2.4	2.3	2.8
永泰县	-32.1	-17.4	-39.7
平潭县	5.1	7.5	-24.0
厦门市	**4.3**	**3.8**	**5.1**
思明区	8.1	6.6	20.7
海沧区	6.2	20.3	-0.8
湖里区	3.5	3.7	1.0
集美区	-2.4	-5.0	1.2
同安区	0.6	-4.5	4.5
翔安区	9.0	4.0	30.2
莆田市	**4.2**	**0.2**	**6.1**
城厢区	7.5	13.7	6.0
涵江区	3.1	4.6	2.2
荔城区	-1.4	-0.7	-1.6
秀屿区	7.5	-3.8	26.2
仙游县	8.4	-11.6	14.7
三明市	**3.3**	**4.8**	**-0.1**
三元区	4.4	4.1	7.1
沙县区	3.4	8.3	-5.9

续表

县（市、区）	规模以上工业增加值	重工业	轻工业
永安市	3.6	6.4	-10.4
明溪县	2.9	-3.9	8.5
清流县	-7.5	-3.3	-18.0
宁化县	3.2	2.8	4.9
大田县	3.0	1.2	5.3
尤溪县	0.1	-2.8	1.2
将乐县	4.5	3.4	5.0
泰宁县	-29.8	-16.8	-35.0
建宁县	2.8	2.9	2.5
泉州市	**3.9**	**3.2**	**4.5**
鲤城区	2.5	5.0	1.9
丰泽区	0.1	-1.3	1.2
洛江区	4.2	15.7	1.2
泉港区	-1.0	-6.8	44.9
石狮市	4.5	-7.8	8.1
晋江市	5.4	0.5	6.7
南安市	3.9	4.9	1.8
惠安县	5.9	9.4	1.7
安溪县	7.2	4.1	9.1
永春县	-6.8	0.8	-9.5
德化县	7.1	28.6	1.4
漳州市	**10.2**	**13.1**	**6.6**
芗城区	12.9	14.9	-0.8
龙文区	11.3	11.8	11.0
龙海区	9.7	8.4	10.5
长泰区	10.5	11.1	9.8
云霄县	10.5	11.1	6.9
漳浦县	21.0	21.7	7.9
诏安县	6.4	-1.6	7.4
东山县	20.9	37.7	7.8
南靖县	9.7	4.5	13.9

续表

县（市、区）	规模以上工业增加值	重工业	轻工业
平和县	0.2	1.5	-4.0
华安县	7.3	13.8	-11.4
南平市	**4.4**	**7.7**	**2.2**
延平区	1.3	12.6	-19.3
建阳区	8.0	6.2	9.6
邵武市	7.7	15.5	1.9
武夷山市	-1.3	-5.4	-1.0
建瓯市	3.8	4.3	3.6
顺昌县	3.0	2.4	4.6
浦城县	2.3	11.6	0.2
光泽县	8.7	11.4	8.6
松溪县	-3.7	1.2	-6.3
政和县	8.8	5.1	10.8
龙岩市	**5.5**	**6.0**	**4.6**
新罗区	6.9	9.4	4.4
永定区	2.0	0.9	5.2
漳平市	1.6	-1.7	8.3
长汀县	5.0	13.8	-7.0
上杭县	10.0	10.3	-6.9
武平县	1.8	4.7	-7.3
连城县	2.1	-13.3	10.2
宁德市	**23.6**	**10.2**	**36.3**
蕉城区	23.4	14.3	25.7
福安市	10.7	11.5	-30.7
福鼎市	30.4	-6.2	117.5
霞浦县	121.4	25.6	153.5
古田县	12.5	-8.5	27.8
屏南县	159.7	-5.1	222.5
寿宁县	0.1	4.4	-13.5
周宁县	116.1	128.2	17.8
柘荣县	1.0	-7.3	6.2

2022年县（市、区）固定资产投资

县（市、区）	固定资产投资		房地产开发投资	
	数值（万元）	增长（%）	数值（万元）	增长（%）
全　省	**20513.89**	**7.5**	**5515.45**	**-11.0**
福州市	**5643.47**	**5.9**	**1912.30**	**-15.0**
鼓楼区	214.85	-12.3	61.81	-53.8
台江区	144.01	13.1	80.79	1.7
仓山区	587.47	-21.0	316.12	-42.5
马尾区	167.58	16.2	39.52	45.6
晋安区	564.15	16.1	347.81	5.0
长乐区	922.20	16.2	331.13	47.3
福清市	952.88	8.6	282.81	-1.6
闽侯县	816.53	13.2	208.54	-27.9
连江县	505.26	5.3	53.25	-31.6
罗源县	257.69	18.2	12.38	-25.4
闽清县	157.36	14.0	30.41	-32.7
永泰县	151.23	5.9	79.97	-3.2
平潭县	202.27	-4.2	67.75	-34.8
厦门市	**2971.08**	**10.2**	**1064.78**	**-0.5**
思明区	276.84	13.0	153.38	11.5
海沧区	475.41	11.8	143.20	-2.6
湖里区	516.67	1.8	284.44	2.8
集美区	363.94	-8.9	157.25	10.7
同安区	473.15	35.8	177.33	28.6
翔安区	865.06	12.2	149.19	-34.6
莆田市	**1986.67**	**6.2**	**341.30**	**-16.6**
城厢区	320.47	11.9	66.36	-40.1
涵江区	393.68	6.6	69.85	-16.7
荔城区	301.47	-18.0	123.37	-4.5
秀屿区	669.37	15.9	41.19	-1.2
仙游县	301.68	11.9	40.53	-6.9
三明市	**1216.01**	**9.4**	**159.05**	**-1.0**
三元区	285.99	24.2	58.54	-5.8
沙县区	109.93	17.4	28.58	50.7

续表

县（市、区）	固定资产投资		房地产开发投资	
	数值（万元）	增长（%）	数值（万元）	增长（%）
永安市	108.01	13.0	9.50	22.7
明溪县	27.31	-62.3	2.11	-11.8
清流县	65.59	8.4	3.82	-53.8
宁化县	116.01	12.9	14.95	-4.3
大田县	116.72	14.8	5.39	-5.0
尤溪县	87.54	15.2	16.11	8.1
将乐县	127.76	17.3	7.34	-6.8
泰宁县	78.81	4.2	11.38	-16.8
建宁县	76.64	15.1	1.34	-60.9
泉州市	**2840.31**	**10.3**	**922.46**	**-4.2**
鲤城区	97.05	12.2	50.06	0.1
丰泽区	182.69	2.1	80.47	-25.9
洛江区	134.16	10.6	29.35	-49.2
泉港区	134.63	20.1	19.64	-15.7
石狮市	204.69	4.8	55.54	-18.4
晋江市	627.48	10.0	200.01	6.2
南安市	496.94	11.4	127.92	1.5
惠安县	413.52	17.5	176.98	13.1
安溪县	325.12	1.1	96.38	-4.6
永春县	85.05	2.6	29.78	2.1
德化县	138.99	27.5	56.34	3.7
漳州市	**2242.02**	**10.1**	**521.87**	**-11.0**
芗城区	325.55	16.0	103.03	37.2
龙文区	261.02	10.4	101.79	-17.8
龙海区	448.60	8.8	125.96	-10.1
长泰区	171.70	10.5	59.49	-7.4
云霄县	175.87	15.0	23.07	-28.4
漳浦县	350.50	9.5	33.31	-42.2
诏安县	77.20	15.0	18.57	-29.8
东山县	93.24	17.6	16.77	-23.6
南靖县	143.84	2.5	29.67	-3.4

续表

县（市、区）	固定资产投资		房地产开发投资	
	数值（万元）	增长（%）	数值（万元）	增长（%）
平和县	104.69	9.4	6.34	7.5
华安县	89.81	14.9	3.88	-52.2
南平市	**1448.40**	**5.1**	**170.17**	**-26.6**
延平区	141.14	-2.9	29.60	-16.9
建阳区	188.47	9.4	54.36	-16.8
邵武市	192.92	10.2	7.36	-57.3
武夷山市	199.14	-7.2	15.57	-48.8
建瓯市	215.51	8.6	21.22	-27.9
顺昌县	118.15	12.3	8.21	-43.4
浦城县	128.53	9.0	15.46	-3.7
光泽县	67.41	13.7	8.15	3.3
松溪县	86.93	1.5	4.69	-52.0
政和县	110.19	5.6	5.55	-3.3
龙岩市	**1221.97**	**9.0**	**204.40**	**-18.6**
新罗区	321.67	0.1	130.60	-17.3
永定区	186.88	14.2	8.53	-15.0
漳平市	146.42	15.5	6.55	-64.2
长汀县	135.49	14.7	22.14	-8.9
上杭县	195.36	11.6	14.57	-37.8
武平县	101.47	3.5	13.63	18.7
连城县	134.67	14.2	8.40	48.0
宁德市	**943.97**	**-1.9**	**219.11**	**-20.4**
蕉城区	304.45	-12.0	83.83	-27.0
福安市	158.25	6.9	22.94	-22.0
福鼎市	162.26	7.5	32.80	-11.4
霞浦县	140.65	7.5	39.81	-4.0
古田县	52.84	15.3	15.52	12.5
屏南县	26.59	-29.5	9.35	-51.9
寿宁县	34.70	10.6	4.27	-4.0
周宁县	27.47	-29.5	6.48	-45.7
柘荣县	36.76	14.4	4.13	46.5

2022年县（市、区）城乡居民人均可支配收入

县（市、区）	全体居民人均可支配收入		城镇居民人均可支配收入		农村居民人均可支配收入	
	数值（元）	增长（%）	数值（元）	增长（%）	数值（元）	增长（%）
全　省	**43118**	**6.0**	**53817**	**5.2**	**24987**	**7.6**
福州市	**46418**	**4.9**	**55638**	**4.1**	**26826**	**6.4**
鼓楼区	65763	4.6	65763	4.6		
台江区	60528	3.8	60528	3.8		
仓山区	51526	3.7	51526	3.7		
马尾区	53281	5.4	61529	4.3	34620	6.9
晋安区	55754	3.8	56140	3.8	27084	5.5
长乐区	41836	4.9	57421	4.3	30551	5.9
福清市	42434	5.3	56680	4.4	32000	7.1
闽侯县	38961	5.5	53121	4.5	25987	7.5
连江县	31846	3.5	45046	2.7	24520	6.4
罗源县	28237	4.8	41401	4.1	20481	5.6
闽清县	26157	4.6	39993	4.3	20304	6.0
永泰县	25739	5.1	38657	4.7	19816	6.4
平潭县	32450	4.9	48816	4.2	22277	6.6
厦门市	**67999**	**5.7**	**70467**	**4.9**	**32323**	**8.1**
思明区	84931	4.6	84931	4.6		
海沧区	64261	5.6	64607	4.8	40035	8.4
湖里区	69276	4.6	69276	4.6		
集美区	61610	5.8	63273	5.0	39145	8.1
同安区	52419	5.7	59272	5.0	29675	7.7
翔安区	42490	6.1	50243	5.3	29305	8.4
莆田市	**37027**	**6.5**	**46595**	**5.7**	**24718**	**8.0**
城厢区	46991	6.4	53723	5.6	27465	7.9
涵江区	41583	6.4	44362	5.7	23640	8.0
荔城区	46232	6.1	51928	5.3	28043	7.6
秀屿区	28976	7.0	39127	6.1	25725	8.3
仙游县	29440	6.8	40098	5.9	22418	8.6
三明市	**34994**	**6.2**	**44627**	**5.5**	**23228**	**7.5**
三元区	47812	5.5	49370	4.8	25542	6.6
沙县区	38126	5.9	45512	5.2	25983	6.9

续表

县（市、区）	全体居民人均可支配收入		城镇居民人均可支配收入		农村居民人均可支配收入	
	数值（元）	增长（%）	数值（元）	增长（%）	数值（元）	增长（%）
永安市	38038	6.2	45563	5.3	24281	7.5
明溪县	28874	5.4	37064	4.5	21536	7.0
清流县	28870	5.7	38829	4.9	22080	7.1
宁化县	26307	6.4	36662	6.0	21590	7.2
大田县	33426	6.8	45162	5.9	23684	8.3
尤溪县	31143	7.0	42848	6.3	24095	8.1
将乐县	33236	7.4	43390	6.5	23724	8.6
泰宁县	30292	5.8	40734	5.0	21934	7.1
建宁县	27772	6.4	37435	5.6	21908	7.7
泉州市	**46707**	**5.4**	**57724**	**4.9**	**27572**	**6.4**
鲤城区	55977	5.2	55977	5.2		
丰泽区	67496	4.5	67496	4.5		
洛江区	38507	5.6	50599	5.0	23826	6.7
泉港区	34179	5.8	44031	5.5	26317	6.0
石狮市	64961	5.5	73205	4.9	34136	6.7
晋江市	51467	5.4	62055	5.1	31916	5.7
南安市	45254	5.5	57597	5.2	29464	5.9
惠安县	43044	6.1	54800	5.6	28302	6.5
安溪县	29372	5.9	40472	5.2	22341	6.8
永春县	31857	4.0	39401	3.6	21784	6.9
德化县	37260	4.7	42651	4.4	21221	6.5
漳州市	**36506**	**7.9**	**46380**	**7.1**	**25789**	**9.4**
芗城区	50982	7.7	52056	6.8	25721	9.1
龙文区	50823	7.5	53051	6.5	27732	9.9
龙海区	37675	8.3	48094	7.5	27018	9.4
长泰区	36536	8.0	48276	6.9	26993	9.5
云霄县	30948	7.9	40935	7.0	23684	9.3
漳浦县	36117	9.2	47661	8.3	28499	10.4
诏安县	28166	7.4	38582	6.8	23047	8.6
东山县	38010	7.8	46044	6.8	29862	9.5
南靖县	32492	8.1	42263	7.6	24950	9.1

续表

县（市、区）	全体居民人均可支配收入		城镇居民人均可支配收入		农村居民人均可支配收入	
	数值（元）	增长（%）	数值（元）	增长（%）	数值（元）	增长（%）
平和县	29704	7.9	39540	7.0	25134	9.3
华安县	31699	7.7	42920	7.0	24755	8.8
南平市	**32594**	**5.2**	**41101**	**4.4**	**21782**	**6.6**
延平区	36694	5.6	42165	4.6	23794	7.1
建阳区	34094	5.8	42569	4.6	22116	7.2
邵武市	37904	4.7	42415	3.1	25282	7.0
武夷山市	34715	5.0	42578	4.9	23758	5.9
建瓯市	31608	5.5	41085	5.1	23048	6.6
顺昌县	29363	5.6	37798	4.7	20943	6.9
浦城县	28287	4.3	38177	3.9	19891	5.7
光泽县	27350	5.7	37777	5.0	18566	6.8
松溪县	26042	5.0	36055	3.9	16842	6.5
政和县	25918	4.9	36144	4.1	17427	6.3
龙岩市	**35385**	**5.8**	**45990**	**5.0**	**24407**	**7.4**
新罗区	43740	4.5	49695	3.6	28541	6.9
永定区	34486	5.7	48571	5.4	25222	6.2
漳平市	34090	6.0	43852	5.2	24264	7.1
长汀县	27497	6.4	33502	5.5	22279	8.2
上杭县	33419	6.1	50438	5.3	24177	7.7
武平县	29762	5.8	43263	4.9	23310	7.6
连城县	29165	6.2	39574	5.2	22374	8.1
宁德市	**33473**	**6.4**	**42749**	**5.3**	**23102**	**8.6**
蕉城区	36440	5.5	44463	4.2	23139	8.5
福安市	37515	6.0	46035	5.2	23928	7.7
福鼎市	35510	6.0	45419	5.1	23198	7.9
霞浦县	31410	7.4	42774	6.1	23786	9.6
古田县	30293	6.4	40692	5.6	24357	8.1
屏南县	26416	6.9	35530	5.9	20831	8.9
寿宁县	26153	6.6	33407	5.3	20315	9.0
周宁县	28697	7.0	36993	5.8	21543	9.0
柘荣县	28469	5.7	34359	4.3	20440	8.6

2022 年县（市、区）社会消费品零售总额

县（市、区）	数值（亿元）	增长（%）
全　省	**21050.12**	**3.3**
福州市	**4679.52**	**2.9**
鼓楼区	1440.09	4.6
台江区	295.55	2.9
仓山区	561.16	2.4
马尾区	206.97	1.4
晋安区	877.66	4.5
长乐区	209.19	5.7
福清市	401.01	5.5
闽侯县	328.39	3.2
连江县	154.17	-13.4
罗源县	65.71	4.6
闽清县	43.35	-15.3
永泰县	36.75	-14.7
平潭县	59.52	-2.0
厦门市	**2665.36**	**3.1**
思明区	1028.40	2.1
海沧区	323.79	7.6
湖里区	527.52	0.2
集美区	227.72	1.2
同安区	423.13	7.2
翔安区	134.81	3.8
莆田市	**1804.58**	**3.4**
城厢区	653.89	4.2
涵江区	158.82	1.1
荔城区	516.58	2.4
秀屿区	115.81	2.7
仙游县	359.48	4.6
三明市	**883.27**	**3.7**
三元区	209.60	4.6
沙县区	109.99	5.1
永安市	143.66	1.9
明溪县	25.88	-3.0
清流县	52.78	-0.5
宁化县	69.29	5.0
大田县	64.42	6.2
尤溪县	75.17	5.3
将乐县	61.67	5.9
泰宁县	29.14	-3.1
建宁县	41.68	4.9
泉州市	**5982.94**	**2.8**
鲤城区	435.69	3.8
丰泽区	562.61	0.5
洛江区	96.28	12.7
泉港区	154.38	2.5
石狮市	641.41	3.9
晋江市	1668.53	1.7
南安市	825.75	1.3

续表

县（市、区）	数值（亿元）	增长（%）	县（市、区）	数值（亿元）	增长（%）
惠安县	575.55	2.6	浦城县	46.96	4.3
安溪县	683.16	6.4	光泽县	25.35	7.0
永春县	188.78	2.0	松溪县	36.88	2.3
德化县	150.80	5.7	政和县	61.33	3.4
漳州市	**1904.21**	**5.5**	**龙岩市**	**1427.67**	**3.7**
芗城区	331.62	5.9	新罗区	519.35	4.0
龙文区	252.50	7.3	永定区	143.83	1.4
龙海区	278.10	5.2	漳平市	117.28	1.6
长泰区	105.31	6.1	长汀县	174.38	3.5
云霄县	118.91	6.2	上杭县	170.53	2.8
漳浦县	273.98	6.0	武平县	159.53	6.4
诏安县	117.82	8.6	连城县	142.79	5.1
东山县	90.72	4.7	**宁德市**	**911.43**	**3.6**
南靖县	117.05	6.8	蕉城区	178.19	3.7
平和县	109.11	4.3	福安市	170.81	4.7
华安县	43.48	-5.2	福鼎市	203.35	-0.6
南平市	**791.12**	**4.0**	霞浦县	113.82	5.3
延平区	114.59	3.4	古田县	100.07	5.2
建阳区	100.17	4.0	屏南县	44.80	9.3
邵武市	130.13	2.9	寿宁县	33.27	3.1
武夷山市	77.18	5.4	周宁县	29.75	5.2
建瓯市	163.49	4.7	柘荣县	37.38	4.7
顺昌县	35.04	3.4			

FUJIAN

INDUSTRIAL ECONOMY YEARBOOK

第十篇

高级人才

2021年度福建省科学技术奖励获奖名单

2023年1月26日福建省人民政府印发《福建省人民政府关于2021年度省科学技术奖励的决定》（闽政文〔2023〕75号）提出，为深入学习贯彻习近平新时代中国特色社会主义思想，全面贯彻党的二十大精神，认真落实习近平总书记对福建工作的重要指示要求，坚定实施科教兴省战略、人才强省战略、创新驱动发展战略，加快推动科技自立自强，根据《福建省科学技术奖励办法》有关规定，省科学技术奖励委员会组织对2021年度福建省科学技术奖进行评审。经研究，决定对2021年度在科学技术进步活动中作出重要贡献的科学技术人员和组织给予奖励。

一、授予"几何方程与不变量理论"等3项成果福建省自然科学奖一等奖，授予"双曲守恒律的高精度数值方法研究"等5项成果福建省自然科学奖二等奖，授予"物联网络可信数据处理理论与方法"等8项成果福建省自然科学奖三等奖。

二、授予"机械剥离法石墨烯的制备与改性技术及应用"成果福建省技术发明奖一等奖。

三、授予"防御电力系统次生灾害的继电保护技术"等23项成果福建省科学技术进步奖一等奖，授予"面向智能车辆的多源协同感知与计算关键技术研发及产业化"等57项成果福建省科学技术进步奖二等奖，授予"中低压配电人身触电防护关键技术及应用"等99项成果福建省科学技术进步奖三等奖。

四、授予"木质素高质利用制备分散剂关键技术及产业化"1项成果福建省科学技术成果转化奖一等奖，授予"绿色移动机械高效机电液耦合传动节能技术研发及产业化"等3项成果福建省科学技术成果转化奖二等奖，授予"疾病快速检测关键技术开发及转化"等8项成果福建省科学技术成果转化奖三等奖。

希望获奖集体和个人珍惜荣誉，再接再厉，再创佳绩。全省广大科技工作者要认真贯彻落实习近平总书记关于科技创新的重要论述，大力传承弘扬科学家精神，勇于担当，攻坚克难，加强原创性、引领性科技攻关，加快科技成果落地转化，为全方位推进高质量发展提供更加有力的科技支撑。

2021年度福建省科学技术奖获奖名单

序号	项目名称	主要完成单位	主要完成人
一、自然科学奖（16项）			
一等奖			
1	几何方程与不变量理论	福建师范大学、同济大学	王长平、王　鹏、王孝振
2	热力学亚稳态纳米晶的形成机制与可控合成	厦门大学	谢兆雄、匡　勤、林海昕、蒋亚琪、郑兰荪
3	土壤微生物胞外电子转移机制及效应	福建农林大学、广东省科学院生态环境与土壤研究所	周顺桂、袁　勇、刘　星、余林鹏、庄　莉

续表

序号	项目名称	主要完成单位	主要完成人
		二等奖	
1	双曲守恒律的高精度数值方法研究	厦门大学、南京航空航天大学	邱建贤、朱　君
2	超材料理论及新型波场调控	厦门大学、苏州大学、浙江大学	陈焕阳、徐亚东、王振宇、伏洋洋、徐　林
3	植物生长素和葡萄糖协同调控生长发育的新机制	福建农林大学	徐通达、熊　延、黄荣峰、何　军、林德书
4	配位超分子材料结构设计与应用	中国科学院福建物质结构研究所	孙庆福、李小贞、蔡丽璇、严亮亮、胡绍军
5	有机光电器件载流子输运特性调控、机理及应用	泉州师范学院、中国科学院长春光学精密机械与物理研究所、华侨大学	苏子生、杨惠山、初　蓓、吴志军、李文连
		三等奖	
1	物联网络可信数据处理理论与方法	华侨大学、中南大学	王　田、刘安丰、蔡奕侨、田　晖、陈永红
2	基于概率方法和 Ramsey 理论的图与超图划分基础研究	福州大学	侯建锋、林启忠、曾庆厚
3	偏微分方程理论与应用的若干研究	福州大学、闽南师范大学	邵志强、黄梅香
4	变分方法在非线性方程解的存在性和稳定性中的应用	福建师范大学	陈建清、李永青、王志强
5	电纺复合纤维的储能与环境催化机制及多级结构调控	福建师范大学	钱庆荣、曾令兴、罗永晋、薛珲、许丽洪
6	GaN 半导体垂直腔面发射激光器（VCSEL）	厦门大学、中国科学院苏州纳米技术与纳米仿生研究所	张保平、梅　洋、刘建平、应磊莹、许荣彬
7	计算智能驱动的蛋白质结构与功能预测方法研究	厦门大学	魏乐义、邹　权、高　星、廖明宏
8	铂纳米酶的设计及其仿生催化性能研究	福建医科大学、福建省立医院	陈　伟、邓豪华、吴钢伟、彭花萍、何少斌
		二、技术发明奖（1 项）	
		一等奖	
1	机械剥离法石墨烯的制备与改性技术及应用	华侨大学、厦门凯纳石墨烯技术股份有限公司	陈国华、赵立平、洪江彬、方崇卿、黄卫明
		二等奖（空缺）	
		三等奖（空缺）	
		三、科学技术进步奖（179 项）	
		一等奖	
1	防御电力系统次生灾害的继电保护技术	国网福建省电力有限公司、清华海峡研究院（厦门）、清华大学、国电南京自动化股份有限公司、珠海许继电气有限公司、北京清源继保科技有限公司	董新洲、张明龙、钱国明、施慎行、唐志军、王　宾、陈福锋、张　维、李怡然、钱　健
2	台风多发复杂海域大型风电场工程关键技术及应用	福建永福电力设计股份有限公司、福州大学、福建省福能海峡发电有限公司	宋启明、游先辉、刘　蔚、吴兆旗、赖福梁、范夏玲、陈　翔、欧寅华、吴　昀、陈志冰

续表

序号	项目名称	主要完成单位	主要完成人
3	显示用微小尺寸氮化物 LED 芯片关键技术	厦门大学、南京大学、厦门三安光电有限公司、厦门市三安光电科技有限公司	张　荣、康俊勇、刘　斌、陆　海、刘建明、黄　凯、李金钗、陶　涛、臧雅姝、吴超瑜
4	动力电池 CTP 系统集成关键技术及应用	宁德时代新能源科技股份有限公司	吴　凯、金海族、李　星、孙占宇、李振华、王　鹏、赵丰刚、史东洋、陈兴地、胡　飞
5	云-端融合的泛在物联网关键技术及系统	福州大学、国网信通亿力科技有限责任公司、厦门盈趣科技股份有限公司、福建省星云大数据应用服务有限公司、福建师范大学	陈　星、郭文忠、陈哲毅、林建华、钟臻哲、侯浩天、林　兵、郑相涵、黄文思、陈建成
6	复杂场景的海量视频智能分析平台关键技术研发与产业化	厦门理工学院、厦门大学、厦门市美亚柏科信息股份有限公司、电子科技大学	朱顺痣、王菡子、周成祖、商　烁、陈　思、栾江霞、严　严、钟　瑛、林淑强、陈玉明
7	高性能光学元件超精密测控与制造关键技术研究与工程应用	福州大学、福建福光股份有限公司	钟舜聪、何文波、任志英、肖维军、张秋坤、屈立辉、陈剑雄、钟剑锋、林杰文、黄　异
8	铜冶炼渣含铜相结晶控制与高效回收关键技术及应用	紫金铜业有限公司、紫金矿业集团股份有限公司、福州大学	衷水平、吴健辉、刘　春、廖元杭、陈延进、迟晓鹏、陈　杭、许培燕、梁治安、温志森
9	沿海水域藻华与微小有害生物的高效绿色防控新技术及工程应用	厦门大学、大连海事大学、中国环境科学研究院、中科同恒环境科技有限公司、厦门水务集团有限公司	白敏冬、黄金良、魏　源、艾春香、俞　哲、方宏达、张钰博、张小芳、林少云、郑琦琳
10	大型桥梁水下结构数字化检测、评估与加固关键技术及应用	福州大学、福州市公路事业发展中心、福建才溪建设集团有限公司、福建警声市政园林集团有限公司、中盛华勋建设有限公司、福建新华夏建工集团有限公司、福建永东南建设集团有限公司、福建昱勋建设有限公司	姜绍飞、沈　圣、罗伟林、何肖斌、林晓威、张培旭、吴少峰、雷　瑶、缪　锋、骆剑彬
11	岩爆隧道安全高效建造技术研发与应用	福州大学、侨智建设有限公司、中交鹭建有限公司、中铁隧道局集团有限公司、中国电建集团成都勘测设计研究院有限公司、福州闽龙铁路工程有限公司、华侨大学	刘成禹、俞　缙、李红军、王金贵、沈习文、刘士雨、杨静熙、曹洋兵、王　华
12	海洋鱼源蛋白加工关键技术及装备的创新与应用	福建农林大学、海欣食品股份有限公司、福建省天源水产集团有限公司、福建省亚明食品有限公司、浙江鱼极食品有限公司	郑宝东、张　怡、曾红亮、郭泽镔、滕用雄、滕用伟、陈滢增、吴其明、蒋荣龙、魏倩婷
13	林业三剩物制备低密度木质复合材料关键技术研发与产业化	福建农林大学、国际竹藤中心、福人集团有限责任公司	饶久平、周吓星、陈礼辉、余　雁、兰从荣、杨大可、叶世俊、陈奶荣、苗庆显、赵　鹤
14	白茶产业升级关键技术创新与应用	福建农林大学、中国农业科学院茶叶研究所、福建品品香茶业有限公司、六妙白茶股份有限公司、长沙湘丰智能装备股份有限公司、福建政和瑞茗茶业有限公司、福建茶叶进出口有限责任公司、福鼎市天天品茶叶有限公司	孙威江、林　智、黄　艳、戴伟东、商　虎、陈李林、林振传、庄长强、汤　哲、蔡良绥

续表

序号	项目名称	主要完成单位	主要完成人
15	作物重要疫病监测与防控关键技术及应用	福建省农业科学院植物保护研究所、海南大学、南京农业大学、福建省植保植检总站、北京汇思君达科技有限公司	陈庆河、翁启勇、王源超、刘裴清、李本金、董莎萌、王荣波、叶文武、张　君、兰成忠
16	“圣泽 901”白羽肉鸡新品种培育与产业化应用	福建圣泽生物科技发展有限公司、福建圣农发展股份有限公司、东北农业大学	傅芬芳、肖　凡、刘亚彬、罗忠宝、贺增杰、郭怀顺、何锡栋、严　翔、胡宇平、李　辉
17	主动脉夹层腔内治疗关键技术体系建设及应用	复旦大学附属中山医院厦门医院、复旦大学附属中山医院、先健科技（深圳）有限公司	符伟国、王利新、周　旻、董智慧、郭大乔、卢伟锋、司　逸、洪　翔、洪诗钗、王　刚
18	鼻咽癌诊疗新技术的系列研究及应用	福建省肿瘤医院、福建师范大学	陈传本、邱素芳、林　多、陆　军、费召东、冯尚源、林万尊、吴君心、潘建基、陈　荣
19	肝癌微创与诊疗一体化技术的研究及应用	福建医科大学孟超肝胆医院（福州市传染病医院）、福建医科大学附属第一医院、中国科学院福建物质结构研究所、福建省肿瘤医院	刘景丰、刘小龙、曾永毅、张　达、王培园、李　阳、吴　名、张　翔、赵必星、张晓龙
20	急危重症护理创新救治技术体系的建立及应用	福建省立医院、中南大学湘雅医院	李　红、李映兰、陈巧玲、郑若菲、陈美榕、陈晓欢、尚秀玲、陈丽丽、李　娜、何进椅
21	人工关节感染诊断与治疗关键技术创新与推广应用	福建医科大学附属第一医院	张文明、黄子达、李文波、方心俞、张超凡、白国昌、杨　滨、林建华
22	两项首创的脊柱外科显微手术的临床系列研究	福建省立医院	徐　杰、林　院、余博飞、郑　武、肖毓华、李　鋆、郑益新、俞云龙、田建平
23	膝骨关节炎中医康复技术方案的创新研究及推广应用	福建中医药大学、福建中医药大学附属康复医院、河南省洛阳正骨医院（河南省骨科医院）、五岳尚水（北京）科技有限公司	苏友新、李　楠、杨　洸、罗庆禄、仲卫红、洪振强、陈少清、王晓玲、洪昆达、王　凯
二等奖			
1	面向智能车辆的多源协同感知与计算关键技术研发及产业化	华侨大学、厦门云知芯智能科技有限公司、厦门金龙联合汽车工业有限公司、云知声智能科技股份有限公司	曾焕强、陈卫强、陈　婧、吕冬冬、朱建清、丘德来、彭振文
2	新型吸附催化复合材料的设计合成与污染净化关键技术	华侨大学、中国科学院城市环境研究所、中汇建筑集团有限公司、福建嘉宜建筑工程有限公司、福建登发建设工程有限公司、中大（福建）工程建设集团有限公司	付明来、苑宝玲、吴承彬、李建荣、徐　垒、吴世昌、洪国华
3	纳米流式检测技术的研发、应用及产业化	厦门大学、厦门福流生物科技有限公司	颜晓梅、朱少彬、马　玲、田　野、陈超翔、吴丽娜
4	自动控制内容积比大型氨螺杆压缩机组关键技术及制冷低温应用	福建雪人股份有限公司、中国科学院理化技术研究所	魏德强、胡忠军、戴闽洪、谭海龙、王炳明、李　强、李　青
5	新能源客车安全管控关键技术及产业化	厦门金龙联合汽车工业有限公司、北京理工大学、北京理工新源信息科技有限公司	苏　亮、王震坡、任永欢、朱武喜、张照生、宋光吉、洪少阳

续表

序号	项目名称	主要完成单位	主要完成人
6	湿法冶金电积阳极材料制备关键技术与应用	厦门理工学院、江西理工大学、昆明理工恒达科技股份有限公司	朱茂兰、钟晓聪、郭忠诚、王瑞祥、姜春海、黄　惠、李月婵
7	建筑工程低碳建造关键技术及应用	福州大学、福州市规划设计研究院集团有限公司、福建省融旗建设工程有限公司、恒亿集团有限公司、中建海峡建设发展有限公司、华辉建工集团有限公司	季　韬、傅大宝、苏文悦、梁咏宁、周骏宇、张鸿儒、王　耀
8	复合饰面多维被动调节室内环境关键技术及应用	福建祥睿建设发展有限公司、福建工程学院、福建省兴岩建设集团有限公司、厦门中联永亨建设集团有限公司、福建三建工程有限公司、福建博厚建设工程有限公司	刘心中、吕学斌、刘润雨、姜宝峰、袁统一、林锦昌、靳贵晓
9	车载视频智能处理关键技术研发及产业化	福州大学、福信富通科技股份有限公司、福州视驰科技有限公司、福建电广车联网络科技有限公司	黄立勤、潘　林、李　勇、陈志峰、张　林、吴林煌、魏云龙
10	面向安全服务的智能视觉感知与理解关键技术及其应用	福建师范大学、福建星网锐捷通讯股份有限公司、福建星网物联信息系统有限公司、福建创高智联技术股份有限公司、福建睿和科技有限公司	黄添强、曾智勇、高如正、叶　锋、黄丽清、罗海峰、郑宏雄
11	城市轨道交通智慧建造与空间智能感知关键技术及产业化应用	厦门大学、厦门轨道交通集团有限公司、上海城建信息科技有限公司、厦门思总建设有限公司、上海城建市政工程（集团）有限公司	王　程、李明洪、温程璐、胡海斌、刘伟权、邹树琪、颜晓程
12	智能网联电动汽车底盘一体化集成与协同控制技术及产业化	厦门大学、厦门金龙旅行车有限公司、清华大学、北京智行者科技有限公司	郭景华、石添华、罗禹贡、王靖瑶、张德兆、张文超、陆　军
13	智能可调光汽车玻璃关键技术研发及产业化	福耀玻璃工业集团股份有限公司	刘贤平、林　寿、郑国新、陈志新、冯　涛、郑明生、林　军
14	基于红土镍矿的低能耗冶炼技术及资源节约型高耐蚀不锈钢产品开发	福建青拓特钢技术研究有限公司、青拓集团有限公司、哈尔滨焊接研究院有限公司、福建鼎信实业有限公司、福建青拓镍业有限公司、福建鼎信科技有限公司	姜海洪、江来珠、石显云、蒋　一、周庆龙、方乃文、奚飞飞
15	面向碳纤维复合材料切削的金刚石涂层刀具研制及产业化	厦门金鹭特种合金有限公司、厦门钨业股份有限公司、集美大学	吴高潮、刘菊东、林亮亮、刘　超、王　珏、杨小璠、李友生
16	5G 通信基站 GaN 功放芯片关键技术研发及产业化	厦门市三安集成电路有限公司	孙希国、杨　健、刘胜厚、卢益锋、王文平、蔡仙清、刘波亭
17	多变流器馈入型微电网系统稳定控制与高效运行技术及应用	国网福建省电力有限公司、国网福建省电力有限公司经济技术研究院、上海电力大学、中国农业大学、南京南瑞继保工程技术有限公司、清华大学	林　毅、巨云涛、陈　俊、边晓燕、吴文传、徐光福、林章岁
18	福建强雷电地区输电线路雷电防护关键技术与应用	国网福建省电力有限公司电力科学研究院、清华大学、国网陕西省电力公司电力科学研究院、武汉大学、中国电力科学研究院有限公司、福州大学	许　军、张　波、鲁海亮、李　伟、方超颖、康　鹏、舒胜文

续表

序号	项目名称	主要完成单位	主要完成人
19	数据驱动的配电网核心设备绝缘故障诊断关键技术研发	国网福建省电力有限公司莆田供电公司、福建中电合创电力科技有限公司、华北电力大学、国网能源研究院有限公司	林智炳、刘　鹏、鲁　刚、朱永利、林明星、王晓晨、王　艳
20	双万兆高密型安全无线接入关键技术研究及应用	锐捷网络股份有限公司、福建师范大学、北京星网锐捷网络技术有限公司	潘文贤、黄增安、许　力、陈建祥、周赵斌、苏彬庭、贾　攀
21	手机宽频显示技术的开发与产业化	厦门天马微电子有限公司、厦门天马显示科技有限公司	陈　浩、杨金金、钟健升、杨贤艳、陈少云、何　水、李建兴
22	生活垃圾源废塑料精细化分选与高质利用产业化	福建师范大学、福建技术师范学院、福龙马集团股份有限公司、厦门陆海环保股份有限公司、江苏金发环保科技有限公司、福建省百川资源再生科技股份有限公司	陈庆华、杨文卿、周挺进、庄凌峰、汪　海、江凤凤、张飞鹏
23	漆酚基海洋自抛光防污涂料的关键技术研发及应用	福建师范大学、闽江学院、泉州市新协志精细化工有限公司、福建省台华化学工业有限公司	徐艳莲、白卫斌、林　棋、程慧萍、陈美香、魏方芳、陈基棚
24	夏秋茶高值化利用关键技术及产业化应用	福州大学、大闽食品（漳州）有限公司、安徽农业大学、达利食品集团有限公司、福建盼盼食品有限公司	汪少芸、高学玲、陈　旭、蔡茜茜、岳鹏翔、陈　选、翁祖铨
25	广色域量子点背光关键技术开发及产业化	福州大学、深圳市TCL高新技术开发有限公司、广东普加福光电科技有限公司、闽都创新实验室、冠捷电子科技（福建）有限公司	郭太良、叶　芸、李　阳、闫晓林、陈旭彪、陈恩果、季洪雷
26	聚醚类功能湿电子化学品的研发及其在显示领域的产业化应用	福州大学、福建华佳彩有限公司、福建省佑达环保材料有限公司、清源创新实验室	侯琳熙、刘小勇、姚慧君、肖龙强、黄子昺、房龙翔、李　纹
27	合成樟脑高效连续生产关键技术与产业化	福州大学、福建南平青松化工有限公司、清源创新实验室	郑辉东、江承艳、陈晶晶、邓新贵、严佐毅、叶国梁、刘　杰
28	悬索桥抗震及减震关键技术研究及应用	福州大学、中工建设集团（福建）有限公司、福建省鼎贤市政园林工程有限公司、精易建工集团有限公司、北京工业大学、福建省金通建设集团有限公司	张　超、贾俊峰、黄　凯、林志滔、王　莹、许长宾、李　栋
29	基于北斗系统的大坝安全实时监测与智能预警关键技术与应用	福州大学、福建中锐网络股份有限公司、浙江省第一水电建设集团股份有限公司、福建省水利水电勘测设计研究院、中恒宏瑞建设集团有限公司、福建省溪源水库管理处	张　挺、苏　燕、郑相涵、林　川、陈继泉、黄祖海、黄志辉
30	建筑工程数字化建造关键技术研究与应用	福建省建筑设计研究院有限公司、中建海峡建设发展有限公司、福建建工集团有限责任公司、厦门海迈科技股份有限公司、福建工程学院、北京鸿业同行科技有限公司	戴一鸣、任　彧、黄晓冬、王　耀、阮锦发、金季岚、陈　群
31	桥梁抗震与加固技术及工程应用	福州大学、同济大学、福建省交通规划设计院有限公司、中铁大桥勘测设计院集团有限公司、广州市市政集团有限公司	卓卫东、王志强、陈阵、谷　音、袁万城、张　强、安关峰

续表

序号	项目名称	主要完成单位	主要完成人
32	滨海城市海底隧道建造关键技术	福建省交通建设质量安全中心、厦门路桥工程投资发展有限公司、中铁十八局集团有限公司、山东大学、中铁十八局集团第一工程有限公司	蔡　杰、王学斌、林立华、董建松、高海东、薛翊国、孙　磊
33	历史遗产及城乡风貌保护系统理论构建与数字技术创新应用	福州大学、福建省建筑科学研究院有限责任公司、福建工程学院、中国科学院城市环境研究所、中建海峡建设发展有限公司、中兴华骏建设有限公司	罗　涛、李苗裔、杨　艳、张　鹰、李梁峰、缪　远、晁鹏飞
34	建筑子结构抗震及减隔震关键技术与应用	福建九鼎建设集团有限公司、福州大学、福建闽清一建建设发展有限公司、福建省渚港建工发展有限公司、千易建设集团有限公司、福建省中隧建设工程有限公司	颜学渊、陈再现、李素超、毛会敏、杨　国、祁　皑、王黎园
35	大型城市地下工程设计施工关键技术研究及应用	福州市规划设计研究院集团有限公司、浙大城市学院、福建省九龙建设集团有限公司、福建工程学院、上海铁能建设工程有限公司、福建璟榕工程建设发展有限公司	夏　昌、魏新江、陈加才、黄建华、丁　智、傅大宝、魏　纲
36	智能网联汽车无线网络车路协同关键技术研发及应用	华侨大学、大连理工大学、厦门金龙联合汽车工业有限公司、厦门蓝斯通信股份有限公司	高振国、姚念民、李　理、丁　男、林升元、赵　睿、刘强生
37	功能性复合薄膜高效制造关键技术与产业应用	厦门大学、厦门理工学院、厦门市科宁沃特科技有限公司、厦门世达膜科技有限公司、厦门纳莱科技有限公司	郑高峰、李文望、纪镁铃、李振峰、王　翔、姜佳昕、黄春梅
38	工矿作业场所的灯具散热材料及其在智能照明系统中的应用	厦门东昂科技股份有限公司、福建工程学院	庄俊辉、朱育兵、许永超、林永南、杜　峰、陈　勋、翁章勋
39	鲍鱼南北大规模保活运输与精深加工技术及产业化应用	集美大学、福建中新永丰实业有限公司、厦门大学、福建海文铭海洋科技发展有限公司、晨洛（福州）食品有限公司、福建紫山集团股份有限公司	曹敏杰、孙乐常、陈玉磊、吴永寿、章　骞、柯才焕、游伟伟
40	特色珍贵树种半枫荷种质挖掘与高效繁育利用	福建省林业科学研究院、福建农林大学、顺昌县林业科学技术中心、三明市沙县区林业科技推广中心、福建省鑫闽种业有限公司、福建省顺昌埔上国有林场	范辉华、刘　宝、张天宇、汤行昊、胥清利、汤道平、刘敬灶
41	南方特色果树关键气象保障技术研究与应用	福建省气象科学研究所、云南省气候中心、广西壮族自治区气象科学研究所、福建省漳州市热带作物气象试验站	陈　惠、杨　凯、李丽纯、林　晶、李丽容、朱　勇、余凌翔
42	主要生物毒素新型快速检测卡及速测仪器的研制与应用	福建农林大学、福州大学、福建商学院、福建拓天生物科技有限公司、厦门斯坦道科学仪器股份有限公司、江苏省农业科学院	汪世华、王荣智、高跃明、陈清爱、肖志勇、林晓丽、祭　芳
43	南亚热带城市生态风景林构建与功能提升技术及应用	福建农林大学、福建省林业科学研究院、闽江学院、福建省源野景观规划设计有限公司	董建文、洪志猛、叶功富、潘　辉、许春如、黄石德、傅伟聪

续表

序号	项目名称	主要完成单位	主要完成人
44	杉木高值化大径材高效培育关键技术及其应用	福建农林大学、福建省洋口国有林场、福建省顺昌埔上国有林场	曹光球、吴鹏飞、邹显花、李 明、郑 宏、林开敏、陈春莉
45	福建柏速生优质新品种选育技术与应用	福建省林业科学研究院、福建省仙游溪口国有林场、福建省安溪丰田国有林场、福建省沙县官庄国有林场、福建省大田梅林国有林场、福建省南靖国有林场	郑仁华、苏顺德、吴清金、陈元品、张运根、杨宗武、章进峰
46	海洋微生物资源获取、战略储备与可持续利用	自然资源部第三海洋研究所	邵宗泽、赖其良、董纯明、王丽萍、李光玉、王万鹏、骆祝华
47	食药用菌高值化加工关键技术及产业化	福建农林大学、福州东星生物技术有限公司、福建三明草本宝藏生物工程有限公司、福建省菌芝堂生物科技有限公司、福建省农业科学院农业工程技术研究所、厦门一三九生物科技有限公司	刘 斌、赵 超、赵立娜、吕旭聪、曾 峰、陈君琛、林占熺
48	禽坦布苏病毒病病原学及诊断技术研究与应用	福建省农业科学院畜牧兽医研究所、福州海关技术中心、中国农业大学	傅光华、万春和、黄 瑜、傅秋玲、陈 珍、陈翠腾、郑 腾
49	食用菌菌渣基料化利用关键技术与配套装备研发应用	福建省农业科学院农业生态研究所、福建农林大学、厦门市江平生物基质技术股份有限公司、福建省农业科学院科技干部培训中心、宁德市益智源农业开发有限公司	陈 华、邢世和、王义祥、胡开辉、陈永快、陈倩倩、刘朋虎
50	基于间充质干细胞技术平台的 GvHD 优化治疗	福建医科大学附属协和医院、中国医学科学院血液病医院（中国医学科学院血液学研究所）、北京汉氏联合生物技术股份有限公司、莆田学院附属医院	杨 婷、韩忠朝、胡建达、任金华、韩之波、冯晓明、骆晓峰
51	肺癌微创精准肺段切除关键技术的研究与推广	福建医科大学附属协和医院	陈 椿、郑 斌、徐国兵、梁明强、张树亮、陈 昊、郑 炜
52	遗传病孕前阻断的辅助生殖关键技术研究与应用	中国人民解放军联勤保障部队第九〇〇医院	刘 芸、黄吴键、王志红、张群芳、曾 健、陈国勇、张 朵
53	基于 HPV 检测的宫颈癌初筛防控体系的研究及应用	福建省妇幼保健院（福建省妇儿医院）、中山大学、厦门大学、华侨大学	孙蓬明、邹华春、董滨华、吴 婷、毛晓丹、宋一一、柳培忠
54	人感染新型流感和禽流感病毒的发现及其分子生物学研究	福建省疾病预防控制中心	谢剑锋、郑奎城、翁育伟、张炎华、陈 平、修文琼、黄婕莉
55	体现辨证论治特点的中医药疗效评价方法与应用研究	福建中医药大学、漳州片仔癀药业股份有限公司、厦门大学	李灿东、林雪娟、黄进明、罗志明、俞 洁、闵 莉、王 洋
56	闽产道地药材太子参质量控制关键技术及产业化应用	福建省中医药科学院、福建中医药大学、福建西岸生物科技有限公司、福建省闽东力捷迅药业股份有限公司、福建中医药大学附属第二人民医院	胡 娟、林 苑、郑珍珠、游奶寿、阙永军、李 斌、应佳檬
57	国家一级中药保护品种片仔癀抗大肠癌二次开发及推广应用	福建中医药大学、漳州片仔癀药业股份有限公司、福建省立医院	沈阿灵、彭 军、褚剑锋、洪 绯、陈志亮、魏丽慧、陈宏伟
		三等奖	
1	中低压配电人身触电防护关键技术及应用	国网福建省电力有限公司、厦门理工学院、山东科汇电力自动化股份有限公司、中国石油大学（华东）	李天友、黄建业、黄超艺、薛永端、刘冰倩

续表

序号	项目名称	主要完成单位	主要完成人
2	±320kV 直流电缆设计、安装与运行维护关键技术及应用	国网福建省电力有限公司厦门供电公司、南瑞集团有限公司、中天科技海缆股份有限公司、西安交通大学	严有祥、朱智恩、张洪亮、徐　阳、刘　英
3	电力网络安全仿真验证和数据防护关键技术及应用	国网福建省电力有限公司电力科学研究院、电子科技大学、国网福建省电力有限公司信息通信分公司、武汉大学	何金栋、秦　臻、郭敬东、李俊娥、赵志超
4	能源计量器具规模化检测与分级式仓储智能协同关键技术及应用	国网福建省电力有限公司营销服务中心、中国电力科学研究院有限公司、深圳市科陆电子科技股份有限公司、福建通力达实业有限公司	李建新、郑安刚、张荔鹃、周厚源、洪巧文
5	核电站主泵机械密封服役性能提升和延寿关键技术与应用	福建福清核电有限公司	杨全超、文　学、向先保、江腊涛、吴　明
6	RK3399 高性能智能物联网终端通用 SoC 芯片	瑞芯微电子股份有限公司	陈晓冬、陈继晖、陈　辉、邓训金、郑应勇
7	消费类锂离子电池安全技术的开发和应用	宁德新能源科技有限公司	李保章、苏义松、程文强、宋传涛、杨　帆
8	基于国产化芯片的异构环境融合云办公技术研究和关键行业应用	福建升腾资讯有限公司	张　辉、夏　威、杨荣尊、陈　敏、杨　辉
9	F5000 电脑横机控制系统关键技术研发及其产业化应用	福建睿能科技股份有限公司	张国利、唐宝桃、林　杰、谢学忠、林云鹏
10	基于云-边-端协同的民生大数据平台关键技术研究与产业化	厦门大学、厦门市民数据服务股份有限公司、众数（厦门）信息科技有限公司、云从科技集团股份有限公司	杨律青、上官慧柏、吴炳坤、刘世英、姚志强
11	时变多径环境下的信道感知水声通信技术及应用	厦门大学、西安天和海防智能科技有限公司、福州大禹电子科技有限公司	童　峰、程　恩、陈建峰、周跃海、上官明禹
12	高浓度难降解污水应急处理关键技术及轻量化智能装备	厦门嘉戎技术股份有限公司、厦门理工学院、优尼索膜技术（厦门）有限公司	严　滨、王如顺、董正军、许美兰、刘德灿
13	生物质废弃物的炭转化成套技术研发与产业化应用	中国科学院城市环境研究所、厦门市江平生物基质技术股份有限公司、厦门中科城环新能源有限公司、岐北通用净水技术（厦门）有限公司	汪　印、余广炜、李智伟、邢贞娇、刘学蛟
14	基于 TiO_2 多功能纳米材料的水环境监测技术	闽南师范大学	李顺兴、郑凤英、刘凤娇、黄旭光、黄　泱
15	除尘用脉冲高效电源开发与应用	福建龙净环保股份有限公司	谢小杰、邹　标、陈　颖、刘振兴、李文芹
16	基于振动信号处理的新型幕墙结构远程在线实时健康监测系统	华侨大学、厦门雅众建设集团有限公司、福建坤加建设有限公司、福建三建工程有限公司	王　成、廖金杰、张忆文、缑　锦、林新强
17	城市地下基础设施大跨度空间动环设备监控和智能运维技术及应用	华侨大学、科华数据股份有限公司	莫毓昌、方瑞明、王军平、许　斌、赵学举
18	难降解有机废水处理工艺系统关键技术研发与应用	华侨大学、厦门烟草工业有限责任公司、福州建工（集团）总公司、福建省融旗建设工程有限公司	张　倩、洪俊明、王永全、曾　静、朱剑钦

续表

序号	项目名称	主要完成单位	主要完成人
19	电动车新型驱动电机系统高效高可靠运行关键技术与应用	华侨大学、中国矿业大学、厦门唯质电气科技有限公司、厦门欧斯拓科技有限公司	陈　昊、郭新华、李钟慎、闫文举、王荣坤
20	面向显示屏的多光谱智能检测关键技术及应用	华侨大学、厦门天马微电子有限公司、厦门市计量检定测试院	余　卿、谢玉练、王　寅、颜华生、郑伟峰
21	层状裂隙隧（巷）道围岩失稳机制及其控制关键技术	华侨大学、河南理工大学、福建省交建集团工程有限公司、福建省百川建设发展有限公司	常　旭、王树仁、刘国生、陈耀文、陈业伟
22	特殊条件下盾构始发与接收安全控制关键技术及应用	华侨大学、中建交通建设集团有限公司、中国建筑第二工程局有限公司、福建省恒基建设股份有限公司	陈星欣、尹清锋、江玉生、庄全贵、王春河
23	全护眼校园智慧健康照明关键技术研发及产业化	厦门立达信照明有限公司、漳州立达信光电子科技有限公司	许建兴、马永墩、汤茂平、陈云伟、方　翔
24	建筑结构抗连续倒塌关键技术与工程应用	福建工程学院、江西中煤建设集团有限公司、福建才溪建设集团有限公司、福建省协兴建设有限公司	乔惠云、钟炜辉、孟　宝、廖青龙、王　征
25	高水压充填型岩溶隧道灾害预警预测与施工控制技术	福建工程学院、福建省燕城建设工程有限公司、中铁二十四局集团福建铁路建设有限公司、中铁二十局集团有限公司	臧万军、王林峰、林剑忠、范德全、王兴照
26	燃煤耦合生物质污泥掺烧及其全流程烟气污染控制关键技术与应用	福建省特种设备检验研究院、华北电力大学（保定）、福州和特新能源有限公司、上海风和能源科技有限公司	郝润龙、张自丽、赵　毅、曾钦达、杨雪辉
27	福建省中小河流安全生态治理关键技术与应用	福建省水利水电勘测设计研究院有限公司、福建省水利水电科学研究院、福州大学、福建荣冠环境建设集团有限公司	詹冯达、刘耀辉、阮伟芳、黄向阳、吴树延
28	滨水工程生态整治与绿色防护关键技术	福建省恒超建设发展有限公司、南昌航空大学、皓耀时代（福建）集团有限公司、宇烈建工集团有限公司	陈　榕、韩尚宇、张云忠、郑　瑶、陈德贵
29	新能源汽车用高压直流继电器研发与产业化	厦门宏发电力电器有限公司、华侨大学	钟叔明、张青年、代文广、周广涛、洪尧生
30	高精高效绿色螺杆压缩机主机关键技术及产业化	集美大学、厦门大学、厦门东亚机械工业股份有限公司	沈志煌、姚　斌、林思桥、蔡志钦、韩文翰
31	超高强度超低摩擦高效内燃机灰铸铁气缸套制造关键技术及应用	三明学院、福建汇华集团东南汽车缸套有限公司、中原内配集团股份有限公司、恒亿集团有限公司	高　浩、陈　秋、熊　毅、高广东、王春荣
32	大数据驱动的智能金融关键技术及应用	福州大学、兴业证券股份有限公司、北京邮电大学、福建顶点软件股份有限公司	廖祥文、蒋剑飞、张　熙、戴小戈、纪达麒
33	功能微生物群落与生态修复材料的混合构建及其工程应用	福州大学、海环科技集团股份有限公司、福建同坤建设有限公司、福建佰胜达建设有限公司	程扬健、何琛、黄天寅、余　强、吕源财
34	工业机器人接触感知与柔顺控制关键技术研究及应用	福州大学、福建省特种设备检验研究院、上海新时达机器人有限公司、福建明鑫智能科技股份有限公司	吴海彬、郑耿峰、张敏梁、叶锦华、陈浩龙

续表

序号	项目名称	主要完成单位	主要完成人
35	大型建筑施工安全多尺度保障关键技术与应用	福州大学、中国建筑第二工程局有限公司、福建省永正工程质量检测有限公司、福建路港（集团）有限公司	方圣恩、陈福全、王　鹏、王巧艺、吴　琛
36	新型线罗茨鼓风机及其在大气治理脱硫脱硝设备中的应用	福州大学、百事德机械（江苏）有限公司、福建龙净环保股份有限公司	姚立纲、蔡英杰、陈晓雷、张　俊、谢维民
37	背照式高灵敏科学成像系统（sCMOS）开发与应用	福州大学、福州鑫图光电有限公司、福州英迪格成像技术有限公司	林振宇、陈　兵、邹兴文、郭隆华、赵泽宇
38	智能化高效化的防汛救灾应急决策指挥系统	福州大学、福建省水利水电建设有限公司、中国移动通信集团福建有限公司、福建经纬测绘信息有限公司	刘漳辉、施建华、柯　道、黄庆荣、林世森
39	复杂环境深基坑绿色施工与智慧防控关键技术研究与应用	龙岩市西安建筑工程有限公司、浙大城市学院、千易建设集团有限公司、福建西南建设有限公司	徐化新、王新泉、刁红国、章丽莎、孙余好
40	智慧型超大功率电力应急车关键技术及应用	龙岩市海德馨汽车有限公司、三明学院、福建省机械科学研究院（福建省农业机械化研究所）、泰豪科技股份有限公司	黄建祥、薛天茂、陈刚、江媛英、谢传楠
41	基于人工智能的营运车辆安全管理服务平台	厦门卫星定位应用股份有限公司、华侨大学、厦门瑞为信息技术有限公司	张志辉、谢维波、詹红梅、苏敏咸、俞　辉
42	基于物联网+的新型智能同步升降防护平台研究及产业化	厦门安科科技有限公司、泉州芸台科技有限公司	钟松杏、张阳川、林宇鹏、施志峰、罗　炜
43	环保型连续式沥青混合料成套设备关键技术与应用	福建省铁拓机械股份有限公司、长安大学、福建省卓筑建设工程有限公司、福建省厚德建设集团有限公司	高国强、傅章敏、陈志雄、刘洪海、程志峰
44	纤维增强复合材料技术及工程应用	中建四局建设发展有限公司、中庆建设有限责任公司、福建筑兆建设有限公司、福建星原建设工程发展有限公司	丘华生、陈金成、林恒舟、江闽洋、郭　展
45	废弃花岗岩石粉制备多功能加气混凝土板材关键技术与应用	福建省兴岩建设集团有限公司、福建祥睿建设发展有限公司、福建博厚建设工程有限公司、福建三建工程有限公司	郑东明、范亚明、郑闽锋、彭蕾、刘益萌
46	5N 级超高纯氧化镥纯化关键技术研发及产业化	福建省长汀金龙稀土有限公司	钟可祥、李来超、郑仙荣、叶纪龙、阴长福
47	高能量密度高压钴酸锂电池的高安全性关键技术与应用	飞毛腿（福建）电子有限公司、福建师范大学、易佰特新能源科技有限公司	童庆松、俞　峰、方　乐、冯明竹、胡洪文
48	基于用户交互状态感知的自动问答关键技术研究	闽江学院、福建天晴数码有限公司、福建榕基软件股份有限公司、中国标准化研究院	徐　戈、刘德建、陈　威、朱　虹、吴冬华
49	海量多源多标签数据协同融合推理关键技术研究及应用	闽南师范大学、长威信息科技发展股份有限公司、厦门大学、宁德市交投电子信息有限公司	林耀进、吴剑锋、李绍滋、李明堃、王晨曦
50	建筑垃圾高品质再生骨料关键技术研发与应用	厦门卓毅建筑工程有限公司、福建筑兆建设有限公司、福建省盛达建设有限公司、福建才溪建设集团有限公司	林金顶、隋玉武、郑志阳、李小阳、雷勇春
51	应对台风-雨涝灾害链的滨海高密度城市生态化智慧海绵关键技术	厦门市城市规划设计研究院有限公司、天津大学、福建省禹澄建设工程有限公司、天津城建大学	曾　坚、吴连丰、曾穗平、王　宁、王泽阳

续表

序号	项目名称	主要完成单位	主要完成人
52	基于数字孪生和人工智能的智慧城市治理关键技术研究与应用	恒锋信息科技股份有限公司、中国科学院声学研究所南海研究站	李松斌、魏晓曦、刘　鹏、欧霖杰、陈榕魁
53	异形钢管混凝土结构关键技术及工程应用	福建工程学院、福建荣建集团有限公司、中国建筑第四工程局有限公司、福建西南建设有限公司	郑永乾、郑莲琼、周继忠、吴进华、姜少伟
54	交通基础设施超高精自动化智能检测关键技术及工程应用	福建农林大学、福建省高速公路集团有限公司、武汉光谷卓越科技股份有限公司、福建省汤头建筑工程有限公司	罗文婷、李　林、刘光东、周　峰、张　超
55	大型泄洪闸门接力式液压启闭机关键技术及应用	福建水口发电集团有限公司、中国电建集团华东勘测设计研究院有限公司、福州德宸流体技术有限公司	黄光斌、胡涛勇、王功明、金晓华、范家庆
56	非成像光场调控技术及其半导体投影显示应用与产业化	泉州师范学院、厦门力鼎光电股份有限公司、合肥全色光显科技有限公司、中国科学技术大学	黄启禄、张军光、许立新、廖廷俤、吴富宝
57	轻质高弹缓震运动鞋材制备关键技术及产业化	泉州师范学院、安踏（中国）有限公司	刘　超、朱君秋、苏加明、郭江彬、吴清实
58	莲子低温高质脱水加工关键技术的研究与应用	福建农林大学、福建闽江源绿田实业投资发展有限公司	田玉庭、庄玮婧、刘文聪、郑亚凤、邓凯波
59	微生物光合净化富营养化污水关键技术与应用	福建师范大学、龙岩市稀土开发有限公司、福建方明环保科技股份有限公司、福建蓝海市政园林建筑有限公司	王明兹、陈必链、赖小彬、何勇锦、郑梅清
60	外来入侵杂草国门生物安全监测及防控技术的研究与应用	福州海关技术中心、中国检验检疫科学研究院、中国科学院植物研究所	于文涛、范晓虹、徐　晗、于胜祥、黄　振
61	南方梨早期落叶成因及关键防控技术研究与应用	福建省农业科学院果树研究所、华中农业大学、江苏省农业科学院	黄新忠、曾少敏、陈小明、洪　霓、孙伟波
62	高产优质多抗广适花生泉花551的选育与应用	泉州市农业科学研究所	陈剑洪、陈永水、李锦泉、郭陞垚、滕振勇
63	银耳工厂化瓶栽技术研发与应用	福建省祥云生物科技发展有限公司、福建农林大学、尤溪县农业科学研究所	邓优锦、杨　彬、黄勇云、陈祥珍、彭传尧
64	葡甘聚糖-花青素偶联功能配料的关键技术创制与应用	福建农林大学、蜡笔小新（福建）食品工业有限公司、福建技术师范学院、福州素天下食品有限公司	吴春华、潘泽川、庞　杰、王丽霞、王良玉
65	新型食品杀菌保鲜关键技术创新与应用	福建农林大学、厦门银祥集团有限公司、莆田市汇龙海产有限公司、阿一波食品有限公司	林少玲、胡嘉淼、张志刚、林建杰、曾绍校
66	百香果（西番莲）病毒鉴定、检测技术研发与应用	福建省农业科学院果树研究所、福建省种植业技术推广总站	李　韬、谢丽雪、施　清、张小艳、张立杰
67	狼尾草新品种选育及其在生猪生态养殖中的关键技术研究与应用	福建省农业科学院农业生态研究所、福建省畜牧总站、福建省南平市农业科学研究所	黄秀声、陈钟佃、黄勤楼、钟珍梅、黄水珍
68	国兰和大花蕙兰品种创新与产业化应用	福建省农业科学院作物研究所、福建百秾生态科技有限公司、三明市农业科学研究院、三明市森彩生态农业发展有限公司	钟淮钦、林榕燕、林　兵、陈南川、周辉明

续表

序号	项目名称	主要完成单位	主要完成人
69	生物炭基功能性生物有机肥产品的创制与应用	泉州师范学院、江苏省农业科学院、福建三炬生物科技股份有限公司、南安市鸿盈天然有机肥有限公司	袁建军、余向阳、陈晓燕、林培成、梁晓辉
70	竹林主要食叶害虫无公害防治技术研究与应用	三明市沙县区森林病虫害防治检疫站、福建省林业科学研究院	洪宜聪、丁　珌、许春枝、朱祥锦、刘化桐
71	武夷山脉多花黄精种质资源保护利用与产业化应用	武夷学院、三明市农业科学研究院、福建生物工程职业技术学院、邵武市旭东生物科技有限公司	李宝银、周建金、张传海、林志銮、罗晓锋
72	桉树山地混交林栽培技术研究与应用	福建省林业科学研究院、南京林业大学、福建省龙海九龙岭国有林场、福建省长泰岩溪国有林场	李宝福、陈国彪、汤建福、吴培衍、朱　炜
73	福建山樱花和山樱花种群遗传特征与种质创新应用	福建省林业科学研究院、南京林业大学、福建丹樱生态农业发展有限公司、福建省洋口国有林场	黄云鹏、伊贤贵、吴擢溪、王贤荣、林荣光
74	竹基集装箱底板关键技术创新与应用	福建和其昌竹业股份有限公司、福建农林大学	林金国、俞　艳、侯伦灯、郑忠福、俞先禄
75	生态型营养饲料创制及产业化健康养殖技术集成应用	福建省新闽科生物科技开发有限公司、福建省农业科学院畜牧兽医研究所、福建闽科饲料有限公司、福建深纳生物工程有限公司	况应谷、陈鑫珠、陈炳钿、时祥柱、卢文标
76	澳洲龙纹斑细菌性疾病病原学及防控技术研究与应用	福建省农业科学院农业质量标准与检测技术研究所、福州海关技术中心、福建海洋职业技术学校	饶秋华、刘　洋、罗土炎、罗　钦、张志灯
77	海洋经济贝类高值化加工关键技术及产业化	福建省水产研究所、中国水产科学研究院黄海水产研究所、蛤老大（福建）食品有限公司	刘淑集、曹　荣、林秋云、王　茵、廖登远
78	低盐驯养技术在大黄鱼繁育上应用及产业化	宁德师范学院、宁德市鼎诚水产有限公司、福建省闽东水产研究所、中国科学院烟台海岸带研究所	黄伟卿、谢伟铭、全汉锋、吉成龙、王兴春
79	花鲈健康苗种繁育及其大网箱养殖模式的示范与推广	福建闽威实业股份有限公司、集美大学	黎中宝、方　秀、汪　晴、刘荣城、李文静
80	海洋生物牡蛎胶原蛋白肽关键技术创制及产业化应用	福建大众健康生物科技有限公司、福州日兴水产食品有限公司、福建农林大学、福建省农业科学院农业工程技术研究所	江铭福、江新辉、方　婷、潘超然、蓝登杭
81	山海可吸收生物材料及其产品的研发与推广应用	福建省博特生物科技有限公司、福建吉特瑞生物科技有限公司、中国医学科学院整形外科医院、福州大学	张其清、张　瑗、刘玲蓉、袁　平、栾　杰
82	神经外科手术协同训练系统开发及云应用	福州大学、福建省立医院、中国移动通信集团福建有限公司、超选集团有限公司	何炳蔚、刘宇清、邓　震、朱兆聚、张　月
83	病原微生物安全风险防御与管控系统关键技术及产业化应用	福建师范大学、厦门金龙联合汽车工业有限公司、四川智研科技有限公司、中国科学院生物物理研究所	欧阳松应、苏经迁、付新苗、谢乐敏、吴志辉
84	胃肠肿瘤光子诊断关键技术创新与应用	集美大学、南方医科大学南方医院、福建省肿瘤医院、福建师范大学	卓双木、严　俊、陈　刚、陈德鑫、陈建新

续表

序号	项目名称	主要完成单位	主要完成人
85	免疫炎症与心血管疾病相关机制的基础与临床研究	福建省立医院、中山大学附属第八医院（深圳福田）	朱鹏立、余惠珍、尚秀玲、林　帆、黄　峰
86	非小细胞肺癌转移机制及精准治疗系列研究	福建省立医院、福建医科大学	李鸿茹、陈愉生、许能銮、林　明、涂洵崴
87	福建省食管鳞癌发病与预后的相关因素研究	福建医科大学	胡志坚、彭仙娥、林　征、史习舜、刘凤琼
88	改良皮瓣移植在关节烧创伤创面修复及功能重建的研究与应用	中国人民解放军联勤保障部队第九一〇医院	黄书润、刘江涛、欧阳容兰、张　勇、阮明珍
89	非小细胞肺癌精准诊疗体系关键技术的建立和临床推广应用	福建省肿瘤医院、香港中文大学、北京吉因加科技有限公司	林　根、力　超、莫树锦、黄　诚、徐海鹏
90	梅毒的临床与发病机制研究	厦门大学附属中山医院	牛建军、杨天赐、刘莉莉、童曼莉、林丽蓉
91	创新光学分子影像技术体系的建立及其在乳腺癌精准外科的应用	厦门大学附属翔安医院	张国君、黄文河、白静雯、邱斯奇、曾焕城
92	人多能干细胞衍生细胞技术创新及临床应用	厦门大学、福建和泽生物科技有限公司	徐秀琴、刘　靖、洪礼伟、刘乐锋、邱　彦
93	多模态影像学新技术在肾脏肿瘤的诊断及预后评估的临床应用	复旦大学附属中山医院厦门医院、复旦大学附属中山医院	周建军、丁玉芹、戴辰晨、唐启瑛、李晓霞
94	前列腺癌的早期筛查与精准诊疗新策略	厦门大学附属第一医院（厦门市第一医院）、华中科技大学同济医学院附属同济医院、厦门市领汇医疗科技有限公司	邢金春、王　涛、叶章群、张开颜、胡志全
95	富马酸替诺福韦二吡呋酯原料药及胶囊剂的研究开发	福建广生堂药业股份有限公司	陈仕魁、张燕华、苏　葳、毛昌元、吴文强
96	膝关节半月板损伤的创新理论与修复关键技术研究	中国人民解放军联勤保障部队第九〇九医院	郑佳鹏、林达生、翟文亮、邓辉云、肖　棋
97	脑血管病康复基础理论新认识及其临床策略的构建与应用	福建中医药大学附属康复医院、福建中医药大学	薛偕华、柳维林、黄　佳、江一静、林志诚
98	从痿痹并存辨治骨关节炎的科学内涵与临床应用	福建中医药大学、福建中医药大学附属康复医院、中国人民解放军联勤保障部队第九〇〇医院	李西海、曾维铨、林木南、郑春松、叶锦霞
99	补肾益髓法治疗帕金森病神经保护机制研究及临床应用	福建中医药大学、福建中医药大学附属第三人民医院（福建省第三人民医院）	蔡　晶、许　茜、林　瑶、陈诗雅、曾建伟
四、科学技术成果转化奖（12项）			
一等奖			
1	木质素高质利用制备分散剂关键技术及产业化	福州大学、福建清源科技有限公司、三明市缘福生物质科技有限公司、厦门鸿益顺环保科技有限公司	刘明华、林春香、刘以凡、吕源财、叶晓霞、刘剑锋、陈珍喜、姚梅宾、周凌强、程水燃
二等奖			
1	绿色移动机械高效机电液耦合传动节能技术研发及产业化	华侨大学、福建华南重工机械制造有限公司	林添良、陈其怀、郭俊锋、缪　骋、郭海波、李钟慎、付胜杰

续表

序号	项目名称	主要完成单位	主要完成人
2	高档数控刀具用抗黏结涂层的设计、制备、检测及其应用	华侨大学、厦门金鹭特种合金有限公司、厦门钨业股份有限公司、东方电气集团东方汽轮机有限公司	姜　峰、邹伶俐、言　兰、范超颖、向志杨、李友生、查旭明
3	高可靠无主从并联自适应 BCS 系列大功率储能变流器	科华恒盛股份有限公司	曾春保、林镇煌、陈海森、许林毅、陈　林、黄凯伦、焦保帅
三等奖			
1	疾病快速检测关键技术开发及转化	厦门宝太生物科技有限公司	张国锋、颜　珊、陈彩华
2	中化泉州石化 100 万吨/年乙烯及炼油改扩建项目	中化泉州石化有限公司	胡福磊、宋立臣、孟　华、张　琪、程广伟
3	基于 BIM 的建设项目全过程信息模型与数据集成控制管理	福州市建设发展集团有限公司、福建华夏工程造价咨询有限公司、福建七建集团有限公司、广联达科技股份有限公司	林　磊、王毅雄、黄启兴、王逢朝、许文舟
4	港口工程施工质量检测与安全风险评估关键技术转化应用	福建省交通建设质量安全中心、河海大学、福建省港航勘察设计院有限公司、福建省港航管理局勘测中心	林同钦、朱瑞虎、程李凯、刘荣林、李同飞
5	预制劲性桩复合地基软基处理成套关键技术研究及应用	福建省交通规划设计院有限公司、福建省建筑设计研究院有限公司、建华建材（中国）有限公司、福建陆海工程勘察设计有限公司	寇　军、郑金伙、张　雁、刘秋江、曾庆有
6	绿色建筑全过程关键技术集成创新与工程应用	中建四局建设发展有限公司、厦门市建筑科学研究院有限公司、中国建筑第四工程局有限公司、厦门佰地建筑设计有限公司	王建飞、王金兵、张向军、黄　华、陈景镇
7	心电大数据平台及智能分析技术的研究与应用	厦门纳龙健康科技股份有限公司	徐拥军、钟玉秋、徐乃平、李　熙、曾文斌
8	遗传性耳聋基因检测芯片在福建新生儿筛查中的推广应用	福建博奥医学检验所有限公司、福州市妇幼保健院（福州市计划生育服务中心）、福建省妇幼保健院（福建省妇儿医院）、中国人民解放军总医院	张冠斌、夏　泳、张秋韵、王国建、林　堃

（摘编：吴建翰）

2022 年“科学探索奖”福建获奖名单

2022 年 9 月 15 日，第四届“科学探索奖”获奖名单揭晓。50 位青年科学家榜上有名，其中包括周大旺、李剑锋、侯旭等三位厦大教授。

“科学探索奖”于 2018 年设立，面向基础科学和前沿技术领域，支持在中国内地及港澳地区全职工作、45 周岁及以下的青年科技工作者，每年遴选不超过 50 位获奖者。

厦门大学生命科学学院教授周大旺长期聚焦 Hippo 信号通路如何调控肝脏尺寸大小与肿瘤起始发生的科学问题开展系列研究，入选教育部长江学者特聘教授，获得国家杰出青年科学基金，荣获中国细胞生物学学会普洛麦格创新奖。

厦门大学化学化工学院/能源学院教授李剑锋长期从事电化学拉曼光谱相关研究，建立了系列高灵敏、高空间分辨的壳层隔绝纳米结构增强光谱新方法，突破表面增强拉曼光谱长期存在的材料和形貌普适性差、无法广泛应用的瓶颈。他从分子水平揭示了能源催化反应中界面水分子构型和反应中间物种与催化性能的关联，为阐明电化学界长期争议的反应机理提供了直接证据。同时还致力于推动拉曼光谱在公共安全和医疗健康领域的产业化应用。

厦门大学化学化工学院/物理科学与技术学院教授侯旭长期致力于仿生液基材料系统的科学与技术研究，曾获得国家杰出青年科学基金，荣获全国创新争先奖。他还担任厦门大学电化学科学与工程研究所所长、固体表面物理化学国家重点实验室副主任、*Chinese Chemical Letters* 副主编、中国化学会仿生材料化学委员会委员等。

（摘编：吴建翰）

第一届中国科技青年论坛福建省获奖名单

2022 年 11 月 21 日，中国科协办公厅公布第一届中国科技青年论坛获奖名单，由省科协推荐的侯旭、游伟伟、付志飞、杜鹏程等 4 名青年科技人才在专题分论坛演讲环节表现优异，均榜上有名。其中，厦门大学侯旭、游伟伟和福建医科大学付志飞荣获二等奖，中核集团福建福清核电有限公司杜鹏程荣获三等奖。福建省科协荣获“优秀组织单位”称号。

中国科技青年论坛由中国科协主办，致力于打造青年人才交流观点、分享心得、碰撞思想的平台。本届论坛主题为“自立自强，创见未来”，参与对象为各领域、各行业 40 周岁以下的青年科研团队负责人、科技人才、卓越工程师、高技能人才、科技管理人才以及科协系统干部等。

（摘编：尤文凡）

第十七届中国青年科技奖福建省获奖名单

2022年11月12日，第十七届中国青年科技奖揭晓，并在浙江温州召开的2022世界青年科学家峰会开幕式上颁奖。厦门大学推荐的厦门大学尤延铖教授、福建省科协推荐的福建农林大学徐通达教授荣获该奖项。

尤延铖，现任厦门大学航空航天学院党委副书记、常务副院长，教育部“长江学者”特聘教授，博士生导师。尤延铖长期从事空气动力学理论、内外流一体化设计等方面应用基础研究；主持完成装备预先研究、国家重大科技专项基础研究、基础加强重点项目、科工局国防基础科研项目、国家自然基金联合基金重点项目等科研课题40余项，发表国内外期刊论文40余篇，出版专著1部，授权国家发明专利70余项。现任高等院校航空航天专业教学指导委员会委员、中国科协航空发动机产学联合体专家委员会委员。

徐通达，现任福建农林大学教授，博士生导师，福建农林大学未来技术学院海峡联合研究院副院长、国家自然基金委优秀青年基金项目获得者、入选国家级人才、闽江学者特聘教授，中国植物生理和分子生物学学会常务理事。徐通达长期聚焦植物核心激素生长素调控细胞命运机理的基础科学问题，首次发现植物生长素细胞膜信号通路，为解析植物生长调控机理及解决农业产业重大问题提供新突破口。他主持国家自然基金委重点项目等，共发表学术论文30余篇。

（摘编：林汇智）

第八届中国工艺美术大师福建省入选名单

2022年8月5日，中国轻工业联合会发布公告，确定第八届中国工艺美术大师名单，全国共108人获此殊荣。我省推荐的13名候选人中有11人入选，分别是：刘传斌、许瑞峰、吴文忠、吴德强、宋春国、张木芳、张建奎、陈明志、林建胜、郑则评、袁师永，入选人数与江苏省并列全国各省（区、市）第一位。

按行业分，我省的11名人选中，寿山石雕3名、木牙雕3名、工艺陶瓷2名、石雕2名、漆艺1名；按地区分，福州市4名、泉州市4名、莆田市2名、南平市1名。至此，我省荣获“中国工艺美术大师”称号的人数增至60名，居全国前列。

中国工艺美术大师是工艺美术行业的最高荣誉，是德艺双馨工艺美术从业者的典型代表。自1979年起，每4年评选一次，至今共评选8届，第七届开始由中国轻工业联合会组织评审。

（摘编：吴建翰）

全国三八红旗手、全国三八红旗集体称号福建省荣获名单

“三八”国际劳动妇女节即将到来,，全国妇联日前决定授予布茹玛汗·毛勒朵等10人全国三八红旗手标兵、王小云等300人全国三八红旗手、北京市市民热线服务中心协调督办处等200个单位全国三八红旗集体称号。其中，福建9人荣获全国三八红旗手称号，6个集体荣获全国三八红旗集体称号。

我省荣获全国三八红旗手称号的分别为：福州市晋安区总医院党委副书记、晋安区医院医务科副科长沈彧，漳州市实验小学党委书记兰臻，福建豆讯科技有限公司总经理郑丽煌，南平市邵武市人民检察院检察委员会委员、第一检察部负责人李华，龙岩市公安局情报指挥中心主任刘亚宾，省环境科学研究院院长、教授级高工张玉珍，兴业银行股份有限公司企业金融业务管理部总经理兼福建业务总部副总裁王凌云，福建农林大学食品科学学院教授、闽台特色海洋食品加工及营养健康教育部工程研究中心主任张怡，厦门城建市政建设管理有限公司嵩屿管理站环卫组长蔡月英。

我省荣获全国三八红旗集体称号的分别为：厦门市湖里区人民检察院第一检察部、泉州市惠安县螺阳镇尾透村惠女调解室、三明市尤溪县总医院、宁德市妇联、国家税务总局平潭综合实验区税务局第一税务所（办税服务厅）、省人力资源服务有限公司社会保险部。

（摘编：苏小雨）

2022年度农民教育培训“百优保供先锋”福建省入选名单

2022年10月11日，福建省农业农村厅消息，近日，农业农村部办公厅公布了2022年度农民教育培训“百优保供先锋”名单。我省3人入选，分别是永安市曹远镇的张仕滨、屏南县古峰镇的邱桂敏、连城县庙前镇的杨树煌。

农业农村部依托高素质农民培育计划，培养了一大批产业发展带头人。2022年，农业农村部继续组织开展农民教育培训“百优保供先锋”评选活动，从近3年农民教育培训学员中，遴选100名保障国家粮食安全和重要农产品有效供给“百优保供先锋”，展示他们在发展产业、保障农产品供给、带动农民增收等方面的积极成效，激励更多高素质农民投身乡村振兴。

（摘编：邓新民）

“2021 八闽工匠年度人物”名单

2022 年 5 月 13 日，省总工会在福州举办“2021 八闽工匠年度人物”发布仪式。

10 位“八闽工匠年度人物”分别是：福建福光股份有限公司总工程师肖维军、福建青拓特钢技术研究有限公司首席工程师周小明、福建柒牌时装科技股份有限公司高级技师侯国建、紫金矿业集团股份有限公司紫金山金铜矿选矿车间副主任华建彬、莆田藏云堂艺术品有限公司艺术总监林建军、大通互惠集团有限公司铸造总工程师曾瑞宏、福建棉花滩水电开发有限公司安环部主任方春生、福建佳友茶叶机械智能科技股份有限公司首席高级技师陈加友、惠安县大千雕刻工艺社艺术总监许为民、南平市曜变陶瓷研究院高级工艺美术师陆金喜。

本次活动自 2021 年 6 月启动，最终经网络投票和专家评审，产生 10 名“2021 八闽工匠年度人物”，都是所在行业的顶尖技术技能人才，也是劳模精神、劳动精神、工匠精神的优秀传承者。

自 2019 年以来，省总工会共举办三届“八闽工匠”选树活动，共产生 30 名“八闽工匠年度人物”，其中一人获评“大国工匠年度人物”。

（记者 郑昭）

福建省正高级经济师任职资格人员名单

2022 年 1 月 4 日，福建省人力资源和社会保障厅下发《关于批准确认徐瑞蓉等 7 位同志正高级经济师任职资格的通知》（闽人社批复〔2022〕1 号）提出，经研究，批准确认由福建省第一届正高级经济师评委会评审通过的徐瑞蓉、吕家进、陶以平、苏军良、李兴湖、桂兴刚、曾凡沛等 7 位同志正高级经济师的任职资格，任职资格确认时间为 2021 年 12 月 22 日，现予公布。

（摘编：吴建翰）

福建省经济系列副高级职务任职资格人员名单

2022年3月17日，福建省人力资源和社会保障厅下发《关于批准确认方晏等123位同志经济系列副高级职务任职资格的通知》（闽人社批复〔2022〕147号）提出，经研究，批准确认由2020年度福建省高级经济师任职资格评审会评审通过的方晏等123位同志经济系列副高级职务任职资格，任职资格确认时间为2022年3月6日，现予公布，名单如下：

一、高级经济师（59人）

（一）福建省财政厅（1人）

福建省财政科学研究所：方　晏

（二）福建省交通运输厅（1人）

福建省交通规划设计院有限公司：刘学玲

（三）兴业银行股份有限公司（1人）

兴业银行股份有限公司：魏　玮

（四）福建省农村信用社联合社（3人）

福建省农村信用社联合社：李统金

福建福州农村商业银行股份有限公司：林　滕

永泰县农村信用合作联社：林　盈

（五）福建省冶金（控股）有限责任公司（2人）

福建省冶金（控股）有限责任公司：黄子颖

福建省南平铝业股份有限公司：张翠云

（六）福建省港口集团有限责任公司（1人）

厦门港务金融控股有限公司：李梅君

（七）福建石油化工集团有限责任公司（1人）

漳州古雷海腾码头投资管理有限公司：庄燕坤

（八）福建省招标采购集团有限公司（3人）

福建省招标采购集团有限公司：陈栋梁

福建省机电设备招标有限公司：李茂涛

福建省闽招咨询管理有限公司：张　敏

（九）中国电信股份有限公司福建分公司（1人）

中国电信股份有限公司福建分公司：黄开宇

（十）福州市（4人）

福建省罗源国有林场：林　莉

福州外语外贸学院：陈佳渲

福州市规划设计研究院集团有限公司：郭玉鹏

福州市长乐区鹤上镇综合技术保障中心：陈燕钦

（十一）漳州市（6人）

漳州市农业会展中心：郭晓义、张　葭

漳州片仔癀药业股份有限公司：李飞燕

数字南靖建设服务中心：张小玲

漳州市城市房屋征收中心：刘艳婷

中共漳州市芗城区委党校：林　榕

（十二）泉州市（6人）

泉州职业技术大学：韦妙花

泉州台商投资区管理委员会环境与国土资源局：苏银量

石狮高新技术产业开发区服务中心：蔡志祥

泉州台商投资区财政投资评审中心：康雪燕

泉州台商投资区水务投资经营有限公司：蔡超萍

永春县政府机关事务中心：王美华

（十三）三明市（9人）

建宁县经济技术服务中心：蒋兰英

宁化县归侨服务中心：黄庆才

宁化县农业市场与经济信息站：张远勤

清流县招商服务中心：江水红

泰宁县乡镇财政服务中心：杨忠兰

宁化县土地开发整理中心：李玉香

尤溪县土地收购储备中心：陈雪花

尤溪县卫生职工中等专业学校：何新妹

尤溪县西城镇经济发展综合服务中心：陈固明

（十四）莆田市（5人）

莆田壶山自来水有限公司：李　静

莆田市城厢区第三产业发展服务中心：林丽珍
莆田市城厢区交通运输局：蔡清锋
莆田市荔城区工业企业服务中心：蔡　琼
仙游县发展和改革局：余国珍
（十五）南平市（3人）
建瓯市财政收费票据所：周建标
武夷山市五夫镇乡村振兴发展中心：黄夏萍
顺昌县农村合作经济指导站：谢　蓉
（十六）龙岩市（8人）
龙岩投资发展集团有限公司：鲁小琴
龙岩人才发展集团有限公司：李　强
龙岩市新罗区节能监察监测中心：王　艳
上杭县机关事务服务中心：胡发荣
武平县农村公路养护所：朱凤明
武平县矿产资源税费征收中心：曾文豪
武平县城厢镇乡村振兴服务中心：方添立
连城县农村合作经济经营指导站：陈金树
（十七）宁德市（4人）
宁德市不动产登记中心：赖桂玲
宁德市交通建设发展中心：叶晓容
宁德市蕉城区价格认定中心：郑锦凤
霞浦县松港街道办事处社区建设服务中心：叶信平

二、高级人力资源管理师（64人）

（一）中共福建省委组织部（2人）
福建省人才发展研究中心：李媛媛、陈坤生
（二）福建省教育厅（1人）
福建船政交通职业学院：陈斌琼
（三）福建省民政厅（1人）
福建省康复辅具技术服务中心：黄　微
（四）福建省人力资源和社会保障厅（3人）
福建省劳动人事争议仲裁院：魏靖华
福建省人事考试中心：林冠新、夏小汝
（五）福建省卫生健康委员会（2人）
福建省肿瘤医院：余宏玉、张旭雷
（六）福建省地质矿产勘查开发局（2人）
福建省地质测绘院：洪　剑
福建省厦门地质工程勘察院：赖晓玲
（七）中国海峡人才市场（2人）
中国海峡人才市场：林忠锦
福建日报社：杨雪玲
（八）福建省高速公路集团有限公司（1人）
福建省福宁高速公路有限责任公司：郑谨坤
（九）福建省冶金（控股）有限责任公司（2人）
福建省冶金（控股）有限责任公司：邵承宝
福建省三钢（集团）有限责任公司：郭先福
（十）福建省汽车工业集团有限公司（1人）
福建奔驰汽车有限公司：游小娟
（十一）福建建工集团有限责任公司（1人）
中国武夷实业股份有限公司：陈云钦
（十二）福州市（7人）
福州市劳动人事争议仲裁院：唐虚谷、郭　森
福州市退役军人服务中心：黄家添
福州市医疗保障基金中心永泰管理部：连德安
福建红庙岭海峡环保有限公司：林少青
福州新榕城市建设发展有限公司：林　甦
福州市马尾区融媒体中心：王家勋
（十三）漳州市（8人）
漳州市体育中心：廖述丽
漳州市龙文区城乡居民社会养老保险中心：林剑伟、蒲丹松
东山经济技术开发区建设发展总公司：庄　兴
福建省龙海林下国有林场：刘　艳
漳浦县城乡居民社会养老保险中心：姚佳惠
华安县职工服务中心：蔡艺英
华安县亚行贷款项目服务中心：张丹瑜
（十四）泉州市（7人）
泉州市洛江区财政国库支付中心：蒋志强
晋江经济报社：谢传信
南安市军队离休退休干部休养所：王文斌
南安市社会保险管理中心：林爱珠
南安市就业和人才人事服务中心：陈奕秩
永春县城乡居民社会保险中心：王宝桂
永春县五里街镇社会事务服务中心：颜昭仪
（十五）三明市（9人）
三明市检验检测中心：张　慧
三明市公路事业发展中心：李华灵
三明市皮肤病医院：邓登辉
清流县林业执法大队：江密凤
尤溪县闽湖水库发展中心：姜其平

尤溪县救助站：钟诗露

尤溪县朱熹诞生地海峡两岸交流基地服务中心：叶开祥

尤溪县散装水泥与新型建材推广中心：范晓航

大田县城乡居民社会养老保险中心：肖桂兰

（十六）莆田市（2人）

莆田市医疗保障基金中心：郑海远

福建省仙游县总医院：李志伟

（十七）南平市（4人）

南平市建阳区城乡居民社会养老保险管理中心：周艳梅

武夷山市企业退休人员社会化管理服务中心：江　凌

建瓯市劳动人事争议仲裁院：邓云珍

松溪县人力资源档案服务中心：杨国强

（十八）龙岩市（6人）

漳平市人事考试中心：曾晓智

龙岩卓越新能源股份有限公司：张丽萍

连城县劳动就业中心：赖玉梅

上杭县机关事业单位社会保险管理中心：朱庆平

上杭县人力资源公共服务中心：周　胜

武平县劳动保障监察大队：王占益

（十九）宁德市（3人）

中共宁德市蕉城区委基层党建服务中心：张城娥

福安市城市管理综合执法大队：刘部安

霞浦县数据信息和重点项目服务中心：黄艳君

（摘编：李元）

福建省高级会计师职务任职资格人员名单

2022年10月27日福建省人力资源和社会保障厅下发《关于批准确认陈艳端等379位同志高级会计师职务任职资格的通知》（闽人社批复〔2022〕580号）提出，经研究，批准确认由省会计专业高级职务评审委员会评审通过的陈艳端等379位同志高级会计师职务任职资格，其中，事业类任职资格确认时间为2022年9月18日；企业类任职资格确认时间为2022年9月25日。现予公布名，单如下：

一、福建省教育厅（1人）

福建卫生职业技术学院（1人）：陈艳端

二、福建省财政厅（1人）

福建省财政科学研究所（1人）：汪洁琼

三、福建省卫生健康委员会（8人）

福建省肿瘤医院（2人）：陈烨、吴秀颖

福建省立医院（2人）：林玲、李芸菲

福建省妇幼保健院（4人）：童毅、郭征、林艳、黄晓霞

四、福建省水利厅（1人）

福建省水利厅预算执行中心（1人）：林振官

五、福建省市场监督管理局（1人）：

福建产业知识产权保护中心（1人）：黄荣

六、福建省地质矿产勘查开发局（2人）

福建省地质物资供应站（1人）：陈晓芳

福建省闽东南地质大队（1人）：陈珍

七、福建医科大学（3人）

福建医科大学附属协和医院（1人）：赵丽华

福建医科大学附属第一医院（1人）：肖玮

福建医科大学附属第二医院（1人）：王小琴

八、福建中医药大学（2人）

福建中医药大学附属人民医院（1人）：林绮

福建中医药大学附属第二人民医院（1人）：范岳峰

九、福建江夏学院（1人）：林萍萍

十、福建社会科学院（1人）：张明阳

十一、福建省能源石化集团有限责任公司（1人）

福州住房公积金中心福建能源集团分中心（1人）：庄紫英

十二、福州市（17人）

闽江师范高等专科学校（1人）：游云英

闽江学院（1人）：陈玉萍

中国共产党福州市委员会党校（1人）：林春萍

福州市粮食批发交易市场管理处（1人）：曹云峰

福州市实验幼儿园（1人）：邓冬华

福州高新区人事人才公共服务中心（1人）：杨凌群

福州市台江区国有资产管理中心（1人）：林梁鑫

福建省闽清精神病防治院（1人）：黄钦菁

福清市水系联排联调中心（1人）：黄炎玲

福清市妇幼保健院（1人）：陈棋

福清市医院（1人）：丁芹

福清市火车站片区综合管理处（1人）：翁芳

福清市融媒体中心（1人）：李琴

福清市交通运输综合执法大队（1人）：许岩武

闽侯县财政国库收付中心（2人）：林云燕、程惠英

闽清县基层卫生会计核算中心（1人）：刘槟

十三、厦门市（9人）

厦门大学附属第一医院（1人）：高魏

厦门市仙岳医院（1人）：黄燕雪

厦门市儿童医院（复旦大学附属儿科医院厦门医院）（2人）：郑鸿、王丽英；

厦门市建筑废土站（1人）：吴逸婷

海西晨报社（1人）：李青云

厦门市同安区财政事务中心（1人）：陈玉梅

厦门市思明区妇幼保健院（1人）：李昕

厦门市海沧区教育事务中心（1人）：杨秀兰

十四、漳州市（9人）

福建省漳州市医院（1人）：曾玉宝

漳州市第五医院（1人）：廖毅敏

漳州市芗城区巷口街道社区卫生服务中心（1人）：沈毅惠

漳州市龙文区财税信息中心（1人）：陈越

漳州市东山县生态环境保护综合执法大队（1人）：施琼瑜

云霄县城乡居民社会养老保险中心（1人）：方彬

漳浦县医院（1人）：林丽娟

华安县乡镇审计服务中心（1人）：苏艺程

华安县丰山中心小学（1人）：杨文花

十五、泉州市（11人）

泉州市第三医院（1人）：叶生方

泉州市建材和散装水泥中心（1人）：张燕娜

南安市石井中心小学（1人）：许振彬

鲤城区妇幼保健院（1人）：陈清新

德化县医院（1人）：林慧英

德化县国库支付中心（1人）：林少华

永春县东平卫生院（1人）：郑碧英

惠安县国库支付中心（1人）：艾少彬

南安市东田镇卫生院（1人）：侯锦丽

晋江市财政国库支付中心（1人）：侯丽英

泉州市泉港区财政国库支付中心（1人）：段靖莲

十六、莆田市（3人）

莆田市医疗保障稽核技术中心（1人）：林少凡

莆田市荔城区人民政府镇海街道办事处（1人）：詹双梅

仙游县教育会计核算中心（1人）：黄文钗

十七、三明市（13人）

三明市计量所（1人）：陈美玲

三明市政府与社会资本合作（PPP）项目中心（1人）：黄文杰

三明市第一医院（1人）：岑惠萍

三明学院（1人）：肖淑琴

三明市三元区卫生健康监督所（1人）：伊位岚

福建尤溪经济开发区综合服务中心（1人）：陈爱欣

尤溪县林业局坂面林业站（1人）：郑娟

尤溪县总医院（1人）：杨成昌

尤溪县梅仙镇经济发展综合服务中心（1人）：吴章康

永安市婚姻登记服务中心（1人）：姜美珍

宁化县林业服务中心（1人）：谢新涛

宁化县财政局国库支付中心（1人）：吴运铎

福建省宁化国有林场（1人）：谢海英

十八、南平市（17人）

南平广播电视台（1人）：陈小琴

南平市城市公园服务中心（1人）：赵淑华

南平市延平区城乡居民社会养老保险中心（1人）：李琳

南平市延平区林业基金中心（1人）：赖萍华

建瓯市企业服务中心（1人）：吴秀钦

建瓯市市场监管综合执法大队（1人）：刘慧芝

建瓯市国库支付中心（1人）：范秀琴

邵武市财政国库收付中心（1人）：肖龙生

邵武市林业局洪墩林业工作站（1人）：庄婷

邵武市通泰街道社区发展中心（1人）：徐玲英

顺昌县国库支付中心（1人）：林彩仙

顺昌县医院（1人）：曾莉莉

浦城县临江镇党群服务中心（1人）：刘丽衡

浦城县国库支付中心（1人）：鲜怡

浦城县河滨街道社区卫生服务中心（1人）：林文剑

武夷山市国有资产运营服务中心（1人）：刘桂珍

武夷山市财政局国库收付中心（1人）：焦倩

十九、龙岩市（10人）

福建省龙岩市第三医院（1人）：陈煜

龙岩市新罗区工人文化宫（1人）：章婧怡

龙岩市新罗区西城街道企业发展服务中心（1人）：吴丽珊

漳平市拱桥中心学校（1人）：刘正昌

武平县文物保护服务中心（1人）：肖文秀

武平县基层卫技人员服务中心（1人）：钟晓菁

武平县财政国库支付中心（2人）：兰雄德、林湘平

武平县国资金融中心（1人）：邱国安

福建省龙岩市上杭精神病人疗养院（1人）：谢敏

二十、宁德市（6人）

中共宁德市委党校（1人）：胡志丹

东侨经济技术开发区卫生健康服务中心（1人）：王小娟

古田县医院（1人）：周任松

福鼎市医院（1人）：郑立定

古田县疾病预防控制中心（1人）：林翠知

柘荣县医院（1人）：袁惠平

二十一、平潭综合实验区工作委员会党群工作部（2人）

平潭综合实验区行政服务中心（1人）：陈为官

平潭综合实验区农业农村发展服务中心（1人）：游文婷

二十二、华侨大学（2人）：孙玲、张正秋

二十三、交通运输部（1人）

交通运输部东海第二救助飞行队（1人）：唐慎

二十四、国家广播电视总局（1人）

国家广播电视总局七六一台（1人）：李民强

企业类高级会计师职务任职资格人员名单

一、福建省交通运输厅（2人）

陕建丝路（福建）建设发展有限公司（1人）：林斌

福建路桥建设有限公司（1人）：叶建敏

二、共青团福建省委（3人）

宁德时代新能源科技股份有限公司（1人）：江燕燕

合力泰科技股份有限公司（1人）：程火金

福州软件职业技术学院（1人）：邹晓霞

三、中国海峡人才市场（27人）

华泰人寿保险股份有限公司福建分公司（2人）：林传炯、张涓

华兴会计师事务所（特殊普通合伙）（1人）：林辉

福建省医美医药投资集团有限公司（1人）：张点如

福州市台江区国有资产投资集团有限公司（1人）：林晶晶

福耀玻璃工业集团股份有限公司（1人）：潘慧

福州利之星汽车销售服务有限公司（1人）：徐传捷

福建东飞环境集团有限公司（1人）：周华

福建省新能海上风电研发中心有限公司（1人）：赵彩凤

建信人寿保险股份有限公司福建分公司（1人）：张雪清

福建省福州外贸食品冷冻厂有限公司（1人）：陈舒

福建海峡基石科技集团有限公司（1人）：邓超

福建中联房地产开发集团有限公司（1人）：沈璐

福建吉诺车辆服务股份有限公司（1人）：肖宇

中海石油福建新能源有限公司（1人）：陈晶晶

福建奔驰汽车有限公司（1人）：林波

福建卓越建设集团有限公司（1人）：王芬

福建中兴会计师事务所有限公司（1人）：肖正波

兴业证券股份有限公司（1人）：高彩霞

福州豪顺鑫税务师事务所有限公司（1人）：刘静凤

中国航油集团福建石油有限公司（1人）：黄揭隆

福建省外国机构服务中心有限公司（1人）：陈婉如

福州市规划设计研究院集团有限公司（1人）：高璐

世纪长龙影视有限公司（1人）：公丽伟

中航天旭科技（福建）有限公司（1人）：江敏

中检集团康泰安全科技有限公司（1人）：林萍

郭氏投资集团有限公司（1人）：徐礼芳

四、兴业银行股份有限公司（1人）：俞艳林

五、福建省农村信用社联合社（10人）

福建省农村信用社联合社（1人）：潘颖红

福建邵武农村商业银行股份有限公司（1人）：方小钦

福建上杭农村商业银行股份有限公司（1人）：袁丽华

福建仙游农村商业银行股份有限公司（1人）：陈一平

光泽县农村信用合作联社（1人）：李蕾

明溪县农村信用合作联社（1人）：白平源

古田县农村信用合作联社（1人）：江英

永春县农村信用合作联社（1人）：严秀珠

福建省农村信用社联合社龙岩办事处（1人）：李玉金

惠安县农村信用合作联社（1人）：林丹

六、福建省机电（控股）有限责任公司（1人）

福建海峡科化股份有限公司：涂琴

七、福建省冶金（控股）有限公司（1人）

厦门钨业股份有限公司：葛娅楠

八、福建省能源石化集团有限责任公司（5人）

福建联美建设集团有限公司（1人）：倪飞龙

福建省福化工贸股份有限公司（1人）：卢诗钦

福建石油化工集团有限责任公司（1人）：陈晓敏

福建省城乡综合开发投资有限责任公司（1人）：陈祥清

福建煤电股份有限公司（1人）：佘丽琼

九、福建省港口集团有限责任公司（1人）

福建省物资（集团）有限责任公司：吴宇燕

十、福建省电子信息（集团）有限责任公司（2人）：谢文广、吴明清

十一、福建建工集团有限责任公司（8人）

福建建工环海房屋制造集团有限公司（1人）：林鑫

中科动力（福建）新能源汽车有限公司（1人）：陈燕

福建省工业设备安装有限公司（1人）：郑丽蓉

福建建豪建筑科技有限责任公司（1人）：张莉萍

中国武夷实业股份有限公司（4人）：罗东鑫、刘晓晟、黄传良、翁涓

十二、福建省船舶工业集团有限公司（1人）

福人集团森林工业有限公司：张义兴

十三、福建省汽车工业集团有限公司（1人）：林钦

十四、中国（福建）对外贸易中心集团有限责任公司（2人）：黄丹瑜、魏嵘

十五、福建省投资开发集团有限责任公司（5人）

福建省投资开发集团有限责任公司（3人）：曹鑫、陈萍、郭祥

福建省福投新能源投资股份公司（1人）：陈云燕

中海石油福建新能源有限公司（1人）：卢晓琴

十六、福建省旅游发展集团有限公司（1人）

福建中旅客运有限公司：叶孝锦

十七、福建省高速公路集团有限公司（2人）

福建发展高速公路股份有限公司（1人）：胡海全

福建省泉州高速公路有限公司（1人）：郑书琦

十八、福建省水利投资开发集团有限公司（3人）

福建省水利投资开发集团有限公司（2人）：张颖、汪兰杰

福建省闽水项目管理有限公司（1人）：蔡风琴

十九、海峡出版发行集团（2人）

福建新华发行（集团）有限责任公司（1人）：郑昱

福建新华发行（集团）有限责任公司福州分公司（1人）：林喆

二十、福建广电网络集团股份有限公司（1人）：韩莉

二十一、福建省招标采购集团有限公司（3人）

福建省工大工程设计有限公司（2人）：陈秀琴、魏汐

福建省交通建设工程监理咨询有限公司（1人）：林月娟

二十二、福建省国有资产管理有限公司（4人）

福建省国有资产管理有限公司（1人）：杨柳清

福建福日电子股份有限公司（1人）：李兴

福州慧美贸易有限公司（1人）：罗薇

福州中翰鑫金税务师事务所有限公司（1人）：庄铭

二十三、福州市（19人）

青岛海信电器营销股份有限公司福州分公司（1人）：卓小淘

福州左海控股集团有限公司（1人）：徐旭峰

福清市水投发展集团有限公司（1人）：黄燕霞

福州市自来水有限公司（1人）：傅丽达

福州市公共交通集团有限责任公司（2人）：潘艳、郑如蓝

福州新榕城市建设发展有限公司（1人）：徐菁

福州市保安服务有限公司（1人）：刘玮

福州市金融控股集团有限公司（1人）：张雅清

福建森达电气股份有限公司（1人）：傅灵雁

福州水务平潭引水开发有限公司（1人）：吴丽君

福建上检机动车检测技术服务有限公司（1人）：翁祖平

汇达地产（福州）有限公司（1人）：陈如强

新大陆数字技术股份有限公司（1人）：方艳

福建省二建建设集团有限公司（1人）：林明

福建宏顺融资租赁有限责任公司（1人）：饶建英

福州翁财记食品有限公司（1人）：林立

福州名城保护开发有限公司（1人）：齐妍

广电计量检测（福州）有限公司（1人）：王苗

二十四、厦门市（73人）

新荣腾种业有限公司（1人）：黄生雄

泉州市汉威机械制造有限公司（1人）：叶文广

好利来（中国）电子科技股份有限公司（1人）：陈梓华

厦门海鑫金融保安守押有限公司（1人）：张君兰

厦门俊亿供应链有限公司（1人）：阮章林

厦门市执象智能科技有限公司（1人）：黄燕琴

厦门宏发电声股份有限公司（1人）：林晓慧

合诚工程咨询集团股份有限公司（1人）：何璇

容诚会计师事务所（特殊普通合伙）厦门分所（1人）：王勇

厦门海润通资产管理有限公司（1人）：杨文娴

厦门金鹭硬质合金有限公司（1人）：张勤聪

厦门信息集团建设开发有限公司（1人）：文忠

路达（厦门）工业有限公司（1人）：张芸彬

厦门泰柯集团有限公司（1人）：吴有正

元翔机务工程（福建）有限公司（1人）：张筱旸

厦门熵基科技有限公司（1人）：钟卫红

厦门东声电子有限公司（1人）：谢江昆

厦门纵横集团股份有限公司（1人）：刘南龙

厦门夏商房地产有限公司（1人）：陈佳

厦门金泰化工有限公司（1人）：许秀卿

福州市特房建设工程有限公司厦门分公司（1人）：茅范晖

厦门市市政工程设计院有限公司（1人）：张珊珊

厦门祺翎企业管理有限公司（1人）：戴木海

厦门信达股份有限公司（1人）：肖利红

厦门航空有限公司（1人）：张雪美

厦门翔禹航空服务有限公司（1人）：郑春玉

厦门文广传媒集团有限公司（1人）：张仙娥

立信会计师事务所（特殊普通合伙）厦门分所（1人）：陈少坚

厦门永佳和塑胶有限公司（1人）：汪瑶瑾

厦门特房嘉湾房地产有限公司（1人）：叶梅

厦门地丰置业有限公司（1人）：吴雅丹

诚益光学（厦门）有限公司（1人）：黄雪云

裕景兴业（厦门）有限公司（1人）：尤志樑

厦门安居置业有限公司（1人）：苏小青

中城投集团第八工程局有限公司（1人）：刘扬发

厦门市集美区产业投资有限公司（1人）：杜萍秀

厦门建发建设运营管理有限公司（1人）：林可欣

厦门建发金属有限公司（1人）：吴德金

厦门公交集团有限公司（1人）：吕松

厦门金圆投资集团有限公司（1人）：曾宪鸿

厦门象屿速传供应链发展股份有限公司（1人）：熊梅凤

厦门象屿物流配送中心有限公司（1人）：方丽敏

厦门象屿盈信信息科技有限公司（1人）：李梅霞

厦门象屿股份有限公司（1人）：王文城

厦门象屿物流集团有限责任公司（1人）：汤曲铃

厦门国贸集团股份有限公司（1人）：罗芳丽

厦门国贸有色矿产有限公司（1人）：卢月

厦门国贸资产运营集团有限公司（1人）：章贤坤

厦门国贸控股集团有限公司（1人）：张莉

中国建材检验认证集团厦门宏业有限公司（1人）：林清芳

厦门乔丹发展有限公司（1人）：傅春兰

安费诺（厦门）高速线缆有限公司（1人）：蒋青云

厦门太古飞机工程有限公司（1人）：林蘋

百威雪津啤酒有限公司（1人）：石晓辉

厦门立龙集团有限公司（1人）：蔡松青

鹭燕医药股份有限公司（1人）：曾铮

元翔（厦门）国际航空港股份有限公司（1人）：李美玲

厦门欣地税务师事务所有限公司（1人）：张新华

厦门水木方圆企业管理咨询有限公司（1人）：邱舒雯

厦门海沧保税港区投资建设管理有限公司（1人）：沈海玲

汉纳森（厦门）数据股份有限公司（1人）：魏若丹

厦门华润燃气有限公司（1人）：林媛媛

中审众环会计师事务所（特殊普通合伙）厦门分所（1人）：

陈清建

厦门巨虎科技有限公司（1人）：余豆豆

中维鑫晟房地产开发（福建）有限公司（1人）：张争艳

福建兆翔临港置业有限公司（1人）：李素莲

厦门市美亚柏科信息股份有限公司（1人）：陈志友

紫金矿业集团股份有限公司（1人）：戴伟力

厦门市三安光电科技有限公司（1人）：林宝英

厦门禹洲集团股份有限公司（1人）：林月琴

招商局地产（厦门）有限公司（1人）：郑小艳

联发集团有限公司（1人）：吴昊

贝莱胜电子（厦门）有限公司（1人）：胡荣群

二十五、漳州市（16人）

漳州城投地产集团有限公司（1人）：苏淑贤

福建鑫展旺物流有限公司（1人）：刘漳旺

漳州鸿基房地产开发有限公司（1人）：薛叶振

漳州市交通发展集团有限公司（1人）：吴小琴

漳州靖圆发展有限公司（1人）：陈兰清

漳州市角美轨道交通投资发展有限公司（1人）：甘桂梅

福建漳龙建投集团有限公司（1人）：许淑鹃

漳州片仔癀药业股份有限公司（3人）：潘燕玲、郑志平、叶青

漳州旅游发展股份有限公司（1人）：梁金珍

漳州城市运营集团有限公司（1人）：何丽芬

漳州市古雷公用事业发展有限公司（1人）：

徐运梅

福建乐尔康药业有限公司（1人）：张仁琼

漳州路桥物资发展有限公司（1人）：卢亚松

漳州市嘉信达工贸有限公司（1人）：孙桂贤

二十六、泉州市（16人）

惠安县新美港建材有限公司（1人）：曾瑶章

泉州市立诚房地产评估有限公司（1人）：王家森

福建省闽南建筑工程有限公司（1人）：康鹏

泉州速德税务师事务所有限公司（1人）：陈阿平

南安市梅陵古园陵园有限公司（1人）：余菊红

福建省金燕海洋生物科技股份有限公司（1人）：蔡建国

福建省闽发铝业股份有限公司（1人）：许志坚

兴业皮革科技股份有限公司（1人）：童以松

泉州城建集团有限公司（1人）：尤婷玲

福建金石能源有限公司（1人）：许美玲

雀氏（福建）实业发展有限公司（1人）：汪家阔

福建省晋江人力资本有限公司（1人）：周爱民

泉州中升雷克萨斯汽车销售有限公司（1人）：林永樑

泉州水务集团有限公司（1人）：林慧敏

泉州台商投资区自来水有限公司（1人）：黄丽丽

福建省晋江城市建设投资开发集团有限责任公司（1人）：陈阿算

二十七、莆田市（1人）

福建新华发行（集团）有限责任公司莆田分公司（1人）：柯明丽

二十八、三明市（4人）

三明市交通建设发展集团有限公司（1人）：赖育科

清流县财通国有投资有限公司（1人）：黄启林

三明市物资集团有限公司（1人）：林联鹏

大田县水利投资有限公司（1人）：池青荣

二十九、南平市（6人）

南平市武夷新区贸易投资有限公司（1人）：丁建华

南平高速咨询监理有限公司（1人）：曾应文

南平高速开发有限公司（2人）：周峻、黄云珠

福建武夷山旅游发展股份有限公司（1人）：黄上珍

南平建设集团有限公司（1人）：陈勇

三十、龙岩市（22人）

福建龙净环保股份有限公司（2人）：钟永皇、刘剑平

福建连城国有投资集团有限公司（1人）：廖镇中

龙洲集团股份有限公司（3人）：任琳、林夏琼、陈维清

龙岩市土地发展经营有限公司（1人）：郭珺

龙岩交通发展集团有限公司（1人）：谢静

龙岩交发资产运营有限公司（1人）：詹美仙

龙岩城市发展集团有限公司（1人）：江淑芳

龙岩城发育智投资有限公司（1人）：谢惠萍

福建省龙岩交通国有资产投资经营有限公司（1人）：王秋金

福建省海峡客家旅游有限公司（1人）：张荣萍

龙岩经济发展集团有限公司（1人）：李朝晖

华润水泥（福建）股份有限公司（1人）：周发成

紫金矿业集团股份有限公司（2人）：吴婷婷、胡明红

龙工（中国）机械销售有限公司（1人）：陈宜深

龙岩文旅汇金发展集团有限公司（1人）：王越

紫金矿业物流有限公司（1人）：邓聪智

龙岩交通建设集团有限公司（1人）：严晓梅

福建紫金铜业有限公司（1人）：蓝宇虹

三十一、宁德市（5人）

宁德市碧晟房地产开发有限公司（1人）：罗承科

宁德市城建集团有限公司（1人）：周志红

福建中正恒瑞会计师事务所有限公司（1人）：丁伟贤

福建省广拓会计师事务所有限责任公司（1人）：王智华

福建宁德核电有限公司（1人）：吴志娟

三十二、平潭综合实验区（1人）

平潭综合实验区金融控股集团有限公司（1人）：黄精照

三十三、中国铁塔股份有限公司福建省分公司（1人）：颜文雄

三十四、中国移动通信集团福建有限公司（1人）：林笛

三十五、中国电信股份有限公司福建分公司（4人）

中国电信股份有限公司福建分公司（2人）：何池捷、熊雨治

中国电信股份有限公司厦门分公司（2人）：江毓玲、邱巧因

三十六、中国通用技术（集团）控股有限责任公司（1人）

中国新兴厦门进出口有限责任公司：郭香云

（摘编：陈闽声）

福建省高级农艺师职务任职资格人员名单

2022年3月30日，福建省人力资源和社会保障厅下发《关于批准确认黄章国等2位同志高级农艺师职务任职资格的通知》（闽人社批复〔2022〕171号）提出，经研究，同意确认由省非公有制企业高级专业技术职务任职资格考核委员会考核并审议通过的黄章国等2位同志2020年度高级农艺师职务任职资格。任职资格确认时间为2022年3月15日，现予以公布，名单如下：

莆田市（2人）：黄章国、严生仁

（摘编：蔡志轩）

福建省农业技术正高级职务和农业推广研究员任职资格人员名单

2022 年 3 月 28 日，福建省人力资源和社会保障厅下发《关于批准确认毛坤明等 40 位同志农业技术正高级职务和农业推广研究员任职资格的通知》（闽人社批复〔2022〕168 号）提出，经研究，批准确认由福建省第二届农业技术正高级职称和农业技术推广研究员评审委员会评审通过的毛坤明等 40 位同志农业技术正高级职务和农业技术推广研究员任职资格，任职资格确认时间为 2022 年 3 月 13 日，现予公布，名单如下：

一、农业技术正高级职务任职资格人员名单（10 位）

福州市（1 人）：

正高级兽医师：毛坤明

泉州市（2 人）：

正高级农艺师（农学）：颜晓晖

正高级农艺师（园艺）：蔡金福

三明市（1 人）：

正高级农艺师（植物保护）：胡启镔

莆田市（1 人）：

正高级农艺师（农业资源环境）：原瑞芬

龙岩市（1 人）：

正高级农艺师（水产）：林炳明

宁德市（2 人）：

正高级农艺师（园艺）：田洪武、钟爱清

福建省食用菌技术推广总站（1 人）：

正高级农艺师（园艺）：谢福泉

福建省水产技术推广总站（1 人）：

正高级农艺师（水产）：游宇

二、农业技术推广研究员任职资格人员名单（30 位）

福州市（1 人）：

农业技术推广研究员（畜牧）：陈仰兴

厦门市（1 人）：

农业技术推广研究员（畜牧）：康永松

漳州市（7 人）：

农业技术推广研究员（农学）：林建华

农业技术推广研究员（园艺）：林南平、林文海、张明理

农业技术推广研究员（植物保护）：吴若蕾

农业技术推广研究员（兽医）：林建民、刘长木

三明市（6 人）：

农业技术推广研究员（农学）：张启华、邓文财

农业技术推广研究员（园艺）：陈登云、钟祝烂

农业技术推广研究员（畜牧）：谢周勋、黎朝生

莆田市（3 人）：

农业技术推广研究员（农学）：吴德飞

农业技术推广研究员（农业资源环境）：陈勇红

农业技术推广研究员（畜牧）：关毅敏

龙岩市（4 人）：

农业技术推广研究员（园艺）：刘冬生、张文斌

农业技术推广研究员（水产）：林德忠

农业技术推广研究员（兽医）：张能贵

南平市（6 人）：

农业技术推广研究员（农学）：练进旺、徐康明

农业技术推广研究员（园艺）：朱英飒

农业技术推广研究员（植物保护）：龚建军

农业技术推广研究员（农业资源环境）：杨仁仙

农业技术推广研究员（水产）：黄恒章

宁德市（2 人）：

农业技术推广研究员（园艺）：陈祖枝

农业技术推广研究员（植物保护）：余小玲

（摘编：游永贵）

福建省农业技术高级职务任职资格人员名单

2022年6月16日，福建省人力资源和社会保障厅下发《关于批准确认王嫦华等204位同志农业技术高级职务任职资格的通知》（闽人社批复〔2022〕312号）提出，经研究，批准确认由福建省第二十六届农业技术高级职务任职资格评审委员会评审通过的王嫦华等204位同志农业技术高级职务任职资格，任职资格确认时间为2022年6月1日，现予公布，名单如下：

一、福州市（19人）

高级农艺师（农学4人）：王嫦华、庄丽芳、黄春容、谢秀卿

高级农艺师（园艺4人）：王艳娜、杨爱玲、黄世宇、兰淙英

高级农艺师（植物保护1人）：兰桂香

高级农艺师（水产2人）：郭睿、王世永

高级农艺师（农业资源环境1人）：兰善华

高级农艺师（农村合作组织管理1人）：吴雅华

高级畜牧师（1人）：高喜凤

高级兽医师（5人）：王宇翔、王秀娟、王银燕、谢翠霞、王锦力

二、厦门市（6人）

高级农艺师（园艺1人）：詹福麟

高级农艺师（农业资源环境1人）：陈雪雅

高级畜牧师（2人）：彭海乐、肖俊峰

高级兽医师（2人）：张丹英、王荣宇

三、漳州市（26人）

高级农艺师（农学1人）：林友德

高级农艺师（园艺8人）：黄桂平、刘福长、陈志参、庄木来、赖文瑞、林顺杉、叶建文、黄碧荣

高级农艺师（植保3人）：胡彧娴、金化亮、叶振亮

高级农艺师（水产2人）：戴燕彬、刘亚水

高级农艺师（农业资源环境2人）：郑镇勇、许炜东

高级畜牧师（2人）：庄晓东、冯晓巍

高级兽医师（8人）：黄静、郑艺杰、鄢燕青、廖生钱、何清辉、陈炳中、张友亮、朱永树

四、泉州市（19人）

高级农艺师（农学1人）：李小梅

高级农艺师（园艺8人）：王河川、林荣溪、曾经得、庄朱力、陈振彬、赵锦花、廖彩虹、郑青松

高级农艺师（水产1人）：蒋新花

高级农艺师（农村合作组织管理1人）：王敬诚

高级畜牧师（2人）：林成玉、沈忠远

高级兽医师（6人）：戴娜桑、刘娅月、谢树荣、黄云逸、陈聪惠、傅霞珠

五、三明市（49人）

高级农艺师（农学11人）：刘锋、陈永培、林红钢、翁长招、俞炎林、陈鸿、陈世安、揭联波、曹荣发、魏初时、高全根

高级农艺师（园艺4人）：周华、姚智雄、陈宜勇、徐堂起

高级农艺师（植保2人）：柯玲、罗征香

高级农艺师（水产2人）：廖生枝、江秀春

高级农艺师（农业机械化3人）：王江、潘云青、余祖祥

高级农艺师（农业资源环境4人）：范铭丰、林祚棋、苏丹、罗源树

高级农艺师（农产品加工与质量安全1人）：官建明

高级农艺师（农村合作组织管理 11 人）：张远勤、卓斌慧、谢丽珍、黄菊英、温显明、李传祀、黄平养、钟林根、王玲、王顺才、罗爱华

高级畜牧师（1 人）：曾卓能

高级兽医师（10 人）：官丁明、温小兵、沈意兴、陈文意、刘智超、揭仕春、张清雄、肖绍传、段岩丽、曾爱波

六、莆田市（7 人）

高级农艺师（水产 1 人）：张建明

高级农艺师（农村合作组织管理 3 人）：林冬妹、姚荔明、林金阳

高级农艺师（农业资源环境 1 人）：郑荔敏

高级兽医师（2 人）：丁玉华、黄双能

七、南平市（24 人）

高级农艺师（农学 7 人）：黄世铅、曾武良、吴祥茂、林峰、吴美玲、余祖建、刘忠钱

高级农艺师（园艺 3 人）：潘宏英、杨福良、陈忠林

高级农艺师（植保 1 人）：章翠华

高级农艺师（水产 2 人）：杨晓燕、吴忠友

高级农艺师（农村合作组织管理 4 人）：郑若平、郑峰、林美珍、柳慧云

高级农艺师（农业资源环境 2 人）：危煦春、刘启鹏

高级兽医师（5 人）：吴晓红、王燕玲、侯良春、陈晓萍、虞送兴

八、龙岩市（22 人）

高级农艺师（农学 7 人）：袁芸芬、钟卫胜、张永兰、谢秀松、王鸿林、陈爱琴、黄红梅

高级农艺师（园艺 5 人）：张恋芳、刘雄明、李晓辉、陈玉梅、钟红华

高级农艺师（植保 1 人）：吴绍钟

高级农艺师（水产 2 人）：陈文生、曾凡沛

高级农艺师（农村合作组织管理 3 人）：王忠阳、卢勤娣、伍永寿

高级畜牧师（2 人）：沈南雄、刘志鹰

高级兽医师（2 人）：谢永林、钟仪

九、宁德市（21 人）

高级农艺师（农学 2 人）：徐赛花、杨蓉

高级农艺师（园艺 5 人）：蒋元斌、何毓光、冯昌强、余养道、王加法

高级农艺师（植保 1 人）：李秀风

高级农艺师（水产 2 人）：谢鸿伟、毛连环

高级农艺师（农业资源环境 2 人）：郭淑珍、陈海盛

高级农艺师（农产品加工与质量安全 1 人）：许亦峰

高级农艺师（农村合作组织管理 1 人）：卓书凤

高级兽医师（7 人）：陈小妹、程树春、陈美玲、刘荷玲、刘彩凤、林斌、钟兴金

十、平潭综合实验区（1 人）

高级农艺师（植保）：陈宜雪

十一、省农业农村厅（6 人）

高级农艺师（农业机械化 1 人）：张守宇

高级农艺师（农业资源环境 3 人）：郑昆荩、吴碧珠、付瑞洲

高级农艺师（园艺 1 人）：张蕾

高级农艺师（农学 1 人）：黄伟群

十二、省海洋与渔业局（2 人）

高级农艺师（水产）：林丹、陈曦飞

十三、中国海峡人才市场（2 人）

高级农艺师（农学 1 人）：陈永发

高级兽医师（1 人）：陈丽萍

（摘编：邓新民）

福建省高级专业技术资格人员名单

2022年4月2日，福建省人力资源和社会保障厅下发《关于批准确认曹晖等35位同志高级专业技术资格的通知》（闽人社批复〔2022〕191号）提出，经研究，批准确认由福建省第四届特殊人才高级职称认定（评审）委员会认定（评审）通过的曹晖等35位同志高级专业技术资格，资格确认时间为2022年3月4日，名单如下：

一、正高级工程师（21人）

（一）福州市

曹　晖　福耀玻璃工业集团股份有限公司

李　亮　福耀玻璃工业集团股份有限公司

周遵光　福耀玻璃工业集团股份有限公司

高钦泉　福建帝视信息科技有限公司

陈旭彪　冠捷电子科技（福建）有限公司

李贵生　智恒科技股份有限公司

柯东杰　福建麦特新铝业科技有限公司

王　坚　福建清云环境系统科技有限公司

（二）厦门市

陈淑武　厦门四信通信科技有限公司

陈　译　厦门芯一代集成电路有限公司

单智发　全磊光电股份有限公司

关健生　厦门欧易奇机器人有限公司

梁耀极　厦门柏慈生物科技有限公司

MO AKIRA（孟晖）　厦门石之锐材料科技有限公司

（三）泉州市

王启明　泉州海天材料科技股份有限公司

丁敬堂　海峡（晋江）伞业科技创新中心有限公司

郭镇义　万龙时代科技有限公司

曾福泉　福建约克新材料科技有限公司

（四）试点龙头企业

NI JUN（倪军）　宁德时代新能源科技股份有限公司

赵丰刚　宁德时代新能源科技股份有限公司

林孝发　九牧厨卫股份有限公司

二、研究员（自然科学研究）（1人）

龙岩市

马小波（Ma George Xiao-bo）　福建华必康生物科技有限公司

三、正高级兽医师（1人）

南平市

崔丽瑾　福建圣维生物科技有限公司

四、高级工程师（10人）

（一）福州市

陈宏伟　福耀玻璃工业集团股份有限公司

FUKUHARA KOHTA（福原康太）　福耀玻璃工业集团股份有限公司

陈浩 阿吉安（福州）基因医学检验实验室有限公司

郭文浒 阿吉安（福州）基因医学检验实验室有限公司

林灼华　庄臣酿酒（福建）有限公司

（二）厦门市

魏　超　厦门市美亚柏科信息股份有限公司

郭长琛　智童时刻（厦门）科技有限公司?

（三）泉州市

徐　畅　福建省晋华集成电路有限公司

（四）莆田市

李天源　福建华峰新材料有限公司

（五）龙岩市

梁观华　福建省华裕天恒科技有限公司

五、高级工艺美术师（2人）

（一）福建省国有资产管理公司

陈为新　福建省工艺美术研究院

（二）泉州市

郑雄文　福建省德化县山花陶瓷有限公司

（摘编：吴建翰）

福建省高级工程师职务任职资格人员名单

谢振邦等45人制茶高级工程师任职资格人员名单

2022年1月4日，福建省人力资源和社会保障厅下发《关于批准确认谢振邦等45人制茶高级工程师任职资格的通知》（闽人社批复〔2022〕3号）提出，经研究，批准确认由福建省第三届制茶高级工程师任职资格评审委员会评审通过的谢振邦等45位同志制茶高级工程师任职资格。任职资格确认时间为2021年12月19日，现予公布，名单如下：

一、泉州市（**14人**）：谢振邦、吴世能、李木菊、詹朱祥、吴建法、王木辉、上官宏耿、王建全、王天升、上官万福、林学超、谢良坡、李建文、傅仰恩

二、三明市（**2人**）：陈宏利、叶光兴

三、南平市（**18人**）：江正兴、李泉弟、林彩英、刘喜钰、黄正华、高伟、王小明、郑圣林、吴族良、王冰、叶红、叶飞龙、李良清、刘德喜、陈文珠、徐发文、陈国爱、范祖胜

四、龙岩市（**1人**）：商虎

五、宁德市（**10人**）：林振传、耿锟锟、俞水荣、郑国华、黄震标、龚煦、郭陈胜、李国涛、林有希、吴传惠

陈秀珍等865位同志土建专业高级工程师职务任职资格人员名单

2022年1月4日，福建省人力资源和社会保障厅下发《关于批准确认陈秀珍等865位同志土建专业高级工程师职务任职资格的通知》（闽人社批复〔2022〕5号）提出，经研究，批准确认由2020年度省工程技术人员土建专业高级职务任职资格评委会评审通过的陈秀珍等865位同志高级工程师职务任职资格。任职资格确认时间为2021年12月6日，现予公布，名单如下：

一、省教育厅（**1人**）

福建卫生职业技术学院：陈秀珍

二、省住建厅（**2人**）

1. 福建省城乡规划设计研究院：郑颖
2. 福建省建设执业资格注册中心：林云山

三、省交通运输厅（**14人**）

1. 福建省交通规划设计院有限公司：苗庆林、林益州、许茂坤、黄星星、陈瀚、陈明、张浩桦、刘青、张翼、翁珍燕
2. 福建汇中恒一建筑工程有限公司：陈明仕
3. 福建省村镇建设发展中心：许志华
4. 福建省港航勘察设计院有限公司：丁浩
5. 福建省交通建设工程监理咨询有限公司：林友康

四、省水利厅（**3人**）

1. 福建省水利水电勘测设计研究院：王海燕、陈小霞
2. 福建省水利水电工程局有限公司：林琳

五、省地矿局（**3人**）

1. 福建省地质工程公司：陈东辉
2. 福建地矿建设集团公司：邱明涛、翁秋平

六、团省委（**1人**）

福建耘合景观建设发展有限公司：叶文才

七、福州大学（**1人**）

福建福大建筑规划设计研究院有限公司：陈忠辉

八、福建中医药大学（1 人）

福建中医药大学附属第二人民医院：赖锦桢

九、省机电（控股）公司（4 人）

1. 福建省沿海建筑设计院有限公司：陈凯、翁惟武、袁楚雨

2. 中鸿伟业工程设计有限公司：黄伟同

十、省轻纺（控股）公司（2 人）

福建省建筑轻纺设计院有限公司：王俊明、谢永雄

十一、省能源集团公司（3 人）

1. 福建联美建设集团有限公司：张林强、苏金表

2. 福建省华厦能源设计研究院有限公司：唐育坤

十二、省国有资产管理公司（12 人）

1. 福建国庄混凝土有限公司：叶进佩

2. 福州市闽建工程检测有限公司：曹亮

3. 福建远欣建设有限公司：林时铁

4. 福建翰文景观设计工程有限公司：伊雄鹰

5. 福建新华泰建筑工程有限公司：范鸿鹄

6. 福建省建设执业资格注册中心：潘华

7. 福建省睿煌建筑工程有限公司：吴雪钦

8. 中建地平线（福建）建设有限公司：杨启斌

9. 福建华广工程管理有限公司：俞峰

10. 厦门天亚工程项目管理有限公司：苑亚敏

11. 福建瀚森净化工程有限公司：陈芳勇

12. 福建省中亿通招标咨询有限公司：郭梅芳

十三、福建建工集团（73 人）

1. 福建建工集团有限责任公司：蔡金栋、朱建辉、王崧潘、林庆斌、王小勇、卓传藻、郑成锐、董哲勍、吕婕、阮呈中、付智勇、陈小蔚、林翔、王自樑、林海、许晓芳、叶裕、郭晓玲、方鹏程、曾念贵、杜成煌、范通明

2. 福建七建集团有限公司：林龙川、廖利云、陈世贤、沈长辉、韩圣德、林淑桢

3. 福建省建科院检验检测有限公司：邵远扬、魏舒晗、孙玉刚

4. 福建省建研工程顾问有限公司：涂烨、孙举飞、周燕锋、成守泽、蔡宗彦、陈辉、蓝王诚

5. 福建省建研工程检测有限公司：吕夏阳、郭行方、陈火生、付仁、廖日熙、虞梦泽、黄继城、黄金仙

6. 福建省建筑工程质量检测中心有限公司：傅崇、谢雄亮、潘万南、林彦哲

7. 福建省建筑科学研究院：陈靖

8. 福建省建筑设计研究院有限公司：邱鲤凡、陈钧、张志新、吕德城、张璘琳、沈铭龙、周成峰、张慧芳、陈宝燕、江靖、林卿、林燕紫、倪守雨、曹华明、陈震宇、陈美榕、沈静铭

9. 中国武夷实业股份有限公司：董少波、郑桂金、施玉涌、张永焕、林凯

十四、福建建工集团（人才中心 214 人）

1. 博亚（福建）建筑设计有限公司：谢慕平

2. 大华建设项目管理有限公司：郑华

3. 方圆建设集团有限公司：林明忠

4. 飞阳建设工程有限公司：方秋洪

5. 福建安都建设有限公司：苏水龙

6. 福建百禾市政建筑设计有限公司：赵慰明

7. 福建博海工程技术有限公司：江雯雯、王颖莉

8. 福建博宇建筑设计有限公司：宁应金、何仁美

9. 福建诚正工程造价咨询有限公司：史毓凡

10. 福建达宇景观建设集团有限公司：陈慧芳

11. 福建大正工程管理有限公司：黄文青

12. 福建东南铁正工程质量检测有限公司：范玉晶

13. 福建方实工程检测有限公司：林进强

14. 福建福晟集团有限公司：林立

15. 福建工程建设监理有限公司：连惠火

16. 福建工大工程咨询管理有限公司：程平光、田赠连

17. 福建海峡建筑设计规划研究院：江丽丽

18. 福建瀚煌建设工程有限公司：陈卉

19. 福建浩悦建设有限公司：林桂明

20. 福建和天源消防安全科技有限公司：苏立立

21. 福建恒冠建设有限公司：陈巧华

22. 福建恒茂源工程管理有限公司：李元镇

23. 福建恒实建设发展有限公司：陈和

24. 福建宏盛建设集团有限公司：雷达、王毓兴

25. 福建华建工程建设有限公司：温琴香

26. 福建汇景生态环境股份有限公司：张鑫

27. 福建汇筑工程设计有限公司：郑绍晖

28. 福建嘉德房地产开发有限公司：杨勇

29. 福建嘉康建设工程有限公司：高安华

30. 福建金帝集团有限公司：孙翠连

31. 福建景尚建筑环境设计工程有限公司：卢晓娟

32. 福建径坊建造工程有限公司：卜祖金

33. 福建巨岸建设工程有限公司：林生宁、郜祥财、陈凡

34. 福建君昊工程管理有限公司：李晓霞

35. 福建朗森建设工程管理有限公司：曾祥平

36. 福建连景建设有限公司：姚丽丽

37. 福建联禹工程有限公司：卢笑英

38. 福建领城建设有限公司：张国斌

39. 福建隆峰建设管理有限公司：廖兴兵

40. 福建路港（集团）有限公司：庄思雄、黄金星、许连发

41. 福建闽才工程造价咨询有限公司：陈燕珍

42. 福建莆田泰安混凝土有限公司：郑剑飞

43. 福建七建集团有限公司：魏优勤

44. 福建清秀市政园林集团有限公司：王小花

45. 福建全景园林景观工程设计有限公司：吴长友

46. 福建省城乡规划设计研究院：张利、钟嵘、黄身森、肖林橙、林世雄

47. 福建省二建建设集团有限公司：林辉、林曦

48. 福建省工大工程设计有限公司：陈俊凤、洪英灿、陈燕燕

49. 福建省海特大洋建设有限公司：吴明涌

50. 福建省海天工程造价咨询有限公司：刘亚兰

51. 福建省豪门装饰集团有限公司：张荣河

52. 福建省浩发绿化工程有限公司：柯孟键

53. 福建省浩雅建筑工程有限公司：游杏娟

54. 福建省和昌建设工程有限公司：俞伶

55. 福建省汇涛建设发展有限公司：郑社平

56. 福建省惠和城市规划设计有限公司：林遵文

57. 福建省机电设备招标有限公司：陈海楠

58. 福建省建福工程管理有限公司：何志铭

59. 福建省建设人才与科技发展中心：陈波

60. 福建省建研工程顾问有限公司：林伟雄、卓清燕

61. 福建省建专岩土工程有限公司：郑强、林志平

62. 福建省交通规划设计院有限公司：赵欣月

63. 福建省锦上生态发展有限公司：陈立武

64. 福建省九龙建设集团有限公司：余普红、曹盛泉

65. 福建省骏元建筑设计有限公司：陈基茂

66. 福建省凯盛消防工程有限公司：王扣进

67. 福建省兰竹生态景观工程有限公司：饶家荣

68. 福建省蓝图监理咨询有限公司：严学究

69. 福建省林业勘察设计院：黄鸣

70. 福建省隆钻建设发展有限公司：刘晓斌

71. 福建省闽武建筑设计院有限公司：何嵩、何鹏辉

72. 福建省闽招咨询管理有限公司：杨家炜

73. 福建省明建工程咨询有限公司：陈丽回、陈惠敏

74. 福建省群威建设集团有限公司：刘兆城

75. 福建省水利投资集团（平潭）水务有限公司：林孔淋

76. 福建省水务发展集团厦门水业有限公司：吴晓浜

77. 福建省协进工程建设有限公司：陈小彬

78. 福建省鑫钻建筑工程有限公司：蔡宇

79. 福建省雅林建设集团有限公司：苏绍云、林能枝

80. 福建省永正工程质量检测有限公司：吴盛杨

81. 福建省禹澄建设工程有限公司：陈海山

82. 福建省长希生态环境有限公司：陈长城、包瀚、陈星

83. 福建省招标中心有限责任公司：林腾

84. 福建省直房地产开发公司：林少明

85. 福建省中孚检测技术有限公司：林杰喆

86. 福建省中建海丝勘察设计有限公司：巫秋生

87. 福建省中隧建设工程有限公司：吴云传

88. 福建省中寅建设工程有限公司：李沿东

89. 福建盛越建设有限公司：陈建基、陈振龙

90. 福建舜晟建设工程有限公司：何俊伟

91. 福建舜天绿艺园林工程有限公司：魏笑英、郑国泰

92. 福建腾晖环境建设集团有限公司：简锡绸

93. 福建万友工程集团有限公司：张子灿

94. 福建五岳建设工程有限公司：黄海荣

95. 福建祥鼎建设有限公司：陶玉梅

96. 福建新华泰建筑工程有限公司：梁晓东

97. 福建鑫岑园林绿化有限公司：黄璇

98. 福建鑫慧生态园林有限公司：张慧

99. 福建鑫凯乐建设发展有限公司：孟小晓

100. 福建旭坤建设工程有限公司：张华

101. 福建医科大学：陈静

102. 福建怡景市政园林工程有限公司：梅媛

103. 福建亿山电力工程有限公司：陈小亮

104. 福建永兴建设有限公司：侯玲烽

105. 福建展丰建设集团有限公司：洪争毅

106. 福建致和工程勘察设计院有限公司：李元乾

107. 福建中恒达建设项目管理有限公司：林雄

108. 福州滨海临空开发建设有限公司：林滢

109. 福州城建设计研究院有限公司：黄源铭

110. 福州高新区投资控股有限公司：方永桢

111. 福州轨道交通设计院有限公司：林方剑

112. 福州建筑设计院有限责任公司：黄曦

113. 福州闽川工程咨询有限公司：陈珍

114. 福州盛路源交通设计有限公司：陈雪清

115. 福州市琅岐路桥建设有限公司：林銮

116. 福州鑫隆达土木工程检测有限公司：田富香

117. 福州中和投资发展有限公司：任燕青

118. 福州中盈工程造价咨询有限公司：谢一峰

119. 甘肃省安装建设集团有限公司：李凤鸣

120. 广东顺协工程勘察有限公司：杨庆兵

121. 广州地铁设计研究院股份有限公司：孙作华

122. 国金工程项目管理有限公司：林坛良

123. 国网福建招标有限公司：郑烨

124. 合力胜装饰工程有限公司：赵淑景

125. 核工业西南勘察设计研究院有限公司：刘保为

126. 恒禾置地（厦门）股份有限公司：尤荣强

127. 华地设计有限公司：吴承贵

128. 惠安县绿化建设投资有限公司：吕盘根

129. 嘉博联合设计股份有限公司：沈守鸿

130. 嘉园环保有限公司：郭意鹏

131. 建发房地产集团有限公司：杨观明

132. 建盟设计集团有限公司：陈惠银

133. 晋江金井小城镇建设投资有限公司：施珊珊

134. 晋江市坤源水利工程有限公司：黄雅宽

135. 巨茂建设投资有限公司：黄晔瑛

136. 凯辉集团（福建）有限公司：唐金贵

137. 闽武长城建设发展有限公司：林斌赪、熊海和、林伯涛

138. 南安市燃气有限公司：陈晓鹏

139. 南平市城乡规划设计研究院有限责任公司：官志伟

140. 平潭综合实验区管廊投资管理有限公司：林海

141. 莆田市建诚工程检测有限公司：林丽辉

142. 莆田中澜投资有限公司：蔡杉

143. 泉州嘉瑞置业有限公：王耕

144. 泉州市燃气有限公司：陈小华

145. 泉州市协胜工程建设有限公司：王军容

146. 厦门安能建设有限公司：李秋香

147. 厦门地质工程勘察院：陈永磐

148. 厦门海晟房地产开发有限公司：李智

149. 厦门海投建设咨询有限公司：林小亮

150. 厦门华炀智慧城市建设有限公司：林勇、赵强

151. 厦门珑禹生态建设有限公司：王艺伟

152. 厦门市嘉颐建筑工程股份有限公司：林加静

153. 厦门市颖艺景观工程有限公司：柯煜钦

154. 厦门市筼筜新市区工程监理有限公司：方奇生

155. 厦门水务水处理科技有限公司：叶新民

156. 厦门特房建设工程集团有限公司：林小晃

157. 厦门象屿工程咨询管理有限公司：詹昌湘、吴永璋

158. 厦门兴海湾工程管理有限公司：张朝荣

159. 厦门原正工程检测有限公司：叶璐

160. 厦门筑博工程设计有限公司：黄滨

161. 陕建丝路（福建）建设发展有限公司：应俊

162. 陕西建工集团有限公司：熊炼基

163. 上海开艺设计集团有限公司：姚建智

164. 上海浦东建筑设计研究院有限公司：郑黎黎

165. 深圳市国际印象建筑设计有限公司：魏臣勋

166. 天瑞达（福建）建设集团有限公司：林娟

167. 永富建工集团有限公司：鄢桂洪

168. 永合慧筑（福建）工程设计有限公司：李玉栋

169. 禹建路桥工程有限公司：蔡晓峰

170. 漳州国润房地产有限公司：李传溢

171. 漳州祥荣房地产开发有限公司：林兴兴

172. 浙江新东阳建设集团有限公司：吴家建

173. 中北工程设计咨询有限公司：陈孝锐

174. 中翀华高建设有限公司：陈仕晓

175. 中国瑞林工程技术股份有限公司：叶式锴

176. 中国市政工程西北设计研究院有限公司：杨城洲

177. 中国武夷实业股份有限公司：阮泉飞、翁雪娇

178. 中建鑫宏鼎环境集团有限公司：张进腾

179. 中南闽泰（福建）建设发展有限公司：何育海

180. 中融固成建设科技有限公司：唐秀玉

181. 中太建设集团股份有限公司：曹仰高

182. 筑道院建筑设计（厦门）有限公司：张艳

183. 晋江市总商会投资开发有限公司：王炳炎

184. 厦门市吉兴集团建设有限公司：陈文杨

十五、海峡人才市场（178 人）

1. 北京城建设计发展集团股份有限公司：庄云祥

2. 博亚（福建）建筑设计有限公司：潘志阳

3. 福建博海工程技术有限公司：滕建芝

4. 福建诚正工程造价咨询有限公司：黄靖国

5. 福建大农景观建设有限公司：林海钦

6 福建泛易园林建设有限公司：林娜

7. 福建福晟房地产开发有限公司：余丽珍

8. 福建富源鸿大机电设备工程有限公司：邢志响

9. 福建广宇建筑设计院有限公司：卢阳城

10. 福建翰文景观设计工程有限公司：方守钗

11. 福建弘审工程造价咨询有限公司：戴云峰

12. 福建华航建设集团有限公司：龚匡晖

13. 福建华筑工程设计有限公司：庄向平、郑文茜

14. 福建嘉宸建筑工程有限公司：游玉南

15. 福建江海苑园林工程有限公司：黄瑜

16. 福建景尚建筑环境设计工程有限公司：郭凌钊、王丽霞

17. 福建九鼎建设集团有限公司：王寅

18. 福建六建集团有限公司：叶生强、齐晟、王森辉、陈增、林渠、林振霖、郭坤峰、林宝增、林金光、陈建辉、秦亮、张晓亮、杨庆锋

19. 福建路信交通建设监理有限公司：毛和寿

20. 福建绿艺园林景观工程有限公司：康文塔

21. 福建清华建筑设计院有限公司：李云旭

22. 福建泉宏工程管理有限公司：陈福平

23. 福建尚壹设计咨询有限公司：林荣文、林燕荣

24. 福建省邦达盛鑫建设有限公司：林璐璐

25. 福建省博意建筑设计有限公司：熊忠荣

26. 福建省港运建设工程有限公司：薛眯眯

27. 福建省工大工程设计有限公司：张鹏军

28. 福建省宏信项目管理有限公司：吴国标

29. 福建省鸿建工程检测有限公司：郑云芳

30. 福建省环境保护设计院有限公司：贺婷、陈方圻

31. 福建省惠和城市规划设计有限公司：汪艳艳

32. 福建省九龙建设集团有限公司：杨雨林

33. 福建省兰竹生态景观工程有限公司：肖宣军

34. 福建省荔隆建设工程有限公司：龚晖

35. 福建省林业勘察设计院：刘伟、蓝宁锋、朱万君、彭涌、郑德斌、林光镇

36. 福建省龙祥建设集团有限公司：潘家伟

37. 福建省闽武建筑设计院有限公司：张霆

38. 福建省榕圣市政工程股份有限公司：吴丽青

39. 福建省雅林建设集团有限公司：陈亦男

40. 福建省冶金工业设计院有限公司：张伏右

41. 福建省永正工程质量检测有限公司：林持光、陈俊捷、梁超群、沈斌、马卫健、李升超、曹西文、兰建强、官少华

42. 福建省禹澄建设工程有限公司：范彩贞

43. 福建鑫陆建设集团有限公司：范乾辉

44. 福建医工设计院有限公司：邓杰

45. 福建怡闽风景园林规划设计有限公司：潘美玲

46. 福建亿昇建材有限公司：林锦祥

47. 福建永福电力设计股份有限公司：袁建滨、庄育宏、代小利、张星星

48. 福建元博信息科技有限公司：罗晓锋

49. 福建兆翔机场建设有限公司：王小桃

50. 福建中庚置业有限公司：陈接元

51. 福建中路港通建设发展有限公司：陈金道

52. 福清市侨乡建设投资有限公司：黄卫锋

53. 福州城建设计研究院有限公司：吴艺武、陈惠书、黄麟智、邱清根、李林、宋春水、蔡建勇、许奎清、王春利、梁艺婷

54. 福州大禹建设工程造价咨询有限公司：林道隽

55. 福州地铁集团有限公司：何俊伟、何永、陈远声、林明锋、李求寿、祁小兵

56. 福州电力设计院有限公司：汪毅

57. 福州轨道交通设计院有限公司：林玉燕、左广超、李茜

58. 福州建通工程试验检测有限公司：卓美君

59. 福州鲁能地产有限公司：林俊杰

60. 福州三迪坂南置业有限公司：黄新伟

61. 福州三江口建设发展有限责任公司：郑雪玲

62. 福州市城乡规划设计院有限公司：郭茜

63. 福州市第三建筑工程公司：刘俏婷

64. 福州市规划设计研究院集团有限公司：何颖、叶坚波、苏晨、蒋隆建、李铿、郑彧、林孔斌、魏秀明、林新祥、张华

65. 福州市建新花卉集团公司：郑秀华

66. 福州市建筑设计院有限责任公司：罗家琪

67. 福州市勘测院：方涛、曲晓帆、康剑伟

68. 福州市万泽房地产有限公司：张民

69. 福州市一建建设股份有限公司：赖志龙、李安龙、朱劭君

70. 福州铁建建筑有限公司：刘观盛、李文飞

71. 福州新区开发投资集团有限公司：程林聪

72. 福州鑫隆达土木工程检测有限公司：刘明钟

73. 广东广信建筑工程监理有限公司：鄢庆桂

74. 广西华蓝岩土工程有限公司：卢伟平

75. 广州博厦建筑设计研究院有限公司福建分公司：林美娟

76. 翰林（福建）勘察设计有限公司：余文韬

77. 合诚工程咨询集团股份有限公司：高海青

78. 恒锋信息科技股份有限公司：詹璐、马永荣

79. 湖南城市学院设计研究院有限公司：翁丽红

80. 嘉博联合设计股份有限公司：张序、黄保森、姚义舜、魏臣强

81. 建盟设计集团有限公司：林敬祥

82. 龙岩市永定区宏辉城市建设发展有限公司：赖福进

83. 名筑建工集团有限公司：王凯

84. 南平市武夷新区建设发展有限公司：余飞

85. 平潭鼎新房地产发展有限公司：刘茂华

86. 平潭市政开发有限公司：翁煜童

87. 平潭综合实验区交通投资集团有限公司：翁祖泽

88. 平潭综合实验区土地开发集团有限公司：游经团

89. 平潭综合实验区先行实业有限公司：任

金、任英梅

90. 厦门市市政工程设计院有限公司：王新钦、陈亮、吴成伟、柯忠、赵波

91. 厦门市政工程有限公司：林杰

92. 厦门万路通设计院有限公司：李小云

93. 厦门长实建设有限公司福州分公司：张诗应

94. 上海市城市建设设计研究总院（集团）有限公司：饶士丽

95. 上海市政工程设计研究总院（集团）有限公司：江剑煌

96. 上海隧道工程有限公司：林川

97. 时代建筑设计院（福建）有限公司：谢建成

98. 秀艺（福建）园林工程有限公司：林宏

99. 永春县新奥燃气有限公司：陈华鹏

100. 宇旺建工集团有限公司 ：刘世锴

101. 中城建（福建）建筑设计研究院有限公司：陈元璋

102. 中城建设有限责任公司：邱春水

103. 中鸿达信息科技有限公司：黄炜

104. 中闽（福建）勘察设计有限公司：林宜超

105. 中盛福宁集团有限公司：王雪宏

106. 中智海峡科技有限公司：刘敏伟、黄琳

十六、中国邮政集团有限公司福建省分公司（1人）：蔡涵霞

十七、厦门市（1人）

厦门华润燃气有限公司：杨志良

十八、漳州市（70人）

1. 东山经济技术开发区建设发展总公司：翁喜鸫

2. 福建安华发展有限公司：彭军

3. 福建恒翔工程项目管理有限公司：王明霞

4. 福建佳园生态建设有限公司：陈文欢

5. 福建建盛工程管理有限公司：蔡巍麟

6. 福建江南春城市建设集团有限公司：杨燕茹

7. 福建锦泰工程项目管理有限公司：王茂林

8. 福建联审工程管理咨询有限公司：赖艺铭

9. 福建平诚工程造价咨询有限公司：郑闽敏

10. 福建祺兴建设集团有限公司：韩溪泉

11. 福建荣冠环境建设集团有限公司：曾美蓉

12. 福建瑞宇工程咨询有限公司：李丽梅

13. 福建省春天生态科技股份有限公司：吴志勇、吴汉民、黄建明

14. 福建省京闽工程顾问有限公司：汤梅珍

15. 福建省泷澄建设集团有限公司：唐国辉、危代贵

16. 福建省禹澄建设工程有限公司：游荣盛、罗铭

17. 福建省漳州市建筑设计有限公司：林至敏、杨佳麟

18. 福建晏圣工程管理有限公司：沈淑惠

19. 福建越众日盛建设咨询有限公司：颜艺荣、周一平

20. 福建众亿工程项目管理有限公司：张宏艺

21. 华安县市政公用中心：汤林杰

22. 南靖县建筑工程质量服务中心：卢春兰

23. 平和县建设工程造价站：林锦祥

24. 信和置业（漳州）有限公司：蔡建华

25. 漳州安然燃气有限公司：李泰

26. 漳州城投地产集团有限公司：林菁菁

27. 漳州大自然园林工程有限公司：陈宏乐

28. 漳州国润房地产有限公司：陈燕娴

29. 漳州鸿业同创房地产有限公司：温美金

30. 漳州靖圆发展有限公司：周毅荣

31. 漳州市城市规划设计有限公司：洪建艺、王丽清、蔡卓、庄佳栋、张智林

32. 漳州市城市建设投资开发有限公司：黄浩林、沈成坤

33. 漳州市风景园林中心：蒋水龙

34. 漳州市工程咨询中心有限公司：徐晶晶

35. 漳州市供排水中心：谢少杰

36. 漳州市和泰工程检测有限公司：胡淑华

37. 漳州市华信建材有限责任公司：吴泉兴

38. 漳州市建筑安全站：刘麦超、郑永锦

39. 漳州市建筑工程有限公司：蔡松浩、高琦

40. 漳州市聚鸿建材有限公司：刘连印

41. 漳州市龙文区国有资产中心：赵艳

42. 漳州市园林绿化建筑工程有限公司：郑志芸

43. 漳州台商投资区建设工程质量安全站：郑

颖众、林能强、方勇

44. 漳州台商投资区市容园林服务中心：曾艺琛

45. 漳州圆山发展有限公司：覃赛玉

46. 漳州圆山人力资源有限公司：简靖坤

47. 漳州圆山新城建设有限公司：苏建福、黄朝阳、郑俊华

48. 长泰县国土空间规划中心：王书馨、陈艺勇

49. 长泰县建设工程质量工作站：卢钦平

50. 长泰县建筑安全工作站：叶景山、叶炳林

51. 长泰县长盛房地产测绘有限公司：姚珠燕

十九、泉州市（113人）

1. 安溪县村镇建设服务中心：黄清跃

2. 德化县城乡规划和测绘信息服务中心：陈巧玲、黄全芳、陈泽观

3. 德化县城镇房地产开发公司：郑科军、林荣龙

4. 福建德川建设有限公司：涂予波

5. 福建德和工程项目管理有限公司：王一俊

6. 福建第一公路工程集团有限公司：纪飞龙

7. 福建泉州勘测设计院有限公司：罗纪有

8. 福建泉州市土地开发有限公司：郑锦泉、魏志建

9. 福建省安泰建筑工程有限公司：叶德全

10. 福建省博正建筑设计有限公司：张宏韬

11. 福建省东霖建设工程有限公司：洪伟堂、陈军军

12. 福建省华策建设集团有限公司：林劲文

13. 福建省华远建工集团有限公司：詹中山

14. 福建省建专岩土工程有限公司：黄森良

15. 福建省晋江自来水股份有限公司：陈小青

16. 福建省蓝深环保技术股份有限公司：黄晓辉

17. 福建省闽南建筑工程有限公司：邱国川、丁晓、张惠良

18. 福建省南安市第一建设有限公司：叶婉玲

19. 福建省奇尚园林工程有限公司：江少斌

20. 福建省泉州市东海建筑有限公司：赖宝国

21. 福建省石狮市建设工程质量安全站：施正取

22. 福建省五建建设集团有限公司：肖群、傅江龙、郭亚菊、骆云阳、陈飞来、陈志彬、李昆仑、林杜铭、蔡建兵、黄吉祥、李晓、李家阳、许文超、王志文、张忠钦、李志松、吴辉南、雷文生

23. 福建省五建装修装饰有限公司：郑文德

24. 福建新时代项目管理有限公司：张延毅

25. 福建长坤建设有限公司：黄加福

26. 福建中联建工有限公司：尤淑润

27. 惠安房建投资有限公司：孙伟强

28. 惠安县规划技术站：尤晓斌

29. 惠安县建设总工程师室：陈小琼

30. 惠安县建筑安全工作站：陈东军

31. 晋江市城乡住房建设中心晋南辅城分中心：郭重源

32. 晋江市给排水中心：蔡期灿、周文从

33. 晋江市坤源水利工程有限公司：黄林

34. 晋江市林业园林规划技术中心：谢伟强、张森鑫

35. 晋江市园林中心：颜晖艳

36. 晋江市住房保障中心：朱志岳、蔡金龙

37. 雷峰镇社会事务服务中心：赖瑞泽

38. 鲤城区财政投资评审中心：吴福琳

39. 鲤城区建设工程安全站：苏泽煌

40. 南安市城乡规划局梅罗片区管理服务中心：郑江海

41. 南安市村镇规划管理站：黄清燕

42. 南安市给排水管理中心：陈良华

43. 南安市路灯管理所：黄志林

44. 南安市园林管理处：梁宇龙、黄晓煌、洪礼阳

45. 千亿设计集团有限公司：杨志群、黄启升

46. 泉州城建集团有限公司：吴为森

47. 泉州清源山景区资源保护中心：赖世订

48. 泉州市城市规划设计研究院：黄贝尔、唐力丰、曾桂林

49. 泉州市东海投资管理有限公司：金少春

50. 泉州市方信建筑材料检测试验有限公司：杜秀镜

51. 泉州市工程建设监理事务所：张达雄、陈永开

52. 泉州市环境卫生中心：洪亮亮

53. 泉州市泉港区市政公用事业管理处：林志金

54. 泉州市万安投资经营有限公司：张佳

55. 泉州市亿民建设发展有限公司：张小强

56. 泉州市政府投资项目评审中心：汪飞跃

57. 泉州市中泉建筑工程有限公司：郭宇行

58. 泉州市住宅建筑设计院：姜树春

59. 泉州市装饰装修工程质量监督站：许建福

60. 泉州市自然资源和规划局技术中心：孙星琳

61. 泉州水务工程建设集团有限公司：朱振华、张宗联、董灿伟

62. 泉州台商投资区城市建设发展有限公司：刘儒炯、魏巍、陈志埕

63. 泉州台商投资区自来水有限公司：郭惠财

64. 群盛建工集团有限公司：贾玉祥

65. 石狮市城市建设服务中心：洪星东

66. 石狮市村镇规划服务站：胡奕东

67. 石狮市建设工程质量安全站：李一龙

68. 石狮市市政公用事业处：蔡金树、林鹏飞

69. 石狮市水务处：邱于益

70. 石狮市土地整理开发有限公司：洪火龙

71. 耀华园林股份有限公司：华杭燕

72. 中建富林集团有限公司：刘永平

73. 中建远南集团有限公司：黄玉萍

74. 晋江市住房建设中心：蔡金龙

75. 泉州台商投资区开发建设有限责任公司：王晓锻

76. 泉州台商投资区市政管理有限责任公司：曾俊赫

二十、莆田市（14人）

1. 莆田城市园林发展集团有限公司：陈俊卿

2. 莆田市城市建设投资开发集团有限公司：黄剑辉、陈林、李秋芳

3. 莆田市国有资产投资有限公司：蔡钦

4. 莆田市涵江区新型建材和散装水泥发展管理办公室：刘松芬

5. 莆田市荔城区财政局：林福仙

6. 莆田市荔城区住房保障服务中心：唐细明

7. 莆田市荔园园林有限公司：林溢超

8. 莆田市湄洲岛建设工程质量安全监督站：蔡振兴

9. 莆田市市政建设工程公司：陈剑青

10. 莆田市水务集团有限公司：黄宇真

11. 仙游县村镇规划建设管理中心站：茅剑英

12. 仙游县人防工程维护管理中心：陈锋

二十一、三明市（49人）

1. 福建超平建筑设计有限公司：李妍

2. 福建丹霞城市建设投资有限公司：李观求

3. 福建东南设计集团建设发展有限公司：吴庆声

4. 福建东南设计集团有限公司：李松柏

5. 福建瑞晟建设工程造价咨询有限公司：池其钰

6. 福建三明市政工程有限公司：罗建宏

7. 福建尚森建设有限公司：余振禄

8. 福建省华实建设工程有限公司：张君炜

9. 福建省屏宁建筑工程有限公司：刘茂江

10. 福建一建集团有限公司：涂宣群、郑大挥、李元景、官厚兵、郭朝年、易军、李斌喜

11. 福建盈泰建设有限公司：张逢顺

12. 将乐县财政投资评审中心：范晨亮

13. 将乐县城乡建设技术指导站：余志斌

14. 将乐县光明镇农村基础设施建设服务中心：张小琴

15. 将乐县市容市貌中心：肖衍合

16. 闽晟集团城建发展有限公司：陈峻、瞿婷

17. 宁化县城市建设技术服务中心：黄新忠、孙剑

18. 宁化县政府投资审计中心：黄玉珠

19. 清流县建设工程质量安全站：雷晓明

20. 清流县龙津镇村镇建设综合服务中心：赖文旭

21. 三明美景建设有限公司：许接兰

22. 三明生态工贸区招商服务中心：吴观宇

23. 三明市城市建设发展集团有限公司：李志杰、邓翼华

24. 三明市城乡规划设计有限公司：廖加轩、黄定荣

25. 三明市工程建设监理有限公司：邹龙

26. 三明市沙县区固定资产投资审计中心：胡金火

27. 三明市市政工程养管中心：李强、胡水金、陈由榕

28. 三明市园林中心：林静媛

29. 沙县金古空港综合服务中心：洪英光

30. 泰宁县房屋征收服务中心：廖增福

31. 泰宁县土地收储中心：吴芳芳

32. 永安市建设工程技术服务中心：黄璐、郭超

33. 永安市人防设施保障中心：许接武

34. 永安市燕东街道社会事务综合服务中心：陈吉庆

35. 尤溪县国土空间信息中心：傅玲玲

36. 尤溪县自然资源权属纠纷调解服务中心：张朝云

二十二、南平市（25人）

1. 福建省南平市建阳区建设工程质量安全监督站：周行忠

2. 福建省邵武三建工程有限公司：林川

3. 福建省武夷山市建工集团有限公司：王光富

4. 建瓯市鸿兴建设有限公司：傅伟忠

5. 建瓯市建安街道国土资源所：肖雅妹

6. 建瓯市建设工程质量安全监督站：严勇

7. 南平高速建设有限公司：魏智成

8. 南平高速中凡建筑工程有限公司：吴传兴

9. 南平市财政投资评审中心：蔡小芳

10. 南平市城乡规划设计研究院有限责任公司：吴伟、真庄波

11. 南平市大业建设工程监理有限公司：吴隆平

12. 南平市建设工程质量安全站：吴勇

13. 南平市建阳区政府投资项目审计中心：严海梅

14. 南平市武夷新区建设发展有限公司：楼婧

15. 南平市政园林工程有限公司：季恭国、黄子泉、胡威力

16. 南平武夷集团有限公司：郑明

17. 浦城县房地产综合开发公司：潘闽浦

18. 顺昌县项目工程质量安全综合技术中心：黄晓强

19. 松溪县村镇建设站：邵晖

20. 松溪县建设工程质量安全站：兰俊荣、范祖国

21. 福建南平武夷有轨电车有限公司：黄宇

二十三、龙岩市（59人）

1. 福建博业建设集团有限公司：钟儒魁

2. 福建泛易园林建设有限公司：俞建金

3. 福建可盛市政园林工程有限公司：蒋庆贞

4. 福建立德工程管理有限公司：黎永华

5. 福建联泰建设工程有限公司：黄业生

6. 福建绿涛市政园林工程有限公司：陶琳

7. 福建泉润建设工程有限公司：胡淑芳、蓝丽华、童文礼

8. 福建荣建集团有限公司：熊万礼

9. 福建省龙岩市城市建设投资发展有限公司：陈建生、李文金、戴世芳

10. 福建省龙岩市城乡规划设计院：吕晶、李贵铭、陈钧、刘伟强、范涛、蓝金水

11. 上杭县住房保障中心：陈珍贤

12. 福建省泰宏建设工程有限公司：罗秀清

13. 福建省同源建设工程有限公司：温启荣

14. 福建省新越建工有限公司：游小鹭

15. 福建西景市政园林建设有限公司：陈攀尊

16. 福建新华夏建工集团有限公司：黄金福、黄小芬、冯象英

17. 福建旭之茂建筑工程有限公司：吕飞群

18. 福建学智建设工程有限公司：温泉俊、廖永东

19. 福建永旺建设集团有限公司：郑高文

20. 福建中凯建设工程有限公司：王天发

21. 福建筑景园林建设有限公司：麻惠芝

22. 恒亿集团有限公司：邱烽华

23. 连城县工贸发展有限公司：许轶腾

24. 龙岩城发物业有限公司：蓝秀荣

25. 龙岩城市发展集团有限公司：王翠娥

26. 龙岩交发地产有限公司：郑伟英

27. 龙岩美伦房地产开发有限公司：林福泉

28. 龙岩市安居住宅建设有限公司：陈国仕、廖胜永、张莹、陈家林、郑建聪

29. 龙岩市财政投资评审中心：廖琼芳

30. 龙岩市城市规划研究中心：郑蓉

31. 龙岩市龙达建筑工程有限公司：张哲铃

32. 龙岩市明辉工程咨询有限公司：刘大木

33. 龙岩市市政维护管理处：郭晓勇

34. 龙岩市土地发展经营有限公司：张健明

35. 龙岩市土地收购储备中心：王丽平

36. 龙岩水发环境发展有限公司：蓝杭春、陈美之

37. 武平县财政投资评审中心：张华军

38. 武平县国土空间规划服务中心：陈贞伟

39. 漳平市房屋征收中心：易建文

40. 漳平市华昇城市综合开发有限责任公司：陈谦华

41. 长汀县固定资产投资审计中心：罗薇

42. 紫金矿业集团股份有限公司：沈伟钦

二十四、宁德市（21人）

1. 福安市金宏运混凝土有限公司：黄卫茂

2. 福安市市政工程管理处：雷燮

3. 福鼎市住房和城乡建设服务中心：朱千州

4. 福建恒实建设发展有限公司：陈马城

5. 福建屏南工业园区管理委员会：陈抑非

6. 福建省永发建筑工程有限公司：詹其庄

7. 宁德东侨二建工程建设管理有限公司：杨维玲

8. 宁德市财政投资评审中心 ：黄见达

9. 宁德市城建集团有限公司：吴巧明

10. 宁德市城市建设发展中心：郭颖颖、缪晓鸿、严瑛

11. 宁德市规划编制研究中心：陈阿铁、颜广平

12. 宁德市三都澳新区开发建设有限公司：郑智富

13. 宁德市鑫东项目管理有限公司：汪承涛

14. 寿宁县东部新区开发建设中心：龚安

15. 寿宁县建筑设计院：胡友需

16. 霞浦县固定资产投资审计服务中心：吴文坤

17. 柘荣县固定资产投资审计中心：杨云周

18. 柘荣县建设工程质量安全站：林峰

何树宾等24位引进生工程系列土建专业技术职务任职资格人员名单

2022年1月4日，福建省人力资源和社会保障厅下发《关于批准确认何树宾等24位引进生工程系列土建专业技术职务任职资格的通知》（闽人社批复〔2022〕2号）提出，经研究，批准确认由2020年度工程技术人员土建专业高级技术职务评审委员会评审通过的何树宾等24位工程系列土建专业技术职务任职资格，任职资格确认时间为2021年11月28日。现予公布，名单如下：

一、高级工程师

福建建工集团（1人）

福建省建筑科学研究院有限责任公司：何树宾

二、工程师

1. 福建省交通运输厅（2人）

福建省交通规划设计院有限公司：杨忠勇、陈坤

2. 福建建工集团（8人）

福建建工集团有限责任公司：池君宇、黄建明、程健

福建省建筑科学研究院有限责任公司：陈灿、林嘉丽

福建省建筑设计研究院有限公司：吴安海、刘东林、梁竞

3. 福州市（4人）

福州市规划设计研究院集团有限公司：陈奕韬、陈楚鋆、林诗琪

福州市城乡建总集团有限公司：林欣晖

4. 厦门市（8人）

厦门市测绘与基础地理信息中心：王浩

厦门市城市规划设计研究院有限公司：程国辉、黄丽云

厦门市规划数字技术研究中心：李港、刘华发

厦门市国土空间和交通研究中心：俞璐、廖岩枫、傅寒珺

5. 平潭综合实验区党群工作部（1人）

平潭综合实验区自然资源服务中心：吴立记

张瑾等121位同志地勘专业高级工程师职务任职资格人员名单

2022年1月4日，福建省人力资源和社会保障厅下发《关于批准确认张瑾等121位同志地勘专业高级工程师职务任职资格的通知》（闽人社批复〔2022〕7号）提出，经研究，批准确认由2020年度省工程技术人员地勘专业高级职务任职资格评委会评审通过的张瑾等121位同志高级工程师职务任职资格。任职资格确认时间为2021年11

月28日，现予公布，名单如下：

一、福建省地质矿产勘查开发局（106人）

福建省闽北地质大队：张瑾、尤阳正、吴祖才、李海强、陈强、李国文、林香、李克冰、田传仁、张富乐、彭思远；

福建省闽西地质大队：陈繁、罗辉隆、沈志健、周杰元、邱瑞、徐敏、周海、卓秀霞；

福建省第二地质勘探大队：林策；

福建省闽东南地质大队：陈冲、杨延平、黎福地、陈剑峰、刘乙锋、蔡金楚、单广林、李强；

福建省第四地质大队：黄明、李映平、周启亮、张佩、陈贺松、兰佑；

福建省第八地质大队：胡灶福、陈灯建、钟锦辉、黎刚波；

福建省闽南地质大队：潘军、蔡荣忠、陈惠格；

福建省厦门地质工程勘察院：李金德、郑杰、汪晓峰；

福建省地质工程勘察院：朱涛、林荧、赵亮亮、黄瑛瑛、唐雪峰、张明花；

福建省地质工程大队：刘明伟；

福建省地质测试研究中心：郑春阳、李艳、王晓磊、肖坤明；

福建省地质测绘院：林鸿荣、赵一攀、李计英、林立强、曹元锋、郭玉斌、刘建霞、张帅、夏鹏；

福建省地质调查研究院：陈进全、郑明泉、吴方杰、王文俊、黄少胤、包国良、丘国春、李腾鹏、林建平、林泽铃、李明、曹容浩、陈海锋、郑国明、钟和清、杜建文、李景、彭头平、雷德利、陆求裕、王芳华、柳文广、余蓬春、陈礼明、杨仲、邓克、汪珉、许仙斌、王峰、蒋永建、罗江、王衍勋、吴俊、葛伟男、钟艳春；

福建省核工业二九五大队：庄来新、赵琼、白成玉、张亮、严国铸、吴兴盛、傅宗瑚；

二、福建省煤田地质局（7人）

福建省121地质大队：颜景强、李雪平、吴联钱、张松木；

福建省197地质大队：蔡海兵；

福建省煤田地质勘查院：赵举兴；

福建东辰综合勘察院：郑侠；

三、中国海峡人才市场（3人）

福建省地质测绘院：胡斌、肖国铃；

福建省金皇环保科技有限公司：袁园；

四、三明市（1人）

将乐县昌乐测绘有限公司：林华英；

五、南平市（2人）

邵武市地质矿产中心：袁达；

光泽县国土资源局土地收储中心：刘斌；

六、龙岩市（2人）

龙岩市国土交易评审中心：赖黄海；

漳平市土地整治中心：刘星红。

郑荔等20位同志汽车、船舶专业高级工程师职务任职资格人员名单

2022年1月4日，福建省人力资源和社会保障厅下发《关于批准确认郑荔等20位同志汽车、船舶专业高级工程师职务任职资格的通知》（闽人社批复〔2022〕8号）提出，经研究，批准确认由2020年度福建省工程技术人员汽车、船舶专业高级职务评审委员会评审通过的郑荔等20位同志高级工程师职务任职资格。任职资格确认时间为2021年12月11日，现予公布，名单如下：

一、福建省汽车工业集团公司（4人）

东南（福建）汽车工业有限公司：郑荔、陈刚、黄彦、吴旭辉；

二、福建省船舶工业集团有限公司（5人）

福建省马尾造船股份有限公司：林辉、黄建通；

厦门船舶重工股份有限公司：苏建华；

福建福船投资有限公司：王宏；

福建省福船海洋工程技术研究院有限公司：殷文林；

三、海峡人才市场（3人）

厦门威迪思汽车设计服务有限公司：吴金镇；

福建奔驰汽车有限公司：林博、丁太节；

四、福州市（1人）

福清市公共交通公司：严雄；

五、三明市（5人）

中国重汽集团福建海西汽车有限公司：范永福、周庆金、田荣、张晓鹏、赖志永；

六、龙岩市（2人）

福建侨龙应急装备股份有限公司：阙彬元；

福建龙马环卫装备股份有限公司：赖滨萍。

余雪芬等40位同志通信专业高级工程师任职资格人员名单

2022年1月17日，福建省人力资源和社会保障厅下发《关于批准确认余雪芬等40位同志通信专业高级工程师任职资格的通知》（闽人社批复〔2022〕30号）提出，经研究，批准确认由省电信公司工程技术人员通信专业高级职务评审委员会评审通过的余雪芬等40位同志通信专业高级工程师任职资格。任职资格确认时间为2021年12月28日，现予公布，名单如下：

一、中国电信股份有限公司福州分公司：余雪芬、吴翠敏、陈俊峰、陈明迅

二、中国电信股份有限公司厦门分公司：常诚、林伟艺、刘森

三、中国电信股份有限公司宁德分公司：王功朝、谢和忠

四、中国电信股份有限公司莆田分公司：陈福清

五、中国电信股份有限公司泉州分公司：陈怀铭、王成境、吴昊、何群峰、王松勇

六、中国电信股份有限公司龙岩分公司：路万里

七、中国电信股份有限公司三明分公司：郑鸿麟

八、中国电信股份有限公司南平分公司：陈朝伟

九、中国电信股份有限公司福建分公司：官东亮

十、中国电信股份有限公司福建无线通信分公司：王闽申

十一、中国电信股份有限公司福建信息产业分公司：徐福燕

十二、中电福富信息科技有限公司：陈军、江燕青、叶先壹、杨青云、郑宗宇、黄书涵

十三、福建省电信技术发展有限公司：林峰、王国栋

十四、中邮科通信技术股份有限公司：吴芳、鲍捷杰、李松清、林玮

十五、福建省邮电规划设计院有限公司：张贵术、王成林、张涌、刘丹丹、高文斌、甘志浩、杨国涛

黄帆等137位同志机械专业高级工程师职务任职资格人员名单

2022年1月29日，福建省人力资源和社会保障厅下发《关于批准确认黄帆等137位同志机械专业高级工程师职务任职资格的通知》（闽人社批复〔2022〕65号）提出，经研究，批准确认由2020年度省工程技术人员机械专业高级职务任职资格评委会评审通过的黄帆等137位同志高级工程师职务任职资格。任职资格确认时间为2021年12月26日，现予公布，名单如下：

一、福建省教育厅（2名）

福建水利电力职业技术学院：黄帆、林梅芬

二、福建省交通运输厅（1名）

福建省港航勘察设计院有限公司：欧林森

三、福建省卫生健康委员会（1名）

福建省肿瘤医院：黄熙

四、福建省市场监督管理局（1名）

福建省锅炉压力容器检验研究院：黄耀波

五、福建省粮食储备局（1名）

福建省救灾物资储备中心：卓武君

六、福建医科大学（2名）

福建医科大学附属协和医院：方洵

福建医科大学附属第二医院：柯建锋

七、福建省高速公路集团有限公司（2名）

福建省福泉高速公路有限公司：俞方升、沈炳孟

八、福建省冶金（控股）有限责任公司（3名）

厦门金鹭特种合金有限公司：刘三军、曾腾辉

厦门创云精智机械设备股份有限公司：李庚

九、福建省能源石化集团有限责任公司（3名）

福建福海创石油化工有限公司：陈春辉、汤彦鑫

福建省东南电化股份有限公司：陈清泉

十、福建省港口集团有限责任公司（2名）

福建可门港物流有限责任公司：黄键

福建省肖厝港口开发有限公司：陈志林

十一、福建省汽车工业集团有限公司（1名）

福建新龙马汽车股份有限公司：林科

十二、福建省机电（控股）有限责任公司（8 名）

福建海峡科化股份有限公司：潘素华、俞樟林、郑新浩、陈余华、唐文、陈赫、荆东旭

福建兵工装备有限公司：黄琛

十三、福建省轻纺（控股）有限责任公司（1 名）

福建省轻安工程建设有限公司：张华秦

十四、福建省国有资产管理有限公司（9 名）

福建福大建筑规划设计研究院有限公司：严国志

福建省普华电力科技有限公司：龚钦耀

志品（福州）技术工程有限公司：陈汝秀

福建宏瑞建设工程有限公司：张志成、刘道兴

福建雪人股份有限公司：沈顺喜

锐捷网络股份有限公司：朱蓓

福建源发电力勘察设计有限公司：黄泓云

福建润秀电力发展有限公司：汤忠敏

十五、中国海峡人才市场（43 名）

百特（福建）智能装备科技有限公司：陈钦明

博能特（福州）工业有限公司：沈举贤

福建飞毛腿动力科技有限公司：陈阿文

福建闽高电力股份有限公司：洪敏勇

福建群峰机械有限公司：庞亮

福建润明建设有限公司：叶承文、潘文曦

福建省恒天电力有限公司：温玉灯

福建省环境保护设计院有限公司：宁星

福建省劳安设备技术开发中心：林健民

福建省闽建机械有限公司：吴程晨

福建省农业机械化研究所（福建省机械科学研究院）：谢舒华

福建省特种设备检验研究院：季秉伟、卢松俊、陈泰潮、吴城汀、王胜光

福建省特种设备检验研究院泉州分院：曾国源、王常辉、陈挺木

福建省特种设备检验研究院漳州分院：涂志松

福建省新能海上风电研发中心有限公司：谢贤彬

福建省亿力建设工程有限公司福建电力调试分公司：马超、施清山、孙利永

福建永福电力设计股份有限公司：宋尬、黄华臻

福建中网电气有限公司：韩云

福州地铁集团有限公司运营事业部：南玉才、罗旭、赵海欧

福州电力设计院有限公司：尹翔

福州海峡建设发展有限责任公司：吴燕玲

福州市虚谷技术有限公司：张功旺

和协（福建）物业管理有限公司：梁敬铸

华阳电业有限公司：王林强

嘉亨家化股份有限公司：许聪艳

泉州华中科技大学智能制造研究院：黄玮文

泉州市双塔汽车零件有限公司：苏志伟

泉州亿兴电力有限公司：林腾腾

泉州亿兴电力工程建设有限公司泉州经济技术开发区分公司：潘志腾

泉州中国兵器装备集团特种机器人研发中心：何小林

中锦骏业建设有限公司：陈瑶

十六、福建龙净环保股份有限公司（17 名）

罗香銮、林东飘、吴桂平、钟才秀、吴荣鑫、卢宇明、郑晓盼、潘保堂、肖华生、钟斌、赖耿峰、吴华秀、苏碧香、陈巧娟、王金龙、许继福、初琨

十七、福建龙溪轴承（集团）股份有限公司（5 名）

陈杰、郑清皇、施政中、庄彩虹、张健鹤

十八、福建宁德核电有限公司（1 名）

郑智敏

十九、宁德时代新能源科技股份有限公司（8 名）

陈圣旺、邢承友、李克强、但志敏、颜昱、李清、黄小腾、吴兴远

二十、宁德新能源科技有限公司（1 名）

郭培培

二十一、漳州市（3 名）

漳州大北农农牧科技有限公司：吴锋文

漳州市城市建设投资开发有限公司：钟燕东

漳州盈创信息科技有限公司：陈永革

二十二、泉州市（3 名）

福建省晋江自来水股份有限公司：吴志鹏

福建（泉州）哈工大工程技术研究院：梁培栋、张陈涛

二十三、三明市（2名）

福建省清流县总医院：吴贞新

福建省永安林业（集团）股份有限公司永安人造板厂：许梅芳

二十四、龙岩市（15名）

福建龙马环卫装备股份有限公司：郑海辉、朱德生、陈增志

福建侨龙应急装备股份有限公司：张功元

福建卫东环保股份有限公司：张兴州

紫金铜业有限公司：林家永、林福坤

福建紫金铜业有限公司：王江涛

华达（福建龙岩）环卫科技有限公司：黄达焱

龙工（福建）桥箱有限公司：曾辉、蔡军

龙岩畅丰专用汽车有限公司：卢森加

紫金矿业集团股份有限公司：蓝桃生、袁致忠、关长亮

二十五、平潭综合实验区（2名）

福建卓翼能源科技发展有限公司：周文

平潭综合实验区城市投资建设集团有限公司：龚凯

朱妙艺等137位同志水利水电专业高级工程师职务任职资格人员名单

2022年2月28日，福建省人力资源和社会保障厅下发《关于批准确认朱妙艺等137位同志水利水电专业高级工程师职务任职资格的通知》（闽人社批复〔2022〕105号）提出，经研究，批准确认由2021年省工程技术人员水利水电专业高级职务任职资格评委会评审通过的朱妙艺等137位同志高级工程师职务任职资格。任职资格确认时间为2021年12月31日，现予公布，名单如下：

一、福建省水利厅厅属单位（27人）

1. 福建省水利水电勘测设计研究院：朱妙艺、刘延琼、刘佑琳、汤绍青、李福荣、李德亮、杨伟华、肖秀丽、吴素兰、沈恒、张冲隆、张金福、张桓、陈海英、郑琦、郝晓博、黄燕、蒋云魁、雷少青、雷泳南、魏瑞城
2. 福建省水利规划院：杨劲文
3. 福建省水利建设中心：林胜
4. 福建省九龙江北溪水资源调配中心：陈振炉、郭良彬、黄毅玲
5. 福建省农村饮水安全中心：钟徐枫

二、福建省投资开发集团有限责任公司（1人）

福建永泰闽投抽水蓄能有限公司：揭子义

三、福建建工集团有限责任公司（2人）

1. 福州市聪铭实业有限公司：郭华明
2. 福建省新力工程监理有限公司：杨震

四、福建省水利投资开发集团有限公司（20人）

1. 福建省水利水电工程局有限公司：王欣欣、卢先洪、叶国强、伍兴、刘星军、李斌、杨坤源、吴金锋、余红瑞、陈立龙、高利佳、常雪玲、彭长宝、颜朝伟
2. 福建省水投勘测设计有限公司：陈海燕、蔡铭洁
3. 福建省水利水电建设有限公司：林金才、简颖华
4. 福建省围垦建设工程有限公司：郭信义
5. 福建省水务发展集团有限公司：李鹏飞

五、中国海峡人才市场（12人）

1. 福建华圣工程技术咨询有限公司：张尔辉
2. 福建省建江水利水电设计咨询有限公司：陈实、陈岚
3. 厦门安能建设有限公司：吉燎原
4. 莆田市城乡供水有限公司：吴硕、俞建平
5. 福建茂源工程咨询有限公司：郑泽斌
6. 福建润闽工程顾问有限公司：刘国桂、许颜雄
7. 福建省永川水利水电勘测设计院有限公司：廖耀元
8. 福州市规划设计研究院集团有限公司：游畅
9. 福建省建江水利水电设计咨询有限公司：黄振兴

六、福州市（3人）

1. 永泰县水利局：林美莲
2. 福建旭炜里建设工程有限公司：刘玉坤
3. 福建星洲水利水电工程有限公司：廖明地

七、漳州市（7人）

1. 漳州市水利水电勘测设计有限公司：吴洪武
2. 漳州市芗城区水利工程建设与质量安全站：

林燕

3. 福建省云霄县向东渠管理处：邓济坤

4. 云霄县水利建设技术队：陈永文

5. 长泰县水利建设与运行站：张华东

6. 福建联冠建设有限公司：周景连

7. 福建省三安建设有限公司：陈渊泉

八、泉州市（16人）

1. 泉州市山美灌区水资源调配中心：曾少森

2. 晋江市水利工程建设中心：颜剑南

3. 晋江市河务中心：王黎光

4. 南安市九都镇人民政府：黄艺

5. 南安市笋塔水库管理处：潘渊峰

6. 惠安县惠女菱溪陈田库区事务所：何文彬、陈伟雄

7. 惠安县外走马埭海堤管理处：黄舜祥

8. 福建路港（集团）有限公司：王巧艺、游玲峰

9. 福建省水利投资集团泉州洛江水务有限责任公司：林思阳

10. 泉州水务工程建设集团有限公司：王登基、何雪花、何敬、秦志国

11. 高科环保工程集团有限公司：余定椿

九、三明市（12人）

1. 三明市堤防服务中心：徐辉

2. 三明市水利工程站：李玉杰

3. 三明市沙县区水利水电工程质量服务中心：汤发燚

4. 清流县水利水电工程质量技术站：李松招

5. 将乐县电力工作站：张春飞

6. 将乐县水电工程站：汤利海

7. 将乐县城区防洪堤工程站：杨斌

8. 尤溪县水利工作站：林兴周

9. 三明市水利水电工程有限公司：邱维金

10. 福建省明兴工程建设有限公司：张龙柱

11. 三明市明兴水利水电勘察设计有限公司：叶乔波、许国圳

十、莆田市（4人）

1. 莆田市东圳水库管理局：任永聪、许金纳、林国凯

2. 仙游县水利水电建设管理中心：陈雄焰

十一、南平市（11人）

1. 南平市建阳区水利技术队：陈金梅

2. 邵武市水政监察大队：吴丽榕

3. 武夷山市水利工程站：杨水才

4. 建瓯市水土保持试验站：高清贵

5. 建瓯市小桥镇乡村振兴发展中心：郑祥富

6. 建瓯市水利水电技术推广中心：林述强

7. 顺昌县洋口镇乡村振兴发展中心：刘祖斌

8. 浦城县东坑水库运行调度中心：陈德勇

9. 浦城县莲塘镇乡村振兴发展中心：吕云英

10. 光泽县水利电力管理站：章强

11. 政和县水利水电工程质量监督站：范巧燕

十二、龙岩市（11人）

1. 龙岩市永定区水利工作站：刘启全

2. 上杭县防汛抗旱保障中心：黄文忠

3. 长汀县财政投资评审中心：杨荷花

4. 连城县水利水电服务中心：刘美斌

5. 漳平市水利工作站：林委利

6. 福建亿水建设工程有限公司：巫菊珠、李国台

7. 福建江隆水利水电工程有限公司：江映祥

8. 福建省汀江水电工程有限公司：张汉祥

9. 福建韩江工程咨询有限公司：邓宾宾

10. 福建启丰建筑工程有限公司：黄衍清

十三、宁德市（10人）

1. 宁德市水利规划研究室：孟志华

2. 宁德市蕉城区水利工程站：刘如通

3. 福鼎市水利技术队：王世雅、陈振平

4. 福安市水利水保事业服务中心：林石全

5. 霞浦县水利电力技术队：丁国利

6. 屏南县水利水电工程移民发展中心：张建生

7. 屏南县水电开发有限公司：李剑波

8. 寿宁县水利电力技术队：何发灼

9. 福建省金禹建设工程有限公司：黄孝禄

十四、平潭综合实验区（1人）

平潭综合实验区农业农村发展服务中心：高仁斌

李敏等113位同志质量专业高级工程师职务任职资格人员名单

2022年2月28日，福建省人力资源和社会保障厅下发《关于批准确认李敏等113位同志质量专业高级工程师职务任职资格的通知》（闽人社批复〔2022〕106号）提出，经研究，批准确认由2020年度省工程技术人员质量专业高级职务任职资格评委会评审通过的李敏等113位同志高级工程师职务任职资格。任职资格确认时间为2022年1月16日，现予公布，名单如下：

一、省市场监督管理局

福建省产品质量检验研究院：李敏、黄碧霞、谢莉杰、胡晓芳、曾作钦、巫红平、徐国长、胡朝阳、余以周、钟华彧、林祥灿、王琳、吴王震、卢业坚、许锦华、柯振华、韩涛、张朝辉

福建省计量科学研究院：林喜鉴、周志春、徐彩军、赵斯衔、钱志森、郑小清、赵欣、苏黎丽、张煌辉、蔡晓燕、林硕、马兴

福建省特种设备检验研究院：季秉伟、陈崇钰、王胜光、吴城汀、陈挺木、万当

福建省锅炉压力容器检验研究院：江茂清、陈福海、黄理、张忠銮、蒋艳、高玉姜、连静毅

福建省特种设备检验研究院莆田分院：杨家武

福建省特种设备检验研究院泉州分院：林海坤、王常辉、林立伟、张洪华、陈少伟、施波宁、庄岩、林芳建、吴福森、戴加法、魏李平

福建省特种设备检验研究院漳州分院：丘成强、苏成东

福建省特种设备检验研究院龙岩分院：张德良

福建省锅炉压力容器检验研究院宁德分院：刘海亮

福建省锅炉压力容器检验研究院莆田分院：林超

福建省锅炉压力容器检验研究院泉州分院：陈少斌、黄维生、陈江龙

福建省锅炉压力容器检验研究院漳州分院：陈时太、陈志斌、李晖榕

福建省锅炉压力容器检验研究院三明分院：曾凌

福建省锅炉压力容器检验研究院南平分院：李淑梅、甘军军

福建省工业产品生产许可证审查技术中心：杨琳

福建省纤维检验中心：林丽云、白霞、林宁婷、薛宇锋

方圆标志认证集团福建有限公司：林润、刘彬

福建省闽量校准技术中心有限公司：邢东华

福建省劳安设备技术开发中心：涂传魁、林健民

二、省科技厅

福建省测试技术研究所：余振平

三、省供销社

福建省茶叶质量检测与技术推广中心：陈昌梅

四、团省委

福建晶坤尚检测技术有限公司：傅义振

五、中国海峡人才市场

福建中检华日食品安全检测有限公司：赵晨

福建华佑检测技术有限公司：许同建

福建杨振华851生物科技股份有限公司：陈彩萍

厦门泓益检测有限公司：杨旺火

厦门鉴科检测技术有限公司：游青

六、福建医科大学

福建医科大学附属第一医院：郭飞宝

七、福州市

福建省深蓝生物科技有限公司：姚丽峰

八、泉州市

晋江市质量计量检测所：许金榜

永春县产品质量检验所：康秀棠

九、漳州市

福建省漳州市医院：吴继平

漳州市计量所：郭庄启、蔡燕燕、戚毅敏

云霄县质量计量检验检测所：施忠贤

十、莆田市

仙游县质量计量检测所：杨晓君

十一、三明市

三明市食品药品审评与不良反应监测中心：黄传晖

明溪县市场监管综合执法大队：钟晓明

泰宁县知识产权服务中心：吴赐梅

十二、南平市

南平市计量所：陈峰

南平市食品药品审评与不良反应监测中心：杨萍

南平市粮油质量监测站：宗芳

南平水务发展有限公司：康志萍

建瓯市市场监管综合执法大队：李建顺

浦城县检验检测所：张义富

十三、龙岩市

长汀县质量计量检测所：陈冬临

十四、宁德市

宁德市产品质量检验所：刘仙金、颜颖

宁德市计量所：陈芳

宁德市工业产品生产许可证审查技术中心：陈晓东

宁德市食品药品检验检测中心：陶华平

十五、平潭综合实验区

平潭综合实验区质量计量检测中心：王明辉

邹永芳等438位同志建筑专业高级工程师职务任职资格人员名单

2022年3月30日，福建省人力资源和社会保障厅下发《关于批准确认邹永芳等438位同志建筑专业高级工程师职务任职资格的通知》（闽人社批复〔2022〕176号）提出，经研究，同意确认由省非公有制企业高级专业技术职务任职资格考核委员会考核并审议通过的邹永芳等438位同志2020年度建筑专业高级工程师职务任职资格。任职资格确认时间为2022年3月15日，现予以公布，名单如下：

一、建筑工程施工高级工程师（129人）

福州市（18人）：邹永芳、王景慰、王立彪、华可森、林剑团、邹碧玉、潘友勤、陈键、赵令锋、贺源全、陈崇榕、李大伟、黄其宇、吕伟鹏、郑为共、李钦枝、叶南理、蒋海锋

厦门市（6人）：宋晋闽、蔡景润、黄敏辉、曾昭欣、张志明、刘清云

漳州市（8人）：曾凡团、陈银虾、肖建华、官振煌、黄伟杰、刘勇彬、黄育平、邓宏锋

泉州市（30人）：汪志达、潘广铭、林志成、王杰明、蓝福桂、郑洪阳、陈志坚、陈??松、李前进、盛建彬、张志明、王凤兴、卢桂锦、钟臣福、陈江湖、陈青江、颜剑宏、林忠平、郑志专、黄真谊、陈江培、黄锦辉、卢竞锋、刘祖财、黄杰虎、王诚忠、赖燕招、黄建新、潘桂标、陈志华

三明市（9人）：肖毓胜、赖道烜、廖荣生、刘文磷、孔新宇、张航航、江以东、邹光钟、李承伟

莆田市（4人）：陈亚山、董建辉、刘建椿、吴志强

南平市（16人）：林名江、黄翔、蔡旻罡、吴强、杨华英、席毅明、张小平、黄忠武、张光丽、张兆文、刘性贵、罗毅、张国友、张声平、张勇、许海

龙岩市（5人）：郑喜年、罗兆良、许小勇、雷平、陈火明

宁德市（4人）：洪宇晗、林瑞军、余养尧、余延浩

省工商联所属商会（26人）：黄聪明、林子泱、黄崇勇、黄国忠、谢杰辉、欧阳宋南、龚文婷、林镇、钱晓东、刘坤、林松霖、葛林娜、马智年、詹海萍、李赫、林泽如、吴崇永、张林林、苏桂乐、苏文旭、陈清河、林世义、雷泽闽、雷伙强、李明海、谢祥裕

省级异地福建商会（1人）：俞爱斌

福建省建工集团（福建省建筑人才市场）（2人）：朱爱丹、戴建洪

二、市政工程施工高级工程师（95人）

福州市（20人）：方文春、刘志伟、龚周荣、林任、王俞增、钱立炜、钱立莉、张灵珍、陈欣、陈松、林探玉、谢英超、唐豫元、杨锦、张学良、刘春贡、王梅、黄德强、黄言安、闫文琼

厦门市（5人）：张天福、吴锡泰、唐凌、陈志清、陈荣标

漳州市（7人）：陈建新、何智富、郑振强、郑海木、刘荣华、黄志忠、唐宝明

泉州市（20人）：陈更生、刘淑娥、黄桂春、侯远植、陈灿鸿、吴云聪、陈万聪、涂洪波、许美娟、吴福顺、陈惠刚、杨志龙、杨汉文、张锡安、柳培育、林永乐、陈燕婷、曾进阳、陈贤玻、林涌超

三明市（2人）：胡加伟、宁平平

南平市（7人）：高凤英、林齐忠、余莉雯、叶小明、叶林平、张国清、徐子林

龙岩市（4人）：林鸿村、郑浩为、陈华明、刘桂英

宁德市（2人）：陈海英、陈键

省工商联所属商会（28人）：吴承彬、林琪峰、王塔山、胡俊达、郭磊、游玲峰、陈昆明、郑惠珍、叶丽琼、谢义锋、苏丹凤、谢杰忠、吴志龙、王马玉、张凌、赵时丰、郑文潇、池小明、陈弘毅、刘伟、肖兰英、罗财明、赖丽姗、尤庆健、吴辉康、郭姣玉、陈小玲、温文明

三、建筑机电设备安装施工高级工程师（5人）

福州市（1人）：周远珊

漳州市（1人）：沈江城

泉州市（1人）：陈能栋

南平市（1人）：黄秋明

省工商联所属商会（1人）：张键烽

四、建筑给水排水工程施工高级工程师（6人）

福州市（1人）：林衍

厦门市（1人）：黄绍亮

泉州市（1人）：陈国宝

三明市（1人）：邹长勇、

龙岩市（1人）：钟添龙

省工商联所属商会（1人）：陈金龙

五、建筑电气工程施工高级工程师（3人）

福州市（1人）：曹卫华

泉州市（1人）：林辉

宁德市（1人）：吴文星

六、道路与桥梁工程施工高级工程师（40人）

福州市（6人）：蔡尊玉、吴成村、廖新建、刘惠华、庄华清、李丹

厦门市（3人）：叶建飞、李建立、王永鹏

漳州市（3人）：欧思声、陈志生、吴我闽

泉州市（7人）：刘永平、朱渊博、张立波、陈丰仁、林志泉、郭银岁、沈忠贤

莆田市（1人）：王昌军

南平市（10人）：吴凤炎、范沛明、张宗燕、陈崇威、张曦、陈婕、黄智泉、许星凯、魏剑强、杨寿

宁德市（1人）：钱辉

省工商联所属商会（9人）：张雷、黄飞龙、黄澄海、连嘉滨、赖战辉、叶俊海、池涌、郑先、丁闰芳

七、建筑装饰施工高级工程师（4人）

福州市（1人）：王忠平

南平市（1人）：许福明

省工商联所属商会（2人）：陈郁、严千里

八、建筑智能化施工高级工程师（2人）

福州市（1人）：金炎

泉州市（1人）：张永湰

九、工程建设管理高级工程师（67人）

福州市（12人）：林美惠、林炳辉、陈星、陈震宇、童冬香、程火、陈惠琳、陈德新、王志明、陈桂兴、池守亮、林雪莲

厦门市（17人）：周文海、蔡顺平、王宝伟、谢期才、林来荣、舒福庚、陈跃进、王曙芬、雷雨亮、刘猛、陈磊、庄彬、林传德、李东罡、许景彬、田生江、冯江钦

漳州市（4人）：刘俊杰、郑吉良、吴松江、汤梅珍

泉州市（13人）：李明、潘晋明、王志英、杨传芳、郑建华、刘继斌、范呈祥、黄君荣、张诗宏、戴云、欧阳建忠、庄锦阳、林财贵

三明市（3人）：邹龙、杨波、饶金财

莆田市（3人）：郑愫芬、罗先福、戴爱华

南平市（2人）：孙福、田斌

龙岩市（2人）：廖炜忠、黄元水

宁德市（5人）：黄桔德、谢少虾、胡尧峰、洪仁组、陆世锋

省工商联所属商会（6人）：刘羽耀、郑堂春、许志川、陈文聪、郭振煜、蓝伟发

十、工程检测高级工程师（12人）

福州市（5人）：冯腾翔、章招钿、刘景熙、张远光、徐宝贵

厦门市（1人）：黄印明

漳州市（1人）：许聪兰

莆田市（2人）：沈俊峰、方镇

南平市（1人）：张敬

龙岩市（1人）：杨秋彬

省工商联所属商会（1人）：曾荣奎

十一、工程造价高级工程师（5人）

福州市（人）：陈俊伟

泉州市（1人）：陈素兰

莆田市（1人）：俞峰

南平市（1人）：王丽

龙岩市（1人）：吴晓红

十二、风景园林施工高级工程师（70人）

福州市（20人）：池艳玉、池亚徽、王靖、高义、林家毅、周青、黄家平、刘晓东、陈星、余贤林、刘建旺、林敏、李静、林旭、王建知、陈记贵、程凤孙、许俊钦、卢海鹏、张人银

厦门市（5人）：李丽芬、刘鹏展、林联景、肖志海、黄夏阳

漳州市（7人）：石少东、郑秀玉、谢朝霞、蓝炎阳、曾志鹏、曾炳坤、杨燕玲

泉州市（12人）：邱轻轻、陈奕文、陈少平、王少扬、苏建斌、余超、杨志明、陈汉阳、苏志良、刘锦生、林春霞、郑丽娟

三明市（2人）：刘丽萍、黄梅金、

南平市（4人）：李建军、周晨熙、胡凤梅、林烜

龙岩市（2人）：江福照、温智勇

宁德市（1人）：陈祖勇

省工商联所属商会（17人）：林东钗、李淑钰、洪辉鹤、杨永进、池艳芳、池振伦、李宝贵、郑榕、李军、张东鹏、陈晨、许文洪、周腊梅、何太、陈国灵、吴旭彤、张志清

周迪等35位同志机械专业高级工程师职务任职资格人员名单

2022年3月30日，福建省人力资源和社会保障厅下发《关于批准确认周迪等35位同志机械专业高级工程师职务任职资格的通知》（闽人社批复〔2022〕175号）提出，经研究，同意确认由省非公有制企业高级专业技术职务任职资格考核委员会考核并审议通过的周迪等35位同志2020年度机械专业高级工程师职务任职资格。任职资格确认时间为2022年3月15日，现予以公布，名单如下：

一、厦门市（1人）：周迪

二、漳州市（3人）：苏佳东、张阳城、郑石竹

三、泉州市（18人）：杭立忠、朱江滨、王胜春、王斌、黄云平、蔡栋梁、黄清森、刘阿小、吴联平、张公敏（电气）、高坤、徐金山、徐清辉、苏昆焕、李第贤、贺卫东、杨晓峰、黄俊锋

四、三明市（2人）：陈志坚、刘玉西

五、莆田市（1人）：黄福生

六、宁德市（1人）：王晶

七、龙岩市（2人）：蔡军、曾辉

八、省工商联所属商会（5人）：陈从俭、张雄、曾国耀、曾国艺、戴惠勇（电气）

九、福耀集团（2人）：李宏业、李炜军

林锦等19位同志管理专业高级工程师职务任职资格人员名单

2022年3月30日，福建省人力资源和社会保障厅下发《关于批准确认林锦等19位同志管理专业高级工程师职务任职资格的通知》（闽人社批复〔2022〕174号）提出，经研究，同意确认由省非公有制企业高级专业技术职务任职资格考核委员会考核并审议通过的林锦等19位同志2020年度管理专业高级工程师职务任职资格。任职资格确认时间为2022年3月15日，现予以公布，名单如下：

一、福州市（1人）：林锦

二、厦门市（3人）：盛琼、余穗荣、何晓玥

三、漳州市（1人）：何宗奇

四、泉州市（4人）：王标、陈小军、吴建都、方惠庭

五、宁德市（1人）：许刚

六、省工商联所属商会（3人）：李启坤、甘乾耀、卢鑫

七、福耀集团（6人）：张玲玲、吴礼德、陈胜坤、关金亮、滕育、王兴辉

林建平等11位同志食品专业高级工程师职务任职资格人员名单

2022年3月30日，福建省人力资源和社会保障厅下发《关于批准确认林建平等11位同志食品专业高级工程师职务任职资格的通知》（闽人社批复〔2022〕177号）提出，经研究，同意确认由省非公有制企业高级专业技术职务任职资格考核委员会考核并审议通过的林建平等11位同志2020年

度食品专业高级工程师职务任职资格。任职资格确认时间为2022年3月15日，现予以公布，名单如下：

一、厦门市（1人）：林建平

二、漳州市（3人）：洪清林、陈高飞、陈惠娜

三、泉州市（2人）：颜文凤、洪礼法

四、南平市（3人）：陈国珍、王晓娟、陈剑

五、省工商联所属商会（2人）：李继飞、李栋梁

李有平等22位同志电子专业高级工程师职务任职资格人员名单

2022年3月30日，福建省人力资源和社会保障厅下发《关于批准确认李有平等22位同志电子专业高级工程师职务任职资格的通知》（闽人社批复〔2022〕170号）提出，经研究，同意确认由省非公有制企业高级专业技术职务任职资格考核委员会考核并审议通过的李有平等22位同志2020年度电子专业高级工程师职务任职资格。任职资格确认时间为2022年3月15日，现予以公布，名单如下：

一、福州市（1人）：李有平

二、厦门市（4人）：黄婷锦、应闽、庄清池、黄昀乐

三、漳州市（5人）：王志聪、许来顺、曾戈弋、梁阿坤、黄志刚

四、泉州市（3人）：张炼东、李秋、郑惠茹

五、三明市（1人）：杨功祥

六、省工商联所属商会（2人）：谢远勇、薛天宝

七、省级异地福建商会（1人）：李京燕

八、福建省国有资产管理有限公司（国资人才市场）（3人）：贺伟、王凯星、张烽

九、福耀集团（2人）：赵维兵、林勇

陈国树等3位同志玻璃专业高级工程师职务任职资格人员名单

2022年3月30日，福建省人力资源和社会保障厅下发《关于批准确认陈国树等3位同志玻璃专业高级工程师职务任职资格的通知》（闽人社批复〔2022〕172号）提出，经研究，同意确认由省非公有制企业高级专业技术职务任职资格考核委员会考核并审议通过的陈国树等3位同志2020年度玻璃专业高级工程师职务任职资格。任职资格确认时间为2022年3月15日，现予以公布，名单如下：

福耀集团（3人）：陈国树、池科长、林勇

关于批准确认陈安城等11位同志轻纺专业高级工程师职务任职资格的通知

2022年4月1日，福建省人力资源和社会保障厅下发《关于批准确认陈安城等11位同志轻纺专业高级工程师职务任职资格的通知》（闽人社批复〔2022〕182号）提出，经研究，批准确认由2020年度轻纺专业高级工程师任职资格评审会评审通过的陈安城等11位同志轻纺专业高级工程师职务任职资格，任职资格确认时间为2022年1月14日，现予公布，名单如下：

一、福建省市场监督管理局（1人）

福建省纤维检验中心：陈安城

二、福建省能源石化集团有限责任公司（1人）

福建福能南纺卫生材料有限公司：胡国防

三、中国海峡人才市场（5人）

福州大世界橄榄有限公司：郑秀丽

名成腾德检测服务（福州）有限公司：邱桂芳

福建中检华日食品安全检测有限公司：陈竞秀

三六一度（中国）有限公司：魏书涛、田友如

四、福州市（1人）

福建宇邦纺织科技有限公司：林泳安

五、厦门市（1人）

厦门博士丁环境技术有限公司：王巍

六、泉州市（2人）

安溪县茶业管理委员会办公室：林松洲

浩沙实业（福建）有限公司：付春林

陈芳等3位同志医药专业高级工程师职务任职资格人员名单

2022年7月5日福建省人力资源和社会保障厅下发《关于批准确认陈芳等3位同志医药专业高级工程师职务任职资格的通知》（闽人社批复

〔2022〕342号）提出，经研究，批准确认由省医药工程专业副高级职务任职资格评审会评审通过的陈芳等3位同志医药专业高级工程师职务任职资格。任职资格确认时间为2022年6月18日，现予公布，名单如下：

一、省药品监督管理局（1人）

药学专业：陈芳

二、省科技厅（1人）

药学专业：孙菲

三、漳州市（1人）

中药学专业：林志雄

陈发来等50人制茶高级工程师任职资格人员名单

2022年9月29日，福建省人力资源和社会保障厅批复下发《关于批准确认陈发来等50人制茶高级工程师任职资格的通知》（闽人社批复〔2022〕519号）提出，经研究，批准确认由福建省第四届制茶高级工程师任职资格评审委员会评审通过的陈发来等50位同志制茶高级工程师任职资格。任职资格确认时间为2022年9月18日，现予公布，名单如下：

一、福州市（2人）：陈发来、严锦华

二、龙岩市（2人）：张士安、王新宝

三、泉州市（13人）：林溪水、高进忠、李志芳、谢春茹、林海城、詹文章、林金良、黄永红、陈志鹏、陈清标、谢少华、吴光研、陈文贤

四、三明市（9人）：刘意春、李志忠、郭守郡、郑际灶、李家宝、陈大显、蔡宣顺、廖翌祖、林忠平

五、南平市（19人）：郑小明、雷华美、蔡小勇、占仕权、薛庭、钱凯、鲍忠飞、张贤祯、宋建国、蔡志平、祝文华、吴光兴、吴素青、余闽辉、吴世才、叶家亮、邱水明、余步贵、胡结兴

六、宁德市（1人）：吴志坚

七、中粮集团有限公司（2人）

福建茶叶进出口有限责任公司：陈文峰、徐来明

八、中国海峡人才市场（2人）：郑国、林梅花

蔡渊等63位同志能源专业高级工程师职务任职资格人员名单

2022年9月30日，福建省人力资源和社会保障厅批复下发《关于批准确认蔡渊等63位同志能源专业高级工程师职务任职资格的通知》（闽人社批复〔2022〕523号）提出，经研究，批准确认由2020年度能源专业高级工程师任职资格评审会评审通过的蔡渊等63位同志能源专业高级工程师职务任职资格，任职资格确认时间为2022年6月18日，现予公布，名单如下：

一、福建省能源集团有限责任公司（41人）

蔡渊、陈文伟、阙启钦、苏焱、黄跃来、林冠洲、杨开集、黄德明、李锦华、阙友章、吴佳伟、何承武、潘鸿森、钟德祥、林晓亮、林伟、傅铁军、李东伟、卢旺先、侯志南、曹佳赟、刘建彬、谭从平、叶培玮、罗炳荣、雷骏、周宏伟、王大为、温清华、李建武、陈忠峤、卢占贤、陈小剑、王秋红、董庆庆、陈超、徐传勇、陈文炼、卓盆花、刘佩玺、陈志林

二、福建省煤田地质局（2人）

林俊英、刘晶晶

三、福建建工集团有限责任公司（2人）

杨静静、邹奎

四、海峡人才市场（7人）

程建奎、张民赦、张翔、钟立勋、谢海芳、周志森、卢智林

五、福建龙净环保股份有限公司（2人）

邱振中、颜俊瑜

六、漳州市（3人）

何民伟、贾林妮、兰明雄

七、泉州市（1人）

黄祥贤

八、三明市（2人）

刘礼泉、张兴府

九、龙岩市（2人）

章盛辉、陈翊应

十、宁德市（1人）

叶维楚

陈木春等60位同志化工专业高级工程师职务任职资格人员名单

2022年10月13日，福建省人力资源和社会保障厅批复下发《关于批准确认陈木春等60位同志化工专业高级工程师职务任职资格的通知》（闽人社批复〔2022〕524号）提出，经研究，批准确认由2020年度化工专业高级工程师任职资格评审会评审通过的陈木春等60位同志化工专业高级工程师职务任职资格，任职资格确认时间为2022年7月9日，现予公布，名单如下：

一、福建能源石化集团有限责任公司（12人）：陈木春、杨金姬、陈凯伟、薛文弟、张连威、姚晓亮、高小超、尤金发、刘春生、陈珺、王胜军、刘志盛

二、福建省煤田地质局（1人）：王立岩

三、海峡人才市场（6人）：

郑花文、王国平、方乾源、洪雪华、庄新民、倪素美

四、福建省国有资产管理有限公司（1人）：俞春红

五、泉州市（2人）：江毓铭、董宏祯

六、三明市（3人）：佘觉民、刘玲玲、崔灿

七、龙岩市（3人）：项荣海、杨鸿翔、邱建森

八、宁德市（1人）：杨浩田

九、福建龙净环保股份有限公司（2人）：尤燕青、罗婷

十、宁德时代新能源科技股份有限公司（18人）：

张磊、杜国栋、陈威、刘倩、陈世龙、伍永彬、范铨、温严、湛英杰、杨建瑞、刘晓梅、李婷、王升威、黄冕、胡波兵、彭畅、黄华锋、李晓伟

十一、宁德新能源科技有限公司（11人）：

刘彩胜、屈长明、戴璐、王中旭、王慧鑫、蒋欣、李彩彩、栗文强、吴飞、周墨林、周邵云

吴淑梅等120位同志林业专业高级工程师职务任职资格人员名单

2022年10月13日，福建省人力资源和社会保障厅批复下发《关于批准确认吴淑梅等120位同志林业专业高级工程师职务任职资格的通知》（闽人社批复〔2022〕545号）提出，经研究，批准确认由2021年度林业专业高级工程师任职资格评审会评审通过的吴淑梅等120位同志林业专业高级工程师职务任职资格，任职资格确认时间为2022年8月23日，现予公布，名单如下：

一、福州市（10人）

福州市林业规划队：吴淑梅

连江国有林场：康开权

闽清县林业局东桥林业站：尹丽钦

闽清县塔庄林业站：傅本杰

闽侯白沙国有林场：何杰

闽侯县林业综合行政执法大队：余朝晖

闽侯县林业局白沙林业站：林昌锋

闽侯县林业局荆溪林业站：林铮

永泰县林业局清凉林业工作站：郑心桦

永泰藤山省级自然保护区管理处：谢建太

二、厦门市（1人）

厦门市和保人力资源服务有限公司：卢丽俐

三、漳州市（15人）

长泰区林业局：林惠山

龙海区林业局程溪林业工作站：郭华北

漳州蓝田经济开发区自然资源所：郭伟志

长泰亭下国有林场：韩水兴

东山赤山国有防护林场：洪小龙

华安金山国有林场：邹顺发、邹文真

华安西陂国有林场：邹淑琴

龙海林下国有林场：徐耀昌

平和天马国有林场：黄俊鹏、张荣标

漳州天宝国有林场：林勇健

诏安国有防护林场：杨勇长

南靖县丰田林业站：张宝初

平和县大溪林业站：何汉池

四、泉州市（7人）

泉州森林公园服务中心：许淮江

泉州湾河口湿地自然保护区发展中心：赖兴凯

安溪县大坪林业工作站：赵锦河

安溪县芦田林业工作站：黄火炼

安溪县森林动植物病虫害防治检验检疫站：傅祝安

永春县林业执法大队：陈华生

德化县水口林业工作站：林贵森

五、莆田市（2人）

仙游县枫亭林业工作站：郑志涛

仙游县营林指导站：陈丽娴

六、三明市（24人）

三明市林业有害生物防治检疫站：姚伍

三元区洋溪林业工作站：林榕华

三元区中村林业工作站：黄明辉

沙县区林业执法大队：陈长青

大田县广平林业工作站：方初胜

大田县林木种苗站：王爱贞

大田县桃源林业站：颜建北

宁化县县属国有林场：周晓平

福建省宁化国有林场：廖祥明

福建省泰宁国有林场：李树朝、张吉福

福建省泰宁国有林场：刘传辉

建宁县濉溪镇林业站：杨宜生

明溪县林业执法大队：颜源涑

福建省清流林业有限责任公司：廖晖

清流县温郊林业站：梁金镛

泰宁县林业局杉城林业站：李天生

福建省永安国有林场：陈振泉

永安市贡川镇林业站：萧建权

永安市野生动植物保护站：严希权

尤溪县林业局城关林业站：林国新、黄燕芳

尤溪县林业局中仙林业站：李芳

尤溪县自然资源权属纠纷调解服务中心：王昂

七、南平市（20人）

建阳区国有林场大阐场：叶月容

建阳区蕉溪国有林场：林德明

建阳区莒口林业站：洪勇

建阳区小湖林业站：李长华

福建省武夷山国有林场：曹贵良、杨乐强

建瓯市林海森林采伐调查设计服务中心：林庆祥

建瓯市徐墩林业工作站：叶文建

建瓯市南雅林业工作站：林明谷

邵武市林业综合执法大队：谢长周

顺昌县国有林场：赵兵、廖利文、林仁忠、周旋、郑世忠、卢丰林

顺昌县元坑林业工作站：叶麒

光泽县苗圃：刘勇

浦城县永兴林业工作站：孟世雄

浦城县不动产登记中心：陈丽华

八、龙岩市（22人）

福建省龙岩市林业科学研究所：林秀凤

新罗区林业局：陈源锌

新罗区森林防灭火协调服务中心：林云田

永定区林业技术推广中心：李新招

永定区绿化工作站：赖国梅

漳平市森林病虫害防治检疫站：林起财

长汀县古城林业工作站：戴兴福

长汀县汀江国家湿地公园管理处：上官明汀

连城县林业规划队：谢在龙

连城县林业局林坊林业站：方金铧

连城县林业局新泉林业站：黄宗洪

连城县文川河流域绿化管理站：黄茂勋

上杭县步云林业站：傅源

上杭县林业局才溪林业站：黄远洪

上杭县林业局临城林业站：潘礼文

上杭县林业局南阳林业站：吴开禄

上杭县林业局中都林业站：刘家洪

武平县中赤林业工作站：王永华

福建省长汀楼子坝国有林场：王火荣

福建省连城邱家山国有林场：马维华

福建省永定仙岽国有林场：江建谊、黄秉源

九、宁德市（5人）

宁德市国有林场发展中心：陈澜

宁德市林业科研与技术推广中心：王星星

福建省宁德福口国有林场：张瑞秀

福建省寿宁景山国有林场：林忠

屏南县林业行政执法大队：张孝谊

十、平潭综合实验区（1人）

平潭综合实验区自然资源服务中心：林平华

十一、省教育厅（2人）

福建林业职业技术学院：黄梓良、高伟

十二、省林业局（11人）

福建省航空护林总站：王李银

福建省林业科学研究院：曾丽琼、黄宇

福建省林业调查规划院：郭国英

福建省林业勘察设计院：池上评

福建三明林业学校：纪成据

福建省洋口国有林场：李文芳、何志斌

福建省林业科技试验中心：徐建球、张毅智、黄玲

（摘编：唐启阳）

福建省高级工艺美术师职务任职资格人员名单

林忠等85位同志高级工艺美术师职务任职资格人员名单

2022年3月30日，福建省人力资源和社会保障厅下发《关于批准确认林忠等85位同志高级工艺美术师职务任职资格的通知》（闽人社批复〔2022〕169号）提出，经研究，同意确认由省非公有制企业高级专业技术职务任职资格考核委员会考核并审议通过的林忠等85位同志2020年度高级工艺美术师职务任职资格。任职资格确认时间为2022年3月15日，现予以公布，名单如下：

一、福州市（1人）：林忠

二、泉州市（29人）：贺耀辉、张文山、杨瑞筑、苏惠明、孙建阳、蔡立南、陈亚宗、金细忠、王烈平、黄国保、王少真、徐建勇、苏燕红、黄素花、周德民、章明星、林雪丽、黄明玉、曾莲春、林思剑、苏天培、李学成、苏琴花、陈玉梅、郑英杰、徐有河、郑甲墙、熊文杰、徐锦灿

三、莆田市（7人）：陈伟毅、黄加成、杨雄生、郑志杰、陈开泉、蔡文建、吴玉伯

四、省工商联所属商会（48人）：林胜标、郑献东、苏上将、黄建强、赖冬生、林铁勇、廖光勇、林玉芬、徐文守、邹云源、林永福、谢麟贤、王国桐、孙福昆、王小丹、马辉、郑建忠、曾藩华、林义昭、林杰锋、白锦灿、陈贵生、冯秋英、郭锦标、林运艳、林小彩、李婷婷、杨建智、郑建冰、张远景、曾宪恭、蔡明文、欧彦恩、郑清海、林燕华、林养生、徐长和、廖成义、蔡龙、杨敏、邱芙蓉、袁忠、沈学东、王冬燕、许金勇、陈剑都、陈丽华、修光明

吴志勇等21位同志工艺美术系列高级职务任职资格人员名单

2022年10月31日福建省人力资源和社会保障厅下发《关于批准确认吴志勇等21位同志工艺美术系列高级职务任职资格的通知》（闽人社批复〔2022〕593号）提出，经研究，批准确认2021年度福建省工艺美术系列高级（含正高级）职务任职资格评审委员会评审通过的吴志勇等3位同志的正高级工艺美术师任职资格、黄林锋等18位同志的副高级工艺美术师任职资格。任职资格确认时间为2022年10月15日，现予公布，名单如下：

一、正高级工艺美术师（3人）

（一）泉州市（1人）

福建省建窑文化创意园有限公司：吴志勇

（二）莆田市（1人）

仙游县度尾镇书潭珍藏坊名木艺品厂：徐元宝

（三）南平市（1人）

南平市曜变陶瓷研究院：陆金喜

二、高级工艺美术师（18人）

（一）中国海峡人才市场（1人）

福建省东方工艺美术研究所：黄林锋

（二）福建省国有资产管理有限公司（2人）

福建省工艺美术实验厂有限公司：杨明

福建省工艺美术研究院：陈强

（三）泉州市（3人）

福建惠安县洛阳庆达石雕艺术有限公司：杨庆聪

德化颖达瓷艺研究所：连德理

德化县陶瓷发展中心：徐永超

（四）莆田市（4人）

莆田市金山雕塑研究院：朱建山

天下寻宝（莆田）工艺品有限公司：翁志峰

仙游县榜头镇王清梅竹木工艺品厂：王清梅

仙游县宝瓷斋工艺陶瓷厂：陈万龙

（五）南平市（7人）

南平市建阳区枕头岭建盏陶瓷有限公司：徐长和

南平市建阳区水吉后井成义建盏文化推广有限公司：廖成义

南平市建阳区芊盏堂建盏陶瓷有限公司：袁忠

南平市朱哥建盏陶瓷有限公司：朱信丛

南平市建阳区九段乾工建盏陶瓷有限公司：吴兴乾

南平市叶镔建盏文化传播有限公司：叶镔

建瓯市徐墩镇君煜工艺品推广中心：朱君煜

（六）宁德市（1人）

宁德市山哈服饰有限公司：林章明

（摘编：蔡志轩）

福建省药学专业（非临床）副高级专业技术职务任职资格人员名单

2022年7月5日福建省人力资源和社会保障厅下发《关于批准确认杨志强等18位同志药学专业（非临床）副高级专业技术职务任职资格的通知》（闽人社批复〔2022〕341号）提出，经研究，批准确认由省药学（非临床）专业副高级评委会评审通过的杨志强等18位同志药学（非临床）专业副高级职务任职资格。任职资格确认时间为2022年6月18日，现予公布，名单如下：

一、省药品监督管理局（5人）

药学专业：杨志强、廖燕萍、许娇红、万红艳、周丽清

二、福州市（1人）

药学专业：姚泽炳

三、厦门市（2人）

药学专业：陈春晓、张燕惠

四、泉州市（2人）

药学专业：许琨琨、黄碧鸿

五、莆田市（1人）

中药学专业：杨丽群

六、三明市（3人）

药学专业：蔡宣越、蔡晓燕

中药学专业：高忠坂

七、龙岩市（2人）

中药学专业：赖玲、郭勇金

八、南平市（2人）

药学专业：邱慧珍、章剑军

（摘编：陈闽声）

表彰奖励

“福建省非公有制经济优秀建设者名单”表彰名单

2022 年 6 月 17 日福建省人民政府印发《福建省人民政府关于表彰福建省非公有制经济优秀建设者的决定》（闽政文〔2022〕280 号）提出，自 2019 年第六届世界闽商大会以来，我省非公有制经济人士坚持以习近平新时代中国特色社会主义思想为指导，大力传承弘扬“晋江经验”，勇于改革创新，争做时代先锋，为推动全省经济社会各项事业发展作出了重要贡献，涌现出一批优秀的非公有制经济人士。

为树立典型、表彰先进，引导全省广大非公有制经济人士做“爱国敬业、守法经营、创业创新、回报社会”的典范，激励非公有制经济在全方位推进高质量发展超越中发挥更大作用，省政府研究决定，授予丁思泉等 100 位非公有制经济人士（名单附后）“福建省非公有制经济优秀建设者”荣誉称号。

希望受表彰的非公有制经济人士珍惜荣誉，再接再厉，继续发挥模范引领作用，坚守实业，深耕主业，再创佳绩。全省各级各部门要全面贯彻落实党的十九大和十九届历次全会精神，深入学习贯彻习近平总书记来闽考察重要讲话精神，认真落实省第十一次党代会、省委经济工作会议要求，坚持“两个毫不动摇”，坚持提高效率、提升效能、提增效益，高效统筹疫情防控和经济社会发展，强化责任担当，促进非公有制经济健康发展，激励引导全省广大非公有制经济人士以受表彰的先进典型为榜样，大力弘扬企业家精神，进一步发扬“敢为天下先、爱拼才会赢”的闯劲，再激创新活力，再燃创业热情，再掀创造热潮，为全方位推进高质量发展超越，奋力谱写全面建设社会主义现代化国家福建篇章作出新的更大贡献。

“福建省非公有制经济优秀建设者”表彰名单

（按姓氏笔划排序）

丁思泉　太阳海（福建）制衣有限公司总经理

丁辉煌　三六一度（中国）有限公司董事长

王　军　厦门市演武场投资管理有限公司董事长

王　晖　宁德聚能动力电源系统技术有限公司总经理

王文礼　八马茶业股份有限公司董事长

王希仁　福建省铁拓机械股份有限公司董事长

尤信进　福建三都澳食品有限公司副总经理

叶　灿　武夷山茶言精舍文化旅游有限公司董事长

叶建官　福建伟益锦纶科技有限公司总经理

叶智勇　漳州市白玉兰精糖有限公司董事长

付文辉　宁德思客琦智能装备有限公司董事长兼总经理

兰平勇　宏东渔业股份有限公司董事长

吕联选　汇力兴业集团有限公司董事长

华祥斌　福建德尔科技股份有限公司董事长

刘　良　泉州英良石材有限公司董事长

刘洪美　龙工龙岩基地党委书记，龙工（福建）桥箱有限公司、龙工（福建）铸锻有限公司

总经理

江元勋　福建武夷山国家级自然保护区正山茶业有限公司董事长

许阳阳　达利食品集团有限公司副总裁兼执行董事

许寿强　福建众智达远科技产业有限公司董事长

许志华　福建泉州匹克体育用品有限公司总经理

许清流　连捷投资集团有限公司董事长

苏庆灿　厦门大学附属厦门眼科中心董事长

李　旭　福州朴朴电子商务有限公司联合创始人、总经理

李冬敏　厦门市嘉晟对外贸易有限公司董事长

李志忠　福建省江山美人茶业有限公司董事长

李恒章　福建旭牧联生物科技有限公司董事长

杨荣辉　泉州荣祺食品有限公司董事长

杨紫明　卡宾服饰（中国）有限公司董事长兼 CEO

肖文华　华祥苑茶业股份有限公司董事长

肖智勇　漳州万佳陶瓷工业有限公司董事长

吴文露　福建路通管业科技股份有限公司董事长

吴永文　漳州万宝能源科技股份有限公司董事长

吴家莹　佳好集团（厦门）有限公司董事长

吴清焕　新兴新纺织科技（龙岩）有限公司总经理

吴景华　福建荣耀健康科技股份有限公司董事长

何丽勤　厦门市绿百合食品有限公司总经理

何宝平　福建鸿生材料科技股份有限公司董事长

余建铣　福建凯邦锦纶科技有限公司董事长

邹剑寒　奥佳华智能健康科技集团股份有限公司董事长

张桂潮　福龙马集团股份有限公司总裁

张维林　新万鑫（福建）精密薄板有限公司董事长

张澍楠　福建省领秀文旅集团有限公司总经理

陈　文　福建新华源纺织集团有限公司总裁

陈　凯　福建吴航不锈钢制品有限公司董事长

陈　翔　泉州南少林国际学校校长

陈文豹　福建巨岸建设工程有限公司董事长

陈文彪　双驰实业股份有限公司董事长

陈方毅　厦门美柚股份有限公司创始人兼董事长

陈立新　福建谨而信律师事务所主任

陈成辉　科华数据股份有限公司董事长

陈延进　紫金铜业有限公司总经理

陈兴华　福建闽瑞新合纤股份有限公司董事长兼总经理

陈秀喜　宁德市蕉城区百汇电器有限公司董事长

陈建华　福建省建阳金石氟业有限公司董事长

陈孟邦　宗仁科技（平潭）股份有限公司董事长、总经理

陈思暐　厦门厦顺铝箔有限公司董事长

陈朝宗　厦门禹道实业集团有限公司董事长

陈瑞喜　正力海洋工程有限公司董事长

林一文　福建永福电力设计股份有限公司党委书记、董事长兼总经理

林立举　宁德东恒机械有限公司总经理

林礼渠　福州弘博工艺有限公司董事长

林启明　福建省润和投资集团有限公司董事长

林建能　福建吉马集团有限公司副总裁、漳州理工职业技术学院副董事长

林振传　福建品品香茶业有限公司董事长

林常青　福建永安物业管理有限公司董事长

林善平　福建顺昌虹润精密仪器有限公司董事长

林锡臻　福建爱的电器有限公司执行董事、厦门渡远户外用品股份有限公司董事长

罗如生　福建龙净环保股份有限公司总裁

周以晴　福建以晴科技集团有限公司董事长、漳州中科智谷科技有限公司实际控制人

郑永光　福建长源纺织有限公司董事长

郑丽煌　福建豆讯科技有限公司总经理

单钻锋　福建平潭瑞谦智能科技有限公司董事长

柯志文　福建点景科技股份有限公司董事长

柳依玲　福建金杨科技股份有限公司董事长

兼总经理

施人玮　澳门泓铭集团有限公司董事长

施俊侨　信诚集团（国际）有限公司总裁

施能狮　信义集团董事

洪顶超　鑫东森有限公司董事长

倪章益　永富建工集团有限公司董事长

徐昌毅　福建省春秋陶瓷实业有限公司、春秋农林科技有限公司董事长

翁声锦　福建中景石化有限公司董事局主席

翁启镜　大有海洋（厦门）集团有限公司董事长兼总经理

郭学婢　福建华宇集团有限公司副董事长

涂崇禹　福建重宇合众律所首席合伙人

黄士斌　宁德卓高新材料科技有限公司总经理

黄仕塔　福建安泰新能源科技有限公司董事长

黄达平　力达（中国）机电有限公司董事长

黄赛琴　福建省安特集团有限公司董事长

曹 晖　福耀玻璃工业集团股份有限公司副董事长

彭宜斌　福建省富强石材有限公司董事长

蒋清峰　福建兴港建工有限公司董事长

韩萤焕　厦门东亚机械工业股份有限公司董事长

景 浓　福建腾龙鞋业有限公司董事长

赖世贤　安踏体育用品集团有限公司执行董事、首席财务官

雷贤伟　福建闽家生活物业服务有限公司总经理

雷祖云　福建省恒基建设股份有限公司董事长

蔡友志　建新轮胎（福建）有限公司董事长

蔡劲军　福建火炬电子科技股份有限公司副董事长兼总经理

蔡建四　香港宏创国际投资有限公司董事长

缪国栋　厦门狄耐克智能科技股份有限公司董事长

（摘编：吴建翰）

“第十九届福建省优秀企业家”表彰名单

2022年7月8日，第十九届福建省优秀企业家表彰大会在福州举行。会上，王钻等134位企业经营管理者获颁福建省优秀企业家奖杯、奖牌和证书。副省长康涛，第十三届全国政协委员雷春美，省级老同志黄文麟、李祖可、李川出席活动并为优秀企业家颁奖。

今年受表彰的134位福建省优秀企业家是从388位候选人中评选产生的，他们都是我省经济活动的主要参与者、技术进步的主要推动者、就业机会的主要提供者，在推动企业转型升级、提质增效、绿色发展及履行社会责任等方面作出了优异成绩，为推动福建省经济社会发展作出了突出贡献。这些获奖企业家分布在我省各地、各行业中，既有国有企业的经营管理者，也有民营、外资企业的经营管理者；既有年富力强的企业家，也有年轻一代企业家，是一批德才兼备、善于经营、充满活力，致力于创新创业创造的优秀企业家。

自1986年以来，省企业与企业家联合会已19次组织开展优秀企业家评选工作，在社会上产生了积极而广泛的影响，对当选的企业家产生强大的激励和鼓舞作用，也为全省企业家树立起先进典范，激发出他们比学赶超的热情，有力地促进广大企业家积极投身到福建的改革开放和经济建设的壮丽事业中去。

第十九届福建省优秀企业家名单

1. 王　钻　福建纵腾网络有限公司集团总裁
2. 王　莺　福建省医药有限责任公司党总支书记、董事长
3. 王少芳　福建鹏翔实业有限公司董事长
4. 王书传　信和新材料股份有限公司总经理
5. 王永和　立兴集团有限公司总裁
6. 王加富　泉州交通发展集团有限责任公司党委副书记、副董事长、总经理
7. 王启灿　日春股份公司董事长
8. 王星钿　福建省宏大房屋拆除工程集团有限公司董事长
9. 王惠山　福建漳州农村商业银行股份有限公司党委书记、董事长
10. 尤长智　福建省长兴海洋装备有限公司总经理
11. 邓启东　厦门象屿集团有限公司党委副书记、总裁
12. 卢文胜　福建省晋华集成电路有限公司党委书记、董事长
13. 卢荣兴　福建磊鑫（集团）有限公司党委书记、董事长
14. 卢竑岩　厦门吉比特网络技术股份有限公司董事长兼总经理
15. 叶世俊　福人集团森林工业有限公司党支部书记、执行董事、总经理
16. 邢平贵　青拓集团有限公司副总裁（主持工作）
17. 朱小梅　中富通集团股份有限公司总裁
18. 朱陈松　熹茗集团有限公司董事长
19. 朱恒冰　圣元环保股份有限公司总经理
20. 任剑锋　方圆建设集团有限公司董事长
21. 刘木火　福建九鼎建设集团有限公司总经理
22. 刘用旭　盛丰物流集团有限公司总裁
23. 刘宏禹　福建省连江县宏裕水产有限公司董事长兼总经理

24. 刘金铃 金强（福建）建材科技股份有限公司董事长

25. 刘革生 福建省旅游发展集团有限公司党委书记、董事长

26. 江铭福 福州日兴水产食品有限公司董事长、总经理

27. 汤若象 福建益众建材有限公司董事长

28. 许东明 漳州路桥物资发展有限公司党支部书记、董事长兼总经理

29. 许光荣 阳光中科（福建）能源股份有限公司总经理

30. 许丽颖 福建源鑫投资集团有限公司董事、总裁

31. 许 玫 中粮海嘉（厦门）面业有限公司总经理

32. 孙辉永 兴业皮革科技股份有限公司总裁

33. 苏文生 福建省闽投资产管理有限公司董事长

34. 苏玉荣 厦门火炬集团有限公司党委书记、董事长

35. 苏庆灿 华厦眼科医院集团股份有限公司董事长

36. 苏忠高 福建博海工程技术有限公司董事长

37. 苏 捷 福建万安实业集团有限公司总裁

38. 杜清辉 泉州市自来水有限公司党委书记、董事长

39. 李天培 石狮正源水产科技开发有限公司董事长

40. 李有财 福建星云电子股份有限公司党委书记、董事长

41. 李 伟 厦门航天思尔特机器人系统股份公司党支部书记、总经理

42. 李兴刚 福建省国资保安守押有限公司党总支书记、董事长、总经理

43. 李明明 福清市贸旺水产发展有限公司总经理

44. 李垂举 泉州城建集团有限公司党委书记、董事长

45. 李 勇 福信富通科技股份有限公司董事长、总经理

46. 李振辉 青蛙王子（福建）婴童护理用品有限公司董事长

47. 李瑞河 漳州天福茶业有限公司董事局主席

48. 杨立新 福建永荣科技有限公司董事长

49. 杨利玉 福建华闽实业（集团）有限公司党委书记、董事长

50. 杨清金 中仑科技集团有限公司董事长

51. 杨 静 龙合智能装备制造有限公司董事长

52. 肖光书 福建省路桥建设集团有限公司党委书记、总经理

53. 吴文建 金冠（中国）食品有限公司总经理

54. 吴东锋 龙岩市海德馨汽车有限公司总经理

55. 吴国伟 福建漳州城投集团有限公司党委副书记、董事、总经理

56. 吴振开 福建海峡客家投资发展集团有限公司党委书记、董事长

57. 吴高潮 厦门钨业股份有限公司党委副书记、总裁

58. 吴清标 八马茶业股份有限公司总经理

59. 吴景华 福建荣耀健康科技股份有限公司董事长、总经理

60. 何天仁 福建省三钢（集团）有限责任公司党委副书记、总经理

61. 何文静 中国人民财产保险股份有限公司南平市分公司党委书记、总经理

62. 邹来昌 紫金矿业集团股份有限公司执行董事、总裁、党委副书记

63. 汪建根 福建永荣锦江股份有限公司总经理

64. 张 超 福建康莱宝运动用品有限公司董事长

65. 陈子昂 福建科宏生物工程股份有限公司总经理

66. 陈加成 福建天马科技集团股份有限公司执行总裁

67. 陈成辉 科华数据股份有限公司董事长

68. 陈延富 厦门保洋实业有限公司总裁

69. 陈忠杰　宏东渔业股份有限公司总裁

70. 陈莉琳　福建省数字福建云计算运营有限公司总经理

71. 陈银平　宁德市星光食品有限公司董事长

72. 陈添旭　中能电气股份有限公司董事长

73. 陈惠贞　龙翔实业有限公司总经理

74. 陈惠聪　福建省泷澄建设集团有限公司总经理

75. 陈富泽　福建凯景新型科技材料有限公司总经理

76. 陈　强　永兴东润服饰股份有限公司董事长兼总经理

77. 陈滢华　福建省天源水产集团有限公司董事长兼总经理

78. 林扬波　厦门扬森数控设备有限公司董事长

79. 林卫东　福建省建筑设计研究院有限公司党委书记、董事长

80. 林天送　安安（中国）有限公司总裁

81. 林友色　九牧集团有限公司执行总裁

82. 林友康　福建日出东海投资有限公司总经理

83. 林华忠　莆田市永丰鞋业有限公司董事长

84. 林克兴　福建友谊胶粘带集团有限公司总裁

85. 林丽华　南平华孚电器有限公司总经理

86. 林　忠　福州素天下食品有限公司董事长

87. 林建平　嘉文丽（福建）化妆品有限公司总经理

88. 林建忠　福建省海佳集团股份有限公司董事长

89. 林　莹　福建省华荣建设集团有限公司总裁

90. 林惠斌　厦门中联永亨建设集团有限公司董事长

91. 林策荣　福建省晋江荣恒鞋服有限公司董事长

92. 林德殿　三棵树涂料股份有限公司执行总裁

93. 林　曦　福慧达股份有限公司总经理

94. 罗福海　福建龙马环境产业有限公司总经理

95. 周日弟　德京集团有限公司董事长

96. 郑一将　莆田市城市建设投资开发集团有限公司党委副书记、总经理

97. 郑明铃　厦门海澳集团有限公司董事长兼总裁

98. 赵呈闽　建发房地产集团有限公司党委副书记、总经理

99. 赵　皓　福建福清核电有限公司总经理、党委书记

100. 柯文新　福建省晋江市华宇织造有限公司董事长

101. 修人坤　龙岩城市发展集团有限公司党委书记、董事长

102. 俞　艳　福建和其昌竹业股份有限公司副董事长兼总裁

103. 施　浩　福建省融旗建设工程有限公司总裁

104. 洪　潮　福建省恒一发展集团有限公司党委书记、董事长

105. 夏江平　厦门市江平生物基质技术股份有限公司董事长

106. 徐集成　福建省八一村永庆竹木业开发有限责任公司总经理

107. 高洪义　福建绿艺园林景观工程有限公司董事长

108. 郭进鹏　林德（中国）叉车有限公司董事长

109. 郭劲草　福建省文松彩印有限公司总经理

110. 郭泽鹏　泉州金百利包装用品有限公司董事长

111. 郭学婵　福建华宇集团有限公司董事长

112. 郭聪明　厦门国贸控股集团有限公司党委副书记、总经理

113. 黄永强　星河电路（福建）有限公司董事长

114. 黄朱华　宁德市海扬食品有限公司董事长

115. 黄志强　福州城市建设投资集团有限公司党委书记、董事长

116. 黄亮海　连城县丰海竹木业有限公司董事长兼总经理

117. 黄祯荣　福建祥鑫股份有限公司总经理

118. 黄福镇　福建省三福古典家具有限公司总裁

119. 梅　震　长乐恒申合纤科技有限公司总经理

120. 谌丽玲　福建诚安蓝盾实业有限公司总经理

121. 蒋晨熙　福建福矛酒业集团总裁

122. 韩　勇　福建省榕源建设：工程有限公司总经理

123. 曾　平　中建四局建设发展有限公司党委书记、董事长

124. 谢礼龙　福州米立科技有限公司总经理

125. 雷　敏　福建和顺矿业化工有限公司总经理

126. 褚风弟　福建三宝特钢有限公司总经理

127. 蔡小郭　福建泉州南星大理石有限公司总经理

128. 蔡艺良　漳州市交通发展集团有限公司党委书记、董事长

129. 蔡立群　厦门港务控股集团有限公司党委副书记、总经理、萤

130. 蔡洪潮　泉州市金融控股集团有限公司党委书记、萤事长

131. 廖日才　中铁十七局集团第六工程有限公司党委书记、萤事长

132. 颜建议　福建海峡科化股份有限公司党委副书记、总经理

133. 潘德标　福建申远新材料有限公司总经理

134. 戴嘉庆　福建南安市顺昌鞋业有限公司总经理

（摘编：王一星）

福建省享受国家级、省部级表彰奖励获得者待遇人员名单

（2021 年 4 月—2022 年 3 月）

2022 年 4 月 7 日福建省人力资源和社会保障厅？印发《福建省人力资源和社会保障厅关于公布我省享受国家级、省部级表彰奖励获得者待遇人员名单（2021 年 4 月—2022 年 3 月）的通知》提出，2021 年 4 月至 2022 年 3 月，全省共有 16 人受党中央表彰并享受国家级表彰奖励获得者待遇，共有 87 人受省部级表彰并享受省部级表彰奖励获得者待遇，现将名单予以公布，请按有关规定落实相关待遇。

享受国家级表彰奖励获得者待遇人员名单

（2021 年 4 月-2022 年 3 月，共 16 人）

序号	姓名	受表彰时单位及职务	获得荣誉称号	表彰文号	表彰时间	备注
1	林占熺	福建农林大学生命科学学院菌草所党支部书记、国家菌草工程技术研究中心首席科学家	全国优秀共产党员	中委〔2021〕434 号	2021-06-28	
2	谢华安	福建省农业科学院原院长、研究员，中国科学院院士	全国优秀共产党员	中委〔2021〕434 号	2021-06-28	
3	郑贞良	福州市红庙岭垃圾综合处理中心生产科副科长	全国优秀共产党员	中委〔2021〕434 号	2021-06-28	
4	陈清洲	厦门市公安局集美分局二级高级警长	全国优秀共产党员	中委〔2021〕434 号	2021-06-28	
5	陈欠水	惠安县人大常委会原助理调研员	全国优秀共产党员	中委〔2021〕434 号	2021-06-28	
6	黄秀泉	沙县农业科学研究所副所长、良种繁育场党支部副书记、三明市总工会副主席（兼职）	全国优秀共产党员	中委〔2021〕434 号	2021-06-28	
7	刘家富	宁德市水产技术推广站原站长	全国优秀共产党员	中委〔2021〕434 号	2021-06-28	
8	兰　臻	漳州市实验小学党委书记	全国优秀共产党员	中委〔2021〕434 号	2021-06-28	
9	傅光明	福建圣农控股集团有限公司党委书记、福建圣农发展股份有限公司董事长	全国优秀共产党员	中委〔2021〕434 号	2021-06-28	
10	杨　晓	福州市园林中心党委书记、主任、一级调研员	全国优秀党务工作者	中委〔2021〕434 号	2021-06-28	
11	吴丽敏（女）	厦门市湖里区金山街道金安社区党委书记	全国优秀党务工作者	中委〔2021〕434 号	2021-06-28	

续表

序号	姓名	受表彰时单位及职务	获得荣誉称号	表彰文号	表彰时间	备注
12	王周齐	福鼎市硖门畲族乡柏洋党委书记	全国优秀党务工作者	中委〔2021〕434号	2021-06-28	
13	林孝发	九牧集团有限公司党委书记、董事长、总裁	全国优秀党务工作者	中委〔2021〕434号	2021-06-28	
14	段闽杰	南平市延平区四鹤街道党工委书记、一级主任科员	全国优秀党务工作者	中委〔2021〕434号	2021-06-28	
15	刘　琤	国网漳州供电公司副总政工师、纪委副书记，纪委办党支部书记、主任	全国优秀党务工作者	中委〔2021〕434号	2021-06-28	
16	黎立璋	福建省冶金（控股）有限责任公司总经理助理，福建省三钢（集团）有限责任公司党委书记、董事长	全国优秀党务工作者	中委〔2021〕434号	2021-06-28	

享受省部级表彰奖励获得者待遇人员名单

（2021年4月-2022年3月，共87人）

序号	姓名	受表彰时单位及职务	获得荣誉称号	表彰文号	表彰时间	备注
1	周元火	福建省政和县委党史和地方志研究室主任、党支部书记	全国地方志系统先进工作者	人社部发〔2021〕35号	2021-06-02	
2	吕清贵	福建省水土保持与乡村发展亚行贷款项目中心一级主任科员	全国乡村振兴（扶贫）系统先进个人	人社部发〔2021〕37号	2021-06-04	
3	林浩磊	福州市农业农村局扶贫综合协调与开发处处长	全国乡村振兴（扶贫）系统先进个人	人社部发〔2021〕37号	2021-06-04	
4	杨先健	连城县脱贫攻坚指挥部办公室副主任，连城县良种繁殖场副场长	全国乡村振兴（扶贫）系统先进个人	人社部发〔2021〕37号	2021-06-04	
5	关咏梅（女）	福建省举重运动管理中心教练员	全国体育系统先进工作者	人社部发〔2021〕70号	2021-09-08	
6	李发彬	福建省举重运动管理中心运动员 第三十二届东京奥运会举重男子61KG级比赛金牌运动员	全国体育系统先进工作者 福建省先进工作者	人社部发〔2021〕70号 闽委〔2021〕62号	2021-09-08 2021-10-31	
7	黄东萍（女）	福建省乒羽网运动管理中心运动员 第三十二届东京奥运会羽毛球混合双打比赛金牌运动员	全国体育系统先进工作者 福建省先进工作者	人社部发〔2021〕70号 闽委〔2021〕62号	2021-09-08 2021-10-31	
8	卢云秀（女）	福建省帆船帆板运动管理中心运动员 第三十二届东京奥运会帆板女子RS：X级比赛金牌运动员	全国体育系统先进工作者 福建省先进工作者	人社部发〔2021〕70号 闽委〔2021〕62号	2021-09-08 2021-10-31	
9	李雯雯（女）	福建省举重运动管理中心运动员 第三十二届东京奥运会举重女子87+KG级比赛金牌运动员	全国体育系统先进工作者 福建省先进工作者	人社部发〔2021〕70号 闽委〔2021〕62号	2021-09-08 2021-10-31	

续表

序号	姓名	受表彰时单位及职务	获得荣誉称号	表彰文号	表彰时间	备注
10	刘灵玲（女）	福建省体操技巧运动管理中心运动员 第三十二届东京奥运会蹦床女子网上个人比赛银牌运动员	全国体育系统先进工作者 福建省先进工作者	人社部发〔2021〕70号 闽委〔2021〕62号	2021-09-08 2021-10-31	
11	谌　龙	厦门市竞技体育发展中心运动员 第三十二届东京奥运会羽毛球男子单打比赛银牌运动员	全国体育系统先进工作者 福建省先进工作者	人社部发〔2021〕70号 闽委〔2021〕62号	2021-09-08 2021-10-31	
12	吴美锦	第三十二届东京奥运会举重女子87+KG级比赛金牌教练员	福建省先进工作者	闽委〔2021〕62号	2021-10-31	
13	林忠仔	第三十二届东京奥运会10米气手枪混合团体比赛金牌教练员	福建省先进工作者	闽委〔2021〕62号	2021-10-31	
14	黄文红	第三十二届东京奥运会10米气手枪混合团体比赛金牌教练员	福建省先进工作者	闽委〔2021〕62号	2021-10-31	
15	高传卫	第三十二届东京奥运会帆板女子RS：X级比赛金牌教练员	福建省先进工作者	闽委〔2021〕62号	2021-10-31	
16	朱德宁	集美大学 第十六届东京残奥会田径男子跳远-T38金牌、田径男子100米-T38银牌运动员	福建省先进工作者	闽委〔2021〕65号	2021-11-18	
17	陈　超	福州市残疾人就业服务指导中心工作人员 第十六届东京残奥会乒乓球男子团体-TT6/7金牌、乒乓球男子单打-TT6第五名运动员	福建省先进工作者	闽委〔2021〕65号	2021-11-18	
18	叶超群	厦门市第二外国语学校职员 第十六届东京残奥会乒乓球男子团体-TT8金牌运动员	福建省先进工作者	闽委〔2021〕65号	2021-11-18	
19	衷黄浩	福建武夷山市居民 第十六届东京残奥会田径男子跳远-T38银牌运动员	福建省先进工作者	闽委〔2021〕65号	2021-11-18	
20	杨小平	厦门市竞技体育发展中心高级教练 第十六届东京残奥会田径男子跳远-T38比赛金牌教练员	福建省先进工作者	闽委〔2021〕65号	2021-11-18	
21	黄华兵	福建工贸学校讲师 第十六届东京残奥会乒乓球男子团体-TT6/7、乒乓球男子团体-TT8比赛金牌教练员	福建省先进工作者	闽委〔2021〕65号	2021-11-18	
22	郜志强	福建省残疾人体育运动管理中心干部 第十六届东京残奥会田径男子跳远-T38比赛银牌教练员	福建省先进工作者	闽委〔2021〕65号	2021-11-18	

续表

序号	姓名	受表彰时单位及职务	获得荣誉称号	表彰文号	表彰时间	备注
23	高松涛	福建省网络与信息安全测评中心党政机关测评部副部长	国家网络安全先进个人	人社部发〔2021〕79 号	2021-10-09	
24	郑少泉	福建省农业科学院研究员	全国杰出专业技术人才	人社部发〔2021〕84 号	2021-10-26	
25	鲍晓军	福州大学教授	全国杰出专业技术人才	人社部发〔2021〕84 号	2021-10-26	
26	夏宁邵	厦门大学教授	全国杰出专业技术人才	人社部发〔2021〕84 号	2021-10-26	
27	钱向炜	福建省应急管理厅防汛抗旱处三级主任科员	全国应急管理系统先进工作者	人社部发〔2021〕85 号	2021-11-01	
28	陈华森	福建省三明市应急管理局办公室主任、一级主任科员	全国应急管理系统先进工作者	人社部发〔2021〕85 号	2021-11-01	
29	陈国锋	福建省石狮市应急管理局党委书记、局长、一级主任科员	全国应急管理系统先进工作者	人社部发〔2021〕85 号	2021-11-01	
30	王士成	福建地震台地震预警室副主任	全国应急管理系统先进工作者	人社部发〔2021〕85 号	2021-11-01	
31	乔巍然	福建省泉州市消防救援支队特勤大队一站消防员	全国应急管理系统先进工作者	人社部发〔2021〕85 号	2021-11-01	
32	岳承浩	福建省森林消防总队南平市支队副支队长兼灭火救援指挥部部长	全国应急管理系统先进工作者	人社部发〔2021〕85 号	2021-11-01	
33	王 刚	福建省厦门市曙光救援队队长	全国应急管理系统先进工作者	人社部发〔2021〕85 号	2021-11-01	
34	涂颜森	福建省福州市消防救援支队特勤大队二站消防员	中国消防忠诚卫士	人社部发〔2021〕85 号	2021-11-01	
35	黄谷霖	福建省森林消防总队特勤大队大队长	中国消防忠诚卫士	人社部发〔2021〕85 号	2021-11-01	
36	郑智明（女）	福建省图书馆馆长、研究馆员	全国文化和旅游系统先进工作者	人社部发〔2021〕91 号	2021-11-18	
37	陈山（女）	福建省文化和旅游质量标准化建设中心一级主任科员	全国文化和旅游系统先进工作者	人社部发〔2021〕91 号	2021-11-18	
38	孙 砾	福建省歌舞剧院党总支书记、院长、一级演员	全国文化和旅游系统先进工作者	人社部发〔2021〕91 号	2021-11-18	
39	徐扬（女）	福建省文化和旅游厅资源开发处副处长	全国文化和旅游系统先进工作者	人社部发〔2021〕91 号	2021-11-18	
40	陈源春	福建省文化和旅游厅人事处一级主任科员	全国文化和旅游系统先进工作者	人社部发〔2021〕91 号	2021-11-18	
41	陈惠平	泉州市文化广电和旅游局党组副书记	全国文化和旅游系统先进工作者	人社部发〔2021〕91 号	2021-11-18	
42	陆逸红（女）	漳州市歌仔戏（芗剧）传承保护中心副主任、一级演员	全国文化和旅游系统先进工作者	人社部发〔2021〕91 号	2021-11-18	

续表

序号	姓名	受表彰时单位及职务	获得荣誉称号	表彰文号	表彰时间	备注
43	曾学文	厦门市台湾艺术研究院院长、一级编剧	全国文化和旅游系统先进工作者	人社部发〔2021〕91号	2021-11-18	
44	丁光棋	连江县文化体育和旅游局党组书记、局长	全国文化和旅游系统先进工作者	人社部发〔2021〕91号	2021-11-18	
45	徐卫兵	南平市建阳区文化体育和旅游局党组书记、局长	全国文化和旅游系统先进工作者	人社部发〔2021〕91号	2021-11-18	
46	叶少春（女）	建宁县副县长（尤溪县文体和旅游局原局长）	全国文化和旅游系统先进工作者	人社部发〔2021〕91号	2021-11-18	
47	叶蒲青	福建金源纺织有限公司车间技师	全国纺织工业劳动模范	人社部发〔2021〕93号	2021-11-25	
48	舒玉华（女）	福建航港针织品有限公司财务经理	全国纺织工业劳动模范	人社部发〔2021〕93号	2021-11-25	
49	陈明宏	福建长源纺织有限公司技术中心主任	全国纺织工业劳动模范	人社部发〔2021〕93号	2021-11-25	
50	陈文娟（女）	福建省宏港纺织科技有限公司管理部工程师	全国纺织工业劳动模范	人社部发〔2021〕93号	2021-11-25	
51	陈国汉	欣贺股份有限公司党委书记、副总裁兼财务总监	全国纺织工业劳动模范	人社部发〔2021〕93号	2021-11-25	
52	叶琼念（女）	厦门维达斯服饰有限公司员工	全国纺织工业劳动模范	人社部发〔2021〕93号	2021-11-25	
53	徐天雨	福建华峰新材料有限公司研发创新二部副总监	全国纺织工业劳动模范	人社部发〔2021〕93号	2021-11-25	
54	谢明忠	才子服饰股份有限公司生产厂长	全国纺织工业劳动模范	人社部发〔2021〕93号	2021-11-25	
55	钟宗峰	福建省三明纺织股份有限公司技术部工艺技术主管	全国纺织工业劳动模范	人社部发〔2021〕93号	2021-11-25	
56	陈超凡	福建省永安市金德纺织实业有限公司总工程师	全国纺织工业劳动模范	人社部发〔2021〕93号	2021-11-25	
57	肖美清	福建省百川资源再生科技股份有限公司加弹车间主任	全国纺织工业劳动模范	人社部发〔2021〕93号	2021-11-25	
58	黄福春	福建福联精编有限公司研发总监	全国纺织工业劳动模范	人社部发〔2021〕93号	2021-11-25	
59	王琼兰（女）	匹克（中国）有限公司缝纫工	全国纺织工业劳动模范	人社部发〔2021〕93号	2021-11-25	
60	高雪冬（女）	福建安溪佳胜针织服装有限公司生产部部长	全国纺织工业劳动模范	人社部发〔2021〕93号	2021-11-25	
61	汤伯发	福建万家美轻纺服饰有限公司行政部经理	全国纺织工业劳动模范	人社部发〔2021〕93号	2021-11-25	
62	施金锥	福建林生纺织有限公司技术总监	全国纺织工业劳动模范	人社部发〔2021〕93号	2021-11-25	

续表

序号	姓名	受表彰时单位及职务	获得荣誉称号	表彰文号	表彰时间	备注
63	万仲海	石狮市新华宝纺织科技有限公司技术科科长	全国纺织工业劳动模范	人社部发〔2021〕93号	2021-11-25	
64	洪霜雅（女）	联邦三禾（福建）股份有限公司副总经理	全国纺织工业劳动模范	人社部发〔2021〕93号	2021-11-25	
65	郑小佳	晋江海纺新材料科技有限公司研发人员	全国纺织工业劳动模范	人社部发〔2021〕93号	2021-11-25	
66	林阿查（女）	南安市南益电脑针织有限公司员工	全国纺织工业劳动模范	人社部发〔2021〕93号	2021-11-25	
67	郑羡（女）	福建佳丽斯家纺有限公司产品研发开发部副经理	全国纺织工业劳动模范	人社部发〔2021〕93号	2021-11-25	
68	李拥军	福建新纺纺织有限公司董事长	全国纺织工业劳动模范	人社部发〔2021〕93号	2021-11-25	
69	陈容俤	福州市长乐区工业和信息化局二级主任科员	全国纺织工业先进工作者	人社部发〔2021〕93号	2021-11-25	
70	郑武进	莆田市仙游县司法局党组书记、局长	全国司法行政系统一级英雄模范 平安中国建设先进个人	人社部发〔2022〕6号 人社部发〔2021〕99号	2022-02-15 2021-12-13	
71	王国顺	福建省委政法委综治督导处处长	平安中国建设先进个人	人社部发〔2021〕99号	2021-12-13	
72	李明毅	三明市法学会秘书科科长、二级主任科员	平安中国建设先进个人	人社部发〔2021〕99号	2021-12-13	
73	黄信喆	南平市建阳区人民法院刑庭庭长	平安中国建设先进个人	人社部发〔2021〕99号	2021-12-13	
74	蓝浩成	龙岩市委政法委综治督导科科长、一级主任科员	平安中国建设先进个人	人社部发〔2021〕99号	2021-12-13	
75	魏良康	平潭综合实验区党工委政法工作部综合处负责人	平安中国建设先进个人	人社部发〔2021〕99号	2021-12-13	
76	陈全守	福建省安溪县委组织部副部长、老干部局局长	全国优秀老干部工作者	人社部发〔2021〕104号	2021-12-19	
77	徐巧英（女）	福建省市场监督管理局（知识产权局）知识产权运用促进处处长	全国知识产权系统先进个人	人社部发〔2021〕106号	2021-12-23	
78	丁长新	厦门市市场监督管理局（知识产权局）知识产权保护处一级主任科员	全国知识产权系统先进个人	人社部发〔2021〕106号	2021-12-23	
79	叶儒旺	南平市市场监督管理局（知识产权局）商标监督管理科科长	全国知识产权系统先进个人	人社部发〔2021〕106号	2021-12-23	
80	万欢（女）	厦门市海沧区市场监督管理局药品监督管理科科长	全国药品监管系统先进个人	人社部发〔2021〕108号	2021-12-30	
81	陈艳	福州市台江区洋中街道金斗社区党委书记、居委会主任、妇联主席	全国妇联系统劳动模范	人社部发〔2021〕109号	2021-12-30	

续表

序号	姓名	受表彰时单位及职务	获得荣誉称号	表彰文号	表彰时间	备注
82	林丽霞	莆田市仙游县鲤城街道东门社区党支部书记、妇联主席	全国妇联系统劳动模范	人社部发〔2021〕109号	2021-12-30	
83	丁美娇	平潭综合实验区海坛街道上楼村妇联主席	全国妇联系统劳动模范	人社部发〔2021〕109号	2021-12-30	
84	张谢池	厦门市妇联宣传部（发展联络部）二级主任科员	全国妇联系统先进工作者	人社部发〔2021〕109号	2021-12-30	
85	张　蕾	漳州市诏安县妇联党组书记、主席	全国妇联系统先进工作者	人社部发〔2021〕109号	2021-12-30	
86	邱鹭鹭	龙岩市新罗区西陂街道华莲社区党委书记、居委会主任、妇联主席	全国妇联系统先进工作者	人社部发〔2021〕109号	2021-12-30	
87	苏俊才	龙岩市委党史和地方志研究室主任	全国党史和文献部门先进个人	人社部发〔2021〕113号	2021-12-31	

（摘编：吴建翰）

国家杰出青年优秀青年科学基金项目福建省获资助名单

2022 年 8 月 14 日国家自然科学基金委信息，我省 25 人获 2022 年度国家杰出青年、优秀青年科学基金项目资助，其中国家杰青 10 人、国家优青 15 人，批准资助经费 6880 万元，获资助人数和经费均创历史新高。

从省科技厅了解到，获资助项目来自厦门大学、中科院福建物构所、福建师范大学等 7 家单位，较往年呈现出从厦门大学一枝独秀到多点开花的良好趋势。厦门大学以 5 项杰青（国家杰出青年科学基金项目）、8 项优青（国家优秀青年科学基金项目）继续保持全省第一，中科院福建物构所以 2 项杰青、1 项优青位列全省第二，福建师范大学获 2 项杰青，中科院城环所获杰青、优青各 1 项，均为该单位历年最佳成绩。福州大学及福建农林大学各获 2 项优青，福建医科大学获优青 1 项。

近年来，我省持续加强自然科学基金工作力度，通过探索多元投入机制，创新开展联合资助，省基金立项规模从 2014 年 2895 万元逐步增加到 2022 年 14689 万元，增长 4 倍。同时积极参与实施国家自然科学基金的联合基金，为我省科研团队争取更多高层次科研平台。2021 年我省共获得国家基金各类项目立项 897 项，直接经费 6.79 亿元。

（摘编：翁宁）

全国绿化先进福建省获殊荣名单

2022 年 8 月 24 日福建省绿化委员会办公室消息，全国绿化委员会、人力资源社会保障部、国家林业和草原局日前授予 298 个单位“全国绿化先进集体”称号，147 名同志“全国绿化劳动模范”称号，146 名同志“全国绿化先进工作者”称号。我省一批单位与个人获殊荣。

福建省绿化委员会办公室、福州市林业局、泉州市林业局、宁德市林业局、长汀县林业局、福建省泰宁国有林场、平和县林业局、政和县林业局被授予“全国绿化先进集体”称号。

福安市潭头镇太坑林场场长林住平、福建省华安金山国有林场和清管护站站长许亚春、福建省上杭县古田国有林场场长雷勤福、福建省闽清美菰国有林场股长汤绍雄被授予“全国绿化劳动模范”称号。

福建省世界银行贷款造林项目办公室主任林萍、福建省沙县官庄国有林场场长谢汝根、厦门市绿化中心副主任丁印龙、平潭综合实验区绿化委员会办公室干部李积安被授予“全国绿化先进工作者”称号。福建省安溪丰田国有林场场长周宗哲被追授为“全国绿化先进工作者”。

（摘编：林汇智）

全国工业和信息化技术技能大赛福建省获奖名单

8月18—20日，2022年全国行业职业技能竞赛——全国工业和信息化技术技能大赛决赛在深圳举办。由福建省工信厅选送的7队15名选手进入工业机器人技术应用、集成电路EDA开发应用两个赛项决赛并全部获奖。

经过两天的激烈角逐，来自厦门技师学院电子光电工程系的职工团队获集成电路EDA开发应用一等奖；福建船政交通职业学院的学生团队获工业机器人技术应用一等奖。此外，我省派出的队伍还获得工业机器人技术应用二等奖2项、三等奖3项的好成绩，他们分别来自福建船政交通职业学院、龙岩烟草工业有限责任公司、福建（泉州）哈工大工程技术研究院、福建水利电力职业技术学院等高校、科研院所和企业。

本届大赛设置工业机器人技术应用、集成电路EDA开发应用、工业大数据算法三个赛项，都是推动制造业数字化转型的重点专业领域，与中国制造业加速迈向数字化、智能化的进程相适应，密切对接技术技能人才需求发展的新趋势。全国共有超过4000人参与了各地选拔赛，最终来自28个省（市、区）和24家央企的870名选手进入决赛。

（摘编：翁宁）

福建省纺织工业获全国表彰的先进集体和先进个人

2022年7月12日，全国纺织工业先进集体、劳动模范和先进工作者表彰大会举行。表彰大会由人力资源和社会保障部、中国纺织工业联合会主办，共表彰“全国纺织工业先进集体”100个、“全国纺织工业劳动模范”324名、“全国纺织工业先进工作者”24名。其中，我省晋江市工业和信息化局等7个集体被授予“全国纺织工业先进集体”称号，福建金源纺织有限公司叶蒲青等23人被授予“全国纺织工业劳动模范”称号，福州市长乐区工业和信息化局陈容俤被授予“全国纺织工业先进工作者”称号。本次表彰旨在激励动员全国纺织行业企事业单位和2000万名纺织干部职工大力弘扬劳模精神、劳动精神、工匠精神，推动纺织强国建设再出发。

表彰大会采用主会场+分会场形式举行。在福建分会场，省工信厅、省人社厅共同为我省纺织工业先进集体、劳动模范和先进工作者代表颁发奖牌、奖章和荣誉证书。厦门优佳丽服饰有限公司董事长陈黎明、联邦三禾（福建）股份有限公司副总经理洪霜雅分别代表我省“全国纺织工业先进集体”“全国纺织工业劳动模范”作交流发言。

（摘编：尤文凡）

第23届中国专利奖福建省大丰收

2022年8月1日福建省知识产权局消息，国家知识产权局近日发布《关于第二十三届中国专利奖授奖的决定》，对为技术（设计）创新和经济社会发展作出突出贡献的专利权人和发明人（设计人）以及相关组织者给予表彰，我省获奖数创新高。

福建夜光达科技股份有限公司“一种微棱镜阴阳条纹反光模具的制作方法”等26个项目获中国专利优秀奖，金牌厨柜家居科技股份有限公司“厨柜（亚丁3）”等4个项目获中国外观设计优秀奖。我省本次获奖的项目总数达30项（含2项与省外专利权人共有），位居全国第7位，是历年来获奖项目最多的一届。

中国专利奖由中国国家知识产权局和世界知识产权组织（WIPO）共同评选，是我国唯一的专门对被授予专利权的发明创造给予奖励的国家级政府部门奖，也是我国专利领域的最高奖项。

（摘编：尤文凡）

龙岩大道高架桥（龙岩大桥）获“中国钢结构金奖”

2022年7月21日，中国建筑金属结构协会第十五届“中国钢结构金奖”获奖名单公布，龙岩大道高架桥（龙岩大桥）成为我省唯一获奖市政项目。

“中国钢结构金奖”是住房和城乡建设部委托中国建筑金属结构协会设立的钢结构行业最高工程大奖，每年评选一次，代表着钢结构行业工程质量的最高荣誉。

龙岩大道高架桥（龙岩大桥）是龙岩中心城市连接南北、沟通新老城区的重要枢纽，创造了桥梁最大转体重量、最大转体悬臂、最大转体梁宽、最大倾斜角度下塔柱四项世界纪录及世界首创二次转体。龙岩大桥作为我省涉铁桥梁转体结构重量最大、悬臂最长、梁宽最宽的一座桥梁，是目前龙岩市唯一一座获此国家级荣誉的桥梁工程，标志着龙岩市建筑业企业在钢结构领域施工和管理能力的重大突破。

（摘编：翁宁）

全国退役军人创业创新大赛福建省获奖项目

2022 年 11 年 4 日，由退役军人事务部、四川省人民政府主办的第二届全国退役军人创业创新大赛决赛在成都落幕。我省选送项目荣获三等奖 1 个、优胜奖 2 个，福建省退役军人事务厅获“优秀组织奖”。

我省选送的福建省洋泽海洋生物科技有限公司的海中“虫草”——沙蚕生态产业先行者项目获现代农业组三等奖，海创飞龙（福建）科技有限公司的空中百灵——智能无人子母机及模拟仿真应用项目、泉州泉港东烽投资合伙企业的纳米防火安全水漆项目分别获得新兴产业组、传统产业及生活服务业组优胜奖。省退役军人事务厅获得“优秀组织奖”。

本届大赛以“立创业创新潮头 展退役军人风采”为主题，采用线上比赛的方式进行，共有 93 个项目参赛，项目内容涉及电子商务、工业制造、大数据、人工智能、新材料、生物医药、新能源等多个领域。大赛共产生一等奖 3 个、二等奖 9 个、三等奖 18 个和优胜奖若干个。

（摘编：唐启阳）

第六届全国 119 消防先进集体和先进个人福建省获评名单

2022 年 11 月 11 日福建省应急管理厅消息，日前，应急管理部召开第六届全国 119 消防先进集体和先进个人表彰大会，表彰投身和热心消防安全事业的先进集体和先进个人。我省有 5 个先进集体、7 名先进个人获得表彰。

我省被评为先进集体的有福安市上白石镇义务消防队、莆田市涵江区社会治理网格化中心、宁德市周宁县应急管理局森林灭火队伍、龙岩市上杭县古田消防救援站、省森林消防总队特勤大队。被评为先进个人的有永安市军队离休退休干部休养所退休干部谢晓晖，福建经贸学校基建办副主任郑煌山，建瓯市建安街道党工委书记、办事处主任杨亮，福州市鼓楼区三坊七巷消防救援站站长陈辉华，三明市大田县均溪消防站政府专职消防员范有杰，省森林消防总队南平市支队福安市大队三中队中队长李楠，省森林消防总队三明市支队三明市大队一中队班长张永爱。

（摘编：邓新民）

福建省表彰全省工商联系统先进集体和先进工作者名单

2022年7月1日，福建省人力资源和社会保障厅、福建省工商业联合会下发《福建省人力资源和社会保障厅 福建省工商业联合会关于表彰全省工商联系统先进集体和先进工作者的决定》（闽人社表彰〔2022〕18号）提出，近年来，在省委、省政府的领导下，全省各级工商联和广大干部职工以习近平新时代中国特色社会主义思想为指导，深入学习贯彻党的十九大和十九届历次全会精神，紧紧围绕“五位一体”总体布局和“四个全面”战略布局，围绕中心，服务大局，立足“两个健康”工作主题，开拓创新，积极有为，涌现出一批先进集体和先进个人，有力地推动了我省工商联事业的发展。

为表彰先进，弘扬正能量，进一步激励全省各级工商联广大干部职工奋进新征程、建功新时代，省人力资源和社会保障厅、省工商业联合会决定，授予福州市工商业联合会等21个单位“全省工商联系统先进集体”称号，授予陈平等38名同志“全省工商联系统先进工作者”称号。

全省工商联系统先进集体名单

（21个）

福州市工商业联合会
福州市台江区工商业联合会
永泰县工商业联合会
厦门市海沧区工商业联合会
厦门市集美区工商业联合会
漳州市芗城区工商业联合会
漳州市龙海区工商业联合会
南靖县工商业联合会
泉州市工商业联合会
石狮市工商业联合会
安溪县工商业联合会
三明市三元区工商业联合会
尤溪县工商业联合会
莆田市荔城区工商业联合会
莆田市秀屿区工商业联合会
建瓯市工商业联合会
武夷山市工商业联合会
上杭县工商业联合会
长汀县工商业联合会
周宁县工商业联合会
福安市工商业联合会

全省工商联系统先进工作者名单

（38名）

陈　平　福州市工商业联合会四级调研员

梁诏洪　福州市工商业联合会联络处处长

赖芝琴（女）　福州市工商业联合会经济处副处长

陈成平　连江县工商业联合会党组成员、一级主任科员

林　辉　福清市工商业联合会商会服务中心主任

冯佐行　厦门市工商业联合会民营经济工作部部长

陈珺珺（女）　厦门市工商业联合会民营经济工作部一级主任科员

叶红莲（女）　厦门市工商业联合会办公室一级主任科员

洪　薇（女）　厦门市思明区工商业联合会工作人员

郑招治（女） 厦门市同安区工商业联合会秘书长

苏艺峰 漳州市工商业联合会党组成员、三级调研员

冯艺华 漳州市龙文区工商业联合会秘书长

邹瑞国 华安县工商业联合会党组书记、常务副主席

杨海山 漳州市长泰区工商业联合会党组书记、一级主任科员

张丽容（女） 晋江市工商业联合会经济联络科科长

吴鸿祯 南安市工商业联合会党组成员、秘书长、四级主任科员

出小彬 惠安县工商业联合会党组书记、常务副主席

刘 娜（女） 永春县工商业联合会一级科员

李小锋 三明市工商业联合会党组成员、副主席

李 岳 三明市工商业联合会办公室主任、一级主任科员

包盛吉 清流县工商业联合会党组书记、常务副主席

张贤权 宁化县工商业联合会党组书记、常务副主席、一级主任科员

陈文书 莆田市荔城区工商业联合会党组成员、二级主任科员

吴 迈（女） 莆田市城厢区工商业联合会秘书长、四级主任科员

林玉燕（女） 莆田市湄洲湾北岸经济开发区工商业联合会副主席

陈 芬（女） 南平市延平区工商业联合会秘书长、办公室主任

李庚贵 光泽县工商业联合会党组成员、副主席

范锦招 松溪县工商业联合会党组成员、副主席、二级主任科员

杨陈和 政和县工商业联合会秘书长、三级主任科员

陈亚华 龙岩市工商业联合会经济联络科科长

陈志文 龙岩市新罗区工商业联合会秘书长

陈 腾 长汀县工商业联合会党组书记

童晓君（女） 连城县工商业联合会党组成员、四级主任科员

范世锋 宁德市工商业联合会秘书长、经济联络部部长、四级调研员

章陈德 宁德市蕉城区工商业联合会主席

吴 颖（女） 福安市工商业联合会干部

马晓峰 福建省工商业联合会会员部二级调研员

吴世彦 福建省工商业联合会办公室一级主任科员

（摘编：唐启阳）